중세의 철학적 사유

Das philosophische Denken im Mittelalter:
Von Augustin zu Machiavelli
by Kurt Flasch
© 1986, 2020 Philipp Reclam jun. Verlag GmbH

All rights reserved. No part of this book may be used or reproduced in any manner
whatever without written permission except in the case of brief quotations
embodied in critical articles or reviews.

Korean Translation Copyright © 2025 by Ghil Publisher
Korean edition is published by arrangement with Philipp Reclam jun. Verlag GmbH
through BC Agency, Seoul

이 책의 한국어 판 저작권은 BC에이전시를 통해
저작권사와의 독점 계약을 맺은 '도서출판 길'에 있습니다.
저작권법에 의해 한국 내에서 보호를 받는 저작물이므로
무단 전재 및 무단 복제를 금합니다.

중세의 철학적 사유
아우구스티누스에서 마키아벨리까지

쿠르트 플라슈 지음 | 박규희 옮김

옮긴이 **박규희**(朴珪熙)는 인천에서 태어나 인천가톨릭대 신학과를 졸업했다. 이후 독일 예나 대학에서 고대 철학으로 석사 학위를, 중세 철학으로 박사 학위를 받았으며, 쾰른 대학의 토마스연구소에서 박사후 연구원으로도 있었다. 주요 논문으로 『『형이상학』 12권과 『원인론』의 관계에 대한 토마스의 해석의 재구성』, 「보에티우스의 『데헵도마디부스』(De hebdomadibus)에 나타난 프로클로스의 영향 연구」, 「아리스토텔레스 영혼론의 신플라톤주의적인 해석의 분열과 종말: 알렉산드리아의 스테파노스의 『영혼론 주해』」, 「알베르투스 형이상학의 공리와 공리적 방법(mos geometricus)」 등이 있으며, 현재 가톨릭대 성의 교정의 인문사회의학연구소 연구계약 교원으로 있으면서 가톨릭대에 출강하고 있다.

중세의 철학적 사유
아우구스티누스에서 마키아벨리까지

2025년 7월 15일 제1판 제1쇄 인쇄
2025년 7월 25일 제1판 제1쇄 발행

지은이 | 쿠르트 플라슈
옮긴이 | 박규희
펴낸이 | 박우정

기획 · 편집 | 이승우
전산 | 최원석

펴낸곳 | 도서출판 길
주소 | 06032 서울 강남구 도산대로 25길 16 우리빌딩 201호
전화 | 02) 595-3153   팩스 | 02) 595-3165
등록 | 1997년 6월 17일 제113호

ⓒ 도서출판 길, 2025. Printed in Seoul, Korea
ISBN 978-89-6445-299-8 93100

우정을 담아
체사레 바솔리와 니디아 다넬론에게

지은이 서문

1. 이 책은 중세의 철학적 사유의 역사를 추적한다. 이 책은 '철학이란 무엇인가?'라는 전문적인 질문을 제기하는 것으로 시작하지 않고 중세 사상가들이 쓴 저술들을 그들이 자연 세계와 역사 속에서 겪었던 실제적 경험에 대한 지성적 투쟁이 기록된 사료로 읽고자 한다.

나는 이 책에서 개론서 같은 전면적인 철학사 저술을 의도한 것은 아니었기 때문에 원래는 발전 과정에서의 중요한 국면만을 다루려 했다. 하지만 취급하는 내용을 이렇게 제한했음에도 불구하고 그 분량은 여전히 저자 한 사람으로서는 통찰 불가능할 정도로 방대했다. 따라서 이 책은 시작에 불과하다. 그래도 이 책이 서양 정신의 발전 및 그 발전의 역사와 실제 역사와의 관계를 조망하는 데 도움이 되었으면 한다.

내가 원했던 것은 사실 고트홀트 에프라임 레싱(Gotthold Ephraim Lessing)이 호소했던 대로 '원전의 맛을 느낄 수 있는', 즉 혼자 조용히 읽을 수 있는 학술서였다. 아쉽지만 나는 여기서 중세의 아랍 철학자들과 유대 철학자들의 원전은 라틴어 번역 문헌으로만 참고했다는 점을 고백해야겠다.

2. '중세의 사유'라고 하면 그것은 역사적으로 고찰되어야 할 일이다. 그리고 역사적인 주제라면 방법론에 대해서만 장황하게 이야기하다가

정작 역사적 내용 자체는 거의 다루지 않게 되는 그런 상황은 피해야만 한다. 그래서 나는 이 책의 역사적 서술 방법에 대해서는 「서문」에서만 짧게 언급했다. 역사적 '사태 자체로' 당장 들어가고픈 독자들은 책을 다 읽고 나서 나중에 「서문」을 읽어도 된다. 독자들은 고대 후기의 역사적 상황에 대한 서술부터 읽을 수도 있으며(본문 처음부터), 카롤루스 왕조의 황금기에서부터 시작할 수도 있다(제2부 제2장). 다만 순수 이론적인 고찰이 빠져 있으면 또는 중세적 사유가 우리 시대에 끼친 영향이 무엇인지 먼저 언급하지 않으면, 중세의 철학적 사유의 역사를 가볍게 다루는 것이라고 생각하지 말기를 바란다.

독자들은 자기가 처한 시대 조건에 따라 중세에 흥미가 있을 수도 있고, 중세에서 무엇인가를 찾고 싶어 할 수도 있다. 중세에 대한 감격은 반복된다. 요한 볼프강 폰 괴테(Johann Wolfgang von Goethe)는 1810년 실제로 이러한 대격변이 다가오는 것을 목도했는데, 그것을 다음과 같이 태연한 어조로 말하고 있다. "나는 중세로 되돌아가려는 경향과 고대를 향한 이 모든 움직임에는 정당한 이유가 있다고 봅니다. 우리는 이러한 움직임을 이미 30년 전이나 40년 전에도 보았으니까요. 나는 거기서 무언가 선한 것이 나오리라 굳게 믿고 있습니다. 하지만 이렇게 말했다고 해서 나를 고리타분한 사람이라고 비난하지는 말아 주십시오."[1]

오늘날 중세를 연구하는 사람은 1945년에서 1953년 사이에 (독일-옮긴이) 연방 공화국의 복구 작업이 한창이던 때, 중세가 핵심적인 역할을 수행했던 것이 계기가 되어 지난 1970년대 말부터 대중이 중세에 지대한 관심을 가지게 되었다는 점을 잘 알고 있을 것이다. 중세에 대한 관심이 유행처럼 번지기는 했지만 괴테도 어쨌든 그것을 딱히 비난하지는 않았다. 하지만 중세를 불러오는 작업은 옛것을 보전해야 한다는 명목에서 새로운 위협으로 다가오기도 한다. 중세와 중세적 사유를 심도 있게 파고들수록 목가적인 삶은 파괴된다. 대중은 중세에서 위로를 얻고자 했으나 중세는 그 기대를 저버렸을 수도 있다. 나는 이 책에서 중세를 온갖 논쟁으로 가득한 시대로 묘사했기 때문에 찬란한 금빛 모자이크로 보고 싶어 하는 수많은 동시대인의 마음에 재를 뿌리게 되었다. 하지만 정말 그렇다면 괴테의 말을 한번 더 빌려 나름대로 변명해 보고 싶다. "작가가 대중으로부터 받을 수 있는 최고의 관심은 그가 대중이 원하는 것을 절대로 주지 않는다는 사실에, 오히려 그가 자기 자신이나 타인에게 매번 각각의 교양 수준에서 올바르고 유익하다고 생각하는 것을 준다는 사실에 있다."[2]

마인츠(Mainz)에서
1985년 11월 14일
쿠르트 플라슈

제2판 서문

1. 제2판에 부치는 「서문」을 나는 이 책에서 말하고자 하는 바를 재차 강조하는 기회로 삼고자 한다. 이 책이 전하려는 것은 각 사상가의 실존과 전적으로 분리된 이론이나 또는 지극히 고상한 주제들도 본질적으로 시대와 환경에 따라 규정되어 있다는 사실이다. 그래서 나는 중세의 사유를 추상적 사변으로서만 취급하지 않고 항상 그것이 속해 있는 생활세계(Lebenswelt)를 함께 고려했다. 즉 어느 시대에 속해 있는지와 어느 지방과 문화권에 속해 있는지 같은 것들을 염두에 두었다. 하지만 이 말은 특정 시간대와 지정학적 장소에 오직 하나의 특정한 이론적 사유를 정확히 대응시킬 수 있다는 뜻은 아니다. 그러한 역사적 결정론이 이 책에는 없으며, 이 책의 제1판에서도 나는 그런 서술을 한 적이 없다. 이론들은 이전 시대에 이미 있었던 논쟁이나 몇몇 고유한 전제와 묶여 있으며, 이는 이론들 사이의 충돌에 대해서도 마찬가지이다. 예컨대, 이미 있었던 텍스트나 제도적 교육 기관과 관련이 있을 수 있고 경제적·사회적·정치적 조직의 일부와 관련이 있을 수도 있다. '중세의 사유'는 지역과 사상가에 따라 다르고 그들이 어떤 체험을 했느냐에 따라 또한 다르며, 어떤 책을 읽었고 어떤 변화를 겪었느냐에 따라서도 제각기 다르게 나타난다. 스콜라 철학에 대한 어떤 통일적인 이해를 구하는 사람이나 중세에서 근·현대의 시원을 정초하고 싶어

하는 사람은 중세의 역동성을 보지 못할 것이다. 중세적 사유의 다양성은 역사적 사실이며, 이를 들여다보기 위한 작업은 여러 지역으로 나누어진 문화를 제대로 이해하는 것에서부터 시작해야 한다. 중세의 대도시는 파리만 있었던 것이 아니다. 쾰른도 있었고 크라쿠프도 있었으며, 나폴리, 샤르트르, 볼로냐, 옥스퍼드도 있었다. 여기에는 랑(Laon)과 파비아, 풀다(Fulda)와 프라하, 코르도바와 에르푸르트도 낄 수 있다. 이러한 다양성을 제대로 이해하려면 — 각 도시를 직접 가서 둘러보는 것이 가장 좋은 방법이겠으나 — 어떤 경우이든 간에, 지도가 딸린 역사책 하나는 손에 쥐고 있어야 할 것이다.

내 책은 중세의 사유가 일률적이고 서너 개 정도의 학파의 사상이나 주제로 충분히 압축될 수 있다고 보는 견해를 반박한다. 최근에는 나와 같은 입장을 공유하는 연구가 상당히 진척되고 있다. 루디 임바흐(Ruedi Imbach)는 중세의 학문적 지식의 생산자와 수용자가 속한 사회적 계층을 연구해 중세의 학문이 결코 성직자 계급의 배타적 전유물이 아니었다는 점을 밝혀냈으며(*Laien in der Philosophie des Mittelalters*, Amsterdam 1989; *Dante, la philosophie et les laïcs*, Fribourg/Paris 1996), 로리스 스투를레세(Loris Sturlese)는 지역적 철학사 서술에 크게 기여했다(*Die deutsche Philosophie im Mittelalter. Von Bonifatius bis zu Albert dem Großen*, München 1993). 알랭 드 리베라(Alain de Libera)는 앞에서 언급한 도시와 문화의 다양성과 주제와 답변의 다양성을 전체적으로 조명한 종합적이면서도 매우 새로운 중세 철학사를 서술한 바 있다(*La philosophie médiévale*, Paris 1993). 여기에는 이탈리아와 영미권에서 이루어진 새로운 연구의 성과물인 다수의 비평본과 번역서도 함께 언급되어야 마땅하다. 나는 나의 책이 지향하는 바와 여러 외적 사정이 허락하는 한에서, 이 같은 최근의 연구 성과들을 적극 수용했다. 나의 책은 레클람(Reclam) 출판사의 학술 문고 시리즈에 단일한 한 권으로 출간될 예정이다.

2. 새 판에서 나는 기존 텍스트를 다시 한 번 검토하고 교정했으며 상당 부분 내용을 더 추가했다. 몇몇 장(章)과 절(節)은 최근의 연구 상황을 고려하고 또 개인적으로 연구한 것 때문에도 통째로 다시 쓸 필요가 있었다. 예를 들어 12세기에 대한 서술이 여기에 해당된다. 12세기 사유의 다양성은 마치 헤아릴 수 없이 많은 관념의 보고와도 같아 초판 원고의 경우에 매일 일종의 마감 직전의 초조함을 안고서 글을 썼다. 그래서 그 당시 나는 서둘러 책을 마무리했으며, 그 결과 내가 특별히 많은 시간을 들여 공부한 사상가들을 소개하는 일을 부득이 포기할 수밖에 없었다.

제1판이 나오고 난 뒤, 나는 개인적으로 다른 계기를 통해 여러 주제를 가지고 책을 써 왔다. 나의 책들은 제2판 작업에 큰 도움이 되었기에 이 자리를 빌려 간단히 소개하고자 한다.

Kurt Flasch, *Einführung in die Philosophie des Mittelalters*, Darmstadt 1987, ³1994.

_____, *Aufklärung im Mittelalter? Die Verurteilung von 1277*, Mainz 1989.

_____, *Was ist Zeit? Augustinus von Hippo. Das XI. Buch der Confessiones. Historisch-philosophische Studie*, Frankfurt a. M. 1993.

_____, *Logik des Schreckens. Augustinus von Hippo. Die Gnadenlehre von 397*, 2., verbesserte Auflage mit Nachwort, Mainz 1995.

_____, *Nikolaus von Kues. Geschichte einer Entwicklung*, Frankfurt a. M. 1998.

Kurt Flasch (Hrsg.), *Interpretationen. Hauptwerke der Philosophie. Mittelalter*, Stuttgart 1998.

Kurt Flasch/Udo Reinhold Jeck (Hrsg.), *Das Licht der Vernunft. Die*

Anfänge der Aufklärung im Mittelalter, München 1997.

3. 제1판의 독자들과 제1판에 서평을 써 준 모든 분에게 진심으로 감사를 드린다. 제1판의 독자들은 내가 보는 관점과 내가 글을 쓰는 방식을 모두 존중해 주었으며, 내 책을 "새롭고 원전에 충실하면서도 젠체하지 않는" 책이라고 평가해 주었다. 제1판을 나는 보훔(Bochum)에서의 내 학생들과 나 자신만을 염두에 두고 썼다. 나는 장장 1,200여 년에 걸친 사유의 역사를 혹시 오직 원전을 통해서만 빠져나올 수 있는지를—종종 숨 쉬는 것도 멈춘 채—정말 시험해 보고 싶었다. 그리고 내가 시도한 것이 성공했다기보다는 거의 불가능에 가까운 일이었다는 사실을 절감했다. 그래서 다시 한 번 용기를 북돋아 준 나의 친구들과 독자들에게 감사한 마음을 가지고 있다.

제1판을 돌이켜보면, 내가 그때 이 책을 피렌체의 체사레 바솔리(Cesare Vasoli)에게 헌정했다는 사실이 아직도 기쁘고 자랑스럽다. 우리의 우정이 아직 시작되기도 전이었던 그 당시에 나는 그의 인품을 존경했으며, 그의 박학다식함과 고전적이고 수사학적인 말하기 방식에도 감탄했다. 바솔리가 아니었으면 나는 15세기를 다루는 장(章)을 쓰지 못했을 것이다. 시간이 흐르면서 우리는 학술적 교류를 넘어 우정을 쌓게 되었고, 나중에는 그의 부인인 니디아(Nidia)와도 친분을 맺게 되었다. 그래서 나는 내 친구들의 관심과 애정, 그리고 우리가 피렌체와 로마, 그 외의 여러 곳에서 함께 나누었던 토스카나 지방 특유의 향신료가 듬뿍 들어간 경쾌한 대화를 기억하면서 이 책의 제2판을 기꺼이 이 두 사람에게 바친다.

가에타(Gaeta)에서
1999년 6월 14일
쿠르트 플라슈

제3판 서문

1. 과거는 멈추어 있지 않다. 과거는 매번 다르게 서술된다. 연구가 진행될수록 학문과 철학적 사유의 역사에 대한 우리의 이해도 계속해서 변해 간다.

이 책은 독자들의 지속적인 관심 덕분에 두 번이나 확장되고 개정판이 나올 수 있었으며, 그동안 지난 수십 년 동안 변화해 왔던 모든 관점과 연구 경향을 최대한 수용했다. 최초에 이 책은 스콜라주의에 대한 단일하고 경직된 개념에 대한 대안으로 구상되었다. 정교 협약에 의한 석좌 교수(Konkordatslehrstühle)의 학술 조교로 있는 이들은 이 책에 맹렬한 비판을 가함으로써 학계에서 이름을 날리기도 했다. 이 책은 다양성을 보여 주고 논쟁을 분석했다. 다양한 세계관 사이의 차이점을 드러내고자 했으며, 위대한 사상가들에 대해서만 언급하는 기존의 관행에 반기를 들었다. 투르의 베렝가르(Berengar), 라이문두스 룰루스(Raimundus Lullus)와 오트르쿠르의 니콜라스(Nicholas d'Autrécourt) 같은 독특한 인물들에게도 주목했다. 이 책이 처음 출판된 이후로 25년이 지났는데, 그동안 중세 연구는 훨씬 풍부하고 활기차게 진행되었다. 새로운 주제가 등장하고 새로운 텍스트가 발견되었으며, 일반인과 전문 학자 집단 사이의 차이가 관심 있게 다루어졌다. 제도적 교육 기관과 검열의 역할이 뚜렷하게 드러났으며, 신학뿐만 아니라 의학과 수학을 비롯한 주변 학문들도 주목을 받았다. 심지어 아비 바르부르크(Aby Warburg)의 발자취를 따라 '마술'이라든지 연금술과 천문학과 점성술, 건축과 문학까지 다루었다. 한때 경시하고 지나쳤던 주제들이 이제는 중요한 연구 주제로 대두했다. 요컨대, 별과 꿈, 군주의 교육에 사용되었던 저서들, 무지개, 그림과 시각, 운동량과 이단 심문, 성(性)의 역할과 감정, 사상 전달 매체와 문학적 형식의 영향 등이 다루어졌다. 각각의 사상가는 자신만의 고유한 사유를 진행하는 방법을 돌려받았으며, 또 어떤 사상가들은 스콜라주의라는 — 일원화된 사상의 — 보편 개념의 압제에서 해방되었다. 예를 들어 오늘날 아무도 마이스터 에크하르트(Meister Eckhart)나 단테(Dante)를 토마스주의자로 간주하지 않는다.

2. 서술 방법은 더 자유롭고 다양해졌다. 여러 전문가에게 세부 사항에 대한 개요를 각각 서술해 달라고 부탁한 다음, 그것들을 한데 모아 하나의 전체적인 개요를 구성하는 방식이 최근에 많이 등장했다. 나는 이러한 작업을 비난하지 않는다. 왜냐하면 나 또한 그들로부터 많은 유익함을 얻고 있기 때문이다. 예를 들어 로버트 패스나우와 헨리크 라거룬트의 광범위한 철학 백과(Robert Pasnau, Cambridge 2010; Henrik Lagerlund, Dordrecht 2011)에서 많은 도움을 받았으나 두 사람을 똑같이 모방하지는 않았다. 나는 내 책에서의 나의 본래 의도를 고수하기로 했다. 즉 철학적 사유에 대해 생각해 보기 쉽도록 원전에 최대한 밀착한 책이지만 전문 개념 사전 같은 스타일의 안내서는 아니어야 할 것, 현대의 그 어떤 철학 백과도 달성하지 못하는 서술의 치밀함이라는 불가능한 이상에 매여 있지 않을 것, 여기에 또한 나의 책은 단 한 권으로 출간되어야 했다. 이로 인해 새롭게 포함되는 내용의 범위가 제한되었다. 그럼에도 나는 1250년부터 1380년까지 이루어졌던 철학적 발전을 새롭게 구성했다. 이 시기의 연구 성과에 대한 생생한 인상을 제공하기 위해 해당 분야에 크게 기여한 두 명의 학자에게 사상가들을 이 책

의 구조에 맞게 소개해 줄 것을 특별히 부탁했으며, 그렇게 해서 생-푸르생의 기욤 뒤랑(Guillaume Durand de Saint-Pourçain)과 장 뷔리당(Jean Buridan)에 대한 장(章)이 이 책에 들어왔다. 피오렐라 레투치(Fiorella Retucci)는 그녀가 직접 교정하기도 한 반(反)토마스주의자와 도미니코회 수사인 기욤 뒤랑에 대한 장(章)을 썼으며, 올라프 플루타(Olaf Pluta)는 14세기 가장 영향력 있는 철학자로 꼽히는 뷔리당에 대해 썼다. 이렇게 해서 이 책은 14세기에 대한 모습을 더욱 풍부하고 구체적으로 제시할 수 있게 되었다. 13세기 후반과 14세기 서술의 '차례' 구성은 내가 정했으며, 그 전체 내용은 앞서 말한 두 연구자와의 협업으로 이루어졌다.

3. 다른 작가들도 이와 비슷한 방식으로 새롭게 소개해야 하지 않을까? 참 많이 고민하기는 했지만 결국에는 그렇게 하지 않기로 했다. 그렇게 하면 분량이 너무 많아지고 책의 구조를 망가뜨릴 수 있었다. 나는 생략하는 것도 추가하는 일만큼이나 중요하다고 생각한다. 나로서는 특히 지난 수년 동안 개인적으로 연구해 왔던 철학자들을 다루지 않고 넘어가기가 쉽지 않았다. 결국 나는 그들을 이 책에서 분리한 다음, 다른 곳에서 원전과 훨씬 더 긴밀하게 결합하고 서술적 안정성을 갖춘 방식으로 다루기로 결정했다. 그리하여 아우구스티누스(Augustinus)와 대결했던 에클라눔의 율리아누스(Julianus von Eclanum)에 대한 장(章)을 내 책 *Kampfplätze der Philosophie. Große Kontroversen von Augustin bis Voltaire*, Frankfurt a. M. 2008, S. 11~41로 옮겼으며, 아베로에스(Averroes)와 알베르투스 마그누스(Albertus Magnus)에 대한 장은 *Meister Eckhart. die Geburt der Deutschen Mystik aus dem Geist der arabischen Philosophie*, München 2007에 실었으며, 토마스 아퀴나스(Thomas Aquinas), 간다보의 헨리쿠스(Henricus de Gandavo), 퐁텐의 고드프루아(Godefroid de Fontaines)와 에지디우스 로마누스(Aegidius

Romanus)와 관련해서는 *Dietrich von Freiberg. Philosophie, Theologie und Naturforschung um 1300*, Frankfurt a. M. 2007에서 함께 다루었다. 또한 *Meister Eckhart—Philosoph des Christentums*, München 2010에서는 최근 출간된 마이스터 에크하르트 작품의 비평본을 살펴보았으며, 단테는 *Einladung, Dante zu lesen*, Frankfurt a. M. 2011에서, 니콜라우스 쿠자누스(Nicolaus Cusanus)와 그의 저작은 *Nikolaus von Kues. Geschichte einer Entwicklung*, Frankfurt a. M. 1998에서 다루었다. 그리고 *Was ist Gott? Das Buch der 24 Philosophen*, München 2010은 새로이 편집된 어느 단편 작품을 다룬다.

이 모든 연구 성과는 지금 여기 놓인 책에 아주 간접적으로만 통합된다. 참고문헌 목록도 최신 상태로 업데이트했다. 나는 앞으로도 계속 이 책이 읽기에도 좋고 연구에도 유용한 책으로 남기를 바란다.

4. 이제 마지막으로 이 책이 나올 수 있도록 도움을 준 친구들에게 사의를 표하는 즐거운 일만 남았다. 무엇보다도 전문가로서 세심하게 협력해 준 레투치와 플루타에게 감사의 말씀을 드린다. 특히 레투치는 참고문헌 목록의 개정 작업에도 크게 기여했다. 항상 내 곁에 있어 준 루디 임바흐에게도 고맙다는 말을 하고 싶다. 나는 그에게서 좋은 조언을 참 많이 받았는데, 특히 프란체스코 페트라르카(Francesco Petrarca)에 대한 장(章)을 쓸 때 도움을 많이 받았다. 이들 모두에게 진심으로 감사의 말을 전한다.

마인츠에서
2012년 3월 12일
쿠르트 플라슈

차례

지은이 서문 7
제2판 서문 10
제3판 서문 13

들어가는 말 22

제1부 중세 철학의 기초

제1장 역사적 상황 38
제2장 아우구스티누스 43
제3장 보에티우스 61
제4장 디오니시우스 아레오파기타 98
제5장 중세 초기의 문제 상황 106

제2부 중세 철학의 발전 국면

I. 새로운 기본 조건

제6장 그리스도교 156
제7장 라틴어 166
제8장 교육 체계 170
제9장 도서관 174

II. 카롤루스 왕조 시대의 개혁

제10장 경제, 정치, 문화   190

제11장 요하네스 에리우게나   195

III. 시작: 11세기

제12장 제국의 새로운 문화: 오토 왕조와 랭스의 게베르 오리야크   216

제13장 경제적 성장   220

제14장 투르의 베렝가르와 캔터베리의 안셀무스   228

IV. 12세기

제15장 역사의 분수령   236

제16장 교회와 이단   242

제17장 새로운 지식   245

제18장 안셀무스가 닦아 놓은 두 개의 길   255

제19장 앎과 실천의 자율성   262

제20장 피에르 아벨라르   267

제21장 샤르트르   284

제22장 자연   296

제23장 12세기에 미해결로 남은 문제들   313

V. 13세기

제24장 역사적 상황   330

제25장 전문 지식, 대중적 학문의 시작, 탁발수도회   333

제26장 대학과 저술 형식   342

제27장 이슬람 문명의 도전   349

제28장 유대 철학에서 받은 자극   378

제29장 아리스토텔레스 수용 이후의 자연과 사회와 학문 386
제30장 아리스토텔레스주의와 플라톤주의 397
제31장 알베르투스 마그누스 404
제32장 토마스 아퀴나스 412
제33장 보나벤투라 429
제34장 로저 베이컨 438
제35장 급진적 아리스토텔레스주의자들: 브라방의 시제와 다치아의
　　　 보에티우스 445

VI. 14세기

제36장 역사적 상황 456
제37장 1277년 단죄와 그 여파: 13세기 말의 상황 467
제38장 피에르 드 장 올리비: 13세기 말의 급진적 프란체스코회
　　　 사상가 475
제39장 라이문두스 룰루스(라몬 유이) 479
제40장 프라이베르크의 디트리히 494
제41장 마이스터 에크하르트 507
제42장 대조적 철학들: 과도기 철학 둔스 스코투스 528
제43장 생-푸르생의 기욤 뒤랑 544
제44장 윌리엄 오컴 556
제45장 런던의 선험철학과 파리의 경험철학: 토머스 브래드워딘과
　　　 오트르쿠르의 니콜라스 574
제46장 장 뷔리당 587
제47장 국가, 사회, 교회: 파도바의 마르실리우스 600
제48장 새로운 자연과학 611
제49장 인문주의 620
제50장 페트라르카: 14세기의 철학자 625

VII. 15세기: 중세와 근대 사이

제51장 역사적 상황 636
제52장 과도기의 사상가들 642
제53장 피렌체: 새로운 세계의 중심지 649
제54장 레오나르도 브루니와 일치 공의회 657
제55장 로렌초 발라 665
제56장 니콜라우스 쿠자누스 676
제57장 피렌체가 추방한 철학자들 683
제58장 피렌체의 플라톤주의 691

제3부 새로운 시대

제59장 중세, 르네상스, 종교개혁 704
제60장 레오나르도 다 빈치 710
제61장 마키아벨리와 루터 717

부록

참고문헌 약어표 745
후주 748
연대표 853
덧붙이는 말 870

옮긴이 해제 875
옮긴이의 말 899
도서명 및 인명 찾아보기 905
사항 찾아보기 923

들어가는 말

1. 중세 철학은 사유를 통해 삶의 방향을 찾고자 하는 개인적 노력과 집단적 노력으로 이루어져 있다. 그들은 성화상(聖畫像) 숭배가 타당한지, 흑사병이 어떻게 생겨났는지 이해하고 싶어 했다. 그 과정에서 이들은 보다 일반적인 문제들을 다루지 않을 수 없게 되었다. 예를 들어 어느 대주교가 그의 선임부제(選任副祭, Archidiakon)가 전날 밤 꿈에 신의 계시를 받았다는 말을 듣고 성화상 숭배를 정당화하기로 한 경우에, 그들은 이것이 과연 타당한 논증이 될 수 있는지를 결정해야 했다. 중세인의 사유는 대체로 다음과 같은 소박한 질문을 던지는 데에서 시작되었다. 군주제가 다수에 의한 통치보다 더 좋은 것이었는가? 가능한 모든 사람이 수도자로 살아야 하는가? 일체의 상거래와 군사적 행위는 죄가 되는가? 그러나 이러한 질문들은 복잡한 이론으로 변화되었다. 왜냐하면 중세 문명은 원시적 조건에서 시작되었으며, 삶과 앎의 형태에서도 고대의 양식에 의존해야 했기 때문이다. 전문가들은 확실히 성경을 소유하고 있었다. 이들은 성경에 쓰인 모든 말을 하나의 예외도 없이 하느님의 말씀으로 읽었으며, 『구약성경』도 그렇게 읽었다. 그리고 그 과정에서 그들은 우리가 오늘날 역사적으로 이 책들이 수백 년에 걸쳐 생겨났다는 사실로 설명하는 온갖 비일관성과 모순에 부딪혔다. 그들은 성경 안에서 영원한 진리를 보았고 불일치와 불균형은 '논리적으

로', 즉 고대 후기의 변증론적 규칙에 따라 해명했다. 그들은 성경이 '일체의' 진리를 담고 있다고 가정했기 때문에 자신들이 필요로 하는 것을 성경 안에 집어넣었으며, 그 과정에서 고대 후기의 다양한 해석 방법을 다시 한 번 도구로 활용했다. 단순했던 시작에 비해 굉장히 많은 것이 덧붙여졌다. 해석과 논쟁은 오늘날 우리에게는 추상적으로만 보일 정도로 복잡한 성격을 띤다—하지만 이는 중세가 부차적 문명이라는 사실을 감안하면 충분히 이해 가능한 부수적 현상이다.

또한 순수하게 이론적인 것 같은 문제도 따지고 보면 현실적이고 정치적인 연관성이 있는 경우가 허다했다. 만일 라틴어를 쓰는 서구의 어느 사상가가 그리스도교의 진리를 철학적으로 논증하고 입증했다면, 그는 라틴 문화권의 그리스도교인이 최고의 진리와 권력과 팽창에 대한 적법한 권리를 가지고 있다고 승인한 셈이다. 이러한 작업의 결과, 성직자들의 사회적 위치가 크게 달라졌다. 예를 들어 인간의 모든 인식이 감각 경험에서 비롯된 것인가라는 논쟁을 할 때, 이들은 이 문제를 그리스 이교도나 아랍 또는 비잔티움 학사들이 쓴 책들을 우리들, 즉 서구 그리스도교인들이 쓴 저작보다 가치 있게 평가하느냐 마느냐 같은 정치적·윤리적 문제와 결부시켰다. 이교도 이슬람 사상가들이, 믿음이 없는 자들이 어떻게 우리 교회의 교부들보다 진리에 더 가까이 다가갔다는 말인가? 그렇기 때문에 인간 인식의 기원이 아무리 추상적 주제였다 해도, 그 주제에 대한 토론은 결코 순수하게 인식론적이고 사변적인 차원에서만 이루어지지 않았다. 12세기 이후로 가시적인 교회의 권위라든지 또는 교회가 요구하는 순명(順命), 십일조 납세 의무에 사람들이 점점 더 강하게 회의를 품게 되자, 교회는 은총이 가시적으로 수여된다는 사실을 모든 인간 인식이 감각에서 기원한다는 논증을 통해 정당화하기에 이른다.

이렇게 '순수하게 학구적'이고 '시대와 무관한' 것처럼 보이는 질문들은 사실 매우 구체적인 '삶의 자리'에서 제기되었다. 바로 이 삶의 자리를 다시 보는 것이 중요하다. 왜냐하면 처음에 있었던 것은 자기 시대의 현실적 갈등에 대한 답을 찾고자 하는 사람들이지, '개념'이나 추상적 '문제'가 아니기 때문이다. 사회적·정치적 단체들이 특정 학술 이론을 자기들의 고유한 사상적 특징으로 내세움으로써 소속감을 확립하는 경우가 적지 않았다. 이는 특히 중세 후기의 수도회들에 들어맞는 말이다. 이들은 이른바 문중 철학(Hausphilosophie)을 교시함으로써 수도 공동체의 고유한 정체성을 확립하고 대외적 권력을 얻고자 했다. 그러므로 이 경우에 현대의 철학사가들이 이들 사상에서 순수하게 이론적 내용만을 추출해 내려 애를 쓴다면, 그것은 실로 기괴한 작업이 아닐 수 없다.

실제로 이런 일은 지금까지 충분히 많이 일어났다. 철학자들, 특히 독일 철학자들은 저 '이념'이라는 것에 너무 오랫동안 집착한 나머지 그것을 정말 실재하는 것으로 만들어 버렸으며, '문제'는 역사를 이끄는 능동적 주체로 격상했다. 여기 놓인 이 책은 차별화된 연구 방법과 서술 방식을 통해 이 같은 철학자들로부터 거리를 두려는 대담한 시도이다. '유명론'(唯名論)이나 '실재론'(實在論), '아리스토텔레스주의'나 '플라톤주의' 같은 표현은 중세 철학의 역동성을 포착하지 못한다. 이 시대의 사유를 일차적으로 이러한 흐름들 사이의 대립으로 이해해서는 안 된다. 중세인들의 작품을 이해하는 것은 우리가 이미 준비해 둔 당파의 이름을 알맞게 갖다 붙이는 것이 아니다. 물론, 나는 '개별적' 논증을 '플라톤적'이라든지 '아리스토텔레스적'이라는 말로 특징짓는 일을 포기하고 싶지는 않다. 그러나 이는 이해를 돕기 위해서만, 즉 당장의 분석을 위해서만 행하는 작업일 뿐이다. 이 임시적 분석이 끝나면 나는 각각의 철학적 사유를 그것이 속한 역사적 상황에 대한 응답으로서, 또한 그 자체로 재차 또 다른 역사적 상황을 만들어 내고 다음 시대의 구조를 형성하는 원인으로 읽을 것이다. 주어진 역사적 상황에서 철학을 '도출'해 내는 것은 내게는 그것을 역사적 맥락에서 분리하는 것만큼이나 불가능해 보인다. 이 분리는 독일 인문학 전통의 두드러진 특징이었고 무엇보다도 신(新)스콜라주의학파와 전후(戰後)의 복원주의적 사고에서 특별히 강조되었다. 서로 반대되는 두 관점의 차이를 첨예화하는 것은 자극적인 일일 것이다. 물론, 이렇게 되면 또다시 새로운 편향성이 만들어질 수 있다. 하지만 그러한 위험을 감수하고서라도 '중세의 정신적 삶'을 찬미하는 대중적 이상주의의 열망을 깨고 동시에 사유가 중세의 삶의 현실에 끼친 실제적 영향을 확인하는 것이 바로 나의 목표이다. 그런데 이런 관심사를 가진 사람은 비단 나 혼자만은 아니다. 나는 여기서 이 분야의 대가인 리처드 W. 서던(Richard W. Southern)의 작품인 *Scholastic Humanism and the Unification of Europe*, Bd. 1, Oxford 1995를 그 예로 들고 싶다.

2. 한편, 오늘날 중세의 사유를 연구하는 수많은 연구자는 여전히 철학적 문제들의 독립성을 암묵적으로 가정하고 있다. 클레멘스 보임커(Clemens Baeumker)* 같은 주도면밀한 학자가 1909년 이것을 근거가 필요한 전제로 선언한 바 있다. 하지만 그가 제시한 근거는 잘못되었다. 보임커는 이렇게 썼다. "중세의 세계관에 대해 이야기할 때, 우리는 중세인들의 삶이 그 믿음과 동기와 투쟁과 기타 환경들 속에서 실제로 어

---

* 클레멘스 보임커(Clemens Baeumker, 1853~1924): 독일의 중세 철학사가이다. 그는 파더보른(Paderborn)에서 뮌스터 대학을 졸업했으며, 1877년 같은 대학에서 철학 박사 학위를 취득했다. 1883년 브레슬라우 대학, 1900년 본 대학, 1903년 스트라스부르크 대학을 거쳐 뮌헨 대학 교수로 있었다. 그는 수많은 저술과 강의를 통해 독일의 토마스주의 부활에서 큰 기여를 했다고 평가받는다. 그는 중세 철학사가로서 아비체브론(Avicebron), 알-파라비(Al-Farabi), 브라방의 시제 등의 철학자에 대한 연구 및 철학 교본 편집의 선구자이기도 했다. 그의 가장 큰 공헌은 학술지 『뮌스터』(*Münster*)의 창간이었으며, 평생에 걸쳐 이 잡지의 편집을 지도하면서 비텔로(Witelo)에 대한 그의 주요 논문을 게재했다. 저서로 *Das Problem der Materie in der griechischen Philosophie*(1890), *Die europäische Philosophie des Mittelalters*(1909), *Roger Bacons Naturphilosophie*(1916) 등이 있으며, 그의 장서는 쾰른의 알베르투스 마그누스 연구소(A1bertus Magnus Institut)에 기증되었다.

떤 모습을 갖고 있는지 알아보는 일을 배제해야 한다. 여기서 우리는 단지 핵심 인물들이, 즉 공공연하게 철학자로서 활동했다는 한에서의 주요 인물들이 이상(理想)에 대한 요청으로 제시하고 학문적 사변을 통해 정초하려고 했던 대상들에만 주목한다"(강조는 인용 원문의 강조).[1)]

이러한 판결이 문제가 될 수밖에 없다는 점은 분명하다. 살아 있는 철학은 '학문적 사변'과 '이상적 요청'만으로 모조리 환원되지 않는다. 삶의 현실과의 아무런 연관 없이 오직 '이상적 요청'으로만 구성된 철학은 살아 있는 것이 아니라 죽은 철학일 것이다. 중세 철학의 역사 서술을 위해 실제 중세인들의 생활을 배제하기로 했을 때, 보임커는 이러한 사실을 간과한 것이다.

내 생각에 보임커는 철학사적 특수 연구와 전체적 역사 서술을 구별했어야 하지 않았나 싶다. 만일 내가 브라방의 시제(Siger de Brabant)가 시간에 대해 아리스토텔레스(Aristoteles)가 내린 정의에 대해 무엇을 말했는지를 조사한다면, 나도 그가 속한 사회적·문화적 배경을 방법론적으로 배제할 것이다. 하지만 지금 여기 있는 이 책과 같이 '중세 사유의 역사'를 쓰는 경우라면, 독일의 오토 왕조나 온 세상을 통치하려는 교황의 의도, 농경 사회와 도시의 형성 과정에 대해서도 이야기해야 한다. 이는 여기서 어떤 새로운 결론을 '도출해 내기' 위해서가 아니라 단지 실존했던 관계들을 보여 주기 위함일 뿐이다. 전체적 역사 서술에는 미시적 연구에서와는 다른 규칙이 적용된다.

그러나 이와 달리, 구체적 개인이 아니라 이념을 역사적 지식의 시작으로 삼을 경우에 사유 내용과 개인과의 관계는 문제를 넘어 모순적으로까지 된다. 누군가가 사유를 했을 때, 그 사유된 내용은 사유 주체인 그 한 사람만의 전유물로 남지 않는다. 개인은 역사적 조건 아래, 그것을 이론으로 만들기도 하고 실천으로 옮기기도 한다. 헤르메스 트리스메기스토스(Hermes Trismegistos)가 별에 대해 말한 것이 사유하는 개인들에게도 그대로 들어맞는다. 별들은[=개인들은] 밀어붙이지만 강제하지는 않는다. 그들은 불가피한 상황을 만들어 낸다. 그들은 말해질 수 있는 것을 가능하게 하고 규정하기는 하지만 아무것도 결정하지 않는다. 중세 철학의 서술은 개인의 '생애와 업적'이 아니라 바로 개인 그 자체에서 '시작해야 한다'. 이렇게 하면 사상가 개인의 사유를 최대한 공감하고 가능한 한에서 보편적으로 이해할 수 있기 위해 그가 처했던 상황을 면밀히 살펴보고, 또한 그가 살아온 삶의 궤적을 추적하게 된다. 만일 지금 이 시점에서 누군가가 결정론이라든지 사회학주의라든지 또는 환원주의 운운한다면, 그는 자기가 '상호 작용'이라는 것을 조금도 알지 못한다고 고백하는 셈이다. 왜냐하면 그에게 모든 것은 본질적이거나 부수적이고, 아니면 기초이거나 그 위에 쌓아 올려진 벽돌이거나 둘 중 하나이기 때문이다. 실재를 이렇게 강단 아리스토텔레스주의나 대중 마르크스주의적 입장에 따라 어설프게 이해하면 역사적 삶도 잘못 이해할 수밖에 없다. 이 두 개의 관점은 역사적 사유를 크게 방해하며 이론적으로 지탱될 수조차 없는 입장들이다.

3. 중세 철학을 그 이론적 내용에서 정당화하는 것이 아니라 그 내용을 역사적 맥락에서 보고 '이론적 내용'과 '정당화'라는 용어 자체를 문제삼는 것이 중요하다. 중세의 철학 이론이 우리 시대에도 '유효'하고 여전히 "우리에게 시사하는 바가 크다"라고 주장하는 것은 중세 철학에 대한 서투른 변론이다. 우리 시대에 그것은 설교자가 할 말이지 철학자들이 할 말은 아니다. 그래서 나는 과거에서 '변하지 않는 진리'를 찾는다든지 또는 중세의 철학 이론이 여느 근·현대적 이론 체계의 구성과 동등하거나 심지어 그보다 우월하다고 주장하기 위해 쓸데없이 에너지를 낭비하지 않는다. 이는 속견들의 박람회에 너무 많은 관심을 기울이는 일이다. 하지만 중세 철학의 역사적 연구는 절대로 그 내용적 중요성을 상실하지 않는다. 나는 다만 이러한 중요성을 역사적 연속성의 직접적인 구성 요소에서 메타-역사적으로 찾지 않고, 특정 시대의 이론

이 형성되고 유지되고 폐기되는 조건들을 분석함으로써 찾고자 할 뿐이다. 나는 '인간 이론의 최후의 요구 사항이 역사적 세계와 얽혀 있는 관계'에 대한 연구가 우리가 가진 이론에 대한 개념을 반성하지 않고서는 진행될 수 없다고 생각한다. 중세 철학은 고대의 학문 분류에 따라 본래 논리학, 자연학, 윤리학으로 구성되었지만, 각 분과 학문 안에서 형이상학이기도 했다. 중세 철학의 역사적 연구는 형이상학과 인간이 자연과 인간을 지배하는 여러 형식과의 연관을 규명한다. 따라서 중세 형이상학이 근대의 형이상학 또는 형이상학 비판의 기초를 이루게 된 과정을 그려 낼 수 있다. 중세 형이상학자들의 사고방식을 지금 현재에 재생시키는 것이 아니라 오히려 그 형이상학적 사유의 전개를 역사화하고 단절할 때, 우리는 그들이 주장한 이론의 중요성을 비로소 파악하게 된다.

원전에 충실한 연구와 심지어 '실증적' 연구조차도 그 중요성을 현대적 기준으로 판단해야 하며, 다른 기준으로는 판단할 수 없다. 중세 철학을 현대에 당장 유효하게 만드는 작업은 어떻게든 피하고 싶지만, 무엇을 하더라도 우리는 현대적인 판단 기준에서 벗어날 수 없다. 결국, 중세 철학의 역사적·사회적 기능에 대한 관심도 지금 이 현재의 문제의식에서 비롯된 것이다. 이는 언어의 역할이나 논리에 대한 철학적 판단을 문제로 취급할 때에도 마찬가지이다. 나는 중세 철학이 왕과 황제, 봉건 귀족과 농부, 세속 권력을 가진 교황과 탁발 수도사가 살았던 세계의 지식이라는 점을 다름 아닌 중세 철학의 이론적 구성 요소들을 통해 보이고자 한다. 물론, 이것은 철학적 사고가 이 세계를 있는 그대로 전부 반영하고 있다는 말이 아니다.

'위계'는 중세의 분명한 특징으로 제시되는 지극히 형이상학적 개념이다. 이는 그전과 비교하면, 위계질서에 대한 관념 자체가 위기에 처하고 난 다음부터 훨씬 더 상세하게 기술되어 왔다. 철학적 접점을 지금 이 현재에 두고 있는 사고방식이 철학의 역사적 연구를 필연적으로 방해하는 것은 아니며, 오히려 역사적 연구를 촉진할 수도 있다고 생각한다. 이 같은 연구의 목표는 다름 아닌 괴리에 대한 역사적 경험을 철학적으로 해명하는 데에 있다.

4. '중세'는 인문주의자들의 무리한 발상에서 나온 용어이다. 이 말은 약 1,000년에 걸친 낯선 시기를 지칭하기 위해 도입되었으며, 실제로는 존재하지 않는 통일성을 인위적으로 만들어 낸다. 여기에는 에라스무스(Erasmus)의 철학적 신념도, 11세기 유대인 학자들의 '지혜'도 포함된다. 궁정 관료를 양성하기 위한 목적에서 나폴리에 설립된 대학과 쾰른의 도미니코회가 운영하는 대학 사이에는 현대인의 시점에서 서둘러 일반화하기에 너무나 큰 차이가 존재한다. 물론, 우리는 500년에서 1500년경 사이의 유럽인들이 20세기 유럽인들과 비교할 때, 확실히 더 통일적 삶을 살았다고 해석할 수 있다. 그러나 현대의 지성적 분열의 경험이 19세기와 20세기에 중세의 사유를 부당하게 일반화하고 조화롭게 해석하는 경향을 만들어 냈다. 중세의 철학적 사유는 이 같은 부적절한 일반화의 경향을 따르지 않고 역사적으로 다루어야 한다. 즉 사유의 다양성을 보전하고 그 다양성을 공통의 구조 안에서 바라보아야 한다.

중세 같은 광범위한 시대 연구는 지속적인 관점의 변화를 요구한다. 예컨대, 이는 베네치아 같은 크고 오래된 도시를 구경하는 일과 유사하다. 멀리서 보면 베네치아는 단일한 양식으로 이루어진 도시처럼 보인다. 다른 이탈리아 도시들과 확연히 구별되는 베네치아만의 고유한 특징이 있으며, 그 특징은 너무 분명해 헷갈리는 일조차 없다. 그러나 건물과 골목과 운하의 혼돈 속에 빠지고 나면 누구든지 이 도시 안에 상이한 구역과 서로 다른 사회 집단이 존재한다는 사실을, 더는 환원 불가능한 개인들의 다양성을 당장 알아챌 수 있다. 중세 철학도 이와 같아 멀리서 바라보면 통일적이지만 가까이 다가가면 통일성이 사라져 버리는, 보는 사람으로 하여금 수많은 향수를 불러일으키지만 그렇다고 해서 예의 그 통일성이 터무니없는 허상인 것은 아닌 그런 독특한 특성을 갖고 있다. 중세 철학의 이해는 역사적 거리를 유지하고 그것을 바라보면서 선별된 세부 사항을 관찰하는 일에 빠져들 때에야 비로소 시작된다. 이것은 중세 철학의 일반적 생활 조건, 역사적인 다양한 배경, 발전의 중요 국면 및 중세 철학의 주요 성과를 전부 확인하는 작업이어야 한다. 중세의 사변적 이론이 중세인들의 삶에서 수행한 실천적 역할이 무엇이었는지를 말해 줄 수 있어야 하며, 근대 세계가 어떻게 중세 후기에서 탄생하게 되었는지를 명료하게 보여 줄 수 있어야 한다. 나는 이러한 작업을 일반화의 범주를 조금도 사용하지 않고 수행하고자 한다. 여기서 나는 '중세'라는 용어를 순전히 지리적 측면에서 서구 라틴 세계에만 관련지어 사용한다. 그러나 이 지역은 그 본질을 유대와 이슬람 세계에 빚지고 있으며, 비잔티움 문화권에서도 많은 영향을 받았다. 내가 많이 참고했고 내게 큰 도움이 되기도 했던 저 훌륭한 도서 서지학 역사책조차 "이슬람 세계는 새로운 것이며, 그 본성상 서구에 이질적이다"라고 서술함으로써 이슬람 문명을 배제한다.[2]

나는 '본질'(본성)이라는 단어의 경솔한 사용과 아랍 세계가 서구에 끼친 영향을 부정하는 견해에 동의할 수 없었기 때문에, 간접적 연구를 빌려서라도 이 책에서 아랍 세계에 대해 이야기해야 했다.

5. 역사적 인식은 인식 활동을 하는 관찰자에게 항상 종속적이기 마련이다. 따라서 본론에 들어가기에 앞서 역사 서술에 대한 나의 주관적 관점을 분명히 밝혀 둘 필요가 있다. 나는 내 입장을 다른 책[3]에서 이미 상세히 논증한 바 있는데, 여기서는 세 개의 명제로 압축해 제시해 보겠다.

첫째, 나는 중세 철학을 소개할 때 독자들이 거기서 자신의 정신적 고향을 찾기를 바라는 마음으로 소개하지 않는다. 현대에 대한 그 어떠한 비판도 이러한 과거로의 도피를 정당화할 수 없다. 우리가 중세로의 귀향을 거부할 때에야 비로소 중세는 역사적으로, 그리고 철학적으로 흥미롭게 된다. 여전히 영향을 끼치고 있는 과거 어느 시대의 철학의 역할을 분석하는 것이 지금 현대의 지성이 가야 할 길을 안내하는 데에 유용할 수는 있다. 또한 이론과 자연, 사회의 관계도 다르게 바라볼 수 있을 것이다. 형이상학과 종교철학의 문제도 중세 시대를 알면 새로운 관점으로 접근할 수 있다. 이는 오해의 소지가 다분한 ─ 이른바 통일적 ─ '중세 사회'를 지역과 시대에 따라 어떻게 나누고, 또한 문학적 맥락에 따라서는 어떻게 구별하느냐에 달려 있다. 예컨대, 이렇게 해야 빙겐의 힐데가르트(Hildegard von Bingen)와 마이스터 에크하르트(Meister Eckhart) 같은 인물들이 집착의 대상으로 전락하고 강제로 재활용되는 일을 방지할 수 있을 것이다.

둘째, 시온의 파수꾼들은 내게 중세의 저자들이 신학자였다고 귀에 못이 박이도록 말한다. 내가 신학자를 철학자로 취급함으로써 중세의 사상가들에게 폭력을 행사하고 있다는 것이다. 예를 들어 내가 아무리 니콜라우스 쿠자누스(Nicolaus Cusanus)가 '신학'을 일종의 플라톤주의적 관념론에서 행하는 것과 같은 철학적 작업으로 이해하고 있다는 사실을 증명해도, 자기들이 가진 거룩한 신앙에의 열정 때문에 저들에게는 내 말이 조금도 들리지 않는 것이다. 자기들이 표방하는 신학의 보편타당성을 어찌나 맹신하는지 그들은 보에티우스(Boethius)와 중세의 주요 전통이 신학을 가장 추상적인, 최상위의 인식 단계에 두었다는 사실을 보지 못할 정도이다. 이 같은 고전적 의미에서의 신학은 순종과 복종, 그리고 주입식 교육과는 아무런 상관도 없다. 이러한 신학은 사유를 통해 순수 형식의 세계로 고양되는 것, 즉 철학적 이데아론 같은 것이기 때문이다.

그러므로 다음과 같은 차이가 있음을 알아야 한다. 나는 내 책 어디에서도 내가 다루는 사상가가 유대인인지 아니면 이슬람이나 그리스도교 신앙을 가졌는지를 따지지 않는다. 내가 던지는 질문은 단지 그들이 각기 어떻게 논증했느냐라는 것일 뿐이다. 경건한 신앙을 가진 수학자는 어떤 계산 문제를 풀기 전에 하느님께 기도를 드릴 수 있다. 그는 하느님이 연산을 하듯이 이 세상을 창조한 분이시니, 자기는 이 수학 문제를 해결함으로써 하느님께 영광을 드린다고 우리에게 충분히 말할 수 있다. 우리는 이 경건한 수학자의 신앙 고백을 존중하고 인정한다. 하지만 우리는 그의 문제 풀이를 신학적으로가 아니라 수학적으로 검증할 것이다. 중세 철학을 연구하는 철학사가들도 이와 비슷한 입장에 처해 있다. 중세 철학사가들이 취급하는 인물들은 자신들의 사상을 각자의 유대교적이고 이슬람적이고 또는 그리스도교적인 신앙 내용에 철학적 이론을 적용하는 행위로 이해했다. 이러한 의미에서 나는 그들을 종교철학자로 간주하며, 신스콜라주의나 루터 신학에서와 같은 의미로는 신학자라 보지 않는다. 이들이 자신들을 '신학자'라고 지칭했다면, 이는 거의 폴 틸리히(Paul Tillich)가 스스로를 신학자라 불렀던 것과 같은 의미로 이해된다. 그 외 신학에 대한 현대의 다른 개념들은 대체로 시대를 초월하는 것으로서 제시된다. 나는 개인적으로 (창조와 삼위일체, 육화 같은) 종교철학적 주제에 개방적인 매우 유연한 철학 개념을 고수하는데, 예의 현대적 신학 관념은 중세에 대해 나의 철학 관념보다 시대적으로나 내용적으로나 훨씬 더 아득히 멀리 떨어져 있다.

나는 후대에 이론과 실천, '스콜라주의'와 '신비주의', '철학'과 '신학'과 '자연과학' 사이에 행해진 단절을 중세에 적용하지 않는다. 이들 분과의 분리와 단절은 중세 후기에 나타나기 시작한 움직임이므로 중세 시기 전체에 적용되는 전제나 조건으로 제시되어서는 안 된다.

셋째, 중세 철학은 자주 순수 사변 이외에 아무것도 아닌 것으로 비쳤다. 하지만 정작 중세인들의 머릿속에서는, 그 사변들이 근·현대의 중세 철학사가들이 으레 실천 이성과 관련한 문제들을 실상 거의 다루지 않고 넘어갔듯이, 그저 순수한 이론으로만 있었던 것이 아니었다. 하지만 이 책에서 나는 중세 이론의 형성 과정에서 발생하는 다양한 가치판단을 고려했다.

6. 나는 중세 철학이 참으로 실제적 역사를 갖고 있다고 생각한다. 말로는 누구나 다 동의할 것이다. 하지만 나는 이러한 직관적 통찰을 구체적으로 보여 주려 했던 것이다. 이는 중세 철학이 중세의 예술과 유사한 발전 양상을 가진다는 것을 의미한다. 메로비우스 왕조 시대에 만들어진 브로치와 힐데스하임의 미카엘(Micahel in Hildesheim) 대성당의 건축 양식 사이에, 1422년 마사초(Masaccio)의 프레스코화 사이에는 제각기 거대한 세계가 존재한다. 대략 이 같은 차이를 나는 지성적 발전의 역사에서도 똑같이 연구하려 했다. 나는 시대적으로 후속하는 단계를 이전 단계의 규범적 목표로 간주하지 않았다. 중요한 것은 발전하고 성장하는 과정을 분명하게 보여 주는 일이었다. 하지만 나는 '성장'을 점차 이상적 형태로 되어가는 식물적 생장이 아니라 개방성이 갈등을 낳고 개인적 시각의 다양성이 최후 순간까지 그 권리를 주장하는 역사적 과정으로 이해한다.

이 같은 연유로 나는 스콜라주의의 '전성기'와 '쇠퇴기'의 은유를 거부했다. 내 책에는 '번영'과 '몰락'에 대한 서사가 없다. 그 대신에 내가 보여 주고자 했던 것은 다음과 같다. 중세는 1050년 이후부터 확실히 지속적인 발전을 이룩했는데, 어떤 특정한 역사적 접점에서 엄청난 집적률을 보인다는 점이다. 예를 들어 1050년부터 1130년 사이가 그러했으며, 나중에는 1277년부터 1350년 사이에 한 번 더 같은 일이 발생한다. 이 가운데 두 번째 시기는 단순한 쇠퇴가 아니라 근대 초기 사유의 합리적 대안의 시원(始原)으로서 등장한다. 중세 사유의 역사가 현대 세계의 발생 기원과 밀접한 관련이 있다는 측면에서, 나는 특히 14세기와 15세기에 특별한 관심을 기울였다.

7. '중세'라는 말은 관습적으로 사용된다. 이 용어 아래에서 이루어지는 작업들 중에는 제대로 된 것보다는 실상 잘못된 것이 훨씬 더 많다. '중세'라는 말이 가진 안타까운 단점들 가운데 하나는 몇몇 전문가조차도 경험적·역사적 자료의 부족으로 인해 중세에 대해서는 확실한 인식을 얻는 것을 불가능하게 보고 있다는 점에 있다. 독자들이 여기서 잠시 시간을 가지고 혹시 자신이 이러한 오류에 빠져 있는지 어떤지 반성해 보면 재미있을 것 같다. 한번 이렇게 상상해 보라. 여러분은 내 책상 위에서 무지개에 대한 내용을 담은 중세 필사본 하나를 발견한다. 그리고 내가 가진 필사본에는 대략 20쪽 정도가 비어 있다고 가정하자. 여러분은 소실된 그 부분에서 실은—1300년경 수도사로 살았던—저자가 무지개를 신과 인간 사이의 화해의 표징으로 말하고 있다고 추측하고 싶은가? 그렇다면 여러분은 '중세'라는 단어의 함정에 빠져 있는 것이다. 왜냐하면 사실 이 텍스트는 완벽하게 보존되어 있고 정확히 1300년 전후에 집필되었으며, 무지개의 종교적이고 상징적인 해석에 대해 언급하는 문장은 단 한 줄도 없기 때문이다. 이 텍스트는 무지개의 발생에 대한 문제를 순수하게 광학적 관점에서 다루고 있다. 저자는 물방울 속에서 빛이 어떻게 진행하는지를 설명함으로써 무지개라는 현상을 분석한다. 중세에는 이처럼 계시 진리나 영혼의 구원, 상징들을 완전히 배제한 접근 방법이 실제로 있었다. 하지만 이 차가운 객관성은 우리가 곧잘 상상하는 '중세'의 이미지와는 다른 것이다.

또 다른 예를 보자. 1348/49년 창궐했던 흑사병은 중세인들의 삶에 엄청난 충격을 가져다주었다. 여러분은 중세 시대의 어떤 저자가, 그것도 어떤 성직자가 이 잔혹한 재앙을 적나라하게 묘사하면서 이 땅의 고통에는 그리스도교 신앙만이 위로가 될 뿐이라는 말은 언급조차 하지 않을 수도 있다고 생각하는가? 이 재앙에 대해, 하느님께서 허락하신 재앙이라는 식의 말은 그가 조금도 하지 않았다는 사실을 여러분은 믿을 수 있겠는가? 이 질문에는 수많은 이와 심지어 유능한 전문가들조차도 부정적으로 대답한다. 하지만 이들은 모두 '중세'라는 말의 함정에 빠졌다. 왜냐하면 조반니 보카초(Giovanni Boccaccio)는 1350년경 흑사병의 영향을 잔인하리만치 병적으로 묘사하고 그 끔찍한 고통을 낱낱이 열거하면서, 그 당시의 모든 종교적 전례와 사람들이 바친 기도가 의사가 할 수 있는 것이 아무것도 없었던 것처럼 무의미하고 공허했다고 보고하기 때문이다. 그는 이 역병이 하느님이 진노하신 때문인지 별들의 불길한 운행으로 말미암은 결과인지 모르겠다고 하면서 점성술에 의한 해석을 신학적 해석과 동등한 위치에 놓기까지 한다.

무지개에 대한 프라이베르크의 디트리히(Dietrich von Freiberg)의 순수 과학적 해명과 14세기 최악의 재앙에 대한 신학-중립적 서술들은 '중세'라는 말에서 서슴없이 어떤 결정적 표상들을 도출해 내서는 안 된다고 경고한다. 설령, 디트리히의 방법론적 제한과 보카초의 회의적 태도가 다름 아닌 중세의 저작에 태동하는 '근대적' 정신이라 말한다 해도 사정은 크게 달라지지 않는다. '근대'라는 말은 '근대성', '탈근대적', '전근대적' 같은 단어들과 한몸을 이루어 '중세적'이라는 말과 마찬가지로 결국에는 문제에 대한 미봉책으로서 사용되기 때문이다. '근대'라는 말은 임시적 경계를 정하고 성가신 것들에 대한 연대 작업을 생략하게끔 하지만, 실질적으로 유의미한 지식들은 하나도 만들어 내지 못한다. 16세기 사상가인 마르틴 루터(Martin Luther)는 보카초보다 더 '중세적'이다. 그러므로 결론적으로 말하자면 이렇다. 시대에 대해 통상 사용되는 명칭들은 가끔씩 상이함에 대한 실제적 경험을 드러내기는 하지만 실상에서는 피상적 구분 이상의 다른 역할을 하지는 못하며, 더욱이 그 형용사적 용례를 통해 우리에게 마치 내용적 규정성이 실재하는 것 같은 착각을 불러일으킨다. 시대를 지칭하는 용어들은 세부적 연구를 방해한다. 예컨대, 르네상스의 종교적 성격 같은 공허한 문제를 만들어 내는 것이다. 이 책은 중세의 사유에서 윌리엄 오컴(William Ockham)이나 쿠자누스를 마지막으로 서술하지 않았다. 나는 정말로 결

들어가는 말 35

정적 사건은 15세기에 발생했다는 사실을 구체적으로 증명했다. 이 시기에 있었던 새로움은 부정할 수 없으며 부정하고 싶은 생각도 없다. '중세'와 '르네상스'의 용어상 대립에 대해 깊이 이야기할 것이 아니라면 말이다.

15세기 이탈리아 북부와 중부에서는 질적으로 새로운 것이 발생했으며, 더 나아가 인쇄술의 발명은 독서와 학습뿐만 아니라 텍스트를 수용하는 주체의 자기의식과 권력의 행사 방법도 바꾸어 놓았다. 그런데 1080년부터 1150년 사이에도 이와 유사한 변화가 있었다. 하지만 이미 소비된 단어를 확장해 사용함으로써 그 의미를 약화하지 않도록 하기 위해 나는 이 변화를 감히 '르네상스'라고 부르는 일은 삼가하려 한다. 17세기 초 갈릴레오 갈릴레이(Galileo Galilei)와 르네 데카르트(René Descartes)에 의한 새로운 물리학의 등장은 중세로부터 완전히 결별하는 계기가 된다. 17세기 말에는 로렌초 발라(Lorenzo Valla), 니콜로 마키아벨리(Niccolò Machiavelli), 에라스무스가 기초를 닦은 역사적 연구가 피에르 베일(Pierre Bayle), 장 르클레르(Jean LeClerc), 리샤르 시몽(Richard Simon), 안토니오 루도비코 무라토리(Antonio Ludovico Muratori), 잠바티스타 비코(Giambattista Vico)와 볼테르(Voltaire)에 의해 집중적으로 새로운 발전을 이룬다. 역사적 객관화는 이전 시대에 대한 지식을 증가시켰지만 이전 시대와의 간극 또한 심화시켰다. 그리고 그 격차는 산업혁명과 프랑스혁명을 통해 세계사적 수준으로 벌어지게 되었다.

이러한 역사적 거리에 대한 분명한 의식을 갖고 나는 아우구스티누스(Augustinus)에서 마키아벨리까지 이어지는 철학적 사유의 역사를 쓴다.

제1부

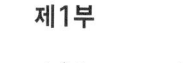

중세 철학의 기초

제1장
역사적 상황

중세는 난데없이 갑자기 시작된 것이 아니다. 중세는 이미 그 시작부터 고대의 형식에 기반을 두고 있었다. 무엇보다도 먼저 그리스도교적인 고대 후기로부터 삶의 양식과 해석 방식을 물려받았다. 대표적으로 아우구스티누스의 저작이 그러하며, 그다음으로는 보에티우스와 디오니시우스 아레오파기타(Dionysius Areopagita)의 작품을 들 수 있다. 중세 철학의 발전을 이해하려면 지금 언급한 텍스트들에서 이루어진 철학적 성과가 무엇인지를 밝혀야 한다. 왜냐하면 단순한 편찬 작업 그 이상으로 되고자 하는 움직임이 바로 이들 저작에서 처음 시작되기 때문이다.

지금 이 자리에서는 아우구스티누스와 보에티우스, 그리고 디오니시우스 아레오파기타의 사상을 원하는 만큼 자세히 설명할 수 없다. 나는 여기서 이들 사상가의 정신세계와 그들이 속한 역사적 위치를 대략적으로 그려 보이는 것으로 만족하고자 한다. 이들은 모두 4세기 말에서 6세기 초 사이의 시대에 살았다. 이들 세 사람은 자기만의 독특한 다양성을 가지고 그리스도교-철학적인 다양성을 정당하게 창출했다. 세 사람 모두 고대 후기의 경제와 사회 및 정치적 발전이 조성한 범위와 틀 안에서 책을 썼다. 그들은 고대의 철학적 개념과 가치 체계를 알고 있었으나, 그 유효성은 교의의 발전과 종교적·정치적 변화로 인해 회의에 부쳐지고 있었다.

지중해 세계의 단일 문화권은 붕괴하기 시작했다. 콘스탄티누스 대제(Constantinus I)는 324년 콘스탄티노폴리스(Constantinopolis)로 수도를 이전함으로써 제국의 동방과 서방의 분리를 더욱 재촉하고 강화하는 데 기여했다. 특히 지금 우리가 주목하고 있는 시기인 4세기 말엽에는 그 정치적·문화적 골이 깊게 패어 있었다.

제국의 서쪽 지역에서는 그리스어를 읽을 줄 아는 사람들의 수가 점점 줄어들었다. 아우구스티누스도 그리스어로 쓰인 책을 더는 읽지 않았다. 이로 인해 고전적인 그리스의 학문과 철학과의 연결이 끊어졌으며, 아주 특수한 상황에서만 ─ 예컨대, 보에티우스 같은 경우에서처럼 ─ 그 연결 고리가 재생되곤 했다. 어쨌든 전반적으로 제국이 동과 서로 분리되는 경향이 우세했다. 동쪽에서는 원거리 무역이 활발해지고 도시들이 번성했으며 부유층과 빈곤층 사이에 다양한 중산층이 세분화되었지만, 서쪽에서는 사회적 양극화가 나타났다. 도시는 더이상 부유층에게 매력적으로 다가오지 않았다. 재산이 있는 사람들은 시골로 내려가 소유지를 한곳에 모은 다음, 그곳에 터를 잡고 살기 시작했다. 또한 중앙 정부의 행정 능력이 점점 약화됨에 따라 상대적 권력을 획득하기까지 했다. 조세와 사법 권한 및 방위의 의무는 점차 지방 관청이나 해당 지역으로 이관되었다. 고대 후기의 문명은 이렇게 점점 전원적 사회로 변해 갔으며, 봉건 시대가 시작되기에 좋은 환경이 조성되었다. 동시에 수확량이 감소하고 노예에 대한 비용은 더 비싸졌으며 경작지 면적이 줄어들었다. 사회적 재화가 빠르게 고갈되는 상황에서 고대 후기의 국가는 비대한 관료 조직과 과중되는 국방비를 파괴적인 세금 징수로 대응해야 했다. 그 결과 전체적인 생활의 규제와 관료주의화가 뒤따랐다. 미사여구로 치장된 황제권의 절대성은 계속해서 의미가 약화되었으며, 낮은 계층의 사람들은 국가에 더는 소속감을 느끼지 않았다. 고대 사학자인 마티아스 겔처(Matthias Gelzer)가 제국을 '교도소 국가'라 불렀던 이유는 국가 구조가 유연성을 상실하고 국민들에게 강제하는 일이 점점 많아졌으며, 개인이 진취적으로 활동할 수 있는 여지가 사라졌기 때문이다.

전문 기술을 가진 장인들은 노예 같은 수준으로 전락했다. 사람들은 이주를 꺼렸으며 기술직은 세습적으로 되었다. 개개인의 삶도 영위하기가 점점 어려워졌다. 과도한 세금 부담 때문에 그 누구도 더이상 공직자의 삶을 자발적으로 추구하지 않았으며, 이 때문에 공직도 세습화되기에 이르렀다. 이렇게 꽉 막힌 제도에서 벗어나기 위한 방법으로 은둔 생활과 설득력 있는 언변 능력, 그리고 성직자로서의 삶이 제시되었다. 자아에 대한 철학적 이념과 자신의 고유한 활동을 통해 달성할 수 있는 행복의 이상은 이 같은 삶의 형태에서만 가까스로 명맥을 유지할 수 있었다. 철학은 개인적 삶에 대한 단념과 사회적 활동으로부터의 거리를 표현하는 데에 사용될 수 있었다. 성직자의 정체성을 유지하고 수사학적 아름다움을 필요로 하는 한에서만 철학은 계속해서 살아남을 수 있었다. 고대의 전통과 비교하자면, 철학의 역할은 크게 축소되었다. 정치적 활동과의 긴밀한 연관성과 이성적 사유 내용을 변증법적으로 전개하는 것과 같은 차원이 여기서는 모두 제거되었기 때문이다. '이성적'인 것은 전부 독단적 입장으로 취급되었다. 이는 제국의 동방과 서방 모두에 해당되는 말이다. 다만 사회적으로 더 불안정하고 빈곤화가 심한 서쪽에서는 합리적 자기 인식이 실제 진행된 역사의 비이성적 행보와 훨씬 더 결정적인 대립을 보였을 뿐이다. 인간이 참으로 이성적이고 진실한 삶을 원한다면 그것은 오직 저세상에서만 가능했다.

서쪽 제국은 동쪽과는 비교도 할 수 없을 정도로 긴 국경선 때문에 외세의 침략에 크게 노출되어 있었다. 하루가 멀다 하고 제국의 멸망을 눈앞에 두고 있는 상황이었다. 황제의 신성한 태양은 너무 멀리 있었다. 그는 서쪽 주민들에게 더는 실질적 보호를 제공하지 않았다. 대신에 가까이 있는 것은 토착 압제자들과 야만적인 이민족들이었다. 또한 계속되는 전투에서의 패배가 가뜩이나 문제적인 제국 서방의 내부 정치와 사회적·경제적 상황에 지속적으로 악영향을 끼쳤다. 예를 들어 황제 그라티아누스(Gratianus)가 고트족과의 전투에서 처참하게 패했을 때(378), ─그 당시 아우구스티누스는 24세였다─ 다음과 같은 일들이 뒤따랐다. 세금 부담이 심각하게 가중되었다. 전쟁 포로들이 노예시장으로 더이상 유입되지 않고 기술 노동 비용이 점점 비싸졌으며, 토지의 수익성과 조세 수입이 크게 감소했다. 인구도 감소했다. 규모가 어마어마했을 것이라 상상할 필요가 전혀 없는 소수의 게르만 부족이 ─전투 능력을 갖춘 사람이 기껏해야 2만 명도 채 되지 않는다─ 사방을 들쑤시고 다니면서 도시와 도로를 파괴했다. 이로 인해 교역이 어려워졌고 지방 분권화의 촉진, 즉 더 많은 토지를 소유한 자에게 권력이 집중되는 현상이 가속화되었다. 농업의 불황으로 인해 400년에 이미 ─아우구스티누스가 은총을 자유의지보다 위에 두었던 시기이다─ 자유 농들이 세금 수탈에서 벗어나고자 대토지 소유자의 소작인으로 들어가 남의 땅을 일구면서 살고 있었다. 이들은 한줌의 안전을 보장받기 위해 독립을 포기하고 개인의 자유를 세도가의 호의와 바꾸었다. 약탈자들이 땅을 휩쓸고 지나가면 농민들은 지주에게 보호를 요청했다. 이렇게 소작인들은 실질적으로 노예와 다를 바 없는 상황에 처하게 되었다. 착취가 심하고 변화에 대한 희망이 완전히 사라지지 않은 곳에서는 ─아프리카, 갈리아, 스페인 지방─ 소작인들의 봉기가 일어나기도 했다. 그리고 이러한 내부적 갈등은 군사력의 붕괴를 재촉했다.[1)]

이러한 전반적 상황에서 사유가 만일 조금이라도 개인이 보편적인 비참에서 벗어날 수 있는 탈출구가 ─사막의 은수자들처럼─ 될 수 있었다면, 또는 물러 터진 문화의 외관을 가꾸는 일을 ─수사학의 세계─ 비판할 힘을 조금이라도 갖고 있었다면, 지금처럼 어디에서도 안전을 기대할 수 없는 상황 속에서는 사유가 확실성과 보편적 가치, 올바른 삶의 이상을 저세상에 두거나 이 삶을 피안을 위한 준비 과정으로 간주하는 경향을 띨 수밖에 없다. 이러한 경향이 얼마나 확산되었는지,

고대 철학과 학문의 영향이 그로 인해 얼마나 더 제약을 받아야 했으며 심지어 변형되기에 이르렀는지는 고대 후기의 그리스도교 문화권에 살았던 사상가들 각각의 사례를 조사해야만 확인된다.

제2장
아우구스티누스

그리스도교적인 것에 대한 최초의 구상(386~95)

아우구스티누스(Augustinus, †430)의 작품은 전부 세례를 받은 이후 (387년 부활절)에 저술되었다. 그러나 세례보다 앞선 그의 '회심'(386)이 그의 지적 발전의 유일한 변곡점은 아니다. 397년 밀라노 주교 심플리키아누스(Simplicianus)에게 헌정된 작품인 『심플리키아누스 문제집』 (*Quaestiones ad Simplicianum*)에서 은총론을 발전시킨 이후, 아우구스티누스는 386년에서 396년 사이에 집필했던 저술들을 수정할 필요가 있다고 판단했다. 생을 마감하기 3년 전에는 『재논고』(*Revisiones*)라는 제목의 책을 썼는데, 거기서 아우구스티누스는 자신의 작품들을 비판적으로 검토한다. 아우구스티누스는 이 책을 자신이 지금까지 썼던 책들을 개괄하는 입문서로 간주했으며, 저자의 의도는 오늘날에도 유효하다. 왜냐하면 그는 『재논고』에서 자신의 접근 방식의 다양성과 그의 마지막 사유의 단초를 전부 공개했기 때문이다. 중세에 관심 있는 독자들은 이 작품을 통해 아우구스티누스의 저작 전체를 조망하고 그의 작품들 사이의 다양한 참조 가능성을 엿볼 수 있을 것이다.[1]

아우구스티누스는 주로 초기 작품들을 비판적으로 보는데, 그 자신의 비판에 따르면 초기 작품들에는 '은총'에 대한 올바른 가르침이 결여되어 있다는 것이다. 즉 '은총'은 당신이 원하는 사람을 구원이나 멸망으로 선택하되 그것을 받는 자의 의지의 윤리적 성격과 무관하게 선택하는, 선취할 수 없는 하느님 주권의 행위로 정의되어야 한다. 아우구스티누스는 회고하기를, 자신은 그 당시 은총에 의존하지 않는 인간 의지의 독립성을 주장했다고 한다. 그리고 믿음을 인간이 독자적으로 정립할 수 있는 자발적 시작으로 오해했다는 것이다.

아우구스티누스는 과거에 자신이 저지른 오류를 다음과 같이 지적한다.

— 철학자들을 지나치게 높이 평가했다.
— 복음서가 보도하는 하늘나라를 서술할 때, 감각적 세계와 정신적 세계의 플라톤적 대립에 적합한 표현들을 사용했다.
— 예수를 비폭력성 때문에 찬양했다. 그러나 실제 예수의 활동은 가르침과 설교에만 국한되지 않는다. 예수는 물리적 힘도 사용했다.
— 복된 삶은 '영(靈)에 따라' 사는 삶이라 가르쳤다. 그러나 복된 삶은 사실 '하느님을 따라' 사는 삶이다.

이 같은 지적은, 그가 처음에는 키케로(Cicero)에 열광하고, 이후에는 마니교를 따르고, 마지막으로는 고대 회의주의에 빠졌던 시기의 자기 자신이 아니라 '회심' 이후의 그가 철학과 그리스도교를 결합하려 했던 방식에 대한 비판이다. 397년 이후의 아우구스티누스에게서 이 결합의 중심점은 지나치게 철학에 치우쳐 있는 것처럼 보였다. 다시 말해 이것은 후기의 아우구스티누스가 그리스도교의 본질적 특징으로 여긴 것이 이러한 결합 방식으로는 충분히 표현되지 않는다는 것을 의미했다. 그가 그리스도교의 고유한 특징으로 보았던 것은, 즉 역사적으로 볼 때 거의 머지않은 지상적 삶까지 아우르는 만물의 새 질서 속의 영원한 구원으로 소수의 사람이 무조건적으로 자유롭게 부르심을 받았다는 관념이다. 아우구스티누스의 모든 저작은 '그리스도교적'으로 구상되었다. 그러나 397년의 은총론은 이러한 그리스도교적 구상 계획에서 전환점과 같았다. 386년부터 391년까지 그리스도교의 신앙 내용이 참된 이유는 그것이 신플라톤주의적으로 서술된 참되고 지성적인 세계를 가리키기 때문이었다. 그리스도교는 가시적 세계에서 인간을 각자의 내면으로 돌이키기 위한 일종의 교육 기관과 같았다. 인간은 제각기 자신의 고유한 내면으로 돌아가 자각과 덕행을 통해 하느님의 영과 닮은꼴이 되도록 노력해야 한다.

  그리스도교적인 것에 대한 아우구스티누스의 최초 개념은 다음과 같은 특징을 가진 고대 후기의 사유에서 영향을 받았다. 인간과 신적인 것에 대한 지식, 즉 자연에 대한 지식이자 윤리적이고 정치적인 삶의 합리적 모습을 그려 내는 키케로의 지혜 개념은 다름 아닌 그리스도교 지식인의 삶 안에서 실현되어야 한다. 왜냐하면 이 '지혜'는 단지 신과 인간을 정신적 사유로 연결할 뿐만 아니라 그 자신이 — 예수라고 하는 — 가시적 인간과 — 교회의 — 교육 기관이 되었기 때문이다. 지혜의 엘리트주의적 이상은 이제 모든 사람이 달성할 수 있는 목표가 되었다. 이는 직접 신적 지혜를 향해 올라가는 지성적이고 의지적인 활동을 통하거나 아니면 보이지 않는 정신적 세계로 정향된 마음을 간직하고 그 세계를 암시하는 여러 상징과 기호를 결연히 고수함으로써 간접적으로 추구될 수 있다. 아우구스티누스에게서 그리스도는 신의 지혜였으며, 지성의 탐구와 권위에의 복종이 비로소 인간 삶에서 의미를 얻게 되는 올바른 모든 것의 총체였다. 하느님의 지혜가 무엇인지는 신플라톤주의자의 언어로 가장 탁월하게 설명할 수 있다. 그것은 '말'(言)이며, 이데아 세계의 사유하는 본질이자 참된 생명이고 진정한 실재이다. 감각적 세계는 신적 지혜의 모상에 불과하다. 인간은 사유하는 한에서 이 '말씀'과 특별한 관계를 가지고 있다. '사유'는 영원하고 변하지 않는 사물의 — 즉 '이데아의' — 근본 구조를 운동하는 형태로 재현하는 일인 것이다. 신플라톤주의에 따르면, 신성한 '하나' 또는 '선(善) 자체'에서 나오는 '말'은 질투하는 일 없이 자기 자신을 내준다. 그는 먼저 로고스에, 그다음에는 모든 것을 움직이는 '세계영혼'을 통해 자연으로 흘러내리며, 마지막으로 깨달음을 얻고 올바른 삶을 영위함으로써 만물의 근원으로 돌아가려는 인간에게 흘러내린다.

신의 세계 정초(창조)와 만물의 근원으로서의 선 자체로의 윤리적·정신적 회귀에 대한 신플라톤주의적 이론은 아우구스티누스 이전에 이미 오리게네스(Origenes)와 암브로시우스(Ambrosius), 마리우스 빅토리누스(Marius Victorinus)로부터 그리스도교적인 것을 해명하는 작업에 사용된 역사가 있다. 특히 로마의 저명한 수사학자였던 마리우스 빅토리누스는 본래 이교도였다가 그리스도교에 귀의한 인물로서 젊은 시절의 아우구스티누스에게 적지 않은 자극을 주었다. 386년 아우구스티누스가 신플라톤주의자들의 저서를 집중적으로 읽었을 때, 그는 단지 개인적 관심사를 갖고 있었다. 그는 그즈음에 고대의 회의론 논쟁에 짓눌려 있었는데, 신플라톤주의 철학은 그 회의주의를 비교적 간단히 극복할 수 있는 해결책으로 나타났던 것이다. 아우구스티누스는 다음과 같은 구별을 할 수 있게 되었다. 감각적 속임수와 오류, 다양하고 혼란스러운 사견은 우리를 기만하는 감각 세계와 관련이 있다. 하지만 이데아의 관계는, 수학적 확실성이 증명하듯이, 우연성으로부터 전혀 영향받지 않는다. 즉 '진리'가 분명히 있다. 신플라톤주의의 저서들, 특히 일부 라틴어로 번역된 플로티노스(Plotinos)의 작품과 포르피리오스(Porphyrios)의 저작들은 젊은 아우구스티누스가 9년 동안 신봉했던 마니교에서 빠져나올 수 있도록 도움을 주었다.

마니교는 고대 후기 사회의 억압적 성격을 극단적으로 표현한 종교철학 사상이다. 마니(Mani)의 죽음(275) 이후에 고대 후기의 여러 종교 단체에 침투해 있던 마니교는 그리스도교 내에서도 수많은 추종자를 가지고 있었다. 마니교는 구원을 가르치는 모든 종교의 근본 교리를 이렇게 표현한다. 즉 지금 현재의 이 세상은 아직 참된 신이 다스리지 않고 이 세상의 '어둠의 통치자'가 지배하고 있으며 예정된 이들, 즉 선택받은 이들이 '빛의 왕국'에서 내려오는 사자(使者)의 도움으로 죽음의 나라에서 빛의 나라로 들어가는 것이 곧 구원이라고 말이다. 어둠의 왕국은 선택받은 이들, 빛의 자녀들이 옥살이를 하는 곳이다. 하지만 빛의 사자가 나타나 선택받은 이들을 깨우면, 그리고 그들이 육식을 거부하고 육체적 관계를 단념함으로써 가시적 세계에 대해 죽게 되면 빛이신 아버지에게로 돌아갈 수 있다. 이러한 구원 가능성과는 별개로 마니교에는 위와 아래, 빛과 어둠, 영과 육의 극단적 대립을 가르친다. 가시적 세상은 악한 데미우르고스가 만든 작품이며, 마니교도들은 악한 데미우르고스를 『구약성경』에 나타난 신과 동일시했다.

마니교는 젊은 아우구스티누스에게 매우 매력적으로 다가왔다. 그것은 철학적 자유와 윤리적 엄격함에 논리적 일관성을 더한 사상이었다. 마니교는 세상이 와르르 무너졌고 더이상 인간의 힘으로는 바로잡을 수 없을 정도의 부조리한 상황에 처해 있다는 인식을 다양한 은유를 가지고 설파했다. 마니교는 고대 후기 세계의 절망과 사람들의 보편적 갈망을 들추어낸다.

아우구스티누스는 신플라톤주의 철학에서 인간 의지의 자유가 설 자리를 찾을 수 있었다. 인간에 대한 이중적 관점을 지양하는 신플라톤주의는 이 감각적 세계에서, 특히 그가 수사학자로 봉직했던 밀라노 궁정의 부패한 세상 속에서는 마음 편히 살 수 없다는 점을 깨닫게 해 주었다. 그러나 동시에 (신플라톤주의 철학은) 아우구스티누스에게 마니교에서 배운 이원론, 즉 두 개의 원리로 세상을 설명하는 이론에 내포된 사변적 문제들을 피할 수 있는 방법을 제시하기도 했다. 신플라톤주의적 사유는 아우구스티누스로 하여금 대립하는 하늘 위의 세계와 감각적인 이 세상 사이에 여러 층위를 도입하게끔 만들었다. 특히 악(惡)에 대한 문제가 이론적으로나 감정적으로나 예전보다 만족스러운 방식으로 제기될 수 있었다. 악은 인간이 이 세상 속에 사는 한 절대로 벗어날 수 없는 세계의 존재 근거 같은 것이 아니었다. 악은 자립성과 실체적 성격, 그리고 필연성을 상실했다. 이제 인간은 로고스의 빛을 받아들이고 악을 피하는 것, 이 두 가지를 원하기만 하면 되었다. 인간은 악을 완전히 부인할 수 없게 되었지만 사실 그럴 필요도 없었다. 악도 자기가 있을 자리가 있기 때문이다. 마니교적 세계관에서 차갑고 황량한 세계 역학적 특징을 띠었던 세상의 인과 질서는 신플라톤주의적 세계관에서는 악이라는 것을 포함하는 것으로 되었다.

수사학자로서 아우구스티누스는 항상 미적 가치에 대한 감각을 지니고 있었다. 이제 그는 악을 화가가 훌륭한 그림을 그릴 때 사용하지 않을 수 없는 검은색에 비유한다. 신플라톤주의적 용어를 사용하면서 아우구스티누스는 이렇게 말한다. 악은 실체적인 것이 아니며, 실체의 어떤 것이 부재하는 상태를 가리킬 뿐이다. 그것은 일종의 결함이고 결여(privatio)이다. 물론, 이렇게 해서 악의 문제가 단번에 정리된 것은 아니다. 이 이론은 단지 선이 명백히 악보다 우선하며, 근본적인 악은 비존재와 같다는 사실을 말하는 것이기 때문이다. 하지만 이러한 해결책에 만족하지 않고 그 이상으로 나아갔다는 점에서 아우구스티누스에게는 진정으로 사유하는 자로서의 영예가 주어진다.

이 해결 방법이 가진 특별한 이점들이 있다. 이 이론은 이원론을 극복함으로써 세계를 단 하나의 원리로 해명하는 일원론을 유효하게 만들었다. 이 일원론은 파르메니데스(Parmenides)가 철학적 전통으로 세우고 플로티노스가 일자(一者) 사상으로 갱신했으며, 유대-그리스도교 전통의 유일신 사상과 하나가 된 바로 그 일원론이다. '신'은 단 하나만이 있을 수 있으며, 그는 반드시 선한 신이어야 한다. 이것으로 소크라테스(Socrates)와 플라톤(Platon)에게서 수립된 도덕적 세계관이 복원되었다. 플로티노스는 섬세한 구별과 정교한 논증을 통해 '하나'가 사유와 정신과 로고스를 초월한다는 사실을 분명하게 보여 주었다. 하지만 플로티노스는 정신이 일자에서 나온다고 말했다. 그래서 만일 누군가가 플로티노스를 부정확하게 읽는다면, 그러니까 그의 사유에서 어떤 세계관이 따라 나오는지를 성급하게 추론하려 들면, 그는 플로티노스의 철학 전체는 결국 신과 영혼은 비물질적이라는 사실 하나로부터 지탱된다고 생각할 수도 있다. 아우구스티누스는 바로 이렇게 플로티노스와 포르피리오스를 이해했으며, 이 두 사람에게서 하느님은 물질이 없는 분이므로 어떠한 충돌이나 대립도 수용할 수 없다는 사상을 읽어 냈다. 요컨대, 세계의 두 원리가 서로 싸우고 있다는 마니교의 이론은 신의 순수한 정신성과 조화를 이룰 수 없었다. 386년 아우구스티누스의 신플라톤주의 철학 탐구는 신과 영혼의 비물질성과 우주 질서의 항상성, 악의 결여적 성격, 그리고 의지의 자유로운 결단 가능성을 확인함으로써 마니교도에 대항하려는 목적을 가지고 있었다. 각각의 모든 개인이 선택할 수 있는 올바른 삶을 이성적 삶과 불변의 진리와 맞닿아 있는 삶으로, 그래서 신과 함께하는 삶이자 행복한 삶으로 묘사하는 것이 고대의 전통이었다. 이것이 391년 이전, 즉 사제 서품을 받기 이전의 아우구스티누스 사상의 주요 주제들이다. 391년은 386년이나 397년처럼 그의 일생의 커다란 전환점으로 기록되는 해는 아니다. 하지만 그 이후로는 교회 조직에 대한 문제들이 확연히 아우구스티누스의 관심사에 들어온다는 사실을 관찰할 수 있다.

아프리카에서는 대다수 그리스도교인이 도나투스파에 속해 있었다. 도나투스주의는 순수한 교회를 지향하는 사상으로서 로마 제국에 융화되지 않은 아프리카 지방 하층민들을 중심으로 이루어진 토착 운동이다. 도나투스주의자들은 교회와 국가의 분리를 주장했으며, 교회 성사의 유효성을 성사 집행자의 도덕적 상태에 따라 결정했다. 처음에 아우구스티누스는 도나투스주의에 토론과 저술 작업으로 대응했는데, 이 때문에 그는 아프리카 교회에 고유한 저술 전통을 연구하지 않을 수 없게 되었다. 그 결과 그가 고수했던 신플라톤주의 철학 사상에서는 주제화되지 않았던 성경 해석과 교회사적 사안들이 중요한 문제로 대두되었다. 도나투스주의자들과 논쟁을 벌이는 것이 더는 아무런 효과가 없다는 사실을 깨달았을 때(특히 411년 이후로), 아우구스티누스는 황제의 치안 부서와 군 병력의 도움을 청하기에 이른다. 397년 이후에 제도적 기관과 개인에 대한 아우구스티누스의 입장은 근본적으로 변했다. 인간과 진리 관계의 제도화와 그리스도교적 삶의 성사화로의 관심사 전환으로 말미암아 ─ 그리고 이 전환은 이후 그리스도교적 사유와 중세 세계에 결정적인 것으로 된다 ─ 아우구스티누스가 초기 저작에서 규명하고자 했던, 또는 그가 함께 철학하는 동료와 토론하는 과정에서 찾고자 했던 진리와 행복이 선택받은 소수의 사람만이 피안의 세계에서 얻을 수 있는 그런 진리와 행복으로 탈바꿈하게 되었다. 그리고 이 땅에서 순례하는 삶을 사는 동안에는 권위와 전통이 인간의 본질적 관심사를 관장한다.

이러한 변화는 먼저 도나투스주의자들과의 논쟁으로부터 이해되어야 한다. 하지만 아우구스티누스 초기 저작들에 나타난 철학은 이론적 약점을 갖고 있었고, 저자로서 아우구스티누스는 이 결함 때문에 그의 초기 사상을 폐기 처분하지 않으면 안 되었다. 아우구스티누스의 초기 저작들은 이성적 결정이 현실적 삶에 끼치는 영향을 과대평가했다. 개인, 그 가운데에서도 '지혜로운 자'에 초점을 맞추느라 각 개인이 소속된 보편적 공동체의 역할을 제대로 보지 못했다. 특히 선하고 전능한 신이 다스리는 세상에서 무죄한 이들 또는 어린아이들이 고통받는 일이 어떻게 가능한가라는 문제에 대해 그의 초기 이론은 아무런 답변을 내놓을 수 없었다. 395년 이전 작품들에서 아우구스티누스는 철학을 혼란스러운 정념의 여정과 오류투성이인 지적 항해가 끝나는 항구로 이해하고 있다. 초기 작품들은 확실히 논증의 정교함이나 문제의식 자체보다는 철학적 결론의 측면에서 신플라톤주의 철학을 수용하고 있다. 청년 아우구스티누스는 그리스 철학 전통을 단편적으로만 알고 있었다 — 제국의 서쪽 지방은 그리스 문화권에서 서서히 떨어져 나오기 시작했던 것이다. 아우구스티누스도 그리스 철학을 번역서를 통해 접했다. 오로지 안정적 세계관을 확립하겠다는 집념에서 아우구스티누스는 고대 후기의 철학 사상들을, 그 중에서도 특히 신플라톤주의와 스토아주의를 결합했지만 그 과정에서 그가 사상들 사이의 호환성을 철저히 검토한 것은 아니었다. 그래서 우주에 대한 개념은 원래 스토아적 유물론의 맥락에서 이해되어야 하지만, 아우구스티누스는 이 개념을 그가 너무 쉽게 유심론으로 해석해 버린 신플라톤주의 철학과 함께 두었던 것이다. 플라톤주의에서 가까스로 살아남은 것은 다음과 같다.

— 세계는 이데아를 사물의 원형으로 사유하는 신적 지성으로부터 나왔다.
— 우리의 지성은 감각적인 것의 속박에서 풀려날 때에야 비로소 이 같은 신적 이데아를 인식하게 된다.
— 이데아는 항구히 남아 있는 것, 참된 것이다. 그러나 감각적 사물은 소멸하고 따라서 거짓된 것, 진정으로 존재하는 것이 아니다.
— 기만적인 물질적 대상에서 돌아서는 사람은 참되고 영원한 세계를 관조하는 가운데 행복을 얻는다.

이러한 구상은 세속적 만족을 포기하고 참되고 확고한 것에 이성을 집중시킴으로써 인간의 행복을 확보하기 위한 작업이었다. 인간이 이 행복을 자기 힘으로 얻어내야 한다는 것, 신적 특성을 가진 지성 능력을 사용해 인간이 이 목적을 정말로 달성할 수 있다는 것, 이것은 386년에서 395년 사이의 아우구스티누스가 받은 틀림없는 고대 철학의 유산이다. 그는 그리스도교를 이러한 행복을 실현하기 위해 실질적으로 필요한 것, 일종의 심리주의적인 것으로 이해했다. 왜냐하면 이 목적은 인간을 감각적인 세계 경험 속에서 끄집어내어 초월적인 것을 향해 돌려놓기 때문이다. 그 당시 그리스도교는 아우구스티누스가 이성에 대한 신플라톤주의적 관념이라든지 그 개념을 —「요한복음」에 따르면, 말씀 자체인— 신에게 확대 적용하는 일에 대해 회의적 입장을 취할 빌미를 주지 않았다. 그래서 아우구스티누스는 상호 소통적이지 않고 직관주의적 인식 개념이나 이데아적 불변의 대상에 대한 일방적 앎의 관계에 대해, 순수 관조적 삶의 엘리트적 우위성에 대해, 그리고 이 지성주의적 행복을 감각과 물질에 묶여 있는 이 세상 삶 속에서 실현할 수 있는 가능성에 대해 조금도 회의를 품지 않았다. 그는 당시 그리스도교인들을 고대 문명에 동화시키기 위해 노력하고 있었다. '7자유학예'[2])의 교과 과정에 응축된 고대 후기의 교육 체계가 완전한 형태로 보존되어야 했던 것이다. 실제로 아우구스티누스는 학예에 대한 교과서를 집필할 계획을 세웠으며, 변증론과 음악의 경우에는 작업이 어느 정도 마무리된 상태였다. 학문 활동의 목적은 영혼이 감각적 소여를 초월해 비감각적이고 변함없이 지속되는 원리를 바라보는 일에 익숙해지도록 하는 데에 있었다. 이 시기의 아우구스티누스는 정치적 문제를 거의 다루지 않았다. 어쩌면 그는 교회와 개개인의 역사는 테오도시우스 1세(Theodosius I, †395) 같은 그리스도교 황제의 손에 달려 있다고 믿었는지도 모른다. 이성은 공적 영역과 사적 생활 모두에서, 심지어 —아우구스티누스를 항상 위협했던— 성적(性的) 욕구를 엄격히 통제하는 일에서까지 막강한 힘을 발휘하는 듯이 생각되었다.

397년 사상의 전환: 은총론

397년 아우구스티누스는 심플리키아누스에게 헌정하는 글을 썼다. 이 논고는 지금까지는 없었던 새로운 은총론을 담고 있었다. 거의 비슷한 시기에 아우구스티누스는 주교로 서품되었다. 그는 교회-정치적 문제에 점점 더 깊이 개입했고 화합하지 않는 그리스도교인들을 상대로 국가 차원에서의 도움을 요청했다. 하지만 덕분에 그는 그 시대의 사회적·법적·정치적 문제들을 더 잘 이해할 수 있게 되었다.

새로운 은총론에 따르면, 인간이 사유 행위와 도덕 의지를 가지고 은총을 받기에 합당하게 된다는 것은 불가능한 일이었다. 펠라기우스(Pelagius)는 윤리적이고 급진적인 그리스도교의 이름으로 이 같은 은총론에 반대 의견을 폈다. 그는 의지의 자유를 파괴하고 마니교적 이원론 사상으로 돌아갔다며 아우구스티누스를 비판했다. 하지만 아우구스티누스의 입장은 확고했다. 하느님은 당신이 주고 싶은 사람에게 은혜를 주시고 주고 싶지 않은 사람에게는 주지 않으신다. 대다수의 사람은 후자에 해당하지만 그렇다고 해서 우리가 정당하게 신을 비난할 수 있는 것은 아니다. 이 같은 사정이 절대로 우리가 하느님의 공의(公義)를 의심하게 되는 근거가 되어서는 안 된다. 하느님은 정의로운 분이다. 그러나 그 정의로움이 신에게 대체 어떤 의미에서의 정의인지는 우리의 인간적 개념으로는 파악할 수 없는 것이다. 여기서 마지막 부분은 아우구스티누스의 초기 작품의 핵심 주제, 즉 신과 영혼에 대한 철학적 인식에 대해 성찰한 내용을 모조리 해체할 위험이 있었다. 만일 하느님의 길이 우리 인간의 길과 다르고 하느님의 생각이 인간이 생각한 것과는 다른 내용과 가치 판단을 가진다면, 그러니까 최고의 철학자들에 의해 의인화가 전부 제거되어 극도로 정제된 순수 사유의 내용과는 다른 것이라고 한다면, 철학적 신학은 그 근본부터 흔들리고 만다. 플로티노스와 키케로의 제자로서 아우구스티누스는 이렇게까지 극단적으로 사고할 수는 없었다. 그는 신을 철학적으로 탐구할 수 있다고 평생 굳게 믿었던 사람이다. 하지만 이제 인간적 사변으로 신을 이해하는 일은 어려운 조건 속에서만 가능하게 된다. 성경 권위의 중요성이 크게 대두되었기 때문이다. 하느님에 대해 인간적 사유로 말하는 모든 것은 성경의 판단을 받아야 한다. 모든 중요한 성경 구절은 또한 비유적으로 이해되어야 한다고 주장하며, 일종의 철학적 성경 비평으로 자처했던 우의적 해석 방법은 점점 그 의미를 상실했다. 무엇보다 인간적 사변은 더이상 그가 사유한 내용이 신보다 선행한다든지, 아니면 그로부터 이 세상 현실이나 인간의 행복과 직결되는 어떤 것이 필연적으로 도출된다고 확신해서는 안 되었다. 이 세상에서 실제로 일어나는 사건과 인간의 행복은 하느님 의지와 결단에 유보되어 있다.

이렇게 해서 사유는 성격을 달리하게 되었다. 사유는 사실적인 것의 영역에서 한발 물러났으며, 행복을 즉각적으로 실현하는 능력도 상실했다. 행복은 여전히 인간의 목적이지만 그것의 성취는 인간의 직관과 덕행이 아니라 오로지 신의 뜻에 달린 일이다. 실재적 삶은 신의 의지에 유보되어 있으므로 그리스도교적인 것에 대한 아우구스티누스의 초창기 구상에서 핵심적 역할을 맡았던 이성은 이제 가정적으로만 유효하게 되었다. 이번에도 아우구스티누스는 급진적 결론으로 치닫지 않는다. 고대 후기적인 철학적 신학에 대한 기획을 고수하는 한에서, 아우구스티누스는 지혜와 덕에 대한 철학적 이상을 완전히 내버릴 수 없었다. 그는 이 모든 것을 선택받은 자와 단죄받은 자, 이 두 집단을 창조한 신의 실제적이고 자유로운 의지를 긍정하기 위해 상대화했다.

400년경부터 아우구스티누스는 이 두 개의 사회를 법적 공동체 또는 '국가'로 묘사했다. 삶의 목적을 올바르게 선택하면 하느님 나라에 속하게 된다. 은총으로 말미암아 최고선인 하느님을 만물 위에 사랑하기로 결단하는 자는 하느님 나라의 백성이 된다. 그는 올바른 삶을 사는 것을 능동적으로 선택한다. 대다수의 사람은 단죄받은 자의 무리에 속한다. 단죄받은 이들의 나라는 로마의 제국주의 같은 권력 국가로 대표되는 특징을 가진다. 두 공동체는 함께 역사 속으로 뻗어나가면서 악마들에게 족쇄를 채우고 악한 자들을 영적·물리적으로 징벌하는 그날이 올 때까지, 즉 역사의 종말이자 하느님 나라가 최종적으로 승리하는 그날이 올 때까지 두 집단은 서로 분리되지 못하고 뒤엉켜 있을 것이다.

그러나 자신의 새로운 은총론에서 아직 하느님 나라를 가시적이면서 비가시적 교회와 동일시하는 역사신학을 발전시키기 이전에, 아우구스티누스는 거기서 두 가지 다른 결론을 도출했다. 그는 『그리스도교 교양』(*De doctrina christiana*)에서 엄격한 그리스도교 문화와 학문에 대한 새로운 사상을 개진했으며, 『고백록』(*Confessiones*)에서는 자서전적 차원을 도입했다. 아우구스티누스가 자서전이라는 형식을 발견한 것은 아니다. 그의 『고백록』은 현대적 의미의 자서전이 전혀 아니기 때문이다. 하지만 아우구스티누스는 '지혜'에 대한 고대 후기적 이상을 자신의 은총론을 가지고 새롭게 서술함으로써 그 이상이 개인의 삶에 녹아들 수 있는 접점을 만들어 냈다. 자유로운 하느님의 은총은 개인의 고유한 삶에서 증명되며, 심지어 그가 저지른 죄와 잘못을 통해서도 나타난다. 감각적 경험과 영적 체험, 사랑한다는 것과 사랑받는다는 것, 그리고 악의 다양한 모습까지, 즉 신플라톤주의 세계관에서 가장 낮은 층위에 속하는 모든 것도 초월적인 신적 지혜를 엿볼 수 있는 경험상의 근거로서 새로이 주목받게 되었다. 이로 인해 개인의 종말이나 집단의 파멸도 새로운 관점에서 비판적으로 고찰되었다. 이제 아우구스티누스는 인간이 인간을 지배할 때에 필수적인 폭력과 기만, 무지몽매함 같은 것들의 역할에 대해서도 이야기할 수 있었다. 이러한 맥락에서 역사, 특히 로마 제국의 역사는 자의적으로 주어지는 은총과 무기력한 인간에 대한 신학적 주제를 해설하기 위한 목적에서 이론적 관심 대상이 되었다. 아우구스티누스는 역사를 여전히 고대 후기 수사학자들의 관점에서 이해하고 있었다. 역사는 사례들을 모아 놓은 것이다. 그래서 그는 '역사철학'이란 것을 전혀 생각하지 않았다. 따라서 우리는 아우구스티누스의 '역사신학'에 대해서도 제한적 의미로만 이야기할 수 있다.

은총론은 신적 정신과 인간 정신 사이의 규범들의 공통점을 부정하거나 제한하거나 적어도 불확실하게 만들었고, 그 결과 창조주와 피조물 사이의 간극에 대한 새로운 인식을 정립했다. '고대'의 철학적 경계

선은 지성적 세계와 감각적 세계 사이에 뻗어 있었고, 거기서 인간의 정신은 지성적인 신의 영역에 속해 있었다. 반면에 아우구스티누스는 은총이 아니면 극복될 수 없는 영원한 창조주와 시간 속 피조물의 대립이 모든 것을 결정하게끔 한 다음, 인간 정신은 시간적 피조물의 영역에 속하는 것으로 보았다.

아우구스티누스가 『고백록』 제11권에서 다룬 시간에 대한 분석은 바로 이러한 창조주와 피조물의 차이를 부각하려는 목적에서 수행되었다. 시간적 존재로서의 인간은 과거, 현재, 미래의 순간의 다양성으로 분열된다. 시간적 경과나 진행 과정을 구성하는 모든 순간을 포착하려 하면 그 각각의 순간은 전부 무(無)로 변해 버린다. 순간이라는 것은 항상 과거에 있었거나 아니면 아직 오지 않은 것이다. 아우구스티누스는 인간 정신이 이 흐르는 시간의 순간들을 한데 모음으로써 시간이라는 경험을 가능하게 한다고 말한다. 하지만 그는 시간 자체를 성립시키는 인간 정신의 구성 능력이 아니라 무수히 많은 다양한 순간이 사라질 때 정신이 함께 용해되어 버리는 사태에 주목했다. 일종의 역사학자로서 아우구스티누스는 『신국론』(De Civitate Dei)에서 정치적 역사의 일련의 사건을 어느 정도 연속성을 가지고 서술해야 했지만, 그가 행한 분석은 일차적으로 모든 역사 시간과 하느님의 영원한 안식일이 서로 극명한 대조를 이루고 있다는 점을 보이는 데에 있었다. 그리스도교적 세계의 변혁에 대한 그의 구체적 계획에는 교회를 통해, 예컨대 로마 주교를 중심으로 정치적 권력을 확보해야 한다는 그런 생각이 조금도 들어 있지 않았다. 아마도 이런 측면에서 아우구스티누스는 엄연히 고대 후기에 속한 사상가로 간주되며, 중세적 의미에서의 그리스도교인은 아니라고 할 수 있다.

아우구스티누스가 『고백록』 집필 이후에 발전시킨 교육 이념과 계획, 그 내용 또한 마찬가지로 고대 후기적 특징을 띤다. '7자유학예'를 성경 해석 방법으로만 배타적으로 사용한다는 구상과 그 사용 방식의 엄격함만이 새롭게 등장했다. 아우구스티누스는 초기 저작에서 고대 후기의 교육 체계를 도구로 활용하려 시도한 적이 있지만, 그 당시에는 정신이 자기 인식으로 자율적으로 나아갈 수 있는 수단으로서 하느님 인식을 위한 매개체로 사용하는 한에서 교육 방식을 도입하려 했었다. 이제 새로운 은총론을 주창한 이후에 아우구스티누스는 이를 성경과 교회의 전통에만 적용했다. 그러나 역사적이고 문헌적 사실을 수집하는 작업의 가치를 높게 평가한 탓에 고대 후기의 교육 체계 사용은 그 성과가 제한적일 수밖에 없었다. 세계에 대한 지식의 관계는 축소되었고 자연에 대한 연구는 의미를 상실했다. 이렇게 해서 아우구스티누스는 1200년경까지 지배적으로 자리 잡은 전문 그리스도교적 교육 체제를 만들어 냈다.

아우구스티누스의 사상사적 의의

아우구스티누스가 중세 사유에 끼친 영향은 딱 잘라 말하기가 어렵다. 간단히 요약하기에 그의 작품은 너무나 방대하다. 서구의 그리스도교적 사유가 신과 영혼, 행복과 악을 재단된 신플라톤주의의 방식으로 개념화하게 되었다는 사실에서, 그러나 잠재적으로 『구약성경』에 기반을 둔 실재론 같은 여러 반작용도 야기했다는 점에서 그의 영향을 논할 수 있다. 예를 들어 아우구스티누스는 그와 반대 입장인 펠라기우스가 고대의 자유 개념과 스토아학파 윤리학의 가치 판단 범주들을 그리스도교적 사유 안에서 보전하려고 했던 것과 같은 그리스도교 해명 작업을 ─ 완전히 절멸시킨 것은 아니다 ─ 원점으로 되돌려 놓았다. 그는 모든 개인이 철학-신학적 근본 문제와 관련해 내면의 자아를 표현할 수 있는 권리를 부여했다. 그는 논리적 형식주의와 무엇보다도 우주론적 객관주의에 대항할 수 있는 사상적 대척점이 되었다. 정신 내적 현상들을 철학적 사유의 시초가 되게끔 했으며, 베르길리우스(Vergilius) 나 키케로 같은 문학 작품으로부터 많은 통찰을 이끌어 냈다. 존재자 와 불변하는 것과의 동일성, 순수 사유를 통한 진리의 획득과 같이 중기 플라톤의 최소 주장에 해당하는 것들은 그의 사상의 모든 발전 단계에서 변하지 않는 부동의 본질로 끝까지 남았다. 아우구스티누스는 신플라톤주의를 수정하고 스토아적 요소를 수용하면서 고대 교육 이념을 변형했으며, 특히 원죄와 은총에 대한 이론을 통해 1100년대까지 거의 무비판적으로 존속되었던 서구 그리스도교의 지성적 정체성을 정립했다. 피에르 아벨라르(Pierre Abélard, 아벨라르두스)에 가서야 그리스도교적인 것에 대한 — 경쟁력을 갖춘 — 다양한 구상이 등장하게 된다. 그리고 그 이후로 행해진 모든 시도는 하나같이 아우구스티누스를 극복하지 않으면 안 되었다. 이는 중세 전체는 물론이거니와 독일의 종교개혁 시기를 넘어 코르넬리우스 오토 얀센(Cornelius Otto Jansen)과 블레즈 파스칼(Blaise Pascal)을 위시한 17세기 프랑스의 논쟁에도 해당되는 사실이다.

　삼위일체론에서 이룩한 성과는 특별히 주목할 만하다. 아우구스티누스의 삼위일체론은 호교론적(護敎論的) 성격을 띤다. 그는 4세기 이후 교회의 교의가 발전시킨 세 위격을 가진 존재로서의 신의 개념이 철학적 유일신론을 배척하지 않는다는 점을 증명했으며, 그 당시에도 여전히 만연해 있던 아리우스 이단의 그리스도교인들에게 정통 교회의 참된 전통이 무엇인지 보여 줄 수 있었다. 하지만 아우구스티누스의 작업은 그 이상의 가치가 있었다. 그리스도교적이고 그리스 철학적인 요소들, 마리우스 빅토리누스에게서 받은 영향과 자신의 고유한 사유가 한데 모여 인간의 정신을 원형인 삼위일체의 모상으로 파악하는 이론을 만들어 냈다.

　아우구스티누스의 삼위일체론은 창조주와 피조물의 간극을 메우지 않고도 신의 정신에 대한 인간 정신의 유사성을 정립할 수 있었다. 아

아우구스티누스는, 우리가 각자의 내면을 깊이 들여다보면 오직 우리 자신일 뿐이라는 사실을 알게 된다는 점을 보이고자 한다. 왜냐하면 우리의 정신적 삶은 명확히 구별되면서 서로 유기적으로 긴밀히 연결되어 있는 세 가지 요소로 구성되어 있기 때문이다. 예컨대, 우리는 먼저 알기를 원해야 어떤 것을 알 수 있고 어떤 것을 알아야만 그것을 원할 수 있으며, 앎과 의지가 명백한 우리의 행위로써 우리 정신에 현전하는 근본 사실일 경우에만 어떤 것을 인식하거나 욕구할 수 있다. 우리는 우리가 인식하고 욕구하는 존재라는 사실을 모든 종류의 인식과 원의에 선행하는 일종의 선험적 지식으로 갖고 있다. 아우구스티누스의 삼위일체론에서 철학적으로 흥미로운 점은 세 위격에 내재하는 단 하나의 본성에 대한 정통 교리를 변론하는 방식에 있지 않다. 세 위격의 본성적 일치라는 정식을 두고 아우구스티누스는 여기서 '위격'이라는 말이 의미하는 바가 정확히 무엇인지 완벽히 알지 못한다고 시인하고 있다. 오히려 아우구스티누스의 삼위일체론의 독특함은 하느님과 정신을 동일화하시도 엄격히 분리하지도 않고 서로가 서로를 가리키는 것으로 해명하고, 그리스 철학에서 강조되었던 지성 능력에 의지적 운동 내지는 사랑을 동일한 본질을 가진 계기로 귀속시킨 그의 철학적 분석에 있다. 중세 철학에서 '신의 모상'인 인간에 대해 이야기하는 사람은 누구든지 아우구스티누스의 삼위일체론에서 제시된 철학적 분석을 필연적으로 끌어들이고 있는 것이다.

『신국론』에는 어떠한 역사철학이나 정치-윤리학적 내용도 들어 있지 않다. 하지만 『신국론』은 인생의 의미를 심도 있게 고찰하며, 그 의미를 죽음 이후의 세계에서 구하고 모든 세속적 심급을 피안을 통해 규정하려는 시도에 힘을 실어 준다. 피안적 삶의 의미를 이 세상에서 구현하는 성직자들은 지상의 삶에 속한 모든 것을 도구화함으로써 목적을 달성할 것이다. 그러나 5세기의 교회는 중세에서도 가장 중세적 시대에서 볼 수 있는 교황 중심의 권력 구조를 확립한 그런 거대한 조직이 아직은 아니었다. 제국의 황제는 아직 자신을 하느님 영(靈)의 인도를 받는 통치자로 이해하고 있었다. 그리고 레오 1세(Leo I) 같은 교황조차도 황제 앞에 무릎을 꿇을 수 있는 사람이었다.

아우구스티누스가 볼 때, 가시적인 지상 교회는 아직 '하느님 나라'(神國)가 될 수 없었다. 그래서 역사에 대해서라면 아우구스티누스는 여러 가지 가능성을 열어 둔 셈이었다. 예를 들어 은총에 따른 자의적 선택을 불가해한 것으로 강조하고 모든 제도를 상대화할 수도 있으며, 혹은 정치적으로 교회를 국가보다 위에 둔다든지 국가에 종교적 의무를 부과하는 것도 생각해 볼 수 있다. 그리고 이러한 가능성들이 전부 중세 시대에 실현되었다.

제3장
보에티우스

역사적 상황

아우구스티누스는 본래 시골 사람이다. 그가 밀라노의 궁정에서 봉직할 만큼 출세할 수 있었던 것은 순전히 수사학 덕분이었다. 그의 '회심'은 세속적인 성공과 부귀영화와 혼인하는 삶을 포기하는 것, 즉 '세상'으로부터의 돌아섬이다. 그러나 아우구스티누스는 주교직을 수행하면서 권력의 세계에 새롭게 발을 들여놓게 되었다. 물론, 그가 가진 권력은 교회의 성직자로서 진리를 관장하는 일에만 쓰여야 했지만 말이다. 아우구스티누스는 이렇게 고대 국가의 제도적 장치들을 새로운 혹은 다소 부정적 규범에 종속시켰다. 이와 동시에 그는 지상의 삶이 혹시 아주 심하게 대립하지 않을 정도로만 저세상에 있는 최종 목적에 순응하는 것이어도 괜찮은지와 같은 여러 문제에 대해 회의적 견해를 고수하고 있었다. 아우구스티누스는 이 땅의 행복이나 국가적 차원에서의 완전성에 대한 인간 이성의 관련성을 부정함으로써 고대 정치 이론의 기초를 무너뜨렸다. 은총론은 현자에 대한 고대의 이상(理想)을 내용이 없는 빈껍데기로 만들어 버렸다. 그의 사상에서 '지혜로운 자'는 허울로만 남아 있다. 후기 아우구스티누스는 선을 향한 인간의 결단 능력까지도 회의에 부친다. 진실로 자유로운 자는 선택받은 극소수의 사람

뿐이다. 이렇게 해서 아우구스티누스는 고대의 실천철학적 이념까지도 해체했다.

한편, 그보다 약 130년 정도 이후에 살았던 인물인 보에티우스(Boethius, †524)는 고대의 세계관을 훨씬 많이 공유하고 있다는 점에서 아우구스티누스와는 매우 대조적이다. 그는 운 좋게 출세해 성공 가도를 달린 사람이 아니다. 보에티우스는 로마의 부유하고 명망 있는 가문 출신으로 아버지는 487년 콘술 또는 집정관을 지냈던 사람이다. 아버지를 일찍 여의고 나서 학식이 풍부한 메미우스 심마쿠스(Memmius Symmachus)의 양자로 들어갔는데, 보에티우스는 그에게서 학문적으로 많은 영향을 받았다. 나중에는 그의 딸과 혼인할 정도로 심마쿠스와 돈독한 관계를 유지했다. 보에티우스는 성직자가 아니었다. 그는 직업상 정치인이었다. 보에티우스는 510년 집정관을 지냈으며, 522년에는 테오도리쿠스 왕실의 최고 관직인 국무대신(magister officiorum)에 임명되었다. 같은 해에 두 아들이 각각 집정관직을 받기도 했다. 그리고 2년 후에 테오도리쿠스(Theodoricus)는 보에티우스를 사형에 처한다.[1]

보에티우스는 서구 라틴 세계에서는 고대의 지성적 유산을 대대적으로 통합하고 종합한 마지막 사람이라 볼 수 있다. 심마쿠스는 특히 논리학과 문헌 분석, 자연과학에서 보에티우스를 차근차근 그리고 체계적으로 교육했다. 아우구스티누스는 그리스어를 거의 할 줄 몰랐지만 보에티우스는 그리스어에 능통했다. 아마 아테네에서 수학한 적이 있었을지도 모른다. 하지만 적어도 확실한 것은 그가 아우구스티누스보다 훨씬 양질의 교육을 받았다는 사실이다. 보에티우스는 플라톤과 아리스토텔레스를 완전히 알고 있었으며, 스스로 자연과학과 실용 학문, 수학과 논리학에 대한 연구를 수행했다. 보에티우스는 아우구스티누스도 알고 있었다. 저서에서 그는 종종 아우구스티누스를 높게 평가하지만 그의 은총론을 수용하지는 않는다. 윤리적 가치 체계에서는 전형적인 고대의 표준을 따른다. 보에티우스의 학적 연구는, 아우구스티누스가 397년 이전에는 철학적 교화의 수단으로 397년 이후에는 신학적 교화의 수단으로 사용했던 자연과 수학에 대한 흥미를 심화시켰다. 그가 이 분야에서 이룩한 업적을 과장해서는 안 되지만 아르키메데스(Archimedes)의 역학을 보충하는 논문을 썼다는 추정이 가능하다는 점은 언급할 필요가 있다. 어찌 되었든 간에, 프랑크족 왕이 테오도리쿠스에게 수금(竪琴) 연주자 한 명을 구해 달라고 청했을 때, 또 부르군트족 왕이 해시계를 설치하고 싶다고 했을 때 테오도리쿠스가 이 일을 전부 보에티우스에게 위임했다는 것은 확실한 사실이기 때문이다.

집정관직을 맡았을 때, 보에티우스는 아리스토텔레스 논리학에 대한 주해서를 집필 중이었다. 이 주해서에서 우리는 그가 자신의 철학적 저술 활동과 본업인 정치적 활동의 관계를 어떻게 인식하고 있었는지를 엿볼 수 있다. 아리스토텔레스의 『범주론』(Categoriae)에 대한 주해서 제2권 서문에서 보에티우스는 자기가 정무 때문에 모든 힘을 철학 연구에만 쏟지 못하는 것은 사실이지만, 학문을 통해 백성을 계몽하는 것도 국가에 대해 책임을 지는 일이라고 쓰고 있다.

> 전임자의 덕으로 다른 도시들에 대한 지배와 통치권이 지금 이 국가로 넘어온 이후로, 내가 만일 남은 것 ― (을 로마에 가져오고) ―과 우리 도시의 삶을 그리스 지혜의 학문으로 영위케 했다면, 내가 내 동포 국민을 위해 공헌한 바가 결코 적지 않을 것이다. 집정관으로서의 직무는 이 일에 조금도 장애가 될 수 없다. 어느 민족에서든지 훌륭하고 좋은 것을 찾아내 모방하는 것, 이것이 언제나 로마가 사는 방식이었기 때문이다.[2]

여기서 우리는 전형적인 로마 보수주의자의 자의식을 보고 있다. 보에티우스는 그리스 학문에 견줄 수 있는 무언가를 만들어 내겠다는 욕심을 갖고 있지 않았다. 그는 그리스 철학을 본받음으로써 그것을 영예롭게 하고자 했다(imitatione honestare). 정치에 대한 앎의 관계는 더는 플로티노스에게서처럼 철학적 혁명 기획으로 인식되지 않았다. 국가는 철학 자체를 통해 개혁되는 것이 아니다. 국가는 그리스 문화권의 학문적 유산을 통해 융성해져야 한다. 보에티우스는 고대의 전통을 따라 학문을 이론철학과 실천철학으로 구분한다. 하지만 아무래도 직업상 정치인이었던 때문인지 아리스토텔레스 이후에 생겨난 이론과 실천의 분리를 고수하고 있다. 그가 당시 로마의 미래를 그다지 비관적으로 보지 않았다는 점은 매우 흥미롭다. 그는 로마 제국의 붕괴에 대해 모르고 있었다. 410년과 476년은 그에게 역사적으로 조금도 중요한 해가 아니었다. 그의 글을 읽으면 마치 로마의 학문을 문화적·정치적으로 안정시키고 꽃피우는 데에만 관심이 있는 것처럼 보인다. 보에티우스는 로마의 학문을 풍요롭게 하고자 철학의 통일에 대한 광범위한 구상을 갖고 있었다.

— 보에티우스는 그리스의 교육 형식을 가지고 자유학예의 4학(Quadrivium, 이 용어를 보에티우스가 처음 도입했다)을 만들었다. 4학은 산술, 음악, 기하학, 천문학을 말하며, 이 가운데 산술과 음악에 대한 저서가 아직 남아 있다.[3] 산술에 대한 논고 서문에서 보에티우스는 수(數), 그리고 세계의 산술적 관계에 대한 공부는 철학을 배우기 위한 조건이라 말하고 있다. 왜냐하면 철학은 실재하는 것에 대한 학문인데, 수와 수적인 것은 실재적이기 때문이라는 것이다. 이 세상의 창조주는 수라고 하는 것을 통찰하고 있다. 창조주가 세상을 지어낼 때, 산술은 세상의 원형(exemplar)으로 선재(先在)하고 있었다.[4] 이 같이 보에티우스는 세계 창조의 과정을 신(新)피타고라스주의적인 수학적 형이상학으로 설명했다.

— 보에티우스는 플라톤과 아리스토텔레스의 모든 저작을 번역하고 그에 대한 주해서를 집필하려 했다. 그가 목표로 한 것은 두

철학자의 사상이 서로 일치한다는 점을 보이는 것이었다.[5] 다만 이 방대한 계획은 논리학에 대해서만 실행에 옮겨졌기 때문에 그의 논리학 주해서들만이 현재 우리에게 전해 내려온다. 포르피리오스의 『이사고게』(*Isagoge*)에 대한 두 개의 주해서, 아리스토텔레스의 『범주론』 번역과 그에 대한 주해서, 아리스토텔레스의 『명제론』(*De interpretatione*)에 대한 두 개의 주해서가 바로 그것이다. 또한 논리 문제들에 대한 보에티우스의 저서들도 남아 있다.

보에티우스는 번역과 주해 작업을 통해 아리스토텔레스를 서구 세계에 소개하는 데에 크게 기여했다. 아리스토텔레스 번역과 주해는 철학의 통합 내지 일치에 대한 그의 계획의 일환이었다. 아리스토텔레스와 플라톤은 둘 사이의 극복 불가능한 차이점을 지적하기 위해서가 아니라 본질에 있어 서로 일치한다는 점을 인지하는 쪽으로 해석되어야 한다는 것이다. 아리스토텔레스와 플라톤의 일치(concordia)를 추구하는 해석은 키케로[6]가 그의 스승인 아스칼론의 안티오쿠스(Antiochus of Ascalon)에게서 배운 사상이다. 보에티우스는 이 사상을 그대로 이어받아 중세에 전해 준 사람이다. 많은 아랍인의 아리스토텔레스 해석이 바로 이러한 통일 이념 아래 조정되었다. 그리고 일치 지향적 해석은 15세기에 이르러 니콜라우스 쿠자누스(Nicolaus Cusanus), 마르실리오 피치노(Marsilio Ficino), 피코 델라 미란돌라(Pico della Mirandola) 같은 사상가를 통해 정점에 도달한다. 이는 전체를 조망하기 위한 의도에서 생겨난 것이지 고대 후기 학파 사이의 논쟁 연장선에서 발전된 것이 아니다. 본래 아리스토텔레스와 플라톤의 일치를 추구하는 노력은 아리스토텔레스가 플라톤의 제자였으며 여러 가지 측면에서 엄연히 플라톤주의자였다는 단순한 사실에 근거를 두고 있다. 하지만 일치 지향의 기획은 두 철학자의 사상적 조화를 파악하는 것 그 이상으로 나아가고 만다.

플라톤은 종(種, species)을 유(類, genus)의 부분으로 생각했다. 아리스토텔레스에게서는 이 관계가 역전되어 있다. 이로 인해 플라톤과 아리스토텔레스 사이에는 실재에 대한 입장 차이가 발생한다. 아리스토텔레스는 '근거'라는 개념을 다르게 사용했다. 그에게서 '근거'는 '독립적'이거나 혹은 '단순한' 것을 의미한다. 즉 우리가 플라톤의 변증법을 가지고 구체화하는 복잡한 개념 관계와는 다른 의미인 것이다. 이 때문에 아리스토텔레스는 플라톤의 이데아론을 두고 '귀뚜라미 우는 소리', 즉 무의미한 말이라고 비판한 바 있다. 보에티우스는 실재의 근거에 대한 물음에서 두 사람이 명백하게 대립하고 있음을 알고 있었다. 그리고 그가 본 것은 정확했으므로 아리스토텔레스와 플라톤의 일치 기획은 두 사람의 불분명한 언술들과 이론적 취약점을 덮는 데에까지 나아가지 않을 수 없었다. 이론과 실천의 긴장 관계 또한 지탱될 수 없었다. 이 대립은 아리스토텔레스적 의미에서, 그러니까 이론의 우위성을 가지고, 예컨대 정치 이론의 규범적 성격보다는 서술적 성격을 조명하는 쪽으로 재정립되어야 했다.

보에티우스가 그의 철학적 기획을 끝까지 진척시키지 못한 것은 파급 효과가 상당했다. 부당하게 죽임을 당했을 때 그의 나이는 겨우 44세에 불과했으며, 그때까지 그는 아리스토텔레스의 논리학 앞부분만을, 범주와 명제를 다룬 부분만을 겨우 번역했을 뿐이다. 그 결과 중세 초기에는 아리스토텔레스의 나머지 모든 실재 학문, 즉 영혼론, 생물학, 물리학, 시학, 형이상학, 윤리학, 정치학이 전부 빈자리로 남게 되었다. 아리스토텔레스는 보에티우스 이후 중세에 최대 600여 년 동안 사실상 거의 논리학자로만 알려진 셈이다. 하지만 논리학은 철학에서도 가장 많은 성찰이 이루어진 분과였기 때문에, 중세 초기에는 사유의 표준을 정하는 역할을 수행하게 되었다. 학문적으로 사고한다는 것, 이것은 아리스토텔레스의 논리학을 해당 분야에 적용한다는 뜻이었다.

보편자 문제에 대한 해설

보에티우스는 중세 논리학 교육을 확립했을 뿐만 아니라 중세가 논리학에 우선적 관심을 가지게 하는 데에도 큰 역할을 했다. 또한 그는 중세 논리학의 쟁점이었던 보편자에 대한 문제를 해결한 사람 가운데 하나이기도 하다. 보편 논쟁이란, 이를테면 '인간' 같은 보편적 개념이 실제로 존재하는 것인지 아니면 사고 속에만 존재하는지와 같은 문제를 말한다. 중세 시대의 보편자 논의는 포르피리오스가 아리스토텔레스 논리학에 입문 형식으로 저술한 『이사고게』(Isagoge)를 기초 텍스트로 하여 시작되었는데, 중세는 이 텍스트를 보에티우스의 번역으로 읽었다. 논리학 서문에서 포르피리오스는 '동물'과 같은 '유'(genera)와 '인간'과 같은 '종'(species)이 실제로 존재하는지 아니면 단순히 생각될 뿐인지에 대한 문제는 다루지 않고 미해결 상태로 놔두겠다고 말하고 있다. 하지만 포르피리오스는 자신이 가능하다고 여기는 몇 가지 대안을 제시하기도 한다. 요컨대, 보편적 규정이 실재한다면 그것은 물질적이거나 물질적이지 않거나 해야 한다는 것이다. 그리고 만일 보편적 규정이 물질적이지 않다면, 그것은 감각적 사물에서 분리되거나 또는 점이나 선분이 연장적 대상과 결합되어 있듯이 감각적 사물과 결합해 존재할 수 있어야 한다는 것이다.[7]

보에티우스는 포르피리오스가 제시한 해결 방안들의 근거를 묻지 않는다. 그래서 포르피리오스가 제시한 것들이 중세 보편 논쟁의 이론적 배경이 된다. 먼저 '소멸하는' 것과 '소멸하지 않는' 것의 대립이 있다. 플라톤 철학의 수용은 이 두 개의 극단 사이에서 이루어진다. 다음으로 '분리된' 것과 '내재하는' 것의 개념 쌍이 있는데, 아리스토텔레스의 문제의식과 이데아론에 대한 비판은 이 둘을 통해 드러난다. 이러한 개념의 관계들 안에서 보에티우스는 포르피리오스의 '서문'에 언급된 문제에 대한 독자적 해결을 시도한다. 보에티우스는 가능한 입장들을 나열한 다음, 그것들 각각이 실은 아포리아에 처하게 된다는 점을 보여 주었다.

보편자들은 실체일 수가 없다.

첫 번째 논증: 다수의 개별적 사물에 동시에 공통적으로 있는 것은 그 자체로는 하나로 있을 수 없다. 특히 이 '하나'인 것이 유(genera)처럼 모든 종(species)에 완전히 들어 있는 것이 아니라면 말이다. 종은 유의 부분들로 뽑힌 것이 아니다. 각각의 개별적 종은 상위의 유적 규정을 온전히 동시에 담지하고 있다.

그는 이 논증에 사용된 전제들을 다음과 같이 명시하고 있다.

— 다수의 개별적 사물에 온전하게, 그리고 동시에 존재하는 것은 그 자체로는 하나일 수 없다.
— '하나로서 존재한다'라는 말은 사실상 '하나의 개별자로 존재한다'라는 말과 거의 같은 뜻이다. 실재적인 하나로 존재할 수 있는 가능한 또 다른 방식이 있는지에 대해 보에티우스는 딱히 깊이 생각하지 않는다.
— '하나'가 아닌 것은 존재하기가 불가능하다. '하나'로 있음이란 사물이 실존하기 위한 조건이다.

'동물'이 실재하는 대상이라면 그것은 동시에 원숭이도 될 수 있고 개구리도 될 수 있으며, 동시에 태어나거나 죽기도 하고 정지하면서 또 움직이기도 할 것이다. 이러한 전제 아래에서는 실재하는 보편자란 모순적 존재가 된다. 즉 실존하는 대상일 수가 없을 것이다. 보편자란 우리가 생성하고 소멸하는 사물의 변화무쌍함을 개념적으로 붙잡을 수 있기 위해 도입한 것일 뿐이다.

보편자는 실체가 아니라는, 즉 실존하는 대상이 아니라는 두 번째 논증, 곧 보편자가 하나가 아니라 여럿으로 존재한다고 가정하자. 그것도 그냥 여러 개가 아니라 그 안에 포함되는 대상들만큼이나 무수히 많이 존재한다고 가정해 보자. 그러면 우리는 이 두 경우의 유사성을 표현할 또 다른 보편자를 필요로 하게 된다. 그런데 이것은 우리가 사태를 해명할 새로운 심급을 반복해 요청하게 된다는 말이 된다. 보편자가 실체라면 실체들에 대해 실체들이 또 있어야 하고 이러한 관계는 무한히 계속된다. 실재하는 보편자를 도입하는 것의 의미는 다수성을 줄이는 데에 있는데, 방금 가정한 방식으로는 그 목적을 달성하지 못한다.

이렇게 해서 우리는 다음과 같은 결론에 도달한다. 즉 유는 하나일 수도 없고 다수일 수도 없다고 말이다. 따라서 유는 실존하는 대상이 아니다.

그런데 보에티우스는 우리가 실재하는 유를 이와는 다른 방식으로 이해해 볼 수도 있다고 말하면서 논증을 계속한다. 예컨대, 한 명의 노예가 다수의 주인에게 속하는 관계나 하나의 연극이 그것을 관람하는 다수의 관객에게 동시에 주어지는 것처럼 유를 다수의 담지자에 공통적으로(commune) 귀속되는 것으로 이해할 수도 있다는 것이다.

하지만 이 같은 사례는 '공통적인' 것이 나타나는 부차적 방식에 불과하다. 여기서는 공통점으로 제시된 것들이 개별적 존재자의 본질이나 실체에 해당하지 않기 때문이다. 하지만 유는 종과 개별자의 본질을 규정한다(constituere valet et conformare substantiam).8) 유는 각각의 개별자 안에 나누어지지 않은 온전한 전체로서 들어 있다(totum in singulis).9) 그렇기 때문에 실재하는 보편자는 다수의 관객에게 똑같이 주어지는 예의 그 연극 공연과는 분명히 구별된다.

이것은 플라톤적 사유이다. 『파르메니데스』(Parmenides) 앞부분(131b-c)에 실린 플라톤의 '자기비판'에 이와 유사한 논증이 실려 있기 때문이다. 거기서 플라톤은 '이데아'의 공통성을 단순히 다수의 사물을 덮어 버리는 천막 지붕 같은 것으로 이해해 버리면, '이데아'의 존재를 가정하는 것은 무의미하다는 반론을 제기한다. 왜냐하면 그럴 경우에 이데아는 다수의 사물 안에가 아니라 위에 있는 하나가 되어 버리기 때문이다. 이데아는 그러면 조각조각 잘게 쪼개질 수도 있을 것이다.

이상으로부터 보편자는 순전히 개념일 뿐이라는 세 번째 대안이 나오게 된다(tantum intellectibus capiuntur). 보편자 문제에 대한 이 세 번째 해결책은 훗날 사람들이 유명론적 입장이라 부르는 것과 동일하다. 이 견해에 따르면, 보편자는 실재하는 세계에 아무런 근거를 가지지 않는 주관적 구성물로 이해된다. 한 개념은 어떤 대상에 대한 개념이어야 한다. 그러므로 어떤 개념이 만일 그 무엇에도 관계하지 않는다면, 그것은 아예 개념일 수가 없다.

이상에서 살펴본 세 가지 이론을 마주하고 보에티우스는 자기만의 고유한 해결 방안을 만들어 낸다. 그는 언급한 모순을 피하면서 보편자의 실재성을 확보하고 싶어 한다. 그가 알렉산드로스 아프로디시아스(Alexandros Aphrodisias)를 따라 발전시킨 해결책은 이러하다. 사유는 보편적 규정에 대한 것이다. 사유에는 내용이 있다. '사유에는 내용이 있다'라는 말은 여기서 구체적 사물과 관계한다. 하지만 사유는 사물이 존재하는 바로 그 자체로 사물을 받아들이지는 않는다(non tarnen ut esse ipsum subiectum).[10]

그러면 보편자를 통한 사유는 오류를 일으킬 수 없는가? 보에티우스는 대답한다. 대상을 대상과 다르게 이해하면 그것이 오류이다. 다만 우리의 경우 '다르다'는 것에도 특정한 의미가 있다. '객체'(subiectum)가 개별적 존재라는 점을 알거나 이해한다는 것은 그 객체를 보편적인 것으로 받아들인다는 뜻이다. 우리 감각에서 일어나는 일을 차근차근 분석하면 우리는 사물을 이해하는 전체적 과정을 조망할 수 있다.

그에 따르면, 감각은 물체적 사물을 우리에게 줄 때 사물 안에 있는 비물질적인 것들과 함께 준다(omnes enim huiusmodi res incorporeas in corporibus suum esse habentes sensus cum ipsis nobis corporibus tradit).[11] 그러니까 우리의 감각은 물체적인 것만을 수용하는 기관이 아니라는

것이다. 현대적 표현을 빌자면, 감각은 대상을 언어적으로 해석된 연관들 속에서 수용한다. 이어서 그는 말한다. 정신(animus)은 분리된 것을 결합하고 결합된 것을 분해할 능력(potestas)이 있다고 말이다. 정신은 이 능력을 가지고 감각이 혼란을 일으키거나 물체와 꼭 결합한 채로 감각이 우리에게 제공하는 것들을 구별해 낼 수 있다. 정신은 물질적이지 않은 본질을 구별하거나 또는 분별해 낸다. 그리고 그것에 달라붙어 있는(concretum) 물체를 제거하고 본질을 그 자체로서 바라볼 수 있다. 여기서 보에티우스가 사용한 전제들은 이후 이어지는 중세 시대에 적지 않은 영향을 끼치게 된다.

— 보에티우스는 일종의 이중적 세계 내지는 인간학에서의 이원론적 입장을 취한다. '감각은 우리에게 (즉 우리는 감각과는 다른 어떤 것이다) 물체적인 것을 전해 주고 물체적이지 않은 존재(res)들도 전해 준다.' 여기서 대상이 되는 지성적 내용들은 비감각적 방식으로 구성된 '사태'들이어야 한다.
— 우리에게는 두 종류의 인식이 있다. 즉 비물질적 실재들('이데아')을 그 자체로 보거나 아니면 물질적 사물들 안에서 본다. 보에티우스는 여기서 후자에 해당하는 인식만을 분석하고 있으며, 이 때문에 인간의 정신적 활동이 특별히 강조된다. 정신은 결합된 것을 분해하고 분리된 것을 한데 결합한다. 정신은 인식할 때 자기가 가진 '권한'(potestas)이 드러난다고 보에티우스는 로마인으로서 힘주어 말한다. 정신은 보편적인 것을 추상 작용을 통해 획득한다.[12] 그는 '추상'이라는 말을 사용한다. 하지만 그가 이 말을 쓸 때는 오늘날과 같은 경험론적 뉘앙스가 없었다. 보에티우스에게서 추상은 이데아를 관조하는 것과 같은 뜻을 지닌다. 정신이 파악하는 보편적 규정들은 사고 안에만 머물러 있는 것이 아니라 현실적인 것의 구성 원리이기 때문이다. 추상화를 통

해 우리 정신은 보편적 규정을 관념적 대상으로서가 아니라 순수한 형상을 가지고 실재하는 그 자체로서 바라보게 된다(solam puramque ut in seipsa forma est contuetur). 여기서 등장하는 '형상'이라는 근본 개념은 고대의 철학 전통에서 가져온 것이다. 개념에 담긴 순수한 내용은 단지 생각되기만 하는 것이 아니라 사물에 그 꼴을 부여하는 것, 즉 사물의 형상이다.

— 보에티우스는 비물질적 형상으로 물질적 사물을 파악할 때, 우리의 정신은 오류를 범하지 않는다는 점을 전달하고 싶어 한다. 그는 우리가 지성적으로 분리된 것이 분리된 채로 '실존한다'라고 주장하지만 않으면 현실적으로 결합되어 있는 것을 분리해 내는 데에는 아무런 오류가 없다고 본다. 오류는 오히려 우리가 그렇게 주장하면서 현실적으로 분리된 것을 서로 결합하려 할 때 발생한다. 그는 말한다. 추상은 판단하는 것이 아니라 모든 판단에 선행한다고 말이다. 추상 작용은 보편적 규정들과 유와 종을 전부 개별적 사물에서 떼낸다. 그렇다고 해서 우리는 떼낸 그 모든 것이 개별적 사물과 분리되어 존재한다고 이해해서는 안 된다는 것이다. 보에티우스에 따르면, 분리된 그것들은 물질적 사물 '안에' 존재한다. 보에티우스는 'res'라는 용어를 사용함으로써 개별자에서 분리된 것들을 마치 실제 사물인 것처럼 취급한다. 말하자면, 감각적 사물 안에 들어 있는 또 다른 사물과 같다는 것이다. 추상 작용은 바로 이 물질적 껍데기를 벗겨 내는 역할을 하며, 그 안에 들어 있는 것을 그 자체로 인식할 수 있게 해 준다. 이를 그는 다음과 같이 설명한다. 종과 유에 대한 사고는 그러한 보편적 규정들이 담겨 있는 개별적 사물에서 그들 사이의 유사성(similitudo)을 종합해 내는 일이라고 말이다. 여기서 유와 종에 대한 보에티우스의 고유한 정의가 생겨난다. 유란 종들의 유사성으로부터 취해진 관념을 말하며, 종이란 수적으로 구별되

는 개별 사물의 본질적 유사성으로부터 취해진 관념을 말한다(ex individuorum dissimilium numero substantiali similitudine).

여기서 핵심 개념은 유사성(similitudo)이다. 개별적 존재에서 유사성이 보여지면 그것은 감각적(sensibilis) 유사성이며, 보편 규정들 속에서(in universalibus) 확인되면 그것은 지성적으로 파악 가능한(intelligibilis) 유사성이 된다. 이리하여 우리는 중세 철학으로 이어지는 중요한 갈림길에 서 있게 되었다. 사유 속에서 나타나는 차이들은 오직 보편적 차이일 뿐이라는 것이다. 개별적 존재의 차이는 사람들이 통상 말하는 것처럼 '수적으로만' 구별되는 차이이다. 개별자들은 감각적인 것과의 관계 속에서만 서로 구별될 따름이다. 보에티우스는 아직 사유가 모든 개별적 차이를 도외시하고 보편자를 소유하는 행위라고 주장하는 데까지 나가지는 않는다. 하지만 보편 논쟁과 존재에 대한 중세의 대표적 학설들은 여러 가지 방식으로 그의 가정으로부터 출발하고 있다. 무엇보다도 고정되어 머물러 있는 것, 동일하게 남아 있는 것이 생성하고 소멸하는 개별적 존재보다 더 우월하다는 일종의 가치론적 전제가 그 배후에 자리 잡고 있다. 개별자를 낮게 평가하는 이러한 입장은 개인에 대한 가정 또는 집단의 역사적 우위성과 맥을 같이 한다. 더 나아가 정신과 물질의 이원론은 사회가 한쪽은 관조적 삶을 영위하는 이들과 정치인들로, 다른 한쪽은 전문 기술자들로 양분되는 이론적 근거로 작동하게 된다.

보에티우스는 보편자 문제에 대한 자신의 대답을 다음과 같이 정식화했다. 보편자는 실존한다. 그러나 감각적 사물 안에 실존한다. 보편자는 물체 외부에서 정신을 통해 파악된다(subsistunt ergo circa sensibilia, intelleguntur autem praeter corpora).[13] 보편자는 물체적이지 않다. 하지만 감각적 사물과 결합되어 있다(sunt incorporalia, sed sensibilibus juncta).[14]

보에티우스는 보편자 문제에 대한 자신의 해결책으로 플라톤과 아리스토텔레스 사이의 대립을 조정하고 싶지는 않다고 했지만, 사실 그 자신은 플라톤의 편에 서 있다. 우리가 유와 종을 그 자체로 보거나 물체 안에서 볼 수 있다고 말했을 때,[15] 그리고 유와 종이 물체적이지는 않아도 감각적 사물과 결합되어 있다고 말했을 때(sunt incorporalia, sed sensibilibus juncta),[16] 그는 중기 플라톤 사상을 정식화해 표현하고 있다. 또한 물적 실존을 보편자의 완전한 비존재[17]만큼이나 거부하고 인정하지 않을 때에는 사실상 플라톤의 『파르메니데스』 전반부(130a)를 거의 그대로 가져다 쓰고 있다. 그가 플라톤의 이데아론을 추상화 이론과 결합했다는 점은 분명하다. 하지만 '추상'을 점진적이고 구조적인 일반화의 과정으로 이해하지는 않았으므로 이 결합이 모순적 결과가 되지는 않았다. 그는 포르피리오스에 대한 주해서에서 이데아는 '관조'되는 것이라 말하는데, 이는 그의 주저인 『철학의 위안』(*Consolatio Philosophiae*)에 상세히 묘사되어 있다.[18] 감각적 경험은 지성적 자기 활동을 위한 자극으로서만 필요하게 된다. 보에티우스의 해결 방안에는 직관주의적 인식론 모형이 기저에 깔려 있다. '보편적인' 것은 그에게서 명제적이라기보다는 순간적으로 인식되는 것이며, 차폐된 용어들이 실체적으로 고정된 의미를 가지고 있기 때문이다. 그래서 우리는 여기서 '사유'한다는 것이 대체 무슨 뜻인지를 알고 넘어가야 할 것이다. '사유' 란 곧 분류하는 일을 말한다. 사유는 각각의 감각적 인상을 그에 상응하는 어떤 보편적이고 개념적인 표지(標識)들과 연결 짓는 활동이다. 이러한 의미에서의 사유는 사물에 질서를 부여하는 일과 밀접한 관계를 맺고 있다.

종교철학

아우구스티누스는 세상 돌아가는 일에 전혀 무관심하지 않았는데, 이는 보에티우스도 마찬가지였다. 두 사상가의 인생 여정에는 380년에서 530년 사이의 고대 세계에서 발생한 굵직굵직한 역사적 변혁들이 그대로 담겨 있다. 아우구스티누스와 보에티우스 둘 다 고대 후기의 몇 가지 주요한 발전에 직접적으로 관여했다. 히포의 주교 아우구스티누스는 교회적 목적에서 세속 국가의 권력에 대항했지만, 일상에서는 거의 중세 시대의 주교와도 같은 삶을 살았다. 왜냐하면 그는 정치적 권력과 사법 권한을 전부 손에 쥐고 있었기 때문이다. 고대 후기 사회에서 나날이 심화된 탈중앙화 현상은 그가 지배권을 갖고 있던 아프리카 지역 교회의 공의회에서도 예외 없이 나타났다. 고대 후기의 억압적 사회 현실은 진취적이고 자발적인 삶을 추구하는 의지의 상실로 특징지을 수 있는데, 아우구스티누스의 은총론은 이 진취성의 상실을 신학적이고 초월적인 맥락에서 해명했다. 인간의 비참과 절망, 그리고 인간 본성의 무기력함을 강조하는 그의 은총론은 시간이 지날수록 현실을 통해 더욱 설득력을 얻게 되었다. 그가 주교로 있던 도시가 반달족으로부터 포위당했을 때, 사람들은 그동안 안전했던 북아프리카조차도 게르만족 침입으로 위험에 처하게 되었다는 사실을 인정하지 않을 수 없었다.

보에티우스는 로마의 명망 있는 가문 출신일 뿐만 아니라 테오도리쿠스 궁정의 고위직을 맡았기 때문에 아우구스티누스보다 역사적 사건들에 더 깊숙이 관여하고 있었다. 보에티우스는 문화적 동화를 지향하는 테오도리쿠스의 대외 정책을 일선에서 실행에 옮기는 사람이었다. 동고트족 왕은 로마 제국의 법제와 국가 조직을 하나도 남김없이 계승했다. 보에티우스 같은 사람이 로마 제국이 멸망했다고는 조금도 생각하지 못한 것은 어찌 보면 당연한 일이었다. 그는 제국의 연속성을 강하게 의식하고 있었다. 그의 공직자로서의 삶과 그의 두 아들만 보더라도 우리는 로마의 관제가 동고트족의 나라에서도 그대로 이어져 내려오고 있다는 사실을 당장 알 수 있다. 물론, 맨 위에—476년 서로마의 마지막 황제를 끌어내린 게르만족 장군 오도아케르(Odoacer)를 살해한 다음, 493년에 집권한—이민족 왕이 있다는 점만 빼면 말이다. 자신들보다 우월한 로마 문명을 따라잡고 모방하기 위해 이민족들은 꽤 오랜 시간을 들이지 않을 수 없었다. 테오도리쿠스는 동로마 제국 황제의 명목상의 수위권을 인정했는데, 지도자의 이러한 태도는 사람들에게 로마 제국이 계속된다는 인상을 심어 주기에 충분했다.

518년 황제 유스티누스 1세(Iustinus I)가 동로마 제국의 실권을 잡게 되는데, 그는 기존의 형식적이기만 했던 서로마에 대한 동로마 황제의 수위권을 실제적 관계로 만들기를 원했다. 그래서 동로마 제국의 황제는 교황과 로마 원로원과의 연합을 구성해 함께 테오도리쿠스에 대항하려는 계획을 세웠다. 유스티누스 1세와 교황의 입장에서 볼 때, 테오도리쿠스는 올바른 신앙을 가진 신자가 아니었다. 테오도리쿠스는 아리우스파였다. 요컨대, 동고트족은 서고트족과 부르군트족, 반달족 및 랑고바르드족과 마찬가지로 모두들 아리우스파를 통해 알려진 그리스도교 신앙을 받아들였던 것이다. 아리우스주의자들은 예수를 부차적 의미에서 '하느님'이라 고백한다. 그들 신학에 따르면, 예수는 하느님 아버지보다 열등하기 때문이다. 하지만 솔직히 로마 주교의 입장으로 말하자면, 동로마 지역의 주교들이 고백하는 신앙도 딱히 옳은 것은 아니었다. 로마는 그리스도가 신성과 인성의 두 본성을 가지고 있으며, 이들 두 본성이 분리된 존립 근거를 가진다고, 그래서 그리스도의 존재는 두 개의 본성으로 '이루어져' 있으면서 두 본성 '안에' 있다고 이해했다 (ex et in duabus naturis). 그러나 로마 주교가 볼 때, 동방 주교들은 교의를 로마와는 다른 방식으로 이해하고 있는 것 같았다. 로마인들은 동로마 제국 교회의 그리스도론을 단성론(單性論)으로 간주했다. 이른바 그리스도가 단 하나의 본성, 즉 신성만을 가지는 것으로 이해했다고 판단한 것이다.

신앙 문제에서의 이 같은 대립은 이 책에서 다룰 중요한 사안이 아니다. 하지만 6세기 지중해 세계에서 방금 언급한 신학 문제는 정치적 문제이기도 했다. 보에티우스가 그리스도교 교의에 대해 저술한 네 개의 논고[19]를 읽을 때, 우리는 이러한 시대 상황을 염두에 두어야 한다. 통상적으로 사람들은 이들 소품을 그의 '신학' 저술로 이해한다. 그런데 보에티우스와 관련해 '신학'이라는 말을 꺼내기 시작하면 우리는 벌써 6세기의 학문론에 대해 이야기하지 않을 수 없게 된다. 만일 그가 다룬 것이 정말 '신학'이라면, '신학'이 학문으로서 가지는 고유성을 인정해야 할 것이다. 요컨대, 그는 그가 저술한 논고들에서 성경을 단 한 구절도 인용하지 않는다. 또한 그는 『삼위일체론』(*De Trinitate*) 서문에서 자신은 논쟁이 되는 사안을 '철학의 내적 원리들을 가지고' 해결하겠다고 밝힌다(ex intimis philosophiae disciplinis).[20] 즉 당시의 중차대한 문제, 정치적으로 민감한 문제를 철학적으로 해명하겠다고 선언한 것이다. 보에티우스는 동로마 교회가 표방하는 그리스도론뿐만 아니라 삼위일체에 대한 아리우스적 해석과도 대결하고자 한다. 학자들은 그의 논고들이 대략 520년경에, 그러니까 유스티누스 1세가 집권하고 나서 얼마 지나지 않아 집필되었을 것이라고 추정하고 있다. 사실, 유스티누스 1세는 그리스도가 하나의 본성인지 두 개의 본성인지에 대한 논쟁을 종결하고픈 의지가 있었다. 그는 해당 교의에 대해 동로마 교회 대주교가 승인할 수 있는 정식을 만들었으며, 이를 통해 테오도리쿠스에 대항하는 정치적 동맹을 결성할 발판을 마련했다. 이러한 상황에서 자기의 국무대신이 적대적 연합을 이론적으로 지지하는 작업을 하고 도리어 아리우스적 신앙을 비판하는 책을 저술했으니, 테오도리쿠스가 보에티우스를 불신하게 된 것은 당연한 결과였다.

사실, 테오도리쿠스는 유스티누스 1세와 로마(즉 로마 원로원과 교황)

사이에 형성된 긴장 관계를 역으로 이용할 수도 있었다. 하지만 자기의 국무대신이 저술한 시사 논평 내지는 정치적 사설 — 분명 테오도리쿠스는 보에티우스의 논고를 이렇게 이해했을 것이다 — 은 정반대로 동로마 황제와 로마 사이의 긴장 관계를 해소하는 것을 목표로 하고 있었다. 그리고 실제로 동로마 제국과 로마는 연대에 성공한다.

그의 논고들은 분량이 많지 않음에도 불구하고 중세 철학의 발전에 초석이 되었다.

— 논고들은 아우구스티누스 이후에 전개된 삼위일체론 신학을 매우 간결하게 요약하고 정리한 것이다. 보에티우스는 삼위일체 교리가 세 명의 신에 대한 믿음이 아니라는 점, 그럼에도 고대 철학적 일신론으로 모조리 환원되지 않는다는 점을 철학적으로 증명한다. 그는 성경 특유의 말하기 방식과 일반적 언어 용례는 이러한 맥락에서 철학적으로 다듬어질 필요가 있다고 역설한다.
— 논고들은 신학적 문제들을 철학적으로 해결하는 시도의 본보기가 되었다. 특히 12세기 중세의 학문 개념과 연구 방법론의 성찰에 지대한 영향을 끼쳤다. 보에티우스는 수학자이면서 논리학자였다. 그는 에우클레이데스(Eucleides)의 저서에 나타난 엄밀한 논증 방식을 자기의 논고들에 그대로 가져와 썼다.
— 논고들은 이후 사상사에서 중요하게 된 핵심 개념들, 예컨대 '페르소나'와 '본성' 같은 개념을 도입하고 정의했다.

우리는 이들 규정을 서구 라틴 세계 곳곳에서 만나게 될 것이다. 보에티우스가 제시하는 정의들은 고대 철학 발전의 마지막 국면을 정식화해 담아내고 있다. 그는 그리스-로마의 학문을 용어적으로 도식화함으로써 그 유산을 보존한 공로가 있다. 그러나 다른 한편으로는 그리스-로마 학문이 딱딱하고 건조한 개념 속에 갇혀 버리는 결과도 있었다. 보에티우스가 마련한 용어들을 보편적으로 사용함으로써 중세는 개념화된 언어들이 실재 사태를 직접적으로 반영한다는 인식을 암묵적으로 조장하게 되었다. 그는 성경 연구와는 별도로 존재하는 자율적 · 철학적 해명이라는 새로운 문화를 창조했다. 하지만 그것은 고대 후기의 완고함으로 특징지어진 세상이었다. 사실, 이것이 특정 언어에 존재론적 성격을 부여하는 일이었다는 점, 그것도 세계를 단면으로만 파악하고 인공적으로 만들어졌을 뿐인 특정 언어를 존재론으로 승격하는 일이었다는 사실을 꿰뚫어 본 최초의 사람은 로렌초 발라(Lorenzo Valla, †1456)였다. 발라는 보에티우스의 존재론과 철학, 신학을 조화시키려는 그의 작업을 상세히 비판함으로써 기나긴 보에티우스 시대에 종말이 왔음을 알렸다. 중세 라틴 문화권 철학을 보에티우스적이라 불러도 전혀 과언이 아니기 때문이다. 하지만 그렇다고 중세 철학을 지탱하는 기둥이 하나만 있었다고 이해해서는 안 된다. 보에티우스의 존재론은 그 안에 분리 가능한 서로 대립하는 두 개의 이념을 간직하고 있다. 신앙과 이성을 조화시키려는 그의 노력은 양쪽 모두에서 명백한 모순을 일으켰다. 게다가 보에티우스 안에는 언제나 불안정한 아우구스티누스 사상이 꿈틀대고 있다. 그러니까 '보에티우스의 시대'라는 말을 너무 문자 그대로 받아들이지 않기를 바란다. 어찌 되었든 간에, 가능한 자율적 철학을 추구하는 사람은 누구든지 보에티우스에게서 그 대표적 사례를 찾을 수 있다. 특히 그는 『철학의 위안』을 통해 후대에 지대한 영향을 끼쳤다.

『철학의 위안』

보에티우스의 주저인 『철학의 위안』(*Consolatio philosophiae*)[21]은 중세 전체를 통틀어, 심지어 17세기까지도 가장 많이 읽혔던 철학책 가운데 하나이며, 일찍부터 대중 언어로 번역본이 출간되었다. 알프레드(Alfred) 대왕이 영어로, 장크트갈렌의 노트케르(Notker von St. Gallen)가 중세 독일어로, 장 드 맹(Jean de Meun)이 프랑스어로 각각 『철학의 위안』을 번역했다. 1380년경 제프리 초서(Geoffrey Chaucer)의 중세 영어 번역본이 있으며, 엘리자베스 1세(Elisabeth I) 시대에도 새 영어 번역이 있었다.[22]

보에티우스는 사형 선고를 받고 나서 생을 마감하기 전까지 몇 달 동안 감옥에 갇혀 있으면서 이 책을 썼다. 이 책에서 '철학'은 하나의 인격을 가진 존재로 묘사된다. '철학'은 슬픔과 비탄에 잠긴 보에티우스와 대화를 시도하며, 그가 처한 운명을 이해하고 받아들일 수 있도록 도와준다. 그래서 '철학'은 일종의 심리 치료사와 같다. 보에티우스는 병을 치료하는 의술과 철학의 비유를 의도적으로 사용하고 있다. 철학을 통한 정신의 계몽을 병이 치유되는 과정 같이 이해한 고대 철학의 전통을 그대로 따르고 있는 것이다. 『철학의 위안』은 정교하게 짜인 운문을 포함하는데, 운문과 산문 내지는 대화편이 제각기 번갈아 나타나는 방식으로 구성되어 있다. 나는 이 책이 가히 중세 철학에 대한 최고의 입문서가 된다고 본다. 그러니 이 책을 구조와 논증 순서를 그대로 따라 소개하도록 하겠다. 오늘날의 독자들은 운율에 맞추어 쓰인 보에티우스의 텍스트를 읽기가 상당히 귀찮을 수 있다. 그가 생의 마지막에 처했던 절망적 상황을 염두에 두면 어떻게 그가 이렇게 문학적·수사학적 풍부함으로 글을 쓸 수 있었는지 도무지 이해가 되지 않는다. 이미 아우구스티누스가 『고백록』에서 수사학적 열정을 강렬하게 표출한 적이 있다. 이와 달리, 『철학의 위안』의 문체는 전형적인 로마인의 냉정함과 고대 후기의 양식과 알레고리를 가지고 있다. 더욱 놀랄 만한 사실은 그가 그리스도교인이라는 점에 있는데, 생의 마지막에서 그리스도교와 관련된 말은 한마디도 하지 않는다는 것이다. 그는 성경에서 위로를 찾지 않으며, 교회의 성사나 그리스도교 신앙에서 구하지도 않는다. 그는 위로를 철학에서 찾는다. 그리고 위로의 원천인 그 철학은 고대 철학과 마찬가지로 오늘날 우리가 '신학적'이라 이해하는 문제들을 다룬다. 즉 신의 존재, 섭리, 신의 사유에서 기원하는 세계, 인간이 신과 같아질 수 있는 가능성, 즉 온갖 부조리에도 불구하고 행복해질 수 있는 가능성에 대한 물음들에 답한다. 하지만 철학은 이러한 물음에 대한 답을 논증을 통한 합리적 방식으로 구하고자 하며, 권위에 의존하는 방식으로 해결하려 들지 않는다. 아우구스티누스가 초기 작품에서 '신과 영혼'을 다룰 때, 이 같은 방식을 택한 바 있다. 그러나 확고부동하게 철저히 고대의 정신으로 사유하는 보에티우스는 여기에 동참하지 않는다. 우주의 질서를 올려다보는 일은 억압받는 이에게 위로를 가져다준다. 하지만 보에티우스는 세상의 질서에만 집중하지 않고 인간 정신이 가진 힘에 대해서도 초점을 맞춘다. 인간 정신은 불행과 곤경에 처한 와중에도 자기 자신을 되찾거나 소유할 수 있는 능력을 분명히 가지고 있다는 것이다. 그러므로 여기서 '현자'에 대한 고대적 이상(理想)이 다시 울려 퍼지고 있다. 그는 플라톤적 요소를 더 추가하고 여기에 스토아적 색채를 약간 가미함으로써 지혜로운 자에 대한 고대적 이념이 여전히 유효함을 증명하고자 한다.

책머리에서 보에티우스는 자기가 왜 억울한 일을 당해야 하는지 하소연한다. 나는 철학적으로 살려고 진심으로 노력했을 뿐이다, 철학자로서 산다는 것은, 플라톤에 따르면 철학을 가지고 정치를 한다는 뜻이지 않느냐, 그런데 사람들은 나를 죽이려 했다니 말이다. 그는 플라톤이 오직 철학자가 왕으로 군림하고 왕이 철학자인 경우에만 국가가 행복하다고 말했는데, 그렇다면 지금 자신이 겪은 일은 어떻게 이해해야 하느냐고 따진다. 그가 처한 불행한 운명은 결국 플라톤이 말한 철학자의 국가 내지는 행복이 무리한 요구, 현실적으로 실현 불가능한 이상이라는 반증이 아닐까?

악이 세상에 만연하다는 사실은 우리 인간 본성이 나약하다는 것으로 볼 수 있다. 그러나 무죄한 이들에게 악이 닥치고 신이 심지어 그것을 용인한다는 사실은 경악할 일이다(inspectante Deo monstri simile est).23) 즉 여기서 문제가 되는 것은 악이 지배하는 것 같은 이 세상에서 우리가 대체 어떤 도덕을 가지고 살아야 하는지, 삶의 의미가 무엇인지 하는 것이다. 그런데 삶의 의미라는 것은 보에티우스에게서는 아직도 플라톤적으로, 그리고 또 로마적으로, 그러니까 정치적 삶의 의미로 이해된다. 요컨대, 그는 변신론적 물음을 근·현대적인 개인의 삶이 아니라 정치적 실천에 대한 이론적 맥락에서 제기하고 있는 것이다. 철학 그 자체가 사회적·공적 권리 주장을 할 수 있는지 여부가 회의에 부쳐지고 있다.

이렇게 해서 설정된 주제는 다름 아닌 힘을 가진 이들은 언제나 악인이라는 사실이다(perversi resident celso [solio]).24) 자연 질서의 합리성과 인간 행위가 이렇게나 어긋나고 모순적인 이유가 대체 무엇인가?

논증을 진행하기 전에 '철학의 여신'은 우리의 가엾은 '수인'(囚人)의 정신 상태를 진단한다. "너는 네가 완전히 추방당했다고 생각하지만 실은 아주 그렇게 쫓겨난 것은 아니다."25) 그녀는 보에티우스가 슬픔에 너무 깊이 빠져 자기 자신을 돌보지 못했으며, 그가 감옥에서 사형 집행일만을 기다리면서 고통을 겪고 있는 것은 바로 이 때문임을 알려 준다. '철학'은 먼저 가벼운 치료제를 사용해 보에티우스의 정신에 새 기운을 불어넣고자 한다. 그래야 그가 중요한 통찰적 인식을 받아들일 수 있을 것이기 때문이다. '철학'은 어디서부터 이야기를 시작해야 하는지를 분명히 알려 준다. 그녀가 볼 때, 보에티우스는 자연으로서의 세계가 완벽하게 질서 잡혀 있다고 생각하고 있다. 이것이 앞으로 진행할 논의의 단초이다. 여기서 세계가 질서정연하다는 점은 결코 그리스도교 신앙에서 가져온 전제가 아님을 알아야 한다. 보에티우스는 그가 이 사실을 잘 알고 있다고 분명히 말한다(operi suo conditorem praesidere deum scio).26) 모든 것은 이성의(ratione) 지배를 받는다. 오직 인간의 행위만

이 이성의 지배를 받지 않는 것 같다. 만물은 '신'(deus)에게서 나오지만, 이 '신'이라는 단어는 자연에서 일어나는 일들의 합리적 성격을 드러내는 말에 지나지 않는다. 자연의 합리성을 이야기할 때, 보에티우스는 별의 공전의 항상성과 낮과 밤, 해와 달의 반복적으로 뜨고 지는 사실을 염두에 두고 있다.

이어서 '철학'은 이성의 지배에 대한 인간의 근본적인—그러나 점차 사라져가는—믿음을 새롭게 하고자 한다. 하지만 이 작업은 세계에 대한 이론적 성찰이 아니라 자기 인식을 통해 이루어진다. 철학의 여신은 보에티우스에게 이렇게 말한다. "나는 네 병의 원인이 무엇인지 알고 있다. 너는 너 자신이 누구인지 알기를 그만두었다"(quid ipse sis nosse desisti).[27] 보에티우스는 사람들이 일반적으로 인간을 이성을 가진 사멸하는 존재로 정의한다는 점을 알고 있으며(animal rationale atque mortale), 이러한 인간의 정의가 자기 자신에게도 당연히 적용된다는 사실도 알고 있다. 하지만 '철학의 여신'은 그러한 것들을 알고 있다 하더라도, 그가 정작 자기 자신에 대한 참된 앎은 잃어버렸다는 사실을 지적한다. 곧 보에티우스는 지금 만물의 원인은 알면서도 만물의 목적은 제대로 알지 못하기 때문에, 불의한 자들이 힘을 가지며 악한 이들이 행복하다는 생각을 하고 있다는 것이다. 보에티우스는 거짓된 정념의 어둠을 쫓아 버려야 한다. 그래야 그는 참된 빛이 비추고 있음을 알아볼 수 있다.

'철학'은 우리가 정념을 몰아내면 진리를 볼 수 있다는 점을 자연 현상을 예로 들어 설명한다. 기쁨과 희망, 두려움과 고통. 플라톤의 진리와 태양의 비유가 보에티우스에게서는 로마적이고 스토아적인 강조점을 가지고 새롭게 등장한다. "기쁨을 멀리하라. 그리고 두려움을 멀리하라"(gaudia pelle, pelle timorem).

『철학의 위안』 제2권은 정신이 치유되는 첫 단계를 그리고 있다. '철학'은 효과적 치료를 위해 수사학적 기술을 사용한다.[28] 그녀는 먼저 행복이 부(富)와 명예와 권력에 있다는 잘못된 생각에서 보에티우스를 떼낸다. 무엇이 행복이 아닌지에 대한 '철학'의 논변은 이어지는 제3권에서 긍정적 결과를 낳는다. 행복을 부정하는 '철학'의 논변은 다음과 같다. 먼저 물질적 부는 우리를 행복하게 할 수 없다. 엄밀히 따지자면, 그것은 우리에게 속하지 않기 때문이다. 재물은 우리의 통제 아래 둘 수 없다. 우리는 재물을 소유하고 있다고 말하지만 그것은 겉보기에만 그럴 뿐이다. 보에티우스는 우리가 통제할 수 있는 것과 통제할 수 없는 것에 대한 스토아적 구별을 도입하고 있다. 스토아학파처럼 보에티우스는 정말로 우리 힘으로 할 수 있는 것에만 신경을 쓰라고 권고한다. 여기에는 키니코스학파와 스토아학파의 대중 철학과 키케로에게서 빌려 온 사상들이 모두 나타나 있다. 불행한 자는 놀란 듯이 행동하지 말아야 한다. 무슨 일을 겪든 간에, 그는 이미 다 예상할 수 있었을 것이기 때문이다. 한결같이 변화무쌍하다는 것이 곧 사람들이 행복이라 부르는 것의 불변성이다. 운명을 마주해서는 아무런 고통도 있을 수 없다. "네가 잃어버렸다고 슬퍼한 그것이 정녕 네 것이었다면 잃어버리는 일 자체가 불가능했어야 했던 것 아니냐."[29] 운명의 바퀴를 돌리면서 운명은 인간을 향해 이렇게 외친다.

> 이것이 나의 힘이다. 둥근 모양의 바퀴를 돌리는 이 항구한 놀이를 나는 즐긴다. 밑에 있는 것을 위에 올려놓고 꼭대기에 있는 것을 바닥으로 끌어내리는 일이 나는 재밌다. 올라가고 싶으냐? 그러면 마음껏 올라가라. 단, 너는 내가 즐기는 이 놀이의 규칙에 따라 내려가기도 해야 한다는 사실을 받아들여야 한다는 조건이 있다.[30]

운명이 우리의 편이어도 우리가 원하는 모든 것이 충족되지는 않는다. 반드시 무엇인가 빠져 있기 마련이다. "대체 불평할 것이 조금도 없을 정도로 완벽한 행복을 가진 자가 어디 있느냐?"[31] "필멸자들아, 행복은 너희 안에 있거늘, 어찌하여 밖에서 행복을 구하느냐?"32) 방향이 설정되었다. 우리 모두는 각자의 내면을 바라보아야 한다. 폴리스가 붕괴했을 때, 키니코스학파와 스토아학파 철학자들도 개인으로의 회귀, 더 정확히는 개별자의 의지로의 회귀로 대응한 바 있었다. 진실로 선한 것은 오직 우리 자신에게 속한 것, 우리 의지에 있는 것, 우리 자신만이 자율적일 수 있는 바로 그것에 있다. 불행은 단지 불행하다는 생각일 뿐이며, 그것도 잘못 생각하는 데에서 기인한다(nihil est miserum, nisi cum putes).33)

우리가 행복을 가져다줄 것이라 믿는 재물은 항상 우리를 겉돌기 때문에 기만적 성격을 가지고 있다. 힘이 자기가 원하는 것을 실현하는 '능력'을 의미한다면 재물은 아무런 힘이 되지 못한다. 재물은 진정한 행복을 주지 않는다. 그래서 우리가 통상 불운이라 부르는 것이 일반적으로 행운이라 여겨지는 것보다 훨씬 낫다. "행운은 우리를 속이고 불운은 우리를 가르친다."34)

『철학의 위안』 제2권은 논증으로 약간만 덧붙여진 사랑(amor)의 찬미가로 마무리된다. 사랑은 모든 것을 지배하며, 특히 하늘에 있는 것들을 지배한다. 사랑이 만물을 한데 붙들지 않는다면 다툼이라는 것 자체가 일어날 수 없을 것이다. 사랑은 땅과 바다와 하늘을 다스린다. 사랑은 하늘과 땅을 움직이는 우주적 질서이자 보편 원리인데, 인간은 사랑으로 살지 않는다. 사랑에 대한 시편에서 보다시피, 보에티우스는 엠페도클레스(Empedocles), 플라톤, 아리스토텔레스 이래로 '사랑'을 세계의 근거로 파악했던 고대의 전통을 그대로 따르고 있다. 사랑을 두 인격을 이어 주는 관계로 이해함으로써 사랑에 대한 근대적 규정을 제시한 인물인 단테(Dante)에게서조차 여전히 보에티우스적·아리스토텔레스적·플라톤적 이념이 살아 숨 쉬고 있다. 왜냐하면 『신곡』(*La divina commedia*)의 마지막 운문에서 그는 사랑이 태양과 별을 움직인다(l'amor che move il sole et l'altre stelle)라고 노래하기 때문이다.

『철학의 위안』 제3권에서 진행되는 논의는 다음과 같다. 인간은 어디서든 오직 선한 것을 찾아 헤맨다. 일단 손에 넣으면 그 이상 아무것도 바라지 않아도 되는 그런 선을 열망한다. 즉 인간이 가진 일체의 욕망을 충족하는 대상을 원한다. 그러므로 그러한 대상을 최고선(最高善, summum bonum)이라고 한다.35) 만일 어떤 선을 쟁취했을 때 여전히 무엇인가 부족함을 느낀다면, 그가 지금 획득한 것은 최고선이 아닐 수 있다. 따라서 행복은 "모든 선이 한데 완전하게 결합되어 있는 상태"(liquet igitur beatitudinem esse statum bonorum omnium congregatione perfectum)로 규정할 수 있다.36) 가시적인 이 세상에 대한 비관론적 입장으로부터 보에티우스는 어떻게 최고선과 참된 행복에 대한 요청을 근거 지을 수 있다고 보는 걸까?

그는 이렇게 논증한다.37) 각각의 모든 선에는 그것을 존재하게끔 하는 원인이 있다는 점을 부정할 수 없다. 우리는 이 사실이 필연적으로 참이어야 한다는 점을 인정한다. 왜냐하면 '불완전하다'라고 하는 것은 무엇이든 완전한 것이 결여되어 있는 바로 그만큼 '불완전하다'라고 불리기 때문이다. 그러므로 불완전한 것이 있는 곳에는 반드시 완전한 것도 있기 마련이다. 완전성을 떼내면 우리는 불완전한 대상들을 도무지 설명할 길이 없게 된다. 사물의 본성은—'natura rerum', 보에티우스의 이 표현은 신플라톤주의적 논증에서 쓰이는 스토아학파의 용어와 같은 의미를 가진다—자립하는 전체인 것에 근거해 외적으로 결함을 가진 존재들에 나누어지지, 무언가 감소되거나 부족하고 덜 완성된 것에 의존해 존립할 수 없기 때문이다. 그러므로 만일 언제든지 소멸할 수 있는 선과 관련한 행복이 불완전한 행복이라면, 어딘가에는 반드시 변하지 않고 완전한 행복이 있어야 할 것이다. 그렇다면 그 완전한 행복이란 대체 어디에 있는가? 만물을 다스리는 자인 신이 선한 자라는 사실은 모든 인간이 보편적으로 가지고 있는 개념(communis conceptio) 으로부터 입증된다. 신보다 더 선한 것은 없다고 생각되는데, 더 나은 것을 상상할 수가 없는 그런 것이 선하다는 점에 대해서는 어느 누구도 부정할 수 없기 때문이다(id quo melius nihil est bonum esse quis dubitet). 이성은 신이 바로 이러한 의미에서 선한 존재이며, 그래서 최고로 완전한 선은 신에게 있다고 우리에게 말하고 있다. '신'이라는 말은 당장은 어떤 개별적 존재의 이름인 것처럼 다가오기는 하나, 엄밀히 따지자면 다른 모든 선을 정초하는 원리로 이해되어야 마땅하다. 이러한 맥락에서 일반적으로 '신'이라 부르는 그 대상이 완전한 선(perfectum bonum)이라는 점이 밝혀진다.

신이 최고의 선이 아니라면 신은 만물을 다스리는 왕(princeps)이 될 수 없을 것이다. 세계의 존재들을 지배하는 '군주'라는 식의 일종의 사회형태학적 표현법은 세계에 대한 보에티우스의 착상이 관념론적이라는 사실을 보여 준다. 요컨대, 일체의 완전한 것들, 총체로서 있는 것들은 전부 불완전한 것에 '선행한다'. '앞선' 내지는 '선행한다'라는 말은 플라톤적 의미로 아리스토텔레스에게서는 '근거'를 뜻하는 말로 쓰인다. 근거란 자신이 근거가 되어 주는 사물들 없이도 혼자 존재할 수 있는 그런 것을 말한다. 이는 선행하는 것은 후행하는 것 없이도 존재할 수 있지만 그 반대는 아니라는 점에서 일방적 종속 관계를 표현한다. 보에티우스는 이 모델을 자신의 신 존재 증명에 적용한다. '세계를 이해'한다는 것이란 보에티우스에게서 불완전한 것을 완전한 것에 비추어 사유한다는 것을 의미한다. 하지만 보에티우스의 신 존재 증명에 암묵적으로 사용된 전제들은 이것 말고도 더 있다. 사태를 해명하는 심급들 사이의 질서는 유한해야 한다. '선하다'든지 '행복하다'든지 말해지는 개별적 사례는 무수히 많이 있지만 그것을 정초하는 근거는 단 하나만 있어야 하며, 통일성을 마련하는 규범도 하나만 있어야 한다. 선이나 행복을 근거 짓는 작업은 무한히 계속되어서는 안 된다. 그러므로 보에티우스를 따른다면, 우리는 '가장 높은 신'이 — 이 표현을 사용함으로써 보에티우스는 고대의 사유 전통에 머무른다 — 최고로 선한 것과 가장 완전한 선을 모두 충만히 가지고 있다는 점을 인정해야 한다. 그러니까 그는 '신'이라는 말의 의미를 최고선을 가지고 설명하지 그 반대로는 하지 않는 것이다. 그러므로 최고의 행복을 '신'(deus)과 당장 동일하게 놓는 근·현대의 그리스도교는 사태를 너무 단순하게 보고 있다고 말할 수 있겠다. 보에티우스는 일반적으로 '신'이라는 말을 쓸 때, 우리가 그 말에서 이해해야 하는 내용이 무엇인지를 확정하고 싶어 한다. 그리고 그가 내놓은 대답은 '신'을 우리는 '그것보다 더 나은 것이 없는'(id quo melius nihil est) 그런 존재로 이해해야 한다는 것이다.

'가장 완전한 선'은 또한 참된 행복이기도 하다. 그러므로 가장 높은 신에게 참된 행복이 있다. 이 행복은 우연적이거나 외적으로 겉도는 방식이 아니라 신의 존재 자체에 본질적으로 속해 있다. 참된 행복을 소유하는 주체로서의 신의 본질과 그가 소유한 대상으로서의 행복을 우리는 분리해 생각할 수 없다. 최고선으로 존재한다는 것이 곧 그의 단적인 본성이기 때문이다. 따라서 신에 대해 이야기할 때, 우리는 필연적으로 그가 행복하다는 말을 할 수밖에 없다. 완전성과 행복은 신의 경우에는 동일한 것이다. 그러므로 인간은 신처럼 될 경우에만 행복하게 된다(omnis igitur beatus deus).[38] 물론, 앞서와 같이 이해하는 한에서 신은 본질적으로 하나밖에 있을 수 없다. 하지만 우리는 관여를 통해 (participatione) 신처럼 될 수 있다. 그 외에 자기만족, 권력, 명예, 돈, 쾌락 같은 다른 모든 것을 우리는 그 각각을 하나의 선으로 보기 때문에 열망한다(quoniam id quoque esse creditur bonum).[39] 그러므로 선이란 궁극적으로 열망하는 대상을 말한다. 예를 들어 건강해지고 싶어 말을 타는 사람이 있다면 그는 말타기 자체가 목적이 아니라 건강을 목적으로 하기 때문에 말을 타려고 열망하는 것이다. 우리는 개별적 선을 선을 위해 추구하므로, 엄밀히 말하자면 우리가 추구하는 것은 그 각각의 선이 아니라 '선 그 자체'이다. 그런데 우리가 다른 모든 것을 원하는 이유가 되는 그런 것은 곧 행복이다. 그러므로 행복의 본질과 '선 자체'는 동일하다.

'선 자체'라는 것은 더 나아가 '하나'임과 같다. 이것을 보에티우스는, 존재하는 모든 것은 자기의 단일성을 보전하려는 경향이 있다는 점을 가지고 증명한다. 모든 사물은 자기가 하나인 한에서 존재한다. 사물이 자기의 통일성을 상실하면 그것은 자기 자신이기를 그치고 만다. 따라서 하나로 있는 것은 선하게 있는 것과 같다. 선은 모두의 열망의 대상이 되는 것이다(cuncta igitur bonum petunt; bonum est, quod desideratur ab omnibus).[40]

보에티우스는 이렇게 증명된 최고선의 존재를 가지고 악의 경험을 부정하면서 제3권을 마무리한다. 신은 모든 선한 것의 원인이다. 그러므로 신은 전능하다. 전능하다는 것은 못하는 것이 없다는 뜻이다. 신은 악을 행할 수 없다. 그런데 할 수 없는 것이 아무것도 없는데, 신이 악을 행할 수 없다면 악은 존재하지 않는다(malum igitur nihil est).[41]

제3권에서 신 존재 증명이 주제화된다는 사실은 보에티우스 자신이 직접 언급하고 있는 점이기도 하다.[42] 논증 마지막에 신은 완전한 존재이자 모든 불완전한 존재에 선행하는 자로 제시된다. 신이 '선행한다'라는 말은 시간적으로 앞선다는 뜻이 아니라 원인을 근거 짓는 과정에서 앞에 있다는 뜻이다. 그래서 신의 전능함은 아무런 제한이나 한계도 없는 자의적 능력이 아니라 선을 행하는 능력으로 이해된다. 그리고 신의 전능을 이렇게 이해한 결과, 악은 존재하지 않는 것으로 간주된다. 억울하게 사형 판결을 받은 사람에게 악은 막강한 힘을 가진 것이 분명하며, 그러한 의미에서 악은 확실히 '존재한다'. 하지만 여기서 악의 '존재'는 '눈이 먼 상태'와 같이, 마치 어떤 결함이 '있다'라고 말할 때의 그 존재와 같다. 그래서 보에티우스 논증의 배경에는 악을 일종의 결여 상태(privatio), 즉 있어야 할 것이 있지 않은 상태로 보는 사상이 배경에 깔려 있다. 악은 긍정적으로 말해질 수 있는 최소한의 존재도 없다. 악에 대한 이 같은 이론에서는 존재가 질서와 선과 윤리와 관련해 정의된다. 보에티우스에게서는 존재론적 낙관주의가 사회적 비관주의와 결합되어 있는 셈이다.

보에티우스는 자기의 철학적 신학을 통해 대중적 신 관념이 적절하지 않음을 보여 주었다. '신'(deus)은 그보다 더 선한 것이 없는 그런 존재를 가리킨다. 선택적 은총 수여라든지, 배타적 구원이라든지 또는 윤리적 규범을 준수하는 것과 같은 것에 대해 보에티우스는 한마디도 하지 않는다. 그는 후기 아우구스티누스가 회의에 부쳤던 고대의 철학적 가치 체계를 다시 한 번 정립하고 있다. 즉 이성의 힘을 믿어야 한다는 것이다. 그는 '이성'을 외부에서 우리에게 덧붙여지는 보상으로 주어지는 것이 아닌 행복 속에서 선을 인식하고 실현하는 능력으로 이해한다.

『철학의 위안』 제3권은 세계와 자연의 이해와 관련해 중세 시대에 지대한 영향을 끼쳤다. 이 작품에서 가장 중요한 부분은 제3권의 아홉 번째 운문인데("오, 영원한 법칙으로 다스리시는 분이여"), 이 찬미가는 『티마이오스』(Timaios)의 플라톤과 아리스토텔레스의 정신으로 세계의 창조자를 부동(不動)의 원동자(原動者)이자 질투하지 않는 자비로운 자로 노래한다. 창조주는 그의 정신에 담긴 법도에 따라 이 세상을 만들고 그 참된 형상을 본보기로 하는 모상들을 지어냈다는 것이다.[43] 수(數)의 이데아들이 음악적 비례와 조화를 통해 이 세계의 기초를 이루고 있다. 우리는 여기서 보에티우스가 그의 '일치 계획'을 어떻게 이해하고 있는지를 엿볼 수 있다. 그는 우주와 창조주의 완전성을 정립하기 위해 플라톤적 범형론과 ─ 그런데 원형인 이데아들은 신적 사유 안에 들어 있다 ─ 신(新)피타고라스학파적 수(數)의 형이상학, 아리스토텔레스의 질료 형상론, 그리고 네 개의 원소에 대한 이론을 모두 결합해 하나로 만들었다. 보에티우스의 이 같은 '관념론적' 우주론은 어디에 참된 행복이 있는지를 반드시 제시해야만 할 것이다. 그에 따르면, 최고의 행복은 인간 정신이 세계의 근거인 신의 정신에 지성적으로 참여함으로써 주어진다. "당신을 보는 것이야말로 우리의 종착지입니다"(te cernere finis).

주지주의는 끊임없이 계속된다.

제4권은 위로를 구하는 이에게는 다소 무거운 내용을 담고 있다. '철학'은 두 개의 테제를 제시하면서 이를 설득하고자 한다. 이들 테제는 모순적 내용을 담고 있는데, '철학'도 이 점을 잘 알고 있다.

(1) 선한 이는 언제나 강하고 악한 자는 항상 나약하다. 선한 사람은 어떠한 상황에서도 자신의 목적을, 즉 행복을 달성하기 때문이라는 것이다. 행복은 선하게 사는 데에 있기 때문이다. 악한 사람은 자기가 원하는 것을 절대로 이루지 못한다. 왜냐하면 악인이 목표로 하는 것들(권력, 영예, 쾌락)은 제각기 다른 것을 배제하기 때문이다. 하지만 참된 선은 그 무엇과도 경쟁하거나 다투는 일이 없다.

(2) 악인의 경우에는 처벌받는 것이 좋은 일이다. 즉 형벌을 피해 달아나는 것보다 불행을 당하는 편이 차라리 더 낫다. 왜냐하면 처벌받음으로써 악인은 적어도 정의에 참여할 수 있기 때문이라는 것이다. 요컨대, 정의는 곧 선이다. 보에티우스는 보복 행위로서의 처벌에 반대하며 ─ 악인은 연민의 대상이지 증오의 대상이 아니다 ─ 법정에서의 통상적 변론에 대해서도 반대 입장을 취한다.

이러한 것들은 전부 『고르기아스』(*Gorgias*)에서 가져온 플라톤적 요소들이다. 중요한 것은 처벌의 내재적 성격에 대한 사고이다. "너를 처벌하는 자를 바깥에서 찾지 마라!"[44] 철학의 여신은 정의에 대한 이 같은 고찰이 '대중'의 이해와는 거리가 먼 사고임을 잘 알고 있다. 보에티우스는 '대중'을 고대 철학에서처럼 이성적으로 사유하지 못하는 집단으로 보고 있다. 고대 원시 그리스도교 공동체에 속한 순진한 사람들은 사유하기를 그만두었을 뿐만 아니라 현실에서 그리고 현실적으로 사는 것 또한 포기했다. 소수 집단이었던 초기 그리스도교인의 윤리를 재구성하고 그 윤리가 우월하다는 것을 증명하는 일에 보에티우스는 아무런 관심도 없었다. 엄격한 교계 질서로 확고하게 자리 잡은 기관으로서의 교회가 이미 이러한 작업을 선취한 것으로 간주되었기 때문이다.

하지만 대중적 견해에 조금이라도 다가가려는 듯이, '철학'은 신의 세계 지배에 대해서도 이야기를 시작한다. 예술가가 작품을 제작하기 위한 계획을 실행에 옮기는 것처럼 신의 섭리가 하는 일도 이와 같다는 것이다.[45] 보에티우스는 '섭리'(providentia)와 '운명'(fatum)을 분명히 구별한다. 섭리는 발생하는 사건들의 단순하고 변하지 않는 형상이다. 이와 달리, 운명은 그 형상이 가변성과 결합된 것, 곧 그 형상이 시간 속에서 실행되는 것을 말한다.[46] 사물은 신의 계획에서 멀리 떨어져 있을수록 그만큼 운명적이고, 무겁고, 자유롭지 않다. 그러나 운명은 섭리와는 달리 독립적으로 기능하지 못한다. 운명은 섭리가 가진 내용을 전개해야 하며, 그 가운데 모든 인간의 개별적이고 특수한 사정을 일일이 고려해야 한다. 모든 것은 선으로 인도된다. 비록 우리가 이 점을 모든 구체적 사태 속에서 보지 못할지라도 말이다. 우리는 사태를 너무 섣부르게 판단하지 말아야 한다. 어쩌면 무엇이 선이고 무엇이 악인지를 칼로 재단하듯이 완벽하게 구별해 낸다는 것은 우리에게 불가능한 일인지도 모른다. 이러한 맥락에서는 윤리-도덕적 세계관이 설득력을 얻게 된다.

> 모든 운명은 좋은 것이다. 왜냐하면 기쁜 것이든 가혹한 것이든 간에, 모든 운명은 때로는 선한 이들에게 보상을 주거나 그들을 단련시키기 위해, 또 때로는 악인들을 벌하거나 교화하기 위해 주어지기 때문이다. 그러므로 모든 운명은 정의롭거나 혹은 유익하다.[47]

현자는 운명으로 고통받지 아니한다. 지혜로운 사람은 주어진 운명을 자신의 힘으로 가꾸어 나가야 한다는 사실을 안다. 운명이 가혹한가? 그러면 그 운명은 현자를 단련하고 교정하고 개선할 것이며, 또는 적어도 처벌의 기능을 갖고 있다.[48]

이러한 사고에는 의지의 자유에 대한 믿음이 전제되어 있다. 그런데 섭리가 모든 것을 규제하고 있는데 어떻게 의지의 자유가 가능한 것일까?『철학의 위안』제5권은 바로 이러한 질문에 답한다. 신이 만일 어떤 일이 일어날 것인지를 예견하고 있다면, 그것은 발생하지 않을 수가 없고 또 우리가 개입함으로써 다르게 일어나지도 않을 것이다. 하지만 영원한 신에게는 모든 것이, 다가올 모든 것과 그것들이 자유롭게 발생한다는 사실에 대한 앎까지도 동시에 현존하기 때문에 인간의 자유는 결코 침해되는 일이 없다. 영원성은 삶의 모든 것을 지금 이 현재에 한꺼번에 완전히 소유하고 있는 상태를 말한다.[49] 시간은 이 영원한 현재성을 시작과 끝을 가진 형태로 모방한다(perpetuitas). 영원성(aeternitas)과 시간의 끝없는 지속성(perpetuitas)의 용어적 구별은 중세에 들어 중요한 구별로 자리 잡게 된다. 중세는 이 두 개의 용어를 가지고 우주의 시원과 종말에 대한 고대 철학적 이해가 신이 만물의 원인이라는 사실에 대립하지 않는다는 점을 입증하는 데에 성공한다. 요컨대, 세계가 영원하다고 해도, 즉 시간적인 시작을 가지지 않는다고 해도 세계가 신에게서 기원했다는 말을 할 수 있는 여지가 생겨난 것이다.

보에티우스는 다음과 같은 방식으로 인간의 자유와 신의 섭리 사이의 조화를 꾀한다. 신이 일어날 모든 일을 미리 정해 놓았다는 맥락에서 이야기되는 필연성은 인간 행위의 특성이 될 수 없다는 것이다. 그렇지 않으면 인간은 자유롭게 행위하지 않는다는 결과가 나올테니 말이다. 주제가 되는 필연성은 언제나 영원히 현존하는 신의 예지에 속하는 필연성이다. 우리는 사물에 대한 인식이 오직 인식 대상인 그 사물 자체에 따라서만 주어진다고 믿어서는 절대 안 된다. 인식은 인식 주체의 존재 방식 내지는 인식 방식으로부터 규정되기 때문이다. 보에티우스는 오늘날 우리가 습관적으로 고대와 중세 철학의 특징이라 말하는 객관주의적 인식론을 강하게 비판하는 사람이다.[50] 그는 인식 주체의 존재 방식이 어떻게 우리가 가진 모든 인식을 규정하고 있는지를 매우 상세하게 분석해 두었다. 신의 예지는 매우 단순해 지나간 것들과 다가올 것들을 모두 지금 이 순간에 현재하는 것으로 사유한다.

우리가 신의 예지와 인간의 자유가 서로 양립할 수 없다고 보는 까닭은, 단지 우리가 인식 행위가 사물로부터 규정된다고 생각하기 때문인 것이다. 보에티우스는 인간의 정신이 본래적으로는 아무것도 쓰이지 않은 서판(tabula rasa)이라고 보는 견해를 비판한다. 그는 인식 주체의 결정적 작용에 대한 그의 고찰이 모든 종류의 인식에 극단적으로 적용된다는 사실을 잘 알고 있었다. 그러나 그가 인식론에서 일으키는 대립은 플라톤과의 대립도 아리스토텔레스와의 대립도 아닌 스토아적 '실재론'과의 대립이었다. 인간의 인식 행위에 대해 말할 때, 그는 공공연하게 스토아학파에 대항하고 있다. '자발성'에 대해 우리가 어떻게 이야기할 수 있을까? 외부로부터의 자극, 감각 경험을 건너뛸 수 없다는 점 등 보에티우스는 이런 것들을 부정하지는 않는다. 그는 인간 정신이 가진 거대한 힘과 능력을 믿었다. 정신의 능력은 단순히 감각적 인상을 수용하고 그것으로만 단번에 규정되고 마는 그런 능력이 아닌 것이다. 진실로 정신은 자기만의 고유한 활동을 가지고 있다(propriis vigens motibus). 정신의 본질은 다름 아닌 자기 자신과 맺는 관계성에 있다(tum sese referens sibi veris falsa redarguit).[51] 정신이 참인 것을 거짓인 것과 구별할 수 있는 것은 오직 그가 가진 자기 관계성 때문이다. 오직 자기 관계 속에서만 정신은 '신'이라는 말이 의미하는 것을 풀어낼 수 있다. 그리고 이렇게 해서만 정신은 행복을 얻는다.

『철학의 위안』으로 다시 돌아가 보자. '위로'는 비참하고 수치스러운 나의 경험을 윤리적 요청에 맞게 조화롭게 풀어내는 일에서 주어진다. 보에티우스는, 세상에는 악이 있고 우리 모두는 악을 수도 없이 겪고 살지만 악은 도대체가 실재적이지 않다는 점을 보임으로써 그 조화를 이루어 냈다. 정말로 실재하는 것은 선과 하나를 향해 나아가는 형상이다. 그러니까 여기서 이야기되는 것은 단순한 용어 정의 그 이상이 아니다. 즉 '실재'하는 것을 우리가 '형상'으로 정의하면, 혹은 선과 하나의 부분적 실현으로 정의하면, 모든 악과 다수성의 존재는 선과 상대적인 관계에서만 말해질 수 있다.

이러한 언어 사용은 관념론적 용법이다. 경험과 동떨어지고, 상상 속의, 순수 사변적이고 추상적이기만 한 인식이라는 뜻에서 그렇다는 말이 아니라 '실재'적이라는 단어를 '관념', '형상', '선', '통일성'과 관련해 사용한다는 점에서 관념론적이라는 것이다. 이것은 종종 아리스토텔레스적 문체로 표현되기도 하는, 엄연히 플라톤적 관념론이다. 플라톤적 관념론은 어디서든 일관적인 것을 보고자 하며, 강력한 논증에 부합하는 것만을 참으로 '실재'하는 것으로 간주한다는 점을 근본 기조로 삼는다. 보에티우스는 현실적으로는 악이 일관적으로 존재하지 않는다고 보는 플라톤의 입장을 반복한다. 그리고 일종의 상식에 기초한 논증들을 제시하는데, 우리는 이것을 예비적 성격을 가진 제2권에서 확인했다. 이들 논증은 스토아학파와 키니코스학파 전통의 유산으로서 정신을 정화하고 본질적 인식을 준비시키는 기능을 가지고 있다. 그래서 만일 우리가 거기에 제시된 논증들을 너무 진지하게 분석하려 들면, 키니코스학파적 맥락이 스토아학파의 그것과 조화를 이루지 못하게 되며, 스토아적인 것은 또 플라톤적이고 신플라톤적인 맥락과 아무런 접점도 갖지 못하게 된다. 그러니까 보에티우스는 자기 앞에 주어진 철학 사상들을 종합하는 데에 아주 꼼꼼하지는 않았던 것이다. 하지만 그의 불성실함은 겨우 제2권에서만 적용될 뿐 그 이상은 아니다. 그는 찬미가 '오 영원한 법칙으로 다스리는 분'을 분명한 철학적 대안을 가지고 노래하기 때문이다. 그럼에도 이 찬미가는 중세가 찬탄했던 것과는 달리, 보에티우스 철학의 모든 것을 담고 있지는 않다. 인식 활동의 주관적 요소를 변호한다는 측면에서 제5권의 독창성은 실로 높게 평가할 만하다. 여기서 스토아적 유물론과 스토아학파의 인식 모사 이론이 플라톤적 관념론 및 인간 정신의 활동과 자발성에 대한 사상과 대결하고 있다. 그리고 이 논쟁에서 보에티우스는 결연히 스토아학파를 대적하는 편에 선다. 그에 따르면, 스토아학파는 유물론적 존재론이 그들이 표방하는 엄격한 이성주의적 윤리학과 조화를 이룰 수 없기 때문에 모순에 처해 있다. 하지만 보에티우스 자신도 비판받을 여지가 전혀 없지는 않다. 그는 '정신의 공통 개념'(communis animi conceptio)을 끌어들여 보편적 동의를 구하고자 하는데, 이러한 시도는 플라톤 사상과 합치되기 어렵기 때문이다. 그가 자연에서 일어나는 일들을 참조한 것과 스토아적으로 이해된 '사물의 본성'(natura rerum) 개념과 관련해서도 우리는 동일한 말을 할 수 있다.

『철학의 위안』은 일체의 그리스도교적 맥락이나 성경 인용을 배제하고 쓰였다. 우리는, 5세기에는 이미 거의 당연한 인습이나 문화처럼 고착되어 버린 그리스도교가 생의 마지막 시기의 보에티우스에게서 딱히 중요하게 나타날 이유가 전혀 없었다고 추측해 볼 수 있다. 『철학의 위안』 덕분에 중세는 고대적 사유 양식과 표현 방식을 적법하게 사용할 수 있었다. 또한 『철학의 위안』은 자연에 대한 고대인들의 관심과 엄격하고 로마적인 윤리학을 중세인들이 공유할 수 있게 해 주었다. 이 책은 고대에 특징적인 것들, 즉 신과 같이 되는 것이 곧 행복해지는 것이라는 관념과 모든 것을 예견하는 섭리에 대한 좁은 이해, 그리고 신화적 요소들까지 ― 당장 운명의 수레바퀴를 떠올려 보라 ― 전부 간직하고 있다. 보에티우스는 '운명'이나 '세계영혼' 같은 개념들을 그리스도교의 검열을 받지 않고 사용했다. 그는 영혼의 선재(先在)와 세계 질료의 항구한 존재를 주장한다.

『철학의 위안』은 죽음과 관련해서는 의지의 결연함, 자기 통제, 도덕적 요청이 필수 불가결하다는 의식과 같은 로마-귀족적 윤리관을 계승한다. 아우구스티누스는 청년 시절에 이와 유사하게 고대인들의 융통성 없는 사고방식으로 살고자 노력했던 적이 있다. 하지만 397년 이후 아우구스티누스는 이러한 삶이 가능하지 않다는 사실을 인정해야 했다. 보에티우스는 같은 목표를 부활시켰다. 그러나 이번에는 그 가능성이 다양한 경험 사실과 체계적 지식을 가지고 아우구스티누스보다 더 넓은 철학적 지평에서 실현되었다. 하지만 이 과정에서 그는 논리 형식의 실제적 적용을 우직하게 끝까지 고집함으로써 스스로 자기 이론을 고립시키고 말았다. 아우구스티누스의 삶의 처절함과 열정을 보에티우스에게서는 찾아볼 수 없으며, 아우구스티누스적인 고찰의 입체적 측면과 개방성과 주관성도 빠져 있다. 보에티우스는 이성 중심적 사고와 수학을 모방한 방법론을 끌어들임으로써 아우구스티누스주의로 각인된 1100년대 이후의 세계를 ― 무너뜨렸다고 하면 너무 과장된 표현이라면 ― 완전히 변형해 놓았다. 아우구스티누스는 스스로를 교회에 속한 사람으로 여겼지만 보에티우스는 그렇지 않았다. 히포의 주교에게 대중은 필요 이상으로 중요했다. 그는 그리스도교가 널리 전파되는 것을 사실상 그가 믿는 진리에 대한 증명으로 간주했다. 그리고 아우구스티누스는 거의 대부분의 인간이 구원에서 제외되어 있다고 믿었지만, 그래도 계속해서 대중을 설득하고 그들과 소통하려 했다. 어쨌든 그는 사람들에게 정말로 관심이 있었던 것이다. 하지만 보에티우스는 대중과 거리를 두었으며, 생애의 마지막 저작들은 특히 대중을 더 멀리한다. 정치가 내지는 고위 공직자로서의 경험은 그가 권력이라는 것의 속성을 깨닫고 그것을 경멸할 줄 알게 되었을 때, 비로소 그의 저작에 녹아들게 되었다.

제4장
디오니시우스 아레오파기타

베일에 싸인 저자

보에티우스와 같은 시대 그리스 문화권에 속한 어느 그리스도교인은 중세에 권위를 떨치게 되는 네 개의 작품을 저술하게 된다. 『신명론』(*De divinis nominibus*), 『신비신학』(*De mystica theologia*), 『천상 위계』(*De caelesti hierarchia*), 『교회 위계』(*De ecclesiastica hierarchia*)가 바로 그것들이다. 여기에 10개의 편지들이 추가로 함께 전해 내려온다. 이들 작품의 저자가 정확히 누구인지는 오늘날까지도 알려진 바가 없다. 현재로서는 이들 저작이 500년경에 집필되었으며, 신플라톤주의자인 프로클로스(Proklos)의 영향을 강하게 받았다는 점만 추정 가능하다. 그러므로 작품에 명시되어 있는 사람은 정작 이 텍스트의 실제 저자가 아닐 가능성이 있다. 왜냐하면 「사도행전」(제17장 제34절)에 아테네 의회 의원으로 등장하는 인물, 즉 사도 바오로가 아레오파고스에서 행한 설교를 듣고 개종한 유일한 인물이 바로 '디오니시우스 아레오파기타'(Dionysius Areopagita, †6세기 초)라는 이름을 가지고 있기 때문이다. 저자는 이렇게 가상의 필명으로 훗날 동방과 서방 모두에서 명성을 떨치게 되었다. 특히 서방에서는 저자를 간혹 파리의 순교자인 디오니시우스(Dionysius)와 동일시하기도 했던 까닭에 그 권위는 배가(倍加)되었다.

디오니시우스는 프랑크 왕국의 수호성인으로 공경받았으며, 파리 북쪽에 위치한 생-드니[=성 디오니시우스] 대성당은 역대 프랑스 군주들의 유해를 안치하는 장소로 설정되었다. 9세기경 요하네스 에리우게나(Johannes Eriugena)에 의해 번역된 디오니시우스의 작품들은 이후 12세기부터, 특히 쿠자누스에 이르기까지 서구 유럽 사상을 형성하는 데 결정적 역할을 했다.[1)]

'신비주의'와 '스콜라주의'

디오니시우스와 관련해 사람들은 대체로 그가 중세의 철학적 '신비주의'를 정초했다는 말을 한다. 그리고 이때 철학적 '신비주의'를 '스콜라주의'에 대립하는 것으로 이해한다. 하지만 '스콜라주의'는 굉장히 불행한 용어이다. '스콜라주의'는 중세 철학 전체를 가리키기에 적절하지 않고, 12세기 이후에는 더더욱 해당 사항이 없기 때문이다. 그런데 '신비주의'라는 용어를 사용하는 경우에 발생하는 오해는 이보다 더 크다. 마이스터 에크하르트(Meister Eckhart)와 같이, 중세의 이른바 '신비주의'적 전통에 속하는 위대한 사상가들은 자신들이 '스콜라주의'라 부르는 방향과 다른 길을 가고 있다고는 절대 생각하지 않았기 때문이다. 속칭 중세의 신비주의자라 불리는 이들도 모두 다른 사상가들처럼 똑같은 철학자였다. 우리가 '신비주의'적이라 부르고 싶은 사유 단초들은 플라톤-신플라톤주의적 전통에도 있고 아리스토텔레스주의에도 있었다. 정신의 인식은 로고스의 조명을 받는다든지 지성과 신의 유사성 또는 신성과 하나 되는 삶에 대한 탈목적론적 해명과 같은 것들 말이다. 그 근본적 이념은 아우구스티누스가 정신의 삼중적 구조를 가지고 인간과 신의 유사성을 설명하는 이론을 만들 때에 이미 수용한 바 있으며, 사유를 통해 신처럼 되어가는 과정을 그려낼 때의 아베로에스

제4장 디오니시우스 아레오파기타

(Averroes)에게서도 확인할 수 있다. 사실, 역사적으로 보자면 하나라는 것이 만물의 근원이라 했던 파르메니데스의 사상이 자취를 감추었던 적은 단 한 번도 없다. 13세기 들어 프로클로스가 수용되기 시작하면서 일자(一者) 사상은 급속도로 번져 나갔는데, 마이스터 에크하르트와 무스부르크의 베르톨트(Berthold von Moosburg)가 바로 그 대표적 사례이다. 이 사상을 논리적으로 일관되게 끝까지 밀고 나가면 일자는 다수의 인격체를 자신 안에 포함해야만 한다. 일자는 무한한 것으로 생각되어야 한다. 그래서 일자의 외부에는 일자가 아닌 다른 어떠한 것도 존재하지 않는다.

무한에 대해 사유한다는 것은, 우리가 무한에 대립하는 그 어떤 것도 사유할 수 없다는 사실을 인정하는 것과 같다. 지금 이렇게 간단히 말했지만 이것이 바로 거의 대부분의 중세 철학자가 이성적으로, 구체적으로 해명하려고 했던 사안이다. 자기 자신을 '신비주의'적 경향의 사상가로 규정한 사람은 아무도 없었다. 사람들은 파르메니데스에게서 시작된 모든 철학적 유산을 단순히 신비주의라고 불렀던 것이다. 물론, 중세의 사상가들 중에는 우리가 '신비'신학적이라고 말할 수 있는 사람도 있다. 그러나 그러한 사상가들을 규정할 때, 우리는 오늘날 우리가 '신비주의'와 '신학'이라는 말로 이해하고 있는 바를 적용해서는 안 된다. 왜냐하면 여기서 '신비주의'라는 말은 환시나 황홀경 같은 어떤 주관적인 특별한 체험 요소와는 본래적으로 아무런 상관이 없으며, '신학'이라는 것도 성경을 연구하는 학문이 아니었기 때문이다. 통상 '스콜라주의'로 분류되는 중세의 모든 사상가도 이러한 의미에서 똑같은 신비신학자였다. 디오니시우스의 권위를 이해할 때는 이 같은 사정을 염두에 두어야 한다.

아우구스티누스와 보에티우스도 제각기 신을 일자로 이해했다. 그러나 신적 일자에 존재나 사유나 사랑 같은 여타의 술어를 붙이는 일을 거부했다는 측면에서 디오니시우스는 이들보다 사상적으로 플로티노스에 훨씬 더 가까이 있었다. 일자, 즉 하나는 그 자체로 고찰될 경우에 하나가 아닌 다른 어떤 것도 될 수 없다. 일자를 설명하기 위해 덧붙이는 것은 무엇이든 간에, 하나를 다수로 만들어 버리고 만다. 그러므로 일자를 서술하기를 포기한다면 우리는 성경에 나와 있는 술어들이 일자가 자기를 드러낸 것들에 해당할 뿐, 절대 일자 자체에 직접적으로 들어맞지 않는다는 점을 받아들이지 않을 수 없다. 우리는 신의 현현, 즉 신이 자기 자신을 계시한 것들에 대해서만 말할 수 있지, 신 자체에 대해서는 말할 수도 없고 생각할 수도 없다.

일자 다음에는 '선'(善)의 개념이 자리하고 있다. 이 말은 빛이 태양에서 발산하는 것처럼 만물이 일자에서 나온다는 사실을 표현하기 위해 쓰인다. 디오니시우스에 따르면, 일자와 선은 존재의 저편에 있고 사유의 저편에 있다. 그리고 이렇게 말하는 것은 '신은 모든 것을 초월한다'라고 말하는 것보다 실질적으로 많은 내용을 담고 있다. 요컨대, '존재'라는 말은 '비존재'와 떼려야 뗄 수 없는 관계에 있다. 그리고 사유라는 것을 말할 때, 우리는 반드시 그 사유의 대상이 무엇인지를 말하도록 되어 있다. 다수성과 대립을 표현할 때, 존재와 사유라는 술어 없이는 아무것도 할 수 없다. 일자는 모든 대립을 뛰어넘는다. 선의 본질은 자기 자신을 흘려보내는 데에 있으며(diffusivum sui), 대립의 근거를 지어 주는 자가 바로 선이다. 그래서 선은 존재와 비존재의 대립보다도 위에 있다. 우리는 일자에 대한 부연 설명을 삼가할수록 일자에 더 가까이 다가갈 수 있다. 일자에 붙여지는 모든 이름이 일자를 여럿으로, 또한 모순적으로 만들기 때문이다. 모든 언어적 표현은 다수성으로 지어진 이름들이다. 대상을 특정한 이름으로 부르는 순간, 그것이 아닌 것들은 전부 해당 대상에서 배제된다. 규정은 이렇게 해서 이루어진다. 그러니 일자에 대해서는 아예 아무런 말도 하지 않는 것이 좋다. 이것이 바로 '부정'신학의 기획이다. '부정신학'이라는 말은 여러 가지로 이해될 수 있다. 디오니시우스의 경우에 부정신학은 다수성과 대립에 근거를 두고 있는 모든 것, 우리가 사용하는 모든 용어가 신의 단일성에 대해 가지는 잘못된 관계들을 고찰하는 작업을 말한다. 부정신학은 '긍정'신학에 대한 보충이 아니다. 디오니시우스는 부정신학을 긍정신학의 진리로 여겼다.

아리스토텔레스의 논리학으로부터 정초되고 그 관계를 한 번도 끊은 적이 없는 중세 철학에 디오니시우스의 작품은 언제나 신선한 자극이었다. 디오니시우스는 중세 논리학 전통에서 확립된 '구별'과 '분류' 작업의 조건과 한계를 사유할 것을 강요했다. 신적 일자에 대한 이론은 성경에 실린 다양한 감각적 표상을 어떻게 진리로 간주할 것인지에 대한 물음을 던진다. 성경적 표상들은 저 '말할 수 없는 것'을 가리키는 상징이지, '말할 수 없는 그것' 자체가 될 수 없다. 육화와 성사, 그리고 다른 모든 계시 사건에는 이제 '판단 중지'라는 딱지가 붙게 되었다. 왜냐하면 신의 현현 사실은 절대로 일자와 동일한 것으로 간주될 수 없기 때문이다. 중세의 논리학 교육에서 사유는 사실상 말의 의미를 구별하는 작업으로 정의되었다. 논리학은 사유가 일반적으로 '실체'라고 부르는 물체적 사물을 향하도록 중세인들의 사고에 방향성을 설정했다. 왜냐하면 모든 현실적인 것을 최우선적으로 '실체'로 여기고 사유하라고 아리스토텔레스가 가르쳤기 때문이다(아리스토텔레스의 범주론). 그러나 사람들은 디오니시우스에게서 가시적인 모든 것은 저 '이름 지을 수 없는 것'의 은유에 불과하다는 이론을 읽었다. 대립하는 이 두 개의 이론을 서로 어떻게 조화시킬 것인가? 중세 사유는 이 문제를 해결하지 않을 수 없었다.

따라서 '신비신학'이라는 말은 앞서와 같은 디오니시우스 사상과의 연관 속에서 이해해야 한다. 즉 신비신학은 개념의 관계를 고찰하는 작업이다. 우리는 대립적 용어를 사용하지 않고서는 도무지 일자에 대해 이야기할 수가 없기 때문이다. 그러므로 이는 언어적 표현의 가능성을 열어 놓는다는 뜻이 된다. 신비신학에 따르면, 일자는 이제 빛이면서 어둠이라고 말해질 수 있고 동시에 빛과 어둠의 저편에 있다고도 할 수 있으며, 일자에 대한 우리의 앎은 무지함이라고 할 수도 있기 때문이다. 신비신학은 감각적 기호를 기호로서 받아들이고 주어진 모든 것을 뛰어넘어 소여되지 않는 것, 규정될 수 없는 일자를 향해 올라가야 한다는 요청과 같다. 이러한 상승에 앞서 디오니시우스는 감각적 사물들에 이끌리는 우리 인식의 습성과 정념들을 끊어 버리는 행위로서 '정화' 과정을 전제한다. 참된 행복을 감각적 쾌락과 구별하고 순수 사유를 감각적 표상과 구별하면서 자신의 삶의 목표를 '소여되지 않는 것'에 두는 사람만이 '빛의 조명'을 받을 수 있다. 여기서 빛의 조명이란 통속적 신비주의에서 말해지는 어떤 신비적 요소가 아니라 로고스로부터 비추임을 받는다는 뜻, 통일적인 로고스의 관념적 구조를 자신 안에서도 능동적으로 완성한다는 뜻이다. 그러나 일자는 관념들의 구조적 다양성보다 위에 있고 관념들과 사유보다도 위에 있기 때문에 ─ 어떤 것 저편에, 어떤 것 너머에 있다는 말은 공간적 의미로 받아들여서는 안 된다. 이 말은 원인인 것이 작용인 것의 특성을 공유하지 않는다는 사실을 표현하기 위해 쓰인다 ─ 우리의 정신은 이데아의 사유에만 머무르지 않고 무규정적 통일성의 최종적 근거에 이르기까지 나가야 한다. 규정되지 않는 단일성은 우리의 사유가 자기 자신으로부터 떨어져 나와 정화(via purgativa), 조명(via illuminativa), 합일(via unitiva)이라는 세 개의 과정을 거친 이후에 도달하는 마지막 단계이다.

위계

디오니시우스의 정신세계는 동방 은수자들의 정신세계였으며 신플라톤주의 철학의 영향을 받은 것이었다. 보에티우스가 강조한 엄밀한 학문과의 연관성과 이 세상과의 관계가 여기에는 충분히 드러나 있지 않다. 디오니시우스는 말할 수 없는 일자에 대해서만 이야기하고 있다. 이 사상이 목표로 하는 것은 세계의 규정되지 않는 근원과 영혼의 합일이다. 그러나 이처럼 수도(修道)적이고 관조적인 특성에도 불구하고 디오니시우스 사상은 하늘과 교회의 위계에 대한 이론으로 말미암아 정치적·실천적 의미까지도 함축하고 있다. 규정되지 않는 일자와 가시적 세계의 간극을 어떻게 메우는가라는 어려운 문제는 디오니시우스 이전에도 제기된 바 있었다. 사람들은 세계영혼이라든지 다이몬 같은 중간자를 설정하곤 했다. 신플라톤주의자들은 일자와 질료 사이에 '히포스타시스'(hypostasis)라는 개념을 가지고 '정신'과 '영혼'이라는 중간 단계들을 집어넣었다. 성경은 '천상의 군대'에 대해 말하고 있지만, 디오니시우스 이전까지 이것들은 조금도 질서 잡혀 있지 않은 다수 집단에 불과했다. 아우구스티누스를 포함한 대다수의 그리스도교 사상가는 '하늘의 군대'를 순수 영적 존재가 아니라 공기적 특성을 가진 존재로 이해했다. 디오니시우스는 두 가지의 사상적 개혁을 감행한다. 먼저 그는 물질에 대한 정신의 우위성을 강조하는 신플라톤주의적 이론을 일관되게 고수함으로써 하늘 위의 존재, 즉 천사와 악마를 순수하게 영적 존재로 개념화하기로 한다. 그다음에 디오니시우스는 이러한 하늘 위의 존재들 사이에 질서와 체계를 세운다. 천사는 세 개의 위계로 구분하고 각 위계는 또다시 세 개의 등급으로 나뉜다. 이렇게 해서 전체 아홉 개의 위계로 구성된 '성가대'가 생겨났다. 천사는 위쪽에서 내려오는 신적인 빛의 조명을 받아 차례로 아래로 전달한다. 가장 낮은 등급의 천사는 신적인 빛을 인간에게 전달하는데, 이 빛의 수용 주체는 다름 아닌 교회이다. 교회에도 각각 세 개의 하부 등급으로 이루어진 두 개의 위계질서가 있다. 하나는 주교와 사제와 부제로 구성되어 있으며, 다른 하나는 수도자(즉 성직자가 아닌 평수사를 말한다), 평신도, 그리고 예비 신자 내지는 참회하는 이들로 이루어져 있다.

인간이 할 수 있는 최고의 활동은 이상과 같은 위계질서를 통해 일어나는 정화와 조명 작용에 순종하는 것이다. 왜냐하면 그래야만 인간은 일자를 관조할 수 있으며, 일자를 통해 다수성의 참모습도 바라볼 수 있기 때문이다. 이 땅 위에 서 있는, 이 세상을 살아가는 인간으로서 해야 하는 활동들에 대해서는 아무런 논의도 없다. 인간은 상위 존재의 조력으로 정념에서 벗어나고 자기의 참된 근거로부터 비치는 빛을 가지고 세상을 인식해야 하며, 종국에는 일자와 하나가 되는 것을 목표로 하고 있다. 세계는 변함없는 존재 구조를 가진 질서 잡힌 세계(Kosmos)이자 신의 평화가 표현된 것으로서 우리에게 관조 대상으로 주어진다. 역사적이고 정치적인 인간 세상은 이러한 동방 은수자들의 세계관에서는 주제화되지 않는다. 내가 이해하기로는 로마 교황이나 동로마 제국 황제 같은 사람은 이 위계질서 이론에 들어올 여지가 조금도 없다. 후기 아우구스티누스와 『철학의 위안』의 보에티우스에게서 강하게 느낄 수 있는 역사적 체험 같은 것들은 디오니시우스의 저작에서는 절대 찾아볼 수 없다. 기껏해야 단성론 논쟁과의 관련성 정도를 조금 읽을 수 있을 뿐이다. 아우구스티누스에게서 보았던 개인적 자아 성찰의 차원, 보에티우스에게서 읽었던 수학과 자연 탐구에 대한 열정, 이 모든 것이 디오니시우스에게는 결여되어 있다. 디오니시우스는 주교직의 품위를 옹호하고 수도자적 삶의 중요성을 강조한다.

제5장

중세 초기의 문제 상황

관념론적 실재 개념을 추구하는 경향

아우구스티누스와 보에티우스, 그리고 디오니시우스가 각기 중세 초기에 마련한 문제적 상황은 대체로 유사하다. 물론, 이들 사상가는 많은 부분에서 일치하지 않는 것이 사실이다. 아우구스티누스는 자신의 저작들을 일관적으로 구성하는 작업 자체를 포기했다. 또한 고대에는 이들 말고도 수많은 비주류 철학이 살아남아 명맥을 유지하고 있었다. 예컨대, 사람들은 키케로와 세네카(Seneca)를 계속해서 읽을 수 있었다.

이어지는 시기에 특히 주목할 것은 바로 세비야의 주교 이시도루스(Isidorus, †636)가 집필한 백과사전이다. 오늘날 우리가 '전과'(全科)라든지 '총정리'라고 이름하는 교과서류가 중세에 중요한 텍스트였는데, 이시도루스의 책은 바로 이런 종류의 가장 대표적 사례이다.[1] 요컨대,─중세에 열광하는 이들을 실망시켜 조금 미안하지만─중세의 전과적 성격의 작품들이 전거로 삼은 고대의 저서들이 무엇인지 우리는 알고 있다. 이시도루스가 『어원』(Ethymologiae)이라는 제목을 달고 저술한 백과사전은 사물을 설명하는 데 사용되는 단어들을 그가 얼마나 중요하게 여겼는지를 잘 보여 준다. 그는 이 책의 내용을 7세기 당시의 성직자들이 반드시 알아야 할 지식으로 보고 있다. 『어원』은 성격상 로마의 고전들보다는 고대 후기의 사전류를 많이 닮았으며, 내용적으로는 라틴 문화권의 교부들과 고대 후기 학교에서 사용된 교과서들이 기초를 이루고 있다. 이시도루스에게 전성기의 고대 그리스는 아득히 멀었고 로마 제정 시대도 멀기는 마찬가지였다. 그는 달라진 시대의 요구에 부응하고자 했다. 그는 이교 문화권에서 널리 쓰이는 사전류를 성직자 양성이라는 틀 안에서 새롭게 수용하려 했다. 600년경 성직자 교육은 당시의 지적 유산을 보존하는 기관이나 다름없었다. 중세에는 심도 있는 철학적 반성을 시도하기 전에 항상 다양한 텍스트를 찾아보곤 했다. 1120년경부터 중세인들이 그리스어와 아랍어 문헌을 라틴어로 번역하는 데에 목을 맸던 이유가 바로 이것이다. 하지만 1120년 이전에도 이시도루스를 넘어 계속해서 읽혔던 사상가들이 있었다. 아우구스티누스와 보에티우스가 바로 여기에 해당한다. 9세기부터는 디오니시우스 아레오파기타의 저작이 고백자 막시무스(Maximus Confessor)의 해설과 함께 전래되었으며, 그의 사상은 요하네스 에리우게나의 사유에도 스며들었다. 이들 텍스트가 함께 모여 문제 제기와 해결책, 그리고 각 질문에 답하는 방식의 순서까지도 공유하는 공동의 지적 환경을 형성했다. 물론, 그렇게 형성된 문제 상황이 그 당시에 지배적이지는 않았다 할지라도 말이다.

관점에서는 다소 차이가 있지만 '7자유학예'를 통해 각각 아우구스티누스와 보에티우스가 동일하게 놓으려 했던 세상과의 접점은 고대 후기에서 시간이 지날수록 수사학적 기예의 사용 모범 내지는 대표적인 문학적 참고 자료 정도로 그 입지가 작아졌다. 그 결과 자유학예는 감각적인 것에서 초감각적인 것으로 나아가야 한다는 일차적 요청 앞에서 이론적 균형을 유지할 수 없게 되었다.

하지만 성경과 — 고대 후기의 그리스도교인들은 성경을 이렇게 이해했다 — 중세 초기의 권위적인 세 명의 철학자는 정확히 이러한 요구에 부응하고 있었다. 사유하는 개별 인간이 '선 자체'로 올라가는 과정이 관심사로 대두하는 종교적·관념주의적 배경은 이렇게 해서 만들어졌다. 여기에 세속 정치적이거나 교회 정치적 목적 달성이라는 구체적이고 현실적인 동기들이 종종 직접적으로 맞물려 있다. 사람들은 논리학을 배우기 시작했고 의학적 지식과 자연과학적 지식을 축적했으며, 기초적 산술 계산도 익혔다. 심지어 자연이라든지 신적인 것에 대해 스토아적 정신으로 말할 줄도 알았다. 그럼에도 불구하고 사회 전반적으로는 실재하는 현실 세계를 영적 관점에서 보는 경향이 조금 더 지배적이었다. 세상에 대한 영적 관점은 위에 있는 것이 무엇이고 아래에 있는 것이 무엇인지, 우리의 삶은 어디로 향하는지와 같은 주제에 대해 이야기하는 것을 허용한다. 위에는 신적 일자가 있고 아래에는 물질적 세계가 있다. 그리고 우리는 각자 자기 영혼의 정신을 통해 세계의 정신적 최종 근거를 향해 나아가야 한다. 삶의 과정(Weg)을 엄격한 논증으로 구성하기 위해 사람들은 플라톤과 신플라톤주의 전통에서 많은 것을 차용했다. 왜냐하면 '가장 먼저 사랑받아야 하는 대상'을 향한 여정은 플라톤의 대화편 『뤼시스』(*Lysis*)에서, 선의 이데아로의 상승 과정은 『국가』(*Politeia*)에서, 그리고 '아름다운 것 자체'로의 고양은 『향연』(*Symposion*)에서, 또한 일자로 올라가는 단계적 과정은 플로티노스의 『아름다움에 대하여』에서 각각 확인할 수 있는데, 이를 아우구스티누스는 오스티아의 '환시'(『고백록』 제9권 10,20-23)와 '선 자체'로의 상승 과정(『삼위일체론』 제8권 3)에서, 보에티우스는 『철학의 위안』 제3권에서 각각 수용하고 있기 때문이다. 고대의 다른 철학 사조들은 이 사상적 기초를 놓은 땅 아래에 여기저기 매장되어 있다. 고대의 회의주의 철학을 사람들은 아카데미학파를 겨냥해 쓴 아우구스티누스의 저작을 통해 논박된 것으로 간주했다. 중세 초기에는 에피쿠로스(Epikouros)와 데모크리토스(Demokritos)의 윤리학과 원자론적 자연철학에 발 디딜 틈조차 주지 않았다. 하지만 현실적이고 일상적인 동기들 외에도 피안에 존재하는 순수한 선을 지향하는 세계관에 명백히 반대하는 이론적 심급들도 있었다. 아리스토텔레스 논리학과 그의 논리학 저서에서 주장되는 실체 개념, 즉 감각적으로 여기에 이러이러하게 존재하는 대상을 논의의 출발점으로 보는 입장, 그리고 키케로와 세네카를 통해 보존된 물질적 자연 개념이 바로 여기에 해당한다.

중세의 어떤 철학자가 서로 상반된 경향 사이에서 어디에 중점을 두고 사유했는지를 정확히 평가하려면 각각의 모든 사상가를 일일이 분석해야만 한다. 전체적으로 보면, 구체적으로는 구별되기 어려운 실재에 대한 기획들이 배타적인 두 개의 집단을 이루고 있었다. 상황에 따라 사람들은 이쪽 이론을 가져다 쓰기도 하고 저쪽 이론을 가져다 쓰기도 했다. 하지만 분명하게 주장해야 하는 곳에서는, 즉 신을 향한 여정에 대해 이야기할 때는 모두들 플라톤적 실재 개념을 사용했다. 나는 이 부분을 좀 더 명확하게 짚고 넘어가고자 한다.

요컨대, 다른 것은 다 양보해도 '실재적'이라는 것만큼은 보편적으로 인정된다. 물질적 생성과 소멸과 역사적 변혁은 조금도 주제가 되지 않는다. 왜냐하면 이것들은 개념의 구조에 들어오지 못하고 본질의 정의로 고정할 수 없는 인식 내용이기 때문이다. 그것들은 창조된 세계가 우연적이며 허무로 관통된 상태라는 것을 뒷받침할 뿐이다. 아우구스티누스의 실재 개념과 보에티우스, 디오니시우스의 실재 개념은 민족 대이동 시대에 형성되었지만, 전체적으로 민족 대이동에 의해 특징지어지는 사회적 조건으로부터 형성된 것은 아니었다. 그러므로 이 세 명의 사상가의 실재 개념을 단순한 역사적 사건으로부터 '해명'할 수는 없다. 동방에서는 오리게네스가, 서방에서는 마리우스 빅토리누스가 이미 그리스도교를 플라톤적으로 해석한 과거가 있다. 고착된 고대 후기의 사회 질서와 그 완고한 성격이 신플라톤주의의 존재론적 질서와 디오니시우스적 천상 위계론을 발생시킨 원인이었다. 플라톤적으로 이해된 실재 개념은 중세 초기의 인간 삶이 점차 안정성을 상실해 가는 과정 속에서 학문 활동의 가능성을 정초하고 가치를 정립하는 역할을 맡왔다. 그리고 플라톤적 실재 개념이 수행한 이러한 현실적 기능은 세계와 지식에 대한 아리스토텔레스적 개념이 불변하는 것으로 정향되어 있다는 철학적 사실에 의해 재차 강화되었다. 모든 것은 언젠가는 사라지고야 만다는 사실만이 유일하게 견지될 수 있었다. 무엇인가 지속하는 존재가 있는 것처럼 보이지만 거기에도 끝은 있기 마련이다. 참된 실재라면 언제까지나 사라지지 않고 변함없이 그대로 남아 있어야 할 것이다. 이 땅에 있는 것들 중에 도대체 변함없이 남아 있는 것이란 아무것도 없다. 따라서 참된 실재는 감각적인 것일 수 없다. 이것이 중세 초기의 철학적 근본 사상이었다. 감각적 세계에서 어떤 불변하는 것과 동일시하는 작업과 관련해 4세기에서 9세기까지의 사람들이 크게 성과를 내지 못했다는 사실은 그들이 불변하는 것을 진정한 실재로 승인하고 고대 전통에 대립적인 동기를 거부하는 경향을 가지고 있었던 이유가 무엇이었는지를 잘 설명해 준다. 에피쿠로스적 삶은 세계사적 동요와 불안으로도 다 말해지지 않는 최소 조건들을 전제하고 있었다. 회의하는 인간으로서의 '나'는 자아의 실체적 동일성에 대해서까지 회의할 수 있었다. 그러나 삶의 세계가 예의 최소 동일성을 모순 없이 보전하는 경우에만 이 극단적 의심에 정당성을 부여하고 그것을 보편적으로 주장할 수 있었다.

중세 초기에는 이러한 것들이 더는 가능하지 않았다. 주교직은 어쩌면 불변하는 연속성을 보존하는 최후의 보루일 수도 있다. 하지만 이 시대를 살았던 주교들의 전체 목록을 들여다보면 이마저도 쉽지 않다는 점을 알 수 있다. 역사적 사료는 우리에게 호의적이지 않다. 또는 주교직 승계 과정에서 정말로 공석이 있었을 수도 있다.[2] 여하튼 여기에는 명백한 불연속성이 있다. 고대 도시에 대해서는 그 이름만 전해지는 경우가 허다하며 기껏해야 그 도시의 지리적 특성, 예컨대 강가에 면하고 있다는 것과 같은 지극히 단순한 정보만이 제공되고 있다. 민족 대이동이 그치고 서서히 정착하는 8세기로 말하자면, 대부분의 사람은 생명의 안전을 기댈 수 있는 어떠한 것도 구할 수 없는 처지에 있었다. 왜냐하면 집이나 토지가 있었다 하더라도, 그것들이 현실적으로는 거의 착취 수준의 노동과 세금 부담으로 인해 이득이라기보다는 족쇄나 다름없었기 때문이다. 더 나은 삶을 살고자 한다면 농민은 토지를 버리고 달아나야 했다. 내가 가지고는 있었지만 권리나 법률적 의미에서는 조금도 내 소유가 아니었다. 토지는 영주에게 헌납해야 했으며, 헌납이 아니어도 어떻게든 나의 통제를 벗어날 수밖에 없었다.

> 농노에서 영주에 이르기까지 모든 개별자, 모든 가족은 취소 가능한 소유 내지는 용익에 대해 많든 적든 제한된 권리를 가지고 있었다. 모든 사람, 즉 소작인 또는 농민 위에는 땅 주인이 있거나 언제든지 무력으로 땅을 빼앗아 갈 수 있는 법적 주체들이 있었다. 한편, 법은 얼마나 멀리 떨어져 있든 간에, 지리적 위치와 상관없이 그에 상응하는 토지를 대신 주는 경우에 영주가 언제든지 자기 가신들과 신하들의 봉토를 압류할 수 있는 권한을 명시하고 있었다.[3]

10세기까지 지속된 아랍인들과 바이킹족, 노르만인들과 헝가리인들의 침략은 중세 유럽을 계속해서 불안정하게 만든 또 다른 요소였다. 1000년 즈음에서야 중세는 겨우 안정을 되찾기 시작했으며, 11세기에 도시들은 삶의 각 분야에서 생활의 구심점으로 서서히 자리 잡게 되었다. 그제서야 중세의 사유는 시간적이고 역사적인 것들에 관심을 기울일 여유를 가지게 된다. 그리고 사멸하는 것을 영원성이라는 그림에 바르는 금빛 니스로 사용함으로써 그것들을 언제까지나 사유할 수 있었다.

선(善)

 영성주의적 세계관으로 변질되고 이원론적 존재론으로 고착된 고대 후기의 플라톤주의는 중세 초기에 피안의 세계를 정당화하는 이론을 제공하기만 한 것은 아니다. 세계의 근거가 선하다는 신념 또한 변형된 플라톤주의가 중세에 전해 준 유산에 속한다.

 중세가 본래적으로 플라톤적 변증법에 속하는 '선 자체'에 대한 사유를 수용한 데에는 최소한 세 가지 이유가 있었다. 첫째, 민족 대이동은 전반적으로 그 시대의 사람들을 야만인으로 만든 영향이 있었다. 아우구스티누스의 후기 작품에서는 교회의 창립 이념을 거슬러 교회가 무력을 사용할 수 있는 가능성을 열어 놓고 있다. 도덕적 재앙 ― 그리스-로마 문명으로 말미암아 중세인들이 어느 정도 정착할 수 있게 된 이후의 재앙 ― 은 우리와 동떨어져 있는 세상의 창조주께서 선하다는 관념만 없었더라면 심리적으로는 아마 그렇게까지 심각하게 진행되지 않았을 수도 있다. 사람들은 고통으로 신음했지만 그럼에도 희망의 끈을 놓지 않았다.

 둘째, 고대적 삶의 윤리적 규범이 뿌리째 흔들린 결과 ― 예컨대, 로마 병사의 윤리 의식은 원시 그리스도교 공동체를 통해, 고대 상인들이 추구했던 가치는 고대 후기의 수도자적 윤리를 통해 해체되었던 것처럼 ― 사람들은 '선한' 신과 같은 또 다른 도덕적 구심점을 필요로 하게 되었다. 사실, 선한 신은 아무런 내용도 없는 공허한 말일 뿐이지만, 그래도 인간의 가치 체계가 완전히 무너진 상황에서는 한줌의 지푸라기라도 될 수 있었다.

 셋째, 고대 후기를 살았던 사람들은 그들이 기대하는 이상적 윤리관과 실제 돌아가는 세상 사이에 존재하는 부조리를 선과 악, 이 두 가지의 원리만을 가지고 해명해야 한다는 과제에 직면했다. 이러한 해결 방식은 사람들이 구원에의 필요성을 강하게 의식하고 있을 경우에만 유효할 수 있었다. 선하고 전능한 신이 어떻게 인간을 이토록 비참한 상 태에 내버려둘 수 있다는 말인가? 먼저 인간을 악에 빠뜨려야 인간을 악에서 구원할 수 있으니까? 다른 한편, 급진적 이원론은 이론적 결함 도 안고 있었다. 가장 치명적인 결함은 완전한 두 개의 극단, 즉 모든 측 면에서 오직 대립하기만 하는 두 개의 영역은 도대체가 생각할 수가 없 다는 데에 있었다. 초월적 세계 근거가 선하다는 주장은 이원론적 위협 을 막을—이원론에 내재한 위험 요소가 무엇인지는 마니교주의에 대 한 아우구스티누스(그 자신도 과거에 9년 동안 마니교의 신봉자였다)의 논박 에 잘 나타나 있다—방벽을 쌓았는데, 그 방벽은 깊은 절망에 빠져 위 로조차 마다했던 보에티우스에게서 최소의 안식이 되었던 바로 그것이 었다. 이 세상에서 좋다고 여기는 모든 것이 신뢰를 잃고, 찬란했던 과 거의 가치 체계도 전복되고, 무엇보다도 저 '현자'에 대한 고대적 이상 이 추락했을 때, '단적인 선 자체'는 모두에게 피난처가 되었다.

그래서 겉으로는 모순적으로 보이지만 이 모든 것은 플라톤이 생각 했던 것 이상이다. 플라톤은 '선의 이데아'를 통해 어떠한 개별 윤리도 더는 남아 있지 않다는 점을 알리고자 했다. 왜냐하면 아테네가 자기 국가의 가장 의로운 시민들을 무고하게 죽음으로 몰아넣었기 때문이 다. 또한 '선의 이데아'의 정립은 윤리적이고 정치적인 가치에 대한 요 청을 변증법적으로 검토해야 한다는 뜻과 같았다. 그리고 이 검토 작업 은 존재와 비존재에 대한 양자택일까지도 초월하는 최후의 근거, 즉 내 용적으로는 거의 규정되지 않는 모든 존재와 인식의 원천이 되는 대상 을 상정하지 않고서는 불가능한 일이었다. 아우구스티누스도 세계에 대한 '선의 이데아'의 관계를 끊어 냈으며, 이를 통해 선의 이데아가— 플로티노스의 일자처럼—어째서 선하다는 이유로 '존재의 저편'(즉 인 식할 수 있는 내용을 가진 모든 존재의 저편)에 있어야 하는가와 같은 문제 를 더는 다루지 않기로 결심했었다. 그래서 '선의 이데아'는 더는 올바 른 삶을 찾아가는 지성적 여정의 전제로 기능하지 않았다. '선 자체'라는 개념에는 수없이 절망하고 좌절해도 도덕적 세계 구상은 반드시 고수해야 한다는 주장이 압축되어 들어 있다. 그리고 이 개념을 부정확하게 이해할 경우에 선 자체는 신의 이름처럼 간주될 수도 있었다. 성경에는 오직 하느님 한 분만이 선한 자라고 쓰여 있으며, 아우구스티누스와 보에티우스, 디오니시우스 아레오파기타도 '하나'(일자)와 '선'하다는 말을 신에게 가장 합당한 이름으로 이해하고 있다.

성경 해석으로서의 플라톤주의

중세에 가장 중요한 책은 성경이었다. 성경이 온갖 모순과 애매모호함으로 가득하다고 날카롭게 지적한 사람은 피에르 아벨라르였지만, 난해한 성경 구절의 의미를 파악하기 위한 해석 규범이 필요하다는 의식은 이미 오래전부터 있었다. 필론(Philon)은 『구약성경』의 독해 문제를 우의적 해석 방법을 통해 극복하려 시도했다. 불변하는 대상, 선, 동일자 등을 참된 존재자로 간주하는 경향이 추가된 플라톤주의의 존재론은, 소멸하는 것들은 불멸자의 존재를 암시하고 도덕적 문제들은 절대적 선의 존재를 필요로 한다는 사유를 가능케 함으로써 고대 후기와 중세에까지 그 명맥을 유지할 수 있었다. 암브로시우스에게서 영향을 받고 또 암브로시우스를 통해 간접적으로 오리게네스에게서도 영향을 받은 전기 아우구스티누스는 성경을 그 자신이 사변적인 플로티노스의 저작에서 읽어 낸 진리들이 대중적이고 감각적 표상으로 나타나 있는 책으로 간주했다. 아우구스티누스는 플로티노스에게서 육화에 대한 설명만 발견하지 못했을 뿐이다. 디오니시우스는 『신명론』에서 모호한 성경 텍스트를 명명 불가능하고 초(超)존재적인 일자 사상을 가지고 해명할 것을 호소했다. 거기서 독자들은 조야하게 쓰이고 별 볼일 없는 성경 구절들이 실제로는 왜 지혜로 가득 차 있는지에 대한 디오니시우스의 자세한 설명을 읽을 수 있다. 요컨대, 모순을 초월하는 신의 특성은 지상적 완전성에 대한 비교급으로 의미를 전달하는 여타의 술어들보다는 조잡하고 추한 구절들에서 오히려 더 분명하게 드러난다는 것이다. 이렇게 해서 디오니시우스는 성경 텍스트를 교정하고 독해하는 방법을 경건한 어조로 설파했다. 그는 선 자체의 규정되지 않는 지고지순함과 충돌을 일으키는 모든 것을 부정신학적 규준에 맞추어 설명했다. 부정신학적 교육 방법이 바로 신이 우리를 당신에게 인도할 때 쓰는 방법일 것이기 때문이다. 386년에서 390년 사이의 아우구스티누스도 이와 비슷하게 생각했었다. 하지만 아우구스티누스는 성경의 문자적 해석을 선호했으며, 그에 따라 '최고선'을 서술할 때 인간적인 모습들을 많이 부여했다. 특히 그에게는 죄를 뒤집어쓴 대중—397년 이후 아우구스티누스는 인류를 이렇게 보았다—가운데 '최고선'은 과연 누구를 선택해 구원할 수 있을 것인지에 대한 문제가 있었다. 결국, 아우구스티누스는 사도 바오로를 인용해 하느님이 어떻게 모든 선의 총체인지를 해명하는 데 많은 심혈을 기울이며, 신의 섭리와 예정된 구원 문제를 매우 가혹하게 처리했다. 보에티우스는 이러한 아우구스티누스 입장을 따르지 않았으며, 디오니시우스도 사태를 아우구스티누스와는 다르게 보았다. 이렇게 해서 아우구스티누스의 전기 저작과 보에티우스를 끌어올 때, 중세 초기 사람들은 아우구스티누스의 은총론에서는 신과 최고선의 동일성이 아직 주제화되지 않은 것으로, 그리고 후기 작품에 가서야 그가 신을 모든 선 안에 있는 선(bonum omnis boni)으로 그려 내려 했다고 이해할 수 있었다.

바로 이 지점에서 중세 철학의 독자적 발전이 다시 시작된다. 풀다(Fulda)의 수사(修士)인 고트샬크(Gottschalk)는 당시 교회의 그 어느 고위 성직자들보다도 아우구스티누스를 가장 잘 이해하고 있었다. 그는 선택된 이들은 구원으로 예정되어 있고 선택받지 못한 이들은 지옥에 떨어진다는 이른바 이중 예정설을 제창함으로써, 세상일에 너무 깊이 관여하고 세속 문화에 친화적인 교회 기관들의 존재 이유에 물음표를 던졌던 것 같다. 랭스의 힝크마르(Hincmar de Reims)와 마인츠의 대주교 라바누스 마우루스(Rabanus Maurus)는 '스코투스' 또는 '에리우게나'라고도 불리는 아일랜드 사람 요하네스를 불러 고트샬크의 신학에 대한 감정을 의뢰했다. 에리우게나는 고트샬크가 범한 오류를 지적했으나, 거기서 그는 사실상 아우구스티누스 사상을 수정할 것을 요청하는 데에까지 나가고 만다. 왜냐하면 에리우게나는 후기 아우구스티누스의 은총론이 허용한 의인화적 서술을 아우구스티누스 자신이 가져왔던 최고선의 단순성이라는 단초에 근거해 다시 폐기한 다음, 후기 작품에서 단지 언급하는 수준으로 그치고 말았던 의지의 자유를 이러한 조건 아래 변호했기 때문이다.[4] 에리우게나의 기획은 이후 여러 차례에 걸친 주교 회의에서 비판을 받았으며, 그 결과 이 문제를 중세의 고유한 맥락에서 철학적으로 사유해야 한다는 목소리가 커지게 되었다. 1100년 즈음에 캔터베리의 안셀무스(Anselmus of Canterbury)는 이 문제를 대대적으로 부활시켰다. 안셀무스는 신의 섭리와 인간의 자유가 조화를 이룬다는 점을 증명하고자 했다. 이에 따라 사람들은 해석 원리로서의 플라톤주의적 존재론과 상황에 맞게 조율되곤 하는 문자적 독해의 합리적 중용이 무엇인지를 찾아야만 했다.

이데아론과 관여 사상: 존재와 본질

참된 행복, 즉 유일하게 의지할 수 있는 선이자 모든 동일성의 근거가 되는 대상은 이 땅에서는 찾을 수 없고 오직 저세상에서 최고선으로서만 주어진다는 사상은 고대인들의 체념, 특히 정치적 활동의 의미에 대한 절망에 역사적 근거를 두고 있다(플라톤의 『국가』와 키케로의 「스키피오의 꿈」(Somnium Scipionis)). 중세에 이 사상은 혼란과 격동 그 자체였던 중세의 발생 근거에 대한 성찰이자 동시에 11세기까지 대다수 사람의 삶을 특징지었던 경제적 빈곤과 억압, 그리고 중노동을 반영한 이론이기도 했다. 철학 교육을 받은 성직자들은 신의 초월성을 신이 세상일에 관여하고 모종의 세계 내재적 기능을 가지고 있다는 주장과 배치되지 않는다는 식으로 해석하고자 했다. 이렇게 해서 세계에 대한 대중의 통속적·종교적 표상은 예쁘게 포장될 수 있었다. 철학을 조금이라도 배운 사람은 누구든지 신의 역할을 우주론적으로 해명하곤 했다. 신은 최외곽 천구(天球)보다도 위에 있으며, 천사와 축복받은 영혼은 그 바로 아래 천구에 자리하고 있다는 것이었다. 우주는 공과 같은 하늘의 껍데기 여러 개가 땅을 중심으로 층층이 겹쳐 있는 모습을 하고 있다. 토마스 아퀴나스(Thomas Aquinas)와 니콜라우스 쿠자누스 같은 중세 철학의 위대한 사상가들조차도 신과 천사와 복된 영혼이 자리하는 장소인 이른바 '불의 하늘'(caelum empyreum) 같은 유비적 공간을 설정했다. 하지만 아우구스티누스, 보에티우스, 디오니시우스 이래로 중세 철학에는 신을 순수한 원리로 간주하고 초월성을 세계와 관련지어 이해하는, 이러한 공간적 표상을 극복하려는 시도도 계속해서 행해졌다.

「요한복음」에 따르면, 신은 '로고스'라고 한다. 인격으로 이해된 신의 사유는 세계 내적인 모든 것을 자기 자신으로부터 산출해 내야 한다. 존재하는 모든 것은 신에게는 생명이다. 이 생명은 세계의 근본 구조가 현실적으로 사유되고 있는 것이라 이해된다. 그리고 세계에 대한 그 정신적 구조를 사람들은 '이데아'라고 불렀다. 이 주제를 다룬 가장 중요한 텍스트는 아우구스티누스의 『83개의 문답집』(*De diversis quaestionibus octoginta tribus*)의 46번째 문항이다. 거기서 우리는 '이데아'라는 단어가 플라톤에게서 왔다고 말하는 구절을 읽을 수 있다. 하지만 단지 용어 자체만 플라톤에게서 왔을 뿐이다. 왜냐하면 플라톤 이전에도 분명 현자들이 살았을 것이기 때문이다. 그렇다면 플라톤 이전 사람들도 이데아를 알고 있어야만 할 것이다. 이데아 없이는 지혜도 없기 때문이다(siquidem tanta in eis vis constituitur, ut nisi his intellectis sapiens esse nemo possit).5) 그러면 아우구스티누스는 '이데아'를 무엇이라 이해하는가? 이데아는 사물의 원초적 형상, 변하지 않고 고정되어 있는 본질적 근거이다(principales formae quaedam vel rationes rerum stabiles atque incommutabiles). 이데아가 관계하는 방식은 언제나 동일하다. 이데아는 영원히 존재하기 때문에 참된 의미에서의 존재자이다. 모든 것은 이데아에 관여함으로써(participatione) 비로소 존재자가 된다. 이데아는 신의 정신에 있는 세계의 범형이다(in divina intelligentia continentur). 이데아론은 395년 전까지 아우구스티누스에게 세계의 신적 근원에 대한 적절한 통찰을 제공했다. 우리는 종교적 심성을 가진 이들도 신이 사유를 통해 세계를 창조했고 인간은 이를테면 말(馬)과는 다른 본질 근거를 가진다는 점을 어쨌든 인정하지 않느냐, 그러므로 세계가 신에게서 기원한다는 신념은 모순적이다라는 식으로 그들을 비난할 수 없다. 세계를 창조할 때, 신이 자기 정신에 있는 세계의 원형이 아닌 다른 것을 참조할 수 없다는 점은 신앙인들도 인정하는 사실이다. 그러므로 이데아는 신 안에 있다. 이데아는 신을 세계의 지성적 근원으로 설정함으로써 신을 세계에 연결해 준다. 신은 수많은 세계 존재의 근거를 자기 안에 통일된 형태로 담지하고 있다.

세계가 신 안에 관념적 형태로 모조리, 그리고 한 처음부터 담겨 있었다는 사상은 보에티우스에게서도 읽을 수 있다. 그리고 보에티우스도 이것을 플라톤주의 전통에서 가져왔다. 그는 『철학의 위안』 제3권의 아홉 번째 운문에서 이 사상을 수학적 형이상학과 결합한다. 신은 그의 정신에 있는 이상적 수(數)에 따라 만물에 질서를 부여했다.6) 디오니시우스의 신은 선재하는 이데아들의 구조를 넘어서 있으며, 정신의 활동조차도 초월한 존재이다. 그래서 디오니시우스는 신을 '일자'라 명명했다. 그러나 일자는 자기의 선성(善性)을 이데아적 범형에 따라 만물에 나누어 준다. 『신명론』 제5장은 이 주제를 논구하는 대표적 텍스트이다. 하나라는 수에서 다른 모든 수가 나오고 모든 원은 원의 중심에서 나오는 것처럼 존재를 초월하는 선도 자기 자신으로부터 모든 본질을 규정하고 충만케 한다. 이러한 맥락에서는 신도 '본질'이고 '존재 자체'라고 불릴 수 있다. 디오니시우스에 따르면, 이 말은 신은 이데아들로 가득 차 있다는 뜻이다. 신은 이데아들을 본래적 의미에서 존재자로 만듦으로써 이데아에 존립 근거를 부여한다. 더 정확히 말하자면, 선성이 가장 먼저 내주는 선물은 존재의 발출이다. 여기서 '존재'는 '규정된 존재'를 가리킨다. 그러므로 이데아는 모든 사물의 원리이다. 이렇게 해서 디오니시우스는 이데아와 대조적인 일자의 초월성을 드러낼 수 있는 수정된 이데아론을 구성하려 했다.[7]

아우구스티누스와 보에티우스, 디오니시우스에게서 창조된 세계는 신의 완전성을 분여받는 한에서 신과 결합된 것으로 그려진다. 인간의 정신은 이데아를 향해 있으며 이데아를 인식할 능력을 가지고 있다. 그러나 신에 대한 관념은 모든 본질에 고유하게(species) 담겨 있다. 이 같은 고찰을 가지고 중세 철학자들은 신의 초월성에 대한 대중적 표상을 다소 수정했다.

첫째가는 선의 초월성과 이데아론, 관여 사상의 관계를 구체화할 목적으로 보에티우스는 훗날 중세의 여러 존재론의 기초가 되는 일련의 공리를 만들어 냈다.

보에티우스는 신이 단적인 선이며 사물의 '존재 자체'는 모두 그에게서 나온다는 점을 보이려 했다(ipsum esse omnium rerum ex eo fluxit quod est primum bonum).[8] 이러한 앎은, 모든 피조물은 구체적 사물(id quod est)과 본질(esse)로 구별될 수 있다는 사실에 기초한다.[9] 어떤 한 사물의 '존재'는 그 사물이 규정된 것으로서의 존재라는 것이다. 즉 그 사물의 본질이다. 모든 개별적 사물에는 다양한 규정성이 복합적으로 들어 있다. 그러나 규정성이라는 것 자체는 무엇과도 섞이지 않는다. 개별 존재자는 여러 규정성에 관여하고 있지만, 규정성 자체는 그 무엇에도 관여하지 않는다. 그래서 보에티우스는 이렇게 말한다. 존재하는 것, 그러니까 개별자는 존재에 관여하지만 존재 자체는 그 무엇에도 관여하지 않는다고 말이다. 모든 개별적 사물 안에는 개별자가 존재에 관여할 수 있게 해 주는 규정성의 원인인 본질적 '형상'이라는 것이 들어 있다. 질료는 각각의 모든 사물 안에서 규정들이 모호하게 뒤덮여 있는 구별되지 않는 계기이자 우연적인 것들을 발생시키는 계기이기도 하다. 질료는 사물이 그 자신의 본질 형상과 동일하게 되는 것을 방해한다. '본질 형상'(forma)이란 현실적으로 존재하는 이데아를 가리키는 또 다른 용어이다. 아우구스티누스도 한때 이데아를 형상이라 정의했었다. 보에티우스는 아리스토텔레스적 용어와 표현을 즐겨 사용했다. 창조된 모든 존재의 복합적 특성을 주장하는 보에티우스의 존재론은 훗날 거대한 학파를 형성하게 된다. 어떠한 사물도 그 자체로는 자기 자신의 원인이 아니라는 점이 이 존재론의 요지이다. 모든 사물은 보편적 규정성과 결합되어야만 비로소 존재할 수 있다는 것이다. 사물(id quod est)과 본질 형상(id quo est)은 서로 구별되므로 피조물 중에는 단순하게 존재하는 사물이 아무것도 없다. 무규정적으로 단순한 본질의 경우에는 존재와 본질이 하나이다(omne simplex esse suum et id quod est unum habet).[10]

이렇게 해서 보에티우스는 복합체와 관여 사상의 형이상학의 기초 정식을 만들었다. 정식을 만들 때, 그는 우리가 '소크라테스는 크다'라고 말하지만 '소크라테스는 크기[또는 양]'라고 하지는 않는다는 사실에서와 같은 언어 규칙을 참조했다. 그러므로 우리는 선하지만, 곧 본질에 있어서는 선하지만 그렇다고 우리가 선 자체라고 말할 수는 없다는 것이다. 보에티우스는 주어진 어떠한 사물도 자기 자신과 당장 동일하게 되지 않는다고, 모든 사물의 자기 동일성은 앞에서 말한 차이를 반드시 전제로 한다는 점을 증명하고 싶어 했다. 그는 사물과 본질 형상의 차이를 한 가지 예를 들어 설명한다. 우리는 어떤 청동 입상을 보고 그것을 청동이라고 하지는 않는다. 물론, 이 동상이 청동 없이는 존재할 수 없다는 것은 명백한 사실이다. 하지만 청동 입상은 보편적으로 규정된 자기 본질에 이질적인 어떤 다른 것에 의존하고 있다. 이 동상의 동일성은 어떤 타자와의 비동일성을 반드시 전제로 한다.

보에티우스에게서 중세 봉건 제도의 본질을 닮은 존재론을 읽어 낸 결과, 사람들은 보에티우스를 중세와 긴밀히 연결할 수 있었다. 요컨대, 창조된 것은 무엇이든 그 자신의 존재와 같지 않는 한에서 모두들 존재를 그저 '가지고만' 있을 뿐이라고, 즉 각자의 존재는 [존재의 원래 주인에게서] 빌려 받은 것이라고 말이다. 사람들은 여기서 한 발 더 나아가 존재의 관여는 다수의 층위를 산출한다고 주장했다. 존재의 층위를 이야기할 때, 사람들은 디오니시우스와 마찬가지로 천사와 교회의 위계질서 구성에 특히 중점을 두었다. 종속 관계가 뚜렷한 누층 존재론도 앞에서 언급했던 중세 봉건 제도를 비유로 사용하면 이해하기가 어렵지 않다. 하지만 보에티우스의 사례는 중세 존재론의 기초이자 조건으로 주어진 것이지 결코 중세 봉건 제도에서 연역되어 나온 것이 아니라는 점을 기억해야 한다. 존재론적 위계의 관념은 디오니시우스에게서 왔기 때문이다. 디오니시우스는 이 관념을 비잔티움 제국의 관료 체계를 모델로 해서 만들었지 봉토제에서 추상해 가져오지 않았다. 그러므로 독자들은 중세 철학과 봉건주의와의 관계를 너무 좁게 생각하지 말기를 바란다. 봉건 제도에 대립하는 도시 문화가 중세 철학과 여타의 학문이 폭발적으로 발전하던 12세기에 이미 자리 잡았다는 사실과 중세의 지적 혁명도 도시에서 일어났다는 사실을 잊어서는 안 된다. 그 외에 감각 세계의 자율성 상실과 가변성, 그리고 비동일성을 강조하는 경향은 명백히 플라톤적 요소였다. 또한 개별 사물의 존재와 본질의 비동일성은 아리스토텔레스가 『형이상학』(*Metaphysika*)에서 이야기한 적도 있다.

존재와 본질, 실체와 사태

아우구스티누스는 신과 영혼을 탐구했지만 추상적 존재론의 체계를 구성하는 것은 원치 않았다. 그럼에도 그는 중세 철학이 대표적으로 존재자에 대한 이론, 즉 존재론으로 되고 이 이론이 결국에는 실체에 대한 이론으로 귀결되는 데에 크게 기여한 인물이다. 아우구스티누스는 20세 때 아리스토텔레스의 범주론을 읽었다. 범주론에서 아리스토텔레스는 사물의 '우유'(偶有)라고 불리는 특성들을 사물 자체에서 분리할 것을 가르쳤다. 분명하게 개념적으로 파악된 한에서 아리스토텔레스는 사물을 '실체'라고 불렀다. '실체'는 어떤 사태에서 거기에 있는 모든 규정을 이해하기 위해 반드시 전제되어야 하는 규정성을 말한다. 아우구스티누스는 범주론의 내용에 크게 실망해 금방 책을 덮고 말았지만, 그 안에 제시된 '실체'와 '우유' 같은 개념들은 적극 수용했다. 아우구스티누스에게서 실재하는 것은 불변하는 것, 항구히 남아 있는 것이다. 특성들은 변해도 실체는 항상 거기 남아 있으므로 실체는 가장 실재적인 것이다. 요컨대, 실체는 우리가 '존재한다'라는 말을 할 때, 이 표현이 가장 적합하게 들어맞는 대상인 것이다. '존재'는 곧 '자립'한다는 뜻이며, '본질'은 — 아우구스티누스는 '본질'을 '존재'와 거의 동의어로 사용한다. 그러므로 아우구스티누스의 '본질'은 '실존'에 대립하지 않는다 — 아우구스티누스에게서 대체로 '실체'와 같은 뜻으로 쓰인다.[11] 나는 방금 '대체로 같은 뜻으로' 쓰인다고 했는데, 왜냐하면 아우구스티누스는 신에 대해 이야기할 때 '실체'라는 표현을 쓰는 것을 주저했기 때문이다. '실체'는 '기초를 이루고 있다'라는 의미를 가진 'subsistere'에서 파생된 단어이다. 물체는 색깔 같은 규정을 추가로 수용할 수 있기 위해 기초를 이루고 있다. 추가된 속성들이 사라져도 그 기초가 되는 물체의 존재는 사라지지 않는다. 실체의 존재는 그것이 가진 색이라는 규정에 종속되어 있지 않다. 어떤 사물에 부수적 속성들이 달라붙어 있다면 그들은 서로 결합되어 있으며, 그 결합에는 우연이 작용하고 있다. 따라서 변하지 않고 단순한 본질의 경우에 덧붙여지는 속성들이 아무것도 없으므로 단순한 본질은 엄밀히 말하면 '실체'라고 불릴 수 없게 된다. 신에게는 어떠한 부차적 속성들도 덧붙여질 수 없다. 우리가 신이 선하다고 말할 때, 이 말은 신이 그의 본질에 따라 선하다는 뜻이지 선이라는 어떤 특성이 신에게 덧붙여 있기 때문에 그렇다는 뜻이 아니다. 그러므로 신을 '실체'라고 이해하면 이는 명백한 오류가 된다. 신에 대해서는 '실체'라는 말 대신에 '본질'(essentia)이라는 말을 쓰는 편이 적절할 것이다. 그런데 불변하는 존재는 오직 신 하나뿐이므로 신은 오직 '본질'이라고만 불려야 할 것이다. "하느님은 불변하시니 진실로 유일한 분이시다. 하느님은 당신 종 모세(Moses)에게 당신 자신을 이 이름으로 드러내셨다. 왜냐하면 그에게 '나는 있는 나다'라고 말씀하셨기 때문이다(탈출 3,14)."[12]

그런데 우리는 '실체' 대신에 '본질'이라는 단어를 쓸 때, 아우구스티누스가 '실체'라는 개념에 특징적인 내속성의 관념을 완전히 떼냈느냐라는 질문을 던질 수 있다. 만일 '본질'과 '위격' 같은 용어가 쓰이는 상황을 예로 든다면, 우리는 이 질문에 부정적으로 답해야만 할 것이다. 실제로 아우구스티누스는 신의 세 위격에 대해 논할 때, 하나의 본질 안에 있는 세 개의 실체라는 말을 한다. 이 경우에 '신'의 존재와 '위격'의 존재가 서로 동일하게 되므로 아우구스티누스 스스로도 이렇게 말하는 것을 탐탁하지 않게 여겼다. 그가 '세 위격'이라는 말을 한 것은 단지 "셋이라고 하면 무엇이 세 개 있는가?"라는 질문에 뭐라도 대답해야 했기 때문이다. 나중에 아우구스티누스는 라틴어에서 '실체'와 '본질'(essentia)이라는 용어의 역사가 길지 않으며, 사람들은 일반적으로 '본성'(natura)이라는 단어를 쓰곤 했다고 덧붙임으로써 독자들을 혼란 속으로 밀어 넣게 된다.[13]

우리는 사태를 다음과 같이 정리해 볼 수 있다. 아우구스티누스는 물질세계에 대해 '실체'라는 표현과 내속성의 표상을 사용하는 것이 문제되지 않는다고 보았다. 그는 다만 신에 대해서는 쓸 수 없거나 적어도 그 의미를 수정하지 않으면 쓸 수 없다는 입장이었다. 삼위일체적인 정신적 활동을 분석할 때에도 아우구스티누스는 공간적이고 물질적인 표상을 일체 거부했다. 그는 하느님과 인간의 정신에 이질적인 것이 덧붙여 있다고는 절대 상상할 수 없는, 무엇인가 셋으로 되어 있는, 자기 인식의 계기들이 있다고 보았다. 아우구스티누스는 재차 강조해 서로 긴밀히 연결되어 있는 정신의 근본 활동들은 그 자체로 '실체'라고 말한다.[14] 정신의 세 개의 근본 활동은 모두 함께 하나의 삶, 하나의 본질, 그리고 하나의 '실체'를 이룬다.[15] 이렇게 해서 아우구스티누스는 하느님에게서 'caritas', 즉 자기를 내주는 사랑은 '실체'라고 말할 수 있었다.[16]

'사태' 정도로 번역할 수 있는 'res'라는 용어에 대해서라면 아우구스티누스는 지나치게 순진했다. 아우구스티누스는 이 단어를 모든 상황에서, 어떠한 조건에도 구애받지 않고 마구잡이로 사용했다. 이 표현은 신과 영혼을 서술할 때에도 등장할 정도이다. '사태'(res)는 아우구스티누스에게서 단적으로 모든 것을 가리킬 수 있다. 그는 '실체'라는 단어에 대해 부연 설명을 했던 것과는 대조적으로 'res'에 상응하는 그리스어 단어가 무엇인지는 알려 하지 않는다. 395년 이전에 사랑이 무엇인지 정의 내릴 때에도 아우구스티누스는 'res'라는 표현을 사용했다. 사랑은 어떤 것(res)을 그 자체로 욕구하는 것을 말한다.[17] 물론, 이러한 진보적 사랑 개념이 아우구스티누스가 평생 동안 사랑에 대해 말한 것의 전부는 아니다. 하지만 적어도 그가 사랑을 객체적 내용, 즉 '사태들'(res)을 가지고 정의할 때 아무런 문제도 보지 못했다는 사실은 분명히 보여 주고 있다. '사태'(res)는 이제 사물적 대상과 필연적 관계를 맺고 있지 않다. 이 용어는 마치 '국가'를 'res publica'로 표현할 때 들어있는 의미처럼 온갖 '경우들'을 가리키는 단어가 되었다. 의미상 'res'는

'있음'을 뜻하는 그리스어 'on'에 상응하는 라틴어 표현인 셈인데, 이 대응 관계는 한참 나중에 등장해 오늘날까지도 여전히 인위적으로 활용되고 있는 'ens'라는 단어에 의해 대체된다. 하지만 로마인들의 정신세계에서 'res'는 본래 농경과 군사 문화, 토지 측정과 법률과 관련해 중점적으로 쓰이는 말이었다. 아우구스티누스는 다소 사변적 고찰을 통해 ─ 특히 『삼위일체론』 제9권에서 제15권까지의 논의에서 ─ 이 단어가 가진 무게를 최대한 줄여 보고자 했으나 완전히 떨쳐 내지는 못했다. 그는 언어 이론과 성사론에서 '사태'(res)라는 단어를 기본 개념으로 빈번하게 사용했기 때문이다.

우리는 투르의 베렝가르의 성체성사 논쟁 같은 11세기의 중대한 논의들에서 'res'의 우위성이 어떤 결과를 초래했는지 살펴볼 수 있다. 그리스도가 미사 성찬례의 표징들 안에 현존한다면, 그것들은 표징이기만 한 것이 아니라 '사태들'이기도 하다.[18] 그리스도가 'res'로서 미사 중에 현존하면, 그는 거기에 실제로 현존하는 셈이다. 요컨대, 란프란쿠스(Lanfrancus)가 표현한 대로 그리스도는 '감각적으로'(sensualiter) 현존한다. 이 논의에서 사람들은 '사태'(res), '실체', '실제적으로', '감각적으로 주어진'과 같이, 아우구스티누스가 의도치 않게 중세에 기초를 놓은 일련의 표현을 거의 무의식적으로 사용했다.

'사태'(res) 개념에 대한 이와는 다른 표상은 디오니시우스라든지 또는 디오니시우스를 발전시킨 에리우게나에게서 찾아볼 수도 있다. 하지만 디오니시우스는 12세기에나 가서야 비로소 조명을 받기 시작한다. 중세 초기에는 보에티우스가 마련한 사물화의 경향(Verdinglichungstendenz)이 지배적이었다. 물론, 그의 신플라톤주의적 일치 기획이나 수(數)의 형이상학, 인간 정신 활동에 대한 이론과는 잘 들어맞지 않기는 했어도 말이다. '사태'는 보에티우스 사상에서도 여러 가지 측면에서 핵심적 역할을 담당한다. 이 단어는 '지각'을 감각적 '사태'의 수용으로 개념화한다. 이 '감각적 사태' 안에는 감각적이지 않은 사태들, 즉 보편적 규정들이 들어 있다. 이렇게 해서 보에티우스의 보편자 이론은 보편자를 정말로 하나의 사태로서, 그것도 비감각적 방식으로 이해하는 경향성을 만들어 냈다. 추상은 보편적 사태를 감각적인 개별 사물에서 능동적으로 분리해 내는 작용이다. 그런데 감각적 사물 내에 '보편적 사태'가 들어 있다는 말은 대체 무슨 뜻인가? 보편 논쟁은 바로 이 질문에서 시작되었다.

사물화의 경향은 우리가 아리스토텔레스의 『자연학』에 언급된 질료, 형상, 운동 원인, 목적의 네 가지 원리를 각각 어떤 물적 대상으로, 곧 'res'와 같은 것으로 이해할 때에도 똑같이 나타났다. 그래서 사람들은 사물과 '사물의 형상 근거'의(보에티우스의 표현으로는 'id quod est'와 'id quo est'의) 실재적 차이를 알고자 했으며, 더 나아가 질료와 형상으로 이루어진 사물과 그 실제적 존재까지도 구별하고 싶어 했다(토마스 아퀴나스의 표현으로는 'substantia'와 'esse' 내지는 'actus essendi'의 구별). 존재의 실재적 구별이라고도 알려진 이 논쟁은 13세기에 시작되어 오늘날까지도 이어지고 있다. 실재적 구별은 'res'-표상 문제와 밀접하게 얽혀 있는 한 미결정 상태에 있다.

질료 - 형상 - 목적

질료와 형상의 이원론은 '사태'(res) 개념에 의한 세계 이해와 함께 중세 철학의 기초를 형성한다. 이해한다는 것은 무슨 뜻인가? 이것은 기저에 놓인 질료와 그 질료에 각인되는 형상을 가지고 대상을 본다는 뜻이다. 왜냐하면 '이해한다'는 것은 어떤 것을 그것의 근거로부터 이해한다는 뜻이기 때문이다. 사태의 '근거들'은 일차적으로 질료와 본질 형상에 있다. 그다음에 작용인과 목적도 사태의 근거가 된다. 중세는 이 '네 개의 원인(causae) 이론'을 꼭 아리스토텔레스의 『자연학』을 수용해서만 알고 있었던 것은 아니다. 만일 그랬다면, 아리스토텔레스의 4원인론은 중세인들이 받아들이기에 훨씬 문제적이었을 것임에 틀림없다. 하지만 실제에 있어 이 이론은 아우구스티누스와 보에티우스의 실체 개념과 함께 중세의 이론적 배경으로 미리부터 주어져 있었다.

요컨대, 아우구스티누스는 ― 플로티노스처럼 ― 물체적 사물에 대한 이론에서 아리스토텔레스의 질료와 형상 이론을 가져다 썼고 보에티우스도 똑같이 했다. 『자연학』에서 아리스토텔레스는 원인을 네 가지로 말해야 하는 두 가지 이유를 제시하고 있다. 먼저 물질적 생성과 변화에 대해 우리가 말하는 방식이 그렇기 때문이라는 것이다. 우리는 변화라는 것을 언제나 어떤 것이 다른 어떤 것으로 되어가는 과정으로 서술하곤 한다. 아리스토텔레스는 이것에 대해 변화의 시작이 되는 것을 질료에, 변화의 종점이 되는 것을 형상에 대응시킴으로써 해명했다. 두 번째로 질료와 형상에 대한 아리스토텔레스의 이론(그래서 '질료 형상론'이라 부른다)은 인공적 제작 과정에서 사상적 모티프를 얻었다. 목재와 식탁의 경우처럼 무엇을 만들든 간에, 거기에는 항상 재료가 필요하고 그 재료에는 특정한 형태가 주어지기 때문이다. 여기서 존재를 부여하는 원리는 형상에 있다. 그래서 보에티우스도 "모든 존재는 형상으로부터 만들어진다"(omne namque esse ex forma est)라고 말한다.[19] 그러나 본질 형상은 식탁이라고 하는 외적 형태만을 규정하지 않고 해당 사물의 존재를 근거 짓는 원리로까지 된다는 점을 알아야 한다. 이후 시대가 지나면서 질료와 형상의 이분법적 사고의 기원은 언어적 차원에서는 점차 잊혀졌지만 세계의 제작자라는 표상만은 계속해서 살아남았다. 사람들은 『티마이오스』에서 플라톤이 데미우르고스를 이 세계를 제작한 장인으로 묘사했다는 사실을 알고 있었다. 그리고 이보다 더 소박하게 「창세기」 제1장은 세계 창조를 형태가 없는 어떤 원시적 재료에서 ― 그리고 일종의 '말씀'의 힘으로 ― 만들어진 것으로 그려 내고 있었다. 그러니까 공예 기술과 제작의 비유를 가지고 세계의 발생을 이해하는 경향은 중세의 고유한 삶의 경험과 딱히 밀접한 연관은 없는 셈이다. 적어도 지배적인 농경 사회였던 중세 초기의 생활 환경에서 나온 것은 아니다. 그렇지 않다면 세계의 기원에 대한 표상이 농업 활동을 비유로 형성되었어야 했을 것이기 때문이다. 시대를 관통하고 관철되지 않을 수 없었던 특정한 사유 전통이 있었다. 스토아학파는 세계를 이해할 때 자연의 합목적성을 지나치게 강조했으며, 그 극단성은 고대에 이미 조롱거리가 되었을 정도였다. 로고스에 대한 신플라톤주의자들의 사유는 『구약성경』이 전하는 세계의 제작자, 옹기장이 하느님에 대한 표상과 거의 같았다. 이렇게 목적론적이지만 기계론적이지는 않은 세계관으로 이처럼 다양한 사유 전통이 수렴되었던 것이다. 고대 후기와 중세에 지배적이었던 이러한 사고방식은 갈릴레오 갈릴레이(Galileo Galilei)나 르네 데카르트(René Descartes)까지는 가야 겨우 해체되기 시작하며, 이마누엘 칸트(Immanuel Kant)가 목적론적 사고를 비판할 때까지는 계속해서 자연과학에 대한 지배력을 쥐고 있었다. 기술-장인의 비유로 이해되는 세계관은 스토아학파 때부터 신 존재 증명의 전제로 사용되었다. 요컨대, 자연에 있는 모든 것이 합목적적으로 구성되어 있다면 이 사실은 어떤 지혜로운 섭리가 만물을 인도하고 있다는 증거가 된다는 것이 신 존재 증명의 요체이다. 스토아학파의 표현으로 하자면, 이 말은 물질적 자연은 반드시 이성의 원리에 따라 돌아간다는 것과 정확히 같은 뜻이다. 그리스도교 사상가들은 이 증명이 인격적으로 이해된 신에게 '지혜롭다'라는 말을 사용할 수 있는 근거가 된다고 보았다. 또한 이 증명은 우주의 구조와 그 안의 모든 개별적 요소를 연결 지음으로써 성경적인 신과 신플라톤주의적으로 개념화된 최고선에 — 이렇게 말해도 된다면 — 우주론적 역할을 부여했다. 오직 '신과 영혼'에만 국한되었던 초기 아우구스티누스의 철학적 관심사가 세계 전체로 확장되었던 것은 바로 이러한 배경에서이다. 게다가 아우구스티누스에게서는 인간의 죄와 속죄의 문제, 그리고 세상의 악으로부터 신의 정의를 변호하는 문제

(그래서 '변신론' 문제라고 한다)들이 모조리 거의 우주론적 관점에서 해결을 보기에 이른다. 그러니까 신의 초월성을 도입할 여지와 우리가 '이 땅 위에서' 구하는 선을 '세상 저편에서' 찾을 수 있는 가능성만이 있었던 것이 아니다. 중세 초기에는 인간이 죄를 지었음에도 불구하고 여전히 질서정연하게 존재하는 총체로서의 세계를 인정하는 사유도 있었던 것이다. 수사학자인 아우구스티누스에게서 세계는 시커먼 얼룩마저도 아름다움으로 여겨지는 예술 작품과도 같았다. 밤하늘의 별들을 보라, 세상 모든 것은 각자 자기에게 마련된 길을 항구히 걸어가고 있지 않은가! 그리고 보에티우스도 아우구스티누스처럼 해와 달과 별에서 위로를 받았기 때문에, 중세 초기의 기둥인 이 두 명의 사상가는 세상은 전체로서 보면 완전하다는 견해를 서로 공유하고 있는 셈이다. 커다란 절망에 빠져 할 수 있는 것이 아무것도 없다고 느껴질 때에도 적어도 하늘을 올려다볼 수는 있다. 디오니시우스 아레오파기타는 또 하나의 관점을 추가해 이 세계관을 발전시켰다. 신적 일자는 '평화'라고 불릴 수 있다는 것이다. 왜냐하면 신적 일자의 완전성은 지상에 속한 대립과 모순을 조화로운 하나로 만들며, 설령 인류의 역사가 기운다 해도 하늘 위의 위계질서는 변함없이 존속할 것이기 때문이다.

내속성 모델 – 상호 의존 관계 – 페르소나(인격) 개념

보에티우스와 아우구스티누스는 '실체'를 중세 사유의 핵심 개념으로 정립함으로써 이 외에도 여러 가지 중대한 사상적 변화를 일으켰다. 어떤 것을 철학적으로 이해한다는 말은 주어진 현상을 그것이 내속하고 있는 어떤 심급에 관계 지어 해명한다는 뜻이다. 최후의 것은 언제나 독립적이고 자립하는 것이어야 한다. 사람들은 '이유'라는 것을 항상 그 자체로 충족적인 것으로 이해했다. '사유'는 더는 타자에 들어 있지 않은 그런 존재, 즉 신에게 도달할 때까지 존재론적 종속 관계를 추적하는 과정을 말한다. 타자 안에 있는 존재가 아니라 나 자신으로 있는 존재가 바로 최고로 실재적인 자이다.

이러한 개념 정리는 상호성의 경험을 관심 밖으로 밀어냈다. 변화는 불변하는 것의 특성이 되었다. '움직이다'라는 것은 정지해 있는 실체에 속한 우연자이다. 자녀와 부모의 관계는 실체의 자연적 본성에 딸린 아주 희미한 존재에 불과하다. '활동'과 '관계'를 환원해 이해하는 이러한 경향은 사실 아리스토텔레스의 범주론에 이미 있었다. 보에티우스는 이 분야에서 어떠한 이론적 혁신도 일으키지 않았다. 그는 아리스토텔레스의 개념들을 반복했을 뿐이다. 보에티우스는 관계성이 사태의 부속물이라는 아리스토텔레스의 견해를 공유했지만, 삼위일체에 대해서는 이 입장이 유효하지 않은 것으로 보았다. 아버지 하느님이 아들 하느님과 성령 하느님에 대해 가지는 관계는 본질적이지 결코 부수적 관계가 아니다. 마찬가지로 아들인 하느님과 성령인 하느님도 서로의 위격에 실체적으로 관계함으로써 본질을 제각기 온전히 소유하고 있다. 실체적 관계라는 것은 아리스토텔레스의 이론에서는 불가능했다. 관계라는 것은 오직 우연적 관계일 뿐이다. 그리고 관계는 실체가 가지는 모든 부차적 규정 중에 규정성이 제일 약했다. 아우구스티누스의 경우에는 아리스토텔레스의 논리 원칙이 변형을 겪지 않고 그대로 삼위일체론에 적용되었다. 아우구스티누스는 아리스토텔레스 논리학의 유효 범위가 어디까지 유효할 수 있는지 가늠해 보지 않은 채 실재 개념 모델에 변화를 주었다. 이러한 맥락에서 가장 완전하고 현실적인 실재, 즉 신의 실재는 그 자체로 자립하는 존재가 아니라 실체적으로 서로가 서로 안에 있는 존재로 특징지어지게 되었다.

보에티우스는 모든 실재를 보편적으로 실체로서 환원하는 길과 삼위일체를 '예외적 상황'으로 간주하는 길 모두를 가고자 했다. 그리고 아우구스티누스를 따름으로써 이 일이 가능하다고 보았다. 보에티우스의 삼위일체론은 아리우스주의에 대항하기 위해, 또한 로마적 삼위일체론이 삼신론(三神論)으로 끝난다는 비판을 재반박하기 위해 기획되었다. 그래서 보에티우스는 세 위격이 본질적으로 하나이며, 관계에 있어서만 서로 다른 것으로 이해해야 한다고 주장했다. 보에티우스는 "성부는 하느님이고, 성자는 하느님이고, 성령은 하느님이다. 그리고 이 셋은 하나의 하느님이다"라는 말을 "태양과 태양과 태양은 하나의 태양이다"라는 말과 완전히 같다고까지 주장할 수 있었다. 나는 혹시 이런 설명으로 보에티우스가 다시 실체-우유 모델로 되돌아가는 것은 아닌지 독자들이 한번 생각해 보았으면 한다. 이런 식의 설명에서는 역동적 상호관계라는 것을 읽어 내기가 어렵다. 하지만 어찌 되었든 간에, 보에티우스는 아우구스티누스의 삼위일체론을 전문적 용어로 치환하고 기술하는 데 성공했다. 즉 본질에 대해서는 통일성을, 관계에 대해서는 차이를 말하는 것이다. 7세기에는 세비야의 이시도루스가, 그리고 800년경에는 앨퀸(Alcuin)[20])이 이러한 대안을 수용한 결과, 보에티우스 이론은 이후 서구 중세에 유일하게 유효한 삼위일체론으로 자리 잡게 되었다.

 범주에 대한 분석을 통해 보에티우스는 실체의 우위성을 더욱 강화했다. '실체'는 아리스토텔레스에게서처럼 보에티우스의 경우에도 사물의 기초를 이루는 것이자 사물의 일차적 규정성을 뜻했다. 보에티우스는 아리스토텔레스가 제시한 10범주를 두 개의 그룹으로 나누었다. 첫 번째는 사태 자체에 대한 규정들(secundum rem)인데, '실체', '양', '질'이 여기에 속하며 이들은 가장 고유한 의미에서 범주라고 불리는 것들이다. 보에티우스는 그 외 아리스토텔레스가 제시한 나머지 범주를 전부 두 번째 그룹에 집어넣었다. 이들은 사태 그 자체가 아니라 사태의 부수적이고 부차적인 사실들만을 규정하는 범주이다. 보에티우스는 자신의 범주론을 특별히 관계의 사례를 통해 설명했다. 만일 우리가 어떤 사람을 '주인'이라 부른다면, 우리는 그를 그의 하인들과의 관계 속에서 규정한다. 우리는 그 사람을 그 자체로서 규정하지 않았다는 것이다. 그가 소유한 노예를 전부 잃어버린다면 그는 '주인'이라는 이름으로 불릴 수 없게 된다. 하지만 그는 그때에도 그 자신으로 여전히 변함없이 남아 있을 것이다. "우리는 관계적 언명이 지시 대상인 사태(res) 그 자체(secundum se)에 어떤 것을 보태거나 제(除)하거나 변경한다고 말할 수 없다."21) 관계는 '사태 그 자체'를 결코 바꾸지 않으며 '겪음'과 '작용' 같은 다른 우연적 규정들도 마찬가지이다. 보에티우스가 이 문제를 대하는 방식은 매우 독특하다. 먼저 그는 '사태 그 자체'를 모든 것으로부터 고립시킨다. 그리고 물적 표상에 의존해 개별 실체가 양과 질만으로 충분히 해명된다고 본다. 그렇기 때문에 보에티우스는 시간적인 것과 활동에 해당하는 나머지 다른 모든 규정은 예의 저 단절된 사태에 그 자체로서 해당하지 않는다고 말할 수 있는 것이다.

보에티우스가 주장하는 것에 대해 독자들은 동어 반복이라고 말할 수도 있겠다. 모든 관계에서 분리된 '사태 그 자체'(res secundum se)는 다른 어떠한 규정들에 의해서도 변화되지 않는다고 했는데, 이 말은 너무 자명하고 당연한 말이 아닌가? 진짜 문제는 '사태'를 다른 부차적인 것들보다 앞에 둠으로써 보에티우스가 궁극적으로 하려 했던 것이 무엇이냐이다. 부동성의 규정들, 예컨대 양과 질 같은 범주들은 또 어째서 '사태 그 자체'에 속하는 것으로 취급하는가? 그러므로 우리는 여기서 사태(res)에 대한 표상이 결국 모든 운동을 정적인 상태로 응고시키고 '사태 그 자체'에서 멀리 떼내고 말았다는 점을 당장 알 수 있다. 경우에 따라 상호 작용이라는 것이 '사태'의 존재에 중요한 요소가 될 수도 있다. 하지만 보에티우스의 범주론은 이러한 가능성에 대해서는 철저히 닫혀 있다. 그럼에도 보에티우스는 신의 존재는 본질적 상호 관계로 특징지어진다고 주장하고 있는 것이다. 『삼위일체론』22)에서 보에티우스는, 사멸하는 것들은 타자에 대한 의존성(alteritas)이 너무나 강해 — 관찰자 입장에서는 단순한 동어 반복 이외에 아무것도 아닌 — 자기 관계를 조금도 구성할 수 없다고 말한다. 오직 신의 단일성만이 능동적으로 자기 자신에 관계할 수 있으며, 이러한 자기 관계로서만 참으로 현존한다는 것이다. 그러므로 보에티우스는 아우구스티누스처럼 인간 정신을 본질적인 관계성으로 이해하고 있다. 신과 피조물 사이에 명확한 분계선이 그어진다. 사물에 대한 엄격한 표상은 신이 아닌 다른 모든 실재를 기술하는 데 적합하게 기능해야 한다. 신의 경우에 생명은 서로에게서 흘러나와야 하고 존재는 상호 의존적 관계로 정립되어야 한다. 신은 본질적 활동만 수행하며, 우연적이고 피상적이지 않은 활동들은 하나도 귀속되지 않는다. 지금 말한 것들은 신에게만 해당되는 특권이다. 아우구스티누스는 이러한 신의 고유한 특징들이 인간 정신의 내적 활동과 인간의 이웃 사랑에 모사된 형태로 나타나 있다고 본다. 다만 아우구스티누스가 주장한 신과 인간의 유사성에 대해 보에티우스는 단 한마디 언급조차 없다. 물론, 원시 그리스도교 공동체에서 가능했던 체험들, 즉 타인에게 관심을 가짐으로써 진실로 하나의 '인격'이 되는 것과 오직 타인에게 능동적으로 주의를 기울임으로써만 비로소 '인격'[=페르소나]이 된다는 체험 자체를 로마 귀족인 보에티우스가 전면 부정한 것은 아니다. 그는 이러한 것들을 경험할 수 있는 장소를 단지 그 자신의 실체의 존재론을 가지고 인간적인 세상 바깥으로 옮겨 놓았을 뿐이다(in cunctis aliis rebus non potest inveniri).

  이러한 세계관에서는 창조되지 않은 단일한 자기 관계성과 창조된, 그러니까 극복 불가능한 타자성으로 특징지어지는 실체적 다양성이 서로 극명한 대조를 이룬다. 보에티우스의 '페르소나'(persona) 개념의 배경에도 이 대립이 짙게 깔려 있다. 방법론적으로 삼위일체론의 문제들을 명확하게 다루기 위한 적절한 단초를 제공하기 위해 보에티우스는 '페르소나'를 엄격하게 정의한다. 보에티우스의 정의에 따르면, '페르소나'는 이성적 본성을 가진 개별 실체(naturae rationabilis individua substantia)에 다름 아니다.[23] 여기서도 '실체'는 핵심 개념으로 등장한다. 실체는 개별적 실체이지만 보편적 본질은 아니라는 것이다. 페르소나의 '본성' 내지는 보편적 본질이란 이성을 갖춘 존재로 이해된다.
　보에티우스가 이러한 정의를 내놓을 수 있었던 것은 아리스토텔레스적 존재론의 구분을 그대로 따르기 때문이었다. 페르소나는 우연적 존재가 아니다. 그러므로 우리는 페르소나를 실체들 중에서 찾아야 한다. 하지만 모든 실체가 페르소나인 것은 아니다. 따라서 실체들은 아래와 같이 구분되어야 한다.

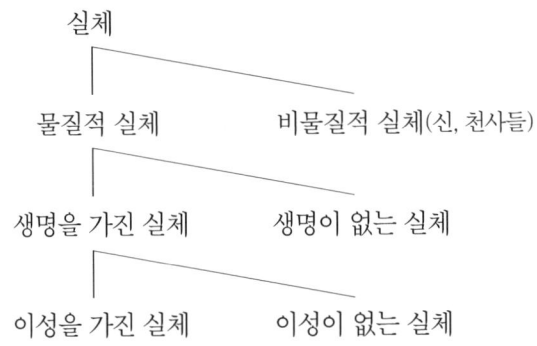

　보에티우스는 생명이 없고 이성이 없는 실체를 '페르소나'라고 부르는 사람은 아무도 없다고 지적한다. 그러므로 페르소나와 관련해 우리는 오직 이성을 가진 실체만을 염두에 두면 된다. 실체 구분은 계속해서 진행된다. 보에티우스는 아리스토텔레스의 범주론에 근거해 논의를 이어 간다. 이제 실체는 일반적인 것이냐 특수한 것이냐, 보편적이냐 개별적이냐에 따라 다시 나누어진다. '인간', '동물', '돌'과 그 외 나머지 다른 종과 유처럼 개별적 실체에 대해 서술되는 것들은 '보편적' 실체들이다. '개별적' 실체들이란 '키케로' 같이 다른 어떤 것에도 술어가 될 수 없는 것을 말한다. 하지만 '페르소나'에 대해서는 보편적 실체는 없고 오직 개별적 존재들만이 있다. 그래서 보에티우스는 '페르소나'를 '이성적 본성을 가진 개별 실체'라고 개념화했던 것이다.
　보에티우스의 '페르소나' 개념은 중세의 사유에서 표준으로 자리 잡게 된다. 그 사상사적 의의는 다음과 같이 정리해 볼 수 있다.

'페르소나' 개념은 철학적 전통이 없는 개념이다. 보에티우스[24]와 아우구스티누스가[25] 이미 알고 있었듯이, 이 단어는 그리스어의 'hypostasis'에 상응하는 표현인데, 실은 이 그리스어는 이미 라틴어에 'subsistentia'나 'substantia'로 번역되어 사용되고 있었다. 그런데 '하나의 본질'(una essentia)은 '하나의 실체'(una substantia)와 같은 뜻이기 때문에, 이러한 상황에서는 용어상의 큰 혼란이 일어날 수밖에 없다. 즉 삼위일체 교의에 따른 세 개의 페르소나(성부와 성자와 성령)는 신적 본질과 조금도 구별되지 않는다. 지금은 개별 인간에 대해 쓰고 있지만, '페르소나'는 본래 무대 공연에서 사용되는 '가면'을 뜻하는 말이다 (persona dicta est a personando).[26] 그리스적 사유는 개별적 존재로서의 개인에 대해서는 딱히 큰 관심이 없었다. 그래서 그리스 철학에는 '인격' 개념이 빠져 있다. 그리스인들은 인간을 인간의 경험으로부터, 즉 인간이 보고 생각하고 원하는 것을 가지고 파악했다. 보에티우스의 인격 개념이 고대 철학에 일으킨 혁신이기는 하지만, 우리가 근대 철학에서 보는 인격 개념의 발전, 곧 자기에 대한 의식적 관계, 의식적으로 수행된 행위의 자율적 근원성, 도덕규범에 대한 책임과 같은 사유에 도달한 것은 아니었다. 근대는 본질적으로 인격을 인간이 단순히 알기만 하는 존재가 아니라 자기가 아는 것을 알고 알지 못하는 것을 알아야 한다는 사실과 관련지어 이해한다. 인간은 자유와 책임과 인권을 가진 도덕적·정치적 존재로 정의된다. 이러한 통찰들이 보에티우스에게서는 나타나지 않는다. 인격에 대한 사유로 보에티우스가 의도한 바는 그런 것들이 아니었다. 그는 일단 인격의 자립성에 대해서만 확실하게 이야기한다. 그리고 이렇게 함으로써 인간 자유의 역사에 한 획을 그었던 고대의 자기 충족적 이상이 보전될 수 있었다. 보에티우스가 치른 대가에 대해 이야기하자면, 나는 그것은 보에티우스의 탓이 아니라고 말하고 싶다. 왜냐하면 그는 그의 처지에서 자신이 할 수 있는 것을 행했기 때문이다. 내가 비판하고 싶은 것은 보에티우스의 인격 개념을 현대에도 여전히 유효한 이론으로 제시하고 심지어 '근대의 인격 이론을 능가하는' 이론으로까지 해석하려는 작금의 토마스 연구자들의 행태이다.

보에티우스는 형식적 구분과 분류 절차(Dihairese)에 의거해 그 자신의 인격 개념을 발견해 낼 수 있었다. 먼저 인간과 사물에 동일하게 해당되는 보편적 특징을 찾고 그다음에 각자를 서로 구별하는 특징('이성적 능력'이라는 특징)을 찾는 방식으로 말이다. 이성이라는 것의 구체적 내용에 대해서는 한번도 심도 있는 해명이 주어지지 않는다. 모든 것의 중심에는 이성적 본성을 종적 차이로 가지는 실재적 사물들의 보편성을 극단으로 밀고 나간 개념, 즉 '실체' 개념이 항상 굳건히 자리하고 있다.

인격(페르소나)이란 본래 무엇인가라는 질문에 보에티우스는 페르소나의 일반적 본성을 가지고 대답한다. 보에티우스는 인격으로 이해하기 전에 일반적 본성을 먼저 실재하는 보편성으로서 파악한다. 자기 이해를 현존 방식을 구성하는 요소로서 사유하는 것은 보에티우스적 인격 개념에서는 허용되지 않았다. 인격이라는 것을 찾을 수 있도록 해 주는 실마리는 자유가 아니라 실체에 있다.

'실체'는 그 자체로 존속하는 것, 모든 변화 속에서 항상 동일하게 남아 있는 것을 가리킨다. 한 개인이 큰 변화를 겪는다는 것, 그가 인생의 전환점에서 깨달음을 얻거나 또는 절망해 이전과는 전혀 다른 사람이 된다는 것은 이러한 '실체' 개념에서는 부수적인 사정이다. 어떤 개인이 다른 이들과의 관계 속에서 고유한 인격이 된다는 것도—이것은 삼위일체에 대해서만 예외적으로 해당된다—'실체' 이론에서는 아직 주장되지 않는 것이다. 이러한 사유는 자연의 사물들을 한데 모아 파악하려는 경향과 관계가 있다. 이것은 분류하는 사고이며, 정의하려는 욕구의 실재화에 대한 순진한 권리 주장이다. 이런 식의 인격의 존재론은 실체로 수렴하는 어떠한 개인들의 역사도, 집단의 역사도 알지 못한다. 상호

간의 교류를 각 개인에 구성적인 것이 아니라 부차적인 것으로 파악한다. 인격의 진정성 문제를 조금도 제기하지 않고 오직 그것의 표상에만 머무른다. 불변하는 주체의 항속성에만 주목할 뿐, 내가 정말 내 행위의 참된 주체인가라는 문제에는 관심이 없다. 당위와 앎과 회의 같은 경험들, 즉 내 의식에 나타나는 현상들을 분석의 단초로 삼지 않는다. 기껏해야 인간의 자유에 대한 의식 정도만 실체에 대한 표상에 덧붙이는 것으로 만족한다.

사실, 아우구스티누스는 이미 신의 모상인 한에서(imago Dei)의 인간을 자기 현존과 자기 긍정의 행위로 파악하는 법을 가르친 적이 있다. 아우구스티누스는 다만 인격 개념이 아니라 정신(mens) 개념과 연관을 지어 말했을 뿐이다. 보에티우스는 인격 이론을 개진할 때, 오로지 범주의 분석에만 의존했다. 보에티우스의 인격(페르소나)에 대한 정의는 의식 현상을 인격 존재에서 분리할 수 있도록 하기 위해 특별히 고안된 것이다. 그리스도 안에는 인간적인 앎과 신적인 앎, 인간적 의지와 신적 의지, 곧 두 개의 의식이 있다. 그러나 그리스도의 페르소나는 오직 하나만 있다. 여기서 '페르소나'가 실체적으로 이해되고 있다는 점은 명확하다. 두 개의 의식과 두 개의 자유가 내속해 있는 단 하나의 담지자를 말하고 있으니 말이다.

모순율

실체와 우연자에 대한 존재론적 기획에는 일련의 형이상학적이고도 도덕적·정치적 결과들이 뒤따랐다. 여기에는 몇몇 지성적 사고의 규칙이 중요한 역할을 맡게 되는데, 그 중에서도 특히 모순을 피해야 한다는 규칙이 그러했다.『형이상학』에서 아리스토텔레스는 모순율의 타당성을 상세히 근거 짓고 그것을 그의 실체 이론과 긴밀히 결합했는데,

이 책은 중세 초기에는 아직 알려지지 않았다. 그래서 중세 초기 사람들은 사물에 대한 표상과 모순을 피해야 한다는 관념 사이의 관계를 적절하게 주제화할 수 없었다. 이 관계는 초기 중세인들에게는 아무런 문제도 되지 않았다. 어떤 사태의 본질과 부합하지 않는 술어들은 그 사태와 관련해 서술될 수 없다는 원칙으로 충분했던 것이다. 보에티우스는 논리학자로서 이를 분명히 인지하고 있었다. 아우구스티누스는 삼위일체론에서 신의 정신과 인간의 정신에 세 개의 본질적 활동이 어떻게 정신의 전체이면서 동시에 그렇지 않은지를 상세히 논구했으며, 은총론에서는 무모순성의 표준을 보전할 방법을 찾는 데 고심했다. 그의 은총론은 신이 선하다는 사실을 부정하지 않았지만, 대신에 신에 대한 도덕적 비난이 조금도 배제되지 않을 만큼 선성(善性)과 정의의 개념을 아득히 먼 곳으로 밀어내야 했다. 이 부분에 대해서는 모순율로부터 도출된 사실을 신의 전능함에 대비해 보기를 거부했던 중세 변증론의 반대자들도 함께 언급할 수 있다. 전능한 신은 이미 일어난 일을 일어나지 않도록 할 수도 있을 것이기 때문이다.[27]

한편, 모순적 언명들을 신에 대해 사용하지 못할 이유가 없다는 주장은 디오니시우스 아레오파기타의 저작에서도 확인할 수 있다. 신적 일자는 세상의 모든 대립을 초월한다. 일자는 세계 안에 있는 사물들의 대립적 규정의 근거가 되기 때문에 그것들은 모두 일자에 대해 긍정될 수 있고 동시에 부정될 수도 있다. 우리는 신을 같으면서 같지 않다고, 움직이면서 동시에 정지해 있다고 말할 수 있다. 또한 신에 대해 말할 수 있으면서 동시에 신에 대해 말하는 것은 불가능하다고 할 수도 있다.[28] 일자는 제 안에 단적으로 모든 것을, 서로 대립하는 것들까지도 모두 포함하고 있다.[29] 『신비신학』에서 디오니시우스는 신적 일자에 대해 무엇인가를 동시에 긍정하고 부정하는 것은 불가능하다는 생각이 잘못되었다고 비판한다.[30] 규정되지 않은 일자와 관련해서는 긍정하는 언명이나 부정하는 언명은 제각기 그 대립성을 상실한다. 정의된 본질과 규정된 존재자(on)에 대한 서술일 경우에만 서로 대립하는 문장이 만들어질 수 있다는 것이다. 우리가 디오니시우스를 따라 일자를 존재자 멀리 저편에 둔다면, 일자는 존재와 비존재 중에 하나를 선택해야만 하는 상황 자체를 넘어서 있다. 그러므로 일자는 긍정과 부정이라는 대립을 초월해 있다.

    이 이론은 본질적으로 아우구스티누스가 의도했던 것보다 더 멀리 나갔다. 신학 논고에서 보에티우스는 좀 더 엄밀한 해명을 시도하지만 그의 기획은 성공하지 못했다. 그 결과 다음 시대에 수많은 철학적 문제가 나타나게 되었다. 11세기 중반 이후 철학의 발전은 본질적으로 중세가 알고 있는 가장 중요한 내용, 즉 신과 관련한 내용들을 다룰 때에 필수 불가결한 논리 규칙, 즉 모순율을 가지고 어떻게든 시작할 수 있느냐라는 문제를 중심으로 이루어졌다.

부정신학

    보에티우스에게서 자신이 제시하는 철학적 신이 성경적 신과 어떻게 조화를 이룰 수 있는지에 대해 딱히 관심이 없었다면, 아우구스티누스와 디오니시우스에게서 이것은 매우 중요한 문제였다. 초기 아우구스티누스는 플로티노스의 일자 회귀 사상을 모방하고 그리스도교를 지성계로 상승하는 대중적 형식으로 간주함으로써 이 문제를 해결할 수 있다고 믿었다. 397년 이후에도 아우구스티누스는 일체의 개별적 규정을 던져 버리면서 이러한 상승 과정을 강하게 주장했다—"tolle hoc et illud".[31] 아우구스티누스는 일자를 계속해서—플로티노스와는 다르게—참된 존재와 사유로 파악했기 때문에, 다시 말하자면 부정신학적 요소를 축소했기 때문에 나중에 은총론을 발전시킨 다음 최고선에 대한 그 자신의 이론을 문자 그대로의 신학에 접목할 수 있었다. 이렇게 해서 아우구스티누스는 모든 선한 것의 선인 무규정적 선에 대해서도 말할 수 있었으며, 신에 대해서라면 모든 대상적 인식이 효력을 상실한다는 뜻에서 '무지의 깨달음'(docta ignorantia)을 표어로 만들 수 있었다. 또한 같은 이유에서 동시에 아주 극소수의 인간만이 구원의 은총을 받도록 예정되어 있다고 주장할 수 있다고도 믿었다. 아우구스티누스는 신을 서술할 때 의인법을 많이 구사하지만 가끔 그런 식의 설명을 피해야 한다고 말하기도 한다. 그는 최고선에 대한 신플라톤주의적 사상에 근거해 성경의 기적 사화(史話)들을 항상 영적으로, 드러내지 않고 은밀히 계시는 하느님의 상징적 현현으로 해석한다. 성경은 종종 하느님을 가시적인 분으로 서술하지만, 하느님은 절대로 우리 눈에 보이지 않는다. 아우구스티누스는 그렇게 믿었다. 플라톤주의는 성경적인 과거에 있었던 신의 모습과 미래의 발현, 곧 종말론적 신의 현현을 적절하게 해석할 수 있는 도구로 쓰였다. 우리는 하느님을 있는 그 자체로는 결코 볼 수 없다. 아우구스티누스는 또한 인간과 신의 정신의 삼위일체적인 구조적 유사성을 강조함으로써 우리의 정신의 내적 규정들이 신에게 유비적으로 적용될 수 있게 했다. 아우구스티누스의 신은 인간이 파악할 수 없는 무지의 심연에 계신 하느님인가? 그렇다면 이는 그가 부정신학을 추종했기 때문이 아니라 신의 전지전능함을 해명하는 데에 인간 동형적 방법을 채택했기 때문이다.

디오니시우스의 경우에는 사정이 다르다. 그는 일자가 조금도 드러나는 일이 없다고 할 정도로 일자의 무규정성을 과격하게 주장했다. 디오니시우스가 신의 자기 계시라고 부르기도 했던 표징들이나 세 위격을 통해 일자가 나타나고, 심지어 우리가 하늘에서 '얼굴을 마주하고' 일자를 바라볼 수도 있지만, 엄밀히 말하면 일자는 자기 스스로를 드러내는 일이 없다는 것이다. 일자에는 모든 언어적 부연 설명이 이질적이기 때문에 확장적 인식이 아무 소용이 없다. 초자연적 기적이든 추가적 술어나 가시적 표징이든 간에, 일자를 다른 어떤 것과 연결 지으면 그 관계성은 반드시 실패한다. 디오니시우스에 의하면, 우리는 일자를 일자가 아닌 다른 것 안에서 보거나 그 자신의 현현으로 보거나 또는 사변적으로 파악할 때 일자를 그 자체로 붙잡지 못한다. 이러한 사정은 삼위일체를 해명할 때 특히 분명해진다. 삼위일체라는 것도 우리를 위해 그렇게 나타나는 것이지, 삼위일체가 최고의 일자 그 자체의 내적 구조이기 때문에 그렇게 보이는 게 아니라는 것이다. 디오니시우스의 종교철학은 그리스도교 신앙의 구체적 내용을 건드리는 일 없이 모든 계시 체험을 인간의 인식으로 환원하거나 신적 일자의 무규정성을 다루지 않는 거룩한 교육으로 간주한다. 디오니시우스의 저작에는 인간과 신의 정신의 유사성에 대한 형이상학이 들어 있지 않다. 디오니시우스의 철학은 정신철학이 아니라 규정되지 않는 일자와 지성체들의 철학이었다. 그는 복된 영혼들이 참으로 하느님을 면전에서 뵐 수 있는지, 아니면 그때에도 우리는 여전히 신의 현현에 대해 이야기해야 하는지와 같은 문제를 제기한다. 교회와 성사, 성경 텍스트와 신학적 사유에만 머무르지 않고 신의 자기 계시라는 측면에서 삼위일체까지 다룬다.

거룩한 묵상이나 동방 교회의 찬미가 같이 울리는 디오니시우스의 종교철학에는 두 가지 주목할 만한 특징이 있다. 먼저 민족 대이동 시대의 그리스도교에 유행처럼 번져 갔던 문자적인 것과 물질적인 것에 대한 갈망을 교정하는 역할을 했다. 디오니시우스 사상은 곳곳에 만연한 사물적 표상에 대항하는 힘을 가졌다. 둘째, 신적 일자를 성경적 은유와 인간 정신의 삶 모두가 들어오지 못하는 — 왜냐하면 이것들은 모두 일자가 나타나는 현상들이기 때문에 — 적막한 저세상으로 밀어냈다. 9세기에서 15세기까지의 중세 사유는 이 두 가지 측면에서 제기되는 문제들을 중심으로 진행되었다. 이 당시의 사유를 평가할 때, 오늘날의 독자들은 부정신학 그 자체와 일체의 실체적 표상들에서 부정신학적 경향을 분리해 내는 데서 그 의의를 찾을 필요가 있다. 물론, 대상적이고 물적인 사유를 극복하려는 경향은 완고한 교회 정치, 로마의 행정 체계, 성사 제도와 성인 유해에 대한 공경 문화로 특징지어진 서구 세계에서는 그리스도인들의 실천적 삶에 영향을 끼치기에는 역부족이었다. 그렇지만 역사학자들에게 중요한 또 다른 측면도 있다. 즉 아우구스티누스와 보에티우스, 디오니시우스는 모두 신이 이 세상을 너무나 사랑한 나머지 자기 아들을 내주었다고 보았던 원시 그리스도교의 믿음을 개념적으로 풀어내지 못했던 것이다. 신이 자기 자신을 사랑한다는 점을 설득하기는 어렵지 않았다. 신은 최고로 선한 존재이기 때문이다. 하지만 고대 그리스도교의 신앙 의식에는 아직은 그가 스스로를 낮추고 자기를 내준 동기인 사랑이 바로 신의 본질이라는 점을 풀어낼 적절한 철학적 도구가 없었다. 원시 그리스도교 공동체에서의 이웃 사랑 체험은 자기 충족과 자립성에 대한 고대의 이상을 넘어서고, 결과적으로 사유 재산과 권력의 포기와도 결합된 것으로서는 확실히 역사적으로 새로운 사건이었다. 그리고 이 체험은 개념적이면서 서술되고 이해되기를 기다리고 있었다.

가치 개념

청년(397년 이전) 아우구스티누스의 신과 후기(397년 이후) 아우구스티누스의 신, 그리고 디오니시우스의 신과 보에티우스의 신이 제각기 다르다면, 이들 사상가의 인간학과 가치 체계는 플라톤주의적 영성과 이원론에서 함께 만난다. 인간은 본래적으로 정신이다. 이 말에서 벌써 플라톤과 아리스토텔레스의 대립이 사라져 버린다. 마찬가지로 초기와 후기의 아우구스티누스, 보에티우스와 디오니시우스도 다른 주제에 대해서는 서로 의견을 달리할지라도, 이 문장에서만큼은 서로 일치를 보인다. 세 사람은 모두 자기 자신을 알고 스스로 일어서야 한다는 소크라테스적이고 플로티노스적인 동기를 공유한다. 인간의 모든 행위와 지식, 종교는 전부 자기를 알고 자기 자신을 붙잡도록 하는 데에 존재의 의미가 있다. 또한 인간이 최고의 인식 형태에서 —정신(nus)이나 직관(intellectus) 또는 이성(ratio inferior)에 대립하는 능력으로서 지성(ratio superior), 지식(scientia)과 구별되는 것으로서 지혜(sapientia) 등등 세 사람이 각기 무엇이라고 불렀든 간에—이데아를 향해 있다고 주장한 점, 감각적으로 표상하는 사유를 교정하지 않고 일상 속의 사물 경험에 따라 이데아를 분석하면 이데아 인식에 실패한다고 경고했다는 점에서도 모두 일치한다. 이들은 감각적 표상은 오류를 일으키고, 표상은 진정한 사유와는 확연히 구별된다는 강한 확신이 있었다. 중세 사유의 근본 전제를 마련한 이들 세 사람은 제각기 플라톤과 아리스토텔레스와 플로티노스가 자신에게서 종합되고 통일되고 있다는 사실을 잘 알고 있었다. 영국 경험론의 발전 이후, 사람들은 사유를 표상보다 낮은 단계로 취급하곤 했다. 이러한 표상과 사유의 전도된 관계는 중세 초기의 일상적 삶의 모습과는 다소 친근할 수는 있어도 아우구스티누스와 보에티우스, 디오니시우스 철학의 근본 태도와는 분명히 다르다는 사실을 우리는 알아야 한다. 이러한 측면에서 세 사람은 모두 플라톤과 아리스토텔레스의 유산을 간직하고 있었다.

 하지만 이들의 철학적 관심사는 이성(ratio)과 구별되고 이데아를 내용으로 가지는 지성에만 국한되어 있었다. 결과적으로 이들은 플라톤이 도덕적·정치적 이유에서 허용하지 않았던 관조적 삶의 이상을 일방적으로 편들게 된다. 세계에 대한 능동적 대처와 그 대결의 윤리적 가치에 대해서라면 무력 사용을 용납했던 후기 아우구스티누스만이 사상사적 의의를 가진다. 보에티우스는 직업 정치인이었으나 사색하는 삶을 갈망한 나머지 정무에서 벗어나 자기 서재에 틀어박혔다. 디오니시우스는 미학적이고 종교적인 묵상을 통해서만 세상에 다가갈 수 있었다. 권력 사회에는 종교적 논쟁이나 역사가 발전함에 따라 주교단의 지배권을 강화하는 데에 기여했던 그 자신의 교계 질서 이론을 통해서만 간접적으로 발을 들였다. 정치적 개혁을 이룩하고 새로운 기술 문명을 가진 중세 초기는 그와 반대되는 것을 지향하는 아우구스티누스와 보에티우스, 디오니우스의 사상을 기반으로 시작되었던 것이다. 이러한 배경에서 생겨난 세계 구성 원리에 대한 도덕적 비판은 결과적으로는 다른 발생학적 기원을 가진 수도적(修道的) 삶의 이상의 우위성과 만나게 되었다. 여기서도 로마의 교육 전통은 그 경향을 견제하는 세력으로 여전히 유효했다. 키케로와 고대의 수사학적 전통이 수용되는 모든 곳에서 사람들은 현명과 정의, 용기와 절제(prudentia, iustitia, fortitudo, temperantia)를 골자로 한 고대의 미덕 체계를 그리스도교적이고 수도자적인 삶의 규율에 어떻게든 끼워 맞추고자 애를 썼다. 그러나 한 번 그렇게 융합되고 나면 삶의 규범이라는 것은 형식적으로는 완전히 굳어 버리고 만다.[32]

자연

엄격한 방법으로 정밀하게 자연을 탐구하고자 하는 열망이 고대 후기에 규칙적인 것과 경이로운 현상들에 대한 것으로 축소되었다면, 교부들에게서는 그 관심이 본래적 모습으로 계속해서 명맥을 이어가고 있었다.[33] 근본적으로 교부들은 자연을 하느님 지혜의 징표이자 자연을 넘어서는 길이 열리는 통로로 보았다. 아우구스티누스는 자연에 대한 탐구에서 지나치게 많은 지적 관심을 가져서는 안 된다고 경고한 적이 있다. 오늘날 우리가 자연과학이라 부르는 것을 아우구스티누스는 쓸데없는 호기심(curiositas)이라 비난할 것이다. 그가 볼 때, 우리 시대의 자연과학은 가시적 현상 저편에 있는 것들을 알기 위해 노력하는 학문은 아니기 때문이다.

자연에 대한 탐구는 보에티우스의 저작으로부터도 적지 않은 자극을 받았다. 보에티우스는 변증술(나는 항상 이 말을 중세의 논리학을 가리키는 표현으로 사용한다)의 기능과 그 위상에 대한 이해를 완전히 바꾸어 놓았다. 아우구스티누스와 그가 전거로 사용한 고대의 학자들 — 예를 들면 마르쿠스 테렌티우스 바로(Marcus Terentius Varro) 같은 — 은 변증술을 문법과 수사학 중간에 있는 것으로 이해했다. 변증술은 문학과 수사학 중심으로 짜인 교과 과정의 한 부분이었다. 보에티우스는 변증술을 3학의 마지막에 두었는데, 이는 기존 학습 순서의 약간의 변화를 의미했다. 왜냐하면 이 경우에 문법과 수사학이 변증술보다 앞에 오기 때문이다. 이렇게 해서 변증술은 문학적 교과와 4학(Quadrivium), 즉 실재 학문적 교과들 사이에 다리를 놓는 역할을 맡게 되었다(이 책 64~65쪽 참조). 보에티우스는 변경된 변증술 기능의 필요성을 주해서와 그가 쓴 논리학 저서들을 통해 정당화한다. 그는 역학에 대한 책을 저술하기도 했던 것으로 추정되는데 소실되어 전해지지는 않는다. 또한 그는 자신의 자연과 수(數)의 형이상학에서 자연 사물들 사이의 산술적 관계를 매우 구체적으로 기술하려 시도했다는 점을 읽을 수 있다. 어찌 되었든 간에, 성경에도 하느님이 만물을 "재고 달고 헤아려" 질서를 세우셨다는 구절이 있으니 말이다(지혜 8:21). 헬레니즘 시대에 쓰인 이 성경 구절은 그 당시 만연해 있던 피타고라스주의의 영향을 받은 것이다. 보에티우스는 이 사상을 유명한 찬미가인 "오 영원한 법칙으로 다스리는 분이여"(『철학의 위안』 제3권 9)와 음악 이론과 산술에 대한 그의 작품 안에 그대로 녹여 냈다. 하지만 보에티우스가 놓은 기초 위에 진정으로 엄밀한 자연 연구와 의학이 세워지려면 12세기까지 기다려야만 했다. 그전까지 사람들은 자연 현상을 도덕적·종교적으로 관상하는 것으로 만족해했다. 만일 자연 중에서 식물과 광물의 종류나 특성 같은 것들을 알고 싶으면, 플리니우스(Plinius)의 『박물지』(*Historia naturalis*)를 찾아보면 그만이었다. 플리니우스(†79)가 집필한 자연 대백과사전은 세계관 개요(제2권)로 시작해 땅(제3~6권), 인간(제7권), 동물(제8~11권), 식물(제

12~19권), 약초(제20~27권), 광물(제22~27권)들을 모두 망라한다.[34] 『박물지』에는 기이한 자연 현상들과(플리니우스는 유니콘(一角獸)과 트리톤(人魚)과 바다의 요정들이 실존하는 것으로 믿었다) 다소 피상적으로 조직된 경험적 관찰 사실들이 뒤섞여 나타난다. 플리니우스는 고대의 자연과학 저서들을 많이 알고 있었던 터라 중세에 엄청난 지식의 보고를 전해 줄 수 있었다. 사람들은 끊임없이 플리니우스를 참고했으며, 그의 백과사전은 간추린 형태로도 여러 번 재생산되었다. 중세 초기에 등장했던 사전류의 참고 서적은 직간접적으로 모두 플리니우스의 영향을 받았다. 앞에서 다룬 바 있는 세비야의 이시도루스는 『어원』에서 플리니우스를 언급하지 않지만, 베다(Beda, †735)는 『사물의 본성에 대하여』(*De rerum natura*)에서 플리니우스를 거론하고 있다. 아울러 요크의 앨퀸(†804)과 풀다의 수도원장 라바누스 마우루스(†856, 마인츠 대주교)도 베다의 인용을 그대로 가져다 쓰고 있다.

중세 초기의 세계관은 이들 텍스트로부터 확립되었다. 언급한 저서들 사이에는 아주 사소한 차이만이 존재한다. 예를 들어 지구는 우주의 중심인데, 이것을 태양을 중심으로 회전하는 수레바퀴 같은 것으로 보느냐(이시도루스), 아니면 구체(球體)처럼 보느냐(베다)라는 정도의 차이이다. 최외곽 천구 또는 '붙박이별 하늘' 바깥에는 천사와 복된 영혼이 자리하는 하늘이 있다. 베다는 붙박이별 하늘이 물질적 피조물과 영적 피조물을 가르는 경계로 보았는데, 사실은 성경의 창조 사화에 '궁창 위에 있는 물'이라는 표현이 있다. 교부들은 히브리인들의 세계관을 그리스적 세계관과 융합시키는 데 심혈을 기울였다. 그리고 이것은 둘 가운데 어느 한쪽을 왜곡하지 않는 한 불가능한 작업이었다. 자연에 대한 헬레니즘적 구상을 그대로 보전했던 오리게네스는 '궁창 위에 있는 물'을 천사에 대한 상징으로 해석했다. 서구 세계에서 이러한 오리게네스의 입장을 따른 사람은 요하네스 에리우게나 외에 아무도 없었다. 다른 사상가들은 모두 오리게네스 이론을 비판하면서 차라리 고대의 자연과학적 세계관과 대결하는 쪽을 택했던 라틴 교부들을 따랐다. 4세기부터 17세기까지의 교회의 모든 저술가가 「창세기」가 보도하는 저 '물'이라는 물질을 천구들의 저편에 있는 것으로 가르칠 수밖에 없었던 것은 바로 이 같은 역사 때문이다. 이들은 '궁창 위에 있는 물'의 실질적 기능이 무엇인지 알지 못한다는 점을 인정해야 했다. 베다는 다음과 같이 고백한다. "그것이 대체 무슨 물인지, 그리고 왜 거기에 물이 있어야 하는지는 오직 그것을 지어낸 분만이 알고 계시다."

사람들은 단지 문자적이고 '실재적인' 성경 해석과 교회의 보편적 입장과 충돌하지 않는 선에서 최대한 합리적 우주론을 갖기를 원했다. 아마 이보다 더 명확하게 말할 수는 없을 것이다. 서구 라틴 문화권에서 이러한 상황은 갈릴레이를 법정에 세울 때까지 계속되었다. 하지만 11세기 후반(콘스탄티누스 아프리카누스(Constantinus Africanus, †1087), 살레르노의 의과 대학, 그리고 샤르트르를 위시한)에 관찰을 통한 자연 연구, 특히 의술에 대한 지대한 관심이 생겨났다는 점은 잊어서는 안 된다. 이 당시의 자연에 대한 경험적 탐구는 능동적으로 세상을 개선하고 정밀한 연구 방법론을 확립하고자 도덕주의적이고 상징적인 교부들의 자연 개념을 극복했기 때문이다.

5세기에서 11세기 사이의(종종 이 경계를 넘어가곤 한다) 중세인들이 자연을 어떻게 이해했는지가 궁금한 독자들은 아우구스티누스의 『신국론』 제21권 제3~8장까지의 텍스트를 읽어 보기 바란다.[35] 거기서 아우구스티누스는 단죄받은 이들이 영원한 (물리적) 불속에 떨어져 고통받을 때, 육신이 그 불에 타 없어지지는 않는다는 믿음을 변론한다. 만일 누군가가 그건 자연법칙에 모순되는 말이라고 반박하면, 아우구스티누스는 이렇게 대꾸한다. 자연에 해명할 수 없는 현상들이 얼마나 많은지 알고 하는 소리냐고 말이다. 이어서 아우구스티누스는 터져 나오는 강물과도 같은 수사학적 달변으로 기이한 자연 현상들을 일일이 열거한다. 그는 ─카르타고에서 목격한 것처럼─ 죽은 공작새의 사체가 썩지 않는다는 사실과 자성(磁性)을 띤 물질이나 악마들이 금속제로 된 신전 등불을 쉬지 않고 흔들어 댄다는 이야기를 전한다. 아우구스티누스는 자연법칙이라는 말을 쓸모없는 것으로 만들고자 원인을 알 수 없는 해괴한 사건들을 제시함으로써, 우리 정신의 지배를 받지 않고 인간의 언어로 붙잡지 못하는 자연 현상들이 무수히 많이 있다는 사실을 설득하고자 한다. 석회암의 특징에 대한 이야기는 아마 아우구스티누스의 입장에서는 가장 강력한 수사학적 논거일 것이다. 신의 전능함은 자연 속에서 아무런 제약을 받지 않는다. 신은 단죄받은 이들의 육적 생명이 꺼지지 않게 붙들 수 있다. 그래야만 그들은 불속에서 영원히 고통받을 수 있기 때문이다.

아우구스티누스의 뒤를 잇는 사상가들은 아우구스티누스만큼 뛰어난 수사학적 재능을 가지고 있지 않았다. 자연법칙이라는 개념을 무효로 선언하기 위해 고대의 신기한 자연 사화(史話)들을 그처럼 청산유수로 쏟아 낼 수 있으려면 방대한 문학적 지식이 있어야 했지만, 이후의 시대에는 아우구스티누스 같은 문학적 소양을 가진 인물이 없었다. 하지만 그들은 인간의 언어와 이성이 자연을 해명하기에 충분하지 못하다는 입장만큼은 공유하고 있었다. 자연은 이미 그 자체로 수수께끼이다. 자연은 천사들과 악마들이 함께 가지고 노는 장난감이다. 그러나 무엇보다도 자연은 신의 전능함을 증명하는 장(場)이자 신의 능력이 펼쳐지는 곳이다. 이러한 아우구스티누스적 유산은 보에티우스와 아랍인들에 의해서만 겨우 수정될 수 있었는데, 그것도 1100년경에 가서야 가능했다. 왜냐하면 이때부터 사람들은 ― 국가의 행정과 농업, 은행업과 도시 건설 같은 ― 세상 속의 합리적 행위들에 대한 신뢰를 점차 회복했기 때문이다.

산업화 시대의 삶과 대량 살상 무기의 개발에서 인류가 자연에 대한 통제력을 과할 정도로 확신했기 때문에 중세 초기가 자연에 대해 취했던 입장이 지금의 우리에게는 착취와 대상화의 경향에서 벗어난, 소박하고 순진한 관계로 비추어질 수밖에 없을 것이다. 저 옛날에는 자연이 오히려 인간에게 말을 건네곤 했다. 인간에게 자연은 마치 어떤 특수한 상징 체계와도 같았다. 하지만 중세인들의 자연관을 음미하기 전에 내가 앞에서 말했던 『신국론』의 텍스트(제21권 제3~8장까지)를 꼭 읽어 보기 바란다. 자연법칙 운운하면서 지옥불의 물리적 고통을 부정하는 사람들을 반박하고자 출처가 의심스러울 정도로 기이한 고대의 일화들을 온통 늘어놓는 경이로운 광경을 단지 독자들이 직접 보았으면 해서가 아니다. 아우구스티누스는 자기가 보고하는 그 모든 이야기를 우리가 다 믿을 필요는 없다고 말한다. 자연의 합법칙성을 부정하기에는 우리 모두가 알고 있는 신기한 현상으로도 충분하다는 것이다. 즉 공작새의 사체가 부패하지 않는다는 사실 말이다(아우구스티누스는 이 사례를 반복해 이야기한다). 아우구스티누스가 공작새의 사례를 강조하는 이유를 알기 위해서는 원문을 읽을 필요가 있다.

"de carne non putrescente pavonis,
cum putruerit et Platonis"(c. 7, n. 2).

부조리함은 운(韻)의 일치 때문에 더욱 분명하게 나타난다.*

"공작은 썩지 않지만
플라톤은 썩어 없어진다."

아우구스티누스는 이 사소한 차이를 보고서 그냥 넘어가지 않았다. 그는 지옥의 현실에 대한 묘사가 비판받는 일이 없도록 하기 위해 — 혹시 플라톤주의자들의 비판을 피하기 위해서였을까? — 자연의 합법

---

* 공작새(pavo)와 플라톤(Plato)을 비교하고 있다.

칙성에 대한 인간의 신뢰를 해체하기로 마음먹었던 것이다. 아우구스티누스는 인간의 삶의 짐을 덜기 위해서가 아니라 그의 호교론의 수사학적 정교함을 완벽하게 구사하려는 목적에서 자연 경험을 수단과 도구로 만들어 버린 셈이다. 문제가 된 적이 없었던 자연에 대한 지배권 행사가 중세 초기에 관상적 삶과 공존했던 농업 활동으로 인해 이루어졌다는 사실을 따로 떼어놓고 보면, 아우구스티누스의 자연관은 자연을 고유한 방법론을 가지고 행해지는 연구 대상으로서 해명하려는 의도가 조금도 없었다. 아우구스티누스는 영원한 지옥불의 특성을 논증하려는 목적에서 화산을 관찰했다. 보라, 이 불도 이렇게 끊임없이 타오르는데, 이 산의 형상이 불에 타서 사라지는 일은 없지 않은가!

제2부

중세 철학의 발전 국면

I. 새로운 기본 조건

 고대와 중세 사이의 과도기는 현실적으로나 역사학적 관점에서 보나 자극적인 문제들을 무더기로 쏟아 낸다. 카롤루스 왕조의 어느 왕이 궁정 보물 창고의 십자가에 1세기경의 것으로 추정되는 보석 하나를 박아 넣었다면 금(金) 세공사는 딱히 한 일이 아무것도 없었을 것이다. 하지만 새로운 역할과 선조들이 흘린 피와 독특한 헤어 스타일로 마술적·종교적 힘이 부여된 카롤루스 왕실 유산에 귀속되었다는 사실 하나만으로도 모든 것이 변했다.

카롤루스 시대의 어느 저술가가 키케로의 철학 개념(신적인 것들과 인간적인 것들의 근거에 대한 앎)을 인용했다면 그는 저 금 세공사의 경우처럼 키케로의 모든 것을 있는 그대로 가져왔지만, 그것들은 역사적 연속성의 요인들로 덮어버릴 수 있는 실재적 사실과의 연관 속에 들어가게 된 것이다. 무너져 내렸던 몇 세기가 지나 다시 글을 쓰게 되었을 때, 사람들은 고대 후기 그리스도교 문학의 양식을 따라 쓰기 시작했다. 하지만 현실 세계는 로마 제국의 멸망으로 오늘날 우리가 일반적으로 상상하는 것 이상의 큰 타격을 입은 상태였다. 저 진귀한 보석이나 키케로의 인용 구절에 깜빡 속아 넘어가 이러한 시대 상황을 잘 보지 못할 수도 있다.

350년과 700년 사이에는 고대의 지배 계층이 소멸함에 따라 기존의 교육 제도도 자취를 감추게 되었다. 멀리 북쪽 지방에서 내려온 새 지배 계급은 '미개한' 언어를 쓰는 사람들이었다. 이들은 국가 차원에서의 사법 체계라는 것을 전혀 가지고 있지 않았다. 그들은 전쟁과 약탈과 노략질에만 관심이 있었다. 미신과 우상 숭배에 빠져 있었으며, 시도니우스 아폴리나리스(Sidonius Apollinaris)가 경멸조로 말한 것처럼 지중해 지방 음식인 빵과 포도주 대신에 '버터와 양파'를 먹고 살았다. 이 당시의 정치와 군사 체제는 완전히 붕괴되어 있었다. 생산 활동은 심하게 위축된 나머지 경제 활동의 성격까지 변하고 말았다. 아무런 생산적 교류도 하지 않고 모두가 자기 집에 틀어박혔다는 뜻은 아니다. 소금, 보석, 향신료, 포도주, 그리고 노예들과 파피루스와 그 외 진귀한 물건들은 먼 곳에서 실어 왔다. 하지만 소금도 고가의 사치품이었다. 다른 지역에 내다팔기 위해 생산 활동을 하는 일은 더이상 없었다. 고대에도 부유한 사람들은 도시를 떠나서 살기 시작했는데, 이러한 경향은 줄곧 끊이지 않았다. 도시는 길과 길을 연결하고 주교좌가 있는 곳으로서만 역할을 다했을 뿐, 교역이나 상업 활동의 중심지로서의 역할은 줄어들었다. 수출을 위해 물건을 생산하곤 했던 장인과 기술자들은 무기나 지배 계층이 과시용으로 쓰는 물품을 만드는 일을 하지 않으면 일자리를 포기할 수밖에 없었다. 로마인들이 건설한 도로는 파괴되어 더이상 쓸 수가 없었다. 사실, 그보다 사람들은 위험하다는 이유 때문에 도로를 이용하기를 꺼렸다. 도로뿐만 아니라 교량도 무너져 내렸다. 약탈에 심하게 노출된 원거리 무역은 육로 대신 수로를 택했다. 농업 생산량도 현저히 줄었다. 관개 시설은 낙후되었고 노동력도 부족해 정당한 방법으로는 일꾼을 데려올 수 없었다. 경작지는 줄어들고 작업 방식은 퇴화해 원시적으로 되었다. 금속 및 철제류는 어디서든 금처럼 귀했다.[1]

  빈곤화가 유일한 변화는 아니었다. 사람들은 세상을 다르게 보고, 다르게 생각하고, 다르게 평가했다. 이 당시에 있었던 변화를 기록한 문헌들을 들여다보면, 변화라는 것은 언제나 전통을 따르고 전통에 동화되어야 한다는 강박 관념 속에서 이루어진 듯하다. 세계에 대한 이러한 새로운 평가와 관점은 학문의 세계에서는 전혀 제시되지 않거나 뒤늦게 나타나곤 했다. 그럼에도 우리는 죽음과 법, 왕정제와 종교, 책으로 이루어진 추상적 세상과 자연의 세상이 이전과는 다르게 인식되었다는 사실을 인정해야만 한다. '유용한', '선한', '부유한', '가난한', '유사한', '상이한' 같은 용어들은 이제 다른 의미를 가지고 이전과는 다른 가치를 표방하게 되었다. 텍스트의 존재는—내용이 무엇이든 간에—글을 모르는 문맹인의 세계에서 의미 변화를 일으켰다. 서로마 제국 마지막 황제의 몰락(476)과 800년 성탄절에 거행된 카롤루스 대제의 대관식 사이의 기간 동안에 사회와 학문의 기본 조건들은 근본적으로 바뀌었다. 나는 이 새로운 상황을 네 가지로 정리해 보았다.

제6장
그리스도교

　로마 제국의 멸망과 제국 관료들의 몰락으로 '학문'은 그 역할을 달리하게 되었다. 새로 생겨난 세계에서 '사유'는 그 의미하는 바가 이전과는 사뭇 달랐다. 방향을 찾는 사유와 정치적 행위에 대한 고대의 관계는 1세기경부터 흔들리기 시작해 지금 시기에 와서는 완전히 해체되었다. 적어도 그때까지의 형태에 있어서는 그렇다. 부(富)와 재산이 바닥을 드러내면서 지배 계층이 몰락하자, 고대의 여유로운 삶의 이상을 실현하기 위한 사회적 조건도 사라지고 말았다. 학문이 다음 시기에 계속해 살아남을 수 있었던 것은 그들이 교회의 목적에 봉사했기 때문이다. 학문에 이러한 목적을 설정해 주기란 결코 쉬운 일이 아니었으며, 설정해 주었다 해도 당장 실행할 수 있는 것도 아니었다. 우리는 이렇게 변화한 학문 속에서 고대의 이성 개념이 해체되는 것을 보는 것만으로 그치지 않을 것이다. 수세기 동안 교회가 제시해 온 목표는 교회의 특수한 관심사 안에만 한정되어 있지 않았다. 우리가 확실히 해 두어야 할 역사적 붕괴 속에는 연속성도 함께 들어 있다. 교회는 보편적 관심사도 잘 알고 있었다. 예를 들어 교회는 세속 권력과 함께 분쟁 조정의 법적 형식(Pax Dei)*을 마련하고 공동으로 실행에 옮기기도 했다. 정치

---

* '신의 평화'(Pax Dei), 그리고 '신성한 휴전'(Treuga Dei)은 중세 당시 일종의 전 유

적 활동은 이제 수도원에서도, 교회 규범을 통해서도 일어났다. 교회의 규범은 인간 삶의 단일한 기관을 구성할 유일한 가능성을 제시했다. 프랑크족이 아리우스파를 신봉했던 고트족과 랑고바르드족과는 다르게 그리스도교 신앙을 선택한 결과, 서구 세계에서 종교적 다양성은 8세기 말까지 자취를 감추었다. 이 땅에는 유대인들과 그리스도인들, 정확히 말하자면 반(反)아리우스적 정통 그리스도교인들만 살고 있었다. 하지만 아랍인들이 그리 멀지 않은 곳에서 위협을 가해 왔다. 632년 무함마드(Muhammad) 사후에 북아프리카로 영토를 확장한 이슬람이 이베리아반도를 점령하고 있었으며, 827년에는 시칠리아에도 상륙해 살고 있었다. 732년 투르와 푸아티에서의 전투로 인해 이슬람의 북진은 저지당했다. 그때까지 이슬람은 지성적 측면에서 도발해 온 적이 없었다. 비잔티움 제국이 남아 있다. 그러나 학문적 발전에서 비잔티움이 서방을 적대 관계로 인식할 만큼 고대 후기의 경제적·정치적·종교적 발전은 동로마를 서방으로부터 격리하고 말았다.

결과적으로 종교적 관점에서 모종의 동질성이 나타난다. 중세의 생활세계는 전반적으로 그리스도교적 특색을 띠게 되었다. 하지만 막상 이렇게 말을 하고 나면 '그리스도교적 중세'라는 신낭만주의적 환영에 빠지지 않도록 하기 위해 몇 가지 부연 설명을 해야 한다.

가장 먼저 고대와 근대 초기 역시 정치와 철학 모두에 종교적 심성이 깃들어 있었던 세계였다는 점에 주목해야 한다. 소크라테스 이전 철

립적 평화 운동으로서, 교회와 시민을 귀족(내지 영주)들의 무력 분쟁의 피해로부터 보호하기 위해 교회 권력과 세속 권력이 함께 체결한 계약이다. 주교들과 세속 군주들은 어떠한 무력 상황에서도 농민, 빈자와 병자, 여자와 노약자, 상인과 성직자 같이 힘없는 사람들과 가축과 곡식, 전답과 성당과 수도원, 그리고 도로와 교량 같은 공공시설에 대해 위해(危害)를 가하지 않으며, 위반할 경우에는 파문을 감수하겠다는 데에 공동으로 합의했다. 이 계약은 교회와 세속 군주의 권력이 동등했던 중세 초기에는 상당한 구속력이 있었으나, 12세기부터는 지역적으로 (특히 프랑스) 왕권이 강화됨에 따라 점차 실질적 효력을 상실하게 되었다.

학자들에서 칸트와 게오르크 빌헬름 프리드리히 헤겔(Georg Wilhelm Friedrich Hegel)에 이르기까지 철학적 사유는 종교와 다양한 동기를 통해, 또 여러 가지 방해를 받으면서 성장했다. 고대 후기 철학에 들어서 처음으로 기도와 섭리와 참된 경신례, 신에 대한 의인적 서술의 폐해가 사유의 주제가 된 것이 아니다. 중세의 특징은 교조적으로 확립된 어떤 특정 종교가 제도적 권위로 학문에 개입하고 치안과 법 집행을 담당했다는 사실에 있다. 하지만 이렇게만 말하면 우리는 실제의 중세적 삶의 중요한 국면들을 간과하게 된다. 고대 후기의 교의 발전이 상대적으로 견고한 신앙 명제들을 생산하고 권위적으로 중세 사유에 울타리를 만들어 주었다는 것은 물론 사실이다. 그런 한에서 중세 철학이 고대 철학의 발생 배경과는 분명하게 구별되는 조건 속에서 태동했다는 점은 틀림이 없다. 하지만 철학의 영향을 받은 해석 작업의 여파로 나온 교의적 형식들은 중세 초기에 사유할 거리들을 제공하기도 했던 것이다. 어떤 철학적 전제를 사용하느냐에 따라, 어떤 철학적 관점을 채택하느냐에 따라 교의는 여러 가지로 해석될 수 있었다. 중세의 다양한 신학은 성경과 신앙 고백을 해명하는 철학적 근본 명제들의 다원주의로부터 탄생했다. 그리스도교적 체계 구상의 다양성은 중세 사회의 다양성에 상응했다. 그래서 특정한 종교 집단이나 사회 집단이 그리스도교의 해명 안에서 자기 자신을 되찾는 부분이 있고 그렇지 않은 부분도 있다.

이러한 사회적 집단화에는 원인이 되는 역사적 상황이 있다. 또한 세계 이해의 다양성도 세상을 바라보는 각 인간 주체의 삶의 현실의 다양성으로부터 기인한다. 중세의 그리스도교는 아직은 트리엔트 공의회 이후의 가톨릭주의처럼 통일된 종교가 아니었다. 예를 들어 중세 사회에 매우 중요했던 전례는 8세기에 본질적으로 변했다. 신자의 개별 고해가 도입되었고 속죄 예식서에는 다양한 죄목에 대한 가격표가 붙었다. 공동체는 존재 이유를 상실했다. 성당을 지으면 지을수록 성직자는 신자들과 더 멀어졌으며, 성당에서는 성찬례의 영성보다는 요술적 의미가 부각되었다. 그 후로 신자들이 양형영성체(兩形領聖體, Communio sub utraque specie)를 할 수 있는 기회는—15세기에는 후스 전쟁의 결과로 말미암아—급격히 줄어들었다. 영성의 변화는 철학적·신학적 지식의 역할 변화로 이어졌다. 다른 한편으로 철학적 사유는 일상에서의 종교적 삶의 형태의 다양성에 깊이 관여하게 되었다. 철학은 그 고유한 해석을 통해 그리스도교적 종말론 신앙을 강화하기도 제거하기도 했으며, 『구약성경』과 묵시록에 대한 관심을 「요한복음」에 대한 관심으로 옮겨 놓기도 했다.

아우구스티누스, 토마스 아퀴나스, 윌리엄 오컴, 마이스터 에크하르트는 모두 "한 처음에 말씀이 계셨다"라는 성경 구절을 서로 다른 철학적 도구를 가지고 제각기 다른 관점으로 읽었다. 이들은 그리스도교라는 종교에만 의존하지 않고 전승된 신앙 명제들이 변화된 역사적 상황에 맞게, 또한 다양한 사람에게 수용될 수 있게 고유한 철학적 작업을 수행함으로써 그리스도교 자체를 수정했다. 그러니까 권위석으로 굳어진 단일한 그리스도교가 철학적 다원성을 허용하고 고대의 대지주에서 중세 후기의 일용 노동자, 11세기 독일의 선제후 주교, 13세기 아시시(Assisi)의 양모 상인들에 이르기까지 무수히 많은 집단과 계층에 수용되도록 철학을 사회의 기본 조건으로 정립했던 것이다. 조금의 변화도 허용하지 못할 정도로 완고한 제도는 삶의 기초로서 적합하지 않았다. 철학은 그 풍부함을 마음껏 펼칠 수 있는 기회를 얻었다. 철학의 다양성을 인정해야만 공식적으로 유효한 통일된 '사도신경'이 수많은 상이한 현실에 적절하게 적용될 수 있었다.

중세에는 그리스도교 철학이 여럿 있었다. 분화된 역사적·사회적 집단들이 각자의 정체성을 신에 대한 관념과 그리스도와 성인들에 대한 이해를 통해 정립하려 했기 때문이다. 사람들은 '그리스도교적인' 것을 손으로 꼽을 만큼의 교의 명제들로 규정하는 대신에, 엄선된 권위적 텍스트를 가지고 이해하기를 원했다. 철학하는 그리스도교인들은 심지어 사제들과 수도자들마저도, 그 누구도 그리스도교적 철학을 기획해야 한다는 명시적 의무를 가지고 있지 않았다. 그들은 당연하게도 주어진 그리스도교 문명 안에서 고대와—나중에는—아랍 철학의 풍성한 유산을 함께 나누고 싶었을 뿐이다. 그리스도교의 고유한 문체 개발은 이 종교의 삶의 의미에 문제를 제기하는 사람이 아무도 없었기 때문에 자연스럽게 관심 밖으로 밀려났다. 그보다는 문화적으로 우월한 고대와 아랍 지방의 철학을 수용해야 한다는 긴급한 요청에 대응하는 일이 우선이었다. 고대와 아랍인들이 중세보다 훨씬 뛰어난 의술을 보유하고 방대한 자연과학적 지식을 가지고 있었다는 점에 대해서는 의심의 여지가 없었기 때문이다.

이 과정에서 사람들은 고대와 아랍 철학이 성경과 교부들이 전혀 관심을 보이지 않은 분야에서 문제를 제기하고 논의를 진행시켰다는 사실을 알게 되었다. 논리학이 바로 그 대표적인 예가 될 수 있는데, 사실 논리학은 11세기 초반 주교좌 성당과 수도원 도서관에 보관된 엄청난 양의 책들 때문에 중세인들에게 생소한 분야는 절대로 아니었다. 논리학은 그 위상과 존재의 자율성이 중세에 단 한 번도 문제시된 적이 없는 학문이다. 사람들은 고작해야 우리가 고백하는 신앙에 어느 정도까지 논리학을 적용할 수 있는가라는 문제로만 겨우 제동을 걸었을 뿐이다. 성경의 문화적 맥락과 그리스-아랍의 학문은—서로 충돌하는 부분이 아주 없지는 않지만—고유한 세계관을 제각기 병렬적으로 구성하고 해명하려 시도한다는 점에서 서로가 서로와 다르고 구별된다는 점을 입증하는 데에는 성공했다. 이제 사람들은 앎에도 두 가지 길이 있다는 사실을 인정해야 했다. 신앙을 통해 알게 된 것과 '자연 이성'의 덕택으로 인식하게 된 것을 서로 구별하게 되었다. 사람들은 '자연 이성'이란 것을 일단은 고대와 아랍 문헌에 기초해 규정했다. 이로써 그리스도교적 철학이 다양해질 수 있는 가능성은 전보다 배로 커졌다. 사람들은 서로 상이한 두 개의 전통을 조화롭게 결합하거나 대조하는 일에 관심을 가졌다. 물론, 이러한 작업은 역사적으로 그다지 의미 있는 일은 아닐 것이다. 사람들은 단지 이 두 개의 사상 전통의 일치 유형을 '그리스도교적 철학'이라 부르고 싶었을 뿐이다. 토마스 아퀴나스의 해결 방식이 바로 그 예가 될 수 있으며, 윌리엄 오컴도 토마스의 사례와 대등하게 놓일 수 있다. 우리가 그리스 철학이나 아랍 철학이라는 말을 하는 것처럼 '그리스도교 철학'이라는 말을 쓰는 것도 확실히 근거가 있어 보인다. 하지만 이런 표현은 단지 기술적으로만 쓰여야지 너무 규범적으로 사용되어서는 안 된다. 즉 어떤 특정한 철학을 그 아닌 다른 철학들과 비교해 상대적으로 더 '그리스도교적인' 것으로 표창하고 드러내기 위한 목적으로 쓰여서는 안 된다. 그러므로 데카르트, 파스칼, 라이프니츠(Leibniz), 칸트와 헤겔을 '그리스도교적 철학자' 목록에서 배제해 그리스도교 철학의 역사를 중세 시대로만 한정하는 것은 매우 적절치 못한 처사이다. 만일 이들 철학자의 '그리스도교적 특성'이 중세 철학자들의 그것보다 약하거나 다른 종류라고 생각된다면, 독자들은 그리스도교적인 것을 제도권 교회와 관련된 그 무엇인가와 동일하게 놓고 있을 것이다. 그렇다면 독자들은 에리우게나와 투르의 베렝가르, 피오레의 조아키노(Gioacchino da Fiore)와 윌리엄 오컴처럼 제도화된 교회의 입장으로 교환되지 않는 사상을 주장한 철학자들이 있다는 점을 간과하고 있는 것이다. 하지만 중세에는 어쨌든 철학자들의 철학 스타일의 상이함이 국가적 차이로 환원되는 경우가 거의 없기 때문에, 서구 유럽에서의 그리스와 아랍 철학의 발전을 그 전거들로부터 굳이 구별하고 싶다면 '그리스도교적 철학'이라는 말을 사용하는 것이 불가능하지는 않을 것이다. 그래도 다음의 세 가지는 분명히 인지하고 있어야 한다.

— 중세에는 '그리스도교적' 철학만 있었던 것이 아니다. 중세에는 유

대 철학과 아랍 철학이 함께 있었다. 그리고 중세에 전해진 고대 철학의 문헌에는 명확한 구획이 설정되어 있었다. 키케로와 세네카가 바로 그러하며, 논리학 저작과 플리니우스의 자연 대백과도 여기에 포함된다.
— '그리스도교적' 철학은 중세에만 있지 않다.
— '그리스도교적' 철학들 중에는 서로 대립하는 철학들이 굉장히 많다.

여기서 우리는 다음과 같은 사실을 알 수 있다. 즉 중세 안에서 그리스도교적 철학만을 보려는 사람은, 그리고 다수의 그리스도교적 철학을 조금 더 유별나게 그리스도교적인 단 하나의 철학으로 일반화하는 사람은, 또한 거기다 이 유별난 그리스도교적 철학을 신과 세계를 철저히 분리한 철학이라느니 모든 피조물은 창조된 것과 그 현존 사이에 실재적 차이가 있고 이 차이는 창조주 신에게는 해당되지 않는다는 이유를 들어 범신론적 철학은 아니라느니 운운하면서 편협한 관점에서만 바라보는 사람은 벌써 환원 절차를 수차례 시행하고 있다고 말이다.[1] 사태의 본질과 그것의 존재 현실을 — 이른바 — 실재적으로 구별하는 이 이론에 반대하는 철학 이론이 결코 없지 않다. 또한 이 이론의 사상적 원천이 되는 전거가 무엇인지 역사적 질문을 던질 수도 있다. 하지만 이 모든 사정을 도외시하더라도 그리스도교적 철학의 그리스도교적인 것에 대한 이러한 기획의 추상적이고 반(反)역사적인 특성은 부정할 수 없다. 여기서는 아우구스티누스조차 그리스도교적 철학자로 간주되지 않을 정도로 그리스도교적인 것에 대한 판단 기준이 너무 좁게 설정되어 있다.

그리스도교적인 것에 대한 이런 식의 판단 범주가 성경 어디에 근거해 제시된 것인가라는 문제도 제기될 수 있다. 하느님이 친히 하신 말씀으로서 『구약성경』에 실려 있는 "나는 있는 나다"(탈출 3:14)라는 문장은 그리스도교의 신 개념을 정의하지 못한다. 또한 이 문장이 적절하게 번역된 문장이 맞는지도 의심스럽다. 결국, 1304년 사람들은 그리스도교의 '신'이 누구인지는 저「탈출기」의 구절로 해명된다는 입장에 반기를 들기 시작했다. 마이스터 에크하르트는 복음사가가 "한 처음에 말씀이 계셨다"라고 썼지 "한 처음에 존재가 있었다"라고는 쓰지 않았다는 사실에 주의를 환기했다. 말씀은 본질적으로 지성에 관계하고 있기 때문이라는 것이 그의 주장의 요지이다.[2] 그리스도교적 체험의 적절한 철학적 서술이 이미 중세에 있었다는 역사적 증거가 바로 여기 있다. 이렇게 해서 철학의 그리스도교적 특성을 판단하는 범주의 역사성에 대해 질문을 던질 수 있는 근거가 마련된다.

더러는 여러 철학의 '그리스도교적' 특성을 규명하는 이러한 논의에 대해 쓸모없는 일이라고 비판할 수도 있다. 이 논의는 원래 교의적 검열의 필요성 때문에 생겨났다. 그렇지만 중세의 철학 사상들을 키워 낸 종교적 환경이 그 사상들과 일방적으로만 이어져 있었다는 뜻은 아니다. 그리스도교 철학의 다양성을 거슬러 그리스도교적인 것의 반역사적 정경을 확립하려 할 때, 또 중세의 철학들이 종교적 체험을 언어적으로 표현한 방식에 대해 탐구하기를 그쳤을 때, 사람들은 중대한 역사적 통찰을 저해했다. 민족 대이동의 시대를 거쳐 형성된 중세 세계의 조건 속에서 역사적 집단들은 특별히 종교적 체험과 그 체험의 개념적 서술을 통해 자기 정체성을 찾았기 때문이다. 사유하는 개별 인간의 삶과 행위를 자세히 보고하면서 정작 개인과 집단이 자신들이 쓴 철학 작품을 통해 스스로를 얼마나 어떻게 이해하고 있었는지에 대해 질문하지 않는 중세 철학 서술은 중세 철학에 대한 공허한 고찰일 것이다. 구체적 사례를 들면 이렇게 말할 수 있다. 마이스터 에크하르트가 신을 오직 또는 일차적으로 정적 존재로 정의하는 것을 불충분하게 여기고 신을 정신과 말씀이라 이해하기를 원했다면, 즉 인간의 지성(이것은 부연 설명이 필요한 개념이다)과 관련해 신을 규정하고자 했다면, 그는 14세기 초반에 파리나 쾰른에서 있었을 법한 — 그러니까 농경 사회로 강하게 특징지어지는 9세기의 것은 아닌—인간적 자의식을 표현하고 있다. 1300년대 도시에서 생활하는 주민들은 자비로운 주인을 섬기기를 거부했다. 도시인들은 자기의 삶을 자기가 규정하기를 원했던 사람들이다. 그들은 근거 짓는 방법을 알고 싶었으며, 9세기 궁정 관료들과는 다른 신을 필요로 했다.

종교로 각인된 시대에 신에 대한 관념을 바꾸게 되면 사유의 틀 또한 대대적으로 변화를 겪게 된다. 모순이라든지 제한된 적용 가능성을 항상 염두에 두어야 한다. 예를 들어 새로운 사고로부터 당장 모든 정치적 결과를 도출해 내는 것이 쉽지 않을 수 있다. 중세의 이론적 혁신이 신 개념이나 유대교와 그리스도교, 이슬람의 자기 정체성에 변화를 일으켰다고 하자. 만일 그것을 '신학' 내부에서 일어난 혁신으로 분석한다면, 우리는 그 변화 과정을 매우 부적절하게 기술하게 된다. '신학'이라는 학문 분과 또한 중세 안에서도 시간이 흐르면서 다양하고 광범위한 전제들 위에서 형성되었으며, 1200년경 인문학부의 전문 지식과 제도적으로 분리된 이후로는 최근까지도 특징적 차별화를 이룩하지 못했다. 이러한 이유에서, 그리고 무엇보다도 각각의 종교를 새롭게 해석하는 일은 삶 전체에 새로운 의미를 부여하는 것을 뜻했다. 종교에 대한 새로운 해석은 새로운 전례 형식의 도입, 도시 건설과 확장, 그리고 건축 양식의 변화를 이끌어 내면서 사람들의 일상에 서서히 개입하기 시작했다. 또한 중세 초기의 농업 중심적 봉건 사회의 사람들과는 극명하게 구별되는 새로운 의식을 도시인들에게 심어 줌으로써 객관적 변화를 추상적 이론으로 표현하기도 했다. 각각의 종교를 새롭게 서술하는 일이 없었다면 중세 안에서 근본적이고 역사적인 변위는 불가능했을 것이다. 중세 세계를 이해하기 위한 이러한 성격의 논쟁들은 신학자들의 말싸움이 아니며, 거시적 관점에서 역사를 볼 때 필요한 지표들을 설정하는 데 기여한다. 중세 시대의 철학이 실질적으로 어떤 영향을 얼마나 끼쳤는가라는 것은 그리스도교적 특징의 해명에 대한 거대 담론을 심도 있게 분석할 때에만 측정할 수 있다.

이웃 사랑, 사유 재산의 포기, 종말에 대한 기대와 재림의 연기, 우주론적 위계를 무너뜨리는 육화 사건의 그리스도교적 체험이 언제 어떻게 이론화되었는지는 철학적으로도 충분히 관심이 가는 내용들이다. 일단 이것은 사태를 복잡하게 만드는 것을 뜻한다. 중세 철학의 역사에서 신학의 역사를 분리하는 쪽이 차라리 더 쉬울 것이다. 하지만 그렇게 하면 우리는 반역사적 철학 개념을 가지고 역사 속의 실제 사건들에 폭력을 가하게 되고 만다. 사람들은 철학을 중세적 삶의 조건들에서 분리한다. 철학을 그것이 최우선적으로 적용되어야 하는 영역에서 오히려 떼어 낸다. 그리고 거기서 추출한 결과들을 역사성으로 '더럽혀지지 않은' 정제된 표본으로 가공하는 것이다. 그러나 그리스도교적 자의식의 주요 격변들에 철학적 발전이 선행하거나 적어도 그 안에 내재하는 형태로 계속해서 영향력을 발휘해 왔다는 점은 부정할 수 없다. 이러한 양상은 2세기 이후부터 전개된 세계의 종말과 기다림에 대한 연대기적 해석과 아우구스티누스의 은총론, 하늘과 땅과 교회의 위계에 대한 디오니시우스 아레오파기타의 이론에서 어렵지 않게 확인할 수 있으며, 그 외에 9세기의 예정설 논쟁, 11세기의 성찬례 논쟁, 이른바 '독일 신비주의'의 태동과 발전, 마르틴 루터(Martin Luther)의 의화론(義化論)의 경우에도 마찬가지이다. 물론, 대표적으로 아우구스티누스나 루터가 그랬듯이, 이러한 혁신들이 성경에서 직접 발굴해 낸 것처럼 보이는 곳이 있기는 하다. 하지만 그 성경 구절들은 이미 사람들에게 익히 알려져 있었고 여러 세대에 걸쳐 해명해 온 구절들이며, 단지 인간의 자기 이해의 특수한 발전 국면에서만 강한 전염력을 형성해 전파될 수 있었던 것이다.

제7장
라틴어

　민족 대이동의 영향으로 유럽의 정치권력 중심은 지중해에서 북방과 서방으로 옮아갔다. 8세기 초반에 가서야 사람들은 안정을 찾기 시작했는데, 이 당시 유럽의 모습은 언어적 측면에서도 근본적 변화를 겪었다. 침략자들은 로마 제국의 관료 체계도 해체하고 라틴어의 독재도 무너뜨렸다. 그렇다고 해서 고트족과 프랑크족, 랑고바르드족이 썼던 언어가 라틴어를 대체한 것은 아니다. 고대 후기의 국가가 붕괴할 때, 서방 교회는 자신의 라틴어적 정체성을 더욱 확고히 했다. 슬라브족 지역과는 다르게 이곳에서는 대중 언어가 전례에 사용되지 않았다. 새로운 언어들은 행정 언어로 기능하기에는 역부족이었다. 이주민들이 민족적으로는 매우 다양하면서도 그들 각각이 거의 항상 소수 집단이었다는 점은 분명한 방해 요소였다. 이들이 대체로 로마적 생활 관습을 기꺼이 받아들이고 라틴어로 된 명예 칭호를 존중했다는 사실은 하등의 도움도 되지 않았다. 그 결과 이후 수세기 동안 저술 활동의 성격을 규정하는 조건이 되었던 언어상의 이원 체계가 형성되었다. 800년 이후 철학자들의 저서들 중에는 사실상 저자의 모국어로 쓰인 작품이 전혀 없다고 해도 무방하다. 고대 후기 그리스도교 저술가들과의 결정적 차이점이 바로 여기에 있다. 아우구스티누스의 어머니는 태생적으로 페니키아어를 썼고 라틴어를 하지 않았지만, 정작 아우구스티누스 자신에게는 라틴어가 일상 언어였다. 명망 있는 로마 귀족 가문 출신인 보에티우스도 라틴어로 말하고 쓰는 것을 지극히 당연하게 여겼다. 카롤루스 시대의 저술가들의 경우에는 상황이 다르다. 그들은 이후 모든 철학자가 그랬던 것처럼 인위적으로 습득한 교양 언어로 소통해야 했다.

일단 이것은 주관적이고 직접적인 자기표현 가능성의 손실을 의미했다. 게오르크 크리스토프 리히텐베르크(Georg Christoph Lichtenberg)의 잠언과 프리드리히 니체(Friedrich Nietzsche)의 1880년대 유고집 단편 같은 텍스트는 중세에는 순전히 언어적 이유만으로 불가능했다고 보면 된다. 하지만 중세뿐만 아니라 고대에도 그런 것은 없었다. 사람들이 자기 사유를 표현할 수 있는 유일한 언어였던 라틴어는 보편적 문법 체계를 가지고 있었다. 그렇다고 라틴어의 완고함을 너무 과장해서는 안 된다. 그 누구도 '모국어'로 글을 쓰지 않았으므로 1500년대 이전의 저술가들은 자기의 고유한 사상을 조금도 자유롭게 표현하지 못했다는 신고전주의자들의 주장은 명백한 오류이다. 그들의 주장을 반박하는 증거가 실제로 있다. 라틴어는 수도원과 학교, 대학과 각부 관청에서는 거의 일상 언어처럼 통용되었기 때문이다. 그리고 1300년까지 배타적으로 라틴어만 사용할 수 있었다는 사실 그 자체가 바로 이 언어가 충분히 주관적 체험을 기술할 수 있을 정도로 유연했다는 것을 증명한다. 11세기를 보자. 캔터베리의 안셀무스는 자기가 드린 기도를 글로 남길 줄 알았다. 12세기에는 『보이에른 시가집』(*Carmina Burana*)처럼 라틴어로 쓰인 방랑 시인들의 노래가 있었다. 모두가 라틴어를 쓰도록 강요받았기 때문에 라틴어는 변형을 일으켰다. 가장 큰 변화는 문장론과 중세 라틴 운문에서 일어났으며, 고대에는 없었던 각운에서도 변화가 생겼다.

유럽 각국의 고유한 언어가 막 생겨나던 시기에 라틴어는 홀로 초국가적 소통을 가능케 하는 공용어로서 두각을 드러냈다. 교회와 대학, 제국과 같이 국경을 초월하는 기관들은 자연스레 라틴어에 관심을 가지지 않을 수 없었으며, 라틴어 덕택에 어느 정도까지는 통일적 유럽 문화를 구축하는 데에도 성공했다. 18세기 이후 단일 국가와 언어권 안으로 국한되었던 철학적 토론도 중세에는 라틴어 덕분에 국제적 차원에서 이루어졌다. 중세에 살았던 사상가들의 이력을 보면, 그들이 나라와 나라를 자유롭게 넘나들면서 활동할 수 있었던 근거가 바로 저 국제적 공용어에 있었다는 사실을 알 수 있다. 우리는 롬바르드 사람인 아오스타(Aosta)의 안셀무스를 노르망디 지방 베크(Bec)에서도 보고 캔터베리에서도 만난다. 남부 이탈리아 출신인 토마스 아퀴나스는 쾰른과 오르비에토를 다녀갔으며 파리에도 여러 번 체류했다.

독자들 중에는 '중세' 시대를 시간적으로 구획 설정하는 것이 사실상 실용적 차원에서 제기되는 문제가 아니냐고 반문할 사람이 있을지도 모른다. 하지만 그러한 반론은 우리가 지금 전제하고 있는 중세 철학의 언어적 조건이라는 관점에서는 부분적으로만 타당하다. 고대 후기의 그리스도교 저술가들은—아우구스티누스와 보에티우스 같이—이러한 관점에서는 후대 사상가들과 다른 상황에 처해 있었다. 그들은 그래도 고대인이었기 때문이다. 철학적으로 언급할 가치가 있는 작품들은 9세기부터 등장하므로, 언어적 기본 조건으로만 말하자면 우리는 중세의 시작을 카롤루스 왕조 시대로 잡을 필요가 있다.

문제로 삼을 만한 것은 중세가 끝나는 시점을 정하는 통상적 방법이다. 장 칼뱅(Jean Calvin)과 스페인의 미카엘 세르베투스(Servetus), 데카르트, 크리스티안 볼프(Christian Wolff)와 라이프니츠, 그리고 칸트와 초기 헤겔까지, 이들은 모두 라틴어로 철학 작품을 썼다. 하지만 근대의 사상가들이 중세의 사상가들과 사정이 같은 것은 아니다. 근대의 저술가들은 글을 쓸 때, 라틴어 말고도 충분히 다른 언어를 택할 수도 있었기 때문이다. 근대 철학자들은 두 개의 언어를 구사했으며, 라이프니츠는 세 개의 언어로 책을 썼다.

그런데 이러한 흐름의 단초들이 중세에도 이미 있었다. 철학 텍스트를 대중 언어로 번역한 사례가 있기 때문이다. 장크트갈렌의 노트케르 (Notker von St. Gallen, 950~1022)[1]는 유일하다고까지는 못해도 단연 가장 잘 알려진 번역가이다. 전문적인 학술 언어로서의 라틴어를 의도적으로 또한 성공적으로 대중 언어로 옮긴 사람들로는 1300년경 단테(『향연』)와 라이문두스 룰루스, 마이스터 에크하르트를 제시할 수 있다.

제8장
교육 체계

고대 후기에 이민족들은 서쪽 지방의 종교와 언어에도 들어왔지만 교육 체계 안에서 성장하기도 했다. 이 교육 체계는 중세 사유의 삶의 조건을 형성하면서 대체로 13세기 초반까지 별다른 변화 없이 존속했다. 수업은 수사학과 고전 강독을 중심으로 이루어졌다. 우리는 이 교육 체계 안에서 일곱 개의 '자유학예'(artes liberales)를 구별하는데, 사람들은 여기서 또다시 학문을 두 그룹으로 나눈다.

— 문법, 수사학, 변증술: 이 셋을 합쳐 3학(Trivium)이라 부른다.
— 산술, 기하학, 음악, 천문: 이 넷을 합쳐 4학(Quadrivium)이라 부른다.[1]

이 고대의 교육 체계 배경에는 형식에 대한 앎과 문학적 소양을 자연과학적 지식과 결합해야 한다는 요청이 깔려 있다. 그런데 여기서 사람들은 자연과학적 지식을 다소 편파적으로 이해했다. 생물학과 역학이 빠져 있기 때문이다. 그래서 본래의 의도와는 다르게 이미 고대 후기에 가서는 박물적 지식들을 수사학적으로 조합하거나 또는 원자적 요소로 취급하거나 도덕적 의미를 부여하는 경향이 생겨났다. 이러한 교육 방법으로는 그리스의 의사들과 지리학자들, 그리고 역사가들의 학문적 열정을 조금도 파악할 수 없었다. 하지만 로마의 고전 작가들과 역사가들도 피해자가 되기는 마찬가지였다. 그러므로 이 편협한 교육 과정이 형식적으로 자리 잡게 된 것은 7세기와 8세기 이후의 호의적이지 않은 수용 상황 때문이라고만은 할 수 없다. 유랑 민족들은 교육 체계가 이미 전통의 긴축화에 시달리고 있을 때에 고대의 교육을 접했던 것이다. 고대의 교육 체계는 윤리적·실천적 요구와의 연관성을 상실했으며, 몰락한 특권 계층의 한가로운 일상에 굉장히 느슨한 장신구로 전락했다. 400년경 이후로 수업 프로그램은 더이상 키케로와 퀸틸리아누스(Quintilianus)에게서 가져오지 않고 아프리카 출신 수사학자인 마르티아누스 카펠라(Martianus Capella)의 『문헌학과 메르쿠리우스의 혼인』(De nuptiis Philologiae et Mercurii)이라는 책을 따랐다.[2] 메르쿠리우스의 혼례에서는 일곱 명의 신부 들러리가 제각기 예물을 하나씩 들고 나타난다. 요컨대, 일곱 개의 예물은 '7자유학예'를 상징하는 것이다. 이 책에서 주목할 만한 것은 바로 '기예'(技藝, ars)라는 용어의 사용이다. '기예'는 여기서 거의 '학과' 또는 '교과'와 같은 의미로 쓰인다. '기예'가 가진 장인 정신과 수공업적·기술적 의미 연관은 전부 사라졌다. 이 단어 본래의 기술(技術)적 측면은 지금 제시되는 교육 체계의 알레고리적 수사학과 조화를 이루지 못했을 것이다. 고대 후기에 사람들은 벌써 무엇인가 웅장하고 환상적이고 경이로운 것을 찾기 시작했다. 지리학을 더는 프톨레마이오스(Ptolemaeos)나 스트라본(Strabon)을 가지고 공부하지 않았다. 플리니우스조차 율리우스 솔리누스(Julius Solinus, 3세기)[3]의 신비로운 지리학 뒤로 밀려났다. 동물학은 2세기경 알렉산드리아에서 유명하게 된 『피지올로구스』(Physiologus, 자연 상징 사전)[4]를 가지고 배웠다. 이 책은 5세기에 라틴어로 번역되었다. 역사적 지식과 관련해서는 5세기부터 로마의 고전 역사가들 대신에 아우구스티누스적 동기를 '통속적 호교론'[5]으로 변형한 오로시우스(Orosius)를 참고했다.

융통성 없는 고대 후기의 교육을 고유한 그리스도교적 확신으로 조정한 결과, 보에티우스와 9세기 사이의 시기를 성장시키지 못했던 문제들이 터져 나오게 되었다. 각각의 도시에 ― 특히 남부 갈리아 지방과 이탈리아의 ― 이러한 교육 체계를 따라 가르쳤던 교사들이 여전히 있었던 한에서, 그리스도교는 자주 부수적 요소나 외부에서 가해지는 교정 이상으로는 되지 않았다. 사람들은 두 개의 상이한 가치 체계를 다소 피상적으로 결합했다. 이러한 상황에서는 아우구스티누스의 급진적 원죄론과 은총론이 교육학 분야에까지 영향을 끼칠 수가 없었다. 후기 아우구스티누스는 『그리스도교 교양』(De doctrina christiana)에서 자유학예를 성경 해석의 필요성에 종속시킬 것을 요청한 바 있다. 문법을 가르칠 수는 있지만 이제는 성경을 읽기 위한 목적으로 가르쳐야 했던 것이다. 기본적인 수리 계산도 할 수 있었다. 하지만 자유학예의 각 과목이 성경에 구체적으로 어떻게 적용될 수 있는지에 대해서는 아무도 알지 못했다.

수도원 학교도 교육 체계 때문에 무거운 짐을 지게 되었다. 수도원 학교는 원칙상 꼭 필요한 것만을 가르쳐야 했다. 수도자적 삶의 운동은 큰 혼란 속에서, 근본적으로 교육이라는 것에 반기를 들면서 시작되었다. 누르시아의 베네딕투스(Benedictus de Nursia, †547)가 로마에서 받던 수업을 때려치우고 몬테카시노로 숨어들어간 것은 자기만의 학교를 세우기 위해서가 아니었다. 그는 '제대로 교육받지 못한 은수자'였다.[6] 대(大)교황 그레고리우스 1세(Gregorius I)는 『대화』(Dialogi)에서 그를 선전하면서 그가 공부와는 거리가 멀었다고 적고 있다. 그는 자기가 배우지 못했다는 사실을 물론 잘 알고 있었지만, 지혜에 대한 자기만의 방식으로 계속해서 무지한 상태로 남기를 원했기 때문이라는 것이다.[7] '수도 규칙서'에서 베네딕투스는 공부라든지 책과 관련된 것을 일절 말하지 않는다. '거룩한 독서'를 확립하기는 했으나 읽어야 할 것은 성경과 교부들이다. 중요한 것은 수도원에서 모두가 들을 수 있도록 큰 소리로 낭독하면 온 공동체가 그것을 경청해야 한다는 것이었다. 이러한 방식의 '독서'(lectio)를 베네딕투스는 묵상과 동등하게 가치 있는 것으로 보았다. 그의 동료 수사들은 교육받은 성직자가 아니라 평신도였다. 그 자신도 아마 사제는 아니었던 것 같다. 베네딕투스는 공동체의 형제들이 손노동을 통해 자급자족하면서 살기를 바랐다. 그러나 책을 쓰는 일에 대해서는 아무런 말도 없었다. 우리는 특히 8세기에서 12세기 사이에 몇몇 베네딕토회 수도원이 주도했던 문화적 기능을 수도회 창립자에게 돌려서는 안 되며, 모든 베네딕토회 수도원이 그랬다는 식으로 일반화해서도 안 된다. 각각의 베네딕토회 수도원에서 중세 초기의 매우 중요한 교육자들을 탄생시켰던 특정한 동기와 특정한 상황이 필요했다. 800년경 카롤루스 대제의 정치적 계획과의 결합은 그 대표적 발생 조건이다. 이때까지는 수도회와 문화의 연결 고리가 느슨했다. 책을 모아들이고, 필사본을 만들고, 성경과 이교 저술가들의 작품을 이해하고, 그 내용을 주해하는 과제는 한 세기가 넘는 시간을 거치면서 점차 베네딕토회의 고유한 작업이 되었다. 수도자가 아니었던 카시오도루스(Cassiodorus)와 베다, 앨퀸은 수도회를 교육 기관으로 만들었다. 하지만 적어도 이러한 노력을 통해 '세속적' 교과 학습에 조금이라도 열린 공간이 허용되었다고 한다면, 고대 후기 '자유학예'의 교육 체계는 항상 성경 공부에 대한 종속 관계를 벗어나지 못했다. 그리고 이 종속 관계는 문제가 전혀 없는 것도 아니었다.

제9장
도서관

중세 철학을 형성한 기본 조건에는 철학 사상가들이 사회적 구조 안에 통합된 상황도 포함된다. 보에티우스와 카시오도루스는 평신도였지만 대부분의 중세 철학자는 성직자이거나 수도자였다. 19세기 이후로 철학적 저술가들을 철학 텍스트의 저자로 보는 시선이 만연했는데, 이 견해는 수정될 필요가 있다. 이미 11세기에도 철학 텍스트를 생산하려면 개인적 결단과 뛰어난 능력이 있어야 했다. 캔터베리의 안셀무스는 글쓰기와 관련한 이러한 사정을 확실히 잘 알고 있었다. 그는 자기가 쓴 텍스트를 어떤 순서로 읽어야 하는지를 명확하게 규정했으며, 책의 사본을 뜨는 과정을 직접 감독했다. 하지만 9세기나 11세기의 저자를 우리는 그가 속했던 제도와의 긴밀한 연관성 속에서 바라보아야 한다. 중세 시대의 학자를 이야기할 때, 우리가 15세기와 16세기의 화가가 교회의 교사들을 그린 그림을 상상한다면 온통 책으로 둘러싸인 외딴 방 안에 앉아 있는 학자의 모습이 떠오를 것이다. 그러나 「서재에 있는 히에로니무스」 그림은 우리에게 중세 저술가들이 처해 있던 현실을 왜곡해 보여 준다. 그 장면은 적어도 1400년 이전 시대에는 절대로 들어맞지 않는다. 왜냐하면 15세기와 16세기의 화가가 재현한 학자들의 환경은 중세적 발전의 '결과'로 나타난 것이지 중세 초기에 있었던 상황은 아니기 때문이다. 물론, 보에티우스는 개인 소장 도서와 자기만의 서재를 가지고 있었다. 그러나 안셀무스의 생애를 저술한 에드머(Eadmer, 1060?~1126?)의 첨언을 내가 제대로 이해했다면, 안셀무스는 자기만의 침실도 독립된 서재도 가지고 있지 않았다. 적어도 그가 수도원장이 되기 전까지는 그렇다. 우리는 그가 소장하고 있던 책이 한 권도 없었다고 추정할 수 있다. 책이 필요하면 안셀무스는 그 당시 새로 설립된 노르망디의 베크(Bec) 수도원에 란프란쿠스가 구비해 놓은 도서관을 이용했을 것이다.

학자들의 제도적 기관에 대한 입장은 중세 시대에 계속해서 변했다. 중세 끝 무렵에는 커다란 개인 공간이 생겨났다. 학자의 개인 공간은 그가 소유한 장서들로 특징지어졌다. 그러나 같은 공간도 수도사와 재속 성직자, 일반 신자들 사이에는 차이가 있었다. 소유자에게 알맞게 제작된 쿠자누스의 방대한 도서관은, 따라서 중세 후기의 모든 저술가가 누릴 수 있었던 특권이 아니다. 그래도 그것은 중세 말기에 고유한 개별성이 어떻게 나타날 수 있었는지를 여실히 보여 주는 사례라 하겠다. 고대 후기와 보에티우스에게서 당연했던 상황이 여기서 — 도서관과 저술가의 외적인 작업 조건의 측면에서 — 유사한 형태로 반복해 생산되어 있다.

저자가 자기 이론을 형성하는 과정에서 책을 써내는 철학적 재능은 그가 전통에서 받은 것에 의해 규정되기도 한다. 데이비드 흄(David Hume)의 저서가 칸트를 '독단적 잠'에서 흔들어 깨우지 않았더라면 칸트의 비판철학은 등장하지 않았을 것이다. 마찬가지로 중세의 사상가들도 그들을 자극했던 책들이 무엇인지 알지 못하면 이해할 수 없게 된다. 소장된 도서들은 철학 이론이 형성되는 조건으로서는 고대와 근대보다 중세에 특히 더 의미가 컸을 것이다. 플라톤의 소크라테스도 그의 철학적 길을 소크라테스 이전 철학자들의 텍스트를 읽었던 경험을 가지고 만든 것이기는 하나, 고대 철학은 전반적으로 시대의 정치적 문제와 직접적 관계를 맺고 있었다. 근대 철학자들에게는 지리적 발견과 자연과학의 발견들, 종교 전쟁, 세계를 기술하는 수학적 방법, 그리고 고대와 똑같은 정치적 격변들을 통해 철학 문제들이 주어졌다. 중세 철학은 고대와 근대와 비교하면 책으로 더 많이 집중된 학문이었다. 여기에도 그럴 수밖에 없는 역사적 사정이 있다. 특정한 역사적 발전 단계에 도달했을 때—항상 그런 것은 아니지만—전승된 권위 있는 텍스트들이 결정적 문제에서 모순을 일으켰고, 이에 사람들은 의문을 제기했다. 중세 철학을 이끌어 간 본질적 원동력은 전승된 철학들을 한데 모아 통일적 관현악단을 만드는 일에서 나왔다. 지나간 시대의 위대한 텍스트들이 모순적으로 드러났다는 사실은 중세의 원초적 체험으로서 중세 철학의 기초를 이룬다. 중세 철학은 새로운 구조 건설 작업이 절실히 필요하다는 점을 확실히 인식하고 있었다. 그들은 세계를 해명했던 과거의 이론들이 긍정되기도 하고 동시에 부정될 수도 있다는 사실을 인정하지 않을 수 없었다. 그리고 이러한 사실은 중세인들에게 엄청난 충격이었다. 단지 철학자들의 머릿수를 줄인다고 해결될 수 있는 문제가 아니었다. 아무리 작고 덜 복잡한 사회라고 해도 의지가 없으면 신비적이고 사변적이고 종교적인, 또는 문학적인 자기 해석에 조금도 동의할 수 없는 것 같다. 고대와 근대에서보다 중세 시대에 책의 중요성이 더 컸다는 사실은 자연과 역사적 투쟁과 조우한 구체적 세계 경험이 중세 철학에 결여되어 있다는 뜻은 절대 아니다. 이러한 인상은 대체로 '인문학'적이거나 신학적인 중세 철학사 서술 경향 때문에 생겨난다. 그러나 중세에는 새로운 체험에 대한 개념적 해명이 대부분의 경우에 전승된 텍스트에 관계 짓거나 새로운 경험과 가치들을 가지고 전통을 재해석하는 작업으로 이루어져 있다. 이 작업 과정을 이해하려면 중세 철학자의 책상 위에 어떤 책들이 있었는지를 반드시 알아야 한다.[1]

여기서 잠시 중세인들이 읽었던 책의 외형을 살펴보도록 하겠다. 고대의 책들은 두루마리(volumina)였으며, 거의 대부분 파피루스로 만들어졌다. 중세 시대의 책은 대체로 양피지를 모아 철(綴)한 것으로 만들어졌다. 이러한 제본 기술에는 사람들이 여러 장을 반대로 들추어보고 텍스트 구절을 쉽게 비교해 볼 수 있게 해 준다는 큰 장점이 있다. 기본적으로 각각의 양피지 낱장에는 쪽수가 적혀 있지 않다. 사람들은 쪽수를 보고서 책의 특정 부분을 참고하는 것이 아니라 오직 단락 구분(예를 들어 제2권 제4장, 제1부 제2문 제3항 같이)을 통해서만 원하는 구절을 인용할 수 있었다. 이 때문에 텍스트를 더 작은 단위의 단락으로 세분화해 구분하는 경향이 심화되었다. 이러한 경향은 학문을 구성하는 특정 방법과 관계가 있었다. 어떤 텍스트를 학문적으로 가공하면서 그 텍스트에 아주 깔끔하게 정리된 목차를 싣고 싶은 사람이 있으면, 해당 텍스트의 단락 구분을 제시하는 일이 방법적으로 굉장히 중요하게 된다. 내용을 구분(divisio)하는 원리를 중세인들은 성경을 주해하거나 철학과 의학 텍스트를 주해할 때 적용했다.

중세 시대의 필사본에 대해 한마디만 덧붙이겠다. 파피루스는 중세에도 계속해서 쓰였다. 11세기까지도 증명서나 수여장은 파피루스로 만들었다. 하지만 필사본으로 쓰기에는 적절하지 않았다. 종이는 이미 오래전에 중국에서 발명되었으며, 이슬람화된 아랍인들이 사마르칸트(Samarkand)를 정복했을 때 아랍 문화권으로 들어오게 되었다. 종이는 이렇게 해서 시리아와 이집트를 거쳐 남부 이탈리아와 이슬람 제국 통치 아래의 스페인 지방에 전래되었다. 그다음 스페인에서는 프랑스로, 이탈리아를 통해서는 독일로 전파되었다. 유럽 최초의 제지 공방은 1276년 이탈리아 파브리아노(Fabriano)에서 가동되었다. 볼로냐(1293)와 파도바(1340) 같은 학문 중심 도시에 제지 공방이 생긴 것은 결코 우연이 아니다. 프랑스의 경우에는 1338년 트루아에, 독일은 1390년 뉘른베르크에 제지 공방이 처음 세워졌다.[2] 오래전부터 익히 알고 있었던 종이가 이제는 가까운 공방에서 저렴하게 생산되자, 종이는 책을 만드는 데 당장 사용되었다. 종이를 가공하는 새로운 기술 덕분에 사람들은 책 만드는 비용을 큰 폭으로 절감할 수 있었다. 그 결과 책의 생산량도 급격히 증가했다. 비싼 책 제작 비용 때문에 — 책 한 권에 보통 양 200마리가 필요하며 종종 그 이상이 되는 경우도 허다했다 — 중세에 아무리 가장 큰 도서관이라 해도 현대와 비교하면 절대로 그 규모가 클 수 없었다. 소장 도서가 일반적으로 몇백 권 정도였으며 많아야 1천 권을 넘지 않았다.[3] 그러므로 책 제작에 소용된 재료로만 보아도 아랍인들의 영향이 지대했던 셈이다. 서방 사회의 내부적 변화와 아랍 세계와의 교류가 서구적 교육 체계의 수정을 강요했을 때, 사람들은 아랍인들의 책을 따라 만듦으로써 책의 내구성을 향상시켰다.

새로이 설립된 대학의 학생들은 교과서를 필요로 했다. 책을 베껴 쓰는 작업은 이제 수사들만이 하는 일일 수 없었다. 도서관은 수도원과 대성당 학교에만 있지 않았고 필사본도 거기에서만 만들어지지 않았다. 이제 대학이 엄격히 검열하고 통제하는 필경사의 공방(寫字室, Scriptorium)이 딸린 조그마한 서점이 대학 안에 생겨났다. 14세기와 15세기의 상황은 이전 시대와는 사뭇 달랐다. 중세 초기에는 도서관들 사이에 국제적 교류가 있었지만 상업화되지는 않았다. 이탈리아만 예외였다. 이탈리아에서의 책 생산과 분배는 로마 제국의 붕괴 속에서도 살아남았다. 누구든, 어디서든 책을 한 권 얻고 싶으면 반드시 필사본을 뜨거나 그와 유사한 것을 제작해야만 했다. 매우 제한적인 집단 안에서만 책에 대한 수요가 있었음에도 그 소비자들의 지적 교류는 국경을 넘나들면서 급속도로 활발하게 진행되었다. 클레르보의 베르나르(Bernard de Clairvaux)는 그의 적대자인 피에르 아벨라르가 쓴 저서들이 순식간에 사람들에게 퍼져 나가는 것을 보고 크게 탄식하지 않을 수 없었다. "아벨라르두스(피에르 아벨라르)의 책은 온 세상에 떠돌고 있다. …… 그의 책은 이 나라에서 저쪽 나라로 전해지고 이쪽 왕국에서 다른 민족에 전파되었다."[4]

이 문장은 — 베르나르가 의도한 수사학적 효과를 떼어놓고 보면 — 12세기의 특징을 잘 담아내고 있다. 몇 세기 전만 해도 세상은 조용히 흘러갔다. 그러나 타지역과의 교류에 대한 언급 없이 초기 중세 저술가들의 모습을 묘사해서는 안 된다. 베네딕토회 소속의 수사라는 사실에는 그 당사자가 수도회의 후원과 통제를 둘 다 받았다는 뜻이 담겨 있다. 그는 그가 소속된 수도회 내에서 배웠고 수도회를 통해 다른 지역과 교류를 가졌으며, 책도 수도원에 비치된 도서관을 통해서만 열람했다. 다른 한편으로는, 이미 언급했듯이, 초창기의 수도자는 교육과는 거리가 멀었고 심지어 교육에 반감을 가지기까지 했다. 세상의 지식을 거부하는 태도는 책의 소유를 거부하는 태도로 이어졌다. 그리고 이러한 반항은 계속해서 일어났다. 몇몇 개별 수도원의 경우에는 대수도원장(Abbas)이 특정한 문화적 전통을 창조하기도 했다. 수도회를 학문의 보물 창고로 만든 사람은 베네딕투스가 아니었다. 정계에서 물러나(538) 칼라브리아에 비바리움(Vivarium) 수도원을 세웠던(555) 카시오도루스(†580 이후)는 오랫동안 고립된 곳에서 살았다. 어쩌면 정작 카시오도루스 자신은 수사가 아니었을지도 모른다. 그의 정신세계는 수도자적 정신세계와는 다른 점이 많았다. 카시오도루스가 비바리움 수도원을 세운 시기는 그가 교황 아가페투스 1세(Agapetus I)와 함께 공동으로 로마에 고등 교육 기관을 설립하려는 계획이 실패로 돌아간 다음이었다. 그는 보에티우스처럼 명망 있는 로마 귀족 가문 출생으로 박학한 역사가였으며, 보에티우스가 억울하게 죽임을 당한 이후에 공석이 된 국무대신 자리를 넘겨받았지만 양심의 거리낌이 조금도 없었던 인물이었다.

 카시오도루스는 사멸 위기에 처한 고대 유산을 보전해야 한다는 분명한 목표를 가지고 비바리움 수도원에 도서관을 만들었다. 그는 수사들을 위해 고대의 '자유학예'에 통합되는 수업 계획을 짰으며, 『시편 주해』(*Expositio in psalterium*)에서는 고대의 자연학과 수학적 지식을 많이 인용했다. 그는 열정적인 도서 수집가였다. 필경사의 공방을 따로 두었으며, 책의 사본을 만드는 일을 악마와 싸울 때 필승하는 방법으로까지 치켜세우기도 했다. 또한 서예와 서체, 그리고 구두법에도 관심을 가지고 연구했으며, 철자법에 대한 책을 직접 쓰기도 했다. 카시오도루스는 이렇게 이론적·실제적으로 중세 수도원 도서관의 기초를 닦았다. 그는 『경건한 학문과 세속 학문의 입문』(Institutiones divinarum et saecularium litterarum)[5]에서 도서관이 갖추어야 할 도서 목록을 제시하는데, 이에 따르면 도서관에는 성경과 신학 저서들—그 중에서도 아우구스티누스의 작품들이 가장 중요하다—외에 교회사, 천지학, 지질학, 고전 문학들이 구비되어 있어야 했다. 카시오도루스는 그리스어 서적을 본인이 직접 라틴어로 번역하기도 했다. 의학 서적도 라틴어로 번역되었다. 그는 수사들이 번역된 것을 통해서라도 그리스 의사들을 꼭 배워야 한다고 생각했다. 비바리움의 서가에는 호메로스(Homeros), 히포크라테스(Hippocrates), 갈레노스(Galenos), 플라톤, 아리스토텔레스, 에우클레이데스, 프톨레마이오스, 아르키메데스의 작품들도 꽂혀 있었으며, 라틴 저술가의 작품으로는 퀸투스 엔니우스(Quintus Ennius), 테렌티우스(Terentius), 루크레티우스(Lucretius), 바로, 키케로, 살루스티우스(Sallustius), 베르길리우스, 호라티우스(Horatius), 세네카, 플리니우스, 퀸틸리아누스, 마크로비우스(Macrobius)를 소장하고 있었다.[6] 비바리움의 필사본들 중에는 현재까지도 남아 있는 것들이 있다(레닌그라드 사본 Lat. Q. v.I 6). 카시오도루스가 세운 수도원과 그곳 장서들에 닥친 불행한 운명에 대해 우리는 자세히 알지 못한다. 아일랜드 수사인 콜룸바누스(Columbanus)가 612년 북부 이탈리아에 세우고 랑고바르드족 왕들이 화려하게 장식했던 보비오(Bobbio) 수도원의 도서관은, 소장 도서 목록으로 보자면, 비바리움과 상당히 유사하다. 그렇다고 해서 카시오도루스의 수도원 장서가 보비오로 이전되었다고 추정할 수는 없다.『입문』(Institutiones)은 보비오 수도원 소장의 도서 목록에 대한 정보를 얻기에 충분하며, 또한 다른 어디서 누군가가 새로운 도서관을 건립하고자 할 때 도서 자료와 장서 관리의 가이드 라인으로서 매우 적절하게 쓰일 수 있었다. 카시오도루스의 서적들은 로마의 라테란 도서관에서 새 안식처를 찾았다. 그 외 나머지 책들은 파비아, 밀라노, 라벤나, 베로나 같이 북부 이탈리아의 주교좌 도시로 옮겨졌다. 그 결과 이들 도시는 신전에 도서관을 두곤 했던 고대의 전통을 나름대로 이어가게 되었다. 보비오 수도원의 필경사의 공방은 7세기에 특별히 활발하게 가동되었다. 그곳의 필경사들은 10세기까지도 랑고바르드 스타일이 아닌 아일랜드 스타일의 서체를 사용했던 것 같다. 그러나 보비오의 사례는 고대 문화에 대한 수사들의 관심사를 너무 과대평가해서는 안 된다는 점 또한 말해 주고 있다. 그들은 교회 전례용 서적을 제작하는 과정에서 양피지가 부족해지면 — 아랍인들이 634년 이집트를 정복한 이후로 파피루스는 구하기가 어려워졌다 — 고전 서적들을 뜯어내 이미 있는 글을 지운 다음, 거기에 전례 텍스트를 덧쓰곤 했다. 19세기 사람들은 이런 식으로 재활용된 텍스트를 발견했는데, 여기에는 키케로의 『국가론』(De re publica) 같이 여전히 해독해야 하는 로마의 고전들이 포함되어 있다.

600년경의 '일반적인' 수도원은 문학에 딱히 관심이 없다시피 했다. 소장해야 할 서적은 성경과 전례서면 충분했다. 그리고 고전 문학은 단 한 권도 필요가 없었다. 한편, 평신도들 사이에서는 고대의 교육 전통의 잔재가 살아남아 계속해서 그 명맥을 유지하고 있었다. 6세기 중반 로마의 사제 에우기피우스(Eugippius)는 아우구스티누스 작품의 주요 구절을 모은 일종의 텍스트 선집을 만들었는데, 이때 그는 명망 있는 로마 가문의 귀부인인 프로바(Proba)가 소장한 도서들을 참고했다.[7] 590년경 투르의 그레고리오(Gregorio de Tours)는 노예들을 시켜 문학 텍스트를 낭독하고 베껴 책으로 만들게 했던 갈리아 지방 대지주들의 이야기를 전한다.[8] 그는 교양 있는 귀족들과 '철학하는 관리들'에 대해서는 경멸조로 말한다.[9]

같은 시기에 로마에서는 새로운 동기 부여가 있었다. 교황 그레고리우스 1세(590~604)의 작품들이 바로 그것이다. 로마의 귀족 집안 출신인 그는 원래 수도자의 삶을 살면서 일체의 세속적 지식을 멀리했던 사람이다. 교황 사절 자격으로 비잔티움 제국을 돌아다녔을 때 동방 교회의 신학, 특히 디오니시우스 아레오파기타의 신학을 접하는 기회를 얻었다. 하지만 그는 거기서 자신의 수도자적 삶의 가치와 부합하는 것만을 골라 수용했다. 구시대적 유물로 전락한 고대의 전통이라는 뜻에서 이론적 관심이라는 것은 그레고리우스에게는 없었다. 그리고 그에게서 그런 것을 요구하는 것은 역사학자의 과제가 아니다. 그는 기적 사화들을 보도하고 그것들에 도덕적 의미를 부여했다. 그는 공적인 자리에서 시를 낭송했다고 하여 빈(Wien)의 주교를 크게 힐책했다. 그레고리우스의 견해에 따르면, 자유학예는 오직 성경을 잘 이해하기 위한 목적에서만 공부할 필요가 있었다.[10] 수사들에게 「욥기」를 해설하면서 행했던 강론들을 모아 책으로 펴냄으로써(『욥기 주해』(Moralia in Hiob)) 수도자적 성경 주해의 모범을 만들었다. 사변적이고 철학적인 질문을 제기하지 않는 것이 그의 주해의 특징이다. 그는 수도자의 영적이고 윤리적인 삶에 대한 논의로 곧장 들어가며 고대의 관조 개념과의 관계를 끊어 버린다. 그는 이 주해서를 쓸 때 자유학예를 본보기로 삼지 않았으며, 이 책을 수도자적 삶의 목적을 완수하는 데 필요한 도구로 간주했다. 이 주해서는 중세의 독자들에게 반복적으로 계속 읽어야 하는 책들 가운데 하나였다. 자기 포기와 절제, 수도(修道)의 윤리, 기적에 대한 희망, 성인 공경 등, 이런 것들은 모두 그레고리우스가 만들어 낸 유산이다. 그는 아우구스티누스를 인용하지만 그의 문제의식은 공유하지 않는다. 그는 자기 눈앞에서 세상이 멸망하는 것을 직접 보았고 스스로가 세계 역사의 마지막 순간에 서 있다고 믿었다. 그는 하느님 진노의 심판대에서 한 명이라도 더 구원하기 위해 열정적으로 일했다. 그러나 추상적 이론을 장황하게 늘어놓는 것이 그가 거기서 사용한 방법은 아니었다. 그래서 그레고리우스는 아우구스티누스라는 수사와 그의 동료

40명에게 영국으로 가서 선교하라는 임무를 주었다. 이 아우구스티누스라는 수사는 로마를 떠날 때 다수의 책을 함께 챙겨 갔다. 그리고 이어지는 두 세기 동안 로마에서 영국 땅으로 계속해서 다른 책들이 운송되었다. 로마에서 실어 온 책들이 주로 모인 곳은 영국에서도 특히 요크(York)라는 도시였다. 이렇게 해서 생겨난 앵글로색슨 지방의 방대한 도서관은 윈프리드 보니파키우스(Wynfrid Bonifacius, †755)와도 밀접한 관련이 있다. 보니파키우스가 정치가, 교회의 고위 성직자, 선교사일 뿐만 아니라 도서 애호가이기도 했다는 사실을 그의 편지에서 확인할 수 있기 때문이다. 그는 마인츠와 잘츠부르크의 새 주교좌와 그가 세운 여러 수도원, 특히 풀다의 수도원에 도서관을 마련하기 위해 자기 고향인 영국에서 책을 실어 날랐다. 보니파키우스는 로마의 고전 문학은 알지 못했다. 하지만 문법에 대한 책을 한 권 집필했으니, 그가 자유학예에 관심을 가지고 있었다는 사실은 증명되었다고 볼 수 있다.

한 세대 다음에는 요크에서 앨퀸(†804)[11])이 교육받고 자랐다. 그는 자기 스승인 이셀베르트(Ethelbert)와 함께 서적들을 구하러 이탈리아로 여행을 떠났다. 781년 로마로 가는 길에 앨퀸은 파르마에서 카롤루스 대제를 만났는데, 여기서 그는 프랑스로 와 달라는 초대를 받게 된다. 그로부터 1년 후에 앨퀸은 한 무리의 제자를 이끌고 프랑스로 갔다. 그는 '카롤루스 왕조의 르네상스'라 불리는 것에 영감을 불어넣은 장본인이다. 카롤루스 르네상스는 보에티우스와 카시오도루스, 보비오 도서관을 재현한 아일랜드의 전통, 파비아와 밀라노, 라벤나와 베로나의 주교좌 도서관을 통해 이어지는 고대 후기의 역사적 연속성, 그리고 로마에서 요크로, 다시 요크에서 풀다로 계승된 장서 관리의 전통 모두에서 그 양분을 끌어왔다. 여기에 베로나 주교좌와 라이헤나우(Reichenau) 수도원 사이의 교류도 빼놓을 수 없다.

중세 초기의 도서관에 소장된 도서 목록들 가운데 일부는 복원이 가능하다. 몇몇 도서관의 경우에 장서들의 카탈로그가 완전히 보존되어 있으며, 종종 그 옛날 소장되어 있던 책들이 지금까지도 그대로 남아 있기도 하다. 대표적으로 볼펜뷔텔(Wolfenbüttel)의 아우구스트 공작 도서관 서가에는 엘자스(Elsass) 지방 비상부르(Wissembourg) 수도원에 있었던 필사본들의 대부분이 꽂혀 있으며, 장크트갈렌에는 보다 더 오래된 필사본들이 보관되어 있다.[12]

  카롤루스 왕조 시대의 보다 더 큰 도서관은 몇백 권의 필사본을 갖추고 있는데, 양적으로는 전례서가 가장 많다. 원래 도서관 사서라는 직책은 성가대 지휘자가 겸하는 자리였다. 이는 교회 전례에서 책이라는 것이 얼마나 중요했는지를 보여 주는 증거가 되겠다. 대부분의 책은 성경과 성경 주해를 내용으로 담고 있다. 그다음에는 성인전, 예를 들어 사막 교부들의 생애에 대한 전승이나 술피키우스 세베루스(Sulpicius Severus)가 저술한 『투르의 성(聖) 마르티노의 생애』(Vita Sancti Martini), 교황 그레고리우스 1세가 『대화』에서 묘사한 성(聖) 베네딕투스의 생애 같은 성인들 이야기가 뒤따른다. 일반적으로 모든 도서관은 교황 그레고리우스 1세의 작품과 암브로시우스, 아우구스티누스, 히에로니무스(Hieronymus) 같은 라틴 교회 교부들의 저작들을 소장하고 있었다. 아우구스티누스의 경우에 그의 전 작품이 있기보다는 그의 성경 주해와 『고백록』, 『신국론』 정도만이 구비되어 있었다. 그 외에 방대한 양의 인용집이나 작품 선집들(Florilegium)도 고려해야 한다. 보에티우스의 저작으로 『철학의 위안』은 어떠한 도서관에서도 빠지지 않았다. 하지만 그의 아리스토텔레스 주해서, 키케로 주해서, 수학과 음악에 대한 논고들은 남아 있는 경우가 거의 없다.

  디오니시우스 아레오파기타는 중세 도서관에서 매우 흥미로운 일을 겪었다. 827년 동로마 제국 황제는 루트비히 1세(Ludwig I, 또는 경건왕 루트비히)에게 — 현재까지도 남아 있는 — 그리스어로 된 디오니시우스 아레오파기타의 저작(파리 국립 도서관 소장, gr.437)을 선물로 주었다. 생-드니 수도원 원장인 힐두인(Hilduin)이 최초로 이 책을 다소 조야하게 번역했고(832~35), 나중에 카롤루스 2세(Carolus II, 또는 대머리왕 카롤루스)의 위임을 받은 요하네스 에리우게나가 양질의 라틴어로 다시 번역했다(860). 그러나 860년에서 1100년 사이에 디오니시우스의 저서에 어떤 일이 일어났는지 말하기는 쉽지 않다. 그의 작품은 12세기부터 활발하게 읽히기 시작했으며, 엄격한 기준을 가진 도서관의 기본 소장 도서 목록에 오른 것은 13세기부터였다.[13]

확실히 키케로와 세네카의 작품은 이와는 다른 사정에 처해 있었다. 두 사람의 저작은 학교 수업에서 사용되었다. 물론, 페리에르의 루프(Loup de Ferrières) 같은 이들은 수업과는 상관없이 키케로와 세네카를 읽기는 했다. 하지만 어쨌든 중세인들은 스토아 철학의 기본 개념을 라틴어 수업에서 배웠던 것이다. 세네카의 경우에 윤리적 내용을 담은 『서간집』(*Epistulae morales*)과 자연학 논고를 읽었다. 거기서 사람들은 신학과 독립적으로 수행되는 자연 탐구, 자율적인 윤리학과 대결하지 않을 수 없었다. 키케로의 작품은 잘 다듬어진 철학적 용어들을 제공했지만 수많은 고대 철학자에 대한 간접 보고도 싣고 있었다. 즉 키케로는 자신이 따르는 스토아학파와 회의주의 철학만 전해 준 것이 아니다. 중세 초기의 도서관에서는 어디서든지 「스키피오의 꿈」—키케로의 『국가론』에 실려 있다—에 대한 고대 후기의 주해서를 어렵지 않게 찾아볼 수 있었다. 이 주해서는 400년경 라틴 이교도인 마크로비우스가 키케로의 저서를 가지고 영혼과 수(數), 덕과 꿈, 별과 우주에 대한 신플라톤주의 이론을 소개하기 위해 쓴 책이다.[14]

중세 초기의 도서관에는 루피누스(Rufinus)가 라틴어로 번역한 오리게네스도 있었다. 오리게네스는 그리스도교를 신플라톤주의 철학과 접목하는 시도를 했었다. 그의 저작은 신플라톤주의로 각인된 중세 초기의 지적 환경을 구성하는 요소들 중에서 오늘날 크게 주목받지 못하는 부분을 담당하고 있다. 암브로시우스는 오리게네스의 사유에서 몇몇 원리를 수용했는데, 대표적인 것이 바로 성경의 우의적 해석 방법이다. 이 권위들에 의존해 요하네스 에리우게나는 물리적인 지옥의 형벌에 대한 논쟁을 할 수 있었다. 그리고 그 때문에 에리우게나는 13세기초에 단죄를 받게 되었다. 지옥불을 물리적이고 실재적인 불로 간주해야 한다는 입장은 그제서야 승리를 거두게 되었다. 이러한 전개에는 분명 사상사적 이유만이 있지는 않았을 것이다. 나는 이것이 전승사적 영향도 있지만 교회의 통치권이 막 흔들리기 시작하던 시기에 교회 권위의 자기주장의 제재를 받은 결과라고 본다.[15]

도서관이 처한 사정도 중세가 지나면서 계속해서 변했다. 주교좌 성당 도서관과 수도원 도서관이 더는 장서를 늘리지 않고 전례서를 축적하는 정도로 만족했다면, 대학과 탁발수도회는 양적으로나 질적으로나 대학 서적(성경 주해, 페르투스 롬바르두스의 명제집 주해서, 아리스토텔레스 주해서)과 설교집을 더 확충하기 위해 예산을 조정했다. 이들은 새로운 책을 사들이면서 1250년과 1500년 사이의 논쟁 양상을 역동적으로 그려 냈다. 13세기부터는 일반인 중에서도 방대한 양의 개인 서가를 소유하는 사람들도 생겨났는데, 대표적으로 나폴리의 왕인 앙주 가문의 로베르(Robert)를 들 수 있다. 14세기의 도서관 중에는 오늘날까지도 남아 있는 체세나(Cesena)의 말라테스티아나(Malatestiana)와 에르푸르트의 암플로니아나(Amploniana) 같이 철학적으로 흥미로운 의학 서적들을 보관한 도서관들도 있다. 시립 도서관도 같은 시대에 생겨났다. 메디치 가문은 개인 도서관을 일반 시민들이 자유로이 이용하고 열람할 수 있게 했다.

인쇄술의 발명은 1460년부터 도서관의 상황을 근본부터 바꾸어 놓기 시작했다. 책은 더 저렴해졌고 도서관의 규모는 더 커졌다. 자연학, 의학, 법학, 철학, 신학 전통은 중소 규모의 도서관에서도 완벽하게 손에 쥘 수 있었다. 이제는 굳이 제도적 기관(대학)과 소통하지 않고서도 책을 마음껏 읽을 수 있었다. 다양한 견해를 가지고 쉽게 토론에 참여할 수 있었으며, 누구든지 텍스트가 손상되고 부패된 곳을 당장 알아보고 독자적으로 교정할 수도 있었다. 인문주의 문헌학자들은 가장 중요한 서적들을 원어로도 읽을 수 있었다. 이는 성경 외에 아리스토텔레스에게도 해당되는 말이다. 알두스 마누티우스(Aldus Manutius)는 세기말 이전에 그리스어로 된 아리스토텔레스 저작을 1495년부터 베네치아에서 출판했다. 지속된 권위에 대한 새로운 모습과 전승의 다채로움에 대한 경험은, 특히 인쇄술이 이탈리아 인문주의자들의 교육열과 종교개혁가들의 신학을 온 유럽에 빠르게 퍼뜨린 이후로는, 전통에 대한 관계 자체를 변화시켰다.

  인쇄술은 문화적인 조직 전체를 통째로 바꾸어 놓았다. 철학도 인쇄술의 영향을 받았다. 인쇄술에 대해 이야기하자면 예전에는 주로 기존의 교육 기관으로부터의 독립, 즉 교회와 대학으로부터의 해방이라는 측면을 강조했다. 그러나 저자와 독자 모두 이제는 출판사와 서점, 유행과 대중과 여론, 그리고 검열이라는 것과의 종속 관계에 빠지게 되었다. 종교개혁이나 학문 안에서 대중 언어의 사용 같은 역사적 혁신들은 확실히 인쇄술의 발명 없이는 불가능했을 것이다. 그러나 금속 활자가 일으킨 역사적 전환을 세는 박자를 너무 빠른 템포로 맞춰서는 안 된다. 어찌 되었든 간에, 그전에도 수작업으로 책을 편찬했던 필경사의 공방이 크게 상업화되어 있었기 때문이다. 책 한 권을 펴낼 때 드는 비용은 어마어마했으며, 초기에는 발행 부수도 많지 않았다. 그래서 초창기의 출판업자는 주로 책 제목만으로도 확실한 수요를 보장할 수 있는 서적들, 즉 교과서, 라틴 고전, 교부 문헌, 성경, 법률과 의학 개론서, 대학 전문 서적으로서 철학과 신학의 권위들(아리스토텔레스, 페트루스 롬바르두스(Petrus Lombardus), 알베르투스, 토마스 아퀴나스, 보나벤투라(Bonaventura))에 비중을 두고 책을 펴내곤 했다. 종교개혁과 그에 대한 반동으로 일어난 또 다른 개혁으로 뒤숭숭했던 시대에 가서야, 그리고 도서 박람회가 생겨난 다음에서야 요하네스 구텐베르크(Johannes Gutenberg)의 발명 여파를 모두가 실감할 수 있었다. 하지만 1485년

제9장 도서관 **187**

3월 22일 마인츠의 대주교 베르톨트(Berthold)가 공포한 검열 훈령으로 인해 출판 검열 또한 엄격하게 시행되었다.[16]

II. 카롤루스 시대의 개혁

제10장
경제, 정치, 문화

중세 문명은 농업 경제를 기초로 세워졌다. 농사는 나무로 된 보습과 산업 시대 이전의 경작 방식을 이용한 원시적 형태로 행해졌다. 사람들의 일상은 거칠고 혹독한 자연과의 힘겨운 투쟁의 연속이었다. 삶에서 날씨가 가지는 의미는 오늘날과는 비교할 수 없을 정도로 컸다. 기후 변화로 말하자면, 8세기 중반에서 12세기 중반까지 평균 온도 편차가 섭씨 1도 이상으로 넘어간 적이 없었다는 증거가 있다. 그래서 경제적 성장과 정치적 통합에 유리한 환경이 조성될 수 있었다. 이 시기를 인구통계학적으로 추정하는 것은 어려운 일이다. 하지만 기원후 2세기 이후부터 두드러졌고 6세기 중반에 발생했던 전염병으로 가속된 인구 감소는 8세기에 들어오면서 그쳤다. 우리는 이 시대의 유럽 땅을 사람은 적고 온통 숲에 나무만 무성한 장면으로 떠올리면 되겠다. 발견된 유골을 분석해 보면, 이 시대 사람들이 대체로 영양실조를 겪었다는 사실을 알 수 있다. 거름이 없어 척박한 땅에서는 제대로 된 수확을 기대하기 어려웠고 기근도 규칙적으로 찾아왔다.

카롤루스 대제(†814)의 시대는 경제와 정치, 문화에서 새로운 시작이었다. 카롤루스의 교육 개혁과 앵글로색슨족 출신인 앨퀸의 조력에 대해서는 확실하게 이야기할 수 있다.[1]

하지만 카롤루스의 문화적 혁신은 다른 것들과의 관계 속에서 이해해야 한다. 요크 등지에서처럼 그때까지는 지역적 차원에서만 이루어 졌던 동기와 자극, 제도적 기관을 제국 전체로 조직적으로 확장한 것이 그 공헌이다. 앨퀸은 자신이 요크에서 가르쳤던 것을 아헨과 투르에서도 계속해서 가르쳤다. 프랑크족 영토의 문화적 상황은 조직적 측면에서 한 세기 이전의 앵글로색슨 지방의 문화를 점차적으로 닮아 갔다.

또한 800년경의 문화적 비상(飛上)은 정치적·경제적 측면에서도 볼 필요가 있다. 경작 방법이 개선되어 농업 생산량이 나아졌다. 황제가 부를 축적하자, 이어서 지역의 대지주들도 부유하게 되었다. 개간된 땅의 면적도 증가했다. 황제는 토지를 빌려주고 거기서 소출을 내게 했다. 시장이 형성되었다. 상거래의 규모가 커지자 그 중요성도 따라서 커졌다. 건물도 많이 지었다. 하지만 이제는 목재로만 짓지 않았다.

흩어져 있는 지역들을 하나로 모으려면 소수의 지배 계층을 동질화할 필요가 있었다. 이것은 오직 동일한 교육을 통해서만 성취할 수 있는 일이었다. 그래서 앨퀸은 카롤루스의 위임을 받아 학교를 세웠다. 그는 학교에서 고대 서적들의 사본을 만들게 한 다음, 그것을 가지고 미래의 행정 관료들을 교육했다. 그러한 과정에서 우리에게 '카롤루스 서체'로 알려진 소문자로 라틴어를 표기하는 방법을 도입함으로써 라틴어를 전파하는 데 크게 기여했다. 또한 필사본을 수집하고 텍스트를 다듬었으며, 통합된 7자유학예 전체를 교육 일선에서 실행에 옮겼다. 이제는 그저 문법만 가르칠 수 없었다. 종교 관료들과 세속 관리들을 모두 양성해야 했다. 이들은 문맹이나 다름없는 다수의 군중 위에 군림하는 극소수의 집단이었다. 매우 적은 수로 구성된 지배 계층은 '궁정'에 모여 있거나 또는 더 정확히 말해 언제나 사방팔방으로 길을 떠나는 황제를 따라다녔다. 하지만 그 파급 효과는 학교와 도서관 설립을 통해 더 멀리까지 나아갔다.

아인하르트(Einhart)는 젤리겐슈타트(Seligenstadt) 수도원에서 평신도의 신분으로 살았다. 카롤루스의 신하들이 대체로 성직자이거나 수사이기는 했지만, 그들은 수도자적 삶의 모습을 바꾸어 놓았다. 수도자의 새로운 형태는 제국과 관계가 있었다. 카롤루스를 둘러싼 무리들은 그리스도교 신앙의 조건과 역사적으로 새로운 상황 속에서 카롤루스 왕조를 고대 그리스도교 제국의 계승자로 내세우는 일을 중요한 과제로 여겼다. 즉 카롤루스 대제가 가진 권력은 거룩한 권력이며, 따라서 그가 교회까지 책임진다는 사실을 인정하도록 사람들이 그를 '새로운 콘스탄티누스'로 인정하도록 해야 했다. 그렇게 하려면 문화 정치가 필수적이었다. 문화 정치라는 것이 무엇인지는 비잔티움 제국으로 눈을 돌려보면 당장 알 수 있다. 사람들은 동로마 제국에서의 황제의 위엄과 그 문화의 강렬함을 알고 있었다. 그리스도교적인 고대 후기는 교회가 황제의 권력에 종속된 형태로 계속해서 살아 숨 쉬고 있었다. 이를 위해서는 현세를 거부하고 세상에서 도피하려는 수도자적 가치관을 억압해야 했다. 성경에서 근거를 찾고자 하면 『구약성경』을 펼치면 되었다. 예루살렘의 왕과 대사제들이 가장 대표적 사례가 될 것이다.[2] 『구약성경』의 본보기를 따라 제정된 왕의 축복과 서약식은 정치 구조에 종교적 의미를 부여했다. 『구약성경』의 사례를 통해 전례의 중요성이 새롭게 부각되었다. 사람들은 전례에서도 정치적 의미를 인식하기 시작했던 것이다. 전례는 엄격한 규정에 따라 통일적으로 거행되어야 했다. 전례의 보편화는 기초 교육을 전제로 했다. 기초 교육이라 하면 이미 고대의 라틴 문화권에 좋은 선례가 있었다. 이론적으로만 보자면, 사람들은 일단 7자유학예를 성경 해석의 도구로 조직적으로 활용했던 아우구스티누스의 기획을 따랐다. 내용적 측면에서 큰 변화는 이루어지지 않았지만, 고대 후기의 교육 체계는 사실상 새롭게 수용되었다.

  이 교육 체계의 도입은 800년경의 역사적·현실적 상황 속의 혼란의 도가니인 온갖 실제 관계들에 질서를 세우는 엄청난 노력이었다. 너무나도 말끔하게 정리된 그 교육 체계는 이 시대에는 그만큼 낯선 것이었다. 그것은 광범위한 제국을 다스리는 지배 계층을 단일화하는 데에 효과가 있어야 했다. 그러나 실제로 이 교육 체계는 궁정 예식이나 의전의 개발로만 이어지는 경향을 보였다. 사실, 황제는 사람들이 자기를 '다윗'이라 부르는 것을 매우 좋아했다. 아니면 민중의 실제적 필요에 덧붙여지는 학교 문화 정도로만 될 뿐이었다. 궁정 대신들과 성직자들의 기본 소양으로서는 지적·물질적 특권을 가진 배타적 사회 계층을 공고히 하는 경향을 낳았다(모든 신자는 십일조를 바칠 의무가 있었다). 우리가 일반적으로 사용하는 '카롤루스 르네상스'라는 말은 이러한 맥락에서는 상대적으로 이해해야 한다. 자유학예의 형식적 사유 구조를 그리스도교적 삶과 새로운 정치적 자기의식의 문제에 적용한 것이, 구체적으로 말하자면 황제에게 자문을 제공하는 일과 성경을 해석할 때, 그리고 수도자의 삶과 전례와 관련한 문제들에 적용한 것이 그들이 할 수 있었던 최대한의 노력이었다. 카롤루스의 명령으로 작성된 것으로 성화상 공경과 황제의 종교 정치에 대한 상세한 전문 소견을 담은 『카롤루스 법령집』(*Libri Carolini*)은 그러한 노력의 역사적 증거이다. 『카롤루스 법령집』은 최초의 정치철학적 공문이며, 고대 세계가 멸망한 이후에 유럽에 처음으로 등장한 예술 이론을 담고 있다.[3)]

카롤루스 제국의 많은 것이 그렇지만 『카롤루스 법령집』도 동로마 제국에 대한 강한 경쟁 의식 속에서 편찬되었다. 동로마와 서로마 사이에 일어난 성화상 논쟁에 황제가 깊이 개입했던 것도 다 제국의 권력에 대한 욕심 때문이었다. 왜냐하면 예술 작품이 전무하다시피 했던 프랑크 왕국은 이 논쟁에서 얻는 것이 딱히 없었기 때문이다. 성화(聖畵)가 종교적 계도의 목적으로만 허용되었지 공경의 대상은 아니었던 카롤루스의 왕국을 그리스도교의 정통을 계승하는 '합리적' 국가로서 인정받게 하는 것이 진정한 목표였다. 황제는 특정한 장소에만 현존할 수 있지만 하느님은 그런 분이 아니시다. 그렇다면 성화는 하느님의 참된 현존을 대체할 수 없으며, 따라서 성화는 공경해서는 안 된다.

아우구스티누스가 창조주와 피조물 사이에 파놓은 심연 위에 신의 자기 현현이라는 이름의 다리가 놓이지 않도록 막아야 했다. 신을 그린 그림도, 신과 같은 이 땅의 임금도 창조주와 피조물의 간극을 메꾸게 해 주는 계기가 되어서는 안 된다. 사실상 공리주의적으로 되어 버린 황제의 역할과 무미건조한 성화 감상은 그 결과였다. 성화와 실재적 사물과의 차이를 강조하고 황제가 가진 고유한 신의 모상성을 거부하면서 꿈을 통한 계시에 제재를 가한 『카롤루스 법령집』은 서구 유럽 합리주의의 인상 깊은 최초의 증거이다.

『카롤루스 법령집』은 그리스도교인들의 삶에서, 그리고 성경을 해석할 때 항상 이성적으로 접근해야 한다고 주장하는 정치-신학적 논고이다. 이러한 이유에서 이 책은 철학적 텍스트로서 연구할 가치가 매우 크다고 할 수 있다.[4]

제11장
요하네스 에리우게나

카롤루스 개혁의 문화 정치적 의미는 수세기가 지난 다음에야 비로소 분명하게 나타난다. 고전 작품들은 다시 모습을 드러냈고 텍스트 해석에 대한 흥미와 관심은 제도적으로 육성되었다. 깊이 있는 토론에 참여할 수 있는 청중도 있었다. 어딜 가나 볼 수 있는 모순들은 정당한 과제로 인식되었다. 이제 사람들은 다양한 전통 사이의 (더는 피상적 수준으로 그치지 않는) 내용적 연관성을 구하는 일에 착수했다. 그렇게 해서 등장한 중세 사유 최초의 거대한 논쟁은 신의 섭리와 예정을 두고 벌어졌다. 이 논쟁을 계기로 아우구스티누스 이후로 서구 라틴 문화권에서 가장 중요하게 된 이론적 총체가 형성되었다. 그것들은 요하네스 에리우게나(Johannes Eriugena, †880년경)라는 이름과 함께 서로 결합된다.[1]

예정설 논쟁: 고트샬크와 에리우게나

848년 10월, 마인츠의 주교 회의는 작센의 수도사인 고트샬크의 예정설 이론을 단죄했다.[2] 이것은 고트샬크와 주교 회의의 의장인 라바누스 마우루스 대주교 사이에 일어난 첫 번째 대립이 아니다. 고트샬크는 작센 지방의 귀족 출신으로 어렸을 적에 풀다 수도원에 봉헌자

(oblatus)로 살면서 위탁 교육을 받았다. 부모가 자식을 이런 식으로 수도원에 보내는 것은 12세기까지 널리 퍼져 있던 관례였다. 하지만 고트샬크는 이런 관습이 옳지 못하다고 생각했던 것 같다. 성인이 되었을 때, 그는 자기 삶은 스스로 결정하고 싶으니 자유롭게 해 달라고 청원하게 된다. 그 당시 풀다 수도원의 원장이 라바누스 마우루스였다. 829년 마인츠 주교 회의는 고트샬크의 탈회(脫會)를 허가했지만, 이 당시 라바누스는 그를 수도원에서 내보내지 않았다. 고트샬크는 계속 수사로 살아야 했다. 프랑켄 서쪽 지방에 위치한 오르베(Orbais) 수도원으로만 옮아갔을 뿐이다. 그는 주체적이고 자율적인 삶을 살겠다는 뜻을 굽히지 않았기 때문에 수도 공동체 내에서 끊임없이 충돌하고 대립을 일으킬 수밖에 없었다. 그러나 이론적 사상가로서는 개인의 자유로운 결정을 오히려 반대했다.

고트샬크는 『예정론』(De praedestinatione)[3])에서 선택받은 이들은 선으로, 단죄받은 이들은 영원한 고통으로 예정되어 있다는 이른바 이중(二重) 예정설을 주장한다. 고트샬크의 이중 예정설은 사실상 아우구스티누스 사상을 그대로 가져온 것인데, 그도 이러한 사실을 분명하게 말하고 있다. 고트샬크는 후기 아우구스티누스의 은총론을 날카롭게 다듬었다. 그는 조금도 주저하지 않고 하느님은 모든 인간이 구원되기를 원하지 않는다고 주장했다. 아우구스티누스도 똑같은 말을 했다. 카롤루스 시대의 주교들은 펠라기우스주의자가 아니었다. 하지만 아우구스티누스의 은총론에서 그런 극단적 결론을 끌어내는 것은 경계했다. 그들은 거기서 반대로 오히려 의지의 자유를 옹호했다. 의지의 자유를 정당화하지 않으면 자기들의 삶과 카롤루스 왕조의 문명은 설 자리를 잃어버릴 것 같았다.

아우구스티누스의 말을 인용하는 것은 고트샬크에게서 어려운 일이 아니었다. 그는 아우구스티누스 이론을 정식화한 세비야의 이시도루스도 근거로 제시했다. 이시도루스도 이렇게 말했다. "선택받은 이에게는 안식을 주고 단죄받은 이에게는 죽음을 내리는 이중적 예정이 있다."4)

마인츠의 라바누스 마우루스와 랭스(Reims)의 힝크마르 같이, 카롤루스 왕국의 두 번째 세대를 주도하는 주교들은 이시도루스를 권위로 인정하지 않았다. 이들은 아우구스티누스의 후기 사상에서 교회 정치적인 자기 정체성에 위협이 되는 결정론이 꿈틀거리고 있는 것을 보았기 때문이다. 아우구스티누스 안에 잠재된 운명론은 주교들이 원했던 것, 즉 그리스도교 윤리를 기초로 이루어진 교회 중심적 사회를 해체할 수 있었다. 또한 카롤루스 문화의 이념에 의문을 제기하고 은수자적 이상에 위협을 가했다. 주교단이 고트샬크를 단죄했던 것은 바로 이러한 이유에서이다. 고트샬크는 공적 자리에서 심한 고문을 받고 남은 생애를 감옥에서 보냈다. 그는 죽을 때까지 자기주장을 철회하지 않았다. 알베르트 하우크(Albert Hauck)는 그를 '중세 최초 아우구스티누스주의 순교자'라고 불렀다.5) 고트샬크를 단죄했던 주교들은 불경스러운 논쟁에서 하느님의 선하심과 정의로움을 구해 냈다고 믿었다.6) 구원을 원하는 영혼들도 구원된다 — 이것이 그들이 원한 것이었다.7)

주교단은 고트샬크의 이론으로 의지의 자유가 위협을 받았다고 보았기 때문에 그를 감옥에 가두었다. 후기 아우구스티누스가 회의에 빠졌다는 사실은 잊어버린 채 그들은 하느님의 정의와 선에서 구체적으로 도출되는 것이 무엇인지 말할 수 있다고 믿었다. 이러한 맥락에서 고트샬크를 단죄했던 주교들은 인간의 이성을 높이 평가하고 극단적 신학 사상에 대항해 이성의 확실성을 변호했다. 그들은 고대의 가치 체계에 던졌던 아우구스티누스의 물음들을 무효로 만들었다. 아우구스티누스를 따르기보다는 오히려 고대의 전통을 따랐던 것이다. 하지만 고트샬크는 일관적으로 사유했지만 주교들은 일관적이지 않았다. 왜냐하면 그들은 아우구스티누스의 권위는 불가침의 권위로 인정하면서도 정작 그의 은총론에서 따라 나오는 결론은 거부했기 때문이다.

대머리왕 카롤루스의 궁정 문법학자로 랑(Laon)에서 가르쳤던 힝크

마르는 850년경 이 논쟁과 관련해 에리우게나에게 예정설 문제에 대한 전문 소견을 의뢰했다. 에리우게나는 자기만의 방식으로, 즉 초기 아우구스티누스 이론을 따라 이 과제를 수행했다. 초기 아우구스티누스 사상에 의하면, 실체적인 악은 존재할 수 없었다. 그는 아우구스티누스가 초기에 마니교도를 반박하고 자유의지를 변호했던 일을 강조하면서 자유의지에 대한 전기 아우구스티누스 사상을 후기 아우구스티누스의 은총론을 뒤엎을 패로 내놓았다. 그러니까 에리우게나는 아우구스티누스를 가지고 아우구스티누스의 이중 예정설을 비판했던 것이다. 고트샬크가 후기 아우구스티누스의 편에 서서 아우구스티누스의 자유의지론을 지워 버렸다면, 에리우게나는 모든 이원론적 요소와 신인 동형적 주의주의를 제거했다. 궁정 문법학자는 아우구스티누스의 강렬한 문체를 신과 악의 대립적 측면을 드러내기 위한 상징적 어법이라 해명했다. 하느님은 영원한 분이시니 '이미' 다 알고 있다는 것(豫智)과 '이미' 다 결정해 두었다는 것(豫定)은 애초부터 문제가 될 수 없었다는 것이다. 창조하는 하느님의 사유와 세계 속의 사건들 사이에는 시간이 흐르지 않는다. 1978년부터 만족스러운 편집본(G. Madec)으로 읽을 수 있게 된 에리우게나의 텍스트는 카롤루스 시대의 철학의 구체적 역할에 대한 정보를 담은 매우 교훈적인 작품이다. 그래서 나는 내용상 몇 가지 핵심을 짚으면서 이 작품에 깊이 들어가고자 한다.

에리우게나는 주교들이 부탁해서 자기가 이 책을 쓰게 되었노라 자랑하고 아첨을 떠는 것으로 글을 시작한다. 어둠을 쫓아내기 위해서라면 해와 달만으로도 충분하지만, 그럼에도 별빛을 결코 쓸모없다 하지 않은 것처럼 교회의 군주들도 모든 이단을 척결할 수 있는 고결한 언변(nobilitas eloquentiae)을 가지고 있음에도 자신(즉 에리우게나)의 논증을 듣고 싶어 했다는 것이다. 주교에게는 '화려한 말솜씨'(eloquentia)가 있고 에리우게나에게는 '논증'(ratiocinationes)이 있었다.

서두에서 에리우게나는 자기가 전제하는 두 개의 테제에 대해 미리

언질을 준다.

(1) 나는 예견과 예정을 그것들이 하나로 들어 있는 신의 통일적 본질을 가지고 해명할 것이다.
(2) 존재하지 않는 것은 신도 알지 못하고 예정하지도 않는다.[8]

우리는 여기서 이 작품에서의 에리우게나의 의도를 읽을 수 있다. 그는 신의 단순성을 전면에 내세움으로써 인간적 유비를 통해 이해된 신의 예지와 예정과 대결하려 한다. 인간의 악한 결정과 죄악과 형벌은 존재하지 않는 것으로 밝혀진다. 따라서 하느님은 이런 것들에 아무런 책임도 없다. 에리우게나의 하느님은 ─ 후기 아우구스티누스가 고백하는 하느님처럼 ─ 더는 절대다수의 인간을 던져 넣으려고 지옥을 창조하거나 예비한 분이 아니다. 850년 중세 철학은 인간의 자율성과 신적 근거의 단순성을 후기 아우구스티누스의 은총론이 가진 반(反)인간적 야만성에서 구원하기 위한 작업을 시작한다.

제1장 제1절에서 에리우게나는 예정설 문제를 '철학적으로' 풀어내겠다고 선언한다. 그런데 초기 중세인들은 철학과 계시의 관계에 대한 이러한 주체적이고 의식적인 구별을 크게 신뢰하지 않았다. 실제로 이것은 1300년대의 급진적 아리스토텔레스주의자들과 경건주의적 신학자들이 주장했던 것과 같은 학문 구별은 아니었다. 하지만 무엇보다도 보에티우스로부터 철학의 자율성에 대한 고대적이고 그리스도교적인 전통이 전해 오고 있었다. 또한 철학의 자율성은 몇몇 아우구스티누스 저작에서도 읽을 수 있었다. 그래서 에리우게나는 전기 아우구스티누스를 인용하면서 참된 철학은 참된 종교와 같고 그 역도 성립한다고 주장했다.[9] 그는 철학과 종교의 동일성을 철학의 입장에서 정립했다. 참된 종교에 속하는 것이 무엇인지를 철학적 작업을 통해 밝혀낼 수 있다는 것이었다.[10] 왕과 대주교가 하느님에 대해서는 거룩하고 진실된 것

만을 말해야 한다고 권고했다고 치자. 그러면 수사학과 문법의 전문가로서 에리우게나는 그 말이 구체적으로 무슨 뜻인지를 해명하려 한 것이다.[11] 그는 "하느님은 악을 미리 알고 있다"와 같은 말이 순전히 표현방법(modi loquendi)에 지나지 않는다는 사실을 증명하려고 애썼다.[12] 하지만 그렇다고 해서 모든 문제를 언어 분석으로 환원한 것은 아니다. 에리우게나는 그리스도교 신앙의 자명성에 호소하면서 자유의지가 거기서 자연스럽게 연역되어 나온다는 사실을 보이고자 했다.

— 세상의 마지막 날, 공의로운 심판이 있다고 하면 인간은 필히 자유로운 존재여야 한다.[13]
— 신이 자유로운 분이고 인간이 신의 모상으로 빚어진 존재여야 한다면, 신의 지혜는 인간을 자유로운 존재가 되기를 희망해야만 한다.[14]
— 원하지 않는 어떤 것을 원하도록 인간의 의지를 강제하는 무엇인가가 있다면, 우리는 인간이 의지를 가지고 있지 않다고 말해야만 할 것이다.
— 의지의 '자유로움'을 부정한다는 것은 의지 자체를 부정하는 것과 같다.[15]
— 그리스도교 문헌은 '죄'에 대해 이야기한다. 죄에 대해 이야기하면서 의지의 자유를 부정하는 것은 어불성설이다(voluntate ergo peccatur).[16] 그렇지 않으면 그리스도교(christiana lex et disciplina omnis religionis)는 존재의 의미를 상실할 것이다.

요컨대, 에리우게나는 우선적으로 그리스도교를 윤리적으로 이해하지 문화적인 것으로 이해하지 않는다. 기본적으로 그는 후기 아우구스티누스가 주창하는 원죄론을 거부하고 있다. 그러나 원죄론의 거부는 대립을 첨예화하지 않고 아우구스티누스를 긍정하되, 다른 해석을 내놓는 방식으로 이루어진다. 이렇게 해서 에리우게나는 소극적이지만 단호한 사유로 아우구스티누스를 수정하는 신중한 본보기를 역사에 남겼다. 에리우게나의 아우구스티누스 해석은 인문주의자들의 문헌학적 방법론에 대한 성찰과 마르틴 루터의 공격으로 아우구스티누스 사상에 대한 또 다른 담론이 새롭게 열리기 전까지 유일한 것으로 되었다. 후기 아우구스티누스(『삼위일체론』(*De trinitate*)에서)에게서 배운 대로 에리우게나는 인간을 자기 자신을 알고 자기 자신을 의지하는 존재로만(als Sich-Wissen und Sich-Wollen) 파악할 수 있었다. 후기 아우구스티누스의 은총론에 사용된 신인 동형론적 장치들은 이러한 조건 속에서 '해독'(解讀)되어야 한다. 자유는 인간에게 주어진 어떤 것이 아니기 때문이다. 자유가 바로 그 인간이기 때문이다. 인간은 자기를 알고 스스로 무엇인가를 욕구할 때 참으로 실존한다.[17] 인간의 존재, 그리고 인간의 의지적 활동과 지성적 활동은 모두 하나의 본성을 이룬다.[18] 이렇게 말할 때, 에리우게나는 후기 아우구스티누스 이론인 정신(mens)철학을 의지의 복권과 함께 반복해 재생하고 있다. 단지 그것을 후기 아우구스티누스의 은총신학에 대립적으로 사용하고 있을 뿐이다. 그는 인간의 의지가 '본질적으로' 자유롭다는 점을 상세하게 입증했다.[19]

물론, 에리우게나는 성경과 교회 전승에 따르면 하느님이 몇몇 사람은 멸망하도록 예비하셨다는 점을 알고 있으며 이를 부정하지 않는다. 그는 이런 구절들이 은유적 표현으로 쓰였다고 해석하고 싶어 한다. 에리우게나의 언어 이론의 역할은 여기서 드러난다.

만일 모든 단어가 상징이라면, 그리고 자연적인 것이 아니라 관습적인 상징이라면,[20] 우리는 그 말들이 신의 본성을 서술하는 데 적절하게 기능하지 못한다는 사실에 조금도 놀랄 필요가 없다. 신을 기술하는 데에 최고로 적합한 단어들이 있다. '있다'와 같은 동사, '본질', '진리', '지혜'와 같은 명사들이 바로 그것이다. 이와는 달리, '예지'와 '예정' 같은 단어들은 시간적 관념과 묶여 표상될 수밖에 없는 것들을 신에게 적용한다.[21] 그러므로 성경과 전승이 "하느님은 죄와 죽음과 벌을 미리 정해 두셨다"라고 말하면, 우리는 그 말을 반드시 '해석'해야만 한다. 에리우게나에 따르면, 이러한 표현은 신은 모두를 각자의 행실에 따라 벌하고 싶어 한다는 말로 읽어야 한다. 처벌을 포함한 모든 종류의 악은 비존재이다. 따라서 악은 신의 의지가 욕구하는 대상이 될 수 없다.[22] 어두움은 빛이 존재하지 않는 상태이다. 어둠 속을 보고 있어도 우리는 우리가 실제로 무엇을 보고 있다고는 이해하지 않는다. 하느님이 죽음과 죄인을 벌하는 것과 '없음'을 바라지 않는다는 말도 마찬가지로 이해해야 한다. 에리우게나는 대중적 이해를 깨부술 뿐만 아니라 지옥을 감각적인 불이 타오르는 물리적으로 실재하는 고통의 장소로 규정했던 오래된 신학적 교리까지도 무너뜨렸다. 그는 『예정론』(*De praedestinatione*)을 쓰기 이전부터 지옥이라는 것의 물리적 현존에 대해 회의를 품고 있었다. 그는 지옥을 고대의 우주론적 체계(9세기는 여기에 필적할 만한 다른 대안을 가지고 있지 않았다) 안에 합리적으로 통합할 수 없다는 것을 알고 있었다. 이제 에리우게나는 지옥불이 영원한 행복의 부재 때문에 타오른다고,[23] 죄인은 죄를 범함과 동시에 그 죄에 대한 형벌을 받기 시작한다고 해명한다.[24] 초기 아우구스티누스처럼 에리우게나도 최후의 심판 때 일어나는 일을 개별자의 내적 상태가 모두에게 드러나는 정도로만 이해한다. 또한 정의로운 심판자를 각 사람의 외부가 아닌 내부에서 찾는다는 점에서는 보에티우스를 닮았다. 지옥의 불구덩이는 창조된 것이 아니다. 사탄을 추종하는 이들을 위해 마련된 불은 네 번째 원소에 해당하는 바로 그것이다. 이 원소들은 이 땅에서보다 우주의 최외곽 천구에 집중적으로 밀집되어 있다. 그곳에는 악한 영혼들이 있지만 선한 영혼들도 있다. 동일한 환경이 각각에게 의미하는 바만 다를 뿐이다.[25] 즉 어쨌든 '불'이라는 것이 ─ 에리우게나도 성경(특히 마태 25:41)을 읽는 한 사람으로서 이 사실을 무시하지 못한다 ─ 어떻게든 있다면, 그것은 하느님께서 오직 악인들을 징벌하기 위해서만 마련하신 불은 아니라는 것이다.

  그의 논증을 전체적으로 더 살펴보자. 에리우게나는 아우구스티누스를 인용했다. 그는 아우구스티누스 사상을 가지고 아우구스티누스를 공격했다. 지옥불의 실재적 현존을 부정하는 견해는 오리게네스(『원리론』(De principiis) II 10)에게서 배웠을 수 있다. 에리우게나는 루피누스의 라틴어 번역으로 오리게네스를 알고 있었다. 하지만 이렇게 첨예해진 논쟁에서는 라틴 저술가들의 입장이 문제를 처리하는 데 오히려 유용했기 때문에 전반적으로 에리우게나는 라틴 저술가들에 의존했다. 또한 850년경 전래된 그리스 전통의 상황이 그 이후의 시대처럼 풍부하지는 않았던 탓도 있다. 그는 『예정론』에서 라틴 전통에 따라 신을 존재 또는 본질(essentia)과 지혜(sapientia)로 파악한다. 그러나 에리우게나가 라틴 전통을 고수했음에도 아이러니하게도 그의 작품이 끼친 영향은 그쪽과는 거리가 멀었다. 사람들은 그의 작품에서 새로운 펠라기우스주의를 읽었기 때문이다. 사람들은 에리우게나가 아우구스티누스를 해석한 것이 아니라 수정했다고 판단했다. 그가 쓴 책은 큰 파장을 일으켰다. 두 주교 프루덴티우스(Prudentius)와 플로루스(Florus)가 에리우게나를 반박하는 글을 썼다.[26] 855년 발랑스(Valence)에서 개최된 주교 회의는 에리우게나의 이론을 '아일랜드 식의 곤죽'[27]이라고 폄하하면서 그의 저서를 단죄했다. 에리우게나에게 예정설에 대한 소견을 물었던 대주교 힝크마르는 자기는 아무 책임이 없노라면서 손을 씻었다. 그는 처음에는 그 책을 전혀 모른다고 잡아뗐었다. 그러나 나중에는 주교로서 맡은 막중한 책무 때문에 그 책을 꼼꼼히 읽어 보지는 못했다고 말을 바꾸었다.

  에리우게나의 『예정론』은 단 하나의 필사본만이 현존한다. 그가 주장한 테제는 중세에 논의되지 않았다. 나중에 얀센주의 논쟁이 일어났을 때, 사람들은 에리우게나에게 다시 관심을 보였다.[28]

  에리우게나의 논고는 비판을 받았지만 ─ 고트샬크와는 달리 ─ 그는 그것으로 신변의 위협을 받지는 않았다. 그는 왕의 비호를 받았기 때문이다. 카롤루스는 자기 왕실의 명성을 보전하고 싶었던 것일까? 자기 왕국을 자유롭게 결단하는 주체적인 사람들을 위한 나라로, 의지의 자율성을 옹호하는 기관으로 이해했던 걸까? 우리는 카롤루스가 에리우게나의 편을 들어준 이유가 무엇인지 알지 못한다. 역사적으로 올바르게 판단하기 위해서는 모든 측면을 다 살펴볼 필요가 있다. 왜냐하면 에리우게나를 단죄한 교회 제후들이 있기는 하지만 판단을 유보한 주교들도 있었기 때문이다. 에리우게나는 아우구스티누스의 작품 전체를 관통하는 사상의 분열을 부분적으로나마 해소하려 시도했다. 그러나 분열은 멈추지 않았다. 초기 아우구스티누스와 보에티우스의 작품을 위시한 고대 사상의 원천들은 후기 아우구스티누스와 조화를 이룰 수 없었으며, 후기 아우구스티누스 사상을 계승하는 이들도 똑같이 대립해야만 했다. 에리우게나는 생의 다음 국면에서 또 다른 가능성을 제안한다. 그는 프로클로스까지 소급될 수 있는 디오니시우스의 신플라톤주의를 서구 세계에 소개함으로써 신플라톤주의도 '서구적'으로 수정했기 때문이다.

세계관과 그리스도교를 새롭게 구상하다: 에리우게나의 『자연의 구별』

에리우게나의 주저인 『자연의 구별』(De divisione naturae)은 디오니시우스 아레오파기타의 저작을 번역한 결과로 생겨났다. 860년 대머리왕 카롤루스는 그의 '문법학자'에게 디오니시우스 아레오파기타의 작품을 새로 번역하라는 명령을 내렸다. 에리우게나는 번역 작업을 862년에 끝마쳤고, 이어서 그의 작품에 몰두하기 시작했다. 그리고 『자연의 구별』은 대략 867년쯤 세상에 모습을 드러냈다. 이 책의 흥미로운 점과 새로운 점, 그리고 이 책을 통해 라틴 중세에 기여한 그의 공헌은 문화적으로 닫힌 서구 세계에 디오니시우스의 신플라톤주의로 대표되는 그리스적 동방의 전통을 가져와 그것을 세계를 총체적으로 해명하는 새로운 이론 체계로 만들었다는 데에 있다.

아우구스티누스도 신플라톤주의에서 많은 영양분을 섭취하기는 했다. 하지만 아우구스티누스는 신플라톤주의를 여러 가지로 변형했다. 그는 무엇보다도 신적 일자는 절대 건드려서는 안 된다는 원칙을 깨 버렸던 것이다. 그는 신을 '본질', '정신', '사유', '의지', '사랑'이라 이름했다. 그러나 오리게네스, 플로티노스, 니사의 그레고리우스(Gregorius Nyssenus), 그리고 디오니시우스 아레오파기타로 대표되는 본래의 전통에 따르면, 일자는 규정되지 않은 상태로 남아 있어야 했다.[29]

에리우게나는 디오니시우스를 서구적 사유에 들여오기도 했지만 수정하기도 했다. 그는 디오니시우스의 사유 세계에 존재하지 않는 것을 존재하는 것으로 만들었다. 인간은 신이 자기 자신을 드러내는 장(場)이기만 한 것이 아니라 세계 해명의 주체적이고 살아 있는 열쇠라는 것이다. 인간은 신적인 것을 무규정적인 것으로서 해명할 수 있다.

신성(神性)의 모상인 인간은 바로 그 신성의 무한함을 통해 신성을 드러낸다. 인간은 신과 같이 모든 것이면서 하나인 그런 존재, 규정할 수 없고 모든 대립을 초월하는 존재이다. 특히 근대의 몇몇 인물이 중세에서 보려고 하는 것처럼 제4권과 제5권에는 인간의 존엄성에 대한 이론이 담겨 있는 것 같다. 만물은 인간 안에 창조되어 있다. 가시적 세계와 비가시적 세계가 모두 그 안에 들어 있다. 자연 사물들은 그 자체로 있는 것보다 인간의 사유 속에서 더 참된 방식으로 현존한다. 인간은 자연 사물들을 하나로 모아 그 근원으로 돌려보낸다. 에리우게나는 위계 이론에 수정을 가함으로써 인류를 신과 가장 가까이에 위치시킨다. 그는 초기 아우구스티누스에게 호소하면서 "신과 인간 사이에는 어떠한 피조물도 자리하지 않는다"(nulla interposita creatura)라고 주장한다.[30]

문법학자로서 에리우게나는 마르티아누스 카펠라를 인용하고 '변증론자'(즉 논리학자)로서는 아리스토텔레스의 '오르가논'에 대한 보에티우스의 해석을 가져온다. 하지만 에리우게나는 동방 전통을 수용하도록 서방의 학교 문화를 개방했다. 물론, 그런 와중에 자기 정체성을 다소 잃어버리기도 했지만 전체적으로는 그의 고유한 사유를 관철하는 데 성공했다. 형식적으로 엄격하게 구분되는 그의 작품은 수많은 인용과 다양한 이념, 해석의 집적체이다. 그의 작품은 종교철학이면서 논리학이고 교부 문헌에 대한 주해서이기도 하다. 거기에는 성경 주해, 특히 「창세기」에 대한 주해도 들어 있다. 에리우게나는 사변적이고 '상징적' 해석 방법을 사용해 세계가 무규정적 일자('신')에서 나와 신적 '말씀'(로고스)을 거쳐 본질과 진리(근원적 원인들, 'causae primordiales')로 내려오고, 그다음에는 감각적 세계의 발출 원인인 이데아가 되어 나오고, 마지막으로 인간을 통해 다시 이데아로 올라가는 거대한 과정을 「창세기」에서 읽어 낸다. '하나의' 실재를 최종 목적지로 바라볼 때, 인간의 '활동'은 — 에리우게나는 이것을 그보다 앞서 '관조'라고 개념화하기는 했지만 — 매우 중요한 역할을 맡고 있다. 에리우게나는 그리스도교의 구원사(세계 창조, 범죄와 타락, 육화, 최후의 심판)의 주요 국면을 신적 일자가 자기 자신을 전개하는 계기들로 이해한다.

신에 대한 에리우게나 이론은 삼위일체의 철학적 내용을 강조한다. 그는 우주의 실재는 아버지 하느님이 계신다는 사실을 나타내고 우주의 질서는 하느님의 지혜, 즉 로고스와 아드님이신 하느님이 계신다는 사실을, 그리고 우주 안의 운동은 일자가 생명으로, 즉 성령 하느님으로 계신다는 사실을 나타낸다고 본다.[31] 그러나 삼위일체를 철학적으로 성찰한다고는 해도 에리우게나의 일자는 규정되지 않은 것으로 남는다. 신은 그 자체로 무규정적 존재이다. 심지어 신은 자기 자신에 대해서도 무규정적이다. 신은 특정한 범주적 개념들 안에 포섭되지 않는다. 신은 자기의 무한함 때문에 오직 자기 자신에 의해서만 파악될 수 있다. 그러나 은밀히 감추어져 있는 일자는 지성적 본성을 가진 것과 결합되면 자기 모습을 드러내기 시작한다. 드러나지 않는 것이 모습을 드러내는 이 현상, 그 무엇으로도 파악되지 않는 일자가 스스로를 붙잡을 수 있도록 내주는 것, 이것을 에리우게나는 '현현'(Theophanie)이라 불렀다.[32] 에리우게나는 부정신학의 우위성을 고수했다. 동시에 그는 신성의 자기 발출과 현현으로의 하강을 높이 평가했다. 신의 현현은 '경이로운' 사건이다. 그것은 신성에서 나오는 것이 아니라 신성 안에 있는 것으로 나타난다. 이렇게 말해도 된다면, 각각의 현현은 자기에 대한 의미를 가지고 있지 않다. 그것들은 오직 현현된 모습으로만 파악되고 현현들을 통해서만 스스로를 규정하기를 원하는 신성에 대한 의미만을 가지고 있다. 현현은 또한 정신적 존재가 정화와 조명을 통해 일자와 합일을 이루기 위해 상승하는 과정이기도 하다.

에리우게나는 범주가 신에게도 적용될 수 있는가라는 문제를 상세하게 다룬다. 범주는 신에게 적용될 수 없다. 여기서 에리우게나는 정통 아리스토텔레스석이고 보에티우스적인 범주론에 비판을 가한다. 이 범주론은 근본적 규정들을 제각기 고립시켜 제시하기 때문에 우리를 오류에 빠뜨린다고 말이다. 에리우게나는 현실에서 '모든' 근본 규정은 '모든 것' 안에 있다고 힘주어 말한다. 중요한 것은 그 근본 규정들을 한데 모으는 방법이다.[33] 사물과 사물의 특성과 사물에 대한 진술을 각각 구별하려는 변증론자가 있다면 그는 그 일을 결코 해내지 못할 것이다. 범주가 오직 사물에 대한(de subiecto) 우리 사유 속에 있는 규정들이나 사물의 특성(in subiecto)이어야만 한다면, 범주는 자기에게 주어진 역할을 해내지 못할 것이다. 즉 범주는 세계의 합리성을 조금도 해명하지 못한다.[34] 사유와 실재는 동일해야 한다. 본성적으로 한계 지어지지 않고 언어에 붙잡히지도 않는 대상, 나중에 가서야 우리에게 개념적으로 모습이 드러날 수 있는 그런 대상은 사실상 인식 불가능한 그런 것이다. 우리가 '대상'이라 부르는 것은 범주의 결합으로부터 산출되어 나온다. 즉 범주는 서로가 서로와 뒤엉켜 있는 경이로운 '일치'(coitus) 속에서 대상들로 가득 찬 세계를 산출하는 것이다.[35] 에리우게나는 아리스토텔레스의 10범주가 더는 다른 것으로 환원되지 않는 최후의 원자 개념들이라는 주장을 반박한다. 실체, 양, 장소, 상태 같은 범주들은 '정지'(status)로 환원되며, 나머지 여섯 개의 범주는 전부 '운동'(motus)으로 환원되기 때문이라는 것이다. 그리고 서로 대립하는 이 두 개의 개념을 포섭하는 또 다른 상위 개념이 있다. 그리스인들은 그것을 '$π\tilde{α}v$'이라 하며, 라틴인들은 'universitas'라고 부른다.[36] 14세기에 프라이베르크의 디트리히와 라이문두스 룰루스가 나타나기 전까지 아리스토텔레스의 범주론을 이렇게나 자유분방하게 해석한 사람은 없었다. '정지'와 '운동'의 대립쌍을 실체와 양의 범주보다 우위에 둔 결과, 세계를 바라보는 시각 자체가 바뀌었다.

세계를 바라보는 시각의 변화는 철학적 '신학'에서 다음과 같은 표현을 가능하게 만들었다. 하느님은 정지한 운동이고 운동하는 정지이다(motus stabilis et status mobilis).[37] 신은 대립하는 두 개의 극단 중 한쪽에만 자리하지 않는다. 물론, 학교에서 가르치는 아리스토텔레스나 통속적 플라톤주의로는 신은 둘 중 하나에만 해당한다고 했을 것이다. 철학적 '인간학'에서도 유사한 표현이 가능해졌다. 정신(mens)적 존재인 인간도 정지하는 운동이며 운동하는 정지이다. 인간을 속성을 가진 사물로 표상하기란 불가능하다. 그런데 정지와 운동의 일치는 인간 활동의 부수적 특징이 아니다. 정지와 운동의 일치가 바로 인간의 본질(essentia)이다.[38] 철학적 '우주론'에도 변화가 생겼다. 운동과 정지의 개념-현실적 공존은 감각적 세계를 규정하기도 한다. 모순은 감각적 현상 그 자체에 있다. 우리는 서로 대립하는 정지와 운동을 개념적으로 분리할 수 없다. 그러므로 — 정지한 땅 위에서처럼 — 개별 사물의 경우에 정지와 운동이 구별되어 나타난다 해도 실재하는 현실 전체에서는 그 둘을 분리할 수 없다.[39]

여기에는 굉장히 넓은 관점들이 들어 있다. 이 책을 읽은 15세기의 어느 독자(니콜라우스 쿠자누스)는 프톨레마이오스의 우주를 감각적 현상으로만 취급하고 지성이 이성이 파악한 대립을 극복하고 나면 이 세계를 뒤돌아볼 필요가 전혀 없다고 생각했다. 에리우게나는 물질세계가 끊임없이 움직이고 있다고 보았다. 땅이 완전한 정지 상태에 있다는 전제는 여러 가지 문제를 일으켰기 때문이다.[40] 그러므로 이 사례는 13세기 이후에 유효한 학문의 구별(형이상학과 자연학의 분리, 철학과 신학의 분리, 성경신학과 교의신학의 분리, 스콜라주의와 신비주의의 분리)을 가지고 에리우게나의 작품을 이해하기가 얼마나 어려운지 분명하게 보여 준다. 에리우게나가 이러한 학문 구별을 따르지 않았다는 사실은 그의 사상의 결함이 되지 못한다. 우리는 그것을 중세 성기(盛期)를 거쳐 보충되고 개선될 필요가 있었다고 판단할 필요가 없다. 오히려 엄격한 학문 구별이 없던 탓에 에리우게나는 성경과 교부, 논리학과 윤리학, 구원사(救援史)와 형이상학의 일치를 사변적으로 구상할 수 있었다. 그래도 에리우게나를 철학의 특정 분과와 꼭 연관 지어야겠다고 고집을 부리는 사람이 있으면 그는 아마 이렇게 말해야 할 것이다. 에리우게나는 성경 주해와 교부들의 전통에 매우 공격적으로 개입한 종교철학자라고 말이다. 하지만 에리우게나를 종교철학이라는 말로 강조할 때, 마치 그가 자기의 관심 목록에서 가장 좋아하는 분야를 골랐다는 뜻으로 이해해서는 안 된다. 9세기 사회에서 종교란 다양한 사유가 발전해 나가는 원천과도 같았다. 우리 시대로 말하자면, 기술화와 정치, 정신분석 같은 것이 여기에 해당한다. 에리우게나는 고유한 사유를 통해 그리스도교의 지적 유산을 변화시켰다. 그리고 예정설과 영원한 형벌, 지옥불의 물리적 속성을 부정함으로써 인문주의와 유사한 영향을 불러일으켰다. 특히 카롤루스 문화권에 지배적이었던 전통, 즉 성경적·아우구스티누스적·보에티우스적·디오니시우스적 전통을 이론적으로 종합했다는 점에서 에리우게나의 사상사적 의의를 이야기할 수 있다. 그는 이 과제를 7자유학예와 보에티우스를 통해 해석되고 전달된 아리스토텔레스 논리학을 가지고 수행했는데, 이 논리학을 18세기까지의 강단 철학이 했던 것보다 훨씬 자유롭게 다룰 줄 알았다. 그의 저작이 금서가 되었던 1210년까지 에리우게나는 중세인들이 그리스 교부들의 지적 세계에 들어가는 길을 열었다. 그는 오리게네스와 니사의 그레고리우스, 고백자 막시무스의 사상을 소개했으며, 특히 디오니시우스 아레오파기타를 서구적 사유에 완전히 각인했다. 이것은

— 서구 라틴의 법률적이고 제도적인 사유 방식보다 더 자유롭고, 더 '사변적이고', 더 시(詩)적인 사유 방식이었다.
— 후기 아우구스티누스의 엄격하고 이원론적인 사유, 이데올로기의 경향(사유의 규범으로서의 교회 제도, 예정설)에 대항할 힘을 가진 사고였다.
— 플로티노스와 프로클로스적 의미에서 인간과 실재의 통일을 강조한 작업이며,
— 또한 경험 세계를 일자의 현현으로 해명하는 작업이었다. 범죄와 타락, 육화, 종말로 구분된 세계 역사의 주요 국면은 통일적 일자의 자기 전개 형식이다. 에리우게나는 종교에 형이상학적 구조를 부여했고 형이상학에는 역사성을 부여했다. 사람들은 에리우게나의 사상을 '범신론'적이라고 많이들 오해한다. 에리우게나가 '신'을 존재하는 모든 것과 다름없는 일자의 이름으로 갖다 대기는 했다. 하지만 그는 만물을 아우르는 신의 초월성을 강조하기 때문에 결코 범신론자가 아니다. 그가 신은 무(無)이고 모든 개별적 존재는 한계 지어 있다고 할 때, 그리고 신은 원형이고 말씀이지만 세계는 그것을 분여받을 뿐이라고 말할 때, 우리는 그의 사상이 범신론과는 거리가 멀다는 점을 당장 알 수 있다.

아우구스티누스와 보에티우스의 영향사적 관점, 특히 후기 아리스토텔레스 수용사의 관점에서 보면 에리우게나의 철학은 서구 세계에 매우 낯선 것이었다. 에리우게나의 철학은 아리스토텔레스의 논리학, 존재론, 인식론의 핵심 요소와 충돌을 일으켰다. 일자를 대립하는 것의 통일이라 해명함으로써 모순율을 부정적이고 광범위한 진리 판단 범주로 상대화했다. 실체 개념에 들어 있는 자족성 관념을 비판했고 아리스토텔레스의 범주론이 종결되었다는 견해에도 이의를 제기했다. 에리우게나는 아우구스티누스와 대립각을 세우기도 했다. 그는 플로티노스와 프로클로스, 디오니시우스에게서 기원하는 부정신학을 아우구스티누스보다 더 엄격하게 수용했는데, 정신의 삼중 구조 이론을 아우구스티누스적 의미에서 신의 모상 이론으로 발전시키고 인간의 앎을 형태 없는 것에 형상을 부여하는 활동과 신성의 모습을 드러내는 행위로 이해함으로써(신의 현현 이론) 부정신학의 위상을 새롭게 정립했기 때문이다. 에리우게나는 발출과 회귀로 구성된 신플라톤주의의 세계 구조를 수용해 그리스도교의 자기 이해에 확장된 우주론을 제공했다. 하지만 그는 극기와 수련을 통해 일자에게 돌아가야 하는 개별 영혼에만 관심을 가지지 않고 고백자 막시무스를 따라 감각적 세계 전체에도 주의를 기울일 줄 알았다. 이제 한층 넓어진 구원론적 시야에 자연이 총체로서 들어온다. 여기서 인간은 주체적이고 중요한 역할을 맡고 있다. 인간은 사유와 의지 행위를 통해 세계를 파악한다. 그러므로 인간론이 천사론보다 우위에 있다. 에리우게나는 디오니시우스의 위계 이론을 수용한다. 그러나 인간 정신이 신과 닿아 있고 정신의 생산적 사유가 곧 존재하는 만물이라고 주장함으로써 그 위계 이론 안에 디오니시우스에 대항하는 요소를 집어넣었다. 만물을 아우르는 일자에는 아무것도 대립하지 않는다. 일자는 모든 것의 시작이고 과정이고 마지막이지만, 그 안에는 '위, 아래'나 '앞과 뒤'가 전혀 없다. 이렇게 주장함으로써 에리우게나는 중세 당시 세계 표상에 매우 중요한 위계질서를 상대화하는

데 기여했다. 근거가 되는 존재와 근거에서 나오는 존재의 이원론, 자립성과 상호 의존성의 이원론은 언제나 일시적 현상일 뿐이다. 9세기 최대 관심사인 성경과 교회와 성사는 에리우게나를 거쳐 유일무이한 신의 모상으로 간주되었다. 하지만 그렇다고 해서 성경과 교회와 성사를 평가 절하했다는 뜻은 아니다. 에리우게나의 종교철학은 성경의 역사적 가치를 문제삼지 않고 구원사의 주요 단계들(원죄와 타락, 육화, 종말)을 우의적으로 해석했다. 그는 한 단계에서 다음 단계로 넘어가는 계기를 부정성 그 자체라고 보았다. 한때 타락이었던 것이 — 즉 이성과 의지 활동의 태만함 — '단일한' 실재의 충만한 자기 전개와 완전한 자기 서술의 도구가 된다.

이렇게 해서 인간 세계가 역동적으로 되고 자연 곳곳에 생명이 깃들게 되었다. 에리우게나는 인간 활동을 근본적으로 다시 평가하거나 세계 변혁으로 곧장 달려들지 않고서도 고백자 막시무스를 따라 인간을 우주가 만들어지는 공방으로 이해했다.[41] 이 모든 것으로 인해 권위를 수동적 자세로 수용하기만 했던 세기가 종말을 고했다. 에리우게나 덕분에 카롤루스 대제가 기획한 서구의 정치적 삶과 사유의 새로운 기초가 놓였다. 당시 문명에 낯설었던 정치적 현실 세계와 문화 세계가 통합되자 그 위에서 에리우게나는 비로소 또 다른 실재의 통일, 즉 모든 사물의 본질이 통합된 국가(res publica)를 이야기할 수 있었다.[42] 그리고 이 통일을 대립자가 움직이는 통일로 파악함으로써 니콜라우스 쿠자누스, 조르다노 브루노(Giordano Bruno), 요한 게오르크 하만(Johann Georg Hamann)과 헤겔을 위한 길을 닦았다. 상승과 하강, 정지와 운동, 드러내는 것과 은폐는 모두 같은 하나의 현상이다. 인간은 실체와 '능력'과 활동이 통일을 이루는 존재이다. 에리우게나는 이제 역사적으로 다시 가능하게 된 인간의 자의식을 표현한 사상가이다. 인간은 권위를 더는 맹목적으로 따를 필요가 없다. 세계를 정초하는 일에 그 자신도 동참하고 있기 때문이다. 에리우게나는 인간의 위상을 새롭게 정의했

다. 그에 따르면, 인간은

— 세계가 집약된 곳이고,
— 육화를 통해 신성에 다가섰고,
— 신격화되었다. 따라서 천사들의 성가대 위로 들려 높여졌다.

에리우게나는 이 자의식을 동방 신플라톤주의와 그리스도교 전통 속에서 표현했다. 이 새로운 자신감은 부정신학의 상대화된 우위가 지속되는 가운데 7자유학예의 중시에서, (제한적 의미에서의) 자연 탐구에 대한 관심에서, 내재적 상급에 대한 이론에서, 물리적 징벌(지옥)을 거부하고 후기 아우구스티누스의 예정론을 거부하는 데서 나타났다.

III. 시작: 11세기

제12장

제국의 새로운 문화: 오토 왕조와 랭스의 게베르 오리야크

 9세기 말엽과 10세기 초반은 카롤루스 개혁을 사회에 안착하고 계속 발전시키기에 유리한 조건은 아니었다. 제국의 분열로 사회적 불안이 증대했다. 몰락한 왕조를 일으켜 세우기에 카롤루스 문화는 너무 궁정 중심으로 발달되어 있었다. 고전주의의 지향, 그리고 궁정 문화에서 백성이 지속적으로 소외되는 경향은 카롤루스 문화의 내적 결함으로 작용했다. 영국 왕 알프레드(Alfred, 899†)가 박식한 통치자의 이념을 다시 한 번 실현하기는 했다. 하지만 바이킹족, 노르만족, 헝가리인들의 침략으로 소박한 도시들이 파괴되고 문화적으로 중요한 역할을 한 수도원들도 위협을 받았다.

 오토 왕조는 중부 유럽을 핵심 기지로 삼았다. 오토 1세(Otto I)는 레히펠트(Lechfeld)에서 헝가리인들을 무찌르고 레크니츠(Räcknitz)에서 슬라브족을 격퇴해(955) 제국의 동쪽 경계를 안정적으로 다졌다. 하지만 오토 왕조에 의한 새 통치 체제의 확립과 문예부흥의 주된 요인은 군사적 성공이 아니었다. 정치와 문화의 중심은 이미 카롤루스 시대부터 서쪽에서 동쪽으로 이동하기 시작했다. 카롤루스 왕조의 아헨(Aachen)이 메로비우스 왕조의 파리를 몰아냈을 때, 경제의 중심도 함께 동쪽으로 이동했다. 오토 왕조에서 주목받는 지역은 작센이었다. 마그데부르크는 대교구로 승격되었다. 작센이 새 중심지로 떠오른 데에는 경제적 이유가 있었다. 일종의 경제 연합체가 되어가는 아랍 국가들과의 교역은 이 당시 동유럽을 통해서만 가능했기 때문이다. 바로 이 무역의 지리적 이점 덕분에 제국의 동쪽 변방에 새 왕조가 들어설 수 있었다. 970년경 하르츠(Harz)의 라멜스베르크(Rammelsberg)에서 새로운 은광이 발견되었다. 영국과의 양모 무역도 가능해졌다. 라인강과 서부 지역, 북부 이탈리아까지 이어지는 교역로가 개척되었다. 따라서 이 길은 돈이 다니는 통로였다. 영국의 어느 역사학자는 이 당시의 경제를 두고 '통화량 폭발'이라 말하기도 한다.[1] 이 변화는 작센 지방에서 처음 시작되었다. 이로 인해 1000년경 작센 통치자 가문은 막강한 부와 권력을 손에 넣을 수 있었다. 얼마 지나지 않아 다른 지역도 경제적 발전에서 이익을 보게 되었다. 제노바와 피사가 바로 그 대표적 예이다. 995년에는 프락시네툼(Fraxinetum)의 사라센 해적이 격퇴당했다. 피사와 제노바는 1016년부터 코르시카를 탈환하기 위해 열을 올렸다. 프랑스와 스페인 기사들은 11세기 중엽부터 서서히 이베리아반도의 아랍인들을 밀어냈다.[2]

오토 시대의 건축물, 힐데스하임의 베른바르트(Bernward von Hildesheim)의 청동문, 수녀 간더스하임의 흐로츠비타(Hrotsvita von Gandersheim)의 희곡은 고대를 지향하는 제국 문화를 건설하겠다는 카롤루스적 동기가 여전히 살아 있음을 보여 준다.[3] 오토 1세는 자기 아들과 비잔티움 공주와의 혼례를 성사시켜 비잔티움 제국과 어깨를 나란히 하고자 했다. 그의 아들들은 황제의 정당성이 보편적으로 인정받기를 원했다. 이 나라는 부활한 로마 제국이었다. 그러므로 문화 정치는 필수적이었다. 제국의 문화 정치적 전략은 오토 3세(Otto III)가 당시에 가장 저명한 학자인 랭스의 게베르 오리야크(Gerbert d'Aurillac)를 교황으로 추대한 사실(교황 실베스테르 2세(Sylvester II), 999~1003)에서 가장 명확하게 드러난다. 게베르는 이미 오토 2세(Otto II) 때부터 황제의 비호를 받은 인물이었다. 983년 황제는 그에게 보비오 수도원을 하사했다. 오토 2세는 게베르가 책벌레라는 사실과 보비오 수도원 도서관에 매력적인 장서가 보관되어 있다는 사실을 잘 알고 있었다.[4]

게베르와 오토 가문의 협력에서 또한 게베르가 훗날 프랑스 왕이 되는 위그 카페(Hugues Capet)의 아들 로베르(Robert)의 스승이기도 했다는 사실에서, 우리는 카롤루스 대제와 알프레드 대왕이 꿈꾸었던 권력과 학문의 통일을 엿볼 수 있다. 이 이상은 아우구스투스와 테오도리쿠스의 모습과도 닮아 있다. 오토 왕조 치하의 학문과 정치의 결속은 아쉽게도 오토 3세가 1002년 1월 세상을 떠남으로 인해 오래 지속하지 못했다. 1년 후에는 게베르도 생을 마감했다. 하지만 그가 랭스의 교사로서 집필한 작품들은 남아 있다.[5]

게베르의 사유는 카롤루스 시대에 설정된 자유학예의 틀 안에서 움직인다. 게베르는 변증술의 유용성을 보이는 사례를 제시하면서 변증술을 신학 문제를 해결하는 데 적극 사용해야 한다고 주장했다. 무엇보다도 게베르는 주판(籌板, abacus)의 사용 설명서를 편찬해 수학 발전에 크게 기여했다. 그는 아마 아라비아 숫자를 처음으로 가져다 썼던 사람인 것 같다. 게베르는 카롤루스 개혁으로 피어난 꽃이 10세기까지 만발했던 도시인 오리야크에서 교육받고 자랐다. 그는 카탈로니아(Catalonia)에서 자연과학과 수학을 공부했으니 아마 아랍인에게서 배웠을 수 있다. 하지만 그는 세계를 철학적·신학적 보편 이론으로 해명하는 일에 딱히 관심은 없었던 것 같다. 그는 교사로서 이름을 날렸다. 게베르에게서 배운 학생들 가운데 가장 중요한 인물로 훗날 샤르트르 학파의 창시자인 풀베르(Fulbert)를 꼽을 수 있다.

게베르는 분명 카롤루스 시대에 속하는 사람이다. 제국과 교회와 교육의 통일이라는 이념을 구현하고 그리스도교 전통과 자유학예의 문화가 공존하도록 했으니 말이다. 하지만 그가 그리스도교 서구 세계와 아랍 스페인 지방의 경계에서 자라고 배운 사람이라는 점도 주목해야 한다. 그곳에서 그는 수(數)의 세계를 알게 된다. 물론, 그에게 특히 중요한 사상가인 보에티우스가 수학적 흥미를 계발해 준 것은 사실이다. 황제도 보에티우스의 『철학의 위안』을 읽었으며, 보에티우스의 유해가 안치된 파비아를 방문했을 때 이 책을 떠올리기도 했다. 하지만 그의 수학적 관심은 아랍 세계와의 교류를 통해 생겨나기도 했다. 작센의 황제 소유 은광이나 황제와 교황의 협력 관계에는 별다른 발전이 없었다. 각 나라의 독립적 성격은 점점 강해졌다. 유럽의 중심지는 하나가 아니었다. 여러 도시에 학교가 설립되었다. 특히 프랑스에서 많은 변화가 일어났다. 문화적 다원주의가 시작되었다. 게베르는 랭스의 교사이자 샤르트르학파의 초석을 마련한 사람으로서 다가오는 변화에 참여했다.

제13장
경제적 성장

 오토 가문은 경제 성장을 일으키고 역사 속으로 사라졌다. 11세기 중반에는 서유럽 전역이 호황을 누렸다. 하지만 지리적 차이가 두드러졌다. 1000년 이후 경제, 정치, 학문의 중심지는 로마나 작센이 아닌 북부 이탈리아, 라인강 유역과 플랑드르, 일-드 프랑스(Ile-de France) 지역에 형성되었다. 각 도시의 대성당 학교는 외딴 시골에 덩그러니 놓인 수도원 학교를 해체하면서 성장했다. 제국의 궁정은 더이상 학교 운영과 제도에 관여하지 못했다. 대신에 제후직을 겸한 주교들이 주도적 역할을 수행했다. 도시의 발전은 제후 주교좌 소재지가 거점이 되는 데 크게 기여했다.[1] 11세기 중반에는 서구 문명 전체에 커다란 변화가 일어났다. 이 변화를 이해하는 것이 곧 수도원 학교가 어떻게 대성당 학교로 옮아갔는지, 서구 문화가 어떻게 다시 부흥했는지를 이해하는 열쇠가 된다. "머나먼 과거의 변화뿐만 아니라 어떻게 변화가 일어나는지에 대해서도 강한 호기심을 가진 학생은 11세기와 12세기를 공부할 기회를 절대로 놓쳐서는 안 된다."[2]
 성직자가 저술한 11세기 역사서는 낭만주의적인 중세 서술과는 다르게 돈의 역할을 크게 강조한다. 하지만 이 당시의 중세는 농경 사회였다. 11세기의 중요 혁신은 농업 부문에서 이루어졌다. 예를 들어 삼포식(三圃式) 경작이 이 시기에 처음 도입되었다. 이제 노는 밭은 농경지의 절반이 아니라 삼분의 일로 줄어들었다. 수확량이 크게 증가했다. 그리고 수확물은 농지를 개선하기 위해 다시 사용되었다. 멍에를 개발해 짐을 나를 때 쓰는 짐승들을 쉽게 부릴 수 있었다. 수레를 끌거나 밭을 갈 때 더이상 방해받지 않았다. 농부는 소나 말이 가진 힘을 전부 끌어다 쓸 수 있었다. 쟁기는 땅을 더 깊이 팔 수 있게 개량되었다. 쟁기 수레도 개발했다. 철을 가공하는 기술도 발전했다. 이제는 칼 외에 농기구도 철로 만들었다. 생산성이 높은 농업은 이전보다 더 많은 사람에게 더 영양이 있는 먹거리를 제공할 수 있었다. 11세기에 기근은 감소했다. 인구가 증가했다. 사람들은 힘이 세지고 활발해졌다. 삼림을 개간하고 문명 지역을 확대했다. 오직 삼림이 전부인 서부와 중부 유럽에서 빽빽한 숲과 전쟁을 벌였다. 오토 왕조의 통치로 중부 유럽에서 이루어진 정치적 통합과 11세기 프랑스에서 독자적으로 달성한 정치적 통합은 안전한 농지 개발을 보장했다.

  하지만 농민들은 착취당했다. 11세기의 '보편적' 사회 구조로 자리 잡은 봉건 제도는 지주에게 막강한 권력을 손에 쥐어 주었다. 지주는 사법 권한도 갖고 있었으며, 전시에는 지휘관이 되어 농민들을 데리고 전장에 나가기도 했다. 하지만 변화의 낌새도 있었다. 프랑스와 이탈리아를 중심으로 화폐가 널리 보급되기 시작했다. 농민들에게 부역의 대가를 화폐로 지불하기로 합의한 지주들이 있었다. 다른 농민들은 도시로 달아났다. 물론, 지주들은 도망간 소작인들을 잡으러 다니기도 했다. 하지만 1년 안에 되찾지 못하면 그들은 주종 관계에서 자유롭게 되었다. "도시의 공기가 우리를 자유롭게 하리라." 이렇게 해서 농업에 기반한 고정적인 사회가 점차 유동적으로 되었다.

  유동성은 도시에서 특히 두드러지게 나타났다. 노르만인들과 헝가리인들의 침입으로 받은 피해를 복구하면서 도시는 새롭게 태어났다. 도시가 가지는 의미는 주교좌 소재와 행정 중심 그 이상이 되었다. 이제 이곳은 자유 무역과 다양한 산업이 함께 모여 사는 장소로 변했다. 금융은 도시에서 성장해 경제적 · 정신적 · 심리적 영향을 끼쳤다. 도시민의 인간 관계는 봉건 제도로 심하게 규정되지 않았다. 영주에게 가신으로서 충성 서약을 할 필요가 없었다. 대신에 사람들은 공동체에서 함께 어울려 살기 위한 사회적 계약에 합의했다. 시민과 제후들 사이에 다툼이 자주 일어났고 종종 유혈 사태로 번지기도 했다. 도시민들은 특히 주교 제후들과 많이 대립했다. 그 결과 시민의 자의식과 법률적 교양 수준이 높아졌다. 예를 들어 보름스(Worms)의 대상(大商)들은 황제와 제후들의 대립을 중재하는 역할을 자청할 정도로 성장했다. 황제는 봉건 영주들의 권력을 억누르기 위해 의도적으로 도시 발전을 후원하기도 했다.

분업화 현상도 빼놓을 수 없다. 기술의 발전으로 방직과 유리 제조 및 가공에 큰 혁신이 일어났기 때문이다. 11세기에는 풍차와 캠 샤프트(cam shaft)가 개발되었다. 기술적 문제는 성직자에게 큰 관심거리가 못 되었다. 서로 협력하면 자연을 지배할 수 있다는 확신이 생기자, 인간과 인간의 관계도 변화했다. 전문 기술직에 종사하는 이들은 조합 단체와 길드를 조직했다. 도시는 부를 축적하고 정치적으로도 성숙해졌다. 성벽을 두르고 높은 망루와 그 외 여러 성곽 건축물을 세움으로써 경제적 · 정치적 힘을 가시적으로 드러냈다.

11세기의 경제적 · 사회적 변화는 인간 의식에도 몇 가지 영향을 끼쳤다. 복잡한 관계와 절차는 예전보다 더 합목적적으로 파악하고 해결할 수 있게 되었다. 국가가 토지 대장의 구체화 작업에 지대한 관심을 보였다는 점이 이 사실을 증명한다. 노르만인들이 정복한 영국에서 편찬된 『둠즈데이 북』(*Domesday Book*, 1085)은 대표적인 역사적 증거이다. 교황령의 관청은 등기와 부기 방식을 새롭게 고안했다. 산술과 효율적 계산법, 예를 들어 게베르 오리야크가 발전시킨 주판 계산에 대한 관심이 증가했다. 모든 관계를 명료하게 파악하면서 조망하고 싶은 욕구는 다양한 방식으로 표출되었다. 세계는 불안정한 상태에서 벗어났다.

이제 세상은 더는 눈물의 골짜기가 아니었다. 사람들은 세상을 정의하고 경계를 그어 구획을 나눌 수 있었다. 11세기의 최초 구분선은 바로 교회와 '세계' 사이에 그어졌다. 수도원 개혁 운동은 수도자들에게 일상의 아주 사소한 부분에까지 관상적 삶의 이념을 실천할 것을 요구했다.[3] 이것은 수도자를 훈련하는 훌륭한 방법이었다. 사람들은 주어진 목적을 달성하기 위한 최고 수단이 무엇인지를 고민하기 시작했다. 그래서 수도자들은 점점 더 '세상'에서 멀어져 갔다. 그들은 카롤루스 왕조의 문화적 낙관주의에 반대한다. 수도자는 세상에 적대적이면서 전투적 태도를 취했다. 그들은 수도자의 삶을 자기 자신과의 싸움, 악마와의 싸움으로 이해했다. 이러한 입장은 조금도 양보할 수 없었다. 확고부동함은 가치 판단을 낳는다. 그래서 수도자들은 모든 성직자를 그들만의 인생관을 가지고 재단하고 평가하기 시작했다. 천사 같은 삶을 사는 것이 최종 목표였다. 그 결과 독신제가 가장 먼저 성문화되었다. 수덕적(修德的)·금욕적 삶이 곧 가장 바람직한 삶의 방식이어야 했다. 금욕 생활의 장려, 클뤼니(Cluny) 수도원의 엄격한 전례 감독, 죽은 영혼을 위한 초국가적인 통공(通功) 기도 조직을 통해 ─카롤루스 개혁의 결과로─ 천사적 삶의 이상에 도달하고자 노력했다. 11세기 말에는 왕실 재정의 합리화와 원거리 무역 상인들의 연합이 나타났다.

　사람들은 새로운 규준으로 자기 자신을 재어 보기도 했다. 그전에는 주제가 되지 않았던 내 안의 긴장과 분열을 발견했다. 레겐스부르크의 성(聖) 에메람(Emmeram)의 오틀로(Otloh von St. Emmeram)는 자기의 내적 '시련'을 섬세하게 글로 남겼다. 자서전적 문학 양식이 주목받기 시작했다. 사람들은 자아의 안정을 방해하는 여러 가지 요소를 알고 싶어 했다. 수도자는 철학적 지식의 추구가 개인의 자기 확신에 위험이 될 수 있다는 사실을 깨닫는다. 그리스도교인으로서 자유학예를 실천하는 카롤루스적 정체성은 이제 여기서 종말을 고한다. 명확하고 확실한 것을 추구할수록 문화의 핵은 분열을 일으켰다. 그래서 세기말에 한쪽에서는 반(反)문화적 방식으로, 즉 극단적으로 문화 개혁을 주창하는 사람들이 있는가 하면, 다른 한쪽에서는 순수 방법론적 측면에서 작업하는 이들, 즉 논증 기술의 전문가들이 나타나게 되었다. 고대의 교육 규범과 세상을 경멸하는 수도적 가치관, 성경적 동기와 인간의 현실적 요구 사이의 갈등이 수면 위로 떠올라 충돌하기 시작했다. 이 모든 일은 증대된 종말론적 긴장 속에서 발생했다. 실제로 많은 수도사가 종말론적 관점에서 성경을 새롭게 읽었다. 『구약성경』에 나타난 통치자의 윤리는 관심 밖으로 밀려났다. 지금 여기, 현재의 기대와 희망 속에서 세계의 종말을 묘사하는 일에 관심이 모아졌다.

새 천년기 들어 또는 기원후 1033년이 되었을 때(즉 그리스도가 세상을 떠난 지 1,000년째 되는 해), 종말에 대한 두려움이 사회를 온통 잡아먹었다든지 또는 그 시기의 정신적 활동은 모두 묵시록적 불안을 동기로 이루어졌다는 기존의 주장은 다소 수정될 필요가 있다. 오토 왕조의 문화 부흥은 세상의 종말이 가까이 왔다는 인식과 융합되기 힘들었다. 대주교 빌리기스(Willigis) 같이 막강한 권력을 가진 현실주의자는 종말론적 신앙과는 거리가 멀었을 것이다. 그는 975년 마인츠에 거대한 대성당을 짓기 시작했다. 사람들은 세계가 끝나는 정확한 날짜를 계산했다. 하지만 그러한 시도는 이미 오래전부터 있었다. 문제는 언제를 기점으로 잡고 시간을 계산하느냐에 있었다. 성경을 연구하는 이들은 하느님께는 1,000년도 하루와 같다고 주장할는지 모른다. 분명 대부분의 그리스도교인은 세상의 시간이 거의 끝나가고 있다고 믿었음에 틀림없다. 그러나 이런 말은 1세기 때부터 끊임없이 듣던 말이다. 교황 그레고리우스 1세도 종말을 여러 차례 강조했다. 그래서 종말에 대한 분위기는 적잖이 모호한 편이었으며, 자연재해가 발생하거나 정치적으로 필요하면 언제든지 도구로 가져다 쓸 수 있었다. 이 세상을 심판하는 신의 입장에서 교회와 국가의 모순 관계를 볼 줄 아는 예리한 사람은 세속 왕국과 성직자의 왕국이 하나로 통합되기가 거의 불가능하다는 사실을 당장 알 수 있었다. 고대의 것을 그대로 본받으면서 어떻게 수도자적 삶을 영위할 수 있다는 말인가? 목적과 수단, 이 두 개의 개념을 가지고 교회와 국가를 엄격하게 분리하거나 둘 사이에 분명한 질서를 세워야만 할 것이었다.

11세기 중반까지 황제들은 통치자의 사제 직무 수행이라는—기원적으로는 비잔티움적이고—카롤루스적 통치자 이념을 그대로 따랐다. 그들은 역사적 선례를 따라 공의회를 소집하고 공의회를 주재하는 의장으로 그 자리에 참석했다. 이제 교황 중심의 교회는 통치자에 대한 관념을 뒤집으면서 우위성을 쟁탈하기 위한 싸움을 벌였다. 1075년부터 유럽 전체가 관여하게 된 서임권(敍任權) 분쟁은 원래 전통적으로 황제가 갖고 있는 주교 서임권의 타당성 문제로 시작했다. 수도원 개혁 운동으로 강력해진 교황은 황제의 주교 서임권에 반대하면서 세속 통치자를 종교 통치자 아래에 둘 계획을 진행시켰다. 서임권 분쟁은 권력 투쟁이면서 동시에 학문적 논쟁이었다. 라우텐바흐의 마네골트(Manegold von Lautenbach)는 왕위는 그 기능의 유용성과 단점을 평가할 필요가 있다고 주장하면서 교황의 편을 들었다. 제대로 일하지 못하는 왕은 주인이 무능한 돼지치기를 쫓아내듯 쳐내야 한다고 하면서 말이다.[4] 중세에 황제의 탈신성화는 완벽하게 진행되지 못했다. 하지만 11세기 마지막 수십 년 동안에 황제의 신성 권한은 확실히 타격을 입었다. 서임권 분쟁 중에 작성된 문헌을 보면 양쪽 진영이 얼마나 잘 짜인 논증으로 상대방을 공격했는지, 어떤 표현이나 구절을 놓고 서로 논쟁했는지를 알 수 있다. 그러나 강력한 논증을 구성하는 논리적 정교함만 중요하게 여기지는 않았다. 서임권 분쟁은 권력의 이해 당사자가 사유의 막강한 힘을 처음으로 체험한 사건이었다. 내가 권력을 손에 넣을 수 있는지 없는지를 알기 위해서는 내가 그 논증을 이해해야만 했다. 정치와 학문은 이때부터 서로 밀접한 관계를 맺기 시작했다. 안타깝지만 이 관계는 아직까지도 철학사가의 주목을 받지 못한 주제이다.

경제적으로 융성해진 서구 라틴 세계는 11세기 중반부터 어느 모로 보나 자기보다 훨씬 부강한 이웃 문명, 오래전부터 시기와 부러움의 대상이었던 비잔티움 제국과 이슬람 제국에 대적할 정도로 힘을 키울 수 있었다. 미묘한 부분에서만 로마 교회의 신앙 고백과 차이를 보일 뿐(성령이 성부에게서만 발출하는가 아니면 성부와 성자 모두에게서 발출하는가라는 문제, 성찬 예식에 발효시킨 빵을 사용하느냐 발효하지 않은 빵을 사용하느냐라는 문제), 비잔티움도 우리와 같은 그리스도교 국가였다. 그러나 1054년 교황은 비잔티움과의 동질성을 완전히 끊어 버렸다. 이베리아반도에서의 영토 확장의 중요성은 모두가 인식하고 있었다. 11세기부터 서구 라틴 세계는 그곳에서 이슬람 세력을 아주 서서히 밀어냈다('재정복' 운동(Reconquista)). 1085년에는 톨레도를 탈환하는 데 성공했다. 11세기 말에 교황은 십자군 원정대를 모집했다. 십자군은 1099년 예루살렘에 입성했다. 서구 세계는 매우 공격적으로 나왔다. 그전까지 도덕적 악으로 간주했던 무기 사용은 교황의 세계 통치와 그리스도교 포교라는 목적을 실현하기 위한 수단으로 재평가되었다. 그리스도교 문명은 유대인들에게도 적대적이었다. 1000년경 이전까지 유대인들은 도시에서 별다른 차별을 받지 않고 살 수 있었지만 11세기 후반 들어 상황은 급변했다. 유대인들은 일시적이기는 하나 교황이 파문한 황제의 비호를 받고 있었기 때문이었다. 또한 금융업의 발달로 상인의 입지가 커진 상황에서 그리스도교 신앙을 가진 상인들이 유대인들을 경쟁자로 의식한 것도 이유였다.[5] 이러한 상황은 한 가지 신학적 쟁점을 야기하기도 했다. 라틴 세계는 부유하고 교양 있는 유대인들의 공동체와 대략 10세기부터 라인강 유역을 따라 꾸준히 설립된 수준 높은 유대인 학교를 도전으로 받아들였다. 이 현상은 분명 언젠가는 큰 문제가 될 것이 뻔했다. 이러한 긴장 관계는 서임권 분쟁에서의 대립과 마찬가지로 엄격한 카롤루스-라틴인의 정신으로는 포용 불가능한 대립이었다.

저술가들은 딱딱한 궁정 양식에서 떨어져나와 자유로운 문체를 구사했다. 언어는 유연해지고 표현은 직접적이었다. 9세기에는 없던 단어의 유동성과 어법의 자유가 생겨났다. 그러나 성직자로 구성된 지배 계층은 이 사회의 기초를 논의하는 새로운 방식을 달갑게 여기지 않았다. 새로 등장한 형식은 이단을 만들어 냈기 때문이다. 우리는 10세기에서 역사적으로는 단 하나의 이단도 확인할 수 없다. 그런데 11세기에는 갑자기 이단자들을 잡아 사형에 처한 기록들이 무더기로 나타난다.[6] 서구 라틴 세계의 학문적 삶, 특히 철학적 삶이 새롭게 눈을 뜨는 역사적 계기가 바로 여기에 있다.

　이 당시의 사회는 '산업혁명'에 필적할 만한 '상업 혁명'을 일으켰다. 그리고 거기서 생산한 동력을 가지고 유대인들, 아랍인들, 동방 그리스의 그리스도교인들과 맞섰다. 상업 성장의 배경에는 현실의 경험을 추상적으로 가공하고 대립과 갈등을 감내하도록 가르친, 확고하게 다져진 교육 체계가 자리하고 있었다. 11세기와 12세기 철학 발전의 조건은 이상과 같다.

제14장
투르의 베렝가르와 캔터베리의 안셀무스

 11세기 후반부에는 철학적 삶의 꽃이 다시 피어났다. 그러나 이것은 자연 발생이 아니었다. 사람들은 캔터베리의 안셀무스와 그의 스승인 란프란쿠스에게서 철학의 부활을 보곤 한다. 하지만 란프란쿠스의 텍스트를 연구하면 그를 안셀무스에게 철학적 동기를 부여한 사람으로 간주하기가 어렵다는 점을 알 수 있다. 자유학예의 뛰어난 교사로 이름을 날렸던 란프란쿠스는 생명의 위험에 빠진 적이 있는데, 그때 그는 수도자가 되어 세속적 지식을 멀리하겠다는 서약을 했다. 그 후로 란프란쿠스는 자유학예를 거부하기로, 특히 변증술(즉 논리학)을 배척하기로 결심했다. 그는 앞으로 학자로 살면서 인간의 생각이 아닌 하느님의 말씀만을 연구하는 데 매진하기로 한다. 현재 우리에게 전해지는 란프란쿠스의 작품은 전부 이른바 '반(反)변증술적 전회' 이후에 집필된 것들이다.
 그러므로 그만큼 안셀무스는 11세기의 고독한 철학자가 된다. 그는 확실히 아우구스티누스를 알고 있었지만, 자신은 아우구스티누스를 거스르는 말은 절대로 하지 않는다고 공언한다. 하지만 이러한 고백에는 이미 아우구스티누스적 사유와는 다른 길을 가겠다는 분명한 의식이 담겨 있다. 그의 저서 어디서도 언급하지 않지만 안셀무스는 보에티우스도 알고 있었다. 신을 그보다 더 나은 것을 생각할 수 없는 존재로 개념화한 데서 벌써 보에티우스의 영향을 강하게 느낄 수 있다. 하지만 보에티우스말고도 키케로[1])와 세네카, 아우구스티누스도 이와 비슷하게 신을 묘사한 적이 있다. 보에티우스의 논리적 엄격함이 안셀무스에게 특히 중요했다는 점을 염두에 둔다면, 그의 신 관념은 정말 그가 그 시대의 시작이었고 그 누구의 영향도 받지 않은 사상가라는 점을 암시하는 듯하다. 그러나 여기에 속아넘어가서는 안 된다. 그는 이단자인 투르의 베렝가르(†1088)[2)]의 영향을 받았기 때문이다. 안셀무스가 처음 노르망디 지방에 위치한 베크(Bec)를 찾았을 때, 란프란쿠스는 베렝가르와 열띤 논쟁을 벌이는 중이었다. 주제는 지식이었다. 지식이 문제였지만 구체적으로는 아리스토텔레스-보에티우스적 변증술(즉 형식논리학)을 신앙에 적용하는 문제였으며, 더 구체적으로 말하자면 9세기 이후에 발전된 물체적-실재적 관점에서 만들어진 성체 변화의 신학에 적용하는 문제였다. 베렝가르는 충분히 적용할 수 있다고 보았다. 그는 예시를 통해 논리학을 성체 변화의 신학에 일관되게 적용할 경우에 어떤 결과가 나오는지를 보여 주었다. 란프란쿠스는 변증술을 호교론적 목적에서 사용하는 부수적 도구로만 간주하려 했다.

베렝가르는 샤르트르학파 출신이었다. 그의 스승이 샤르트르학파의 창시자인 풀베르이다. 란프란쿠스도 풀베르에게서 배웠던 것 같다. 그리고 풀베르는 랭스의 게베르 오리야크의 제자였다. 그러므로 보다시피 전통의 역사적 사슬은 보기보다 더 공고하다. 안셀무스를 생물학적 은유로 '스콜라학의 아버지'라 부르는 몇몇 역사학자는 그를 최초의 이단자인 베렝가르와 연관 짓기를 주저한다. 하지만 우리는 현존하는 란프란쿠스의 작품이 안셀무스의 작품을 이해하는 데 아무런 도움이 되지 못한다는 점과 권위를 전혀 존중하지 않는다고 란프란쿠스가 안셀무스를 나무랐다는 사실을 알고 있다. 무엇보다도 부정할 수 없는 사실은 베렝가르와 안셀무스의 공통점이다. 이 둘은 '오직 이성만으로'(sola ratione) 그리스도교 신앙의 진리를 증명하고자 했다. 베렝가르는 9세기에 널리 퍼진 성찬례에 대한 신학적 이론을 비판한다. 이 이론은, 성찬례에 사용되는 빵은 예수 그리스도의 몸이 되기 위해 빵이기를 그친다고 설명한다. 투르에서 문법과 변증술을 가르치는 교사였던 베렝가르는 다음과 같이 반박한다. "이것은 나의 몸이다"라는 문장에서 지시 대명사 '이것'은 빵의 실체를 가리킨다. 그렇다면 물리적 살로 파악된 예수의 몸을 문장의 새로운 주어로 대체할 때, 이 문장은 모순적으로 된다는 것이다. 베렝가르는 빵과 포도주의 속성은 남고 실체는 사라져야 한다는 말의 불합리함을 꿰뚫어 보았다. 이 말은 변증술에서 가장 기초적 개념에 모순이라는 것이 베렝가르의 주장이다. 우리는 속성을 실체에 귀속되는 것으로 정의한다. 실체는 없애고 속성은 남기는 사람은 아리스토텔레스의 범주론을 거스르고—어느 누구도 원치 않는 결과지만—인간의 이성과 자유학예의 체계 전체를 무너뜨리게 된다. 그런데 우리가 하느님의 모상이라 불리는 것은 우리가 가진 이성 능력 때문이다. 인간이 가진 하느님의 모상을 간직하려면 어디서든 이성을 꼭 붙들어야 한다.[3]

여전히 잘못 주장되는 것과는 달리, 베렝가르는 성찬례에서 그리스도의 실재적 현존을 부정하지 않았다. 그는 단지 '실재적'이라는 말을 물체적 현존을 가리키는 말로 이해하지 않았을 뿐이다. 빵을 그리스도의 몸으로 변화시키는 힘(vis)이 성체성사의 '실재'이다. 베렝가르에 반대하는 수많은 사람은 '실재적'이라는 말을 '감각적으로 현존'한다는 말로 이해했다. 서로 다른 두 개의 감각적 사물이 하나의 같은 장소에 있는 것은 불가능하기 때문에, 베렝가르에 반대하는 이들은 하나는 남기고(그리스도의 몸) 다른 하나는 밀어냈다(빵). 베렝가르의 성체 변화 이론은 그러한 물체적 표상과는 거리가 멀다. 베렝가르는 모순도 피해야 하지만, 성체 변화가 연상시키는 마술적 요소도 제거해야 한다고 생각했다. 그는 미신과 확실히 구별되는 합리적 그리스도교를 원했다. 그 부조리한 설명 때문에 성직자와 민중의 간극을 줄이기는커녕, 넓히기만

하는 그리스도의 물리적 현존보다는 앎과 의지로 함께하는 신자들의 영적 변화를 원했다.

베렝가르는 단죄받았다. 그러나 논란은 그가 단죄를 받고 나서도 수십 년이나 더 이어졌다. 란프란쿠스는 베렝가르의 사상이 프랑스와 독일, 이탈리아 곳곳에 퍼졌다고 보고한다. 팽팽한 긴장 속에서 논쟁적 저서들이 연이어 쏟아져 나왔다. 서임권 분쟁에 앞서는 베렝가르 논쟁은 고대 세계가 종말을 고한 이후로 유럽에서 처음으로 펼쳐진 거대한 저술 논쟁이다. 이제 저술 작품은 ─ 9세기 예정설 논쟁 때와는 달리 ─ 궁정의 속박에서 벗어나 문학적 자유를 획득했다. 이것은 새로운 사건이다. 성체성사 논쟁의 여파로 로마는 이단자를 심문할 권한을 지역 주교 회의에서 빼앗아 왔다. 로마가 진리를 관장하고 심판해야 한다는 견해가 갈수록 우세했다. 또한 저술과 문학에 관심 있는 독자들과 대중이 있다는 점도 입증되었다. 양질의 교육을 받은 사람이 많아졌다. 다원화의 장점이 눈에 띈다. 수많은 도시에 대성당 학교가 세워졌다. 이제는 랭스와 샤르트르 말고도 뤼티히(Lüttich)와 투르, 그리고 다른 도시들에도 학교가 있다는 말을 듣는다. 이렇게 해서 더 멀리 발전해 나가기 위한 제도적 발판이 마련되었다. 하지만 11세기와 12세기에 방금 언급한 도시들의 학교에서 가르친 것은 베렝가르가 일관되게 밀고 나가려 했으나 실패할 수밖에 없었던 바로 그 자유학예였다. 도시에 더 많은 학교가 세워질수록 그동안의 수도적 지식이 더 많은 회의에 부쳐졌다. 행정 기구의 합리화, 해명의 보편성, 교역 기구, 금융업의 발달, 지역 공동체의 자율 행정 경험, 도시민 법률 분쟁의 중재는 인간이 훌륭한 논증으로 간주했던 것의 의미를 바꾸어 놓았다. 즉 전승된 것 전체는 새로운 합리성 범주에 따라 새롭게 평가되어야 했다. 이 문명은 자기가 다양하고 상이한 요소로 구성되어 있으며, 때로는 모순적이기까지 한 기초 위에 세워졌다는 사실을 자각하기에 이르렀다. 국경을 초월한 형제애로 연대한 이 열렬한 종교 정당은 전능한 신과 세계 지배를 꿈꾸는 그의 지상 대리자의 날인을 합리적 논증보다 우월한 것으로 떠받들었다. 이것이 베렝가르의 패배의 상징적이고 현실 정치적인 의미였다.

그러나 캔터베리의 안셀무스(Anselm of Canterbury, †1109)는 베렝가르가 사용한 방법을 — 다소 누그러진 어조로 — 그리스도교의 교의 전체에 적용했다.[4] 변증술을 통한 동화 작용과 신앙 문제에서 변증술의 일관된 사용은 안셀무스를 역사를 초월한 철학자로 만들었다. 이성 능력의 측면에서 인간이 하느님의 모상으로 만들어졌다는 것과 논리적 사고는 신적 사유를 분여받은 결과라는 베렝가르의 확신은 수백 년이 넘도록 교회 내에서 유효한 입장이었다. 그뿐만이 아니다. 안셀무스는 베렝가르의 확신이 그리스도교 신앙 내용에 구체적으로 의미하는 바가 무엇인지를 과감히 보여 주었다. 그는 『모놀로기온』(*Monologion*)에서 그리스도교적 신론에 속하는 거의 모든 규정이 아우구스티누스적이고 신플라톤주의적인 기초 위에서, 철저하게 보에티우스적 변증론의 형식으로, 순수 이성적으로 증명된다는 점을 입증했다. 안셀무스는 하느님이 삼위일체 하느님이라는 사실이 이성적 필연으로 증명된다고 굳게 믿었다.

『프로슬로기온』(*Proslogion*)에 실린 그 유명한 안셀무스의 신 존재 증명은 신의 존재 문제를 순수하게 의미론적 문장 분석으로 해결한다. 신의 존재를 부정하는 문장에도 '신'이라는 단어가 들어 있다. 안셀무스는 '신'을 그보다 더 완전한 것을 생각할 수 없는 존재로 이해한다. 그는 키케로, 세네카, 아우구스티누스, 보에티우스에게서 가져온 요소들로 이 논증(나중에 이 논증은 '존재론적' 논증이라 불린다)을 설계했다. 논증 절차는 성체성사 논쟁에서 베렝가르가 처음 도입했다. 하지만 논증 구조와 그것을 즉시 수도자적 관상 기도에 연결한 것은 안셀무스의 고유한 작업이다. 이 논증에서는 실재 학문에 대한 변증술의 우위성을 표방한 중세 초기의 학교 문화가 살아 숨 쉬고 있다. 이 논증은 실재하는 세계 구조에 대한 어떠한 전제도 필요로 하지 않는다. 그러나 신의 확실성을 오직 사유를 통해서만 찾아내고 우주론적 관점에서는 정초하지 않겠다고 선언함으로써 이 논증은 새로운 시대를 열었다. 이런 종류의 논증은 고대에는 없었다. 반면에 근대에는 이 논증의 진리 여부에 대한 논의가 철학의 공통 주제가 되었다(데카르트부터 시작해 베네딕투스 데 스피노자(Benedictus de Spinoza), 라이프니츠, 그리고 칸트를 넘어 프리드리히 빌헬름 요제프 폰 셸링(Friedrich Wilhelm Joseph von Schelling)과 헤겔에 이르기까지).

안셀무스는 아우구스티누스적으로 해명된 그리스도교 진리를 엄격하게 짜인 논리 구조를 통해 증명하고자 했다. 또한 변증술을 도구로 삼아 수도자적 삶의 형식을 분석하고 동로마와 이슬람에 맞서 서방 교회의 자기 정체성을 확립하고자 했다. 그러나 신앙 내용을 연역하고 논리적 질서를 세우는 일은 또한 정화와 구원을 목표로 했다. 안셀무스는 대작 『하느님은 왜 인간이 되었는가』(*Cur Deus homo*)에서 구원에 대한 기존의 통념을 강하게 비판했다. 600여 년 동안 그리스도교인들은 그리스도의 십자가상 죽음과 그 죽음을 통한 구원을 인류에 대한 악마의 권한을 도로 가져오는 일로 이해했다. 이원론적 발상에서 기인한 이러한 구원관은 합리적으로 체계화하기가 불가능하다. 아우구스티누스와 그 외 다른 교회 저술가의 권위들이 바로 이러한 입장을 택한다. 안셀무스는 교부들을 비판하면서 그들의 이원론적 구원관을 하느님의 무한한 영광이 인간에게 받은 상처는 오직 ― 하느님이 직접 개입해야 하지만 인간이 바쳐야 하기 때문에 ― 하느님이시며 사람이신 분의 보속(補贖)을 통해서만 기워 갚을 수 있다는 새로운 구원론으로 대체한다. 리처드 W. 서던(Richard W. Southern)은 사탄의 역할 축소가 11세기의 새로운 실재 역사적 상황에 어떻게 들어맞는지를 구체적으로 보여 주었다. 그는 안셀무스의 구원론이 당시 사회의 봉토제를 바라보는 인식을 그대로 반영한다는 점을 입증했다.[5] 하느님은 자기 가신들에게 모욕받은 주군이나 영주와 같이 표상된다. 그가 받은 모욕은 적절한 '보상 행위'를 통해서만 회복될 수 있다. 도시가 급성장하는 새로운 시대에 보상이나 배상 같은 봉건주의적 개념은 장기적으로는 유효성을 상실할 수밖에 없었다. 그래서 얼마 지나지 않아 안셀무스의 이론도 그가 악마의 권리에 대한 오래된 구원관을 비판했을 때와 같은 정도로 엄격한 비판을 받게 되었다. 변증술은 그리스도교의 본질적 내용에 '단지' 논리적으로 적합한 형식만을 제공하는 데 쓰일 뿐이지만, 그럼에도 그리스도교의 자의식을 계속해서 변화해 나갔다.

IV. 12세기

제15장
역사의 분수령

　12세기는 경제적·사회적·제도적·종교적·법적 삶의 측면에서 볼 때, 역사의 전환점이었다. 중세 사유의 언어적 삶의 조건이 변했다. 11세기 중후반에 시작된 사회적 변혁으로 당시 유럽을 선도했던 프랑스, 중부와 북부 이탈리아, 영국, 플랑드르 지방, 라인강 유역의 농업 중심 문명에서는 대대적인 도시화가 진행되었다.[1] 물론, 농업은 여전히 핵심 산업이었고 봉건 제도 역시 완전히 폐지되지 않고 남아 있었다. 프리드리히 바르바로사(Friedrich Barbarossa, 프리드리히 1세) 같은 영웅적인 제왕과 클뤼니 수도원의 가경자 피에르(Pierre le Petrus Vénérable), 생-드니의 쉬제(Suger) 같은 독보적인 대(大)수도원장(abbas)이 일으킨 개혁 운동도 계속되었다. 하지만 그 옆에 또 다른 세계가 탄생했다. 새로운 세계는 영주들에게 도시를 정복하거나 화친을 맺고 전쟁을 그만두게끔 압력을 넣었다. 면직업자와 무기 상인, 공증인 등으로 이루어진 새로운 계층은 자유를 원했다. 노동 분업을 통해 생산 효율이 높아졌다. 사회는 더 유능한 법률가와 의사와 교사, 그리고 성직자를 필요로 했다. 또한 요구를 충족하기 위해서는 새로운 교육 기관이 필요했다. 수도원 학교는 문을 닫았고 대성당 학교에는 학생들이 몰렸다. 결국에는 대학이 설립되었다. 얼마 지나지 않아 대학은 지적 삶을 위한 필수적 요소가 되었다. 지금까지 농경 시대의 지적 삶이 수도원에서 형성되었다면, 이제부터 지적 삶은 대학에서만 가능하게 되었다고 해도 결코 과언이 아니다.

15세기 들어 대학은 위기를 맞는다. 프랑스와 영국 사이에 벌어진 전쟁은 파리의 국제적 기능을 약화시켰다. 영방 국가들은 각자 영토 내에 고유한 교육 기관을 세웠다. 지적 삶은 유연성을 상실했다. 중요한 발전은 대학 밖에서 이루어졌다. 이탈리아의 인문주의자들과 니콜라우스 쿠자누스에게 대학은 친숙한 장소가 아니었다. 하지만 1200년에서 1400년까지 학문은 강단 학문이었다. 파리가 그 중심지였으며, 그다음에는 옥스퍼드, 볼로냐, 몽펠리에가 뒤를 이었다. 13세기에는 나폴리를 제외하고는 교황이나 제후가 설립한 대학이 하나도 없었다. 모든 대학은 시 당국의 행정 조직과 유사하게 학생과 교원의 조합으로 탄생했다. 대학의 구체적 조직은 13세기에 형성되었다. 나중에 이 부분에 대해 자세히 다룰 것이다. 12세기에는 파리에 여러 학교가 있었다는 점만 확인 가능하다. 노트르담 대성당 학교, 센강 왼편에 자리 잡은 몽-생-주느비에브 학교, 생-빅토르의 성당 참사회가 설립한 학교가 바로 그것들이다. 이렇게 많은 학교가 몰려 있던 덕분에 12세기 초 파리는 상당히 매력적인 도시가 되었다. 저명한 학자들과 교사들도 파리의 이름값을 더했다. 샹포의 기욤(Guillaume de Champeaux)은 대성당 학교에서 가르쳤고 그의 적대자인 피에르 아벨라르는 라틴 지구에서 가르쳤다. 그리 멀지 않은 곳에 위치한 생-빅토르의 학교는 그들만의 고유한 학풍을 발전시켰다. 이렇게 해서 교사 수도 증가하고 학생 수도 빠르게 늘었다. 교사들과 학생들은 함께 어울렸다. '대학'은 가르치는 사람과 배우는 사람으로 이루어진 집단 외에 아무것도 아니었다.[2]

12세기 그리스도교에도 특징적 변화가 있었다. 구세주의 인간적 본성에 관심을 가지면서 요술적이고 마술적인 요소들이 뒤로 밀려났다. 여성을 보는 관점의 변화로 마리아 공경 문화도 영향을 받았으며, 마리아 공경은 다시 심리적·사회적 현실에 영향을 끼쳤다.[3] 가치 체계의 변화로 인해 사람들은 신을 다르게 보기 시작했다. 하느님은 무서운 심판관이 아니라 아버지요 선생님이자 '아름다운 하느님'(le beau Dieu)이었다. 로마네스크 양식에서 고딕 양식으로 넘어간 시기가 바로 12세기이다.[4] 이제 예수와 성인들은 신비로운 천상의 위계질서를 표현하지 않았다. 석조 입상들은 '인간의' 감정을 담아내기 시작했다. 천주의 모친과 아기 하느님의 감정적이고 '근대적인' 관계는 프랑스에서 처음 묘사되었다.

생산성 확대와 유동성 증가로 인한 혜택은 성당 건축과 교육 부문에만 국한되지 않았다. 사회적 긴장은 더 팽팽해졌다. 지금까지 계층이 분화되지 않았던 농민 집단은 소지주와 품꾼으로 나뉘었다. 도시에서는 부유층과 빈민층 사이의 격차가 더 커졌다. 오늘날 우리가 사용하는 '부유층'과 '빈민층'이라는 표현에 경제적 의미가 부여된 때가 바로 이 시기이다. 그전까지 '부유하다'라는 말은 '힘이 센', '중무장한', '명망 있는' 같은 의미 맥락으로만 쓰였다. 종교적 정체성은 적법성, 성인의 유해와 성물, 장례와 전례 등으로는 더는 만족하지 못했으며, 빈곤은 윤리적·종교적·사회적 문제로 크게 대두되었다.[5] 세 번째 4반세기 들어 이탈리아 상인들이 발칸 지역과 교역을 트자, 그곳에 만연한 이원론적 사상이 서구 세계로 밀려 들어왔다. 동방의 이원론은 가난한 이들이 부유층 교회에 대항하는 종교를 세울 동기를 제공했다.[6] '사도적 삶'의 이상은 봉건주의적 교회를 파괴하는 힘을 얻었다. 특히 1150년과 1250년 사이에 대표적 이단으로 낙인찍혔던 카타리파(Catharisme)처럼 마니교적 세계관을 거부했으나 근본적으로는 크게 다르지 않은 사상을 가진 발도파(Vaudois), 이른바 '리옹의 빈민들'이라 불렸던 집단이 그러했다. 서방 교회는 내부 반동을 처음에는 무력으로 진압했고 부수적으로는 각 개인의 금욕과 고행으로 응수했다. 그러나 알랭 드 릴(Alain de Lille)[7]과 아미앵의 위고(Hugo de Amiens),[8] 라이허스베르크의 게르호흐(Gerhoh von Reichersberg),[9] 크레모나의 프라에포시티누스

(Praepositinus)가 저술한 것으로 알려진 『대이교도대전』(*Summa contra haereticos*)[10]은 카타리주의가 제기한 문제에 관심을 가졌다. 교회는 문제를 이론적으로 반박하지 않고 책을 압류해 불태워 버리곤 했다. 하지만 일단 수면 위로 떠오른 이상 가난과 악은 돌이킬 수 없는 문제였다. 빈곤은 전통적으로 이어져 온 교회 위계질서의 정당성에 의문을 제기했다. 수도(修道) 전통과 고대 후기 철학이 일치를 이루는 관조적 삶의 우위성에 대해서도 회의를 품었다. 사람들은 동요하기 시작했다. 종교적 삶, 중세의 정서, 그리고 중세의 철학적·추상적 사유는 이러한 사회적 불안에서 새롭게 원동력을 얻고 변화해 나갔다.

11세기 말부터 진행된 사회사적 변혁과 경건 운동은 중세인들의 언어에도 영향을 끼쳤다. 라틴어는 더욱 유연해졌다. 어휘는 보다 개별적이고 구체적으로 사용되었다. 피에르 아벨라르와 그의 적대자인 클레르보의 베르나르는 새로운 언어를 구사했다. 이 두 사람의 라틴어에는 아직 '스콜라적' 특징이 없지만 카롤루스적 화려함도 없었다. 둘의 언어는 자유롭고 주관적이었으며, 문법에 얽매이지 않았다. 문체에는 강한 자기 확신이 담겨 있었다. 특히 다른 사람 입장에서 생각하고 바라볼 수 있는 독특한 표현을 사용했다. 이로부터 '이웃'이라는 성경적 단어에는 새로운 의미가 들어오게 되었다.[11] 당시에 쓰인 시(詩) 한 편을 보자.

> 자애로운 모후, 우리의 생명,
> 기쁨, 우리의 희망이시여, 찬미를 받으소서!
> 쫓겨난 하와의 자손들이 당신께 부르짖나이다.
> 눈물을 흘리며 탄식하고 애원하나이다.
> 슬픔의 골짜기에서.

> Salve, regina misericordiae,

vita, dulcedo et spes nostra, salve!
Ad te clamamus exsules filii Evae,
ad te suspiramus gementes et flentes
in hac lacrimarum valle.[12]

1087년 쓰인 것으로 추정되는 이 시는 금세 교회 전례에 사용되었다. 이 시는 전쟁이 끊이지 않는 세계, 여전히 농업과 남성 중심으로 구성된 사회에서 마리아 공경 문화에 기반을 두고 나타난 새로운 감정을 비참한 현실에 대한 초기 중세인들의 의식과 결합한다. 그 결과 나중에 슬픔의 골짜기는 정치적·법적으로 조직되고 경제적 번영을 이루게 된다. 12세기에는 궁정 문화와 기사 문화도 발달했다. 세속적 삶이 언어로 표현되었다. 크레티앙 드 트루아(Chrétien de Troyes, 1140~90)의 궁정 문학이나 보이렌의 시가(「카르미나 부라나」(Carmina Burana))가 그 대표적인 예이다.

「붉은 옷을 입은 처녀」

여기 한 소녀가 서 있다.
붉은 드레스를 입고
그 옷에 손을 대면.
살랑거리는 소리가 났으리라.
오호라!
여기 한 소녀가 서 있다
한 송이 조그만 장미처럼.
그녀의 빛나는 얼굴
꽃봉오리 같은 입술.
오호라!

'Stetit Puella'

Stetit puella rufa tunica.
si quis earn tetigit
tunica crepuit.
eia!
Stetit puella tamquam rosula
facie splenduit
et os eius floruit.
eia![13]

저자는 오비디우스(Ovidius)의 작품을 의도적으로 번안하지 않았다. 이 노래는 주체적이고 새로운 목소리로 울려 퍼진다. 구애하는 듯한 감각적 가사를 운율로 살려 낸 것도 새롭다. 수도적이고 도덕적인 어떠한 함축도 없이 남자는 자기 눈앞에 펼쳐진 모습을 그대로 묘사했다. 그는 소녀의 옷이 바람에 흔들릴 때 나는 소리를 놓치지 않았다. 작가의 개인적 체험이 아닐 수도 있다. 그러나 형이상학적이거나 신학적인 내용을 삼갔다는 점만큼은 특기할 만하다. 야코프 부르크하르트(Jacob Burckhardt)는 이 노래에서 르네상스의 전조를 읽어 내기도 한다. 사람들은 중세 시대의 '르네상스'를 수도 없이 이야기한다. 카롤루스 왕조의 르네상스, 오토 왕조의 르네상스, 12세기의 르네상스 등등. 그러므로 이 표현은 자제하고 라틴어 문학 표현 방식의 변화라는 역사적 현상을 깊이 있게 분석할 것을 권한다.[14]

제16장

교회와 이단

　교회는 12세기 서구 라틴 세계의 '사회' 그 자체였다. 세례는 사회생활을 시작하기 위한 최초의 기본 절차였다. 교회의 파문은 곧 사회에서의 추방과 같았다. 그리고 파문을 받으면 적지 않은 경우 사형에 처했다. 12세기 사회의 변화는 거의 항상 교회적 변화였으며, 그 결과는 성직자들이 주도하는 학문 분야에 영향을 끼쳤다.

　11세기부터 세속 정치에 발을 들인 로마의 주교는 다른 지역으로 세력을 확장하면서 호엔슈타우펜 왕가와 끊임없이 충돌했다. 교회는 자신의 법적 지위를 더 구체적으로 다져 나갔다. 12세기는 교회법 역사에서 중요한 발전이 이루어진 시기이다. 사람들은 여기서도 통일을 추구했다. 역사를 통해 성장한 수많은 법률 관계에 드디어 체계와 질서가 잡혔다. 교회 법령의 집대성 작업에는 베네딕토회 수사인 그라티아누스(Gratianus)의 『교령집』(*Decretum*, 1150년경)이 기여한 바가 가장 크다.[1] 그라티아누스가 펴낸 것이 법률 서적이라고 하면 우리는 그의 역사적 역할을 과소평가하게 된다. 그라티아누스는 종교개혁 시대 이전까지 서구 유럽의 윤리적·법적 규범을 형성했다. 그는 여러 지방의 법령들 속에서 혼인과 상속에 대한 규정을 가려냈다. 파리에서 어떤 이가―페트루스 롬바르두스는 『명제집』(*Sententiarum*)을 1155년과 1157년 사이에 집필했다―하늘나라에 들어가기 위해 믿어야 할 것들을 모았다면, 비슷한 시기에 그라티아누스는 이 땅에서 그리스도교인들이 살아가야 할 방법이 무엇인지 고민했다. 이 두 사람의 작업은 제각기 교황의 개입 없이 독자적으로 이루어졌다. 하지만 다음 세대의 교황들은 이 두 사람의 체계화 작업에 지속적인 관심을 보였다. 국제 교류 증가와 금융업의 번성은 중앙 집권화를 향한 교황의 야욕에 걸림돌이 되었다. 교회가 자신의 제도적 장치를 남용하는 동안에 교회의 착취 행위에 반대하는 움직임이 일어났다. 교회에 대한 저항은 정통성을 해치지 않고 진행될 수 있었다. 새로운 방향을 추구하는 수도자들이 많이 있었다. 11세기 말엽부터 활발히 전개된 개혁 운동은 과거의 수도원 개혁 운동과는 확실히 거리를 두었다. 이전의 개혁을 주도했던 클뤼니 같은 수도원은 그러는 동안 부를 축적해 배가 부른 상태였다. 새 수도회가 연달아 탄생했다. 1084년 카르투시오회, 1098년 시토회, 1120년 프레몽트레회가 각각 설립되었다. 이들 수도회 소속 수사들은 날염을 하지 않은 양모로 수도복을 지어 입었기 때문에 '백의의 수사'라고 불렸다. 이들은 예수처럼 청빈한 삶을 추구했다. 지상에서의 예수의 삶에 관심을 가진 결과—초기 교회 미술에서 그리스도를 만물의 지배자와 심판관으로 그려 낸 것과 대조적으로—사람들은 그리스도를 어떻게 하면 본받을 수 있을지 새롭게 생각하게 되었다.

  곧바로 이 개혁 운동은 정통 그리스도교의 경계를 허물었다. 12세기는 이단자의 시대였다.[2] 사람들은 정신적 분야에서도 무엇인가 새로운 것을 찾아 헤매었다. 지적 새로움은 이단자의 수를 폭발적으로 증가시켰다. 이단 혐의를 받은 사람들은 이보다 더 많았다. 로셀리누스(Roscellinus), 피에르 아벨라르, 푸아티에의 질베르(Gilbert de Poitiers), 브레시아의 아르날도(Arnaldo da Brescia)는 이단자였거나 이단자로 낙인찍힌 인물들이다.[3] 그리스도교 신앙 내용을 언어논리학적 관점에서 접근하는 새로운 방식 하나가 일으킨 문제점만 해도 벌써 수십 개나 되었다. 마니교처럼 세계의 두 원리를 주장한 카타리파[4]가 바로 그 증거이다. 카타리파는 그리스도교 교회와 교회와 긴밀하게 결합한 사회 구조를 물질적으로 드러난 악의 총체로 간주했다. 그들은 교회에 논증을 강요했다. 그런데 그 논증은 매우 난해하면서도 소모적이기까지 했다. 카타리파에 따르면, 교회는 세상에 서로 대립하는 두 개의 원리가 없다는 사실을 증명해야 한다.『구약성경』과『신약성경』이 어떻게 일치하는지, 교회가 빛의 세계에 어떻게 속하는지도 증명해야 한다. 교회는 무력을 쓰지 않고서는 이 위험 세력을 제압할 수 없었다.

　교회는 군 병력을 카타리파를 진압하기 위해서만 투입하지 않았다. 12세기는 십자군전쟁의 시대이다. 서구인들은 십자군전쟁을 통해 아랍 문명과 강렬하게 조우했다. 그러나 지적 만남의 장소로서 의미가 깊은 곳은 스페인 북부와 시칠리아의 혼합 지방이었다. 십자군전쟁은 폭발적 인구 증가와 서구 세계의 영토 확장 욕구의 일면에 불과했다. 주목해야 할 것은 수많은 신도시 건설과 기존 도시들의 빠른 확장이다. 사람들은 1050년과 1350년 사이에 쾰른이나 피렌체의 성벽을 어떻게 연장하고 확충해 왔는지를 역사 지도를 가지고 배웠다. 시민들은 역사적으로 중요한 경험에 더는 위계질서와 법 규범의 설정에 얽매여 수동적 태도를 취하지 않았다. 그들은 자기들에게 필요한 경험을 주체적으로 만들어 나갔다. 타지역을 침략하지 않고 바닷가와 자국 영토 안에서 영토를 확장하는 사람들도 있었다(플랑드르 지방의 제방 건설). 노르만족은 영국과 이탈리아 남부로 진출했다. 아울러 동쪽에 식민지를 건설하고 슬라브인들에게 그리스도교를 전파했다. 원거리 무역 확대와 십자군전쟁은 이 거대한 역동성의 극히 일부분일 뿐이다. 이 시기의 정신사적 발전도 이러한 역사적 조건의 영향을 받았다.

제17장
새로운 지식

새로운 경험. 아랍 문명을 접하다

1100년경의 영국은 상당히 우수한 행정 체계를 보유했지만, 교육 기관의 발전은 수도원 학교 수준에 머물러 있었다. 같은 시기의 프랑스로 말하자면, 곳곳에 대성당 학교가 넘쳐났다. 이러한 사실은 당시 새로운 지식을 오랫동안 찾아다닌 이들이 영국인이었다는 점을 설명해 줄 수 있을 것 같다.

캔터베리의 안셀무스는 혈기 왕성한 영국인인 바스의 애덜라드(Adelard of Bath, †1150)가 지식의 보물을 탐험하러 길을 떠났을 때에도 아직 살아 있었다. 애덜라드는 캔터베리로 가지 않았다. 그는 파리에 간 다음에 거기서 다시 샤르트르로 갔다. 하지만 샤르트르도 그의 목적지는 아니었다. '갈리아의 명제집'이 아닌 아랍인의 경험적 지식을 알고 싶었기 때문이다. 지식 여행에서 돌아온 다음에 그는 자기가 접한 새로운 지식을 대화 형식으로 요약한 책을 펴냈다. 그의 대화편은 식물과 동물과 인간의 생물학적 과정과 감각 경험의 심리학, 그리고 우주론을 망라했는데, 특히 수로학(水路學)과 기상학적 문제에 관심을 갖고 다루었다. 중요한 것은 애덜라드가—12세기 초부터—자연적 지식을 인과론적 분석으로 이해했다는 사실이다. 그는 우리가 자연에서 원인을 더 발견할 수 없을 때, 자연 현상의 원인을 하느님의 의지로 돌려야 한다고 말한다. 단지 어휘를 늘어놓거나, 기술하기만 하거나, 시각적 특수성만 언급하는 자연 지식이야 중세 초기에도 있었다. 이런 종류의 서적은 애덜라드 이후에도 몇 세기 동안 계속 생산되었으며, 인쇄술의 초기 발명 때까지도 자연학 참고 서적 저술가나 설교자들에게 인기가 많았다. 하지만 그는 자연 지식을 새롭게 구성했다. 그는 아랍인들이 우리보다 뛰어나다고 말하면 사람들이 발끈할 것이라는 점을 알고 있었는데, 실제로 그런 말을 종종 했다. 『같음과 다름에 대하여』(De eodem et diverso)의 서문에서 그는 자기 조카에게서 받은 비난을 토로한다. 그의 조카는 자기가 불안정하고 경박하고 역마살이 껴서 여행을 즐겨 다녔다고 생각했다는 것이다. 그는 서구 세계의 지식이 한참 뒤쳐져 있다는 사실을 알았다. 그는 사태를 전문 분야에 따라 순수 경험적으로 해명하는 방법을 창안했다. 애덜라드 이전에는—게베르 오리야크에 의해—수학과 천문학만이 이와 유사하게 취급되었다. 애덜라드는 지식 기행에서 다수의 아랍 서적을 가지고 돌아왔다. 그리고 아랍어를 익혀 그 가운데 몇 권을 번역하기도 했다.[1]

애덜라드의 동향인인 몰리의 대니얼(Daniel of Morley)도 12세기 초의 학교 문화에 싫증을 느낀 사람이었다. 그 또한 책으로만 하는 공부를 비판하고—그는 직접 이렇게 표현한다—'케케묵은 권위의식에 젖은 머저리 같은 이들'이 교수 자리에 앉아 있는 파리를 떠나 톨레도로 갔다. 톨레도는 1085년부터 그리스도교 국가의 영토였다. 그도 천문학과 점성술에 대한 아랍인들의 자연 지식을 전파했다. 그리고 사태 자체를 들여다보라고, 그리고 자기가 전하는 지식이 아랍 세계에서 왔다는 이유로 거부하지 말라고 독자들에게 권고한다. 그도 라틴 교사들이 아랍 교사들보다 지식수준이 현저히 낮다고 말한다. 대니얼은 교황 그레고리우스 1세가 아우구스티누스를 인용하면서 점성술에 가했던 비판이 틀렸다고 이의를 제기할 때에도 교황의 권위를 딱히 존중하려 들지 않

았다.[2]

애덜라드와 대니얼 같은 사상가는 11세기 후반의 특징인 그리스도교의 성직자 중심화 현상과 수도자적 이상이 12세기부터 급속도로 약화되었다는 점을 보여 준다. 11세기에 시작된 국제화와 도시화 경향도 멈추지 않고 계속되었다.

번역

바로 이때부터—11세기의 마지막 사반세기부터—또는 콘스탄티누스 아프리카누스 이후로 서구에서는 아랍 학문에 대한 관심이 지속적으로 증가했다. 아랍 의학 서적의 번역이 그 발단이었다. 12세기 초에 서구 사람들은 내용적으로 의술과 우주론이 엮여 있는 천문학적·점성술적 작품을 읽었다. 특히 1133년 세비야의 요하네스 히스파니엔시스(Johannes Hispaniensis)와 1140년 헤르마누스 달마타(Hermanus Dalmata)에 의해 짧은 시간 차이로 두 번이나 번역된 아부 마샤르(Abu Ma'shar)의 『방대한 개괄』(Introductorium magnum)을 읽었다. 타비트 이븐 쿠라(Thābit ibn Qurra)의 천문학과 아부 바크르 무함마드 이븐 자카리야 알-라지(Abū Bakr Muhammad ibn Zakariyyā al-Rāzī)의 화학 작품도 전래되었으며, 수학과 광학, 연금술과 약리학 서적도 들어왔다. 12세기 말엽에는 그리스의 대가들을 라틴어로 읽을 수 있었다. 자연학에서는 아리스토텔레스, 기하학에서는 에우클레이데스, 의술에서는 갈레노스, 천문학에서는 프톨레마이오스를 읽었다. 이렇게 해서 학문 구분이 변화를 겪거나 새로운 학문 분야가 소개되었다. 지식의 개념과 지적 활동의 의미가 크게 바뀌었다. 앎은 더 세속적 성격을 띠었다. 지식은 이제 성경과 아무런 상관이 없었으며, 지식의 목적은 사람들의 교화가 아니었다. 지식의 자율화 경향은 안셀무스적으로 결합된 수도적 사유 세계를 파괴했다.

이러한 움직임에는 격렬한 저항이 일어났다. 하지만 아무리 저항해도 고대 그리스와 아랍인들의 지식 수입을 막을 수 없었다. 처음에는 주로 의술과 자연과학 작품을 번역했다. 하지만 12세기 중반부터는 아랍 철학자들의 작품들도 번역되기 시작했다.

그리스어에서 라틴어로의 번역과 아랍어에서 라틴어로의 번역이 동시에 이루어졌다. 1140년과 1160년경 번역과 수용의 중심지는 세 군데를 지적할 수 있다. 살레르노의 의사들, 톨레도의 번역가 집단, 그리고 신성 로마 제국의 황제 프리드리히 1세(Friedrich I)의 궁정이 바로 그곳들이다. 프리드리히 1세의 궁정 경당에 대한 페터 클라센(Peter Classen)의 연구와 로리스 스투를레세(Loris Sturlese)와 토머스 리클린(Thomas Ricklin)의 혁신적 연구는 황제의 특사로 비잔티움 제국에 파견되기도 했던 그리스 학문에 정통한 학자들의 존재를 밝혀냈다.[3] 베네치아의 야코부스(Jacobus)는 1136년 비잔티움 제국에 체류했다. 그는 오래전부터 비잔티움 세계에서 큰 관심 대상이었던 아리스토텔레스의『자연학』을 1140년 그리스어에서 최초로 라틴어로 번역했다. 아리스토텔레스의『자연학』을 최초로 수용한 사람은 프리드리히 1세 궁정에 속한 인물인 호나우의 후고(Hugo von Honau)이다(엘사스(Elsass) 지방). 그는 삼위일체론을 사변적으로 해명할 때 중요한 통일성의 개념을 설명하기 위해『자연학』을 인용했다. 야코부스는 같은 1140년대에 아리스토텔레스의『분석론 후서』(Analytica Posteriora)도 그리스어에서 최초로 번역했다. 이 같은 초창기의 번역 성과는 프리드리히 1세의 정치적 힘과 학문에 대한 적극적 후원으로 가능할 수 있었다. 비잔티움 제국과 독일어권은 이렇게 번역 작업을 통해 만났다. 물론, 독일 황제와 비잔티움 제국 사이의 관계에는 역사가 있다. 오토 왕조 시대에 이미 문예부흥이 있었다. 하벨베르크의 안젤름(Anselm von Havelberg)은 1136년 황제 로타르 3세(Lothar III)의 특사로 비잔티움 제국을 방문했을 때 벌였던 논쟁을 기록한 바 있다.

피사의 부르군디오네(Burgundione da Pisa)는 에메사(Emesa)의 네메시우스(Nemesius)의 철학적·자연학적 인간학 작품인 『인간의 본성』(*De natura hominis*)을 번역해 프리드리히 1세에게 헌정했다. 헌정사에서 부르군디오네는 황제에게 다른 번역 작품을 제안하면서 그리스 작품을 통해 또 어떤 것들을 알 수 있는지 설명한다. "하늘의 물질적 구조와 형태와 운동, 그리고 하늘 아래에 있는 모든 것에 대해, 은하수와 혜성과 바람과 천둥과 번개에 대해, 무지개와 비와 서리와 이슬에 대해, 바닷물이 짠 이유와 모든 강물이 바다로 흘러 들어가는데도 바다가 넘치지 않고 짠맛이 덜해지지 않는 이유에 대해" 알 수 있다는 것이었다. 이것은 비잔티움 제국의 도서관을 잘 아는 사람만이 할 수 있는 말이었다. 그는 거기서 읽을 수 있는 내용이 어떤 것들인지 잘 알고 있었으니, 개중에는 황제가 좋아할 만한 주제도 몇 개 있었을 것이다.

살레르노와 톨레도에서 활발히 진행된 번역 작업은 프랑스 북부에서 처음 수용된 것으로 추정된다.

베네치아의 야코부스의 비잔티움 제국 방문과 피사의 부르군디오네처럼 톨레도 번역가들의 작업도 순수한 학문적 관심에서 생겨난 것이 아니었다. 양쪽 모두 정치적 이유에서 시작되었다. 톨레도는 이슬람에 대항하는 미래의 군사적·정치적·지적 확장의 거점이 될 예정이었다. 1145년 톨레도에서 주목할 인물은 크레모나의 제라르도(Gherardo da Cremona)이다. 그는 무려 70권이 넘는 작품들을 번역했다. 그는 프톨레마이오스 천문학의 입문서인 『알마게스트』(*Almagest*)와 아리스토텔레스의 『자연학』을 아랍어에서 번역했다. 크레모나의 제라르도는 1150년에서 1175년 사이에 톨레도에서 주로 활동할 때, 아브라함 이븐 다우드(Abraham Ibn Daud)와 도미니쿠스 군디살리누스(Dominicus Gundissalinus)와 협업했다. 이들은 아비첸나(Avicenna)의 백과사전적 주저를 라틴어로 옮긴 인물들이다. 크레모나의 제라르도는 알-파라비

(Al-Farabi)도 번역했다. 그 외 철학자로서도 이름을 날린 또 다른 중요한 번역가는 헤르마누스 달마타이다. 샤르트르의 티에리(Thierry de Chartres)에게 헌정한 작품 『본질에 대하여』(*De essentiis*)[4]에서 그는 독자적 우주론을 구상했다. 12세기 말에 이르러서는 거의 모든 아랍 철학자의 작품이 라틴어로 번역 및 소개되었다. 1230년경에 가야 알 수 있는 아베로에스만이 예외였다. 그리스-아랍 철학의 수용 사정은 13세기를 다루는 장(章)에 가서 자세히 논하겠다. 현재로서는 그리스-아랍 철학이 서구에 새로운 질문을 던지고 새로운 해결을 촉구했다는 점만 알아두는 것으로 충분하다. 새로운 철학은 두 개의 영역에서 서구 세계보다 더 심화된 개념을 사용했다. 첫째, 그리스-아랍 철학은 아리스토텔레스와 아리스토텔레스 주해가들 덕분에 인간의 인식을 아우구스티누스적 전통보다 더 섬세하게 분석할 수 있었다. 인간 지성론을 구체적으로 발전시켰고 그에 적합한 용어들을 도입했다. 둘째, 그리스-아랍 철학은 섬세한 존재론을 보유하고 있었다. 존재와 본질, 질료와 형상, 필연적인 것과 우연적인 것과 같은 개념들은 같은 시기 서구 세계에서 성찰한 것보다 더—이렇게 말해도 된다—스콜라적으로 형성되었다. 번역자들은 정교하게 다듬어진 아랍인들의 존재론 어휘들을 정확히 옮기기 위해 고심했다.

선별된 서구 전통: 플라톤-키케로-세네카

이 과정들이 전부 동시에 진행되었다는 점을 잊어서는 안 된다. 서구에는 아랍 세계를 향한 길이 열렸지만, 이를 통해 아랍어로 전래된 유대인 저술가들도 함께 소개되었다. 예를 들어 도미니쿠스 군디살리누스는 아비체브론(Avicebron, 아랍명: Ibn Gabirol)의 『생명의 샘』(*Fons vitae*)을 번역했다. 이 시대에 서구 라틴 세계는 자기의 고유한 전통을 새로운 관심을 가지고 볼 수 있게 되었다.

전승의 '확장'과 더불어 전승의 선별 작업도 진행되었다. 오래전부터 알려져 있던 텍스트는 이제 변화된 역사적 맥락 속에서 새롭게 해석되었다. 플라톤의 『티마이오스』가 대표적 예이다. 플라톤의 이 후기 대화편은 세계가 최고신의 명령을 받은 신적 예술가(데미우르고스)의 손으로 탄생했다고 설명한다. 세계는 데미우르고스가 물질에 이데아의 본을 떠서 만든 예술 작품이다. 플라톤은 감각 세계를 이데아를 반영하고 영혼이 깃들어 있는 질서 지어진 전체로 묘사한다. 그는 물질적 원소를 기하학적 방식으로 연역하고자 시도한다. 영원한 원형으로 향하는 길, 형언할 수 없는 신성으로 향하는 길이 자연 탐구에 있다고 가르쳤다. 플라톤은 자신이 자연의 구조를 통찰하지 않았다는 점을 알고 있었다. 그는 세계의 생성과 사물의 수학적 구조를 개연적으로 설명했다. 일종의 신화처럼 말이다. 플라톤은 이렇게 해서 다른 상황이었으면 강하게 비판했을 문학을 철학적으로 정당화했다. 지금 말한 특징들이 전부 12세기에 사람들이 『티마이오스』를 중요한 책으로 간주했던 이유였다. 이 책에는 이데아의 형이상학, 기하학적 물리학, 자연 인식을 통한 신 인식, 진리를 감추는(integumentum) 문학의 역할에 대한 이론이 모두 들어 있다. 이 텍스트는 단편이기는 하나 이미 오래전에 라틴어로 번역되어 있었으며, 5세기 초부터는 『티마이오스』에 대한 칼키디우스(Calcidius)의 주해서도 읽을 수 있었다. 칼키디우스의 주해는 31c-53c까지의 단락에 대한 주해일 뿐이었지만 철학적 의미는 상당했다. 그는 주해서에서 신의 섭리와 세계 창조라는 주제를 다룬다. 세계는 질료(Hyle)의 혼돈의 도가니에 들어온 형상의 다양성으로 묘사했다. 그리고 그 진행 과정은 여러 단계로 구성되어 있다. 세계는 형언할 수 없는 가장 높은 신에게서 나온다. 신은 세계를 구성하는 원리와 원칙을 섭리로써 제정하며, 이를 통해 세계를 관장한다. 세 번째 계기는 지성으로서 영혼과 물질에 전달된다. 지성은 자연과 운명과 우연을 협조자로 둔다. 이들은 지성 세계, 즉 이데아의 세계를 모방해 감각 세계(mundus sensibilis)를 다스린다. 칼키디우스는 필연성과 세계영혼의 개념을 연구하고 인간과 그의 영혼 및 감각을 다루었다. 플라톤의 다른 저작에 담긴 철학적 이론을 전달하고 스토아 철학의 핵심 개념들도 소개했다. 말했다시피 1100년대에는 이 모든 것이 오래전부터 주지의 사실이었다. 하지만 플라톤적 이념들은 이제 새로이 부여된 지식의 세속성과의 관련 속에서 완전히 다른 기능을 수행하게 되었다. 이제 플라톤은 문화 확장의 일부가 되었으며, 철학과 문학의 개념을 바꾸었다. 아울러 시문학의 가치를 옹호할 방법과 타당성을 제공했다. 보에티우스의 '전통적' 저작과 마크로비우스, 마르티아누스 카펠라의 작품들에 대해서도 같은 말을 할 수 있다.

전승의 현재화 과정에서 고대 후기의 비교(秘敎) 텍스트 하나가 주체적 역할을 맡았다. 그리스어 원문은 소실되어 전해지지 않는 『아스클레피우스』(Asclepius)이다. 이 텍스트는 일반적으로 기원후 2세기경 플라톤주의자인 아풀레이우스(Apuleius)가 쓴 것으로 알려져 있지만, 정확히는 4세기경 이른바 헤르메스 트리스메기스토스라는 인물이 쓴 저작들 가운데 하나이다. 『아스클레피우스』는 우주의 질서를 인간이 살아야 할 삶의 원형이자 신성을 인식하는 길로 볼 것을 제안한다. 최고의 원리는 남성적인 것과 여성적인 것의 통일이다. 이 이론은 신을 남성과 아버지로 표상하는 사유 전통의 수정을 요구한다. 그럼에도 이것은 논리적으로 일관된 입장인데, 저자는 신과 우주를 하나로 여기기 때문이다. 물론, 신과 물질은 구별된다. 『아스클레피우스』는 스토아적 전통을 따라 모든 것에 생명을 주며, 만물을 다스리는 프네우마(Pneuma)에 대해서도 이야기한다. 이렇게 해서 등장한 철학적·종교적인 우주론적 세계관은 12세기 그리스도교 사상가들에게 해석의 수정을 요구했다. 그러나 해석을 변경하는 일은 그리스도교 사상가들에게 일종의 훈련과도 같았다. 그들은 『아스클레피우스』를 통해 자연에 대한 자신들의 관심을 재확인했기 때문이다. 현재 전해지는 『아스클레피우스』의 필사본은 총 여섯 개인데 모두 12세기의 것이다.

또 다른 오래된 전통 하나도 재평가를 받았다. 바로 키케로와 세네카의 작품이다. 서구 세계는 키케로와 세네카도 12세기 이전부터 이미 알고 있었다. 하지만 이제 사람들은 그 가치를 새롭게 인식했다. 키케로와 세네카는 12세기에 인기 있는 저술가였다.[5] 스토아 윤리학과 자연관이 부활했다. 그것은 합리적인 자기 형성의 윤리학과 성경에 독립적인 자연철학이었다. 사람들은 스토아 윤리학을 키케로의 『의무론』(*De officiis*)과 『최고선과 최고악에 대하여』(*De finibus bonorum et malorum*), 그리고 도덕에 대한 세네카의 편지인 『루킬리우스에게 보내는 윤리 서간집』(*Epistulae ad Lucilium morales*)에서 배웠다. 이들 저작은 수도적이지 않은 윤리학, 더 나아가 그리스도교와는 아무런 상관없는 윤리학을 주장했다. 이들 작품을 호의를 가지고 읽으면 누구든지 이교도의 덕이 아우구스티누스가 생각한 것과 같이 화려한 악습이지만은 않다는 사실을 알 수 있었다. 사람들은 또한 거기서 자연법의 이념을 읽을 수 있었다. 키케로와 세네카의 자연법은 모든 사람에게, 그러니까 유대인들과 사라센인들에게도 동일하게 적용되는 보편법이었다. 이때부터 키케로와 세네카는 '훌륭한 이교도'라는 별명을 얻었다. 세례를 받지 않기는 했지만 혹시 하늘나라에 들어갈 수도 있지 않을까? 피에르 아벨라르는 『비교 토론』(*Collationes*), 또는 『철학자와 유대인과 그리스도교인의 대화』로 알려진 그의 책에서 키케로의 자연법(ius naturale) 이론을 인용했다. 그는 불변하는 자연법과 변화하는 실정법을 구별한 다음, 인간은 자연법만 가지고도 구원받을 수 있다고 주장했다(homines salvari posse sola naturali lege). 이러한 자연법 개념은 공정한 처사는 아니지만 그라티아누스의 교회법에 수용되었으며, 토마스 아퀴나스에게서도 발견된다.

스토아 철학의 자연학도 12세기의 관심을 끌었다. 스토아의 자연관은 키케로의 『신들의 본성에 대하여』(*De natura deoum*)와 세네카의 『자연학 문제』(*Naturales quaestiones*)에서 읽을 수 있었다. 칼키디우스의 간접 보고도 흥미로운 자료였다. 주제로는 천둥과 번개와 지진 같은 자연현상, 그리고 에테르의 본성을 다루었다. 우주의 질서로부터 자연적으로 신을 인식한다는 사상이 전체 사유의 틀을 형성했다. 스토아 철학자의 일원론과 유물론은 해석하는 많은 이를 난처하게 했다. 하지만 12세기의 몇몇 사상가는 자연에 대한 오랜 이론을 창조적이고 재기 넘치는 지성의 불로 삼고 해와 별의 본질 요소로서 에테르를 정립하는 이론으로 발전시켰다. 어떤 이들은 아예 스토아주의의 유물론적·범신론적 자연학을 그리스도교적으로 교정하는 시도를 포기하기도 했다. 디낭의 다비드(David de Dinant)는 12세기 말에 세계를 이루는 물질이 하느님과 동일하다고 가르쳤다. 그는 1210년 단죄받았다. 다비드의 『소고』(*Quaternuli*)는 단편으로만 남아 있어 그의 사상의 기원을 정확히 추적하기는 힘들다. 하지만 전해지는 것에 담긴 스토아적 자연학은 모두 세네카나 칼키디우스에서 읽은 것으로 추정된다.[6]

제18장
안셀무스가 닦아 놓은 두 개의 길

1109년 캔터베리에서 숨을 거둘 때, 안셀무스는—그도 아우구스티누스처럼 76년을 살았다—자신이 계획한 불멸에 대한 책을 더는 쓰지 못한다는 점을 안타까워했다. 안셀무스는 모든 그리스도교 교의의 체계를 순수 이성을 가지고 연역하려 애썼다. 하지만 서임권 분쟁으로 많은 기력을 소모하고 두 번이나 유배를 갔던 그는, 아우구스티누스가 소극적으로 이야기했던 영혼의 순수한 정신성을 새로운 방법을 가지고 논구할 여유가 없었다. 세상을 떠날 때, 그에게는 이 문제를 맡을 적합한 제자가 하나도 없었다. 그리스와 아랍적인 지식과 혁신적인 피에르 아벨라르를 잠시 제쳐두고, 이것이 지금 어떤 상황인지 살펴보면 다음 두 가지 사실을 알 수 있다.

1. 한 가지 오해를 해소할 필요가 있었다. 안셀무스의 작품은 11세기 후반에 지배적이었던 반(反)변증론적 운동에 과하게 대립각을 세웠다. 안셀무스의 작업은—성경 해석 같은—삶의 세계의 요구를 해소하는 부분이 거의 없어 다음 세대에 '오직 이성에 의한 기획'이 계승되기 어려웠다. 이 사실은 랑학파를 보면 분명해진다. 샹포의 기욤과 피에르 아벨라르를 문하에 두었던 랑의 안셀무스(Anselmus de Laon, †1117)는 캔터베리의 안셀무스가 베크에 있었을 때 그의 제자였다. 그는 이성을 제쳐두고 권위를 논증 방법으로 다시 내세웠다. 이것은 란프란쿠스

가 원했던 길이다. 하지만 캔터베리의 안셀무스는 이를 인정하지 않았다. 랑의 안셀무스는 — 란프랑쿠스처럼 — 다시 성경 주해 작업에 착수했다. 이러한 주해라는 문학 양식을 캔터베리의 대주교는 개인적 이유에서 한번도 채택하지 않았다. 캔터베리의 안셀무스의 영향을 랑의 안셀무스에게서도 볼 수 있다면, 그가 남긴 유산은 아마 명제 모음과 그 해석의 체계화에 있을 것이다. '체계적'이라는 말은 여기서 단지 그리스도교의 믿을 교리를 전체로서 총망라했다는 뜻으로만 쓰인다. 구체적으로는 그리스도교 교의를 질문하고 답하는 형식을 반복적으로 사용해 서술했다는 뜻이다. 랑의 학교는 스콜라적 문답집(Quaestio)의 발전에 기여했다. 하지만 랑의 문답 형식은 캔터베리의 안셀무스보다는 아리스토텔레스의 『변증론』(*Topika*) 제8권에 실린 토론 규칙과 볼로냐의 법률 학교에서 사용했던 심리 절차를 본떠 만들었다.[1] 어쨌든 수도적 · 상징적 · 알레고리적 성경 독해와 구별되는 새로운 '스콜라적' 성경 해석이 이렇게 닦인 길 위에서 탄생했다. 오늘날 반(反)이성주의자들은 이런 종류의 성경 주해를 성경적이지도 않고 '경건'하지도 않다고 비판하지만 실상은 그렇지 않다. 이것은 새로운 지적 표준에 맞추어진 성경 주해였다. 전통적 해석 방식은 이 시대에도 살아 있었다. 프랑스에서는 생-티에리의 기욤(Guillaume de Saint-Thierry)과 클레르보의 베르나르가, 라인강 유역에서는 도이츠의 루페르트(Rupert von Deutz)와 빙겐의 힐데가르트(Hildegard von Bingen), 라이허스베르크의 게로호흐와 호노리우스 아우구스토두넨시스(Honorius Augustodunensis)가 여기에 해당한다. 12세기 들어 처음 10여 년 동안은 그리스도교 사유의 역사에서 중요한 시기이다. 이 시기에 벌써 '수도적' 사유와 '스콜라적' 사유의 구별이 나타났기 때문이다. 오늘날 많은 중세 전문가는 반이성주의자들과 상징주의자들의 모임에 끼고 싶어 한다. 하지만 '수도적'인 길은 학문을 향한 사랑과 신을 그리워하는 열망으로 닦이지 않았다. 우리 시대의 박식한 학자가 이 점을 정확히 짚어 냈다. "이단 재판과 분서(焚書),

사상 철회 종용과 탄압, 반대하는 이들을 비방하기 위해 계시록을 인용하는 일, 이 모든 것이 고요한 독서와 묵상 그리고 세상의 죄를 두고 슬퍼하는 일과 마찬가지로 수도자적 삶에 속한다."[2]

2. 자연에 대한 관심 증대와 전승의 재해석은 이 시기의 중요한 특징이다. 캔터베리의 안셀무스 이후에 그를 따라 사유를 진척시키고 싶은 이들은 이러한 상황을 고려해야 했다. 자기의 사상적 기획에는 자연에 대한 해명이 필수적 요소로 들어 있어야 했다. 아우구스티누스의 「창세기」 주해나 에리우게나의 『자연의 구별』 같은 저작에서 싹트는 세속적 호기심을 채울 수 있어야 했다. 안셀무스의 유산을 변화시키는 이러한 시도가 바로 호노리우스 아우구스토두넨시스(†1137)의 『해설』(Elucidarium)에서 행해졌다. 1108년 이전에 쓰인 『해설』은 중세에 많은 독자를 가졌으며 독일어로도 번역되었다. 우리는 이 책에서 12세기 초 평균적인 학자들의 철학과 신학 수준을 가늠할 수 있다. 호노리우스가 어떤 인물인지는 확실하게 말할 수 있는 것이 없다. 그는 아일랜드 선교사가 세운 레겐스부르크의 수도원 소속으로 1080년부터 1137년까지 살았던 것 같다. 그리고 늦어도 1097년 이전에 수사로서 캔터베리의 안셀무스에게서 수학했을 것이다.[3] 이것이 사실이라면 호노리우스의 텍스트에는 안셀무스의 철학 프로그램을 따라가기 위해 고심한 흔적이 많이 있다. 우리는 『해설』에서 1110년 엄격함에서 약간 완화된 수도자적 사유를 엿볼 수 있다. 저자는 그 당시 사람들에게 중요했던 것, 즉 신(제1권)과 교회(제2권)와 피안의 삶(제3권)에 대한 이론을 세 권 안에 체계적으로 담았다.[4] 『해설』은 학생이 선생에게 질문을 던지고 이에 대해 교사와 학생이 대화하는 형식으로 쓰였는데, 이러한 서술 방식은 안셀무스학파의 문제의식을 잘 보여 준다. 그래서 한 주제에서 다른 주제로 아무런 맥락 없이 갑자기 넘어가기가 일쑤이다. 신은 무엇인가? 사람들은 신이 무엇인지 아무도 모른다고 답한다. 그런데 우리가 알지 못하는 대상에게 공경을 드린다는 것은 부조리한 일이 아닌가? 그러자

교사가 대답한다. 인간이 알도록 허락된 한에서 대답하자면, 신은 태양보다 일곱 배는 아름다운 천사들이 항상 바라보고만 싶을 만큼 형언할 수 없는 아름다움을 지닌 정신적 실체(substantia spiritualis)이다.[5] 미학적 표현이 단계적으로 상승하는 모습이 보이는가? 태양의 아름다움에서 천사의 아름다움으로, 그리고 이어서 신의 아름다움으로 이어지는 과정을 통한 서술은 부정신학을 극복하기 위해 사용된다. 신은 인간의 삶의 의미이다. 그는 행복한 관조 활동의 내용이기 때문이다. 여기서는 세계에 질서를 부여하는 신의 우주론적 역할에 대해 이야기하지 않는다. 하느님은 먼저 주님으로 제시되기보다는 아우구스티누스와 디오니시우스적 전통에 따라 아름다움과 '형언할 수 없는 감미로움'으로, 추하고 조야하고 강압적 세상에 대립하는 것으로서 나타난다. 그러나 이 세상은 인간이 태양과 천사를 거쳐 아름다움의 질서를 타고 신에게로 올라가기 위한 시작점이다. 호노리우스는 신을 표현할 때 실체 개념을 사용했다. 그런데 아우구스티누스는 '본질'(essentia)이라는 용어를 선호한 까닭에 실체 개념을 피하고 싶어 했다. 이 또한 기존의 문제의식 안에서 일종의 퇴보에 해당한다.

  하지만 아우구스티누스의 잣대로 들여다보면, 우리는 『해설』의 가치를 잘못 판단하고 만다. 이 책은 12세기 초의 수도자 세계에 속한다. 그런데도 하느님의 초월성을 철학적 형식으로 표현하려 애쓰고 있다. 하느님이 어디 계시느냐는 물음에 대해 『해설』은 다음과 같이 답한다. 하느님은 모든 곳에 계신다. 하느님은 하늘에 사시지 않는가? 물론, 하느님은 하늘에 계시다. 그리고 여기서 실체 개념이 또다시 등장한다. 신은 능력에 따라(potentialiter) 모든 곳에 있고, 본질에 따라서는(substantialiter) 하늘에 있다.[6] 하느님이 천사의 도움을 받아서만 인간과 교통한다는 설명은 봉건 사회의 피라미드적 구도를 떠올리게 한다.[7] 신은 왕이다. 그는 자기의 궁전인 하늘을 지었다. 감각 세계와 지하 세계, 그리고 감옥도 만들었다. 하늘의 임금님은 자기 궁정에 함께 자리할 기사들을 선발했는데, 기사들의 수는 미리 정해 두었다. 기사들은 천사와 인간으로 구성되어 있다.[8] 한때 찬란한 영광을 누린 천사였던 악마는 왕궁에서 쫓겨나 감옥에 던져졌다. 그는 하늘에 1시간도 채 머무르지 못했다.[9] 그러나 타락한 천사들로 말미암아 감소한 왕궁 주민을 다시 채우기 위해 인간이 창조되었다. 인간은 자기 안에 모든 원소를 품고 있으므로 하나의 작은 우주와 같다. 그의 육신은 흙으로 빚어졌고 피는 물로, 숨은 공기로, 온기는 열로 만들어졌기 때문이다. 키케로를 연상케 하는 서술이다.[10] 머리는 천구처럼 둥글다. 그의 두 눈은 마치 하늘 위의 해와 달처럼 모든 것을 비춘다. 머리가 천구에 비유되듯이, 숨을 쉬는 가슴은 공기에 비유된다. 그의 복부는 모든 파도를 집어삼키는 거대한 바다이며, 몸의 무게를 지탱하는 두 발은 땅과 같다.[11] 이러한 미시 세계의 모티프는 안셀무스에게서는 찾아볼 수 없는 것들이다. 안셀무스는 사실들이 아니라 이성적 필연성을 찾아 헤맨다. 호노리우스 아우구스토두넨시스는 시대의 새로운 요구를 인지하고 거기에 부응하고자 했으며, 실제로 많은 것을 구체적으로 알고 있었다. 그는 아담이 헤브론(Hebron)에서 창조되었다는 사실을 알고 있었다.[12] 그는 지상 낙원에서의 삶의 모습을 섬세하게 묘사한다. 낙원의 인간은 감각적 쾌락과 해산의 고통 없이 아이를 낳았고,[13] 아이들은 태어남과 동시에 말하고 걸을 수 있었다. 또한 한 개인이 완전하게 성장하는 30세가 되면, 인간은 하늘로 들어올려졌다는 것이다.[14] 그러나 인간은 죄를 지었고 욕정에 사로잡혔다. 이 모든 혼란은 번식이 이루어지는 신체 부위에서 생겨났다(in illo membro exorta est confusio, unde humana procedit propago). 왜 하필이면 그곳일까? 이는 온 인류가 인간이 원죄를 받았다는 사실을 알게끔 하기 위해서이다.[15] 낙원에서 누린 영광은 짧았다. 정확한 정보를 좋아하는 호노리우스는 인간이 낙원의 영광을 겨우 7시간만 향유했다고 보고한다.[16] 우리는 아담의 하루가 어땠는지를 전해 듣는다. 3시간이 흐른 다음, 아담은 동물에게 이름을 지어 주었다. 그리고 3시간이 더 흐른 다음에 하와가 창조되었으니, 아담은 이때 분명히 낮잠을 자고 있었을 것이다. 그로부터 1시간이 지나면 아담의 지복은 끝이 난다.

호노리우스 아우구스토두넨시스는 안셀무스적 모티프를 사용하면서 아담의 죄가 무겁다는 점을 힘주어 말했다.[17] 그 후로 하느님을 참된 아버지로 모시기를 거부한 인류는 순종할 줄 모르고 반항하기만 하는 못난 종처럼 괴로워함 없이 주 하느님을 대할 수 없는 벌을 받았다.[18] 이어서 호노리우스는 안셀무스를 따라 구원 계획을 다루며, 예수의 삶에 담긴 여러 상징의 의미도 파헤친다. 그는 사건을 극도로 구체적으로 묘사하고 대담하게 주장하며, 합목적적으로 사고한다. 호노리우스는 이제 그리스도가 막 태어났을 때 모든 것을 알고 있었다고 보고한다. 그리스도가 어머니 태중에 아홉 달 동안 있었던 이유는 단지 인류를 9등급의 천사들의 성가대 안에 들도록 하기 위함이라는 것이다.[19] 이것은 이유도 아니고 목적론적 해명도 아닌 상징적 해명일 뿐이다. 동방 박사는 왜 세 명인가? 이 세상은 아시아와 아프리카와 유럽, 이 세 개의 대륙으로 이루어져 있기 때문이다. 호노리우스의 윤리학은 엄격한 수도 윤리를 표방한다. 서원(誓願)한 바를 온전히 채운 수도자만이 죽어서 구원받는다. 자세한 사정은 이렇다. 기사들 가운데 구원받는 이는 사실상 하나도 없다고 보면 된다. 약탈하고 또 약탈하는 것이 기사의 삶이기 때문이다.[20] 반대로 농민들은 거의 대부분 구원받는다. 그들은 단순 소박한 삶을 살고 땀 흘려 일함으로써 많은 백성을 먹여 살리기 때문이다.[21] 호노리우스는 구원의 영광을 묘사할 때도 병적으로 구체적이다. 그는 머리카락과 손톱 없이 부활한 다음에 벌어지는 일들을 상세하게 보고한다.[22] 최후의 심판이 열리는 정확한 시간도 알고[23] 지옥이 어떤 곳인지도 훤히 다 안다. 단죄받은 육신이 그곳에 어떻게 매달려 있는지도 알고 있다. 호노리우스에 따르면, 지옥에 떨어진 인간은 서로 등을 마주대고 머리를 아래로 해서 거꾸로 매달려 있다.[24] 『해설』의 천진난

만함을 보고 웃지 않을 독자는 아마 없을 것이다. 이 같은 서술을 비판적으로 취급했던 사상가들은 호노리우스 이전에도 있었고 이후에도 있었다. 비판적 사상가들과 비교하면, 호노리우스는 사실상 '중세인으로서는' 평균적으로 사고한 편이다. 어린아이의 호기심을 가진 호노리우스는 상징적 해명이 논리적이고 학술적인 설명보다 훨씬 이해가 쉽다고 생각했다. 하지만 '상징적' 해설의 고유한 논리조차 없었다. 상징적 설명을 과할 정도로 눌러 담아 전혀 사실이 아닌 것이 사실인 것처럼 되어 버렸기 때문이다. 호노리우스에게서는 총체적인 종교철학의 이론체계나 상징적인 서술 방법론 같은 것은 없다. 그는 그런 것을 필요로 하지 않았다. 물론, 이론적 체계를 전혀 모르지는 않았다. 『자연의 열쇠』(*Clavis physicae*)에서 요하네스 에리우게나의 『자연의 구별』을 요약해 정리하기도 했으니 말이다. 호노리우스는 에리우게나 사상의 몇몇 모티프를 수용했지만, 그의 사변적 대담함은 모방하지 않았다. 이리하여 호노리우스는 교육받지 못한 사람들에게서 많은 사랑을 받으면서 단죄받지 않고 중세에 살아남았다. 초기에 사람들은 그의 작품을 라틴어와 독일어로 읽을 수 있었다. 이제 나는 호노리우스를 기리면서 이 장(章)을 마칠까 한다. 상징을 즐겨 사용한 우리의 수도자는 중세 시대 기사를 최소한 몇몇 저명한 독문학 전공자보다는 더 현실적으로 묘사했다. 기사를 미화하는 대신에 모조리 잡아다 지옥 구덩이에 처넣었으니 말이다.

제19장

앎과 실천의 자율성

　바이에른 지방에서 나와 일-드 프랑스의 문화적 상황으로 시선을 돌려보자. 시대를 선도하는 또 다른 운동이 여기에 있다. 이곳의 학문은 수도자적 관조와 대성당 학교를 통해서만 제공되는 교구 단위 교육의 편협함에서 벗어났다. 사상의 다양성이 비정상적으로 커졌다. 우리는 12세기에서 견해와 입장이 너무 다양하고 많다고 불평하는 소리를 들을 수 있다. 새로운 지식을 어떻게 수용해야 하는지 한 세기 동안 고민했으나 명확한 답을 내리지 못했다. 인간을 세계의 거울로서 파악하기 위해 먼저 거시 세계를 탐구해야 할 것인가? 아니면 사라지고 말 외부 세계의 경험은 짧게 훑어보고 영혼의 내면 탐구로 돌아올 것인가? 아우구스티누스는 진리가 오직 영혼의 내면에 있다고 말한 적이 있다. 새로운 학문은 끊임없이 증가하는 능동적 도시민의 경험도 받아들일 것인가? 예를 들어 전문 수공업자의 경험과 기계를 제작하고 다루는 기술, 지역 사회 공동체의 행정 경험을 분석하고 성찰해야 하는가? 아니면 도시민의 정체성과 분리된 학문을 독자적으로 구성하고 지적 활동을 귀족과 교회와 행정 기구에서 독립시킬 것인가?
　우리는 역사가 마지막으로 언급한 대안을 따라 진행되었다는 사실을 알고 있다. 하지만 이는 1150년 즈음에는 아직 현실이 아니었다. 인간 존엄성에 대한 케케묵은 명제들과 자기 인식의 중요한 의미들은 새로운 과제를 받았다. 우선 보다 지적으로 성장한 새로운 세대의 요청을 언어로 표현해야 했다. 이제는 아무것도 이성의 판단을 벗어나지 못했는데, 이성은 대학 조합원의 권리와 지성적 자율성을 근거 짓고 이탈리아와 서유럽 도시들의 세속적 활동에 정당성을 부여했다. 또한 이성은 더는 자연 앞에 무기력하지 않으며, 자연을 종교적 묵상의 소재로만 쓰지 않는 새 시대 인간의 자의식을 표현했다. 사회와 자연과의 관계가 변했다. 자연은 캔터베리의 안셀무스의 사유와 비교했을 때, 더욱 합리적인 개념이 되었다.[1] 사람들은 플라톤의 『티마이오스』와 보에티우스의 수(數)의 형이상학, 그리고 초기 아우구스티누스의 저작을 가지고 일관적인 자연 개념을 만들었다. 쓸데없는 호기심(curiositas)을 금했던 아우구스티누스의 입장에 대한 해석은 조심스럽게 수정에 수정을 거듭했다. 자유학예의 형식과 신학적 모티프(원죄)로 축소된 지식의 세계 연관성은 다시 확장되었다. 수도자적 가치관을 버리고 세계의 근거를 신학적·철학적으로 해명하고자 하면서 모든 것을 탐구하고 연구할 수 있다고 주장하는 사람이 많아졌다. 이 당시에 벌써 철학과 다른 지혜는 없다는 표어가 등장했을 정도였다(nullus igitur sapiens nisi phylosophus).[2]

이러한 슬로건이 샤르트르의 티에리의 경우에는 신학에 적대적으로 사용되지 않았다. 적어도 철학적 신학에 대항하는 슬로건이 아니었다는 점은 분명하다. 티에리는 '철학'을 보에티우스를 따라 참된 신학으로 이해했다. 그러나 철저하게 논리적으로 이성을 사용해야 한다는 기획은 신학적으로 선(先)규정된 문명 사회에 적지 않은 논란을 불러일으켰다. 클레르보의 베르나르의 피에르 아벨라르 비판과 푸아티에의 질베르 비판은 그들이 주장한 개별 명제에 국한되지 않았다. 클레르보의 베르나르는 합리주의적인 근거 지음 자체를 거부했다. 그는 모든 것의 존재 이유와 증명을 찾아 구한다고 하면서 신앙의 공로를 갉아먹는 아벨라르를 공격했다.[3] 아벨라르는 전통을 보전하지 않고 항상 새로운 것만 찾아 헤맨다고 말이다. 또한 새로운 단어를 만들고 기존의 어휘를 다른 의미로 사용한다고 비판하기도 했다. "말과 의미의 그릇된 새로움을 보고서도 두려워 떨지 않는 이가 누구인가?"4)

새로운 것을 높이 평가하고 전승에 의구심을 품는 것은 분명 거대한 변화의 일부였다. 12세기는 이러한 대대적 변화를 통해 정치적·사회적으로 새로운 세계로 태어났다.

12세기에는 사법 분야에서, 특히 신명 심판(ordalium)* 같은 마술적 행위에 대한 비판이 거세졌다. 1080년 교황과 공의회는 신명 심판을 문제를 처리할 당연한 방법으로 간주했지만 사람들은 순수 법리에 따른 재판을 선호했다. 1215년 라테란 공의회는 신명 심판에 성직자 배석을 금지하는 결정을 내렸다. 이렇게 해서 사람들은 인간 사회 구성원으로서의 개인의 노력을 기적에 대한 믿음보다 타당하게 여기기 시작했다.5) 그러나 이러한 변화는 가치 체계의 근본적 변화에서 기인했다.

중세 초기에는 '봉헌자'(oblati)라고 하여 부모가 자녀를 수도원이나 다른 후견인에게 보내는 제도가 있었다. '봉헌된 자들'은 타의로 수도자가 될 수밖에 없었다. 9세기의 수사였던 고트샬크는 자유로운 결정권을 쟁취하기 위해 투쟁했으나 거센 반대에 부딪혔다. 결국, 고트샬크는 투옥되었다. 12세기에는 수도자가 자기 삶을 선택할 자격에 대한 일반적

---

* 신성 재판(iudicium divinum)이라고도 한다. 역사-문화적으로 신의 뜻을 알거나 중대한 일을 결정할 때, 또는 특정 사태의 진리를 알기 위해 점을 치는 행위에서 기원했다. 중세에 국가 제도와 사회 조직이 복잡해지고 법적 형식을 갖추면서, 신명 심판은 재판에서 물리적 시련을 가해 피고의 혐의 또는 무혐의를 입증하는 방법으로까지 발전했다. 이것은 의롭고 무죄한 사람은 하느님께서 내치지 않고 반드시 보호한다는 믿음에 기초했다. 예를 들어 피고를 불타는 장작더미나 뜨겁게 달군 무쇠 위를 지나가게 해서 그가 시련을 견뎌 내면 무고한 사람이며, 반대로 살아남지 못하면 죄인이기 때문에 신의 징벌을 받아 죽은 것으로 간주했다. 교황 인노첸티우스 3세(Innocentius III)와 1215년 개최된 제4차 라테란 공의회는 교회 성직자의 신성 재판 참관과 주재를 모두 금지했다. 그러나 근대 초기까지 교회 외부에서 세속 군주들은 신성 재판을 이단 척결과 마녀사냥의 도구로서 꾸준히 사용했다.

동의가 있었으며, 봉헌 위탁 제도는 사라졌다.

수도자적 윤리는 사유 재산을 죄로 취급했다. 상거래, 전쟁과 관련된 일에 종사하는 것도 죄로 간주했다. 캔터베리의 안셀무스는 무소유 또는 공동 소유가 수도자라는 특수한 삶에만 해당하는 의무가 아닌 이성이 교시하는 보편타당한 규범이라 보았다. 12세기 들어 사람들은 수많은 사실 관계를 도덕적으로 평가할 수 있게 되었다. 구체적으로 말하자면, 교회법 전문가인 그라티아누스가 도덕적 가치 평가를 위한 기초를 작성했다. 그래서 사유 재산은 상행위, 전쟁과 함께—상행위와 전쟁에 대한 항목을 뒤에 둔 것은 특징적이다—윤리적으로 정당화되었다. 사람들은 사유 재산, 상거래, 전쟁, 이 세 가지와 관련한 고대 그리스도교 전통을 일련의 구별을 통해 수정했다. 다른 분야에서의 인간의 자기 이해와 새로운 가치 척도가 뒤따라 형성되었다. 12세기에는 자연 개념뿐만 아니라 인간의 지식과 행위를 주체적으로 평가하는 방법도 합리성을 띠게 되었다.

이렇게 해서 12세기는 13세기에 아리스토텔레스 윤리학을 수용할 길을 닦았다. 아리스토텔레스 윤리학은 상거래와 금융업의 윤리적 승인을 방해하는 새로운 요소를 가지고 있었다. 그러나 아리스토텔레스의 윤리학은 사유 재산을 행복한 삶의 조건으로 역설하면서 중세 후기의 청빈 운동에 논쟁의 빌미를 제공했다.

12세기의 자연과 인간에 대한 합리적 사유는 개별적 접근 방식과 다양한 전제로 말미암아 다채롭게 형성되었다. 주제의 풍부함은 클레르보의 베르나르, 생-빅토르의 위그(Hugues de St. Victor), 푸아티에의 질베르와 솔즈베리의 존(John of Salisbury), 프라이징의 오토(Otto von Freising), 살레르노의 의사들, 볼로냐의 법학자들, 크레모나의 제라르도와 피사의 부르군디오네 같이 그리스어와 아랍어 원전을 번역한 이들, 기베르 드 노장(Guibert de Nogent)과 당대의 가장 재치 있고 객관적 역사가이기도 한 지랄두스 캄브렌시스(Giraldus Cambrensis) 같은 자서전

작가들에게서 볼 수 있다. 이 넘치는 보화를 단 몇 개의 키워드로만 요약해 보려 하면 '12세기의 다양성'을 크게 훼손하고 만다.[6] 그럼에도 나는 일단 다음 세 명의 이름을 특별히 강조하고자 한다. 피에르 아벨라르, 샤르트르의 티에리, 콩셰의 기욤(Guillaume de Conches)이 그들이다. 나는 12세기의 천재들 가운데 선별된 이들 세 대사상가의 위대함을 이렇게 요약해 말할 수 있다. 아벨라르는 논리학, 윤리학, 학문 방법론, 종교철학 영역에서 새로운 자극과 가치를 부여했다. 아벨라르는 자연학에 많은 관심을 두지 않았지만, 샤르트르의 티에리와 콩셰의 기욤은 최초로 자연을 내재 철학적으로 설명하는 데 성공했다. 그럼 세부 사항으로 들어가 보자.

제20장
피에르 아벨라르

엘로이즈 없는 아벨라르

우리가 철학의 본질이 무엇인지를 염두에 둔다면, 피에르 아벨라르(Pierre Abélard, †1142)는 중세의 가장 중요한 사상가들 가운데 하나이다.[1] 역사적 관점에서 보면, 그는 12세기를 해명하는 열쇠이다. 이것은 그가 그 시대의 모든 분야에서 인정받았기 때문이 아니다. 아벨라르는 논쟁을 찾아 헤매었고 어디서든 논쟁거리를 꼭 찾아내곤 했다. 하지만 아벨라르는 그 시대의 부조리와 모순도 마주했다. 두 번의 공의회가 아벨라르를 단죄했다. 클레르보의 베르나르와 생-티에리의 기욤은 그를 공공연하게 공격했으며, 브레시아의 아르날도(Arnaldo da Brescia)와 프라이징의 오토, 솔즈베리의 존은 아벨라르를 위대한 스승으로 존경했다. 수많은 주교가 그에게서 배웠으며, 그의 문하생 중에는 훗날 교황이 된 사람도 있었다(첼레스티누스 3세(Celestinus III)). 클뤼니 수도원의 원장인 가경자 피에르(Pierre le Vénérable)는 아벨라르를 '프랑스의 소크라테스, 서구의 플라톤, 우리 동포인 아리스토텔레스'라고 치켜세웠다. 극단적 표현들이 으레 그렇듯이, 이렇게 과격한 찬사에는 12세기 초반 사회에 전개된 다양성에 대한 체험이 표현되어 있다. 인간 아벨라르와 작품 속에 나타난 아벨라르는 서로 대조적이다. 몇몇 역사학자는 아벨라르를 그 당시의 역사적 상황에서 분리해 내어 그를 오직 혁신을 일으킨 천재의 모습으로만 묘사하고 강조하는 오류를 범한다. 귀족 출신인 아벨라르는 언제나 기사도적 자세로 토론에 임했다. 그러나 그는 도시 문명으로 인해 농경적이고 봉건적인 세계가 계속해서 해체되는 시기에 속한 인물이었다. 아벨라르는 파리와 여러 주요 도시를 다니면서 자유분방한 정신으로 말하고 책을 썼다. 그는 사람들을 대변해 목소리를 내고 소요를 부추겼다. 그는 학문 개념에 엄격함을 새롭게 부여했지만 그것을 삶 가까이 가져오기도 했다. 또한 그는 실재적인 역사 발전과 함께 성장한 개인의 자의식을 언어로 표현했다. 관조하는 학문에 대한 아우구스티누스적이고 수도자적 이념으로 가득 차 있었던 전통적 문화 환경은 다원화되었다. 아벨라르 이전에는 아무도 알아채지 못했던 간극과 허점들이 이제는 모습을 드러내기 시작했다. 지식은 새롭게 정의되었다. 아벨라르는 지식을 더는 진리를 독점한 특권적 성직자 집단이 일방적으로 하달하는 확정된 세계 해석으로 보지 않았다. 그는 앎의 본질이 비판과 토론에 있다고 보았다. 사람들에게는 질문을 던지고 문제를 제기하고 싶은 욕구가 있었으며, 그는 그러한 열망을 부채질했다. 그를 둘러싼 논쟁이 사회적·공적 차원으로까지 커 버린 것은 이러한 맥락에서는 결코 우연이 아니었다. 베르나르는 아벨라르의 공격에 맞서 그리스도교와 중세 초기의 인간의 가치 체계를 반드시 지켜 내야 한다는 굳은 의지를 가지고 있었다. 아벨라르가 진리를 여전히 찾아내야만 하는 어떤 것으로 인식했다는 사실, 새로운 것을 높게 평가하면서 반대로 옛것을 더 올바르거나 더 참된 것으로는 보지 않았다는 사실은 전통으로 만들어진 사회를 뿌리째 흔들었다. 이 사회가 십자군 원정과 대학 설립, 대성당 건축 같은 위대한 업적들을 이룰 수 있었던 것은 모두 도시와 도시를 중심으로 이루어진 금융 경제 덕분이었다. 그러나 이제 이 사회는 바로 그 도시들이 그 안에 동요하는 군중을 키우고 있다는 사실을 깨닫게 되었다. 아벨라르는 이 사회에서 꿈틀대는 새로운 역동과 새로운 정신과 연대를 시작했다. 그리고 그것은 그리스도교를 회피하거나 논리학 때문에 의식적으로 그리스도교에 대대적 수술을 가하기 위함이 아니었다. 그리스도교가 정교하게 다듬어지고 유동적으로 변한 지식 개념과 새로운 가치 체계와 조화를 이루게 하는 것이 그의 목적이었다.

이렇게 해서 아벨라르의 사유는 이제 막 생겨나는 대학과 수도자적 관조에서 분리된 신학뿐만 아니라 중세 세계 전체에 대한 의미를 가지게 되었다. 이미 오래전부터 저명한 학교가 들어서 있던 파리는 아벨라르의 교수 활동을 통해 결정적으로 철학과 신학 연구의 독보적 중심지로 성장하게 되었다. 파리의 고유한 사유 방식, 즉 언어 연구와 자연에 대한 탐구를 도외시하고 논리학과 신학을 결합하는 경향은 바로 아벨라르의 유산이다. 대립하는 권위를 서로 대결시키고 그들 사이에 가장 합리적 중용을 찾아내는 그의 사유는 '스콜라적 방법'의 근간이 되었다. 아벨라르의 사유에는, 그러니까 세속적 측면이 있었다. 그를 미워하는 사람들도, 그에게 열광하는 사람들도 있었다. 그의 적대자들은 아벨라르가 쓴 책이 바다 건너편과 알프스산맥을 넘어 ─ 그의 문하생 가운데 영국과 이탈리아 출신들을 가리킨다 ─ 온 세상에 퍼져 나갔다고 한탄하면서 혀를 끌끌 찼다. 그런데 정말 12세기에 아벨라르가 많이 읽히기는 했을까? 전해지는 필사본의 양으로만 추정하면 부정적인 답을 내릴 수밖에 없다. 피상적 수준에서 조화를 꾀했던 호노리우스 아우구스토두넨시스가 확실히 문제적 반항아인 아벨라르보다 더 많이 읽혔다.[2] 하지만 아벨라르는 그 시대에 붓과 글로만 영향을 끼치지 않았다. 책을 통해 그 자신이 끼친 직접적 영향보다 자기 제자들에게 끼친 영향이 더 크다는 사실은 당장 밝혀진다. 그의 철학적 중요성은 동시대 사람들이 그를 꼼꼼히 읽어 보지 않았다는 사실로 결코 줄어들지 않는다. 나 또한 그가 영원한 진리를 구하고 자기가 발견한 것에 우리를 초대했다는 점에서 그의 철학사적 의미를 찾지 않는다. 나는 그의 철학의 의의가 새로운 자기 정체성, 새로운 세계관과 가치관을 개념적으로 표현하고 그것을 그리스도교를 새롭게 해석하는 발판으로 제시했다는 데에 있다고 본다.

『나의 불행 이야기』(Historia calamitatum mearum)의 저자이자 엘로이즈(Éloïse)와 교환했던 편지를 남긴 아벨라르는 항상 자신의 사적 삶과의 연관 속에서 철학적 혁신을 일구어 냈다. 인간 존엄성에 대한 새로운 인식과 개인이라는 것의 발견이 — 그에게 11세기 말엽부터 유행하게 된 — 자서전의 집필 동기를 부여했다는 점은 아마 아벨라르 자신도 인정하지 않을 수 없을 것이다. 하지만 한때 에티엔 질송(Étienne Gilson)이 문헌학적 근거보다는 강력한 수사학적 무기를 가지고 억눌렀던 아벨라르의 친저성(親著性)에 대한 의심이 1970년대에 다시 수면 위로 떠올랐다. 『나의 불행 이야기』의 가장 오래된 필사본은 13세기 말에 필사된 것으로 확인된다. 이 사본은, 그러니까 그 안에 보고된 사건이 일어난 때보다 150년이나 나중에 쓰인 것이다. 그의 '자서전적' 텍스트에는 내용상 서로 일치하지 않는 구절도 있다. 『나의 불행 이야기』는 아벨라르가 엘로이즈와 함께 파라클리토(Paraclito) 수도원을 세웠다고 보고한다. 그런데 첫 번째 편지에서 엘로이즈는 수도원 생활을 시작한 후로 자기 남편을 한번도 보지 못했다고 하소연한다. 질송은 아벨라르의 친저성을 변론할 때, 『나의 불행 이야기』의 문체가 확실하게 그의 것으로 인정되는 다른 텍스트의 문체와 동일하다는 점을 증명하지 않았다. 존 F. 벤턴(John F. Benton)은 『나의 불행 이야기』와 서간집을 면밀히 분석하고 검토해 아벨라르가 직접 쓴 글과 그것을 12세기에 편집한 텍스트, 그리고 13세기에 추가된 첨언들을 구별해 냈다.[3] 벤턴이 주장하는 대로 이것은 새로운 가정 위에 지어진 매우 복잡한 건축물이었다. 물론, 벤턴은 1979년 자기 입장을 대폭 수정했다.[4] 텍스트의 전승사와 문체에 대한 새로운 연구 덕분에 벤턴이 가한 충격은 다소 완화될 수 있었다.[5] 하지만 아직 논의가 결정적으로 종결되지 않았다는 사실을 감안하면, 일단 아벨라르를 엘로이즈와 분리해 이해하고 그의 철학 작품을 그녀와 나누었던 편지를 참조하지 않고 해석하는 것이 좋을 것 같다.[6]

그러므로 이러한 작업은 아벨라르를 시적 낭만 없이 묘사하는 일이 될 것이다. 그러나 아벨라르에 앞서 살았던 사상가들과의 대립을 강조하는 일까지도 포기해야 한다. 왜냐하면 앞 세대와의 충돌은 『나의 불행 이야기』에 전개된 아벨라르 사상 전개의 역사를 예쁘게 포장하는 효과가 있었기 때문이다. 장기적으로 보아서는 아벨라르와 엘로이즈의 역사적 문제는 결코 배제될 수 없다. 아벨라르와 엘로이즈 사이에 있었던 일은 문화와 사회, 역사 측면에서 너무나도 중요한 문제이기 때문이다. 모든 철학적·역사적 서술은 철학 텍스트에 가장 먼저 집중하고 심리학적 변질을 야기하는 가정들로 가득 찬 짐을 벗어버림으로써 성공적 서술이 될 수 있다. 하지만 그러한 서술을 통해 우리는 무엇보다도 아벨라르 텍스트의 친저성에 대한 의심을 무려 한 세기나 넘도록 억압했던 중세 연구의 이데올로기적 전제를 새롭게 꿰뚫어 봄으로써 크게 만족할 수 있을 것이다.[7]

논리학자 아벨라르와 보편 논쟁

아벨라르가 자기 본업을 시작했던 그곳에서 그를 따라가 보도록 하자. 전통적인 논리학 텍스트를 해설하는 것이 그의 일이었다. 그는 변증론 교사로서 명성을 쌓기도 하고 사람들의 미움을 사기도 했다. 그는 1112년이나 1114년쯤에 ─ 처음에는 원전의 내용 해설에만 치중했으나 나중에는 자유롭게 ─ 『범주론』과 『명제론』 같은 아리스토텔레스의 논리학 주저와 포르피리오스의 『이사고게』에 대한 주해서를 집필했다 (『초심자를 위한 논리학』(*Logica ingredientibus*), 『형제들의 요청으로 쓴 논리학』 (*Logica Nostrorum*)). 아울러 그는 일생에 걸쳐 그의 논리학 작품인 『변증론』(*Dialectica*)의 체계적 서술에 전념했다.

'변증론'은 아벨라르에게 보조 학문이나 예비 학문 그 이상을 뜻한다. 그는 변증론을 문장의 참과 거짓을 결정할 수 있는 규칙들의 총체로 간주했다. 그의 논리학은 형식논리학이 아니었다. 그의 논리학은 전체 범주론과 같은 실재 학문적(존재론적) 문제도 다루었다. 아벨라르는 이러한 문제에 대한 답을 찾을 때, 아리스토텔레스의 『자연학』과 『형이상학』을 들여다볼 수 없다는 사실을 안타깝게 여겼다. 이들 작품은 그 당시에 아직 라틴어로 번역되지 못했기 때문이다.[8]

이 증언은, 13세기의 아리스토텔레스 수용은 심화된 문제의식의 원인이 아닌 결과로 나타났다는 사실에 대한 명백한 증거이다. 아벨라르는 그가 접할 수 있었던 얇은 책 겨우 몇 권을 가지고 이러한 문제의식을 발전시켰다. 플라톤의 책을 읽을 수 없는 현실에는 조금도 아쉬워하지 않았다. 그는 플라톤 철학에 대한 아리스토텔레스의 비판이 타당한지 검토해 보겠다는 마음이 없었다. 왜냐하면 그는 아리스토텔레스의 비판 자체를 매우 수상하게 여겼기 때문이다.[9] 아벨라르가 아리스토텔레스의 범주론과 이데아론에 대한 대립을 따라갔다면, 그의 논리 연구가 근본적·철학적 연구로 심화된 것은 당연한 일이었다. 보편자의 실재 문제에 대해서도 같은 사정이 적용된다. 아벨라르는 보편자에 대한 문제를 실재 학문(자연학)에 귀속시켰다.[10]

독자들은, 보편자는 실재적으로 존재하지 않는다는 아벨라르의 반(反)실재적 대답을 익히 알고 있을 것이다. '인간 존재', '동물' 같은 것은 실재하지 않는다. 만일 '동물'이라는 것이 참으로 실존한다고 하면, 그것은 이성을 가지면서 동시에 이성을 가지지 않는 존재여야 할 것이기 때문이다. 아벨라르에 따르면, 실제로 현존하는 보편자는 양립할 수 없는 특성들을 담지하고 있어야 하므로 그 자체로 모순적 존재가 된다. 그 자체로 모순적인 것은 실재 세계에 있을 수 없다는 신념으로 사유를 발전시켰던 그리스 철학의 전통이 바로 여기에도 있다. 아벨라르는 이성에 대한 자기 확신을 새롭게 했을 뿐이다.

이성에 대한 신뢰는 실제 역사와 문화사의 발전 덕분에 가능했다. 그러나 신은 인간의 모순율에 매이지 않는다고 주장한 페트루스 다미아니(Petrus Damiani)가 지적했듯이, 이성은 당시 상당히 불쾌한 상황에 처해 있었다. 안셀무스는 모순적인 것은 실재하지 않는다고 파악할 능력이 이성에 있다고 확신했다. 신도 이러한 이성의 판단에서 결코 예외가 되지 않는다. 이와 동일한 확신으로 아벨라르는 유일무이하게 실재하는 개별자를 구하기 위해 보편자의 실재성을 회의에 부쳤다.

사실, 이러한 입장은 일반적으로 '유명론적'(唯名論的)이라 이해된다. 하지만 아벨라르의 견해를 14세기에 나타난 유명론과 구별하기 위해 사람들은 그의 이론에 '개념주의'라는 딱지를 붙여 놓았다. 우리는 이 용어를 그가 실재적인 보편자의 존재를 모순적으로 여겼다는 사실을 뜻하는 말로 받아들여야 한다. 그러니까 그도 어쨌든 '유명론자'이다. 즉 보편적인 것은 사실 오직 '이름'에 불과하다고 주장하는 사람 말이다. '이름'은 유일하게 실재적 개별 사물을 가리키는 기호라는 것이다. 보편자는 사물이 아니다. 보편자는 우리 정신이 만들어 낸 산출물이다. 아벨라르는 객관주의적 요소를 제거했다. 그는 세계를 경험할 때, 인간이 그 경험을 어떻게 능동적으로 구성하는지를 보여 주었다. 인간은 더는 세계의 수용자이지만은 않다. 인간은 하느님이 하신 일에 그저 감탄하기만 해야 하는 관람자가 아니다. 아벨라르는 인간이 자기 세계에 주체적으로 참여한다는 사실을 강조했다. 이러한 측면에서 그는 확실히 '근대적' 사상가라 말할 수 있다.

한편, 인간이 가진 사물 개념(conceptus)이 자의적으로 형성되지 않고 개별 사물에서 추상된다고 보았다는 점에서 아벨라르는 급진적 유명론과는 입장을 달리한다. 보편적 명명의 바로 이러한 객관적 요청을 사람들은 '개념론'이라는 근대 용어를 통해 규정하고 싶어 했다. 그는 사태(res)와 말(vox)을 구별한다. 그는 보편 실재론의 전통을 거슬러 말만이 보편적 특성을 가진다는 입장을 고수했다.

그와 논쟁을 일으켰던 대표적인 사상가는 샹포의 기욤(Guillaume de Champeaux, †1121)이다. 그는 대상화의 경향을 비판했지만 자기 스승인 로셀리누스의 유명론에 빠지고 싶지는 않았다. 보편자는 로셀리누스가 주장한 것처럼 오직 말뿐이기만 해서는 안 된다. 이것을 보다 명료하게 전달하기 위해 아벨라르는 『형제들의 요청으로 쓴 논리학』에서 항상 개별적으로만 나타나는 자연적 소리로서의 말(vox)과 보편적 내용을 가진 말(sermo)을 구별했다.[11] 자연적 소리로서의 말은 인간으로부터 생성될 수 없다. 말은 그 자체로 창조에 속하기 때문이다. 그러나 내용을 가진 말은 인간의 기관에서(ex hominum institutione) 산출된다. 내용을 가진 말은 물리적 소리도 없고 아무런 의미도 없다 하더라도 그 자체로 고유한 어떤 것으로 간주된다. 이렇게 그는 세계를 능동적으로 해석하는 인간에게 주목함으로써 언어 기호의 이중성을 골자로 한 새로운 언어 이론을 만들었다. 그는 발화 행위의 내적 측면도 심도 있게 다루었다. 여기서 그는 인식 행위의 심리 변화와 그 의미론적 내용을 구별하고 싶어 한다. 심리주의적 유명론에서 극단적 결론을 도출하는 일을 피해야 했기 때문이다.

아벨라르가 심리주의적 유명론과 거리를 두었던 또 다른 이유가 있다. 그는 보편자의 실재를 주장하는 이론을 단호히 거부하기는 하지만, 한편으로는 플라톤의 이데아론을 긍정하기도 한다고 고백한다. 그는 플라톤의 이데아론을 『티마이오스』와 프리스키아누스(Priscianus)의 해석에서,[12] 그리고 마크로비우스의 해석으로부터 재구성한다.[13] 그러니까 아벨라르는 아리스토텔레스의 텍스트를 (아리스토텔레스에게 보편 실재론적 요소가 남아 있다는 사실을 부정하지 않고) 유명론적으로 해석하면서 한편으로는 플라톤의 이데아론에 마음을 연다. 하지만 우리는 그의 태도를 모순적이라 볼 필요가 없다. 우리 입장에서 유와 종은 이름에 불과하다. '유명론'은 감각에 결합된 인간 인식에 유효한 말이다. 하지만 의미론적이고 범주론적인 문제를 해결했다면 우리는 인간의 인식과 유와 종의 영원한 원천인 신의 인식을 서로 구별할 수 있다. 그래서 아벨라르는 플라톤과 프리스키아누스, 아우구스티누스를 따라 보편자가 가진 일종의 형이상학적 위엄을 그대로 보존하기로 결정했다. 그의 주된 관심은 논리 분석과 범주 분석에 있다. 하지만 그는 그의 논리학에서 마치 한계 개념처럼 설정했던 이데아론을 자신의 철학적 신학에서 유용하게 쓸 수 있었다. 유와 종의 영원한 원형인 이데아는 그에게서 신적 정신의 내용이었다.

철학적 신학

아벨라르는 논리학자였지만 철학자이기를 원하고 신학자이기를 원했다. 나는 아벨라르의 철학적 신학을 그의 삼위일체론을 가지고 이야기하고자 한다. 사람들은 그를 '합리주의'라고 비난했다. 하지만 그는 신앙과 교리에서 철학적 이성의 요청을 처리할 때, 캔터베리의 안셀무스보다는 겸손했다. 안셀무스는 계시와 성경을 무시하고서 오직 순수 이성을 가지고 삼위일체를 증명하고자 했다. 이와 반대로 아벨라르는 자기가 직접적으로 진리를 가르칠 수 있는 사람이라고는 생각하지 않았다. 그는 무엇이 인간 이성에 적합한지, 무엇이 성경 말씀에 배치되지 않는지를 알려 줄 뿐이라고 설명한다. 여기에는 두 가지 문제가 있다. 첫째, 신앙을 정복했다고 해서 인간 이성을 찬양할 수는 없는 노릇이다. 이것은 유대인들에게 해당되는 말이다. 12세기에는 유대인들을 논증으로 설득하든 무력을 사용해서든 간에, 개종시켜야 한다는 강한 동기가 있었다. 그리스도교 사회는 동질적이어야 했다. 유대인들을 향해, 그리고 어쩌면 로셀리누스의 삼신론(三神論)에 대항해 아벨라르는 삼위일체론이 합리적이라는 사실을 증명하고 싶어 했다. 둘째, 아벨라르의 증명에는 제한이 있었다. 클레르보의 베르나르는 아벨라르가 주제넘게 모든 것을 이해하려 하고 신성을 인간 이성 아래에 굴복시킨다고 비난하지만, 그의 말은 실제로 아벨라르가 했던 일에 들어맞지 않는다. 『그리스도교 신학』(*Theologia christiana*)에서 아벨라르는 삼위일체에 대한 '철학자의 증언'을 두 번째 장(章)에 가서야 소개한다. 첫 번째 장은 예언자들을 위한 자리로 마련되어 있다. 하지만 철학적 논증으로 그리스도교를 공격하는 이들에 맞서 그리스도교가 이성적 근거를 가진 종교라는 점을 보이기 위해 우리는 철학자의 논증을 빌리지 않을 수 없다. 철학적 논증을 통해 우리는 하느님을 인식하게 된다. 아벨라르는 세상을 경멸하고 자기를 절제하면서 살아야 하는 이유도 논증을 통해 납득할 수 있었다.[14]

철학자가 신성의 신비를 얼마나 깊이 파고들었는지를 설명하기 위해 아벨라르는 밀교(密敎) 전통에도 의존한다.[15] 신은 단순히 선한 신이 아니라 '선 자체'이며, 세계의 근거가 되는 지혜로서 이데아 전부를 창조하고 온 우주를 사랑으로 움직인다. 철학적 삼위일체론의 이러한 근본 특징을 아벨라르는 헤르메스 트리스메기스토스와 아우구스티누스에게서 읽고 있으며,[16] 특히 모든 철학자의 아버지인 플라톤에게서도 읽어 낸다.[17] '선 자체'는 아버지 하느님을 가리키고, 세계의 근거인 지혜는 아들이신 하느님을, 그리고 사랑에 의한 운동은 성령 하느님을 가리킨다. 아벨라르는 신성의 셋째 위격을 설명할 때 플라톤의 세계영혼 이론을 가져다 썼다는데, 이 때문에 그는 사람들에게서 맹렬한 비판을 받게 되었다.

전반적으로 아벨라르는 신 개념을 역동적으로 만들기 위해 노력했다. 이데아론은 모든 사물이 고유한 개별적 실존으로 존재하기 이전에 세계의 신적 기원 속에 살아 숨 쉬고 있다는 사실을 보여 주어야 했다. "창조된 모든 것은 하느님 안에 살아 있었다."[18] 이데아는 창조주에게 세계의 수적(數的) 구조이기도 했다. 샤르트르의 사상가들처럼 아벨라르도 신의 선성(善性)을 표현하기 위해 유사-기하학을 가지고 세계를 설명했다. 그의 수학적-신학을 보면, 아벨라르는 인간의 언어가 신성을 표현하기에 적합하지 않다는 사실을 의식하고 있었다. 이 모든 것은 『티마이오스』에서 가져온 모티프이다. 그러나 클레르보의 베르나르와 생-티에리의 기욤 같은 보수주의자들은 그 안에서 불길한 혁명의 조짐을 느꼈다. 클레르보의 베르나르가 주장한 그대로는 아니어도 아벨라르가 앎과 신앙의 관계를 크게 변화시킨 것은 사실이었다. 아벨라르는 그리스도교 사상을 어렵게(나는 '체계적'이라는 말을 피하기 위해 이 말을 썼다) 설명하면 어떤 모습인지를 잘 보여 주었다. 그는 유대 학자들과의 논쟁을 철학적 과제로 여겼으며, 그리스도교의 자기 정체성을 정신적 자율성과의 관계를 통해 주제화했다. 그리고 그는 고대 철학을 도구로 사용했으며, 거기서 메르쿠리우스(헤르메스)와 플라톤을 아리스토텔레스보다 앞에 두었다.

전승에 담긴 모순

세계를 이해하는 데에 아벨라르가 설정한 새로운 방향은 당대의 지식들이 가진 전승적 측면을 무시하기에는 너무나도 구체적이었다. 그는 캔터베리의 안셀무스와는 달리, 성경 해석과 교부 문헌 독해를 중요하게 여겼다. 거기서 아벨라르는 우리가 저자의 개별성과 저자의 의도에 집중하는 순간, 무조건적으로 나타나는 어떤 다양성을 인식했다. 텍스트와 저자의 진술 의도의 구별에 새롭게 주의를 기울이자, 문장의 뉘앙스라든지 내용의 차이나 불일치 같은 것들이 수면 위로 모습을 드러냈다. 전통 안의 모순이나 비일관성 문제는 어떻게든 해결되어야 하지만, 그는 그것들이 반드시 조화를 이루거나 일치할 수 있다고 기대하지 않았다. 『찬반논변』(Sic et non)의 서문에서 그는 주관적 요인을 고려해 찾아낸 몇 가지 규칙을 나열한다. 개별적 표현은 저자의 의도에 따라 제각기 서로 다른 의미를 가질 수 있다. 시간이 지나면서 텍스트가 훼손되었을 수 있으며, 이 때문에 경우에 따라 원문을 재구성하기도 해야 한다는 점을 반드시 염두에 두어야 한다. 텍스트에 쓰인 내용이 저자가 직접 보고 겪은 일인지 아니면 저자가 누군가에게서 들은 내용을 간접적으로 보도하는 것인지도 구별할 줄 알아야 한다. 권위에 의한 논증 외에 논증할 별다른 방도가 없을 때에는 권위의 우위를 따져야 한다. 우리가 인정하는 권위들이 많은 부분에서 서로 상충한다는 점을 아벨라르는 다양한 예를 들어 입증했다. 그는 전승 해석의 필요성을 분명히 인식했다. 그는 고전 텍스트에 나타나는 모순을 있는 그대로 받아들여야 한다고 권고한다. 그래야 우리가 책임 의식을 가지고 부정할 수 없는 전승들 사이의 불일치 문제를 합리적으로 해결할 방안을 찾을 수 있기 때문이다. 전승을 해석하는 이들은 이제 그의 말을 듣고 스스로 전승 과정의 마지막이자 가장 느슨한 고리가 되기를 멈추었다. 해석자는 자기가 넘어설 수 없는 존재임을 인식했다. 전승의 완고함은 누그러졌다. 전승의 가치는 해석자의 다양성과 차이를 배제하고 그들 위에 군림하는 데에 있지 않다. 무수히 많은 사람이 가진 각양각색의 특징이 고스란히 전승의 가치가 되었다. 하지만 아벨라르는 성경 자체는 건드리지 않았다. 그는 성경을 역사적으로 비평하고 상대화할 줄은 아직 몰랐다. 그가 생각한 것은 오히려 성경의 여러 표현 양식에 주의를 기울임으로써 성경 해석의 상대성을 극복하는 일이었다. 그러나 이제 객관성은 진리를 관장하는 성직자의 전유물이 아니라 하나의 과제로 인식되었다.[19] 아벨라르는 성직자를 거슬러 부정적인 말은 하지 않았지만 성직자가 좀 더 깨어 있는 사람이 되기를 마음으로 바랐다. 주어진 텍스트의 진위 여부에 물음을 제기하거나 저자가 자신의 의도를 텍스트의 끝까지 일관적으로 고수했는지와 같은 질문을 던질 용기가 있으면 그것만으로도 성직자는 변화할 수 있다. 그러면 그 즉시 다채로움에 눈을 뜨게 될 것이다. 권위를 주체적으로 선별하고 변증론을 방법으로 사용하면 과거의 유물을 자율적이고 주체적으로 된 새로운 세대에 안전하게 전달할 수 있다. 이 새로운 세대의 이성 개념은 보편타당성을 요청했다. 그리고 거기에는 가혹한 결과도 뒤따랐다. 아벨라르에 따르면, 변증론으로 정결하게 된 그리스도교 신앙을 거부하면 유대인과 이교도는 용서받을 수 없다.[20] 이러한 이성 개념에는 강제하고 억압하는 측면도 없지 않다. 사람들은 아벨라르를 개인을 발견한 사상가로 치켜세우지만, 사실 그는 개인이 가진 세계관의 다양성과 자유까지 인정한 사상가이기에는 아직 옛날 사람이었다.

새로운 윤리학

그보다는 아벨라르를 양보할 수 없는 주관성을 발견한 사상가로 부르는 편이 더 낫다. 언어의 의미를 규정하고 텍스트와 텍스트 해석의 차이를 구별할 때 인간의 주체적 역할을 증명했듯이, 윤리학에서도 그는 윤리 행위의 주체적 의도의 역할을 강조했다. 그는 자신의 『윤리학』(Ethica)의 제목에서 "너 자신을 알라!"라는 문구를 소크라테스적이고 그리스도교적인 맥락에서 새롭게 제시한다. 그가 다소 '근대적' 정신으로 찾고자 한 것은 객관적 가치 체계가 아니라 도덕성의 범주였다. 외적 행위와 심리적 상태는 도덕의 고려 대상이 아니다. 욕구와 의지 자체가 아니라 욕구와 의지에 동의하는 내적 행위를 선하거나 악하다고 판단해야 한다. 중세 초기의 속죄 규정집은 행위자의 의도를 전혀 고려하지 않았다. 아벨라르는 외적 행위의 윤리적 의미를 보다 낮게 평가함으로써 기존의 보속 관습에 비판적 태도를 취했다. 요컨대, 그는 인간의 외적 행위를 그 자체로는 가치 중립적이라고 선언했다. 나의 내면에서 이루어진 결단의 선과 악은 절대로 외적 실천을 통해 증가하지 않는다. 이렇게 해서 그는 도덕적 반성이 일어나는 내면의 공간을 마련했다. 오늘날 많은 이는 이것이 일반적으로 그리스도교를 통해 형성되었다고 본다. 그러나 이 내적 공간은 사실 아벨라르가 윤리학에서 주체를 향한 전회를 주장한 이후에 성경에서 처음 찾아낸 관념이다. 여기서도 반(反)역사적인 근대화 작업을 경계해야 한다. 아벨라르는 양심을 거스르는 것만을 죄로 취급했다. 하지만 선한 양심으로 했다고 해서 무엇이든 바로 그 이유 때문에 선하다고 하지는 않는다. 그는 객관적 가치들도 알고 있었고 성경의 권위를 해석자의 주관적 인식 행위보다 우위에 두었다. 아벨라르에 따르면, 양심은 오류를 일으킬 수도 있고 심지어 악한 양심이 될 수도 있다. 선한 양심은 신법과 일치한다. 그러므로 그가 개인의 주체성을 발견했다고 해서 주관주의라는 이름표를 붙일 수 없다는 점은 분명하다.[21]

하지만 아벨라르는 그리스도교적 성찰의 윤리에 담긴 몇몇 전통적 동기를 명료하게 하는 것 이상의 일을 해냈다. 그는 인간의 외적 행위에서 신화적 요소를 제거했다. 그리고 그는 사람들에게 행위의 윤리란 객관적 규칙과의 일치를 의미한다는 착각에서 벗어나게 해 주었다. 기존의 가치 체계가 가진 일방적 객관주의를 비판했으며, 내적으로 동의하는 일은 언제나 우리에게 달려 있다고 역설했다. 이렇게 해서 그는 암묵적으로 후기 아우구스티누스의 은총론을 거부하는 입장을 취했다. 아벨라르는 도덕적 행위를 가능하게 하는 근거가 인간 안에 있다고, 즉 외부 환경이나 조건과 무관하며, 다양한 종교에서 제시하는 실증법이나 자비를 베풀기도 하고 단죄하기도 하는 하느님의 자의적 예정에도 종속되지 않는 보편적 근거가 있다고 주장한다. 아우구스티누스가 펠라기우스와 논쟁할 때 거론했던 '죄에 기우는 경향'은 아벨라르에게서는 도덕 이전의 영역에 속했다. 인류가 받은 원죄의 유산은 선을 선택하는 의지의 자율적 힘을 무효로 만들어서는 안 된다. 이것은 윤리적이고 합리적인 자기의식 형성을 향해 내딛는 중요한 진보였다. 왜냐하면 이러한 자기의식은 종교적 체험의 결과가 아니라 종교적 체험의 인간적이고 보편적인 전제 조건으로 파악되기 시작했기 때문이다. 여기서 사람들은 현실적으로 존재하는 종교가 인간 도덕과 종교적 심성에 우연적 형태를 부여한 것에 지나지 않는다는 사상을 읽어 낼 수 있었다.

종교철학

이리하여 아벨라르는 후기 아우구스티누스의 영향을 받은 중세 초기 신학의 좌표계를 뒤집어 놓았다. 그는 후기 아우구스티누스의 사유와 한층 높아진 인간의 가치 의식 사이에 설정된 잘못된 관계를 해체하기 위해 새로운 구원 개념을 도입했다. 아우구스티누스의 구원론은 세계의 지성적 근거로 올라가는 영혼에 대한 신플라톤주의 사상을 신정주의적 틀 안에 담아냈다. 하지만 그의 구원론은 예수의 십자가 죽음을 통한 구원을 원죄 때문에 악마에게 주어진 권리를 되찾아오는 사건으로 이해했다. 캔터베리의 안셀무스는 『하느님은 왜 인간이 되었는가』(*Cur Deus homo*)에서 아우구스티누스의 구원론 바탕에 깔린 이원론을 꿰뚫어 보고 그에 대한 비판을 서슴지 않았다. 안셀무스는 새로운 구원론의 필요성을 역설한 최초의 인물이었다. 그는 구원을 원죄로 모욕을 받으신 하느님의 영광을 십자가상 죽음을 통해 보상하는 행위로 이해함으로써 봉건적 문화의 가치와 조화를 이루는 구원론을 제창했다.

아벨라르는 『로마서 주해』(*Commentaria In Epistolam Pauli ad Romanos*)에서 안셀무스의 구원론을 비판한다. 그는 우리가 그분의 아드님인 예수를 살해했다는 사실을 통해 하느님께서 어떻게 우리와 화해할 수 있는지 결코 알 수 없다고 주장한다. 아벨라르는 안셀무스가 하느님의 보상을 이해하는 방식이 그리스도교적이지 않다는 사실을 당장 알아챘다. 그는 봉건적 가치관을 단호히 떨쳐내고 그에 따른 결과를 기꺼이 감수하기로 작정했다. 그는 '주체적인' 새 시대에 가장 자명한 것을 가지고 그리스도교에서 가르치는 구원을 해명한다. 즉 그것은 다름 아닌 사랑의 체험이었다. 이렇게 해서 그리스도교적 사유에 완전히 새로운 것이 탄생했다. 아벨라르의 사상에 따르면, 하느님이 사람이 되고자 하는 동기는 악마를 무찔러야 하는 신화 때문도 아니고 신성의 영예를 지키기 위해서도 아니다. 하느님은 인간을 사랑하고 사랑을 증명하기 위해 인간이 되셨다. 하느님은 윤리적으로 올바른 삶의 본보기를 남기기 위해 십자가에 못 박혀 숨을 거두었다. 이제는 무죄한 이를 살해했다는 이유로 하느님이 인간을 눈여겨볼 일은 없게 되었다. 아벨라르가 묘사하는 하느님은 자유로운 인간의 사랑을 받고 종이 아니라 친구로서 인간과 사귀는 데에 관심이 있다. 인간을 희생 제물로 바침으로써만 하느님을 기쁘게 해 드릴 수 있다는 원시적 관념은 아벨라르에게서 해체된다. 그의 도덕철학적 구원론은 '근대적' 가치 개념을 전제한다. 사랑하는 것과 사랑받는 것은 '둘 다' 하느님의 본질에 속한다. 그는 안셀무스처럼 인간의 자리를 하느님 안에 마련하는 일에 집중했다. 하지만 안셀무스는 봉건적 명예의 가치를 전면에 내세운 탓에 그가 의도한 일을 성취하지 못했다. 아벨라르의 작업은 그리스도교를 해명한 거대한 성과로 인정받지는 못했다. 토마스 아퀴나스도 그를 따르지 않았고 루터조차도 그의 편을 들지 않았기 때문이다. 하지만 토마스와 루터는 아벨라르를 완전히 무시하고 지나갈 수는 없었다. 그들은 아벨라르가 극복하기를 원했던 이념들을 바로 그의 사상 자체에 섞어 버렸다.

『철학자와 유대인과 그리스도교인 사이의 대화』(*Dialogus inter Philosophum, Christianum et Iudaeum*)라는 제목으로도 불리는 아벨라르의 『비교 토론』(*Collationes*)은 그의 말년에 저술된 작품이다. 이 작품은 그의 시대에 들어 빈번히 조우했던 몇몇 종교를 철학적으로 이해하는 과정을 그렸다. 그는 자신의 철학을 현실적 요구에 맞추어 연구했던 사람이었다. 그는 삼위일체의 두 번째 위격이며 하느님의 지혜이신 분은 그리스도교 신앙이 없는 사상가에게도 영감을 불어넣어 주었다고 굳게 믿었다. 이러한 전제 위에서 아벨라르는 훗날 라이문두스 룰루스나 쿠자누스에게서 종교인들의 대화 형식으로 또다시 나타나는 평화주의적 종교철학 논의의 전통을 만들었다. 고트홀트 에프라임 레싱(Gotthold Ephraim Lessing)의 희곡 『현자 나탄』(*Nathan der Weise*)도 이러한 종교철학 논의의 역사를 깊이 이해하고 있었기에 탄생할 수 있었다. 신플라톤주의 로고스 이론의 삼위일체-철학적 변형과 스토아학파의 자연법 이론을 통해 아벨라르는 이슬람과 유대교를 '자연 종교'의 관계로 파악하기도 했다.

제21장
샤르트르

'샤르트르학파'

12세기에는 학문의 중심지가 여러 군데 있었다. 파리에서는 대성당 학교 외에 몽-생-주느비에브와 생-빅토르 학교가 등장했다. 랑에도 학교가 세워졌다. 클레르보의 베르나르는 어느 학파에도 속하지 않았다. 그리고 샤르트르도 있었다.

13세기에 아리스토텔레스주의가 자리를 잡고 파리가 학생들이 가장 선호하는 대학 도시가 되면서 샤르트르는 내리막길을 걸었다. 샤르트르학파의 강점인 경험적 자연 연구는 아리스토텔레스의 물리학과 생물학으로 충분히 대체 가능했다. 하지만 샤르트르의 학자들은 무작정 자연을 탐구한 것이 아니라 수학적 방법으로 세계를 연구했다. 15세기 들어 아리스토텔레스 자연철학의 공허함이 드러나자, 니콜라우스 쿠자누스는 샤르트르학파의 저작에 관심을 돌렸다. 그는 자연에 대한 지식의 확실성은 오직 수학을 가지고만 보증할 수 있다고 생각했기 때문이다. 쿠자누스는 샤르트르학파에서 보편타당하고 세계와의 접점을 가지는 삼위일체에 대한 철학적 이론도 발견했다. 샤르트르의 삼위일체론은 단일성이 이성적인 실재의 원리이며, 단일성은 세 개의 계기의 통일로서 모든 구조와 관계 속에 들어 있다고 주장한다. 이 이론을 요약하면,

다음과 같다.

우리는 무엇이든 그것이 단일하게 있을 때에만 인식할 수 있다. 그런데 이 단일함이 다수성을 근거 짓는 실재적 원리라면, 단일성은 다양성에 절대적으로 무책임해서는 안 된다. 단일성은 세밀한 부분에 이르기까지 각각의 모든 만물과 동일할 정도로 단일한 것이어야 한다. 단일성이 정말로 모든 것과 일치한다면, 그것은 만물을 정초하는 단일성으로서 단일함과 다양함을 결합한다. 근거이자 원리인 단일성은 근거 지어진 대상을 제 안에 품고 있다. 따라서 필연적으로 단일성이면서 동일성이고 결합이다.

쿠자누스는 아우구스티누스와 안셀무스의 삼위일체론과는 극명한 대조를 이루는 샤르트르학파의 삼위일체 철학을 수용했다. 그럼에도 쿠자누스는 샤르트르학파가 역사 속에 묻히는 것을 막지는 못했다. 1850년 무렵까지 사람들은 샤르트르에 대해 아무것도 알지 못했다. 샤르트르학파는 영국의 역사학자인 레지널드 L. 풀(Reginald L. Poole, 1884)과 샤르트르의 신학 교수인 아베 클레르발(Abbé Clerval, 1895)[1)]에 가서야 — 클레르발에게는 애향심이 아주 없지는 않았다 — 재발견되었다. 이들은 몇몇 동명(同名)의 사상가가 샤르트르학파 소속의 동일 인물임을 밝혀냄으로써(예를 들어 베르나르 실베스트리스(Bernard Silvestris)와 샤르트르의 베르나르(Bernard de Chartres)) 샤르트르에서 활동한 중요한 사상가들의 수를 불리는 데 성공했다. 심지어 샤르트르학파 사상가들 사이의 친족 관계까지 찾아냈다(샤르트르의 티에리(Thierry de Chartres)와 샤르트르의 베르나르가 형제라고 추정한다). 만일 누군가가 그 당시 샤르트르의 유명한 학자로 밝혀진다면, 그는 샤르트르에서 가르친 경험이 있었다. 클레르발이 발견한 것들은 — 샤르트르의 아름다운 대성당은 아직까지도 건재하다 — 많은 이의 호응을 얻어 참고 서적이나 백과사전에 실릴 정도였다. 이와는 달리, 서던의 비판은 전문가들 바깥에서는 오늘날까지도 별다른 주의를 끌지 못했다. 니콜라우스 해링(Nikolaus

Häring)과 페터 드롱케(Peter Dronke)가 제기한 이의를 수용해 서던이 기존 입장을 수정하기도 했고, 또한 세부적 측면에서 문제가 아주 없지는 않지만 서던의 비판은 유효하다. 나는 샤르트르의 티에리의 철학적·역사적 분류와 관련해 그에게 동의하지 않는다(여기에 대해 곧 이야기할 것이다). 하지만 샤르트르 소속으로 추정했던 몇몇 사상가, 특히 베르나르 실베스트리스는 샤르트르와 아무런 관계도 없다는 점은 인정해야 한다. 또한 샤르트르의 티에리(✝1151)와 푸아티에의 질베르(✝1154) 같은 이들은 샤르트르가 아니라 파리에서 가르쳤다. 콩셰의 기욤(Guillaume de Conches, ✝1150)이 샤르트르에서 가르쳤는지 여부는 확실하지 않다. 마찬가지로 1180년 샤르트르의 주교로 생을 마감한 솔즈베리의 존이 샤르트르에서 수학했는지도 불분명한 사실이다.[2]

그렇다면 우리는 '샤르트르학파'가 존재하지 않았다고 보아야 할까? 그렇지 않다. 어떤 의미에서는 샤르트르학파가 실존했다. 투르와 랭스에 학교가 있었듯이, 샤르트르에도 학교가 있었다. 자유학예를 가르칠 목적으로 설립된 이 학교는 풀베르의 주도 아래 큰 번영을 누렸다. 샤르트르 학교의 명성은 12세기보다는 11세기 초반에 확인된다. 베렝가르와 란프랑쿠스도 아마 이곳에서 수학했을 것이다.

나는 '샤르트르학파'라는 용어를 지역적으로 제한된 의미로 사용하는 것이 적절하지 않다고 본다. 이 표현은 사상과 이론, 그리고 거기에 사용된 전거의 공통점에 특정한 정신사적 흐름을 가리키기 위해 써야 한다. '샤르트르'는 어떤 도시의 이름이다. 클레르발과 인명 사전은 배타적으로 또는 거의 대체로 샤르트르에서만 가르쳤다고 하는 많은 인물을 나열하는데, 여기에 대해서는 정당하게 의구심을 갖지 않을 수 없다. 수록된 모든 사상가를 하나씩 검토해 볼 필요가 있다. 따라서 나는 샤르트르의 티에리부터 시작해 콩셰의 기욤, 베르나르 실베스트리스를 방법적 이유에서 구별해 다루겠다. 하지만 이들 세 사람을 '샤르트르학파'에서 제외한다고 해도 특정한 철학적 방향을 공유하는 일련의 사상가가 있다. 이들은 특정 지역에 국한되지 않는 다소 유연하게 정의될 수 있는, 요컨대 수학과 자연 탐구와는 거리가 먼 아벨라르와 확연히 구별되는 집단을 형성한다. 이 흐름은 파리와 샤르트르에서 확인할 수 있으며, 샤르트르 자체에서만 꽃피웠던 문화보다 훨씬 더 중요한 지성적 운동이다.

1150년경의 지식은 아직 아리스토텔레스의 학문론으로 세분화되지 않았다. 이론은 운문과 결합되어 있었다. 이때는 그리스와 아랍 저작들이 무더기로 쏟아져 들어오기 이전이었다. 사람들은 3학(三學)과 4학(四學)의 조화를 꾀했다. 이러한 측면에서만 보자면, 샤르트르학파는 라틴적 유산을 그대로 간직하고 있다고 볼 수 있다. 그러나 그리스 의학자인 갈레노스와 헤르메스 전승을 수용했다는 특징이 있다.[3] 나는 '인문주의'라고까지 말할 생각은 없다. 이런 종류의 상투어 사용은 연대적 구별의 의미를 무색하게 만든다. 샤르트르학파는, 보에티우스가 그랬듯이, 고대의 신화를 자유롭게 인용한다. 다음의 주제에서는 역사적으로 의미 있는 성찰이 행해졌다.

— 신을 절대적 필연성, 순수 활동, 통일성으로 파악한 것.
— 자연을 관념적 내용과 산술적 구조의 역동적 실현으로 파악한 것.[4]
— 인간 존엄성과 이성의 사용을 합리적으로 해명한 것.

샤르트르학파가 주로 참고한 권위는 보에티우스였다. 그러나 아리스토텔레스의 논리학 저작에 대한 주해서 때문만이 아니라 그의 『철학의 위안』과 신학-철학적 소품(『삼위일체론』, 『데헵도마디부스』(*De Hebdomadibus*))—공리 연역적 방법과 형식형이상학과 더불어—, 그리고 수학과 음악 저술 때문에도 중요했다. 라틴 고유의 전통을 넘어 사유하려는 움직임이 있었다. 하지만 그리스와 아랍 문화권에서 성취한 것들은 ― 13세기처럼 ― 아직은 7자유학예의 체계를 해체하지 못했다. 지금은 아직 『티마이오스』의 본보기를 따라 시적 표현이 중요한 시기였다. 그래도 조금만 시간이 지나면 학문은 금세 산문 형식으로 쓰이기 시작한다. 아벨라르의 논리학 작품과 볼로냐 법학자들의 작품은 맛보기에 불과하다.

샤르트르의 티에리

샤르트르의 티에리(Thierry de Chartres, †1151)의 저작은 사람들이 샤르트르학파에 집어넣은 사상가들의 지적 활동 배경에 대한 적절한 개요를 제공한다. 사람들은 클레르발(1895) 이후로 샤르트르의 티에리가 샤르트르에 대해 가지는 관계가 더욱 구체적으로 드러났다고 믿지만 실제 역사적 사실로 확정된 것은 별로 없다. 그는 1140년대 초부터 샤르트르 주교의 서기로 일했다. 샤르트르 학교에서 교직을 맡았는지는 확실하지 않다. 하지만 그가 파리에서 가르친 것은 확실하다. 어느 높은 신분의 독일인이 그를 찾아와 문하에서 배우고 티에리의 제자라 불리는 것을 큰 영광으로 여겼는데, 그가 바로 훗날 마인츠의 대주교가 된 아달베르트(Adalbert)이다.[5]

'샤르트르의 영웅들'에 흠집을 낸 서던은 티에리가 7자유학예를 가르친 케케묵은 교사였다고 본다. 티에리가 '신학'이 아닌 자유학예를 가르쳤다는 점에서 그의 말은 옳다. 하지만 좀 더 깊이 들여다보면 티에리가 독창적 사상가였다는 점이 드러난다. 7자유학예의 주요 교과서 내용을 총정리한 그의 『자유7학대전』(Heptateuchon)에 달린 서문은 그가 얼마나 넓은 시야를 가진 인물인지 엿볼 수 있게 해 준다.

티에리는 『자유7학대전』의 의도가 3학과 4학을 조화롭게 결합하는 데에 있다고 밝힌다.[6] 형식논리적·문예수사학적 교육은 실재 학문 교육과 통일을 이루어야 한다. 솔즈베리의 존은 약간 나중에 이 '샤르트르적' 기획을 '이성과 언어의 달콤하고 풍요로운 혼인'(dulcis et fructuosa coniugatio rationis et verbi, 『메타로기콘』(*Metalogicon*) I)으로 묘사했다. 티에리는 그의 교육 이념을 수학적이고 자연과학적인 문화와 논리학과 문예의 혼인으로 '자유로운 철학의 자녀들'이 탄생하리라는 희망에 결합시켰다.[7] 교육의 본질은 고대의 것을 무조건적으로 모방하는 데에 있지 않다. '새로운 세대'를 육성해야 한다. '새로움'은 이제 더이상 '나쁜' 것을 의미하지 않는다. 티에리는 이전 세기의 비관주의에 대항하면서 이성에 대한 새로운 신뢰를 주장한다. 자유학예의 도움으로 인간은 지혜롭게 될 수 있다. 티에리는 지혜를 보에티우스의 어려운 용법을 빌려 '존재하는 것의 진리를 완전하게 파악함'이라고 바꾸어 말한다. 우선적으로 중요한 것은 고대의 수용이 아니라 7자유학예를 전체적으로 확실하게 조망하는 일이다. 전통은 이성이 온 세계를 붙잡을 수 있도록 협력해야 한다. 하지만 전통의 내용은 충분히 기록되어 있지 않았다. 이 때문에 티에리는 전통에 접근할 길을 여는 것을 작업의 목표로 삼았다. 그는 중세 서구 유럽에 아리스토텔레스의 논리학 작품 전권(全卷)을 사용했던 최초의 인물이다. 즉 티에리는 『분석론 후서』도 알고 있었다.[8] 그의 제자인 솔즈베리의 존은 그 내용을 구체적으로 풀어쓴 첫 번째 사람이었다. 그런데 이렇게 강조하면 내가 티에리를 교육 부문에서만 큰 의의를 가질 뿐 독창적 사상가는 아니라고 평가했던 서던의 입장에 동의하는 것처럼 보일 수도 있겠다. 그러니 티에리의 작품을 깊이 들여다볼 필요가 있다. 나는 그의 저서 가운데 대표적으로 『6일 간의 창조』(*Tractatus de sex dierum operibus*)를 소개할 것이다.[9]

「창세기」 제1장은 많이 주해되는 성경 텍스트 가운데 하나이다. 성경적인 세계 탄생설을 당대의 자연과학적 지식과 조화롭게 풀어내고자 노력했던 그리스도교 주해가들이 고대에도 있었다. 6일 간의 창조를 해설하는 작업에 착수했을 때, 티에리는 고대의 「창세기」 주해들을 다소 늦게 접했다. 대략 1140년에서 1150년 사이의 시기로 추정된다. 자연에 대해 가지고 있던 그의 지식은 그가 사용한 전거에 담긴 지식수준과 크게 다르지 않았다. 티에리는 플라톤의 『티마이오스』, 암브로시우스, 아우구스티누스, 마크로비우스, 칼키디우스와 베다를 참고했다. 그럼에도 그의 작품에 담긴 사상은 새롭다. 『6일 간의 창조』는 최초로 종합적인 세계 창조론을 구상했고 — 원소의 창조를 일회적 사건으로 간주하며 — 순수하게 자연 내재적인 해명 방식을 택했으며, 세계 해명을 서술상 개별적인 성경 구절 자체의 해설보다 우선시했다. 티에리의 동시대인들은 변혁을 감지했다. 티에리의 제자들 가운데 한 명은 이 작품이 자연에 대한 설명으로만 가득 차 있다면서 놀라움을 표현했다(juxta physicas tantum rationes).[10] 하지만 이것은 티에리가 의도한 결과였다. 그는 도덕적이고 상징적인 해명을 더는 원치 않았다. 그런 종류의 「창세기」 주해는 이미 충분히 많기 때문이었다.[11]

티에리는 철학적 원인론으로 주해를 시작한다. 철학적 원인론이라 하지만 정확히는 정초 방식에 대한 이론이다. 그는 질료와 형상의 전통적인 철학적 이원론을 세 개의 계기를 통해 전개되는 신적인 세계 근거 사상에 통합했다. 이러한 종합은 성경 텍스트 자체와의 결속을 최소화함으로써 성취된다. 어쨌든 성경 텍스트는 티에리의 논증에서 중요한 역할을 담당하지 못한다. 성경은 철학적 사변으로만 파악되는 대상을 대중에게 감각적 서술을 통해 전달한다.

원리에 대한 티에리의 이론은 자연 탐구 활동과 사실상 동일했다. 그는 그 시대의 경험적 지식들을 — 콩셰의 기욤이 『철학』(*philosophia mundi*, 1125년경)에서 체계화한 것처럼 — 가지고 우주의 탄생을 해명하고자 시도했다. 하느님의 초자연적 개입은 없다. 네 개 원소의 창조만 예외이다. 티에리는 "하느님은 하늘과 땅을 지어내셨다"라는 말을 하느님이 네 원소를 창조했다는 뜻으로 쓴다. 그는 우주의 구조가 원소들의 고유한 특성으로 설명될 수 있다고 본다.

가장 가벼운 원소인 불은 위쪽으로 올라가려는 본성을 가졌다. 불은 공기와 다른 모든 것을 비춘다. 본성적으로 불은 가장 민첩한 원소이다. 불은 최외곽 천구를 움직이는 힘이다. 최외곽 천구는 불로 말미암아 배타적으로 원운동을 하게 되며, 모든 자연 현상은 바로 이 원운동으로부터 시작된다. 이것이 첫째 날에 일어난 일이다. 이어서 불은 공기와 물을 데운다. 그 결과 냄비의 물을 끓일 때 관찰되는 그대로 증기가 발생한다. 증기는 높이 올라가 '궁창'(穹蒼)을 형성한다. 이것이 둘째 날에 일어난 일이다. '궁창'이란 위에 있는 물과 아래에 있는 물을 가르는 공기층을 말한다. '궁창' 또는 '창공'은 그 위에 있는 물을 지탱하기 때문에 '단단하다'(firme)라고 말해진다.

  상층에 흐르는 열기는 물의 일부를 증기로 변화시키며, 이번에도 끓는 냄비에서 보는 것처럼 물이 한 번 더 소비된다. 땅은 이렇게 해서 생겨났다. 그리고 불은 쉬지 않고 땅을 데워 식물이 자라게 한다. 이것이 셋째 날에 일어난 일이다. 티에리가 별들도 물의 응집으로 생겨났다고 설명한 점은 흥미롭다. 넷째 날이 지났다. 별들이 생겨난 이후에도 천구는 끊임없이 공전하면서 열을 생산한다. 열기는 계속 증가해 이제는 물을 한 번 더 데울 수 있을 정도가 되는데, 이것이 바로 생명의 열(calor vitalis)이다. 티에리는 스토아 철학의 용어를 이렇게 가져다 쓴다. 다섯째 날에 바다 생물은 이렇게 해서 탄생할 수 있었다. 열은 점점 축적되어 가장 무거운 원소인 흙을 데울 수 있을 정도로 많아진다. 따뜻해진 육지에는 동물이 살 수 있게 되었다. 그리하여 여섯째 날에는 육상 동물이 탄생했다. 티에리는 이때 인간도 함께 생겨났다고 말한다(in quorum numero homo ad imaginem et similitudinem Dei factus est).[12]

  티에리의 이론은―그는 책머리에서 아우구스티누스의 영향을 받은 정통 교의를 인정한다―뒤를 돌아보지 않고 곧장 앞으로 달려 나간다. 그는 설명되지 않는 사안을 결코 용납하지 않는다. 통일적인 세계 연역의 장애물이 될 수 있었을 무기물과 유기물 사이의 또는 동물과 인간 사이의 층위들을 인정하지 않았다. 다양한 강도로 작용을 가하는 열기는 자연의 필연성을 가지고 하늘의 원운동을 해명하며, 생명의 열(calor vitalis)에 도달하기까지 내재적 고양을 거듭한다. 열은 사물 안에 잠자고 있는 가능성들, 이른바 작용의 씨앗(seminales causae)을 흔들어 깨운다. 이 씨앗은 내적 목적을 달성하기 위해 지속적으로 성장한다.[13]

티에리의 『6일 간의 창조』는 플라톤의 『티마이오스』와 그가 키케로와 세네카에게서 읽은 스토아적 자연학 없이는 불가능했을 것이다. 스스로 고백하듯이, 그의 작품은 자연 탐구를 성경 해석과 결합한다. 만일 사물의 이해(intellectus)와 해석(interpretatio)이 다 같이 자유학예 전체의 본질을 이룬다는 이유 때문에 그가 이해와 해석학적 시도의 종합을 원했다고 하면, 우리는 그가 철학적 진리와 모세의 난해한 텍스트를 해독하는 일을 왜 중요하게 여겼는지를 이해할 수 있다.[14] 근대적으로 말하자면, 티에리는 사태를 통찰할 때 통일적인 학문 언어를 사용할 것을 요구했다. 그는 하늘의 공전의 기원과 세계의 마지막을 오로지 자연의 항구한 질서와 내적 필연성만 가지고 해명하려 했다. 이 유일한 방법으로 그는 "생겨나라!"라는 하느님 말씀과 하느님이 창조 과업 이후 일곱째 날 쉬셨던 것까지도 일관적으로 이해할 수 있기를 바랐다.

티에리는 다원주의자가 아니었다. 그는 하느님의 창조를 일회적 사건으로 간주했다. 그래야 하느님의 초자연적 개입으로 끊을 수 없는 발전 과정을 증명할 수 있기 때문이다. 원소는 창조되어야 했다. 인간은 하느님의 모상이기도 하지만 동시에 원소 운동의 결과이자 자연적 산물이기도 했다. 오랜 과거의 텍스트들이 모두 그렇듯이, 우리는 여기서도 근대화의 위험에 빠져서는 안 될 것이다. 하지만 티에리가 우리에게 말하는 것이 무엇인지도 정확히 알아야 한다. 그의 이론에서 네 원소는 질적으로 서로 다르지만, 그 차이는 움직여지거나 작용을 가하는 정도에 따른 것이다. 바로 이 원소의 역학이 그의 순수하게 내재적인, 즉 초자연적 기적을 허용하지 않는 우주 발생설의 근간이다. 티에리는 가장 활동성이 강한 원소인 불을 가지고 원소의 '창조 이후에' 발생한 다른 사건도 설명했다. 하지만 『티마이오스』의 독자였던 티에리에게 창조는 은유적 표현이다. 그는 창조를 오늘날 물리학에서 말하는 우주 대폭발 같은 비유를 통해 설명한다. 그는 불에 대해 세계 과정을 제작한 '장인이자 작용을 일으킨 원인'이라고 서술한다.[15] 스토아학파의 자연철학에서 쓰이는 표현이 또다시 등장한다. 티에리는 세계 해명의 '질적' 요소들도 분명히 알고 있었다. 질적 요소들은 형상에 대한 그의 철학의 기초를 이루지만 세계 창조론에서는 중요한 역할을 하지 않는다. 우리는 그의 창조설을 물질의 운동성 등급에 따라 하늘과 땅, 식물과 동물과 인간을 연역하는 통일적 역학 이론이라 볼 수도 있겠다. 티에리에 따르면, 시간의 경과(즉 「창세기」에서 각각 '하루'로 지칭된 창조의 여러 계기) 또한 원소들의 운동을 가지고 충분히 설명될 수 있다.[16]

티에리는 창조신학을 이상적 수론(數論)과 자연주의적 역학 이론과 결합했지만 그 둘의 고찰 방식은 방법적으로 구별했다. 플라톤의 『티마이오스』는 티에리에게 오히려 이데아론이 내재적·자연적 세계 해명을 요청하지 배척하지는 않는다는 사실을 보여 주었다. 서던은 티에리를 교사로서, 그리고 — 전승된 텍스트의 종류가 제한적이었다는 측면에서 — 13세기 아리스토텔레스주의자의 제한적 선구자로 평가한다.[17] 그러나 아리스토텔레스주의는 절대로 경험적 연구의 촉진만을 뜻하지 않는다. 아리스토텔레스주의는 경험적 연구를 저해하는 요인이기도 했다. 예를 들어 '형상'에 대한 아리스토텔레스의 이론은 경험적 연구의 발목을 잡았다. 그러나 티에리는 나중에 정확히 근대 초기에 반(反)아리스토텔레스적 자연과학이 원했던 바로 그것을 시도하려고 했다. 즉 원소의 운동을 통해 통일적으로 세계를 해명하는 작업 말이다. 따라서 티에리는 13세기 아리스토텔레스주의자들의 제약적 선구자 그 이상이었다. 그는 미래를 암시하는 아주 새로운 구상을 가졌던 사상가, 경험 세계를 원자론적이고[18] 역학적 방법으로 구성하는 이론을 제시한 사람이다. 그는 '무거움'과 '가벼움' 같은 물체의 특성을 모든 물체에 공통적인 원소들의 운동 방식에서 연역했다.[19] 그는 자연 탐구에서 수학의 역할을 아리스토텔레스주의자들보다 더 중요하게 여겼다. 아리스토텔레스 이후에 등장한 새로운 자연과학을 원했던 15세기 사상가들은 누구든지 티에리를 참고할 수 있었다. 쿠자누스도 그 가운데 한 사람이다. 그는 자기가 읽은 사상가들 중에서는 티에리가 가장 뛰어난 정신을 가졌다고 치켜세웠다.[20]

하지만 쿠자누스의 찬탄은 티에리의 자연철학 자체보다는 그의 삼위일체론에, 그리고 무엇보다도 사람들이 '수학적 신학'이라 부르는 산술적 논증으로 전개되는 철학적 신학에 해당한다. 수학적 논증에 따른 신학이란, 예를 들면 다음과 같다. 하나 또는 단일성(unitas)은 논리적으로 '많음'과 '다름'(alteritas)에 선행한다. '다르다'라는 것은 두 개의 존재나 동일한 본성에 나타나는 ─ 적어도 ─ 두 개의 모습에 대해서만 말해질 수 있기 때문이다. 따라서 단일성은 모든 변화에 선행한다. 모든 피조물은 변화하는 존재이다. 그러므로 일체의 다름과 변화에 앞서는 어떤 단일함이 있어야 한다. 이 단일성은 영원하다. 그런데 영원한 것은 신성(神性) 말고는 없다. 따라서 모든 변화의 근저에 놓인 단일성은 신성이다. 신성은 모든 사물의 존재이며, 존재의 형상(forma essendi)이 된다.[21] 신성은 형상을 생성하는 능력으로서 질료 안에서 작용을 일으킨다. 우리가 신성을 존재 형성의 근거(forma essendi) 또는 존재 형상이라 부른다면, 이는 사물의 존재 전체가 신성의 현존에 근거하고 있기 때문이다(quoniam praesentia divinitatis singulis creaturis totum et unicum esse consistit).[22] 실존하는 모든 것은 자기 존재를 신성의 현존에서 얻는다. 사람들이 샤르트르학파의 사상을 두고 '범신론'이라 말했던 것은 바로 이러한 이유에서다. 하지만 원형과 모형의 플라톤적 차이와 보에티우스적 관여 사상은 신과 세계의 동일성을 허용하지 않는다. 우리가 티에리에게서 읽을 수 있는 것은 권능과 지혜와 자유의지로 세계의 질서를 창조했다는 이론, 곧 신의 세계 정초에 대한 철학적 이론이다. 이러한 철학을 가지고 티에리는 작용인과 형상인과 운동인, 이 세 가지가 통일을 이루고 있다고 주장한다. 이렇게 해서 그는 그리스도교 삼위일체론의 진리를 철학적이고 자율적인 논증으로 풀어냈다.[23]

쿠자누스는 티에리에게 많은 빚을 졌다. 티에리의 개별 명제는 쿠자누스 사상의 탄생에서 싹트게 하는 힘들과 같다. 철학적 신학을 눈으로 보는 행위, 즉 시각(視覺)을 가지고 근거 짓는 작업에 수년의 시간을 쏟았을 때, 쿠자누스는 티에리를 만날 수 있었다. 우리의 눈은 모든 것을 볼 수 있지만 자기 자신은 볼 수 없다. 모든 것을 볼 수 있게 해 주는 빛, 언제나 감추어진 신성을 우리가 볼 수 없는 것도 마찬가지이다.[24] 이렇게 접근하면 자연주의적 우주론은 부정신학과 결합될 수 있다. 티에리도 이와 유사한 비교를 떠올렸다. 요컨대, 자연 형상에 대한 신의 정신의 관계는 공예나 예술 작품에 대한 인간 정신의 관계와 같다는 것이다.[25] 티에리는 아마도 사유란 총체로서의 존재에 대한 사유라고 가르친 최초의 인물일 것이다. 총체로서의 존재는 두 가지 양태에 따라 고찰해야 한다. 응축된 상태, 즉 포개져 있는 양태(complicatio)에 따라 고찰하면 온 우주가 곧 하느님이다. 이와는 달리 전개된 상태, 즉 펼쳐진 양태(explicatio)에 따라 고찰하면 존재하는 것 전체가 우주이다. 『박학한 무지』(De docta ignorantia) 제2권에 설명된 것처럼 쿠자누스 우주론의 기초 개념은 티에리의 보에티우스 주해서에서 기원한다. 그에 따르면, '단일한' 실재를 인식할 때 우리는 실재를 먼저 그것의 특성 안에 절대적으로 필연적인 것(necessitas absoluta)으로 파악하고, 그다음에는 원인들의 상호 작용에서 필연적인 것(necessitas complexionis)으로 파악하며, 세 번째로는 순수한 가능성(possibilitas absoluta)으로, 마지막으로는 규정된 가능성(possibilitas determinata)으로 파악한다. 쿠자누스는 자신에게 통일과 차이를 조화롭게 사유할 수 있도록 해 준 이러한 세계 형식들을 샤르트르의 티에리에서 읽었다.

제22장
자연

  12세기를 특징짓기 위해 붙이는 여러 가지 용어는 교육적 차원에서만 의미가 있다. 우리는 그 용어들을 이 시대의 다양성을 축소하는 데에 사용해서는 안 된다. 아벨라르를 염두에 둔다면, 우리는 12세기를 학문적으로 구성된 세계 경험, 전통에 대한 관계, 도덕성, 그리고 구원 의식 같은 주제에 대한 성찰을 단번에 비약적으로 끌어올린 시대였다고 말할 수 있다. 마리-도미니크 세뉘(Marie-Dominique Chenu)는 12세기를 '중세 문명 속에서 깨어난 양심'(L'éveil de la conscience dans la civilisation médiévale)이라 표현했다.[1] 샤르트르의 티에리를 가지고 12세기를 표현한다면, 신적 단일성이 수학적 관계를 통해 ─ 티에리가 말한 대로 '개념'(ratio)과 물질 안에서 ─ 자기를 전개하기 때문에 인간의 앎과 실천이 비로소 내재적 일관성을 얻었다고, 이를 통해 '자연'이라는 개념이 학문론적·도덕 정치적·실천적으로 재발견되고 안셀무스가 반대했던 페트루스 다미아니의 전능신학도 타당한 이유로 극복될 수 있었다고 말할 수 있겠다.

  이러한 특징짓기에는 당연히 불가피한 측면이 있다. 하지만 12세기를 표현하는 이런저런 말들은 개별적인 사유 단초의 다양성과 그러한 동기의 다양한 근원과의 관계 속에서 이해해야 한다. 아벨라르는 자기가 쓴 책을 계속해서 뜯어고쳤다. 그러나 우리는 그의 사유의 발전 추이에 대해 아무것도 알지 못한다. 사상의 발생학적 고찰이 ─ 자전적 이유에서나 역사적이고 철학적 관심에서나 ─ 얼마나 중요한지는 대표적으로 콩셰의 기욤(†1150년 이후)의 『철학』(Philosophia mundi)을 보면 알 수 있다. 그가 샤르트르의 베르나르의 제자였으며, 1137년과 1144년 사이에 ─ 아마도 파리에서 ─ 솔즈베리의 존을 가르쳤다는 점 외에는 그의 생애에 대해 알려진 바가 거의 없다. 1120년경 쓰인 그의 초기 저작은 중세에 많이 읽혔던 책들 가운데 하나이다. 이 작품에서 콩셰의 기욤은 당시 유럽이 보유한 지식 전체를 처음으로 체계적으로 서술했다. 즉 이것은 지식을 단순히 백과사전 방식으로 나열한 책이 아니다. 그가 여기서 제시하는 철학은 세계영혼에 대한 철학적 신학에서 시작해 원소들과 세계 창조를 전부 다룬다(제1권). 제2권은 천문학, 제3권은 기상학, 제4권은 경험에 기반한 의학 내용을 담고 있다.

기욤은 철학을 학문 전체로 이해했다. 그에 따르면, 철학은 두 가지로 나뉜다. 하나는 존재하지만 눈에 보이지 않는 사물을 ─ 기욤은 신과 세계영혼, 악마와 인간 영혼을 염두에 둔다 ─ 파악하는 행위이며, 다른 하나는 가시적으로 존재하는 사물을 파악하는 행위이다. 이런 말은 키케로에게서 영향받은 것일 수 있다. 키케로는 철학을 신적인 것과 인간적인 것에 대한 앎과 그런 것들의 원인에 대한 앎으로 정의했다(『의무론』(De officiis) II 2). 그러나 기욤은 옛 언어에 새 의미를 부여한다. 그는 세계의 질서에서 제일원인의 권능과 지혜, 세계 정초의 의지를 증명하는 철학적 신학을 구상했다. 그리스도교인들은 권능을 '아버지'로, 지혜를 '아들'로, 의지를 '성령'으로 부른다. 이렇게 기욤은 티에리처럼 삼위일체 철학을 기획했다. 그의 독창성은 그의 철학의 두 번째 부분인 자연학에서 드러난다. 기욤은 콘스탄티누스 아프리카누스가 새로 발견한 것들을 수용해 원자주의적 원소 이론을 만들었다. 그의 이론에 따르면 잘 알려진 네 개의 원소, 즉 불과 물과 공기와 흙은 일차적인 원소가 아니다. 이들은 다시금 제각기 쪼개지지 않는 미립자로 구성되어 있다. 이 미립자만이 진정한 의미에서 '원소'(elementum)라는 이름을 받을 자격이 있다. 불과 물과 공기와 흙은 '원소' 대신에 '원소들이 결합된 것'(elementatum)이라는 이름으로 불려야 한다. 세계의 진행 과정에서 기욤은 칼키디우스를 따라 작용을 일으키는 요소를 신과 자연, 그리고 자연을 모방하는 인간, 이렇게 세 가지로 구별했다. 신의 절대적 우위성과 인간의 자유로운 활동 가능성을 침해하지 않는 선에서 자연에도 상대적 자립성이 인정되었다.

기욤은 고대 철학자들과 마르티아누스 카펠라, 그리고 새로 번역되어 알려진 갈레노스를 활용했다. 마크로비우스에 대해서는 이미 이야기했다. 기욤에게 가장 중요한 텍스트는 플라톤의 『티마이오스』였는데, 그는 여기에 주해서까지 쓸 정도였다.[2] 그 자신도 '방주'(旁註)에 대해 이야기한다. 어쨌든 기욤도 자유학예를 가르치는 교사로서 텍스트 구성과 개요를 설명할 필요가 있었기 때문이다. 하지만 그의 작업은 단순히 본문의 조잡한 난외(欄外) 주석이 아니었다. 그의 의도는 주해를 통해 자기의 고유 철학을 조직적으로 전개하는 데에 있었다. 그는 세계의 발생을 세계의 첫째가는 원인들을 가지고 설명했다. 기욤은 네 개의 원인과 창조에 대해 논구하고 세계영혼과 첫 번째의 물질과 질료를 다룬 다음, 이어서 생물의 다양한 종에 대한 이야기로 넘어간다. 그의 저서에는 인간의 수명과 생애에 대한 고찰과 생리학적 내용도 들어 있다.

플라톤을 피안의 이데아를 주장하는 철학자로만 좁게 보는 사람은 기욤이 플라톤을 근거로 자연 중심적인 철학을 개진하는 것을 보고 깜짝 놀랄 것이다. 사실, 12세기의 플라톤주의는 자연에 새로운 깊이와 자율성을 부여하는 데에 큰 영향을 끼쳤다.

기욤이 분명하게 주장한 또 한 가지 중요한 이론도 플라톤과 밀접한 관련이 있는데, 신화와 시적 언어의 복원이 바로 그것이다. 플라톤도 신화를 창작했다. 보에티우스는 고대 신화를 철학적으로 깊이 있게 해석했다. 카펠라는 자신의 철학을 철학적 이야기로 풀어 제시했으며, 마크로비우스는 신화와 시작(詩作)의 흥미를 불러일으킨 장본인이었다. 이 야기의 텍스트는 'integumentum', 즉 그 아래 감추어진 의미를 덮고 있는 겉옷이나 베일과 같다는 것이었다. 문자 그대로 읽을 경우에 주어 진 합리성의 기준에 부합하지 못하는 문장들은 그것이 가진 또 다른 의 미, 즉 은밀하고 비밀스러운 의미를 밝혀냄으로써 존재 이유를 정당화 해야 한다. 자구적(字句的) 의미라는 투박한 껍데기를 벗겨 내어 텍스 트의 참된 의미를 드러내는 일을 하는 사람이 바로 철학자이다. 고대의 철학자들은 그들이 시와 철학 사이에 있다고 믿었던 모순과 긴장 관계 를 이런 방식으로 해소했다. 성경을 읽는 유대인들과 고대 그리스도교 인들도 이해하기 어려운 성경 구절은 철학적으로 접근해 수용할 수 있 는 형태로 가공했다. 기욤은 이 방법을 플라톤의 『티마이오스』를 해독 하는 데에 사용했다. 이러한 해석 절차를 통해 그는 전부는 아니어도 플라톤 텍스트 내에서 교회의 입장과 상충하는 많은 부분을 적절히 해 결할 수 있었다. 기욤은 같은 방법을 성경에도 적용했다. 예를 들어 『철 학』 제1권 22.43에서 그는 이렇게 쓴다. 성경은 하느님이 여자를 아담 의 갈비뼈에서 만들었다고 하는데, 우리는 이 말을 하느님이 문자 그대 로 아담의 갈비뼈를 가지고 여자를 창조했다는 식으로 이해하면 안 된 다고 말이다.

이는 창조 설화를 문자 그대로 읽으면 안 된다는 분명한 결단이다.

이러한 입장이 12세기 초반에 절대로 당연하게 받아들여질 수 없는 낯선 주장이라는 사실은 세계를 시종일관 '자연주의'적으로 해명하는 기욤의 기획이 신학자들의 거센 반발을 일으켰다는 점에서 알 수 있다. 그는 비판에 맞서 자기 이론을 변호해야 했다. "그들은 자연에 내재한 힘을 전혀 알지 못한다. 그들은 자기들의 무지함을 함께 나눌 사람들이 많아지기를 바란다. 그래서 다른 이들이 깊이 연구하는 것을 원치 않을 뿐더러 우리가 농부들처럼 오직 믿기만 해야지 이해하려 들어서는 안 된다고 말하는 것이다(sed ut rusticos nos credere nec rationem quaerere)."

기욤은 우리가 무엇보다도 먼저 합리적으로 이해할 필요가 있다고 주장한다. 일이 잘 안 풀린다면 마음을 열고 다른 학자들의 도움을 받아야 한다. 만일 이렇게 도움을 받아도 문제가 도무지 해결되지 않는다면, 우리는 그것을 타오르는 믿음의 불속에 던져 태워 버려야 한다. 1150년경 이것은 합리성과 사유 경제가 심지어 계시 진리에 대해서도 자율성을 획득했다는 뜻이다. 클레르보의 베르나르를 아벨라르에 대적하게 했던 생-티에리의 기욤[3)]이 비판한 내용도 바로 이것이다. 그의 비판은 수정을 강요했다. 1144/1149년 콩셰의 기욤은 새롭게 대화 형식으로 바꾼 『드라그마티콘』(Dragmaticon)을 썼다.[4)] 그래서 기욤의 두 작품을 서로 비교하는 것은 매우 유익하다. 후기 작품은 생-티에리의 기욤이 비판했던 두 가지 문제에 대한 수정을 싣고 있다. 첫 번째 문제는 콩셰의 기욤이 아벨라르처럼 합리적 삼위일체론을 수립하고자 했다는 데에 있다. 그는 그리스 철학을 활용해 거기서 말하는 '세계영혼'이 그리스도교에서 말하는 '성령'에 상응한다고 설명했다. 신플라톤주의자에게 세계영혼은 신적 일자보다 아래에 위치하므로 성령을 세계영혼과 동일하게 놓는 것은 삼위일체론을 왜곡하는 결과가 되었다.[5)] 『철학』의 또 다른 문제는 세계를 철저하게 자연주의적으로만 해명하려는 경향과 관련이 있었다. 샤르트르의 티에리처럼 기욤도 인간 육신이 하느님의 특별한 개입 없이 생성되었다고 설명했다. 생-티에리의 기욤은 하느님이 하와를 만들기 위해 실제로 아담의 갈비뼈를 떼어 냈다는 설명을 받아들일 것을 콩셰의 기욤에게 강요했다.

이 비판을 전부 수용하면 애초에 콩셰의 기욤이 기획했던 프로그램은 크게 축소되고 만다. 그는 스스로를 철저한 자연학자로 알았다. 그리고 그가 볼 때, 논리정연한 자연학자의 관점은 「창세기」를 읽을 때조차도 내려놓을 수 없다. 그는 『티마이오스』와 성경이 서로 같은 것을 말한다는 점을 입증하고 싶어 했다. 하지만 티에리처럼 기욤도 그의 논리정연한 자연 연구 프로그램을 포기하지 않았다. 그는 『드라그마티콘』에서도 원소들의 원소들을 다루었다. 다시 말해 그는 원자주의를 수용하고 자연적 작용의 자율성을 신의 작용과 병렬적 관계로 이해했다. 제2권에서는 원소에 대한 이론을 수론(數論)과 결합해 사물이 생성·소멸하는 현상을 해명하고자 시도한다. 제3권에서 제5권까지는 천지학(天地學)을 다루며, 제6권에서는 인간에 대해 논의한다. 기욤은 독자적인 의학 연구를 계속했고 콘스탄티누스 아프리카누스를 통해 새로이 전래된 아랍 의학에 영향을 받았다. 그는 성(性)이 종을 영원히 존속시키기 위한 신의 계획이라는 점을 상세히 논구했다. 아울러 그는 자연에 속하는 것은 그 무엇도 경멸해서는 안 된다고 말한다. 우리는 그가 1120년대에 아벨라르와 『티마이오스』의 영향으로 고수했던 세계영혼에 대한 이론을 1140년대에 접은 이유가 꼭 신학적 반발 때문은 아니었다고 추정할 수 있다. 아마도 그는 세계영혼이라는 가설이 경험적 연구 대상으로 전환될 수 없음을 깨달았는지 모른다.

기욤은 자유학예를 가르치는 교사였다. 그가 저술한 프리스키아누스 해설서가 아직 남아 있다.[6] 이 해설서의 밑바탕에는 3학과 4학을 결합하는 전통이 깔려 있다. 기욤은 학문적 지식과 문예를 통합해야 한다는 고대적 이상을 새롭게 성찰했다. 하지만 이는 샤르트르라는 특정 지역에 국한된 현상이 아니라 샤르트르의 티에리, 콩셰의 기욤, 베르나르 실베스트리스, 솔즈베리의 존 같이, 굵직굵직한 12세기의 사상가들 전체에 해당되는 특징이다.

철학적 이야기 - 베르나르 실베스트리스

한때 사람들은 베르나르 실베스트리스를 샤르트르의 베르나르와 혼동했다. 우리는 그가 투르에서 가르쳤고 1159년부터 1178년 사이에 생을 마감했다는 점 외에는 아는 바가 거의 없다. 그는 카펠라와 『아이

네이스』(*Aeneis*)에 대한 주해서를 썼다. 특히 카펠라에 대한 주해서에서는 '베일' 또는 '덮개'라는 뜻의 'integumentum'이라는 용어를 사용했다. 이 표현은 샤르트르학파의 전유물이 아니며 — 아벨라르에게서도 확인된다 — 12세기의 시문학과 신화(narratio fabulosa)를 사랑하는 이들의 '인문주의'적 환경에 속하는 공동 유산이다. 그가 샤르트르와 모종의 관계가 있었다는 점은 확실한 것 같다. 베르나르 실베스트리스가 샤르트르의 티에리에게 헌정한 『천지학』(*Cosmographia*)은 1147년에서 1148년 사이에 쓰였다.

베르나르 실베스트리스의 『천지학』은 공상과 상상으로 가득한 철학 이야기이다. 이 책은 카르타고 출신 법률가이자 아우구스티누스와 동시대인인 카펠라가 저술한 『문헌학과 메르쿠리우스의 혼인』과의 유사성을 부정하지 않는다. 운문과 산문의 반복된 사용은 보에티우스의 『철학의 위안』의 서술 방식과도 닮았다. 따라서 『천지학』은 12세기의 보에티우스-르네상스와 자연에 대한 관심을 배경으로, 그리고 자유학예의 가치를 존중하는 문화권에서 탄생한 작품이다. 독특한 방식을 가지고 철학적 시문학으로 쓰인 이 작품은 크게 대우주(Megakosmos)를 다루는 부분과 소우주(Mikrokosmos)를 다루는 부분으로 나누어진다.

가장 먼저 등장하는 것은 나투라(Natura)이다. 나투라는 질료에 형상이 없다고 하느님에게 불평을 늘어놓는다. 또한 누스(Nus) 또는 하느님의 섭리를 향해서도 혼돈의 상태에 있는 실바(Silva) 또는 휠레(Hyle)에게 — 질료를 말한다 — 형태를 내려달라고 청한다. 누스는 나투라를 돕기로 마음먹는다. 누스는 일단 형상이 없는 질료를 이리저리 살펴본다. 질료는 모든 것으로 될 수 있었다. 하지만 형상적인 힘들은 충돌해 서로를 소모하고 있었다. 누스는 물질을 질서에 따라 가지런히 정렬했다. 네 종류의 원소가 생성되었고 그들은 서로 사이좋게 결합했다. 누스는 자기가 한 일을 보고 뿌듯해한다. 물질의 기초를 다졌으므로 누스는 이제 영혼을 만들기 시작한다. 우주의 신부(新婦)이자 모든 생명의 어머니인 엔텔레키아(Endélechie)가 등장한다. 에테르와 별이 분리되고 땅과 바다가 갈라진다. 시인은 하느님과 하늘의 군대를 소개할 시간을 마련했다. 시인은 별의 탄생을 노래하면서 별에 새겨진 인류의 역사와 하느님의 육화 이야기를 함께 들려준다. 별들의 구조와 일곱 행성과 네 갈래의 바람에 대해서도 이야기한다. 동물과 나무, 온갖 과일과 열매 등 살아 있는 모든 것은 하늘에서 생명을 받는다. 이렇게 해서 영원한 질료에 영원한 창조주를 닮은 형상들이 영원히 각인된다. 물질과 누스와 세계영혼은 모두 영원 속으로 깊이 잠겨 든다. 감각적 세계는 근원으로 돌아간다. 영원한 지성적 세계가 바로 감각 세계의 근원이다.

　다음으로 누스는 소우주, 즉 인간을 창조한다. 대우주는 누구의 도움도 받지 않고 만들었지만 소우주의 경우에는 그렇지 않다. 누스는 우라니아(Urania)와 퓌지스(Physis)의 협력을 필요로 한다. 여기서 퓌지스는 나투라(자연)와 동일하지 않다. 나투라는 별들 속에서 우라니아를 찾기 위해 하늘 위로 길을 떠난다. 도중에 그는 플루토에 내려앉은 영혼들을 만난다. 나투라는 은하수와 회귀선을 가로질러 에테르에 올라가는데, 거기서 우시아르콘(본질의 지배자)을 만난다. 그러고서 마침내 우라니아를 만난다. 우라니아는 인간을 빚을 준비가 되어 있다. 인간 영혼은 일단 별과 운명의 비밀을 알고 나면 신과 같이 되어 하늘로 돌아올 수 있기 때문이다. 하지만 그 전에 우라니아와 나투라는 함께 선 자체(Tugathon=to agathon, 즉 플라톤의 최고선)를 향해 더 높이 날아오른다. 우라니아와 나투라는 에테르와 행성들의 천구를 지나 다시 내려와야 한다. 그들은 자기 자식을 잡아먹는 사악한 우시아르콘인 사투르누스를 만나지만 서둘러 유피테르에게 달려간다. 유피테르는 꿀과 쑥이 들어 있는 항아리를 준비해 두었다. 모든 영혼은 육신으로 들어가기 전에 유피테르가 마련한 음식을 먹어야 했다. 우라니아와 나투라는 마르스와 메르쿠리우스, 자애로운 베누스의 하늘을 차례로 통과한다. 그들은 마침내 달에 도착한다. 달 아래에는 가변적 물질에 종속되어 살아야 하는 인간 세계가 펼쳐져 있다. 달의 하늘의 경계와 황금 사슬의 중간에서 무수한 정령들의 무리가 우라니아와 나투라를 기다리고 있다. 퓌지스는 그의 두 딸인 테오리아와 프락시스를 불러낸다. 마지막으로 누스가 도착하자 인간의 창조가 시작된다. 우라니아가 영혼을 만들고 퓌지스가 신체를 만들자, 나투라는 그 둘을 한데 붙인다. 여기 등장한 원초적 힘들은 모두 자기의 기원을 되새길 고유한 도구를 손에 들고 있다. 우라니아는 섭리의 거울을, 나투라는 운명의 석판을, 퓌지스는 기억의 책을 가지고 있다. 나투라는 자매들에게 일을 서두르라고 다그친다. 퓌지스는 자기가 맡은 일이 왜 어려운지 설명한다. 먼저 최고의 단일성은—즉 하느님—질료에 놓인 다양성에 한계를 지어야 한다. 최고의 단일성은 원소들과 본질과 특성을 각각 차례로 정립함으로써 질료에 꼴을 지어준다. 퓌지스는 원소들에서 우수한 질(質)을 뽑아내 인간 신체의 체액과 기질들을 혼합하는 데 사용한다. 그다음에는 인간의 겉모습을 조각한다. 퓌지스는 인간을 대우주의 모상이 되도록 꾸민다. 인간의 머리는 상상과 공상, 이성과 기억이 자리하는 곳으로서 만든다. 개별 감각은 원소들을 수용할 수 있도록 각각의 원소의 고유한 특성에 알맞게 만든다. 저자는 감각 기관을 일일이 나열한다. 시각과 청각. 청각이 없으면 사람들은 문화를 공유할 수 없을 것이다. 미각과 후각과 촉각. 촉각은 사랑의 필수 요소이다. 신체의 장기들도 열거한다. 심장, 간, 위장. 저자는 성기(性器)에 특별한 관심을 보인다. 성기는 인간에게 쾌락을 준다. 또한 종의 지속을 보장한다. 즉 인간은 성기로 말미암아 죽음을 극복한다. 나투라는 성기를 통해 인간에게 영원한 지속성을 나누어 준다.[7)]

이 철학적 소설에는 다양한 인물이 등장한다. 독자들은 종합적 개관을 필요로 할 것이다. 맨 꼭대기에는 최고의 단일성 내지는 신이 자리한다. 신은 플라톤에게서 '최고선'이라는 이름을 받았다. 성경적인 이름들도 다수 등장한다. 전반적으로 마크로비우스의 문체가 느껴진다.

최고의 단일성은 근원적 힘들의 위계질서를 통해 작용을 일으킨다. 정신이며 섭리이기도 한 누스는 원초적 힘의 위계에서 으뜸가는 위치에 있다. 하지만 누스는 실바 또는 휠레라는 이름으로 등장하는 원초적 물질과 대립하기도 한다. 실바는 혼돈 그 자체이며, 꼴을 갖추지 못한 상태이고 악의가 아주 없지도 않다. 그러나 그는 모든 생성과 변화의 어머니이다. 그의 (또는 '그녀의') 딸이 나투라이다. 나투라는 모든 생성을 추동하는 힘이다. 영혼과 육신을 결합하는 힘이다. 언제나 별들의 질서를 올려다본다. 누스의 딸인 우라니아는 나투라의 언니이다. 장 졸리베(Jean Jolivet)가 지적했듯이, 우라니아는 별들을 통해 신의 뜻을 인간에게 전달하는 역할을 맡는다. 엔텔레키아는 우주의 아내이며 생명의 가장 보편적 원리이다. 퓌지스는 유기적 생명을 담당하는 원리이다. 그 외에 베르나르 실베스트리스의 이야기 속에는 정령들과 우시아르콘, 천사들과 악마들도 우글거린다. 베르나르 실베스트리스는 『티마이오스』의 세계 근거, 신플라톤주의적 원리들의 연쇄와 고대 후기의 우주론적 장치들을 모조리 의인화하고 그것을 그리스도교의 천사론과 혼합했다. 그리고 이 모든 것을 한 편의 거대한 철학적 시로 표현했다. 그의 철학 운문은 보수적인 신학자의 창조론을 설파하지도 않고 반(反)그리스도교적 사상을 주장하지도 않는다. 이것은 칼키디우스, 카펠라, 마크로비우스, 보에티우스 같은 고대 후기 전통들의 집합체이다. 요하네스 에리우게나도 눈에 띈다. 논리정연하게 철학적 목표를 제시하고 있다는 점도 특징적이다. 이 책은 인간의 자연적 발생을 설명하고자 한다. 인간 세계의 혼란은 신적 우주 질서에 대립하는 것으로 그려진다.

프라이징의 오토와 솔즈베리의 존

베르나르 실베스트리스 작품의 여러 모티프는 12세기의 다른 사상가들에게서도 공통적으로 나타난다. 하지만 모티프의 사용이 모두에게 동일하지는 않다. 『신약성경』과 키케로, 「창세기」와 신플라톤주의의 세계 발생 이론, 사변신학과 삼위일체 철학, 갈레노스 및 아랍 의학과 아우구스티누스의 인간학(그리고 윤리학)의 등가 관계는 12세기 사람들을 곤란하게 했다. 사유의 단초와 텍스트의 다양성은 대립적이고 첨예화된 사유를 조장했다. 다채로운 지적 삶은 사회적 관심을 키웠다. 학문 활동은 학교 안에 갇히지 않았다. 왕과 주교들, 외교관과 여성들도 제각기 목소리를 높였다. 사람들은 일상적 문제를 가지고도 담론을 만들었다. 당시의 연대기 저자들은 지식인들이 벌이는 논쟁을 역사적 사건으로 기록하기 시작했다. 바르바로사(프리드리히 1세)의 조카로서 고위 귀족이었던 프라이징의 오토는 프랑스에서 아벨라르에게서 수학했다. 그는 대사상가들의 활동을 열정적으로 기록하고 클레르보의 베르나르의 이단 색출 작업을 부정적으로 평가했다. 그는 『연대기』(Cronica)에서 아우구스티누스의 『신국론』을 따라 역사 전체를 개괄한다. 12세기에는 자연과 역사 모두에서 나날이 증가하는 개별적인 특수 사례들을 통일적으로 조망해야 한다는 요구가 있었다. 특히 역사를 종말론적으로 하느님의 역사하심으로만 서술하는 것이 아니라 세상을 합리적으로 보고 자연을 분석하고 삶을 개선함으로써 자의식을 실현하는 인간 공동의 행위로 파악하는 사관을 필요로 했다. 오토는 이 대안을 택하지는 않았다. 대신에 그는 좀 더 친근한 방식으로, 즉 바르바로사의 일대기인 『프리드리히의 행적』(Gesta Friderici)을 집필하고 거기서 당대의 혁신적 지식인들을 지지하면서 새로운 사상가들에게 희망을 걸었다.

그런데 이 시대의 지적 토론에 대한 더 섬세한 보도도 있다. 솔즈베리의 존이 쓴 『메타로기콘』이 바로 그것이다.[8] 솔즈베리 근교에서 태어난 존은 아벨라르와 샤르트르의 티에리, 콩셰의 기욤, 푸아티에의 질베르에게서 배웠다. 공부한 곳은 파리인데, 아마 샤르트르에도 체류했을 것이다. 학업을 마친 후에 존은 외교관의 삶을 택했다. 그는 1170년 캔터베리의 대주교가 암살당할 때까지 그의 비서로 일했다. 그는 1176년 샤르트르의 주교가 된 다음, 1180년 같은 곳에서 생을 마감했으므로 샤르트르와 돈독한 관계를 유지했음에 틀림없다.

존은 학자라기보다는 문인이었다. 그의 문체는 수려하고 우아하다. 비판적 관찰자이고 도덕주의자였지만 이야기를 유머러스하게 풀어낼 줄도 알았다. 이제는 교육을 통해 사회에서 출세할 수도 있다는 사실을 꿰뚫어 본 사람이었다. 그래서 그는 사회생활과 무관한 추상적인 것들을 가르치는 교사들을 비판하고 그들과 싸웠다. 올바른 교육 제도가 필요했다. 존은 7자유학예를 기초로 교육 체계를 새로 구상하고 거기에 몇 가지 심화 학습을 추가했다. 그는 아리스토텔레스보다는 플라톤을 선호했지만 아리스토텔레스의 『변증론』과 『분석론 후서』를 서구 라틴 세계에 도입한 공적이 있다. 이렇게 해서 서구는 논증과 증명에 대한 아리스토텔레스 이론을 온전히 접할 수 있게 되었다. 『범주론』과 『명제론』은 이미 오래전에 보에티우스가 번역하고 주해를 달았다. 이 둘은 중세 전체에 걸쳐 이른바 '구(舊)논리학'(Logica vetus)으로 통용되었다. 샤르트르의 티에리는 서구 세계에서 『분석론 전서』(*Analytica priora*)와 『소피스트 논박』(*De Sophisticis Elenchis*)을 활용한 첫 번째 인물이다. 솔즈베리의 존 덕분에 서구 세계도 이제 아리스토텔레스 논리학의 모든 작품을 읽을 수 있게 되었다. 샤르트르학파의 플라톤주의를 이야기할 때, 아리스토텔레스의 '신(新)논리학'에 대한 그들의 업적을 잊어서는 안 된다. 그들은 오늘날 우리가 철학사의 주요 흐름을 가리킬 때 사용하는 이름표에는 조금도 관심이 없었다. 그들은 플로티노스처럼 두 명의 대사상가를 이론적으로 화해시키는 일에 전력을 다했다. 특히 보편 문제에서 플라톤과 아리스토텔레스의 일치를 구했다. 존의 저서에서 보편 문제는 그가 취급하는 핵심 주제들 가운데 하나이다. 그 또한 종국에 플라톤에게서 신적 이데아를 이야기할 수 있기 위해 아리스토텔레스를 따라 보편자를 개념(intellectus)이라 해명한다.

『메타로기콘』에는 역사적으로 주목할 만한 가치가 있는 또 다른 측면이 있다. 『메타로기콘』 I 5; I 24; II 10; II 14에 서술된 논쟁을 읽는 독자들은 누구든지 큰 혼란에 빠질 것이다. '중세의 사유'를 통일적이고 획일적인 사유로만 상상했다면, 이 부분을 반드시 읽고 오해라는 정신의 병을 고치기 바란다. 존 자신도 사상의 혼란에 크게 당황한 기색이다. 그는 논쟁과 분쟁에 대한 보고를 다음과 같이 요약한다. 모든 교수가 너 나 할 것 없이 자기의 사상을 가르치고 있다. 그런데 그것이 어디에 쓸모가 있는가?

키케로적이고 회의주의적이라 할 수 있는 이 같은 관찰은 사실 보편 논쟁과 관련이 있다. 하지만 암살당한 대주교의 비서의 관심사는 다양했다. 그는 역사와 정치에 대해서도 글을 남겼다. 존은 성인 순교자인 토머스 베켓(Thomas Becket)의 일대기도 썼으며, 『폴리크라티쿠스』(Policraticus)에서는 시대 비판을 덧붙인 정치적 윤리학을 스케치했다. 특히 이 책은 폭군 살해(III 15)를 정당화하는 내용 때문에도 유명하다. 존은 군주의 직(職)은 고귀한 출생으로 타고나는 것이 아니라 성직자에게서 주어지는 것으로서 성직자의 통제를 받는다고 쓴다. 만일 군주가 성직자가 선포하는 신법에 따라 통치하지 않으면, 공동체의 적으로 간주되기 때문에 그는 죽임을 당해도 된다.

정치적 삶은 윤리적·종교적 규범에 따라 조정되지 않으면 자의적 삶으로 변질될 수 있다. 이것은 솔즈베리의 존의 개인적 체험에서 우러나온 말이다. 그는 아마 아우구스티누스의 『신국론』을 현실에서 읽었다고 할 것이다.

빙겐의 힐데가르트

오래된 수도자적 윤리는 다양한 견해로 무성한 12세기에도 여전히 사람들을 끌어당기는 힘이 있었다. 클레르보의 베르나르나 빙겐의 힐데가르트에게서 새로운 원동력과 예술적 도구를 가지고 다시 탄생했을 때가 특히 그렇다. 나는 이 두 사람을 철학적 사유의 역사 안에서 다루는 것에 약간 조심스럽다. 클레르보의 베르나르를 철학사에 집어넣는다면 기껏해야 신적 모상으로서 삼위일체적 구조를 가진 인간 정신의 자기의식이라는 아우구스티누스적 모티프를 발전시켰다는 점에서, 그리고 아벨라르와 푸아티에의 질베르 같은 당대의 혁명적 철학자들을 비판했다는 이유에서만 그럴 수 있다. 힐데가르트의 경우에는 그녀가 쓴 자연학적 작품들 때문에만 철학사에서 다루어질 수 있다. 하지만 자연학 저술은 전승된 텍스트의 상태가 썩 좋지 못하고 친저성이 의심스러우며, 치료 요법에 사용된 논증은 너무 상징적이거나 단순히 경험에 기반한 약물 조제법을 서술한 경우가 태반이다.

이 장(章)에서 힐데가르트를 다룰 때는 확실히 그녀가 쓴 것으로 확인된 주요 저술을 가지고만 이야기할 것이다.[9]

『주님의 길을 깨우치라』(Scivias)는 1978년부터 비판본(Adelgundis Führkötter/Angera Carlevaris)이 나와 있다. 1991년에는 90통의 편지 모음집(Lieven van Acker)이, 1995년에는 윤리적·종교적 주저인 『삶의 공로』(Liber vite meritorum)(Angera Carlevaris)가, 1996년에는 힐데가르트의 창조론을 담은 세 번째 대작 『하느님의 업적』(Liber divinorum operum)이 각각 훌륭한 비판본으로 나왔다(알베르 드롤레(Albert Derolez)/페터 드롱케).

힐데가르트의 저술은 대체로 교화적 내용, 민간 치료 요법, 투철한 애향심으로 쓰인 글들이 주를 이룬다. 그리고 12세기에 그녀를 빛나게 한 소수의 학문적 저술들이 있다. 빙겐의 힐데가르트(Hildegard von Bingen,

1099~1179)는 우리가 지금까지 살펴보았던 사상가들과는 전혀 다른 문화에 속하는 인물이다. 그녀는 제도권 학문 세계 안에서 체계적 교육을 받은 적이 없다. 12세기에 뜨거웠던 철학적 논쟁에 참여한 적도 없다. 힐데가르트는 철저히 수도자의 세상에서만 살았다. 그녀가 읽은 책은 성경과 베네딕토회 수도 규칙서, 라틴 교부들의 저작, 11세기 수도원 개혁가들의 작품이 전부이다. 힐데가르트를 그녀가 활동했던 지역의 좁은 테두리에 가두거나 제대로 배우지 못한 사람으로만 치부해서는 안 된다. 이 당시는 '나의' 개인적 사상이 아닌 하느님의 가르침을 선포하는 예언자가 아니고서는 여성으로서 도저히 목소리를 낼 수 없는 시대였다. 그러니 온당하지 않게 예언자의 어투로 말했다는 이유로 힐데가르트를 비난해서는 안 될 것이다. 디시보덴베르크(Disibodenberg) 수도원은 다른 지역과의 교류가 활발한 남자 수도원으로서 힐데가르트는 이곳 도서관의 장서들을 다양한 방법으로 읽을 수 있었다. 그녀는 라인 지방에 퍼져 있는 이단과 그리스도교를 깊이 알고 싶은 대중의 지적 열망을 잘 알고 있었다. 학문적으로 혼란스러운 서쪽 지방과도 교류한 것으로 추정되지만, 아무리 그래도 아벨라르나 샤르트르의 티에리를 알지는 않았을 것이다. 힐데가르트는 클레르보의 베르나르와 교신했으며, 알베르 드롤레(Albert Derolez)가 연구를 통해 밝혀낸 바와 같이 콘스탄티누스 아프리카누스를 통해 전래된 아랍인들의 새로운 의학도 알고 있었다. 힐데가르트는 하느님과 세상에 대한 하느님의 계획, 성직자와 평신도, 유대인과 그리스도교인에 대한 주제들을 문예적 자율성과 수려한 예술가 정신을 가지고 다루었다는 측면에서 12세기 사상가로서는 독특한 위상을 가지고 있다. 뛰어난 표상 능력과 언어의 예술적 사용으로만 겨우 정당화되는 대담한 극단적 객관주의는 그녀가 우리와는 전혀 다른 세상에 살고 있는 인물임을 암시한다. 힐데가르트가 말하는 하느님의 사유는 수도자의 책 어디서든 쉽게 읽을 수 있는 내용이기는 하다. 그녀는 기존의 수도자적 저술들을 새로운 관계 속에 한데 모

았는데, 이 편집은 오늘날 우리가 거의 '체계적 종합'이라 부를 만한 수준이다. 그리스도교의 교의 전체를 망라하는 그녀의 작품은 그것을 실제적 인간 삶에 적용함으로써 삶의 현실까지도 관통하고자 한다. 힐데가르트의 작업에는 동시대의 굵직굵직한 다른 신학자들이 가졌던 학적 동기에 필적할 만한 거대한 통일의 의지가 담겨 있다. 다만 그녀의 논증 방식에는 경험적·신학적 측면이 결여되어 있고 동시대인들처럼 충분히 주해적이지도 않으며, 파리와 볼로냐의 특징인 논리적 엄격함도 빠져 있기는 하다. 힐데가르트는 '상징'을 가지고 사유했다. 그러나 상징적으로 사유한다는 말은 여러 가지 뜻으로 쓰인다. 모종의 의미에서는, 우리는 12세기 사상가 모두가 '상징을 통해' 사고했다고 말할 수도 있다. 힐데가르트의 고유한 '상징주의'를 이야기할 수 있으려면, 그리고 힐데가르트가 정확히 어떤 종류의 반성을 논증으로 이해했는지를 알기 위해서는 그녀의 저작을 더 깊이 들여다보아야 한다. 이 문제와 관련해 나는 그녀의 친저(親著)로 간주할 경우에 조잡한 상징주의를 귀속시킬 수밖에 없게 되는 의학 작품들보다는 참고문헌으로서 『주님의 길을 깨우치라』에 더 무게를 두고 싶다. 힐데가르트는 그리스도교인들의 삶의 세부적 규율 전체를 살펴야 할 필요성을 인식했다. 그래서 예를 들면 신체적 장애를 가진 이가 사제 서품을 받을 수 있는 가능성 같은 문제를 다루었다. 물론, 힐데가르트는 그 가능성을 부정한다. 그리고 그렇게 대답한 것은 『구약성경』에서 기원하는 어떤 금기 때문이 아니다. 힐데가르트는 분명 어떤 모종의 논증을 시도하고 있다. 그녀는 독자가 궁금해하는 문제를 한번의 예외도 없이 자기만의 방식으로 풀어 써서 독자에게 되묻곤 한다. "어떻게 그럴 수 있는가?"("Quid est hoc?") 힐데가르트는 이러한 측면에서는 확실히 아벨라르의 동시대인답다. 그녀의 대답은 이러하다.

　그리스도의 이름으로 불리는 모든 백성 가운데 사제로 부름받을 수 있는 자는 지혜를 갖추고 남성적 정신을 가진 남자들이다. 그리고 그들은 올바른 질서 속에서 합당하게 도유받고 자발적으로 나의 직무를 받아야 한다. 그러나 신체의 일부에 결함이 있거나 허약한 남자는 어떠한 경우에도 제대(祭臺)에서 봉사할 수 없다. 인간 영혼의 다양한 상처나 얼룩은 하늘나라에서도 없을 것이기 때문이다. 그러므로 나는 지체에 조금이라도 장애가 있는 이가 내 제단에 올라오는 것을 허락하지 않는다. 하지만 그들이 신체에 결함이 있다고 해서 하늘나라에 들지 못하는 것은 결코 아니다. 영혼이 건강하고 티 없는 선행으로 나를 찾기만 하면 하늘나라에 들어갈 수 있다. 다만 제대에서 나의 직무를 수행하는 것만큼은 절대 허락하지 않는다. 그들은 겸손한 마음을 가지고 선한 일을 하면 된다.[10]

이 텍스트에서 힐데가르트는 천상의 것을 지상의 것에 투사하는 방식으로 문제를 해결하고 만족스러워한다. 가시적이고 육체적인 현존이 중요하다. 신체적 장애를 가진 사제가 제대에 서 있는 모습을 통해서는 완전한 것을 감각적으로 충분히 드러내지 못한다는 것이다. 천상적으로 완전한 것은 어차피 지상적 방식으로 완전하게 현시되지 못한다는 사실, 십자가에 못 박히신 분은 어쩌면 오히려 신체적 불구를 가진 이의 형상을 통해 더 절실하게 감각적으로 경험될지도 모른다는 사실을 힐데가르트는 모르는 것 같다. 영원한 세계가 기준이다. 이 지상에서 가장 완벽하게 특이한 현상만이 신의 영광을 드러내기에 적합하다. 그리고 그러한 세상적 형태가 바로 동정 순결을 간직한 남자의 육체라는 것이다. 그래서 오늘날 몇몇 페미니스트에게서 수호성인으로 공경받는 힐데가르트가 여자는 사제직을 절대로 수행할 수 없다고 주장한 것은 당연한 일이다.

이러한 사유는 전통적인 결과를 넘어선다. 하지만 그녀의 논증 열정, 비판적 문제의식, 관념적인 것을 감각적으로 드러내야 한다는 목표 설정은 그녀를 12세기의 자연철학자로 분류할 수 있게 한다.

제23장

12세기에 미해결로 남은 문제들

생-빅토르의 위그

역사의 시간은 동일하게 흐르지 않는다. 정치사처럼 지성사에도 가속(加速)을 받고 진행되는 시기들이 있다. 12세기의 30년대와 40년대가 바로 이러한 시기에 속한다. 간단히 말하자면, 이제 엄청나게 많은 일이 일어난다는 뜻이다. 다행히도 우리는 더 많은 원전 텍스트를 확보하고 있다. 그리고 계속해서 새로운 문제가 등장하고 새로운 텍스트가 발견된다. 샤르트르의 티에리, 콩셰의 기욤과 베르나르 실베스트리스는 세기말에 가서는 철학적 문제를 규정할 힘을 상실하게 된다. 1200년경 자연학에 관심이 있는 사람은 아랍어에서 중역된 아리스토텔레스의 『자연학』과 아부 마샤르의 천문학-점성술 개론 같이 이 분야의 권위로 자리 잡은 책들을 읽곤 했다.[1]

12세기에는 저술가들이 기존의 권위를 대하는 방식에 변화가 있었다. 사람들은 개방적 태도를 가지고 원전 텍스트를 새롭게 읽었다. 안셀무스가 순수 방법적인 의도에서 권위들을 배제한 이후, 아벨라르가 권위들 사이의 불일치를 지적하고 그것도 158개나 되는 사례를 통해 보여 준 이후, 그리고 그리스와 아랍 세계가 알려진 이래 모순적 사례가 계속 쏟아져 나오는 상황에서 사람들은 권위의 역할을 재고(再考)하지 않을 수 없었다. 기존의 권위에 새 의미를 부여하는 운동은 생-빅토르의 위그(Hugues de Saint-Victor, †1141)에게서 시작된다.

사람들이 위그를 보수적 사상가라 부르는 이유는 그가 — 수학자와 논리학자였던 보에티우스 대신에 — 아우구스티누스를 열렬히 추종했기 때문이다. 하지만 단순한 부활을 이야기하기에 아우구스티누스의 작품에는 긴장과 대립이 너무 많았다. 위그는 아우구스티누스에게서 디오니시우스 아레오파기타와 아직 금지되지 않은 요하네스 에리우게나의 사유와 결합 가능한 것, 그리고 자유학예의 가치를 긍정하는 것들을 추려냈다. 위그의 아우구스티누스주의가 기본적으로 12세기 철학일 수 있는 것은 바로 이러한 맥락에서이다. 또 한편으로는 그가 아우구스티누스가 시도한 적이 없는 그리스도교 교의의 새로운 체계화를 기획했다는 측면도 있다. 『그리스도교 신앙의 성사들』(*De sacramentis christianae fidei*)에서 위그는 다양한 신앙 교리를 통일된 질서 안에서 체계적으로 정리했다. 이 작품은 페트루스 롬바르두스의 『명제집』(*Sententiarum*)을 예비하고 대전(大典)이라는 문학 양식의 기초를 놓았다. 에리우게나와 아우구스티누스를 기초로 쓴 『신학 강해 안내서』(*Didascalion*)[2]에서 위그는 언어 공부와 실용적 기술(artes mechanicae) 습득의 중요성을 인정하는 교육 프로그램을 설계했다. 하지만 이 교육의 본질을 구성하는 관념은 자기 자신 또는 근원으로서의 하느님을 향한 영혼의 회귀이다. 위그는 중간 과정으로서 인간이 세계를 형성하는 새로운 방식에 관심이 많았다. 하지만 그는 동시대의 다른 사상가들과는 달리, 자연 탐구에는 흥미가 없었다. 이러한 측면에서 위그는 자연 연구, 특히 점성학에 대한 아우구스티누스의 회의적 태도까지도 그대로 수용하고 있는 셈이다.

페트루스 롬바르두스와 『명제집』

12세기에는 개별적으로 새로운 것들이 계속해서 등장했고 사람들은 그것을 이해하고 파악하기 위해 노력했다. 전승된 그리스도교 사유는 질서도 없고 체계도 잡혀 있지 않다고 생각했다. 그리스도교적 앎이 얼마나 혼란스럽고 정돈되어 있지 않은지는 성경만 보면 당장 알 수 있다. 여기에 고대 그리스도교에서 쓰인 저술들이 무질서함을 더한다. 도시를 세우고 도시민의 법을 제정하고 원거리 무역로를 개척한 이 세대는 체계적으로 조직된 그리스도교 진리를 원했다. 생-빅토르의 위그는 이러한 시대의 요구에 부응한 첫 번째 사상가로 그가 쓴 작품은 당시 사람들이 많이 읽은 책들 가운데 하나이다. 하지만 그 시대를 넘어 지속적으로 커다란 영향을 끼친 사람은 페트루스 롬바르두스(Petrus Lombardus, †1160)[3)]였다. 롬바르두스는 위그의 기획을 따랐지만 그처럼 독자적 이론을 구상하는 대신에 엉망진창으로 널려 있는 그리스도교 교의들을 하나의 자료집으로 일목요연하게 정리하는 것을 목표로 삼았다. 그가 정리한 수천 개의 인용문 모음집은 나중에 중세의 신학 교과서로 굳건히 자리매김한다. 심지어 루터마저도 주해서를 썼던 이 대작에서 철학자의 인용은 단 세 문장이 전부이다. 롬바르두스는 1160년에 벌써 그리스도교 신학이 철학에서 분리되어 발전할 수 있음을 보여 준다. 어마어마한 조직력과 체계화의 능력, 열정과 성실함, 후대에 끼친 영향력까지 전부 고려할 때, 롬바르두스는 호노리우스, 클레르보의 베르나르, 생-티에리의 기욤 같은 12세기 사상가들과 함께 분류될 수 있다.

하지만 롬바르두스를 온당하게 평가하는 것은 쉽지 않다. 그의 책은 인용문 모음이기에 흥미진진하게 읽히지 않는다. 그의 『명제집』은 이후 이어지는 300년 동안 모든 철학자와 신학자가 지적 훈련에 사용하는 철봉이 되었을 뿐, 그 이상은 아니라고 해도 결코 과언이 아니다. 그래서 1947년 프리드리히 슈테그뮐러(Friedrich Stegmüller)가 작성한 『명제집』 주해 목록은 중세 사유의 역사를 조망할 때 유용한 자료가 된다. 하지만 우리는 파리의 주교이기도 했던 롬바르두스에게 12세기 사상가라는 칭호를 수여해야만 한다. 그는 그리스도교 교의의 명제들을 종합하고 정리한 사람이다. 그리스도교 교의를 알고 싶으면 이제부터는 롬바르두스의 『명제집』을 들추어보기만 하면 된다. 그라티아누스가 그리스도교인들의 일상적 삶의 규칙을 체계화했다면, 롬바르두스는 다음 시대를 위해 그리스도교의 신앙 이해를 통일적으로 구축했다. 두 사람 다 구조적으로 작업했으며 둘 사이에는 공통점이 있다. 이들은 대중을 교화하는 보편적 교육 기관으로서 강력한 권위를 가진 교회 안에서 꽤나 오랫동안 서구 세계의 사유와 생활을 통일적으로 유지했던 힘으로 작용했다.

이런 종류의 책에서 중요한 것은 조직하고 정리하는 기술이지 이론적 참신함이 아니다. 롬바르두스는 중세의 모든 신학자가 그렇듯이, 자유학예의 교육을 받았다. 그러나 자유학예를 진지하게 생각하지 않았다는 사실은 성체 변화 문제를 다룰 때 그가 경솔하게 빵의 우유(偶有)들이 그 자체로(per se) 자립한다고 말했다는 데에서 당장 드러난다. 자립한다는 말은 본래 중세 논리학에서는 오직 실체에 대해서만 쓸 수 있기 때문이다.

하지만 12세기에 변증론은 아무래도 상관없다는 식의 태도만 있었던 것은 아니다. 변증론에 대적하는 사람들끼리 뭉치기 시작했다. 12세기 말에 사람들은 변증론자들이 하는 일을 격렬하게 비판하기에 이르렀다. "나닐 수 없는 세 위격은 조각조각 찢겨 거리 곳곳에서 나뒹굴고 있다. 학자들도 많지만 그만큼 오류도 무성하고 청중이 많으니 비방하는 이들도 많을 수밖에 없다. 사람들이 모이는 자리가 많으니 신성 모독도 셀 수가 없다."[4]

알랭 드 릴

독자들은 시온의 파수꾼이 내뱉는 이러한 탄식을 받아들이기가 쉽지 않을 것이다. 그 시대에 개혁적 사상가들은 시온의 파수꾼들에게 너무 많은 것을 요구했다. 아벨라르는 신학의 논리학화를 꾀했고 콩셰의 기욤과 베르나르 실베스트리스는 신학을 자연학으로 만들었다. 그리고 신학을 수학화하려는 시도까지 있었다. 즉 에우클레이데스의 기하학을 본따 엄밀한 학적 형식을 신학에 부여하는 시도 말이다. 보에티우스가 그리스도교의 믿을 교리를 논리적으로 단순화한 사례가 있기는 하다. 하지만 12세기 말의 사상가들은 신학의 공리화(Axiomatisierung)를 더욱 철저하게 밀고 나갔다. 그 대표적인 사례가 바로 알랭 드 릴(Alain de Lille)이 1165년과 1180년 사이에 저술한 『천상법의 규칙』(*Regulae caelestis iuris*)에 들어 있다. 이 책의 처음에 알랭 드 릴은 공리들을 제시한다. 공리에는 성경 구절이나 신앙 명제뿐만 아니라 증명을 필요로 하지도, 증명할 수도 없는 자명한 명제들도 포함된다. 알랭 드 릴이 시도한 방법을 알기 쉽게 설명하기 위해 그가 제시한 첫 번째 공리를 예로 들어보겠다. 첫 번째 공리는 다음과 같다.

"하나[또는 '단일성'으로 번역해 볼 수도 있다]란 그것으로 말미암아 다른 모든 것이 제각기 하나로 있게 되는 것을 말한다"(*Monas est qua qualibet res est una*).[5]

그가 생각한 것은 이러하다. 사태인 것은 무엇이든 제각기 하나라는 것이다. 부분들을 가지고 있어도 그것은 하나로 존재한다. 그리고 부분들도 그와 마찬가지로 존재하는 것이기에 제각기 하나로 존재한다. 그러면 우리 시대의 독자는 반론을 제기할 수도 있다. 모든 단어, 모든 언어적 표현과 개념은 각각 전부 하나라고 말이다. 사태도 이와 같은지 어떤지 우리는 모른다. 그러면 알랭 드 릴은 이렇게 대꾸할 것이다. 당신이 아직 알려지지 않은 어떤 것을 '인식할 수 없다'라고 말한다면, 당신은 그것을 어떤 단일한 것으로 취급하고 있다. 사용하는 개념을 아무리 뒤로 물린다 해도 당신은 모든 것을 아우르는 단일성을 결코 벗어나지 못한다. 개념은 어떻게든 어떤 것에 대한 개념, 즉 한 가지 어떤 것에 대한 개념이어야만 한다. 어떤 사물을 두고 그것이 '존재한다'느니 '존재하지 않는다'느니 말한다면, 당신은 사유와 사태가 일치해야만 하는 단일성의 규정을 사용하고 있다. 단일성은 모든 규정 중에서 첫째가는 규정이다. 하나라는 규정은 존재와 비존재보다도 앞에 있다. 따라서 '하나'라는 것은 신적 원리에 가장 합당한 이름이다. '하나'는 모든 만물에 현존해 그것들을 단일하게 만들기 때문에 — '하나'는 단일하게 만들 때에 결코 변덕스럽게 행동하지 않는다 — 만물의 근거가 된다.

이것이 알랭 드 릴의 공리적 신학에서 가장 근본적인 명제이다. 이것이 성경 주해가 아니라 신플라톤주의적인 철학적 신학이라는 점은 두말할 것도 없다. 그는 이 첫 번째의 원리가 「창세기」의 첫 문장을 은밀하게 표현한다고 확신했다. 하지만 필연적이고 절대적으로 타당한 규칙들에서 연역한다고 약속했기 때문에 그의 기획은 낯설다. 그의 신학은 12세기에 라틴어로 번역된 에우클레이데스의 기하학처럼 더 자명한 원리를 가지고 더 엄밀하게 구성될 필요가 있었다.

24명의 철학자의 책

알랭 드 릴의 첫 번째 공리에서 그리스어 '모나스'(monas)가 특히 눈에 띈다. 우리가 라이프니츠를 통해 알고 있는 단어 '모나드'와 같은 표현이다. 캔터베리의 안셀무스(『모놀로기온』) 이후로 사람들은 책에 그리스어 제목을 달면 무언가 한결 있어 보인다고 생각했다. 그리스어로 책 제목 짓기는 12세기에 큰 유행이었다. 그리고 『데카메론』(*Decameron*)과 『헵타메론』(*Heptameron*)에서 볼 수 있듯이, 이런 취향은 꽤나 오랫동안 살아남았다. 하지만 충분히 'unum'이나 'unitas' 같은 라틴어를 쓸 수 있었음에도 알랭 드 릴이 첫 번째 공리의 첫 단어로 굳이 그리스어 '모나스'를 사용한 데에는 특수한 역사적 맥락이 있다. 그는 첫 번째 명제에서 신을 '모나스'로 개념화한 『24명의 철학자의 책』(*Liber XXIV philosophorum*)을 염두에 두었다. 알랭 드 릴과 이 작품과의 연관성은 그의 『천상법의 규칙』을 계속 읽어 나가면 더욱 분명해진다. 『24명의 철학자의 책』이 제시하는 첫 번째 정의는 그의 세 번째 규칙에서 나타나기 때문이다.

12세기의 다양성에 한몫하는 이 흥미로운 텍스트의 인용은 알랭 드 릴에게서 처음으로 나타난다(12세기 후반). 1997년 이후로 우리는 이 작품을 신뢰할 수 있는 프랑수아즈 위드리(Françoise Hudry)의 편집본으로 읽을 수 있게 되었다. 나는 여기서 문학사적 특징과 내가 직접 발견한 마인츠 사본의 연구를 토대로 텍스트의 서문에 주의를 환기할 것이다. 위드리는 『24명의 철학자의 책』 텍스트의 배경에 소실된 아리스토텔레스의 작품 『철학』(*De philosophia*)이 있다는 점을 증명했다고 믿는다. 위드리는 아리스토텔레스의 소품이 매우 복잡한 경로를 거친 다음, 최종적으로 아랍인들을 통해 12세기 서구 라틴 세계에 전래되었다고 본다. 또한 위드리는 이 텍스트에는 4세기경 인물인 마리우스 빅토리누스의 영향도 들어 있다고 주장한다. 위드리와는 달리, 최근에 파올로 루첸티니(Paolo Lucentini)는 이 텍스트를 12세기 서구 세계에 고유한 어떤 집단에서 만들어진 것으로 보려 했다.[6] 그는 알랭 드 릴의 공리적 신학이나 『원인론』(*Liber de causis*) 같은 텍스트를 『24명의 철학자의 책』이 발원한 곳으로 추정한다. 이 문제를 더 깊이 파고들어 갈 수는 없고, 여기서는 『24명의 철학자의 책』을 간단히 소개하는 것으로 대신하겠다.

서문에서 저자는 말한다. 옛날 어느 날 24명의 철학자가 한자리에 모였노라고. 그리고 철학자들은 유일하게 아직 해결되지 않은 문제가 있음을 알아챘다. 그것은 '신은 무엇인가?'라는 문제였다. 그래서 그들은 이 문제를 곰곰이 생각해 보기로 한다. 철학자들은 다음에 다시 모일 날짜를 정한 다음, 그때까지 정의(定義)의 형식으로 각자 답을 만들어 갖고 오기로 약속했다. 그렇게 함께 머리를 맞대고 토론한 다음, 철학자들은 신에 대한 정의를 확정하기를 원했다는 것이다(certum aliquid de Deo communi assensu statuerent).

이 텍스트에는 흥미로운 점이 많다. 그 가운데 하나는 바로 이 책의 저자가 철학자들이 함께 모여 토론한 내용과 그 최종 결론을 전달하지 않는다는 사실이다. 24개의 정의를 제시하고 난 다음에는 어떤 확실한 것(certum aliquid)을 확정해야 한다. 하지만 저자는 마치 이 점을 깜빡한 듯하다. 24개의 정의를 종합하는 것은 독자들의 몫이란 말인가? 마지막 명제에서 신은 오직 무지(sola ignorantia)를 통해서만 파악되는 자라고 정의된다. 이 과격한 부정신학적 테제가 모든 독자가 받아들여야 할 최종적 신의 정의일까?

하지만 이 마지막 테제 앞에는 짧은 주해로는 의미를 다 드러낼 수 없는 기이한 명제들, 묘한 상상과 심오함으로 가득한 잠언들이 독자들을 기다리고 있다. 신에 대한 첫 번째 정의는 다음과 같다.

> "신은 모나드를 산출하는 모나드이며, 그 모나드를 단 하나의 섬광 속에서 자기 자신을 향하게 만드는 모나드이다"(Deus est monas monadem gignens, in se unum reflectens ardorem).

신은 어떤 단일성을 산출하고 그 단일성을 자기 자신에게 관계시키는 '하나'이다. '하나'를 표현하기 위한 단어로 저자는, 알랭 드 릴의 첫 번째 공리에서 본 것과 같이, 그리스어 '모나스'를 사용한다. 앞의 문장은 여러 가지로 해석할 수 있다. 저자는 신이 단일한 세계, 단일한 우주

(Uni-versum)를 산출하고 그것을 다시 자기 자신에게 불러들이는 '하나'라고 주장하고 싶은 것인가? 그래서 세계는 원초적 단일성에서 산출되어 나오며 불타는 사랑(ardor)에서 자기의 근원을 열망한다고 말하고 싶은 것일까? 만일 이렇게 해석하면, 앞의 명제는 세계가 일자에서 흘러나와 일자로 다시 돌아간다고 하는 고대의 전통에 사상적 기원이 있다. 'ardor'는 작열하는 불꽃으로 번역되지만, 이를테면 별빛 같은 광채를 뜻할 수도 있다. 그리고 'reflectens'의 뜻을 있는 그대로 받아들이면 해당 문장은 우주론적 내용을 담은 명제가 된다. 신은 우주를 단일한 것으로 생산한 일자이며, 우주는 에테르의 광채 안에서 일자를 그대로 반영한다. 문자 그대로의 의미와 상징적 의미 사이의 긴장 관계, 사랑의 불에서 에테르의 빛으로의 전이, 그리고 그것이 다시 사랑의 불로 화하는 모습, 이것이 이 텍스트가 가진 묘미이다.

이와 달리, 해당 명제에서 난해한 삼위일체 철학을 읽을 수도 있다. 신은 또 다른 모나드, 즉 로고스를 산출한다. 'gignere'는 삼위일체론에서 자주 쓰이기는 하지만 꼭 삼위일체론에서만 볼 수 있는 표현은 아니다. 그리고 신은 자기가 산출한 모나드로부터 유일한 사랑의 숨결, 즉 성령을 통해 자기 자신에게 돌아온다. 그러므로 이때 신은 로고스 산출과 자기 회귀와 더불어 통일된 셋을 가진 운동으로 이해된다.

그렇다면 이 명제는 어느 이교도 철학자가 삼위일체를 철학적으로 인식했다는 사실을 암시하게 된다. 이 철학자는 교회의 인가를 받은 교의적 용어는 하나도 사용하지 않았다. 그는 성부와 성자와 성령의 세 위격에 대해 아무 말도 하지 않았으며, 「요한복음」 서문이 고대 철학에서 빌려 온 '로고스', 즉 '말씀'이라는 표현도 쓰지 않았다. 그렇다면 어쩌면 12세기 후반의 어느 그리스도교 저술가가 고대 철학자가 삼위일체를 서술했던 모호한 방식을 그대로 모방했을 가능성도 있다. 혹시 마지막에 부정신학으로 끝나야 하는 자기의 사상이 '셋' 또는 '위격'이라는 표현과는 결합될 수 없다는 점을 알았기에 교의적 용어들의 사용을 못마땅하게 여겼던 것은 아니었을까? 신에게서 '아버지'와 '아들'의 관계를 생물학적으로 파악하는 철학자가 과연 있을 수 있는가?

개인적으로는 삼위일체 철학적 해명이 우주론적 해명보다 더 설득력 있어 보인다. 왜냐하면 다음에 나오는 테제들에서 저자는 신적 생명과 운동을 이와 유사하게 삼중 구조로 분석하기 때문이다(예를 들어 7번, 10번, 12번 정의). 여기서 등장하는 삼위일체 철학적 관심은 우리가 아벨라르와 샤르트르의 티에리, 알랭 드 릴 등의 12세기 인물들에게서 접했던 것과 같은 종류의 것이다. 토마스 아퀴나스는 삼위일체 철학을 인정하지 않았기 때문에 — 이후에 개최된 교회 회의는 이 같은 시도들을 강력하게 단죄하면서 토마스의 입장을 계승했다 — 이 작품에 실린 첫 번째의 신 개념을 우주론적으로 해석했다. 하지만 12세기에는 삼위일체를 철학적으로 인식 가능한 것으로 증명하려는 추세가 강했다. 신에 대한 첫 번째 정의가 모나드의 삼중적 구조를 주장한다는 사실이 바로 이러한 사정에 부합하는 것 같다. 그러나 세 위격 안에 현존하는 한 분이신 하느님에 대한 거룩한 정식을 저자가 일관되게 거부하고 있다는 점을 잊어서는 안 된다. 이것은 결코 쉬운 일이 아니다. 이 문제는 꼭 숙고해야만 하며, 부차적 주제로 다루어서도 안 되고 어물쩍 넘어갈 수도 없다. 『24명의 철학자의 책』의 두 번째 명제는, 이 안에 제시된 정의들 중에서는 가장 유명한 신 개념을 교시한다. 신에 대한 두 번째 정의는 디트리히 만케(Dietrich Mahnke)가 1937년 처음 밝혀낸 대로 후대에 끼친 영향이 실로 지대하다. 이 테제는 마이스터 에크하르트에서 니콜라우스 쿠자누스를 거쳐 조르다노 브루노, 심지어 호르헤 루이스 보르헤스(Jorge Luis Borges)에 이르기까지 수많은 사상가를 사로잡았다.

> "신은 중심점이 모든 곳에 있고 둘레는 어디에도 없는 무한한 구체(球體)이다"(Deus est sphaera infinita, cuius centrum est ubique, circumferentia nusquam).

저자는 구체라는 기하학적 표상 하나를 제시한다. 그러나 이것은 무한해야 하기 때문에 구(球)를 떠올린 순간, 그것은 우리의 상상력 범위를 벗어난다. 중심이 모든 곳에 있는 구체가 도대체 무엇이란 말인가? 그런 것은 공이라 부르기보다는 단적 무한함이라고 해야 하는 것이 아닌가? '구'라는 표현은 무한에 대한 철학적 사유를 발동시키기 위한 상상의 단초에 불과하다. 완벽한 구체로서의 우주는 고대 철학의 대표적 모티프 가운데 하나이다. 무한에 대한 사유도 로돌포 몬돌포(Rodolfo Mondolfo)가 입증했듯이, 고대에는 결코 낯선 사유가 아니었다.

그럼에도 나는 두 번째 정의에는 12세기에 특징적인 기능들이 더 많이 들어 있다고 판단한다. 제도적이든 철학적이든 간에, 중세에는 무한의 사유와 무한의 행위를 최대한 피하고 서술과 통제 가능한 유한성을 붙잡으려는 굉장히 다양한 흐름이 있었다. 두 번째 정의는 이러한 경향에 맞설 수 있는 거대한 대항력을 지녔다. 쿠자누스 같이 주의 깊은 독자는 여기서 전적으로 순수한 무한에는 오직 무지를 통해서만 알려질 수 있는 규정될 수 없는 신성만 있을 뿐, 성부와 성자와 성령은 있을 수 없다는 결론을 이끌어 냈다. 쿠자누스는 이 두 번째 정의를 우주 전체에 그대로 적용했다. 작지는 않지만 여하튼 유한한 것은, 확실한 아리스토텔레스적 세계의 종말은 이렇게 해서 시작된다. 신을 그것의 바깥에는 아무것도 없는 총체이자 우주의 무한성으로 파악하는 이론은 브루노의 사상 검열 과정에서 지적된 핵심 문제였다. 나는 브루노가 12세기의 이론 때문에 화형에 처해졌다고 말할 생각은 없다. 하지만 나는 그가 『24명의 철학자의 책』 없이는, 즉 이 책의 내용을 쿠자누스를 통해 우주 세계에 적용하지 않고서는 절대로 발전시킬 수 없었을 엄청난 테제를 주장했기 때문에 화형 선고를 받았다고 생각한다.

무언가 잘 정리되어 있지 못하다는 느낌을 받은 독자가 있다면, 이는 당시의 역사적 상황 때문이라는 사실을 알아주면 좋겠다. 12세기가 시작되었을 때, 수많은 사상이 곳곳에서 피어올랐다. 이렇게 다양성에 개방적인 상황에서 아리스토텔레스의 모든 철학이 물밀듯이 밀려들어 왔다. 아리스토텔레스의 철학은—일단—자연 연구에서의 절차적 합리성과 내재성을 강화했으며, 그전까지 알지 못했고 알 수도 없었던 정제된 학문들을 소개하고 새로운 방법론을 도입함으로써 지식인들의 전체적 수준을 한 단계 끌어올렸다. 아리스토텔레스를 통해 새롭게 등장한 학문은 형이상학, 자연학, 심리학이며, 보다 결정적으로는 경제학, 윤리학, 정치학을 들 수 있다.

아리스토텔레스와 아랍 사상의 수용 덕분에 다가오는 세기는 확장되는 자연에 대한 흥미와 변화하지 않으려는 전통적-아우구스티누스적 관성 사이의 팽팽한 긴장 내지는 풍성한 상호 작용의 시대가 되었다. 아벨라르와 클레르보의 베르나르의 논쟁은 새로운 자양분을 얻었다. 이 둘의 논쟁이 가진 초개인적 성격이 더 적나라하게 드러나게 되었다.

하지만 아우구스티누스의 유산은 획일적이지 않다. 그가 자율적인 자연 연구를 쓸데없는 호기심(curiositas)과 죄악으로 여겼다는 점만 생각해서는 안 된다. 아우구스티누스는 일자에 대한 신플라톤주의 철학에서 시작한 사람이다. 만일 그의 통일 철학을 지지하면서 아우구스티누스의 비판적 입장을 거슬러 자연을 탐구하기로 마음먹는 사람이 있다면, 그는 미시적 수준에서 아우구스티누스의 동기들을 신플라톤주의 계통에서 사유한 아랍 철학자들과 결합할 수 있다. 예컨대, 아비첸나나 『원인론』과 접점을 형성할 수 있다. 그리고 이 사상적 혼합을 다시 아랍 문화권에서 발전한 광학의 수용과 재차 연결 짓는 것도 가능하다. 이렇게 해서 13세기에 아우구스티누스를 통해 로버트 그로스테스트(Robert Grosseteste)와 비텔로(Witelo), 프라이베르크의 디트리히 같이 자연 연구의 혁신을 일으킨 사상가들을 찾아낼 수도 있는 것이다.

피오레의 조아키노

12세기의 환경 속에 뿌려진 씨앗들 가운데 다음 시대에 독이 된 사상 하나를 언급하지 않고서는 12세기를 마무리할 수 없다. 마지막으로 살펴볼 것은 칼라브리아 지방 수도원의 원장인 피오레의 조아키노(Gioacchino da Fiore, †1202)의 역사 서술이다.

조아키노는 수사였다. 나중에 그는 인적 없는 실라(Sila) 고지대에 수도 공동체를 세우기도 했다. 하지만 그를 문명과 격리되어 살았던 사람으로 떠올려서는 안 된다. 그는 노르만인의 궁정 문화 속에서 성장했기 때문이다. 조아키노는 콘스탄티노폴리스와 시리아, 팔레스티나를 여행하기도 했다. 그는 그리스와 아랍, 그리스도교 문화가 혼재한 남부 이탈리아 고유의 복잡한 문제의식을 공유했다. 조아키노는 13세기로 넘어가면서 자리 잡게 되는 엄격한 학문 개념을 알지 못했다. 그의 논증에는 방법이란 것이 없다. 그것은 '신비주의적'이며 환시에 가깝다. 그가 원한 것은 성경을 당대 요구에 맞게 읽는 일이지, 역사에 대한 철학적 성찰이 아니었다. 그러나 그의 성경 해석은 역사철학에 꾸준히 자극을 준 어떤 근본적 반성에 뿌리를 두고 있었다. 『신약성경』을 예고하는 『구약성경』은 그리스도교의 문헌들을 가지고 '영적으로' 해석되어야 한다는 것이 그의 주장이었다. 문자 그대로 읽으면 『구약성경』은 세속의 권력과 감각적 쾌락을 우리에게 약속한다. 또한 군대를 동원해 무력을 행사하는 일도 선하게 여겨진다. 그러나 이러한 약속은 『신약성경』에서는 아무런 구속력이 없다. 이와 마찬가지로 『신약성경』도 지상적 인류의 마지막 상태에 대한 약속으로 읽을 수 있다. 우리는 『신약성경』을 도래하는 '셋째 왕국'의 예고로 읽어야 한다. 조아키노는 삼위일체론을 역사적으로 해명했다. 『구약성경』은 성부 하느님의 표상에 해당한다. 구약 시대에 유대인들은 복종을 강요하고 그 대가로 가시적 보상을 수여하는 무서운 하느님을 숭배했다. 한편, 『신약성경』은 성자의 왕국이 다가왔음을 이야기한다. 하느님이 인간이 되셨다면, 하느님은 첫 번째 시대의 종교적 관계에 본질적이었던 상태를 단념했다고 보아야 한다. 첫 번째 시대에 혼인이라는 풍성한 삶이 인간의 이상적 상태였다면, 두 번째 시대에는 성직자의 혼인하지 않는 삶이 인간의 이상이다. '첫째 왕국'(status)에서 하느님이 인간에게 가시적 사물을 통해 말을 거셨다면 이제는 가르침을 통해 말씀하신다. 성자의 왕국에서는 첫 번째 세계 국면에서 중요했던 활동적 삶의 양식이 아직 우위를 차지하고 있다. 평신도와 성직자의 구별도 존재한다. 사제는 삶과 가르침을 통해—겸손한 삶을 살고 고통을 기꺼이 감내함으로써—성자가 실제적으로 현존하도록 한다. 여기서 성자의 현존은 우리 눈에는 부분적으로 가려져 있다. 왜냐하면 성자의 현존은 가시적 표징들(성사)과 결합되어 있으며, 실천적 삶으로 이해되고 교계 질서에 속해 있는 아직 '영적'이지 않은 사제를 매개로 전달되기 때문이다. 이것이 과도기로서의 두 번째 시대이다. 이 시기는 종말을 앞둔 그리스도교인의 삶의 최종 형태를 구성하지 않는다. 아직 더 자유롭고 더 영적인 삶의 형식이 남아 있다. 성경적 연대기론의 해석을 근거로 조아키노는 '둘째 왕국'의 시대를 시간적으로 정확히 측정할 수 있다고 믿는다. 그에 따르면, '둘째 왕국'은 1260년 동안 지속된다. 그렇다면 그는 자신이 살던 시대를 과도기로 인식했던 셈이다. 종말이 왔다고 부르짖는 사람들은 수도 없이 많지만, 그는 지상에서 아직 새로운 형태의 삶이 우리를 기다리고 있다고 주장한다는 점에서 그들과는 차이가 있다. 즉 모든 개별자가 하느님과 조금 더 가까워지는 또 다른 시대가 도래한다는 것이다. 살아 있는 모든 것 위에 하느님의 영이 부어질 것이다. 성자의 왕국은 수난과 고통과 참회의 과정을 거친다. 새 시대에는 산상 설교가 현실이 될 것이다. 그것은 평화의 왕국이다. 그때 진리는—지금과는 달리—더이상 책과 글이 아닌 모든 이의 마음속에서 얻게 될 것이다. 모든 억압과 압제는 자취를 감출 것이다. 신비는 모두에게 계시된다. 사랑으로 가득 찬 시대가

올 것이다.

이때의 사랑은, 조아키노에 따르면, 모든 인류를 하나로 결합한다. 인류는 수도자들의 이상과 같이 무력을 쓰는 일이 전혀 없는 이타적 삶을 살게 된다. 정신은 우리를 자유롭게 할 것이다. 우리는 이기적 욕구와 욕정, 위계질서와 지금까지의 모든 인습에서 자유롭게 된다. 우리의 감각은 영원한 것, 항구적인 것, 천상의 것만을 향하게 된다. 복종해야 할 권력도 없고 영적 투쟁도 필요 없다. 우리 모두는 모든 신비를 통찰할 수 있다.[7]

조아키노에 따르면, 이 모든 약속은 저세상에 대한 것도 아니고 최후의 심판 이후에 오는 영원한 안식에 대한 것도 아니다. 그는 기존의 교회 구조를 상대화한다. 그는 12세기의 역사적 해방 운동에 발맞추어 교회 구조에 역동성을 부여했다. 이것은 사유뿐만 아니라 역사 실재적인 측면에서도 거대한 의미 변동이다. 이 혁신은 프랑스에서 안셀무스 이후로 느슨하게 된 철학적 삼위일체론의 발전에도 기원이 있지만 철저하게 고립되지는 않은 환시에서 발생하기도 했다. 조아키노는 삼위일체론에 역사적 전환점을 부여함으로써 그리스도 탄생 이전 시대를 가장 합리적으로 판단할 범주의 설정만으로 그치지 않았다. 그는 그리스도교적 사유에 대해 '사도들의' 시대를 가장 이상적 시대로 상정하고 그와 비교해 현재를 언제나 타락한 시대로 그려 내는 저주에서 해방했다. 미래를 향한 희망은 이제 이론적 차원에 들어섰다.

이론적 의미는 다음과 같다. 2세기 이후의 그리스도교의 모든 자료가 탑재된 철학적 좌표계는 더는 가시적 세계와 비가시적 세계의 통속-플라톤주의적 대립이 아니게 되었다. 그의 세 개의 왕국 이론이 과거에 뿌리를 두고 있다는 점에서 조아키노는 이러한 사유에 아직 여러 가지로 종속되어 있다. 하지만 그는 인간의 삶과 그리스도교의 진리를 하느님의 영으로 인도되는 내재 역사적 발전이라는 일직선상의 흐름으로 서술함으로써 원리적으로 새롭게 성찰한다. 이 길의 마지막에는 모든 권위와 권력에서 해방된 통찰적 인식과 욕구에서 자유로운 순수한 사랑이 자리하고 있다. 그는 역사를 완성된 자유를 향한 도정으로 파악한다. 그리고 이 '자유'는 개혁 수도자들이 부르짖었던 관조적 삶의 이상으로 이해한다. 하지만 이 땅에 사는 모든 사람이 자유를 누려야 한다. 물론, 그는 그리스도와 교회가 가지는 의미를 깎아내릴 생각은 전혀 없었다. 하지만 역사적으로 상대화했다. 각각의 세 왕국은 각자 고유한 방식으로 진리를 담지한다. 이제 통찰과 깨달음(intellectus)의 왕국이 다가왔다.

칼라브리아의 경건한 사상가는 이러한 재림 사상을 가지고 의도치 않게 교회 조직을 위협했다. 프란체스코회의 개혁 운동은 1240년부터 그의 사상과 함께 전개되었다. 수많은 사람이 새로운 세계, 폭력과 전쟁과 진리 전달의 권위주의적 상명 하달 구조가 없는 세상의 선포자가 되었다. 탁발수도회의 유명한 저술가들(보나벤투라와 토마스 아퀴나스)은 그의 영향에 저항했다는 이유에서도 특별히 긍정적으로 평가받는다. 사람들은 그의 역사적 사유 방식을 우주론적 사유로 대체하기 위해 아리스토텔레스를 끌어들일 수도 있었다. 그러므로 만일 1300년경에 아리스토텔레스를 비판한 사람들은 그사이 단죄받은(1215) 그를 지지한 것과 같이 된다. 그렇게 해서 14세기가 시작될 때 조아키노의 위대한 시대가 열리게 된 것이다.

V. 13세기

제24장
역사적 상황

13세기의 지적 발전을 조망하는 방식이 새롭게 바뀌었으므로 여기서는 간단히 그 개요를 보도록 하자. 핵심은 다음의 한 문장으로 요약 가능하다. 13세기는 토마스 아퀴나스의 시대가 아니다. 그런데 질송에게서 기원한 표상에는 사실 이미 이 같은 자백이 들어 있다. 왜냐하면 질송은 토마스 철학이 이 시대의 일반적 확신을 대표한다고 보는 입장을 비판했기 때문이다. 질송은 토마스의 작품이 소실된다면 그의 철학을 동시대인들의 작품에서 완벽하게 재구성할 수 있다고 주장하면서 — 토마스를 찬양했던 — 토미스트들을 비판했다.[1] 하지만 질송은 토마스의 동시대인들이 그와 얼마나 다르게 사유했는지도 알고 있었다. 그에 따르면, 13세기는 토마스의 시대이기는 하나 토미스트들의 시대는 아니다. 이렇게 해서 그는 13세기에 다양한 이론적 단초가 있었다는 점을 인정했다. 사람들은 19세기 후반부터 가톨릭 내부에서, 그리고 그가 소속된 수도회에서 토마스가 핵심적 역할을 수행했다고 주장하지만 정작 토마스는 동시대인들에 대해서는 그런 관계에 있지 않았다. 철학적 입장의 다양성은 지난 세기말부터 계속해서 구체적으로 증명되어 왔다. 13세기를 새롭게 보기 위해서는 이러한 다양성을 인정하고 그것을 스스로 분화하는 문명의 내재적 문제들을 이론적으로 취급하는 과정으로 해석해야 한다.

13세기는 기술적 성장과 경제적 번영을 누린 시대이다. 12세기부터 헤아릴 수 없이 많아진 도시의 의미가 이제 전면에 나타났다. 인구가 증가했으며 원거리 무역도 번창했다.[2] 전반적으로 중세의 세계는 농경적이고 봉건적이었지만 공동체의 자기 규정과 자율적 입법 행위, 전문 기술의 향상, 미래를 통제하고 계획하는 경험의 축적으로 사회와 합리성의 기능이 변화를 겪었다. 부의 증대는 시민을 자극했다. 시위와 소요 사태가 일어났다. 청빈은 종교와 정치의 핵심 주제가 되었다. 그리스도교를 부와 권력의 올가미에서 벗겨 내려는 이단들이 곳곳에서 자라났다. 프란체스코회의 개혁 운동은 '사도적 삶'을 가난을 통해 구현해야 한다는 목표를 가지고 일어났다. 오랜 투쟁 끝에 교황의 교회가 이 운동을 제도 안에 통합하는 데 성공했다.

13세기는 교황의 권력이 정점에 달한 시기이다.[3] 프리드리히 2세(Friedrich II)가 세상을 떠나자(✝1250), 제국의 권위는 무너져 내렸다. 개별 국가, 특히 프랑스는 아직 충분히 힘을 기르지 못했거나 14세기에서처럼 지방 분권주의가 보편적으로 자리 잡지 못한 상태였다. 성왕(聖王) 루이 9세(Louis IX)의 오랜 치세 동안(1226~70)에 국가 차원에서의 최대 관심사는 프랑스 왕의 교회적 직무와 문화 융성 과제를 알맞게 조정하는 일이었던 것 같다. 왕궁 건물로서의 생트 샤펠(Sainte Chapelle)의 건축이 이러한 사정을 잘 대변한다(1241~45). 중부 유럽에서 서부 유럽으로의 권력 이동을 확실히 감지할 수 있었다. 교황의 세계 지배 계획을 펼치기에 그 어느 때보다도 적절한 상황이었다. 교황은 교회에 통합된 청빈 운동과 탁발수도회를 권력 확장의 수단으로 사용했다. 특히 지방 유지들과 귀족들의 손에서 교구를 빼앗아 오는 데 효과적이었다. 수도회 소속의 저술가들은 교황의 교회 지배를 정당화하는 교황주의적이고 성사주의적인 논고를 저술함으로써 교황의 비호에 답례했다. 그들은 아랍과 그리스의 학문을 교회의 지배 구조와 그리스도교적 세계관에 어떻게든 통합하려 애썼다. 그러나 이 통합이 실제로 얼마나 가능했는지에 대해서는 논란이 많다.

토론과 논쟁의 장(場)은 대학 내부로 갇혀 버리고 말았다. 폐쇄적 현상은 제도적 정비를 완전히 끝마친 파리 대학에서 가장 심하게 나타났다. 1231년 교황은 파리 대학의 행정적 자율성을 승인해 주었다. 13세기 중반부터는 옥스퍼드 대학도 자율성을 획득했다. 1248년부터는 독일 도미니코회가 쾰른에 설립한 일반 신학원(studium generale)도 학문적으로 중요한 역할을 맡았다. 이미 1224년 프리드리히 2세가 제국의 고위 관료를 양성하기 위한 목적에서 나폴리에 왕립 대학을 설립한 바 있다. 그리스와 아랍 문화 수용에 중점을 둔 나폴리 대학에서는 신학을 가르치지 않았다. 십자군 원정과 선교 사업은 특히 스페인 북부 지방에서 이슬람 같이 이질적 문명과의 교류를 심화했다.

제25장
전문 지식, 대중적 학문의 시작, 탁발수도회

관료 성직자의 지식

서구의 그리스도교 학문은 일차적으로 성직자 중심의 학문이었다. 여기에는 몇 가지 고유한 특징이 있다. 다만 13세기부터 두드러진 중세의 몇몇 특수한 발전에 주의할 필요가 있다. 대학 기관이 제도적으로 굳건히 자리 잡게 되자, 철학은 신학에서 어느 정도 자유로워진 고유한 사회적 장소를 획득했다. 그러나 성직자의 자기 정체성과 역사적 기능도 함께 변했다. 탁발수도회라고도 하는 새로운 수도회의 등장이 그 주된 원인이었다.

오늘날 우리가 '성직자의 지식'(Klerikerwissen)이라는 말에서 떠올리는 관념들 가운데 일부는 중세에 대해서는 들어맞지 않는다. '성직자'라는 용어부터가 오늘날보다 더 광범위하게 쓰였기 때문이다. '성직자'란 — 영어 단어 'clerk'처럼 — 학업을 수료한 모든 사람을 가리키는 말이었다. 하지만 무엇보다 중요한 것은 중세 성직자들을 19세기나 20세기의 성직자 상에 비추어 보아서는 안 된다는 점이다. 중세의 '성직자'는 학문적으로 생산적 활동을 하는 사람으로서 인간 정신의 발전을 선도하는 역할을 맡았다. 그는 자기가 가진 혁신 능력을 입증해야 했다. 중세의 교육은 전문 지식인의 양성 교육이었으며 권력 구조에 봉사하기 위해 존재했다. 통제되지 않은 것을 통합하는 것, 교황 중심의 교회 기초와 봉건 사회가 흔들리지 않고 계속해서 존속할 수 있도록 모순과 대립을 해소하는 것이 이 교육의 존재 이유였다. 그러나 사회적 절차와 지성적 투쟁이 벌어지는 모든 곳에는 관료 성직자들이 있었다. 아우구스티누스의 『그리스도교 교양』(De doctrina christiana)[1]에 제시된 성직자의 학문 점유화를 제한하고 부분적으로 그 효력이 제거되기도 한 것은 바로 이 성직자 관료들의 공로이다. 또한 중세의 맥락 속에서 나중에 전통의 비판적 평가와 경험적 학문의 발전으로 이어지는 경향을 선도한 이들도 있었다. 11세기에 보름스(Worms)가 성곽 축조 문제로 골머리를 앓고 있었을 때, 이 도시는 군사 전략에 밝은 전문가인 주교 힐데스하임의 베른바르트(Bernward von Hildesheim)에게 자문을 구했다. 중세 시대에 독일 왕이 오랫동안 자신의 영토를 비울 때면, 그는 성직자 관료 한 명을—예를 들어 마인츠의 대주교—법과 행정 문제를 처리하고 결정할 권한을 가진 국무대리로 세우곤 했다. 이러한 관료 성직자들은 이미 혈연이나 태생적 이유로 어려서부터 정치 문제에 익숙했다. 그들은 자기가 맡은 현실적이고 실재적인 기능 때문에 성직과는 상관없는 지식을 필요로 했다. 교회의 하급 성직자와 고위 성직자 사이에는 엄청난 사회적 간극이 존재했다. 하급 성직자는—특히 청빈 운동에 동참했을 때—하층민들의 경험을 학문 세계에 가져올 수 있었고 실제로 이러한 학문적 가공 작업이 여러 번 성취되기도 했다. 중세의 관료 성직자는 대립하는 사회 계층들로 구성되어 있었으며, 지적 다양성과 학문을 후원하는 대조적 모습도 가지고 있었다.

법률가와 의사

관료 성직자 외에도 고대 문화에서 유래하는 세속적 지식의 특정 형태를 보전하거나 새롭게 발전시켰던 또 다른 사회 집단이 있었다. 법률가들과 의사들이 여기에 해당한다. 법률가들은 호기심이나 고대적 취향 때문에 로마법을 연구한 것이 아니었다. 로마법 연구는 이탈리아의 지방 자치 단체들의 재산 소유 관계가 후기 로마 시대의 그것과 유사한 것을 알고 로마법에서 민사법을 빌려 올 필요성을 느꼈기 때문에 시작되었다. 그리고―또는, 하지만―세속 군주들이 교황의 힘이 뻗치지 않는 독립적인 주권 영역을 법적이고 정치 내재적으로 정당화할 방법이 없었던 까닭도 있었다. 그래서 중세 초기에 사람들은 고도로 발전된 로마법 지식을 쌓기 위해 라벤나와 파비아, 파도바에 설립된 법률 학교를 찾았다. 이것은 이탈리아에 한정된 전통이었다. 12세기 볼로냐에 중세 세계에서 가장 중요한 법학 대학이 세워진 데에는 이러한 배경이 있다. 이곳에서는 평신도가 평신도를 가르쳤으며, 일반인들이 교황과 신학과 무관한 학문을 정치적 현실과 함께 접할 수 있었다.[2] 황제에게 모든 권력을 수여한 로마법은 온갖 하부 기관들에 손발이 묶이고 각종 사회적 굴레를 차고 있는 중세 시대의 모든 군주에게는 꿈만 같았다. 그래서 12세기부터 로마법 연구는 군주들에게서 전폭적 후원을 받기 시작했다. 볼로냐에는 몇몇 중세 법학자의 묘비가 아직도 남아 있다. 그리고 그 묘비들은 위용과 화려함에서 주교들의 묘비에 결코 뒤지지 않는다. 특히 바르바로사 황제(프리드리히 1세)는 볼로냐의 법학자들을 적극적으로 후원했다. 법학자들의 학문 활동은 곧 그들에게도 고스란히 권력과 돈이 되었다. 그리고 그들은 자신들이 결코 관료 성직자들의 위임을 받아 일한다고는 생각하지 않았다.

중세 시대에는 법학처럼 의학도 그들만의 집단을 형성하고 나름대로 지식의 자율성을 추구했다. 12세기에 어느 독일 군주의 딸이 위독했을 때, 사람들이 처음 했던 조치는 성직자를 모셔 오는 일이 아니었다. 그들은, 어떻게 가능했는지는 알 수 없지만, 병든 공주를 즉시 살레르노의 의사들에게 보냈다.[3] 전승에 의하면, 그리스 사람 하나와 로마인 한 명, 아랍 사람 하나와 유대인 한 명이 함께 모여 살레르노에 의학 대학을 설립했다고 한다. 이 이야기가 사실인지 아닌지는 중요하지 않다. 중요한 것은 살레르노의 의사들이 고대 전통을 기초로 삼고 아랍 의학을 수용해 가능한 한 관료 성직자들로부터 독립한 사회적 지위를 확보했다는 점이다.

사람들은 모든 인식이 감각에서 기원한다는 아리스토텔레스의 주장을 앵무새처럼 반복하기는 했어도 이 당시 아리스토텔레스 수용과 아리스토텔레스 논리학의 형식주의를 통한 제반 학문의 심화 및 확장으로 말미암아 학문 개념은 이미 경험에서 떨어져나온 상황이었다. 이런 와중에 12세기에 번역된 히포크라테스와 갈레노스 같은 고대 의학 저술의 연구는 새로 들어온 아랍 문물에 힘입어 오히려 책상에서만 익혔던 의학 지식을 실제 의료 현실에서 얻는 경험을 통해 보완하라는 새로운 자극이 되었다. 아랍 철학에서 의술과 철학은 매우 밀접한 관계에 있었다. 아비첸나의 저작은 16세기까지 중세 시대 의사들에게 교과서나 다름없었다. 파도바학파의 아베로에스주의는 의학자들에게 해당되는 말이다. 14세기 이곳에서는 자연을 연구하는 새로운 방법, 자연 현상의 수학적 기술, 인간 정신과 문화 발전과 종교적 차이를 개방적이고[4] 자연주의적으로 분석하는 방식이 대두되었는데, 이러한 이론들은 중세 시대 의사들이 이탈리아에서 누렸던 자유로운 환경 덕분에 가능했다. 그러나 의술은 이탈리아에서만 꽃을 피우지 않았다. 몽펠리에에도 아랍 의사들과 활발히 교류했던 유명한 의학 대학이 있었다. 삶과 죽음은 항상 중요한 문제였으므로 중세의 영주들은 제대로 교육받은 능력 있는 의사를 곁에 두고 싶은 욕심이 있었다. 그래서 대부분의 영주 조정에는 인간 신체를 대체로 편견 없이 바라보는 정신을 대표하는 존재로서 항상 궁정 의사들이 함께 자리하고 있기 마련이었다. 아우구스티누스는 『신국론』에서 시신 해부를 그리스도교인에게 어울리지 않는 매우 변태적 호기심으로 단죄한 바 있다.[5] 중세 후기의 의사들은 접근법의 수준에서만 아우구스티누스의 비난을 극복할 수 있었다. 나중에 몇몇 대학은 의대생들이 해부된 시신을 얼마 되지 않지만 정기적으로 관찰하는 것을 허용했다. 그리고 어떤 대학 도시들은 의대생들이 순수 교육적 차원에서 시신을 취급하는 것을 필수 과정으로 도입하기도 했다. 이 모든 것은 중세 의사들이 신학적 후견에서 자유로울 수 있었다는 사실을 분명히 보여 준다.[6]

수사들과 탁발수도회

그렇지만 대부분의 학자는 관료 성직자이면서 동시에 특정 수도회 소속이기도 했다. 현대의 독자들 중에는 재속 성직자와 수도 성직자의 차이점이나 수도회들 사이의 차이를 크게 느끼지 못하는 사람도 분명 있을 것이다. 하지만 중세 시대는 그렇지 않았다. 수사는 개인 소유의 재산을 포기한다는 점에서 재속 성직자와 차이가 있다. 수도자는 권력을 추구하지 않는다. 심지어 교회 내에서 상급 직무를 통해 주어지는 권력까지도 거부한다. 물론, 주교나 추기경 또는 교황까지 되었던 수사들이 있었다. 하지만 이러한 길은 본래의 수도자적 전통과는 거리가 멀다. 고대 후기의 수도자적 삶의 양식은 고대 대도시에서의 삶과 교육 체계 및 관료제에 대한 반동으로 나타났다. 페트루스 다미아니는 주교로서의 삶이 세상일에 깊숙이 관여하게 만든다는 것을 깨닫자 주교직을 내려놓았다. 그래서 매우 엄격한 삶을 사는 수사들은 관료 성직자의 권력을 비판적 시각으로 바라보기도 했다. 나 자신을 통치자에게서 분리하는 고대 철학 전통은 중세 시대의 수도자들을 통해 특수한 방식으로 이어져 내려왔던 것이다. 반대로 권력을 가진 성직자들은 수도자들을 자주 이단으로 규정하곤 했다. 특히 윌리엄 오컴 같은 철학자가 관여하기도 했던 중세 후기의 청빈 논쟁에서 많은 수사가 이단으로 내몰렸다.[7)]

교회 내 수도회들의 다양성은 각 수도회의 역사적 발생이나 성장 조건의 다양성으로 설명해야 한다. 중세 초기에는 베네딕토회 하나만 중요했다. 투르, 풀다, 라이헤나우(Reichenau), 장크트갈렌과 같이, 카롤루스 왕조의 문화를 계승한 대수도원들은 베네딕투스가 부르짖은 이상을 구체적으로 발전시켜 나갔다. 더 나은 조직 구성, 정신문화 융성, 예술, 그리고 교육과 양성에서 커다란 진보를 이루었다. 철학적 흥미는 문법과 변증술 같은 초급 교육이나 교부 문헌 독서, 특히 아우구스티누스의 저작 독해를 통해서만 계발될 수 있었다. 그리스도교 신앙 진리의 내적 근거에 대한 성찰, 그리고 고독한 가운데 혼자만의 사유로 이루어지면서 수도 공동체의 일원들과 함께 나눌 수 있는 종류의 묵상은 11세기 이전에는 없었다. 개인적 묵상에서 철학적 이론이 형성될 수 있다는 점은 캔터베리의 안셀무스의 작품을 보면 당장 알 수 있다.

대수도원은 11세기 후반의 경제 부흥에도 크게 기여했으며 호화로운 건축을 증거로 남겼다. 클뤼니 수도원은 군주의 궁궐이 부럽지 않을 정도였다. 이와는 반대로 엄격한 규율에 따라 살아야 한다고 부르짖는 일련의 수도자(또는 수도원) 개혁 운동도 일어났다. 1084년에 카르투시오회가, 1098년에는 시토회가, 1121년에는 프레몽트레회가 각각 창설되었다.

이 세 수도 공동체는 베네딕토회의 개혁 수도회 정도로 간주할 수 있다. 이들은 수도 규칙을 철저히 준수하고 정주(定住, stabilitas loci)도 서원했으며, 본원은 반드시 도시 바깥에 두었다. 특히 수도원을 건립할 때 드는 비용을 최소화해야 한다는 규칙을 엄격하게 적용했다. 수도자 개혁 운동이 전개되는 시기의 대표적 인물로 시토회 수사인 클레르보의

베르나르(✝1153)를 들 수 있다.[8]

  13세기에 급격히 증가한 인구 때문에 원거리 무역에 대한 수요도 커졌다. 지방의 자치 단체는 새로운 법을 필요로 했고 도시민들의 생활 방식도 바뀌었다. 수도자의 오래된 이념만이 이러한 새 시대의 변화에서 떨어져 나왔다. 상인들과 관료 성직자들이 더 많은 부를 축적할수록 나머지 다른 사람들, 즉 소시민들은 소외감을 느꼈다. 사회 곳곳에서 불만의 목소리가 터져 나왔다. 교회가 그들을 통합하는 데에 실패했다면 중세 당시 세계 교회의 조직 전체는 시민의 격렬한 시위로 인해 약화될 수밖에 없었다. 이러한 저항 운동을 일으킨 이들이 바로 탁발수도회인 프란체스코회와 도미니코회이다. 기존의 수도회에서 청빈은 전통적으로 수도자의 근본적 가치였음에도 불구하고 수도원 전체는 오히려 수사 개개인이 실천하는 무소유와는 대조적으로 부를 축적해 왔다. 탁발수도회는 이러한 내적 모순을 끊어 버리기로 결심한다. 이들은 수도회 공동체 소유의 재산까지도 포기함으로써 도시의 하층민들과 함께 어울리는 교회가 되고자 했다. 그리고 이를 위해 예전보다 도시민들의 새로운 삶의 현실에 더 적합한 종교적이고 조직적인 표현 양식을 만들어 사용했다. 탁발수도회는 주교처럼 종신직인 대수도원장(大修道院長, abbas) 대신에 임기를 가진 총장을 선출했다. 수도원도 도시 내에 두었다. 정확히 말하자면, 13세기 초에 성장한 도시들의 경계에 세웠다. 도시민들은 배움에 몹시 목말라 있었다. 원칙적으로는 재속 성직자들과 베네딕토회 수사들이 도시민들의 지적 욕구를 채워 주어야 했다. 하지만 이제는 도미니코회가 설교를 통해 시민에게 지식을 전달하는 일을 떠맡았다. 또한 도미니코회는 프랑스 남부에 만연한 이단에 맞서 싸우는 것을 특수한 소명으로 여겼다. 이단 척결은 설교만큼이나 전문 교육을 요하는 과제였다. 그래서 도미니코회는 동시대에 크게 성장한 교육 체계에 지대한 관심을 보였다. 도미니코회 수사들이 파리로 올라간 것은 바로 이러한 이유에서이다.[9]

프란체스코회의 경우에는 이러한 목적의식이 도미니코회처럼 엄격하게 나타나지는 않는다. 이들은 훨씬 대중적이었으며 추구하는 삶의 양식도 다양했다. 부유한 포목상의 아들로 태어난 아시시의 프란체스코(Francesco d'Assisi)는 가난한 예수의 삶을 본받기 위해 자발적으로 가난을 택했다. 그는 대학과는 거리가 멀었으며, 책을 소유하는 것도 매우 경멸했다. 책이 곧 돈이었기 때문이다. 프란체스코회는 두 번째 발전 국면에 가서야—그러나 결코 조건이 없지 않았다—학문 세계에 발을 들이게 된다. 1231년 파리 대학 교수인 헤일스의 알렉산더(Alexander of Hales)가 입회함으로써 프란체스코회는 처음으로 대학 내부에 석좌 교수 자리를 얻게 되었다. 도미니코회는 이미 2년 전에 대학 내부에 자리를 잡은 상황이었다. 두 수도회의 경쟁 덕분에 학문은 빠르게 진보했다. 이들은 제각기 자기 수도회에서 가장 똑똑한 수사를 앞다투어 파리로 보내기 시작했다. 신생 수도회는 아리스토텔레스와 아랍 철학 수용에 앞장섰다. 베네딕토회와 재속 성직자들은—하지만 그 중에서 오세르의 기욤(Guillaume d'Auxerre), 오베르뉴의 기욤(Guillaume d'Auvergne), 간다보의 헨리쿠스(Henricus de Gandavo), 퐁텐의 고드프루아(Godefroid de Fontaines)는 언급할 만하다—새로운 흐름을 따라가지 못했다. 1230년부터 1280년 사이에 성취된 정신적 발전의 원동력은 파리 대학 교수 자리를 쟁취하기 위한 재속 성직자와 프란체스코회, 도미니코회의 투쟁에서 나왔다. 13세기의 대사상가들, 즉 알베르투스 마그누스(Albertus Magnus)와 보나벤투라, 토마스 아퀴나스는 이러한 시대 상황 속에서 등장했다. 인문학부를 대표하는 인물로서 브라방의 시제(Siger de Brabant)와 다치아의 보에티우스(Boethius de Dacia)도 빼놓을 수 없다. 이때 사람들은 탁발수도회가 대학의 교수 자리를 차지하는 것이 과연 정당한가라는 문제를 가지고도 심각한 논쟁을 벌였다. 하지만 탁발수도회는 그 시대의 요청과 관심사를 가장 강력하게 대변하는 집단이자 교황 중심주의를 실현하는 수단이기도 했다. 이들은 당대의 가장 명민한 학자들을 자기 수도회에 영입하는 강한 흡입력을 가지고 있었다. 그래서 논쟁은 단지 대학 교수 자리를 프란체스코회와 도미니코회에 내주는 것으로 끝나지 않고 이들 두 수도회가 13세기의 철학과 신학 발전의 실질적 주도권을 쥐는 결과로 이어졌다.

제26장

대학과 저술 형식

13세기는 대학의 시대였다. 정확히 말하자면, 대학이 제도적으로 확립된 시대였다. 대학 정관과 학사 규정, 교과목 및 강의와 토론 수업의 진행 방식 등이 구체적으로 정립되었다. 이는 대학의 자율성을 뜻하기도 한다. 하지만 우리는 이 자율성을 근대적 의미에서 사상적 자유의 요청으로 받아들여서는 안 된다. 아래에 소개하는 사건을 보면 13세기의 대학이 근대적 자율성과는 거리가 멀다는 사실을 알 수 있을 것이다.

1281년 어느 날 저녁에 있었던 일이다. 의학 교수인 파르마의 후고(Hugo von Parma)는 방 창가에 놓아 기르는 식물 바질(Basil)에 물을 주었다. 그는 이미 잠옷을 입은 상태였다. 맨발이었고 모자도 쓰지 않았다. 그는 골똘히 생각에 잠겨 어떤 이론이나 문제를 풀고 있었을 것이다. 이유야 어찌 되었든 간에, 그는 물을 너무 많이 주었고 마침 열을 맞추어 길을 지나가던 방위대의 머리 위에 한순간 폭포처럼 떨어져 내리고 말았다. 명예가 훼손되었다고 느낀 병사들은 즉시 교수의 집으로 달려 올라왔다. 거의 옷을 입지 않은 것이나 다름없었던 교수는 문 여는 것을 거절했다. 그러자 병사들은 억지로 문을 부수고 들어가 쐐기 막대로 교수의 머리를 갈긴 다음에 밖으로 질질 끌고 나왔다. 교수는 바닥에 내팽개쳐졌다. 병사들은 그를 감옥에 넣을 생각이었다. 그 광경을 본

주민들은 크게 항의했다. 체포와 감금, 머리를 가격하는 행위 등 이런 것은 교수의 특권에 위배되는 일이었다. 대학 교수는 교회법의 적용만 받았기에 오직 교회 법원에만 세울 수 있었다. 대학 측은 항의했고 강력한 손해 배상을 요구했다. 하지만 시(市)의 담당 부서는 적절한 조치를 취하지 않았고 이에 대응해 대학 전체는 파업에 들어갔다.[1]

말했다시피, 이것은 1281년에 일어난 일이다. 이보다 4년 전에 주교는 의학 교수들의 강의 자유에 심하게 간섭했다. 의학 교수들은 인문학부 소속이었다. 하지만 그 당시에는 어느 누구도 감히 대들지 못했다. 인문학부 교수들은 신학적 주제에 일절 관여하지 않겠다는 서약 의무에 동의했기 때문이다. 사실, 이러한 개입은 그들이 이해한 대학의 모습에 따르면 당연한 처사였다. 대학은 목적과 존재 이유가 뚜렷한 기관이었다. 대학은 결코 교회로부터 자유롭지 않았다. 그러므로 대학이 하는 일은 사소한 것 하나에 이르기까지 온통 규정을 따라야 했다. 예를 들어 사람들은 누군가가 대학 기관에 소속된 사람인지를 그가 입은 옷을 보고 알 수 있어야 했다.

다른 규정도 있다. 만일 학생이 죽으면 교수진의 과반수가 장례에 참석해야 했다. 특히 장례식이 완전히 끝나기 전까지 교수는 절대로 자리를 떠나서는 안 된다고 엄격하게 규정되어 있다.[2] 무엇보다도 유명한 것은 후임 교수를 정하는 절차에 대한 규정이다. 사회사적으로 보자면, 참 특이한 일이 아닐 수 없다. 이 당시 사람들은 — 어차피 봉건 제도로 유지되는 사회인데도 — 선거권과 극도로 짧은 임기를 도입한 대의민주주의적 절차와 형식들을 고안해 냈다. 대학은 그들에게 고유한 사법권과 '특권'을 설정해 주었다. 교황과 프랑스 국왕은 권력으로 개입할 가능성을 완전히 차단하지 않은 채 지역 주교와 도시 지자체에 반대하면서 이 특권을 여러 번 지지하고 승인했다. 파리의 경우에 대학의 규제는 이미 1215년에 완료되었다.

파리 대학은 학부로 구성되어 있었다. 철학사에서 중요한 학부는 인문학부—그 가운데에서도 변증론과 수사학의 중요성이 나머지를 압도했다—와 신학부이다. 초창기에 신학부 학장과의 다툼이 있기는 했지만 인문학부 학장이 대학 총장을 겸했다.

교수와 학생들은 출생지 '나라'가 같은 사람들끼리 함께 모이곤 했다. 교수와 학생으로 구성된 집단은 법적 근거와 형식까지 지녔으며, 이 연합은 파리의 일상생활에서는 그들 각각이 속한 학부에 대한 소속감보다 훨씬 중요하게 작용했다. '대학'은 같은 나라끼리 모이는 장(場)이자 학부끼리 모이는 장이었다.

파리 대학과 더불어 볼로냐 대학도 빠르게 조직화되었다. 볼로냐 대학은 원래 이 지역에 세워진 법률 학교에 그 기원을 두고 있었다. 아벨라르가 파리 대학이 자리 잡기 이전에 중세 학문의 연구 방법을 개척한 사람이었다면, 볼로냐 대학에서는 로마법을 쇄신한 이르네리우스(Irnerius)와 교회법 학자인 그라티아누스가 법학 분야에서 그와 같은 업적을 성취했다. 그라티아누스는 당시까지 정리되지 않은 교회법 규정들을 『교령집』으로 체계화했을 때, 아마 아벨라르가 제안한 여러 방법론에서 자극받은 것으로 보인다. 볼로냐 대학에서 교수들은 '나라별 모임'에 낄 수 없었으므로—그들은 모두 볼로냐 시민이었다—대학 운영과 행정 권한은 학생들이 갖고 있었다. 1796년 6월 나폴레옹(Napoléon)이 볼로냐를 점령했을 때, 볼로냐 대학의 '나라별 모임'과 학생회는 강제로 해체되었다. 그래서 13세기를 기준으로 무려 6세기나 지난 1798년에 가서야 볼로냐 대학은 처음으로 대학생이 아닌 일반 교수가 대학 총장이 되었다.

옥스퍼드 대학도 13세기의 파리 대학을 본보기로 발전했다. 옥스퍼드 대학의 경우에 '나라별 모임'은 넷이 아니라 두 개뿐이었다. 일단 유럽 대륙에서 넘어온 학생의 수가 확실히 적었으며, 아일랜드와 본토 영국인 학생들 사이의 긴장 관계가 파리 대학에서보다 더했으면 더했지 결코 덜하지는 않았기 때문이다.

중세 시대의 대학 정관과 교수법은 중세의 지식 내용과 그 서술 형식을 다양하게 형성했다. 철학은 '인문학부'(facultas artium)에서 그 위상을 처음 제도적으로 보장받았다. '인문학' 공부는 다른 학부 수업을 듣기 위한 조건이었다. 인문학부에서 학문 개념이 확립되면, 이 학문관은 나중에 법학과 의학, 그리고 신학적 내용에 적용된다. 물론, 문제도 있었다. 신학이 인문학부에서 사용하는 학문 개념을 과연 온전히 수용할 수 있는가?[3] 신학부가 자체적으로 학문 개념을 정립한다면 그것을 시대의 형식에 맞게 개발해야만 한다. 그래서 신학부도 아리스토텔레스를 주해할 수밖에 없었다. 그러자 아리스토텔레스 철학의 해명이 점차 주요 과제가 되어가는 인문학부와 충돌했다. 1255년 3월 19일의 파리 대학 학칙이 아직 전해져 내려온다. 학칙은 수업에 사용되는 교과서를 규정하고 있다. 이에 따르면, 교과서로 중세 시대에 끊임없이 주해된 『범주론』과 『명제론』(De interpretatione) 외에(이 두 작품을 '구논리학'(logica vetus)라고 불렀다) 『분석론』 전서와 후서, 『변증론』(이들 작품은 '신논리학'(logica nova)이라 불렀다)으로 구성된 아리스토텔레스의 논리학 작품이 사용되었다. 이것은 아리스토텔레스의 논리학과 존재론의 기초 개념들 외에 학술적 지식을 가공하는 방법과 절차에 대한 정교한 이론, 즉 아리스토텔레스의 학문론과 방법론도 모든 학부의 모든 학생에게 가르쳤다는 뜻이다. 또한 1255년의 대학 정관은 『자연학』과 『형이상학』, 『니코마코스 윤리학』과 나머지 자연과학 저작을 강의 중에 '읽고' 주해하는 것을 의무로 규정했다. 자유학예의 오래된 주제들은 고대 문법학자인 도나투스(Donatus)와 프리스키아누스의 저작들을 통해 제시되었다.[4] 11세기의 '변증론자', 즉 논리학자들이 훈련했던 모순과 '불가능'(impossibilia)과 '궤변'(sophismata)의 문제 풀이 연습은 인문학부에서 시행되었다.

인문학부의 수업은 6년 과정이었다. 이후에 학생들은 세 학부 가운데 하나를 선택해 진학할 수 있었다. 따라서 신학은 자유학예 공부의 유일한 목표가 아니었다. 고대 전통의 수업을 성경을 공부하기 위한 수단으로 종속시켰던 아우구스티누스의 교육론은 이렇게 해서 제도적으로 극복되었다. 성경 공부 자체가 성격을 달리했다. 오랫동안 '신학'보다는 '성경'(sacra scriptura)이라는 용어가 일반적으로 사용되었지만, 이제는 성경 주해도 아리스토텔레스적 사유가 설정하는 기본 조건 안에서만 가능하게 되었다.[5]

인문학부에서 학업을 수료하면 학사 학위를 수여했다. 학위 자격 시험을 치르고 나면 학생은 공개 토론(determinatio)에 참여해야 했다. 그리고 토론 시험에서 실력을 입증하면 정해진 교과서를 강독할 학사 자격을 받았다. 2년 동안 강독 수업을 진행한 다음에는 인문학부의 석사 내지는 강사가 되었다.

하지만 이것은 예외였다. 일반적으로 학사가 된 이들은 다른 학부로 옮아가 학업을 계속했다. 예를 들어 신학을 공부할 경우에 학사 자격을 취득할 때까지 8년의 시간이 추가로 소요되었다. 학생들은 2년 동안 성경을 강독하고(baccalaureus biblicus) 그다음 이어지는 2년 동안에 걸쳐 페트루스 롬바르두스의 『명제집』을 강독했다.[6]

롬바르두스의 성경 구절과 교부들의 인용 모음집은, 앞에서 언급했듯이, 중세의 굉장히 중요한 신학 교과서였다.[7] 파리 대학의 모든 신학자는 『명제집』 주해서를 썼다.[8] 『명제집』을 2년 동안 강독하면 '정식 학사'(baccalaureus formatus)가 되었으며, 그다음 4년 동안 토론 수업을 듣고 나면 신학 석사가 될 수 있었다. 석사 학위를 받기 위해서는 최종적으로 기존의 신학 강사들의 공개 토론에 참여해야 했다. 시험을 성공적으로 통과하면 학위 대상자는 파리 주교 궁의 안뜰에서 석사만 쓸 수 있는 챙이 없는 납작모자를 받았으며, 주재자로서 처음 공개 토론을 열었다.[9] 신학 석사는 사회적으로 크게 인정받는 직함이었기 때문에 자격을 취득하려는 사람들이 항상 많이 있었다. 강독 수업을 실제로 진행하는 강사들은 '정식 석사'(magister actu regens)로 불렸다.

문학 형식

학업 과정은 문학 형식을 규정했다. 중세 학문에서 주해서가 중요하게 된 이유는 이 같은 학업 과정으로부터 설명된다. 아리스토텔레스 주해, 『원인론』 주해, 성경 주해, 페트루스 롬바르두스의 『명제집』 주해 등등.[10] 그러나 '변증술'적 교육 덕분에 이러한 주해서들에서 텍스트의 내용이 반복 생산되는 일은 절대 일어나지 않았다. 아벨라르는 앵무새처럼 따라 하는 일이 불가능하다는 점을 결정적으로 증명한 바 있다. 단순히 따라 하기에 전통은 너무 모순적이었다. 스콜라적 주해는 전통에 내재한 모순을 제거해야 했다. 그러기 위해서는 자주 텍스트 밖으로 나와야만 했다. 주해 대상이 되는 텍스트는 주로 고유한 '문제'(quaestio)를 제기하기 위한 단초로 사용되는 일이 많았다.

'문제집'(quaestio)은 특정 형식을 갖고 있었다. 먼저 권위 있는 사상가들을 인용하고 이와는 대립적 입장을 가진 권위들을 소개한다. 그다음에 주해가가 자기만의 '해결책'(determinatio)을 제시하고 마지막으로 권위들 사이의 의견 충돌과 모순을 조화롭게 해석하는 방법을 제안한다. 같은 방법을 동시대인의 이론과 사상에 대해서도 사용할 수 있었다.

'문제집' 또는 '문답집'이라는 문학 양식은 주해서와는 사뭇 다르다. 파리 대학의 경우에 서술 방식의 차이에는 제도적 이유가 있었다. '토론'(disputatio)이 바로 그 원인이다. 파리 대학에는 강의 중에 다루어진 문제들을 가지고 14일 동안 내리 개최되는 '정규 토론'(disputationes ordinariae)이라는 학술 행사가 있었다. 아울러 토론 참여자가 학문의 모든 분야에서 문제를 제기할 수 있는 '자유 토론'(disputationes quodlibetales)도 있었다.[11] 말 그대로 '무엇이든' 질문하고 토론할 수 있는 '자유 토론'은 많은 청중과 함께하는 대학 축제였다. 이 행사는 1년에 두 번, 대림 시기와 사순 시기에 열렸다. 주해서와 문답집은 대학의 수업 환경 때문에 생겨난 문학 형식이다. 하지만 중세인들은 관계적 서술도 필요로 했다. '대전'(大典)은 이렇게 해서 등장했다. 대전도 문답집 형식으로 쓰이기는 했으나 '정규 토론'에서만큼 문제를 깊이 다루지는 않았다. 그래서 대전은 입문자나 초심자를 위한 교과서로 적합했다. 한 가지 주목할 점은 캔터베리의 안셀무스와 아벨라르가 높이 평가했던 대화 형식이 사라졌다는 사실이다. 키케로와 초기 아우구스티누스는 대화편 글쓰기의 본보기였다. 하지만 대화편은 위계질서를 통해 고도로 전문화된 대학 강사들의 정체성과 조화를 이루기가 힘들었다. 문제를 '결정'하고 '규정'하는 것이 교수들의 역할이었다.

13세기 철학은 교육 기관의 학술 문화에 구애받지 않는 소논문 형식도 알고 있었다. 토마스 아퀴나스의 『존재자와 본질』(De ente et essentia)은 초창기의 대표적 사례이다. 철학적 논고 같은 독립적 문학 양식이 개발됨으로써 13세기의 저술 환경은 대학을 벗어나게 되었다. 철학 소품은 자유롭게 개인이 자기 사유를 구사하고 표현하기 위한 수단으로 매우 효과적이었다. 그래서 13세기 말에는 신학적인 전체 체계에 통합할 필요 없이 철학 내재적 문제들을 그 자체로 논구할 수 있는 형식이 갖추어졌다. 저술가들은 글을 쓸 때 수도 공동체의 담화 환경이나 주교의 승인, 대학의 관례 등 다양한 사회적 조건에서 해방되었다. 이는 동시에 지식을 대중화할 도구가 마련되었다는 뜻이기도 했다.

제27장
이슬람 문명의 도전

아랍 세계의 문화적 상황

13세기 이후 서구 라틴 세계의 문화적·정신적 발전에는 아랍인의 영향이 결정적으로 작용했다.[1] 11세기 말부터 전개된 경제적·정치적·군사적·학문적 역동성은 서구 사회로 하여금 우수한 아랍 문명을 경쟁자로 의식하게끔 했다. 가장 유명한 내결은 단연 십자군 원정이지만 이것이 경쟁의식의 유일한 표현은 아니었다. 대립 구도를 정확히 파악하기 위해서는 역사 지도를 펼쳐 볼 필요가 있다.

11세기 중반 시칠리아와 아풀리아(Apulia)의 일부 지방은 이슬람 점령 아래 있었다. 1061년부터 1098년 사이에 노르만인들은 아랍인들의 손에서 시칠리아를 탈환했다. 11세기 말에는 이베리아반도에서도 이와 유사한 수복 전쟁이 일어났다. 1037년부터 1157년까지 연합을 구성한 레온 왕국과 카스티야 왕국은 코르도바의 칼리파국을 대가로 남부 국경을 확장했다. 1085년에 톨레도, 1236년에는 코르도바, 1248년에는 세비야가, 마지막으로 1492년에는 정치적으로 분리주의적 성향이 우세했던 고립된 도시 그라나다가 함락되었다.

서구와 아랍인들의 무력 싸움은 문화적 충돌로 이어졌다. 아랍 세계는 동화나 상상 속 이야깃거리와 열성 종교인들의 증오 대상이기를 그치지 않았다. 하지만 정복자들은 아랍인들이 자기네보다 우월한 문화를 가지고 있다는 사실을 인정하지 않을 수 없었다. 그들은 많은 것을 파괴했지만 어마어마하게 많은 아랍인의 장서까지 불태울 수는 없었다. 게다가 정복지에서 이 무수한 책을 번역할 능력이 있는 사람들을 만나기도 했다. 다양한 언어를 구사할 수 있었던 유대인들과 모사라베(Mozárabe), 즉 아랍인의 생활 방식으로 살았던 그리스도교인들이 바로 그들이다. 정복자들은 피지배자들의 정신세계를 파악할 필요가 있었으므로 톨레도에 번역 학교를 세우게 된다. 이곳의 번역학자들은 아랍인들의 자연과학 저서들을 라틴어로 번역하는 일을 최우선 과제로 삼았다. 저명한 의사이자 철학자였던 아비첸나의 작품은 이렇게 해서 라틴 세계에 들어왔다.

아랍 학문의 기원은 아랍 문명에 있지 않았다. 무함마드(Muhammad, †632) 시대만 하더라도 아랍인들에게는 고유한 저술 문화가 없었다. 아랍인들은 7세기에 페르시아와 이집트 지방을 점령하고 나서야 그곳에서 고도로 발전한 지식 문명을 접했다.

6세기의 페르시아는 고대 페르시아 문명의 르네상스와 그리스 철학과 자연과학의 수용으로 최고의 문화적 번영을 누렸다. 그리스어 서적은 시리아인들을 통해 들여왔다. 이들은 안티오키아와 에데사(Edessa)의 학교에서 그리스 철학자와 자연과학자의 작품을 번역했다. 수사학과 기타 문학 작품에는 관심이 없었다. 시리아인들은 네스토리우스파 신앙을 고백하는 그리스도교인이었다. 즉 교회의 정통 그리스도론과는 다른 교의를 표방했다는 뜻이다. 동로마 제국이 신민의 종교를 단일화하려 했을 때, 시리아인들은 국가적 차원에서 박해를 받았다. 487년 비잔티움 제국의 황제는 에데사의 학교를 강제로 폐교했다. 추방된 학자들은 페르시아 문명의 중심지인 니시비스(Nisibis)로 달아났다. 529년 아테네의 학교도 강제로 문을 닫게 되자, 7인의 현자도 페르시아 군주의 궁정으로 몸을 피했다.

그래서 아랍이 641년 페르시아를 정복했을 때, 아랍인들은 페르시아 문학과 그리스 학문을 모두 손에 넣을 수 있었다. 처음에는 기존 저작들을 공부하면서 번역하는 것으로 시작했다. 하지만 시리아인 번역가들을 데려다가 그리스어, 시리아어, 페르시아어 장서들을 조직적으로 번역하게 된 것은 바그다드의 칼리프 알-마문(Al-Mamun, 813~33) 치세에 이르러서였다. 히포크라테스와 갈레노스 같은 그리스의 위대한 의학 저작들이 아랍어로 번역된 때가 바로 이 시기이다. 아랍인들의 의술과 과학의 발전은 이렇게 시작되었다. 10세기 중반부터는 아리스토텔레스의 전 작품을 아랍어로 읽을 수 있었다. 그러니까 서구 라틴 세계가 아리스토텔레스의 논리학 저술만 알고 있었던 것과는 달리—아벨라르는 이 점을 두고 크게 아쉬워했던 서구 사상가들 가운데 하나였다—, 아랍인들은 아리스토텔레스의 실재 학문을 모두 알았던 것이다. 아랍인들은 그리스의 아리스토텔레스 주해서도 번역해 읽었는데, 그것들은 신플라톤주의적 색채가 매우 짙은 주해서였다. 플라톤적·신플라톤주의적 영향은 플로티노스와 주요 프로클로스의 작품 해제들의 아랍어 단편 번역을 통해 강화되었다.[2] 여기에 위대한 그리스 철학자의 이름을 달고 전해진 다양한 비전(秘傳)들, 즉 헬레니즘 시대의 마술적·신비주의적 모티프로 가득 찬 텍스트로 나중에는 서구 라틴인들의 아리스토텔레스적 관점을 형성하기도 했던 아리스토텔레스의 각종 위작(僞作)도 큰 영향을 끼쳤다. 그래서 아리스토텔레스는 쉽게 신플라톤주의자의 관점에서 읽히곤 했다.

상당히 운이 좋은 아랍 학문의 전승사적 상황은 잘 구비된 양질의 장서관 없이는 불가능했을 것이다. 바그다드에만 36개의 장서관이 있었던 것으로 추정된다. 그 가운데 하나는 소장 도서가 무려 1만여 권에 달했다고 하는데, 이는 서구 세계에서는 불가능한 수치이다. 이스파한(Isfahan), 시라즈(Shiraz), 가즈니(Ghazni), 부하라(Bukhara) 등 페르시아의 다른 도시들에도 도서관이 많이 있었다. 제국의 동북부 고지대에 위치한 부하라에서는 서구에서 '아비첸나'로 알려진 의사이자 철학자인 아부 알리 이븐 시나(Abu Ali Ibn Sina, 980~1037)가 활동했다. 그는 술탄의 궁정에 초대받기도 했다.

바그다드처럼 코르도바에도 책과 문인을 후원한 칼리프들이 있었다. 코르도바는 서구 유럽인들에게는 동화 속의 도시 그 자체였다. 이 도시에는 가옥이 20만 호, 모스크가 600개, 목욕탕이 900개나 있었다. 도시 내의 모든 거리는 포장된 도로였고 수도 시설도 갖추고 있었다. 칼리프 알-하캄 2세(Al-Hakam II, †976)의 도서관은 무려 40만 권에서 최대 60만 권의 장서를 보유했다고 한다. 이곳에서 1126년 아베로에스라고도 하는 이븐 루시드(Ibn Rushd)가 태어났다. 1182년 그는 철학에 관심이 많은 통치자의 시의(侍醫)가 되었다. 1195년 이후에 아베로에스는 그의 철학이 이슬람에 해롭다는 이유로 고발당해 코르도바에서 쫓겨났다. 1198년 아베로에스가 생을 마감했을 때, 스페인에서의 아랍인들의 정치적 지배권과 학문적 우위도 끝이 났다. 우월한 아랍 학문을 수용할 수 있느냐 마느냐 하는 문제는 유럽 문화와 학문에는 숙명과도 같았다.

아랍 학문의 수용

사실, 서구는 이미 10세기에 아랍 학문과 접촉한 적이 있다. 953년 황제 오토 3세(Otto III)는 고르체의 요하네스(Johannes von Gorze)라는 수사를 정치적 선교를 위해 코르도바로 보냈다. 요하네스는 거기서 약 3년 동안 지내면서 칼리프의 호의를 받은 유대인 궁정 학자였다. 956년 귀국할 때, 그는 아랍 서책을 한가득 실은 말 한 마리를 끌고 왔다. 유럽에서 아랍어 서적을 번역하는 최초의 임무를 맡은 사람은 콘스탄티누스 아프리카누스였다. 그는 아프리카를 두루 다닌 다음에—그의 별명은 이렇게 해서 붙여졌다—몬테카시노의 수도자로 살았는데,

특히 살레르노의 의사들이 참고했던 의학 서적들을 주로 번역했다. 해외 서적의 수입은 소소하게 시작되었다. 그러나 유럽에는 벌써 12세기에 학술 서적으로 축적한 도시가 있었으니 톨레도가 바로 그곳이다. 사람들은 이곳에서 그리스도교 신학과 무관하고 분명 전통과 논리 형식을 따르지만 사실들의 의미에 자리를 많이 내준 학문을 접할 수 있었다. 만일 아랍인들의 눈으로 서구 유럽 학문의 수준을 판단한다면, 누구든 깜짝 놀라지 않을 수 없었을 것이다. 톨레도에서 번역가로 활동했던 플라토 티부르티누스(Plato Tiburtinus)는 역자 서문에서 이렇게 썼다. "라틴인들 중에는 …… 천문학에만 몸담은 전공자가 하나도 없다. 라틴인들이 가진 책이란 전부 얼토당토않은 이야기와 쓸데없는 잡담과 공상으로만 가득하다."[3]

사정이 이러하다면 중세는 이제 계몽되기 시작했던 셈이다. 중세 초기에 자연과학 서적은 기껏해야 플리니우스와 세네카가 전부였다면, 1200년경에는 그리스인과 아랍인의 광학과 의학, 물리학과 철학을 접할 수 있었다. 군주들 중에는 신흥 문물의 수입을 적극 장려하고 후원한 이도 있었다. 황제 프리드리히 2세(†1250)는 스코틀랜드나 아일랜드 출신으로 프랑스에서 수학하기도 했던 톨레도의 뛰어난 번역가 한 명을 초빙했다. 미카엘 스코투스(Michael Scotus)는 의술과 천문학(점성술)에 조예가 깊었으며, 언어 구사 능력도 뛰어났다. 그는 팔레르모에서 아랍 의학 서적과 아베로에스의 철학 작품을 번역했다. 지금 우리에게는 이곳에서 아리스토텔레스의 저작이 아랍어에서 라틴어로 번역되었다는 사실이 중요하다.

아랍 철학자들과 자연과학자들의 작품과 더불어 그리스어 저술들도 라틴어로 번역되었다. 열정적 작업의 결과, 1240년경에는 아리스토텔레스의 모든 저작을 (그러니까 보에티우스가 번역했던 논리학 저서 외에) 라틴어로 읽을 수 있는 상황이 되었다.[4] 최초의 아리스토텔레스 전집 인용은 살레르노의 의학자들에게서 확인할 수 있다. 아랍인들이 아리스토텔레스의 자연철학을 의학의 기초로, 의술의 예비적 학문으로 간주했다는 사실이 중세 유럽 의사들의 눈에 띈 결과이다. 1210년 즈음에는 파리 대학 인문학부에서도 아리스토텔레스의 자연과학과 형이상학에 대한 강의가 개설되었다. 우리는 중세의 아리스토텔레스 독자들이 아리스토텔레스를 읽을 때에 원칙적으로 아랍 주해서와 함께 읽었다는 점을 반드시 알아야 한다. 교회가 내린 첫 번째 아리스토텔레스 금지령(1210년과 1215년)은 그 결과였다. 서구 라틴 세계와 아리스토텔레스의 싸움이 시작된 것이다. 이후의 중세 철학 발전은 아리스토텔레스 철학 논쟁으로 크게 규정된다. 하지만 우리는 이 발전 과정을 사상사적 측면에서 두 개의 세계관의 대립으로만 이해할 것이 아니라 두 개의 문명 충돌로 볼 필요도 있다. 아랍 문명은 서구 문명에 비해 월등히 앞서 있었다. 유럽은 아랍 문명에서 오렌지와 숫자, 관개 기술과 종이만 들여온 것이 아니다. 1200년 이전의 유럽은 지식과 예술 분야에서도 아랍인들에게서 많은 것을 수용했다. 대수학과 천문학, 광학(알하젠(Alhazen)),[5] 화학과 시학은 아랍인의 영향을 크게 받았다. 의술과 그와 관련된 철학도 마찬가지였다.

 나는 아랍 철학을 서구 라틴 세계에 끼친 영향사적 측면에서만 다룰 수 있으므로, 이 장(章)에서는 아랍 철학이 서구인들의 모범이 된 내적 이유들을 고찰하는 일이 가장 중요할 것이다.

 서구인들은 12세기부터 자연과 사회적 삶의 자연적 조건을 찾아 나섰다. 그들이 던지는 수많은 질문에 아우구스티누스는 아무런 답을 주지 못했다. 예를 들어 아우구스티누스의 세계관에는 항해에 꼭 필요한 천문학과 기하학이 빠져 있었다.

 자율성을 가치로 내세우는 도시 문명은 인류를 통솔하는 신정주의적 모델의 타당성에 이의를 제기했다. 폭발적으로 성장하는 사회는 세계를 경험론적 방법으로 연구할 것을 요구했다. 사회와 철학의 관계, 수도자적인 인간 실존 해명과 가치 체계가 문제로 떠올랐다.

이러한 상황 속에서 아랍어에서 번역된 텍스트들이 성경으로부터 독립적 방향 설정을 크게 부추겼다. 아랍 사상가들도 서구인들만큼이나 종교적 환경 속에서 사유했다. 그들은 유럽인들보다 먼저 계시 종교가 그리스의 자연 지식 및 철학과 조화를 이룰 수 있는가라는 문제를 마주하고 고민한 역사를 가졌다.

텍스트 전승 상황과 관련해 아랍인들은 르네상스가 시작되기 이전까지의 모든 중세인보다 상당히 유리한 위치에 있었다. 그래서 그들은 전래된 사상들 사이의 논리적 정합성 문제, 특히 플라톤주의와 아리스토텔레스주의의 통일성 문제[6]에 일찍부터 깨어 있었으며, 양자를 조화롭게 해석하는 일에도 익숙했다.

알-킨디와 지성론

조직적이고 내내적인 번역 작업과 이를 통한 그리스 전통의 수용이 정점에 이르렀을 때, 아랍 철학은 알-킨디(Al-Kindi, †873)에게서 시작되었다. 알-킨디는 아랍 철학의 관심을 아리스토텔레스에게로 돌려놓은 인물이다. 그가 아리스토텔레스를 선택한 것은 단순한 자의적 결정이 아니었다. 아랍인들에게서 철학이란 '백과사전적' 교육이라는 고대의 이념과 연결되어 있었다. 수도자적 학문 개념을 근본으로 여겼던 동시대의 서구 라틴인들과는 달리, 자연과 정치는 아랍인들의 철학에서 매우 큰 위상을 차지했다. 이슬람 세계도 종교 문명이었다. 그러나 이슬람 문화권에서는 ― 적어도 12세기 말까지는 ― 보다 자율적으로 세계를 직관할 권리가 계속해서 끊임없이 관철될 수 있었다. 아랍 문화권에서 학문이란 유럽과는 다른 독특한 사회학적 의미를 가진 개념이었다. 1200년까지 가동된 유럽 철학이 내용적으로는 그리스도교 신학과의 친밀함, 사회적으로는 성직자 계층의 전유로 특징지어진다면, 아랍 학문의 주도권은 근본적으로 의사들이 쥐고 있었다. 물론, 아랍 의사들도 권위를 이용한 방법과 같은 이유에서 '스콜라적'이라 할 수 있는 지식 개념을 갖고 있었다. 그들이 집중한 문제는 전부 전승된 텍스트에서 나온 것들이었다. 하지만 그 텍스트란 서구 사상가들이 읽었던 아우구스티누스나 그레고리우스나 이시도루스는 아니었다. 아랍인들은 고대 지리학자들과 의학자들, 그 가운데에서도 특히 기원후 2세기경 고대 세계의 의술을 집대성했던 갈레노스를 집중적으로 연구했다. 아리스토텔레스에 대한 알-킨디의 관심도 이러한 맥락 속에서 이해되어야 한다.

아리스토텔레스와 그리스-아리스토텔레스 주해서를 연구하면서 아랍 학자들은 중요한 문제 하나를 마주했는데, 지성론이 바로 그것이었다. 아리스토텔레스는 지성에 대한 문제를 간단하고 명료하게 해치워 버렸다.[7] 그는 인간의 사유를 다음과 같이 분석한다. 사유는 '능동' 지성이라고 하는 작용자와 '수동' 지성 내지는 '(작용을) 겪는' 지성이라고 하는 수용자, 이렇게 두 개의 내적 원리로부터 발생한다는 것이다. 아리스토텔레스는 본질적 활동은 능동 지성이라고 말한다. 우연적인 것은 능동 지성에 아무것도 해당되지 않는다. 경험을 중시한 철학자 아리스토텔레스가 한 말이라고는 도저히 믿기지 않는다. 능동 지성은 이 세상이 아닌 다른 곳에 있다는 말인가? 이슬람교인들은 이렇게 거의 신 같은 특성을 가진 인간 사유의 원리를 이슬람 신학에 받아들여도 정말 괜찮았던 것일까? 피안으로부터의 해명이 대체 경험심리학과 조화를 이룬다는 것이 가능하기나 한 일일까? 아랍 의사들은 인간 사유를 세상 저편에 옮겨 놓으면서 어떻게 의학의 기초가 되는 생리학적 인식론을 포기하지 않을 수 있었단 말인가?

알-킨디는 이러한 문제를 그의 265종의 저작들 가운데 하나인 『지성에 대한 논고』(*Risāla fi al-'Aql*)에서 심도 있게 다루었다. 고대 후기의 아리스토텔레스 주해가들(알렉산드로스 아프로디시아스와 테미스티오스(Themistios), 심플리키오스(Simplikios), 요하네스 필로포노스(Johannes

Philoponos))은 아리스토텔레스 지성론의 난해한 문제를 제각기 『영혼론』 주해서에서 연구했다. 주해서 외에 독립적 논고에서 다룬 경우도 있는데, 라틴어 번역은 후자에 『지성론』(De intellectu)이라는 제목을 달았다. 이렇게 해서 아랍 세계에서 알-킨디의 소논문 — 정확히 말하자면 편지 — 처럼 서구 세계도 고유한 문학 양식을 발전시켰다. 나중에는 쾰른의 알베르투스 마그누스(Albertus Magnus)와 프라이베르크의 디트리히도 이와 유사한 형식으로 글을 쓰게 된다.[8]

알-킨디는 다음 세대가 지성 문제를 취급할 때 사용할 수 있도록 헬레니즘 전통을 따라 전문 용어를 확립하고 이론 유형을 설계했다. 알비노 너지(Albino Nagy)와 귀스타브 테리(Gustav Théry), 질송은 알-킨디가 직접적으로 알렉산드로스 아프로디시아스의 영향을 받았다고 주장했다. 장 졸리베(Jean Jolivet)는 이러한 견해에 반대했다. 해석이야 어찌 되었든 간에, 알-킨디는 그리스의 지성론을 섬세하게 발전시켰다. 그는 아리스토텔레스를 따라 항상 활동 중에 있는 능동 지성과 오직 받기만 할 뿐인 수용적 지성을 구별했다. 여기에 알-킨디는 세 번째로 앎을 획득한 지성(intellectus adeptus), 즉 가능태에서 활동 상태로 넘어갔지만 지금 현실적으로 사용하고 있지 않은 지성과 네 번째로 운동의 목적에 도달한 지성을 추가했다. 자기 자신도 알 수 있고 다른 이들도 알 수 있는 이 마지막 형태의 지성은 증명된 지식을 소유한 상태를 일컫는다. 그래서 알-킨디 저작의 라틴어 번역은 이 지성을 '논증적 지성'(intellectus demonstrativus)이라 새겼다.[9]

알-킨디의 지성 구분은 아랍 문화권 내에서 '스콜라적' 논쟁을 불러일으켰다. 텍스트의 보존 상태가 만족스럽지 못하고 번역 오류도 눈에 띄기 때문에(예를 들어 'intellectus demonstrativus') 서구 세계에서는 지성 논쟁의 구체적 모습을 그려 내기가 쉽지 않았다. 하지만 이 논쟁은 섬세함을 향한 열정이 아니라 정신적 인식의 실체를 규명하는 시도로 나타났다. 현실적 인식은 가능성으로서의 인식에 본성상 반드시 앞선다는 아리스토텔레스의 근본 명제는 그대로 유지해야 했다. 순수 경험적 이론으로는 정신적 인식을 파악할 수 없다는 사실을 인정해야 한다는 것이다. 그러면 '분리된' 지성, 즉 존재론적으로 자립하는 '능동 지성'이 실질적 인식보다 선행해야 한다. 하지만 가르치거나 배우는 것 같은 정신적 현상들, 시간에 종속된 활동으로서의 자연 경험과의 대립은 이론적으로 파악될 필요가 있다.

또한 이미 지식을 습득하기는 했지만, 그것을 떠올리지는 않는 상태와 지금 이 순간 앎이라는 활동을 수행하고 있는 상태도 구별해야 했다. 하지만 우리가 알-킨디 자신도 문제가 그렇게 단순하지 않다는 점을 알고 있었다고 인정한다 해도 사태를 해명하기 위한 심급의 개수를 늘려야 할 필요성은 비판적으로 검토해야 한다. 어쨌든 그는 감각적 인식에서 정신적 인식으로 이행하는 과정을 매끄럽게 설명할 방법을 찾지 못했다. 그는 감각적 세계와 정신세계의 공존, 인간 지성의 네 가지 상태들을 구별한 것으로 만족한다. 사실, 그의 지성 구별의 배후에는 '정신'과 '생명'의 차이에 대한 체계적 입장이 놓여 있다. '생명'은 끊이지 않는 변화와 종속 관계를 통해 존재하는 반면에, '정신'은 항상 자기 자신 안에 머무르는 활동이다. 이러한 종류의 구별은 아리스토텔레스에게서 시작되고 신플라톤주의에서 전개된 사상에 뿌리를 두고 있다. 이에 따르면, 영혼은 결론을 구하고 무엇인가를 찾고 그렇게 스스로 변화하는 한에서 정신적 인식 활동을 수행할 때에 생명의 영역에 속한다. 구체적으로 능동 지성이라 불리는 지성은 '정신'(nus)이라 개념화되었다. 이러한 신플라톤주의자의 입장에서 알-킨디는 아리스토텔레스의 지성론을 풀어냈던 것이다. 그는 실제적이고 정신적인 인식은 운동체와 자연적 사물의 영역이 '정신'의 항구적인 활동과 결합될 때 비로소 성취된다고 주장한다. 여기서 '정신'과 '영혼'(즉 '생명')을 원리로 간주했다면, 이 문제는 내재 철학적인 문제가 되었을 것이다. 그러나 이슬람은 신학이 지배하는 문명이었으며, 이 사회에서 '영혼'이라는 말은 다른 의미를 갖고 있었다. 사람들은 '영혼'이 '정신'과 결합해 하나가 된다는 것이 무슨 뜻인지를 따져 묻게 된다. 또한 계시 진리의 수호자들은 철학자가 영혼의 불멸성을 인정하는지 아니면 모든 개별자를 초월해 존재하는 '정신'만이 불멸하다고 주장하는지도 알기를 원했다. 알-킨디의 논고에는 아직 이러한 문제가 수면 위로 떠오르지 않았다.

알-파라비: 유출하는 세계

지성 문제는 경험론과 관념론의 경계, 정통 교리와 밀교 신비주의의 접점을 건드렸다. 그래서 알-킨디 뒤에 오는 사람들은 이 문제를 훨씬 심각하게 취급하지 않을 수 없었다. 10세기의 가장 중요한 아랍 철학자인 알-파라비(Al-Farabi, †950)도 지성에 대한 책을 한 권 썼다.[10] 알-파라비는 알-킨디보다 더 체계적인 사상가였다. 그 또한 플라톤과 아리스토텔레스는 서로 일치한다고 수장했다. 알-파라비는 — 아마 모에티우스처럼 포르피리오스와 심플리키오스의 영향을 받아 — 플라톤과 아리스토텔레스의 근본 입장이 조화를 이룬다는 점을 증명하기 위한 계획까지 세웠다. 두 그리스 사상가의 일치를 구하기 위해 그는 이른바 『아리스토텔레스의 신학』(*Theologia Aristotelis*)이라는 작품을 도구로 활용했다. 이 책은 아리스토텔레스의 이름을 달고 있지만 실은 플로티노스의 단편 모음집이다.[11] 플로티노스는 이 세계의 다양성을 그것들이 유출되어 나온 근원의 단일성(일자)으로 설명했다. 알-파라비는 플로티노스의 유출 사상을 빌어 아리스토텔레스 철학 각론의 문제들을 세계 전체에 대한 구상 속에 집어넣었다. 신은 일자(一者)이다. 신적 본성의 필연성으로 말미암아 일자에서 지성이 나온다. 지성은 자기 자신을 사유 속에서 파악하고 그와 동시에 자기가 흘러나온 원천인 일자를 함께 인식한다. 지성이 일자를 인식하는 한에서 지성에서는 또 다른 정신적 본질이 산출되어 나온다. 그가 자기 자신을 인식할 때, 첫 번째 하늘이 만들어진다. 가장 본래적 의미에서의 지성은 첫 번째 하늘을 움직인다. 그리고 그를 뒤따라 산출되는 나머지 지성체들은 별과 행성들의 천구를 다스린다. 마지막으로 열 번째 지성체는 월하(月下) 세계를 다스리는데, 그가 바로 인간에게 빛을 비추는 '능동 지성'이다.

플로티노스는 세계의 전개 과정에서 아리스토텔레스가 말한 '정신'이란 것에 핵심적 역할을 부여했다. 정신은 신적 일자가 다수성을 정립하기 위해 펼쳐 놓는 첫 번째의 히포스타시스(hypostasis)였다. 그 안에는 아직 하나와 많음의 대립이 들어 있지 않았다. 정신은 사유의 근거가 되는 심급이며, 인간이야말로 '본래적으로'(그러니까 그가 자기 자신을 돌아본다면) 바로 이 '정신'이 된다. 알-파라비는 이러한 사고에 담긴 우주론적 요소를 강화하고 아리스토텔레스가 『영혼론』에서 말했던 '능동 지성'을 일자에서 영원히 유출되어 나옴으로써 존재하는 천구들의 위계질서 안에 끼워 넣었다.

능동 지성이 달의 천구를 움직일 때, 생성과 소멸의 세계도 함께 영향을 받는다. 이렇게 해서 우연의 지배를 받는 경험 세계를 정신적 인식으로 파악할 가능성을 열어 놓을 수 있었다. 변화무쌍한 세계는 '정신적' 근원을 가지기 때문에 우리는 이 세계에 대한 보편타당하고 필연적인 앎을 구성할 수 있다. 인간은 자연의 한 부분으로서 점성술적 결정론에 따라 해명된다. 땅 위에서 일어나는 자연의 변화는 달의 천구의 움직임에 달려 있으며, 달의 천구는 지성체를 원인으로 가진다. 정신적 인식은 자연을 초월하며 스스로를 자연의 근원과 결합할 줄 안다.

이 이론은 참된 사유가 빛의 조명이나 '정신'의 현존 없이 불가능하다고 할 경우에 쉽게 철학적 신비주의로 나아갈 수 있었다. 하지만 여기서 전개될 '신비주의'는 세계와의 관계성을 놓아 버리지 않을 수도 있다. '정신'은 별의 영혼이거나, 정확히 말하자면 별의 천구에 내재한 지성체로 개념화되어 있기 때문이다.

알-파라비도 아리스토텔레스의 『영혼론』에서 서술된 '지성'을 네 단계로 구별했다. 그 또한 '영혼'과 '정신'의 원리적 차이를 근거로 지성을 구분한다. 그는 지성의 네 가지 의미를 다음과 같이 구별했다.

— 먼저 '가능적 지성'(intellectus in potentia)을 구별한다. 이것은 사물의 본질 형상을 물질적인 현존 양식으로부터 추상하는 능력을 가진 영혼을 가리키는 말이다. 알-킨디와 달리, 알-파라비의 분석에는 추상 작용이 추가되어 있다.

— 다음으로 알-파라비는 '발현된 지성'(intellectus in effectu)을 상정한다. 물체적 사물의 본질 형상이 정신적으로 인식될 때, 지성은 현실이 된다. 지성은 그가 인식한 본질 형상과 하나가 되며, 인식하는 중에는 그의 본질이 아닌 것은 아무것도 인식하지 않는다. 이제 관념적인 본질 형상은 영혼 안에 들어와 있다. 영혼은 제 안에 가진 형상으로 말미암아 실제적인 지성으로 된다.

— 세 번째로 '습득된 지성'이 있다. 우리는 이미 'intellectus adeptus'라는 표현을 알-킨디의 라틴어 번역을 이야기할 때 언급한 적이 있다. 지성이 제 안에 있는 본질 형상을 그것의 비물체적 특성과 보편성, 형상 그 자체로서의 순수함에서 '실제적으로'(actu) 바라볼 때, 지성은 그 형상들을 마치 자기의 대상이나 재료와 같이 취급한다. 요컨대, 지성은 자기가 그 형상들보다 더 탁월한 의미에서 형상이라는 점을 드러낸다. 이렇게 해서 영혼은 정신성의 단계에 '올라서거나' 정신성을 '획득한다'.

— 마지막으로 알-파라비는 모든 질료에서 전적으로 분리된 능동 지성을 구별한다. 능동 지성은 '가능적 지성'에 대해 태양과 눈의 관계에 있으며, 가능적 인식 대상을 지금 이 순간 인식된 현실로 만드는 역할을 한다. 이렇게 가능적 지성은 능동 지성의 작용을 통해 '발현된 지성'으로 바뀐다. 능동 지성은 순수 정신적 기원을 가지며, 영혼

은 능동 지성의 참된 본질을 '습득된' 지성 속에서 처음 접한다. 능동 지성은 분할되지 않고 물질적이지 않으며 소멸하지 않는다. 그것은 본성적으로 활동인 존재이며, 활동이 곧 자기의 본질인 존재이다. 그의 활동은 지극히 단순하며 목적을 반드시, 그리고 항상 완전하게 성취한다. 능동 지성은 자기의 고유한 참모습을 영원히 바라보는 행위이며, 영원히 자기 자신을 향해 돌아서는 자이다. 능동 지성에 가까이 다가가는 것, 이것이 인간 영혼의 최고 목적이다. 능동 지성을 향해 나아감으로써 인간은 더욱 '본질적인 실체가 되며'(substantiatur), 그의 외적인 완성도 이렇게 해서 실현된다. 이것이 세계가 운동하는 이유이다. 세계는 물질이 영적으로 되기를 원한다. 물질과 물질적 완성이 정신의 내적 목적으로 설정된 것이 아니라 오히려 그 반대이다. 물질은 정신 때문에 존재한다. 하지만 능동 지성은 빛을 비추는 작용을 펼치기 위해 물질적 세계를 필요로 한다. 그는 아주 절대적으로 자족적인 존재는 아니다. 따라서 능동 지성은 만물의 최고 원리가 아니다. 능동 지성은 신이 아니다. 그는 어떤 특정한 천구의 원동자일 뿐이다. 그러나 무엇보다도 그는 본질 인식과 자기 인식의 현실인 자이다. 능동 지성은 자신의 최종 근거인 신을 단일하게 파악한다.

독자들은 알-파라비에게서 '지성'의 의미를 해명하는 언어적 작업이 세계의 총체적이고 형이상학적인 구상과 인간 행복에 대한 이론으로까지 확장된 과정을 잘 보았을 것이다. 그는 알-킨디의 구별이라는 메마르고 거친 돌멩이를 가지고서 새로운 인식론과 삶의 철학의 불을 만들었다. 그는 감각 세계와 관념적 세계의 단순한 대립을 생명의 거대한 순환으로 바꾸었다. 그 안에서 모든 자연은 인간의 '본질적 실체화 과정'에 연결되어 있다.

하지만 이러한 지성론은 문자 그대로 이해된 창조 사상과 어떻게든 모순을 일으킬 수밖에 없다. 알-파라비의 이론은 세계의 제작자인 신 관념과 결합될 수도 없고 세계를 창조할지 말지 고민하는 신의 모습을 허용하지도 않는다. 그의 세계는 신적 필연성이 영원히 현현된 것에 다름 아니다.

아비첸나: 필연성의 형이상학과 경험론

중세 이슬람 세계를 아무런 제약 없이 자유롭게 사유할 수 있었던 시대로 상상해서는 안 된다. 알-파라비 이래로 철학은 신과 세계 정초의 필연성을 강조했기 때문에 이슬람 세계에서 철학은 매우 불편한 상황에 처해 있었다. 아베로에스와 함께 가장 영향력 있는 아랍 철학자인 아비첸나(Avicenna, †1037)가 바로 이 문제를 깊이 다루었다. 그는 자서전적 작품에서 자신이 걸어온 길을 적었는데, 거기서 그는 알-파라비의 종합이 가진 의미를 높이 평가했다.

아비첸나는 10세 때 벌써 『쿠란』(*Quran*)을 완벽히 깨우쳤다고 고백한다. 아버지는 인도인들의 산술을 배우라는 목적에서 그를 어느 향신료 상인에게 보냈다고 한다. 법학을 공부하고 나자, 아버지는 가정 교사 한 명을 데려와 아들에게 논리학, 수학, 자연과학도 가르치게 했다. 아비첸나는 16세에 의사로서 활동을 시작했다. 그다음에는 형이상학에 전념했다. 그는 아리스토텔레스의 『형이상학』을 마흔 번이나 읽어 그 내용을 전부 암기하고 있었지만, 책의 내용은 어렵게 느꼈다. 그는 저자가 말하려고 하는 것이 대체 무엇인지 도통 알 수 없었다고 한다. 현대의 『형이상학』 주해가들도 아리스토텔레스의 형이상학 개념이 다의적이라는 사실에 탄식할 수밖에 없었다. 혹시 형이상학은 가장 보편적인 의미에서 존재를 다루거나 또는 지식의 최고 원리를 연구하는 학문인가? 그렇다면 이러한 학문의 목표는 철학적 신학을 전개해야 한다는 요청과는 어떤 관계에 있는가? 아리스토텔레스의 『형이상학』을 도무지 이해할 수 없다고 느낀 아비첸나는 절망에 빠진다. 어느 날 그는 시내에서 책방이 몰려 있는 거리를 지나게 된다. 상인 하나가 아비첸나를 붙잡고 책 한 권 사가기를 권한다. 이 책의 주인이 급전이 필요하기 때문에 싼값에 내놓았다는 것이다. 그것은 다름 아닌 형이상학에 대해 알-파라비가 쓴 책이었다. 아비첸나는 거절했다. 형이상학은 그다지 쓸모 있는 학문은 아니라고 생각했기 때문이다. 하지만 상인이 그를 놓아주지 않아 할 수 없이 아비첸나는 헐값을 주고 그 책을 샀다고 한다. 그런데 집에 돌아와 책을 읽고는 그 즉시 『형이상학』에서 아리스토텔레스가 의도한 것이 무엇인지 눈에 들어왔다는 것이다. 그는 뛸듯이 기뻐하면서 다음날 가난한 이들에게 후하게 자선을 베풀고 알라에게 감사와 찬미를 드렸다고 한다.

알-파라비는 아비첸나에게 아리스토텔레스의 『형이상학』에 들어 있는 다양한 전제가 어디에서 한데 모여 통일을 이루는지를 정확히 짚어주었던 것이다. 이제 아비첸나는 형이상학이 무엇인지 분명히 알았다고 확신한다. 형이상학은 존재자를 그 자체로서 탐구하는 학문이다. '있음' 같은 규정들이(그러나 '어떤 것'과 '필연적' 같은 규정도 함께) 곧 형이상학이 다루는 대상이다. 여기에서 시작해 형이상학은 종국에 신이나 우리 지식의 최종 근거들도 규명해 내야 할 것이다. '있음'('어떤 것', '필연적') 같은 규정들은 모든 정신적 인식의 기초를 이루고 있다. 그러나 '있음'이란 본래적 의미에서는 존재하지 않을 수 없는 것, 즉 그 자체로 필연적인 존재, 다시 말해 오직 신에게만 해당되는 말이다. 신은 (플로티노스에게서처럼) 일자이며, (플로티노스에게서와는 달리) 순수한 존재이기도 하다.

의사였던 아비첸나는 그의 철학을 총정리한 책에 『치유의 서(書)』(Kitāb al-shifāʾ)[12]라는 제목을 달았다. 그는 철학을 일종의 치료 요법으로, 곧 오류라는 병에서 낫게 해 주는 방편으로 이해했다. 그의 대저(大

著) 제4부는 아비첸나 자신의 고유한 『형이상학』을 싣고 있다. 그의 형이상학은 존재를 필연성 측면에서 분석하는데, 이에 따르면 존재하는 모든 것은 그 자체로 필연적이거나(즉 신을 말한다), 그 자체로 가능적이거나, 다른 것에 의해 필연적이거나 셋 중 하나이다. 이 중 세 번째의 것은 다른 것에 의해 필연적인 경우와(물질을 가지지 않은 순수 정신적 실체들, 천구의 영혼들, 그리고 천구 자체) 단지 일시적으로만 그러하여 우연에 내맡겨진 경우, 이 두 가지로 재차 나뉠 수 있다(달의 천구 아래에 있는 모든 것). 요컨대, 그는 단적으로 필연적인 것에 관계하는 정도에 따라 우주 안의 존재들에 다양한 층위를 설정했던 것이다. 이렇게 해서 지성, 유출, 우주론적 위계질서 같은 철학의 전통 주제들이 필연성이라는 단일한 관점에서 통일적으로 묶이게 되었다.

구체적으로 아비첸나는 다음과 같이 작업했다. 일자에서는 오직 하나의 일자만이 산출될 수 있으므로(ex uno unum fit) '하나'뿐인 존재는 첫째가는 지성체인 정신적 존재를 필연적으로, 그리고 영원히 산출한다. 이 으뜸가는 지성체는 자기 안에 다수성을 품고 있다. 그는 자기 자신을 관조함으로써 인식 활동과 인식 대상을 구별한다. 그는 오직 신을 인식함으로써 비로소 나타나고, 따라서 동시에 같은 이유에서 신과 구별된다. 이렇게 제1지성체에서 다양성을 가진 세계가 산출되어 나올 수 있게 된다. 제1지성체가 자기 자신을 필연적인 것으로 바라보면, 그에게서 최외곽 천구의 '영혼'이 생성되어 나온다. 반대로 자기 자신을 가능적 존재로 바라보면, 그의 정신적 관조에서는 예의 바로 그 '영혼'이 깃든 최외곽 천구가 산출된다. 정신적 관조 행위에서 세계가 탄생하고 전개되는 과정은 최내각 천구인 달의 하늘에 이르기까지 계속된다. 달의 천구에 배정된 정신적 존재(이것을 중세 라틴인들은 'intelligentia'라고 불렀다)는 인간의 사유 활동에 '능동 지성'(아리스토텔레스의 표현에 따라)이 되어 줄 책임도 맡고 있다. 이 지성체는 인간과 존재론적으로 독립적인(separatus) 지성이다. 그에게서 인간의 지성과 다른 영혼들과 물질적 사물들이 생성된다. 능동 지성이 자연의 여러 과정 각각에 필요한 질료를 규정하는 형상을 알맞게 나누어 주면, 이것이 곧 능동 지성에서 물체적 존재자가 생산된다는 뜻이다. 가시적 세계와 인간 지성이 가지는 바로 이 공통 근거에 우리가 이 세계의 진리를 인식할 가능성이 자리 잡고 있다. '능동 지성'은 모든 피조물에 형상을 부어 주니, 그는 '형상의 수여자'(dator formarum)이다. 그러나 그것은 사변철학의 비밀을 여는 열쇠이기만 한 것이 아니다. 능동 지성은 인간 지복의 근거이기도 하다. 능동 지성과 연합하는 것이 곧 우리네 삶의 목적이다. 그를 통해 ─ 신플라톤주의적으로 생각하면 ─ 자연은 자기가 발원한 근원으로 돌아가기 때문이다. 세계의 생성과 근원으로의 회귀라는 전체 과정은 내적 필연성으로 작동되며, 여러 중간 단계로 구성되어 있고 영원히 일어난다. 가시적 세계의 우연성을 인간과 능동 지성의 결합을 통해 극복하고 지양하는 것, 여기에 세계 과정의 의미가 있다. 알-파라비가 아비첸나의 세계론에 영향을 끼치지 않았다고 생각하는 것은 불가능하다.

나중에 가서는 그리스도교의 신학자들도 마찬가지이지만, 이슬람 신학자들은 이런 식으로 되면 세계 창조에서 신의 자유의지가 부정당한다고 비판한다. 그러나 아비첸나는 창조 순간의 신의 자유의지에 대해서라면 여러 가지 행위 가운데 하나를 선택한다는 식의 자유는 논할 수 없다고 응수한다. 왜냐하면 그럴 경우에 신 안에 있는 것과 외부에 있는 것의 차이를 전제하게 되고, 특히 선택하고 결정하는 주체로서의 자기 자신과 그의 행위를 구별할 수밖에 없게 되기 때문이다. 아비첸나에 따르면, 신은 단적인 선으로서 스스로를 내주는 지극히 자비로운 본성을 가졌다는 이유에서 자유롭다고 해야 한다. 신의 본성은 자기 자신을 흘러내리게 하는 데에 있다. 아비첸나는 자유 개념을 남용하지 않았다. 그는 자유를 신학자들과는 조금 다르게 이해했을 뿐이다. 그는 자의와 우연을 세계 근거에서 멀리 떼어놓으려 했다.

아비첸나는 '만들다'라는 일반적 은유를 사용했다. 다만 여기에 그의 철학 체계 내에서만 유효할 수 있는 특수한 의미를 부여했다. 지성은 자기의 근거를 신적 일자 안에서 들여다보고 후속하는 창조를 진행한다. 문자 그대로 받아들이지만 않는다면 신의 총체적 작용 가능성은 조금도 제한되지 않는다. 그는 '창조'를 자연적 변화가 아닌 정신적 과정으로 이해했다. 인식 대상이 곧 인식의 근거이다. 그래서 지성이 인식하는 일자가 지성과 세계의 근거인 것이다. 만일 신학자들이 아비첸나가 인간의 행복이 신이 아니라 피조된 존재 안에 있다고 주장했다고 비판한다면, 그들은 중요한 사실 하나를 지적했다. 인간이 단지 월하 세계에서만 가장 우월한 존재여야 하는가? 별들과 별의 영혼보다 못한 존재여야 하는가? 아니면 인간은 신과 직접적으로 교통할 수 있어야 하는가? 아비첸나는 확실히 유출의 체계와 매개자를 통한 근원으로의 회귀를 통해 신의 초월성을 더 효과적으로 보존할 수 있었다. 그는 신을 유일무이하게 필연적인 자로 상정함으로써 범신론이라는 혐의를 벗어날 수 있었다. 피조된 모든 사물은 현존 사실을 제 본질에 우연지처럼 가지고 있는 반면에, 신에게서는 본질과 실존이 같은 하나를 이룬다. 이 사상은 나중에 서양 철학에 커다란 반향을 일으킨 테제가 된다. 어쨌든 이러한 그의 사유는 신의 초월성이라는 이슬람의 근본 명제를 붙들기 위함이었다. 하지만 인간의 지복이 신 안에서 실현된다고는 생각하지 않는 게 아니냐는 비판을 피하지는 못한다. 아비첸나는 우주론적으로 동일화가 가능한 위계질서를 구상하는 일에 너무 집착한 나머지 도무지 해결될 것 같지 않은 심각한 문제 하나를 만들어 내고 말았다. 그럼에도 그가 서구 라틴 세계에 끼친 영향은 어마어마하다. 의사였던 그가 그리스-아랍 의술을 『의학정전』(*Al-Qānūn fī l-ṭibb/Canon medicinae*)이라는 거대한 의학 백과사전으로 펴냈다면, 철학자로서도 아비첸나는 고대와 이슬람의 지혜를 '대전'의 형식으로 집대성했다고 볼 수 있다. 아비첸나가 서구 라틴 세계에 전래되었을 때, 유럽에서는 새로운 시대가 시작되었다.

13세기 라틴 세계의 독창적인 사상가 가운데 한 명인 로저 베이컨(Roger Bacon)은 아비첸나를 철학을 혁신한 두 번째의 개혁가로—최초의 혁신은 아리스토텔레스이다—상찬한다.[13] 토마스 아퀴나스는 신을 자립하는 순수 존재로 개념화할 때, 아비첸나를 인용했다.[14] 그는 신 존재 증명에서 가능적 존재와 필연적 존재를 구별한 아비첸나의 사상에 기댄다.[15] 토마스는 가능적(즉 필연적이지 않는) 존재자는 모두 다른 것에 의존적인 존재자(ens ab alio)라는 점이 아비첸나 철학의 핵심이라고 판단한다.[16] 그래서 '존재자'는 가장 먼저 인식되는 것이며, 모든 인식에 포함되어 있다고 하는 점에서 아비첸나와 입장을 같이했고 진리를 정의할 때에도 아비첸나를 따랐다.[17] 그러나 토마스는 아비첸나를 비판했는데, 매번 새로운 작품을 집필할 때마다 그 비판의 강도와 빈도는 더해졌다. 그는 아비첸나의 유출 도식을 거부했다.[18] 또한 신은 사물의 보편 구조만 인식할 뿐 개별 사물을 그 자체로는 알지 못한다고 했던 점,[19] 능동 지성은 영혼의 부분이 아니라고 했던 점에 대해서도 토마스는 아비첸나에게 이의를 제기한다.[20] 서양 철학은 의존적 존재자는 자기의 실존과 동일하지 않다는 아비첸나 이론에서 풍성한 논의를 끌어냈다. 사람들은 사물과 그 사물의 실존을 어떤 방식으로 구별해야 합당한지를 묻기 시작했다.

알-가잘리와 경건한 회의주의

이슬람 신학자들은 유출 이론을 거부하고 창조론을 옹호했다. 하지만 이제 그들은 철학적 논증을 가지고 싸워야 했다. 알-가잘리(Al-Ghazali, †1111)[21]는 이들 가운데 특별히 예리하고 명민하게 사고했던 신학자로 후대에 많은 영향을 끼쳤다. 그는 자기 시대에 고도로 발전한 철학이 계시신학에 커다란 위협이 되는 것을 염려했다. 세상이 있기 전에 신이 있었다는 구약적 관념은 철학자들에게는 부조리하게 보였다. 철학자들은 신이 어느 순간 세상을 창조하기로 마음먹었다는 것은 불가능한 일이라고 선언했다. 철학자의 신은 필연적이고 영원한 신이며, 신에게는 어떠한 새로운 것도 생겨날 수 없기 때문이다. 알-가잘리는 이러한 철학자들의 견해에 대항해 정통 교리의 자구적 의미를 변호했다. 그는 세계가 신에게서 지성을 통해 필연적으로 산출되어 나온다는 철학적 신학을 상세하게 비판했다. 다소 늦은 1328년에야 라틴어로 번역되어 서구에 알려진『철학자들의 파괴』(Tahāfut al-Falāsifa)에서 그는 신학적 모티프를 가지고 시행된 형이상학 비판의 한 가지 전형을 보여준다. 그는『쿠란』의 가르침과 무관한 철학적 신론(神論)의 기초를 허물기 위해 회의주의적 접근 방식을 택했다. 예를 들어 알-가잘리는 인과율 같은 원리들을 피안의 신에게도 적용할 수 있느냐면서 이성의 권리를 문제삼았다. 이렇게 해서 그는 미래의 모든 아랍 철학자와 그리스도교의 형이상학자에게 성냥성과 적법성 검토라는 무거운 과제를 안겨주었다. 그는 신학적 의도에서 형이상학자의 오만함을 철학적으로 해체하려는 목표를 가진 경건한 회의주의의 창시자이다. 그의 회의주의는 서구 라틴 세계에도 문젯거리가 된다. 그는 중세 후기에 ─ 칸트의 전주곡 같이 ─ 우리의 이성이 순수한 (즉 경험적이지 않은) 결합이나 연상만으로 어떤 것을 인식한다는 것이 가능한가라는 문제를 던졌기 때문이다. 알-가잘리는 그가 제시한 예시들만 가지고도 추종자를 만들었을 정도이다. 밀짚을 불 가까이 가져갈 때, 우리는 밀짚이 불에 탄다고 말할 수는 있으나 과연 우리가 그것을 불 가까이 가져갔기 때문에 밀짚이 불에 탔는지는 알 수 없다.[22]

아베로에스: 논리정연한 아리스토텔레스주의

라틴 유럽 세계가 알았던 아랍 철학이란 주로 아비첸나와 아베로에스의 저작들이다. 아비첸나는 의학을 비롯한 수많은 경험적 지식을 서구에 풍부하게 전해 주면서 그것을 '제일철학'(형이상학)과 자연철학, 그리고 지성론으로서의 인간학과 결합하는 방법도 선보였다. 그는 계시에 독립적인 학문의 본보기를 만들었다. 아비첸나는 지금까지 아우구스티누스와 기초적 논리학으로만 꾸려 왔던 서구 세계에 개별 인식과 지식의 개념 모두에 대한 지평 확장을 강요했다. 한편, 그의 '형상의 수여자' 사상이나 신과 지성에 대한 이론은 서구의 아우구스티누스 독자들도 공감하고 공유할 수 있는 모티프를 담고 있기도 하다. 아베로에스(Averroes, †1198)의 저작은 통합하기가 쉽지 않았다. 일단 그의 작품은 없어서는 안 될 텍스트였다. 그는 아리스토텔레스를 따라 사유한다는 것의 진정한 의미를 처음으로 주도면밀하게 밝힌 사람이다. 또한 아리스토텔레스의 모든 저작에 상세한 주해서를 남긴 최초의 인물이기도 하다. 다른 한편으로 아베로에스가 전래되었을 때, 라틴 세계는 폭탄을 맞은 것과 같았다. 그가 내세우는 일련의 테제는 서구 유럽의 신학적 교의와 대립했다. 세계가 영원하다는 아베로에스의 주장은 그리스도교의 창조론을 위협했다. 그의 지성론은 개별자의 불멸성이라는 관념과 화합할 수 없는 것처럼 보였다. 많은 사변적 문제를 야기한 그의 지성론은 일상적 삶 속에서의 교회의 통치권까지 건드렸다. 그래서 사상가들의 입장은 아비첸나보다 아베로에스에게서 더 많이 엇갈리게 되었다.

서구 세계는 다양한 방식으로 아베로에스에게 대응했다. (오늘날까지도 여전히 대응하는 중이다.) 아베로에스에 대한 반응은 서구만의 독특한 상황을 반영했다. 14세기의 도미니코회는 바닥에 엎어진 사교(邪敎) 철학자의 목을 토마스 아퀴나스가 발로 짓누르는 모습을 화폭에 담았다.

하지만 1230년대 아베로에스 저작들이 라틴 세계에 전래된 이래로 수도회 교사들은 그를 꾸준히 '주해가'로 인용했다.[23] 토마스 아퀴나스는 초기에 아베로에스를 자주 인용했지만 후기에는 거의 인용하지 않는다. 그는 아베로에스를 집중적으로 연구했는데, 그 결과 나중에는 아베로에스가 아리스토텔레스 철학을 날조했다고 비난하기에 이르렀다.[24] 14세기에서 16세기 사이에 아베로에스는 — 파리와 특히 북부 이탈리아에서 — 엄청난 위력을 떨쳤다. 13권으로 된 아베로에스의 라틴어 번역 전집은 1562년에도 활발하게 출판되었다. 18세기에 볼테르(Voltaire)는 아랍 계몽주의자가 서구 문명에 끼친 긍정적 영향을 언급하면서 스스로 만족스러워했다. 볼테르 같은 정신을 가지고 아베로에스와 아베로에스주의를 다룬 에르네스트 르낭(Ernest Renan)의 기념비적인 대작은 오늘날에도 읽을 가치가 충분하다.[25] 르낭에 의하면, 아베로에스는 겉으로만 정통 신앙을 고수한 척했던 자유 사상가였다. 이때부터 연구자들은 아베로에스 개인의 신앙과 경건함에 대한 해결될 수 없는 문제를 가지고 씨름하기 시작했다. 사람들은 아베로에스의 삶이 이슬람 세계에 깊이 뿌리박혀 있다는 점에 주목함으로써 르낭의 해석에 대응했다. 그가 다른 모든 사람과 똑같은 이슬람교도였다고 믿어 버릴 만큼 아베로에스의 사유를 매끄럽게 대패질해 버리는 시도도 종종 행해졌다. 어떤 이들은 꼭 오늘날 서구인이 중국의 분리주의자를 두고 말하듯이 아베로에스를 다루기도 한다. 그들은 순진하고 악의가 전혀 없는 것까지 모조리 반대하는 입장으로 해석했다. 아베로에스의 고향 코르도바의 신앙의 수호자들은 보복과 억압으로 아베로에스에게 응수했다. 이들은 저명한 법학자와 의사였던 아베로에스를 유배 보내는 데까지 성공했다. 그는 철학과 이슬람을 서로 화해시키는 것이 자기의 목적이라고 밝혔다. 하지만 그는 이슬람을 너무 좁게 생각한 나머지 백성의 실천적 삶의 지침만을 떠올렸다. 이슬람은 대중을 위해 감각적 언어를 사용하고 윤리-정치적 실천에 앞장서며, 세계를 합리적으로 연구하고 철학적 신학을 방해하지 않음으로써 철학과 조화를 이루어야 한다. 아베로에스에 따르면, 철학은 인간의 최고 지식이 되어야 한다는 신학의 요청을 거부하기만 하면 능히 민중 종교가 될 수 있다. 신학은 모든 학문을 통솔하고 인도하겠다는 과제를 수행할 능력이 없다. 신학은 민중 종교와 수사학, 변증술이 혼합된 것이다.

아베로에스가 주장하는 철학의 우위성은 12세기 후반의 이슬람 문명권에서 받아들이기 어려운 테제였다. 앞에서 언급한 아랍 철학자들과는 다르게 아베로에스는 동쪽이 아니라 안달루시아 지방에 살았다. 이 지역에서는 수세기 동안 이슬람 문화가 꽃을 피워 왔다. 코르도바의 이슬람 사원과 알함브라는 찬란했던 이슬람 제국의 영광을 증언한다. 그러나 서쪽의 아랍인들은 1200년경 북쪽에서 밀고 내려오는 그리스도교 군대의 압력을 받았다. 정치권력을 가진 이들과 종교 지도자들의 지지를 필요로 했다. 독립적인 철학자들의 법학과 의학 지식을 높이 샀다고 해도 칼리프가 그들을 언제까지나 지켜 줄 수는 없는 노릇이었다. 아베로에스는 라틴어로 번역되지 않은 어느 논고에서 종교와 철학의 일치를 증명함으로써 둘의 화합 가능성을 적극적으로 타진했다.[26] 하지만 이 작품도 그의 다른 저작들이 불러일으킨 분쟁을 무마하기에는 역부족이었다.

이 논고를 한번이라도 읽어 본 사람은 당장 아베로에스가 아리스토텔레스의 맹목적 신봉자라는 판단을 중지할 것이다. 그는 다음과 같이 쓴다. 옛날 책 속에서 참된 것은 무엇이든 "우리는 수용할 것이다. 그러나 옳지 못한 것이 있다면 확실히 밝혀야 한다".[27] 아베로에스는 이 원칙에 따라 철학을 했다. 오늘날 여전히 토마스주의자들이 아베로에스가 철학을 아리스토텔레스의 문헌학적 강해(講解)로 축소했다고 주장한다면, 이는 오래된 악의적 험담을 앵무새처럼 반복하는 것에 지나지 않는다.

아베로에스의 영향을 이해하기 위해서는 그가 처한 역사적 상황을 해명해야 한다. 그는 알-가잘리를 반박하며 학문의 가능성을 옹호했다. 앎의 내용은 보편적이고 필연적이다. 알-가잘리도 형이상학적 확실성을 해체하는 시도를 보편타당하고 확실한 것으로 간주했다. 그러므로 극단적인 형이상학 비판마저도 우리의 사유가 보편적인 것과 항구하고 영원한 것과 관계하고 있다는 사실을 증명한다는 것이다. 우리의 사유는 순수하게 주관적인 예비 작업일 수만은 없다. 사유는 실재하는 본질에 관계하지 추상적 가능성에 관계하지 않는다. 아베로에스는 경건한 회의주의를 거슬러 아리스토텔레스의 지식 개념의 객관성을 복권했다. 여기서 등장하는 객관주의는 경험주의가 아니다. 파악된 것은 영원하고 실재적일 필요가 있다. 자연 종(種)과 우주는 항구하고 불변하며 오직 앎만이 침투할 수 있다. 아베로에스는 아비첸나가 이 점을 간과했다고 평가한다. 아비첸나는 철학 안에서 민중 종교에 너무 많은 것을 양보했다는 것이다. 또한 아리스토텔레스적인 것을 신플라톤주의적인 것과 온통 뒤섞어 놓았다. 그래서 우리가 이해하고자 하는 본질을 그것이 현실이 되기 위해 또 다른 원리를 필요로 하는 어떤 추상적 가능성으로 해명했다. 이렇게 아비첸나는 아리스토텔레스 철학의 근본 내용을 날조했다는 것이다. 그러나 아리스토텔레스는 본질이 실체라고 가르친다. 이것이 이들 용어가 가진 본래 의미이다. 실체는 존재자이다. 아베로에스는 실체가 실존을 우연자처럼 받아들인다고 말하는 것은 무의미하다고 본다. 이렇게 말하는 사람이 있다면 그는 실재하는 현실을 공허한 말과 뒤바꾸는 오류를 범하고 만다. 그가 손에 넣는 것은 내용 없는 표상이다. 실제로 사유할 때, 우리는 실존하는 사물의 본질을 접한다. 사유하는 가운데 우리는 자연에서 종의 항상성으로 나타나는 불변하는 세계 구조를 다룬다. 아베로에스는 아비첸나처럼 세계가 영원하다고 가르쳤다. 그는 몇 가지 대안 중에서 하나를 선택하는 신에 대한 관념은 감각적 표상에 사로잡힌 신인 동형적 발상으로 여겼으며, 아비첸나의 유출론에 대해서는 아리스토텔레스를 종교적 의도를 가지고 곡해한 결과라고 보았다. 아베로에스의 역사적 의의는 개념적이고 엄밀한 사고의 실재 내용을 복구하고 (알-가잘리에 대항해) 학문으로서의 형이상학을 옹호했으며, (아비첸나를 거슬러) 종교적이고 신플라톤주의적 동기에서 기획된 혼합 이론에서 순수한 아리스토텔레스주의를 구별해 낸 데에 있다. 아베로에스는 서구 세계에서 캔터베리의 안셀무스와 아벨라르 때부터 이어진 경건한 회의주의에 반대하는 경향을 강화했다. 그는 종교적으로 의미가 약화된 아리스토텔레스주의에 대항할 논증적 무기를 마련했다. 이러한 아리스토텔레스주의는 나중에 토마스 아퀴나스가 표방하는 사상이기도 하다.

서구 라틴 세계는 아베로에스의 알-가잘리 비판을 14세기에 가서야 알게 된다. 하지만 아비첸나에 대한 비판은 그전에도 알고 있었다. 아베로에스는 13세기 중반부터 모든 철학자의 책상 위에 놓여 있는 아리스토텔레스 주해서의 저자였다. 세계의 영원성에 대한 이론, 실체와 그 실존의 구별에 대한 비판, 어떠한 방식으로든 우유(偶有)에는 존재론적 자립성을 부여해서는 안 된다는 주장 등 아베로에스의 이러한 테제들은 13세기와 14세기 서구 철학의 주된 주제였다. 그는 정신적 인식을 실재적인 보편자를 파악하는 행위로 이해했기 때문에 사람들은 그가 신이 개별적 사물을 인식하지 못한다고 주장하고, 그래서 혹시 신의 세계 지배를 부정하는 발언을 한 것은 아닌가라고 신학적으로 염려하지 않을 수 없었다. 이 같은 질문에 아베로에스는 이미 보편자가 개별자의 본질이라고, 신의 앎은 인간의 앎과는 다르다고 (다의적이라고) 대답한 바 있다. 신에게는 보편적인 것과 개별적인 것의 대립이 존재하지 않는다. 신의 섭리는 대중 종교에 속하는 관념이지 철학에서 다룰 주제가 아니다. 그러나 아베로에스의 이러한 대답은 서구에서 새로운 논의를 불러일으켰다.

가장 큰 물의를 일으킨 것은 인간 지성에 대한 아베로에스의 이론이었다. 아비첸나는 '능동 지성'을 달의 천구에 깃든 영혼과 동일시했다. 하지만 모든 인간에게는 능동 지성이 비추는 빛을 받아들이고 신체가 소멸해도 지속하는 '수용적 지성'(intellectus passivus)이 있다고 주장했다. 아우구스티누스를 따르는 그리스도교 독자들은 '형상의 수여자'(dator formarum)를 빛을 비추는 하느님의 '말씀'으로 해석하고 아비첸나에게서 개인의 불멸성을 옹호하는 이론을 읽었다. 하지만 아비첸나를 비판하는 아베로에스는 '수용적 지성'에서 초개인적인 영원한 본질을 보았다. 저세상에서의 개별 영혼의 운명에 대한 종교적 서술은 감각적이고 대중적인 표상을 사용하고 있으니 참된 의미는 철학자가 풀어내야만 한다. 그 표현의 의미는 사변 영역에 있지 않다. 종교적 서술은 실천적이고 도덕적인 의미를 가진다. 윤리-정치적 실천을 목표 삼아 『쿠란』을 알레고리적으로 해명하는 기획은 아비첸나가 시도했을 때보다 종교적 표상이 가진 실제적 힘을 더 많이 고려했다. 하지만 아베로에스의 관점은 민중 신앙과는 거리가 멀었다. 아베로에스에 의하면, 민중 신앙에는 진리가 없지 않다. 다만 그 안에서 진리는 상상과 결합되어 나타날 뿐이다. 아베로에스 및 라틴 아베로에스주의자의 반대자들은 여기서 '이중 진리설'을 읽었다. 그러나 아베로에스는 두 개의 진리가 아니라 단일한 진리를 이해하는 두 개의 방식을 생각했을 뿐이다. 하지만 그는 아리스토텔레스적으로 개념화된 '학문'을 『쿠란』과 정통 교리에 대한 대중적 표상보다 우위에 두었다. 그의 지성론은 라틴 세계의 반대자들이 생각했던 것보다 훨씬 복잡했다. 새로운 연구 결과에 따르면, 불멸성 부정은 아베로에스의 지성론에서 당장 연역되지 않는다(예를 들어 로제 아르날데즈(Roger Arnaldez)). 그의 의도는 완전히 다른 차원에, 즉 순수 철학적 영역에 놓여 있다. 정신적 인식은 공통적인 것(초개인적인 것)을 파악하는 행위로 이해되어야 한다.

하지만 지배적인 정통 신앙은 아베로에스의 자율적 사고를 고삐 풀린 사유로 규정하고 단죄했다. 판사이자 의사였던 아베로에스는 1195년 코르도바에서 추방당하고 그가 쓴 모든 저작은 금서 처분을 받았다. 한 사람의 삶은 이렇게 끝이 난다. 그러나 800년에서 1200년까지 그리스 철학과 학문이 머물 집을 마련했던 이슬람 문명의 정신적 발전도 그와 함께 끝이 났다. 아베로에스의 아랍어 저작 가운데 일부는 소실되는 불행을 겪었다. 하지만 라틴어 번역은 서구 세계에서 사상적 효모가 되어 13세기부터 16세기까지의 유럽 지성사 발전을 이끌었다.

서구 세계에 전래된 아베로에스의 작품들은 자연과 국가(그리고 가정과 도시)를 종교의 물질적 조건이나 상징으로만 보지 말고 그 자체로 성장의 원동력을 가진 것으로 바라보도록 가르쳤다. 이제 자연, 정치, 지식의 좀 더 역동적인 개념이 필요하게 되었다. 기존의 지식 체계, 즉 7자유학예로 표현된 고대 후기의 교육 이념은 시야가 좁은 것으로 드러났다. 그것은 너무 고대 후기의 수사학과 문법 같은 언어문화에 치중되어 있었다. 이제 사람들은 경제학과 같이 전통적 교육 프로그램으로는 담아낼 수 없는 새로운 학문을 접했다. 논리학은 문법과 수사학과의 종속 관계를 끊어 버렸다. 논리학은 7자유학예의 언어적·인문주의적 교양과 교육이라는 틀에서 벗어나 모든 학문에 보편적으로 사용되는 기초적 도구로서의 입지를 다졌다. 사람들은 기존의 지식 체계에 형이상학이 빠져 있다는 사실도 알아차렸다. 의술과 자연과학은 이 안에서 수학보다 못한 지식으로 취급되고 있었으며, 이 때문에 항상 공작 기술과 경험적 지식, 자연에 대한 지식의 단순한 집적과 축적으로 전락하거나 윤리-교화적 측면에서 자연을 감상하게끔 하는 결과를 낳곤 했다. 하지만 이제 사람들은 고대의 생물학적 보고를 알게 되었다. 의술은 아랍인들의 영향으로 획기적으로 진보할 수 있었다. 갈레노스와 아비첸나가 발전시킨 학문은 빙겐의 힐데가르트가 저술한 것과 같은 수도원 중심으로 편찬된 처방과 향약집 및 본초도감을 대체했다.

아우구스티누스 전통의 상징주의에 맞서 경험의 중요성이 부각되었다. 다른 한편으로 새로운 학문 개념은 대중적이고 실천적인 지식의 풍성함을 옥죄기 시작했다. 아리스토텔레스의 지식론은 새로운 경험적 사실을 계속해서 발견해 나가기보다는 사실들을 논리와 개념의 구조 안에 알맞게 분류하는 일에 중점을 두었기 때문이다. 아리스토텔레스 학문의 의도는 본질을 인식하는 것이지 사태의 양을 늘리는 데에 있지 않았다. 세계의 본질 구조는 정의(定義)를 통해 표현된다는 주장이다. 아리스토텔레스의 전제가 가진 한계를 꿰뚫어 보려면 15세기에 로렌초 발라(Lorenzo Valla)와 니콜라우스 쿠자누스가 등장할 때까지 기다려야 했다. 그때까지는 로버트 그로스테스트, 로저 베이컨, 라이문두스 룰루스 같은 인물들만이 한계를 넘어 사유했다. 교조적인 아리스토텔레스주의의 시대가 저문 다음에야 사람들은 수학이 자연을 이해하는 열쇠라고 보았던 샤르트르학파의 플라톤적 관점으로 돌아올 수 있었다. 1200년대에 아리스토텔레스, 아비첸나, 아베로에스는 그때까지 본질적이었던 수사학-문학적 교양 교육과 종교적 색채를 입힌 상징주의, 플라톤의 『티마이오스』에서 주창된 자연에 대한 수학적 접근 방법을 모두 몰아냈다. 적절한 가치 판단에 실패한 사례라고 할 수 있다.

제28장
유대 철학에서 받은 자극

독일 땅에서 가장 오래된 대학은 보름스와 마인츠에 세워졌던 유대인 랍비 학교였다. 라인강 유역의 유대인 공동체는 경제와 문화 부흥이 정점에 달했던 10세기와 11세기에 형성되었다. 그러나 유대교에는 자율적인 철학의 발전을 저해하는 고유한 장애 요소들이 있었다. 유대 문화에서는 '율법'(토라)과 그에 대한 랍비들의 해석 전통을 연구하는 일이 가장 중요했다. 헬레니즘적 기원을 가진 것으로서 후기 『구약성경』에도 스며든 '지혜' 개념은 삶의 실천적 지침, 전통에 근거한 윤리, 지속적인 '율법' 지향의 측면에서 해석되고 수용되었다.[1] 유대 종교철학은 철학의 낯선 환경 속에서도 고대 후기에 괄목할 만한 발전을 이룩했다.

고대 후기의 다양한 사상과 학파들이 모여든 알렉산드리아에서 필론(Philon, †50)은 성경과 헬레니즘 철학을 결합했다. 그는 특정 성경 텍스트가 철학과 충돌하는 일을 우의적 성경 해석을 통해 피하는 방법을 제시했다. 성경에 나타난 창조론은 플라톤적 유출 사상을 빌려 해명했다. 그러나 필론은 다음 시대의 유대교적 사유에 큰 영향을 끼치지 못했다. 필론은 이슬람 사상이 유입되는 9세기에 가서야 철학적으로 새로운 동기들을 산출하게 된다.

스페인 지역에 살았던 유대인들의 문화 생산은 지정학적·정치적 상황의 영향을 크게 받았다. 그러나 『창조의 서(書)』(Sēper Yəṣīrā)를 비롯한 중요한 작품들은 10세기에 시작되는 스페인 유대인들의 전성기에 앞서 탄생했다.[2] 300년에서 500년경 사이에 저술된 책으로 엄격한 유일신론적 창조 사상을 담은 『창조의 서』는 신이 24개의 히브리어 문자와 1부터 10까지의 숫자를 가지고 어떻게 이 세상을 만들었는지를 자세히 설명한다. 텍스트에 기초해 세워진 종교인 유대교에서 세계가 한 권의 책으로 비교되는 것은 어찌 보면 당연한 일이었다. 이렇게 해서 세계가 수(數)와 문자로 형성되었다는 사상이 등장했다. 이 사상은 라이문두스 룰루스와 쿠자누스, 갈릴레이를 거쳐 굉장히 오랫동안 살아남는다.[3] 신에게서 기원하는 세피로트(Sephirot), 즉 수(數)는 언제든 결합되고 분해될 수 있는 대립적 조합으로 나타나 세계를 구성한다. 이렇게 형성된 이상적 세계는 문자의 결합을 통해 실현된다. 『창조의 서』는 유대교의 영감을 신플라톤주의적 모티프와 영지주의적인 것, 피타고라스적인 것, 그리고 점성술적 요소와 모두 혼합했다. 12세기부터 이 책은 서구 세계에서 '세피로트'와 더불어 신성의 특징과 세계의 이상적이고 근본적인 구조를 규명하는 가발라학의 발전 속에서 르네상스를 누리게 된다.[4]

나는 여기서 ─ 아랍 철학자들을 다룰 때처럼 ─ 중세의 유대 사상가들을 서구의 영향사적 관점에서만 대략적으로 취급할 수 있다. 그러면 가장 중요한 유대 철학자는 단연 아비체브론(Avicebron, 또는 이븐 가비롤(Ibn Gabirol))과 모세스 마이모니데스(Moses Maimonides)이다. 두 사람 다 독실한 유대교인이었다. 아비체브론(†1050)은 뛰어난 종교 시인으로 그가 쓴 시편들 가운데 일부는 유대교 전례에 도입되기까지 했다. 두 사람은 공통적으로 정통 유대교 신앙을 따랐지만, 그 안에서 둘의 사유는 서로 반대 방향으로 진행되었다. 아비체브론은 신플라톤주의로 기울었으며, 마이모니데스는 아랍인의 아리스토텔레스 해석을 따랐다. 아비체브론의 철학적 주저로 본래 아랍어로 쓰인 『생명의 샘』(*Yanbu' al-Hayat*)은 ─ 극소수의 단편을 제외하고는 ─ 현재 라틴어 번역만이 남아 있는 것으로 볼 때, 유대교 내에서 거의 수용되지 못했다.[5] 그가 신플라톤주의의 형이상학 체계를 구축했다고만 본다면, 우리는 그의 방대한 대화편의 가치를 과소평가하게 된다. 그에게서 형이상학 체계의 구상은 인간의 목적이라는 관점에서 수행되었기 때문이다. 아비체브론은 인간이 무엇 때문에 창조되었는지를 묻는다. 인간은 앎을 위해 창조되었다는 것이 그의 대답이다. 앎이야말로 인간이 가진 가장 고귀한 활동이기 때문이다. 앎은 행위와 실천에서 분리될 수 없다. "앎과 실천은 영혼을 자연의 옥살이에서 해방하고 그 안에 드리운 어둠을 쫓아낸다."[6] 그는 인간이 자기의 근원으로 능동적으로 돌아섬으로써 어둠 속에서 자발적으로 나와야 한다고 말했다. 신의 개입에 대해서는 한마디도 하지 않는다. 그의 책에는 단 한 구절의 성경 인용조차 없다. 12세기 들어 서구 라틴인들이 그의 작품을 접했을 때, 그는 앎과 실천을 통해 어둠을 극복해야 한다는 기존의 경향을 강화한 사람이 되었다.

그러나 아비체브론은 이러한 윤리-실천적 경향을 신플라톤주의 형이상학의 틀 안에서 부각했다. '신플라톤주의'는 여기서 자기 인식이 세계 인식과 신 인식의 근원이라는 사상과 관련해 사용된다. 어째서 자기 인식이 다른 인식의 근원이 되는가? 인간은 소우주로서 모든 실재를 자신 안에 담고 있기 때문이다. 그는 신의 의지의 매개적 역할을 강조함으로써 그가 참고한 그리스-아랍 텍스트를 넘어섰다. 하지만 그 또한 그리스와 아랍의 사상가들처럼 세계 과정을 일자인 신에게서 세계정신 또는 지성을 거쳐 최종적으로 '제일질료'에 이르는 거대한 유출로 이해했다. 이 사상은 범신론도 아니고 질료를 폄하한 것도 아니다. 아비체브론에게서 질료란 보편적 원리였다. 어떤 이들은 아비체브론이 모든 형상이 질료에 뿌리박고 있다고 가르칠 때, 그가 유물론적 발언을 한다고 응수하기도 했다.[7] 철학적 신학과 지성의 역할, 그리고 형상의 원리적 기능이 모두 여기에 대립한다. 신이 아닌 모든 것은 차이를 생산하는 원리인 형상으로부터 나오며 공통적 기체(基體)인 질료로 각인되어 있다. 세계정신도 형상과 질료로 구성되어 있다. 형상과 질료의 관계는 항상 영혼과 신체의 관계에 있다.[8]

정신적 존재의 질료에 대한 아비체브론의 이론은 사유하는 서구인들에게 많은 일거리를 제공했기 때문에 간단히 소개하지 않을 수 없다. 그는 '질료'를 '물체'적 특성으로 이해하지 않았다. 그에게서 질료란 정신적 존재의 차이를 만들어 내는 원리이다. 비물체적 존재에 질료와 형상이 있다는 것은 그 존재가 언제나 하나이면서 다수로, 동일하면서도 다른 것으로 존재한다는 뜻이다. 어떠한 물질도 품지 않은 순수한 정신은 오직 하나일 수밖에 없는 것과 같다. 질료성은 정도에 따른 차이를 보인다. 그는 순수 형상을 태양에 비유했다. 태양의 빛은 태양 안에서는 하나이다. 그리고 투명한 공기를 만나면 환하게 밝아진다. 하지만 두터운 매질을 만날 때는 그렇지 않다. 그러므로 질료는 부드럽고 섬세할 수도 있지만(subtilis), 조야하고 둔탁할 수도 있다.[9] 형상의 기능은 다양성의 근거로 좁혀지며, 꽉 찬 3차원 공간으로 나타날 수 있다.

서구 라틴 세계가 볼 때, 『생명의 샘』은 ─ 사람들은 이 책의 지자를 아벤케브롤(Avencebrol)이라는 이름의 아랍인으로 알았다 ─ 12세기 말부터 제기된 일련의 중대한 문제들을 모두 담고 있었다. 신이 '생명의 샘'이라면, 그리고 신이 자유로이 세계를 무(無)에서 창조했다면, 유출의 우주적 기원의 의미는 대체 무엇인가? 유출의 논리적 결과가 엄격한 창조론적 체계 안에서도 여전히 의미를 가질 수 있는가? 그리고 질료가 어떻게 세계의 보편적 원리가 될 수 있는가? 질료 개념을 좁게 이해하지 말고 오직 감각 세계에만 적용해야 하지 않는가? 정신적 존재 안에서 '질료'는 무엇을 가리킬 수 있는가? 『생명의 샘』에서 제시하는 보편적 질료 개념을 서구 그리스도교 문화권에서 디오니시우스 아레오파기타 이래로 순수 영적 존재로 간주되어 왔던 천사에게 적용한다면, 우리는 천사의 무엇을 더 알 수 있게 되는가?

마이모니데스(†1204)는 1138년 이슬람 지배의 스페인에 위치한 도시로 아베로에스의 고향이기도 한 코르도바에서 태어났다. 이베리아 반도의 이 지역이 알모하드(Almohad) 제국에 떨어졌을 때(1148), 유대인들은 강제로 추방당했다. 유대인들은 북쪽 그리스도교 지방으로(특히 프로방스 지역으로) 이주해 살거나 아니면 아예 동쪽으로 멀리 떠났다. 이 철학자는 14세 때, 가족들과 함께 카이로로 피신했다. 그리고 나중에 거기서 살라딘(Saladin) 궁정의 시의(侍醫)가 되었다. 이국땅에서 마이모니데스는 아비체브론처럼 유대인으로서 경건한 신앙을 간직하고 살았다. 하지만 그리스와 아랍의 철학과 의술 전통은 아비체브론보다 훨씬 심각한 문제로 인식했다. 유대교 율법에 대한 믿음이 아랍인들과 그리스인들의 우수한 학문과 어떻게 조화를 이룰 수 있는가? 1190년 집필된 『혼란한 이들의 인도자』(Dalālat alḥā'irīn)는 이러한 질문에 답하기 위해 쓰였다.[10] 그러니까 '혼란스러워하는 이들', 갈피를 못 잡는 이들이 있었다. 그들은 자구적 전통주의와 지식의 진보 사이에서 길을 잃었다. 마이모니데스는 갈등을 해결하고 올바른 길을 안내하고자 시도한다. 그는 유대교의 계시 진리와 철학이 어떻게 조화를 이루는지 보이고 싶어 했으며, 성경이 철학을 아우른다는 점도 증명하고자 했다. 그가 '철학'이라 하면, 그것은 그리스-아랍적 철학이었고 아베로에스의 철학이기도 했다. 그는 이것이 유일한 철학이라고 보았다. 그에게 철학에서 혁신이나 진보는 더는 있을 수 없었다. 그는 성경이 바로 이러한 철학을 전부 포함하고 있다는 점을 우의적 해석 방법을 가지고 증명하고 싶었다. 그래서 마이모니데스는 「창세기」를 물리학의 총체로 이해했다.

이러한 기획이 그리스도교 세계에 어떤 결과를 불러일으켰을지 한번 상상해 보면 좋다. 이제 마이모니데스 사상을 따른 서구 라틴인들은 복음서를 형이상학과 윤리학의 총체로 이해했기 때문이다. 이에 따라 신앙과 앎의 관계는 새롭게 규정되었다. 이것을 실행에 옮긴 사람이 바로 마이스터 에크하르트이다. 과거에 국가사회주의자들이 마이스터 에크하르트를 아리안 민족의 선각자로 포장하고 선전했을 때, 요제프 코흐

(Josef Koch)는 마이스터 에크하르트가 마이모니데스에게서 지대한 영향을 받았다는 증거를 제시한 바 있다.[11] 코흐는 정치적으로 분명한 의도와 목적을 가지고 있을 때, 엄밀하고 정확한 증명이 얼마나 유용하게 쓰일 수 있는지만 입증한 것이 아니었다. 그는 그리스도교 철학의 과제가 『신약성경』, 그 가운데에서도 특히 「요한복음」을 참된 물리학이자 형이상학, 참된 윤리학 자체라는 점을 엄격하게 철학적으로 논증하는 데에 있다고 보았던 마이스터 에크하르트의 작품을 이해하는 첫 번째 열쇠도 찾아냈기 때문이다.[12]

마이모니데스는 다른 방식으로도 서구 라틴인들에게 영향을 주었다. 여러 가지가 있지만, 그 가운데에서도 부정신학이라는 오래된 모티프에 대한 그의 이해는 특히 언급할 필요가 있다. 그에 따르면, 우리가 신에게 붙이는 모든 이름은 인과적 맥락에서의 의미만을 가진다. 무슨 말인가? 만일 신을 '선하다'라고 하거나 '빛'이라고 부른다면, 우리는 신이 선의 원인이고 빛을 창조한 자라는 말을 하고 싶은 것이라는 뜻이다. 우리는 신 자체에 대해서는 결코 아무것도 말할 수 없다. 우리는 신이 그에게서 창조된 선과 같거나 자연 속 빛과 같이 선하고 빛이라는 점을 부정한다. 우리가 신에게 술어로 사용하는 모든 말은 ─ 신명사문자(神名四文字, Tetragrammaton)인 '야훼'는 제외하고 ─ 피조물을 가리키는 데 사용된다.[13] 모든 신학적 진술을 제한하는 심오한 규정이 바로 여기에 있다. 이러한 철학적 해석학에 따르면, 우리가 신을 서술할 때 사용하는 모든 언어적 표현은 정작 신이 무엇인지 말해 주지 않는다. 부정은 참되지만 긍정은 의심해야 한다(negationes de Deo sunt verae, affirmationes autem ambigue).[14] 토마스 아퀴나스는 이 비판이 일체의 실증적 신학을 상대화한다는 사실을 알아챘다. 그는 하느님을 '생명'이라 부르는 이들의 의도는 하느님이 그 자체로 살아 계신 분임을 말하는 것이지, 하느님이 생명체를 창조했다는 점을 말하기 위해서가 아니라고 논증한다.[15] 토마스는 이것이 핵심이라고 주장한다. 하지만 마이모니데스도 이 점을 알고 있었다. 다만 그는 그 '의도'의 진리를 끝까지 캐내는 것을 철학자의 과제로 인식했던 것이다. 마이모니데스가 던진 유대교적인 경건한 물음을 서구 라틴 세계는 근본 철학적 물음으로 받았다.

오히려 '길 잃은 이들의 인도자'가 종종 명확하게 방향을 제시하지 않을 때가 서구인들에게는 더 좋은 일이었다. 『혼란한 이들의 인도자』는 이렇게 말한다. 우리는 신의 작용만 알 수 있을 뿐 그분의 본질은 절대로 인식할 수 없다. 그리고 신의 작용은 학문적 앎을 통해 주어진다고 말이다. 그렇다면 마이모니데스는 지성을 신과 인간의 공통점으로서 인정한다. 우리는 우리의 지성으로 하느님의 지성을 인식할 수 있다. 우리의 지성은 신의 지성처럼 인식 활동을 통한 인식 주체와 인식 대상의 결합으로 이루어져 있기 때문이다. 사태의 본질과 사유의 동일성이 곧 정신적 인식이다. 신이나 인간에게나 이러한 사정은 동일하다. 그러므로 부정신학의 급진적 결과에는 다시금 제동이 걸리게 된다.

그럼에도 인간 인식과 신 인식의 차이는 아직 극복되지 않았다. 인간은 개별적 감각에서 시작한다. 그러나 인간은 동물과는 달리, "정신적 인식의 가능태에 있다"(est intelligens in potentia). 이렇게 해서 인간에게는 신의 영원한 사유에는 해당되지 않는 변화의 필연성이 등장한다. 신의 경우에 지성과 실제적인 인식, 그리고 사유된 내용 이 세 가지가 모두 통일을 이룬다. 인간도 그와 같은 통일을 지향한다. 인간 지성은 신이 영원한 안식 속에서 성취하는 본질적인 세 계기의 단일성을 과정을 통해 점진적으로 성취한다. 인간은 이 통일을 순수한 감각 경험으로는 달성하지 않는다. 인간 지성은 한 그루의 특정 나무에서 '목재'라는 보편 규정을 끄집어내야만 한다. '목재'라는 개념을 각각의 모든 구체화된 물질적 기초에서 떼내야 한다. 즉 '목재'를 순수 '형상'으로 생각해야 한다. 그러면 인간 지성도 실제적 인식 행위와 동일하게 되고 인식 행위는 사태의 보편 본질, 즉 지금의 경우에 목재 자체의 본질과 다르지 않게 된다. 내용이 없는 인식 능력과 외부 세계의 나무로 표상된 것은 정신적 인식 안에서 하나가 된다. 거기서 지성은 실체이고 활동이며, 또한 인식된 사태이기도 하다. 지성은 관조의 현실이고 우리가 목재라고 말하는 바로 그것, 즉 목재의 보편적이고 순수한 형상이다.[16]

이것은 아베로에스 방식으로 재해석된 아리스토텔레스 지성론의 부활이다. 하지만 맥락이 달라졌다. 마이모니데스의 관심사는 신을 인식할 가능성이다. 그는 신이 우리에게 알려지지 않는다는 점을 강조한 다음에, 인간 지성의 삼중 구조를 신의 본질에 접근할 수 있는 방안으로 제시했다. 그는 우리가 감각적 표상에만 머무르면 우리 자신의 지성도 알 수 없다고 말한다. 그러면 우리는 사유와 세계를 분리해 생각한다. 결국 지성을 오직 우연적으로만 작용을 일으키는 공허한 '능력'과 혼동하게 된다. 인간을 제대로 이해하기 위해서는—단순한 상상이 아닌—사태 자체로서의 사유의 실체적 활동으로 우리 자신을 고양할 필요가 있다. 그렇게 되면 우리는 지성의 본질을 사유하기 때문에 신의 본질을 사유한다. 사유하는 정신과 사유된 목재는 동일한 것으로 파악된다. 그러면 신의 본질은 더는 언어적 표현의 불가능성 안에 갇혀 있을 수 없게 된다. 마이모니데스의 사고는 순수한 제약과 한계 속에서 정돈되지 않은 채로 진행된다. 하지만 사람들은 그를 이 복잡한 상황에서 떼내어 새로운 철학의 기초로 삼을 수 있었다. 마이스터 에크하르트가 바로 그 일을 할 것이다.[17]

제29장
아리스토텔레스 수용 이후의 자연과 사회와 학문

 아리스토텔레스의 수용, 아랍 철학과 학문의 조우는 13세기 서구 그리스도교 세계의 지적 삶의 모습을 크게 바꾸어 놓았다. 그러나 서구의 모든 저술가가 아리스토텔레스주의자가 되지는 않았다. 그렇게 되기에는 — 자연에 심취하고, 신학적 개입에서 해방된 물리학을 정립하고, 수도자적 윤리를 극복하려 했던 12세기의 모든 시도에도 불구하고 — 라틴 저술가들에게 그리스의 자연과학자들과 아랍 주해가들의 세계가 아직은 요원했다. 하지만 이제 아리스토텔레스는 그냥 무시하고 지나칠 수 있는 존재가 아니었다. 13세기의 철학 사상들은 아리스토텔레스와의 관계 때문에 분리되기도 하고 서로 연대하기도 했다. 대학에서 아리스토텔레스의 더 많은 저작을 더 깊이 연구할수록 그를 비판하는 이들도 아리스토텔레스의 용어를 사용하게 되었다. 이렇게 해서 12세기에는 없었던 라틴어 표현들, 즉 사람들이 보통 '스콜라적'이라고 부르는 전문 용어들이 13세기에 만들어졌다. 12세기와 13세기의 경제적 발전은 서구 문명에 이슬람 세계의 우월한 문화를 따라잡을 수 있다는 자신감을 심어 주었다. 아랍 문명을 제치고 우위를 차지하고 싶다면 유럽은 그리스인들과 아랍인들이 축적한 지식을 하나도 거부해서는 안 되었다. 서구 세계는 자연을 지배하고 인간의 삶을 개선하기를 원했다. 최첨단의 자연과학과 의술을 절대로 모르는 척할 수 없었다. 아리스토텔레스의 수용으로 변화를 겪은 것은 지식인의 문화만이 아니었다. 아리스토텔레스는 집단과 각 개인의 세계관과 가치관에도 스며들었으며, 이로 인해 인간 삶의 이른바 '현실적' 조건들도 변화를 겪었다. 사람들은 이제 자연과 사회를 하느님이 사용하는 도구가 아니라 자기만의 목적과 고유한 발전 원리를 가진 것으로 이해했다.[1] 지식 개념도 변했다. 상징적이고 우의적인 해설은 완전히 자취를 감추지는 않았지만, 시대가 흐를수록 덜 '학문적'인 것으로 간주되었다. 아리스토텔레스와 더불어 다양한 아랍 의학자와 자연과학자를 하나둘씩 알게 되었다. 12세기부터 활발해진 번역 작업 덕분에 그리스의 천문학과 지리학(프톨레마이오스, 『알마게스트』), 기하학(에우클레이데스)과 의학(갈레노스)을 읽을 수 있었다.

땅과 하늘의 별들을 새로운 눈으로 보기 시작했다. 세계를 아리스토텔레스와 프톨레마이오스의 근본 명제들을 가지고 바라보았다. 그것에 따르면, 땅은 세계의 한가운데에 위치한 구체(球體)였다. 땅을 중심으로 각각 하나의 행성이 딸려 있는 7개의 투명한 원형 껍데기, 7개의 천구가 돌고 있다. 태양과 달도 행성으로 간주되었다. 우리네 땅과 가장 가까이에 떠 있는 하늘에는 달이 매달려 있다. 그 위쪽으로는 각각 수성, 금성, 태양, 화성, 목성, 토성이 딸린 천구들이 순서대로 뒤덮여 있다. 7개의 행성 천구 바깥에는 붙박이별 하늘이 공전한다. 붙박이별 하늘이 곧 여덟 번째 천구이다. 그 위에는 수정(水晶) 하늘이라고도 하는 아홉 번째 하늘이 자리하는데, 여기에는 별이 달려 있지 않다. 아홉 번째 천구는 신과 순수 정신적 존재들의 영원성과 생성 소멸의 세계 사이에서 매개 역할을 하는 천구로서, 그의 존재는 하부 천구들의 운동의 원인이라는 측면에서 이론적으로 요청된다. 그래서 사람들은 아홉 번째 천구를 '최초의 운동체'(primum mobile)라 부르면서 가장 빠른 속도로 끊임없이 공전하는 하늘이라 이해했다. 아홉 번째 하늘 위에는 하느님과 복된 영혼들이 자리하는 '불의 하늘'(caelum empyreum)이 있다. 불의 하늘은 공전하지 않으면서 공간과 시간을 초월해 있다. 하늘의 영(靈)들과 천사들 또는 지성체라 불리는 이들은 천구의 공전 속도와 방향을 조정한다. 천사들이 어떻게 우주론적 기능을 수행하는지, 또 구체적으로 어떤 천사가 어떤 역할을 맡고 있는지 같은 문제는 아랍인들에게나 중세 그리스도교 사상가들에게나 큰 골칫거리였다. 중세인들은 우주론의 합리성 요청에 따라 성경을 읽어도 되는지를 결정해야 했다. 하지만 어떻게든 결정되고 나자, 당장 수많은 해석이 쏟아져 나왔다. 예를 들어 알베르투스 마그누스는 천사론과 우주론을 분리해야 한다는 입장이었다. 그는 자연에 대한 이론의 학적 자율성을 보전하면서 신학이 여타의 학문과 다르다는 점을 강조했다. 그래서 알베르투스는 '지성체'(순수 영적인 존재를 뜻하며, 그리스-아랍인들의 우주론에서 천구에 합법칙적 운동을 부여하는 작용자로 이해된다)와 '천사'(성경에 나온 대로 하느님의 사자를 가리킨다)를 구별했다. 이와 달리, 토마스 아퀴나스는 — 전부는 아니어도 — 천사들 가운데 일부를 프톨레마이오스-아리스토텔레스적 세계관에 기능적으로 들어올 자리를 마련하려 했다.

새로운 세계관은 도덕적·종교적 희망을 합리성과 결합할 수 있는 힘을 가진 것처럼 보였다. 유한한 세계, 우리가 파악할 수 있는 세계, 아주 그렇게 작지도 않지만 질서 잡힌 분명한 세계가 그려졌다. 하지만 그런 우주관이 특정한 합리성 개념에 부응하고 더 나아가 모종의 시적 의미까지 지녀야 했기 때문에 중대한 문제가 발생했다. 개별 천구의 공전 운동을 파악하려면 매우 정교하고 복잡한 계산을 필요로 했다. 낮과 밤의 변화에 해당하는 동쪽에서 서쪽으로의 공전만으로는 충분하지 않았다. 하지만 이것은 극소수의 천문학 전문가가 몰두했던 문제였다. 월하 세계와 나머지 상위 천구들로 구성된 세계의 근본적 구별은 공전 문제와는 아무런 상관이 없었다. 이 구별은 순수 철학의 영역, 신학의 영역, 그리고 일상적 앎을 구별하는 기준과도 같았다. 우주가 두 개의 층으로 나뉘자 물리학도 이에 상응해 두 개로 나뉘었다. 불, 물, 공기, 흙의 네 원소는 월하 세계에서만 발견된다. 반면에 그 위에 있는 아득하고 웅장한 공간은 '에테르'라는 원소로 채워져 있다. 이러한 자연 구조는 '피안의 세계'를 표상하기에 매우 적합했다. 이 우주는 완벽한 질서를 갖춘 조화로운 세계이며, 이 세계의 통치자는 땅 위에서 벌어지는 무질서와 혼란에는 아무런 책임이 없다. 사람들은 땅이 우주의 중심이라 이해함으로써 인류를 향한 하느님의 사랑을 납득할 수 있었다. 또한 우주론적 위계는 인간도 우주의 질서에 속한다는 사실을 분명히 보여주었다. 인간의 존엄성보다는 우주의 법칙이 더 찬란한 빛을 발했다. 아리스토텔레스를 수용한 결과, 세계 질서의 항구적 안정성과 합법칙성은 세계 시간의 종말에 대한 기존의 성경적 관념을 부조리하게 만들 정도로 명백하고 타당한 이론이 되었다. 우주론과 종말론이 대립했다. 사람들은 이 둘의 조화를 꾀함으로써 초기 근대의 학문과 신학의 갈등을 예비하거나 철학과 신학의 분리를 지지하거나 둘 중 하나를 택했다. 어느 경우이든 간에, 이제 우주론이 문제라는 것은 명백한 사실이었다. 새롭게 수용된 텍스트는 간혹 천동설적 세계관에 반대했던 고대 사상가를 소개함으로써 우주론 담론에 지속적 활력을 불어넣었다. 사람들은 여러 가지 대안이 있다는 것을 알았으며, 논증을 수용하거나 배척하는 등의 판단을 위한 좀 더 엄격한 규준도 마련할 수 있었다. 아리스토텔레스 텍스트 곳곳에서 단호하게 긍정되는 감각 경험보다는 고대 학문의 우수한 방법론적 표준들을 익히는 것이 훨씬 미래 지향적이었다. '경험 위주'라는 것은 이제 전통을 보전하기 위한 교과서적 요청이었지만, 권위에서 탈피하고 고유한 체험을 새로운 방법론과 결합할 수 있는 가능성을 제공하기도 했다.

무엇보다도 새로운 방법론적 표준은 지식 영역을 도덕적 관찰과 신학적 개입 때문에 중단되어서는 안 되는 '자연적'이고 닫혀 있는 연관으로 이해하는 데에 있었다. 게다가 사람들은 아리스토텔레스의 지식론(『분석론 후서』)과의 관계 속에서 방법론적 질문을 던지기 시작했다.

또한 잘 다듬어진 개별 학문의 표본도 다수 보유하고 있었다. 예를 들어 의학(아비첸나)과 경제학(아리스토텔레스)에서 사람들은 학문을 어떻게 만들어야 하는지를 보고 배울 수 있었다.

고대와 아랍 학문의 수용은 서구 사회의 내적 발전 과정에서 기인했다. 그것은 책 몇 권을 우연히 발견한 것으로 그치지 않았다. 사람들은 원하는 서적을 직접 번역하거나 또는 번역하도록 시켰다.[2]

실제 역사적 발전은 — 봉건적 상호 제약을 위한 신정 정치의 해체와 지방 행정의 자치 등 — 개인의 해방을 불러왔으며, 역사 발전을 선도했던 이들이 — 아시시의 프란체스코나 프리드리히 2세를 떠올려 보라 — 이러한 자유를 가지고 수행한 자연 관찰과 탐구는 전통적 도식을 무너뜨렸다.

아리스토텔레스의 수용 결과, 중세인들이 자연을 바라보는 시각만 변했다고 판단하는 것은 잘못이다. 인간 사회를 보는 관점도 달라졌다. 아리스토텔레스는 새로운 정치 이론을 도입했다. 중세 시대의 정치철학을 다루는 어느 교과서가 토마스 아퀴나스로 시작한다면, 그 책은 커다란 편견에 사로잡혀 있는 것이 사실이다. 서임권 분쟁, 통치권의 점진적 탈신성화, 도시의 자의식과 자율성 증대는 이미 13세기 이전부터 정치라는 것에 대해 새롭게 반성할 것을 요구했다. 교황의 세속권 쟁취와 확장도 이론적 근거 지음 없이는 불가능했다. 그럼에도 정치적 사유의 역사는 아리스토텔레스 수용을 통해 전환점을 맞이했다. 이제 '그리스도교', '사제직', '왕직'이 아니라 'civitas', 즉 '도시' 내지는 '국가'가 정치적 사유의 핵심 개념이 되었다. 13세기 이전까지 사람들은 '교회'와 '왕국'에 대해 많은 이야기를 했다. 하지만 이제는 사회와 — 가정과 마을과 도시 등 — 공동체를 고유한 법령을 갖춘 '자연적' 필연성으로, 내재적 도덕과 문화를 충족하기 위한 조직으로 이해했다. 아리스토텔레스의 수용은 여기서 실제 역사적 흐름과 만난다. 13세기부터는 도시와 왕국, 교회를 집중적으로 성찰한 평신도 지식인의 수가 불어났다. 이론

형성 작업은 더이상 제도권 성직자의 특권이 아니었다. 아리스토텔레스의 『정치학』은 국가를 인간 본성을 가지고 정초했다. 아리스토텔레스는 특정 개인의 통치권이 아닌 도시 또는 국가 차원에서의 자율성을 사유하라고 가르쳤다.[3] 그래서 폭발적으로 터져 나온 다채로운 정치 이론들은 1200년에서 1350년경까지 지속된 눈부신 정치적·사회적 발전에 상응한다. 정치 이론은—중세 초기와는 달리—더는 특정한 예전(대관이나 영주 앞에서의 서약 등)이나 상징(왕관과 왕홀)이 아니라 추상적 용어들을 가지고 서술되었으며, 저자도 현실적인 권력자가 아닌 실제 정치 활동에서 다툼을 벌인 사람들이었다.

그러나 아리스토텔레스의 『정치학』이 중세의 민주주의 발전을 이끌어 냈다는 뜻은 아니다. 물론, 아리스토텔레스는 인간을 교계 제도를 통해 주어지는 빛의 조명의 수용자가 아니라—여자도, 노예도, 미성년의 아이도 아니고, 가난하지도 않다면—국가와 국정에 능동적으로 참여하는 '시민'으로 파악하기는 했다. 하지만 알렉산드로스(Alexandros) 대왕의 스승은 결코 민주주의의 옹호자가 아니었다. 그의 정치 이론을 구성하는 세부 요소들은 민주주의적 의미로 읽을 수 있었고 중세에도 그런 해석이 시도된 바 있다(파도바의 마르실리우스). 이와 달리, 토마스 아퀴나스는 군주정을 정당화하기 위해 아리스토텔레스를 인용했다. 토마스는 아리스토텔레스적으로 개념화된 정치적 자율성을 교황의 세속권 통치를 완전히 배제할 정도로 극단적으로 주장하지는 않았다. 하지만 아리스토텔레스의 『정치학』을 수용함으로써 어떤 발전 가능성이 열렸는지는 미시적 수준에서 확인할 수 있다. 토마스 아퀴나스의 『군주 통치론』(*De regimine principum*)은 제2권 제4장에서 중단된다. 이 책을 이어서 쓴 루카의 톨로메오(Tolomeo di Lucca)는 토마스의 제자가 아니라 고해 신부였다. 1318년 토르첼로(Torcello)의 주교로 생을 마감한 톨로메오는 같은 수도회 형제가 처음 여섯 장(章)에서 군주제를 옹호한 해당 작품에서 시민의 주권('regimen politicum', 아리스토텔레스의 폴리스적 의미에서의 '정치적 권력')을 왕의 통치권보다 우선으로 삼아야 한다고 썼다. 로마 공화정 시대의 로마인들처럼 지혜롭고 덕을 갖춘 사람들이 살던 때에는 왕이 없었다. 정치 이론은 지역적 차이와 시대적 차이, 별과 항성의 영향까지도 고려해야 한다. '자유'가 필요한 지역도 있지만, 그것이 적절하지 않은 지방도 있기 마련이다.[4] 서로를 믿지 않고 각자의 이성 능력도 별로 신뢰하지 않는 사람들이 사는 곳은 전제 정치, 즉 왕정제가 적합하다는 것이다. 반대로 노예근성이 전혀 없는 사람들이 사는 지역도 있다. 이들은 쉽사리 지배당하지도 않고 복종하지도 않는다. 이탈리아에서 볼 수 있듯이, 이러한 사람들은 왕을 필요로 하지 않고 원치도 않는다.[5]

이상과 같은 서술에서 우리는 아리스토텔레스와 토마스 아퀴나스가 주장하는 군주제를 거슬러 이탈리아의 도시 공화국을 옹호하는 입장을 읽을 수 있다. 지역적 다양성에 대한 관심도 두드러진다. 경험적 사실이 중요하다면, 13세기 이탈리아 중부와 북부 지방 자치 단체들의 체험은 군주제의 이해관계에서 사소하게 취급되어서는 안 된다. 그렇다면 지역 공동체의 다양성의 역사적·지형학적·점성술적 해명은 정치 이론에서 정당성을 획득한다. 사유는 '자유'(libertas)의 고유한 체험으로부터 시작된다. 토마스 아퀴나스의 정치 이론은 나온 지 겨우 십수 년만 지났을 뿐인데도 시칠리아나 사르디니아 및 코르시카 같은 동떨어진 지역에서나 통용될 법한 이론으로 전락했다. 톨로메오는 지역적 차이를 고려할 필요성을 확립하고 도시 행정 조직의 자유 의식을 명백한 정치 철학으로 구성했다. 이는 앞에서 살펴본 대로 아리스토텔레스 수용의 직접적 결과는 아니지만, 아리스토텔레스 수용을 활발히 자극한 역사적이고 현실적인 원동력이 무엇인지를 보여 주었다.

아리스토텔레스 수용이 지식 세계를 어떻게 결정적으로 바꾸어 놓았는지는 수용의 마지막 시기에 사람들이 지식을 어떻게 새롭게 분류했는지를 보면 알 수 있다. 다음 도식은 1250년대의 학문 분류 체계를 보기 쉽게 이상적으로 간소화해 그린 것이다. 엄밀히 말하자면, 사상가와 시대마다 학문 분류에는 조금씩 차이가 있다. 고대로부터 이어지는 7자유학예를 살려내고 싶으면 사람들은 3학(三學)을 '이성적 철학'(philosophia rationalis)에 넣을 수도 있었다. 물론, 이제는 자율적 학문으로 성장한 논리학에 3학의 모든 것이 들어맞지는 않았다. 4학(四學)의 경우에 수학의 응용 분야로 취급할 수 있었는데, 이렇게 되면 도식에서 자연과학이 두 번 중복되어 나타나게 된다. 어찌 되었든 간에, 학문 분류는 다음과 같이 타협을 볼 수 있었다.[6]

1250년경의 학문 분류

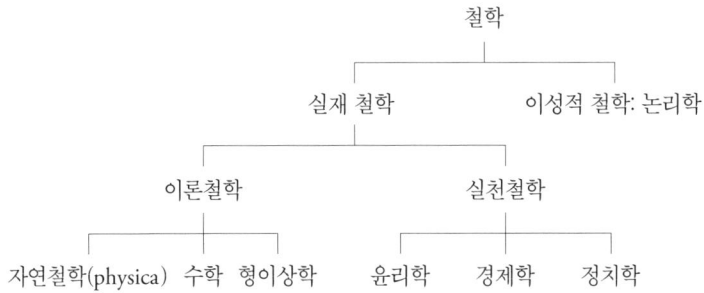

역사적 진실은 생-빅토르의 위그(†1141)와 도미니쿠스 군디살리누스(†1181 이후)의 학문 구분을 서로 비교하면 조금 더 분명해진다. 우리는 이 두 사람에게서 아우구스티누스적 교육철학과 7자유학예의 근본 이념으로부터 13세기의 아리스토텔레스적이고 아랍적인 학문 체계로 넘어가는 과도기의 학문관을 엿볼 수 있다.

생-빅토르의 위그의 경우,

철학(philosophia)

1. 이론철학 (theoretica)	신학(theologia)		
	수학(mathesis)	astronomia geometria arithmetica musica	Quadrivium (4학)
	자연학(physica)		
2. 실천적 통찰 (intelligentia)(practica)	행위 이론(ethica)		
	경제(oeconomica)		
	국가론(politica)		
3. 기계적 철학 (mechanica)(scientia)	직조 기술(lanificium)		
	무기 제조술(armatura)		
	항해술(navigatio)		
	사냥술(venatio)		
	의술(medicina)		
	무대 공연 예술(theatrica scientia)		
4. 논리학(logica)	grammatica		
	rhetorica	담화적 논리학 (logica semocinalis)	이해의 논리학 (logica rationalis)
	dialectica		

도미니쿠스 군디살리누스의 경우,

I. 능변의 학문 (scientiae eloquentiae)	1. 문법 2. 시학 3. 수사학

II. 논리학(중간 학문, scientia media)		
III. 실질 학문 또는 철학 (scientiae sapientiae)	1. 이론 학문	자연학
		수학
		신학(형이상학, philosophia prima)
	2. 실천 학문	정치
		경제와 기계 기술
		윤리

    두 도식에서 12세기 발전의 역동성을 쉽게 감지할 수 있다. 도미니쿠스 군디살리누스는 아랍과 그리스도교 세계의 경계인 세고비아에 살았던 인물로서 초기 외래 학문의 수용 운동 한복판에서 활동했던 중요한 매개자들 가운데 한 명이었다. 군디살리누스의 학문 구분은 매우 혁신적이다. 논리학이 분법, 시학, 수사학에 대해 상급 학문으로 자리 잡았다. 자연과학은 수학에 종속되지 않는다. 신학은 형이상학으로 간주되었다. 경제학은 기계학과 더불어 학문적 위상을 획득했다. 하지만 생-빅토르의 위그도 고대의 학문 분류법을 그대로 답습하지만은 않았다. 위그는 시대가 변했음을 인식했고 각 도시에서 개발된 '기계 기술'을 — 이것은 매우 광범위한 표현이다 — 엄연한 학문으로 승격했다. 3학은 이미 '논리학'에 편입된 상태였다. 지식의 기술적이면서 윤리적·실천적 측면은 아랍인의 분류법을 더 많이 따르는 군디살리누스에게서 보다 두드러지게 나타난다. 군디살리누스 학문론의 특징은 다름 아닌 '자연학'이라는 용어를 위그보다 무겁게 사용하는 데에 있었기 때문이다. 그는 대량의 아리스토텔레스의 자연학 작품을 참고할 수 있는 장점을 가지고 있었다.[7] 자연학은 위그의 학문 분류보다 군디살리누스의 학문 분류에서 더 높은 위치를 차지한다. 또한 군디살리누스는 라틴

문화권의 자유학예 전통(아우구스티누스와 보에티우스, 이시도루스에 따른)도 놓치지 않았다. 그렇지만 그를 너무 과대평가해서도 안 된다. 예를 들어 군디살리누스가 의술에 대해 논구한 것을 두고 그의 편집자는 '지극히 진부하고 피상적'이라고 평가했으니 말이다.[8] 그래도 그가 쓴 작품은 12세기 중반에 속한다는 사실을 기억하자. 그의 텍스트는 서구 유럽이 아랍 학문을 처음 만났을 때 쓰인 것으로, 앞으로 앎과 지식이 나아갈 방향을 제시하는 것을 목표로 삼고 있기 때문이다.

가장 처음 주어진 '일반화'된 도식은 1260년경 토마스 아퀴나스의 학문 분류에 대체로 상응한다. 논리학의 특수한 위치는 확충되고 3학의 다른 자매 학문들(문법, 수사학)은 폐기되었다. 그러나 이 세 사람(생-빅토르의 위그, 군디살리누스, 토마스 아퀴나스) 모두 제반 학문 분류를 '철학'의 분류로 이해했다는 공통점이 있다. '철학'은 인간의 모든 지식을 아우르는 광범위한 표현으로 사용되었다. 위그의 경우에 무대 예술도 철학에 들어간다. 토마스는 문법과 수사학만 철학에서 떼냈을 뿐이다. 하지만 이러한 수정 작업도 그리스-아랍 철학을 수용했기 때문에 벌어진 일이었다.[9]

제30장
아리스토텔레스주의와 플라톤주의

한때 중세 철학은 온통 아리스토텔레스 철학으로 뒤덮여 있다고 평가했던 시기가 있었다. 이 평가는 중세 초기에 대해서는 틀린 말이다. 중세 초기의 사람들은 아우구스티누스의 그리스도교적 신플라톤주의를 따라 사유했기 때문이다. 1200년 이후로 아리스토텔레스가 중세를 지배했다는 견해도 논란이 전혀 없지는 않다. 교황은 1231년에도 아리스토텔레스의 저작을 가지고 강의하는 것을 금지했기 때문이다. 이에 맞서 1255년 인문학부는 아리스토텔레스의 저작을 사용하는 수업을 조례로 만들었지만, 이 때문에 아리스토텔레스는 격렬한 비판 대상이 되었다. 그렇기 때문에 중세 철학이 꼭 아리스토텔레스적으로 사유하지 않았다 해도 아리스토텔레스는 중세 시대를 통틀어 매우 중요한 의미를 갖는다. 아우구스티누스가 사유의 방향타였던 중세 초기마저도 아리스토텔레스 철학의 근본 개념이 통용되던 시기였다. 그리고 신플라톤주의자들도 아리스토텔레스를 수용했다. 20대의 혈기 왕성한 청년 아우구스티누스는 아리스토텔레스의 범주론을 다룬 책을 읽었으며, 비록 아리스토텔레스 논리학에 딱히 감명받지 못했음에도 실체와 속성 같은 중요한 철학 개념들을 가져다 썼다. 아리스토텔레스에게서 '실체'(usia) 분석은 생성 소멸하는 특성을 가진 불변하는 사물에 대한 표상을 정립한 성과가 전부인 초등적 이론에서와는 근본적으로 다른 복잡한 문제를 안고 있었다. 중세 사유는 이 존재론적 모델을 사용해 사변적 경험을 쌓아 나가야 했다. 요하네스 에리우게나는 이 모델을 비판했다. 11세기의 성체성사 논쟁은 이 모델이 예외를 허용하는지에 대한 문제를 중심으로 벌어졌다. 그리고 아리스토텔레스의 『형이상학』이 전래되자, 중세 초기에 익숙해진 이러한 개념들을 새로운 의미 관계 속에서 주제화할 가능성이 생겼다. 1200년부터 아리스토텔레스의 저작은 실재 학문의 전체 체계를 수립할 수 있는 근거로 인식되었다. 12세기 사유에서 견고함을 잃지 않았던 자연이 이제는 학문적 관심의 전면에 나왔다. 아리스토텔레스 수용은 12세기에 실제 역사적 이유에서 생겨났던 자연 연구를 정당화하고 크게 장려했다. 또한 아리스토텔레스를 따라 정치학과 경제학을 자연적·사회적 인간 삶의 표현으로 이해했기 때문에 기존의 수도자적 윤리가 우위를 상실할 가능성이 생겼다. 한편, 아리스토텔레스 윤리학은 영혼의 두 극단 사이의 중용을 취하는 부유한 세상 속의 현자라는 이상을 그리고 있었다. 이 윤리학은 부귀영화와 세속적 안락함을 전부 내려놓은 고대 그리스도교 공동체의 종말론적 열정과 융합되기가 굉장히 어려웠다. 『신약성경』의 윤리와 아우구스티누스적 윤리학에 대한 아리스토텔레스 윤리학의 관계가 당장 뜨거운 논쟁거리로 떠올랐다. 1200년 이후로 '하느님과 영혼'이라는 그리스도교-아우구스티누스적 보편 주제에는 새로운 의미가 추가되었다. 사람들은 아리스토텔레스의 『형이상학』 제12권과 『자연학』 제8권에서 그의 우주론 및 운동 개념과 밀접하게 연결된 철학적 신론(神論)을 읽었다. 아리스토텔레스는 신을 모든 변화의 원인이자 순수한 활동, 사유하는 사유, 만물을 인식함으로써 세계를 다스리는 원리로 개념화했다. 이러한 신 개념이 과연 자비를 베풀기도 하고 내치기도 하는 아우구스티누스적 그리스도교의 신 내지는 자유의지를 가진 신 관념과 조화를 이룰 수 있는가라는 것은 철학적으로 구미가 당기는 주제였다. 아리스토텔레스의 영혼 사상도 마찬가지였다. 『영혼론』 제3권 제5장에서 아리스토텔레스가 이성혼, 특히 능동 지성에 대해 쓴 것은 난해하고 모호하기 짝이 없었다. 개별 영혼의 불사성과 이 세상에서의 죄책을 피안에서 물을 이론적 가능성이 사라질 위기에 처했다. 천국과 지옥, 그리고 결과적으로 지상 교회의 권력 구조가 모조리 해체될 수 있었다. 경험과 무관하게 작동하는 공정과 정의 실현 체계에 대한 관념이 위태로워졌다. 아리스토텔레스를 지지대로 삼았을 때, 교회는 그와 동시에 엄청난 위험을 떠맡았던 것이다.

하지만 아리스토텔레스주의는 인간이 성취한 것들 중에서는 최고로 정제된 철학이었다. 플라톤은 단편으로만 전해졌다. 사람들은 『메논』(*Menon*)과 『파이돈』(*Phaidon*), 그리고 『티마이오스』와—상당히 나중에—『파르메니데스』를 알고 있었다. 즉 이들 대화편의 라틴어 번역이 있었다는 소리이다. 그러나 1200년대에 이들 텍스트는 시대에 동떨어진 작품이 되고 말았다. 마이모니데스는 은유적인 플라톤 저작에 의존하지 말고, 대신에 아리스토텔레스의 '학술적' 텍스트를 읽어야 한다고 진지하게 충고했다. 그래서 아리스토텔레스의 비판과는 별개로 플라톤의 본래 사상을 알고자 하는 시도는 현실적으로나 심리적으로나 많은 장애에 부딪혔던 것이다.

그렇지만 플라톤에 대해서는 아우구스티누스의 매우 인상 깊은 보도가 있다. 알베르투스 마그누스는 비잔티움의 아리스토텔레스 주해가인 에우스트라티우스(Eustratius)를 통해 아리스토텔레스의 이데아론 비판이 문자적 비판일 뿐 플라톤의 의도에 대한 반대는 아니었다는 점을 알고 있었다. 그러니까 아리스토텔레스를 수용하면서 플라톤주의자들의 이데아론을 주장하는 것도 가능했던 셈이다. 실제로 이 방향으로 나아간 사람들이 있었다. 1350년경 무스부르크의 베르톨트(Berthold von Moosburg)는 아리스토텔레스의 논증이 플라톤을 겨냥하지 않는다고 해설함으로써 정확히 이 길을 걸어갔다.[1] 베르톨트와 동시대인인 오트르쿠르의 니콜라스(Nicholas d'Autrécourt) 같은 중세의 다른 사상가들도 아리스토텔레스의 플라톤 비판이 실질적으로는 아리스토텔레스 자신의 고유한 전제의 반복에 지나지 않으며, 실제 플라톤의 사상과는 아무런 관련이 없다고 이해했다. 아리스토텔레스주의를 위한 이 같은 입장 변경은—물론, 성취되기는 어려웠어도—이미 1200년에 들어설 때부터 조금씩 시작되고 있었다. 아리스토텔레스는 대학의 수업 교재였다. 그리고 13세기 후반에는 대학 조직과 제도에 완전히 편입되었다.

이는 아리스토텔레스주의가 플라톤주의를 완전히 밀어냈다는 뜻은 아니다. 아리스토텔레스를 비판하는 사람들은 항상 있었다. 아리스토텔레스를 추종하는 사람들은 아랍 문명에도, 그리스도교 문명에도 있었다. 하지만 철학적 환경은 모두가 변함없이 아리스토텔레스를 플라톤의 충실한 제자로 인식할 정도로 온통 플라톤주의적 전제들로 구성되어 있었다. 같은 맥락에서 엄연히 아리스토텔레스주의자를 자처한 토마스 아퀴나스도 아리스토텔레스가 단순한 말장난이라고 비난했던 '관여'라는 개념을 꾸준히 사용했던 것이다.[2] 이러한 결합의 경향은 아리스토텔레스 저작에 실제로 나타나는 플라톤적 모티프와 조화를 이룬다. 또한 플라톤 철학과 아리스토텔레스 철학이 서로 일치한다는 점을 보이려 했던 옛날 보에티우스의 주해 의도와도 부합한다. 여기에 아랍어에서 번역된 아리스토텔레스의 저작들 중에서 신플라톤주의가 특히 두드러진 작품으로 1270년대까지 아리스토텔레스 저작으로 잘못 간주되기도 했던 『원인론』(*Liber de causis*)을 빼놓을 수 없다.[3] 사실, 『원인론』은 프로클로스의 텍스트를 요약 정리한 책이다. 말하자면, 후기 신플라톤주의 철학의 정수만을 담았다고 할 수 있다. 결합될 수 없는 것을 어떻게든 끼워 맞추고 결합하고자 하는 시도는 이 책이 아리스토텔레스의 저작이라는 인식이 팽배해 있는 한 결코 줄어들지 않았다. '순수한' 아리스토텔레스주의 내지는 '순수한' 플라톤주의라는 것은 중세 어디서도 찾아볼 수 없다. 데카르트 철학에 가서야 비로소 중요하게 되는 '체계'라는 개념과 명료한 체계성에 대한 이념이 빠져 있을 뿐이다.

사람들은 플라톤적인 것과 아리스토텔레스적인 것을 스토아적인 것과 마구 뒤섞었다. 사상의 혼합 또는 오염된 상태를 정확히 분석하고 진단하기 위해서는 플라톤 저작 전체와 역사적 아리스토텔레스를 비롯해 스토아 철학의 실체를 전부 공부해야 한다. 현재까지 학술적으로 가장 많이 연구된 중세 철학자인 토마스 아퀴나스에 대해서도 이러한 사상사적 분석이 매우 아쉬운 상황이다.[4]

1907년 프랑수아 피카베(François Picavet)가 중세 철학의 참된 원천은 아리스토텔레스가 아니라 플로티노스라고 주장했을 때, 그가 보였던 독창성 집착증이 떠오른다.[5] 플로티노스는 기원후 3세기경 활동했던 사상가로서 신플라톤주의 철학자로서는 최고로 중요한 인물이다. 그는 아리스토텔레스적인 것을 수용하기는 했지만(지성에 대한 이론) 스스로를 플라톤 계승자로 여기고 있었다. 최초의 피렌체 인문주의자인 마르실리오 피치노(Marsilio Ficino)가 15세기 말에 플로티노스의 저작 전권을 라틴어로 번역했다는 점을 감안하면 피카베의 주장은 굉장히 설득력이 떨어진다. 요컨대, 중세 시대에 플로티노스를 읽은 사람은 없었다. 하지만 피카베의 테제는 약간의 수정을 더하면 우리에게 시사하는 바가 클 수 있다. 플로티노스는 중세 시대에 어디에도 없었지만 모든 곳에서 영향을 발휘하고 있었다. 그의 작품은—아마 그의 제자인 포르피리오스의 저작과 함께—아우구스티누스를 결정적으로 '회심'하게 만들었다. 플로티노스와는 달리, 아우구스티누스는 '일자'인 하느님을 존재와 사유의 저편에 두기를 거부했지만 그럼에도 플로티노스는 그의 사유에 항상 각인되어 있었다.[6] 5세기에 프로클로스(Proklos, †485)는 플로티노스 철학에 체계를 세웠다. 프로클로스를 통해 형식을 갖춘 플로티노스는 이른바 사도 바오로의 제자로 알려진 디오니시우스 아레오파기타의 작품에까지 침투했다. 보에티우스가 플로티노스의 제자인 포르피리오스가 저술한 아리스토텔레스 논리학 입문서를 라틴어로 번역했으니, 중세인들은 아리스토텔레스 논리학을 신플라톤주의자의 안경으로 처음 접했던 셈이다. 아랍 문화도 플로티노스 철학을 다방면으로 수용했다. 그래서 근본적으로 아랍인들의 아리스토텔레스는 신플라톤주의적 요소들로 구성되어 있다.[7] 그리스도교 신학에 플로티노스적인 것은 아우구스티누스와 오리게네스를 통해, 그리고 라틴어 번역과 암브로시우스 같은 추종자를 통해 들어왔다. 플로티노스의 복잡한 영향을 도식화하면 다음과 같다.

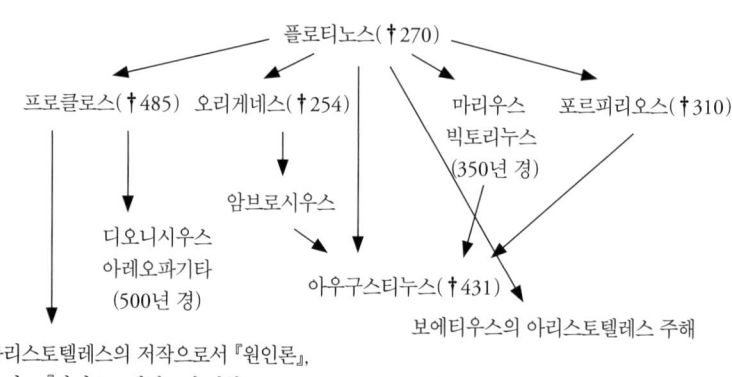

보다시피, '중세의 플라톤주의'는 전승 경로가 매우 다양하기 때문에 본질적으로 복합적이고 복잡한 성격을 띨 수밖에 없다. 여기에 키케로의 「스키피오의 꿈」에 대한 마크로비우스의 주해서와 플라톤의 『티마이오스』에 대한 칼키디우스의 주해서를 추가할 수 있다.[8] 그리고 아리스토텔레스가 플라톤의 제자였다는 사실과 13세기 말엽부터 프로클로스의 저작들(『신학 원리』(Elementatio theologica)와 플라톤의 『파르메니데스』와 『티마이오스』에 대한 주해서)이 뫼르베케의 빌렘(Willem van Moerbeke)의 번역을 통해 서구 라틴 세계에 들어왔다는 사실도 염두에 두어야 한다. 중세는 12세기부터는 비교(秘敎) 전통의 텍스트도 갖고 있었는데, 이 중에서 『아스클레피우스』와 『24명의 철학자의 책』은 이미 언급한 바 있다.[9] 결국, 고대의 모티프들이 온통 뒤섞인 채 여기저기서 나타났다.

중세 철학은 원전 비판이라든지 문헌 비평 같은 19세기의 분석 방법을 전혀 알지 못했다. 고대 철학의 주요 발전 국면들은 역사적 분석과 비평 방법을 쓰지 않으면 발견할 수 없다. 그래서 신플라톤주의(플로티노스)와 진짜 플라톤 사이의 차이를 통찰한다는 것은 중세 철학 안에서는 불가능한 일이었다. 중세인들은 어디서 왔는지도 모르고 색이 다 바래 원래의 색이 무엇이었는지 알아볼 수 없는 다양한 돌조각을 가지고 모자이크 작업을 했던 것이다. 13세기 들어 학문이 대학의 학문으로 자리를 잡자, 실제 경험과의 고리는 금세 끊어지고 말았다. 문예 창작과 정치가 그러했고 자연과학 탐구도 마찬가지였다. 중세 철학의 연역적 성격은 갈수록 심해지고 실천적 삶과의 괴리도 커졌다.

이상과 같은 서술을 통해 독자들은 중세가 전통을 대하는 태도가 객관적이지 않고 오해나 편견에 싸여 있다는 인상을 받았을 것이다(체계라는 개념의 부재, 객관성을 추구하는 역사적 노력의 결여, 생활세계의 출발점들에 대한 조명 부족 등). 그렇다면 나는 이제 오히려 중세가 전통을 취급한 방법은 중세 철학의 삶의 역사적 조건이 표현된 것으로 파악해야지, 결코 비난해서는 안 된다는 점을 확실히 해 두어야겠다. 중세인들의 삶의 관심은 분명히 전통과 전승이라는 보물을 온전히 물려받고 잘 간직하면서 고유한 삶의 형식을 보편적으로 수용 가능한 것으로 증명하는 데에 있었다. 이것이 바로 중세에 '문헌학'이 부재했던 이유이다. 흡사 멈추어 버린 듯한 농경 사회의 정적(靜的) 시간 경험은 모든 역사화의 시도를 배제했다. 오히려 중세의 철학자가 일군 성과는 그가 전승된 텍스트의 결함과 제한된 학습, 고립된 학문 환경을 어떻게 순전히 문제의식과 통찰력만 가지고 극복했는지에 따라 평가해야 한다.

제31장
알베르투스 마그누스

'위대한'(Magnus)이라는 칭호가 딸린 알베르투스(Albertus, †1280)는 일찍이 '쾰른의 알베르투스'라고 불렸다.[1] 알베르투스는 도나우 강변의 라우잉겐(Lauingen)에서 태어났기 때문에 이 별명은 부연 설명이 필요하다. 그는 1228년 쾰른에서 강사직을 맡은 이후로 일생 동안 쾰른을 떠났다 돌아오기를 수도 없이 반복했다. 1245년부터 1248년까지는 파리에서 가르쳤는데, 그다음에는 도미니코회의 일반 신학원(Studium generale)을 설립하기 위해 쾰른으로 돌아왔다. 1256년 교황의 궁에서 체류하고 2년 동안 레겐스부르크의 주교(1260~62)로 재임했을 때에만 쾰른을 비웠다. 알베르투스는 1280년 쾰른에서 생을 마감했다. 국제적인 중세 사유에서 독일의 입지를 확실히 닦아 놓았다는 데에 알베르투스의 의의가 있다. 그 당시 독일에는 대학이 없었다. 알베르투스 이후 100년 동안 독일의 지적 삶은 배타적으로 도미니코회에 의해서만 형성되었다. 그리고 바로 그 중심에 파리와 지속적으로 교류한 쾰른이 있었다. 파리나 옥스퍼드에 견줄 수는 없겠지만, 쾰른은 알베르투스와 마이스터 에크하르트, 프라이베르크의 디트리히, 무스부르크의 베르톨트 같은 대사상가를 배출했다. 이렇게 해서 쾰른은 100년가량 서구 지성 세계의 또 다른 중심지로 번영을 이루었다.

알베르투스는 13세기 중반부터 서구 라틴 세계에 아리스토텔레스의 모든 저작을 해설하는 방대한 작업에 착수했다. 그가 사용한 방법은 아리스토텔레스의 텍스트를 이해하기 쉽게 옮겨 쓰는 것이었다. 그러다가 특별히 논쟁거리가 되는 주제가 나오면 상세한 설명을 추가했다. 알베르투스는 주해할 때, 자기 생각이 아닌 아리스토텔레스주의자의 해석을 전달하겠다고 선언했다. 하지만 페리파토스주의자의 입장을 명확히 파악하기 위해 여러 번 약속을 깰 수밖에 없었다. 그가 볼 때, 아리스토텔레스와 그에 대한 아랍 주해가들은 학문에서 가장 많은 발전을 이룩한 사람들이었다. 알베르투스는 아리스토텔레스 작품과의 논쟁을 객관적으로 기술하고자 했다. 새로운 지식을 향한 새 사회의 요구를 진지하게 받아들이지 않으면 그리스도교 진리를 지켜 낼 수 없고 교회의 통치도 정당화할 수 없으며, 수도회도 존립 이유를 잃어버릴 것이라고 생각했다. 1210년과 1231년 교황의 아리스토텔레스 금지령이 떨어진 이후에 알베르투스는 — 다른 이들과 함께 — 대전환을 시도한다. 그는 이교도의 작품을 편견 없이 검토할 필요성에 대해 수도회 동료들을 설득하고자 많은 노력을 기울였다. 아리스토텔레스를 주해하는 중에 이따금 수도회 형제들의 무지몽매함에 안타까움을 표시하기도 했다. 그는 성령의 자리를 철학적 논증으로 대체할 생각이 전혀 없다고 말하면서 철학은 논증의 두 번째 도구일 뿐이라고 강변했다. 면밀히 따져 보지 않고는 한 문장도 승인하지 않는 것이 철학자의 두 번째 본성과 같기 때문이다. 하지만 철학의 사용을 어떻게든 기를 쓰고 반대하는 몰지각한 사람들이 있다. "특히 아무런 반대도 받을 필요가 없는 도미니코회 내에서 말이다. 자기들이 알지 못하는 것에 대해서는 짐승 같은 태도를 보인다."[2] 13세기 종교개혁 운동의 문화 적대주의와 싸워 철학 공부를 신학 교육의 기초로 세운 것이 알베르투스의 공적이다. 철학을 공부한다는 것은 이 시기부터는 아리스토텔레스를 공부한다는 말과 같았다.

그러나 아리스토텔레스를 그의 작품을 빌려 소개하면 할수록 철학의 전체 모습은 신플라톤주의적인 방향으로 흘러갔다. 아리스토텔레스 주해의 그리스 전통과 아랍 전통은 모두 신플라톤주의의 영향을 받았기 때문이다. 또한 알베르투스는 아리스토텔레스의 형이상학이 『원인론』을 통해 완성된다고 보았다. 그는 디오니시우스의 작품인 『신명론』과 『신비신학』에도 주해서를 썼으며,[3] 밀교 전통에서 쓰인 작품의 영향도 받았다. 이렇게 해서 전체적인 그림은 다소 복잡하게 그려진다. 알베르투스는 오직 아리스토텔레스만을 해설하겠다고 약속했다. 하지만 아리스토텔레스를 풀어내는 과정에서 순수 아리스토텔레스와 융합하기 힘든 다른 철학 전통들을 끌어온다. 주해서는 객관성과 균형을 잃어버렸지만, 대신에 사상적 동기의 풍부함을 담아냈다. 독자들은 신학적 목적에 부합하게끔 수정하거나 어조를 누그러뜨리는 일 없이 아리스토텔레스를 연구하겠다는 알베르투스의 기획이 그의 사후에도 계속해서 이어지는 것을 볼 수 있다. 우리는 디오니시우스와 『원인론』에서 자양분을 얻어 형성된 신적 일자와 우주의 위계질서에 대한 알베르투스 이론의 발전과 그가 시작한 자연 연구가 심화되는 것을 볼 수 있다. 그를 토마스 아퀴나스와 함께 '그리스도교적 아리스토텔레스주의'의 창시자로 명명한다면, 토마스와의 차이점이 흐릿해지고 그의 철학적 입장의 개방성을 망가뜨리게 될 것이다. 긴 통로를 지나서 그는 급진적 아리스토텔레스주의자였다. '라틴 아베로에스주의자'라 불리는 이들도 철학 연구 방법론의 자율성을 이보다 끈질기게 주장하지는 않았다. 알베르투스는 말한다. 나는 자연을 탐구하기 때문에 기적에는 관심 없다고.[4] 훗날 토마스가 아베로에스주의자를 나무라는 이유가 있다면 알베르투스도 토마스의 비판 대상이 된다. 아리스토텔레스의 의도를 해명하는 것만 목표로 삼고 아리스토텔레스와 그리스도교 신앙(토마스는 그리스도교 '진리'라고 고쳐 말할 것이다)의 일치 여부는 논하지 않았다는 식으로 말이다.[5] 중세 문명권의 신학자들은 이러한 어중간한 태도, 애매한 입장을 용납하지 않았다. 미결정의 상태란 토마스에게 철학의 단념을 의미했다. 알베르투스에게는 — 그의 방대한 저술 활동의 일환으로서 — 일종의 학문적 진보를 위한 조건과도 같았다. 그는 체계적 방향 설정보다는 철학과 신학의 방법론적 분리에 관심이 있었다. 그리스도교를 철학으로 번역하는 시도는 원리적으로 불가능하게 여겼다. 치환 작업은 그리스도교와 철학을 모두 훼손하는 일이다. 신학은 철학과는 다른 원리를 가진 학문이기 때문이다. 신학은 계시와 영감에 기초를 두지만 철학은 이성(ratio)에 근거한다.[6] 그는 특별히 다음과 같이 세 가지의 자유를 옹호했다.

— 창조론에서 주장하는 세계의 시간적 발생을 주장하거나 종말론[7]을 전제하지 않고 우주론을 전개할 자유. 세계는 특정 기점에서 시간을 따라 진행되어 나왔다는 주장은 세계가 영원하다는 주장만큼이나 증명하기 어렵다.
— 기적을 통한 하느님의 초자연적 개입을 배제하고 자연을 탐구할 자유.[8] 또한 전통적 상징주의와 도덕주의적 관점을 버리고 자연 현상의 원인을 규명할 수 있어야 한다.
— 인간 행복을 인간의 활동으로 고찰하되, 초자연적인 덕과 은총으로 주입된 행복을 거론하지 않을 자유.[9] 능동 지성이 우리 안에서 활동하고 우리의 삶의 원리와 '형상'(forma)이 되도록 능동 지성과 온전한 일치를 이루는 것이 곧 행복이다. '형상' 안에서 우리는 인간의 고유한 활동인 지성적 인식을 구현한다. 수동적 지성은 능동 지성의 빛을 수용하고 '나날이 능동 지성을 닮아감'[10]으로써 지적으로 능동적 삶을 영위한다.

지금 제시한 세 가지는 1250년과 1280년 사이에 아베로에스주의자가 만들어 낸 문제 상황이다. 알베르투스의 기본 입장은 아베로에스주의자의 입장과 크게 다르지 않다. 능동 지성의 변모에 의한 인간 지복에 대한 문제에서 알베르투스는 자신의 이론이 아베로에스와 아주 사소한 차이만 있을 뿐이라고 분명히 말한다. 지성의 고양되는 방식에 대해서는 아베로에스와 전적으로 일치한다.[11]

하지만 나는 알베르투스가 '아베로에스주의자'였다고 주장하고 싶지는 않다. 이 공격적인 이름표는 시대를 앞서 나간 그리스도교 사상가들의 업적을 폄훼할 뿐이다. 알베르투스는 그러한 독창적인 그리스도교 사상가들 가운데 최초였다. 그는 세계의 영원성은 증명할 수 없다고 보았다. 모든 인간이 단일한 지성을 공유한다는 이론을 그는 1256년에 논박했다. 하지만 그렇다고 해서 그가 토마스와 공동으로 반(反)아베로에스 전선을 구축한 것은 아니다. 두 도미니코회 사상가의 연합 내지는 정통 교리의 단결이라는 감동적인 그림은 성인 공경 문화의 소산이거나 기껏해야 영웅담처럼 성인전에 실려 있는 이야기일 뿐, 결코 역사적 사실이 아니다. 그러면 알베르투스의 지성론을 살펴보도록 하자. 알베르투스에 따르면, 능동 지성은 개별적 지성이다. 모든 인식 주체는 개별 인간이기 때문이다. 그래서 알베르투스는 지성을 '영혼의 부분'[12]이라 부른다. 하지만 그는 영혼의 '부분들'에 대해 토마스와는 다른 생각을 갖고 있었다. 영혼의 '부분들'은 유일한 실체이자 유일한 활동이다.[13] 이와 달리, 토마스는 영혼의 능력을 우연자로 파악했다. 알베르투스는 ─ 토마스처럼 ─ 지성을 인간 신체에 형태를 부여하는 원리인 영혼의 한 부분으로 이해했다. 하지만 그에 따르면, ─ 그리고 이 점에서 그는 토마스와 입장을 달리한다 ─ 이성혼은 자기의 본질과 자기의 가장 고귀한 활동을 결코 신체와 나누지 않는다. 그는 신체에서 영혼을 토마스가 분리한 것보다 더 멀리 떼낸다.[14] '그 자체로' 고찰하면, 지성은 보편적 지성이다.[15] 우리의 지성이 지성인 한에서, 우리가 가진 지성을 각각 지성으로서 바라보면 "그것들은 전부 하나이다. 지성이 여럿인 이유는 지성이 지금 이 사람에, 그리고 저기 있는 특정한 사람에 속해 있기 때문이다. 아베로에스는 이 이론에서 우리와 일치한다. 지성이 용해되는 과정에 대한 설명에서 '약간' 차이가 있기는 하지만 말이다".¹⁶⁾ 정신적 인식이란 보편적 인식을 뜻한다. 우리는 이 보편적인 것이 인식 주체인 모든 사람에게 동일하게 주어진다는 사실을 믿을 수 있어야 한다. 지성은 그 자체로 보편적이어야 한다. 그래야 보편적인 것을 이해할 수 있을 테니 말이다.¹⁷⁾ 보편자를 인식할 때, 인간은 그를 둘러싼 시공간적 조건에서 풀려난다. 인간은 신처럼 된다. 추상 작용을 통해 신의 아들이 된다. 알베르투스는 호메로스를 인용하면서 이렇게 표현한다. 지성을 통해 우리는 필멸자의 자녀에서 하느님의 자녀로 들어 높여진다고 말이다. 하느님의 자녀됨에 대한 합리주의적 선언에 담긴 아리스토텔레스적이고 아베로에스적인 모티프는 마이스터 에크하르트와 니콜라우스 쿠자누스에게서 또다시 나타날 것이다. 알베르투스는 헤르메스 트리스메기스투스에게서도 동일한 것을 읽어 낸다. 이 고대 이집트 지혜는, 인간은 지성으로 말미암아 신과 세계를 연결하는 고리라고 말한다(homo nexus est Dei et mundi).¹⁸⁾ 알베르투스는 우리가 지금까지와는 다른 시각으로 볼 수 있게 해 주었다.

하지만 그는 인간의 새로운 의미도 보았다. 디오니시우스를 따라 인간이 최고의 인식에서 자기 자신을 초월하고 신적 무규정성으로 빠져든다고 강조할 때(부정신학), 분명 그는 자연에 대한 앎에서 자기 자신을 아는 앎으로, 그리고 거기서 다시 세계의 근거에 대한 앎으로 가는 길이 플라톤주의자와 아리스토텔레스주의자가 이해한 대로 정신의 본질 안에 펼쳐져 있다고 믿고 있다. 지성의 본성을 충실히 따르기만 하면 인간은 신으로 변모한다(homines in deos transponi et transformari).¹⁹⁾ 그때 무규정적 신은 인간에게 더는 낯선 타자나 베일에 감추어진 존재가 아니라 인간에게 고유한 본성으로 드러날 것이다.

마이스터 에크하르트와 단테는 신격화의 이념을 아마 알베르투스에게서 배웠을 것이다. 그러나 알베르투스의 모티프는 자연과학에서의 그의 열정과 전혀 상치되지 않는다. 알베르투스는 거의 식물도감과 동물도감에 가까운 저서를 다음 세대에 유산으로 남겨 주었다. 식물지와 동물지에서 그는 그가 가진 그리스와 아랍 문화권의 지식을 아낌없이 나누어 주며, 독자적인 관찰 결과와 상충하는 것에 대해서는 끈질기게 해명을 시도한다. 광물과 천문학도 깊이 연구했는데, 그 결과 연금술과 점성술에도 관심을 가지게 되었다. 『천문학의 거울』(Speculum astronomiae)[20]은 알려진 것과는 달리, 알베르투스의 작품이 아니다. 점성술은 땅 위에서 발생하는 모든 사건의 원인을 천구 운동으로 소급하는 우주론 내에서만 유효하다. 우리는 알베르투스가 정말로 별의 움직임이 이 땅에서 벌어지는 일들의 원인이자 예형(例形)이라고 주장했다는 사실을 그의 친저(親著)에서 확인할 수 있다. 그는 미래를 보는 예견이 가능하다는 점을 의심하지 않았다. 단지 그 가능성을 가정적으로 말했을 뿐이다.[21] 의지의 자유를 부정하는 점성술적 논증과 주장은 단호하게 거부한다. 그리고 별의 운동이 자연과 인간 세계에 가하는 영향은 교부들도—그럴 때마다 그는 대체로 아우구스티누스를 인용한다—이야기한다고 강변한다. 알베르투스는 아랍 철학자들도 별들의 작용이 의지의 자유를 해친다고 보지는 않았다고 주장했다.[22] 요컨대, 그는 인간의 자유를 침해하는 '필연성 철학'(결정론)을 내세웠다면서 그리스인들과 아랍인들을 비난하는 일에 동조하지 않았던 것이다. 그도 이 '철학자들'(philosophi)을 따라 인간도 자연 내의 존재로 보았다.

이것은 자연 탐구에서 혁신적 일이었지만 역사 없이 발생한 것도 아니었다. 바스의 애덜라드, 콩셰의 기욤, 샤르트르의 티에리, 그리고 살레르노의 의학자들이 그에 앞서 혁신의 길을 닦았다. 1253년 링컨(Lincoln)의 주교로 생을 마감한 그로스테스트는 학문론적으로 중요한 아리스토텔레스의 『분석론 후서』에 대해 1220년 이전에 이미 주해서를 썼으며, 1230년대에는 『자연학』에 대한 주해서를 남겼다. 자연을 연구할 해법으로 수학을 높이 평가했다는 점을 고려하면, 그로스테스트는 아리스토텔레스를 맹목적으로 추종했던 사람은 아니다. 이러한 그의 입장은 『티마이오스』 주해 전통과 일치한다. 이와 달리, 알베르투스는 생물학 지식 확장에 전력을 다했다. 개별 자료의 축적이 학문의 본질이 아니라는 점은 알베르투스도 당연히 알고 있었다. 그럼에도 그는 수집한 수많은 경험 자료에 상응할 고유한 방법론을 딱히 개발하지 않았다.[23]

제32장

토마스 아퀴나스

알베르투스의 제자인 토마스 아퀴나스(Thomas Aquinas, †1274)는 지식을 수용하는 과정에서 스승보다 내용적 방향 설정에 더 많이 집중했다.[1] 그는 자연과학을 촉진한 알베르투스의 작업은 무시했다. 하지만 변증술적 재능은 스승보다 뛰어났다. 그는 주제와 인용, 관점들을 더 알기 쉽게 체계적으로 정리했다. 권위도 더 신중하게 선택했다. 아울러 그는 학문에 입문하는 이들이 가진 요구도 잘 알고 있었다. 『신학대전』(Summa theologiae)은 바로 그런 초심자를 배려해 저술된 책이다. 이단 척결과 선교 활동에 종사하는 같은 도미니코회 형제들을 위해서는 『대이교도대전』(Summa contra gentiles)을 썼다. 그는 도미니코회를 옹호했으며, 파리 대학에서 수도회 몫의 교수 자리를 얻기 위해 적극적으로 투쟁했다. 한편으로 그는 급진적 아리스토텔레스주의자들과 격렬한 논쟁을 벌였다. 아베로에스의 별난 이론에 대해서는 알베르투스보다 더 비판적 입장을 취했다. 아리스토텔레스를 읽을 때, 그가 아우구스티누스와 디오니시우스를 놓지 않은 것은 알베르투스와 같았다. 하지만 아리스토텔레스적인 것과 아우구스티누스적인 것을 프로클로스의 철학인 『원인론』과 결합할 때에는 알베르투스보다 더 철저했다. 그는 『원인론』이 프로클로스적 기원을 가진 책이라는 사실을 — 이 사실을 안 사람이 그가 최초는 아닐 수 있다 하더라도 — 알고 있었다. 그럼에도 토마스는 모든 논쟁에서 분명한 입장을 취하고 명료한 논증을 사용하며 (바로 이 점에서 알베르투스와 커다란 차이가 있다), 교육 현장에 유용한 것을 제공하고 소속 수도회의 이익을 변호하면서 교황의 보편 권력을 지지하는 데에 적극적이었다. 역사적 이해를 구하는 독자들은 토마스의 작품이 가진 유용성을 결코 간과해서는 안 된다. 하지만 그것이 일차적 관점이 되지는 못한다. 토마스의 사유를 '그리스도교적 아리스토텔레스주의'로 특징짓는 것도 충분하지 못하다. 이런 이름표를 붙이면 그의 아우구스티누스적이고, 디오니시우스적이고, 프로클로스적인 동기들(『원인론』)이 너무 멀리 밀려나고 만다. 어떤 사람들은 자연과 초자연의 명확한 구별과 그 둘의 조화의 구성을 토마스의 최고 업적으로 꼽는다(신앙과 지식, 철학과 신학, 자유와 은총, 국가와 교회 등). 그러나 이러한 찬사는 토마스를 역사적 상황에서 유리시키는 데 기여할 뿐이다. 그는 그가 속한 조건들, 곧 증명 가능한 대화 상대자들과의 담론 속에서 그려 내야 한다. 그의 사유는 변화를 겪었으므로 우리는 그의 사유의 발전 과정을 추적해야 한다. 그러려면 논리적 구조, 문학적 특수성, 그리고 토마스 작품의 맥락과 원 사료들을 연구할 필요가 있다. 지금까지 이 작업은 매우 피상적 수준에서만 수행되었다. 토마스 아퀴나스에 대한 수많은 연구는 그를 스콜라주의의 정점이자 시대를 초월하는 최고의 사상가로 묘사하기 때문이다. 사람들은 토마스가 가지지도 찾지도 않은 통일성을 고안해 그에게 강제하거나 부당하게 요구했다. 많은 토마스 연구자는 인정하고 싶지 않겠지만 그는 매번 주어진 상황에 맞게 글을 쓰는 저술가였다.

 토마스는 쾰른의 알베르투스 문하에서 수학하던 시기(1248~52)를 반영한 초기 단편 『존재자와 본질』에서 아랍 철학자 아비첸나와 대결한다.[2)] 이 작은 논고는 파리의 생-자크 수도원 동료 수사들의 요청으로 쓰였다. 그는 아비첸나처럼 모든 인식에서 확인할 수 있는 가장 보편적 규정을 찾느라 고심했다. 그는 우리 사유의 모든 개별적 내용을

'있음'이라는 근본 규정의 변용으로 이해될 수 있다고 보았다. 그는 '있음'(ens), '본질'(essentia), '자연'(natura) 같은 기초적 규정들이 복합 실체(즉 물체적인 사물)와 단순 실체(천사와 신 같은 순수 영적 존재를 가리킨다), 속성들(우유적 존재)에서 어떻게 나타나고 각각의 경우 어떻게 사용되는지 그 규정의 변화 양식들을 탐구했다.

만물의 첫째가는 가장 원초적 규정은 '있음'이다. 모든 것은 존재한다. 그러나 우리가 아는 사물은 우리가 존재라고 하는 그것은 아니다. 사물은 존재를 가지고 있을 뿐이지 존재는 아니다. 사물이 존재와 전적으로 동일하다면, 사물은 존재를 잃어버릴 수 없을 것이다. 존재하지 않는 것이 불가능할 수도 있다. 존재가 아닌 채로 사물이 있다는 것은 그것이 창조되었다는 사실, 곧 유한하다는 점을 증명한다. 사물에서 구별할 수 있는 것은, 첫째가는 본질인 신 안에서는 구별되지 않고 동일해야 한다. 신은 순수하고 한계가 없으며 상실될 수 없는 존재이다.

토마스는 계속해서 변주를 주면서 이 사유를 끊임없이 심화해 나갔다. 그는 '어떤 것이 있다'라고 말할 때, 우리는 그것이 '존재를 가진다'는 뜻으로 말하지 그것이 '존재이다'라고는 말하지 않는다는 점을 지적하는 것 같다. 하지만 문제가 있다. '어떤 사물'이 존재를 가진다는 말은 그럼 무슨 뜻인가? 그 존재는 모든 사물이 갈망해야 하는 이상적 형상이나 내재적 규범이라는 말일까? 아니면 단지 실질적 실존 현실을 말하는가? 그리고 한 그루의 나무와 그 나무의 '존재' 사이에 대체 어떤 종류의 차이를 상정해야 하는가? 두 개의 서로 다른 표현이 있다는 점은 명백하다. 『존재자와 본질』에서 토마스는 이 구별이 '실제적' 구별이라고는 말하지 않았다.

이 텍스트는 많은 해석을 열어 놓는다. 토마스는 사물과 사물의 존재 구별은 상상 속의 동물(불사조 같은)과 실제로 존재하는 사물 사이의 구별과 같다는 말을 하기도 한다. 그는 본질(essentia)에 대해 이야기하면서 이 말이 본래 '존재'(esse)에서 기원한다는 점을 강조한다. 하지만 이것을 토마스는, 우리는 그것이 실제로 존재하는지 알지 않고서도 어떤 사물의 본질을 알 수 있다는 점을 들어 설명한다. '본질' 개념의 저평가는 토마스의 사유의 아리스토텔레스적 기초를 해체하는 결과로 이어진다. 아리스토텔레스에 따르면, 불사조 같은 존재는 그것이 무엇인지 묘사할 수는 있지만 정의될 수는 없다.[3] 아리스토텔레스에 따르면, 오직 현실적으로 존재하는 것만이 '본질'을 가질 수 있고 정의될 수 있다. 토마스에게서 현실적 대상에 대한 철학은 더는 사물의 정의를 확신할 수 없게 된다. 세계는 우연적이며, 창조주의 의지에 의존적이다. 토마스에 따르면, 단순히 생각된 것(그가 말하고자 하는 바는 '상상된 것'이다)과 실존하는 대상 사이에는 이 둘을 철저히 분리하는 까마득한 심연이 가로놓여 있다. 이 간극을 극복하려면 모든 사물은 어떤 실재적 원리를 필요로 한다. 이런 맥락에서 이미 토마스는 초기에 저술한 철학 논고에서 이른바 실체와 실존의 실제적 구별이라는 방향으로 나아가고 있다. 그는 아리스토텔레스와 아베로에스에 반대하면서 아베로에스의 편에 선다. 아리스토텔레스의 용어를 사용하는 실세직 구별을 통해 토마스는 존재를 사물의 활동이라 개념화했다. 하지만 그는 이렇게 함으로써 아리스토텔레스의 실체론과 모순된 것을 주장했다. 후기 작품에서 토마스는 그의 사유를 구체적 형태로 반복해 제시한다. 그는 아리스토텔레스의 현실태-가능태라는 개념 쌍에 흥미를 보인다. 그러고는 실체에 대한 실존(esse)의 관계는 가능태에 대한 현실태의 관계와 같다고 설명했다. 이것은 정의를 실재하는 사태의 불변하는 본질 구조의 개념적 이해라고 본 아리스토텔레스의 지식론 안에 우연성을 억지로 집어넣는 시도이다. 토마스의 존재론은 '소여된 것', '사태 그 자체', '실증적인 것' 같은 근·현대 개념들의 전사(前史)에 속한다.

『존재자와 본질』에는 토마스가 중요하게 여긴 다른 주제들도 들어 있다. 토마스는 '제일질료'(materia prima)라는 아리스토텔레스적 개념을 순수 가능태 — 규정될 수 있는 단적인 가능성, 그러므로 전적으로 무규정적인 것 — 로 이해했다. 그는 질료를 향후에 전개될 결과들이 들어 있는 이성적 씨앗(rationes seminales)을 잉태한 것으로 보는 스토아적 아우구스티누스 이론을 비판했다. 이렇게 더 엄격하게 아리스토텔레스를 추종한다는 점에서 토마스는 그의 스승 알베르투스와 차이를 보인다. 다른 한편, 토마스는 실용적인 질료 개념을 확보하고 싶어 한다. 질료는 단적인 가능성이 아니라 물체적 연장이기 때문에 순수하게 정신적 존재에게는 해당되지 않는다. 이렇게 해서 토마스는 동시대의 프란체스코회 수사인 보나벤투라가 받아들인 아비체브론의 '지성적' 질료 이론을 비판했다. 우리는 토마스가 1252년 파리에 왔을 때, 보나벤투라가 이미 4년 전부터 파리에 살고 있었다는 사실을 알 필요가 있다. 그러므로 토마스는 『존재자와 본질』에서 그의 아리스토텔레스주의를 아우구스티누스를 가지고 플라톤적 해석을 꾀한 보나벤투라에 대결시켰던 것이다. 그렇다고 그가 플라톤주의 전통을 완전히 끊어 버린 것은 아니다. 그러기에는 그는 아리스토텔레스를 신플라톤주의적으로 해석한 아비첸나에 너무 가까이 있었다. 또한 토마스는 『원인론』을 많이 인용하고 동의한다. 그는 플라톤주의의 용어를 가지고 신과 존재의 '분여'(participatio)를 이야기한다. 그래서 토마스에게 '있음'이란 아무런 내용도 없는 존재 현실을 뜻하지 않는다. '있음'은 사실성 이상의 것이다.

그의 초기 작품에 모든 보편 규정은 실존하는 개별자에 관계해야 한다는 '아리스토텔레스적' 이론도 들어 있다. '동물' 같은 더 일반적인 규정은 구체적이고 개별적인 것('인간')을 자기 안에 단지 덜 규정된 방식으로 포함한다. 토마스는 아베로에스를 따라 지성은 규정에 보편성을 부여하는 자라고 말한다. 그리고 그러한 지성이 인간의 개별적 지성이라고 강조할 때에는 아베로에스에 반대한다. 사유 형식의 보편성에서 모든 인간이 단 하나의 지성을 공유한다는 결론은 나올 수 없다, 보편성은 다수의 개별 사물과의 관계 속에서 생각되어야 한다는 것이 토마스의 주장이다.[4)]

파리에 왔을 때, 토마스는 4년 동안 페트루스 롬바르두스의 『명제집』 강해 수업을 진행해야 했다.[5] 이 경우에 토론 상대자는 아랍 철학자가 아니라 교부들이었다. 특히 아우구스티누스가 큰 과제였다. 하지만 그는 아우구스티누스를 답습하는 것으로 그치지 않았다. 토마스는 『명제집』에 자기만의 고유한 형식을 입히려 했다. 『명제집』은 전체 네 권으로 구성되어 있다. 페트루스는 이 네 권을 아우구스티누스의 구별을 따라 구분해 두었다. 제1권에서 제3권까지는 '사태'(res), 즉 삼위일체로서의 신과 창조와 육화를 다룬다. 제4권은 '기호'(signa)를 다루는데, 여기서 말하는 것은 기호 일반이 아니라 예의 그 '사태들'을 드러내는 기호들, 즉 성사를 가리킨다. 제1권과 제2권은 신으로부터의 만물의 기원(exitus)과, 제3권과 제4권은 신을 향한 만물의 회귀(reditus)와 관계가 있다. 토마스는 아우구스티누스의 용어보다는 신플라톤주의적이고 디오니시우스적 세계관의 개념들을 주로 사용하는 셈이다. 그는 쾰른에서 알베르투스의 디오니시우스 『신명론』 강해 수업을 들은 적이 있다.

아비첸나와 아우구스티누스는 1256년에서 1258년 또는 1259년까지의 토론을 담은 토마스의 작품인 『진리론』(*Quaestiones disputate de veritate*)의 논의 방향을 제시하는 사상가들이기도 하다. 『명제집』 강해 이후에 '석사' 자격을 얻은 토마스는 공개 토론을 개최할 의무가 있었다. 전승되는 텍스트는 해당 토론을 실시간으로 기록한 회의록은 아니고 논쟁 과정과 결과를 나중에 재구성한 책이다. 독자들은 이 책에 실린 29개의 문제가 대학에서 3년에 걸쳐 다루어졌다고 보면 된다. 1256년에서 1257년 사이에 쓰인 제1문에서 제7문까지의 텍스트도 동일한 주제적 연관성으로 묶여 있다. 진리는 먼저 '존재', '하나', '어떤 것', '선' 같은 보편적이고 일차적인 규정과의 관계 속에서 논의된다. '참'이라는 단어의 말뜻은 기초 개념의 분석을 통해 밝혀져야 한다. 여기서 단일하고 유일한 근원에서 어떻게 다양성이 나올 수 있는가라는 문제가 발생한다. 차이를 생산하려면 '존재'에 어떤 것을 덧붙여야 할까? 우리가 덧붙일 수 있는 것은 무엇이든, 어떻게든, 이미 존재하는 어떤 것이어야 한다. 그러므로 앞에서 말한 근본 규정들은 일종의 존재자의 양태와 같다. 이렇게 토마스는 진리 문제 탐구를 존재의 자기 분화와 부정성의 구성적 기능6)에 대한 연구와 결합함으로써 명백히 독창적인 철학자로 자리매김했다.7) '진리'란 토마스에게 일차적 규정들의 연역 안에서의 지성에 대한 존재자의 관계를 뜻했다. 요컨대, '참'은 문장만이 아니라 사물 자체에 대해서도 말해진다. 그것들은 두 개의 지성 사이에, 즉 작용자인 신적 지성과 수용자인 인간 지성 사이에 놓여 있다. 그렇지만 토마스는 인간 지성을 수동적으로만 보지 않았다. 그에게 '진리'는 일차적으로 존재자의 본질 규정이 아니라 명제의 진리였다. 그래서 그에게서 판단 이론에서의 진리 개념과 존재론적 진리 개념(즉 존재자와 지성이 맺는 관계라는 뜻에서의 진리)은 서로 동등하게 결합되지 않고 정립되어 있다.

『진리론』 제1문 제9절에 제시된 토마스의 설명에 의하면, 진리는 자기반성을 통해서만, 자기 자신을 사유할 때에만 가능하다. 진리가 내적 인간 안에 있다는 점은 아우구스티누스도 말한 적이 있다. 『원인론』은 지성의 고유한 특성이 다름 아닌 자기 자신을 향해 완전하게 회귀한다는 사실에 있다고 말한다(reditio completa in seipsum). 하지만 토마스는 진리를 자기반성과 판단에 귀속시킴으로써 아우구스티누스와 『원인론』보다 멀리 나아간다. 그러므로 우리의 감각 또한 참된 것을 인식할 수 있다. 그러나 진리는 오직 지성만이 인식할 수 있다. 유일하게 지성만이 사유된 규정(술어)이 실재하는 대상(주어)에 정말로 속하는지를 판단할 수 있기 때문이다.

파리에서 토마스는 『대이교도대전』을 집필하기 시작했다. 이 작품은 앞서 언급했던 실용적 목적으로만 쓰인 것이 아니다. 이 책에서 토마스는 아리스토텔레스 철학의 수용으로 말미암아 서구 사유가 휘말리게 된 논쟁들을 다루었다. 19세기 사람들은 이 책을 '철학대전'이라는 이름으로 불렸다. '철학대전'이라는 제목에서는 작품의 호교론적 성격이 드러나지 않는다. 하지만 사람들이 이 책이 신학적 의도로 저술되었다는 사실을 강조한 것은 옳다. 다만 한 가지 덧붙여야 할 것이 있다. 토마스는 『대이교도대전』의 처음 세 권에서 자기가 철학적 논증을 통해 그리스도교 신앙의 철학적 근거를 확립하는 과제를 수행하고 있다고 밝혔다. 즉 신 존재와 신의 속성들, 신이 세계를 근거 짓는 방식, 영혼의 정신성과 불멸성, 영혼의 목적과 피안에서 획득되는 지복을 철학적으로 증명한다. 반면에 제4권은 그리스도교에 특수한 신앙 내용(삼위일체와 육화 같은)을 거스르는 철학적 반론을 반박하는 데에 중점을 둔다.

철학과 신학의 차이는 토마스 이전에도 지적된 바 있다. 사람들은 키케로와 세네카가 철학자였지 신학자가 아니었다는 사실을 알고 있었다. 보에티우스의 작품에도 철학의 자율성이 어느 정도 드러난다. 아리스토텔레스와 아랍 저작들의 유입, 그리고 인문학부의 확립으로 인해 철학과 신학의 구별은 더욱 긴급한 문제가 되었다. 철학과 신학의 구별은 13세기의 핵심 논쟁거리 가운데 하나였다. 우리는 알베르투스 마그누스가 이 둘을 적잖이 분명하게 구분했다는 사실을 확인했다. 토마스는 아리스토텔레스의 지식 개념을 신학에 의식적으로 적용하고 일치 지향적으로 아리스토텔레스를 해석함으로써(알베르투스는 이를 거부했다), 그리고 철학적 논증을 그리스도교 신앙을 변호하는 데 적극 활용함으로써 — 즉 이미 한 번 수행된 구별 안에서 — 철학과 신학에 벌어진 간극을 최대한 줄였다. 그리스도교 신앙의 이러한 변론은 토마스로 하여금 철학적 독창성을 발휘하지 않을 수 없게 만들었다. 아리스토텔레스 철학을 수용하는 소극적이고 전적으로 수동적인 태도에서는 그러한 작업이 결코 성취될 수 없었을 것이다. 토마스는 철학적으로 가능하기만 하면 무엇이든 간에, 신학적 내용을 최대한 많이 증명하려고 했다. 그럼에도 캔터베리의 안셀무스처럼 많이 나아갈 수는 없었는데, 왜냐하면 토마스는 실체와 사유 활동의 구별을 통해 순수 사유의 힘을 빼놓았기 때문이다. 그는 감각적 인식의 중요성을 인정했으며, 아리스토텔레스와 아랍인들의 작품을 통해 다듬어진 그리스도교적이지 않은 철학들을 참고했다.

1259년 말부터 토마스는 다사다난한 10년을 보내게 된다. 그는 나폴리(1259~61)와 오르비에토(1261~65), 로마(1265~67)와 비테르보(1267~68)에서 가르쳤다. 중간에 잠깐 로마 교황청에서 일한 적도 있다. 교황의 신학 자문을 맡았을 때에도 본래의 교직 활동은 계속 겸한 상태였다. 『대이교도대전』은 이탈리아에서 완성되었다. 토마스가 『신학대전』을 집필하기 시작한 것은 1266년 로마에서였다.

이탈리아에서 토마스는 동방 교회와의 다툼과 같이, 교회 정치적으로 중요한 문제들을 다루었다. 1261년 8월 동로마 제국의 황제는 교황 우르바누스 4세(Urbanus IV)를 일치 협약과 관련한 협상에 초대했다. 그리스 교부들에 대한 연구는 현실적으로 의미가 있었다. 공식적인 신학 자문은 협상 상대방이 무슨 생각을 가지고 있는지 정확하게 파악하고 있어야 했다. 토마스는 과거에 열린 공의회 문헌들을 공부하기 시작했다. 그리스 교부들에 대한 사상 연구는—물론, 토마스는 모두 라틴어 번역으로 읽었다—우르바누스 4세에게서 네 복음서에 대한 주해서(이른바 『황금 사슬』(Catena aurea))를 써 달라는 부탁을 받음으로써 한층 심화되었다. 철학적 까다로움 없이 성실하게 쓰인 네 개의 주해서는 서구 신학자들로 하여금 동방 신학에 관심을 갖도록 크게 자극했다는 점에서 중요한 작품으로 평가받는다.

토마스는 정치적 문제도 간과하지 않았다. 그가 1267년 키프로스의 왕에게 쓴 편지는—이른바—간추린 정치 이론을 싣고 있다. 제2권 제4장까지만 남아 있는 미완성 소품 『군주 통치론』에서 토마스는 모든 세속 권력은 교회에게 복종해야 한다는 교황주의적 이론을 옹호한다.[8] 하지만 토마스가 속권이 자기의 고유한 근거와 목적을 전혀 가지지 않는다고 주장한 것은 아니다. 속권은 단지 유한한 권력이며, 그것의 목적은 이 세상에서만 유효할 뿐이라는 것이다. 공동선(bonum commune), 다수의 사람에게 공통적으로 주어져야 하는 안녕은 피안의 목적과의 관계 속에서만 실현될 수 있는데, 이 목적은 교황이 온 인류를 지도하는 바의 바로 그것이다. 세속 군주의 유한한 목표는 이러한 본래적 목적에 봉사해야 한다. 따라서 목적들은 서로 병렬 관계에 있지 않다. 둘 중 하나는 최고 심급이며, 다른 하나는 거기에 복종함으로써 일시적이고 제한된 자율성을 가진다(제1권 제15장 참조). 이러한 상대적 자율성은 아리스토텔레스 수용의 결과로 나타난, 역사적으로 새로운 것이었다. 토마스의 사상은 훗날 보니파키우스 8세(Bonifacius VIII)나 에지디우스 로마누스(Aegidius Romanus) 같은 교황주의자들의 사상과는 차이가 있다. 정치 세계는 그 자체로는 영적 권력과 아무 상관이 없다. 하지만 여기서 자율성의 증대를 과도하게 강조하는 연구자들이 많이 있다. 그들은 교황에 대한 모든 정치권력의 복종 관계를 조명하는 조리개를 좁게 설정함으로써 토마스를 현대적 사상가로 '조작한다'.

이 작품에는 황제에 대한 논의가 없다. 교황과 벌인 거대한 싸움으로 황제의 권력은 쇠퇴한 지 이미 오래되었다. 그래서 토마스도 황제가 아니라 다수의 왕에 대해서만 이야기할 정도이다. 이제는 그리스도의 대리자, 교황만이 남았다(제1권 제14장). 이러한 사상은 나중에 고유한 문학 형식을 가지고 『교회의 권능』(De ecclesiastica potestate)이라는 작품에서 이어지게 된다. 토마스의 사상은 에지디우스 로마누스를 통해 심화 및 발전되었으며, 교황 보니파키우스 8세에 의해 신앙 교의로 공표되었다(교황 교서 「거룩한 하나의 교회」(Unam sanctam)).

『권능론』(Quaestiones disputatae de potentia)은 토마스가 로마에 있는 동안 열었던 토론 수업을 담았다. 이 저작은 토마스의 대전(大典)에 준할 정도로 커다란 중요성을 가진 작품이다. '권능'(potentia)이란 신의 권능을 말한다. 이 작품은 창조(creatio)에 대한 이론을 주제로 삼는다. 창조의 권능이 가장 먼저 만들어 내는 것은 혹시 질료인가? 아니면 이미 선재(先在)하는 질료를 가공하는가? 후자는 아리스토텔레스의 입장인 것 같다. 그래서 논의는 아리스토텔레스 철학을 논구하면서 아리스토텔레스의 가장 중요한 해설자인 아베로에스와 논쟁을 벌이는 것으로 진행된다. '생성'이란 일반적으로 어떤 것(작용인)을 통해 어떤 것(질료)이 어떤 것으로 만들어진다는 뜻을 가지고 있다. 하지만 세계의 생성에 대해서는 이런 개념이 적용될 수 없다. 여기서는 이미 존재하는 어떤 것을 전제하지 않는 생성 개념이 요구된다. 세계의 생성은 근원이 없는 생성이거나 아니면 자연에서 사례를 찾아볼 수 없는 근원을 가진 것으로 생각되어야 한다. 동시에 토마스는 다른 문제도 제기한다. 세계는 질서(ordo)로 생각되어야 한다. 여기서 '질서'는 여러 가지 의미를 갖고 있지만, 토마스는 어쨌든 종속된 심급들의 기능과 작용에 대한 존중과 인정을 염두에 두고 있다. 첫째가는 원인(신)은 두 번째 원인들(창조된 존재들)의 고유한 작용을 빼앗지 않고 오히려 그 활동의 근거가 되어 준다. 토마스에게서 제일원인은 매우 자비로운 봉건 영주와도 같다. 영주는 가신들이 맡은 일에 간섭하지 않는다. 당시의 봉건 사회에 적절하게 대응시킨 이론을 토마스는 『구약성경』의 후기 작품과 스토아적 신학을 가지고 뒷받침한다. 『원인론』에도 들어 있고 아비첸나에게서도 감지할 수 있는 신플라톤주의 전통은 이러한 질서를 세계의 생성에 이미 고려된 것으로 이해하고자 했다. 즉 신은 순수한 지성을 창조하고 이 지성은 보다 더 제한된 존재를 만들어 내는데, 이런 식으로 순수 영적 존재들과 별과 항성들의 영혼, 자연의 사물들이 차례로 생성되는 구조 말이다. 페트루스 롬바르두스는 유일한 창조주인 하느님이 피조물을 창조의 도구로 사용할 수도 있다고 가르칠 때, 이러한 유출 모델과 유사한 사상을 주장하고 있다. 『권능론』 제3문 제4절에서 토마스는 그러한 친밀성에 반대 의사를 표한다. 하느님은 어떠한 도구도 필요 없이 당신 혼자 모든 것을 직접적으로 창조한다는 것이 그의 주장이다. 무(無)에서 어떤 것을 존재로 만들어 낼 때는 어떤 무한한 능력이 있어야 한다.

그리고 창조된 이들 중에 그런 능력을 받은 자는 아무도 없다.

디오니시우스 아레오파기타의 저작에 대한 주해서도 토마스가 이탈리아에 체류하던 시기에 저술되었다. 토마스는 『신명론』에 대해서만 주해서를 썼다. 원리와 관련한 주제들을 취급한다는 점에서 『신명론』은 디오니시우스의 가장 중요한 작품이다.

주해서가 집필된 정확한 시기는 확정할 수 없다. 아마 『대이교도대전』 저술 이후와 『신학대전』 집필을 시작하기 이전 사이에, 그러니까 이슬람과 유대교와의 철학적 논쟁과 신학의 새로운 조직화가 이루어진 1264년과 1266년 사이일 것 같다. 확실한 것은 디오니시우스 작품의 연구가 『신학대전』 집필을 위한 예비 작업이 되었다는 사실이다. 『신학대전』에는 아리스토텔레스 인용보다 디오니시우스 인용이 훨씬 더 많다. 토마스의 그리스도교적 아리스토텔레스주의를 드러내는 공식들은 디오니시우스가 그에게 어떤 의미였는지를 쉽게 간과하고 있다.

디오니시우스적 유산은 토마스에게 문제를 일으키기도 했다. 토마스는 아비첸나를 따라, 또한 교부들의 플라톤주의적 저술들에 근거해 신을 존재 자체 내지는 '자립하는 존재'(esse per se subsistens)로 개념화했었다. 이는 긍정적인 교의 명제의 표현을 가능하게 했지만, 디오니시우스가 최우선으로 내세운 부정신학과는 모순을 일으켰다. 디오니시우스에 따르면, 우리는 하느님이 존재라든지 사랑이라든지 삼위일체라는 등의 말을 할 수 없다. 토마스가 이 두 개의 입장 사이에서 어떻게 줄타기하는가를 잘 보아야 한다. 그는 디오니시우스를 사도 바오로의 제자로 알고 있었지만, 디오니시우스가 프로클로스의 영향을 받은 사상가임을 알지 못했다. 프로클로스의 『신학 원리』는 1268년 가서야 번역된다. 하느님을 '존재 자체'라고 부를 수 있다고 디오니시우스가 스스로 말하지 않았던가? 어쨌든 디오니시우스는 서구의 아리스토텔레스적 합리성 사유에는 모종의 한계와도 같았다. 여기서는 하느님 체험, 초월함으로써(per excessum) 하느님을 인식하는 것과 하느님의 고통이 주제가 된다. 토마스의 주해서에서 우리는 그가 은유적 서술의 힘과 디오니시우스의 통일적 사유를 모두 약화함으로써 서구의 합리주의를 구원하기 위해 분투하는 모습을 볼 수 있다.

1266년부터 1273년까지 토마스는 『신학대전』을 작업했다. 이 작품에 대한 찬사는 지나치게 과한 측면이 있다. 『대이교도대전』이 『신학대전』보다 발상이 풍부하며, 철학적 엄밀함으로 따지자면 『신학대전』은 『토론문제집』(Quaestiones disputatae)에 미치지 못한다. 또한 『명제집주해』(Scriptum super Libros Sententiarum)의 가치 평가는 아직 이루어지지 않은 상태이다. '대전'은 토마스 자신이 서문에서 분명히 밝힌 것처럼 초심자들을 위해 썼다. 대전을 대전 이상으로 읽는 이는 이러한 점을 잊어서는 안 된다. 이 작품은 미완성이며— 텍스트는 제3부 제90문 제4항에서 돌연 중단된다—내적 발전을 겪는다. 제1부는 핵심 내용을 요약 및 정리해 독자들에게 전달한다는 본래의 의도를 훌륭하게 성취한다. 교수법적 명료함이 특징이지만 토마스는 적지 않은 문제들을 다루지 않고 쳐내기도 한다. 주제는 학문론과 신론, 창조론, 천사론과 영혼론에 두루 걸쳐 있다. 후대 연구자들이 다시 두 부분으로 나눈 제2부는 보다 깊이 들어간다. 먼저 모든 피조물이 신에게 회귀하는 과정이— 우리는 이것이 디오니시우스적 발상임을 알고 있다—논구된다. 하느님에게서 지복을 누리고 있는 영적 존재들도 신에게 회귀한다. 근거와 원인을 이해하고자 하는 인간의 본성적 열망은 세계의 원인인 하느님을 직관하는 데서 완전하게 충족된다. 우리는 신을 관조하는 가운데 기쁨을 누린다. 관조의 우위성, 즉 의지와 사랑과 실천적 조력들에 대한 지성의 우위성을 둘러싼 논쟁은 여기서 시작된다. 제2부는 신학-철학적 윤리학과 인간학을 다룬다. 인간은 자기 활동에 주권과 책임을 가진 주체이다. 토마스는 그가 강조하는 의지의 자유가 아우구스티누스의 은총론과 조화를 이룰 수 있다고 본다. 자연적 경향들은 형식적으로는 일단 인간 이성을 통해 파악되어야 하는 모든 윤리적 가치의 기초로 해명된다. 또한 그는 고대와 교부들, 그리고 아랍인들의 사상을 활용하며, 인간이 가진 정념들 하나하나를 상세히 논구한다. 여기에 나타난 사유 단초들의 풍성함은 실로 장관이다. 율법과 자연법과 은총도 다룬다. 제2부의 두 번째 부분은 믿음, 희망, 사랑으로 이루어진 이른바 '신학적' 덕(德), 현명과 정의, 용기와 절제 같은 플라톤-아리스토텔레스-스토아적 전통에 따른 덕을 취급한다.

토마스는 자기가 발견한 것을 덧붙임으로써 기존의 덕론(德論)을 조정했다. 스토아적인 것은 플라톤적인 것에, 아리스토텔레스적인 것은 수도자적인 것에, 아우구스티누스는 세네카에 각각 대응시켰다. 하지만 우리가 이와 동시에 과연 윤리학적 다원성을 생각할 수 있는지는 확실하지 않다. 토마스를 숭배하는 연구자들은 이러한 점을 증명하기 위해 애쓰는 대신에 '그리스도교적 인문주의'라는 슬로건으로 문제를 덮어 버린다. 토마스가 인간의 모든 가치를 신학적 목적과 교회적-교황주의적 목적에 부합하게 하려고 얼마나 치밀하게 작업했는가에 대해서는 침묵하는 것이다. 이러한 토마스의 진정한 의도는 특히 이단과 유대인 같은 소수 집단에 대한 글을 읽으면 분명하게 알 수 있다. 토마스는 세례받은 신자가 그리스도교 신앙을 포기하면 중죄를 범한다고 쓴다.[9] 법에 따라 엄격하게 처리할 경우에 유대인들은 전부 노예로 삼아야 하며, 재산은 몰수해 그리스도교 군주들에게 넘겨야 한다. 그리스도교 국가의 군주들이 이러한 법 집행을 단념해야 하는 이유는 단지 그리스도의 이름을 더럽히지 않도록 하기 위함이다(『유대인 통치』(De regimine Iudaeorum)).

토마스는 1268년에서 1269년으로 넘어가는 겨울부터 또다시 파리에 있었다. 그는 파리에서 1272년 5월까지 머물렀다. 토마스는 수도회 장상(長上)의 명령 때문에 그리로 갈 수밖에 없었다. 탁발수도회가 대학에 교수 자리를 차지해도 되는가와 14세 소년을 수도원에 평생 가두어 두는 것이 옳은가와 같은 1256년의 쟁점이었던 옛 문제들이 다시 수면 위로 떠올랐다. 토마스는 1257년 탁발수도회를 옹호하는 변론을 펼쳤다. 지금 그는 똑같은 일을 한 번 더 하지 않을 수 없었다.

수도회의 이해관계 때문에 토마스는 두 번째로 파리에 가야만 했다. 하지만 그곳의 지적 상황도 여러 가지로 매우 흥미로웠다. 1265년부터 브라방의 시제는 인문학부의 학자들 가운데 일부를 자기편으로 만들어 둔 상태였다. 논쟁적 토론과 이단 고발, 폭동이 일어났다. 1270년 12월 10일에 아베로에스의 명제 13개가 단죄받았다. 이 단죄 목록에는 특히 지성 단일성 테제, 별과 항성의 운행이 끼치는 영향을 고려한 결과로 나타난 자유의지의 부정, 인류의 시원(始原) 부정(아리스토텔레스에 따르면, 종(種)은 영원해야 했다), 죽음 이후에 영혼이 물리적인 지옥불을 겪을 수 없다는 주장, 신은 개별 인간의 개별 행위를 알지 못하며 따라서 신의 섭리는 인간의 구체적 행위들에 미치지 못한다는 주장, 신은 소멸하는 존재를 가지고 불멸하는 것을 만들어 내지 못한다는 주장이 포함되어 있었다.[10] 토마스는 여러 차례 논쟁에 참여했다. 그는 1270년 아베로에스주의자의 지성 단일성 테제를 반박하는 논문을 썼다(『지성 단일성』(*Tractatus de unitate intellectus*)). 1270년 초에는 아우구스티누스 중심적으로 사유했던 프란체스코회 수사로서 아리스토텔레스에 반대해 세계가 영원하지 않다는 점을 증명하려 했던 존 페컴(John Peckham)과도 논쟁을 벌였다. 토마스는 중도적 입장을 취했다. 세계가 영원하다는 점은 증명될 수도, 철학적으로 반박될 수도 없어야 한다. 다시 말해 그는 창조된 세계가 무한히 지속한다고 생각해도 아무런 모순이 없다는 점을 보이고 싶어 했다(『세계의 영원성』(*De aeternitate mundi contra murmurantes*)). 1269년 초에 영혼론의 논쟁적 문제들은 『영혼에 대한 토론문제집』(*Quaestio disputata de anima*)에 담았다. 아베로에스와 대결하기 위해 토마스는 아리스토텔레스를 깊이 읽어야 했다. 사실, 그는 이탈리아에 체류할 때부터 도미니코회 수사인 뫼르베케의 빌렘(†1286)이 새로 번역한 아리스토텔레스 작품들에 큰 관심을 가지고 있었다. 토마스는 동료 수사 덕분에 고대의 중요한 아리스토텔레스 주해서도 읽을 수 있었다. 뫼르베케의 빌렘은 1266년과 1271년에 각각 『범주론』과 『천계론』(De caelo)에 대한 심플리키오스의 주해서를, 1270년 이전에는 『영혼론』에 대한 테미스티오스의 주해서를 번역했다. 파리에 체재할 때, 토마스는 『영혼론 주해』(Sententia super De anima, 1269~70), 『형이상학 주해』(Sententia super Metaphysicam, 1269~72), 『자연학 주해』(Sententia super Physicam, 1269~72), 아리스토텔레스의 지식론이 들어 있는 『분석론 후서 주해』(Sententia super Posteriora Analytica, 1269~72), 우연적 미래의 사태를 기술하는 명제의 진리를 취급하는 방법과 언어 이론을 담은 『명제론 주해』(1270~71, 제2권 제14장 19b26까지만 주해된 불완전한 주해서이다), 『정치학 주해』(Sententia libri Politicorum, 마찬가지로 불완전한 주해서로 제3권 제3장 1280a6에서 끝난다), 그리고 『신학대전』 제2부와 병행해 쓰인 『윤리학 주해』(Sententia libri Ethicorum, 1271) 등 거의 대부분의 아리스토텔레스 주요 저작들에 대한 주해서를 집필했다. 지성체와 천체의 영혼에 의한 천구 운동과 우주론을 다룬 『천계론』에 대한 주해서는 토마스의 가장 마지막 작품으로 추정된다. 그는 1272년부터 나폴리에 설립된 수도회 학교에서 가르쳤는데, 『천계론 주해』(Sententia de caelo et mundo) 원고는 1273년 12월 6일자로 끝이 난다. 육체적으로 완전히 탈진한 그는 심적으로도 우울증 같은 것을 앓고 있었다. 1274년 3월 7일, 토마스는 생을 마감했다.

파리 학계의 긴장된 분위기는 저술가인 토마스에게 더없이 좋은 상황이었다. 대전(大典)과 토론문제집, 아리스토텔레스 주해서, 정치적 논구 외에도 토마스는 성경 주해를 썼는데, 「요한복음」 주해(1269~72)와 「로마서」 및 「코린토1서」 주해(1270~72 추정) 같은 그의 가장 유명한 성경 주해가 바로 이 시기에 탄생했다.

우리는 말년의 토마스가 취급한 주제, 참고 자료의 방대함과 다양성, 그의 어마어마한 학문적 활동량에 주목할 필요가 있다. 그는 그가 소속된 수도회를 변호하는 임무를 맡았고, 그리스 저술가의 아리스토텔레스 주해서를 읽었고, 브라방의 시제와 논쟁을 벌였고, 아우구스티누스와 사도 바오로를 깊이 연구했고,『원인론』에 대한 주해서를 쓰면서 (1271/72) 프로클로스의 관점에서 신플라톤주의를 재검토했으며, 지성과 덕과 육화를 주제로 대학에서 심도 있는 토론을 주도했다. 이외에 다양한 소품들과 소견서도 남겼다. 새롭게 수용된 자료의 풍부함과 역사적 절차의 결여로 인해 체계의 통일성이 고통을 겪는 것은 당연했다. 토마스가 무엇을 어떤 의미에서 목표로 설정했는지는 의문점으로 남는다. 그가 진행한 논의들은 데카르트적 의미에서의 철학 체계의 수립과는 사실상 별 관계가 없었다. 그는 그가 뛰어든 논의에서 일종의 삶의 문제, 즉 서구 문명이 자기의 문화적·정치적 정체성을 잃지 않고 아랍 세계에서 얼마나 수용할 수 있는지와 같은 질문을 던졌다. 토마스의 저작에 일관성이 결여되어 있고 정교한 변증술로 쌓아 올린 거대한 건축물 안에 비대칭적 부분이 있다면, 그만큼 그의 작품이 가진 역사적 의의는 크다. 물론, 토마스의 저술은 아리스토텔레스를 꼼꼼하게 읽는 사람과 프란체스코 성인의 열정적인 제자들을 설득하지는 못할 것이다. 토마스를 더는 낡은 아우구스티누스주의와 여러 이단과 맞서 싸운 승리자로만 보지 않고 각 논의의 직접적 이해관계자로 조명하는 연구가 시작되었다. 토마스는 아마도 브라방의 시제와의 논쟁, 프란체스코회를 중심으로 이루어진 아우구스티누스주의와의 논쟁을 겪으면서 입장을 바꾼 것 같다. 확실한 증거는 아직 발견되지 않았다.[11] 하지만 보나벤투라, 토마스 아퀴나스, 아베로에스주의 사이에서 어떤 것들이 오갔는지는 구체적으로 추적할 수 있다.

제33장

보나벤투라

보나벤투라(Bonaventura, †1274)는 프란체스코회 수사였다. 1257년부터는 수도회를 통솔하기 위해 파리에서 교편을 잡았다.[1] 그의 학문적 작업도 프란체스코회 개혁 운동의 틀 속에서 성취되었다. 그는 아시시의 프란체스코를 개인적으로 알지 못했다. 그가 속한 프란체스코회는 프란체스코의 차세대 수도자들로 구성되어 있었다. 프란체스코회의 제1세대 수사들은 학문을 가까이하지 않았다. 프란체스코는 절대적으로 가난하게 살기를 원했다. 부와 권력을 포기했으므로 서적들도 포기해야 했다. 프란체스코는 삼단 논법이 변호사들이나 교회의 법률가들을 통해 권력 추구와 부의 증대에 도구로 쓰일 수 있다는 점을 간파했다. 그래서 그는 동료 형제들에게 학문과 지식인 사회에 발을 들여놓지 말라고 당부했다. 프란체스코는 소규모의 성직자 수도회를 원했다. 이 수도회에 입회한 사람은 학업을 닦아서는 안 되었다.

그러나 그가 입회했던 ─ 1243년으로 추정 ─ 시기에 프란체스코회 개혁 운동은 그 영향력이 정점에 달했다. 프란체스코회는 이 당시 그리스도교 세계의 거의 모든 도시에 건물을 소유하고 있었다. 대학에도 손을 뻗쳤다. 대학 교수 하나가 개혁 운동에 가담하면 그는 수도회의 정신으로 학파를 만들고 제자들을 양성하곤 했다. 대학에서 철학이나 신학을 공부한 사람들이 벌써 처음 십수 년 동안에 프란체스코회에 대거 입회했다. 보나벤투라도 학업을 마치고 수도회에 입회한 사람들 가운데 하나였다. 이들은 자신들의 삶의 가치관과 지식론, 더불어 값비싼 서적들도 수도회에 함께 가지고 들어왔다. 개혁 운동은 이제 새로운 문제를 마주했다. 한때 학자로 살았던 이들 수사를 품팔이를 시키거나 거리로 내보내 구걸하게 할 것인가? 우리의 급진적인 종교개혁 운동에 이 형제들이 가진 세속 지식이 과연 설 자리가 있을까? 이들이 계속 이교도의 책을 읽을 수 있도록 허락해야 하는가?

초기 프란체스코회 개혁 운동의 핵심 동력이었던 종말론적 희망은 이러한 긴장 관계를 더욱 팽팽하게 잡아당겼다. 세계에 머지않아 종말이 닥친다면 적어도 몇몇 그리스도교인은, 사유가 되었든 공유가 되었든 간에, 일체의 재산에 관여하지 않는 '사도적 삶'을 살아야 할 필요가 있었다. 그런데 땅도 집도 없이, 그리고 약간의 장서관을 구비하지도 않은 채 파리에서 학생 기숙사를 운영한다는 것이 가능한가? 프란체스코회의 권위 있는 수사들은 두 세대가 지나면 성령의 왕국이 도래할 것이라고 했던 칼라브리아 수도원장 피오레의 조아키노(†1202)의 예언이 바로 자신들의 수도회에 해당한다고 해석했다. 영적으로 변모한 그리스도교, 즉 세계 역사의 세 번째 국면은 프란체스코를 통해 나타난 것으로 보였다. 피오레의 조아키노의 삼위일체적 사관(史觀)은 개혁 운동에 열정과 활기를 불어넣었다. 동시에 개혁 운동의 반대자들에게는 프란체스코회를 이단처럼 보이게 만드는 효과가 있었다. 1252년 보나벤투라가 파리에서 『명제집』 주해를 끝마쳤을 때는 프란체스코회에 대한 적대감이 극에 달한 시기였다. 재속 성직자들은 탁발수도회가 대학 교단에 서는 것에 대해 크게 반대했다. 그들은 프란체스코회를 사실상 이단처럼 취급했다. 이즈음 작은형제회의 수사인 보르고 산 도니노의 제라르도(Gerardo di Borgo San Donnino)는 피오레의 조아키노 사상을 새롭게 제시한 『영원한 복음 입문』(*Introductorius in evangelium aeternum*)을 집필했다. 재속 성직자들은 이 작품을 물어뜯거나 악용했다. 이러한 상황에서 보나벤투라는 — 토마스 아퀴나스와 마찬가지로 — 탁발수도회를 옹호하는 과제를 맡았다(『복음적 완성에 대한 토론문제집』(*Quaestiones de perfectione evangelica*, 1256)). 1254년 탁발수도회의 특권을 폐지했던 교황은 1256년 기존 결정을 철회했다. 탁발수도회는 중앙 집권적인 교회 행정 체계에 없어서는 안 될 일종의 특수 부대였다. 아울러 교황에게 탁발수도회는 지역 교회 주교들의 권력을 약화하고 보편적 교황권을 확장할 수 있는 이상적 도구나 다름없었다. 중앙 교회의 영향력이 각지 도시민 사회의 다양한 계층 속에 깊이 침투할 수 있기 위해 탁발수도회는 교회에 필수 불가결한 존재였다. 이들은 자기 수도회의 고유한 경건한 형식들이 감정 이입과 설교, 민중적 소박함 같은 시대의 새로운 요구에 부응할 수 있도록 설계했다. 하지만 이 때문에 개혁 운동은 어느 정도는 세속 친화적으로 태도를 변경해야 했으며, 기존의 종말론적 급진주의에서도 탈피할 필요가 있었다. 탁발수도회를 비호하는 후견인으로 자처한 교황은 당시 수도회의 최고 장상(長上)인 파르마의 요하네스(Johannes de Parma)를 총장직에서 끌어내리라고 프란체스코회를 심하게 압박했다. 파르마의 요하네스는 프란체스코의 1세대 제자에 속하는 인물이었다. 그는 헌금이나 희사를 받거나 수도원을 건립하는 일에 회의적이었다. 피오레의 조아키노 사상을 받아들인 파르마의 요하네스는 프란체스코회가 성령이 친히 인도하는 교회의 새 시대, 역사의 제3기를 여는 소명을 받았다고 이해했다. 거의 반강제로 총장직에서 물러나면서 파르마의 요하네스는 자신의 후임으로 보나벤투라를 천거했다. 그래서 보나벤투라는 겨우 40세에 불안정한 시기를 보내고 있던 수도회를 책임지게 되었다. 그때까지 탁발수도회를 변호하면서 신학을 가르치고 『토론문제집』(그 가운데에서도 특히 『그리스도 지식』(*De scientia Christi*)과 『삼위의 신비』(*De mysterio Trinitatis*)에 대한 토론문제집)을 집필했던 보나벤투라는 이제부터 끝없는 여행길에 오른다. 이후의 사상적 발전은 가끔 대학에서 행했던 훈화나 설교를 통해서만 추적할 수 있다. 이러한 사정 속에서 산출된 주요 작품으로는 『십계명에 대한 담화』 (*Collationes de decem praeceptis*, 1267년 3~4월)와 『성령 칠은에 대한 담화』 (*Collationes de septem donis*, 1268년 3~4월), 『6일 간의 세계 창조에 대한 강연』(*Collationes in Hexaëmeron*, 1273년 4~5월)을 들 수 있다.

보나벤투라는 프란체스코회의 개혁 운동에서 이데올로기적 요소를 제거하기 위해 필사적으로 노력했는데, 실제로 그 목적을 달성했다. 수도회의 이단 혐의를 벗겨 내기 위해 그는 보르고 산 도니노의 제라르도에게 교수 금지령을 내리고 멀리 시칠리아섬으로 유배를 보냈다. 전임자라고 해서 결코 봐주거나 미온하게 대처하는 일이 없었다. 그는 제랄도를 종교 재판에 회부한 다음에 가택 연금 판결을 이끌어 냈다. 나르본(Narbonne)에서 개최된 수도회 총회(1260)에서는 수도회의 정통 노선을 이탈해 이데올로기에 빠진 형제들, 요컨대 프란체스코의 가르침을 문자 그대로 이해해야 한다고 주장하는 영성주의자들에 대한 구체적 대응 방안을 마련했다. 그는 극단주의자들에게 프란체스코 성인을 인용할 일말의 가능성도 주지 않기 위해 직접 프란체스코의 전기를 썼으며, 기존의 다른 전기들은 모두 불태워 버리라고 명령했다. 이러한 엄격한 대처에도 불구하고 보나벤투라는 훗날 수도회가 청빈 운동의 (카살레의 우베르티노(Ubertino da Casale)와 피에르 드 장 올리비(Pierre de Jean Olivi) 같은) 급진 사상가들을 배출하는 것까지는 막을 수 없었다. 교황은 보나벤투라를 추기경에 서임함으로써 그의 노고에 보답했다.[2]

보나벤투라는 토마스 아퀴나스와 같은 해에 세상을 떠났다(1274). 그러나 철학사 서술에서는 보나벤투라를 토마스주의의 전 단계로 취급하는 것이 관례로 되어 있다. 햇수로만 따지면 보나벤투라가 토마스보다 약간 나이가 많기는 하다. 또한 1257년부터는 행정과 관리 업무에 종사하느라 더는 학문적 대작이 나오지 않은 것도 사실이다. 하지만 한 사상가가 기획한 철학의 의의는 단순히 그 사람이 남긴 저술의 양으로만 판단되어서는 안 된다. 보나벤투라의 철학은 토마스 아퀴나스 철학

옆에 우뚝 서 있다. 보나벤투라는 2세대 프란체스코회의 경험과 체험을 이론적으로 고정하는 과제를 맡았다. 알베르투스 마그누스가 아우구스티누스의 영향을 멀리 쳐냈다면, 보나벤투라는 그 영향을 다시 새롭게 강화하고자 했다. 그리스도교적 사유는 캔터베리의 안셀무스나 생-빅토르학파가 이끌어 나가야지 아랍인들이 할 수는 없는 노릇이었다. 이러한 주장은 마치 아리스토텔레스의 수용 이전 시대로 돌아가야 한다는 말처럼 들린다. 그러나 정말 그렇게 느꼈다면 착각한 것이 맞다. 왜냐하면 실제 보나벤투라는 아리스토텔레스 철학을 아주 잘 알고 있었기 때문이다. 그는 아리스토텔레스의 존재론(범주론)과 논리학, 자연 탐구를 옳게 보았다. 한편으로는 아리스토텔레스주의자들을 날카롭게 비판함으로써 훗날 14세기의 형이상학 반대자들이 사용하게 될 효과적 무기를 마련하기도 했다. 이렇게 해서 보나벤투라의 사유는 토마스 아퀴나스의 사유보다 좀 더 미래 지향적인 요소를 갖게 되었다. 그의 사유를 아우구스티누스 사상의 재수용이나 반(反)아리스토텔레스적 운동으로 규정하는 것은 올바르지 못하다. 보나벤투라는 아리스토텔레스 수용을 뒤로 물릴 수 있다고 생각한 적이 없으며, 그러기를 원하지도 않았다. 그는 형이상학과 윤리학 분야에서 나타나는 아리스토텔레스주의와 그리스도교의 대립을 보다 극명하게 보여 주는 것을 목표로 삼았다. 아리스토텔레스는 행복을 소수 철학자의 전유물로, 이 세상에서 실현되는 행복으로 한정했다. 일체의 묵시록적·종말론적 희망은 아리스토텔레스에게서 아무런 몫도 얻지 못한다. 보나벤투라에 따르면, 형이상학에서 아리스토텔레스는 이데아론을 비판하는 한 본질적인 것을 논구하지 못했다.[3] 아리스토텔레스는 범형론을 비판했기 때문에, 즉 신의 정신 안에 있는 이데아를 거부했기 때문에 신의 섭리를 탐구할 수 없었고 개별자의 지복도 세계의 목적으로까지는 이해하지 못했다는 것이다. 보나벤투라는 세계가 영원하다든지, 자유로운 결정을 용납하지 않는 운명적 필연성을 상정하는 것 같은 오류도 동일한 철학자에게서

기원한다고 보도한다.[4]

보나벤투라의 사유는 '묵시록'적이며, 그 또한 피오레의 조아키노 사상에서 완전히 자유롭지는 않다. 그는 아리스토텔레스에게서 또는 동시대의 급진적 아리스토텔레스주의에서 종말이 시작되는 것을, 태양을 가리는 시커먼 증기가 뿜어져 나오고 사탄의 어둠이 덮쳐 오는 것을 보았다.[5] 하지만 처음부터 이러한 입장 때문에 그의 사유가 철학적 성격을 상실하게 되지는 않는다. 보나벤투라가 신앙을 내세운 것은 새로운 자연주의에 대항하기 위해서가 아니었다. 적어도 새로운 자연주의만을 공격할 의도가 아니었다는 점은 확실하다. 우리는 그를 20세기의 경건주의자들과 같은 부류에 넣어서는 안 된다. 예컨대, 보나벤투라는 플로티노스 같은 다른 철학자들이 플라톤의 이데아론을 변호했다는 사실을 알고 있었다. 그는 ─ 추정컨대, 알베르투스 마그누스를 따라 ─ 비잔티움의 아리스토텔레스 주해가인 니케아의 에우스트라티오스(Eustratius of Nicaea, †1120)가 이데아론을 비판하는 아리스토텔레스 논증을 반박한 바 있음을 지적한다.[6] 보나벤투라는 신앙을 통찰(intellectus fidei)하는 일에 대해서라면 철학적 논증을 단념하고 싶어 하지 않는다. '철학'이라는 말로 그는 이쪽 세상에 대해 아리스토텔레스가 쌓아 올린 지식들 전체를 가리킨다. 하지만 신적 '말씀'에 대한 앎을 모든 사태를 해명하는 열쇠로 보았을 때, 그는 분명 고대의 로고스 철학과 형이상학자로서의 아우구스티누스를 따르고 있다. 보나벤투라는 감각적 자연과 그가 설정한 합리적 원리에서 멈추느라 아리스토텔레스가 보지 못했던 다양성과 단일성의 사변적 평형을 바로 이 하느님 말씀 안에서 보고 있다. 아리스토텔레스는 자연을 너무나도 정확하게 기술했고, 바로 그 때문에 자연에서 신적인 것의 흔적을 조금도 볼 수 없었다는 것이다. 마찬가지로 ─ 보나벤투라에 따르면 ─ 아리스토텔레스는 자연과학적 지식들이 자기 인식에 대해 갖는 관계를 끊어 버림으로써 하느님 인식을 날조했다. 아울러 아리스토텔레스 철학은 다양성을 사유하는 근거로서의 '말씀' 안에 통일성과 다양성이 혼연한 일치를 이루고 있다는 사실을 보지 못하게 차단한다. 교정되지 않은 철학들의 기원이 된 필연적 오류에 대해 말하면서[7] 보나벤투라는 아리스토텔레스적 합리주의의 한계에 주의를 환기했으며, 그리하여 다음 세대에 중요한 철학적 연구 분야 하나를 만들어 주었다. 그는 로고스의 논리학, 통일성과 다양성을 한데 결합하는 논리학, 그러니까 아리스토텔레스의 그것과는 다른 종류의 논리학, 이른바 '우리들의 논리학'(logica nostra)의 필요성을 역설했다.[8] 맹목적 신앙이나 복종은 결코 아리스토텔레스 철학에 담긴 필연적 오류를 극복하는 방법이 되지 않는다. 보나벤투라는 참된 논리학의 개발과 참된 형이상학의 정립이야말로 진정한 해결책이라고 답한다.

비판도 중요하지만 긍정적인 것을 만들어 내는 일도 중요하다는 말이다. '참된' 철학과 '우리의' 논리학은 아직 개발되지 않았다. 보나벤투라에 의하면, 여기에는 정념과 지복을 향한 희망, 묵시록적인 전체 조망까지 들어 있어야 한다. 신적인 것을 사변을 통해 파악해야 하는 인간은 '열망하는 자'(vir desideriorum)[9]이다. 인간은 신을 우주론의 구체적 지식을 통해서가 아니라 자기 자신 안에서 찾는다. 그는 형이상학 전통의 지성주의적 양식화의 흐름을 끊어 내고 아우구스티누스에게로 회귀한다. 그는 프란체스코회의 고유한 세계 체험을—자연의 관조, 감각하는 자아를 하느님 앞에서 진지하게 받아들이는 것, 창조된 모든 것의 피조성에 대한 의식, 잉여의 관념—전부 철학적 언어로 표현해 냈다. 자연은 우리가 하느님의 현존을 읽는 한 권의 책과 같다. 자연은 자연의 관찰자인 우리를 세계의 기초인 하느님 사유에 참여하는 주체로서 돌아보게끔 해 준다. 우리는 경험 세계에 있는 불완전한 존재자를 그렇게 결점투성이인 그 자체로만 이해할 수 있다. 우리는 참된 존재를 판단 주체인 우리 자신 안에 가지고 있기 때문이다.[10] '신', 그가 곧 진리이다. 우리 모두가 이 세상 사물에 대해 판단을 내릴 때, 항상 전제하고 요청하게 되는 바로 그 진리 말이다. 따라서 사유된 신의 비존재는 상상조차 불가능하다. 이렇게 해서 보나벤투라는 토마스가 내던진 안셀무스의 『프로슬로기온』에 나타난 신 존재 증명을 부활시켰다. 영혼은 신성을 보여 주는 거울이다. 감각적인 것들을 비뚤어진 마음으로 대하고 세상에 집착하고 있다면, 영혼은 모든 인간을 비추는 하느님의 빛을 자신 안에서 찾으면 된다(인식의 조명설). 이러한 빛의 형이상학은 의지의 역할을 중요하게 여기는 입장과 더불어 프란체스코회 사상의 주요 특징 가운데 하나가 되었다. 프란체스코회의 그리스도 중심적 사고(로고스와 이데아론과 관련해)는 급진적 아리스토텔레스주의자들에 반대해 세속적 지식의 자율성을 문제삼았다. 그런데 그렇게 해서 철학에서 빼앗은 것을 프란체스코회는 다시 철학 내에 혁신의 동력으로 돌려준다. 바로 예의 그 사고를 가지고 그들은 새로운 주제들을 찾아내고, 서로 관계가 없는 듯한 아득한 무수한 경험을 하나로 통합했으며, 프란체스코회의 섬세함을 의지나 개별자의 평가 절하 같은 아리스토텔레스적 사유 틀에 대한 날카로운 비판과 결합했기 때문이다. 프란체스코회의 사상가들은 토마스적 타협에 반대했다. 이들은 토마스적으로 구상된 일치나 조화 시도를 반박함으로써 감각의 독립성을 첨예한 관념으로 만들었다. 그리고 중세의 대학 교육이 논리학에 너무 치중되어 있다고 비판했다. 논리학자들은 세계가 인간 이성을 중심으로 공전하고 있다고 보는 자들이다.[11] 보나벤투라가 세습 군주제를 몰지각함의 전형이라고 신랄하게 비판했을 때, 그는 도시민의 행정 자치 경험을 염두에 두고 있었다.[12] 토마스 아퀴나스와 에지디우스 로마누스 같은 그리스도교적 아리스토텔레스주의자들은 아리스토텔레스에게서 군주정의 정당성을 읽었다. 아리스토텔레스를 비판하는 사람이자 종종 일방적으로 신비주의자로 묘사되기도 하는 보나벤투라는 중세의 인습과 철학적 호교론에 합리적 거리를 적당히 유지할 수 있는 근거를 마련했다.[13]

전반적으로 보나벤투라는 사상의 발전에 중요한 많은 자극을 산출했다. '프란체스코회의 스콜라주의'(의지, 개별성, 빛의 형이상학, 아우구스티누스의 질료 개념)에 속하는 특수한 이론들은 그에게서 아직은 명확한 꼴을 갖추고 있지 않다. 그가 제공한 단초들은 다음 세대에 가서 자유로운 사유를 통해, 그리고 기술적으로 정교한 가공을 거쳐 훌륭한 이론으로 나타날 것이다(둔스 스코투스, 윌리엄 오컴). 사람들은 논리학적 구별이 넘쳐나고 기계적이고 교과서적 학습을 견딜 수 없게 되었을 때(장 제르송(Jean Gerson)의 비판처럼), 이따금 보나벤투라를 떠올려 볼 수 있었다. 나중에 사람들은 이성이 필연적으로 오류를 생산하는 경우를 마주하게 된다. 그리고 그때 학문을 공부하는 모든 사람은 아리스토텔레스적 이성이 대체 우리 현실에서 무엇이냐는 질문을 던졌다. 그들은 이 질문에 경건주의적으로 답할 수도 있었고, 그러한 이성 자체를 철학적으로 분석함으로써 문제를 해결할 수도 있었다(니콜라우스 쿠자누스).

제34장
로저 베이컨

보나벤투라가 고대 그리스의 아리스토텔레스 주해가들을 참고해 플라톤의 이데아론을 비판한 아리스토텔레스의 입장을 논박했다면, 이는 1270년대의 지성계가 얼마나 복잡한 양상을 띠었는지를 잘 보여 준다. 12세기와 13세기에 대대적으로 수행된 번역과 수용 작업의 결과, 권위들은 제각기 대립적이거나 상이한 내용을 주장했던 것으로 밝혀졌다. 이론은 더 복잡하게 구성해야 하고, 그 구성 문제는 더욱 신속하게 처리해야만 했다. 1250년에서 1350년 사이의 기간은 이러한 측면에서 보기 드물게 풍요로운 시기였다. 중세에 이때만큼 철학적으로 더 중요하고 양적으로도 더 많은 발상과 기획을 산출했던 시기는 없었다. 각각의 수도회 안에서도 여러 가지로 주목할 만한 차이가 나타났다. 알베르투스 마그누스가 토마스와는 다른 길을 갔던 것처럼 영국 프란체스코회 수사인 로저 베이컨(Roger Bacon, †1292)도 보나벤투라와는 다른 길을 택했다.[1]

베이컨은 보나벤투라처럼 프란체스코회 개혁 운동의 두 번째 세대에 속하는 사람이었다. 그 또한 자기의 학문적 일생을 그리스도교를 개혁하는 일에 바쳤다. 하지만 그의 작업은 보나벤투라의 그것과는 본질적으로 달랐다. 보나벤투라가 아우구스티누스와 안셀무스의 전통, 그리고 파리 대학의 사유 양식을 따랐다면, 베이컨은 13세기 초 알베르투스 마그누스보다 훨씬 이전에 아리스토텔레스 주해서를 집필하면서 벌써 그 당시에 그와는 다른 길을 갔던 로버트 그로스테스트(Robert Grosseteste, †1253)[2]의 영향을 받았다. 그로스테스트는 아리스토텔레스와는 달리, 자연 연구에서 수학의 학적 위상을 매우 높이 평가했다. 그는 아랍인들이 정립한 광학과 천문학(천문학은 언제나 점성술과 깊은 관련이 있다)에 지대한 관심을 가지고 자연을 탐구하는 데에 수학을 적극 활용했다. 아리스토텔레스 학문을 체계적으로 공부하던 상황 속에서 비(非)아리스토텔레스적 연구 방법론이 나타나 자리 잡았다. 이것이 옥스퍼드의 전통이었다.

베이컨은 1230년대 파리 대학 인문학부에서 수학하고 1240년대에는 같은 대학에서 아리스토텔레스의 자연과학과 논리학 작품에 대한 주해서를 썼다. 그다음 옥스퍼드로 돌아와 『형이상학』 주해서와 의학, 광학, 천문학, 화학 및 연금술을 주제로 많은 책을 썼다. 프란체스코회에 입회한 것은 이미 한껏 성숙한 1257년 때의 일이다. 그는 프란체스코회 안에서 교회와 세계와 학문의 변혁을 일으키고 다가오는 하느님 나라를 능동적으로 예비할 거대한 힘을 보았던 것 같다. 베이컨 또한 피오레의 조아키노의 영향을 받지 않을 수 없었다. 영국 태생의 귀족이자 대학 석사 자격을 취득한 그는 막강한 원동력으로 빠르게 퍼져 나가는 프란체스코회가 개혁 목적을 성취하기 위해 반드시 필요한 조직적 틀과 예언자적 능력을 정말 갖추고 있는지 확인하고 싶었다. 이제 막 보나벤투라를 수도회 장상으로 선출함으로써 프란체스코회 수사들은 문화 적대적인 수도회의 초기 입장을 극복하지 않았던가? 학문에서의 혁신도 그에 못지않게 필요하다고 절실히 느꼈던 것이 아닌가? 모든 학문을 말씀이신 그리스도, 즉 인성을 신성과 결합하기 위해 사람이 되신 그리스도로 정초하고, 아울러 그리스도를 향하게 하려면 학문에서의 개혁이 필요했다. 탁발수도회는 인성과 신성의 결합을 선포만 할 것이 아니라 실제로 실행에 옮길 줄도 알아야 했다. 순수 이론으로 자리 잡은 파리 대학 교수들의 귀족적 지식이 아니라 가난한 이들과 연대하는 프란체스코의 방식으로 다듬어진 지식만이 적그리스도의 공격을—교회 내부의 분열, 타타르인들의 침략, 이슬람의 문화 헤게모니 같은—막아 낼 수 있었다. 그런데 앎과 학문을 프란체스코회적으로 새롭게 한다는 것은 정확히 무슨 뜻인가? 보나벤투라는 이 질문에 자기만의 방식으로 답했다. 즉 모든 학문을 일관되게 신학으로 환원하는 일을 말한다. 여기서 보나벤투라는 신학을 로고스를 관조하는 활동으로 이해했다. 그는 평화를 향한 프란체스코회의 동기를 하느님 안에서의 안식을 갈망하는 영혼의 고양과 상승 과정에 연결했다. 이러한 은수자적·관조적 견해에 베이컨의 실용주의적 견해가 맞선다. 즉 지식은 쓸모가 있어야 한다. 요컨대, 우리의 앎은 개별자와 모든 그리스도교인의 삶을 개선하는 데에 유용해야 한다는 것이다. 그렇지만 나르본에서 열린 총회(1260)의 결정은 프란체스코회 수사들의 학적 활동의 자유를 대폭 제한했다. 이제부터 프란체스코회 수사들은 모두 총장의 인가를 받아야만 글을 쓸 수 있었다. 베이컨은 자기의 희망이 어려운 시험을 통과해야 한다는 사실을 알고 있었다. 그는 자유로운 학술 교류를 저해하는 회칙에 반대 입장을 표했다. 탁발수도회의 위대한 스승들, 곧 헤일스의 알렉산더와 도미니코회의 알베르투스 마그누스 같은 이들에 대한 다소 경멸적 언사를 굳이 감추려 애쓰지도 않았다. 그는 자기의 경험주의적 지식들을 오직 텍스트에만 의존했던 이 두 사상가의 지식과 비교했다. 또한 그는 파리 대학의 교육이 아랍어와 그리스어 같은 외국어를 가르치지도 않고 개인과 공적 삶의 발전에 도움이 되는 실천적 요소들을 가르치지도 않는다면서 문제점을 폭로했다.

그러나 이단 혐의를 어떻게든 벗으려 고군분투하는 수도회는 이제 혁신보다는 규제와 감독의 필요성을 진지하게 생각하고 있었다. '세라핌적 박사'인 보나벤투라는 자기 수도회 내의 명민하고 재능 있는 형제들에게 저술 금지 명령을 내렸다. 베이컨이 자신의 사상을 퍼뜨릴 때마다 장상들은 그에게 빵과 물만 먹도록 했으며—궁지에 몰린 그에게는 더 큰 제재가 아닐 수 없지만—모든 장서를 압수하는 조치를 취하기도 했다. 1260년부터 1266년까지 우리의 작은형제회 수도자는 크나큰 시련을 겪었다. 그는 위독한 병을 앓았는데, 아마 심적으로도 크게 절망해 우울한 시기를 보냈던 것 같다. 수도회는 베이컨의 기계공학과 광학, 화학 실험에 필요한 재정적 지원을 끊었다.

그러던 중 베이컨은 1265년 새로 선출된 교황 클레멘스 4세(Clemens IV)로부터 전갈을 받는다. 6월 22일 비테르보에서 발신된 편지에서 교황은 가련한 프란체스코회 학자에게 개혁적 사상을 자기에게 직접 들려줄 것을 부탁한다. 교황은 베이컨에게서 새로운 사상을 듣기 위해 수도회 장상들이 그에게 부과한 모든 규제와 제약을 해제했다. 베이컨은 1266년에서 1268년까지 교황의 요청에 대한 답변을 상세하게 작성했다. 그는 자신의 사상을 『오푸스 마유스』(*Opus majus*)에 담았다. 나중에 베이컨은 독자가 높은 직책으로 인해 책을 읽을 시간적 여유를 내기가 힘들다는 점을 고려해 기존 내용을 요약한 『오푸스 미누스』(*Opus minus*)와 『오푸스 테르티움』(*Opus tertium*)을 교황에게 추가로 헌정했다. 이 세 작품은 모두 새롭고 방대한 백과사전적 지식의 개론에 지나지 않는다. 그러나 클레멘스 4세는 1268년 11월 숨을 거두고 말았다. 동방 교회와의 친교, 호엔슈타우펜 왕가 잔존 세력과의 마찰, 점차 힘을 기르는 영국과 프랑스 왕권의 부상, 십자군전쟁, 타타르족의 침입 같은 어려운 문제들은 여전히 해결되지 못한 상태였다. 막강한 권력과 개혁에의 의지를 모두 가졌고 실용적으로 사고하는 혁신적 사상가의 자문까지 확보했던 비범한 교황은 아무것도 실행에 옮기지 못한 채 안타깝게도 세상을 떠났다. 만일 그가 오래 살았더라면, 이 모든 절호의 조건이 한데 결합되어 어떤 결과를 만들어 냈을지 상상해 보는 것은 실로 흥미로운 일이 아닐 수 없다.

베이컨은 이제 누구의 도움도 받을 수 없게 되었다. 그는 12년 동안 옥살이를 했다(1277~89). 새로 선출된 수도회 총장이 1289년 사면했을 때, 연로한 학자의 신념이 여전히 변함없었다는 점은 『신학 요강』(Compendium studii Theologiae)이 증명하는 그대로이다.[3] 하지만 그의 몸은 많이 쇠약해졌다. 베이컨은 1292년 세상을 떠났다. 하지만 그의 사상은 매우 독창적이어서 13세기가 산출한 이론적 가능성들을 도식화해 조망할 때, 그의 이름은 반드시 언급된다. 국가 행정 체계의 진보와 도시의 조직과 구조, 무역과 수공예 전문 기술을 활용한 경험의 축적으로 말미암아 아리스토텔레스와 수도자적 전통의 관조적 지식 개념은 이제 정당하게 비판될 수 있었다. 비잔티움 제국과 이슬람 제국, 유대인들과 타타르인들과의 대결과 분쟁은 지식의 실용적 측면을 본질적으로 성찰하게 만들었다. 베이컨은 '평화'—프란체스코회의 정신을 해명하는 열쇠이다—를 최고선의 직관이라는 맥락에만 둘 수 없었다. 그는 전쟁과 이를 통한 강압적 선교와 무의미한 살인이 더는 일어나지 않도록 교회를 개혁하고 대중을 계몽하는 지혜를 발전시켜 나가는 것이 당면 과제임을 인식했다. 변화 과정을 살아가는 그리스도교는 새로운 형태의 지식으로 무장하고 비폭력적 방식으로 인류를 하나로 모아야 하며, 방법적 자연 연구를 통해 개별 인간과 집단의 실천적 관계를 개선하는 데 힘써야 한다. 그는 당시의 권위주의와 맹목적인 복종 강요, 무지와 고위 성직자의 부패 등을 비판적으로 서술하면서도 교회와 인류가 가진 모든 지식을 근본적으로 개혁함으로써 엄청난 진보를 이루어 낼 수 있다고 굳게 확신한다. 이론을 실험을 통해 근거 짓고 모든 이론적 지식을 윤리적·정치적·기술적 측면에서 삶의 혁신에 기여하도록 조정할 필요가 있다. 그는 아리스토텔레스 철학과 아랍 학문이 이러한 작업을 용이하게 해 준다고 믿는다. 하지만 우리 시대의 가장 영향력 있는 교수들은 이러한 가능성을 조금도 다루지 않는다는 것이다. 교수들은 끝없는 말장난으로만 시간을 보내고 한 장이라도 더 두꺼운 책을 쓰기 위해서만 열을 올리고 있다. 교육 기관은 넘쳐나지만 공허한 지식을 가르치지 않는 곳은 어디에도 없다. 그가 볼 때, 대학에서 지식을 전달하는 이들은 모두 추상적인 것만 가르치고 있었다. 수학을 연구하는 이도, 수학을 자연 탐구의 적절한 방법으로 사용하는 이도 없었다. 알베르투스 마그누스처럼 자연 현상을 관찰할 때조차도 사람들은 정작 방법론에 대한 성찰은 하지 않는다. 그리스어를 할 줄도, 아랍어를 할 줄도 모른다. 그러면 저들이 지식의 원천으로 삼는 책조차도 저들은 제대로 읽지도 못하고 이해하지도 못하는 것이 아니겠는가? 베이컨은 자신이 권력만 있다면 모든 아리스토텔레스 번역서를 불태워 버리게 하겠다고 말할 정도로 라틴 세계의 아리스토텔레스 수용을 극단적으로 비판했다. 이 비판은 후기 보나벤투라적 의미에서의 아리스토텔레스 비판과는 다른 종류의 것이다. 베이컨은 그리스어 구사 능력의 부재를 지적하고 있다. 아리스토텔레스는 철학자였다. 하지만 베이컨은 그를 고립된 철학자가 아니라 태곳적의 성조(聖祖)들에게 주어지고 이집트를 거쳐 그리스인들에게 전해진 원시 인류의 지혜를 보전하고 새롭게 생산한 인물로 보려 했다. 그러니까 그는 이러한 고대 지혜가 선승된 역사적 과정에 관심이 있었던 셈이다. 그는 우리가 진리 인식에 있어서는 모두 한 형제라는 사실을 깨닫기 위해 과거를 돌이켜 보아야 한다고 주장한다. 그가 염원한 프란체스코적 그리스도교는 결코 좁은 개념이 아니다. 그는 이교도 철학자인 아리스토텔레스가 천국에 들 수 있는가에 대해서는 회의적이었지만, 확실히 아리스토텔레스를 지옥에 던져 넣지는 않았다. 그는 고대의 다른 현자들처럼 아리스토텔레스가 그리스도교의 본질적 신비(삼위일체)를 통찰한 공로를 인정했기 때문이다.

 베이컨이 이해한 아리스토텔레스는 여느 그리스도교인이 받아들였던 모습이 결코 아니었다. 그는 마술사이면서 점성술사였다. 베이컨은 마술과 점성술을 옹호한 결과, 무수히 많은 사람에게 적개심을 불러일으켰다. 하지만 우리는 '마술'이나 '마법'이라는 단어가 새로운 것을 만들어 내는 기계 기술 분야에서는 다른 의미로 쓰인다는 점을 알아야 한다. 그가 설파한 '마술'이란 자연을 통찰한다는 뜻이지 악마를 소환해 어떤 일을 일으킨다는 뜻이 아니다. 기술적 혁신에 대한 그의 열정은 단순한 호기심에서 나오지 않았다. 기술의 진보는 고통스러운 인간 삶의 짐을 조금이라도 덜고 개종할 마음이 조금도 없는 원수들에게서 그리스도교를 보호하기 위해 필요했다. 베이컨은 기술적으로 제작 가능한 것들을 — 구체적 제작 방법이나 설계도는 제공하지 않는다 — 일일이 열거하기도 한다. 그는 노를 젓지 않고도 운항 가능한 배, 말이 끌지 않고도 스스로 움직이는 수레, 비행기, 기중기와 잠수함에 대해 이야기한다.[4] 실용적이고 훨씬 효능 있는 의술에는 특별히 많은 기대를 걸었던 것 같다. 그는 새로운 의술이 인간의 수명을 연장할 수 있을 것이라고 한다. 이 모든 것은 당대의 지성계를 주도하는 권위적 스콜라학자들의 메마르고 추상적인 학문관에 대한 날카로운 비판이다. 베이컨은 윤리적·실천적 동기들도 숨기지 않았다. 지식은 쓸모 있어야 하며, 무엇보다도 인류의 고통을 줄이는 데 쓰여야 한다. 그러나 이 비판도 역사의식과 예언적 전망의 한 부분이었다. 의술의 혁신을 통해 인류는 성경에 등장하는 므두셀라나 여타 신앙의 성조들처럼 장수할 수 있어야만 한다. 새로운 지식은 삶의 광범위한 개혁의 일환일 뿐이다. 그는 자연 경험, 수학과 문헌학을 기초로 제반 학문을 새롭게 다지고자 했다. 이렇게 그는 바스의 애덜라드와 그로스테스트를 제외한 나머지 대부분의 스콜라학자가 가진 한계를 날카롭게 지적했다. 그렇다고 해서 그가 철학적 경험론을 정초하려 했던 것은 아니다. 그는 머지않아 닥칠 적그리스도의 시대에 그리스도교인들을 대비하게 하는 한편, 미래의 어느 천사 교황이 일으킬 개혁을 예비하고 싶었을 뿐이다. 베이컨은 실험을 중시한 과학자이자 아리스토텔레스주의자였으며, 데이비드 흄(David Hume)보다는 피오레의 조아키노와 더 가까웠다.

제35장
급진적 아리스토텔레스주의자들: 브라방의 시제와 다치아의 보에티우스

1210년 상스(Sens)의 주교 회의는 파리에서 아리스토텔레스의 자연철학 저작의 공개적 강독과 사적인 강독 모두를 금지하는 결정을 내렸다. 주교 회의는 범신론적 이단 혐의를 받은 네 명의 사제를 화형에 처했다. 아리스토텔레스 자연철학의 단죄는 단 하나의 실체만 있다고 주장한(unam solam substantiam esse) 디낭의 다비드(David de Dinant)와 아말리쿠스파와의 싸움 끝에 내린 교회의 결성이었다. 1215년 교황 특사로 파견된 쿠르송의 로베르(Robert de Courçon)는 1210년의 금지령을 재확인하면서 금서 목록에 아리스토텔레스의『형이상학』도 추가했다. 1229년 툴루즈 대학은 파리에서 금지된 아리스토텔레스의 자연과학을 배울 수 있는 곳이라면서 대학을 홍보하기도 했다. 1231년 교황 그레고리우스 9세(Gregorius IX)는 기존의 아리스토텔레스 금지령이 유효함을 재확인했으나, 이번에는 검열 위원회를 설치해 아리스토텔레스의 자연철학 사상을 꼼꼼히 분석하고 평가하게 했다. 1255년 파리 대학의 인문학부는 1210년과 1231년 금서 목록에 추가된 아리스토텔레스의 저작을 정규 교과의 수업 교재로 사용하기로 결정했다. 인문학부 교수들은 아리스토텔레스의 저작 전체를 해설해야 하는 과제를 부여받았다. 이들은 아리스토텔레스의 작품을 읽을 때, 1220년과 1230년 사이에 미카엘 스코투스(Michael Scotus)가 번역해 소개한 아베로에스 주해서를 참고했다. 이는 문화 정치적으로 거대한 전환이 아닐 수 없었다. 그리스도교 세계의 중심에 이교도의 학문이 제도적으로 자리 잡았을 뿐만 아니라 이제는 해석 도구로 아랍 철학까지 도입되었다. 그리스 철학과 그에 대한 아랍적 해석은 의학부와 법학부, 신학부의 전공 수업 예비 과정으로 자리 잡았다. 법학과 의학 중심으로 성장한 볼로냐 대학은 아직 신학부가 없었기 때문에 크게 문제될 것이 없었다. 그러나 파리 대학의 신학 교수들은 변화된 예과 수업을 언짢게 바라보았다. 인문학부의 자율성과 독립은 대학 내에서 큰 파장을 일으켰다.

우리는 정통 그리스도교의 변두리나 외부에서 일어난 이 운동을 에르네스트 르낭을 따라 '라틴 아베로에스주의' 문제라 부르고 있다. 그러나 라틴 아베로에스주의의 발생 시기에 대한 르낭의 추정(1220)과 피에르 망도네(Pierre Mandonnet)의 추정(1250)은 옳지 않다. 이 운동은 1260년대에 발생했다. 브라방의 시제와 다치아의 보에티우스 같은 라틴 사상가들을 '아베로에스주의자'로 부르는 데에는 문제가 없지 않다. 어쩌면 문제적 상황이라는 것은 그저 파리 대학 교수들이 아리스토텔레스주의와 그리스도교의 차이를 인식했고, 아베로에스 이론을 독립적 사상이 아닌 아리스토텔레스를 일관되게 읽는 방식으로서 수용했다는 사실이 전부였을지도 모른다. '아베로에스주의'라는 표어는 몇몇 그리스도교 철학자에게 갖가지 이단 사상, 특히 범신론의 혐의를 뒤집어씌우기 위한 수단으로도 많이 남용되었다. 그러나 그들이 정말로 범신론자였는지는 판단하기 쉽지 않다. 1270년과 1277년에 파리의 주교가 단죄할 때, 이들의 사상을 다소 왜곡해 표현한 점이 없지 않았다. 우리는 그들이 실제로 주장한 것이 정확히 무엇이었는지 알지 못하는데, 그것은 대부분의 저술이 소실되었기 때문이다. 현존 텍스트는 아직 전부 공개되지 않았다. 브라방의 시제(†1286)에 대해서는 최근 진척된 연구 덕분에 사정이 조금 나은 편이다.[1] 하지만 브라방의 시제에 대한 연구 결과를 평가하고 해석하는 여러 관점이 있다는 사실을 알아야 한다. 어떤 이들은 라틴 아베로에스주의 운동의 극단적 새로움, 엄밀한 방법론, 철학의 자율성, 계몽 차원에서 신학과의 결별을 과하게 강조한 나머지 13세기 말의 역사적 상황을 잊어버리는 실수를 범하고 만다. 마치 '계몽'이 수백 년 넘게 진행될 정도로 시대를 초월하는 본질을 가지고 있기라도 하는 것처럼 말이다. 그러고는 오직 직업상 해야 할 일을 했거나 이해되지 않아 비판받았다는 식으로 라틴 아베로에스주의자들의 사상을 폄훼하고 그 가치를 깎아내린다. 알베르투스 마그누스도 설교수도회 내부에서 철학에 반대하는 이들과 맞서 싸워야 했다. 하지만 반대자들의 비판은 정교하고 의미가 있었다. 고발당한 이는 직업상 어쩔 수 없이 아리스토텔레스를 강독하고 아리스토텔레스가 신학자와 다르게 말하는 부분을 정확히 짚어 낼 때마다 적을 만드는 불행에 처한 순진한 그리스도교인 그 이상이었다. 이들은 자율적으로 사유하는 철학자, 대부분의 동시대인보다 훨씬 철저하게 이성의 법칙에 따라 사고하기를 원했던 철학자였다. 그리고 이러한 맥락에서 그들은—중세 세계의—계몽가였다. 우리는 이 사람들을 진실로 계몽적 철학자였다고 부를 필요가 있다. 경건한 심성으로 가득 찬 시대, 권위로 교회가 모든 것을 지배하던 시대인 중세에, 이성을 독립적이고 자율적으로 사용한 적이 없다고 선언하는 것은 역사적으로 옳지 못하기 때문이다. 자율적 이성의 방법론은 인문주의자들의 시대와 근대적 '계몽' 시대에 마치 요술부리듯이 갑자기 나타나지 않았다. 하나만 덧붙이자면, 현대의 학자들은 라틴 아베로에스주의자들에게 거의 무차별적으로 혐의를 덮어씌웠다. 그러나 아베로에스주의자의 딱지가 붙은 이들은—나는 그들을 급진적 아리스토텔레스주의자로 부르기를 선호한다—섬세하게 논증하는 사상가였으며, 단지 이성 능력을 일관되게 사용하기 위해 일체의 신학적 개입에서 자유롭기를 원한 그리스도교인들이었다. 바로 이러한 맥락에서 그들은 철학과 신학의 혼합을 거부한 아베로에스를 닮았다. 그들은 학문을 구성하는 원리가 내용이 아니라 방법이라는 사실을 꿰뚫어 보았다. 아울러 그들은 학문의 증명 원리와 절차의 다양성을 옹호하면서 교회 중심의 사회에서 자유로운 담론의 장(場)을 개척했다. 진리가 아니라 아리스토텔레스의 의도를 해명할 뿐이라고 대답할 수밖에 없었지만, 이것은 그들의 잘못이 아니었다. 그들은 오직 아리스토텔레스가 말하려고 한 것만을 찾아 해명했으므로, 그들이 철학을 아리스토텔레스 주해로 환원하고 독자적으로 세계관을 구성하기를 비겁하게 포기했다는 비난을 받을 필요는 전혀 없다.

1277년 파리의 주교가 아베로에스주의자들을 겨냥해 사용한 '이중 진리'라는 표어도 정당하게 쓰일 수 없는 어휘이다. 아리스토텔레스주의자로서 그들은 서로 모순되는 두 개의 명제가 동시에 참이 될 수 없다는 사실쯤이야 당연히 알고 있었다. 단지 문제가 복잡했을 뿐이다. 일단 아리스토텔레스 철학을 수용하면—그리고 이미 이야기했듯이, 1260년경에는 그렇지 않은 사람이 하나도 없었다—거기서 어떠한 결과가 나오든 전부 감수해야 했다. 그들은 아리스토텔레스가 신학과 충돌하는 부분에서도 합리적으로 논증하기를 당연하게 여겼다. 중세의 '철학과 신앙'의 문제는 이렇게 해서 처음으로 첨예화되었다. 여기서 주제화된 '철학'은 자율적일 것을 요구했기 때문이다. 아베로에스주의자들은 아리스토텔레스를 신학의 시녀로 삼으려는 시도, 즉 토마스 아퀴나스 방식의 일치주의 기획에 의혹을 제기했다. 사실, 토마스는 토마스 대로 보나벤투라에 맞서 철학의 방법론적 자율성을 옹호했었다. 그래서 이 같은 유사성 때문에 토마스의 『지성 단일성』(1270)은 큰 논쟁을 불러일으켰다. 토마스는 브라방의 시제를 '아베로에스주의자'로 부르고 이단이라 힐책했는데, 그 결과 그는 1276년 파리를 강제로 떠나야 했다. 하지만 브라방의 시제는 알베르투스 마그누스가 시작한 아리스토텔레스 주해 작업을 묵묵히 이어갔다. 그는 철학이 기적에 주목하지 않는 것을 알베르투스만큼 강하게 반대하지 않았다.[2]

아마 브라방의 시제는 알베르투스 마그누스의 제자였을 것이다. 아니라고 해도 그가 알베르투스가 했던 일을 이어받았다는 사실은 부정할 수 없다. 그러므로 1257년 아베로에스의 지성 단일성 이론을 논박했다고 해도 어찌 되었든 간에, 급진적 아리스토텔레스주의의 선구자는 아베로에스가 아니라 알베르투스 마그누스이다. 철학과 종교의 관계에 대한 아베로에스의 특수한 이론은 수용할 수 없었다. 아베로에스에 따르면, 철학은 불변하는 원리에서 흘러나오는 그대로의 진리를 다룬다. 종교는 상징과 예언을 통해 백성을 계도한다. 13세기 라틴 아베로에스주의자들 중에 이 같이 종교의 실용성을 가르친 사람은 아무도 없다. 바로 이러한 이유 때문에 아베로에스주의자들은 이론적으로 상당히 곤란한 처지에 있었다. 그들은 그리스도교가 진리라고 말하지만, 왜 그런지는 증명할 수 없다고 선언해야 했다. 그리고 증명 가능한 것은, 언제나 우위를 가지는 그리스도교 교의에 따르면 참된 것이 아니다. 그들은 자기들의 규정할 수 없는 주관적 진정성을 논증하는 데 방법적으로 실패했다는 비판에 발목 잡힐 수밖에 없다. 이단에 맞서 싸우는 이들이야 자기들이 성실한 그리스도교인이라는 사실을 자명하게 여긴다. 하지만 이 박해받는 아리스토텔레스주의자들은 자기들이 성실한 신앙인이라는 점을 먼저 증명해야 하므로 정상적으로 논증을 진행할 수가 없다. 이 논증은 아베로에스주의자들에게 부당한 요구였다. 역사학자는 그런 혐의를 제기해서도, 반박해서도 안 된다. 이들 사상가의 역사적 의미, 사상사적 의미만을 전달해야 한다. 그러면 아마 이렇게 말해야 할 것이다. 이 급진적 아리스토텔레스주의자들은 13세기에 참으로 독보적이고 중요한 역할을 수행했다고 말이다. 그들은 문화의 가장 깊은 곳에 감추어진 것, 이 문화에 속한 모두의 근거가 되는 심층을 끄집어내 보여 주었다. 그들은 아리스토텔레스 전통에 들어 있는 모든 내용을 논리정연하게 서술하고 싶었다.

그리스-아랍 문화가 그리스도교 문화와 한데 뒤섞이던 이 시기에 전통을 중시했던 이들은 이 같은 본질 규명 작업을 혁명으로 받아들였다.

역사적으로 가능하게 된 합리성 규범의 정밀한 개념 분석은 그것을 도구화하려는 신학자들의 시도를 저지했다. 자유로운 토론의 장(場)의 쟁취는 여러 단죄 판결에도 결코 의의가 훼손되지 않는 역사적 새로움이다. 14세기에서 16세기까지 파도바와 볼로냐에서는 급진적 아리스토텔레스주의가 끊임없이 이어졌다. 기적에 방해받지 않고 철저하게 경험과 관찰에 기반을 둔 연구 또는 초자연적 기적을 '자연적' 현상으로 해명하는 시도, 그리고 의학, 물리학, 심리학, 정치 이론의 독립은 그 결과였다.

하지만 저 '아베로에스주의자'들을 역사적으로 중요하게 만든 것은 새로운 방법론 때문만은 아니다. 신학적 방향성을 가진 중세 철학 서술은 아베로에스주의를 교회의 정통 입장과의 관계 속에서 고찰하기 때문에 이들의 이론이 가진 사변적 깊이를 잘 보지 못한다. 교회가 아베로에스주의를 '오류'로 단호하게 규정할 때 사용한 '단성론'이라는 단어는 무지의 산물이다. 이 이름으로 불리는 아베로에스 이론의 역사적 특징은 개인의 불사성을 침해하는 사상이라는 점에 있지 않다. 여기서 주제가 되는 것은 영혼이 아니라 '지성'의 통일이다. 아리스토텔레스와 신플라톤주의적 아리스토텔레스 해석 전통은 모두 '정신'과 '영혼'을 날카롭게 구별한다. '정신'(nus)을 생성과 소멸, 생장과 감각적 삶과 혼동해서는 안 된다. 정신은 자기 자신에 기원을 두고 '바깥'에서 자연적 생명 안으로 들어오는 것이어야 한다. 그다음에는 당연히 인격과의 통일에 대한 문제가 제기된다. 하지만 그리스도교적 사유는, 그리고 토마스 아퀴나스까지도, 이 문제를 언제나 얼버무려 넘기거나 어설프게 해명하곤 했다. 그리스도교는 항상 영혼 자체에만, 저세상에서 영혼에 상이나 벌을 줄 가능성에만 관심이 있었다. 교회의 권력 장치와 수익 모델은 오로지 이 가능성을 기반으로 해서 움직인다. 하지만 주의 깊게 아리스토텔레스를 읽는 독자들은 이제 아리스토텔레스가 '분리된 지성'에 대해서만 이야기했지 한 번도 '분리된 영혼'을 주장한 적이 없다는 사실을 안다. 지성은 어떠한 자연적 조건에도 구속받지 않는다. 그리고 개별성을 자연적 조건으로 간주한 사람은 비단 아베로에스주의자들뿐만은 아니다.

그러므로 지성은 각 개인을 초월해 존재한다. 이 명제는 아베로에스주의자의 선(先)규정된 세계 직관에서 나온 말이 아니다. 아리스토텔레스의 인식론과 언어 이론이 전부 여기서 나왔다. 이 명제는 우리 인간 주체가 동일한 개념을 서로 공유하고 있기 때문에 유효하다. 아우구스티누스는 자연적 존재로서 내가 타인과 어떻게 구별되고 변화하는지를 해명하기 위해 하느님의 말씀을 우리 '내면의 교사'로 정립한 바 있다. 아우구스티누스의 기획과 비교하면, 하나의 단일 지성에 대한 테제는 합리성의 측면에서는 커다란 진보가 아닐 수 없다. 지성은 ─ 동일한 모든 개념이 하나로 결합되는 심급으로서 ─ 시간적 기원을 가지는 특수한 사물로 표상될 수 없다는 주장은, 대부분의 사람이 지식이 필연적이고 영원한 것과 관계한다는 점에 대체로 동의한다는 점을 감안하면 확실히 설득력이 있다. 개별 인간이 정신적 인식의 주체라는 사실은 브라방의 시제도 부정하지 않는다. 단지 '여기 있는 인간이 정신적으로 인식한다'라는 사소한 표현만으로는 지성철학적 문제가 해결되지 않을 뿐이다. 바로 그 정신적 현상을 해명하는 것이 문제요, 과제였기 때문이다. 보편적 대상에 관여하는 능력으로 지성의 결합을 심리적·물리적 과정으로 '설명'하는 한에서, 토마스 아퀴나스를 위시한 다른 모든 아리스토텔레스주의자는 이 문제를 전혀 해결하지 못했다. 더 나아가 지성이 신과 특권적 관계를 맺고 있다면 ─ 토마스 아퀴나스도 신적인 빛의 관여를 이야기했다 ─ 신과 지성 사이에는 우연이나 자의가 끼어들 여지가 없다. 그러면 일단 시간적으로 나중에, 임의로 정해진 어떤 시점에 가서야 하느님이 개별 지성의 창조에 순응했으리라고는 상상할 수 없을 것이다. 신은 지성을 영원으로부터 창조하고 영원으로부터 근거 지어야만 한다. 토마스도 형이상학을 우연을 제거하는 학문으로 이해했다. 브라방의 시제는 신의 자의적 결정을 중심에 놓는 아우구스티누스적 전통에 반기를 든다. 그는 아우구스티누스 이론이 그리스의 학문 개념과 충돌한다는 점을 알고 있었다.[3] 브라방의 시제는 1270년 이후로는 이러한 입장을 포기했지만, 이 이론은 아리스토텔레스의 근본 전제들에 엄청난 파장을 몰고 왔다. 브라방의 시제의 이론은 플라톤적이고, 신플라톤적이고, 아리스토텔레스적이며, 스토아적 가정에서 거의 필수불가결한 요소로 나타난다. 그래서 정신적 인식이 개별 인간에게서 성취된다는 단적인 사실만으로는 그의 이론을 반박할 수 없다. 만일 누군가가 어느 칸트주의자에게 순수 이성이 나이가 어린지 많은지, 남자인지 여자인지, '하나'인지 여럿인지 묻는다면, 칸트주의자는 어이없다는 듯 그를 빤히 쳐다볼 것이다. 물론, 나는 이 사례가 순수 이성의 단일성을 정당화하는 근거가 된다고 보지 않는다. 내가 말하고 싶은 것은 이 문제가 지식과 당위의 관계에 대한 유럽의 오랜 사유 전통에 뿌리를 내리고 있다는 점이다.

형이상학이 우연을 절멸하거나 적어도 줄여야 하는 학문이라면 '아리스토텔레스의 두 번째 오류'가 등장한다. 신이 자의적 결정으로 세계에 개입할 때처럼 예측 불가능한 우연이 존재한다면, 형이상학적 이성은 그 자체로 위협받을 수밖에 없다. 신이 자신을 세계를 근거 짓는 원리가 되게 할 수 있었다면, 철학자는 그러한 신 개념을 가지고 대체 무엇을 할 수 있을까? 세계를 창조할지 말지 고민하는 모습을 담은 신 개념이 과연 쓸모가 있는 것일까? 모든 형이상학자는 바로 이 지점에서 일체의 우연성을 몰아내야 했다. 하느님을 시간적 조건 아래 두지 않고 그분의 의지를 신인 동형론적으로 해명하고 싶지 않는 이는 누구든지 논증을 해야 했다. 특정 시간에 특정한 것을 창조하도록 신에게 동기를 부여하는 어떤 변화가 있으리라고는 도저히 상상할 수 없다. 토마스 아퀴나스도 세계의 영원성 이론을 반박하기는 불가능하다고 보았다. 그는 단지 신학적 이유에서 세계의 영원성을 오류로 선언했을 뿐이다. 브라방의 시제가 신앙의 우위성을 인정했다 해도, 신과 세계의 반(反)우연적 결합에 대한 이론은 그 자체로 아리스토텔레스적 사유의 내적 정합성을 갖추고 있다.

　브라방의 시제는 행복에 대한 책을 한 권 저술했는데, 현재는 소실되어 전해지지 않는다. 다만 그의 행복론 내용을 우리는 그와 함께 투쟁했던 동료 다치아의 보에티우스(Boethius de Dacia, †1284)의 『최고선에 대하여』(De summo bono)에서 간접적으로 엿볼 수 있다.[4] 그는 거기서 피안의 행복을 부정하지 않았다. 죽음 이후의 행복을 확실히 인정했다. 하지만 인간 본성의 목적이 행복에서 성취되는 것으로 이해한다. 인간을 인간이게끔 만드는 특징은 이성이다. 따라서 인간의 목적은 진리를 숙고하고 선을 실천함에 있어 이성을 발휘함으로써 달성된다. 인간의 고유한 목적을 성취하는 행위로서의 행복은 이론 안에 있고, 선의 실현에 있다. 행복은 오직 내재적이고 능동적인 완성으로서만 가능하다. 행복은 외부에서 주어지지 않는다. 이러한 행복론은 행복을 최고의 대상에 대한 최고의 행위로 이해하는 아리스토텔레스적 사유와 일치한다. 아리스토텔레스도 인간의 행복을 바깥에서 찾는 사람을 조롱한 적이 있다. 행복은 우리가 몸에 두르는 겉옷과 같을 수 없다. 다치아의 보에티우스는 모든 인간이 지성의 자기 전개에 성공하고 도덕적 선을 실현하지는 못한다는 점을 알고 있었다. 인간에게 최고선이 지성과의 관계 속에서만 존립한다면 그처럼 비할 데 없이 진실한 인생을 영위할 수 있는 사람은 철학자밖에 없다. 이러한 사상은 많은 물의를 일으켰다. 하지만 반발은 지식인만이 행복을 향유할 수 있다는 특권적 주장 때문이 아니라 수도적(修道的) 윤리와 아우구스티누스적 세계관과의 단절 때문에 일어났다. 그런데 아리스토텔레스가 이미 철학 수업의 교재가 된 상황에서 보에티우스가 아리스토텔레스를 인용하지 못하게 금지할 수 있는가? 외부에서 주어지는 행복, 아주 오래전부터 우리에게 거저 주어진 은총이란 무엇인가? 아리스토텔레스적 우주와 삶의 철학을 일거에 무효로 만들 수도 있는 우연성에 대한 고백이 아니고 무엇이겠는가? 브라방의 시제와 다치아의 보에티우스는 철학적 윤리학의 전제와 함의 모두를 자기들에 반대하는 신학자들보다 더 깊이 통찰하고 있었다. 그것은 사람들을 계몽할 잠재력을 가진 행복론이었다.

예를 한 가지 더 들어보겠다. 다치아의 보에티우스는 꿈을 자연주의적으로 해석해야 한다고 가르쳤다.[5] 고대인들과 중세인들에게 꿈은 개인의 삶뿐만 아니라 정치와 종교와 관련해서도 매우 중요했다. 꿈은 예언적 성격을 가졌다. 하느님의 계시가 꿈을 통해 드러나기도 했다. 대다수의 고대 철학자도 꿈을 신의 표징으로 이해했다. 하지만 아리스토텔레스는 다른 입장을 취했다. 그는 꿈을 의학적으로, 예컨대 음식을 소화하는 과정에서 일어나는 부작용으로 이해했다. 보에티우스는 아무런 타협 없이 아리스토텔레스의 꿈 이론을 그대로 수용했다. 토마스 아퀴나스를 위시한 다른 아리스토텔레스주의자들은 자연주의적 꿈 해석과 신학적 해석을 모두 참이라고 선언해야 했다. 보에티우스는 아리스토텔레스의 손을 듦으로써 이 불편한 대립을 피했다.

그러므로 우리가 아베로에스주의자들을 당대에 가장 진보적으로 사유한 철학자들로 높이 평가해야 하는 이유는 보에티우스의 경우를 통해서도 분명해진다. 물론, 이러한 평가는 아베로에스주의자들이 그 시대의 누구보다 절대적 진리에 더 가까이 다가갔다는 뜻은 아니다. 그들은 역사적 우연성을 띤 세계에 유효한 진리 개념을 누구보다도 깊이 파헤쳤다. 이들은 1250년 이후로 모든 이, 심지어 이성의 반대자들까지 포함한 모든 사람의 사유 배경에 놓인 이성과 지식 개념이 함축하는 바를 누구보다 일관적으로 풀어낸 철학자들이다.

VI. 14세기

제36장
역사적 상황

14세기부터 서구 라틴 세계의 경제와 사회적 발전은 위기를 겪기 시작한다. 11세기 말부터 호황을 누렸던 경제는 이때부터 불경기로 접어든다. 인구는 더는 증가하지 못하고 정체하다가 1348년부터는 급격히 감소했다. 농지 개간도 중단되었고 신도시의 성장도 멈추었다. 서구 사회의 경제 성장은 최고점에 달했다. 한창 성장하던 시기에 개간된 경작지는 황폐해졌다. 도시는 더는 발전하지 않았다.[1]

최근의 연구는 이러한 암울한 상황이 지역마다 약간 다르게 적용된다고 본다. 예를 들어 북부 이탈리아의 불황은 왕가 분쟁과 전쟁으로 추가로 고통받아야 했던 프랑스만큼 심각하지는 않았다. 영국과 네덜란드, 피렌체와 베네치아, 그리고 소수의 독일 지방 도시는 아주 미소(微小)한 경제적 번영을 누렸다. 그마저도 아니었으면 이 시대는 획기적 발견이라고는 정말이지 불가능한 시대였을지도 모른다. 몇몇 역사학자는 종교개혁과 르네상스 시기를 보다 찬란하게 보이게 하려고 중세 후기 사람들의 삶 속의 관계들까지도 온통 어두운 색으로 칠하곤 했다. 하지만 대조적 모습들을 도외시하고 지역적 차이에 주목한다 하더라도 전반적으로 서구의 경제적 상황이 어려워졌으며, 분배의 투쟁이 격렬해졌다는 점만은 변함없는 분명한 사실이다. 사회적 긴장과 정치적 분쟁이 증가했다. 시민들 사이의 대립도 심해졌다. 도시에 거주하는 귀족과 원거리 무역상, 금융가들은 대다수의 일용직 노동자 집단과는 확실히 다른 관심을 가지고 있었다. 폭동과 유혈 사태가 일어났으며, 기술자와 소상공인, 농민 조합들도 일제히 봉기했다. 특히 1370년부터 1385년 사이가 가장 불안정한 시기였다.[2] 이는 도시들이 ― 귀족적 사고방식을 가졌거나 귀족인 척 행세하려는 몇몇 소수의 부유한 도시민 가문을 중심으로 ― 세속 군주와 종교 권력에 맞설 수 있는 정치적·법적 지위를 약화하는 결과를 가져왔다. 각 도시의 자율적 경험과 자연과 다른 사회 집단과의 능동적 대결을 소극적 태도가 대체했다. 기계 기술 분야에서 괄목할 만한 혁신이 이루어지기도 했지만(조선 기술, 시계와 안경의 발명 등) 전반적으로는 진취적 모습이나 활기가 감소했다. 사회사적 발전은 두 갈래로 나뉘었다. 귀족과 그들의 봉건적 전통, 그리고 그들의 국제적이고 세련된 취미에 소시민들이 대립했다. 소시민들은 폭동과 반란을 일으키는 집단에 가담해야 할지 항상 고민했다. 사회 계층 사이의 분열이 심해졌다. 여기에 자연재해도 더해졌다. 위기에 처한 사회는 자연재해에 대응할 능력을 상실했다. 1315년부터 1317년까지는 다시 기근이 들었다. 반복해 찾아온 기근으로 사람들의 건강 상태가 전반적으로 나빠졌다. 면역력이 크게 저하되었고 전염병에 쉽게 노출되었다. 거대한 흑사병으로 1348년부터 유럽 인구는 대폭 감소했다. 흑사병은 인간의 노력이 얼마나 부질없는지, 인간이 가진 지식이 얼마나 무의미한지를 똑똑히 보여 주었다. 유대인 박해와 편모(偏母) 고행 같은 극단적 신심 행위가 성행했으며, 자기 내면으로 숨어들어 가거나 개인의 이익만을 추구하는 경향도 생겨났다.[3] 흑사병으로 사회의 도덕성이 퇴보했는지 아니면 오히려 향상되었는지는 우리가 쉽게 답할 수 있는 문제가 아니다. 역사가는 당시에 흑사병을 마주해 윤리적 타락을 예감했던 몇몇 목격자가 있었다는 점만 확정할 수 있을 뿐이다. 흑사병으로 죽은 형제 조반니(Giovanni)의 연대기에서 빌라니는 이렇게 썼다. "우리의 고향, 우리 삶의 명예는 한없이 추락하는데, 아직도 바닥에 닿지 않은 것 같다."⁴⁾ 마테오 빌라니(Matteo Villani)는 인구가 현저히 줄었음에도 식료품은 이전보다 더 구하기 어려워지고 값도 훨씬 비싸졌다고 보고한다. 의복의 공급은 넘쳐났다. 하지만 가격은 두 배로 뛰었다. 농작지와 도시의 공방에서 생산된 물품의 가격 인상이 두 배 이상이라고 쓸 때, 빌라니도 경악을 금치 못한다. 경제적 상황은 결코 예전 같지 않았다. 전체 인구는 삼분의 일가량 감소했다. 과거의 농노제가 부역의 금납제로 완전히 대체될 만큼—토스카나 지방에서 특히 두드러진 현상—금융 경제가 농업 경제 깊숙이 침투했다. 농민의 수와 공납의 감소는 토지 주인을 난처하게 만들었다. 대부분의 장원 농업 경제는 수익이 없었다.

빌라니는 흑사병의 또 다른 결과로 학문이 신뢰를 잃어버린 점을 꼽는다. "이 전염병이 대체 무엇인지, 도대체가 그 실체를 자연철학이나 과학이나 점성술적으로라도 해명한 의사가 세상 어디에도 없다. 하물며 치료법이야 말해 무엇하겠는가."⁵⁾ 흑사병은 의학에는 도전이었으며, 바로 그 때문에 자연철학과 점성학에도 마찬가지였다. 사람들은 학문이 얼마나 무력한지를 똑똑히 보았다. 행정 관리들은 학자들에게 조언을 구하면서 도움을 청했다. 하지만 보건 책임자의 학술 자문 위원들도 절망에 빠져 있었다. 11세기 말부터 진행된 경제적 · 문화적 부흥과 함께 쌓아 올려진 이성에 대한 신뢰가 흔들렸다. 그러나 흑사병이 그 유일한 원인은 아니었다.⁶⁾

사회적 발전과 정치 세계도 이미 13세기 후반부터 새로운 문제들을 마주해 왔다. 사회는 불안정했다. 1280년 브뤼헤(Brügge)와 루앙(Rouen)의 직조업자들이 폭동을 일으켰다. 13세기 말쯤이 되자, 사람들은 50년 전에는 가질 수 있었던 기대를 접어야만 했다. 지난 200년 동안 서구 세계에 넘쳐났던 다원화된 세계 해석들을 이성의 힘으로 조화시킬 수 있다는 믿음만 포기해야 했던 것이 아니다. 강력한 힘을 가진 교회가 청빈 운동을 수용하고 스스로 개혁할 것이라는 희망도 내려

놓았다. '천사 교황'인 첼레스티누스 5세(Celestinus V)의 자발적 사임 (1294)은 이 교회가 순수하게 영적인 영감만으로 통치될 수 없다는 증명처럼 보였다. 후임 교황인 보니파키우스 8세(1294~1303)는 관심사가 다른 데에 있었다. 즉 세계 지배와 교회법의 구속력 확립, 그리고 유럽 사회를 경제적으로 착취하는 것 등 말이다. 그러나 보니파키우스 8세의 계획은 실패했다. 보편적이고 이상적인 권리에 기초한 황제와 교황의 중앙 집권 시대는 저물어가고 있었다. 프랑스 왕이 1303년 교황을 생포했을 때, 권력의 중심이 어디로 이동할 것인지 알아채지 못한 사람은 아무도 없었다. 이제 민족 국가의 시대가 도래했고 프랑스는 그 가운데 으뜸이었다. 보니파키우스 8세가 교황의 정치적 우위를 재차 분명하게 천명한 교서「거룩한 하나의 교회」(Unam sanctam)를 반포한 해인 1302년, 프랑스 국왕 필리프 4세(Philippe IV)는 도미니코회 수사인 장 키도르(Jean Quidort)에게 교회와 국가의 분리를 지지할 이론적 근거를 확립하게 했다.[7] 1309년부터 교황들은 아비뇽에 거주했다. 아비뇽 유수(Papae Avenionenses)는 유럽에 영적 근거와 정당성을 가진 보편적인 정치적 심급이 부재하다는 점을 여실히 보여 주었다. 1250년 이후로는 황제권의 몰락도 걷잡을 수 없었다. 지역 제후들은 자기들끼리 중앙 권력을 마음대로 나누어 가졌다. 일련의 숙명적 사건들이 황제 권력 해체를 가속시켰다. 1308년에는 알브레히트 1세(Albrecht I)가 암살당했다. 아울러 여러모로 평화의 수호자로 추앙받고, 특히 단테 또한 이탈리아의 해방자로 고대했던 하인리히 7세(Heinrich VII)도 겨우 5년밖에 통치하지 못했다. 그는 1313년 세상을 떠났다. 그다음에는 열정적인 교황 요하네스 22세(Johannes XXII)와 — 윌리엄 오컴과 마이스터 에크하르트를 단죄한 교황이 바로 요하네스 22세이다 — 윌리엄 오컴과 장 됭의 장(Jean de Jandun), 파도바의 마르실리우스(Marsilio da Padova) 같은 중요한 사상가들을 비호했던 바이에른의 황제 루트비히 4세(Ludwig IV, 1314~46) 사이에 오랜 다툼이 이어진다. 황제 카를 4세(Karl IV,

1346~78)는 제국을 재정비하고 권력을 강화했지만, 그것도 교회와 막강한 영향력을 행사하는 선제후들의 지지 없이는 불가능했다. 그는 프라하 대학을 건립(1348)한 업적 때문에 서구 지성사에서 한자리를 차지한다. 같은 14세기에 빈 대학과 하이델베르크 대학이 뒤를 이어 설립되었다. 카를 4세는 12년 동안 프란체스코 페트라르카(Francesco Petrarca)와 편지를 교환하면서 친교를 쌓은 것으로도 유명하다.[8] 그는 우리가 초기 인문주의라고 부르는 운동을 후원한 사람이다.[9] 한편, '현명왕'이라고도 불린 샤를 5세(Charles V)는 1356년부터 섭정을 맡고 1364년부터 1380년까지 프랑스 국왕으로 재위하면서 프랑스의 정치적·문화적 부흥을 일으켰다. 이 성장에 민족주의적 기초가 얼마나 중요하게 작용했는지는 그가 니콜 오렘(Nicole Oresme, 1320~82, 1377년부터는 리지외(Lisieux) 주교)에게 아리스토텔레스 저작을 프랑스어로 번역하라는 과제를 맡긴 사실에서 당장 알 수 있다.[10]

하지만 14세기의 군주들은 개인으로서는 서구 문명의 전체적 분위기를 바꾸거나 규정할 힘을 갖고 있지 못했다. 그보다는 교황의 역할이 일반적으로는 더 중요했다. 독일의 카를 4세(1378)와 프랑스의 샤를 5세(1380)가 각각 세상을 떠나고 서방 교회의 대분열이 일어나 그리스도교가 둘로 나뉠 뿐만 아니라 교황이 셋이나 선출되어 대립하자, 모두들 세상에 종말이 왔다고 생각했다. 그럼에도 14세기는 결코 단편적으로 평가할 수만은 없는 시대이다. 14세기는 단테(Dante, †1321)의 시대이자 조토(Giotto, †1337)의 시대였으며, 페트라르카(†1374)의 시대이자 조반니 보카초(Giovanni Boccaccio, †1375)의 시대이기 때문이다.

네 명의 문인은 문학사의 찬란한 시기를 장식하지만은 않는다. 단테는 철학자로 목소리를 낼 권리를 당당하게 주장했다. 지난 수십 년 동안 단테의 이러한 측면을 조명하는 방대하고 상세한 연구가 수행되었다. 1993년부터 함부르크에서 루디 임바흐(Ruedi Imbach)의 기획 아래, 단테의 철학 논고가 7권의 전집으로 출간되었다. 이 전집에는 일반인들에게 철학적 삶의 방식의 풍성한 보고를 나누어 주기 위해 민중 언어로 저술된 단테의 미완성 철학 대백과인 『향연』(Convivio)이 수록되어 있다. 『향연』은 아리스토텔레스 수용 이후로 변화를 겪은 대학 철학의 대중화가 아니라 형이상학에 대한 실천철학의 우위나 진정한 고결함 같은 주제를 철학적으로 논구한다. 라틴어로 쓰인 『민중 언어에 대하여』(De vulgari eloquentia)는 언어의 본성에 대한 새로운 이론을 담았다. 이 책에서 단테는 라틴어와 이탈리아 방언들의 관계를 매우 독창적으로 고찰하면서 이탈리아 표준어 확립을 위한 기초적 원칙들을 제시한다. 군주제를 다룬 『제정론』(Monarchia)에서는 정치철학을 엿볼 수 있다. 단테의 논의에서 지성은 본성적으로 공동체적 차원에서 현실화되어야 한다고 했던, 알베르투스 마그누스의 해석에 따른 아베로에스의 지성론에서 시작된다. 그는 이러한 지성론을 가지고 평화를 수립해야 한다는 정치적 의무를 이론적으로 정초하고 속권(俗權)이 교권(敎權)에 복종해야 한다는 교황주의적 이론을 상세하게 논박한다. 사회적 존재로서의 인간의 본질은 다름 아닌 모두에게 공통적인 지성에 있다. 인간 존재는 어떠한 종교적·신학적 근거 지음도 필요로 하지 않는다. 인간의 공동체적 본질은 그 자체로 정당성을 획득한다. 저명한 단테 연구자인 브루노 나르디(Bruno Nardi)는 이 같은 아베로에스주의적 사회철학은 단테의 미숙한 초기 사상에 속하고 나중에 『신곡』(La divina commedia)의 그리스도교적이고 신학적인 입장으로 극복되었다고 주장했지만, 정밀한 필사본 연구는 단테의 『제정론』이 거의 죽기 직전에 집필되었음을 보여 준다. 그가 『신곡』의 「천국편」 집필을 중단한 것은 바로 『제정론』 때문이었을 것이다. 게다가 『신곡』을 면밀히 분석하면 『제정론』에서 나타난 것과 유사한 철학적 입장도 읽을 수 있다. 『제정론』이 단테의 후기 작품이라는 최근의 추정은 그의 시문학을 이탈리아의 부활과 황제 통치를 꿈꾸고 쓰인 철학적·정치적 작품으로 간주해야 한다는 점을 시사한다. 열세 번째 편지에서 단테는 스스로 이러한 견해를 드러내기도

한다. 칸그란데 델라 스칼라(Cangrande della Scala, 1291~1329)에게 보낸 이 편지의 친저성(親著性) 여부에 대한 과거의 논란은 종결되었다. 내가 쓴 『단테 입문』(Einladung, Dante zu lesen, 2011)에서 나는 사상가로서의 단테의 모습을 새롭게 조명한 바 있다. 그러므로 여기서는 새로워진 최근의 연구 상황을 스케치하는 것으로 만족했다. 이 책의 제50장에서는 페트라르카를 다룰 것이다.

14세기 초반은 철학적으로 풍요로운 시기였다. 이 시기에 속한 거장들을 나열하면 다음과 같다.

요하네스 둔스 스코투스(✝1308 쾰른)
라몬 유이(Ramon Llull/(라)Raimundus Lullus, ✝1316 마요르카/팔마)
프라이베르크의 디트리히(✝1320)
단테(✝1321)
마이스터 에크하르트(✝1328)
생-푸르생의 기욤 뒤랑(Guillaume Durand de Saint-Pourçain, ✝1334)
토머스 브래드워딘(Thomas Bradwardine, ✝1349)
윌리엄 오컴(✝1349 뮌헨)
오트르쿠르의 니콜라스(✝1350 이후)
장 뷔리당(Jean Buridan, ✝1360)
무스부르크의 베르톨트(✝1361)

1350년과 1380년 사이에는 니콜 오렘(✝1382)의 중요한 경제학과 자연과학 작품이 탄생했다. 윌리엄 오컴의 훌륭한 제자인 아리미노의 그레고리우스(Gregorius de Arimino/Gregory of Rimini)는 1358년, 장 뷔리당은 1360년경에 세상을 떠났다. 쾰른에서 디트리히의 노선을 따르고 어느 정도는 마이스터 에크하르트의 영향을 받기도 했던 무스부르크의 베르톨트는 1361년에 생을 마감했다. 페트라르카의 철학적 논고들이 집필된 시기는 1350년에서 1370년 사이이다. 뷔리당의 제자인 잉겐의 마르실리우스(Marsilius von Inghen)는 파리 대학의 마지막 유산을 새로 건립된 하이델베르크 대학에 옮겨 심는 데 성공했다.

이러한 역사적 사실들이 의미하는 것은 무엇일까? 14세기에는 파리와 옥스퍼드만이 학문 연구의 중심지가 아니었다는 점이다. 쾰른은 거의 1360년대까지 자체적으로 알베르투스 마그누스의 전통을 이어 나갔다. 파도바와 볼로냐, 몽펠리에는 철학을 ― 아랍 전통에 근거해 ― 의학과 천문학(점성술), 수학과의 밀접한 관계 속에서 발전시켰다. 이들 도시에서는 신학이 파리에서만큼 지배적 학문이 아니었다. 라이문두스 룰루스(Raimundus Lullus)는 대학과 학파의 세상 반대편에 우뚝 섰다. 피렌체와 북부 이탈리아 지역에서는 철학적으로도 매우 중요한 초기 인문주의가 태동하고 있었다. 파도바에서 마르실리우스는 평신도 관점에서 정치철학을 개진한 『평화의 수호자』(*Defensor pacis*, 1324)를 집필했다. 이 작품에서 저자는 이탈리아 지방 자치 도시들의 민주주의적 생활 양식에 이론적 근거를 제공하며, 단테와 함께 교황의 보편적 신정주의를 날카롭게 비판한다.

14세기는 전례가 없을 만큼 다채롭고 역동적인 시기였다. 위기의 시대는 철학적 반성에 있어 장점이 되기도 했다. 제도와 조직의 균열을 목도한 개인은 과연 무엇이 남아 있는지 질문하게 되었다. 확실성 추구는 면밀히 따져 보고 검토하고 싶은 정신에는 좋은 일이었다. 성직자와 교황에 대한 신뢰는 감소했다. 직접 눈으로 보고 싶어 하는 '일반인'의 정신은 도시적인 삶 속에서 성장했다. 형식논리학의 급속한 발전은 논증 절차와 판단 범주를 더욱 엄격하게 구성할 것을 요구했다. 전반적 불안과 불확실성 속에서 사람들은 정확성을 열망했다. 위기 상황과 위협의 증가, 비합리성 체험의 누적으로 인해 방법론 성찰의 필요성을 인식했다. 사람들은 우리가 알고 있었던 것을 제한적으로라도 확실하게 알고 싶었다. 증명하는 기술의 측면에서 보자면, 이것은 명백한 진보였다. 사회적이고 지성적인 삶의 전체에 첨예화된 지식 관계가 어떻게 통합될 수 있는지가 문제였다.

방법론적 엄격함은 나날이 증대하는 전문화의 기본 전제이자 결과였다. 14세기에는 학자와 대학의 수가 증가했다. 대학에서 전문 교육을 필요로 하는 직종의 경우에 ─ 신학자와 의사, 그리고 변호사 ─ 종사자의 수도 증가했지만 해당 직업의 사회적 중요도도 커졌다. 지식인의 활동은 더욱 세분화되었다. 사회학적 집단 구성은 방법론의 세분화를 장려했으며, 실제로 그렇게 되었다.

사유의 장(場)과 단초의 다양성

14세기 철학은 상대적으로 덜 연구되었지만 접근하기도 어렵다. 비판본으로 간행되지 않은 텍스트가 굉장히 많다. 덧붙여 14세기에 대해 중세의 몰락이라든지, '종합'의 시대였던 13세기를 해체하는 시기로 보는 고전적 편견이 연구의 어려움을 더한다. 이 문제를 따라가면 예의 그 '종합'의 견고함에 회의를 품지 않을 수 없게 된다. 비판적 이의 제기가 실질적으로 정당화되었는가가 철학적으로 중요하다. 이렇게 14세기 철학은 확실한 내용을 갖게 된다.

오늘날 흥미를 끄는 다른 이유들도 있다. 14세기 철학은 ─ 현대의 분석철학처럼 ─ 언어에 대해 인간을 기만하는 원인으로 주제화한다. 아울러 14세기 철학은 일부 인문주의자에게서 궤변이라 비난받기도 하는 고도로 정교한 형식 논리적 논증 규범을 갖추었다. 자연과학과 자연과학의 이론화 작업에서는 커다란 혁신을 이루어 냈는데, 종종 수학 및 의학과 굉장히 밀접한 관계를 형성하기도 했다. 아리스토텔레스주의자들의 질적 물리학은 이 시기에 들어 대대적인 변화를 겪는다. 14세기 철학은 질(質)을 양적으로 분석하고자 했다. 14세기가 없었다면 16세기와 17세기의 자연과학 혁명은 불가능했을 것이다. 14세기 철학은 새로운 신심 운동(devotio moderna)과 후스파 운동, 공의회주의, 그리고 종교개혁으로 이어지는 일련의 종교적 발전과 깊은 연관이 있다. 이탈리아의 인문주의자들은 14세기 철학을 비판하기도 했지만 거기서 모티프를 가져오기도 했다. 14세기부터 16세기까지의 유럽의 발전은 14세기 철학을 알지 않고서는 이해할 수 없다.

 아직 연구된 바가 많지 않고 연구된 것조차도 평가가 엇갈리지만, 14세기 중반이나 늦어도 1380년대는 지성적 무기력함이 지배적이었다고 말할 수 있다. 14세기 초반에는 독창적이고 중요한 철학적 기획들이 꽃을 피웠던 반면에, 세기말에는 대략 1350년경까지 발전했던 사유 방식들을 조심스럽게 결합하는 시도가 주류를 이루고 있다. 새로운 텍스트가 발견되고 새로운 해석이 제안되면 이러한 시기 구분은 유효하지 않을 수 있다. 그리고 그렇게 되기를 희망한다. 우리가 확정할 수 있는 것들은 불과 이 정도이다. 1300년에서 1380년까지의 기간은 굉장히 새롭고 창의적인 철학적 사유들로 가득하다. 권위적 텍스트를 중심으로 형성된 문명에는 아랍 지역에서 흘러나오는 학술 서적의 강물이 지식이 유입된 지 한 세기와 반 세기가 지난 시점인 1300년 즈음에 이르러서는 거의 바닥을 드러냈다는 점이 결정적 계기인 것은 사실이다. 하지만 이것은 1100년부터 줄곧 성공적으로 진행되었던 수용 작업의 결과에 불과했다. 이제 사람들은 지금까지 이룩한 것을 되돌아보고 오늘날까지 살아 숨 쉬는 거대한 대안을 창조하기 시작했다. 그것은 다음과 같은 것들이다. 논증의 논리적 분석(둔스 스코투스, 윌리엄 오컴), 사유 과정의 형식화와 기계적 도식화(라이문두스 룰루스), 질적 자연 경험의 수량화(뷔리당과 니콜 오렘), 형이상학과 인간의 근본 인식 비판(윌리엄 오컴, 오트르쿠르의 니콜라스), 인간의 제반 경험의 최종 근거로서 지성을 주제화하기(프라이베르크의 디트리히, 마이스터 에크하르트), 캔터베리의 안셀무스와 피에르 아벨라르 이래로 논의되어 왔던 인식 가능 조건으로서의 언어와 인식 방해 요인으로서의 언어의 성격에 대한 철학적 고찰의 심화, 자연과학과 경제학 연구의 독립(오렘).

제37장

1277년 단죄와 그 여파: 13세기 말의 상황

각각의 세기별로 철학사를 구분하면 '스콜라학의 전성기'라든지 '후기 스콜라학' 같은 가치 평가가 담긴 용어들을 사용하지 않아도 된다는 장점, 그리고 피렌체, 북부 이탈리아, 쾰른, 옥스퍼드, 파리의 지적 삶을 동시적으로 조망할 수 있다는 장점이 있다. 대신에 역사적으로 존재하지 않았던 휴지기를 생성한다는 단점이 있다. 1300년을 끼고서 중요한 시대를 구별해야 한다면, 아마도 1275/80년부터 1375/80년까지를 가장 적절하게 한 세기로 간주할 수 있다. 왜 1375년 내지는 1380년에서 시대 구분을 끝내야 하는지에 대해서는 앞에서 이미 언급했다 (이 책 462~63쪽 참조). 그러면 이 시기의 시작에서 몇 가지를 이야기해 보자.

1280년을 전후한 시기는 경제적으로나 사회적으로나 예술사적으로나 일종의 휴지기였다.[1] 그런데 철학적 관점에서도 그렇다. 토마스 아퀴나스와 보나벤투라는 1274년 세상을 떠났다. 1280년에는 알베르투스 마그누스도 세상을 떠났다. 1277년에는 파리의 주교가 219개의 철학 명제를 단죄하는 결정을 내림으로써 그리스도교 문화권에서의 아리스토텔레스-아랍적 사유의 수용에 제동을 걸었다. 이 부분에 대해서는 라틴 아베로에스주의를 다룰 때, 이미 이야기한 적이 있다. 하지만 여기서 나는 14세기를 이해하는 데 도움이 되도록 단죄된 명제들을 주제별로 나누어 살펴보고 그 여파로 일어난 현상 몇 가지를 소개하고자 한다.

단죄된 명제 전체를 하나로 묶는 어떤 공통적 키워드는 없다. 단죄의 대상은 어떤 일관적 체계를 가진 단일한 철학 사상이 아니다. 단죄 목록은 그 당시의 지적 분위기와 핵심 논의들의 진전 상황을 기록하고 있다. 가장 먼저 형이상학과 신학의 대립이 주제화된다. 대체로 신학의 받침대로 간주되어 왔던 형이상학은 1275년 즈음에는 아리스토텔레스와 아랍인들 덕분에 신학에 공격적인 태도를 취하기에 이르렀다. 형이상학은 세계의 근거로서 신의 단일성을 옹호하기 때문에 그리스도교의 삼위일체 교리에 반론을 제기했다(1, 2번 테제).[2] 철학적 신 개념의 절대적 포괄성(또는 신적 지복)을 보존하기 위해 형이상학은 신이 자기와는 다른 것을 인식할 수 있다는 점을 부정하고 나섰다(3번 테제). 이 시기의 형이상학은 세계의 영원한 근거를 상상으로 그려 내고 시간 속에 투사하는 일을 금했다. 아울러 세계 흐름 속의 모든 과정에 극적 서사 요소를 부여하는 작업을 비판했다. 그러므로 하느님이 세계 과정 안에 어떤 새로운 것을 창조한다는 신학적 관념은 폐기되어야 한다(48번 테제). 하느님은 자의적으로 선택한 영혼들에게만 축복을 내리고 그 외 나머지 인류는 모조리 지옥에 던져 버린다는 이론은 굉장히 부조리하다(23번 테제). 행복은 인간의 고유한 활동이며, 사유하는 존재의 외부에서 주입될 수 없다(22번 테제). 이 같은 일련의 테제들로 구성된 틀 안에서 세계의 영원성과 지성 단일성에 대한 '아베로에스적' 사상이 처음 구체적으로 단죄될 수 있었다. 아베로에스주의적 테제들이 제각기 커다란 논란을 일으켰지만, 사실 그보다 더 중요했던 것은 그러한 발상을 낳았던 인간의 정신적 심성이다. 아베로에스주의는 철학보다 높은 형식의 인식을 인정하지 않고 철학적 지식의 자율성과 윤리적 함의와 행복을 고수하면서 일관적으로 사유하고 싶은 철학자의 자의식을 표현했다.

단죄 명제들의 두 번째 그룹은 내용상 자연주의적 성격을 내포했는데, 간접적으로는 아베로에스주의와 결합될 수 있었다. 하지만 파리의 주교는 그러한 결합 가능성에는 관심이 없었다. 주교는 파리 대학에서 이러저러한 오류가 가르쳐지고 있다는 말을 어디선가 들었으며, 자기가 들은 것을 한데 모아 목록으로 만들었을 뿐이다. 여기 수집된 테제들이 혹 하나의 체계를 구성한다든지 또는 서로 모순적이라든지 하는 문제는 조금도 중요하지 않았다. 단죄 목록에는 분리된 '능동 지성'만이 홀로 불멸한다면 인간은 사멸할 테고, 따라서 자연의 한 부분일 것이라는 명제도 속한다(15번 테제). 그러면 인간의 모든 것은 죽음과 함께 끝난다. 파리의 주교가 단죄한 것은 인간과 세계 사건과 종교를 모두 자연주의적으로 해명하려는 철학이다. 이러한 철학은 환시와 황홀경 같은 현상을 인정하지만 그것들을 자연주의적으로, 즉 의학적으로나 점성술적으로 기술한다(33번 테제). 그에 따르면, 신앙은 형이상학적 근거들을 감각적 표상을 사용해 고정한 것이거나 허구에 불과하다. 여기서도 모든 것을 이성의 판단에 맡겨야 한다는 철학자들의 단호한 입장이 나타나 있다. 이성보다 높은 심급은 존재하지 않는다. 여기서 공격적인 종교 비판까지는 멀지 않은 길이었다. 신학자들은 동화나 상상 속의 이야기를 하고 있을 뿐이라든지(152, 174번 테제), 그리스도교는 학문에 적대적이라는 비판이 가능했다(175번 테제). 중세에는 '계몽'이란 것이 없었다고 주장하는 사람이 있다면, 그는 파리의 주교가 이 같은 테제들을 혼자 장난삼아 지어내거나 날조했다고 봐야 할 것이다.

세 번째 그룹은 내용적으로 미시적이고 세부적인 다양한 테제로 구성되어 있다. 이들은 단지 당시 지배적인 철학적 입장과 충돌한다는 이유만으로 단죄받아야 했다. 여기에는 자립하는 우유는 그 자체로 모순적 관념이라는 테제, 즉 신조차도 자립하는 우유를 유효하게 만들지는 못한다는 명제도—성찬례 신학, 즉 성체 변화 이론의 철학적 해석을 품위 있게 조롱하는 명제—속한다(139, 141번 테제). 지성체가 세계 창조에도 일정 부분 기여한다는—단 하나의 세계 근거에서는 오직 단 하나만이 산출될 수 있다는 전제에서 논리적으로 연역되는 결과이다— 사상과(44, 64, 73번 테제) 주관주의적 시간 개념(tempus nihil est in re, 200번 테제)도 단죄되었다. 아베로에스주의 전통에서는 영혼이 시간성의 근거로서 여러 번 강조된다.[3] 인간의 지성이 (우연적 지식이 아니라) 실체적 지식이라 주장하는 사상도 단죄되었다(85번 테제). 파리의 주교는 지성이 인식하는 자와 인식된 것의 실체적 일치라는 주장을 그리스도교적 입장에 대립한다고 판단했다. 주교는 정신적 인식 같은 인간의 활동이 실체적 특성을 가질 수 있다는 견해를 거부했다. 이렇게 해서 파리의 주교는 아우구스티누스와 아리스토텔레스 모두와 거리를 두었지만, 사실상 '실체적' 활동의 거부는 무엇보다도 다치아의 보에티우스의 이론을 겨냥한 판단이었다. 다치아의 보에티우스에 따르면, 분리되어 실존하며 따라서 존재론적으로 독립적인 지성체는, 즉 순수 영적 존재는 우유를 가질 수 없었다.[4] 내가 이렇게 일련의 단죄 명제들을 나열하고 소개한 데에는 이유가 있다. 나중에 프라이베르크의 디트리히와 마이스터 에크하르트를 이해할 때, 도움이 되기 때문이다. 또한 사유의 실체적 특성에 대한 이론이 중세에는 없었다고, 그런 이론이 중세에 있었다고 본다면 그건 피히테(Fichte)의 사상을 거꾸로 중세에 가져다가 씌운 것일 것이라고 주장하는 중세 철학사가들이 있기 때문이다.

그렇다면 이제 1277년 철학 단죄의 역사적 영향이 끼친 범위를 가늠해 볼 차례이다. 캔터베리의 대주교는 파리의 단죄 목록을 수용해 옥스퍼드에 동일하게 적용했다. 파도바와 쾰른에서는 그 결정이 파리에만 국한된다고 주장하는 사람들이 있었다. 파도바와 쾰른은 더 나아가 파리에서 금지한 철학적 사유를 허용하기까지 했다. 하지만 사변적 영역에서의 교회 권위의 개입이 확실히 두드러졌다. 정통적 철학을 형성하기 위해서는 명확한 경계 설정이 국제적으로 중요하게 되었다. 급진적 아리스토텔레스주의자들은 여전히 공개적인 이단 혐의에서 벗어나지 못했다. 철학적 지식의 자율성에 대한 사상은 서구 그리스도교 세계의 저명한 대학에서 모조리 금지되어야 했다. 1280년부터 인문학부 교수들은 삼위일체 같은 신학적 문제를 일체 논하지 않겠다는 서약을 해야 했다. 또한 신앙과 철학이 모두 얽혀 있는 문제의 경우에 일방적으로 신앙의 편을 들고 이에 대립하는 입장을 논박하도록 강요받았다.[5)]
이렇게 해서 철학과 신학의 관계는 새로운 국면에 접어들었다. 철학과 신학의 분리는 제도화되고 법제화되었다. 이전까지 철학과 신학의 구별은 상대적으로 통일적 세계관을 공유하는 한에서, 지식론적이고 방법론적인 의미만을 가지고 있었다. 지금 우리는 '학부들 사이의 논쟁'의 '근대적' 상황과 동일한 것을 마주하고 있다. '그리스도교 철학'은 더는 있을 수 없었다. 그러나 라이문두스 룰루스와 마이스터 에크하르트, 니콜라우스 쿠자누스 같은 위대한 사상가들은 이 제재에 굴복하지 않고 반기를 들었다. 철학에 대한 단죄 조치는 파리 대학과 옥스퍼드 대학에서는 계속해서 효력을 발휘하면서 중세 후기 사유에 해체적 성격을 부여했다. 나중에 마르실리오 피치노와 피코 델라 미란돌라 같은 인문주의자들은 '경건한 철학'(pia philosophia)을 통해 이러한 사유의 균열을 극복하려 했다.

철학 단죄 조치의 또 다른 측면은 이보다 더 중요하다. 즉 세속적이고 대중적인 세계관이 이론으로 형성되었다. 소시민적 세계관은 단죄받기는 했어도 사라지지는 않았다. 성직자만이 세계를 해석할 수 있다는 특권주의가 다시 주창되었지만, 이제 성직자 중심주의는 무력화의 위험에 예전보다 더 크게 노출되었다. 제도권은 탈성직자적 지식 개념과 국가 및 도덕적 가치, 그리고 그러한 인간 삶의 의미까지 모두 억압했지만 절멸시킬 수는 없었다. 철학적 지식의 자율성, 내재적 방법론의 결과들, 신학 비판적 형이상학, 지성론과 자연주의, 아우구스티누스주의와 영성주의적 윤리학 비판과 점성술 등 탈성직자적 요소들은 끈질기게 살아남아 영향을 끼쳤다. 사상의 대비는 전반적으로 더 뚜렷해졌으며, 교회에 순응하려는 의지는 갈수록 약해졌다. 지적 형식들의 다양성은 증가했다. 이러한 정신사의 발전은 실제 역사적인 발전 상황에 상응했다. 정치 영역으로 눈을 돌리면 프랑스 같이 급부상하는 민족 국가와 여러 지역의 도시 공동체에서 상대적 자율성이 자리를 잡아가고 있었다. 시민으로 이루어진 다양한 이익 집단은 합리주의와 양화된 보편 원리에 기초를 두고 발전했다(농업 분야에 확장된 금융 경제). 상업 일반 및 불굴의 용기를 가진 원거리 무역 상인들에게 지구는 무한한 투자 가능성을 드러내 보였다. 13세기 마지막에 그리스도교 문화권의 상인들은 처음으로 태평양 연안에 섰다. 제노바는 대서양을 횡단할 탐험대를 두 차례나 보냈다. 그러나 두 탐사대는 모두 실종되었다. 하지만 가시적인 세계 정복은 더는 허황된 꿈이 아니었다. 종교 사회는 금융 조직의 영향에 따라 함께 변질되거나(아비뇽 교황들의 재정 관리) 아니면 금융화되는 교회 권력에 프란체스코회의 급진적 운동으로 맞서 싸웠다.

1290년에서 1310년 사이에 무엇을 사유했는가라고 묻는다면, 단테와 프라이베르크의 디트리히, 둔스 스코투스와 라이문두스 룰루스, 그리고 마이스터 에크하르트의 작품들로 대답해야 할 것이다. 로저 베이컨은 1292년 세상을 떠났다. 1300년부터 1302년까지는 둔스 스코투스가 옥스퍼드 대학에서 가르쳤으며, 1301년과 1302년은 마이스터 에크하르트가 파리 대학에서 교편을 잡았던 시기이다. 1302년 교황 보니파키우스 8세는 칙서 「거룩한 하나의 교회」를 통해 교황에게 부여된 속권을 가장 강력하게 선언했다. 장 키도르는 민족 국가를 옹호하면서 교황에게 반기를 들었다. 1310년이 막 지났을 무렵, 단테는 『제정론』을 썼다. 이 책에서 단테는 아리스토텔레스-아베로에스적 이론을 가지고 교황의 세계 통치권을 강력하게 비판했다. 10년 후에는 상황이 더욱 극적으로 변했다. 마이스터 에크하르트는 그의 사상적 전성기를 맞이했다. 둔스 스코투스(†1308)와 라이문두스 룰루스(†1316)는 세상을 떠났다. 1317년부터 1319년까지 윌리엄 오컴은 옥스퍼드 대학에서 페트루스 롬바르두스의 『명제집』을 주해했다. 1321년부터 1324년까지는 런던에 위치한 프란체스코회 수도원 학교에서 아리스토텔레스 저작을 강의했다. 1324년 파도바의 마르실리우스는 『평화의 수호자』 집필을 마쳤다. 그는 교황주의적 보편 통치를 비판하는 데 있어 키도르보다 훨씬 극단적이었다. 같은 해에 윌리엄 오컴은 이단 혐의에 항소하기 위해 아비뇽 교황청에 소환되었다. 그로부터 며칠 후에는 마이스터 에크하르트도 아비뇽으로 소환되었다. 그는 늦어도 1329년 이전에 그곳에서 생을 마감했다. 하지만 윌리엄 오컴은 1328년 바이에른의 황제 루트비히에게 피신해 뮌헨 궁정에서 1349년까지 사유 활동을 이어갔다.

그러나 1280년 이후를 소수의 대사상가만이 고독하게 투쟁했던 시기로 간주하는 것은 옳지 않다. 향후 200년 동안 활동하게 될 학파들이 기초를 다지게 된 시기가 바로 이즈음이었기 때문이다. 프란체스코회는 둔스 스코투스를, 도미니코회는 토마스 아퀴나스를, 아우구스티노회는 에지디우스 로마누스를 각각 자기 수도회를 대표하는 인물로 내세웠다. 이들 수도회는 각기 수도회의 정체성과 동일시한 대사상가의 철학을 옹호하면서 서로 경쟁했다. 그렇다고 수도회들이 모두 외골수이거나 내부의 다양성이 전혀 없었던 것은 아니다. 프라이베르크의 디트리히 같은 도미니코회 사상가는 신랄한 반(反)토마스주의자였다. 프란체스코회 수사들은 자주 제멋대로 행동했다. 그러나 대다수의 덜 독창적인 사상가의 사유 정신을 규정했던 일종의 집단주의 같은 것이 확실히 있었다. 수도회의 문중 철학이 굳어질수록 그에 대한 반동과 공격도 꾸준히 일어났다. 프란체스코회와 도미니코회의 교수들은 소속 수도회의 '스승'을 비판하면 처벌이나 제재를 받았다. 집단 내부의 이러한 규제와 제도화 작업이 바로 13세기의 마지막 십수 년 동안에 이루어졌다. 하지만 조직적 문제와 창조적 정신을 가진 인물들이 대거 등장하는 바람에 14세기 초에는 수도회의 규제가 큰 효력을 발휘하지 못했다.

우리는 수도회 사이에 벌어진 논쟁을 공허한 말싸움으로 여겨서는 안 된다. 각 수도회의 사상적 정체성의 차이는 삶의 현실 속에 실제적인 대립을 생산해 냈다. 대적하는 상대 수도회에 의해 나의 이론이 가진 결함들이 객관적으로 파악되는 경우도 많았다. 보나벤투라나 아우구스티누스에게 되돌아가야 한다는 기획조차도 혁신적인 것으로 간주되었다. 옛 전통을 복원해 우리 시대의 새로운 상황 안에 다시 적용하려는 입장에 ― 아리스토텔레스 수용 이후와 1277년의 철학 단죄 이후에 ― 항상 보수주의라는 딱지가 붙었던 것은 아니다.

제38장

피에르 드 장 올리비:
13세기 말의 급진적 프란체스코회 사상가

급진적 프란체스코회 사상가인 피에르 드 장 올리비(Pierre de Jean Olivi, †1298)를 예로 들어보자. 그는 청빈의 계명을 엄격하게 해석하는 입장을 옹호하며, 피오레의 조아키노 사상을 따라 청빈 운동의 세계사적 파견의 중요성을 굳게 믿었다. 그가 쓴『묵시록 해설』(*Lectura super Apocalipsim*)은 교황 요하네스 22세에게서 단죄와 함께 분서(焚書) 처분을 받았다. 많은 사람에게서 미움을 샀으나 1287년부터는 수도회 장상(長上)의 지지를 받았다. 덕분에 그는 피렌체의 산타 크로체에서 교수직을 맡았고, 거기서 카살레의 우베르티노(Ubertino da Casale)를 제자로 얻었다. 어쩌면 단테도 올리비에게서 배웠을 수도 있다. 둔스 스코투스를 유명하게 만든 개별성 이론(토마스처럼 개별성을 질료적 특성의 결과로 보지 않는 이론)은 이미 올리비에게서 나타나기 시작한다. 올리비는 영혼이 신체의 실체적 형상이라는 토마스의 주장을 날카롭게 비판했다. 우리의 정신적 삶은 신체와 아주 밀접한 관계를 맺지만, 그렇다고 신체와 직접적으로 결합된 것은 아니라는 것이다. 나중에 이 테제는 빈 공의회(1311)에서 단죄되는데, 올리비의 이름은 거론되지 않았다. 거의 100년 전에 단죄되었던 아리스토텔레스 철학은 이제 그리스도교 교의의 기본적 구성 요소로 자리 잡아가고 있었다. 감각적 인식의 수용성에 대한 토마스 이론을 비판할 때, 올리비는 아우구스티누스의 영혼론과 인식론을 따랐다. 그는 지성의 우위에 대항해 의지의 우위를 표방하는 프란체스코회 전통을 한층 심화시켰다. 올리비에 따르면, 인간의 인격을 구성하는 원리는 자유였다. 종말론적 전망, 더욱 구체적으로 전개되는 아리스토텔레스와 아베로에스 비판, 우연자와 자유와 개별성의 강조가 자율적인 프란체스코회 사상가들의 사유에 담긴 진취적 모티프였다. 올리비의 소품 『철학자의 작품을 읽는 방법』(*De perlegendis philosophorum libris*)은 13세기 말의 문화적 상황을 이해하는 열쇠이다.[1] 어떻게 읽어야 할까? 올리비는 우리가 철학자의 작품에 골똘히 몰두하지 말고 가벼운 마음으로 읽되, 대충 읽고 지나가서는 안 된다고 대답한다. 철학자의 책은 수단이지 목적이 아니다. 우리는 철학책을 읽을 때 언제나 철학자들을 위에서 내려다보아야 한다. 우리는 그들의 종이 되고 그들이 하는 말에 우리 자신을 옭아매서는 안 된다. 우리는 철학자들의 심판관이지 그들의 추종자가 아니다(debemus enim eius esse judices potius quam sequaeces, 『철학자의 작품을 읽는 방법』, p. 38).

철학자의 작품은 무가치하지 않다. 방법적으로 짜인 서술 구조는 존중받을 가치가 있다. 올리비는 아리스토텔레스의 지식론을 수용한다(『철학자의 작품을 읽는 방법』, p. 40). 하지만 철학자들은 잘못된 내용을 가르치거나 가장 중요한 것을 가르치지 않는 경우가 많다. 철학자들의 자연 해명은 허무맹랑하다. 그들은 개별자를 유(類) 개념의 질서에 넣음으로써 본질 인식을 정립하려 하지만, 정작 자연의 종적 차이에 대해서는 제대로 알지 못한다. 천체와 관련해서는—우리와 아득히 멀리 떨어져 있기 때문에—확실한 것도, 개연적인 것도 아는 바가 거의 없다. 철학자들의 인간학과 영혼론은 결점투성이이다. 영혼과 영혼의 기원과 능력에 대해 대체 그들이 알고 있는 것이 무엇이란 말인가!(p. 43) 아울러 그들은 인류의 기원, 문명의 기원, 다양한 언어의 기원이 무엇인지 조금도 해명하지 못한다. 순수 영적 존재 또는 지성체들에 대해서도 마찬가지이다. 아리스토텔레스는 천구가 55개의 원동자 내지는 지성체에 의해 움직여진다는 사실을 증명한 것을 가장 큰 업적으로 여겼다(p. 43). 그런데 아비첸나와 아베로에스는 그 천구의 원동자들을 '신'이라 불렀다. 대체 무슨 말을 지껄이는 것인가? 삼위일체는 차치하고서라도 그들은 만물을 창조하고 기적을 행하는 전능한 하느님, 정의로운 신에 대해서는 아무것도 모르는 게 분명하다. 윤리학과 정치학에서도 과오를 저질렀다. 철학자들은 인간 삶의 목적을 잘못 설정했기 때문이다. 인간의 목적을 잘못 이해한 결과, 잘못된 가치 체계가 나올 수밖에 없었다. 그러니 인간 구원과 천사들의 조력, 악마와의 싸움에 대해 침묵한 것을 어떻게 탓할 수 있겠는가? 철학자들은 우상을 숭배한다(p. 44). 이렇게 올리비는 그의 논고에서 사도 바오로의 "하느님께서 세상의 지혜를 어리석은 것으로 만드셨다"(1코린 1,20)라는 말씀을 논쟁적으로 사용했다. 이런 철학은 어디서 왔는가? 이교도가 바로 그 원흉이다. 그들은 자연 이성의 빛을 거의 받지 못하고 죄로 인한 어둠 속에 빠져 있으며, 자기들이 어둠 속에 있다는 사실도 알지 못한다(p. 37). 그들은 감각적 경험을 크게 신뢰한다. 하지만 감각은 제일원리를 인식하는 데 기여하는 바가 별로 없다. 왜냐하면 제일원리는 감각적으로 경험될 수 없고 영적으로만 파악할 수 있기 때문이다(eorum examinatio seu experientia non est sensualis, sed potius spiritualis, p. 38). 철학자들의 사변 이성과 실천 이성이 결정적인 것을 놓치는 이유가 바로 여기에 있다. 요컨대, 그들의 사변 이성은 하느님의 완전한 앎을 주제로 삼지 않으며, 실천 이성은 인간 종의 완벽한 복원을 꾀하지 않는다(p. 41). 올리비의 말인즉, 1300년경의 철학은 인간의 앎과 의지에 놓인 가장 본질적 내용을 조금도 다루지 않았다는 것이다. 이 시대의 철학은 방법적으로는 훌륭하고 세부적인 통찰도 날카롭다. 하지만 자기들이 약속한 것을 자연 탐구에서는 조금도 지키지 않는다. 급진적 프란체스코회 사상가 올리비는 대학 교수들의 이러한 사변적 행태와 거리를 두었다. 그럴 때 그는 가난한 이들의 이름으로 강단 철학자들의 정교한 사유에서 아무런 이익도 얻지 못하는 소외받은 이들을 대표한다. 올리비는 강단 철학이 인류 본래 모습의 복원이라는 본질적 목표를 상실한 지식이라는 점을 증명했다.

제39장
라이문두스 룰루스(라몬 유이)

철학자들의 지식은 실천적이기는 하지만 하등 쓸모없다고 올리비가 비판했다면, 로저 베이컨(†1292)은 어떻게든 최종적으로 실용적일 수 있게끔 학문을 개혁하는 일에 전력을 다했다. 라이문두스 룰루스(Raimundus Lullus, †1316)는 베이컨을 따랐다. 하지만 그의 작업은 독창적이었다. 카를 프란틀(Carl Prantl)은 룰루스를 '심술 맞은 천재'[1] 내지는 '반쯤 머리가 돈 사람'[2]으로 일컬었다. 그런데 실은 룰루스도 자기 자신을 '멍청이'라고 말했다("Jo son Ramon lo foll", *Blanquera*, c. 79). 그는 상상에 속하는 것이 참된 인식임을 증명하기 위해 스스로 '꿈꾸는 사나이'(vir phantasticus)를 자처했다. 우리 식으로 말하면, 룰루스는 아웃사이더였다. 그의 작품은 14세기 초의 역사적 풍경을 풍부하게 담고 있다. 프란틀이 그를 미치광이로 묘사했듯이, 룰루스에 대한 철학사가들의 평가는 극과 극이다. 룰루스는 모든 그리스도교 철학자 가운데 홀로 가장 철저하고 일관적으로, 통일적으로 사유한 사상가이다(에르하르트-볼프람 플라체크). 요제프 피퍼(Josef Pieper)의 소품 『스콜라주의』(*Scholastik*)[3] 같은 몇몇 중세 철학사 서술에서는 그의 이름이 아예 빠져 있기도 하다. 하지만 역사적 평가와 중세와 근대의 관계의 중요성을 생각한다면, 이 같은 완벽한 배제는 온당치 못한 처사이다. 룰루스는 조르다노 브루노 사상의 핵심 원천이었다. 니콜라우스 쿠자누스는 다른 그

누구보다도 특히 룰루스의 저작을 가장 많이 소장했다. 데카르트는 룰루스와 대결했으며, 라이프니츠와 레싱도 룰루스를 집중적으로 연구했다. 룰루스주의는 근대 초기의 학문 방법론 논의에서 반드시 언급된다. 14세기에 룰루스주의는 조아키노주의적 개혁 운동과 동등한 영향력을 행사했다. 파리에서는 룰루스 사상을 규칙과 체계를 가지고 해명하려는 시도가 행해졌지만, 실제 강단에 선 학자들 중에 그의 이론을 이해한 사람은 거의 없었다. 1376년 교황은 룰루스 이론을 단죄하는 명령을 내렸는데, 1419년에 단죄가 다시 철회되었다. 룰루스가 끼친 영향은 자주 연금술과 관련해 이야기되곤 했지만, 사실상 연금술과는 아무런 관련이 없다. 하지만 점성술이나 의술의 혁신에는 기여한 바가 있다.

룰루스가 어떤 인물이었는지에 대해 연구자들은 일치를 보지 못한다. 원전 텍스트를 통해 재구성하기도 상당히 어렵다. 그가 남긴 저술의 분량만이 우리의 입을 다물지 못하게 한다. 에르하르트-볼프람 플라체크(Erhard-Wolfram Platzeck)에 따르면, 그는 292권의 책을 썼다. 라틴어로 쓴 작품도 있고 카탈루냐어로 쓴 작품도 있다. 그는 아랍어로 책을 쓰기도 했다. 다만 아랍어 텍스트는 소실되고 번역만이 현존한다. 그의 저술은 전체적으로 조망할 수조차 없다. 철학사가들과 스페인 문학 전문가들, ―룰루스는 카탈루냐 문학의 선구자이다―그리고 지식 이론가들이 협업하지 않는 한, 그를 제대로 평가하기란 불가능하다. 비판본으로 전해 오지 않는 텍스트가 많이 있다. 그럼에도 지난 세기에 룰루스 연구는 진척된 바가 적지 않다. 희귀한 마인츠 판본[4]은 1965년 8권으로 재인쇄되어 나왔다. 룰루스의 후기 작품은 꾸준히 『라틴 전집』(*Opera Latina*)[5]에서 간행되고 있다. 카탈루냐어로 쓰인 작품도 이 전집에서 텍스트를 얻을 수 있다.[6] 룰루스의 생애와 사상의 짧은 개괄은 그의 자서전인 『작금의 삶』(*Vita coetanea*)을 참조하면 된다. 『작금의 삶』은 1964년 뒤셀도르프에서 독일어로 번역되었으며(플라체크), 1980년부터는 라틴어 비평본도 읽을 수 있게 되었다.[7] 그의 사상을 깊이 들여다보고 싶은 사람은 니콜라우스 쿠자누스가 모아 놓은 단편 저작들을 참고할 필요가 있다.[8] 그의 사유를 내용적으로 해명하는 작업도 그간 성과가 없지는 않다.[9]

룰루스의 인간학

룰루스는 휴식을 모르는 정신의 소유자였다. 그가 손을 대지 않은 전통은 거의 없다. 그리스도교, 종교 간의 일치, 논리학과 의학, 철학과 신학과 언어까지 모든 것을 변화시키려 했다. 그는 일탈을 추구했다. 대학에서 쓰는 낡은 언어에 혐오를 느꼈다. 그가 시도한 용어와 언어 개혁은 중세에도 이미 비판을 받았지만(장 제르송), 쿠자누스 같은 추종자도 있었다. 예를 하나 들어 보자. 고대부터 인간은 '이성을 가진 동물'(animal rationale)로 정의되어 왔다. 룰루스는 이 정의가 마음에 들지 않았다. 그에 따르면, 인간은 인간을 형성하고 인산이 되어가는 동물(animal homificans)로 정의되어야 한다.[10] 그러면 우리는 아마 '인간을 형성한다'(homificare)라는 말에 이미 '인간'이라는 피정의항이 들어 있다고 그에게 이의를 제기할 수 있다. 게다가 이 정의에는 문제를 복잡하게 만드는 새로운 용어가 등장한다. 그런데 이 혼란은 의도된 것이다. 요컨대, 인간이라는 것은 그의 활동과 총체적 구현, 즉 생이 흘러간 전 과정으로부터 파악되어야 하기 때문이다. '동물-임'(animalitas)과 '이성'(rationalitas)은 발생적 규정에 속한다.

이러한 측면들을 '이성을 가진 동물'(animal rationale)이라는 통상적인 인간 정의에 통합하는 작업은 인간의 통일성을 재차 강조한다 해도 결코 이원론을 피하지 못한다. 룰루스에 따르면, 한 마리의 사자는 '사자가 되어가는 존재자'(ens leonans)이며, 신 또한 '신을 창조하는 존재자'(ens deificans)이다. 그는 언어를 제멋대로 사용하면서 언어의 변화가능성을 폭로하고 동시에 실재를 활동으로 개념화하는 새로운 이론을, 즉 전통적 논리 형식주의와 통속적 이원론이 간과했던 역동적 측면을 조명하고 있다. 룰루스의 인간 정의를 처음 듣는 사람은 당장 '인간을 만들다'(homificare)가 무슨 의미인지 알지 못할 것이다. 그는 인간 삶에 속하는 일체의 활동에 주의를 기울여야 한다고 말한다. 아울러 그는 인간 행위의 형식적 분류와 통상적인 외적 명칭들에 만족해서는 안 된다라고도 말한다. 즉 인간을 생명과 이성 능력의 전통적 도식과는 무관하게 아직 완전히 알려지지 않은 포괄적 본질 활동으로 이해하기를 배워 나가야 한다.

두 세계가 만나는 곳

언급했다시피, 파리는 결코 중세 철학의 유일한 중심지가 아니었다. 이 책에서는 불가피하게 파리가 중세 사유의 중심지로 서술된 측면이 없지 않다. 아마 그렇다면 마요르카는 변두리나 다름없다. 그렇지만 한번 세계 지도를 펴 보자. 1228년부터 아라곤-카탈루냐 왕국은 발레아레스(Baleares) 지방으로 영토 확장을 꾀했다. 차이메 1세(Chaime I)는 이슬람인들이 거주하는 넓은 지역을 그리스도교가 정치적·사회적 삶의 양식을 지배하는 단일 국가와 문명 안에 통합해야 하는 과제에 직면했다. '개종'은 개인의 신앙 문제만이 아니었다. 과거 카롤루스 대제가 작센인들을 '개종'시켰던 것처럼 마요르카의 이슬람인들을 개종시킬 수는 없었다. 또한 상업적·문화적으로 막강한 영향력을 가진 유대인들도 있었다. 유대인들의 협조 없이는 점령지 통치에 필요한 재정 문제를 해결할 수 없었다. 의료 체계를 확충하는 데에도 유대인들의 도움이 필요했다. 아랍 철학과 신플라톤주의 전통으로 다듬어진 종교철학을 통해 유대인 공동체의 지도자들은 경제적·정치적·문화적 아방가르드를 일으킬 능력을 기를 수 있었다(마이모니데스, 카발라). 룰루스가 태어난 것으로 추정되는 시기인 1232년과 1235년의 상황은 이와 같았다. 장군의 아들로 태어난 그는 고위 관료로 성장했다. 우리는 그를 국무총리(Seneschall) 정도로 상상해 볼 수 있겠다. 정치는 그에게 결코 무시할 수 없는 적나라한 현실이었다. 인류 평화와 일치를 이루기 위해 철학은 아랍인들과 유대인들을 그리스도교로 개종시키는 데 기여해야 했다.

자기 이야기하기를 좋아하는 룰루스는 노년에 그의 삶을 다음과 같이 간략히 소개한다.

> 나는 결혼해 가정을 이루고 자녀도 여럿 두었다. 쾌락을 탐하며 세속적으로, 또 매우 부유하게 살았다. 하지만 주님의 영광을 위해, 그리고 공동선(bonum publicum)을 돌보고 그리스도교 신앙을 수호하기 위해 이 모든 것을 기꺼이 포기했다. 나는 아랍어를 배웠고 사라센인들에게 설교하러 수차례 먼길을 떠났다. 내가 가진 믿음 때문에 붙잡히고 감옥에 갇히고 매를 맞기도 했다. 45년 동안 공동선을 행하도록 교회와 그리스도교 국가의 군주들을 설득하고 그들의 마음을 움직이는 일에 진력했다. 이제는 늙었고 가진 것도 없다. 하지만 나는 포기하지 않는다.[11]

'공동선'(bonum publicum)은 룰루스가 마요르카, 파리, 몽펠리에를 돌고 아프리카(특히 튀니지)와 예루살렘으로 떠나게 한 동기였다. 그는 '회심'(conversio)해 수도자로 살았지만, 그것은 그 자신만의 길을 가기 위한 결단이기도 했다. 즉 중세 문명의 종교적 기초의 다원성이라는 측면에서 삶의 개혁, 철학과 학문의 개혁이 전부 필요했다. 80세 가까운 노령의 룰루스가 쓴 『작금의 삶』은 '회심'하게 된 경위를 전통적 문학 양식으로 쓴 책이기 때문에 현대적 의미에서의 자서전이라고는 할 수 없지만, 그럼에도 우리에게 중요한 여러 가지 정보를 제공한다.[12]

이 책은 그의 성품뿐만 아니라 1310년대의 지적 상황, 사라센인들과 그리스도교인들 지역 사이에 위치한 마요르카의 상황을 보고하는 역사적 사료로서 가치가 있다. 이 안에서 우리는 그의 철학에 담긴 실천적·정치적 목적이 무엇인지를 엿볼 수 있다. 또한 룰루스는 신적 영감을 받아 당시의 긴박한 요구에 부응하기 위해 '결합술'을 만들었다고 밝힌다. 결정적인 사건만 간추리면 다음과 같다. 다양한 인생 편력을 가진 룰루스는 그리스도교적 소명을 두고 고민한다. 결합술을 제작해야 한다는 하느님의 계시를 받고 교황과 로마 교황청의 고위 인사들을 설득해 보지만, 그의 시도는 실패로 끝났다. 두려움이 많았던 그는 튀니지로 떠나기를 망설였다.[13] 그는 프란체스코회나 도미니코회에 재속 회원으로 입회할까 진지하게 생각하기도 했다.[14] 마침내 1292년 튀니지로 선교 여행을 떠난다.[15] 자서전은 그를 세속적이고 정열적인, 뭇 여성들의 마음을 울렸던 음유 방랑 시인으로 묘사한다. 실제로 그는 여러 편의 연애시를 남기기도 했다. 31세 때 궁정의 삶의 방식과 그리스도교적이고 수도자적인 윤리의 대립을 극적으로 체험하고서는 갑작스러운 공포와 전율을 느낀다. 이 사건 때문에 룰루스는 권력과 명예와 부를 전부 포기하고 세상을 등지기로 굳게 결심한다. 하지만 그의 목표는 개인적 차원을 넘어선다. "수적으로 그리스도교인들을 압도하는" 사라센인들을 개종시키는 것이 그의 목적이었기 때문이다.[16] 룰루스는 어떻게 써야 하는지도 몰랐지만 어떻게든 '이교도의 오류를 물리칠 수 있는 힘을 가진 세상에서 으뜸가는 책'을 쓰기로 마음먹는다.[17] 먼저 아랍어부터 배워야 한다고 생각했다. 하지만 여기서도 그는 개인적 해결책을 찾지는 않았다. '회심'을 체험했을 때, 룰루스는 벌써 비신자들의 언어를 가르치고 배울 수 있는 외국어 학교를 세워야 한다고 교황과 왕, 군주들을 설득할 계획을 세웠기 때문이다.[18] 이후 50여 년 동안 끈질기게 추구했던 그의 세 가지 목표는 이렇게 해서 설정되었다. 첫째, 비신자들을 개종시키기 위해서라면 죽음도 불사할 것, 둘째, 비신자들을 그리스도교로 개종시킬 수 있는 결정적 책을 저술할 것, 셋째, 영적 권력자와 세속 권력자에게 외국어 학교 설립을 촉구할 것.

룰루스는 먼저 학업을 시작했다. '문법'을 배웠다. 사라센인 노예를 한 명 사들여 아랍어를 가르칠 개인 교사로 썼다. 그는 파리에 가서 본격적으로 공부하려 했지만, 페냐포르의 라몬(Ramon de Penyafort)에게 설득당해 마요르카에 머무른다. 이 결정은 나중에 역경과 난관으로 되돌아온다. 룰루스의 지적 고향이 파리 대학의 강단 문화가 아니라 카탈루냐어와 아랍어가 공용으로 쓰인 문화 혼합 지대로 자리 잡게 된 결정이었기 때문이다. 수차례 파리 대학 사회에 침투하려 갖은 애를 썼지만, 룰루스는 결코 파리의 지식인 사회에 들어가지 못했다. 그는 9년 동안 모든 것을 독학으로 배웠다. '결합술'의 아이디어가 떠올랐을 때, 그의 나이 40세였다. 자서전에 따르면, 그는 란다(Randa)산 정상에서 하느님으로부터 빛의 조명을 받았다.[19] 그다음 결합술의 개발과 끝없는 개정 작업이 이어진다. 외국어 학교를 건립하도록 교황과 국왕들을 설득하고자 대대적인 여행도 떠났다. 파리를 방문할 때마다 그는 — 그 자신이 고백하는 대로 — '인간 정신의 나약함'을 느끼곤 했다.[20] 그래서 그는 자신이 개발한 결합술을 재차 간추린 형태로 수정한다. 몇 가지 단계를 추리면 다음과 같다.

— 9년여의 독학 기간의 마지막이자 '결합의 술'을 발견하기 이전인 1272년에서 1274년 사이의 시기. 이 시기에 룰루스는 논리학 연구에 전념했는데, 특히 알-가잘리의 논리학을 집중적으로 연구했다. 카탈루냐어로 쓰인 『하느님 관상의 서(書)』(*Libre de contemplacio en Deu*)는 이 시기에 탄생했다. 사상적 배경에는 아우구스티누스적 신플라톤주의가 자리하고 있다.

— '결합의 술'을 구상하고 첫 번째 파리 방문으로 좌절한 시기. 이 시기에 제작된 결합술은 16개의 원리를 채택했고 수학적 서술이 본질을 이루었다는 점이 특징이다. 초기의 결합술 구상은

1274년부터 여러 차례 수정을 거친다.
— '인간 정신의 나약함'을 진지하게 고려해 새로운 결합술을 고안해 낸 시기. 원리와 도식의 수를 대폭 줄였다. 사유 관계의 대수화는 자취를 감추었다. 이 셋째 시기는 1290년에서 1308년까지 걸쳐 있다. 『진리 발견의 술(術)』(*Ars inventiva veritatis*, 1290), 『간결한 술(術)』(*Ars brevis*)과 『궁극의 술(術)』(*Ars ultima*, 1308~15) 같은 대작이 이 시기에 저술되었다. 『사랑의 철학 나무』(*Arbre de Filosofia d'Amor*)에서는 대학 철학에서 받은 좌절과 실망을 토로한다. 좀 더 내밀한 이야기와 심경 변화는 『라몬의 노래』(*Cant de Ramon*)와 『좌절』(*Desconhort*)에서 읽을 수 있다.
— 완숙기. 1308년에서 1315년 사이의 시기. 이 시기에 쓰인 작품들은 룰루스의 목표가 부분적으로 달성되었던(외국어 학교의 건립이 승인되었기 때문) 빈 공의회(1311~12)에 영향을 끼치기도 했다. 그는 파리에서 아베로에스주의자들과 논쟁을 벌였다. 아베로에스주의 신앙과 앎의 분리는 그 둘의 일치를 꾀하는 룰루스의 기획에 모순적이었으므로 반드시 대결하고 극복하지 않으면 안 되었다. 생의 마지막 시기에 쓰인 자서전과 『페트루스와 라이문두스의 논쟁』(*Disputatio Petri Clerici et Raymundi phantastici*)은 결합술을 옹호하고 그가 걸어온 길을 변론하는 내용을 담고 있다.

룰루스의 철학적 혁신

룰루스의 철학적 의의는 다음 여섯 가지로 정리할 수 있다.

1. 룰루스의 혁신은 새로운 방법론의 반성에 있다. 그는 논리학과 수사학, 법학과 의학까지 모든 학문과 지식을 통합할 수 있는 단 하나의

보편적 결합의 기술을 찾아 헤맸다. 이 정도로 전체적이고 응용적인 학문 개념은 이때까지 중세에는 없었다. 그는 모든 것을 인식할 수 있는 절대적인 길(via ad sciendum omnia),[21] 제(諸)학문의 기초로서 모든 지식을 비판적으로 검토하는 문자 그대로 보편적 방법론을 원했다. 이렇게 해서 진보에의 관심이 새롭게 전면에 등장한다. 그는 자신이 개발한 결합술이 짧은 시간 내에 엄청난 진보를 가져올 것이라고 주장한다. 결합술은 우리의 앎을 무한히 확장하고 지금 '어려워' 보이는 것을 '쉽게' 만들 수 있다.[22] 참된 지식은 아직 완성되지 않았다. 우리의 앎은 교부들의 지식을 축적한다고 해서 완전하게 되지 않는다. 이 모든 문제는 당장 신속하게 해결될 수 있는 과제들이다. 이러한 견해는 성직자 중심적인 학문 이해와의 단절을 뜻했다. 상인들이 추구하는 새로운 합리성이 결합술의 실용성과 완벽성을 통해 나타났다. 그에 따르면, '새로움'은 더더욱 권장되어야 하지 비판의 대상이어서는 안 된다. 그는 기존 전통에 반해 결합술의 '혁신성'을 재차 강조했다.

2. 룰루스가 추구하는 것은 논리학과 형이상학이 분화되기 이전 상태인 일종의 기초 철학이었다. 아리스토텔레스 전통에서 원초적 개념들은 논리학과 형이상학에서 취급되었다. 형이상학이 '제일철학'이라 불리기는 하지만 두 학문의 경계는 꽤나 모호했다. 그의 결합술에는 논리학과 형이상학이 통합되어 있다. 결합술은 '선'과 '있음' 같은 근본 개념의 내적 관계들을 지금까지와는 비교도 되지 않을 정도로 엄밀하고 일관성 있게 분석할 수 있다. '선', '있음', '하나' 같은 근본 개념들은 고대부터 신의 이름으로도 간주되어 왔다. 룰루스는 이들 개념이 서로 완벽하게 호환될 수 있고 신과 세계 인식의 내용을 하나로 구성하며, 인간 인식의 기초 형식으로까지 된다고 주장한다. 즉 그는 신의 이름을 통찰하면 인간 인식과 세계의 근본 구조가 드러난다고 본다. 기존 논리학은 세계의 로고스와 관련해서는 아무것도 수행할 의도가 없었다. 하지만 그러면 세계의 합리성이 어떻게 주장될 수 있겠는가? 그가 근본적 '존

엄성'(dignitates)이라고 일컬은 신의 이름들, 근본 구조들이 세계의 기초를 형성해야 한다. 그의 논리학 개혁은 논리학이 개별자들의 모든 역사적 차이에도 불구하고 마치 헤겔에게서처럼 "세상과 유한(有限) 정신의 창조 이전에 영원한 본질 안에 있는 그대로의 신을 서술"하는 것을 목표로 한다.[23]

3. 룰루스의 결합술이 가진 또 다른 근대성은 개념 관계의 수학화와 기계화에 있다. 그는 신의 '존엄한' 이름들과 자연철학과 심리학적 기초 개념들의 관계를 도식으로 그린 다음, 회전시킬 수 있는 삼각형과 사각형으로 구성된 특수 도구를 사용해 문장의 참과 거짓을 결정하는 방법을 고안해 냈다. 이것은 절대로 단순한 장난감이 아니었다. 룰루스는 이것을 이교도를 개종시키는 선교 작업을 용이하게 해 줄 철학적 도구로 간주했다. 이 조그만 사유 기계를 가지고 사라센인들에게 삼위일체와 육화 교리의 진리를 전달할 수 있어야 했다. 이 기술은 철학적으로 '중립적'이지 않다. 결합술은 근본 개념(dignitas)의 분석과 그 배경에 자리 잡은 신플라톤주의적 사상을 전제로 작동한다. 우리는 그의 새로운 개념 조작을 사상사적 관계 속에서 보아야지, 역사적 맥락을 떼어 내 현대의 컴퓨터 공학에 당장 갖다붙여서는 안 된다. 하지만 그의 '개념 연산'이 보조적 역할을 담당하고 생의 마지막 시기에 저술된 작품들에서 더는 주제화되지 않는다 해도, 그가 결합술을 가지고 사유 관계들을 수학화하고 기능적 조작으로 만들었다는 점에는 의심의 여지가 없다. 그는 순수 형식논리학이 아니라 실질적 논리학, 즉 형이상학과 내용적으로 등가인 논리학을 개발하고자 했다. 하지만 관념의 연산을 위한 인공적 언어, 순수 형식적 절차를 사용하는 보조석 기호 체계를 제작하지 않을 수 없었다. 그는 일종의 사고 계산기라 부를 법한 보조 장치를 개발했다.[24] 라이프니츠는 『결합술에 대한 논고』(*Dissertatio de arte combinatoria*)에서 룰루스를 의식하고 있다.

4. 룰루스는 실재의 관계성을 새롭게 고찰했다. 아리스토텔레스 이래

로 유럽 철학은 '관계'를 실체에 딸린 부수적인 어떤 것으로만 이해해 왔다. 아우구스티누스와 에리우게나는 사변적 삼위일체론에서 이 같은 관계 관념의 최소화를 앞질러 갔다. 룰루스는 이른바 상관 개념에 대한 이론을 제시하고 거기에 사용될 용어들을 창안했다. 즉 완전한 선은 불변의 사태가 아니라 후속하는 세 개의 계기로 구성된 통일이다.

첫째, 다른 어떤 것을 선하게 만들 능력을 가진 존재(bonificativum)가 있다. 그다음으로 선하게 될 수 있는 존재나 타자, 곧 대상(bonificabile)이 있다. 마지막으로 이들 두 요소의 역동적 일치(bonificare)가 있다. 이 세 개의 계기 가운데 어느 하나도 다른 것과의 관계에서 유리되어 독립적으로 파악될 수 없다. 우리 식으로 표현하자면, 주체와 객체와 활동은 각각 반드시 서로의 관계 속에서만 이해될 수 있다. 셋 가운데 어느 하나도 부차적이지 않다. 이 관계에서 어느 하나를 의도적으로 떼어낸다면 우리는 결코 해결될 수 없는 문제를 불필요하게 만들게 된다. 철학이 갈수록 '어려워진다'면 이는 순전히 제 탓이다. 가장 근본적인 것은 통일이다. 우리는 매개자를 찾아 헤맬 필요가 없다. 실재라는 가교가 이미 그 사이에 놓여 있기 때문이다. 실재는 그 자체가 본질적으로 관계적이다(즉 실재의 관계성은 우유적 관계성이 아니다).

룰루스의 상관관계 이론에 현대적 타당성을 부여해서는 안 된다. 그의 이론은 삼위일체를 해명하기 위한 목적에서 개발되었다. 그렇다고 해서 꼭 신학적 의미만을 가질 필요는 없다. 기억과 앎과 의지는 상관관계의 구조와 (아우구스티누스에게서처럼) 감각적 인식을 증명하는 데에도 충분히 쓰일 수 있다. 그의 이론은 호교론적 의도를 가진 정교한 작업이지만 세상을 보는 새로운 관점의 탄생이기도 하다.

5. 결합술은 종교 사이의 평화를 이루어 내야 했다. 그는 다양한 종교인이 한데 모여 각자의 신앙과 진리관을 서로 나누는 가상의 대화를 철학적-문학의 형태로 여러 차례 창작한 바 있다. 그는 다른 종교인들과의 교류를 가로막는 가장 큰 장애물이 자기 신앙에 대한 맹목적이고도

광적인 추종에 있다고 보았다. 종교 평화의 동기는 니콜라우스 쿠자누스(1453)의 『믿음 안의 평화』(*De pace fidei*)를 거쳐 인문주의자들과 레싱에게까지 전해졌다. 그러나 우리는 여기서도 근대화의 위험을 경계해야 한다. 룰루스의 '종교 일치' 이념은 논증을 통해 다른 종교인들을 이성과 화해한 그리스도교로 개종시키는 것을 목적으로 삼는다. 말년에 그는 십자군 원정을 강력하게 지지했다. 새로운 십자군은 오직 이성과 논증을 통해 상대방을 설득할 뿐 무력을 사용하지 않는다. 새로운 십자군은 비그리스도교인들의 언어를 능숙하게 구사하고 그 문화권의 책을 많이 읽은, 결합술을 터득한 비폭력적 그리스도교인들로 조직되어야 한다. 이런 측면에서 룰루스는 철학을 현실적이고 보편적인 이익을 위해 사용하려 했던 혁신적 사상가였다. 그는 철학을 매개로 각각의 종교가 서로 소통할 수 있을 것이라고 기대했다. 그리고 거기서 그리스도교의 진리를 증명하고 싶어 했다. 아울러 그는 삼위일체와 육화의 교리 같은 그리스도교의 핵심 교의를 이성으로 이해할 수 있는 진리로 선포할 수 있을 것이라고 생각했다. 룰루스는 아베로에스주의자들과 토마스 아퀴나스가 모두 불가능하다고 간주했던 그리스도교 철학을 기획하려 했다. 아베로에스주의자들에게 신앙은 학문과 아무런 관계가 없었다. 토마스에 따르면, 신앙에는 보충되어야 하는 확실성과 비본질적 체계성만 있을 뿐 신앙을 위한 엄밀한 증명은 있을 수 없었다. 그러나 에리우게나와 캔터베리의 안셀무스는 룰루스처럼 엄밀한 증명을 확보하고자 했다. 이 세 사람에게 신앙의 우위성은 순수하게 심리학적-실재적이었지 논리적-논증적인 것은 아니었다. 다른 이들이 증명 불가능하거나 비합리적이라고 간주했던 신비를 룰루스가 어떤 논거로 증명하는지 들여다보는 것은 중요한 일이다. 삼위일체 논증은 상관관계 이론에 근거하기는 하지만 그것이 유일한 원천은 아니며, 룰루스 사상의 모든 발전 단계에 유효하게 나타나지도 않는다. 1292년 가을, 그가 튀니지의 이슬람 학자들을 대상으로 한 그리스도교의 합리성에 대한 설교에서

제시했던 논증을 한번 살펴보자.[25)]

— 지혜로운 사람은 우연적이고 권위적으로 전승된 믿음을 모두 수용하지는 않는다. 그는 신에게 더 커다란 선과 지혜와 권능과 진리와 완덕(完德)을 돌리는 믿음만을 선택한다. 그러한 신앙은 훨씬 풍요롭고 정화된 신 관념을 포함하고 있기에 수용할 만한 가치가 있다.
— 언급한 신의 속성들은 신에게 단적으로 서술되어서는 안 되고 논리 정연한 사유 속에서 사태에 동일한 의미를 가진 것으로 이해되어야 한다. 그러므로 하느님의 선은 그의 권능이나 지혜 없이는 어떠한 방식으로도 표상될 수 없다. 모든 속성은 완전한 일치(concordia) 속에서 표상되어야 한다.
— 모든 각각의 속성은 본질적이고 필연적인 세 개의 계기 안에서 고찰해야 한다. 즉 선은 '선하게 만들 수 있음'(bonificativum)과 '선하게 될 수 있는 가능성'(bonificabile), '선하게 되는 작용'(bonificare)의 통일로 이해된다. 룰루스는 다음과 같이 표현한다. 이들 속성 가운데 어느 하나도 쓸모없게(otiose) 버려지거나 공허하게 표상되지 않는다.[26)] 그렇지 않으면 그들 사이에 비동일성과 부조화가 일어날 것이기 때문이다. 하느님은 일관되고 무모순적인 사유가 요청하는 바로 그대로 실재해야 한다. 삼위일체는 하느님이 이 내적 계기들을 영원히, 그리고 완전한 동일성 안에서 현실이 되게 한다는 사실을 뜻한다.
— 가장 흥미로운 것은 육화(肉化)에 대한 룰루스의 논증이다. 세계의 근거(신)와 근거 지어진 대상(세계) 사이에 구성된 결합은 최대치로 표상되어야 한다. 이 종교는 창조주와 피조물을 이원론적으로 가르지 않고 하느님을 그 대립의 통일로 내세우는 참된 종교이다. 육화는 원인과 작용의 결합의 가장 완전한 형태이다. 육화는 세계 창조로 시작된 세 번째 단계를 성취한다. 그래서 그는 세계에 대한 하

느님의 관계와 우주에 결정적인 역할을 인간에게 부여해야 했다. 하느님이 사람이 되지 않았다면 그는 신 개념이 가진 완전하고 풍성한 의미를 채우지 못했을 것이다. 이 세상을 가장 합당하게 돌보기 위해 하느님은 인간이 되지 않을 수 없었다. 그에 따르면, 육화는 하느님이 속죄를 목적으로 우연적으로 결정한 것이 아니라 신의 고유한 상관적 본성을 가능한 최대로 완전하고 조화롭게 그려내기 위해 결정한 일이므로 합리적 사건이다. 룰루스에 따르면, 이러한 의미에서 하느님의 육화는 정초하는 자와 정초된 것 사이에 구성될 수 있는 '가장 합리적' 일치이다. 인간은 고상한 존재로 들어 높여졌다. 인간은 사람이 된 하느님으로 말미암아 세계의 근원을 감각으로 경험하고 신성의 내적 본질과 이 완전무결함의 표징이 성취된 것을 맛볼 수 있게 되었다(Est ergo incarnatio, in qua natura humana est maximata et plenissimata, existens signum maximitatis et plenissimitatis naturae divinae).[27]

6. 최근에는 룰루스 사상에 담긴 종교적·신학적·신비주의적 측면을 부각하는 시도가 활발하게 일어났다. 이러한 시도에서 사람들은 경험에의 관심과 새로운 방법론 자각, 철학과 지식의 개혁을 완전히 잊어버린 듯하다. 사람들은 아리스토텔레스와 아베로에스에 대한 룰루스의 반대 입장을 신학적 결정으로 취급한다. 특히 지성(intellectus)을 해명해야 할 책임이 있음에도 그 의무를 소홀히 했다면서 룰루스가 아리스토텔레스를 비판한 곳에서 말이다.[28] 룰루스의 새로운 자연 개념도 간과되어 있다. 그의 자연 개념은 '관계적 원리들'의 상호 관계로 특징된다.

차이-일치-대조
근원(principium)-중간-목적(finis)
더 큰 것(maioritas)-동등함(aequalitas)-더 작은 것(minoritas)

룰루스의 자연은 관계성의 점진적 누적 내지는 단계적 침투로 이해된다.

제40장
프라이베르크의 디트리히

생애

프라이베르크의 디트리히(Dietrich von Freiberg, †1320 이전 추정)는 중세의 가장 중요한 사상가 가운데 하나이다.[1] 중세 철학 입문서에서 디트리히를 길게 다루지 않은 이유는 단지 현대에 편찬된 그의 저작이 거의 없기 때문이다. 네 권으로 구성된 그의 전집은 겨우 1977년에 출간되었다.[2] 하지만 중세 철학에 대한 지배적 견해도 그에게 유리하지 않다. 디트리히 같이 토마스 아퀴나스를 강하게 비판한 도미니코회 사상가는 어떤 '보편 스콜라적인 것'이 발견될 때까지 오랜 시간 동안 연구에 해석을, 또 해석에 연구를 거듭해야 하기 때문이다. 만일 이러한 평준화 작업이 실패한다면, 디트리히는 토마스와 그의 아리스토텔레스 수용에 가려 역사 속으로 묻혀 버리거나 신(新)아우구스티누스주의자나 디오니시우스, 프로클로스의 추종자로만 기억될 것이다. 이 이름표의 사용은 아주 틀린 것은 아니지만, 디트리히의―13세기 말엽의 다른 사상가들도 마찬가지이다―치밀한 논증 수준을 온전히 보여 주지 못한다. 또한 자의적인 지시의 연상을 거의 피하지 못하며, 광학과 자연철학 분야에서의 그의 전문적 업적도 드러내지 않는다. 무엇보다도 디트리히의 사유는 어느 단일한 학파로 분류할 수 없을 정도로 독창적이라는 점을 잊어서는 안 된다. 그가 다룬 다양한 주제와 저작들을 체계적으로 종합하기란 쉽지 않다. 이 과제는 디트리히 연구의 두 번째 국면에 가서야 가능할 것이다. 나는 여기서 그에 대해 이미 연구된 것들만 간단히 소개하고자 한다.

디트리히는 도미니코회 수사였다. 그는 알베르투스 마그누스와 같은 수도회 관구 소속이었다. 그는 1270년쯤 작센 지방의 프라이베르크 소재 도미니코회 수도원에서 강사직을 맡았다. 더 공부시키기 위해 그를 파리로 보낸 수도회 장상은 알베르투스와 가까웠던 스트라스부르의 울리히(Ulrich von Straßburg)였다. 이 당시 울리히는 아우구스티누스와 디오니시우스의 전통과 아리스토텔레스 수용의 결합을 모색한 대저 『최고선에 대하여』(De summo bono)를 집필한 이후였을 것이다. 우리는 디트리히가 처음 철학을 공부한 곳이 어디였는지 알지 못한다. 하지만 알베르투스와 그의 제자들 사이에서 배우고 활동했을 것이라고 추정할 수는 있다. 그는 1272년과 1274년 사이에 파리로 건너갔으며, 거기서 급진적 아리스토텔레스주의자들과의 논쟁에 휘말렸다. 그는 1277년의 단죄 조치까지 겪었다.[3]

급진적 아리스토텔레스주의와 알베르투스는 내용적으로 서로 일치하는 부분이 있었다. 디트리히는 이 둘의 수렴을 포착하고 해체했다. 그가 초창기 논고들을 저술할 때, 파리 대학의 단죄는 이미 몇 년 전에 벌어진 상황이었다. 1280년에는 트리어(Trier)에 위치한 도미니코회 수도원 강사로 소임을 받았다. 1286년 즈음에 집필한 『범주적 실재의 기원』(De origine rerum praedicamentalium)은 아마 그의 첫 번째 작품일 것이다. 이 작품은 초보적 시도는 아니지만 논쟁적 요소가 거의 없다. 특히 논조와 참고문헌 사용에서 1286/97년경 쓰인 그의 3부작 『세 개의 난제』(De tribus difficilibus quaestionibus)와 확연히 구별되기 때문에, 디트리히의 사상 발전에서 중요한 한자리를 차지하고 있다.[4] 1293년 그는 장상이 되어 1296년까지 도미니코회 독일 관구를 통솔할 책임을 맡았다. 그는 튀링겐 수도원의 마이스터 에크하르트를 총대리로 임명했다. 1296년에는 신학 석사 자격을 취득하고 파리에 오랫동안 체류했다. 1272년에서 1277년까지는 파리에서 공부했고 1293년 이전에 『명제집』을 강독한 적이 있으니, 파리 체류는 이번이 세 번째일 것이다.[5]

그러니까 디트리히는 1297년 룰루스와 같이 파리에 있었던 셈이다.[6] 하지만 둘 사이에 학적 교류는 없었다고 보는 편이 옳다. 룰루스가 볼 때, 디트리히는 자기보다 훨씬 더 파리의 학문 전통에 통합된 사람이었을 것이다. 디트리히는 알베르투스의 영향을 받았는데, 알베르투스는 파리에도 영향을 끼쳤기 때문이다. 하지만 디트리히는 알베르투스와 급진적 아리스토텔레스주의와의 차이(이들과 비교하면 알베르투스는 너무 '신학적'이었다)와 토마스와 토마스주의자들과의 차이(이들은 알베르투스와는 달리, 철저하게 철학적으로 논증하지 않았다)를 알았을 것이며, 아베로에스주의에 반대하는 이들과의 차이(이들은 아리스토텔레스주의자들의 논증의 의의를 이해하지 못했다)도 인지하고 있었을 것이다. 그는 이단으로 낙인찍히지 않았기에 도미니코회에서 맡은 영적 지도자와 행정 책임자의 자리를 끝까지 지켰다. 그는 1304년 툴루즈에서 개최한 수도회 총회에 마이스터 에크하르트와 함께 참석했다. 디트리히는 이 당시 총회에서 선출된 수도회 총장에게서 무지개에 대한 그의 이론을 책으로 써 달라는 부탁을 받았다. 1310년에는 도미니코회 독일 관구의 총대리를 맡았다. 즉 마이스터 에크하르트를 관구장으로 선출했던(1310) 관구 총회를 슈파이어(Speyer)에서 소집한 인물이 바로 디트리히이다.

세계의 파악 가능성에 대한 새로운 연구

『범주적 실재의 기원』에서 제기한 디트리히의 문제를 이해하려면, 고대와 중세의 아리스토텔레스주의에서 정의(定義)의 역할이 무엇이었는지를 알아야 한다. 정의는 가장 높은 단계의 인간 지식을 말한다. 정의는 정의된 사물의 구조를 드러내야 한다. 급진적 아리스토텔레스주의자들에게서 세계의 영원성은 필연적으로 요청되는 사실이었다. 그렇게 해야만 사람들은 불변하는 본질 정의의 실재적 내용을 확립할 수 있었고, 또 확립할 수 있다고 믿었다. 디트리히는 그렇게 멀리 나가지는 않았다. 다른 아리스토텔레스주의자들처럼 그도 본질 정의의 실재적 내용에 대해서는 의심하지 않았다. 다만 그는 실재적 본질 정의가 어떻게 가능한지를 알고 싶었을 뿐이다. 이렇게 해서 그는 전통 철학의 방향 좌표계가 변경되는 연구에 휘말리게 되었다. 그는 인간 지성이 사물의 본질 구조를 구성한다는 설명만이 문제의 유일한 해결책이라고 보았기 때문이다. 디트리히는 여러 가지 근거를 제시하는데, 그 가운데 두 개만 소개하면 다음과 같다.

> 1. 보편적 본질은 우리의 사유에 어떠한 작용도 가하지 않는다. 보편적 본질에 대한 우리의 판단이 참이어야 한다면, 우리의 사유의 기초가 본질에 있거나 본질의 기초가 우리의 사유이거나 둘 가운데 하나여야 한다. 전자는 불가능하다. 따라서 후자가 유일한 해결 방법이 된다.
> 2. 정의는 정의의 부분들이 사태의 부분들 자체일 경우에만 현실이 된다. 그런데 이것은 지성의 인과 작용을 통해서만 해명될 수 있다.

사실, 토마스 아퀴나스도 종종 우리의 지성이 '본질을 형성한다'라고 말했다.[7] 하지만 좀 더 상세한 설명을 요구하면, 토마스는 우리의 지성은 사유의 형식을 생산할 뿐이지 사물의 본질 자체를 만들지는 않는다고 덧붙여야 했다. 토마스에 따르면, 지성은 '인간-임' 같은 본질 규정의 보편성을 수립한다. 사태의 규정들을 반성할 때 지성은, 예를 들어 '유'와 '종'에 대해 이야기하고 '유'를 논리적 통일을 확정하는 심급으로 설정함으로써 논리적 골격을 만들어 낸다. 토마스는 자연적으로 존립하는 세계의 존재(res primae intentionis)와 그것을 해명하고 조직하는 작업에 쓰이는 논리적 형식(res secundae intentionis)을 구별했다. 토마스에게서 이성이 산출하는 것은 현실성이 전제된 주관적 형식이 전부이다. 참인 명제가 가능하려면 현실성을 전제할 수밖에 없다. 우리가 가진 ('유'와 '종' 같은) 논리적 구성물은 세계의 실제 구조에 상응해야 하기 때문이다. 디트리히는 이러한 가정에 의문을 제기한다. 그는 신의 사유가 세계를 인간 사유와 유사하게 만들었기 때문에, 세계의 구조는 합리적이라는 토마스 이론이 무엇인가 불충분하다고 보았다. 디트리히는 세계와 인간 지성에 환원적 관계를 설정함으로써 세계의 합리성(이는 아리스토텔레스 식으로 말하자면, 정의 가능성을 뜻한다)을 철저하게 근거 짓고자 했다. 그런데 정의가 참이어야 한다면, 인간의 지성은 논리적 형태만 만들 것이 아니라 합리적 실재 자체까지도 구성해야만 한다. 디트리히는 지성이 존재의 핵심적 존립 근거를 마련한다고 주장했다. 사태는 자신의 본질 구조를 지성에서 받는다. 달리 표현하면, 본질 구조를 산출한다는 말은 사태 자체를 야기한다는 말과 같다. 작용은 사태 전체에 해당한다. 이것은 사태를 전적으로 자연에서 근거 지을 뿐더러, 전적으로 자연의 제일원리인 신에게서 근거 짓는다는 말이다. 디트리히는 인간 지성을 세계의 원인으로서 자연과 신의 작용과 경쟁시키지 않는다. 비록 본질 구조라는 극히 제한된 영역에서이기는 하지만, 인간 지성의 작용은 세계 존재의 현실적 근거가 되어야 한다. 인식 과정의 인간 '주관성'에 대한 철학적 이론은 중세 시대에는 새로운 것이 아닐 수 없다. 그가 말하는 '주관성'은 자의가 아니다. 내가 근대적인 표현으로 '주관성'이라 말한 것을 디트리히는 아리스토텔레스적인 엄밀한 의미에서 사유라 이해하기 때문이다. 사유는—자연과 신적인 세계 근거와 함께—오로지 본질의 구조와 조직의 관점에서 사태를 완벽하게 구축해야 한다. 디트리히는 이러한 이론을 쟁점화하지 않고 전개했다. 그는 이렇게 하면 철학 전통 속의 몇몇 구절이, 특히 아리스토텔레스주의에 속하는 명제들이 정당하게 취급될 수 있으리라 믿었다. 정신적 영혼에는 물질적인 것이 절대로 침투할 수 없다는 아우구스티누스 이론은 디트리히의 주장을 뒷받침한다. 하지만 디트리히의 사상에는 아리스토텔레스와 아베로에스적인 사유 단초도 들어 있다. 그는 단지 정신적 인식이 인식 대상을 찾지 않고 산출한다는 이론을 아리스토텔레스주의자의 내재적 결과로서 제시하고 싶었을 뿐이다. 이 때문에 디트리히는 아리스토텔레스 전통 안에 꿈틀거리는 대립적 동기들을 말살하거나 우회해 해석해야 했다. 특히 정신적 인식은 인식 대상에 수동적 관계를 형성하므로(intelligere est quoddam pati) 사태 자체에 붙어 있을 수 없다는 이론을 다르게 해석해야만 했다. 디트리히는 우리의 지성이 범주적으로 규정된 실재까지도 구축한다고 주장함으로써 아리스토텔레스적 철학에서 일반적으로 통용되는 전제들로부터 필연적으로 도출되는 결과가 무엇인지를 보여 주려 했다.[8]

세 개의 난제

디트리히는 그의 기획이 토마스 아퀴나스와 충돌한다는 사실을 알고 있었다. 이 당시 토마스주의는 사실상 도미니코회의 교조 철학으로 확립되어 가는 중이었다. 그는 토마스를 날카롭게 비판하는 일련의 논고들을 발표해 이러한 수도회 내부의 발전에 제동을 걸었다. 토마스주의자들의 입장을 반박하는 디트리히의 입장은 대체로 네 개의 문제 영역에 걸쳐 있다.

— 디트리히에 따르면, 존재자(ens)와 본질(essentia)에 대한 토마스의 구별은 토마스 자신이 유효한 것으로 선언한 아리스토텔레스 전통의 본질 개념을 파괴한다.[9]

— 디트리히가 볼 때, 토마스는 성체 변화 이론에서 우유의 존재론적 자립성을 인정했다. 그러나 이는 토마스 존재론의 아리스토텔레스적 기초에 모순된다.[10]
— 토마스는 천구에 영혼이 깃들어 있는가라는 문제에서 애매모호한 입장을 취했다. 디트리히는 다음과 같이 주장한다. 자연 안의 생성과 소멸의 원인인 천구들은 무엇보다도 형상(영혼)에 의한 각인을 필요로 한다, 토마스는 우주론적 과정에서 형상인의 인과 관계를 일관적으로 사유하지 않았다, 그리고 '지성체'가 가진 철학적 해명 기능을 그리스도교적 천사론과 혼합했다.[11] 토마스는 학적인 세계 해명과 종교적 확신 사이의 경계를 허물어 버렸다.
— 디트리히에 따르면, 토마스는 '능동 지성'의 본질적 특징들을 놓치고 있다. 토마스는 지성과 지성의 신적 근거와의 내밀한 관계를 외적(우연적) 매개에 종속시킬 정도로 능동 지성의 본질을 약화했다는 것이다. 하지만 능동 지성은 본질적으로(즉 우유와는 다른 방식으로) 활동이다. 토마스에게서는 최고위의 천사도 능동 지성이 아니다. 디트리히는 능동 지성을 자립하는 활동으로 이해했다. 능동 지성에는 어떤 우연적 상태가 (토마스는 이것을 영광의 빛으로 조망했다) 추가될 여지가 전혀 없다. 그것은 능동적인 내적 존재이며, 공허한 내면성이 아닌 세계의 총체가 실체적·정신적으로 현존해 있는 것이다.[12] 이렇게 해서 디트리히는 지성적인 인식의 구조를 토마스와는 다르게 해명한다. 즉 디트리히에 따르면, 능동 지성은 모든 존재자의 원형이다(exemplar totius entis). 능동 지성은 스스로 말미암아 자기 자신을 인식하고 자기 자신을 인식함으로써 다른 모든 것을 인식한다. 그러나 이것은 디트리히도 경험적 직접성을 고려하지 않았다는 뜻이 아니다. 그에 따르면, 경험은 지성의 능동적 자기 현현을 전제한다. 토마스도 '능동 지성'에 대한 자신의 이론에서 이러한 점을 알고 있었다. 하지만 그는 이 원리의 기능성을 제거하는 해

석을 취함으로써 그것을 중요하지 않은 사실로 만들었던 것이다. '능동 지성'을 '영혼에 붙어 있는 어떤 것'처럼 개념화한 것이 잘못이었다. 디트리히에게서 '능동 지성'은 영혼의 실재적 근거였다. 능동 지성은 삶의 모든 활동과 인식 단계를 현실로 한데 모은다. 능동 지성은 언제나 현실적으로 사유한다 — 디트리히의 주장은 능동적 종합을 모든 개별 인식의 근거로 요청한다는 점에서 절대로 경험론적으로 환원되지 않는다. 모든 존재자의 현실적 원형, 영혼의 기초, 속성 없는 활동인 능동 지성은 세상의 어떤 피조물도 맺을 수 없는 유일무이한 관계로 세계의 신적 근거와 이어져 있다. 능동 지성은 세계의 근거를 자기 안에서 관조한다. 그는 자기 자신을 세계의 질서 속에서 연역적으로 해명하지 않는다. 그가 신적 근거를 바라보면 그 직관 활동이 바로 자기의 실재이자 실존을 향한 발출이 된다. 그는 신과 하나 되기 위해 어떠한 매개도 필요로 하지 않는다.

1300년경의 삶의 세계에서 이러한 이론적 입장은 — 이는 아리스토텔레스주의의 능동 지성(intellectus agens) 이론의 가장 정합적 해석을 찾는 문제였다 — 동시에 제도권 교회의 위계적이고 성사적인 중개에 대한 비판이기도 했다. 종교적 삶에 대한 해석을 뒤집어 놓았다는 점은 적어도 분명했다. 그럼에도 불구하고 흥미로운 점은 디트리히가 이단 혐의를 받지 않았다는 사실이다. 물론, 이로 인해 토마스주의자들과 격렬한 논쟁에 휩싸이기는 했다. 그의 입장이 1277년 단죄된 이론들과 여러 가지로 유사하다는 점에는 의심의 여지가 없었다. 천체의 영혼에 대한 그의 이론은 우주를 해명할 때 신학자들의 천사들을 배제하라는 말과 다르지 않았다. 로리스 스투를레세(Loris Sturlese)는 디트리히에게서 중요했던 것이 일관적이고 자율적인 내재 철학적 세계 해명이었다는 사실을 입증한 바 있다.[13] 1277년 파리의 주교는 분리되어 존재하는 우연자는 자체적으로 모순적 개념이라는 주장과[14] 천체의 영혼과

15) 능동 지성의 실체성에 대한 테제,16) 타자 인식보다 지성적 자기 인식을 우월하게 보는 입장17)을 모두 단죄했다. 1277년 단죄된 철학 명제들과 디트리히 이론과의 유사성은 그가 '아베로에스주의자'였다는 점을 뜻하지 않는다. 하지만 디트리히는 ─ 알베르투스의 제자들 중에서 ─ 토마스에 비하면 확실히 아베로에스주의자에 가깝기는 했다. 그의 작품 『세 개의 난제』는 실질적으로 아베로에스주의자들의 논증에 무게를 실어 주는 시도였다. 그가 알베르투스의 구절들을 인용하면서 시도했던 철학과 계시신학의 방법론적 분리는 아베로에스주의의 아일랜드적 응답이자 부분적으로는 그러한 성격의 아베로에스주의의 발전이었다. 스투를레세가 『신학의 연구 주제』(De subiecto theologiae)의 단편을 발견한 이후로,18) 우리는 철학과 계시신학의 분리가 그의 분명한 기획이었다는 사실을 알 수 있게 되었다. 디트리히는 엄밀한 철학의 관심 영역에서 떼어 낼 가능성의 조건을 마련할 뿐, 전능하신 하느님이 자연의 흐름 속에 개입할 수 있다는 점을 부정하지 않는다.

속성이 없는 지성 이론

디트리히는 알베르투스를 통해 수용된 그리스와 아랍 전통을 『지성과 가지적인 것』(De intellectu et intelligibili)에서 계속 이어 나간다.19) 여기서도 '능동 지성'이 핵심 주제이다. 디트리히에 따르면, 능동 지성은 모든 개별적 인간에게 고유하게 있지만 어떤 속성이나 '능력'이 아니라 영혼 전체의 내재적 작용 근거로서 현존한다. 우리의 지성은 실체적 활동으로서 속성이 없다. 우리는 룰루스가 인간에게 존엄성을 어떻게 부여했는지를 보았다. 디트리히에게서도 이와 비슷한 일이 일어난다. 하지만 룰루스처럼 육화의 철학을 통해서는 아니다. 디트리히의 경우에는 그가 고대와 아랍 철학자들이 천체의 영혼에 귀속시켰던 고상한 술어들을 모든 개별 인간이 가진 '능동 지성'에도 나누어 주기 때문에 발생한다. 이 '능동 지성'은 '영혼의 근거'이며, 문자 그대로 풀어내면 인간 영혼의 내재적 기초이다. 그는 능동 지성이 모든 것을 발견하고 찾아내지만 정작 자신은 드러내지 않고 은밀히 숨어 있기 때문에, 이것을 아우구스티누스를 따라 '정신에 감추어진 것'(abditum mentis)이라 명명했다. 디트리히가 지성에 대한 논고에서 인용하는 『원인론』과 프로클로스의 『신학 원리』는 '지성체'에 대해 이야기하면서 이 고상한 자연의 영(靈)들을 '신'이라고 부른다. 이 때문에 올리비는 프로클로스를 비판했다. 디트리히는 그 비판에는 동의하지만 프로클로스처럼 하나의 신('일자')의 우위가 이로 인해 침해당했다고 보지는 않는다. 그는 인간의 능동 지성 내에도 신적 본질이 있다고 생각했다. 하지만 이 신적 심급을 창조된 자연적 사물을 파악하는 데에 쓰이는 개념들을 가지고 서술하고 싶지 않았던 것이다. 디트리히에 따르면, 인간이 능동 지성을 이해하는 법을 배우려면 사유의 전환이 필요하다. '지성'은 실체에 딸린 능력이 아니라 타사에 관심을 기울일 때조차도 언제나 자기 자신을 향하는 본질적 활동이다. 이 활동은 자기 자신으로의 본질적 회귀이다. 그것은 자기의 근원을 사유하면서 자기의 현존재를 받는다. 사유할 수 있기 위해 사유에 앞서 먼저 실존해야 하는 그런 존재가 아니다. 그가 사유하는 자기 자신의 근원은 그 자신 안에 현존하는 것으로 인식된다. 그래서 그는 자기 자신을 인식하고 자기 안에서 다른 모든 것을 통찰한다. 자기의 근원을 바라보는 것과 자기 자신을 현존케 하는 것, 그리고 자기 본질을 이해하고 다른 사물들을 파악하는 것, 이 모든 것이 전부 하나의 활동이다. 이 모든 것이 다 능동 지성의 존재이다. 이러한 역동적 통일성은 전체에서 절대로 떨어져 나올 수 없는 계기들로 구성되어 있다. 또는 그 계기들 각각이 바로 그것들의 총체이다. 지성은 세 개의 본질적 (그러므로 우연적이지 않은) 관계 속에 자기 자신을 전개하는 존재이다. 이 관계들을 설명할 때, 디트리히는 아우구스티누스의 표현—'기억, 인식, 의지'—을 사용한다. 이 셋은 다 같이 하나의 활동, 하나의 생명, 하나의 정신을 구성한다. 그는 관계에 대한 아리스토텔레스 이론을 조롱하면서 이들 관계 각각이 실체라고 말했다. 그러나 아리스토텔레스의 범주론에 따르면, 관계는 가장 희미한 존재자이며 실체의 부수적인 옆가지처럼 이해된다.

디트리히의 주된 동기는 지성을 사물 존재론의 개념에서 해방하는 일이었다. 그러나 모호한 해명이 되지 않도록 지성과 관련해 사물의 범주들을 세부적 수준에서 부정하는 것이 목표였다. 그는 지성을 거시적 관점에서 파악하고자 했다. 『지성과 가지적인 것』에서 디트리히는 (프로클로스를 따라) 우주의 구조와 구성을 주제로 내세운다. 우리는 지성을 신플라톤주의자들이 이야기했던 우주의 위계질서—일자(신), 지성적 실체들(정신), 영혼과 물체—안에서 고찰해야 한다. 하지만 지성은 우주의 동적 총체로서 영혼과 물체의 생산적이고 활동적인 모나드로 이해해야 한다. 지성이 '능동 지성'으로서 모든 인간 안에 들어 있다면, 우리는 그 특징이 물질적 사물의 개별성이 아니라 정신적 단일성에 있다고 간주해야 할 것이다. 자연 내의 존재들과 관련해 디트리히는 질료를 개별화의 원리로 이해하는 토마스 이론을 거부한다. 이와 유사하게 지성이 신에게서 '산출'되어 나온다는 말을 할 때에는 인과 개념까지도 약간 다르게 이해한다. 지성의 산출은 어떤 물체가 다른 물체에 충돌을 일으키는 방식으로 일어나지도 않고, 이 세상의 최초 운동도 아니다. 지성의 산출은 지성 안에서의 정신적 현존을 뜻한다. 이 '산출'을 사유의 상태로 파악하는 것이 지성의 존재이자 본질이며, 지성의 자기 이해의 핵심이다. 그러므로 능동 지성은 신적 원인에서 독특한 방식으로 산출되어 나온다. 그는 하느님 정신에 있는 어떤 특정 관념에 대응하는 존재가 아니며, 하느님의 전지적 이성을 그 자신의 포괄적 본성을 통해 직접적으로 드러내기 때문이다(디트리히는 이를 'procedere ut imago'라고 부른다). 디트리히에 따르면, 물체와 영혼이 자기 존재를 지성의 매개를 통해 받는다고 해도 그리스도교-유대교적 유일신의 세계 창조 관념에는 조금도 배치되지 않는다. 그는 그의 지성론 안에서 아비첸나와 『원인론』(*Liber de causis*), 프로클로스의 유출 이론을 변형시켰다. 디트리히의 사상에서 모든 개별적 지성은 신에게서 직접적으로 발출해 나온다.

자연과학자 디트리히

대다수의 디트리히 작품은 파리에서 석사 학위를 받고 강사로 활동하던 시기인 1297/98년과 1310년 사이에 집필되었다. 각각의 논고가 집필된 연대는 아직 불확실하다. 하지만 그의 대작인 『무지개에 대하여』(*De iride*)가 1304년 이후에 저술되었다는 사실은 확정할 수 있다. 이 작품으로 그는 과학사에서 영예로운 한자리를 차지한다.[20] 무지개를 각각의 모든 물방울 안에서의 빛의 굴절로 해명하는 것이 그의 근본 목표이다. 사실, 무지개는 그로스테스트와 로저 베이컨, 그리고 비텔로가 앞서 작업한 바가 있다. 하지만 디트리히는 기존 이론이 우리가 관찰하는 현상을 적절하게 해명하지 못한다는 점을 입증했다. 그는 빛이 각각의 물방울 안에서 반사되어 나간다는 사실을 발견했다. 그가 19세기 말의 경험주의적 의미에서 과학자가 아니라면, 그의 무지개 이론은 중세에 이 주제를 취급한 다른 사상가들과 비교도 되지 않을 정도로 참신한 독창성과 방법적 엄밀성을 갖추고 있다. 이러한 작업의 결과는 디트리히보다 훨씬 더 방대한 자료를 수집했던 알베르투스가 내놓은 성과와 분명히 비교된다.

디트리히는 새로운 세대에 속한 인물이었다. 이 세대는 한층 성장한 개인의 자기의식에 부응하도록 철학을 새롭게 변형하고 종교적 전통의 잔재를 완전히 털어내고자 했다. 세련된 철학적 규범을 확립하고 지옥불 같은 조야한 감각적 상징과 은유적 말하기 방식을 몰아내야 했다.

지금 세대에 필요한 것은 이제 자연의 객관화였다. 국가의 재정 관리가 중요해지고 상업이 발달한 세계에서 모든 문제는 항상 정확하고 구체적 해결을 요구했다. 이제 무지개는 더는 온 세상에 홍수를 일으킨 하늘에 계신 하느님과 맺은 화해의 상징이 아니었다. 그것은 굴절과 반사의 광학 법칙이 적용된 사례로 인식되었다. 물론, 14세기 초에 이 현상은 아직 완벽하게 수학적으로 기술되지는 않았다. 그러나 자연의 수학적 기술도 무지개 분석과 더불어 14세기에 진행될 것이었다.

제41장
마이스터 에크하르트

논쟁적 인물

마이스터 에크하르트(Meister Eckhart, †1328)는 중세 철학자들 가운데 가장 논쟁적 인물이다. 토미즘과 개혁적 실존철학, 마르크스주의에 이르기까지 그에게 반발하고 싶어 하지 않는 사상이나 세계관은 하나도 없다. 알프레트 로젠베르크(Alfred Rosenberg)*는 에크하르트의 저서에서 '게르만적 인간 의식의 가장 아름다운 고백'을 읽었다.1) 국가사회주의적인 에크하르트 수용의 반동으로 나타난 1945년 이후의 로마 가톨릭교회의 입장은 사람들에게서 호응을 얻었다. 즉 마이스터 에크하르트는 이제 교회의 '착한 아들'이었다(요제프 코흐[Josef Koch]). 단지 오류를 일으킬 수 없는 이 기관이 어째서 그 옛날 자기의 '충실한 아들'을

---

* 알프레트 로젠베르크(1893~1946)는 독일 국가사회주의정당 소속의 반(反)유대주의 사상가로 아돌프 히틀러(Adolf Hitler) 집권 이전부터 다수의 인종주의 역사관이 담긴 연구와 인종 이데올로기적 저술을 집필했다. 1933년 히틀러에게서 '제국 지휘자'(Reichsleiter) 칭호를 받고 나치의 대외정책국장으로도 임명되었다. 이후 그는 나치의 인종 정책을 일선에서 이론적으로 뒷받침하고 선동하는 임무를 맡았다. 아울러 그는 1939년 유대인문제연구소(Institut zur Erforschung der Judenfrage)를 설립하고 유대인 서적과 도서관을 약탈했으며, 동부 점령 지역에서 유대인 '최종 절멸 계획'의 책임자이기도 했다. 종전 이후 뉘른베르크에서 열린 전범 재판에서 유죄 판결을 받고 교수형을 당했다.

비난하고 단죄했는지가 궁금할 뿐이었다. 의견 차이가 분명히 있지만, 그럼에도 거의 대부분의 해석자는 마이스터 에크하르트가 '신비가'였다는 데에 동의했다. 그를 공부하고픈 사람이 있다면 그의 텍스트를 직접 꼼꼼히 읽어 볼 것을 강력히 권한다. 그의 작품을 소개할 때, 너무나도 많은 사람이 수사학적인 사상 전개와 반역사적이거나 탈역사적 서술을 사용한다. 이러한 현상이 불어난 데에는 몇 가지 요인이 있다. 첫째, 그의 작품이 재발견되고(1886), 그의 라틴어 저작의 비평본 작업이 계속해서 지연되었기 때문이다. 둘째, 독일어 설교의 문헌적 문제가 있었다. 오랫동안 믿었던 것과는 달리, 필사본으로만 현존하는 독일어 설교 텍스트는 번역도 엉터리일 뿐더러 매우 불완전하게 편집되어 있었다.[2] 하지만 최근에 그의 라틴어 작품과 독일어 설교집의 비평본 작업이 마무리되었다. 그에 대한 연구는 이제 새롭게 시작된다. 물론, 마이스터 에크하르트 해석은 여전히 분분하고 다양하다. 그의 사유의 역동성에 대한 명백한 증명이다.

마이스터 에크하르트의 사상은 발전 국면들을 가진다. 그가 1293년에서 1294년 사이에 파리에서 강의했을 명제집 주해는 우리에게 전해지지 않는다. 하지만 같은 시기에 라틴어로 저술된 '주님의 기도' 강해는 남아 있다. 이때의 마이스터 에크하르트는 아직 자신만의 고유한 스타일을 만들어 내지 못했다. 우리는 튀링겐 지역 관구의 디트리히의 대리로서, 그리고 에르푸르트 수도원의 원장으로서 그를 알고 있다. 그가 권고의 글을 쓴 때가 바로 이 시기이다(1298년 이전). 이 책은 수도회 내의 독일 수사 형제들과의 담화를 독일어로 기록했다. 그리고 이 작품에서 마이스터 에크하르트의 주제이자 그의 사상의 키워드인 '내려놓음'(Gelassenheit)이 등장한다.

파리에서: 존재의 기초로서의 인식

1302년부터 1303년까지 마이스터 에크하르트는 다시 파리에 있었다. 프랑스 국왕(미남왕 필리프 4세)과 교황(보니파키우스 8세) 사이에 격렬한 다툼이 일던 시기였다. 그는 『파리 문제집』(Quaestiones Parisienses)[3]에서 그의 독창적 사유를 마음껏 전개한다. 본래 『파리 문제집』은 수도회 사이에 벌어진 논쟁 속에서 생겨난 작품이다. 마이스터 에크하르트는 프란체스코회에 반대해 다소 '지성주의적' 입장을 지지했다(『파리 문제집』, III). 그러나 이 작품은 수도회들의 입장 차이 이상의 의의가 있다. 『파리 문제집』은 철학적 신학의 발전 역사에서 변곡점이다. 근대 주관주의의 전(全) 역사가 여기서 시작된다. 이 작품을 깊이 들여다보자.

『파리 문제집』제1부의 제목은 딱히 새롭지도 않을 뿐더러 어떤 혁신을 약속하지도 않는다. 신의 존재가 신의 인식과 동일한가라는 물음에(Utrum in Deo sit idem esse et intelligere)[4] 1302년에는 오직 '그렇다'라는 대답만이 가능했다. 하느님이 정신이라는 점과 신의 순일성은 모든 결합을 배제하며, 따라서 그의 사유와 실체는 서로 동일하다는 점은 (같은 내용을 신이 아닌 다른 존재자에게 적용하면 그러한 입장은 1277년 파리 주교의 단죄 대상에 속한다) 모두가 승인하는 견해였다. 이는 교부들에게서 전해 내려오는 공공연한 철학적 유산이었다. 마이스터 에크하르트도 이 질문에 '그렇다'라고 대답하지만, 신 안에서의 신의 존재와 앎의 전통적 동일성은 약간 다르게 이해하려 했다. 즉 하느님은 최고로 완전하게 현존하는 분이므로 인식하지 않는다. 하느님은 인식하기 때문에 존재한다. 아리스토텔레스 이후로 사람들은 하느님의 앎을 그의 순수한 현실태와 비물질적 특성에서 연역해 왔다. 토마스는 이 전통을 깊이 다루었다. 그는 신을 그에게 가장 합당한 이름으로 불러야 한다면, '자기 스스로 자립하는 존재 자체'(ipsum esse per se subsistens)라고 명명해야 한다고 주장했다. 마이스터 에크하르트는 자기의 적은 토마스라고 자신의 입으로 직접 말했다. 그는 자신도 한때는 그렇게 생각했지만, 지금은 정반대가 맞다고 본다고 고백한다. 여기서 변한 것은 신 개념만이 아니다. 사유와 존재의 개념까지 새롭게 변했다. 규정적인 것(유한자)에 대한 무규정적인 것(무한자)의 가치와 의미가 새롭게 정립되었다. 마이스터 에크하르트는 권위에 의한 논증을 통해 비꼬듯이 이렇게 말한다. 복음사가는 "한 처음에 말씀이 계셨다"라고 쓴다. 복음사가는 그러므로 "한 처음에 존재자(ens)가 있었다. 그리고 존재자는 하느님이셨다"라고 말하지는 않는다. 마이스터 에크하르트는 로고스 전통과 존재론적 신학(존재신학) 사이에 설정되어 왔던 잘못된 관계를 지적하고 있다. 하느님이 '말씀'이라면 하느님의 존재는 지성과 관계가 있다. 하느님은 당신 자신을 두고 "나는 진리이다"라고 말씀하셨다. 그런데 '진리'도 '말씀'처럼 지성과 관계한다.

'존재'는 한계 지어진 것을 뜻하고, 따라서 창조된 존재를 뜻한다. '존재'와 '있음'은 최초의 규정, 곧 하느님 창조의 대상이 될 수 있는 것(esse ergo habet primo rationem creabilis)에 속한다. 이와 달리, '앎'과 '지혜'는 창조될 수 있는 것으로는 표상될 수 없다. 사물의 근거를 사유하는 앎이 창조되었다고 말하는 것은 부조리하다(sapientia autem, quae pertinet ad intellectum, non habet rationem creabilis). 마이스터 에크하르트는 '존재'(esse)라는 말을 신의 인식에 대해 쓸 수 있을 정도로 광범위하게 정의할 수 있다는 사실을 알고 있었다. "그대가 하느님의 앎을 '존재'라 부르겠다면 나는 반대하지 않는다. 다만 나는 그대가 '존재'라 부르고픈 어떤 것이 하느님 안에 있다면 그것은 신의 정신적 인식 때문에 그분께 속한다는 점만 덧붙이겠다."[5] 마이스터 에크하르트가 말하는 것은 특정 표현을 신에게 사용해서는 안 된다는 점이 아니라 '앎'이란 것이 피조물이 아니라는 점이며 '사유'는 '존재'와는 다른 성질의 것이라는 사실, 그리고 존재의 부정이 바로 사유이기 때문에 '사유'가 곧 만물을 이해하는 열쇠라는 사실이다. 우리 인간이 이야기할 수 있는 존재는 영혼 안에 있는 존재이다. 그러나 영혼 안의 존재는 존재자의 본질 규정이 아니며, 오히려 존재자에 대립하는 방향으로 운동한다. 영혼에 내적인 존재는 존재자라기보다는 사실상 비존재에 가깝다. 마이스터 에크하르트는 이를 다음과 같이 설명한다. 그대가 존재자의 형상을 많이 파악할수록 그 형상은 그대를 파악된 대상의 인식에서 멀리 떼어놓을 것이다.[6] 어떤 대상의 모습을 그 자체로 이해한다는 것은 그것을 비(非)존재자로 사유한다는 것을 뜻한다. 존재론적 사유 주체 자체는 표상된 현상을 붙잡지 못한다. 그는 언어를 존재자로서 사유하고 감각상들을 자연 사물로 사유하고 진리인 하느님을 자립하는 존재로 규정한다. 이 모든 것은, 마이스터 에크하르트에 따르면, 존재론자들은 자기들이 구하는 것을 결코 얻지 못한다는 사실을 뜻했다. 존재론자는 심지어 자기 자신도 붙잡지 못한다. 사유하고 말하는 자는 창조될 수 없는 '지혜'의 차원에 언제나 불완전하게만 속할 수 있다. 하지만 존재론적으로 사유하는 한, 그는 자기 자신을 사물들 가운데 하나로서 인식한다. 그는 자기 자신을 불충분하게 규정하고 자기 자신을 물화(物化)할 수밖에 없다. 지성에 속하는 것은 그 자체로 비존재자이다. 그러므로 그것은 산출되지 않는다. '산출'과 '존재자로서의 존재'는 스콜라 전통이 지성과 형태, 진리와 하느님에게 적용한 물화된 범주이다. 그래서 이 범주 내에서 '지혜'는 창조된 것으로만 표상된다. 자연에 대립하는 앎은 자연을 인식할 수 있기 위해 그것을 한 조각의 자연으로 해명한다. 즉 그가 인식한 것은 더 거대한 자연의 일부분에 불과하다. 스콜라 전통은 부정의 의미도 왜곡해 표현한다. 요컨대, 지성은 세계 내 사물들의 특징을 드러내지 '않는다'. 마이스터 에크하르트[7]가 인용하는 아리스토텔레스는 모든 색을 볼 수 있기 위해 시각 자체는 색이 없어야 한다고 말한 바 있다. 마이스터 에크하르트의 논증이 보여 주듯이(예를 들어 형태에 대한 논증, 근거 지어진 것의 무성(無性)이 원리라는 견해, 비존재자(non-entia)가 모든 지성의 지표가 된다는 이론), 그것들은 그 자체로는 내재적 신의 본질에 적용되지 않는다. 지혜가 그 자체로 피조(被造) 불가능한 것이라면 '내재적 신의' 본질이라는 기이한 표상은 유효성을 상실한다.

한편, 마이스터 에크하르트는 인간 지식이 세계의 사물들에서 작용되어 나온다는 이론을 선호했다.[8] 그에 따르면, 우리가 가진 지식은 신이 소유한 앎에 대립하는 것으로 사물의 존재에 영향을 받는다. 따라서 그는 천사의 경우에도 존재와 앎이 동일하지 않기는 마찬가지라고 주장한다.[9] 그래서 『파리 문제집』 제1부는 종교적 형식에서 마이스터 에크하르트가 지성의 활동을 존재보다 위에 두고 하느님의 특권으로 간주했다는 해석과 약 100여 년 동안 세속화가 진행된 이후 근대적 자아가 마이스터 에크하르트의 신의 특권을 이어받아 등장한다는 해석을 가능하게 했다. 이러한 해석에서라면 주관성은 가장 먼저 신비주의적 형태로 선취되고 그다음에 데카르트와 칸트, 피히테에게서 자아로 파악되었을 것이다(또는 평가하기에 따라서는 '잘못 파악되었을 것이다'). 『파리 문제집』 제1부가 신에 대해 이야기하고 있다는 사실, 마이스터 에크하르트는 인간에 대해서는 디트리히의 능동 지성 이론을 직접 수용하지 않는다는 사실, 이 두 가지는 옳다. 적절하지 않은 것은 '신비주의'를 끌어들인 일이다. 만일 그렇다면, 마이스터 에크하르트는 애초부터 틀린 논증을 진행한 꼴이 되고 만다. 하지만 파리의 한복판에 체류하면서 그가 어떻게든 합리적으로 논증하려 했다는 점은 의심할 수 없다. 그는 신과 인간의 (그리고 천사의) 차이를 강조했으므로, 우리는 그가 정신적 인식과 부정성으로서의 표상 일반에 대해 이야기하고 지혜를 그 자체로 창조되지 않는 것으로 간주했다는 사실을 간과해서는 안 된다.

『파리 문제집』 제1부는 새로운 신 관념을 담고 있다. 신은 존재라는 고독하고 고상한 흔들리지 않는 바위가 아니다. 신은 말씀이며 지성과 관계한다. 가장 강력하게 발휘되는 것은 사유의 힘이다. 신의 현존까지도 사유에 빚을 지고 있다. 사유는 자연의 창백한 그림이 아니다. 사유는 자연 사물이 가진 특징의 부정성이며, 그 자체로 우주의 시원에 자리하고 있다. 마이스터 에크하르트는 14세기의 손에 자연의 새로운 개념, (우리 식으로 말하자면) 자연에 더 친화적인 자연 개념을 쥐어 주었다. 자연은 사유의 '자연'스럽지 않은 모습을 공개함으로써 근대 초기의 객관화에 자기 자신을 내주어야 했다. 자연의 객관화와 지성의 탈자연주의는 동일한 발전이 가진 두 측면이다. 근대의 결정적 기초가 되는 이 발전 과정을 더이상 물화되지 않은 신 개념을 둘러싼 논쟁으로 해석할 때, 우리는 그것을 서술의 정확성을 가로막는 신학적 색안경을 끼고 바라보게 된다. 지성의 부정성 발견은 토마스 아퀴나스의 신 개념을 아리스토텔레스의 우주론적 기계 장치와 존재신학적 세계관의 낙인에서 해방하는 결과를 낳았다. 사물화된 표상의 우위를 수정함으로써 신 개념은 역동적으로 변했다. 룰루스의 상관관계 이론은 이러한 마이스터 에크하르트의 기획과 같은 방향으로 구성되었다. 신의 탁월성에 대한 봉건적 표상(디오니시우스 아레오파기타와 에리우게나, 그리고 그와는 약간 다른 방식으로는 아벨라르도 수정하고 싶어 했던 표상)은 부동의 토지의 농경적 가치보다는 지성적 활동이라는 근대 시민적인 새로운 가치에 자리를 내주었다. 마이스터 에크하르트와 룰루스는 이러한 사회 전체적 발전을 추상적으로 이론화한 사상가들이다. 이 두 사람의 사상에서 아우구스티누스적 삼위일체론이 보조 역할을 수행했다면, 바로 그 아우구스티누스 이론(은총론은 원점으로 복귀시키고)의 선택과 그로 말미암은 혁신이 1300년경의 세계를 특징짓는다.

이렇게 놀라운 영향을 불러일으켰지만, 그의 『파리 문제집』은 당시의 역사적 상황과 밀접한 관계 속에서 저술되었다. 즉 이 작품은 토마스주의를 밀쳐 내는 시도였다. 그러나 이 작품은 알베르투스 마그누스가 청사진을 그리고 토마스가 구체적으로 작업한 도미니코회의 지성 중심주의에 속하며, 파리에서 마이스터 에크하르트와 같은 해에 둔스 스코투스를 내세웠던 프란체스코회의 사상과 대립한다. 정신적 활동이 지성의 존재를 근거 짓는다는 사실은 인간의 능동 지성 이론에서 디트리히가 가르친 바 있다. 그러니까 이러한 사고는 처음에 신학적으로 또는 '신비주의적으로' 선취된 형태로 역사에 처음 등장하지 않았다. 이러한 사고는 『영혼론』의 능동 지성에 대한 서술과 색의 감각 기관은 색을 가지지 않아야 한다고 말했던 아리스토텔레스의 언명을 철학적으로 집중 연구한 결과로 발생한 것이다.[10] 『파리 문제집』 제1부가 디트리히의 저술을 전제한다는 사실은 텍스트 앞부분에서 직접 읽을 수 있다.[11] 거기서 마이스터 에크하르트는 진리가 지성에 속하고 관계를 암시한다고 쓴다. "관계는 영혼의 모든 존재를 갖고 있으며, 그 자체로 하나의 실재적 범주이다." 이렇게 말할 때, 그는 디트리히의 능동 지성 이론을 명시적으로 언급하지 않았을 뿐, 확실히 디트리히의 관계 이론을 염두에 두고 있다.

신 안의 존재

마이스터 에크하르트는 1년 내지 2년 동안만 파리에 머물렀다(1302~03). 그다음에는 수도회의 고위 직책을 맡았다. 1311년 또는 1312년에는 파리로 다시 돌아왔다. 이때의 파리 체류 동안에 그는 국제적인 지적 상황을 가까이서 접할 수 있었다. 우리는 그를 게르만족이 살던 지방에만 국한해 이해해서는 안 된다. 그는 1312년부터는 쾰른의 수도원 학교에서 가르쳤다. 그는 미완성의 운명으로 끝나는 『3부작』(Opus tripartitum) 저술에 몰두한다. 이 작품의 제1부는 명제들(propositiones)로, 제2부는 문제들로 구성되어 있으며(이 가운데 뒤의 것은 토마스 아퀴나스의 『신학대전』과 어느 정도 연관성이 있다), 제3부는 「창세기」와 지혜서, 「요한복음」 주해를 싣고 있다. 몇몇 에크하르트 해석자는 마이스터 에크하르트 사유에서 그의 성경 주해의 역할을 지나치게 강조한다. 하지만 그에 따르면, 성경 해석은 오히려 그의 고유한 철학적 입장을 전제한다. 성경 해석이란 철학적 입장을 적용하고 성경에서 구체화하는 것을 뜻하지, 그 반대로 철학적 사유의 기초가 되지는 않는다. 그가 라틴어 『설교집』(*Sermones*)에 덧붙인 서문을 읽어 보면, 누구든지 이 저작의 거대함을 예감할 수 있다. 그 당시 현존했던 학파들 가운데 하나에 자기의 사상을 분류하려는 일체의 시도를 마이스터 에크하르트는 거부했다. 그는 자기가 쓴 작품이 전적으로 새로운 것을 담고 있다, 따라서 자기 책을 펼치자마자 누구든 놀라움을 금치 못할 것이라고 말한다.[12]

마이스터 에크하르트는 『3부작』의 구조와 접근 방식을 다음과 같은 사례를 들어 설명했다. 근본 명제는 "존재가 하느님이다"(esse est Deus)이다. 이에 상응하는 문제(Quaestio)는 "하느님은 존재하는가?"이다. 그리고 이와 관련한 성경 해석은 "한 처음에 하느님께서 하늘과 땅을 창조하셨다"(창세 1,1)이다.

마이스터 에크하르트의 자세한 설명은 다음과 같다. 존재는 하느님이다. 존재가 하느님과는 다른 어떤 것이라면 존재는 하느님에게서 밀리 있고 하느님과 어울리지 않을 것이며, 그러면 하느님은 결코 '존재'할 수 없을 것이기 때문이다. 그러나 하느님이 존재한다 해도 그분은 다른 어떤 것 때문에 존재하지는 않는다. 따라서 신과 존재는 동일하다(Deus igitur et esse idem). 그렇지 않으면 신은 자기 존재를 어떤 타자에게서 받을 터인데, 그러면 그는 신이 아니게 되고 만다.[13] 모든 하얀 사물이 '하양-임'(albedo)을 통해 하얀 것처럼 존재하는 모든 사물은 존재 자체로 말미암아 존재한다. '창조하다'라는 말은 존재가 존재자를 존재하게끔 만든다는 뜻이다. 존재 바깥에는 오직 무(無)가 있을 뿐이다. 하느님은 존재 자체이므로 만물은 그분 안에 있다. 신은 '한 처음'과 '근원에서'(in principio), 즉 자기 자신 안에서 만물을 창조했다. 이렇게 해서 성경의 가장 첫 구절의 해석이 완성되었다. 제작자나 예술가의 창작 행위와 차별을 두기 위해 성경은 하느님이 원리 '안에서'(in), 다시 말해

당신 자신 안에서 창조했다고 말한다. 하느님은 뚝딱 만들고 난 다음에 어디론가 훌쩍 떠나 버리는 제작자가 아니다. 신은 자신이 창조한 작품 안에 머무르며, 그가 만든 것도 창조주 안에 머물러 있다.

이러한 성경 해석이 철학적 테제와 어떻게 맞닿아 있는지는 분명하다. 마이스터 에크하르트는 자신의 성경 해석이 철학적 이성에 따른 자연주의적 해석이라고 힘주어 말했다.[14] 그가 신학자였고 그래서 성경을 주해하는 임무를 맡았다면, 그는 자기가 맡은 과제를 오직 철학자로서 말해야 한다는 그만의 방법론적 전제에 따라 엄밀하게 수행했다. 그는 '모든' 신학적 문제 또는 '거의 모든' 신학적 문제를 자기의 새로운 철학을 가지고 해결하려 했다. 그리고 룰루스처럼 그 또한 자기의 고유한 해결이 '손쉬운' 해결책이라고 주장한다.[15]

물론, 마이스터 에크하르트가 자랑하는 새로운 철학이란 것도 문제가 아주 없지는 않다.[16] 존재가 하느님이라니, 이게 대체 무슨 말인가? 그가 범신론을 의도한 게 아니었다는 점이야 분명하다. 개별 존재자는 '존재 자체'의 무한한 내용을 절대로 소진시키지 못하기 때문이다. 하지만 그의 입장은 통상적 신론도 아니었다. 그의 신 관념은 전통적인 하느님 표상과는 거리가 멀다. 그는 우리가 신을 '존재 자체'라고 부를 수 있다고 주장하지 않았다. 그는 '존재 자체가 신'이라고 말했다. 즉 신이 무엇인지 알기 위해서는 먼저 '존재'를 사유해야 한다는 말이다.

『파리 문제집』 제1부는 존재에 지성보다 낮은 가치를 부여했다. 그러나 이것이 그의 사상 발전에서 모순을 일으키지는 않는다. '존재'를 사물화하지 않고 사유한다면, 만일 첫 번째 『파리 문제집』에서 요구하는 '전회'를 수행한다면, 우리는 존재에 대해 다시 이야기할 수도 있다. 1302년과 1303년의 텍스트는 이 점을 명확히 하고 있다. 그가 첨예화한 이 '존재'는 사물의 속성처럼 떠올려서는 안 된다. 이 존재는 모든 것 안에 본래부터 있었던 어떤 최초의 것이다. 이 존재에서 우리는 일체의 내속성의 표상을 떨쳐내야 한다. 그리고 이 존재가 모든 것을 포괄하는 특성을 가지고 있다고 간주해야 한다. 존재와 다른 것은 존재하지 않거나 아니면 무(無)이다. 존재는 '자기 자신으로 충만'하고 모든 존재자를 규정하며, 자기 자신을 만물 안에 새겨넣는다. '존재'라는 가장 총체적이고 근본적인 규정을 다른 것에서 고립시킨 채 고찰해서도 안 된다. '존재'는 '사물'과 '속성'의 도식으로 파악할 수 없는 최고로 보편적인 규정들 가운데 하나이다. 항상 함께 사유되어야 하는 다른 일반 용어들에는 단일함, 진리, 지혜, 선성(善性)이 있다. 이러한 부류의 규정은 창조될 수 있는 것의 특성을 공유하지 않는다. 이들은 창조되지 않은 것 자체이다. 룰루스가 형이상학의 기초 개념을 하느님의 속성들로 체계화한 것처럼 마이스터 에크하르트도 보편 형이상학을 철학적 신학과 구별하고 싶은 마음이 없었다. 존재, 단일성, 앎, 선, 이러한 것은 전부 하느님이다. 일상 언어에서 '신'이라는 말이 무엇을 뜻하는지 알기 위해서는 존재, 단일성, 진리, 선성(善性) 같은 근본 개념들이 가진 기능을 생각해 보아야 한다. 토마스 아퀴나스도 이른바 '초월적 범주들'을 가지고 신을 인식하고자 시도했었다. 하지만 그는 개별적 사물을 '존재'하고 '하나'이며, '선'한 것으로 간주했다. 그래야만 최고로 하나이면서 최고로 선한 존재자 개념(즉 신)을 도출할 수 있기 때문이다. 마이스터 에크하르트는 더이상 이런 식으로 사물들과 엮이고 싶지 않았다. 그에 따르면, 오직 하느님 한 분만을 참된 의미에서 존재하고 하나이며 선하다고 말할 수 있다.[17]

그러면 피조물의 존재는 어떻게 될까? 존재의 고유한 의미로 따지자면, 피조물은 '존재'하지 않는다. 창조된 것들은 이렇거나 저럴 뿐이다(esse hoc aut hoc). 고유한 것은 단 하나의 존재뿐이다. 이것은 그리스도교적 파르메니데스주의이다. 우리가 보는 것은 온통 다수와 다양성, 제한과 단 하나의 고유한 존재에 주어진 한계들뿐이다. 피조물은 단 하나의 존재에 관여한다. 이것은 토마스도 통합을 시도한 적이 있었던 그리스도교적 신플라톤주의 전통의 관여 사상이다. 마이스터 에크하르트에게서 새로운 점은 그가 만물을 유일한 존재(신)의 현존으로 말미암아 존재한다는 점과 존재가 아니고서는 아무것도 아니라는 점을 매우 날카롭게 지적했다는 사실이다. 그는 지성을 한계 지어진 것의 분해로 정의했으며(non ens hoc et hoc), 그래서 나누어지고 한계 지어진 것들의 무상함을 강조했다. 지성은 사유를 통해 유일한 존재를 향해 들어 올려짐을 뜻하며, 그 고유한 존재의 자기 계시를 통찰하는 행위, 그리고 존재의 양태들로 변모하는 것을 뜻한다.

존재가 신이라는 마이스터 에크하르트의 테제는 범신론적 테제가 아니다. '존재 자체'와 '이렇거나 저런 존재자' 사이에는 엄연한 차이가 있기 때문이다. 그러나 그에 따르면, '차이'와 '구별'(distinctio)이라는 개념은 약간의 수정이 필요하다. 즉 존재는 모든 것을 아우르며 한계를 알지 못한다. 존재는 모든 것의 모든 것에서 조금도 구별되지 않는다. 따라서 그의 역사의식은 범신론이라는 비난에서 우리가 그를 지켜 줄 때가 아니라 그의 신이 —유일한 존재이면서 선이자 순수 이성인 신이— '무차별성'을 통해서만 구별된다는 점을 보여 줄 때에야 비로소 시작된다.[18]

그다음 과제는 마이스터 에크하르트의 단일성 철학과 지성철학의 관계를 조명하는 일이다. 우리는 존재하는 모든 상이한 것, 이질적인 것을 통일적으로 사유하고 그 통일성을 소여된 모든 상이한 것의 진리로 선포하는 것이 어떤 의미가 있는지 물어야 한다.

나는 그러한 사유 자체의 '진리'를 입증함으로써 직접적으로 이 질문에 답할 수는 없을 것이라고 생각한다. 역사적 연구의 철학적 유용함은 마이스터 에크하르트 같은 매우 진보적인 사상가의 철학이 역사적이고 우연적인 세계에나 유효한 이성 개념을 극한까지 사유했다는 사실을 보이는 데에 있다. 다른 사람들은 마이스터 에크하르트에 필적하는 명료함으로 개념적 암시들을 확인하지 않고 이성 개념을 요청했던 것이다.

마이스터 에크하르트의 기획: 그리스도교 철학

오랫동안 마이스터 에크하르트 해석은 조야한 대안들의 규정을 받았다. 즉 마이스터 에크하르트는 토마스 수정주의자이거나 아니면 범신론자이다, 그는 모든 그리스도교 플라톤주의자와 똑같은 것을 말했거나 아니면 매우 진보적인 근대적 사상가이다 등으로 말이다. 그래서 나는 지금까지 그의 텍스트만 가지고 이야기했던 것이다.『파리 문제집』제1부와『3부작』서문은 모두 토마스 아퀴나스를 인용한다. 이 두 텍스트에서 마이스터 에크하르트는 토마스가 도미니코회의 교조적 스승으로 떠오른 시기에 수도회 내에서 교편을 잡았다는 사실을 말해 준다. 하지만 토마스의 인용은 비판적 인용이다.『파리 문제집』제1부는 '존재'를 피조물의 특징으로 내세우고 '지혜'를 피조물 규정의 부정성 원리로 이해함으로써 상당히 공격적 태도로 토마스와 거리를 둔다. 거기서 마이스터 에크하르트는 지혜가 그 자체로 피조물의 특징이 될 수 없다고 말한다. 그는『3부작』서문에서 반드시 진리와 선성, 일성(一性)과 결합되어 표상되는 존재로서의 존재 그 자체는 피조물의 특징이 될 수 없다고 말한다. 본래적 의미에서 나무 한 그루, 말 한 마리는 아리스토텔레스 범주론이 가르치는 것과는 달리, '하나'도 아니고 '존재'도 아니다. 오직 '존재 자체' 또는 '일성'(신)만이 진실로 '존재한다'. 여기서 본질적으로 피조된 것으로 파악된, 존재의 부정성으로 더는 간주되지 않는 인간 지성은 사유와 동일한 존재를 붙들기 위해 개별적 특수성과 시간과 공간에서 떨어져 나온다. 심지어 초월적 범주 같은 토마스적 동기를 공유하는 곳에서도 마이스터 에크하르트는 토마스의 결론을 받아들이기를 거부한다.

마이스터 에크하르트는 신앙과 앎의 관계도 토마스와 다르게 이해했다. 신에 대한 인간의 관계도 토마스와 다르게 본다. 그에게서 이 두 가지 동기가 밀접한 관계에 있다는 점은『요한복음 주해』(*Expositio sancti*

Evangelii secundum Iohannem) 앞부분에 기획적으로 잘 나타나 있다. 거기서 그는 주해서를 쓰는 목적과 나머지 저작들의 의도를 밝힌다. 세계 창조에서의 육화와 온 세상의 구원에 이르기까지 그리스도교의 진리 전체를 철학적으로 논증하는 것이 그의 목표이다.[19] 성경에는―그 가운데에서도 특히 그는 「창세기」 앞부분과 「지혜서」와 로고스에 대해 이야기하는 「요한복음」 서문을 염두에 두고 있다―자연철학과 윤리학, 형이상학이 모두 들어 있다는 것이다. 그는 이러한 사실을 철학적 해석을 통해 입증하고자 한다.

그러므로 그가 자신을 신비주의자보다는 자연철학자로 드러내고 싶어 한다는 점은 분명하다. 그는 성경 주해서와 『3부작』의 사변적 텍스트에서 철학적으로 논증하기를 원한다. 하지만 철학적 논증으로 그리스도교의 진리를 증명하고 싶어 한다. 즉 세계가 신에게 종속 관계에 있다는 점과 신성(삼위일체)의 내적 구조와 인류에 대한 신의 관계(육화)를 증명해야 한다. 토마스는 그런 작업을 불가능하게 여겼다. 그러나 반(反)토마스주의자인 마이스터 에크하르트는 에리우게나와 안셀무스, 샤르트르학파를 따라 그리스도교적 철학을 추구했다. 이러한 맥락에서 그는 방법론적 분리를 중요하게 여겼던 디트리히와도 구별된다.

마이스터 에크하르트가 그의 계획을 어떻게 실행에 옮겼는지 짧게나마 알아보도록 하자. 그는 정의에 대한 정의로운 사람의 관계를 논의의 중심에 놓았다. 정의는 의로운 사람의 영혼의 실체에 붙어 있는 어떤 속성이 아니다. 그는 아리스토텔레스의 수용 이후에 다른 어떠한 대안도 없었던 내속성 모델을 비판적으로 검토하고 이를 뛰어넘고자 한다. '어떤 것 안에 있음'을 가지고 기술해야만 한다면, 아마 의로운 사람은 의로움 안에 있다고 해야 할 것이다. 의로운 사람이 정의 바깥에 있거나 정의와 분리되어 있을 수 없다는 점은 어쨌든 분명하다. 의로움은 의로운 사람에게 내적 원리와 참된 본성으로서 전제되어 있다. 그러나 이는 정의가 의로운 사람의 근거가 된다는 뜻이지 의로운 사람에게 시간적으로 선행한다는 뜻은 아니다. 의로운 사람은 의로움을 부여받고 있다. 이러한 맥락에서 그는 '관여'라는 플라톤주의 개념을 사용한다.[20] 그렇지만 그는 거기서 멈추지 않는다. 정의는 의로운 사람을 통해 '말한다'. 의로운 사람은 의로움의 '말씀'이다. '정의'는 역동적이다. 정의가 다른 무엇을 의롭게 '만들지' 못한다면, 그 자신으로 있을 수 없을 것이다. 여기서 우리는 룰루스에게서 보았던 것과 유사한 동적(動的) 세계관을 볼 수 있다. 룰루스처럼 마이스터 에크하르트도 이 이론을 삼위일체의 철학적 증명으로 이해했다. 원리 안에 말씀이 있었다. 말씀은 의로운 자를 그가 의로운 한에서 산출한다(나중에 마이스터 에크하르트가 이른바 의화(義化)에 대한 논고에서 설명하듯이, '의로운 한에서'라는 제한적 표현에는 여러 가지 의미가 있다). 정의로운 사람은 하느님의 외아들이다. 그는 그가 가진 의로움으로 — 그렇지 않으면 아무도 알 수 없을 — 감추어진 본성을 드러낸다. 그런데 하느님은 말씀이므로, 하느님은 자기 자신을 전달한다.

  사물화의 경향을 수정하기 위해 불가피한 부정신학은 마이스터 에크하르트가 내리는 최종 결론이 아니다. 우리가 정의롭다면 의로운 한에서는 우리들이 정의로움이다. 그래서 우리는 정의가 무엇인지를 안다. 의로운 한에서는 하느님은 우리를 당신 안에 받아들인다. 우리는 신성(神性)의 자녀들이다. 산출하는 정의와 산출된 의로운 자의 차이는 본성이 아니라 인격으로 말해야 한다. 우리는 낳음을 주는 의로움과 다른 어떤 자(者)이지(alius), 어떤 다른 '것'(aliud)이 아니다. 여기서 나타나는 구별은 산출하는 정의와 산출된 의로운 자의 구별이다. 자기 자신을 낳을 수 있는 자는 아무도 없기 때문이다. 하지만 우리는 의로운 한에서는 의로움과 일치를 이루고 있다. 아버지와 나는 하나이다. 이것은 하느님의 영원한 육화로서 그리스도의 역사적 육화가 지향하는 바이기도 하다. 신성과 정의의 동일성은 부분으로 고찰될 수 없다. 정의가 자기 자신을 전달한다면 자기 자신을 온전한 전체로서 내준다. 그러므로 정의로움은 각각의 모든 의로운 사람 안에 온전히 들어 있고 바깥에도 온전히 있다. 의로움과 그에게서 '태어난'(즉 '만들어진'이 아니다) 의로운 자는—이 둘은 하나의 생명을 이루며, 제작자와 그가 사용하는 도구의 차이를 알지 못한다—상호적 관계에 있다. 우리는 원형을 모형 없이 떠올릴 수 없다. 종속이나 의존은 일방적 관계가 아니다. 사람들은 형이상학적 전통에 따라 항상 형이상학적으로 '이른 것'(근거)은 '뒤엣 것' 없이 존재할 수 있지만 그 반대는 안 된다고 이해해 왔다. 마이스터 에크하르트는 이 전통을 따랐다가 다시 비판적으로 돌아섰다. 그는 정의로움에 대해서만 이야기하고 싶었던 것이 아니다. 그는 의로움과 의로운 사람 사이에 설정되는 것과 같은 일치의 관계들은 존재(esse)와 존재자(ens), 선성(bonitas)과 선한 것(bonum), 그리고 일반적으로는 보편적인 것과 특수한 것 사이에도 있다고 말한다.[21] 그는 동시에 이 사례에서 육화와 보편자 문제, 그리고 삼위일체 문제를 철학적으로 해결할 가능성도 보았다. 그는 항상 사물의 표상과 사물이 가진 속성들을 표상하기를 단념해야 한다고 권고한다. 그의 목적은 철학을 개혁하는 것, 곧 신과 우리 자신을 사유하는 사고의 틀로 우리 정신을 지배하는 물화의 존재론을 수정하는 것이다.

 이러한 사유의 개혁이 14세기 처음 10여 년 동안 정치적·실천적 삶의 영역에 침투했다는 것은 명백한 사실이다. 종교-형이상학적으로 표현된 '의로운' 인간의 고양은 고대 후기부터 공인되어 왔던 하늘과 땅의 위계질서와 충돌을 일으켰다. 설립된 도미니코회 수도원의 수가 급증했다. 도미니코회 수사들은 수녀회에서 설교하는 일도 많아지고 도시의 대중에게 끼치는 영향력도 커졌다. 이러한 상황들은 마이스터 에크하르트 철학에서 어떤 정치적인 것을 만들어 냈다. 어쨌든 그는 대중의 언어로 글을 썼는데, 그것도 단테나 룰루스처럼 경탄을 자아낼 만큼 훌륭하게 썼다.

마이스터 에크하르트의 독일어 작품과 작품의 역사적 맥락

굉장히 오랫동안 사람들은 마이스터 에크하르트의 독일어 텍스트를 그의 라틴어 작품과 독립적으로 해석해 왔다. 그의 비극적이지만 우아한 고독함은—사람들은 그를 그렇게 보고 싶어 한다—이러한 방법적 오류의 결과였다. 하지만 그의 라틴어는 그를 아주 다르게 묘사한다. 독일어 설교집과 논고들은 라틴어 저작에 담긴 이론의 단순한 수사학적 변형이 아니다. 거기에는 어떤 '고상한' 철학이 담겨 있지는 않지만, 라틴어 작품에는 없는 중요한 동기들이 있다. 그러므로 독자들도 알겠지만 라틴어 저작과 독일어 저작의 관계는 상당히 복잡하다. 작품들 사이의 관계를 명확히 규정하는 것은 쉽지 않은 연구 과제이다. 내가 지적하고 싶은 것은 다음과 같은 것들이다.

『하느님 위로의 서(書)』(*Buch der göttlichen Tröstung*)는 1313년에서 1323년 사이에 저술되었는데, 『요한복음 주해』와 긴밀한 관계에 있다. 이 책은 그가 말하는 바에 따르면, '자연' 이성에 의한 논증을 제시하기 때문에 철학적 성격을 띠며, 따라서 '위로의 책'이라기에는 남다른 측면이 있다. 주요 동기는 선성(존재와 앎)이 선한 자 안에서 자기 자신을 낳는다는 사상이다. 선한 사람과 선성은 하나의 선성과 다르지 않다. 이 둘은 살아 있는 상호 작용이다. "그들은 서로 마주본다." 선한 사람과 선성의 동일성은 사물의 같음이나 추상적 개념의 같음과 같지 않다. 그것은 삼위일체에서의 아버지와 아들의 통일성이다. 하지만 이 동일성은 물화된 본성으로 구성되지 않았다면(그리고 구성되지 않았다 해도) 엄연히 동일성이다. 곧 인간은 그가 선한 한에서 선함 자체이며, '하느님 아버지'이다. 여기서 '하느님 아버지'란 인간 안에서 태어나는 선함이나 존재, 그리고 의로움을 말한다. 교황으로부터 단죄 판결을 받은 것은 바로 이 테제이다. 첫 번째 『파리 문제집』이나 존재와 하느님을 동일시한 테제는 단죄와는 아무 상관이 없었다. 마이스터 에크하르트는 인간이 "아버지는 당신 아들에게 주신 모든 것을 나에게도 주셨다"라고 말할 수 있다고 주장함으로써, 교회의 은총 수여의 기초가 되는 하느님과 인간 사이의 간극을 없앴다. 세계의 신적 근거가 각 개별자에게 스스로를 계시한다는 것은 교회 고위 성직자들의 관점에서는 용납할 수 없는 사유였다. 그는 신의 자기 전달을 이렇게 보편적으로 이해했지만, 그렇다고 자기 계시가 무조건적으로 주어진다고 생각하지도 않았다. 즉 동일성 관계는 우리가 선하고 의로운 한에서만 정립된다.

신과 인간의 동일성은 물적 동일성이 아닌 역동적 동일성이다. 이 동일성에는 운동 방향이 있다. 방향성은 제한이 아니라 구체화를 뜻한다. 이 사상과 함께 마이스터 에크하르트는 거대한 역사적 관계 속으로 들어온다.

마이스터 에크하르트의 라틴어 저작들은 필사본이 별로 없다. 그것에 비해 독일어 저작은 필사본이 무려 200여 개에 달한다. 독일어 필사본으로 전해지는 텍스트는 거의 대부분 개별 설교집이다. 독일어 텍스트는 명백히 역사적 요구에 부응해 쓰였으며 검열하기가 쉽지 않았을 것이다. 라틴어로 수업을 진행하는 대학 사회에서 그에 대한 단죄령은 당장 효력을 발생했다. 니콜라우스 쿠자누스를 제외하면 마이스터 에크하르트의 추종자들은 ― 그것도 소심한 추종자들 ― 쾰른에만 있었다. 파리와 옥스퍼드의 '스콜라학'은 이제부터 그에 대한 기억을 지우기 시작한다. 그러나 아무런 연관이 없는 독립된 낱개의 설교문의 집합으로만 전해지는 독일어 텍스트는 대학 외부의 세계, 즉 광범위한 삶의 영역에서 목소리를 냈다. 독일어 설교집은 봉건적 요소와 베네딕토회적 요소, 수도자적 이상을 전부 제거한 다음, 세계와 종교와 인간 개념에 완전히 새로운 의미를 채워 넣었다. 독일어 설교집은 13세기 초부터 전반적인 문화와 교회의 상황을 송두리째 변화시킨 청빈 운동과 여성 운동을 주제화한다. 그는 교회의 위계질서에 고정되지 않은 새로운 관점, 도시의 소시민과 여성이 공유할 수 있는 보편적 관점을 설파했다.

단테 및 룰루스와 동시대인이었던 마이스터 에크하르트는 귀족이 피와 가문으로 태어나거나 봉건적 삶의 느낌으로 형성되지 않는다고 주장했다. 내가 고결한 사람인지는 이제부터 나 자신에게, 우리 모두에게 달려 있다. 그는 새로운 자율성을 말과 실천으로 뒷받침하고자 청빈의 이상을 과격하게 밀어붙였다. 즉 인간은 권력과 부, 사유 재산과 공동체의 재산을 포기하고 세상적 관심과 인정받는 일과 명예와 이 생애에서 보상받고자 하는 마음까지도 내려놓아야 하며, 더 나아가 이러한 단념과 자아 포기를 하느님을 위해 실천해야 한다. '덕'과 고유한 나 자신, 그리고 초월적 신을 포함한 일체의 개념적 대상화 작업을 중지해야 한다. 그래야만 인간은 진정으로 삶을 살 수 있다. 아리스토텔레스에 따르면, '삶'은 자기 운동, 그리고 목적을 자기 안에 간직하는 것을 뜻한다. '삶'은 통일적 삶의 토대에서 행동하는 것을 뜻한다. 삶은 삶과 구별되지 않는다. '청빈'을 실천하면서 사는 사람은 '내려놓음' 또한 실천할 수 있다. 수단과 목적의 구조로는 삶을 결코 이해할 수 없다. 기술주의적 자기 서술은 종말을 고한다. 나는 이유 없이 행위할 수 있다. 인간은 다른 것을 찾아 헤매지 말고 자기 자신으로만 살아야 한다. 통일성의 근거는 내 안에 있다. 신에게 기초가 되는 것은 나에게 기초가 되며, 나의 근거는 신의 근거와 같다. 가장 내밀한 것은 나의 외부에 있고 가장 바깥에 있는 것은 내 안에 있다. "그대가 하늘나라나 하느님이나 영원한 지복을 바깥에서 찾기 위해 일한다면, 그대는 잘못 살고 있다."[22]

 마이스터 에크하르트가 설교하는 하느님은 하늘 위에 군림하는 제왕이나 우주의 무자비한 폭군이 아니다. 정의란 의로운 사람에게 어찌나 중요한지, 만일 하느님이 정의가 아니라면 그는 신에게 관심조차 가지지 않았을 것이다.[23] '의로움' 같은 가치들은 인정받기 위해 신에게 먼저 귀속된다. 그리스도교에 평등의 바람이 불기 시작한다. 하와가 아담의 갈비뼈에서 만들어졌다는 옛 사화(史話)도 그에게서는 새롭게 해석된다. "하느님께서 인간을 창조하셨을 때, 여자를 남자의 옆구리를 가지고 만든 이유는 여자를 남자의 옆에, 즉 남자와 동등하게 두기 위함이다. 여자를 남자의 머리나 발을 가지고 만들지 않으신 이유는 …… 여자를 남자와 평등하게 하려는 뜻에서였다."24)

이러한 그리스도교 해석은 수세기 동안 미사 지향 헌금과 청원 기도, 수도자적 삶의 우위성 같은 교회의 관습과 사회적 삶의 토대를 이루었던 사고방식에 이의를 제기했다. 그는 이단자가 되고픈 생각이 추호도 없었다. 자기의 세계 해석과 그리스도교 해석이 교회 안에 수용될 가능성만 있으면 그에게는 그것으로 족했다. 스트라스부르의 울리히와 알베르투스 마그누스, 디트리히의 유산이 살아 숨 쉬는 그의 수도회 관구에도 토마스주의자들이 있었다. 하지만 토마스주의는, 엄밀히 말하면 그래도 아직 정통 교조 철학으로 완전히 확립된 것은 아니었다. 마이스터 에크하르트의 적대자들은 수도회 외부에 있었다. 그는 프란체스코회와 도미니코회 사이의 분쟁에 끼어 있었다. 교회의 고위 인사들은 그가 교회 위계의 기초를 흔들고 있다는 사실을 직감했다.

우리는 마이스터 에크하르트 사상을 단죄된 텍스트 안에서 다양한 형태로 찾아볼 수 있다. 이미 오래전에 벤의 아마우리(Amaury de Bène, 알마리쿠스) 추종자들은 1210년 "만물은 하나이며, 존재하는 것은 무엇이든 하느님이다"라고 주장한 적이 있다. "내가 존재하는 한, 나의 영원한 존재 속에서 나는 하느님이다. 그대들이 나를 던져 넣은 그 불은 내 존재 안에서는 결코 나를 태우지 못한다."25) 1270년대 슈바벤의 리스(Ries) 지방에서 활동했던 어느 이단 분파도 이와 비슷하게 사유했다.26) 인간이 하느님이 될 수 있다는 사고, 다시 말해 인간이 신과 같아지는 것이 종교의 진정한 목적이라는 견해는 13세기부터 수많은 사람을 사로잡았음이 틀림없다. 이 사상은 무엇보다도 교회에서 소외된 집단, 특히 여성의 자의식을 성장시켰다. 또한 대학 안에 갇힌 지식을 새롭게 조명했다. 대학에서 가르치는 지식에는 본질적인 것이 없다. 본질적인 것에 대한 앎은 관료 성직자들의 라틴어를 통해서만 주어지는 것이 아니다. 우리는 프랑스어로도 독일어로도 말할 수 있다. 이것이 그의 독일어 텍스트가 가진 역사적 관계이다. 성덕(聖德)과 나 자신과 신까지도 전부 놓아 버리는 마이스터 에크하르트의 급진적 청빈 동기는 마르그리트 포레테(Marguerite Porete)의 동기와 매우 닮았다. 포레테는 그녀가 쓴 프랑스어 작품 『소박한 영혼의 거울』(Miroir des simples âmes) 때문에 1310년 파리에서 화형 선고를 받았다.[27] 그리고 1년 후에 마이스터 에크하르트는 파리에 있었다. 그는 도미니코회 소속의 생-자크 수도원에서 포레테에 대한 자극적 논의를 들을 수 있었다. 베긴회(Beguines)* 는 쾰른과 스트라스부르에서 접했을 것이다. 두 도시는 베긴회 여성 운동의 중심지나 다름없었다. 스트라스부르의 주교가 '자유로운 정신의 형제들'이자 마이스터 에크하르트와도 내용적으로 가까웠던 베긴회 여성 수도회와 남성 수도회의 오류 목록을 공표했을 때, 마이스터 에크하르트도 그곳에 있었다.[28] 포레테와 마이스터 에크하르트 사이에, 그리고 스트라스부르의 베긴회와 마이스터 에크하르트 사이에 어떤 교류가 오갔으며 누가 누구에게 어떻게 영향을 끼쳤는지는 정확히 알 수 없다. 그러나 여성 운동과 마녀사냥, 종교 문학의 대중 언어 선호, 교회 권위의 억압 등은 마이스터 에크하르트의 설교집 저술 배경이자, 그가 종교 재판에 회부되어 1329년 3월 27일 교황 요하네스 22세가 그에게 최종적으로 단죄 판결을 내리게 된 역사적 상황이었다.

---

* 일반 신자들로 구성된 일종의 세속 수도 단체로서 12세기 네덜란드 지방에서 창립되었다. 회원들은 자선 및 구호 그리고 교육 활동에 종사했으며, 속죄하고 보속하는 삶을 살았다. 수도회 명칭은 란덴의 베가 성녀(Begga von Landen, †698)나 창립자인 베그(L. le Beuge)에서 유래한 것으로 추정된다. 주로 네덜란드와 독일 지방에 널리 퍼졌는데, 각 도시에 자리 잡은 도미니코회와 프란체스코회 같은 탁발수도회와 밀접하게 교류하며 13세기에는 사실상 '제3회'(Tertius ordo, 상급 수도회의 통제를 받으며 세속에서 해당 수도회의 정신으로 살아가는 단체를 가리킴)로 발전했다. 하지만 교회법에 따라 정식으로 제3회로서 승인을 받지는 못했다. 14세기에 여러 지역의 주교 회의에서 수 차례 이단 판결을 받고 많은 논쟁을 불러일으켰으며, 이후 종교개혁과 프랑스혁명을 거치면서 점차 소멸되었다.

제42장
대조적 철학들: 과도기 철학 둔스 스코투스

1300년경의 철학은 부글부글 끓는 물과 같았다. 룰루스는 상관관계 이론과 관용의 이념, 개념의 결합술을 개발했다. 프라이베르크의 디트리히는 사유와 실재의 관계를 규정하는 기존의 토대를 새롭게 마련했다. 디트리히는 아리스토텔레스, 아우구스티누스, 프로클로스를 새로운 관계 속에 엮고 방법적으로 엄밀한 자연 연구의 위대한 본보기를 남겼다. 마이스터 에크하르트는 자신만의 새로운 그리스도교 철학을 전개했다. 동시에 50년 전 로저 베이컨이 지식의 실천적·기술적 이용 가능성을 강력하게 촉구했던 옥스퍼드를 중심으로 경험론적 경향이 널리 퍼지고 있었다.[1] 우리는 이러한 전체적 상황을 기억하고 있어야 한다. 곧 룰루스의 사유 관계의 기계적 연산화와 디트리히의 지성 구성 이론, 마이스터 에크하르트의 성자 철학과 경험론적 관점에서의 형이상학 비판, 이 모든 것이 1300년 즈음에 일어났다. 나중에 근대 철학이 변화된 조건 속에서 구조적 유사성을 가지고 재사유해야 하는 본질적 대안들은 이미 1350년경에 형성되었던 것이다. 14세기가 몰락의 시대라는 편견과는 달리, 14세기는 태동기에 서로 대비되고 대조적인 다양한 철학을 대량으로 생산했다. 철학의 전체적 성격이나 대립적 관계는 자연의 합리적 가공과 자기 관계로서의 내면성, 교황과 황제의 절대적-보편주의적 요구나 '희망'의 해체, 그리고 해체 작업으로 인한 개별화의 경향

같은 역사적 상황의 특성에 상응했다. 경쟁적인 철학들은 일상생활과 국가 행정에서의 합리성 증가를 부추겼다. 합리주의적 경향은 11세기부터 시작되었지만, 알렉산더 머리(Alexander Murray)가 입증했듯이, 질적 차이를 이야기할 수 있을 만큼의 변화는 14세기 초에 가서야 달성했던 것이다. 14세기 철학은 전승된 사상의 양이 최대치에 달했던 시기이다. 정확성의 새로운 규범이 마련되었고 사회 발전과 계속되는 자연의 객관화, 그리스도교의 제도적·영적 쇄신에의 요구는 이론적 기초를 필요로 했기 때문이다. 형식논리학적 논증이나 용어의 섬세한 사용에서 14세기 철학은 13세기 철학을 능가했다. 특히 지배적 견해와 권위적 텍스트에 담긴 모순을 드러낼 때 굉장히 날카로웠다. 대안도 매우 분명하게 제시되었다. 조화를 추구하는 시대는 지나갔다.

14세기의 역사 이해는 이 시대의 다양한 음색의 콘체르토에서 어느 철학 하나를 추출하거나 시대 전체를 관통하는 이론을 확인하는 데에 있지 않다. 마이스터 에크하르트도 윌리엄 오컴도 '진리'를 향한 길에서 진보를 이루지 않았다. 이런 방식의 평가는 독단적이다. 하지만 대조적인 두 사람 다—그 외에 일련의 사상가가 더 있다—시대의 이론적·실천적 가능성의 탐구에서는 진보를 이루었다. 둘 다 희미한 공동 유산의 모티프들을 과격하게 드러냈다. 그들은 명확하고 분명하게 사유할 것을 촉구했다. 공적 실재를 가진 정치적 힘을 거세게 비판했다.

'비판'은 해체를 의미했다. 하지만 그것은 철저하게 사유되고 사회적으로 유용한 해체였다. 윌리엄 오컴은 그 대표적 사례이다. 그는 자연세계를 구성하는 것과는 다른 종류의, 더 고상한 종류의 질료를 천구에 부여했다면서 아리스토텔레스의 자연철학을 비판했다. 그는 이중적 질료 개념은 이론을 불필요하게 복잡하게 만든다고 보았다. 그가 겨냥한 것은 통일적 자연 이론의 구조였다. 윌리엄 오컴의 비판은 두 개의 층으로 구성된 아리스토텔레스주의적 자연학을 무너뜨렸다. 봉건적이고 성직자적인 위계의 표상에서 아리스토텔레스 우주론의 이론적 받침대를 분리해 냈다. 즉 자연과학자가 볼 때, 세계 내의 물체들은 전부 동등했다(물질적 기초의 측면에서). 해체주의적 비판이지만 학문과 사회적 삶에는 생산적 비판임에 틀림없었다.

비판이 곧 이 시대의 특징이었다. 13세기 말부터 철학과 신학의 관계는 위기에 처했다. 아리스토텔레스 철학을 달갑게 보지 않는 시선이 많아졌다. 사람들은 아우구스티누스를 아리스토텔레스보다 앞에 두어야 하지 않은지 질문하기 시작했다. 아리스토텔레스 수용은 수정될 필요가 있었다. 그 결과 철학에 대해 논증을 검사하는 작업으로 이해하는 경향이 생겨났다. 증명된 것은 무엇이고 증명되지 않은 것은 무엇인가, 이런 것들이 문제가 되었다. 이제 관심사는 사태를 명민하게 통찰하는 것이 아니라 신학적으로 중요한 영역에서의 철학적 권리 주장들을 몰아내는 일이었다. 13세기 후반부터 형이상학 내지 철학적 신학은 계시신학을 위협해 왔다. 그에 맞서 계시신학적 동기에서 시작된, 철학적으로 논증하는 형이상학 비판이 등장했다. 철학적 형이상학 비판은 굉장히 정교한 형식 논리적인 도구들을 사용했다. 이는 중세 후기 철학을 전반적으로 '섬세하게' 다듬어진 철학으로 형성하는 데 기여했다. 그런데 신학자들의 형이상학 비판 작업에는 경험론적 논거들도 즐겨 사용되곤 했다. 신론이나 영혼론 같은 신학 영역에서의 철학적 요구들을 사람들은 경험을 근거로 그 주제들의 정당성에 질문을 던질 때 맞닥뜨렸다. 사람들은 아리스토텔레스적으로 되어가는 철학이 자기가 공언한 바를 실행에 옮길 것을 기대했다. 아리스토텔레스 철학은 자기의 상당 부분을 경험적 요소들에 의존하기 때문이다. 이렇게 해서 14세기 철학은 실제 경험과 관계하는 이성의 사용에 자유를 주었다. 더는 신학적 내용에 얽매여 사용될 필요가 없게 되자, 이성은 훨훨 날아올랐다. 계시신학은 이성을 남용하고 신학적 의도를 왜곡하거나 날조하는 형이상학적 지지대에서 해방되었다. 토마스주의자들은 이 시대의 사상 발전을 전반적으로 경건주의적·회의주의적 경향으로 진단했다. 그러나 이성 규준이 점점 구체화되자, 14세기 사상가들은 더는 토마스 아퀴나스에게서 '종합'을 가능케 했던 애매모호함에 머물러 있을 수만은 없게 되었다. 여러 차례에 걸쳐 토마스는 자연 이성으로는 세계의 영원성 같은 형이상학적 문제를 해결할 수 없다고 고백했다. 아리스토텔레스주의에 내재된 경험 과학적 경향을 새롭게 조명하자, 아리스토텔레스의 형이상학은 위태롭게 되었다. 14세기 철학자들이 여기서 결론을 내고 싶어 했고 끝장을 보기 위해 복잡한 분석에 뛰어들었다면, 우리는 이 시대를 결코 철학의 종말이라 부를 수 없을 것이다. 프란츠 에를레(Franz Ehrle), 모리스 드 불프(Maurice de Wulf), 질송 같은 공로가 적지 않은 중세 철학 연구자들조차도 14세기 영국의 형이상학 비판철학자들을 새로운 것에만 집착하면서 분열을 일으키는 선동가라 지칭하면서 파괴와 해체주의의 낙인을 찍었다. 이들 중세 철학사가에게 그들은 신앙과 이성의 토마스적 조화를 더럽히는 '불건전'하고 '왜곡'된 사상가였다. 하지만 토마스의 신앙과 이성의 조화는 엄청난 대가를 치르고 사들인 것이었다. 그것은 순선히 아리스토텔레스적인 기획이며, 아우구스티누스적인 것이라고는 글자 하나도 고려하지 않은 조화였다. 이 조화에서 아리스토텔레스의 형이상학은 아비첸나를 따라 진보적 종교철학으로 확장되었는데, 거기서 과다 팽창의 근거로 사용된 사상은 다름 아닌 아비첸나를 비판하는 아베로에스였다. 이처럼 서로 융합할 수 없는 모티프들의 무책임한 공존은 1270년과 1300년 사이에 진행된 존재자와 본질, 의지와 이성의 관계에 대한 끝없는 논쟁의 불씨가 되었다. 신앙과 이성의 조화는 1270년 이후의 역사적 발전을 막을 수 없었다. 유동성은 확대되어야 했다. 이성과 경험의 타당한 관계 설정을 위해, 형이상학을 논리적으로 엄밀하게 검토하기 위해, 사회적 · 정치적 · 교회적 삶을 자율적으로 구성하기 위해, 사상적 힘들을 모두 해방해야 했다. 아리스토텔레스적으로 형성된 형이상학과 윤리학의 최고 심급인 '자연'이 증명 불가능한 것으로 여겨졌을 때, 사태를 자유롭게 결정할 여지가 생겨났기 때문이다. 노예제와 사유 재산은 자연법적 기초를 상실했다. 사회적 삶과 정치는 인간 행위의 우연성이 지배하는 영역으로 이해했다. 인간에게 열려 있는 이 공간은 도덕적·정치적 의미를 부여받기 위해 새로운 법철학, 사회철학, 국가철학을 필요로 했다. 이렇게 해서 중세 후기 철학은 보편자 문제의 이론적 해명을 유일한 과제로 이해하지 않고 거기서 완전히 떨어져 나왔다. 중세 후기 철학은 실천철학이었다.

둔스 스코투스: 수백 년을 가르친 철학자

스코틀랜드 사람인 요한 둔스 스코투스(John Duns Scotus, †1308)는 13세기 말에 옥스퍼드와 파리에서 공부했다. 옥스퍼드와 파리에서 똑같이 가르치기도 했다. 1305년 신학 석사 자격을 취득했다. 1307년 쾰른으로 넘어온 다음, 이듬해에 세상을 떠났다. 나이로는 40세를 조금 넘겼을 것이다. 그의 유해는 알베르투스 마그누스가 묻힌 곳에서 불과 몇백 미터 거리에 있는 쾰른의 작은형제회 수도회 성당에 안치되어 있다. 저서로는 아리스토텔레스 주해서 이외에 『자유문답집』(*Disputatio de Quodlibet*)과 강의했던 장소에 따라 여러 가지로 저술된 『명제집 주해』가 있다. 『명제집 주해』의 텍스트 가운데 가장 중요한 것은 옥스퍼드에서 집필된 『명제집 주해』(*Opus Oxoniense* 또는 *Ordinatio*라고 칭한다)이다. 『제일원리론』(*Tractatus de primo principio*)은 ─ 안셀무스의 『프로슬로기온』을 모델로 삼아 ─ 철학적 신론을 묵상의 형식으로 전개한다.[2)]

그의 사유는 중세 후기 철학과의 관계 속에서도 꽤나 복잡한 편이다. 그래서 사람들은 그에게 '명민한 박사'(doctor subtilis)라는 별명을 부여했다. 그의 철학은 요약해 설명하기가 힘들다. 하지만 그의 사상의 모티프 몇 가지는 여기서 말할 수 있겠다. 그의 작품에는 ─ 그를 요한 스코투스라는 같은 이름을 가진 에리우게나와 혼동해서는 안 된다 ─ 13세기에서 14세기로 넘어가는 과도기적 상황의 특징들이 고스란히 반영되어 있기 때문이다. 그의 저작은 아리스토텔레스, 아베로에스와 지속적으로 싸워야 했던 1300년경에 철학과 신학이 서로 어떻게 대치하고 있는지를 보도하는 중요한 역사적 사료이다. 그리고 형이상학 비판과 경험론 철학 태동에 필요한 요소와 중요한 사유들을 담고 있다. 그가 중세 후기에 끼친 영향은 어마어마하다. 그의 사상적 영향은 프란체스코 회학파를 거쳐 16세기와 17세기까지 이어졌을 정도이다. 14세기부터 17세기까지 대학에서는 토마스주의자들보다 스코투스주의자들이 압도적으로 많았다. 그는 사상의 특정 테제보다는 그의 비판적 사고방식으로 후대인들에게 영향력을 행사했기 때문에, 그를 추종하는 사람들은 이론적 자유를 누릴 수 있었다. 중세 후기와 근대 초기의 세계를 알고 싶은 사람은 반드시 둔스 스코투스를 읽어야 한다. '둔스'라는 그의 이름이 비록 18세기 독일어로는 서재에만 틀어박힌 영혼 없는 사변적 지식인을 모욕적으로 가리키는 표현으로 변질되었어도 말이다. "옛날, 그리고 오늘날의 아둔한 학자들처럼 얼굴에 완고한 지혜의 미소를 지어 보이는" 당대의 멍청한 지식인들을 조롱할 때, 칸트도 이 표현을 사용했다.

지식과 세계를 보는 새로운 관점

그가 13세기 말 옥스퍼드에서 강의를 시작했을 때, 학자들의 최전선에는 아직 참호가 구축되어 있지 않았다. 아우구스티누스를 과연 아리스토텔레스와 결합할 수 있는지에 대한 논쟁은 여전히 뜨거웠다. 하지만 이즈음에 더는 토마스의 중재 기획이 최대 관심사는 아니었다. 논쟁의 중심에는 오늘날 연구가 많이 필요한 간다보의 헨리쿠스, 퐁텐의 고드프루아, 에지디우스 로마누스 같은 토마스 다음 세대의 학자들이 있었다. 이들이 바로 둔스 스코투스가 우선적으로 관계한 인물들이다. 그는 피에르 드 장 올리비의 아리스토텔레스 비판을 알고 있었으며, 아우구스티누스와 보나벤투라의 편을 들고 싶었다. 하지만 그러기 위해서는 아리스토텔레스와 아랍인들(아베로에스와 아비첸나)과의 근본적 대결을 피할 수 없다는 사실을 깨달았다. 철학에 한계가 있다면 그 한계는 철학자의 이론을 가지고 증명해야 한다. 우리는 철학자들을 철학적으로 비판해야 한다. 신학에서의 철학의 권리 주장을 반박하고 싶을 때에도 마찬가지이다. 보나벤투라와 올리비의 아리스토텔레스 공격은 신중하면서도 분명했다. 그러나 1300년에 이르렀을 때는 이 두 사람의 비판조차도 감명 깊은 연설이나 다름없게 되었다. 이제는 철학적으로 근본적인 것이 정말 무엇인지를 심도 있게 다루어야 했다. 이제는 아리스토텔레스의 텍스트를 글자 하나하나 뜯어보면서 읽어야 했다. 둔스 스코투스는 이 두 가지를 전부 수행한 인물이다. 그는 비판을 통해 14세기 신학이 철학적으로 얼마나 풍성하게 될 수 있는지를 보여 주었다. 둔스 스코투스는 13세기의 대사상가들과 그 후계자들, 그리고 그들이 수용한 아리스토텔레스와 아랍 주해가들의 논증을 무자비하리만큼 엄격하게 검토함으로써 비판적 정신의 진정한 본보기가 되었다.

독자들은 둔스 스코투스의 옥스퍼드 『명제집 주해』에서 아리스토텔레스 수용 이후 철학과 신학이 어떻게 분열되었는지에 대한 조망을 얻을 수 있다. "철학자들은 자연이 그 자체로 완전하다고 주장한다. 철학자들은 초자연적 완성의 필연성을 부정한다. 이와 달리, 신학자들은 자연에 결함이 있음을 인정하고 은총과 초자연적 완성의 필연성을 주장한다."[3] 철학은 모든 것을 가지적으로 바꾸어 놓는 능동 지성에 대해 이야기한다. 즉 철학은 인식할 수 있는 모든 것을 실제로 붙잡을 수 있는 인간의 자연적 조건으로 만족한다. 물론, 이 조건은 완성되기 위해 문화적 형성과 교육을 필요로 하지만, 우리에게는 그러한 문화적인 것을 매개해 주는 이론적이고 실천적인 지식이 있다. 이 능력을 획득하면

우리는 어떠한 신적 도움도 없이 스스로 인간 종을 완성을 향해 끌고 나갈 수 있다.[4]

이것이 신학자를 반박하는 철학자의 입장이다. 둔스 스코투스는 요약을 참 잘해 놓았다. 1300년에 이르러 자연, 종으로서의 인간, 능동 지성, 유럽 문화는 모두 인간 구원의 필요성을 생각하기 어려울 만큼 이론적으로나 실천적으로나 거대한 발전을 이루었다. 12세기 이전까지만 해도 '자연'은 이론적으로 존립하기 어려운 단어였는데, 이제 '초자연'이 그런 처지에 놓였다. '자연'과 '초자연' 구별의 최신 서술은 그리스인들과 아랍인들의 학문에 빚진 부분이 많았다. 둔스 스코투스는 이 문제를 피할 생각이 없었다. 하지만 성경을 가지고 이 문제를 권위적으로 해결할 마음도 없었다. 그는 철학자들과의 토론을 원했다. 작품 첫머리에서 그는 '자연 이성'을 사용한 논증들을 가지고서는 우리가 아리스토텔레스를 거슬러 아무것도 하지 못할 것이라고 쓴다. 그가 말하는 것은 신앙으로 동의하는 전제들에서 연역되는 '신학적 확신'들이다.[5] 그는 신앙과 이성의 대립을 이해하는 일에서 멈추지 않는다. 그는 이 문제에 개입한다. 그는 신학을 변호하는 자신의 논증을 철학이라는 겉표지로 포장할 생각이 전혀 없었다. 이러한 학문적 겸손은 1300년경에는 자명하지도 당연하지도 않았다. 둔스 스코투스는 자연과 지성, 학문과 실천이 지금까지 이룩한 자율성을 인정했다. 그리고 우리가 아직 하늘나라에 들지 못하고 이 땅에 발을 붙이고 사는 한에서는 초자연적인 어떤 것이 우리 안에 있다는 사실을 자연 이성을 가지고서는 증명할 수 없다고 보았다. 그는 철학과 신학의 대립을 분명히 의식하고 있었다. 철학자들(그가 염두에 둔 철학자들은 아리스토텔레스와 아랍인들이다)은 신과 세계와 인간, 그 외의 것들을 신학에서와는 다르게 이해한다. 철학자들의 신은 세계가 필연적으로 흘러나오는 근원, 영원한 원리이다. 신은 우연적 세계의 자유로운 근거가 아니다. 블레즈 파스칼(Blaise Pascal)은 '철학자의 신'이 아브라함과 이삭과 야곱의 하느님이 아니라고 말했다. 파스칼에게서 나타난 대립은 이미 둔스 스코투스의 주제였던 것이다. 철학자들은 세계가 신에게서 산출되는 과정을 필연적 과정으로 이해했다. 그들은 인간이 신에게 돌아오는 과정을 합리주의적으로 서술하며, 회귀의 자유롭고 우연적 측면을 제거했다.

철학 비판

둔스 스코투스는 처음부터 신학자의 입장에서 철학에 대해 이야기했다. 하지만 철학에 일련의 문제를 제기함으로써 실질적으로는 철학의 생산성을 높이는 데 크게 기여했다.

먼저 윤리적·실천적 실용성과 관련된 문제들이 있다. 철학자들은 모든 것, 특히 인간의 행위는 목적으로부터 규정된다고 말한다. 그런데 철학자들은 우리의 행위가 목적하는 바가 무엇인지 알고 있는가? 둔스 스코투스는 인간이 삶의 목적에 대한 통찰을 필요로 한다는 점을 '자연 이성'을 가지고 증명할 수 있다고 주장한다.[6] 그는 이러한 문제에서 회의적이거나 이도저도 아닌 태도를 취하는 것은 오히려 목적 성취에 방해만 된다는 점을 증명할 수 있다고 보았다. 그러니까 우리는 철학자들이 자기들의 논리로는 절대 피할 수 없는 문제에 아무런 대답도 하지 못한다는 사실을 철학 도구를 사용해 입증할 수 있다. 결론적으로 인간은 신학을 필요로 한다. 신학은 매우 우수한 실천 학문이기 때문이다. 신학은 인간의 의지에 목적을 제시한다. 신학은 인간이 무엇을 어떻게 사랑해야 하는지를 일러 준다. 둔스 스코투스는 '실천'을 의지와 사랑으로 이해했다. 이 점 하나만 가지고도 그는 충분히 중요한 사상가로 꼽힐 수 있다. 왜냐하면 그는 아우구스티누스를 근거로 신학을 최고의 실천적 학문으로 정립하고 실천 개념을 면밀히 분석했기 때문이다.[7] 하지만 그는 그 이상의 것들을 해냈다. 그는 철학자들에게 인식론적 문제까지 던졌다.

둔스 스코투스는 신과 인간 삶의 목적에 대해 철학자들이 이해한 것 전부를 부정하지 않았다. 하지만 그들이 알고 있는 것의 확실성 근거는 따져 물었다. 그는 철학자들의 논리대로라면 인간은 감각적 인식에 기울어 있지만, 물질세계에서 시작해 세계의 비물질적 기초로 향하는 추론들은 매우 미심쩍은 절차를 통해 진행된다는 점을 지적했다. 그래서 그는 철학자들이 영혼의 불멸성을 주장하기 위해 제시했던 증명들을 비판했다. 그는 아리스토텔레스가 영혼 불멸에 대해 단 한 번도 분명하게 말한 적이 없다고, 다른 증명들도 깊이 들여다보면 설득력이 빈약하다는 것을 당장 알 수 있다고 말했다. 특히 그는 인간이 '본성적으로' 불멸을 '원한다'는 전통적 논증을 비판했다. 욕구가 충족될 수 있는 근거가 확실하다면, 그러니까 불멸성이 이미 증명되어 있다면 그러한 원의는 순전히 '본성적'일 것이다.[8] 둔스 스코투스는 운동을 통한 신 존재 증명에도 비판을 가했다. 그는 나머지 신 존재 증명의 유효성은 인정한다. 그는 보다 더 큰 것을 생각할 수 없는 존재의 무모순성을 증명하면 『프로슬로기온』에서 안셀무스가 제시했던 신 존재 증명을 다시 부활시킬 수 있다고 믿었다.[9]

그러니까 그는 논증 검토 작업을 형이상학의 원리 비판에 다다를 때까지 밀어붙였던 것이다. 이런 측면에서 그의 철학은 과도기적 특성을 띤다. 신학적 동기에서 형이상학의 가능성을 인식 비판적으로 회의에 부쳤지만, 그럼에도 그는 형이상학자였다. 그는 다음과 같은 비판 유형들을 창안함으로써 후대의 형이상학 비판에 쓰일 도구를 마련했다.

경험에 근거한 증명들을 제시하는 형이상학적 논증이 있는가? 그렇다면 감각 경험에서 초감각적 존재로 나아가는 길을 다시 한 번 검토해 보아야 한다. 하지만 반대로 형이상학적 논증이 경험적 토대를 조금도 가지고 있지 않다면, 즉 순수 개념적 규정만 가지고 논증이 진행된다면, 우리는 그 형이상학적 논증이 우리의 인식을 확장하는지를 검토해야 한다.

이러한 성찰은 둔스 스코투스의 다음 시대에 폭발적으로 전개되어 모든 것을 황폐하게 만들었다. 그러나 그는 형이상학의 비참함에 대해서도 다음과 같이 분명히 이야기했다. 형이상학은 작용에서 원인을 추론한다. 하지만 작용은 원인의 특성을 불확실하게 추정하게 하거나 우리를 오류에 빠뜨린다.[10] 신중한 태도는 형이상학 개념 안에서 새로운 중심 이동을 야기했다. 아비첸나는 형이상학의 연구 주제가 존재자로서의 존재라고 가르쳤다. 이와 달리, 아베로에스는 신이야말로 형이상학의 우선적 연구 주제라고 주장했다. 둔스 스코투스는 아비첸나의 편에 섰다. "주해가에 대립하는 아비첸나는 이 점을 잘 짚어 냈다. 그러나 주해가는 잘못 이해했다"(Avicenna cui contradixit commentator bene dixit, et commentator male).[11] 다소 경건하지 못한 형이상학의 정의가 참된 종교에 더 잘 봉사할 수 있다. 자기가 존재자를 존재자로서 취급한다는 사실을 형이상학자가 알고 있다면, 그는 훨씬 신중하게 논증할 것이다. 형이상학자는 이러한 규정에서 따라 나오는 결과가 무엇인지 눈여겨보아야 한다. 둔스 스코투스에 따르면, 이 규정은 자기의 인식적 내용을 채우기 어려울 정도로 보편적인 규정이다. 우리는 형이상학적으로 해명된 심급들과 감각 자료가 서로 공유하는 것을 꽉 붙들어야 한다. 둘 사이에 공통된 것은 많지 않을 뿐만 아니라 감각적인 것에서 비감각적인 것으로 넘어갈 때에는 다양한 문제가 산적해 있다.

형이상학이 수행할 수 있는 것은 존재자 개념을 다듬는 일이다. 존재자는 필연적 개념이다. 존재자는 모든 술어의 기초가 되는 개념이다. 이 개념은 명확하게(일의적으로) 이해되어야 한다. 그렇다고 존재자들 사이에 어떠한 차이도 없다는 뜻은 아니다. 존재자들의 차이와 관련해 토마스 아퀴나스는 '있음'은 '일의적'으로가 아니라 '유비적'으로 쓰인다고 가르친 바 있다. 둔스 스코투스는 이렇게 반론을 제기한다. 우리가 여러 상황에서 동일한 개념을 사용한다면, 그 개념은 분명하고 명확한 의미를 가지고 있어야 한다. 아니면 우리는 그 개념을 사용하지 말아야 한다. 사실, 유비 이론도 명확하게 공통적인 어떤 것이 있어야 한다는 점을 전제했다. 유비 이론은 주로 실재적 차이에 주목했다. 둔스 스코투스는 자신의 연구를 언어 행위의 조건 분석 이상의 작업으로 이해했다. 그는 일의적 규정이 다양한 형태로 실현된다는 점을 부인하지 않았다. 그의 관심사는 수없이 많은 다양한 경우에 대해 가장 종합적 규정을 형성할 수 있는 사유의 힘이었다. 그는 가장 보편적 개념은 공허한 개념이라는 점에 흡족해했을 것이다. 이렇게 해서 신학 안에서 형이상학자가 갖는 권리는 제한된다.

하지만 둔스 스코투스는 신학의 권리도 제한했다. 그는 신학이 자기의 내용을 하느님의 영원한 앎에 관여함으로써 얻지 않는다고 말했다. 신학은 우연적 사실에 대한 지식으로 이해해야 한다. 물론, 신학은 '지혜'여야 한다. 하지만 선험적 연역이라는 뜻에서가 아니라 실천적 삶의 의미에서 지혜여야 한다. 그는 신학을 형이상학에서 분리하고 형이상학을 자연학에서 분리하는 일에 천착했다. 그는 어디서도 완벽하게 분리해 내는 데에는 성공하지 못했다. 하지만 기조는 분명했다. 형이상학은 아리스토텔레스적 전통을 거슬러 어떻게든 자연학에서 해방되어야 했다. 형이상학은 필연적 본질 관계에만 집중해야 한다는 제한을 수용해야만 자연학과의 관계에서 벗어날 수 있었다. 신학은 사변적·선험적 내용들을 상실한다. 신학은 실증적 학문으로 되어야 했다. 즉 신을 대상으로 삼는 신학과 대비되는 "우리의 신학은 성경에 쓰인 것과 성경에서 추론될 수 있는 것들만을 취급한다."[12] 이 말은 15세기에 가서 성경 텍스트와 교회 전통에 대한 문헌학적 접근 방법이 등장했을 때, 엄청난 폭발력을 발휘했다. 신의 본질은 더이상 신학적인 반대 심급이 아니었다. 둔스 스코투스는 그런 것은 신학 내에도 없다는 점을 밝혀냈다. 그는 여타의 철학자와는 반대로 신의 자유를 강조함으로써 전반적으로 우연성에 대한 의식을 강화했다. 철학뿐만 아니라 신학에서도 마찬가지였다.

한편, 둔스 스코투스에게서 신학은 철학자들이 본질적 필연성으로 간주했던 것을 우연으로 받아들여야 한다는 바로 그 사실 때문에 발전하게 되었다. 인간과 인간 인식의 철학적 개념은 경험으로부터 나온다. 인간은 자기 자신과 자기가 가진 지식을 총체적 발전이라는 유일한 상태에서만 파악한다. 인간은 자기가 어디서 왔으며 자신 앞에 어떠한 가능성이 펼쳐져 있는지를 알지 못한다. 인간의 철학적 분석은 현재 인류가 처해 있는 상황을 고려한다. 하지만 이러한 상태는 우연적이다. 인간은 인간의 본질을 소진하지 못한다. 철학은 인류의 처지를 개별적·단면적으로 그려 내고 그것도 몰락한 모습으로 묘사하기 때문에 스스로 오류에 빠진다. 그에 따르면, 계시는 우리가 인간을 더 고상한 존재로 고찰하고 인간의 우연적 조건들을 그의 참된 본질과 혼동하지 않도록 해 준다. 철학자는 감각 자료에서 본질적 필연성을 어떻게든 끌어내야 하기 때문에, 그리고 감각 경험은 내 능력이 무엇을 위해 내 안에 존재하는지를 설명하지 못하기 때문에 철학자들은 쉽게 오류를 범한다.

개별자의 재평가

둔스 스코투스의 인식론은 철학에 한계를 설정하지만 철학의 가능성을 크게 열어 놓기도 했다. 인간이 하느님 '얼굴을 마주보도록' 부르심을 받았다는 것이 신앙의 가르침이라면, 신앙은 인간의 정신적 인식에 대해 무엇인가를 말하고 있다. 즉 인간은 모종의 직접적인(직관적인, 추상 작용에 의존하지 않는) 인식 능력을 가지고 있어야 한다. 신을 관조하는 행위가 신이 자비로이 내리는 은총으로 말미암아 성취된다면, 관조는 그것을 갈망하는 인간의 본성적 능력을 전제한다. 따라서 인간 이성의 가장 완전한 활동은 추상 작용도 아니고 추상된 요소들을 판단으로 종합하는 활동도 아닌 지성적 관조 활동이어야 한다.[13] 둔스 스코투스는 이러한 정신적 활동을 '직관적' 인식이라 불렀다. 그는 직관적 인식을 추상적 인식과는 달리, 대상을 명징적 현실로 붙드는 활동이라고, 대상을 파악하는 데에 어떠한 형상(species)도 필요로 하지 않는 인식이라고 정의했다. 이것을 가지고 그는 아리스토텔레스주의자들의 인식론에 맞섰다. 아리스토텔레스주의자들은 정신적 인식을 보편적인 것과의 관계 속에서 이해했다. 감각적인 것, 개별적인 것, 현실적인 것은 감각 기관을 통해 주어진다. 아리스토텔레스적 인식론에서 정신적 인식은 보편화 작용을 가진 인식상(species)의 도움을 받아야 한다.

이와 달리, 둔스 스코투스는 감각적 개별자에 직접 관계하는 정신적 인식이 있다고 주장한다. 그러니까 그는 감각적 인식과 정신적 인식 사이의 간극을 좁힌 셈이다. 그는 감각적 인식과 정신적 인식을 일관적으로 설명하기 위해 아리스토텔레스주의자들이 설정해야 했던 '인식상'(species)이라는 복잡한 매개자를 제거했다. 그는 아리스토텔레스에게서도 유효했던 플라톤석 교리, 곧 개별적인 것과 감각직인 것은 징신적 인식의 대상이 될 수 없다는 원칙을 과감히 깼다. 그러므로 개별적인 것을 수용하는 인식은 이제 불완전하다는 소리를 들을 필요가 없게 되었다.

둔스 스코투스의 성찰은 신학적 동기에서 시작되었지만 결과를 놓고 보면 철학적이었다. 그리스도교 아리스토텔레스주의자들의 인식론은 이러한 반론을 감당할 능력이 없었다. 새로이 등장한 이론은 그보다 훨씬 단순했다. 형상(species) 이론보다 적은 수의 전제를 가지고 인식을 설명했다. 개별적인 것과 개별자들에 가치를 부여했다. 사유의 경제성과 개별자에 대한 관심이 실제 역사 속에서 모습을 드러냈다. 둔스 스코투스는 확실히 새로운 철학, 경험론에 가까운 철학으로 넘어가는 발판을 마련했다.

둔스 스코투스는 형이상학자였다. 그는 보편적인 것의 실재성을 확신했다. 중세 후기에 스코투스주의자들은 알베르투스주의자들, 토마스주의자들과 동일한 '실재론자'로 취급되었다. 즉 그들은 인간성 같은 보편적 본성이 실제로 존재한다고 생각했다. 그러나 둔스 스코투스는 '공통적 본성'의 실재성을 더 자세히 규정할 것을 요구했다. 보편적 본성은 개별자와 어떻게 구별되는가? 둘의 차이는 '실재적' 차이인가? 만일 그렇다면, 사태라는 것은 이중적이다. 보편자는 독립적 존재를 가진다. 혹시 보편자와 개별자의 차이는 관념적 차이인가? 그렇다면 존재하는 것은 개별자뿐이다. 하지만 그렇다면 보편 명제가 참이 되는 까닭을 설명할 수 없다. 유명론으로 치닫고 만다. 둔스 스코투스는 중도 입장을 취했는데, 그에게는 자기 생각을 표현할 고유 용어가 있었다. 곧 보편적 본성(인간-임)과 개별 사물(개별적 인간)은 '형상적으로 구별된다'(distinctio formalis). 이 이론은 먼저 실재하는 보편자에 대한 기존의 이론들이 불충분하다는 사실을 암묵적으로 전제했다. '실재론'은 자명하지 않다고 주장한 점, 바로 여기에 둔스 스코투스 이론의 생명력이 있다. 그의 이론은 오직 말뿐인 타협의 모든 징표를 가지고 있는 까닭에 보편 논쟁의 영구한 해결책을 제시하지는 않는다. '형상적' 구별이 실재적 구별인지, 사유 안의 구별인지 질문해 보기만 하면 된다. 그러면 독자들은 유서 깊은 실재주의자들의 편에 서거나 유명론자들의 편에 서야 한다.

이렇게 해서 둔스 스코투스는 섬세한 구별을 통해 문제를 해결할 수 있을 것이라고 기대한 바로 그곳에서 사상적 발전에 크게 기여했다. 옛것을 지켜 내기 위해서는 많은 혁신이 필요했다. 남아 있는 것은 개념적 엄격성의 새로운 표준, 널리 알려진 논증을 날카롭게 비판하는 방법들, 감각 경험과 의지와 실천으로의 회귀였다. 세계에는 전반적으로 우연성과 개별성이 증가한 듯했다. 둔스 스코투스는 이 새로운 그림을 신학적 권위에 의존한 논증을 통해서가 아니라 철학자들의 저작들을 정교하게 비판함으로써 그려 냈다. 그는 형상은 언제나 보편적이고 개별성은 질료에서 기인한다는 아리스토텔레스적 개별성 이론에 이의를 제기했다. 그에 따르면, 실재적인 모든 것은 그 자체로 개별적이다. 그에게서 기원하는 '이것-이라는 성질'(haecceitas)이라는 말은 새로운 용어일 뿐이다. 하지만 이 단어가 표현하는 개별성의 가치에 대한 새로운 의식은 신학적 내용과 영국 프란체스코회 수사의 스콜라적 논증 방식을 넘어 아주 멀리 나아간다.

제43장
생-푸르생의 기욤 뒤랑

도미니코회 수사인 생-푸르생의 기욤 뒤랑(Guillaume Durand de Saint-Pourçain/(라) 두란두스(Durandus))[1]은 14세기 초반의 비판적 경향을 종합적으로 보여 주는 대표적 사례이다. 그는 둔스 스코투스의 비판적 작업을 당시 도미니코회 수사로서는 매우 이례적일 만큼 극단적으로 반(反)토마스주의의 입장에 결합했다. 그래서 기욤 뒤랑은 토마스가 정통 교조 철학으로 자리 잡는 데 핵심적 역할을 했다.

생애

'근대적 박사'(doctor modernus)로도 알려진 기욤 뒤랑은 빠르면 1270년, 늦어도 1275년에 생-푸르생-쉬르-술(Saint-Pourçain-sur-Sioule)에서 태어났다. 그가 파리에서 수학했던 1302년에서 1303년까지는 특별히 활발한 시기였다. 둔스 스코투스와 1세대 토마스 옹호자들 가운데 한 사람인 헤르베우스 나탈리스(Hervaeus Natalis)의 『명제집 주해』가 바로 이 시기에 쓰였다. 둔스 스코투스는 교황 보니파키우스 8세에 맞서는 미남왕 필리프 4세의 요청을 거절한 결과, 1303년 6월 파리를 떠나야 했다. 1303년부터 1307년까지 기욤 뒤랑이 정확히 무엇을 했는지는 알려진 바가 없지만, 그는 둔스 스코투스와 달리 프랑스에 계속 남았던 것 같다. 아마 프랑스 어느 지방의 수도원 학교에서 명제집 강해를 했을 것이다. 그가 열정적으로 『명제집 주해』 집필에 몰두했다는 사실만큼은 확실하다. 왜냐하면 그의 『명제집 주해』 초판본이 1308년에 가서야 나왔기 때문이다. 그가 1307년 파리에 체류했다는 증거가 있다. 그의 이름은 기사수도회 재판에서 언급되는데, 아직 명제집 학사 신분으로 불리지는 않는다.[2] 1308년에서 1310년까지는 그 당시 신학 석사들 가운데 지도적 권위였던 나탈리스 밑에서 『명제집』을 강독했다. 나탈리스는 나중에 자기 제자에게 서슴없이 비판을 퍼붓는다. 1312년과 이듬해에 기욤 뒤랑은 파리 대학에서 신학 석사가 되었다. 수도회 장상이 거절했음에도 그가 학위를 받을 수 있었던 이유는 그의 뒤에 강력한 후원자가 있었기 때문인 것으로 추정된다. 그다음에 『명제집 주해』의 개정 작업이 있었다. 1313년에는 아비뇽 교황청 신학 강사(lector sacri palatii)에 임명되어 1317년까지 아비뇽에서 가르쳤다. 다섯 권의 『자유토론』(*Quodlibeta*)[3]은 아비뇽 시기에 쓰였다. 학사로서 활동한 다음에는 고위 성직자의 길을 걸었는데, 1317년 리무(Limoux)의 주교였고 1318년부터는 르퓌앙블레(Le Puy-en-Velay), 1326년부터는 모(Meaux)의 주교였다.

검열과의 싸움

기욤 뒤랑은 주교직을 수행하는 동안 자신의 『명제집 주해』를 여러 번 고쳐 썼는데, 이는 14세기에 결코 드문 일이 아니었다. 13세기에 명제집 주해서는 박사 학위 논문에 불과했다. 페트루스 롬바르두스의 『명제집』을 자세히 해설해야 했던 이유는 그것이 교과 과정이었기 때문이다. 14세기에는 새로운 풍조가 생겨났다. 『명제집』 주해서들은 『명제집』강독 이후에도 동시대 사상가들의 새로운 입장을 수용하고 대결시 킴으로써 계속해서 고쳐 쓰이곤 했다. 이 정도로 상세한 서술은 13세기 주해서에서는 찾아볼 수 없었다.

언급한 대로 기욤 뒤랑은 자기의 명제집 주해서를 수차례 고쳐 썼다. 그의 지속적인 개정 작업은 소속 수도회와의 다툼과 관련이 있다. 1308년의 『명제집 주해』 초안은—그가 고백하는 바 저자의 동의 없이 공개되었다[4]—여러 군데에서 토마스 아퀴나스의 입장을 공격한다. 거기서 기욤 뒤랑은 토마스의 작품을 부분적으로 인용하면서 정교한 비판의 칼로 가차 없이 난도질한다.

도미니코회는 그러한 행위를 결코 용납할 수 없었다. 프란체스코회와의 이른바 '수정 논쟁'(Correctorium)* 이후로 도미니코회 장상들은 토마스의 신학과 철학을 수도회의 보편 교의(doctrina communis)로, 그러니까 그리스도교 가르침의 유일하게 정당한 해석으로 확정하는 일을 긴급한 과제로 인식했다. 이러한 목적에서 수도회 총회가 수차례 개최되었다. 그 가운데에서도 특히 1309년 사라고사 총회는 토마스의 신학과 철학을 여러 개의 사상적 대안 가운데 하나가 아니라 도미니코회의

---

* 1278/29년 라 마레의 기욤(Gulielmus de la Mare)은 토마스 아퀴나스 사상을 비판하는 『토마스 형제를 교정함』(Correctorium fratris Thomae)이라는 책을 발표했다. 이 책에서 기욤은 토마스의 『신학대전』, 『토론문제집』, 『명제집 주해』에 나타난 철학적-신학적 이론을 118개의 명제로 요약한 다음, 거기에 담긴 사상의 위험성을 폭로했다(예를 들어 질료 형상론과 실체적 형상의 단일성 등). 파리 주교와 캔터베리 주교의 아리스토텔레스 철학 금지령(1270, 1277)과 더불어 기욤의 비판은 아리스토텔레스 철학과 그에 기초한 토마스 신학을 거부하는 교도권 신학의 입장이 공개적으로 표출된 사건 가운데 하나이다. 도미니코회 수사들은 토마스를 옹호하는 『타락한 선동가를 교정함』(Correctorium corruptori)이라는 책으로 기욤의 비판에 맞섰다. 수정 논쟁은 이렇게 토마스 사상의 정당성을 두고 일어난 논쟁을 가리킨다. 도미니코회 학자들의 변론서는 파리의 장 키도르의 "Circa"를 비롯해 모두 다섯 권이 보존되어 있다. 기욤의 비판은 토마스 사상을 잘못 이해한 데서 기인한다, 올바르게 읽을 경우에 토마스 사상은 성경과 교부들의 입장에 대립하지도 않고 철학에 모순적이지도 않으며, 그리스도교 교의와 전적으로 부합한다는 것이 이들의 주장이다.

유일하게 유효한 정식 입장으로 가르칠 것을 의결했다.[5] 기욤 뒤랑은 당장 자기에게 닥친 위험을 알아챘다. 그는 토마스를 신랄하게 비판한 것 때문에 수도회로부터 석사 자격을 거부당할 수도 있었다. 그래서 신학 학사였던 동안에 그는 가장 자극적인 문제들을 중심으로 자기의 명제집 주해서를 뜯어고치게 된다. 수정 작업은 근본적 수준에서, 또 철저하게 이루어졌다. 완전히 삭제된 문항들도 있고 아예 처음부터 새로 쓴 문항들도 있었다. 그러나 수정된 『명제집 주해』는 주도면밀하게 토마스의 이론에 억지로 끼워 맞춘 '마지못해 쓴 글'이 아니었다.[6] 그가 주해서에서 토마스를 공개적으로 비판하는 문장들을 지우거나 첨예하게 대립하는 입장들을 누그러뜨린 것은 사실이다. 하지만 이 『명제집 주해』의 1차 수정에서도 반토마스적 사상들은 여전히 은밀한 방식으로 곳곳에 숨어 있었다.

그는 용의주도하게 작업했지만 검열관들은 교묘한 서술에 감추어진 의도를 꿰뚫어 보았다. 텍스트를 수정함으로써 그가 한 발 뒤로 물러섰음에도, 도미니코회의 검열 위원회는 ─ 나달리스의 주도 아래 ─ 두 개의 오류 목록을 만들어 공표했다. 이때쯤 기욤 뒤랑은 파리가 아니라 아비뇽의 교황 궁에 있었다. 첫 번째 오류 목록(1314)은 위원회의 시각에서 보편 교회 교리에 어긋나는 기욤 뒤랑의 입장을 93개 명제로 요약해 실었다. 두 번째 오류 목록(1316 또는 1317)은 그의 저작에서 토마스 이론과 일치하지 않는 235개의 명제를 제시했다.[7] 단죄 목록은 수도원 학교에서 여전히 영향을 끼치는 기욤 뒤랑 주해서의 어느 구절이 수도회의 정통 입장과 배치되는지를 교육에 종사하는 도미니코회 수사들에게 분명히 알려 주어야 했다. 그는 아비뇽에서 수도회의 공격에 필사적으로 대항했다. 나탈리스와의 긴장 관계는 다소 완화될 수 있었다. 1327년 주교로 서품이 되고 나서는 최종적인 수정 작업에 착수했다. 『명제집 주해』의 2차 수정은 곳곳에서 초안에는 썼다가 1차 수정에서는 삭제하거나 변경한 내용들을 다시 부활시켰다. 그는 『명제집 주해』 2차 수정본만이 자신의 진짜 입장을 유일하게 담고 있다고 보았다. 여기서 그는 1308년 초안을 수정조차 할 수 없었다고 고백한다. 특이하게도 1310년 또는 1311년의 1차 수정안에 대해서는 아무런 언급이 없다.

기욤 뒤랑의 경우는 도미니코회의 지속된 철학적·신학적 논쟁의 모습을 적나라하게 보여 준다.[8)] 앞에서 언급했듯이, 이 논쟁은 1308년 나탈리스가 그의 『명제집 주해』 초판본에 실린 몇 가지 테제들에 제동을 걸면서 시작되었다. 두 개의 오류 목록이 작성되었고 논쟁은 토마스가 시성(諡聖)된 이후인 1325년까지 계속되었다. 그가 2차 수정을 완성한 이후에 '두란델루스'(Durandellus)라는 필명을 사용하는 어떤 이가 『두란두스를 반박하는 통찰』(Evidentiae contra Durandum)에서 그에게 대항하면서 토마스를 변호하고 나섰다.[9)] 도미니코회 내부 문제였던 이 논쟁은 200년가량 지속되었다. 기욤 뒤랑이 토마스의 테제에서 얼마나 벗어나는지, 그리고 결과적으로 설교수도회의 교조와 얼마나 다른 것을 주장하는지가 주요 쟁점이었다. 그의 『명제집 주해』는 도미니코회로 하여금 ─ 도미니코회 수사들이 토마스를 옹호하려 든다면 ─ 토마스 이론을 반성하고 고유한 토마스주의적 입장을 해명하도록 촉구하는 자극제 역할을 했다. 대부분의 저자는 토마스의 작품을 기욤 뒤랑의 텍스트 안에서 읽었지 직접 읽지는 않았다. 그래서 기욤 뒤랑의 비판은 토마스주의적인 교의 형성을 근본적으로 장려하기 시작했다. 기욤 뒤랑에게 부여되는 의미는 14세기와 15세기의 보다 광범위한 수용으로부터 분명해진다. 그의 최종 입장으로서 우리가 관심을 가져야 할 『명제집 주해』 2차 수정본의 대부분은 16세기 판본으로 전해 내려온다 (1508년 파리 판본에서 1586년 베네치아 판본까지 총 15개의 판본이 현존한다). 심지어 1528년 살라망카 대학의 유명론 석좌 교수 자리에는 그의 이름이 붙기도 했다. 16세기 스페인 스콜라주의에서는 그의 테제들이 심도 있게 연구되었다. 라이프니츠는 그를 토마스와 둔스 스코투스, 윌리엄 오컴과 함께 위대한 스콜라 사상가들의 무리에 넣었지만, 기욤 뒤랑 작품의 몇몇 사상은 근대의 비주류 사상가들에게서 활발히 수용되면서 새로운 부흥을 이루기도 했다.

기욤 뒤랑의 토마스 아퀴나스 비판: 개별화의 원리

그에게서는 둔스 스코투스와 공통적이고 나중에는 윌리엄 오컴과도 공유하는 한 가지 경향이 나타난다. 즉 그는 토마스 이론과 여타의 입장을 비판적으로 취급하지만 독자적 이론을 기획해야겠다는 욕심이 없었다. 그는 토마스를 그 자체로 비판하기보다는 사실상 토마스 이론 체계의 내적 모순을 드러내는 데에 관심이 있었다. 그에게서 토마스의 철학 모델은 통일과는 거리가 멀었다. 그것은 정합적 체계라고 할 수 없었다. 그가 볼 때, 토마스는 작품 곳곳에서 동일한 주제를 놓고 정반대 되는 입장을 펼치기가 일쑤였다. 그래서 토마스를 합리성과 논리정연함의 본보기로 인식했던 동료 수사들과는 달리, 그는 토마스가 성경과 철학적 접근법 때문에 발생한 수많은 문제에 보편타당한 해결책을 단 하나도 제시하지 못했다는 점을 입증하고자 했다. "여기 있는 이중적 서술은 서로 다른 여러 교사의 것이 아니다. 우리가 보는 것은 여기저기서 나타나는 동일한 교사의 이중적 서술이다"(Hic est duplex modus dicendi, non solum diversorum doctorum, sed eiusdem in diversis locis). 이렇게 말하고 나서 기욤 뒤랑은 토마스를 비판하기 시작한다.

예를 들어 보자. 개별화의 원리에 대한 문제를 다룰 때, 토마스는 엇갈린 입장을 취한다. 『신학대전』(제3부 제77문 제2항)에서 토마스는 물질적 실체의 개별화 원리는 질료에 있다고 쓴다. 『명제집 주해』(제2권 제3구별 제1문 제2항)에서는 양(量)이 곧 개별화의 유일한 원인이라고 말한다. 기욤 뒤랑은 둘 다 불가능하다고 본다. 그는 같은 종에 속하는 두 개의 개별자를 오직 질료만 가지고 구별하는 이론은 개별자들을 마치 형태는 같고 물질 덩어리만 서로 다른 벽돌처럼 나눈다고 비판했다. 그에 따르면, 개별화의 원리는 본성과 '무엇임'(quidditas)의 원리와 다르지 않다.[10] 그는 토마스의 입장을 반박하기 위한 논증을 아리스토텔레스의 『자연학』과 『형이상학』에 대한 토마스 주해서에서 찾아낸다. 그는 이 두 개의 철학적 작품을 인용하면서 양은 개별화의 원리가 될 수 없음을 보인다.[11] 철학자 토마스를 신학자 토마스와 대결시킨 셈이다. 그가 『명제집 주해』 1차 수정본에서 토마스의 개별화 원리 이론에 가한 비판을 삭제한 이유가 무엇인지는 여기서 짐작할 수 있다.

인식과 의식

기욤 뒤랑의 인식론 성찰은 훨씬 첨예하다. 그는 지성적 인식상(species intelligibiles)과 능동 지성에 대한 토마스 이론을 거부한다.[12] 인식상과 능동 지성의 개념은 아리스토텔레스를 기반으로 구성한 토마스 인식론을 지탱하는 두 기둥과도 같다. 오직 현실적인 것만이 가능적 상태에 있는 것을 현실적으로 만들 수 있다. 첫째, 토마스는 가능 지성을 현실적인 인식 형상에 의해서만 인식으로 전이될 수 있는 가능적 존재로 이해했다. 둘째, 비물질적인 것만이 비물질적 가능태를 현실태로 바꿀 수 있다. 토마스에 따르면, 능동 지성이 질료적 감각 표상(phantasma)에서 추출하는 지성적 인식상은 그 자체로 비물질적이며, 같은 이유에서 비물질적 가능 지성에 작용을 가할 수 있다. 기욤 뒤랑은 두 원리를 모두 비판한다. 인식 과정을 오히려 더 복잡하고 어렵게 만든다는 것이 그 이유이다.

그는 토마스와 달리(즉 그의 고유한 입장과 가장 유사한 올리비처럼), 인식 대상과 융합되지 않는 영혼의 자기 현실화의 가능성을 주장한다. 인식 대상은 그에게 단지 하나의 필수적 조건일 뿐, 그 자체로 인식을 완성하는 충분조건은 아니다. 그래서 그의 비판은 토마스를 겨냥하지만, 반(反)아리스토텔레스적으로 인식 형상을 거부하면서도 객관을 인식의 작용인으로 이해했던 퐁텐의 고드프루아에게도 해당된다. 그는 토마스의 인식론과 퐁텐의 고드프루아 인식론 모두에 강력하게 저항한다. 즉 두 사람 다 영혼을 고결한 존재이지만 인식 객체와 같이 저급한 대상의 겪음을 받아야 하는 수동적 원리로 이해했다. 기욤 뒤랑은 토마스와 퐁텐의 고드프루아에게 아우구스티누스적 입장으로 응수하면서 프란체스코회의 전통을 따랐고, 결과적으로는 간다보의 헨리쿠스의 편을 들었다.

토마스와 그의 추종자들이 인식 활동을 가능태의 현실화 과정에서 지성에 추가되는 형상으로 이해했다면, 기욤 뒤랑은 인식을 지성과 인식 대상의 순수한 관계성으로 해석했다. 따라서 우리는 그가 간다보의 헨리쿠스가 의지와 의지의 대상의 관계에 대해 말한 것을 그대로 수용했다고 볼 수 있다. 즉 대상은 의지의 필요 소건에 지나지 않는다. 그래서 기욤 뒤랑은 지성을 의지처럼 즉발적 능력으로 이해한다. 대상은 인식을 '일으키지' 않는다. 대상은 인식 활동의 내용만 전달한다. 간다보의 헨리쿠스보다 더 급진적 사상가인 기욤 뒤랑은 여기서 지성적 인식을 매개하는 가지적 형상만 부정하지 않고 감각 경험을 전달하는 감각상(species sensitivae)과 토마스에게서 인식 과정의 최종 매개자로 제시된 '말'(verbum)의 기능까지도 부정한다. 그는 이것을 인식 활동 자체와 동일하게 놓는다. 그래서 능동 지성과 영광의 빛(lumen gloriae)도 정신적 인식의 극단적 단순화 작업에 희생되고 만다. 능동 지성과 영광의 빛의 기능은 이제 객체의 직접적 현존과 (가능) 지성의 즉발적 자기 현실화 작용 때문에 불필요하게 되었다.

이 시점에서 아우구스티누스적 인식론의 영향이 특별히 두드러진다. 대상은 인식 행위의 질료적이고 내용적인 규정에만 관여한다. 객체는 인과 관계에 들어오지 못한다. 그래서 기욤 뒤랑은 아리스토텔레스적으로 고안된 인과 모델에 구축된 능동 지성이나 인식상 같은 매개적 심급들을 인식론에서 전부 몰아낸다. 그는 지성과 인식 대상이 서로 매개 없이 접촉한다고 주장한다.

기욤 뒤랑 자신도 이러한 성찰이 엄청난 파괴력을 가지고 있음을 알고 있었던 것 같다. 능동 지성을 거부하는 논증은 『명제집 주해』 2차 수정본(C)에 들어 있다. 인식 형상 비판은 『명제집 주해』 초안(A)에서만 확인된다.* 『명제집 주해』 1차 수정본(B)에서는 인식 형상 관념을 반박하는 제2권 제3구별 제5문에 대한 해설이 통째로 빠져 있다. 그는 2차 수정본에서 이 문제를 다룰 때, 이전과는 다른 태도를 취한다. 즉 논조의 과격함이 다소 누그러졌다.[13] 퐁텐의 고드프루아 이론을 반박하는 부분은 전부 삭제되었다. 정신을 객체보다 우위에 놓는 아우구스티누스적 사상이 텍스트의 밑바탕에 깔려 있음을 감지할 수 있다. 그의 다음 과제는 형상의 표상 능력을 비판적으로 검토하는 일이었다. 토마스 이론에서 인식 형상은 객체가 인식될 수 있는 매개적 수단이다. 인식 형상 자체는 우리가 인식하는 바의 그것이 아니다. 인식 형상은 '투명하다'고 보면 된다. 기욤 뒤랑은 올리비처럼 이러한 인식론이 설득력 없다고 보았다. 인식 형상이 '투명'하다면 대체 어떻게 그것이 객체를 표상할 수 있다는 말인가? 반대로 인식 형상이 표상 기능을 실질적으로 수행한다면, 인식 형상은 객체보다 먼저 인식될 수 있을 것이다. 그렇다면 우리는 형상도 인식하고 객체도 인식한다는 말이 되는데, 이는 어불성설이다.

오직 개별적 사물만이 우리 인식의 대상이 된다고 주장한 점에서 기욤 뒤랑은 토마스와 다르고 윌리엄 오컴과 같다. 개별화를 일으키는 조

---

* 기욤 뒤랑 연구에서는 요제프 코흐를 따라 『명제집 주해』의 초안을 'Redaktion A', 1차 교정본을 'Redaktion B', 최종 교정본을 'Redaktion C'라 표기한다.

건들만 떼어놓고 보면 보편자는 개별자와 조금도 다르지 않다.

　기욤 뒤랑에게서 또 하나 주목할 만한 것은 직접적 인식과 반성적 인식 행위가 동일하다는 테제이다. 장미 한 송이를 인식하는 것과 이러한 앎을 의식하는 것은 동일한 활동이라는 주장이다. 이 테제에 따르면, 직접적 인식과 반성의 동일성을 승인해야만 기억이나 상기 같은 활동이 가능하다. 객체를 인식하고 그 인식 행위 자체도 인식할 때에만 나는 나중에 내가 객체를 인식했다는 사실을 상기할 수 있다.

　따라서 그에 따르면, 인식 주체가 인식에서 본질적으로 능동적 기능을 수행한다. 곧 인식은 인식 주체가 자기 외부의 어떤 것을 마주하고 겪는 일이 아니다. 인식은 인식 주체가 능동적으로 구성해 내는 어떤 것이다.[14]

두 번째의 원인

　기욤 뒤랑은 신을 유일한 능동적 작용자로 놓고 그 앞에서 모든 피조물은 꼭두각시처럼 행동한다고 보는 인과 이론에 제동을 걸었다. 피조물은 누구의 도움도 받지 않고 독립적으로 작용을 가할 수 있는 능력을 보유하고 있다. 즉 신은 자기가 창조한 존재들의 고유한 활동에 직접적으로(immediate) 개입하지 않는다. 그는 피조물이 제각기 창조주가 될 능력을 가지고 있다고 분명히 말한다.

　토마스는 창조 능력이 피조물에게 공유되지 않는다고 주장했다. 토마스에 따르면, 어떤 피조물이 다른 피조물의 창조자가 된다는 것은 불가능했다. 여기서 주제가 되는 피조물의 창조 능력이 그가 가진 고유한 능력을 말하는지 아닌지는 중요하지 않다. 또한 피조물이 첫째가는 원인의 조력으로, 즉 페트루스 롬바르두스가 말한 것처럼 신의 도구로서 창조를 일으킨다는 것도 불가능했다.

피조물도 창조주 같은 어떤 활동을 수행할 수 있다는 이론을 반박하는 토마스와 토마스주의자들의 논증은 근본적으로 두 가지이다. 첫째, 창조 행위는 작용자의 무한한 능력을 전제한다. 창조의 행위자는 창조 활동을 통해 존재와 비존재의 무한한 심연을 메워야 한다. 둘째, 피조된 존재의 모든 활동은 운동과 변화를 통해 성취된다. 그가 수행하는 활동은 필연적으로 기체(基體, subiectum)를 전제하는 운동과 변화와 결합되어 나타난다. 이런 맥락에서 창조는 아무것도 전제하지 않고(nullo praesupposito) 어떤 것을 생산하는 활동으로 이해되며, 따라서 피조물은 창조하는 활동을 어떠한 방식으로도 분여받을 수 없다는 점이 분명해진다.

기욤 뒤랑은 피조물의 창조 능력을 부정하는 토마스의 논증에 이의를 제기한다. 그가 볼 때, 토마스는 존재자와 비존재를 실존하는 두 개의 실재로 간주하는 오류를 범하고 있다. 비존재는 어떤 의미에서도 실존하지 않는다. 그러므로 존재와 비존재의 무한한 심연이라는 것은 불가능한 표현이다. 따라서 우리는 두 번째 원인들에 대해서도 어떻게든 창조 능력을 이야기할 수 있어야 한다. 그렇다면 신은 다른 피조물을 창조할 수 있는 능력을 피조물에게 부여할 수 있으며, 이렇게 피조물에게 수여되는 창조 행위는 작용을 가할 수 있기 위한 어떠한 기체도 전제하지 않는다(dicendum est quod Deus potest communicare creaturae quod producat aliam creaturam nullo supposito in quo agat).

이러한 이론은 후대에 적지 않은 호응을 얻었다. 기욤 뒤랑의 입장은 라이프니츠의 『변신론』(*Théodicée*)[15]과 드니 디드로(Denis Diderot)와 달랑베르(D'Alembert)의 『백과전서』(*Encyclopédie*, 특히 'Concours' 문항 참조)에 수용되었으며, 심지어 오늘날에도 몇몇 교의 신학 입문서는 정식 교리들 가운데 하나로 언급하기도 한다. 하지만 그의 생전에는 엄청난 물의를 일으켰다. 나폴리의 조반니(Giovanni di Napoli)는 『자유토론』(*Quodlibeta*)[16] 제7권 제2문에서 기욤 뒤랑이 토마스의 『명제집 주해』(제2권 제1구별 제1문 제3항; 제4권 제5구별 제1문 제3항), 『권능론』(제3문), 『신학대전』(제45문), 『대이교도대전』(제2권 제21장)의 서술에 배치되는 것을 주장한다면서 상세한 반론을 펼쳤다. 이미 『명제집 주해』 1차 수정본에서 신의 협력에 대한 문항(제2권 제1구별 제5문)과 제이원인의 작용(제2권 제1구별 제2문)에 대한 문항이 완전히 사라진 것은 결코 우연이 아니다. 이와 달리, 2차 수정본에서 그는 보다 덜 과격한 어조로 만족한 것 같다. 창조 능력을 받은 피조물이 과거에도 없었고 지금도 없다면 — 토마스도 이렇게 말한다 — 창조 능력의 수여 가능성을 부정하는 토마스의 논증은 타당성을 인정받을 수 없다(Dicendum est quod quamvis nulli creaturae sit communicatum quod creet, tamen non apparet aliqua ratio convincens necessario quod deus non posset facere aliquam creaturam que possit aliquod producere nullo supposito in quo agat).

노년의 그에게서는 약간의 너그러움과 온화함이 느껴진다. 『명제집 주해』 2차 수정본이자 최종본의 문체는 확실히 호전성이 덜하다. 그럼에도 그는 독창적 사상가로 대중으로부터 끊임없이 '사랑을 받았다'. 생의 마지막에 교황과 대립하면서 새로운 학술 논쟁에 연루된 것도 우연은 아닐 것이다.[17] 그의 묘비에는 다음과 같은 문장이 새겨져 있었다고 한다. "여기 대리석 아래에 완고한 두란두스가 누워 있다. 그가 구원을 얻을 수 있을지 나는 모르지만, 구원을 얻든 말든 내 알 바가 아니다"(Durus Durandus jacet hic sub marmore duro. An sit salvandus, ego nescio nec quoque curo).

제44장

윌리엄 오컴

우리는 1080년에서 1350년 사이에, 즉 캔터베리의 안셀무스에서 윌리엄 오컴(†1349)까지 이루어진 발전 속에서 중세 철학이 이해하는 법을 배웠다는 점을 알게 된다. 두 사상가의 작품을 몇 장 들추어 비교해 보면, 이 시기 동안에 중세 세계가 얼마나 복잡하게 변했는지를 당장 알 수 있다. 윌리엄 오컴은 기술적 용어를 구사했다. 안셀무스는 전문 용어를 거의 사용하지 않는다. 하지만 오늘날 상상하듯이, 안셀무스가 무릎을 꿇고 기도만 드렸던 순진한 사람은 결코 아니었다. 그는 신앙이 없는 이들도 설득할 수 있을 정도로 강력한 합리적 논증을 찾아 헤맸다. 그는 신앙과 지식을 엄격하게 구별했다. 그러나 안셀무스는 '철학'과 '신학'의 대립을 인식하지 못했다. 철학과 신학의 구별은 13세기의 성과였기 때문이다. 윌리엄 오컴은 철학의 요청을 철학적 논증을 가지고 제한하는 작업에 전념했다. 그렇다고 그가 철학을 신학에서 몰아내려 했던 것은 아니다. 그는 경건주의자가 아니었다. 그는 철학의 유용성과 신학의 유용성을 똑같이 존중했다. 하지만 두 학문을 토마스 아퀴나스처럼 더는 조화로운 관계로 볼 수 없었다. 후기 보나벤투라와 둔스 스코투스처럼 윌리엄 오컴도 '철학의 오류'에 관심을 가졌다. 다른 점이 있다면 그는 철학의 오류를 규명하는 작업을 보나벤투라보다 섬세하게 수행했으며, 새로운 학문 개념에 근거해 둔스 스코투스의 (형상의 구별

같은) 지체적인 협력 관계 구성을 비판했다는 것이다. 그는 순수 철학적 논증으로는 도저히 수정할 수 없는 철학의 '오류'들이 있다는 점을 인정했다. 이것은 이성의 한계와 이성과 신학의 차이를 극명하게 보여 주는 사실이었다. 그의 통찰은 경건주의적 신학으로도 전개될 수 있었고 이성의 이름으로 신학을 추방하는 데에도 쓰일 수 있었다. 이러한 분열은 안셀무스와는 거리가 멀었다. 윌리엄 오컴의 상황은 아리스토텔레스 수용과 아베로에스주의 논쟁, 아우구스티누스와 아베로에스를 종합하는 시도에 대한 프란체스코회의 반발을 전제로 했다. 바로 이러한 분위기 속에서 —안셀무스와는 대조적으로— 철학의 탐구 주제는 인간 인식의 분석과 지식론으로 옮아가게 되었다. 윌리엄 오컴과 보나벤투라의 『명제집 주해』를 서로 비교해 보라. 윌리엄 오컴의 주해서에 실린 장문의 서문만 들추어 보아도 벌써 무게 중심이 지난 70년 동안 어떻게 이동했는지를 알 수 있을 것이다. 신을 어떻게 인식하느냐의 문제(이것은 안셀무스와 보나벤투라에게서도 아주 낯설지는 않은 문제이다)와 인간의 인식이 진정 무엇인가라는 문제가 1300년대의 최대 관심사였다. '객관-실재'적 시대는 종말을 고했다. 그리고 인식 비판과 지식 분석의 시대가 시작되었다. 윌리엄 오컴의 인식 비판은 아직 신학과 형이상학을 잡아먹지 않는다. 하지만 가능성은 분명히 열렸다. 그리고 14세기가 끝나기 전에 신학과 형이상학은 죽임을 당하고 만다(오트르쿠르의 니콜라스).

  1080년에서 1320년까지 이룩한 중세의 발전은 이론적 차원에서만 일어나지 않았다. 서구는 경제적 부흥을 누렸다. 도시 경제와 금융업이 크게 성장했다. 빈곤은 그리스도교를 뒤흔들고 가장 강력한 이단 발생을 촉진했으며, 탁발수도회 탄생과 성장의 동력으로 작용했다. 윌리엄 오컴은 보나벤투라와 같은 프란체스코회 소속의 수사였다. 하지만 보나벤투라처럼 추기경이 아니라 교황의 적대자이자 급진적 청빈 운동의 옹호자로서 생을 마감했다. 안셀무스는 영국의 주교로서 내적으로 결코 고민이 없지 않았다. 그는 교황에 대한 충성으로 유배를 가야 했다.

보나벤투라는 프란체스코 작은형제회와 교회 고위 성직자들 사이의 긴장을 견뎌내야 했다. 그러나 윌리엄 오컴은 교회의 위계질서 바깥에만 머무르지 않았다. 그는 교회에 대항했다. 세속 권력은 자기만의 고유한 사상가를 길러 내고 싶어 했다. 지금까지의 문화는 교회가 주도했다. 하지만 이제부터는 세속 국가의 고유한 문화가 발전하기 시작했다. 윌리엄 오컴은 1324년까지 옥스퍼드와 런던에서 철학을 가르쳤다. 그다음 그는 아비뇽으로 소환되었고 거기서 소송 결과를 기다려야 했다. 하지만 1328년 프란체스코회의 장상들과 함께 아비뇽을 빠져나와 그 길로 바이에른의 황제 루트비히에게로 피신했다. 그는 1330년부터 생을 마감할 때까지 뮌헨에서 정치적인 글을 썼다. 그래서 사상가와 작가로서의 그의 삶은 균형적이지 않은 두 시기로 나뉘어 있다. 하지만 둘 가운데 어느 쪽이 그에게 더 치열한 삶이었는지 쉽게 단정할 수는 없다. 그의 삶의 두 부분은 역사적으로도 철학적으로도 똑같이 중요하다.

  독일의 연구자들은 윌리엄 오컴의 이론철학 작업을 그의 정치적 저술 활동보다 높게 평가하는 경향이 있다. 후기에 그가 저술한 정치적 작품은 논고라기보다는 거의 자극적인 신문 기사나 사설 수준이라는 것이 그 이유이다. 그러나 그가 생애의 마지막에 취한 이론적 입장을 연구할수록 그의 이론이 당대의 현실적 쟁점과 긴밀히 결합되어 있다는 점이 분명해졌다. 그의 사변적 이론은 그의 정치철학보다 우리가 생각하는 것만큼 시류와 무관하지 않다. 그의 정치적 텍스트를 깊이 읽다 보면 이론철학적 관계를 주제화하지 않을 수 없다.[1] 정치철학과 이론철학의 관계가 분명하게 드러나지 않은 곳에서는 역사적 대립을 눈여겨보아야 한다. 1080년 이후로 복잡하게 된 것은 비단 사유만이 아니다. 중세 사회의 전반적 삶 자체가 복잡한 양상을 띠게 되었다. 윌리엄 오컴은 14세기의 새로운 정서를 정치적 저술과 이론철학 양쪽에 모두 담아낸다.

  윌리엄 오컴이 처한 복잡한 역사적 상황은 다양한 해석의 원인이 된다. 과거 연구자들 사이에서 해석상의 불일치는 비판본의 부재[2]와 과도한 현재화의 요청(이른바 윌리엄 오컴을 마르틴 루터나 또는 회의주의 철학의 선구자로 내세우는 식으로), 그리고 윌리엄 오컴에게서 멈추어 버린 전통적 모티프의 잔잔한 귀환으로 더욱 심화되었다. 토마스적인 공격에서 지켜 내기 위한 방편으로 사람들은 그를 심지어 경건한 프란체스코회 수사로 묘사하기도 했다. 그렇게 해야 형이상학과 교황 중심의 교회를 근본적 불안에 빠트린 그의 역사적 업적의 과격함을 조금은 누그러뜨릴 수 있을 테니 말이다.[3]

선입견과 단죄의 시대가 지나간 다음에는, 세부적으로는 모두 옳지만 14세기 초를 특징짓는 역사적 과정을 간과한 학술적 고립의 시대가 이어졌다. 1270년 이후로 위기에 처한 철학과 신학의 관계는 둔스 스코투스 다음 세대에 이르러 훨씬 첨예하게 되었다. 사람들은 룰루스나 마이스터 에크하르트처럼 철학의 개혁을 통해 그리스도교의 근본 내용을 철학의 근본 내용으로 해명할 수 있었다. 하지만 윌리엄 오컴처럼 이성의 공격을 전혀 받지 않는 안전지대를 신앙 안에 확보하는 것도 가능했다. 이러한 전략에도 전통이 있었다. 교회 내에는 철학의 조화로운 수용과 철학 수용의 비판이 항상 공존해 왔다. 윌리엄 오컴에게서 중세적이지 않은 사유 방식을 보는 것은 반(反)역사적이다. 철학의 확장과 변형(룰루스와 마이스터 에크하르트의 경우처럼), 그리고 그러한 변형을 제한하는 비판은 모두 신학의 발전에 기여하고 철학적으로도 유의미한 작업일 수 있었다.[4] 윌리엄 오컴의 비판은 이러한 전환을 성취하는 일 없이 인간 인식의 고유한 특성을 다룬다. 그럼에도 그는 사변적 신론과 우주론에서 인식 분석과 비판, 그리고 윤리적·정치적 실천 의식에 이르는 철학의 발전에서 이정표가 되었다.

그의 복잡한 사유를 정식화해 제시하기란 불가능하며 딱히 필요하지도 않다. '유명론'이나 '회의주의'라는 이름표는 쓰지 않는 편이 그를 이해하는 데 훨씬 도움이 된다. 우리는 그가 작업한 내용이 무엇인지를 알아야 한다.

— 윌리엄 오컴은 합리성의 규준을 확립했고
— 적절한 실재 개념을 제안했으며,
— 개별자와 자유의 체험을 이론화했다.

윌리엄 오컴의 연구 주제는 1320년경의 전체적인 역사 발전의 주요 경향들을 반영한다.[5] 도시의 여러 조직과 국가의 행정 기관, 그리고 대학에서의 합리주의적 경향은 시대정신으로 자리 잡고 있었다. 삶의 한 가지 해석으로 그리스도교를 포기하지 못하는 사람은 이제 복잡한 구조화 작업을 받아들이지 않을 수 없었다. 이들 문제를 분명한 언어로 표현하고 올바로 인식하는 일이 최우선이었다. 이것이 그가 착수했던 일이다.

합리성의 새로운 규범

"신학은 학문이 아니다."[6] 1317년 즈음에 우리의 신학자가 가진 것이 딸랑 용기 하나뿐이었다면 『명제집 주해』를 이런 말로 시작하지는 않았을 것이다. 윌리엄 오컴은 그만의 엄격한 '학문' 개념을 갖고 있었다. 그는 신학이 '엄밀한 의미에서는' 학문이 아니라는 사실을 근거 짓기 위해 매우 고심했다. 하지만 그의 성실함도 비방을 막지는 못했다. 나중에 그는 우리의 하느님은 성직자의 하느님이기만 한 것이 아니라 평신도의 하느님이기도 하다고 쓴다. 그는 평신도에 대한 신학자의 우월함은 새롭게 고찰되어야 한다고 주장했다.[7] 그가 사용하는 좁은 의미에서의 '학문' 개념은 아리스토텔레스 수용 이후에 일반적으로 받아들여진 학문 개념이었기 때문에 반발이 일어나지 않을 수 없었다. 그에 따르면, '학문'의 본질은 사실들을 일일이 나열하는 데에 있지 않고 보편적인 것과 필연적인 것을 인식하는 데에 있다. 학적 인식은 원리를 규명함으로써만 획득할 수 있다. 서구 세계의 모든 철학자는 1250년부터 이러한 반(反)실증적 지식 개념을 공유했다. 하지만 이것이 신학에 어떤 의미일지 어느 한 사람도 분명히 알지 못했다. 신학은 학문일 뿐만 아니라 인간이 가진 최고 형태의 지식이라고 주장한 토마스 아퀴나스는 하느님과 복된 영혼들은 원리에 대한 앎을 갖고 있지만 우리는 기껏해야 원리에서 나온 작용을 알 뿐이라고 설명했다. 굳이 윌리엄 오컴처럼 명민하게 사고하지 않고서도 토마스가 사실상 신학을 조금도 구출하지 못했다는 점 정도는 꿰뚫어 볼 수 있다. 신은 원리를 알고 나는 신을 믿으니까 나는 결과(작용)를 안다. 이것은 유치한 말장난이거나(puerile) 도대체가 아무런 내용도 없는 말이다(nihil est dicere).8) 아리스토텔레스의 지식론에 따르면, 인식 주체에게서 증명의 근거가 되는 원리를 아는 것과 거기에서 도출되는 결과들을 아는 것은 같은 행위이다. 토마스는 아리스토텔레스 이론을 일관석으로 수용하시 않았다. 토마스는 신학의 학적 실재와 위상을 아리스토텔레스 언어로 기술하는 정도로만 만족했으며, 윌리엄 오컴은 학문 개념을 주어진 그대로 사용할 것을 주장했다. 윌리엄 오컴에 따르면, '신앙'은 "의지의 명령에 따라 어떠한 명증성도 가지지 않는 데에 동의하는 행위"를 의미했다.9) 신학의 과제는 이렇게 의지에 기초를 둔 신앙 행위를 '변호하고 강화'하는 데에 있다. 그의 신앙 개념의 주의주의적 요소는 철학적 사유의 산물이다. 그것은 엄밀한 지식 개념에 기초를 두고 어정쩡한 중재 활동을 과감히 포기함으로써 나타났다. 그는 논리적으로 일관된 사유를 중시했다. 그래서 그는 토마스가 신학을 영예로운 학문으로 옹호한 작업을 '유치하고' '무의미'하다고 평가했던 것이다.

이 한 가지 사실만 보더라도 14세기 철학이 결코 '종말'이나 '쇠퇴'가 아님을 당장 알 수 있다. 논증의 수준은 13세기 중반부터 상승하기 시작했다. 집중적인 논리 교육의 효과가 있었다. 즉 단어의 의미를 더 구체적으로 이해했고 추론 과정을 더 엄격하게 통제했다. 둔스 스코투스는 후기 보나벤투라가 아리스토텔레스 수용에 마주 세웠던 종말론적 약속만으로는 프란체스코회가 새 시대를 살아갈 수 없다는 점을 보여주었다. 아리스토텔레스를 더 면밀하게 읽고 연구해야 했다. 지식 개념 같은 아리스토텔레스의 여러 원리 사이의 내적 정합성을 찾아내야 했다. 사유하는 한 명의 그리스도인, 청빈 운동의 철학적 추종자는 아리스토텔레스를 배척할 수는 있어도 아리스토텔레스를 왜곡해서는 안 되었다. 토마스의 일치 및 조화 시도는 토마스 자신이 설정한 전제들 안에서 비판되어야지, 그 타당성을 외부에서 따져서는 안 된다. 보나벤투라와 올리비, 둔스 스코투스가 그렇게 했었다. 그러나 윌리엄 오컴은 자기 수도회 안에 있는 것이 '프란체스코회적 철학' 교육의 확립보다는 논리 정연함과 정확성을 추구하는 학술적 명민함의 정신임을 깨달았다. 그는 그가 고안하지는 않았지만 새로운 의미를 부여한 세 개의 원칙을 일관적으로 사용함으로써 섬세함의 정신을 계발했다.

첫째 원칙은 해명 근거를 불필요하게 많이 만들지 않아야 한다는 것이다.[10] 이 법칙이 곧 우리가 통상 이야기하는 '오컴의 면도날'이다. 잉여적 설명들, 또는 사태를 해명하기는 하나 불필요하게 복잡한 설명은 모두 치워 버려야 한다. 이런 맥락에서 사람들은 그에게서 ─ '사유'와 '경제' 이 두 단어를 결합하다니 신중하지 못했다 ─ '사유 경제'라는 말도 쓴다. 이론은 간소화해야 한다. 오래되기는 했지만 그의 첫째 원칙은 인간의 경제적 경험의 안정화 수단으로서 끊임없이 사용되고 있다. 이 원칙의 적용력은 어마어마하다. 그는 이것을 엄격하고 보편적인 시행절차로서 규정했기 때문이다. 그는 어떤 특정한 경험이나 합리적 증명, 특정한 권위가 '강제'하는 경우가 아니면 이 경제적 원리를 절대로 위반해서는 안 된다고 주장했다. 그는 복잡한 이론화를 '강제하는' 동기와 단초들을 프란체스코회의 선배 학자들보다 훨씬 엄격하게 검토했다.

그 결과 현학적 용어를 양산하는 존재론과 인식론은 사용 단어를 긴축하지 않을 수 없게 되었다. 그는 사용되는 용어가 많다고 해서 그것들이 해명하는 실재의 근거도 항상 동일하게 많은 것은 아니라고 주장한다. 요컨대, 그는 인식론과 존재론적 심급을 언어 분석으로 환원함으로써 형이상학을 비판했다. 단순성과 간소함을 위한 이러한 방법론이 그의 사유의 본질적 특징이다.

둘째 원칙은 어떤 사태나 개념을 두고 논쟁을 벌일 때, 토론 상대자에게 그것을 어디서 들어 알고 있느냐고 물어야 한다는 것이다. 즉 내가 가진 표상의 근원을 추적해야 한다는 규칙이다. 윌리엄 오컴은 이 규칙을 명시적으로 성문화하지는 않았지만, 그가 이 원리를 매우 구체적 형태로 항상 의식하고 있었다는 점을 작품 곳곳에서 읽을 수 있다. 자명하게 보이는 모든 표상에 대해 우리는 그것이 그 자체로 자명한지, 즉 순수한 개념 분석만으로 얻어지는 관념인지 아니면 연역된 것인지를 확인해야 한다. 연역된 관념이라면 그것은 그 자체로 자명한 어떤 다른 것에서 기원하거나 경험에서 기원하거나 둘 중 하나이다. 경험은 대상을 직접 파악하는 행위이다(notitia intuitiva). 오직 대상을 직접 붙잡음으로써만(cognitio intuitiva—둔스 스코투스와 달리, 'cognitio abstractiva'도 포함된 개념이다) 인식이 가능하다는 그의 근본 명제는 모든 인식이 감각에서 시작된다는 아리스토텔레스 이론에 기초를 두고 있다. 하지만 그는 아리스토텔레스 이론을 전통적 이데아 사상과 같은 여러 이론적 요청의 공격적 분석으로 이해했다. 아리스토텔레스의 사유가 윌리엄 오컴에게서는 비판의 칼날이었던 것이다. 비록 아리스토텔레스를 가지고 모든 형이상학을 끝장내지는 못했지만, 그가 제시한 대안은(곧 순수 개념에서 기원하거나 경험에서 기원하거나 둘 중 하나여야 한다는) 형이상학을 궁지로 몰아넣는 데에는 대체로 성공했다. 인식이 경험에서 기원한다면 확실성을 보장받지만, 그것은 사태의 기술 이외에 아무것도 아니다. 이 인식이 어떻게 '필연적'일 수 있으며, 엄밀한 의미에서 어떻게 우리에게 '인식될 수' 있는 것일까? 경험적 인식이 만일 그 자체로 명증적이라면, 그것은 개념에서 도출된 인식이다. 그러나 그에 따르면, 경험적 인식은 우연적이고 직접적인 대상 파악이 아니면 어떠한 실재적 내용도 가지지 못한다. 그는 이 간극을 극복할 수 있다고 믿었다. 그는 전통적인 신 존재 증명을 구체적으로 비판했으며, 하느님의 유일무이함은 증명될 수 없다고 주장했다. 하지만 철학적 신학이 원론적으로 불가능하다고 생각하지는 않았다. 추상적 사변이 공공연한 대학 문화로 자리 잡은 문명 세계에서 그는 추상이라는 것의 불편한 진실을 대담하게 폭로했다. 보편적인 문장과 학문적인 문장은 아무리 범주론에 맞게 잘 표현되었다고 해도 가정적(假定的) 성격을 결코 덜어내지 못한다. 보편적인 문장은 존재할 수 있는 것에 대해 이야기한다. 그래서 플라톤 전통의 '이데아'도 그의 비판 표적이 된다. 이데아가 규정된 어떤 것을 말할 수 있는 경우는 오직 우리가 이데아 아래에 속하는 대상을 어떤 다른 경로를 통해 이미 알고 있을 때일 뿐이다. 전통적 형이상학의 해명 근거들은 이러한 비판에 아무런 저항도 못하고 무너지거나('능동 지성'과 실재적인 보편자 관념이 그러하다) 예속 관계에 놓이게 된다. 윌리엄 오컴은 영혼의 불멸성을 증명 불가능한 것으로 보았다. 순수 개념적으로 해명할 수도 없고 경험을 통해 알 수도 없다. 우리는 영혼이 소멸하지 않는다는 사실을 그저 믿을 수밖에 없다. 하지만 오직 이성만을 철저하게 따르는 사람이 있다면, 그는 영혼의 불멸성을 부정하지 않을 수 없을 것이다.

윌리엄 오컴의 사유를 결정짓는 셋째 원칙은 두 개의 사물이나 속성의 결합이 긍정될 때, 혹시 그 둘의 분리가 모순으로 이어지지 않는지 살펴봐야 한다는 것이다.[11] 그는 이 원리를 가지고 신의 전능함을 이야기했다. 신은 분리가 모순이 되지 않는 모든 것을 분리할 수 있는 권능을 가지고 있다. 현대의 참고 서적에서 사람들은 이것을 오컴 철학의 '전능 원리'라 부르기도 한다. 중요한 문제는 그가 종교적 기원을 가진 이러한 모티프를 가져다가 실제로 어떻게 사용했느냐가 될 것이다. 자세히 들여다보면 우리는 전능한 신의 관념을 그가 단지 분리의 모순성 내지는 무모순성을 연구하기 위한 계기로만 취급했다는 점을 알 수 있다. 그는 거의 항상 분리는 정합적이라고 주장한다. 즉 거의 대부분의 경우에 실제로 함께 일어나는 것들은 항상 그럴 필요가 없고 그래야 할 필연성도 없다. 그래서 그는 '원인'과 '결과'라는 용어를 문제적이라고만 진단하고 완전히 배척하지는 않았다. A의 실존은 그 자체만 놓고 본다면, B의 실존을 조금도 암시하지 않는다. 특정한 사물에 다른 어떤 것이 규칙적으로 뒤따르는 것을 우리가 본다면, 우리는 그 사물을 '원인'이라 부를 수 있다. 그는 두 개의 사태의 규칙적 연속이 신이 특별히 개입하지 않는 한, 본래적으로 소여된 자연 흐름의 항상성에 의해 보증된다고 보았다. 그는 자연 자체는 대체로 예외가 없는, 필연적으로 규정된 것으로 간주했다. 자연 안에는 규정되지 않은 것과 우연적인 것이 하나도 없다. 하지만 자연 경과의 규칙성은 우리가 원인을 알면 거기서 결과를 도출할 수 있다는 것을 의미하지 않는다. 인과 관계는 개념만 가지고는 증명되지 않는다. 바로 여기에 그의 셋째 원칙이 가진 파괴력이 있다. 즉 그는 자연 현상의 연합에 대한 우리의 인식을 경험에 다시 종속시켰다. 그는 우리의 일상적 경험이 두 개의 기초를 가지고 있음을 의식해야 한다고 가르쳤다. 실제적인 우리의 삶은 우연적 사실들의 총합으로 나타난다.

안셀무스가 페트루스 다미아니의 조야한 전능성 관념과 힘겨운 싸움을 벌인 이후로, 중세 형이상학은 줄곧 우연성 제거를 주요 과제로 인식했다. 아리스토텔레스주의는 이러한 경향을 부채질했다. 윌리엄 오컴은 어떤 결합이 사고의 필연성으로 우리의 지식이 될 수 있는지를 논리정연하게 검토함으로써 인간의 실제적 자연 경험과 사회 경험에는 어떠한 필연성도 들어 있지 않다는 점을 폭로했다. 세계가 형이상학적 찬란함을 잃어버리자, 사유는 엄밀성을 얻고 행위는 자유를 되찾았다.

앞에서도 말했듯이, 자연 경과의 항상성은 윌리엄 오컴에 따르면 신의 기적을 통해 중단될 수 있었다. 그는 신의 전능성 증명이 인간 지식에 끼치는 결과를 그냥 넘어가기에는 너무 날카로운 비판 정신을 가졌다. 결과에서 원인을 추론하는 일은 '일반적으로'만 정당화된다. 그리스도교의 신이 그렇게 기초가 전혀 없는 사건의 경과 속에 개입하지 않을 것이라고 믿을 수는 있다. 하지만 신이 예외적으로 행동할 때도 있는지는 알 수 없다. 그가 인간의 지식을 직접적인 대상 파악으로 환원했기 때문에 우리의 앎의 실재적 토대가 튼튼한지 여부가 중요하게 되었다. 그는 사물의 자연적 질서에서는 전혀 문제될 일이 없지만, 신은 피조물이 본성상 일으키는 모든 작용을 중단시킬 수 있다고 말한다. 신은 태양이 하늘에 떠 있지 않아도 우리가 태양을 보게끔 할 수 있다. 신은 실존하지 않는 것들을 우리의 직접적 인식 대상으로 줄 수 있다. 그는 여기에 어떠한 모순도 없다고 보았다. 하지만 그는 바로 이 중요한 문제에서 애매모호한 입장을 취하고 있다. 그는 『명제집 주해』에서 신은 실존하지 않는 대상을 직관하는 인식을 우리 안에 일으킬 수 있다고 말한다. 직관적 인식은 이러한 가능성과의 관계 속에서 정의된다. 그는 직관적 인식은 '자연적 측면에서 말하자면', 그러니까 신의 전능함을 배제하고 말하자면, 대상에서 직접적으로 야기되는 인식이라고 말하기 때문이다.[12] 하지만 『일곱 개의 자유토론 문제』(*Quodlibeta septem*)에서는 신은 실재하지 않는 대상의 실재에 대한 명증적 인식을 내 안에 창조할 수 없다고 쓴다. 그것은 명백한 모순이기 때문이다.[13] 물론, 하느님은 존재하지 않는 것을 존재하는 것으로 믿는 어떤 믿음을 나에게 줄 수는 있다. 그러나 내 정신을 실재하지 않는 것을 직접적인 명증성으로 파악하는 상태로 이끌지는 못한다. 이러한 맥락에서 그는 『일곱 개의 자유토론 문제』에서 실존하지 않는 사물의 직관적 인식이란 그 자체로 모순적 관념이므로 불가능한 인식이라고 쓰고 있다. 하지만 이러한 결론은 우리 인식의 확실성 향상에 아무것도 기여하지 못한다. 하느님은 실재하지 않는 어떤 대상이 실재한다고 '판단하는' 행위를 언제든 모순을 초월해 우리 안에 일으킬 수 있기 때문이다. 만일 이렇게 하느님으로 말미암아 우리 안에 생겨난 앎이 직관적 인식이 아니라 추상적 인식이라고 그가 말한다면,[14] 그는 용어를 분명하게 구별해 사용했다는 점에서 칭찬받을지는 몰라도 실재하지 않는 사태를 하느님의 은총으로 보고 있다고 믿는 사람에게는 여전히 아무런 도움도 되지 못한다.

다소 온건한 그의 독해자들은 윌리엄 오컴이 직접적인 대상 인식의 자연적 결속성을 확신한다는 점, 그리고 일반적 상황에서는 그가 우리의 세계 인식이 가진 진리를 부정하지 않는다는 점을 즐겨 강조한다. 하지만 바로 그것이 사실인 만큼 실재하지 않는 사물의 인식 가능성을 이해하는 일은 인식론에서는 엄청난 재앙인 것이다. 그러므로 이제 회의주의를 거부하는 것은 매우 어렵게 되었다. 곧 내가 지금 실제 존재하는 것을 보고 있는지 어떤지 나는 결코 알 수 없다. 우리는 '자연적 방식으로' 사태를 본다는 사실만 알 수 있다. 피조물이 고유하게 일으키는 작용이 무엇이든 간에, 하느님이 직접 일으킬 수 있고 그러한 개입에서 하느님이 피조물을 완전히 대체할 수 있다는 점은 항상 회의적으로 사고하는 그의 독자적인 주장이 아니다. 이것은 거의 1100년경부터 서구 세계의 사상가들이 보편적으로 공유하는 사상이었다. 투르의 베렝가르가 유죄 판결을 받은 이후로 사실상 모든 사람은 미사성제(聖祭)에서 하느님께서 빵의 형상을 취해 현존한다고, 빵의 실체를 하느님께서 그리스도 몸의 실체로 친히 바꾼다고 가르쳤다. 그러므로 이 가르침에 따르면, 미사 때에 모든 사람은 실제로는 빵이 없음에도 빵을 눈으로 보고 있게 된다. 윌리엄 오컴은 이 이론이 어불성설이고 부조리하며 성경으로부터 강제된 설명도 아니라고 분명히 말하면서도 그 앞에 무릎을 꿇는다. 그러나 그는 거기서 멈추지 않았다. 윌리엄 오컴은 우리가 일반적으로 받아들인 것에 따라 나오는 결과가 무엇인지를 분명히 보여 주었다. 그의 분석은 스콜라주의의 성체 변화 신학에 적용할 수도 있었고 이성 능력에 적용할 수도 있었다. 둘 다 그의 비판 대상이 될 수 있었다.

새로운 실재 개념

그의 사상의 강점은 엄격한 합리주의적 원칙에 입각해 논증을 검사하는 논리 분석에 있었다. 즉 비판이 곧 그의 사상의 요체이다. 그는 우리가 언어에 구속된 존재론적 사유에서 벗어나지 못하는 점과 해명 근거를 불필요하게 늘려 나가는 점, 아리스토텔레스의 명제를 일관되지 못하게 사용하는 점을 비판했다. 모든 비판이 그렇듯이, 그의 비판도 자신만의 가치 척도를 전제했다. 여기에는 합리성의 범주와 그의 새로운 실재 개념도 포함된다. 그에 따르면, 실재하는 모든 것은 다 개별적이다. 그의 '개별적'인 것은 아주 급진적 의미를 갖고 있다. 실재하는 것 안에는 '본질' 같은 보편적인 것이 전혀 없다. 이 입장도 아리스토텔레스의 주요 저작들에서 지지를 얻을 수 있다. 실재하는 보편자를 거부함에서는 이미 아벨라르의 사례가 있고 개별자를 강조했다는 점에서는 둔스 스코투스의 사례가 있기는 하다. 하지만 윌리엄 오컴은 아리스토텔레스를 가지고 새로운 것을 만들었다.

윌리엄 오컴에게서 새롭게 나타난 그것을 혹시 '유명론'이라고 불러야 할까? 그 대답은 '유명론'이라는 용어를 어떻게 정의하느냐에 달려 있다. 보편자가 존재하는 모든 형태를 완고하게 부정하는 입장을 유명론이라 부른다면, 그는 유명론자가 맞다. 그러나 이 말이 인간 언어에 쓰이는 보편적 표현들은 단지 실재와 어떠한 인식적 관계도 구성하지 않는 공허한 이름에 불과하다는 철학적 견해를 뜻한다면, 그는 유명론자가 아니라 소박한 '실재론자'였다(현대적 의미에서의 '실재론자'). 그에 따르면, '인간'과 같은 보편적 표현은 직접적인 대상 인식에 근거하는 한에서 실제로 존재하는 개별적인 이 사람에 대해서만 쓰일 수 있거나 또는 그것을 '상정하기' 때문이다. 개별적 사물 안에는, 예컨대 그것들에 실제로 현존하는 유사성처럼 예의 그 개념들에 대응하는 어떤 것이 있어야 한다. 하지만 그가 비판한 것이 바로 그러한 개별자들 사이의 공통점이 개별자의 실재적 구성 요소라는 생각이었다. 그는 자립하는 보편자의 표상이 실은 모순적이며 세계를 해명하는 데에 아무런 쓸모도 없다는 점을 입증하기 위해 다양한 설명을 시도했다. 그는 『논리학 대전』(Summa logicae) 제1권 제15장에서 그의 반론을 다시 한 번 요약한다. 그의 비판은 중세의 많은 아리스토텔레스주의자에게서 볼 수 있는 플라톤주의의 잔여물을 대상으로 삼는다.[15] 윌리엄 오컴은, '실체'는 도대체가 개별성이 아닌 다른 어떤 것을 뜻할 수가 없다고 주장한다(아리스토텔레스는 이와 다르다). 그는 분리된 보편자를 반박하는 아리스토텔레스적 이론을 부활시키며, 종(species)은 개별자에 가해지는 실재적 힘이거나 같은 유에 참여하는 사물들의 실재적 공통점이라는 표상을 거부했다. 그럴 경우에 보편자에는 서로 모순적 술어들이 동시에 귀속될 것이기 때문이다. '인간-임'이 하나의 실재라면, 그것은 정지하면서 동시에 운동하고 행복하면서도 동시에 불행할 것이다. 종 개념과 유 개념은 그럼에도 공허한 말은 아니다. 이들은 텅 빈 '이름'이 아니라 영혼이 가진 질(質)이다. 종과 유의 개념은 그것으로 말미암아 실재를 향할 수 있는 인식 행위 그 자체이다. 그는 개념을 예전의 추상 이론에서처럼 어떤 상(像)으로 보지 않고 기호라 보았다.

중세인들의 생활세계에서 윌리엄 오컴의 이론이 가진 의미가 무엇인지 알아야 한다. 80년 전만 해도, '아리스토텔레스주의자'인 토마스에게서도, 개별적인 것은 정신적 인식 대상으로 인정받지 못했다. 정의에 따르면, 정신적 인식은 보편적인 것을 인식하는 행위를 뜻했다. 우리는 이러한 인식 관념이 윌리엄 오컴의 지식 개념에 반영되어 있다는 점을 확인했다. 지금 1320년에 들어와 개별자는 인식의 핵심 성분이 되었다.

고대와 중세의 그리스도교 사상가들이 실재적으로 받아들여 구원 대상은 개별 인간이 아니라 인류라고 말할 정도로 유와 종을 실재적으로 받아들였다면, 그는 이러한 그리스도교적 플라톤주의의 전통을 가차 없이 끊어 버렸다. 그는 종교적 체험에서도 진정한 실재를 개별적인 것으로 보았다. 그래서 사람들은 그를 비난하면서 '개인주의'라는 딱지를 붙였다. 그것이 성직자 중심주의와 현대에는 국가사회주의가 시민적 자유와 자유주의를 비판하거나 억압할 때 사용한 전형적 선동 방법이었다는 사실을 차치하더라도, 이러한 이름표가 오컴 철학의 역사적 기능을 은폐하는 데 일조한다는 점만큼은 알아야 한다. 정치적·사회적·경제적 현실을 구성하는 본질적 요소로 크게 인정받기 시작한 개인의 우위성 개념이 오컴 철학으로 말미암아 등장했기 때문이다.

자유와 통치

윌리엄 오컴은 교황과 대립하는 과정에서 정치적 삶을 개별성과 자유의 경험을 통해 새롭게 개념화하는 정치 이론을 구상했다.[16] 그는 프란체스코회의 급진적 청빈 운동의 단죄와 세상을 보편적으로 통치하는 교황의 권한을 놓고 아비뇽 교황청과 다투었다. 하지만 그는 자신의 철학 이론을 가지고 이미 물의를 일으킨 적이 있었고 아비뇽에 소환되기까지 했다. 신학에 필요한 합리성을 방어하고자 스콜라주의 전성기에 구축된 형이상학적 구조물(실재하는 보편자나 '능동 지성' 같은 개념들)을 모조리 해체함으로써 그는 진리 전체, 즉 관료 성직자들의 지식 패권을 무너뜨리는 것처럼 보였다.[17] 아비뇽에서 단죄는 없었다. 그는 아비뇽에서 달아났다. 이제는 그가 교황과 아비뇽 교황청을 공격할 차례였다. 그는 교황 요하네스 22세가 1329년(같은 해에 교황은 마이스터 에크하르트를 단죄했다)에 칙서 「사악한 인간」(Quia vir reprobus)에서 선언한 통합 계획, 곧 청빈 운동을 교회 제도 안에 포섭하고 길들이려는 기획을 비판하기 시작했다. 교황은 칙서에서 프란체스코회의 급진적 전통뿐만 아니라 그들이 주장하는 그리스도가 살았던 완전한 무소유의 삶, 이상적이고 '사도적인 삶'과 새로운 개혁 교회의 청사진도 단죄했다. 그와 함께 아비뇽에 소환되었던 프란체스코회 총장 체세나의 미켈레(Michele di Cesena)는 철학적 입장 때문에 고발당한 명민한 수사에게 교황의 진술을 세심하게 검토해 보라고 지시했다. 이에 윌리엄 오컴은 교황이 『신약성경』의 정신과 모순되는 주장을 펼치고 있다는 사실을 알아냈다. 윌리엄 오컴이 교회 정치에 깊이 관여하고 정치철학적 저술 활동을 시작하게 된 것은 바로 이때부터이다. 미켈레와 윌리엄 오컴은 황제의 그늘 아래로 피신했다. 황제의 비호 아래 저술한 『90일의 작품』(*Opus XC dierum*)에서 그는 교황의 언명을 조목조목 비판했다. 그리고 재산 소유는 자연법이 아니라 인간적인 실정법에 기초해 논해야 한다고 주장했다. 형이상학적 정당화를 비판하는 그의 이론과 소여된 것들의 우연적 특성에 대한 심도 있는 논의는 역사적·사회적 영역을 인간의 자유를 실현하는 공간으로 볼 것을 촉구했다. 이렇게 해서 그는 재산 소유에 대한 규정과 통치의 형식을 비판할 가능성을 열어 놓았다. 그는 재산 소유를 토마스처럼 자연법적 표현으로 보지도 않았고 둔스 스코투스처럼 원죄의 결과로 간주하지도 않았다. "이러한 이론에서 윌리엄 오컴의 주된 관심은 재산 소유를 극단적으로 포기할 가능성을 정초하는 데에 있었다. 하지만 그의 사상은 세계를 지배하는 인간의 권한 확장에 크게 기여하게 되었다."[18]

청빈과 사유 재산에 대한 논쟁은 교황주의와 신정주의적 사상과의 대결로 번졌다. 교황이 이토록 중대한 사안에서 오류를 범한다면 우리 평신도들이, 세속 정치인들과 학자들이 모두 힘을 모아 교회의 오류를 바로잡아 주어야 한다. 정치권력은 교황에게서 나오지 않는다. 권력은 시민의 자유로운 동의와 합의에 기초를 두고 있다. 국가가 인간에게 있어 교회와 독립된 가치를 지닌다는 사실은(다만 국가가 인간 본성의 풍요로움을 실현하는 데 온전히 봉사해야 한다는 전제가 필요하다) 단테가 『제정론』에서 아리스토텔레스-아베로에스적 전제들을 가지고 정립한 바 있다. 단테는 토마스와 에지디우스 로마누스가 아리스토텔레스의 『정치학』을 수용할 때 취한 모순적 태도를 지적했다. 즉 이 두 사람은 아리스토텔레스를 따라 정치적 영역의 자율성을 승인한 다음, 그것을 교황의 세계 통치권에 종속시킴으로써 행정권을 제한했다는 것이 단테의 비판이었다. 단테의 논리정연한 정치철학은 현실적으로는 황제에게 이익이 되었다. 그의 입장에 따르면, 오직 황제만이 교황권을 제한하고 이탈리아에 평화를 가져다 줄 수 있었기 때문이었다. 역사 발전에 호응하면서 아리스토텔레스의 자양분을 먹고 성장한 세속적 국가관과 사회관은 윌리엄 오컴에게서 완성되었다. 구체적으로 그는 단테처럼 황제권을 옹호하는 논증을 폈다. 그러나 이해관계자들의 자유로운 합의의 필요성 강조, 평신도 시민의 역할의 중요성은 그의 후견인이었던 황제의 갑작스런 사망(1347) 이후에도 그의 사상에서 유효한 요소로 남아 이어지는 다음 두 세기 동안의 역사에 지대한 영향을 끼쳤다. 위르겐 미트케(Jürgen Miethke)와 임바흐는 그의 새로운 정치철학에 그리스도교적이고 프란체스코회적인 기원도 있다는 점을 올바르게 지적했다. 자유로운 전능의 하느님이라는 관념은 계속해서 등장한다. 하지만 종교적 모티프의 철학적 가공과 관련한 문제는 이미 내가 앞의 그의 '셋째 원칙'에서 이야기한 그대로이다. 즉 분리가 일체의 모순을 야기하지 않는 그런 것을 사회와 정치 세계에서 떼어 내어 생각한다면 이 세상이 얼마나 우연으로 가득한지가 당장 드러난다. 인간의 손으로 한 일이 무엇인지가 명백해진다(비록 인간이 이 모든 것이 신의 질서로 이루어졌다고 인정한다 해도). 하지만 인간이 실질적으로 할 수 있는 일이 무엇인지도 분명해진다.

윌리엄 오컴은 우리의 경험 세계가 가진 우연성을 극단적으로 사유한 사람이다. 오늘날 적지 않은 사람들이 그리스도교의 탓으로 잘못 돌리곤 하지만, 사실 자연과 사회의 탈신성화와 탈신화화 작업을 시작한 장본인은 다름 아닌 윌리엄 오컴이다. 이 세상에서 일어나는 일과 거기서 힘을 발휘하는 것은 모두 이 땅에 속한 사건과 현상들이고 실증적 규정들이지 결코 지존하신 하느님의 대리자가 아니다. 중세인들은 프랑스 국왕에게서 종교적 전율을 느끼고 치유의 기적을 바라곤 했다. 프랑스 왕은 성인(聖人) 레미기우스(Remigius)의 도유(塗油)를 받았기 때문이다. 윌리엄 오컴의 사유는 이런 종류의 종교적 통념에 제동을 걸었다. 그는 현존하는 세계를 어느 정도 거리를 두고 분석할 것을 가르쳤다. 그의 사유는 행위의 변화를 종용한다. 특정 가문이 배타적으로 프랑스를 다스릴 필요가 없었다. 이 안에 들어 있는 우연성을 볼 수 있을 때까지 유럽은 오랜 시간을 기다려야 했다. 성유(聖油)는 세속적인 것과 영원한 것을 붙이는 접착제였다. 사람들은 이 둘을 떼어 내기 위한 예비 작업이 얼마나 힘겹고 고된 일이었는지 쉽게 잊어버리는 경향이 있다. 윌리엄 오컴은 그 일에 투신한 사람이었다.

제45장

런던의 선험철학과 파리의 경험철학:
토머스 브래드워딘과 오트르쿠르의 니콜라스

자연과 역사가 우리의 관습적이고 상투적인 표상에 적응하는 경우가 있다. 예를 들어 노을이 지는 저녁 바닷가의 풍경은 싸구려 엽서의 그림을 연상케 한다. 마찬가지로 경험론에는 영국의 민족적 특색을 띤 철학이라는 통속적 무지를 뒷받침하는 듯한 몇몇 역사적 사건이 있다. 그래서 중세 시대에는 논리학적 틀이 잡힌 파리의 사유 방식에 이의를 제기하는 비판들이 항상 영국에서 등장하곤 했다. 바스의 애덜라드, 로저 베이컨, 윌리엄 오컴의 경우가 그러하다. 하지만 많은 사람이 근대 영국 철학에 대해 이야기하면서 19세기의 영국 헤겔주의자와 케임브리지의 플라톤주의자들은 잊어버리듯이, 중세 후기를 고찰할 때에도 선험적으로 사고했던 영국 사상가들을 무시하는 경향이 있다. 이러한 편파적인 철학사관이 아직도 만연한 이유는 위대한 수학자이자 철학자인 토머스 브래드워딘(Thomas Bradwardine, †1349)[1] 같은 사상가를 잊어버렸기 때문이다. 캔터베리의 대주교로 선출된 이후 얼마 지나지 않아 흑사병으로 생을 마감한 브래드워딘은 1323년부터 옥스퍼드에서 가르쳤다. 1335년부터는 런던에서 국왕 에드워드 3세(Edward III)의 고문으로 일했다. 무려 7년 동안의 작업 끝에 탄생한 그의 대저 『펠라기우스 반박과 신의 변호』(*De causa Dei contra Pelagium*)는 1344년 탈고되었다. 제목에서 알 수 있듯이, 이 책은 —14세기에는 자주 있는 일이었다— 아우구스티누스를 다시 불러내는데, 이번에는 펠라기우스와 대립했던 그의 차가운 은총론과 절대적 규정성을 가진 신의 인과 작용 이론이 함께 등장한다. 이러한 측면에서의 아우구스티누스 부활은 어느 정도는 사상의 후퇴를 뜻할 수도 있다. 하지만 피에르 아벨라르 이후 여러 형태로 아우구스티누스의 완고함을 조심스럽게 누그러뜨리거나 아우구스티누스를 존경하는 마음으로 그의 사상을 변형하는 시도가 행해졌다. 아우구스티누스 사상은 실제 역사적인 이유에서 11세기 말엽부터 꾸준히 성장해 온 자율성 체험 및 자유의 의식과 융합되기가 매우 어려웠다. 이제 브래드워딘이 아우구스티누스의 은총론으로 또다시 돌아가고자 한다면, 그는 그래야만 하는 어떤 혁신적 이유를 제시할 수 있어야 했다. 그는 자기 시대에 이토록 엄격한 아우구스티누스주의(은총론과 예정설)를 변호하는 사람이 자기밖에 없다는 사실을 알고 있었다. 전 세계가 아우구스티누스의 이름을 입에 올렸지만 새로운 발견 작업에 뛰어든 사람은 브래드워딘 한 사람뿐이었다. 그는 아우구스티누스를 상대로 소송을 제기한다 — 브래드워딘은 비유에서 '소송'이라는 법률 용어를 의도적으로 사용한다. 그는 펠라기우스주의자들에 대항해 신의 정의를 변호하고자 했다. 그가 볼 때, 당시 세상은 펠라기우스주의자들로 가득했다. 그는 예전에 철학 공부를 했을 때에 자신 역시 펠라기우스주의자였다고 솔직히 털어놓는다. 신학 강의를 듣던 어느 날이었다.

> 거기서는 펠라기우스주의자들이 진리를 주장하는 것처럼 보였다. 나는 철학자들에게서 은총이라는 것을 한 번도 들어본 적이 없었다. 아니, 단어는 들어 봤지만 그것에 대한 논의는 아무것도 알지 못했다. 왜냐하면 그마저도 비유적 맥락에서 사용한 것이었기 때문이다. 그러나 나는 하루 종일 우리가 우리의 자유로운 행위의 참된 주체이고, 선과 악을 행하고, 덕과 악덕을 가지는 것은 전부 우리 손에 달렸다는 말을 들었다. 이따금 성당에서 「로마인들에게 보낸 편지」 제9장과 같이 은총을 찬미하고 자

유의지의 가치를 폄훼하는 사도의 말씀이 담긴 편지를 봉독할 때면, 중요한 것은 의지나 나의 의지적 행위가 아니라 언제나 하느님의 자비라는 말을 듣곤 했다. 그러면 하느님 은총에 감사드리지 못하는 나는 그 말이 적잖이 불편했다.2)

철학에 의한 그리스도교의 범람에 신학적으로 대응하는 것이 브래드워딘의 의도였던 것 같다. 그래서 고든 레프(Gordon Leff)는 브래드워딘의 저술을 (윌리엄 오컴의) '회의주의에 대한 신앙의 답변'이라 해석했다.3) 레프의 경건주의적 해석은 그를 당당히 루터와 장 칼뱅(Jean Calvin)의 선구자로 간주할 수 있게 해 주지만 동시에 14세기의 위대한 영국 사상가가 쓴 대작의 참된 가치를 훼손하는 결과도 낳는다. 브래드워딘은 자기가 제기하는 철학 전통 비판이 반(反)철학주의로 비칠 수 있음을 잘 알고 있었다. 그래서 그는 앞의 인용문이 실린 곳 몇 줄 아래에서 그러한 오해는 불필요하다는 입장을 밝힌다. '우리 시대의' 많은 철학자는 펠라기우스주의자라고 그는 말한다. 많은 사람은 펠라기우스의 견해가 합리적이고 타당하다고 본다. 하지만 진정으로 철학하는 사람은 누구든지 펠라기우스 이론이 철학적으로 반박될 수 있다는 점을 당장 알 것이다(tamen si vere philosophari voluerint, possunt philosophice confutare).4) 브래드워딘은 아우구스티누스의 정통적이고 교조적인 입장을 앵무새처럼 반복하지 않는다. 브래드워딘 사유의 독창성은 아우구스티누스 사상을 그만의 방식으로 재구성하고 시대 상황에 맞게 현실적으로 쟁점화한 데에 있다. 그는 철학적 재구성 작업에서 아주 엄격한 — 실로 반(反)아우구스티누스적인 — 방법을 사용한다. 요컨대, 하느님이 모든 것의 유일한 원인이라는 점에 대해 원리를 가지고 증명할 수 있어야 한다. 그 당시 만연한 오류에 그는 (레프의 표현대로) '교의의 권위'를 가지고 맞서지 않고 고도의 수학적 훈련을 받은, 곧 철저히 방법적으로 사고하는 순수 이성으로 맞선다. 그는 탁월한 의미를 가진 모든 술어를 통해 서술될 수 있는 제일원인에 대한 이론을 개발했다. 세계의 첫째가는 근거는 최고선, 즉 그보다 더 선한 것을 상상할 수 없는 선이다. 그래서 브래드워딘은 가장 먼저 캔터베리의 안셀무스를 인용한다. 그의 방법적 사유의 본보기는 토마스 아퀴나스가 아니라 안셀무스였다. 이렇게 해서 그의 저서 『펠라기우스 반박과 신의 변호』는 신(神) 사유의 엄밀한 철학적 분석으로서 14세기의 『모놀로기온』이 되었다.

그의 작업이 오늘날 좁은 의미에서의 '신학'과 공통점이 거의 없다는 사실은 브래드워딘의 작품 전체가 보여 주는 그대로이다. 사실, 이것은 그가 안셀무스 이전 시기의 권위들을 인용한 결과로부터도 명백해진다. '철학자들의 아버지인 헤르메스'라는 인용을 보라(pater philosophorum Hermogenes sive Hermes, Mercurius triplex, Trismegistus triplex, in philosophia pater maximus, Rex Aegypti, Philosophus et Propheta).[5] 또한 그는 안셀무스 이전 사상가로서 아리스토텔레스와 보에티우스도 인용한다. 그러므로 그는 자기만의 철학적 기획이 있음을 공공연하게 알린 셈이다. 그는 안셀무스의 『모놀로기온』 제15장을 따라 신에게서 최고의 가치를 얻는 술어들은 전부 제일원인에 긍정되어야 한다는 방법적 원칙을 제시한다. 그는 이러한 연역 규칙을 가지고 ─ 즉 경험적 규칙을 따르는 한, 언제든 반박될 수밖에 없는 신 존재 증명을 통해서가 아니라 ─ 자기만의 철학적 신학을 개진한다. 그는 선험적이면서(apriorisch) 어떠한 경우에도 정합성을 양보하지 않는 신학을 원한다. 아우구스티누스 은총론의 엄격한 형식은 ─ 선과 악의 예정설과 더불어 ─ 그보다 더 완전한 것을 생각할 수 없는 최고로 선한 존재(id quo melius cogitari non potest)를 수용한 논리적 귀결로서 나타나야 한다. 브래드워딘은 종종 하느님과 자연이 완전하게 인식되지 못한다는 식으로 철학의 한계에 대해 이야기하는데,[6] 그렇다고 그가 철학과 거리를 둔다고 해석해서는 안 된다. 철학은 신을 인식할 수 없다는 입장 자체도 그의 견해가 아니기 때문이다.

레프가 브래드워딘 작품의 첫 문장들로 — 이 책은 공리적 구조로 짜여 있기 때문이다 — 이미 반박되고 마는 주장을 개진할 수 있었던 것은[7] 중세 후기에서 종교개혁가들의 선구자를 찾는 헛된 노력이 역사를 날조한 덕분이다. 『펠라기우스 반박과 신의 변호』는 그리스도교 교의의 철학적 전제들을 엄밀한 체계를 가지고 조명하는 작업으로 구성되어 있다. 거기에는 '스콜라적' 양식이 없다. 그것은 머튼 칼리지의 독자들을 염두에 두고 쓰인 자서전적 작품이지만, 체계의 정합성으로 말하자면 13세기의 대전류보다 훨씬 뛰어나다. 또한 이 책은 다양한 역사적 사료로서도 매우 유용하다. 그의 개인적 논쟁들은 아리스토텔레스나 아베로에스 같은 위대한 전통 사상가들을 현실 문제에 깊숙이 끌어들인다. 영국 역사에 대한 이야기도 들어 있다. 브래드워딘의 시야는 서재에 틀어박힌 학자의 시야가 아니었다. 그는 정치인의 현실적 시선, 수학자의 관점, 문예를 사랑하는 시인의 눈을 가진 철학자였다. 순수하게 신학사적 고찰을 극복하려 시도하는 사람, 전통을 끊어 버렸거나 아니면 전통적 교의를 앵무새처럼 반복할 뿐이라는 식의 편협한 대안을[8] 거부하는 사람, 그리고 그가 크레시(Crécy) 전투(1346)의 승리를 기념하는 설교에서 그러니까 여러 정치인과 군관 앞에서 헤르메스를 '철학자들의 아버지'[9]로 인용하고 신의 보편 인과에 대한 그의 이론을 철학과 신학이 만나는 접점으로 제시했다는 사실을[10] 눈여겨보는 사람은 『펠라기우스 반박과 신의 변호』가 중세 시대의 위대한 철학 작품 가운데 하나임을 깨닫고 그 안에서 수많은 새로운 것을 발견할 수 있을 것이다.

또한 이 책은 철학 전통을 총망라한 진정한 대백과라 할 수 있다. 이점에서는 1320년대 옥스퍼드라는 탄생 배경과 조건을 어느 정도 공유하는 무스베르크의 베르톨트의 『프로클로스의 신학 원리 주해』만이 이책에 견줄 수 있다. 물론, 철학과 신학의 방법적 분리에 관심을 보이지 않는다는 점에서는 무스베르크의 베르톨트와 차이가 있다. 『펠라기우스 반박과 신의 변호』는 오늘날까지도 니콜라우스 쿠자누스의 장서관에 꽂혀 있다.[11] 쿠자누스는 거기서 — 위(僞)헤르메스 작품인 『24명의 철학자의 책』의 인용으로서 — 하느님은 오직 무지를 통해서만 정신적으로 인식된다는 사상을 접할 수 있었다(Deus est qui sola ignorantia mente cognoscitur).[12] 철학과 신학을 다시 결합하겠다는 브래드워딘의 의도는 그의 역사관에서도 자양분을 얻는다. '지혜'는 칼데아인에게서 기원한다. 브래드워딘은 아브라함(Abraham)을 저술가로서 소개하는데, 그에 따르면 아브라함은 수천 권의 책을 썼고 이집트에 칼데아의 지혜를 가져온 사람이었다.[13] 이집트인들의 왕 헤르메스가 그것들을 정리하고 요약했는데, 모세(Moses)와 철학자들은 거기서 지혜를 배웠다는 것이다. 헤르메스의 지혜는 세계의 단일한 원리와 기원, 제일원리의 내재성, 자연과 인간의 작용성의 근거, 인류와 화해하는 새로운 세상, 새 땅에 대한 전망 등 모든 것을 담고 있다.[14]

브래드워딘은 사도 바오로와 아우구스티누스의 은총론이 14세기에 거의 자취를 감추었다고 판단하는데, 이 말이 사실이라면 이는 — 브래드워딘의 견해에 따르면 — 헤르메스의 지혜와 모든 철학의 원리가 왜곡되고 잘못 알려진 사정과 관계가 있다. 그는 자주 1277년의 철학 단죄령에 주의를 환기한다.[15] 그는 이교도의 자연주의 사상은 어떠한 형식이든 거부하고 그에 맞서 세계의 유일하고 단일한 근거가 모든 것 안에서 작용을 일으킨다는 철학과 신학의 공통된 입장을 옹호하고자 했다. 그가 이러한 철학적 입장의 기원을 어떻게 강조하는지 그의 말을 직접 들어보자. "이는 철학자들도 알고 신학자들도 다 아는 사실이다. 모든 피조물의 존재는 창조주에게 의존적이며, 하느님은 피조물의 존재를 필연적으로 보전하는 분이다. 마찬가지로 피조물의 행위도 신에게 종속되어 있다. 특별한 방식으로 작용에 협력하고 보다 근원적 수준에서 작용을 일으키는 하느님 없이 어떤 일을 자기 스스로 해낼 수 있는 자는 아무도 없기 때문이다"(Sciunt enim philosophi, et theologi non ignorant, quod quaelibet creatura facta a Deo, semper essendo dependet ab eo, tamquam a suo necessario conservante; quare et similiter faciendo, nec per se sufficit aliquid agere sine Deo, idem specialiter coagente, imo et principaliter praeagente).[16]

여기에 나타난 사상은 아우구스티누스적 교의의 단순한 반복도 아니고 사람들이 입버릇처럼 말하는 '결정론'도 아니다. 여기에는 참된 철학은 참된 종교라는 헤르메스의 사상(Vera philosophia in cognoscenda divinitate et sancta divinaque religione consistit)이 깔려 있다.[17] 이 견해가 '거룩한 토마스 아퀴나스의 가르침과 일치'[18]하지 않는다는 점은 분명하며, 신 인식 영역에서 철학의 추방을 의미하지도 않는다.[19] 이 사상은 헤르메스적이고 플라톤적인 철학에서 기원하고 아리스토텔레스에게서도 나타나는 '첫 번째의 것'이라는 개념을 강조한 결과로 나타났다. 중세에 브래드워딘보다 더 자유롭고 풍부하게 아리스토텔레스에 접근한 사람은 찾아보기가 쉽지 않다. 그는 아리스토텔레스주의가 지닌 결함이 무엇인지 잘 알고 있었다. 1277년의 철학 단죄와 둔스 스코투스를 위시한 여러 철학자의 비판도 알고 있었다. 그러나 그는 아리스토텔레스를 전반적으로 헤르메스-플라톤적 전통에서 고찰했다. 그는 아리스토텔레스의 플라톤 비판을 비판했다. 이미 칼키디우스와 에우스트라티우스가 스승에 대한 아리스토텔레스의 비판이 적절하지 않다는 점을 지적한 바 있다.[20] 브래드워딘은 아리스토텔레스의 '다른' 모습, 즉 플라톤화된 아리스토텔레스를 조명하기 위해 아리스토텔레스의 위서(僞書)인 『비밀의 비밀』(Secretum Secretorum)을 적극 참조했다.[21] 그가 종종 '모든 철학자의 아버지인 헤르메스와 그의 아들인 아리스토텔레스'[22]라고 말할 수 있었던 것은 다 이 책 덕분이다. 마찬가지로 『펠라기우스 반박과 신의 변호』 제1권 제2장에서는 근거와 근거 지어진 것의 관계에 대한 플라톤적 공리들을 종합하면서 아우구스티누스와 아랍 철학뿐만 아니라 프로클로스(그 가운데에서도 『신학 원리』 제1번 정리), 그리고 모든 다수성은 하나에 근거해서만 존재하고 작용을 일으킨다는 아리스토텔레스의 원리도 인용할 수 있었다.

브래드워딘은 여러 중간 심급을 가진 위계질서와 다양성으로 구성된 봉건 세계에 절대적 세계 통치자로서 신을 마주 세웠다. 시민들은 피안적 인간의 운명을 파악하고 그것을 계약으로 미리 확정 짓고 싶은 마음이 컸다. 이러한 시민적 정신을 무시하고 일체의 공적과 공로를 거부한다는 것은 당시로서는 매우 가혹한 일이었다. 한편, 그는 13세기의 아우구스티누스 퇴화 현상이 성장하는 상인 정신으로 말미암아 발생했다고 주장하기도 했다.[23] 자율적인 중간 심급 및 상업적 관용의 지지자들과 본질적으로 대립하는 그의 은총철학은 중세 후기 세계가 가진 한계가 무엇인지를 잘 보여 준다. 그의 사유는—사변신학의 형식 안에서—봉토제의 피라미드와 소국 분립, 교회의 재정 체계 이상을 다루었다. 아울러 헤르메스-플라톤적 철학의—바오로와 아우구스티누스의 예정설을 해명하는 열쇠로서—유효성을 14세기 사람들에게 당당히 주장하면서 동시에 수많은 과거의 철학과 시, 문학에 대한 관심을 촉구했다. 다만 그가 호소했던 방식은 낭만적이지 못했다. 그는 14세기의 가치와 관습을 가혹하게 비판하고 부정함으로써 사람들을 설득하려 했기 때문이다. 14세기의 행정과 관리 기술, 계산 능력, 화약 같은 무기 제조는 봉건적인 가계의 단절을 초래했고 부르주아들의 정치적 권리는 경제 위기로 인해 이미 심하게 억눌린 상태였다. 자율적인 결정 기구들의 붕괴를 논의 주제로 삼았기 때문에 그가 후기 아우구스티누스의 반(反)펠라기우스적 논쟁을 다시 수용한 것은 일종의 미래 지향적 행위가 되었다.

브래드워딘의 『펠라기우스 반박과 신의 변호』를 읽고 나서 오트르쿠르의 니콜라스(Nicholas d'Autrécourt, †1350 이후)가 아레초의 베르나르두스(Bernhard von Arezzo)에게 보낸 편지[24]를 읽으면 흑사병이 닥치기 직전 시기의 철학들의 대비와 이론적 풍성함을 느낄 수 있다. 브래드워던이 형이상학적 원리를 사용할 때 반드시 일관적 태도를 유지하라고 강력하게 촉구했다면, 니콜라스는 형이상학의 가능성을 따져 물을 때에 한 치의 자비도 없었다. 런던과 옥스퍼드의 급진적 형이상학과 파리의 형이상학 비판 — 역사적-지형적 편견과는 달리, 이것이 1340년대의 실제 상황이었다. 1300년부터 니콜라스는 줄곧 경험론적 단초에 중세 시대에 가능했던 가장 엄격한 형식적 규정을 부여해 왔다. 그는 형이상학이 엄밀한 학으로서 가능하다는 점을 부정한다. 그에 따르면, 아리스토텔레스는 단 하나의 형이상학적 원리도 확신하지 못했다. 니콜라스는 철학적 치밀함의 중요성을 주장하는 과정에서 파리 대학의 교수직을 내려놓기까지 했다. 그는 대학의 모두가 보는 앞에서 자신이 쓴 책들이 전부 불에 타는 모습을 힘없이 지켜보아야만 했다. 그가 쓴 수많은 작품 가운데 『논고』(Exigit ordo executionis)의 단편과 약간의 편지만이 겨우 남아 있다. 중세 철학으로서는 실로 안타까운 손실이 아닐 수 없다.

룰루스와 마이스터 에크하르트, 브래드워딘이 형이상학을 정합적 형식으로 새롭게 구성하고 그리스도교 철학을 정초하려 했다면, 오트르쿠르의 니콜라스는 인식 비판에 집중했다. 형이상학에 어떤 또 다른 가치를 인정할 수 있었다면 —『논고』의 증명으로 볼 때, 니콜라스는 실제로 그렇게 했다 — 그것은 가정적인 성격 이상으로는 되지 못한다. 지금까지 모든 학문의 여왕이었던 형이상학은 이제 세계 전체의 추정적 합리성을 개연적 눈으로 바라보는 것으로 만족해야 했다. 우리 인간은 오직 현상만 인식할 수 있지만, 신의 지성은 사태 자체를 볼 수 있다.

니콜라스가 제기한 문제는 이러했다. 아리스토텔레스부터 모든 철학자가 공통적으로 가르친 바, 우리 인식의 모든 확실성이 결국에는 서로 모순되는 두 개의 문장이 동시에 참일 수 없다는 원리에 기초한다면, 일상적인 앎의 행위의 확실성은 어떻게 보장받는가? "나는 '하얀색'의 벽을 보고 있다"라는 데에서 "하얀색 벽이 존재한다"라는 사실이 필연적으로 따라 나오는가?

  니콜라스는 다음과 같이 답한다. 그런 종류의 확실성은 존재하지 않는다. 모순율에서 우리의 감각적 인식의 실질적 내용에 보탬이 되는 것은 아무것도 나오지 않는다. 달리 말하면, "나는 흰색 사물을 보고 있다"와 "흰색 사물이 존재한다"라는 문장 사이에는 모순율에서 확실성을 보장받는 어떠한 중간 단계의 인식도 없다. 흰색 사물이 실존하지 않아도 나는 흰색 사물을 볼 수 있다.[25] 그가 이러한 성찰을 프란체스코회 소속 교수에게 보낸 편지에 쓴 것은 우연이 아니었다. 그는 실존하지 않는 사물의 직관적 인식을 다룬 윌리엄 오컴의 사상을 계속 발전시킨다는 점에서 편지의 수신인과 많은 것을 공유했기 때문이다. 니콜라스의 문제 제기는 후기 스콜라주의적 사고의 명민함의 부산물이 아니었다. 성체 변화 이론이 등장한 이래, 신자들은 미사 때마다 부조리를 경험해야만 했다. 우리의 두 눈이 분명히 빵을 보고 있음에도 성체 변화 이론에 따라 제대(祭臺) 위에는 빵이 없다고 말해야 했기 때문이다. 이렇게 해서 공식적인 성체성사 교리에도 해당되고 감각적 확실성에도 해당되는 보편적 회의가 등장했던 것이다. 사람들은 14세기의 불안과 동요를 이론적으로 파악함으로써 11세기의 신의 전능 이론으로 회귀했다. 신이 두 번째 원인들이 일으키는 모든 작용을 이들의 매개 없이 자신이 직접 일으킬 수 있다는 점을 근본적으로 인정했기 때문에, 이제는 어떤 감각적 인상으로부터 그것의 촉발 원인인 대상을 추론하는 모든 과정에서 신의 개입 가능성을 고려하지 않을 수 없게 되었다. 사람들은 외부 세계의 어떠한 사물에 대해서도 그것의 실존 여부를 확신할 수 없게 되었다. 그러자 그동안 외부 사물의 단순한 존재 사실만 가지고 연역했던 나머지 모든 내용도 확실성을 상실했다. 니콜라스는 외부 실재에 대한 확신을 얻기 위해 모순율에 호소하는 것은 아무 소용이 없다는 점을 보이고자 했다. 우리가 사물의 인상이라는 말을 쓰기는 하지만, 인상은 결코 사물 자체에서 촉발되어 나오지 않는다. 그에 따르면, 객체의 실존은 어떠한 개념을 통해서도 파악되지 않는다. 실재적 인과 관계는 순수 개념들에서는 연역되어 나오지 않는다. 따라서 실재적 인과 관계는 감각적 경험으로부터 수용되어야 한다. 모순율에 기초한 명증성은 감각 경험의 세계에는 존재하지 않는다.

13세기 중반부터 모든 철학자가 그랬듯이, 니콜라스도 아리스토텔레스와 대결하면서 자기 사유를 개진해야 했다. 그에 따르면, 아리스토텔레스는 형이상학적 인식의 속성들을 완전히 잘못 알았던 사람이다. 형이상학에는 오로지 개념을 해명하는 일만 있을 뿐, 인식은 조금도 확장되지 않는다는 것이다. 또한 아리스토텔레스는 자연에 대해서도 잘못 알고 있었다. 니콜라스는 힘과 충돌에 기초한 원자론적 설명을 선호했다. 그는 이론적 이유에서만 아리스토텔레스를 비판하지 않았다. 인간은 자연에 대한 지식을 사태 자체(res)에서 구해야지, 아리스토텔레스와 아리스토텔레스 주해서(아베로에스)에서 찾아서는 안 된다. 니콜라스는 실재하는 세계의 인식을 논리적으로 설명하는 데에만 집중하면서 윤리적이고 정치적인 현실 문제는 거들떠보지 않는 동시대 지식인들의 행태를 강력히 비판했다.[26] 그는 유일하게 획득할 수 있는 개연적 지식은 실천에 관계하는 지식이라 보았다. 파리에서 아리스토텔레스의 『정치학』 강의를 시작했을 때, 그는 정의와 불의에 대해 논할 것이라고, 새로운 법령을 제안하고 기존 법령은 필요하면 수정을 제안할 것이라고 선언했다.[27] 옹졸한 교황청은 처벌을 가함으로써 그를 강제로 무릎 꿇게 했다. 그런데 교황청이 이런 치졸한 짓을 한 이유는 그의 대담한 혁신 정신과 무의미한 사변과 학구적인 멍에서 벗어나고픈 욕구를 공개적인 이익을 얻기 위한 수단으로 사용하고 싶었기 때문이다. 니콜라스의 진면목을 발견하고 그를 단죄했던 재판관의 의도에 의혹을 제기한 피에르 다이(Pierre d'Ailly) 같은 인물이 있기는 했지만, 전반적으로 그의 영향은 단죄 판결로 인해 축소되지 않을 수 없었다. 하지만 그가 제기한 문제는 미래로 나아갔다. 흄이 인과 관계 추론에 이의를 제기했고,

그 뒤를 이어 칸트도 "어떤 것이 있는 까닭에 다른 어떤 것이 있다는 사실을 대체 어떻게 이해해야 할까?"[28]라고 질문을 던졌다. 14세기에 말썽을 일으켰던 우리의 가련한 철학자가 알고 싶었던 것도 바로 이와 같았다. 칸트의 질문에 니콜라스는 "어떤 사태의 실존에 대한 앎에서 — 최상위의 인식 원리나 그런 원리의 확실성에 기초하는 명증성으로 — 다른 어떤 사태의 실존을 자명하게 도출해 낼 수 없다"[29]라고 답한다. 일반화해 말하자면, 다음과 같다. B가 A라는 개념에 들어 있지 않으므로 A가 있고 B가 없다고 해도 전혀 모순이 아니다. 따라서 B의 존재는 A의 존재에서 명증적으로 연역될 수 없다. 그러므로 속성에서 실체를 연역하는 모든 추론, 그리고 창조된 실체에서 그것들의 원인인 신의 존재를 연역하는 추론은 엄밀한 지식이 아니다. 그것들은 관습일 뿐이며, 기껏해야 가정적(假定的)으로만 유효하다. 유일하게 획득될 수 있는, 하지만 언제나 개연적 인식들을 확장하려면 새로운 경험이 필요하다.

니콜라스는 용어에 의존하는 존재론의 한계를 지적했다. 그런 존재론은 말뜻만 해설하다가 끝나고 만다. 지식이 개별자를 유와 종의 개념 아래 포섭하는 행위로 이해하는 논리적 형식주의는 아무것도 산출하지 못한다. 우리는 꽉 막힌 대학 교육이 조장하는 추상에의 집착을 극복해야 한다. 자연, 곧 사태 자체와 도덕적·정치적 문제에 집중하는 겸손하고 겸허한 연구가 수행되어야 한다. 영원한 진리를 이해하는 것이 아닌, 공동의 이익을 위한 학적 활동이야말로 학자에게 생기와 활력을 불어넣는다 — 로저 베이컨에게서 싹을 틔웠고 훗날 페트라르카와 에라스무스, 마리오 니촐리오(Mario Nizolio) 같은 인문주의자들을 통해 전개되는 '반(反)스콜라주의적' 모티프가 여기에 있다. 니콜라스는 대학을 개혁하고 싶었지만 자기의 해석이 아리스토텔레스가 의도했던 바로 그것이라고 주장할 생각이 없었으며, 중세의 주해서도 몹시 경멸했다. 그래서 대학이 이 혁명적 사상가를 추방했던 것은 어찌 보면 당연한 일이었다. 그동안 100년 넘게 사람들은 개별 단어를 가지고 종교적·형이상학적 관념들의 세계를 구축해 왔으며, 필요에 따라 그것을 이론적으로 발전시키곤 했다. 니콜라스는 이 점을 분명히 짚고 넘어가려 했다. 그는 거기에 사용된 용어 하나하나를 고립시켰고 문장도 하나씩 따로 떼어 분석했다. 그다음에 이 개별적 인식이 동어 반복이 아닌 어떤 다른 것을 담고 있는지를 진지하게 물었다. 그는 과거의 사상가를 수용하는 것이 역사적 사유의 일차적 목표가 되어서는 안 된다고 말한다. 윌리엄 오컴의 경우에 이론적 저술들이 중세 후기의 온갖 잡다한 사상들 속에 스며들었지만, 그와는 달리 니콜라스는 직접적으로는 거의 영향을 끼치지 못했다. 니콜라스와 윌리엄 오컴의 유사성을 너무 과장해서는 안 된다. 하지만 잘 알려지지 않은 만큼 니콜라스의 철학적 입장이 가진 역사적 의미는 독특하다. 몇 안 되는 단편으로만 전해지는 니콜라스의 텍스트는 그가 중세 자연학과 형이상학의 내재적 결함, 당대 학문 개념에 담긴 엘리트주의적 요소와 영원성, 그리고 편협함을 꿰뚫어 보고 있었음을 증명한다. 하지만 대학 기관과 학문 사회의 이러한 문제점을 폭로한 사람이 바로 중세 시대에 강의 금지 명령을 받은 어느 철학 교수였다는 점 하나는 확실하게 말할 수 있겠다.

제46장

장 뷔리당

 장 뷔리당(Jean Buridan, †1360)[1])은 단연 14세기의 가장 중요하고 영향력 있는 철학자일 것이다.[2]) 우리는 그가 아리스토텔레스의 저작에 대해 저술한 작품이 얼마나 방대한지를 알 필요가 있다. 실로 마르틴 그라프만(Martin Grabmann)이 말한 대로 뷔리당은 "모든 시대를 통틀어서는 아니겠지만 분명 중세에서만큼은 아리스토텔레스 주해에서 으뜸"[3])이라고 할 수 있다. 그의 아리스토텔레스 주해서는 분량이 실로 어마어마하다. 그러나 그는 결정적 문제를 다룰 때, 아리스토텔레스를 능가한다.

 뷔리당의 생애에 대해서는 확실한 정보가 많지 않기 때문에 학자로서의 그의 삶의 궤적은 다소 모호하게 그려진다. 피카르디 지방의 가난한 가정에서 태어난 그는, 1320년경 파리의 르무안(Lemoine) 칼리지에 장학생으로 들어갔다. 늦어도 1327년 강사 자격(licentia docendi)을 취득하고 이후, 생을 마감할 때까지 파리 대학 인문학부에서 교편을 잡았다. 여러 차례에 걸쳐 피카르디 공국의 법무 대리나 판사, 행정 대리 또는 서기직을 겸하기도 했다. 1327년과 1340년 파리 대학의 학장으로도 선출되었다. 우리는 그가 파리 대학에서 피카르디 공국의 입법 활동에 관여했으며(1347), 피카르디 공국과 영국의 국경 설정 문제에도 참여했음을(1356~58) 역사적 증거로 알 수 있다. 그가 숨을 거둔 정확한 날짜는 알 수 없지만 일련의 필사본에 적힌 정보를 가지고서 대략적인 추측이 가능하다. 아리스토텔레스의 『니코마코스 윤리학』에 대한 그의 기념비적 주해서가 —추정컨대— 1360년 10월 11일부터 중단되어 미완성으로 남았기 때문이다.[4]

뷔리당의 저작이 중세 후기에 지대한 영향을 끼쳤다는 점은 전해지는 필사본의 어마어마한 양으로 증명된다. 그는 프랑스는 물론이고 스코틀랜드, 폴란드, 이탈리아, 독일어권 전역에서 수용되었다. 그래서인지 쾰른의 역사 문서고에 보관된 1425년 12월 24일자의 어느 기록은 이전 시기를 심지어 '뷔리당의 시대'(saeculum Buridani)[5]라고까지 칭하고 있다. 그는 가히 유럽의 철학자라 부를 만하다. 뷔리당주의는 중부 유럽의 여러 나라에서 오랫동안 지배적인 철학 학파였다. 그의 영향은 17세기에도 느낄 수 있다. 그가 쓴 『니코마코스 윤리학』에 대한 문답 주해가 1637년까지도 옥스퍼드에서 인쇄되어 나왔으니 말이다.[6]

저술 작품의 수와 논의 주제의 방대함 때문에 어느 작품 하나를 콕 집어 그의 대표작으로 소개하기가 쉽지 않다. 갈릴레이도 연구한 임페투스(Impetus) 이론이 실린 뷔리당의 『자연학』 토론문답집은 일반 대중에게 특히 인기가 많았던 행복할 능력을 가진 존재(homo felicitabilis)라는 인간론을 개진한 『니코마코스 윤리학』 토론문답집만큼이나 영향력이 컸다. 또한 『영혼론』 토론문답집에서는 알렉산드로스 아프로디시아스를 근거로 전통적인 불멸성 교리를 논박한다.[7] 그의 비판이 얼마나 단호하고 냉철했는지 드레스덴의 페터(Peter von Dresden)가 쓴 『자연철학 소론』(Parvulus philosophiae naturalis)에 주해서를 집필했던 15세기의 어느 무명 저자는 "파리의 교수들은 알렉산드로스와 똑같이 말한다"(et illum communiter sequuntur Parisienses)라고 썼을 정도였다.[8] 물론, 그 당시에 알렉산드로스의 입장을 거부한 사람들도 있었으므로 이 익명의 주해가의 증언은 역사적 진리와 아주 맞아떨어지지는 않는다.[9] 하지만 뷔리당의 해결책이 강력한 인상을 남겼다는 점은 확실하다.

뷔리당 철학의 독창성을 엿보기 위해서는, 그가 고백하듯이, 그의 해결이 동시대의 다른 사람들이나 고대의 아리스토텔레스 주해가들의 (multi et quasi omnes expositores antiqui) 해석과 확연한 차이를 보이는 철학적 문제를 예로 들어볼 필요가 있다.[10] 지난 세기 모두를 매료시켰고 21세기에 설득력 있는 해결을 기대하는 문제들 가운데 하나는 1950년 앨런 튜링(Alan Turing)이 제기한 다음 질문이었다. "기계는 생각할 수 있는가?"[11] 이 질문은 어떤 '기계 안의 정신'이 아닌, 또는 중세 언어로 바꾸어 표현하면 비물체적 영혼이 들어 있지 않은, 순수하게 물질적인 것이 사고할 수 있는가라는 질문이다. 뷔리당이 바로 이러한 질문을 던졌다.

뷔리당 같은 중세 철학자에게서 사유 능력은 보편적 앎과 밀접한 관계를 맺고 있다. 아리스토텔레스에 따르면, 동물은 사물을 개별적으로만 파악할 수 있지만 인간 이성은 개별성을 넘어 보편적인 것도 파악할 수 있다. 아리스토텔레스와 후기의 아비첸나는 인간 지성이 개별자를 파악하기 전에 사물에서 보편자를 보다 먼저 인식한다고 주장하기까지 했다. 두 사람이 제시하는 명목상의 증명은 일상적 관찰에 기초한다. 멀리서 무엇인가 다가오는 것을 볼 때, 우리는 어떤 사물이라고만 어렴풋이 짐작할 뿐 처음에는 그것이 무엇인지 알지 못한다. 시간이 조금 지나면 나에게 다가오는 그것이 어떤 생명체임을 알게 되고, 더 가까이 오면 그것이 사람이라는 것을, 그리고 마지막에는 소크라테스 같은 어떤 특정 사람이라는 것을 깨닫게 된다. 인간 지성이 보편적 앎에 접근할 수 있다는 사실은 인간의 이성혼이 비물질적이고, 따라서 불멸한다는 사실과 결합되어 있다. 사람들은 그 자체로 물질적이지 않은 것만이 보편적인 것, 즉 공간적으로나 시간적으로 고정되지 않은 앎에 다가갈 수 있다고 믿었기 때문이다.

뷔리당은 이 질문을 인간 지성이 개별적 개념이 아닌 보편 개념을 인식하는가라는 문제 안에서 다룬다. 이 논의는 아리스토텔레스의 『자연학』 제1권에 대한 주해와 『영혼론』 제3권에 대한 주해 양쪽에서 읽을 수 있다.[12] 『자연학 주해』에 실린 논의는 굉장히 상세하고 방대한데, 뷔리당도 이를 『영혼론 주해』에서 말하고 있다.[13]

여기서 뷔리당은 대부분의 사람에게 널리 퍼져 있고 고대의 거의 모든 주해가(multi et quasi omnes expositores antiqui)가 공유하는 견해, 곧 인간 지성은 질료적이지 않고 공간 속에 연장을 갖고 있지도 않기 때문에 보편적으로 인식한다는 입장에 대해 이야기한다.

먼저 그는 사유의 유물론적 이론을 반박하는 전통적 논증이 타당하지 않다고 주장한다. 하지만 기존 논증을 반박하는 것으로 그치지 않고 인간 지성이 질료적이고 소멸하는 형상이라는 주장과 호환되는 보편적 지식 이론을 제시하는 데까지 나아간다.

그는 생물의 본성과 무생물의 본성 사례를 들면서 물질적 능력도 보편적인 것에 관계할 수 있다는 점을 입증한다. 모든 여물 더미와 물이 어떠한 차이도 없이 동일하게 놓여 있다고 하면, 목마르고 굶주린 한 마리의 말이 가진 자연적 욕구는 특정한 물이나 특정한 여물을 향하지 않는다. 불의 '자연적 욕구'도 개별적인 특정한 나무를 향하지 않고 탈 수 있는 모든 나무를 무차별적으로, 보편적으로 추구한다.

이 두 가지 사례는 인간 지성이 유사한 방식으로 보편자에 관계할 수 있음을 보여 줄 수 있다. 즉 우리가 인간 지성을 질료적 형상이라 이해해도 지성의 보편적 인식은 충분히 가능하다. 왜냐하면 '자연적 욕구' 같은 하급 능력이 보편적인 것에 관계할 수 있다면—더 강한 이유의 논법에 따라—상위 능력이야 더더욱 보편적인 것을 획득할 수 있기 때문이다.

이렇게 해서 뷔리당은 사유 가능성을 열었다. 이제는 구체적으로 인간 이성이 보편적인 것을 어떻게 파악하는가라는 문제가 남아 있다. 이어서 뷔리당은 인간 지성을 질료적 형상이라 보는 이론과 조화롭게 결합할 수 있는 보편적 인식 이론을 소개한다. 다만 도입부에서 지금 이야기할 이론은 완전하지 않으며, 완벽한 인식론으로 발전시키기 위해서는 상세하게 보충될 필요가 있다고 고백한다.

뷔리당은 표상적 동일성과 유사성에 대한 이론을 전개한다. 그에 따르면, 보편적 인식은 어떤 보편적인 것의 직접적 지시가 아니라 결과적으로 보편 개념(conceptus communis)을 만들어 내는 추상화 과정을 통해 주어진다. 보편 개념은 지성 안에 개별적인 것으로 존재하며, 같은 종에 속하는 사물들을 아무런 차별을 두지 않고 표상함으로써 '보편적으로' 된다. 따라서 그에게서 개념의 보편성은 개념의 존재 방식이 아니라 다수의 개별자를 지칭하는 특성에 기초해 말해진다.

그런데 인간 지성은 보편 개념을 정확히 어떻게 만들어 내는 것일까? 먼저 그는 지성은 사물에 직접적으로 다가갈 수 없으며 오직 감각의 모상(species)들만, 즉 모종의 의미에서 사물을 표상할 능력을 가진 유사상들만(similitudines repraesentativae) 가지고 있다고 말한다. 같은 종에 속하는 두 개의 대상은 강한 유사성(similitudo)과 공통점(convenientia)을 가진다. 그러므로 플라톤과 소크라테스는 시로 소크라데스와 당니거 '브루넬루스'가 닮은 것보다 더 많이 닮아 있다. 그리고 소크라테스는 돌멩이보다는 '브루넬루스'와 닮은 점이 더 많다.

더 큰 유사성은 같은 종에 속하는 두 사물이 동일하거나 유사한 자연적 원인에서 발생한다는 사실에서 기인한다. 실제로 하위 종(species specialissima)에 속하는 사물들은 공간상의 차이와 서로 다른 위치를 점하고 있다는 점을 제외하면 구별되지 않을 정도로 강한 유사성을 가진다.

생김새가 똑같고 크기와 색깔도 같은, 모든 측면에서 동일한 특성을 가진 두 개의 돌멩이를 예로 들어 보자. 그리고 내 시야에는 지금 둘 가운데 하나만 있다고 치자. 내가 잠시 자리를 비운 사이에 누군가가 처음의 돌멩이를 나머지 다른 돌멩이로 몰래 바꾸어 놓는다. 자리에 돌아온 다음, 분명히 나는 원래의 그 돌멩이가 계속 여기에 있었다고 판단할 것이다. 이 예시는 보편 개념이 어떻게 추상 작용을 통해 만들어지는지를 적나라하게 보여 준다. 우리는 두 개의 돌멩이를 각각 지칭할 수 있기 위한 개별적 개념을 오직 공간과 위치의 규정으로부터만 추상할 수 있다.

뷔리당은 장소와 시간 같은 사물의 우연적 속성을 실체적 속성과 구별해 볼 수 있는 상황이면, 우리의 지성은 언제든지 보편 개념을 만들어 낼 수 있다고 주장한다. 우연적 속성에서 대상을 분리하는 데에 성공하면, 그 대상은 더는 인식 주체의 감각 영역에서 보여지는 대로(in prospectu cognoscentis) 인식되지 않고 보편적으로 인식된다. 이러한 방식으로 소크라테스나 플라톤 같은 개별적 개념에서 '인간'이라는 공통 개념이 생성된다. 어떤 사물을 보편적으로 인식한다는 것의 의미는 어떤 일반적 개념(conceptus communis)의 형성 그 이상도 이하도 아니다. 지성에 속하든 감각에 속하든 간에, 이러한 추상을 실행할 수 있는 능력은 무엇이든 자신 안에 보편을 인식할 힘을 가진다.

보편적인 앎의 이론과 관련해 본다면, 그가 『영혼론 주해』 수정본에서 인간과 원숭이처럼 완전하고 섬세하지만 않을 뿐 개와 같은 고등 동물도 사유 능력을 가지고 있다고 말한 점도 딱히 놀랍지 않다(canes et alia animalia ratiocinantur et syllogizant, quamvis non ita subtiliter ac complete sicut homo vel simia).[14]

이론 개요를 마무리하면서 뷔리당은 알렉산드로스 아프로디시아스를 유물론적 보편 인식론을 주장한 사람으로서 고대의 아리스토텔레스 주해가들 가운데 가장 훌륭한 인물이라 격찬한다. 알렉산드로스 아프로디시아스가 '지성'을 인간에 대해서만 말한다면, 이는 동물의 인지 능력을 훨씬 뛰어넘는 인간의 고유한 이해력 때문이다.

뷔리당에 따르면, 아리스토텔레스와 아비첸나가 제시한 사례는 우리가 보편 개념을 형성한다는 사실을 증명하지 않는다. 더 구체적으로 규정되지 않는 대상을 우리는 개별자 개념('이 물체')을 통해 지시한다. 만일 객체가 가까이 다가오면, 그것을 가리킬 때 우리는 어느 정도 규정성을 가진 개별자 개념('이 생물')을 사용한다. 그리고 마침내 우리 앞에 어떤 사람 하나가 나타났을 때, 객체는 완전한 개별자로서 인식된다('소크라테스'). 요컨대, 우리의 지성은 보편자의 인식에서 출발하는 것이 아니라 아직 규정되지 않은 모호한 개별자의 인식(singulare vagum)에서 규정된 개별자의 인식으로(singulare determinatum) 이행한다. 그에게서 이 과정은 보편 인식이 실제로 어떻게 작동되는지를 보여 주는 사례가 된다. 일반적으로 이 과정은 현실에서는 매우 빠르게 진행되기 때문에, 우리는 정신 안에서 일어나는 일들을 일일이 포착할 수 없다. 순간적으로 성취되는 추상화 과정은 그가 제시한 앞의 경우를 통해 재구성될 수 있다.

    토마스 아퀴나스는 보편을 인식하는 인간 정신의 능력을 인간 이성혼의 불멸성과 비질료성을 증명하기 위한 논거로 사용했다(Quod declaratur ex hoc quod intellectus est universalium).[15] 만일 뷔리당의 이론을 따른다면, 토마스 논증의 기초는 모조리 뜯겨 나간다. 뷔리당에 의하면, 물질적이고 신체 기관과 결합된 사유 능력 개념을 가지고도 이 모든 것을 충분히 해명할 수 있다. 인간 이외에 다른 고등 동물들에게도 보편을 인식할 능력이 있다. 그래서 뷔리당이 자연 이성의 빛을 가지고 영혼의 불멸성에 대한 문제에 토마스와는 다른 대답을 내놓았다고 해도 별로 놀랍지 않은 것이다.[16] 무엇보다도 영혼 불멸성 문제에 철학의 시선을 돌리게 한 주요 원인은 중세 후기의 사망률 급증일 것이다. 14세기 전 유럽을 휩쓸었던 흑사병은 꽤나 오랫동안 집단적 기억에 각인되어 남아 있었다. 엄밀히 말하자면, 불멸성 문제가 신 존재 문제보다 철학적으로는 훨씬 중요하다. 신이 존재한다 해도 그가 어쨌든 우리의 영원한 생명을 보장해 주지 않는다면 "우리가 신을 믿어야 하는 이유가 대체 무엇이란 말인가?"(니체)

    『영혼론 주해』 제3권 제3문에서 제6문까지의 텍스트는 인간 정신의 본성에 대한 뷔리당의 체계적 논문이다.[17] 그는 여기서 세 개의 이론을 서로 대결시킨다. 아리스토텔레스 주해가들 가운데 가장 유명한 두 명의 사상, 곧 첫째, 알렉산드로스 아프로디시아스의 이론과 둘째, 아베로에스(이븐 루시드)의 이론, 그리고 셋째, '우리 신앙의 진리'(veritas fidei nostrae)라고 뷔리당이 선언한 가톨릭 신앙 교리가 바로 그것이다.

핵심 문제는 우리가 인간 지성을 물질적 형상으로 간주해야 하는가이다. 알렉산드로스 아프로디시아스는 물질적 형상으로 간주해야 한다는 입장을 내놓았다. 그에 따르면, 인간의 이성혼은 자연적으로 발생했으니 다른 동물의 영혼들처럼 질료의 가능태에 기원을 둔(educta de potentia materiae) 소멸하는 물질적 형상이어야 한다. 뷔리당은 가톨릭 신앙을 고려하지 않고(circumscripta fide catholica) 오직 자연 이성에 의해서만 사고하는 이교 철학자는 누구든지 알렉산드로스 아프로디시아스와 동일한 것을 주장하게 된다고 말한다(ego puto quod philosophus paganus teneret opinionem Alexandri). 나중에 그는 초자연적 신앙의 진리를 거부한다면 우리는 자연 이성에서 이러한 입장을 강요받는다고 좀 더 과격하게 말하기도 했다(Puto quod, fide catholica circumscripta et supernaturali infusione notitiae veritatis in nobis, ratio naturalis nostra dictaret quod intellectus humanus esset eductus de potentia materiae et generabilis et corruptibilis).

뷔리당에 따르면, 인간의 이성혼이 비물질적이고, 따라서 소멸하지 않는다는 신앙 명제에 대해서는 자연 이성의 영역에서 수행 가능한 논증이 아무것도 없다. 자연 이성(ratio naturalis)과 보편 교회의 신앙(fides catholica)은 인간 지성의 형상 문제에서 서로 만나는 접점 없이 팽팽하게 대치한다. 경험과 이성을 기초로 판단하면 인간 지성은 질료의 가능태에서 만들어졌으니, 개나 말의 영혼처럼 소멸할 수밖에 없다는 것 이외에 다른 입장을 견지할 수가 없다. 신앙을 배제하고 인간 영혼의 불사성 문제를 연구하는 철학자는 뷔리당처럼 교회의 가르침이 합리적으로 증명되지 않는다는 점과 영혼의 사멸이 이성적으로 유일하게 납득 가능한 이론이라는 점을 받아들이지 않을 수 없을 것이다.

뷔리당의 사후에 그를 따르는 학파가 등장했다. 14세기와 15세기에 뷔리당주의자들의 대학이 있었다고 해도 전혀 과장이 아니다.[18] 사실, 1350년 이전에 사람들은 이미 파리에서 '뷔리당의 추종자'(sequaces Buridani)라는 말을 쓰곤 했다. 일반적으로 헤겔학파를 두고 헤겔 좌파와 헤겔 우파로 나누듯이, 뷔리당에 대해서도 일종의 좌파 뷔리당주의와 우파 뷔리당주의를 구별할 수 있다. 뷔리당 '좌파'는 뷔리당의 근본 입장을 일관적으로 밀고 나가지만, '우파'는 그의 과격한 주장들을 누그러뜨리고자 시도한다.

대표적인 '우파' 뷔리당주의자로는 세인트 앤드루스(St. Andrews) 대학의 설립자로 나중에 스코틀랜드의 종교 재판관이 된 린도리스의 로런스(Lawrence of Lindores)가 있다. 그가 파리에서 저술한 『영혼론 주해』는 15세기에 널리 읽힌 책들 가운데 하나이다. 거기서 로런스는 뷔리당 이론의 급진적 측면을 대대적으로 나뭅는다.[19] 그에 따르면, 영혼의 불사성 문제는 자연 이성의 빛에 비추어 볼 때(in lumine naturali), 우리의 유한한 이성의 가능성을 전부 넘어서기 때문에 해결 불가능한 문제이다(problema neutrum). 하지만 철학자들의 방법을 따른다면(secundum viam philosophorum), 우리는 알렉산드로스 아프로디시아스의 — 잘못된 — 이론이 그나마 개연적이라는 데에 동의할 수도 있다.

'좌파' 뷔리당주의자로는 하이델베르크 대학의 초대 학장인 잉겐의 마르실리우스(Marsilius von Inghen)를 꼽을 수 있다. 알베르투스 마그누스를 거슬러 그는 자연 이성의 빛을 받아 사고하는 한에서(im lumine naturali), 알렉산드로스 아프로디시아스의 해석은 유일하게 수용 가능한 이론일 것이라고 분명히 쓴다. 지성이 — 자연 이성의 조명 속에서 — 인간의 숨이 끊어지고 나서도 자기만의 존재를 계속 이어나간다는 점을 입증하는 증명이 이 세상 어디에도 없기 때문이다(Patet, quia nulla ratio oiotius mundi videtur concludere, quod pure naturaliter loquendo intellectus maneat in corruptione hominis).[20]

수많은 저술가가 뷔리당이 닦은 길로 나아갔다. 불사성에 대한 논의는 교회가 공식 입장을 내놓을 필요성을 느낄 정도로 뜨겁게 달아올랐다.[21] 1513년 12월 19일, 제5차 라테란 공의회에서 교황 레오 10세(Leo X)가 반포한 칙서「사도좌의 통치」(Apostolici Regiminis)에서 우리는 교회가 단죄로 맞대응했음을 확인할 수 있다.

> 가라지를 뿌리는 농부, 인류의 오랜 원수는 오늘날에도 주님의 밀밭에 모든 신자가 혐오스러워하는 몇몇 역겨운 오류의 씨앗을 뿌려 무성히 자라나게 한다. 특히 이성혼의 본성에 대한 오류, 즉 이성혼이 사멸한다든가 모든 인간에게 공통적인 하나라는 오류가 만연하다. 또한 조심성 없이 철학하는 어떤 이들은 이 이론이 적어도 철학적으로 보았을 때는 진리라고까지 주장한다. 우리는 이러한 몹쓸 역병을 몰아낼 치료제를 사용할 필요가 있다. 거룩한 공의회의 동의로 우리는 이성혼이 사멸한다고 주장하거나 모든 인간에게 유일하게 하나만 있다고 주장하는 모든 이, 그리고 이 문제에 대해 의심을 품는 이들을 단죄하고 추방한다.[22]

전통적으로 이 칙서는 피에트로 폼포나치(Pietro Pomponazzi)와 르네상스 시대의 불사성 논쟁과 깊은 연관이 있다.[23] 불사성 문제가 논란 해명의 중심에 있었다. 나중에 폼포나치에 대적하는 많은 이가 불사성 논쟁에서 이 회칙을 인용한다. 하지만 이 회칙은 이어지는 텍스트에서 알 수 있듯이("…… 세계 영원성 주장과 그 외 이런 종류의 주제들"),[24] 굉장히 폭넓게 구상되었고 영혼의 불멸성 문제는 수많은 이교(異敎)와 이설(異說) 가운데 하나였을 뿐이다. 특히 이 회칙은, 엄밀히 따지자면 인간의 이성혼이 사멸한다고(또는 이성혼이 유일한 하나라고) 주장하는 이들, 즉 적어도 철학적 관점에서는 '참이라고 간주하는' 이들만을 단죄한다는 점에 주목할 필요가 있다.[25] 그러니까 폼포나치에게서는 단죄가 해당되지 않으며, 그의 아리스토텔레스의 영혼론 강의와 1516년 저술된 유명한 작품으로서 르네상스 시대의 불사성 논쟁의 불씨가 된 『영혼의 불사성』(De immortalitate animae)도 판결을 비껴간다. 회칙의 진술들이 누군가를 통해 전해 듣고 근거 없는 중상과 비방으로 생겨난 것이 아니라는 점은 다른 텍스트들을 함께 참고하고 비교할 경우에만 확정 지을 수 있다.

에르푸르트(1392)와 라이프치히(1409), 로스토크(1419), 그라이스발트(1456) 등지에 새로 건립된 독일 대학들은 뷔리당, 잉겐의 마르실리우스, 작센의 알베르트(Albert von Sachsen)로 대표되는 근대적 사유 방식으로(via moderna) 수업을 진행했다. 이러한 맥락에서 불사성 문제는 알렉산드로스 아프로디시아스의 이론적 기초 위에서 취급되었다. 뷔리당에게서 촉발된 논쟁은 대학 교수들에게 유물론적 단초들을 상세하게 검토할 기회를 제공했다.

그리고 이들 독일어권 대학에서 그리스도교 교회의 교리가 철학적 근본 입장에서는 '그릇되다'라고 용감하게 목소리를 낸 사상가들이 실제로 탄생했다. 하지만 이들은 인간 영혼이 질료에서 만들어졌고, 따라서 소멸하고 사멸한다는 견해를 진리라 주장하도록 이성의 자연적 빛의 강요를 받고 있다는 입장을 취했다. 이와 관련해서는 잘 알려지지 않은 인물인 요하네스 에우클레스(Johannes Eucles)를 언급할 필요가 있다. 그가 1412년 라이프치히 대학에서 쓴 『영혼론 주해』는 현재 라이프치히에 유일한 필사본으로 전해 내려온다.[26] 다양한 이론을 종합적으로 소개하고 평가할 때, 에우클레스는 뷔리당의 텍스트를 집중적으로 참고하지만 그의 입장과는 상당한 거리를 둔다. 뷔리당은 그리스도교 교회의 입장을 가리켜 아직 '우리 신앙의 진리'(veritas fidei nostrae)라는 표현을 썼다. 그러나 라이프치히의 아리스토텔레스 주해가는 '가톨릭 신앙의 견해'(opinio fidei catholicae)라는 표현을 사용한다. 불사성 논의를 끝마치고 나서 에우클레스는 두 개의 범주적 결론을 이끌어 낸다. 하나는 부정적인 결론이다. 즉 순수하게 자연적인 이성은 인간 지성이 영원하지 않다는 사실을 승인하라고 우리에게 명령한다. 왜냐하면 만일 인간 지성이 영원하다면 죽은 다음에도 지속되어야 할 터인데, 이는 자연 이성의 빛에 따르면 명백한 '거짓'이기 때문이다(sed hoc verum non videtur in lumine naturali). 요컨대, 인간의 자연적 기초로 말하자면, 지성은 죽음 이후에도 활동할 가능성이 없다. 아리스토텔레스에 따르면, 이러한 사실은 시각에 색이 본질적이듯이 물체적 표상은 사유에 필수적이기 때문에 사실상 거의 명백한 것 같다. 그런데 물체적 표상은 신체 기관을 전제한다. 따라서 죽음 이후의 사유 활동은 불가능하다.

자연철학자는 경험과 이성에 기초할 경우에만 가설을 수용할 수 있다. 인간 지성이 영원하고 사후에도 지속된다는 사실을 우리에게 교시하는 감각 경험이 없다는 점은 분명하다. 이러한 가설의 타당성을 증명하는 합리적이고 설득력 있는 논증도 없다. 오히려 자연철학의 원리에 따라(suppositis principiis scientiae naturalis) 이와는 반대되는 사실을 받아들이고 싶은 경향이 우리 안에 있다.

에우클레스의 마지막 결론(ultima conclusio)은 다음과 같다. 순수하게 자연적인 이성은 인간 지성이 생성되고 소멸한다고, 그리고 알렉산드로스 아프로디시아스가 가르친 대로 질료의 가능태에서 만들어지고 질료처럼 연장을 가지며, 내속적이고 다수화된다는 점을 받아들이라고 우리에게 명령한다(pura ratione naturali dictante ponendum est).

로스토크 대학 설립 초기에 활동했던 뛰어난 학자인 암스테르담의 니콜라우스(Nikolaus von Amsterdam, †1437)도 알렉산드로스 아프로디시아스의 이론을 공개적으로 지지했다. 그에 따르면, 인간 지성에 대한 알렉산드로스 아프로디시아스의 모든 진술은 "자연의 법칙에 따라 참되다"(vera secundum principia naturae). 하지만 그의 진술들이 자연의 근본 원리에 따라 참될 지라도(licet ista dicta sint vera secundum principia naturae), 가톨릭 신앙이 그것들을 오류라 판단하고 거부하는 한에서 (quia catholice negantur) 우리는 그와는 반대되는 것을 가르쳐야 한다.[27]

마르틴 루터는 1513년의 칙서 「사도좌의 통치」를 교황이 사실상 "대중은 영원한 생명이 없다고 믿는다"(ein offentlicher glaub sey, Es sey kein ewigs leben)라고 실토한 것으로 보았다.[28] 실제로 중세 후기의 대학에서 이루어진 철학적 토론은 교회의 가르침에 일반적인 회의를 품고 있었다. 교회에 대한 불신과 의심은 대학에서 사회의 모든 계층으로 번져 나갔다. 오랫동안 ― 그리고 모두가 쉽게 짐작할 수 있는 여러 가지 이유로 ― '믿음의 시대'로 칭송받은 중세는, 깊이 들여다보면 회의로 점철되고 도처에 불신앙이 널려 있는 시대였던 것이다.[29]

제47장
국가, 사회, 교회: 파도바의 마르실리우스

　윌리엄 오컴은 보편자의 형이상학을 거슬러 개별 실체를 옹호할 경우에 중세인들이 아리스토텔레스를 가지고 무엇을 할 수 있는지 남김없이 보여 주었다. 파도바의 마르실리우스(Marsilio da Padova, † 1342/43)는 아리스토텔레스의 『정치학』(그리고 『니코마코스 윤리학』과 『자연학』도 마찬가지로)을 가지고 전복된 국가와 사회의 새 모습을 스케치했을 뿐만 아니라 국가와 교회의 관계도 개혁할 수 있음을 보여 주었다. 그의 작업은 정치적으로 극적인 상황 속에서 수행되었다. 그는 바이에른의 황제 루트비히의 편에 서서 교황을 공격했다. 황제를 위해 일했지만, 단테의 세계 군주라는 이념은 공유하지 않았다. 그의 저작은 정치적 선언문이었으나 그 이상이기도 했다. 그는 정치 현실에 철학자로서 개입했다. 그가 정치 세계에서 하려고 했던 것은 '증명'이었다. 그는 자기가 주장하는 이론의 논리적 필연성을 중요하게 여겼다. 이미 아리스토텔레스를 흡수한 상황에서 사람들은 마르실리우스 이론의 논리정연함을 반박할 수 없었다. 그리고 이것이 그의 작품을 위태롭게 만들었다. 당시 온갖 잡다한 이교 저술들을 접했던 교황은 마르실리우스의 『평화의 수호자』(Defensor pacis)를 읽고 나서 이보다 더 사악한 이단은 본 적이 없노라고 탄식했다.[1] 마르실리우스의 근대성 때문에 어떤 사람들은 그를 무턱대고 마키아벨리의 선구자로 치켜세우기도 했다. 그러나 모든 천재는 일련의 약점들로 말미암아 자기 시대에 묶여 있다는 볼프강 폰 괴테(Wolfgang von Goethe)의 말도 있거니와,[2] 마르실리우스가 중세의 아리스토텔레스 수용이라는 맥락 속에서 사유했다는 점이야 어렵지 않게 증명할 수 있다. 그럼에도 사람들이 1324년 이후의 교황 정치를 당시의 여느 이탈리아 국가들에서와 같은 냉철함으로 분석할 수 있었다면, 또 15세기에 교황 속권의 법률적 근거('콘스탄티누스의 증여[*]')가 허구라는 점이 문헌학적 비평을 통해 만천하에 드러났다면, 15세기 중반까지 교황에 대한 공의회의 우위성 이론이 수많은 지식인에게서 지지를 얻었다면, 중세의 생활세계에 침투한 이 모든 역사적 계기는 마르실리우스가 아니고서는 불가능했다. 그는 주변에서 일어난 일들을 파악하려고 애썼으며, 자신의 경험을 학문적으로 엄격한 형식으로 표현하려 했다. 그는 일관성을 가지고 아리스토텔레스를 이해하는 것을 중요하게 여겼다. 그러므로 마르실리우스는 단순한 분석가가 아니었다. 그는 도덕적이고 정치적인 열정을 가진 사람이었다. 학문은 인간의 삶을 증진하는 데 기여해야 한다. 공동체적 삶의 최고 목적인 인정적이고 쾌적한 삶의 구현에 적극 협력해야 한다. 이 목적 달성에 방해가 되는 것은 전쟁이다. 그래서 마르실리우스는 '평화의 수호자'가 되었다.

---

* '콘스탄티누스의 증여'(Constitutum domini Constantini imperatoris 또는 Donatio Constantini ad Silvestrem I papam)는 중세 당시 대표적으로 위조된 교회 문서로서, 황제 콘스탄티누스가 자신의 병의 치유와 개종에 대한 감사의 표시로 교황 실베스테르 1세(재위 314~35)와 그 후계자들에게 "세상이 끝나는 날까지"(usque in finem saeculi) 로마와 이탈리아를 포함한 로마 제국의 서쪽 땅을 수여하고 통치권을 위임한다는 내용이 적혀 있다. 또한 이 문서에서 콘스탄티누스는 알렉산드리아, 콘스탄티노폴리스, 예루살렘, 안티오키아 같은 대주교좌에 대한 로마의 우위성을 승인하기 때문에, 중세에는 동방 교회에 대한 교황의 수위권과 교황권이 제권(帝權)과 동등하다는 점을 정당화하는 증거이기도 했다. '콘스탄티누스의 증여'는 1433년 니콜라우스 쿠자누스와 1440년 로렌초 발라의 문헌적 비평 연구를 통해 날조된 문서임이 밝혀졌다. 문서에 사용된 라틴어는 4세기가 아닌 8~9세기의 라틴어라는 점, 4세기에는 동방 제국의 수도 콘스탄티노폴리스가 아직 비잔티움이라는 이름으로 불렸다는 점이 대표적인 반박 근거로 제시되었다.

마르실리우스 사상을 과소평가하거나 근대화하고 왜곡하는 일을 모두 피하기 위해서는 그가 살아온 길을 살펴볼 필요가 있다. 마르실리우스는 파도바에서 태어났다.3) 14세기 초의 시민적 삶의 양식과 풍부한 경험을 가진 도시로서 아랍 전통에 따른 의학 연구로도 유명한 대학을 가진 파도바가 바로 국가와 사회에 대한 새로운 이론의 발상지였다. 사람들은 한때 그를 두고 '정치학의 아베로에스주의'라는 말을 썼다. 이 말은 내재적인 정치학 이론의 자율성과 관련해서 쓴다면야 유용한 측면이 아주 없지 않다. 하지만 이 말을 쓸 때, 북부 이탈리아에 위치한 마르실리우스의 출신지인 어느 자치 도시를 잊어서는 안 된다. 더 구체적인 차원에서 아베로에스주의적이라 불리는 테제들이(지성 단일성이나 세계 영원성 이론) 마르실리우스의 사유에서 실질적으로 맡았던 기능은 아무것도 없었다. 사회적 이익을 논하는 마르실리우스의 윤리적·실천적 학문 이념은 전혀 아베로에스적이지 않았다. 간과해서 안 되는 것은 급진적인 프란체스코회의 정신이 『평화의 수호자』에 끼친 영향이다. 그러므로 마르실리우스는 무엇보다도 먼저 파도바의 시민으로 이해해야 한다. 그는 법률가의 아들로 고향의 사회적·정치적 문제들을 직접 경험하고 접할 수 있었다. 그는 돈벌이가 되는 법학과 '자연과학' 중에 무엇을 공부할까 고민했다. 심사숙고한 끝에 — 아마도 어느 초기 인문주의자의 조언을 듣고서 — 결정한 것은 '자연과학', 즉 의학이었다. 파도바에서 공부할 때, 그는 이 도시가 처한 정치적 딜레마를 그냥 지나칠 수 없었다. 파도바의 자유 시민들은 도시를 장악하려는 베로나의 칸그란데 델라 스칼라(Cangrande della Scala)의 통치에 저항했다. 그는 단테가 이탈리아의 구원자로 두 손 들고 환영했던 황제 하인리히 8세(Heinrich VIII)의 대리였다. 베로나 군주와의 다툼은 파도바가 공화제를 포기하면서 끝이 났다. 파도바는 도시를 지키기 위해 시(市) 장관(카라라의 자코모 1세(Giacomo I da Carrara), 1318)을 자체적으로 선출했다. 1312년과 1313년에 마르실리우스는 파리 대학 총장직을 맡았다. 그는 아마 이때부터 북부 이탈리아 정치에 본격적으로 발을 들인 것 같다. 1319년에는 밀라노 비스콘티 가문의 대사였는데, 외교적 성과를 거두지는 못했다. 1320년에는 파리에서 의사로 활동하면서 신학 공부를 계속했다. 그는 교황에게 등을 돌리고 독일 황제의 편을 들었다. 황제가 각계각층의 교황 적대자를 모아 공동으로 교황을 단죄한 「작센하우젠 선언문」(Sachsenhäuser Appellation)을 작성하고 몇 달 후인 1324년 6월 24일, 마르실리우스는 『평화의 수호자』를 완성했다. 이 책은 황제의 정치를 정당화할 목적으로 쓰였다. 1326년 『평화의 수호자』의 저자가 누군지 밝혀지자, 그는 파리를 떠나 바이에른의 루트비히에게 피신해야 했다. 로마 원정 시기 또는 교황과 격렬하게 다투던 시기에 마르실리우스는 상당한 권력을 행사했으나 루트비히가 타협점을 찾은 다음부터는 정치 무대에서 점차 자취를 감추기 시작했다. 그러고 나서 1342년이나 1343년 즈음 세상을 떠날 때까지 모두에게 잊혀진 삶을 살았다.

아리스토텔레스 수용은 이러한 상황 속에서 특수한 기능을 수행했다. 아리스토텔레스 수용은 이제 아리스토텔레스 철학의 무비판적 수용이나 절대적 복종이 될 수 없었다. 마르실리우스는 당대에 맞는 아리스토텔레스를 원했다. 그는 이탈리아의 평화와 제국의 평화가 현재 교황의 속권과 관료 성직자의 법적·정치적 특혜로 인해 위태로운 상황에 놓이게 되었다고 판단했다. 그에 따르면, 평화는 교회가 영적 임무에만 집중하고 성직자가 세속 사회 공동체의 구성원으로서 자기 정체성을 확립할 때 이룰 수 있었다. 그는 이러한 생각을 신정주의와 교황주의 사상에 대한 비판과 연결 지었다. 그는 아베로에스가 주창한 방법론적 자율성을 중요하게 여겼다. 신(新)토마스주의자들이 '아베로에스주의자들'을 아리스토텔레스를 광적으로 맹신하는 보수주의 집단으로 취급했다면, 『평화의 수호자』 책머리에서 마르실리우스는 오늘날 평화를 가로막는 가장 큰 장애물이 아리스토텔레스가 차마 분석하지 못했던 교황의 패권 계획이라고 쓰고 있다.

마르실리우스는 그가 처한 역사적 상황 때문에 독창적 사상가로 평가받은 인물이다. 그는 인간이 정치적 본성을 가졌다는 아리스토텔레스의 테제를 『평화의 수호자』의 근본 전제로 놓았다.[4] 1260년 뫼르베케의 빌렘이 아리스토텔레스의 『정치학』을 번역한 이후로 이 테제를 모르는 사람은 없었다. 토마스 아퀴나스는 이에 적극 동의했고, 이를 통해 아우구스티누스가 국가와 사유 재산과 원죄의 결과 사이에 설정한 몇 가지 관계를 해소하고자 시도했다. 하지만 토마스는 이 작업을 일관적으로 해내지 못했다. 교황주의자였던 토마스는 결국 국가를 교황이 손에 쥔 도구라고 설명함으로써 국가 개념에서 아리스토텔레스가 부여한 자연적 특성(즉 필연적이고 자족적인 특성)을 배제하지 않을 수 없었다. 장 키도르와 단테는 토마스의 이중적 태도에 이의를 제기했다. 마르실리우스도 같은 생각이었다. 인간이 본성상 정치적 존재라는 아리스토텔레스의 명제를 주해하면서 마르실리우스는 인간 본성이 서로가 서로를 배제하고 잡아먹는 대립적 요소들로 구성되어 있다고 주장했다. 인간은 이 세상에 알몸으로 내던져진 존재이다. 인간은 자연의 강제적 힘과 폭력에 노출되어 있다. 인간은 자기를 보호하기 위해 기술을 연마했다. 기술은 기술이 쓰이는 전문 영역에서만 온전한 힘을 발휘할 수 있기 때문에 각 개인은 함께 뭉쳐 협업하기로 했다. 모름지기 인간은 그저 본성에 따라서만 살지 않고 더 나은 삶을 살기를 희망하는 까닭이다.[5] 수많은 개인이 가진 다양한 욕구는 오직 '법률'을 통해서만 통일을 이룰 수 있다. 법이 없으면 인간 본성은 실현되지 못한다. 따라서 법률이 참된 통치자이다. 법률의 자연 본성적 존귀함과 비교하면 통치 체제와 관련된 세부적 물음들은 상대적 중요성을 가진다. '올바른' 인간 삶은 법을 통해 구현된다. '선한 삶'은 인간 본질의 표현으로서 그 자체로 추구되어야 한다. 안락함 추구와 육체적 욕구 충족, 지성적이고 도덕적·정치적인 덕성 구현을 포함한 인간 본성의 모든 것이 '선한 삶'에 다 들어 있다. 인간 유(類)의 실재적인 실현인 국가는, 정확히 말해 국가를 통한 인류 구현의 필연적 조건은 원죄의 결과일 수 없다. 국가는 성직자라는 특정 계층의 시민으로만 구성된 집단이 어떤 목적을 성취할 수단으로 주어진 것이 아니다. 국가는 생명체와 같은 존재를 가졌다. 국가의 생물적·사회적 전체성은 평화 속에서만 온전하게 유지된다. 그러니까 마르실리우스는 아우구스티누스나 디오니시우스 같은 고대 후기의 평화 이론가들과는 달리, 평화를 종교적·형이상학적 의미에서 정의하지 않았던 것이다. 평화는 유(類)의 자기실현을 체험할 때에만 생겨나는 안정된 상태를 뜻한다. 평화에는 일종의 인간 내재적인 윤리적 의미가 들어 있다. 그는 종교가 가진 고상한 권리를 부정하지 않았다. 하지만 교회가 자기 권리를 사용할 때, 국가를 도구로 사용해서는 안 된다고 주장했다. 그는 문화와 종교를 더 보편적이고 단일한 공동체 사회의 일부로, 인간 본성의 풍부함을 표현하는 한 가지 방식으로 보고자 했다. 그는 신정주의적·교계적 국가 이론에 유기적 국가 이론을 마주 세웠다. '평신도적인' 새로운 국가관은 성직자를 위한 자리도 마련했다. 곧 성직자는 무엇이 믿을 교리인지, 성경이 약속한 구원을 얻기 위해 우리가 무엇을 해야 하는지를 '가르치는'—따라서 행정적으로 강요하지 않는—사람이다.

급진적 프란체스코회 사상가들처럼 마르실리우스도 그리스도교를 정치적 버팀목과 철학적 기초를 필요로 하지 않는 영적 힘으로 파악했다. 교회는 이러한 지지를 필요로 하지 않는다. 하느님의 길은 국가의 길과 다르다. 성경은 철학이라는 불순물과 혼합될 수 없고, 교회는 국가와 뒤섞일 수 없다. 그래서 그는 인간 실정법을 신법(神法)에서 연역하도록 조장한 고대의 법 이론과의 관계를 끊어 냈다. 그리고 그에 맞서 법 제정의 실용적이고 내재적인 의미를 강조했다.

따라서 우리는 법과 국가의 '근대적' 개념이 중세 시대에 이미 형성되고 발전되었다는 사실을 기억해야 한다. 파도바의 의학자들이 아랍인들에게서 수용해 발전시킨 아리스토텔레스 철학과 아베로에스주의자들의 자율성 이념이 이러한 근대적 사유를 가능케 했다. 성직자 중심의 학문론과 교황주의적 정치 이론의 주창자들이 체계적 정합성을 희생하는 대가를 치르지 않고서는 아리스토텔레스를 가져다 쓸 수 없다는 점이 14세기 들어 명백해졌다. 단테와 윌리엄 오컴, 마르실리우스는 이 모순을 명료하게 보여 줄 수 있을 만큼 아리스토텔레스 사상과 교황주의적 속권론 모두에 박식했다. 이들은 법과 국가와 사회를 새롭게 바라볼 수 있도록 시대의 눈을 열어 준 사람들이다. 이들 세 명의 국가 이론가를 고려하지 않고 '중세'를 판단하는 사람은 중세를 경건한 시대로 채색하고 르네상스와 대조시키는 반(反)역사적 오류를 범하게 된다. 사람들은 평화주의의 전통을 극단적으로 합리화된 몇 개의 단어로 대체한다. 하지만 중세 시대에 '평화'는 수도자의 기도에만 구호처럼 등장한 말이 아니었다. 단테와 마르실리우스에게서 평화는 철학적 국가론의 최고의(그리고 '유일한') 가치였다. 마르실리우스는 그가 행복한 삶을 향한 보편-인간적이고 보편-생물적인 욕구에서 연역한 철학적 평화 개념을 프란체스코회가 생기를 불어넣은 『신약성경』의 평화 관념과 연결지었다. 평화는 그가 아리스토텔레스를 따라 자족적인 것과 선한 삶으로 정향된 것으로 파악한 국가의 내적 조건이다.[6] 파도바의 전통에서 성장하고, 의사로서의 경험을 갖추고, 스토아 철학(키케로)도 배웠던 마르실리우스는 행복한 삶에 생기론적 요소를 더했다. 생물학적 측면은 그가 사용했던 은유를 통해서도 드러난다. 사람들은 그의 국가론을 '기관학적'이라 불렀다. 그러나 우리는 이 말을 쓸 때, 그가 인간을 국가라는 유기체의 기관으로 간주했다는 식으로 잘못 이해해서는 안 된다. 그는 국가가 구성원의 안녕에 봉사한다고 주장했기 때문이다. 또한 아리스토텔레스를 따라 인간을 국가의 구성 요소이기는 하지만 국가적 차원을 넘어서는 활동을 수행하는 존재로, 언제나 목적을 생각하고 능동적 실천으로 자기 자신을 실현하는 존재(vacare operibus liberalibus)로 파악했다.[7] 이러한 이유에서 마르실리우스는 알려진 것과는 달리, 근대적 전체주의의 선구자로 간주될 수 없다. 선한 삶 ― 안락하고 쾌적한 삶이라는 뜻도 포함해 ―, 실천적 덕과 이론적 덕에 의한 완전한 실천, 이것이 국가의 목적이며 국가에 의해서만 가능하게 될 수 있다.

그런데 마르실리우스는 오늘날 우리가 '국가'라고 부르는 단어를 사용하지 않았다는 점을 알아둘 필요가 있다. 나는 이 사실을 그의 국가론의 결함이라기보다는 역사적 차이의 표지(標識)로 이해한다. 그가 직면했던 사회 공동체는 근·현대의 '국가'보다 규모가 훨씬 작았다. 우리 시대의 국가가 차갑고 무자비한 거대 괴물이라면, 그가 마주했던 국가는 따뜻하고 인정 많은 사람들의 공동체였다. 우리가 '국가'라는 말을 사용해 근대적 해석을 가한 곳에서 그가 실제로 썼던 단어는 '도시'(civitas)와 '왕국'(regnum)이다. 이 두 단어의 용례 차이는 그가 처했던 상황의 특성을 그대로 반영한다. 그는 '도시'에서 태어나고 자랐다. 그가 정치적 근본 개념들을 다듬은 곳은 도시에서이다. 그다음에 파리 대학의 총장이 되고 나서 '가장 근대적인' 군주국이 되기 직전의 '왕국'을 접하게 되었다. 그가 만난 '왕국'은 봉건적 특권을 억누르고 교황의 속권 확장에 효과적으로 제동을 걸 수 있는 견고한 행정과 훌륭한 통솔력을 갖추고 있었다. 아리스토텔레스의 『정치학』은 고대 폴리스를 알렉산드로스 대왕의 대제국으로 넘어가는 시대 배경 속에서 분석했다. 하지만 마르실리우스는 아리스토텔레스의 폴리스 개념을 통해 당대의 도시 국가들이 가진 문제점과 거대한 국토를 가진 국가의 탄생을 분석함으로써 이론적 실효성을 얻어냈다. 군주의 역할을 서술할 때, 그가 사용한 표현의 다채로움은 다양한 성찰의 증거이기도 하다. 심지어 군주의 자질을 향상시킬 수 있는 방법에 대한 고찰도 있다. 그러나 그는 입법부, 즉 시민의 총체를 공동체의 '작용인'(causa effectiva)으로 파악했다.[8] 그는 군주의 기능을 전체 백성 또는 과반수의 투표와 통제에 묶어 놓았다. 그의 주된 관심은 사회의 주권과 개별자와 집단의 이해관계를 조정하기 위해 공동 합의로 제정된 법률의 기초적 역할에 있었다. 그는 모든 시민이 가진 권한을 옹호했다. 우리 모두는 무엇이 나에게 손해이며 이익인지 확실히 알 수 있다. 법 제정 권한은 시민 모두에게 있거나 그들을 대표하는 가장 강한 실천력을 가진 사람들에게 있다.[9] 그는 비록 도시 국가 내에서 벌어지는 유혈적 당파 싸움을 끝내고 원로원의 항복을 막기 위해 군주를 끌어들이기는 했지만, 그렇다고 자기 '도시'의 공화제적 가치 표상을 포기한 적은 한 번도 없었다. 그는 시민의 권력이 협약에 의해 군주에게 위임된다고 말했다.

국가와 교회의 관계에 대한 그의 성찰도 특히 중요하다. 마르실리우스는 교회의 정치권력과 교황주의에만 반대하지 않았다. 그는 교회 모두가 주권을 가진 공동체로 거듭나야 한다고 주장했다. 성직자 중심적인 정치 이론은 아리스토텔레스의 토대 위에 세워지지 않았다. 그는 법정에서 성직자가 갖는 특별권에 강하게 반대했다. 교회 행정에도 민주주의적 원칙과 합의가 적용되어야 한다. 모든 주교는 평등하며, 중요한 문제들은 보편 공의회에서 결정해야 한다.[10] 무엇보다도 성직자는 국가 내에서 권력을 소유할 수 없다. 성직자는 국가 내에 또 다른 국가를 수립하지 말아야 하며, 성사(그 중에서도 특히 고해성사)를 정치 수단이나 지배 도구로 악용해서는 안 된다. 교황의 파문은 도시의 삶을 마비시킬 정도로 가혹해서는 안 된다.

그는 교회가 신자들의 공동 기구로 개편될 수 있는 첫째 조건이 평화라고 보았다. 이것은 역사 발전이 새로운 국면에 접어들었음을 알리는 신호이다. 세부적 수준에서 그의 입장은 아마 어떠한 주교도 주교로서 사람들에게 교수 자격을 수여하거나 기타 직업 활동을 허가할 권한이 없다는 테제에서 가장 강력하게 나타날 것이다. 철학과 의학은 새로운 자의식과 함께 더욱 공고히 결합되었다. 철학과 의학은 이제 일상생활이나 법적 현실에서 성직자의 감독이라는 굴레를 떼어 내야 한다고 주장했다. 그의 철학은 실제 역사적 흐름이 어떻게 철학의 원동력이 되었는지를 적나라하게 보여 준다. 실로 그의 철학은 14세기 지성이 일구어 낸 커다란 성과들 가운데 하나이다. 그는 모두가 고통받았던 기존의 문제를 언어로 표현하는 데 성공했다. 그는 아리스토텔레스를 꼼꼼하게 인용하기 때문에 그만큼 대학에서 사용하는 텍스트와 논증 형식도 다수 사용한다. 그럼에도 그의 작품은 대학 내에서만 읽히는 전문적 학술 서적으로 남지 않았다. 그의 철학은 이탈리아의 정치적 곤궁을 표현하고 성직자가 쓴 가면을 벗겨냈다. 또한 교회가 사용하는 권력 수단과 목적의 왜곡된 관계를 폭로했다. 크게 위협을 느낀 제도권 교회는 대응을 서둘렀다. 유럽에서 가장 저명한 대학 총장은 몸을 피해 달아나지 않을 수 없었다. 파도바 출신의 의사는 유배 생활 끝에 뮌헨에서 세상을 떠났다. 그의 텍스트는 몰수되었다. 그의 저작은 1522년에 가서야 프로테스탄트의 도시인 바젤에서 다시 출판되었다. 마르실리우스가 종교개혁가들을 열광시켰을 것이라는 점은 쉽게 짐작할 수 있다. 그래서 오늘날 중세 철학을 대표하는 인물들을 열거할 때, 적지 않은 사람이 마르실리우스의 이름을 제외하는 이유가 바로 여기에 있다. 일반적으로 '중세'에 대해 형성된 표상을 그의 텍스트를 가지고 수정하는 것이 옳은 일임에도, 사람들은 그렇게 하는 대신에 오히려 마르실리우스를 '선각자'로 조명했다. 하지만 그는 14세기 초반에 살았던 인물이다. 그가 종교개혁가와는 다른 세계에 속한다는 점은 그가 아리스토텔레스가 예상할 수 없었던 두 권력의 긴장 관계를 아리스토텔레스를 통해 새롭게 규정했다는 사실만 보더라도 당장 알 수 있다. 중세에서 마르실리우스를 제외하거나 그를 아베로에스주의자로만 편협하게 바라본다면, 우리는 14세기 철학을 조금도 이해하지 못하고 만다. 독자들은 15세기부터 마르실리우스를 — 가우닐로(Gaunilo)와 투르의 베렝가르, 바스의 애덜라드와 피에르 아벨라르, 콩셰의 기욤과 샤르트르의 티에리, 브라방의 시제와 프라이베르크의 디트리히, 로저 베이컨과 니콜 오렘과 더불어 — 중세 시대의 위대한 철학자로 내세운 강력한 권력 기관들이 있었다는 점을 상기하길 바란다. 실제로 15세기부터 모든 수도회는 이런 방식으로 각각의 철학자를 자기 교단을 대표하는 상징으로 만들었다. 그들은 안셀무스와 보나벤투라, 알베르투스 마그누스, 토마스 아퀴나스, 둔스 스코투스가 중세 사유의 모든 것을 완성했다는 인식을 조장했다. 이때부터 좁은 의미에서 '스콜라주의적' 저술가들이 오늘날까지도 중세에 대한 대표적인 이미지로 자리 잡았다. 오늘날 우리는 저 '스콜라주의적' 철학자들의 역사적 의미를 부정하지 않고서 이러한 사상적·정치적 구조물을 수정해야 한다. 마르실리우스 연구는 수정 방법으로서는 적격이다. 현재 대부분의 중세 철학사가 마르실리우스를 다루지 않는 이유가 바로 여기에 있다. 침묵이 곧 그들의 서술 방법이었던 것이다.

제48장
새로운 자연과학

14세기는 영혼이 하느님과 어떻게 하나가 될 수 있는지만 묻지 않았다. 14세기는 우리가 돌을 던지면 어째서 지푸라기를 던질 때보다 더 멀리 나가는지도 궁금해했다. 이러한 문제를 탐구하면서 운동의 개념이 변화를 겪었다. 기존의 천체물리학과 우주의 위계질서 이론은 신뢰를 잃었다. 그러자 태양이 과연 지구를 중심으로 공전하는지도 확실하지 않게 되었다. 13세기의 세계관은 위기에 빠졌다. 세계관 붕괴로 인한 충격은 자연철학을 넘어섰다. 새로운 자연 지식이 탄생했다. 새로운 역학이 시작되었다. 탈신성화된 우주는 단순한 기계로 전락했다.[1)]

14세기는 자연과학에서 어떻게 새로운 길을 가게 되었을까? 그보다 먼저 이러한 발전을 촉진한 자극이 어디서 왔는지를 물어야 할 것이다. 윌리엄 오컴이, 그것도 오직 윌리엄 오컴 한 사람만이 과학 발전에 지대한 영향을 끼쳤다는 견해가 일반적이다. 하지만 아리스토텔레스 철학의 수용이 자연 개념의 변화에 먼저 크게 한몫했다. 생물학자 아리스토텔레스가 사용한 경험적 절차를 아는 사람은 이미 13세기 중반부터 연구의 장(場)이 넓어졌다는 사실을 당장 알 것이다. 그러나 지나치게 자구적인 해석과 '신격화된' 아리스토텔레스를 수용하는 종속적 태도가 13세기의 발전을 가로막았다. 그래서 올리비와 둔스 스코투스, 윌리엄 오컴이 아리스토텔레스를 비판적으로 읽으면서 명증성을 주체적으로 추구했을 때, 14세기에는 새로운 자연과학을 전개할 가능성이 열렸다. 물론, 그들에게는 아득한 가능성이었다. 둔스 스코투스도 윌리엄 오컴도 자연 탐구에 직접 뛰어들지 않았다. 윌리엄 오컴의 사유가 경험론적 특색을 띤다고는 하지만, 어쨌든 그는 아직 경험과학자는 아닌 것이다. 철학을 수세기에 걸친 신학의 종살이에서 해방하고 이를 통해 철학을 자연과학과 풍성하게 결합한 것이 윌리엄 오컴의 업적이라 말한다면 이는 과도한 칭찬이다. 똑같은 일을 아베로에스주의자들도 했기 때문이다. 몽펠리에와 볼로냐, 파도바의 아베로에스주의자들은 철학을 물리학과 의학보다 아래에 두었는데, 이 종속 관계는 갈릴레이의 시대까지 지속되었다.

윌리엄 오컴의 시대를 파리의 사유 관습만을 잣대로 삼아 평가해서는 안 된다. 즉 유럽과 아프리카를 평생 떠돌아다녔던 라이문두스 룰루스는 독창적인 원자론을 구상했고 옥스퍼드에는 로저 베이컨이 있었다. 나폴리의 앙주 가문 로베르(Robert)의 궁정에는 철학과 문학과 자연과학에 조예가 깊은 학자들이 가득했다. 쾰른에는 알베르투스 마그누스가 있었고 그의 뒤를 이어 디트리히도 있었다. 경험주의적 경향의 학문사가들은 이어지는 시대에 엄청난 자연과학적 혁신을 가능케 했던 경험론 철학, 이를테면 윌리엄 오컴의 철학과 같은 것이 어떻게든 선재(先在)해야 한다는 입장을 취한다. 하지만 모든 인식은 감각에서 시작한다는 강단 아리스토텔레스적인 근본 전제도 자연 탐구의 방법 개발로 이어지지 못했듯이, 윌리엄 오컴의 형이상학 비판도 실질적으로는 자연과학적 발견에 기여한 바가 전혀 없다. 경험론이 자연과학 발전을 장려하고 촉진한다는 생각을 가진 사람은 14세기 초의 가장 위대한 과학적 업적을 이룩한 프라이베르크의 디트리히, 곧 순수 '사변적' 사상가였다는 점을 기억하기 바란다.

윌리엄 오컴은 자연 현상을 인간 행위의 본보기나 교화의 도구 내지는 경탄의 대상으로만 취급하는 도덕적 상징주의의 해체와 자연을 정확하게 다루는 방식에 대한 성찰에 기여했다. 그는 아리스토텔레스의 자연철학을 지탱하는 철학적 원리를 흔들기 위한 예비 작업을 수행했다. 하지만 그는 혼자가 아니었다. 1320년경의 사회는 신정론적 사회 이론 비판과 합리주의적인 자연 해석을 강하게 요청할 정도로 발전했다. 시계 발명으로 극명하게 드러나는 기술적 발전은 실제적 경험을 양적인 측면에서 단일하게 파악할 것을 지속적으로 요구했다. 14세기의 사람들은 자기 시대를 과거 어느 시대보다도 정확하게 측정하고 싶어 했다. 시간 개념을 다양한 사회 계층의 다양한 시간 경험(농부들의 시간, 성직자의 시간)에서 분리했다.[2] 수, 사물의 계산성, 이성적 통제, 실용주의가 1300년경 문화의 주도권을 손에 쥔 상업 중심지의 경제적 사고의 큰 틀을 형성했다. 이 시대의 어느 역사가가 교량 건설 같은 사건을 보고하면 거기에는 교량의 길이와 너비, 건설에 소요된 시간과 투입된 인부의 수가 정확히 기록되어 있었다. 마찬가지로 빌라니가 집필한 연대기는 온통 수치들로 가득하다.[3] 양화(量化)의 경향은 기초도 튼튼하고 널리 퍼져 있어 윌리엄 오컴의 영향만 가지고는 설명할 수 없을 정도이다. 이러한 상황 속에서 올리비는 아리스토텔레스의 운동 이론을 비판했다. 아리스토텔레스의 물리학이 새로운 합리성을 자연에 적용하는 것을 방해했기 때문이다. 아리스토텔레스 이론은 양보다는 질에, 실체적 형식에 중점을 두었다. 형식들로 구성된 형이상학 안에서 질적 질서와 규준에 따라 운동을 '해명'했고 '자연적' 운동과 '강제적' 운동을 구별했다. 불이 위쪽으로 솟아오르고 흙은 아래쪽을 향하듯이, 원소들이 '자연적 장소'를 향해 운동하면 그것이 곧 '자연적' 운동이었다. 이러한 움직임은 각 원소의 실체적 형상에 상응해 고유하게 나타나기 때문이다. 아리스토텔레스에 따르면, 원소의 운동은 이 이상 다른 설명이 필요 없었다. 문제는 돌의 투척 같은 '자연스럽지 않은' 운동을 설명하는 일이었다. 운동론의 철학자라 칭송받는 아리스토텔레스는 운동이 아닌 정지를 오히려 자연적 상태로 파악했다. 목적을 가졌기 때문에 이성적이라 불릴 수 있는 원소들의 '자연적 장소'를 향한 운동은 운동의 연속성을 원소의 본질 형상에서 받는다. 즉 원소들은 그들이 본래 있어야 할 '자연적 장소'에 도달해 마침내 정지하기 위해 끊임없이 움직인다는 것이 아리스토텔레스의 설명이다. 그런데 이러한 전제에서 '자연적이지 않은' 운동은 어떻게 통일적으로 파악될 수 있을까? 아리스토텔레스는 14세기에 수많은 비판을 받게 되는 보조 이론 하나를 추가했다. 투척된 돌멩이가 사람의 손을 떠난 이후에도 운동을 지속한다는 점을 설명하기 위해, 돌멩이가 공중을 이동하는 동안 '강제된' 운동의 원인과의 인과 관계는 더는 성립하지 않는데도 돌멩이가 자기의 '자연적' 운동 방향을 거슬러 움직인다는 점을 설명하기 위해, 아리스토텔레스는 투척된 돌멩이를 감싸고 있는 공기에 주목했다. 아리스토텔레스에 따르면, 바로 이 공기들이 투사체를 실어 나른다. '자연적이지 않은' 운동의 연속은 매개체인 '공기'의 연속으로 해명된다.

아리스토텔레스의 형상론적 운동 분석의 대안은 14세기에 이르러 우주론 전체에 균열을 일으켰다. 1928년 콘스탄틴 미할스키(Constantin Michalski)는 윌리엄 오컴 외에 프란체스코 델라 마르카(Francesco della Marca, †1320)도 아리스토텔레스의 운동 이론이 경제성 원리에 위배된다는 입장을 표명했다는 사실을 발견했다.[4] 프란체스코 델라 마르카는 운동의 원인을 '매개체가 아닌 운동체 안에서' 찾는 쪽이 더 단순하고, 따라서 더 합리적이라고 주장했다. 아리스토텔레스와 아베로에스의 운동 이론이 새로운 합리성 규준에 부합하지 않는다는 점은 명확했다. 그는 우리가 운동의 근거를 운동체 내에 있다고 받아들이면 현실에서 실제로 관찰되는 현상을 '더 쉽게, 더 잘'(melius et facilius) 기술할 수 있다고 자신 있게 말한다. 프란체스코 델라 마르카에 따르면, 아리스토텔레스의 운동 이론을 포기할 경우에 '손쉽게' 해명되는 현상들은 다음과 같다.

— 운동하는 물체는 그것을 둘러싼 공기의 운동을 통해 움직이지 않는다.
— 돌처럼 무거운 물체는 지푸라기 같이 가벼운 물체보다 더 빠르게 움직인다.
— 무거운 물체는 어떤 다른 것 안에 공기보다 더 깊숙이 침투한다.
— 공기의 운동이 투사체의 운동에 의존적이지 그 반대가 아니다.

최초로 14세기 물리학을 연구한 학자인 피에르 뒤엠(Pierre Duhem)은 '갈릴레이의 선구자'로 뷔리당(†1360)을 꼽았다.[5] 아리스토텔레스의 운동 이론을 비판한 뷔리당이 윌리엄 오컴과 다른 점은 그가 한 걸음 더 나아가 자연적이지 않은 운동의 기원을 해명하는 이론, 곧 임페투스 이론으로 잘 알려진 운동 이론을 대안으로 제시했다는 것이다. 임페투스 이론에 따르면, 돌을 던진 사람은 투사체에 운동의 연속성의 원인이 되는 어떤 내재적 힘 또는 형상을 전달한다. 이 이론은 아리스토텔레스의 공기 이론에 대립하는 설명이지만, 존재론적인 내속성 관념을 가지고 운동인(運動因)을 운동체에 내재하는 형상으로 파악했다는 점에서는 여전히 아리스토텔레스적인 범주들 안에 머물러 있다. 뷔리당의 운동 이론은 아리스토텔레스와 갈릴레이를 잇는 가교가 되어 15세기와 16세기에 보기 드문 성과를 거두었다. 근대 역학의 초기 창립자들이 폐기해야 했던 이론이 바로 임페투스 이론이다. 뒤엠은 뷔리당이 어떻게 돌을 던진 사람이 전달한 '충격'(impetus)이 돌을 움직인다고 설명했는지도 보여 주었지만, 뷔리당이 이 이론을 천구 운동에도 확장해 적용하려 했다는 사실도 알고 있었다. 신이 한 처음 이 세계를 덮은 구 모양의 하늘에 운동을 전달했다면, 천구들은 지성체나 천사에 의존하는 일 없이 끊임없이 회전할 수 있었을 것이다. 뷔리당은 우리의 경험 사실을 예로 든다. 풍차에 부는 바람을 막아 보라. 그래도 풍차는 당분간 돌아갈 것이다. 즉 이때 풍차의 회전 운동의 원인은 공기가 아니다. 풍차가 한 바퀴 더 돈다면 이 현상이 천구에 대해서도 똑같이 적용된다고 볼 수 있지 않을까? 뷔리당은 이렇게 질문을 던지는 것으로 만족했다. 그는 자기가 발견한 한계를 감히 넘어서려 들지 않았다. 하지만 세계의 진행 과정의 기계화는 이제부터 구체적인 사유 가능성이 되었다. 미할스키의 연구는 이러한 이론적 발전의 힘이 윌리엄 오컴이나 뷔리당 개인에게만 있지 않음을 증명했다. 아넬리제 마이어(Anneliese Maier)와 알렉상드르 쿠아레(Alexander Koyré)는 14세기 자연학자들이 고전 역학의 관성의 법칙을 선취했다고 주장한 뒤엠의 견해를 수정했다.6) 그럼에도 뷔리당은 14세기의 가장 훌륭한 자연 이론가들 가운데 한 명이다.

윌리엄 오컴과 비교하면 뷔리당은 상대적으로 덜 급진적 사상가였다. 윌리엄 오컴의 언어 비판은 우리가 '운동'이라는 명사에 호도될 수 있기 때문에 '운동' 대신에 개별적 '운동체'만 실재하는 것으로 간주해야 한다고 주장할 정도로 날카로웠다. 그래서 그는 운동체 안에 어떤 고유한 힘의 존재를 추가로 상정할 필요가 없었다. 하지만 이것은 바로 뷔리당이 임페투스 이론을 가지고 했던 일이다. 임페투스 이론은 윌리엄 오컴과 아리스토텔레스 사이에서 찾은 타협점과 같다. 그러나 뷔리당은 아리스토텔레스의 운동 이론이 가진 모순들을 열린 마음으로 분석했다. 그의 『자연학 주해』 제8권 제13문의 텍스트가 다음 시대에 끊임없이 읽히고 풍부한 자극을 주었다는 사실은 바로 뷔리당 사유의 개방성과 명료함에 대한 증명이다. 천사를 아직도 별과 천구를 움직이는 원동자로 이해해야 할까? 성경은 어째서 이 부분에 대해 아무런 말도 하지 않는가? 결정을 미루기는 했지만 — "나는 여기서 확정적으로 말하지 않는다"(sed hoc non dico assertive) — 뷔리당은 분명히 문제를 제기했다. "이 점과 관련해 대체 어떤 일이 일어나는지 알려 줄 것을 거룩한 신학자들에게 청하는 바입니다"(ut a divinis theologis petam quod in illis doceant me quomodo possunt haec fieri).7)

뷔리당은 이것이 열려 있는 문제임을 알고 있었다. 그는 프톨레마이오스의 세계관을 반박하는 논증을 기록할 때, 어느 정도 보수적이라 할 수 있는 자신의 최종 입장과 더는 잘 맞아떨어지지는 않는다고 덧붙일 만큼 서술의 엄밀함을 기했다.[8]

작센의 알베르트(†1390) 같은 뷔리당의 독일인 제자들이 빈(Wien)에서 활동을 이어가고 잉겐의 마르실리우스(†1396, 하이델베르크 대학 학장)[9]는 고향에서 뷔리당의 입장을 완화하는 작업에 착수했다면, 니콜 오렘(†1382)은 뷔리당의 이론을 적극 발전시킨 사람이다. 오렘은 지구의 회전을 증명하는 논증을 만드는 데 전력투구했다. 그는 지구가 돈다고 가정할 경우에 쉽게 설명할 수 있는 부조리한 현상들의 목록을 차근차근 만들어 나갔다.[10] 오렘은 하루 단위로 지구가 회전한다는 설명이 날마다 태양이 지구를 중심으로 돈다는 설명과 동등한 설득력을 가질 수 있다고 말하면서 논의를 끝낸다. 뷔리당을 따라 그는, 예컨대 정작 움직이는 배는 우리가 타고 있는 배임에도 저기 있는 다른 선박이 움직이고 있다고 말할 수 있는 경우에서처럼 우리가 경험할 수 있는 모든 운동의 상대성에 주목한다. 하지만 오렘의 위대함은 나중에 쿠자누스도 참여했던, 니콜라우스 코페르니쿠스(Nicolaus Copernicus)를 예비하는 이러한 작업에 있지 않다. 그가 우주론적 문제를 다룬 책을 프랑스어로 저술했다는 것조차 그의 최고의 업적이 아니다. 단테가 이탈리아어로, 마이스터 에크하르트가 독일어로, 룰루스가 카탈루냐어로 썼듯이, 오렘도 프랑스를 위해 할 일을 했을 뿐이다. 오렘은 질적 과정을 양적 방식으로 보편적으로 바꾸어 서술할 때 발생하는 문제에 직면해, 질적 변화를 적절하게 기술하기 위한 좌표계를 도입했다. 그는 세계를 달의 천구 위쪽과 월하 세계로 가른 아리스토텔레스의 이분법적 우주론을 극복하고 통일적인 물리학의 수립을 위해 지구의 자전 문제에서 사유 경제성의 원리에 의존했다.

오렘은 운동 문제에서도 양적 규정으로의 변환을 추구했다. 그는 낙하하는 물체에서 공간과 시간 사이에 비례 관계가 성립한다는 사실을 발견했다. 오렘은 아리스토텔레스 자연학의 기초인 질적 규정이 양적으로 충분히 분석될 수 있음을 보이려 했다. 최초의 '기계적 세계관'은 금융 이론가였던 오렘에게서 여러모로 유익하기도 했다.

14세기는 우주론적인 담론이 매우 솔직하고 활발하게 이루어진 시기였음이 틀림없다. 마이로니스의 프란치스쿠스(Franciscus de Mayronis, †1328)는 지구 자체의 회전이 지구 주위를 도는 태양의 운동보다 더 합리적이라고 강의했던 어느 교수의 이야기를 전한다.[11] 이 보고가 부정할 수 없는 역사적 증거라는 점, 그리고 저 교수의 세계관이 전형적인 '중세'의 표상에 전혀 부합하지 않는다는 점을 염두에 둔다면, 14세기에 등장한 새로운 자연과학은 갈릴레이의 물리학 혁명의 독창성을 조금도 훼손하지 않을 것이다. 임페투스 이론은 아리스토텔레스 물리학의 개정판이지 극복이 아니다. 아넬리제 마이어는 불분명한 예감이나 변죽을 울릴 뿐인 17세기 물리학보다 14세기 물리학자들이 내놓은 성과가 훨씬 많고 뚜렷하다고 평가하지만, 그렇다고 근대 학문의 시작을 17세기 대신에 14세기로 잡을 이유는 없다고 말했다.[12] 마이어는 뷔리당의 임페투스 이론이 16세기까지 유효했고 아리스토텔레스의 자연학에 적합한 형식을 꾸준히 찾았으며, 결국에는 공식적인 스콜라 철학에 수용되었다는 점을 증명할 수 있었다.

임페투스 이론은 아리스토텔레스의 운동 이론이 그렇듯이, 정지 상태를 물체의 자연적 상태로 간주한다. 이와는 대조적으로 고전 역학의 관성 법칙은 운동을 자연적 상태로 파악하고 정지 상태를 운동의 특수 사례로 해명한다. 그러므로 임페투스 이론을 고전 역학의 선구자로 치켜세운다면 그것은 반(反)역사적 찬사가 된다. 근본 전제의—정지 상태가 운동 상태보다 더 우월하다는 판단—동일함 때문에 임페투스 이론은 전통-아리스토텔레스적인 운동론에서 크게 벗어나지 못한다. 그럼에도 14세기는 자연 탐구의 역사에서 엄연한 대전환기였다.

하늘의 운동과 땅 위의 변화를 모두 설명하는 단일한 역학 체계의 구상을 통해 다음 시대의 연구를 위한 터전이 마련되었다. 정지 상태가 진실로 이 지구에 운동보다 더 '고귀한' 상태인가라는 질문을 제기하고 나자, 사람들은 지구가 우주의 중심이라는 점에 즉시 회의를 품게 되었다. 코페르니쿠스와 갈릴레이에게 중요했던 통일적 역학 이론은 이렇게 준비되었다.

제49장
인문주의

토마스주의는 중세 철학의 정점이 아니었다. 그러므로 14세기가 토마스에게 별다른 관심을 보이지 않은 것이 중세 철학의 몰락을 뜻하지는 않는다. 14세기는 이전보다 훨씬 더 엄격하고 새로운 규준을 가지고 사고했다. 룰루스에서 니콜 오렘까지, 둔스 스코투스에서 오트르쿠르의 니콜라스까지, 그리고 마이스터 에크하르트에서 뷔리당에 이르는 독창적 사상가들의 거대한 무리를 보라. 이 시대는 가히 13세기에 필적할 만하다. 다른 한편으로 중세 철학의 종말은 내적인 발전 추이에 따라 엄중히 판단해야 한다. 중세 철학이 15세기에는 발전을 멈추고 말았다는 사실, 14세기에 벌써 지식인의 삶이 — 이제 대학의 수는 넘쳐났다. 독일어권에도 대학이 곳곳에 세워졌다 — 대학에서 분리되기 시작했다는 사실은 의심의 여지가 없다. 무언가 경직 현상이 있었음이 틀림없다. 그리고 상황이 변한 데에는 반드시 이유가 있다.

파리 대학은 국제적 성격 때문에 오히려 제한을 받았다. 국수주의의 태동, 영국과의 백년전쟁, 이탈리아 문화의 독립적인 발전, 프라하와 빈과 하이델베르크에 설립된 대학 등등, 이것들은 모두 파리에는 좋은 일이 아니었다. 아비뇽 교회의 재정적·법적 정체성 확립은 철학자와 신학자의 작업을 주관적 행위나 장난, 겉치레 수준으로 전락시켰다. 이제 사람들은 사회에서 출세하려면 법을 공부해야 했다. 아비뇽의 교황들이 내린 일련의 결정과 선언은 사람들이 흥미를 보이는 사유 방식, 즉 보편적 사유 방식을 원천적으로 차단했다.

요컨대, 사람들은 마이스터 에크하르트처럼 생각해서도, 오트르쿠르의 니콜라스처럼 사고해서도 안 되었다. 천만다행으로 교회의 단죄를 피했던 윌리엄 오컴의 사유는 활로를 찾았다. 1339년 파리 대학 인문학부의 정관이나 유명론을 저지하는 1474년 루트비히 11세(Ludwig XI)의 칙령 같이, 지역적으로는 금령과 단죄 조치가 계속되는 와중에 윌리엄 오컴의 사상에는 굉장히 많은 일이 일어났다. 하지만 사람들은 그의 인식론과 정치 이론의 급진적 성격을 누그러뜨리지 않을 수 없었다. 그의 사상의 모난 부분이 다듬어졌으며, 이론적 협치를 통해 그것은 매우 완화된 형태로 보전되었다. 사람들은 불안에 떨어야 했다. 조심하면서 소극적으로 사유해야 했다. 이러한 환경에서 외교관들은 득세했고 반대로 철학자들은 점점 힘을 잃었다. 명민한 머리를 가진 이들은 이런 골치 아픈 현실을 견뎌내지 못했다. 그래서 그들은 내면으로 도피하거나 문화 친화적인 도시나 군주 아래에서 일하는 쪽을 선택했다.

고등 교육 기관의 지식을 경시할 수밖에 없는 또 다른 이유가 있었다. 대학의 사유 환경이 복잡해지자 종교적 체험과도 갈수록 멀어졌다. (에라스무스와 프랑수아 라블레(François Rabelais)가 조롱한 것처럼) 소르본의 박사들을 비난하거나 이에 맞서 '그리스도의 제자'의 단순 소박함을 훌륭한 가치로 내세우는 분위기가 생겨났다. 대학의 지식은 오직 섬세함만을 추구했다. 그리고 그 시대의 끔찍한 악(惡)에 대해서는, 즉 기근과 흑사병과 전쟁과 교회의 분열에 대해서는 신경 쓰지 않겠다고 선언했다. 1300년부터 대학은 이론적 이유에서 자기의 경계를 설정해야만 했다. 1300년대 중반부터 예리한 관찰자라면 누구든지 대학이 더는 정당한 회의와 의심에 맞서 싸우지 못할 정도로 무기력하게 되었다는 것을 알 수 있었다. 새로운 물리학이 등장하고 큰 성과를 거두었지만 사람들에게서 새로운 신뢰를 얻은 것은 아니었다. 물론, 의미 속의 의미를 탐구하고 정밀하게 사유하면서 사회적 함의를 찾는 학자들이 있기는 했다. 예를 들어 플라톤주의화된 보편 실재론을 가지고 사유 재산과 관련한 도시민의 사고방식의 문제점을 지적하며, 철학적 논거와 성경을 가지고 성체 변화 이론을 비판했다. 영국의 사회 혁명과 보헤미아의 후스파에 영감을 준 존 위클리프(John Wycliffe, †1384) 같은 인물이 있었으며,[1] 대학 사무총장으로서 교회의 일치와 파리 대학 박사들의 일치를 위해 일했던 장 제르송(†1429) 같은 인물도 있었다.[2] 제르송은 윌리엄 오컴의 영향을 받았지만, 그에게서는 보나벤투라적인 르네상스가 살아 숨 쉬고 있었다. 그의 사상에서는 논리적 치밀함과 디오니시우스적 경건함이 조화를 이루고 있다. 교회 정치적인 측면에서는 공의회주의자였다. 제르송의 스승은 중립적 입장에서 윌리엄 오컴을 다소 비판적으로 수용한 피에르 다이(Pierre d'Ailly, †1420)였다.[3] 그 또한 오컴적인 것과 디오니시우스적인 것을 종합했지만, 이 두 개의 흐름을 그 당시에 단죄되었던 극단으로까지 일관되게 밀어붙이고 싶어 하지는 않았다. 혹자는 책잡힐 만한 일을 이런 식으로 교묘하게 피했다고 볼 수도 있겠다. 하지만 다이는 그 당시 상황에서 가능한 타협점을 찾았던 것이다.

이러한 현실 속에서는 개인의 영성이나 이웃 사랑을 위해 서구 지식의 사치스러움을 모조리 포기하거나 아니면 자기반성에도 형식이 있다는 점을 아우구스티누스와 고대의 라틴 사상가에게서 수용함으로써 독자적으로 성찰하는 것, 이렇게 두 가지의 대안만이 가능했다. '인문주의'는 바로 형식을 준수하는 자기 성찰을 가리키기 위해 만들어진 용어이다. 사람들은 이 '인문주의'를 대체로 중세에 반대되는 말로 이해했다. 그래서 서던 같은 중세사 연구의 대가는 『중세의 인문주의』(Medieval Humanism, 1970)라는 책을 쓰지 않을 수 없었다. 그럼에도 14세기와 15세기의 인문주의는 반(反)중세적 성격을 띤다. 정확히 말하자면, 반(反)스콜라적 모티프를 가지고 있다. 이 시대의 인문주의는 교육 방법의 개선과 용어의 개정을 요구했다. 특히 앎이 앎 자체에 목적이 있다는 관념을 강하게 비판하면서 지식의 사회적·정치적 의의를 강조했다. 또한 학문적 지식에 있어 대학의 '객관주의'라는 것을 경멸했다. 즉 대학이 삶을—사유하는 개별자 내에 근거를 두지 않기에—'객관적'으로 이해하는 법을 사람들에게 가르칠 수 있다는 기대의 공허함을 폭로했다. 중세 후기의 지식은 대학 안에서도, 수도회 내에서도 너무나 엄격하게 조직되어 있었다. 인문주의는 라틴어 사용과 교육 방식의 개혁만을 부르짖지 않았다. 인문주의는 지식을 자기 자신에 대한 앎이라는 측면에서, 그러니까 그리스도교적 소크라테스주의의 의미로 이해했다. '인문주의'와 '중세'는 흡사 고전 역학(갈릴레이)과 14세기 물리학의 관계와 같다. '인문주의'와 '중세'라는 용어가 걷잡을 수 없을 정도로 광범위한 의미로 쓰인다는 점만 빼면 말이다. 인문주의는 중세의 발전 없이는 등장할 수 없었다. 인문주의는 전제를 필요로 하며 본보기도 있다. 그리고 그 원형은 바로 중세 자체 안에도 있었기 때문이다. 인문주의는 단지 중세 후기 대학의 완고함에 과격하게 대항했을 뿐이다. 인문주의는 역사 연구와 수사학 같은 새로운 분야를 개척했지만 중세인들이 그 둘을 전혀 몰랐던 것은 아니다. 1400년경의 특수한 상황에서 역사학과 수사학은 이미 굳을 대로 굳어진 대학을 조롱거리로 만들기에 충분했다. 심지어 새로운 교육 방식을 채택하는 대학이 하나둘씩 생겨나기 시작한 때에도 말이다. '인문주의자'도 그렇지만 동질적 집단을 형성하지 않았던 것은 대학 교수들도 마찬가지였다. 예를 들어 16세기에 아베로에스적으로 해석된 아리스토텔레스를 연구하고픈 누군가가 있었다고 치자. 그 당시에 그가 아베로에스주의를 추종한다고 해서 뭐라 할 사람은 아무도 없었다. 또한 인공적인 라틴어를 구사한다는 이유로 중세 철학자들을 경멸하지 말라고 주의를 주었던 인문주의자도 있었다. 피코 델라 미란돌라(Pico della Mirandola, †1494) 같이 새 시대를 대표하는 사상가도 에르몰라오 바르바로(Ermolao Barbaro)에게 보낸 유명한 편지에서 철학 텍스트의 논증적 타당성보다 라틴어 문장 구사력을 높이 평가하는 인문주의자들을 비판한다. 그 자신은 스콜라적인 길을 가려고 하지 않았음에도 미란돌라는 문장 표현의 수려함에만 집착하는 인문주의자에 대항하면서 스콜라 철학자들을 옹호했다.[4]

그러므로 15세기에는 교육 체계의 형식적 개혁에만 목을 맸던 인문주의가 있었다. 수사학과 시학은 역사 공부와 도덕철학을 통해 새롭게 조명되어야 했다. 이 개혁은 실제적으로는 라틴어 문체를 키케로의 스타일에 맞게 교정하는 작업과 필독서 목록의 확장, 그리고 문헌학적으로 안정적인 텍스트 생산으로 이루어졌다. 폴 오스카 크리스텔러(Paul Oskar Kristeller)는 바로 이러한 좁은 의미로만 '인문주의'를 사용할 것을 제안한 바 있다.[5] 크리스텔러의 제안은 사태를 명료하게 해 준다는 장점은 있다. 하지만 우리는 '인문주의'를 보다 넓은 의미로, 다양한 내용을 가지고 쓸 수도 있다. 예를 들어 미란돌라를 '인문주의'의 대표자라 칭하고, 나중에 다루겠지만 '인간 존엄성'을 철학적 동기를 가지고 사유한 사상가라 부르기 위해서는 '인문주의'의 의미 확장이 필수적이다. 나는 문헌학주의를 인문주의의 핵심이라 지적한 크리스텔러의 견해를 부정하지 않지만, 인문주의라는 용어의 사용 범위를 확정하고 싶지도 않다. 나는 에우제니오 가린(Eugenio Garin)의 입장을 따라 '인문주의'를 넓은 의미에서 쓰도록 하겠다.

제50장

페트라르카: 14세기의 철학자

'중세'와 '근대', '스콜라주의'와 '인문주의' 같은 보편적 표현들은 그 내용을 일단 상세히 서술한 다음에만, 즉 교육의 기술적 차원에서만 사용되어야 쓸모가 있다. 이러한 용어들은 절대로 역사적 인식을 대체해서는 안 된다. 대부분의 경우에 이 용어들은 세부적 사실의 무지를 감추기 위한 비겁함에서 사용된다. 이 표현들은 몇 가지 수사학적 효과 때문에 사용된다. 이 용어들을 사용하는 한에서 우리는 아마 문서고나 도서관에 들어가는 일이 없을 것이다. 그것들은 구체적 사실의 진리에 대한 앎을 이데올로기적으로 구성하기 때문이다. 나는 그 가운데에서도 특히 '인문주의'라는 표현이 그 안에 얼마나 많은 것을 감추고 있으며, 실제 텍스트와 얼마나 모순적으로 쓰이는지를 프란체스코 페트라르카(Francesco Petrarca, †1374)[1]의 사례를 통해 보이고자 한다. 페트라르카의 작품에서는 '중세'와 '근대'의 통상적 경계마저도 허물어진다.

몇몇 중세사 연구에서는 페트라르카를 전혀 다루지 않는 경우도 있다. 베른하르트 가이어(Bernhard Geyer)와 질송, 필로테우스 뵈너(Philotheus Böhner)의 중세 철학 연구에서 페트라르카를 찾아보라. 절대 찾지 못할 것이다. 가이어는 페트라르카가 '스콜라적' 철학에 속하지 않는다고 논증할 수도 있다. 하지만 페트라르카는 14세기의 인물이 아닌가? '중세', '스콜라학', '르네상스' 같은 교조적 경계 설정은 페트라르카를 그 시대에 대한 우리의 이해에서 멀어지게 만든다. 아니면 그는 아예 철학자가 아니었는가? 페트라르카는 시인이기도 했다. 그렇지만 그는 모국어인 이탈리아어보다 라틴어로 쓴 텍스트를 더 가치 있게 여겼다. 그 자신의 개인적 평가가 어떻든 간에, 우리에게는 크게 중요하지 않다. 중요한 것은 그가 『나의 내적 투쟁』(Secretum meum, 1343~58), 『그와 수많은 사람의 무지에 대하여』(De sui ipsius et multorum ignorantia, 1367)와 같이 부정할 수 없는 철학적 논고를 저술했다는 점이다. 이외에도 도덕철학적 작품들과 사변적 내용이 담긴 편지들(Familiari)이 남아 있다.[2] 14세기의 두드러진 특징 가운데 하나는 바로 이 시기의 사상가들이 12세기까지 유행했던 편지 형식을 철학적 내용을 담는 그릇으로 다시 사용하기 시작했다는 점이다. 주관적 반성, 즉 객관주의적이고 전체주의적인 척하지 않는 성찰이 최고의 가치가 되었다. 페트라르카는 오트르쿠르의 니콜라스처럼 '대전'(Summa) 부류의 작품을 쓰지는 않았지만 당대의 중요한 철학 저술가였다. 그럼에도 독일어권에서는 그의 작품을 중세 철학의 역사 속에서 이해하려는 경향이 있다. 그리고 이 경우에는 14세기가 빈약한 시대로 치부된다. 페트라르카의 역동성과 강렬함은 희석된다. 우리는 오직 '스콜라적' 철학자만이 중세 후기의 정신을 대표한다는 잘못된 편견을 또다시 승인하고 만다.

질송은 이러한 평계를 대기에는 너무나도 박학다식한 사람이었다. 그의 대저 『중세 철학사』(La philosophie au moyen âge)[3]는 페트라르카를 상세하게 다룬다. 하지만 질송의 페트라르카는 '키케로의 언어 음악'(La philosophie au moyen âge, pp. 720ff. 참조)에 크게 도취한 사람으로 묘사된다. 질송은 페트라르카를 영국 논리학자들과 소르본의 교수들에 대항한 이탈리아인, '웅변가'(orateur), 그리스도교적 인문주의자, 교부들을 공경하는 사람으로 소개했다. 질송은 페트라르카가 사람들에게 학교의 변증론자를 따르는 것과 자기를 따르는 것 사이에서 양자택일할 것을 강요했다는 사실을 강조한다. 그는 페트라르카가 아리스토텔레스 수용을 거부하고 대신에 아우구스티누스와 12세기의 그리스도교 인문주의자들(솔즈베리의 존, 그리고 베르나르 실베스트리스도 추가할 수 있다)을 따랐다고 본다. 하지만 페트라르카가 '스콜라주의'(질송의 말이다)에 등을 돌렸다고 서술할 때, 질송은 거기서 스콜라적 논증의 무게를 모조리 덜어내고 싶어 했다. 결과적으로 페트라르카는 스콜라주의와 아무런 상관이 없는 사상가처럼 그려지고 말았다. 페트라르카는 스콜라주의에 아무런 반응도 보이지 않았거나 스콜라학의 바깥에서 사유했다는 식으로 말이다—"마치 스콜라주의가 존재하지 않았던 것처럼". 그러나 진실은 그렇지 않다. 페트라르카는 반(反)스콜라적 철학자로 살았다. "무엇보다도 나는 철학을 사랑한다. 하지만 현학적이고 공허한 말만 지껄이는 교조적(scholasticam) 철학이 아니라 …… 참된 철학을 말이다."4) 그런데 그에 따르면, '참된' 철학은 그의 동시대인들에게서 찾을 수 없었다. 이렇게 해서 그는 스콜라주의의 비판자가 되었다. 세부적인 논리 연구와 새로운 물리학은 교회의 쇠퇴나 이탈리아와 여러 도시의 몰락에 조금도 기여하지 않았다. 페트라르카가 스콜라학을 계승하지 않았다면 이는 스콜라주의가 시(詩) 문예와 신학 사이의 내적 관계를 알지 못했기 때문이며, 더 나아가 윤리적·정치적 차원에서 아무런 기능도 하지 못했기 때문이다.5) 그는 자기 시대의 이방인과도 같았다. 그는 고대적인 것과 로마를 찬양했다. 그는 고대를 자기 시대에 재생시키고 정치적·문학적·철학적 현실에 대항하는 힘으로 내세웠다. 소크라테스, 플라톤, 키케로, 아우구스티누스는 인생의 지혜를 가르친 현자로 해석되었다. 그들이 구사한 정치적·도덕적 수사는 스콜라적 변증론을 대체해야 했다.

독일어권 철학사가들은 '인문주의자'로서의 페트라르카를 자기들이 쓴 철학사의 올림포스산 위에 받아들이지 않는다. 그들은 '인문주의자'가 오직 문학과 수사학과 시의 창작에만 관심을 두었을 뿐 '실질적인 철학'은 하지 않았다고 전제하기 때문이다. 하지만 '사태' 자체를 탐구하지 않고 단어에만 만족하고 용어에만 집착한다는 비난이 바로 그 당시 철학자들을 향한 페트라르카의 주된 비판이었다. "어찌하여 그대들은 뻔한 단어 때문에 늙어 가고 사태를 잊어버리는 것입니까?"[6] 이 비판은 무엇보다도 논리 연구에 집중된 14세기 철학을 겨냥하고 있다. 프랑스와 이탈리아에까지 번진 언어 분석에 대한 '영국 야만인들'의 열정은 도덕철학과 사회철학 위에 올라설 수 없다. 페트라르카가 강조하는 '사태' 자체는 흑사병과 기아와 전쟁, 지식인들의 분열로 뒤덮인 시대의 개인적 체험들을 가리키기 때문이다. 그는 모두가 원하는 것을 실현해야만 하는 개인의 삶과 집단의 삶의 방식에 물음을 던졌다. 그는 논리학을 폐기하려는 것이 아니었다. 논리학은 지식에 대한 입문으로 보조적 기능을 수행해야 한다. 인간은 성장하면서 논리학을 배워야 한다. 하지만 논리학과 함께 늙어서는 안 된다. 모든 인간은 자라서 성인이 되면 인간 삶의 목적과 방향에 대한 물음들, 즉 도덕철학적 문제를 탐구해야 한다. 페트라르카는 논리학과 후기 스콜라적인 대학 문화의 형식주의의 우위만을 비판하지 않았다. 그는 중세 후기의 강단 아리스토텔레스주의의 객관주의에 맞서 인간의 자기 인식이 중요하다는 점을 역설했다. 그는 자기 시대 문제의 탓을 아베로에스에게 돌렸다. 그는 '그리스도교 철학'을 원했다. '그리스도교 철학'이라는 말로 그가 의미한 것은 개인의 삶과 사회적 삶을 새로이 형성할 수 있는 소크라테스적이고 아우구스티누스적인 자기반성이었다.

회의주의?

14세기에는 페트라르카로 인해 역사적 의식이 성장했다. 하지만 그는 단순한 철학 교사나 회의주의자가 되지는 않았다. 조반니 젠틸레(Giovanni Gentile)에 따르면, 페트라르카는 중세 후기에 발달한 학파들에 비판적 거리를 취함으로써 근대 철학을 열었다. 실제로 페트라르카는 논리적 정교함과 동시대의 물리학과 의학적 지식의 오만함을 거슬러 무지의 가치를 찬양했다. 그는 그리스도교의 도덕적·영적 내용을 옹호하면서 자연주의적 학문 개념을 비판했다. 아울러 그는 자연의 비밀을 캐내고 싶은 욕구를 소크라테스적 의미에서 절제할 것을 권고했다. 이는 14세기 주요 학파들에 해당되는 구체적 비판이다. 중세 후기에 형성된 학파들의 완고하고 폐쇄적인 성격과 페트라르카가 주장하는 개별적이고 개인적인 사유는 서로 대립한다. 그리고 이렇게 주장할 때, 페트라르카는 자기가 고독한 싸움을 벌이고 있다는 사실을 잘 알고 있었다. 그는 실제 정치와의 연관성을 올바르게 유지하고자 노력했다. 콜라 디 리엔초(Cola di Rienzo)와의 관계와 황제 카를 4세(Karl IV)에게 보낸 편지에서 드러나듯이, 페트라르카는 정치 현실에 깊이 개입했다. 그에 따르면, 철학은 사회적·정치적 세계의 개혁에 대한 성찰이기도 했다. 그의 목표는 이탈리아인의 삶의 혁신이었다. "나는 아리스토텔레스주의자이고 스토아주의자면서 플라톤주의자이기도 하다"라고 말하면서 학파들의 입장을 상대화할 때, 페트라르카는 소크라테스적이고 그리스도교적이며 아우구스티누스적인 의미에서 시도되는—그의 통찰에 따르면, 본질적으로 실천적 성격을 띤—자기 해명을 기준으로 당대 학파들의 견해를 재단하고 있다. 개인적 삶과 정치적 삶의 변화를 보면 그가 1348년부터는 사실상 죽음을 마주하고 작업해 왔다는 점을 알 수 있다.

페트라르카는 철학에 무관심한 상인들의 가치관이나 자연과학적 지식과 의술의 찬란한 빛을 단번에 퇴색시킨 흑사병 같은 격렬한 삶의 현실에 철학을 직접 대결시킴으로써 14세기 철학의 발전에 기여하기도 했다. 단테는 아리스토텔레스를 '모든 식자의 스승'으로 칭했으나 페트라르카에게 아리스토텔레스는 더이상 그만한 가치가 없었다. 그는 독창적인 저술가였다. 그의 고유한 독창성은 비판될 수 있지만, 그의 사상을 먼저 그리스 문화의 틀 안에서 파악하는 법을 배워야 한다. 이렇게 해서 페트라르카는 역사적 의식의 기초를 놓는다. 그는 다음 세대에 철학과 신학에서의 문헌학의 필요성을 가르쳤다. 이렇게 설정된 새로운 입장으로 말미암아 15세기와 16세기에 가서는 정말로 세상이 변하게 된다. '콘스탄티누스의 증여'가 위조문서임을 로렌초 발라(Lorenzo Valla)가 밝혀냈을 때, 에라스무스와 루터가 『신약성경』을 스콜라적인 성경 주해에서 해방했을 때, 1532년 미카엘 세르베투스(Micahel Servetus)가 『신약성경』에 삼위일체에 대한 언급이 없다는 점을 밝혀냈을 때, 우리는 사실 관계를 중시하는 페트라르카의 정신이 살아 있음을 본다.

아우구스티누스의 부활

페트라르카는 아우구스티누스를 『나의 내적 투쟁』의 대화 상대자로 등장시킴으로써 아우구스티누스 사상을 인용한다. 그러나 이때 인용되는 것은 후기 아우구스티누스의 은총론이 아니라 자기 삶을 주체적으로 반성하고 성찰한 초기 아우구스티누스의 사상, 즉 우리 자신과 하느님을 모두 우리 안에서 찾고 인식하는 데에 모든 지혜가 들어 있다고 보는 사상이다. 페트라르카의 아우구스티누스는 그 당시 스콜라주의 비판의 수호성인과도 같다. 페트라르카는 이러한 아우구스티누스를 통해 북부 이탈리아에서 일어난 초기 계몽 운동 — 페트라르카가 이 계몽 운동을 인지했던 유일한 사람은 아니다(Sen. V 2 참조) — 을 강하게 비판한다. 페트라르카의 아우구스티누스는 자연과학자의 자기 망각도 호되게 꾸짖었다. 이들은 사자의 머리털과 코끼리의 번식 활동을 연구하면서 정작 자기 자신에 대해서는 알려고 하지 않는다. 페트라르카는 스콜라주의적 자연학의 오만함을 비판하고 인간의 자유의지를 옹호했다.

그는 14세기 흑사병이 창궐하던 시기에 철학을 죽음을 배우는 수업이라는 플라톤적 의미에서 새롭게 가르쳤다. 페트라르카는 아우구스티누스를 키케로와 세네카와의 밀접한 연관 속에서 바라보고 신학적 은총론의 보증인보다는 섬세한 지식인이 가야 할 길을 닦은 선구자로서 파악했다. 아우구스티누스는 중세 후기의 학풍에서 페트라르카를 해방한 사람이다. 그가 볼 때, 영혼론에서 우주론적 고찰이 점하는 아리스토텔레스적 우위성을 반박하고, 그리스도교적 자기 성찰에서 학문을 분리해 낸 아베로에스의 이론을 비판하고, 도덕철학을 경시하는 풍조를 바로잡기 위해서는 아우구스티누스가 꼭 필요한 사상가였다. 이리하여 아리스토텔레스도 모습을 달리하게 된다. 아리스토텔레스의 『니코마코스 윤리학』의 중요성이 그의 논리학과 『자연학』, 『형이상학』보다 더 강조되었다. 전반적으로 페트라르카는 고대 철학자의 작품을 문헌학자로서 읽어야 한다고, 즉 고대의 작품들을 고대 세계에 대한 증언으로 읽어야 한다고 가르친다. 그는 아리스토텔레스의 저작들을 불속에 던져 넣어야 한다고는 생각하지 않았다. 페트라르카는 아리스토텔레스의 객관주의적 경향을 강화하거나 그의 사상을 교조적으로 정립하는 대신에, 그의 작품을 도덕적·정치적 성찰을 위한 교재로 삼아야 한다고, 그리고 문헌학자와 역사학자의 관점을 가지고 거기서 그리스 문화를 읽어 낼 수 있어야 한다고 주장했다. 아우구스티누스와 마찬가지로 페트라르카도 플라톤을 아리스토텔레스보다 우위에 두었다. 하지만 그리스어로 된 '플라톤 전집'을 소장하고 있었음에도 페트라르카는 새롭게 나아갈 방향을 분명히 설정하지는 못했다. 플라톤 텍스트에서 구체적 근거를 찾아 제시할 수 있을 정도로 그리스어를 능숙하게 구사하지는 못했기 때문이다. 그럼에도 그가 새로운 플라톤 연구와 아리스토텔레스 저작의 문헌학적 방법에 많은 동기와 자극을 주었다는 사실은 부인할 수 없다. 15세기 피렌체를 중심으로 일어난 플라톤-르네상스(마르실리오 피치노)는 페트라르카에게서 영감을 받았다.

독일 중세사가들의 편견

대체로 페트라르카는 니콜라우스 쿠자누스처럼 중세에서 근대로 넘어가는 과도기의 사상가들 가운데 하나로 묘사된다. 그러나 그러한 서술에서 명사(名辭)들은 너무 쉽게 독립적으로 사용되곤 한다. 그래서 독일의 권위 있는 서양 철학사에서 페트라르카에 대한 장(章)은 온통 편견과 왜곡으로 가득하다. 빌헬름 빈델반트(Wilhelm Windelband)는 '인문주의 운동'의 목적이 "이탈리아 민족주의의 태동과 밀접하게 연관된 로마의 대중 문학에 대한 흥미를 불러일으키는 데에" 있다고 쓴다.[7] 빈델반트는 플라톤주의로의 전환을 비잔티움 제국에서 유입되고 소개된 플라톤 저작으로 인한 부수적 현상으로 설명한다. 이 같은 주장에는 콘스탄티노폴리스 함락(1453) 이전에 이탈리아는 이미 능숙한 그리스어를 배울 수 있는 환경을 갖추고 있었다는 점이 전제되어 있다. 페트라르카가 (그가 아리스토텔레스에 반대했다는 측면에서) 아리스토텔레스를 거부한 이유가 무엇인지는 이미 이야기했다. 빈델반트는 중세 철학을 교회의 교의와 통합을 이룬 매우 엄격한 아리스토텔레스주의 철학으로 이해했다. 앞에서 살펴보았듯이, 13세기 중반에 종교적 이유와 철학적 이유에서 아리스토텔레스에 반대하는 세력이 등장했고 페트라르카는 이러한 전통을 따른 사람이었다. 게다가 빈델반트는 '인문주의 운동'을 외적인 측면에서만('로마의 대중 문학에 대한 흥미') 파악함으로써 인문주의자들을 이교도로 만들었다. 페트라르카가 사랑했던 로마의 '통속 문학'은 세네카와 키케로였고, 특히 아우구스티누스로 하여금 대중적·통속적인 것에서 빠져나올 수 있게 해 준 것은 키케로였다. 에른스트 카시러(Ernst Cassirer)의 경우에 페트라르카는 빈델반트에게서보다 더 명철한 사람으로 그려진다. 카시러에 따르면, 페트라르카는 '고대-인간적인 요청과 중세-종교적인 요청'[8]의 긴장 관계를 해소하기 위해 심혈을 기울였지만 큰 성과를 내지는 못했다. 페트라르카의 사유가 키케로와 아우구스티누스 사이에서 타협을 보지 못했다는 것이 그 이유이다. 이와 달리, 에우제니오 가린은 페트라르카가 키케로를 아우구스티누스를 예비한 사람으로 해석했다는 점을 밝혀냈다. 요컨대, 페트라르카는 카시러가 주목한 중세와 근대의 분열을 바로 아우구스티누스 안에서 통합했다는 것이다.[9] 만일 이 시대 전환기의 자유 시민들이 페트라르카를 세속성을 변호해 줄 인물로 떠받들었다면, 그것은 즉시 성직자 중심적인 역사 서술의 먹잇감이 되고 만다. 중세의 숭고함을 설득하기에 ─ 그래서 내가 앞에서 중세사가들의 편견이라고 말했던 것이다 ─ '르네상스'는 피상적 자연주의로 비친다. 이 때문에 요하네스 히르슈베르거(Johannes Hirschberger)는 가톨릭적 관점에서 저술한 『서양 철학사』(*Geschichte der Philosophie*)에서 르네상스 시기에 인간은 "자기가 봉사해야 하는 초인적 질서의 척도에 따라 스스로를" 평가하기를 그쳐 버렸다고 쓴 것이다. "우리는 이런 것을 이미 페트라르카와 보카초 같은 시인들에게서 느낄 수 있다."[10] 히르슈베르거는 페트라르카와 보카초 둘 다 철학자였다는 사실에 대해서는 침묵한다. "이들이 우선시했던 것은 삶의 직접적 경험이었다. 그들은 형이상학적·종교적 해석과는 상관없이 인간 자신이 체험하고 본 그대로의 인간을 묘사해 냈다. 이렇게 하는 데서 르네상스 시기의 특징이라 할 수 있는 개인주의가 생겨난다."[11]

우리는 여기서 '르네상스' 일반에 대해 이야기할 필요가 없다. 우리는 페트라르카에 대해서만 말하고 있다. 그가 철학적 사유를 개인의 삶 안에 들여왔다는 점은 틀림없는 사실이다. 그가 20세기에 대두된 이상을 꿈꾸지 않았고 우리가 봉사해야 할 가치들의 세계에 살지 않았다는 것도 틀림없는 사실이다. 그는 자아실현의 윤리학을 고대적 의미로 이해했다. 하지만 개인의 경험을 규정할 범주를 전혀 정립하지 않은 것도 아니다. 이를 알기 위해서는 『나의 내적 투쟁』의 첫 장을 들추어보는 것으로 족하다. 거기서 독자들은 세속적인 것을 일상의 은폐된 시선으로 바라보기를 멈추라는(satis superque satis hactenus terram caligantibus oculis aspexisti)[12] 플라톤적이고 아우구스티누스적인 요청을 읽을 수 있을 것이다. 페트라르카는 '종교적 해명과 형이상학적 해설을 배제하고' 세계를 바라보아야 한다는 끔찍한 생각에 빠진 적이 결코 없다. 그는 아리스토텔레스주의자들의 섬세한 비판을 차용하고 플라톤-키케로-아우구스티누스의 통일된 사상을 제시함으로써 14세기에 지배적인 종교적·형이상학적 해석들을 개혁하고 싶었을 뿐이다.

# VII. 15세기: 중세와 근대 사이

제51장
역사적 상황

 15세기와 그 사유의 모습을 전체적으로 조망하기는 쉽지 않다. 최근에 이루어진 연구를 통해 로렌초 발라와 니콜라우스 쿠자누스, 레온 바티스타 알베르티(Leon Battista Alberti) 같은 인물들이 새롭게 알려졌다. 이들 사상가만 가지고 15세기 전체를 특징짓는 것은 위험한 일이다. 비슷하게 복잡한 상황으로 간주되는 10세기와 비교하면 15세기는 위험의 성격도 많이 다르다. 이제는 사상의 대립과 지역적 차이가 심해졌기 때문이다. 이탈리아의 사정을 고려하면 섣부른 일반화를 자제할 수밖에 없다.

 경제적 측면에서 보자면, 15세기는 전반적으로 14세기 불황의 연속이었다. 인구는 15세기 중반에 가서야 다시 증가하기 시작했다.[1] 하루 노동 수당 대비 곡물 가격은 낮은 편이었다. 농업 분야에서의 투자는 수익률이 높지 못했다. 농업 경제는 발전을 멈추었다. 헤르만 하임펠(Hermann Heimpel)은 15세기를 두고 아무런 진척이 없는 답보 상태라고 썼다. 그럼에도 이러한 서술에 감추어진 것들을 볼 줄 알아야 한다. 튀르크인들의 발칸반도 침략, 크리스토퍼 콜럼버스(Christopher Columbus)의 항해, 북부 이탈리아 도시들의 성장, 금융 경제의 발전, 근대 초기의 거대 국가 탄생의 토대가 되는 '사회 경제적 거대 기구와 조직들'(에리히 모이텐(Erich Meuthen))이 바로 이 시기에 볼 수 있는 것들이다.

15세기 말에는 세기 초부터 세계가 얼마나 많이 변했는지 명확히 나타났다. 1378년부터 이어진 서방 교회의 대분열을 바로잡고 후스파의 공격에 저항하면서 공의회주의 운동을 누그러뜨리기 위한 시도들이 행해짐에 따라 15세기 중반부터는 교황권이 안정을 되찾았다. 1439년 교황은 4세기가량 이교 관계였던 비잔티움과 로마 교회 사이에 일치를 이끌어 내는 데 성공했다. 교황청은 1438년 프랑스(부르주 '국사 조칙*')와, 1448년 신성 로마 제국(빈 협약)과 교회 정치 협약을 맺었다. 그로부터 몇 년 후인 1453년 동로마 제국은 멸망하고 유럽은 충격에 빠졌다. 튀르크인들은 이제 언제든 서구 세계를 위협할 수 있었다. 튀르크인들의 침략을 막아내기 위해 지역적이고 국가적인 이해관계를 조정하려는 교황의 노력은 실패로 돌아갔다. 지중해 동부의 상권은 쇠퇴하기 시작했다. 동로마 제국을 지속적으로 견제했던 베네치아는 이제 붕괴를 눈앞에 두고 있었다. 경제 중심지는 스페인과 네덜란드로 이동했다. 아메리가 대륙의 발견으로 유럽인들의 시야가 넓어졌다. 지중해는 세상을 잇는 바다로서의 의미를 상실했다. 피사, 제노바, 베네치아의 위대한 시대가 저물었다. 피렌체도 서서히 힘을 잃었다. 프랑스 왕 샤를 8세(Charles VIII)가 1494년과 1495년에 밀라노와 토스카나 지방을 점령했을 때, 미래가 다수의 도시 공화국이 아닌 중앙 집권화된 소수의 군주국의 시대가 된다는 사실이 분명해졌다.

---

* 부르주 국사 조칙, 또는 부르주 교권 제재(Pragmatische Sanktion von Bourges, 1438년 7월 7일)는 프랑스 국왕 샤를 7세가 관료 성직자들과 함께 공동으로 비준한 교권 제한 조치이다. 이 제재의 목적은 프랑스 국왕에게 교회를 감독할 권한을 부여해 프랑스 지역 교회에서의 교황권의 간섭을 막는 것이었다. 부르주 회의는 프랑스 국왕에게 대수도원 총회나 주교 선출 회의에서 후보자를 추천할 권리를 부여하고 보편 공의회의 결정을 교황보다 우위에 두었다. 또한 프랑스 지역 교회에 교회 수입을 나누어 주었다(교황에게 납부하는 초입세(Annatae)의 폐지). 그 외에 로마에서 결정한 파문이나 미사 거행 금지 조치, 교황의 전대사(全大赦) 등이 프랑스에서는 국왕의 승인과 같은 제한된 조건에서만 효력을 발휘할 수 있도록 하는 규정도 포함했다.

교육 기관은 10세기처럼 완전히 붕괴하지는 않았다. 대학의 수는 증가했다. 유럽 곳곳에 고등 교육 기관이 설립되었다. 학생 수는 그 어느 때보다도 많았다. 도시에서는 의사와 법률가에 대한 수요가 커졌다. 새롭게 개편된 국가 행정 체계는 관료의 더 전문적인 양성을 요구했다. 지금까지 전문 인력이 충분히 공급되지 않았던 중부 유럽은 1400년에서 1500년 사이에 다수의 대학을 확보했다. 하지만 대학의 학문은 활기를 잃었다. 현재 이 시기에 대한 연구가 많이 부족하지만, 다행히도 크게 놀랄 만한 사상적 사건이나 업적은 아직까지 알려진 바가 없다. 북부 이탈리아의 대학 교수들 중에 혁신적 사고를 가진 이들이 꾸준히 있었음은 틀림없는 사실이다. 하지만 전체적으로는 학문 발전이 더는 대학에 의존하지 않는 추세가 강했다. 소르본에서는 일찍부터 이러한 독립 현상이 두드러졌는데, 몇몇 유명 인물의 사례를 통해서도 충분히 가늠할 수 있다. 1435년 쿠자누스는 새로 건립된 루뱅 대학의 교수직 제안을 거절했다. 에라스무스는 1495년 소르본에서 수학했지만 그가 들어야 했던 강의 언어를 두고 자주 불평했다. 결국, 그는 대학에 등을 돌리고 말았다. 한편, 같은 시대에 폼포나치는 파도바에서 아리스토텔레스 강의를 들었다. 그는 철학적으로 엄격하게 해석된 아리스토텔레스가 여전히 많은 사람을 열광시킬 수 있음을 보여 준 대표적 사례이다. 나중에 폼포나치는 논리정연한 아리스토텔레스주의가 영혼 불멸성 이론을 배제한다는 점을 입증하기에 이른다. 종교적인 문명의 급소를 찌르며 끊임없이 치명상을 입히는 문제이다. 지롤라모 사보나롤라(Girolamo Savonarola, 1498)의 업적과 죽음으로 새로운 종교적 열정이 비옥한 땅에 떨어지고 피렌체 르네상스가 위기를 맞게 되었다는 점이 명확해졌다. 그로부터 3년 후에 마르틴 루터는 에르푸르트 대학에서 중세 후기의 학문 세계를 접했다.

16세기의 거시적인 역사적 움직임이 15세기에 어떻게 준비되었는지 알기 위해서는 이러한 인물들의 이름을 언급하는 것으로 충분하다. 그럼에도 적지 않은 철학사가가 중세 철학을 14세기에서 마무리짓곤 한다. 15세기에서 오직 한 사람, 쿠자누스를 다루는 경우가 간혹 있기는 하다. 매우 반(反)역사적인 처사가 아닐 수 없다. 이렇게 하면 중세 후기에 내재된 근대의 기원을 하나도 알아볼 수 없게 되고 만다. 15세기의 지적 삶은 유명론자와 실재론자의 대결(토마스주의자와 스코투스주의자의 대결)일 뿐이라는 낡은 도식이 재생산된다.

그렇지만 15세기 대학 철학의 침체는 분명한 사실이다. 페트라르카(1374), 보카초(1375), 오렘(1382), 위클리프(1384)의 죽음으로 황금기는 끝이 났다. 윌리엄 오컴과 브래드워딘은 흑사병을 이겨내지 못했다. 오트르쿠르의 니콜라스와 뷔리당은 그보다 일찍 생을 마감했다. 로스토크, 루뱅, 프라이부르크, 바젤, 트리어, 마인츠, 튀빙겐에 대학이 들어섰다. 15세기는 가히 대학의 시대라 불릴 만하다. 그러나 그동안의 지적 중심지였던 파리는 백년전쟁을 겪으면서 쇠퇴하고 말았다. 학문의 중심지가 사라지자 각 지방 군소 국가의 지엽적인 소규모 교육 기관들이 우후죽순 자라기 시작했다. 피에르 다이, 장 제르송, 요하네스 카프레올루스(Johannes Capreolus), 가브리엘 비엘(Gabriel Biel) 같은 사상가들에게 전보다 더 큰 중요성을 부여할 수도 있다. 15세기의 강단 철학을 14세기가 복권될 정도로 평가 절상하는 것은 온당치 못하다. 14세기 말에 소르본은 쇠퇴의 모든 징조를 가지고 있었다. 문화의 주도권은 이탈리아로 넘어갔다. 사회적·정치적·학문적 위기의 시대에 서부와 중부 유럽의 대학은 이론적인 새로운 시작보다 소심한 사유를 선호했다. 사람들은 기존의 이론들을 결합하는 일에만 몰두했다. 즈지스와프 쿡세비치(Zdzisław Kuksewicz)가 철학적 심리학을 통해 밝혀낸 사실은—원사료 때문에 약간의 유보 조항이 필요하다—충분히 일반화될 수 있다. 윌리엄 오컴과 오트르쿠르의 니콜라스의 학문적 혁명 이후, 오히려 14세기 후반 사람들은 과거의 철학적 입장으로 회귀했다. 1400년 즈음에는 대학에서 만든 정식들을 앵무새처럼 반복하거나 서로 결합하는 일에만 집중했다. "이전 시기에 논의된 다양한 해결책이 다시 등장하고 되풀이되었다. 하지만 지속적으로 중요한 새로운 사상은 찾아보기 힘들다."[2] 말했다시피, 이 진단은 뷔리당과 오렘과 위클리프만이 아닌 그 후속 세대 사상가들 모두에게 해당된다.

15세기에는 정신적 삶에 깊이 침투했던 혁신이 하나 있었는데, 인쇄술의 발명이 바로 그것이다. 인쇄술은 학문적 교류와(원서 169~70쪽 참조) 도서관 및 전승 문헌과의 관계에 큰 영향을 끼쳤다. 성공적인 저술가는 인쇄술 덕분에 새로운 입지를 다졌다. 저자는 지역적·종교적 테두리 안에만 갇히지 않고 자유롭게 벗어날 수 있었다. 정치 선전의 도구로 쓰일 인쇄술은 궁정과 왕실로서는 대환영이었다. 대주교 이젠부르크의 디터(Dieter von Isenburg)는 정복 정치를 정당화하는 내용이 담긴 그의 편지를 즉시 인쇄해 제국의 제후들에게 일괄 발송하게 했다(마인츠, 1462). 이런 종류의 텍스트를 다듬는 데에는 이전과는 달리 훨씬 수준 있는 지식인이 필요하게 되었다. 이제는 텍스트의 수용자층이 광범위해졌기 때문이다. 글을 읽을 줄 아는 사람들의 수가 폭발적으로 증가했다. 에라스무스나 루터 같은 저술가는 정치권력을 손에 넣기도 했다. 독서의 방법 또한 바뀌었다. 독자들은 교육과 학문 기관에 매이지 않고서도 서적을 찾아볼 수 있게 되었다. 두 개 이상의 텍스트를 동시에 비교하면서 읽을 수 있었다. 책값이 저렴해졌고 필요하면 누구든지 직접 책을 사서 볼 수 있었기 때문이다. 철학자는 예전보다 더 아늑하게 고독한 사색에 잠길 수 있었다. 철학자는 이제 자발적으로 독방에 틀어박혀 그가 좋아하는 사상가들과 마음껏 토론을 즐길 것이다. 니콜로 마키아벨리(Niccolò Machiavelli)는 산 카시아노(San Casciano)의 궁정에서, 미셸 드 몽테뉴(Michel de Montaigne)는 그의 은밀한 장서관에서 혼자만의 시간을 보냈다. 이런 식으로 16세기까지 대략적인 그림을 그려 볼 수 있다. 사실, 인쇄술이 온전한 영향력을 발휘하기까지는 어느 정도 시간이 필요했다. 인쇄술이 등장한 당시에는 기존의 장서를 재생산하는 데에 주로 사용되었다. 인쇄술로 출판된 고서(古書) 수집욕이 있는 독자는 중세에 인쇄된 어마어마한 양의 책이 대부분 전례서와 법전, 의학 개론서라는 사실에 크게 실망하지 않을 수 없었을 것이다. 초창기 출판업자들은 새로운 책을 펴내기보다는 오래된 것, 신뢰할 수 있는 것을 펴내곤 했다. 그렇게 해서 성경과 페트루스 롬바르두스의 『명제집』, 성인전(聖人傳), 참회서와 보속집(補贖集), 대학 교과서 등이 대량 인쇄되었다. 호노리우스 아우구스토두넨시스는 인쇄했지만 샤르트르의 티에리는 인쇄하지 않았다. 리르의 니콜라(Nicolas de Lyre)는 신뢰할 만한 작품이었지만 니콜라우스 쿠자누스는 그렇지 않았다. 일찍이 인쇄술에 지대한 관심을 보였던 쿠자누스(†1464)는 이 '거룩한 기술'이 하루빨리 이탈리아에 전래되기를 손꼽아 기다렸다. 하지만 그는 그의 작품이 인쇄되어 나오는 것을 보지 못하고 세상을 떠났다. 1488년이 되어서야 그의 작품은 스트라스부르의 어느 출판업자를 만나 세상에 나오게 되었다.

  인쇄술이 진보의 도구이기만 했던 것은 아니다. 인쇄술은 반(反)유대주의적 이야기와 마녀사냥 안내서도 사방으로 퍼뜨렸다. 근대 조기의 국가들은 인쇄술을 정치 선전의 도구로 사용했다. 종교개혁 시대에는 자극적이고 과격한 문구가 담긴 전단지와 벽보를 대량 생산해 신교와 구교 사이의 대립을 심화시켰다. 그러나 이탈리아 인문주의자들의 교육 이념 전파에도 기여했다. 1475년부터는 디오니시우스 카르투시아누스(Dionysius Carthusianus)의 낡은 서적들 이외에 암브로조 트라베르사리(Ambrogio Traversari)가 번역한 디오게네스 라에르티오스(Diogenes Laërtius)의 고대 철학자들의 생애와 사상 모음집도 인쇄되어 나왔다. 인쇄술의 등장으로 황금시대가 도래했다고 크게 기뻐했던 마르실리오 피치노(†1499)는 자기 작품이 인쇄되어 나오는 것을 눈으로 볼 수 있었다. 그의 서간집은 베네치아에서 먼저 출판되었고 1497년에는 뉘른베르크에서도 인쇄되었다. 그러나 피치노가 유럽 전역에 영향을 끼칠 수 있었던 것은 바젤에서 출판된 전집 때문이다(1561ff.).

제52장
과도기의 사상가들

뷔리당의 유산

잉겐의 마르실리우스(Marsilius von Inghen, †1396)가 하이델베르크에 전파하고 랑겐슈타인의 하인리히(Heinrich von Langenstein, †1397)와 오이타의 하인리히 토팅(Heinrich Totting von Oyta, †1397)이 각각 빈(Wien)에 퍼뜨린 것은 뷔리당적 의미에서 변형된 '유명론'이었다. 파리 대학이 반(反)유명론자 정관을 반포한 해인 1340년 대학 학장이었던 뷔리당이 윌리엄 오컴을 비판할 수 있었던 이유는 그가 보수적 입장에서 윌리엄 오컴을 약화했기 때문이 아니라—논리학과 철학적 영혼론 영역에서—그를 뛰어넘었기 때문이다.[1] 뷔리당은 형이상학 비판가가 아니었다. 하지만 그는 물리학과 형이상학을 엄격하게 구별하려 했다. 그 결과 자연과 영혼의 탐구에서 창조 개념이 필요 없게 되었지만, 그럼에도 영혼론은 아리스토텔레스의 학문관에 따라 자연철학으로 분류되었다. 그러자 인간 영혼의 직접적인 창조가 철학적으로 증명될 수 없는 사안이 되었다. 신앙을 제쳐두고 자연철학적 관점에서만 고찰한다면 영혼은 질료에서 발생한 형상으로 이해해야 했다. 이 형상은 물질에서 분리될 수 없다. 내재 철학적 이론에서 영혼은 사멸하는 것으로 파악된다. 뷔리당은 알렉산드로스 아프로디시아스의 유물론적 영혼론을 거슬러 제기된 반대 논증을 조목조목 반박했다.[2] 철학적 이성과 그리스도교 신앙의 불일치를 윌리엄 오컴이 했던 것 이상으로 적나라하게 폭로한 결과, 뷔리당은[3] 14세기와 15세기에 수많은 추종자를 거느리게 되었다. 중세 후기를 특징짓는 상투어를 꼭 써야겠다면 '유명론'보다는 차라리 '뷔리당주의'를 사용하기 바란다. 후자가 역사적 진실에 조금 더 가깝기 때문이다. '유명론'은 보편 논쟁과 관련해서만 편파적으로 쓰이곤 한다.

15세기 초 뷔리당주의의 대표자는 피에르 다이(Pierre d'Ailly, †1420)이다.[4] 다이는 콘스탄츠 공의회(1414~18)의 사상적 기초를 마련한 추기경이다. 그는 윌리엄 오컴과 뷔리당의 이론적 자극을 아리미노의 그레고리우스의 표본을 따라 아우구스티누스와 접목했다.[5] 다이는 재해석된 아우구스티누스주의에 따른 자기 인식을 명증적인 앎으로 간주했기 때문에 감각적 인식의 불확실성을 솔직하게 다룰 수 있었다. 그의 저술 영역은 철학, 신학, 교회 정치 외에 천문학과 점성술, 지질학도 아우른다. 1410년에 쓴 유명한 작품 『세계의 모상』(*Imago mundi*)은 인노를 찾아 바닷길을 떠나기 전에 콜럼버스가 깊이 탐독했던 책이다. 마르틴 루터가 다이의 『명제집 주해』를 튀빙겐 대학 교수인 가브리엘 비엘(†1495)의 주해서와 함께 암기하고 있었다는 필리프 멜란히톤(Philipp Melanchthon)의 보고는 그가 후대 사람들에게 끼친 영향력을 짐작할 수 있게 해 준다.[6] 오랫동안 교회 정치적이고 실천적인 문제들에 골몰했던 다이는 1320년대 인물들에게서 볼 수 있는 엄밀한 사상적 체계성에는 도달하지 못했다. 우리는 소극적으로 보나벤투라-르네상스라는 말을 할 수 있는데, 그는 이러한 맥락에서 제자인 제르송에게 영향을 끼쳤다. 곧 철학자들이 연구하는 이성 개념, 즉 신앙과 대립하는 이성 외에 또 다른 상위의 인식 형태가 있어야 한다. 중세 후기 사회의 긴장과 분열은 영혼이 자기 내면에 집중함으로써 어느 정도 선취할 수 있는 피안의 해결책을 필요로 한다. 15세기는 이러한 모티프를 보나벤투라와 아우구스티누스, 디오니시우스 아레오파기타에게서 찾아내고 거기에 새로움을 부여했다. 우리가 이 세상에서 도달할 수 있는 가능한 최고의 인식 단계는 체계적 통일성을 결여하기 마련인 것처럼 보인다. 이탈리아에서는 뷔리당 사상이 약간 다른 방식으로 계승되었다. 즉 뷔리당이 추구했던 물리학의 방법론적 자율성과 신학적 의도를 철저히 배제한 내재적 아리스토텔레스 해석은 14세기부터 파도바와 볼로냐를 중심으로 자리 잡은 아베로에스 전통과 결합되었다.

1400년경의 자유로운 사상가

'아베로에스주의' 같은 추상적 집단을 가리키는 이름들은 개성 있는 다양한 사상가의 차이를 대폭 축소시킨다. 15세기의 유명한 수학자이자 자연과학자, 철학자인 파르마(Parma)의 비아조 펠라카니(Biagio Pelacani, †1416)는 에우제니오 가린의 진단을 제외하면 그라지엘라 페데리치-베스코비니(Graziella Federici-Vescovini)의 연구를 통해 처음으로 사상사적 중요성을 인정받았다. 페데리치-베스코비니는 펠라카니의 작품들 약간을 편집했는데, 그 가운데에서 『영혼에 대한 토론문제집』(Quaestiones de anima)이 특히 주목할 만하다.[7] 이 책은 "인간에게 물질에서 분리될 수 있는 영혼이 깃들어 있다는 사실은 증명할 수 없다"[8]라든지, "인간의 이성혼이 질료의 가능태에서 추출되어 나왔다는 점과 이성혼이 생성되고 소멸한다는 점은 누구든지 인정하지 않을 수 없다"[9] 같은 자극적인 주장들을 담고 있다.

동시대에 쓰인 어느 필사본은 파괴적 사상을 가진 이 인물을 '악마적 박사'(doctor diabolicus)라고 불렀다.[10] 파리와 볼로냐, 파도바에서 가르쳤던 펠라카니가 뷔리당의 영향을 받았음을 보여 주는 증거가 있다. 하지만 펠라카니는 뷔리당주의자는 아니었다. 그는 이성의 자율성을 향한 열정을 아베로에스주의자들과 공유하지만, 그의 이성은 아베로에스주의자들이 주장하는 보편적 인간 지성이 아니었다. 그는 인간 지성의 보편성과 필연성을 요청하지 않았다. 그는 '근대적인' 영국의 논리학자들, 파리의 자연학자들과 함께 아리스토텔레스 물리학을 비판했다. 그리고 무너진 아리스토텔레스 자연학의 잔해 위에 자기의 한계를 알지만 수학을 사용해 — 수(數)에 대한 상징과 신비주의에서 완전히 떨어져 나온 수학을 사용해 — 보편타당한 인식을 생산하는 개별 행위로서의 학문을 새롭게 세웠다. 이것은 — 아베로에스적 환경에서 활동한 아리스토텔레스 주해가로 알려진 사상가에게 — 아리스토텔레스적 학문과의 단절이자 형이상학에 대한 수학의 우위를 뜻했다. 윌리엄 오컴이나 뷔리당도 이러한 학문적 전복을 예감하지 못했다. 이렇게 해서 수학에 기초한, 수학으로 작동되는 새로운 학문을 위한 길이 닦이게 된다. 펠라카니가 1411년까지 가르쳤던 파도바에서 몇 년 후에 쿠자누스가 공부하게 되는데, 18세기의 어느 저명한 학자가 이 두 사람의 사상적 관계에 대해 언급한 적이 있다.[11] 쿠자누스는 펠라카니의 강의를 직접 들었던 제자가 아니었기 때문에 이러한 의미의 영향 관계 설정은 잘못되었지만, 학문의 개념, 아리스토텔레스주의의 다양한 변종과 거리 두기라는 점에서 역사적 관계가 있다는 뜻에서는 일리가 없지 않다.

다른 문제 영역에서 펠라카니는 아베로에스주의만큼이나 쿠자누스의 입장과 거리를 둔다. 즉 그는 논리학에서는 유명론자였고 인식론에서는 경험론자였으며, 영혼론에서는 유물론자였다.[12] 그를 무신론자라고 할 수 있는지 여부는 무신론을 어떻게 이해하느냐에 달려 있다. 그는 신 존재가 증명 가능하지 않다고 보았는데, 그가 이렇게 주장한 데에는 구체적인 이유가 있다. 그가 제시한 논거들은 얼핏 윌리엄 오컴과 오트르쿠르의 니콜라스를 생각나게 한다. 곧 신의 존재는 선험적으로 확실한 사실이 아니며 경험을 통해서도 증명될 수 없다. 펠라카니는 아리스토텔레스적 전통과는 달리, 원인의 무한한 인과 관계에는 어떠한 부조리함도 없다고 생각했다.

펠라카니는 종교들 사이의 차이를 '자연철학적'으로 설명했다. 즉 별과 행성들과 기후의 변화로 인해 다양한 종교가 생겨났다는 것이다. 그는 '종교들의 별자리'에 대해 이야기한다. 그에 따르면, 어떠한 종교도 다른 종교보다 우월하지 않다. 따라서 관용은 절대적으로 필요하다. 그는 자유 사상가였다. 최근 들어 공개된 그의 작품에서 우리는 1400년 즈음에 유명론과 아베로에스주의적 단초에서 시작하지만 아베로에스주의와는 다른 자연 개념과 이성 개념을 사용하고—오컴주의 전통과는 달리—비겁하게 경건주의로 도피하지도 않는, 순수 철학적 동기로 탄생한 계몽 운동이 있었음을 확인할 수 있다. 예를 들어 사람들은 영혼 불멸성을 부정하면 도덕이 해체된다고 항상 말하지만, 실제로는 결코 그렇지 않다고 했던 펠라카니의 성찰은 계몽주의의 역사에 들어갈 자리가 있다. 그는 하늘에서 상급을 받을 희망이 없어지면 그때에야 비로소 사람이 오직 선하다는 이유만으로 진정 선을 행할 수 있는지가 명백하게 밝혀질 것이라고 말한다.[13]

펠라카니는 폼포나치와 비슷하게 말한다. 그의 텍스트가 중세 후기에 대한 우리의 인식을 바꾸어 놓는다는 점은 부정할 수 없다. 15세기에는 루터의 선구자만 있지 않았다. 피렌체의 학계는—펠라카니는 피렌체 시립 대학(studio)에서 가르쳤으며, 파라디소 델리 알베르티(Paradiso degli Alberti)의 학자들 토론 모임에도 참여했다—옥스퍼드와 파리와 적극 교류하면서 발전했다. 이 세상의 긍정, 불사성의 부정, 쾌락주의적이고 실용주의적인 도덕론 정초는 아베로에스주의와는 아무 상관이 없었다. 물론, 펠라카니는 파도바의 아베로에스주의자들처럼 의학 교수이기는 했다. 그가 새롭게 제시한 풍부한 방법론과 수학을 선호하는 경향의 기원은 플라톤주의에도, 아리스토텔레스주의에도 없었다. 역사 서술에 쓰이는 이러한 도식들은 펠라카니를 표현하기에는 너무나도 좁다. 그의 인식론이 윌리엄 오컴과 관계 있으며, 심리학과 논리학이 뷔리당과 밀접한 관계에 있다는 사실은 충분히 증명된다. 그보다 앞서 자연을 수학적으로 기술한 사람으로는 니콜 오렘을 들 수 있다. 펠라카니는 아랍의 자연과학을 꾸준히 연구했다. 그의 인식론은 알하젠(Alhazen)의 광학으로부터 자양분을 섭취했다. 하지만 펠라카니의 사상 세계는 선대 철학자들과는 확연히 달랐다. 그의 사상은 옥스퍼드와 파리의 최신 기획들과 본질적으로 차이가 있었다. 윌리엄 오컴과 뷔리당, 오렘과 아리미노의 그레고리우스는 학문을 세속화하는 데에는 성공했지만, 그들은 개별 도시민 안에 있는 성직자를 지적으로 후원했다. 펠라카니는 이러한 학적 원조를 끊어 낸 사람이다. 그는 인간 이성을 통일적으로 사용할 것을 요청했다. 수학에 기초한 그의 조작주의적 지식 개념은 종교의 속박 아래에 있지 않으며, 내재화를 추구하는 종교의 굴레에는 더더욱 매여 있지 않다. 우리 시대의 훌륭한 펠라카니 연구자의 견해에 따르면, 그는 결코 경건주의자가 되지 않았다.[14] 하지만 나는 다른 생각이다. 영혼의 불사성이 더는 확실하지 않다면 공정과 정의가 없을 것이라는 사실이 그를 괴롭혔다. "우리는 송교를 남용하고 가난한 이들을 착취하는 사악하고 가증스러운 사람들이" 아무런 처벌도 받지 않는 것을 보게 될 것이다.[15] 그는 인간 정신이 육신에 속한다는 점을 고수했다. 거룩한 자모이신 교회와 가톨릭 신앙을 거스르는 펠라카니의 사상이 매우 언짢았던 파도바의 주교는 그를 단죄했다(male contentus de hiis quae dixerat contra fidem catholicam et sanctam Matrem Ecclesiam).[16] 두 세계가 서로 충돌했다. 하지만 파도바의 주교는 그를 단죄했을지 몰라도 다른 이들은 그를 숭배해 마지않았다. 그의 사유는 꽃을 피우고 열매를 맺었다. 피렌체 발롬브로사(Vallombrosa) 수도원에는 어느 수도자가 자신이 빌려주거나 기증한 장서들에 대해 기록한 문서가 있는데,[17] 거기서 우리는 펠라카니의 수학 저술과 논리학 작품이 피렌체에서 전문 학자들과 대학에 속하지 않은 사람들 모두에게 두루 읽혔다는 사실을 알 수 있다. 이렇게 해서 그의 사상은 로렌초 기베르티(Lorenzo Ghiberti)와 필리포 브루넬레스키(Filippo Brunelleschi)에게 전해졌다. 그 당시 이 두 사람은 원근법을 발견하고 산타 마리아 델 피오레 대성당의 두오모 건축을 준비하고 있었다.[18]

제53장
피렌체: 새로운 세계의 중심지

세 가지 오해

15세기 피렌체의 학문적·예술적·정치적 발전은 찬란하고 화려했다.[1] 그래서 피렌체 문화에 대한 학문적 연구는 몇 가지 오류를 범하기도 한다. 나는 그 가운데에서 세 가지만 지적하겠다.

첫째, 현재 연구에서는 피렌체 하나에만 지나치게 집중하는 경향이 있다. 하지만 이탈리아에는 페라라와 만토바, 베네치아와 밀라노 같은 또 다른 문화 중심지가 있었다. 파도바에서는 폼포나치와 갈릴레이에게까지 이어지는 다양한 철학적 혁신의 원동력인 아리스토텔레스 전통이 여전히 살아 숨 쉬고 있었다. 파도바의 철학자라고 해서 모두 아베로에스주의자가 아니었으며, 아베로에스주의자라고 해서 전부 파도바에 살거나 활동한 것도 아니었다. 볼로냐와 파비아, 파르마도 문화 부흥의 도시로서 주목할 만하다.[2]

둘째, 국제적 교류의 중요성을 쉽게 간과하는 경향이 있다. 윌리엄 오컴과 뷔리당의 저작은 즉시 피렌체에도 전해졌다. 보카초는 윌리엄 오컴을 읽었으며, 철학적으로 중요한 오트르쿠르의 니콜라스가 쓴 편지의 수신처는 아레초였다. 펠라카니의 경우를 보면 알 수 있듯이, 이탈리아에는 옥스퍼드와 파리에서 유학을 오는 사람들이 끊이지 않았다. 파울루스 베네투스(Paulus Venetus, †1429)는 파리와 옥스퍼드의 최신 연구 성과들을 이탈리아에 소개했다. 반대로 파리에 건너와 공부하는 이탈리아인들도 많았다. 학문적 교류는 15세기 말까지 계속되었다. 피코 델라 미란돌라는 이를 증명하기에 적절한 사례이다. 파리에서 수학한 그는 순수하게 수사학만을 추구하는 고전적 인문주의자들과는 달리, 중세 시대 철학자들을 공부할 필요성을 주장한 사람이다. 또한 정치적·학문적·예술적으로 새로운 세계를 창조했던 시기에도 피렌체는 영국과 프랑스, 신성 로마 제국에서 다양한 자극을 받았다. 이러한 국제적 관계를 고려하지 않고 피렌체를 다루어서는 안 된다.

셋째, 부르크하르트 이래로 피렌체 르네상스는 국민의 이데올로기적 욕구를 채우는 데에 사용되었다. 피렌체 르네상스는 미화되었다. 사람들은 피렌체의 분열과 모순을 분석하지 않고 덮어두었다. 심미적인 것에 열광하는 태도가 몇십 년 동안의 피렌체 전성기를 행복과 환희의 시대로 채색했다. 피렌체를 단일한 모습으로 파악하고 역사에서 떼어 냈다. 1928년부터 역사적 본모습을 바로잡는 노력이 있었지만 1933년 독일 대학은 이 분야의 최고 전문가들을 강단에서 추방하고 말았다. 카시러, 크리스텔러, 한스 바론(Hans Baron), 레이먼드 클리반스키(Raymond Klibansky)가 바로 그들이다. 이후 독일어권에서는 에르네스토 그라시(Ernesto Grassi), 한스 블루멘베르크(Hans Blumenberg), 에크하르트 케슬러(Eckhart Keßler), 아우구스트 부크(August Buck)를 중심으로 15세기 문예부흥 시기의 철학이 연구되기 시작했다. 그럼에도 이 시기를 미화하고 칭송하는 관점이 여전히 우세했다. 발생학적 고찰과 개별 주제의 사료 연구(에우제니오 가린과 체사레 바솔리(Cesare Vasoli)가 피렌체에서 수행한 것처럼), 역사적 실제성 추적이 아직 많이 부족하다. 15세기 피렌체의 철학 연구는 마르실리오 피치노의 플라톤 아카데미에만 집중하는 경향이 있다. 메디치 가문의 문화 정치는 마치 메디치 궁정의 어용 사가(史家)처럼 찬양조로 서술되기 일쑤이다. 사람들은 메디치 가문 통치의 독재적 측면에 대해서는 침묵으로 일관하고 피렌체에서 추방된 이들도 기억하지 않는다. 이러한 사정을 염두에 두고 오늘날 밝혀진 15세기 피렌체의 철학적 발전 상황을 개괄해 보도록 하겠다.

정치적 인문주의(1400~34)

코시모 데 메디치(Cosimo de' Medici, †1464)가 1434년 유배 생활을 마치고 당당히 귀환했을 때, 그는 공화정체를 폐기하지 않았다. 코시모와 그의 추종자들은 도시의 모든 요직을 손에 넣었지만, 코시모 자신은 공식적으로는 아무 직책도 취하지 않았다. 공화국은 지속되는 것 같았다. 그는 페라라에서 소집되는 공의회를 교황 에우제니오 4세(Eugenio IV)를 시켜 피렌체로 옮기게 했다. 이 공의회는 튀르크족 침략의 위험으로 정치적으로 위태롭게 된 동로마 제국과의 일치를 끌어내는 데 성공했다. 이 때문에 공의회의 결정은 모든 대가를 치른 코시모와 공의회주의를 극복한 교황 모두에게 이득이었다. 피렌체가 1440년 안기아리(Anghiari) 전투에서 밀라노를 상대로 대승을 거두자 코시모는 크게 명성을 떨치게 되었다. 즉 해묵은 위험 요소 하나가 마침내 사라졌다. 피렌체는 유럽의 예술과 정신문화의 중심지가 되었다. 그러나 이전 시대와 비교해 과소평가되었던 변화들이 일어나기 시작했다.[3)]

14세기 말 피렌체 공화국은 매우 위태로운 상황에 처해 있었다. 부유한 상인들과 은행가들의 과두 정치는 양모업자(ciompi)들의 봉기로 흔들렸다(1378). 군사적으로도 불안정했다. 북쪽에서는 밀라노의 비스콘티 가문이 세력을 확장하고 남쪽에서는 재정비된 교회 국가(로마 교황청)가 영토를 넓혔다. 피렌체가 문화와 학문을 새롭게 꽃피운 것은 바로 이러한 상황 속에서이다. 교육은 추상적인 것만을 가르쳐서는 안 되었다. 교육은 도시 국가의 안보와 인문적 발전에 기여해야 했다. 이러한 정치적 인문주의의 주도적 인물인 콜루초 살루타티(Coluccio Salutati, †1406)와 레오나르도 브루니(Leonardo Bruni, †1444)는 작금의 피렌체의 역사적 상황이 고대 아테네가 처했던 사정과 유사함을 발견했다. 두 사람 다 공증인으로서 국가에 봉사했다. 고대사 연구와 문체 정화는 단순히 취미로 한 일이 아니었다. 그들은 편지와 여러 공보문을 통해 피렌체가 공화정의 자유를 수호하는 최후의 보루임을 널리 알렸다. 율리우스 카이사르(Julius Caesar)를 비판하고 카토(Cato)와 키케로와 브루투스(Brutus)를 영웅으로 치켜세웠다. 밀라노의 폭군 정치에 대항해 자유를 원하는 도시들의 정치적 연합을 구성했다. 프랑스 왕이 관철시킨 거대한 헤게모니를 밀라노도 과격한 군주제를 가지고 이탈리아 전역에 똑같이 일으키려는 듯했다. 밀라노의 단일 통치자와 피렌체 공화국의 대립에는 이론적 차원도 포함되어 있었다. 양쪽 다 초기 인문주의 정신을 가진 저술가들을 이용해 글과 펜으로 선전했기 때문이다. 정치적 선전문에 사용되는 역사적 함의, 철학적 논증, 수사학적 수려함은 물리적 군사력에 필적하는 영향력을 발휘하기 시작했다.

콜루초 살루타티

살루타티는 1375년에서 1406년까지 피렌체 공화국의 공증인으로 역사의 무대에 등장한다.[4)] 일체의 국가 공문서 문체를 다듬는 것이 당시 공증인의 업무였다. 다시 말해 피렌체의 정치를 인문주의적이고 문예적인 미를 통해 구현하는 것이 그가 맡은 일이었다. 철학적 성과를 분과적 논의의 정확성을 기준으로 측정한다면 살루타티는 동시대의 논리학자들에 미치지 못한다. 하지만 철학자에게는 새로운 경험 영역의 해명과 역사적 상황의 정확한 기술과 기록, 새로운 가치 표상의 기획 같은 다른 판단 기준들이 있다. 이러한 범주를 가지고 판단할 때에만 살루타티는 철학사에서 한자리를 얻는다. 그는 역사를 이해하는 데 독창성을 발휘했다. 그는 고대의 양식을 모방해 쓰인 것이나 그리스도교적 구전들과 중세 후기의 연대기 서술과의 단절을 선언했다. 그리고 이 문명 세계가 자신의 과거와 새롭고 능동적 관계를 수립하도록 했다. 그는 시민 정치와 삶과 실천에 전반적으로 아무런 쓸모가 없다는 이유로 중세 후기 철학이 생산한 현학적 지식을 비판했다. 또한 중세 후기에 도처에 퍼진 회의주의적 경향에 윤리적·실천적 저항력을 부여했다. 이 학문이 우연적인 것들을 우연적으로 이야기한다면, 이와 달리 실천적·정치적 학문과 입법 행위는 영원한 정의의 관념에 기초하고 있다. 실천 학문은 이 세상에서 가장 고귀한 것을 실행에 옮긴다. 그것은 다름 아닌 공동선이며, 공동선이야말로 신적 속성을 가진다. 살루타티는 의술의 오만방자함과 자연학의 불확실성, 자연에 대한 쓸데없는 호기심을 비판했던 페트라르카의 노선을 따르면서 그의 기획에 정치적이고 역사적으로 구체적인 의미를 추가로 부여했다.[5] 윤리적 선택과 정치적 결정을 통해 인간은 선을 실현한다. 인식 대상으로서 인산은 불확실한 자연보다 훨씬 고귀한 존재이다. 그럼에도 이러한 사유에는 아직 그리스도교에 적대적인 동기가 들어 있지 않으며, 『세속 세계와 수도자의 삶』(*De saeculo et religione*)에서 나타나는 것과 같이 반(反)수도자적 결론으로 치닫지도 않는다. 페트라르카에게서는 초기 인문주의적 결론을 도출할 수도 있고 수도자적 함의를 읽어 낼 수도 있는데, 살루타티는 두 가지를 전부 다 했다. 그는 고대 사상가를 읽었으며, 탈신화적 역사 서술에 기초한 국가를 위한 생산적 교육 이념 아래에서는 성경과 교부들도 꾸준히 읽었다. 아울러 그는 사료 비판을 정치와 수사학과 어떻게 연결하고 시민적 자유를 쟁취할 수 있는지를 다음 세대에게 가르쳤다. 실제 사태를 인지하는 감각과 공화정 전통을 옹호하는 『피렌체 역사』(*Historiae Florentini populi*)는 조반니 빌라니의 『연대기』와 마키아벨리의 정치적·역사적 분석 사이에 위치한다. 살루타티는 기존의 역사 서술에 실린 동화와 전설 같은 이야기를 전부 뜯어내고자 했다. 그래서 로렌초 발라는 살루타티의 정신으로 교육받고 자랐기에 콘스탄티누스의 증여가 위조임을 증명할 수 있었던 것이다. 하지만 살루타티는 동시에 플라톤 이래로 끊임없이 부정당했던 신화와 시문학의 진리를 긍정하기도 했다. 그는 헤라클레스 이야기를 예로 들면서 그리스도인이 이교도의 서사시에 담긴 진리를 어떻게 인정할 수 있는지를 보여 주었다. 시학과 신화학적 연구를 통해 살루타티는 보카초가『이교 신들의 계보』(*De genealogia deorum gentilium*)에서 시작한 작업을 계승했다.

세계와 학파에 대한 철학적 개념을 가지고 판단하면 살루타티는 철학적으로 매우 중요한 인물이다. 그러나 교육 분야에서의 위상도 그에 못지않다. 포조 브라촐리니(Poggio Bracciolini)는 그를 '모두의 보편적 스승'이라 일컬었다. '폭군'에 대항해 시민적 과두정의 자유를 옹호했던 피렌체에 살루타티의 제자들과 그를 따르는 이들이 많이 있었던 것은 사실이다. 그러나 이들은 중세의 관료 성직자를 길러 냈던 대학 문화에서 쓰인 것과는 다른 의미에서의 '제자들'이었다. 그들은 살루타티 집에 모여 함께 토론했던 친구들이었다. 대화의 주제는 정치와 시와 문학, 그리고 키케로와 로마사였다. 상인들과 은행가들은 찬란했던 고대를 단순히 모방하기 위해서가 아니라 고대의 양식을 빌려 우리 시대의 새로운 지도층을 양성하기 위한 목적에서 삶의 현실을 과거의 기억을 통해 바로잡자는 살루타티의 주장에 크게 매료되었다. 파리와 옥스퍼드, 파도바에서 가르치는 종류의 지식에 대한 회의적 태도는 새 시대의 시민이 누릴 문화에서는 부수적 계기였다. 회의주의는 더는 우리의 발목을 잡지 못한다. 북쪽에서는 어떨지 몰라도 여기서는 경건주의로 빠지는 일이 없다. 회의주의는 학적 연구의 원동력이며, 상인들의 도전적 정신과 호기심과도 결합될 수 있다. 니콜로 니콜리(Niccolò Niccoli) 같은 몇몇 피렌체의 대상(大商)은 사업을 접고 고전 연구에 전념하기도 했다. 팔라 스트로치(Palla Strozzi) 같은 금융가들은 전통 교육 기관에서는 배제되었던 모든 사람을 위한 새로운 교육의 장(場)이 되는 전적으로 새로운 형태의 도서관을 건립하는 데에 투자를 아끼지 않았다. 새로운 열정은 피렌체 시립 대학에도 변화를 일으켰다. 사람들은 자신들의 대학이 최고의 교수진을 갖춘 최고의 교육 기관이 되기를 원했다. 1397년 살루타티는 오랫동안 가슴에 품었던 계획을 마침내 실행에 옮겼다. 그는 피렌체에 최초의 그리스어 정규 수업 과정을 개설했다. 비잔티움 학자인 마누엘 크리솔로라스(Manuel Chrysoloras, †1415)를 그리스어 교사로 초빙할 수 있었기에 가능한 일이었다.[6] 사실, 그리스어 텍스트를 원문으로 읽고 싶은 욕구가 오래전부터 있었다. 페트라르카와 보카초는 각각 그리스어 공부의 중요성을 역설한 바 있다. 서구 라틴 세계에만 한정되었던 고대 후기는 보다 넓게 이해될 필요가 있었다. 서사시의 영웅(호메로스) 및 수사학(데모스테네스(Demosthenes))과 철학(플라톤)은 이제 요약되지 않은 원문으로 읽어야 한다. 페트라르카가 계획하고 꿈꾸었던 미래, 곧 골동품 수집가가 아닌 순수 문헌학자의 정신으로 찬란한 고대의 모든 문화유산을 함께 나누어야 한다는 이상은 피렌체에서 현실이 되어야 한다.

새로운 교육 이념은 피렌체에서도 반발을 일으켰다. 즉 교회 정치적 야망을 가진 사람으로서 1406년부터 피에졸레 수도원 원장직을 맡은 도미니코회 수사 요하네스 도미니치(Johannes Dominici, †1409)는 고대 이교 문화 숭배를 강력하게 비판했다. 청년들을 올바른 길로 인도하는 참된 교육자는 그리스도이지 오비디우스나 키케로가 아니다.[7] 여기서 우리는 살루타티가 페트라르카를 따라 지양하려 했던 양극화를 엿볼 수 있다. '피렌체 시대'의 역사적 의미는 바로 이러한 대립적이고 대조적인 상황에서 두드러진다. 사람들은 부르크하르트의 사관을 따라 피렌체 르네상스의 세속적이고—따라서—탈중세적 측면을 일방적으로 강조해 왔다. 편파적 역사 서술은 수정의 빌미를 제공한다. 하지만 역사적 사실은 살루타티 같은 그리스도교적 인문주의자들의 의도가 이

때 벌써 동시대인들에게서 많은 비판을 받았다는 것이다. 사람들은 새로이 등장한 이질적 종교에 두려움을 느꼈다. 살루타티는 교부들의 사상에 박식한 사람이었다. 그는 아우구스티누스도 고대 언어와 고대 저술가들의 작품을 읽는 것이 계시 진리 이해에 큰 도움이 된다고 말했다는 점을 사람들에게 상기시킬 수 있었다. 하지만 고대를 신학의 예비학으로서 배우는 것과 더욱 인간적인 세상을 만들기 위해 고대를 배우는 것은 서로 분명히 다른 일이었다. 아우구스티누스는 후자가 가능하리라고는 전혀 생각하지 못했다. 이러한 맥락에서 여기에는 그리스도교적 인문주의자들보다는 오히려 경건하지만 반(反)인문주의적인 사람들이 더 잘 통찰할 수 있었던 이중성이 놓여 있는 셈이다.

제54장
레오나르도 브루니와 일치 공의회

신(新)칸트주의적인 체계성 관점에서 보면, 레오나르도 브루니(Leonardo Bruni, †1444)는 '대중 철학자'이다. 신(新)토마스주의자들은 브루니를 라틴 운문을 더 고대적 의미에서 새롭게 다듬으려 했던 삼류 저술가로 취급했다. 크리스텔러는 '인문주의'를 문법과 수사학과 시학 교과를 개혁하는 데 주안점을 둔 일종의 문예 운동으로 정의했다. 물론, 크리스텔러도 도덕철학 분야에서 인문주의자들이 이룩한 학문적 업적을 인정한다.[1] 그러나 살루타티와 브루니의 텍스트는 '인문주의'의 형식 두 가지를 구별할 것을 요청한다. 고대 작품에서 양분을 얻어 문법과 수사학을 개혁하는 것을 목표로 했던 운동이 있었다. 피렌체 공화정의 자유가 메디치 가문에 의해 억압당한 이후, 15세기 후반에 인문주의의 고전주의적 형식이 지배적 흐름이 되었다. 문학적이고 교육학적인 운동, 문헌학적 박식함으로서의 인문주의는 유럽 전체에 퍼져 나갔다. '인문주의'라는 표현을 이 두 번째의 의미에서 사용할 근거가 충분할 정도로 역사 발전은 큰 성과를 거두었다. 하지만 이렇게 되면 살루타티와 브루니, 그리고 그들을 추종하는 무리를 구별해 지칭할 방법을 도입해야 한다. 예컨대, 피렌체 '도시민들의 인문주의' 내지는 '정치적 인문주의' 같은 표현을 사용해야 할 것이다. 왜냐하면 살루타티와 브루니에게서 고대의 언어적·형식적 수용이 중요했던 것은 그들이 피렌체의 직접적인 정치적 삶을 살면서 지식과 교육과 문화를 새롭게 정의하기를 원했기 때문이다. 아레초에서 태어난 브루니는 살루타티의 영향을 받고 자랐다. 한동안 로마 교황청에서 체류하기도 했던 그는 1410년 살루타티의 후임자로 공화국의 공증인으로 임명되었다. 피렌체에는 많은 부를 축적한 소수의 귀족과 다수의 시민 사이에 불편한 긴장 관계가 이어졌다. 또한 이 당시는 브루넬레스키와 기베르티, 도나텔로(Donatello)와 마사초(Masaccio)가 피렌체의 세계적인 예술적 위상을 확립한 시기이기도 했다. 피렌체의 역사적 위상에 대한 성찰, 피렌체의 자유 수호와 자유의 이론화 작업, 새로운 아테네의 실제 정치적 구현은 브루니의 문학과 철학 작업의 내용을 규정했다. 1434년 도시의 과두 정치가 막을 내리고 팔라 스트로치 같은 공화정주의 인문주의자들이 추방당한 다음부터는 열정적인 브루니의 어조에도 변화가 생겼다. 역사 발전의 새로운 장(場)이 열렸다.[2] 하지만 이때는 이미 철학과 문헌학 업적으로 빛나는 30년의 시간이 지난 다음이었다. 브루니는 크리솔로라스에게서 그리스어를 배웠다. 그다음에 그는 번역 작업에 몰두했다. 우리는 번역서에 실은 번역자 서문에서 브루니의 의도를 읽을 수 있다. 그의 관심은 플라톤의 영혼 불멸성 이론에서 아리스토텔레스의 실천 정치철학에 이르기까지 다방면에 걸쳐 있다. 플라톤의 『파이돈』은 중세에 이미 라틴어 번역이 나와 있었다. 플라톤의 대화편을 새로 번역하고 1404년과 1405년 교황 인노첸티우스 7세(Innocentius VII)에게 쓴 헌정사에서 브루니는 이 작품이 그리스도교 사상을 통찰할 수 있게 해주므로 매우 '유익한' 책이라고 말한다. 브루니는 다음과 같이 쓴다. 플라톤은 철학적 근거를 제시하면서 불사성을 주장했다. '가장 명민하고 지혜로운 이교 철학자'가 그리스도교 교의와 일치한다는 점을 보고 고무되지 않는 그리스도인은 아무도 없을 것이다. 마치 플라톤이 『구약성경』의 계시 진리를 근거로 사유하지 않았나 생각될 만큼 이 둘의 조화는 실로 완벽하다. 물론, 플라톤이 『구약성경』을 접했다는 것은 연대기

적 이유에서 불가능한 일이지만, 이 철학자가 참된 종교와 일치한다는 점은 부정할 수 없다.[3]

영혼 불사성의 증명 가능성은 중세 후기 대학에서 꾸준히 회의에 부쳐졌던 문제이다. 둔스 스코투스에서 윌리엄 오컴과 뷔리당을 거쳐 펠라카니에 이르기까지 비판은 단 한 번도 수그러든 적이 없다. 브루니는 『파이돈』의 정확하고 우아한 새 번역이 영혼의 불멸성 이론에 큰 도움이 될 것이라고 믿었던 것 같다. 지금까지 대학을 지배한 아리스토텔레스가 피안의 세계를 의심할 이유를 이렇게나 많이 제공한다면, 우리 시대에 신앙과 이성을 새롭게 조화시킬 인물은 플라톤이 되어야 할 것이다. 문헌학적 정확성, 문체의 화려함, 역사와 고대 문헌과 연대기에 대한 새로운 관심은 15세기 중반부터 피렌체와 여러 도시의 미래를 창조한 문화 개혁의 핵심 요소였다. 하지만 브루니는 약간 다른 종류의 발전에 기여했다. 브루니는 플라톤 사상에 크게 심취했다. 그는 플라톤과 아리스토텔레스의 일치를 추구했고 더 나아가 서로 조화를 이룬 이 두 명의 철학자가 그리스도교 진리와 일치함을 증명하려 했다. 그런데 이제는 무게 중심이 윤리학과 정치학에 있었다. 행위를 지향하는 지식 개념을 전제로 아리스토텔레스의 『니코마코스 윤리학』과 『정치학』이 새롭게 연구되어야 했다. 아리스토텔레스의 작품들 중에서 언어적으로 가장 잘 다듬어진 『니코마코스 윤리학』은 다시 한 번 적합하게 번역될 필요가 있었다. 브루니는 중세 아리스토텔레스 번역서(로버트 그로스테스트)의 용어적·문체적 조야함과 애매모호한 문장들을 전부 뜯어고쳐야 한다고 주장했다. 그가 기존의 『니코마코스 윤리학』 번역을 비판한 이유는 텍스트가 매끄럽지 못한 때문도 있지만, 본인이 직접 표현한 바에 따르면 사태들의 본모습을 단어들로 지워 버렸기 때문이기도 하다 (cum videam ipsum res quoque simul cum nominibus confudentem).[4] 그러니까 브루니는 새롭고 정확한 번역에만 목을 맨 것은 아니었다. 『니코마코스 윤리학』을 제대로 번역하지 못하면 실천철학의 대상과 사태들이 온통 위험에 처하게 된다는 것이다. 기존의 『니코마코스 윤리학』 번역은 '라틴화'되기는커녕 내용을 더욱 미개하게 만든 꼴이었다. 브루니는 라틴어를 업신여기면 절대로 안 된다고 힘주어 말한다. 많은 이가 생각하는 것과는 달리, 라틴어는 매우 풍요로운 언어이다. 라틴어는 가히 그리스어에 필적하는 언어이다. 번역이 대등하게 이루어질 때에만 우리는 아리스토텔레스가 『니코마코스 윤리학』과 『정치학』에서 말한 철학과 수사학의 통일을 작금의 피렌체가 처한 어려움을 해결하는 데 (civibus meis primum) 적절하게 사용할 수 있다.[5] 이것은 피렌체의 공증인이 1430년대에 했던 말이다. 이제 브루니는 대학에서 사용되는 미개한 라틴어를 규탄하기 시작했다.

이 대립은 일차적으로 형식적인 대립이 아니었다. 브루니는 대학 수업의 안내서 같은 작품 『학문과 학습』(De studiis et litteris)에서 이 점을 상세히 논한다. 이 책은 말라테스테(Malateste) 가문의 바티스타(Battista) 부인에게 헌정된 작품이다. 브루니는 그의 개혁을 통해 여성들도 교육받게 되기를 희망했다.

한스 바론이 1425년 집필된 것으로 추정한 이 작품에서 브루니는 언어문화와 사태 인식이 서로 불가분의 관계에 있다고 주장한다. 그는 문학적 의의를 사태 인식에서 구한 저술가들을 높이 평가했다.[6] 키케로, 락탄티우스(Lactantius), 아우구스티누스, 베르길리우스, 리비우스(Livius)가 여기에 속한다. 그러니까 그리스도교와 고전 문학은 서로 대립하지 않으며, 고전주의적 형식주의와 사태에 대한 앎(Sachwissen) 사이의 양자택일도 없다. 올바른 교육은 문학적이고 실천적인 앎과 사태 자체에 관한 지식을 가르치는 데에 있다(eruditionem legitimam ex peritia litterarum et scientia rerum constare diximus).[7] 그런데 브루니에 따르면, 알 만한 가치가 있는 '사태'가 무엇인지는 철학적·정치적 관점에서 결정된다. 앎의 실천적 기능이 중요하기 때문에 남자와 여자의 차이가 주제화되지 않을 수 없다. 여자에게는 수사학이 아무런 필요가 없으며 수학과 천문학도 마찬가지이다. 여자는 (후기 스콜라학이 제기하는 신학적 문제를 해결하는 데 필요한 것이 아닌) 실제적인 종교 행위에 필요한 것과 '좋은 삶'에 속하는 모든 것, 즉 윤리적·정치적 행위들을 배워야 한다. 여기서 특히 중요한 것은 역사 공부이다. 역사를 통해 우리는 인류의 고유한 기원과 '자유 시민'과 군주들의 운명을 알 수 있다. 역사는 전쟁과 평화에 대해 많은 것을 이야기한다. 우리는 역사적 사건의 다양성과 차이를 배움으로써 실천적 판단력을 기를 수 있다. 또한 역사는 올바른 삶의 본보기(exempla)도 보여 준다. 역사가 들려주는 이야기는 대학의 학문적 세심함에서 자유롭기 때문에 편하고 즐겁게 들을 수 있다.[8]

브루니에 따르면, 사실에 기초하고 현실에 관계하는 역사 지식이야말로 교육의 가장 근본적 토대이다. 하지만 시학도 중요하다. 중세에 아리스토텔레스적 이상이 여러 번 바뀌었듯이, 브루니도 아리스토텔레스의 모습을 새롭게 조명한다. 그는 아리스토텔레스가 항상 호메로스와 헤시오도스(Hesiodos), 핀다로스(Pindaros)와 에우리피데스(Euripides)를 인용한다는 점을 강조했다. 시인들을 얼마나 중히 여기는지 아리스토텔레스는 철학자들보다 시인들을 더 많이 연구한 것 같은 인상을 준다.[9] 시 예술을 경시했던 전통과 달리, 브루니는 시 예술의 가치를 높이 평가한다. 시인은 '신적인 정신'에서 말한다. 시인은 자연의 원리와 사물의 이치를 알고 있다. 시인의 작품에서 우리는 '모든 지식의 씨앗'을 볼 수 있다. 시인은 지혜를 빛과 결합한다. 과연 자유로운 인간에게 작시(作詩)보다 더 고결한 활동이 있을 수 있는가? 호메로스를 최고의 현자로 불러서는 안 되는 이유를 하나라도 말해 보라![10] 베르길리우스를 철학자로 읽어서는 안 되는 이유가 무엇인가?[11] 브루니는 『파이돈』 번역 서문에서 쓴 것과 똑같이 시학을 배우는 것은 실로 '유익하다'고 말한다. 시 예술은 우리 경험의 폭을 넓히고 인생의 희노애락과 운명을 알게 해 주며, 시인이 받은 신적 지혜의 숨결을 느낄 수 있게 해 준다. 우리는 시 예술을 향유하도록 정향된 존재이다.[12] 우리는 본성적으로

'조화와 수'를 추구하기 때문이다. 그래서 우리는 시 예술에 끌릴 수밖에 없다. 브루니는 종교적 시문학과 이교의 시문학을 구별하지 않는다. 그는 위급한 경우에 종교적 측면에서 제기되는 반론에 알레고리적 방법까지 동원해 이교의 시 예술을 옹호한다.[13] 그러므로 브루니는 보카초가 『이교 신들의 계보』에서 시작한 작업을 계승한 셈이다. 이교의 시문학 작품이 문란한 삶을 조장한다는 반론에 대해 브루니는 성경에도 부도덕한 내용이 들어 있다고 응수한다.[14] 이렇게 해서 브루니는 고대의 철학과 시문학의 세계를 활짝 열어 보였다. 언어적 형식에만 집착하는 기존의 고전 인문주의에 대항이라도 하는 듯이, 브루니는 사태에 대한 올바른 앎이 결여된 문학 형식은 공허하고 삭막하다고 말한다. 또한 대학 강단의 학문도 문학적 형태가 빠진 채 영위된다면 어둠이며 꺼진 빛과 같다.[15] 내용과 형식이 완벽한 일치를 이룬 사례로 브루니는 플라톤, 데모크리토스, 아리스토텔레스, 테오프라스토스(Theophrastos), 바로, 키케로, 세네카, 아우구스티누스, 히에로니무스, 락탄티우스를 꼽는다. 그 가운데에서도 데모크리토스를 높이 평가한 점이 눈에 띈다. 브루니에 의하면, 앞서 언급한 사상가들은 모두 표현은 다르지만 내용에 있어서는 서로 놀라울 정도로 일치한다.

　브루니는 구체적으로는 아리스토텔레스와 스토아학파, 에피쿠로스가 제기한 도덕 원리의 문제를 다루기도 했다.[16] 수백 년 넘게 에피쿠로스는 비난과 경멸의 대상이었는데, 문헌적 연구 결과와 철학적 내용의 객관적 분석은 그것이 잘못된 판단이었음을 입증한다. 브루니의 윤리적·정치적 지향과 공화정적 가치 표상은 『피렌체 찬가』(Laudatio urbis Florentinae)에 잘 드러나 있다. 도시의 부요(富饒)함과 공화제 전통, 새로운 지식 개념 덕분에 피렌체는 아테네의 참된 계승자이자 로마 공화정의 이상의 수호자가 될 자격을 갖추었다. 도시의 예술적 외관과 심미적 자의식도 피렌체의 역사적 위상을 드높인다. 브루니는 피렌체를 총체적 삶의 인문적 형태와 합리적 기초를 가진 이상(理想) 도시로 파악했다. 이 도시가 추구하는 인간 삶의 형상에는 앎과 행위의 긴장 관계, 제작적 행위와 교육의 대립, 고고학적 취미 대(對) 유토피아적 미래 지향주의의 전통적 이원론이 모두 극복되어 있다. 『피렌체 인민의 역사』(Historia Florentini populi)에서 브루니는 이러한 반성과 성찰을 객관적 사료 연구 및 전승 비판과 결합했다.[17]

일치 공의회(1439)

과거 연구는—빈델반트와 하인츠 하임죄트(Heinz Heimsoeth)[18]는 가장 최근의 개정판에서도 여전히 이 입장을 고수한다—콘스탄티노폴리스 함락을 15세기 사상사에 결정적 영향을 끼친 가장 중요한 사건으로 파악했다. 오늘날 우리는 중세 후기의 정신사적 발전의 내적 논리에 주목함으로써 그리스 문화 세계를 수용한 조건을 이해하려고 시도한다. 페트라르카, 보카초, 살루타티가 가졌던 그리스 철학과 문학에의 관심은 서구 라틴 세계의 내재적 발전에서 기인했으며, 그리스 학자들의 이주가 증명하듯이 실제로 소정의 성과를 거두었다. 동방과 서방이—비잔티움 제국의 멸망 이전에—페라라-피렌체 공의회에서 만났다는 사실도 충분히 주목할 만한 가치가 있다. 한때 콘스탄츠와 바젤에서 그랬듯이, 인문주의자들은 이 공의회에서도 그들이 발견한 고전 필사본을 서로 주고받았다. 피렌체의 정신적 삶은 로마의 인문주의자들과 이탈리아 북부 도시의 삶과 긴밀히 연결되어 있었다. 니콜라우스 쿠자누스는 교회 일치 운동에 기여한 바가 있다. 다양한 언어에 능통한 인문주의자이자 피렌체 카말돌리회의 산타 마리아 델리 안젤리 수도원의 수사였던 암브로조 트라베르사리(†1439)는 그리스 세계에 박학다식했기 때문에 디오니시우스 아레오파기타의 작품과 디오게네스 라에르티오스의 저작을 새로 번역할 수 있었다. 트라베르사리는 베사리온

(Bessarion, †1472)과 더불어 교회 일치 운동에 자극을 준 대표적 인물들 가운데 하나로 일치 성명서를 함께 작성하기도 했다.[19] 동로마 제국 황제와 함께 대사로 왔던 이들 중에는 게오르기오스 게미스토스 플레톤(Georgios Gemistos Plethon, †1452)도 있었는데, 그는 피렌체인들에게 ― 브루니와는 달리 ― 아리스토텔레스와 융합될 수 없는 또 다른 플라톤을 소개했다.[20]

베사리온은 플레톤의 제자였다. 그는 게오르기오스 트라페춘티우스(Georgios Trapezuntius)의 과격한 플라톤주의 비판에 맞서 스승을 옹호했다.[21] 베사리온은 플라톤주의자였지만 플라톤주의와 아리스토텔레스주의의 결합을 다시 불러냈다. 그는 아리스토텔레스의 『형이상학』을 라틴어로 새로 번역하기도 했다.[22] 같은 시기 피렌체에는 나중에 교황 니콜라우스 5세(Nicolaus V)로 즉위하는 인문주의자 토마소 파렌투첼리(Tommaso Parentucelli)도 있었다. 그는 피렌체에 체류하는 동안에 산 마르코 수도원의 새 도서관을 기획하고 운영했다. 신랄한 비판가인 브라촐리니는 여기서 백발의 브루니를 만났다. 한때 학문에 몰두하기도 했던 혈기 왕성한 사업가 잔노초 마네티(Giannozzo Manetti)는 그리스도교적이고 인문주의적인 환경에서 큰 영향을 받았다.[23] 약학자 마테오 팔미에리(Matteo Palmieri)는 이 시기에 인문주의 문화를 도시의 정치적 삶과 일상생활에 통합하기 위한 기획을 담은 『시민의 삶』(*Libro della vita civile*)을 썼다.

제55장
로렌초 발라

피렌체 공의회 시기에 인문주의 운동은 토스카나 지방에만 국한되지 않았다. 인문주의 운동은 이제 페라라와 만토바, 파비아, 밀라노, 나폴리, 로마로 확대되었으며, 심지어 교황청 내부에서도 목격할 수 있었다. 로렌초 발라(Lorenzo Valla, †1457)는 로마에서 태어나고 수학했다. 하지만 스콜라주의를 강하게 비판하고 정치적 인문주의가 계속되었던 시기인 20대에는 그에게서 피렌체적 영향을 느낄 수 있다.[1] 발라는 파비아 대학에서 수사학을 가르쳤다. 그러나 법학자 바르톨루스(Bartolus)에 대한 비판이 커다란 물의를 일으키자(1433) 대학을 떠나야 했다. 발라에게서 '수사학'이란 단어는 고대의 본래적 의미를 온전히 되찾는다. 그는 수사학을 언어에 대한 학문, 즉 언어 구조와 언어의 역사를 배우는 일로 이해했으며, 법률과 교육 및 정치의 실제적 현실에 적용했다. 발라는 정치인의 정체성과 작금의 과격한 이익 추구로 인해 '이탈리아의 모든 도시'에서 무너져 내린 도덕적·정치적 책임 의식의 기초를 수사학을 통해 다질 수 있다고 믿었다. 이러한 맥락에서 발라는 로마 수사학의 고전인 퀸틸리아누스의 『웅변 교육』(*Institutio oratoria*)을 새롭게 수용하면서 이를 그의 사상의 전거로 삼았다. 그렇지만 고전적인 것이 발라의 관심 대상은 아니었다. 그는 새로운 인문주의적 가치 개념과 엄격한 문헌학적 방법을 구체적으로 적용했는데, 그 적용 범위는 다음과 같다.

— 고대 로마의 개념들을 왜곡된 형태로 남용하는 법학을 비판하기 위해.
— 교황의 세속 권력을 비판하기 위해. 발라는 교회 국가 설립을 뒷받침하는 역사적 증거가 실은 날조된 문서라는 사실을 문헌적·언어학적 증명으로 밝혀냈다(1440). 발라는 역사 연구의 정신으로 위조 사실을 밝혀냈지만, 그에게는 나폴리와 시칠리아를 지배하려는 교황의 야욕으로 불거진 군사적·정치적 분쟁에 개입하려는 의도도 있었다. "수많은 가난한 이를 위해 굶주림 속에서 비참하게 죽임을 당하신 그리스도와는 대조적으로 위풍당당한 군대를 양성하고 백성에게 가혹한 짐이 되는 기병과 보병대를 소유하려는" 교황의 모습을 비판하는 것이 목적이었다.
— 중세의 성경 해석을 비판하기 위해. 문헌학적 주해의 기초를 닦은 발라의 『신약성경 주해』(*Annotationes in Novum Testamentum*)[2)]는 에라스무스를 통해 종교개혁 시대에 풍성한 열매를 맺는다.
— 고대 수사학으로 훈련받은 히에로니무스(Hieronymus), 아우구스티누스, 락탄티우스 같은 고대 그리스도교 저술가들을 재평가하기 위해. 이들은 보에티우스 이후로 서구 세계에 뿌리내린 혼합적 사고방식에 물들지 않은 사상가들이다. 발라는 '수사학의 존귀함'을 인정하고 인지했던 교부들을 거론하면서 스콜라학을 비판한다.
— 전통 논리학(변증술)을 비판하기 위해. 발라는 변증술이 가진 언어 이질적이고 추상적인 측면을 폭로하고 지식에 보다 더 구체적인 목적을 설정했다(『변증술 토론』(*Diaelecticae disputationes*), 최초의 논고는 1439년에 집필되었으며 두 차례 개정되었다).

발라는 공허한 표현을 발견하면 그 즉시 달려들어 물어뜯었다. 언어적 형식주의는 구체적인 것의 의미를 날카롭고 논쟁적으로만 구성한다. 대화 속 등장인물 가운데 하나가 자기는 철학자가 아니라 한 명의 소박한 수사학자라고 말할 때, 발라는 '수사학'을 키케로의 모범을 따라 철학을 포괄하는 개념으로 이해한다. '철학자'라 불리기를 거부할 때의 '철학'은 중세 후기 대학에서 통용된 의미에서 그렇다는 말이다.[3] 발라는 중세 철학의 기초를 점검하고 중세 세계를 세부적 수준에서 비판하는 것 이상의 작업을 수행했다.

중세 철학의 기초를 놓은 인물이 보에티우스였다면, 발라는 그의 초기 대화편인 『욕망에 대하여』(*De voluptate*, 여러 번 수정을 거쳤으며, 1431년에는 『참된 선과 거짓된 선에 대하여』(*De vero falsoque bono*)라는 새 제목을 달았다)와 『자유의지론』(*De libero arbitrio*, 1435)에서 바로 그 보에티우스적 기초를 회의에 부친다.[4] 발라는 자기의 의도를 직접 밝히고 있다. 그는 첫째 대화편에서 보에티우스의 『철학의 위안』 제1~4권을 논박하고 둘째 대화편에서는 제5권을 논박할 것이라고 한다.[5] 이 말은 곧 모든 것을 뜯어고쳐야 한다는 뜻이다. 기존의 철학뿐만 아니라 그 철학에서 연역한 가치 체계까지 온통 무효가 되었다. 그럼 발라가 작업한 것을 한번 들여다보자. 특히 그가 강조한 두 대화편 사이의 관계성과 보에티우스 논박이라는 목적을 염두에 두길 바란다.

발라의 대화편 『욕망에 대하여』에는 세 명의 웅변가가 등장한다. 첫 번째 웅변가는—그의 이름은 개정된 텍스트마다 매번 바뀐다—스토아학파의 입장(또는 발라가 스토아학파의 것이라 여기는 사상)을 대변한다. 덕은 행복이다. 덕 있는 사람에게서 행복을 빼앗는 것은 불가능하다. 도덕주의적 행복 개념은 보에티우스의 『철학의 위안』 제1~4권의 주제이다. 이에 맞서 두 번째 웅변가는 직접적으로 주어지는 감각적 행복에 대한 변론을 편다. 에피쿠로스의 행복론(또는 그런 종류의 행복론)이다. 최고선은 욕망이자 유용함이다. 정신적 선(善)도 쾌락과 관계한다. 욕망은 덕보다 위에 있다. 모든 욕망은 좋은 것이며, 따라서 성적(性的) 욕구도 마찬가지이다. 세 번째 변론은 니콜라우스가 맡았다. 스토아학파와 에피쿠로스학파는 인간의 행복을 조금도 파악하지 못했다. 인간의 행복은 그리스도교를 통해서만 진정으로 드러난다. 그러나 발라가 말하는 그리스도교는 자기 방식대로 해석한 그리스도교이다. 그의 해석에 따르면, 그리스도교의 핵심 주제도 욕망이다. 피안을 향한 욕망 말이다. 그래서 발라가 보는 그리스도교는 세련된 에피쿠로스적 색으로 칠해진 종교이다. 다시 말해 에피쿠로스주의자들이 스토아주의자들보다 그리스도교에 더 가까이 다가갔다는 뜻이다. 그리스도교보다 스토아 철학과 더 가까운 (즉 발라의 철학적 이해에 따르면) 보에티우스의 행복론에 대한 대립 구도는 이렇게 형성된다.

발라의 입장은 에피쿠로스적이지도, 범신론적이지도 않다. 하지만 그는 수백 년 동안 평가 절하되었던 에피쿠로스를 새롭게 평가했다. 발라는 보에티우스가 플라톤적 영성주의와 스토아적 윤리주의, 그리스도교적 사유 사이에 구성한 3당 연합의 정당성에 의문을 제기한다. 발라에 따르면, 스토아적 자연 개념은 그리스도교와 융합될 수 없다. 죽음 이후의 행복을 향한 희망을 빼고 말한다면, 즉 그리스도교적 계시를 제외하면 우리는 스토아 철학보다는 에피쿠로스 철학을 따라야 할 것이다. 그리스도교인들은 아마 에피쿠로스주의자들 중에서는 단연 최고일 것이다. 그리스도교인들은 피안의 행복을 얻기 위해 덕을 사랑하기 때문이다. 어쨌든 덕과 행복은 구별된다. 그리스도교인들은 저세상에 다다르고자 이 세상의 욕망을 기꺼이 단념한다. 그러나 피안의 욕망은 모든 육적 쾌락을 포함한다.

발라의 『욕망에 대하여』는 15세기의 가장 입체적이고 생동감 있는 작품들 중 하나이다. 내가 볼 때, 이 작품은 아직까지도 사람들의 주의를 끌지 못하고 있다. 하지만 이 책은 진실로 깊이 들여다볼 가치가 있다. 발라는 이 책에서 다양한 뉘앙스를 가지고 말한다. 그리고 이 작품 속의 네 개의 텍스트는 판본마다 강조하는 바가 전부 제각각이다. 가장 먼저 눈에 띄는 것은, 이 책이 단어의 의미에 주의하고 신중하게 쓸 줄 아는 문헌학자의 작품이라는 사실이다. 이러한 관점에서 보면, 『욕망에 대하여』는 다음과 같이 요약할 수 있다. '좋다'(bonum)라는 말은 덕과 행복, 이 두 가지를 주된 의미로 가진다. 스토아 철학 전통은 이 두 의미를 한데 섞어 버렸지만, 하나로 묶어 버리기는 플라톤 철학 전통도 마찬가지였다. 그래서 그들은 덕을 갖춘 사람이 언제나 행복하다고 주장할 수 있었던 것이다.『철학의 위안』에서 보에티우스는 거의 스토아 철학자(pene stoicus)처럼 이야기한다. 그래서 그는 중세에 혼합된 개념을 물려주고 말았다. 그러나 이제 이 두 개념의 결합은 끊어야만 한다.[6]

발라의 텍스트에서 두 번째로 주목할 부분은 다양한 전통의 인식 확장과 섬세한 구별이다. 아리스토텔레스가 대체로 플라톤의 틀 안에서 사유한다는 사실, 보에티우스의『철학의 위안』제1~4권에 스토아와 플라톤적인 모티프가 혼합되어 나타난다는 사실, 사도 바오로와 헬레니즘 철학과의 관계, 지금까지 평가 절하되었던 에피쿠로스 철학을 복권할 필요성, 이 모든 것을 발라는 젊은 시절에 이미 꿰뚫어 보고 있었다. 자연과 윤리, 그리스도교의 신은 보에티우스 이래로 전부 도덕주의적 세계관 안에 융합되었다. 다양한 사상의 전통과 용어의 의미들은 비판적으로 검토되지 못했다. 문헌학적 구별은 그리스도교를 구성하는 구체적 요소들의 구별로 이어졌다. 그래서『욕망에 대하여』를 그리스도교 철학 작품으로 읽는 것도 가능하다. 물론, 발라가 생각하는 그리스도교적인 것은 중세적이지도 않고 종교개혁자들이 염원했던 것도 아니며, 그렇다고 트리엔트 공의회의 정신에 부합하지도 않는다. 발라의 그리스도교는 오늘날 더는 존재하지 않는다.『욕망에 대하여』를 읽고 적잖이 당황한 독자가 있다면 이 점을 당장 알 것이다. 모든 핵심은 철학자의 표현을 신앙의 표현과 구별하는 데에 있다.[7] 그러나 이것은 철학적 논증을 통해 증명되어야지[8] '모든 것을 오직 믿음에서' 구하는 루터 방식의 작업이어서는 안 된다. 에라스무스의『우신예찬』(Moriae encomium)은 이와는 정반대의 음조를 띤다.[9] 거기서는 삶의 중요한 주제들이 동일한 경박한 어조와 수사학적 기교로 서술되어 있다. 세 명의 웅변의 병렬적 전개를 통해 발라는 키케로의 모범을 따라 어떠한 학파의 편을 들지 않고 자유롭게 자신의 생각을 개진할 수 있는 새로운 철학 방식, 즉 독단 없이 철학하는 방법을 설파하고자 한다(sibi permisit libere loqui in nullam sectam obstrictus).[10] 발라는 지혜의 권리 주장, 우수에 찬 진지함, 스토아적 '지혜'의 숙연함과 극기가 모두 공허한 가치들이었다고 폭로한다. 인간은 본성적으로 정치적 존재이지만 신들의 본보기를 따라 관조적 삶을 영위해야 한다는 아리스토텔레스 철학의 모순들은 조롱거리로 전락한다.[11]

대화편 『자유의지론』(*De libero arbitrio*)에서 발라는 그가 『욕망에 대하여』에서 전개했던 보에티우스 비판을 이어간다. 그는 보에티우스가 『철학의 위안』 제5권에서 신의 섭리와 인간 자유의 조화에 대해 논한 것을 비판한다. 현재 독일에 라이프니츠의 변신론(辯神論)이 발라의 자유 개념을 반복하고 계승하는 것으로 끝난다는 사실을 아는 사람이 과연 있을까? 우리 시대 가장 널리 알려진 철학사 서술은 발라와 루돌푸스 아그리콜라(Rudolphus Agricola, 1444~85)를 두고 "이런 인문주의자들은 문화사에서 언제나 귀중한 진열품이었지만 전문 철학에서는 그렇지 않다"[12]라고 쓰고 있지 않은가? 라이프니츠는 이러한 부정적 평가에 해당되지 않았다. 그런데 라이프니츠는 '전문 철학'의 독일적 방식을 크게 신뢰하지 않았던 사람이다(형용 모순이 아닐 수 없다). 그는 발라를 인문주의자보다는 철학자로 이해했다.[13] 라이프니츠는 보에티우스를 비판했던 발라의 냉철함과 명민함을 높이 평가했다. 즉 라이프니츠는 보에티우스가 신의 예지와 인간의 자유가 조화를 이룬다는 점을 증명했지만, 고대의 신들과는 달리 그리스도교의 신에게서는 예지와 예정이 일치하므로 그의 해결은 속이 텅 빈 해결책이라고 진단했다. 섭리와 자유의지의 충돌 문제에 대한 답을 찾고자 한다면, 철학에서 그 답을 구해서는 안 될 것이다. 유일한 답은 오직 신앙에서만 얻을 수 있다. 사도 바오로와 유사한 표현을 사용하면서 발라는 하느님 의지의 불가해성을 강조한다.

이 대화편도 다양하게 해석될 수 있다. 우리는 발라가 이성의 역할을 축소했다고 해석할 수 있다. 『욕망에 대하여』에서 삶의 직접성을 추상적 오성보다 우위에 두었듯이, 여기서도 신앙에 직접성을 부여했다고 볼 수 있다. 하지만 나는 보에티우스 비판을 발라의 근본 동기로 이해한다. 핵심 내용이 전개되는 본문에서 보에티우스의 합리적 해결책이 지지될 수 없다는 점이 밝혀지고 나자, 신앙은 답을 구하는 이들의 도피처가 되었다. 중요한 것은 조화로운 결합을 다시 해체하는 일이다. 결합의 구성 요소들이 가진 고유한 특성들도 일치가 깨질 때 함께 사라진다. 믿음은 철학의 지배를 받아서는 안 된다. 적어도 보에티우스의 자유의지론에서 철학이 설 자리가 없음은 증명되었다. 보에티우스가 느슨하게 묶었던 철학과 신앙의 결합이 다시 풀렸고, 이 둘의 분리도 이제는—발라에 따르면—내재 철학적으로 증명되었다는 사실을 독자들이 대화편의 마지막에서 이해한다면 그것으로 충분하다. 우리는 신적 규정들의 근거를 알지 못한다, 하지만 그것이 어떻다는 말인가?[14]— 이것이 발라의 마지막 말이다. 삶은 결국 실천이며, 능동적 이웃 사랑이다. 보에티우스는 신학을 철학적으로 정초하기 위해 사태를 날조했다. 하지만 보에티우스가 했던 작업을 거부하는 것이야말로 진정한 학문 활동이다. 이렇게 해서 수백 년 동안 철학적 기획으로 행해졌던 것들이 철학의 이름으로 단죄받게 되었다. 발라는 이러한 분리를 통해 신앙이 얻는 유익도 적지 않다고 서둘러 덧붙인다.

발라의 철학 개혁은 보에티우스와 보에티우스의 영향을 받은 중세 철학 전통에서 멈추지 않는다. 『변증술 토론』(*Diaelecticae disputationes*)이라는 제목으로 더 잘 알려진 작품 『철학과 변증술의 전복』(*Repastinatio dialecticae et philosophiae*)에서 그는 기존 논리학과 전통 철학의 기초 개념을 비판적으로 검토한다. 그는 스콜라 철학자들의 현학적 태도와 용어 집착증을 퍼뜨린 주범인 보에티우스도 비판했지만 아리스토텔레스주의와도 대결을 선언했다. 그리스 철학을 잘 알고 있었던 발라는 서구 세계 사람들에게 고대 후기부터 지금까지 정신적 지평이 축소되었다는 점을 일깨워 줄 수 있었다. 즉 고대 그리스에는 아리스토텔레스 이후에도, 그리고 아리스토텔레스 말고도 다른 훌륭한 철학 학파들이 여럿 있었다. 발라가 그의 철학 주저 집필에 몰두했을 때, 페라라와 피렌체에서는 일치 공의회의 소집 준비가 한창이었다. 발라는 서구 지식의 언어와 방법, 그리고 내용을 모두 새롭게 하고 싶었다. 동방의 사유를 수용함으로써 공허한 개념들과 딱딱한 형식에서 벗어나야 했다. 발라는 서구 사유의 모든 기초 개념을 대폭 교정하고 개선하면 삼위일체론도 유연해질 수 있다고 주장했다. 하지만 삼위일체론의 경우에 동방 교회와의 협의가 필수적이었다. 삼위일체론 영역에서 보에티우스가 도입한 '실체'와 '인격' 개념을 비판하면서 발라는 이론적·정치적 이유를 들며(동로마 제국과의 화해) 신학의 급진적 개혁을 강력히 요청했다. 신학에 대한 과격하고 비판적인 입장 때문에 1444년 발라는 나폴리에서 종교 재판에 회부되었다. 그러나 그는 국왕의 비호를 받았기에 단죄를 피할 수 있었다. 발라가 볼 때, 서구 신학은 아리스토텔레스와 보에티우스에 매여 있는 한 발전 가능성이 없었다. 그런데 아리스토텔레스와 보에티우스는 언어의 차이를 인지한 당대의 서구 세계를 끌고 나가기에는 너무 융통성 없는 사상가들이었다. 발라에 따르면, 아리스토텔레스는 범주론과 존재론을 우스꽝스러울 정도로 심하게 왜곡했다. 그는 인간 의지의 품위를 주지주의적으로 폄훼한 철학자이다. 그의 철학에 감돌고 있는 관조적 분위기는 과하다 못해 숨이 막힐 지경이다. 또한 발라는 아리스토텔레스가 정치인이나 군대 지휘관의 경험, 아니 실천적 삶을 영위하는 모든 개별 인간의 경험을 애초부터 잘못 파악했다고 평가한다.

그렇지만 발라의 일차적 관심은 아리스토텔레스의 논리학과 존재론의 개혁에 있었다. 그에게서 논리학은 다시 삶 속의 말하기 현실과 가졌던 본래적 관계를 회복한다. 공허한 표현들을 모조리 색출하고 척결함으로써 경험 세계의 풍요로움에 사유를 대결시킬 수 있어야 한다. 범주론의 경우 통째로 갈아엎어야 한다. 그에 따르면, 범주는 실체, 질, 능동 이 세 가지로 충분하다. 이 세 개의 범주는 하나의 통일을 이루며, 서로 분리되어 표상될 수 없다. 질과 작용이 없다면 '실체'는 더이상 실체가 아니게 된다. '인간-임'과 같은 추상적 종 개념은 실체와 질과 활동을 전부 함께 지시할 때에만 실질적 의미를 가진다. 따라서 '인간'은 질과 작용이 덧붙여지게 되는 실체가 아니며 분리될 수 없는 세 가지 요소, 즉 실체, 질, 활동으로 이루어진 통일적인 자연적 실재(res)를 가리킨다.[15]

여기서 일어난 몇 가지 변화는 다음과 같다. 강단 아리스토텔레스주의에서 사용하는 실체 개념이 아무런 실질이 없다는 점이 지적되었다. 우유를 존재론적으로 자립시키려는 중세 철학의 주요 줄기는 근본부터 잘려 나갔다. 실천의 가치가 새롭게 조명되었는데, 재평가는 언어 표현에서 동사의 기능이 강조됨으로서 이루어졌다. 대다수의 중세 사상가와는 달리, 발라는 농사를 분법적으로 분사 형태와는 다른 것으로 파악했다. '소크라테스는 앉아 있다'라는 문장과 '앉다'를 분사형으로 쓴 '소크라테스는 앉아 있는 (상태이다)'라는 문장의 의미는—토마스 아퀴나스가 가르친 것과는 달리—서로 같지 않다. 정지와 운동이라는 자연 철학적 개념은 인간의 행위를 설명하는 데 적합하지 않다. 그에 따르면, 앉아 있음과 누워 있음은 활동(능동)의 범주가 아닌 '정지'의 범주에 들어가야 한다.

문헌학적 관심과 경험에 대한 흥미는 논리학과 존재론의 축소로 이어진다. '존재자'는 인공적 단어이며 불필요하다. 스콜라 철학에는 단어의 잡동사니들이 가득하다. '존재'(esse)와 '본질'(essentia)은 같은 단어이다. 발라는 'quidditas'(하성(何性), '무엇-임')는 도대체 이해할 수 있는 개념이 아니기 때문에 무슨 뜻인지 도무지 모르겠다고 말한다.[16] 그는 보에티우스가 서구 세계 곳곳에 심은 '포르피리오스의 나무'(이 책

134쪽 참조)를 베어 낸다. 그는 보에티우스가 인간을 동물의 왕국에서 엄격하게 분리한 것을 비난했고, 그 외에 다른 많은 것도 비판했다.[17] 특히 보에티우스의 텅 빈 실체 개념을 문제삼았다.[18] 보에티우스는 질을 배제함으로써 실체를 순수하게 논리적인 개념으로 만들었기 때문이다. 여기에는 경험적 내용이 더는 들어 있지 않다. 이러한 실체 개념은 이미 확정된 이론 체계를 말만 가지고 옹호하려 할 때에는 쓸모 있을지도 모른다. 하지만 실질적인 인식 확장에는 아무런 도움이 되지 못한다. 발라는 언어의 관습적 사용(consuetudo loquendi)에 주의하는 법을 철학에 가르치고 싶었다. 그는 논리학에 새로운 방법론적 차원을 제공하려 했다. 논리학은 기본적으로 서술의 도구이지만 발견의 도구이기도 해야 한다. 실제 언어 현실에 ― 발라가 염두에 둔 것은 고전 라틴어이다 ― 기초한 전문적 논리학을 개발하고 단순한 사태 기술이 아닌 인식 확장에 기여하는 학문으로 발전시켜야 한다는 발라의 기획은 루돌푸스 아그리콜라(Rudolphus Agricola)와 페트루스 라무스(Petrus Ramus)가 이어받았다. 논리학에 교육적 간명함과 심미적 요소를 부여하는 일이 중요했다. 곧 스콜라적 변증론의 과도한 남용을 막아야 했다. 논리학은 다시 '간결하고 배우기 쉬운 학문'(res brevis prorsus et facilis)으로 돌아가야 한다.[19]

발라가 의도한 것이 교수법의 개혁 이상이라는 점은 분명하다. 수세기 동안 퇴적된 자갈 더미들을 걷어 내야 했다. 즉 아랍적인 아리스토텔레스 해석(Avicenna et Averroes plane barbari fuerunt), 스콜라적 변형과 조정 장치들, 서구 문화 지평의 축소, 문제투성이인 라틴어 번역 성경(Vulgata) 위에 서구 그리스도교를 세운 점, 아리스토텔레스 철학에서 편파적으로 논리학에만 집중한 보에티우스 이후로 (그리고 보에티우스 때문에) 발생한 서구 사유의 국지화 현상들이 바로 그것들이다. 만일 보에티우스가 중세의 논리학과 방법론, 종교철학과 윤리학을 모두 정초한 대사상가라면, 발라의 보에티우스 비판을 통해 중세는 종말을 고하는 셈이다. 발라는 보에티우스 전통과의 대립을 의식하면서 근본 개념들을 새롭게 고찰한다. 이로써 논리학과 존재론, 법학과 윤리학, 심리학과 신학은 대폭 조정을 받는다. 대표적 변화를 몇 가지 들어보자. '인격'은 이제 더이상 '이성적 본성을 가진 개별 실체'가 아니다. 인격은 동일 본질인 실체와 질과 활동, 이 세 가지가 하나로 결합된 통일이다. 수사학과 관계 있는 정치적·사회적·경제적인 모든 연관은 이제 인격 개념에 들어오게 되었다. 이로 말미암아 영혼론과 덕(德)의 윤리학은 비판을 면치 못한다. 물리학도 동정의 대상이 되었다. 발라는 천구와 에테르 개념을 비판했다. 그도 윌리엄 오컴처럼 천체가 질적으로 고유한 어떤 특수 질료로 구성되어 있다는 견해를 거부했다. 아리스토텔레스가 수용된 이래로 '존재자로서의 존재자'를 연구해 온 형이상학은 자신이 지금까지 연구를 발전시킬 수 있었던 것은 실은 언어적 오해 덕분이었다는 사실을 깨닫게 되었다. 발라는 중세의 대학 문화에 깊이 자리 잡은 개념 실재론을 아리스토텔레스와 보에티우스적 기초들과 함께 전부 회의에 부쳤다. 사유는 경험적 사실에 기반을 누어야 한다는 점을 항상 상기하기 위해 발라는 오컴주의의 손을 들어주었다. "경험으로 검증되는 이성에 귀를 기울입시다!"(rationem experimento probatam audiamus)[20]

발라의 세심한 비판은 다음 시대에 분화되어 제각기 독립적으로 전개되는 다양한 요소를 자유롭게 풀어놓았다. 경험 학문과 문헌학이 등장했으며, 윤리학과 방법론 성찰은 새로운 방향으로 나아갔다. 그는 신학이 자기의 근본 개념을 수정하고 원문과 사료를 꼼꼼히 읽는 학문으로 거듭나도록 하기 위해 많은 노력을 기울였다. 그는 실제적 실천을 목표로 삼은 사도 바오로의 '수사학'과 토마스 아퀴나스가 확립한 아리스토텔레스적 — 순수하게 추상적 개념만을 가지고 작동되기 때문에 현실성을 모두 상실한 — 강단 신학(recentes theologi aristotelicis praeceptis imbuti)의 대립을 통찰한 사람이었다.[21]

제56장

니콜라우스 쿠자누스

모젤 강변의 쿠에스(Kues)에서 태어난 니콜라우스(Nicolaus Cusanus, †1464)는 피렌체 공의회의 준비 위원이었다. 쿠자누스는 비잔티움 제국 황제를 대동하고 공의회에 참석했는데, 바다를 건너오는 도중에 대립의 일치 이론을 구상했다. 그는 인문주의자들의 사상 세계를 잘 알고 있었다. 그는 의사이자 수학자였으며, 피렌체 대성당의 두오모 건축에도 관여한 파올로 달 포초 토스카넬리(Paolo dal Pozzo Toscanelli, †1482)와 평생 친분을 유지했다.[1]) 쿠자누스는 파도바에서 수학한 적이 있다. 그는 이탈리아의 아리스토텔레스주의를 배웠다. 트라베르사리와 베사리온과도 친하게 지냈다. 콘스탄티누스의 증여를 반박함으로써 교황의 호의를 조롱하고 나중에 인문주의자 교황인 니콜라우스 5세에게서 다시 신임을 얻은 발라도 로마에서 쿠자누스를 만난다. 발라는 그의 『신약성경 주해』의 교정을 베사리온과 쿠자누스에게 부탁하기도 했다. 하지만 이탈리아의 새로운 움직임에 여러모로 관여했음에도, 사실 쿠자누스는 하이델베르크에서 학업을 시작했으며 본질적으로 다른 세계에 속한 인물이었다. 아니, 그는 어떠한 세계에도 안주하지 않았던 사상가였다. 그의 작품은 다양하고 다채롭다. 쿠자누스는 마이스터 에크하르트를 — 교회 대분열과 유명론과 새로운 물리학을 통해 — 변화된 여러 상황 속에 적용하려 시도한 사상가로 이해할 수 있다. 쿠자누스를 라이문두스 룰루스의 후계자로 조명하는 것 또한 적절하다. 쿠자누스의 개인 도서실에 맞먹을 정도의 장서를 소장했던 인물은 룰루스 외에는 없다. 새로운 방법론이 필요하다는 점, 소르본의 강단 지식으로는 시대가 앓고 있는 병을 치유할 수 없고 종교 전쟁도 막지 못한다는 점 등은 그가 룰루스에게서 배운 것들이다. 또한 우리는 쿠자누스를 토마스 아퀴나스와 알베르투스 마그누스가 약화했던 디오니시우스 아레오파기타의 통찰을 15세기 중반에 다시 살려내고 스콜라주의가 모순적 태도로 수용했던 부정신학을 근본적으로 재정립한 인물로 평가할 수도 있다. 사상적 삶으로 따지자면 쿠자누스는 파도바 출생인데, 왜냐하면 그는 법학자로서 공동의 합의와 자유 민주정에 의한 정치적 삶을 이상적 국가의 구성 요소로 이해하고 아베로에스적 기조 속에서 의사와 수학자들의 방법론 성찰을 중히 여겼기 때문이다. 우리는 그에게서 고대 문헌과 필사본 수집에 열을 올리는 인문주의자의 모습과 라틴 세계의 고대 철학자에게 회귀할 수 있게 해 주는 새로운 번역의 후원자와 성실한 독자의 모습을 볼 수도 있다. 쿠자누스가 집중적으로 수행한 플라톤 연구는 11세기부터 고착된 플라톤-아리스토텔레스의 관계 도식을 탈피해 전개된다. 결과적으로 아리스토텔레스의 모습이 새롭게 조명되었다. 아리스토텔레스는 무한자를 유한한 듯이 말하는 이성(ratio)의 화신이다. 또한 논리학에서 독보적 업적을 이루었지만 형이상학에서는 실패할 수밖에 없었던 사람이다. 그래서 쿠자누스는 무스부르크의 베르톨트[2]를 따라 프로클로스에게 관심을 돌리게 되었다. 신플라톤주의적으로 해석된 플라톤을 폭력을 사용하지 않고 디오니시우스와 결합할 가능성, 즉 고대를 교회적 저술가인 디오니시우스와 종합할 가능성이 보인 듯하다. 고대 원전의 독해, 미학 문제에의 관심, 수사학의 철학적 비판 등은 그가 인문주의자 교황인 피우스 2세(Pius II)와 니콜라우스 5세의 친구이자 르네상스적 교황 궁정의 일원이었기 때문에, 그리고 첫 번째 설교(1430)에서 모든 진리를 발견한 인물이라 극찬한 바 있는 헤르메스 트리스메기스토스를 새롭게 해석했기 때문에 얻을 수 있었던 특징들이다. 또한 인간의 개념적·추상적 생산과 공작적·기예적 생산 활동 모두를 사유한 철학자로서, 스콜라주의의 라틴어 사용을 단념하고 직관과 직접적 소여성을 추구한 저술가로서 가졌던 특징들이다. 우리는 이런 식으로 계속 말할 수 있지만, 여기서는 쿠자누스를 캔터베리의 안셀무스와 알베르투스 마그누스, 토마스와 둔스 스코투스가 착수했던 철학적 기획이 실패했던 이유를 탐구했던 사상가로 제시하는 것으로 충분하다. 즉 그는 이 모든 철학적 작업이 실패한 것으로 간주했다. 그는 선대 철학자들이 뛰어들었던 작업을 속행할 생각이 없었다. 그는 언급한 사상가들의 자료들을 그들과 전혀 다른 전제 위에서, 특히 디오니우스와 에리우게나, 룰루스와 마이스터 에크하르트를 중심으로 새롭게 사용하고자 했다. 그리고 후기 스콜라학파(viae)에 속한 어떤 사람의 이론도 추종하지 않을 작정이었다. 그는 알베르투스 마그누스로 되돌아가지도 않고 토마스를 부활시킬 의도도 없었다. 그는 대학 강단의 복잡하고 난해한 학문적 현실에서 무엇인가를 구출해야만 한다고 느꼈다. 강단 학문을 일반인과 평신도의 관점에서 바라보고 그것을 시대의 개인적·사회적 요청들과 대결시키려 했다. 그가 원했던 것은 철학적으로 새로운 시작이었다. 그래서 그는 대학의 학문이 자기가 목적하는 바를 성취할 수 없다는 사실을 보여 주어야 했다. 그가 보기에 강단 학문은 자연 연구와 인간 연구, 신을 인식하는 데에서까지도 잘못된 절차와 방법을 사용하고 있었다. 또한 강단 학문은 전통을 왜곡하는데, 한편으로는 그렇게 잘못 이해된 전통을 제 토대로 삼고 있다는 것이다.

방금 말한 세 가지를 하나씩 간단히 훑어보겠다. 먼저 '자연' 연구부터 이야기해 보자. 최근 쿠자누스 연구는 자연 연구에서의 특징을 신학적 사유 뒤로 밀어냈는데, 이는 온당치 못한 처사이다. 그에게서 자연 연구의 새로운 방법론과 수학과 양적 범주에 의한 판단을 본질로 삼는 자연과학은, 궁극적으로 인간 사회에 어떤 유익을 창출하기 위해 필요한 것으로서 그가 평생 천착했던 주요 과제였다. 이는 후기 스콜라학에서 발전시킨 질적 과정의 양적 분석 방법을 의학에 적용한 작품인 『무지한 자의 저울 탐구』(1450)에서만 볼 수 있는 것이 아니다.[3] 쿠자누스는 심리적 현상을 포함한 모든 것을 측정하고 싶었다. 이 계획이 건축가이자 예술 이론가인 알베르티와의 사상적 교류를 통해 탄생했다는 점은 분명하다. 『무지의 지』(De docta ignorantia)에서 쿠자누스는 두 권 전체를 우주론에 할애하고 『추측론』(De coniecturis)에서도 신속하고 경이로운 자연과학적 진보와 성과를 낼 수 있는 '보편 학문'을 다룬다. 그에 따르면, 기존의 자연과학을 거부할 이유가 몇 가지 있다. 즉 지금까지의 자연과학은 아리스토텔레스의 세계 구분을 따라 천체물리학과 월하 세계의 물리학으로 나뉘어 있으며, 두 분과 사이에는 상당한 간극이 존재한다. 전통적 자연 연구는 정지와 운동 상태라는 대립적 개념 쌍을 보편적으로 적용하면서 대립의 일치는 배제했다. 그리고 실제 경험에서는 대립 요소들이 독립적으로 나타나는 일이 없으며, 자연은 오성(ratio)이 분리된 것으로 파악하는 대립 쌍의 상호 침투에 다름 아니라는 사실을 명확히 말하지 않았다. 사람들은 수학이 감각적 현상을 가장 합리적으로 탐구할 수 있는 유일한 방법임을 통찰하지 못했으며, 통찰했다 하더라도 거기서 논리정연하게 사유를 진전시키지 못했다. 이름으로도 그렇지만 실제로도 최초의 철학자였던 피타고라스의 유산을 탕진했으며, 유와 종은 오성이 감각적 인상을 구분하고 유일하게 실재적인 무한한 통일 안에 채워 넣는 구별들이라는 점을 알지 못했다.

쿠자누스에게서 대립의 일치는 신의 특권이 아니라 세계와 자연을 인식하는 일종의 절차이자 방법이다. 그는 이것을 감추어진 모든 것을 볼 수 있게 해 주는 안경에 비유한다. 나는 쿠자누스를 공부하고 싶은 독자들에게 『녹주석』(綠柱石, De beryllo)을 가장 먼저 읽어 볼 것을 추천한다. 『무지의 지』에 드러난 철학적 입장은 부분적으로 수정을 거치면서 나중에 그가 이 책의 교수법적 측면의 결함과도 거리를 두기 때문에, 쿠자누스 사상의 입문서로는 적합하지 않다. 『녹주석』은 이성(intellectus)과 오성(ratio)의 구별이 구체적으로 의미하는 바가 무엇인지 살펴본다. 독자들은 이 책에서 쿠자누스의 사유가 '체계'가 아니라 살아 있는 '과정'이라는 점을 감지할 수 있다. 나는 내가 두 번째로 쓴 쿠자누스 철학 개론서(*Nikolaus von Kues. Geschichte einer Entwicklung*, 1998)에서 이러한 관점을 채택해 그의 사유를 알기 쉽게 전달하려 시도한 바 있다. 그는 파도바에서 수학했을 때부터 이탈리아의 지적 혁신 세계에 깊이 관여했다. 그는 이탈리아의 정신세계가 추구했던 새로운 문체는 끝내 모방하지 못했지만, 새로운 사유 방식의 개발에서는 자기 몫을 받았다. 그의 삶과 사유는 라인강 유역 문화와 이탈리아 문화의 집중적 상호 작용으로 이루어졌다. 철학 전통을 대대적으로 재검토해야 한다는 그의 동기는 이러한 맥락에서 등장했다. 그리고 부정신학의 우위성의 점진적 극복이 그 결과였다. 그가 임종 전에 남긴 다음과 같은 말은 이해하기 어렵지 않다. 진리는 어둠 속에 누워 있지 않다. 거리에서 울부짖고 있다. 무한한 통일은 자연에 있다.

강단 철학은 인간을 ― 플로티노스처럼 ― '두 번째의 신'으로 간주하지 않기 때문에 인간을 이해하지 못했다. 강단 철학은 논리적 사유와 우주론적 사유를 항상 우위에 두었다. 또한 소피스트에 적대적이었던 아리스토텔레스의 입장을 고수했는데, 그것에 따르면 인간은 만물의 척도가 될 수 없다는 것이다.[4] 강단 철학은 인간이 가진 관념들과 인간의 세계 형성(예술, 기예, 공작과 제작)에 담긴 창조적 자기 전개의 힘을 보지 못했다. 무엇보다도 대립의 일치를 거부했기 때문에 인간이 사유하고 행위하고 욕구함으로써 자기 밖으로 나아간다는 사실 같은 맥락에서만 자기 자신으로 돌아올 수 있다는 점을 파악하지 못했다.[5] 현실적으로 인식하는 동안에는 바로 우리가 ― 오성적 사유로는 불가능한 ― 정지와 운동의 통일이 된다는 사실을 통찰하지 못했다. 우리가 오성과 오성의 한계를 사유를 통해 바라보고, 그런 한에서 오성이 극복 불가능한 것으로 받아들이는 대립보다 ─ 모순도 마찬가지이다 ─ 선행한다는 점을 보지 못한다. 강단 철학은 인간과 신의 친밀한 결합을 우리의 실재로 간주하지 않고 이단이나 '신비주의'라고 낙인을 찍었다.[6]

하나이면서 모든 것인 '신'은 이러한 오성적 사유에서는 조금도 파악될 수 없었다. 오성은 신을 내재적이거나 초월적인 대상으로, 유한자로 이해하거나 아니면 무한자로 이해할 수밖에 없었다. 하지만 신은 이러한 대립에서 벗어나 있는 어떤 절대적인 것이다. 신은 어떠한 것에도 대립하지 않는다. 이러한 사정을 스콜라적으로 훈련된 오성으로 사유하려 들면, 그것은 아무런 힘도 쓸 수 없다. 오성은 잠시 곰곰이 생각하고 난 다음, 신은 인식 불가능한 존재라고 선언할 것이다. 오성은 자기가 신 인식에 실패한 이유를 알지 못한다. 오성은 자신의 실패를 다른 방식으로 바라볼 수 있었다는 사실을 깨닫지 못한다. 이성(intellectus)은 대립을 본래의 근원에서 사유할 줄 안다. 하지만 오성은 그런 이성이 되지 못했다.[7] 구별하는 작업에 매진했던 후기 스콜라학은 주지주의 또는 주의주의, 실재론 또는 유명론, 자연의 수학적 기술 또는 침묵하는 가운데 신성의 심연에 침잠하기 같은 오성의 대안들을 스스로 만들었고 자기 자신도 그 안에서 헤어나지 못했다.

이러한 조건 속에서 ─ 토마스 아퀴나스와 알베르투스 마그누스를 중심으로 ─ 중세의 강단 학문은 대립의 종합 문제와 관련해서는 과거의 위대한 사상가들 ─ 플라톤, 프로클로스, 디오니시우스 같은 ─ 을 축소 해석했다.[8] 강단 학문은 구별과 구분, 개념 의미의 구체화를 통한 오성의 세계관을 대표적으로 구축한 인물인 아리스토텔레스의 도움 없이는 스스로 할 수 있는 것이 아무것도 없었다. 스콜라주의는 이성이 쿠자누스가 상세하게 서술한 대로 (그러므로 단순한 구호에 그치지 않은) 자기만의 고유한 논리를 필요로 한다는 점을 알지 못했기 때문에, 자기의 성과물과 고도로 발전한 논리학에 도리어 걸려 넘어지고 말았다. 이러한 맥락에서 전통에 충실한 사유는 권위에의 복종이 될 수밖에 없었다. 선대 스승들처럼 언어를 구사하고 용어를 쓸 줄 알아야 했다. 하지만 현실 세계와의 관계, 개별자의 경험과의 연관은 철저히 무시되었다. 마이스터 에크하르트와 룰루스 같은 인물들이 틀에 박힌 사유를 깨부순 적도 있었다. 하지만 이제는 어디에서나 아리스토텔레스주의가 지배했다. '아리스토텔레스교(敎)'는 그들의 교조적 입장에 반대되는 것은 무엇이든 이단으로 선언한다. 이 교파는 진리가 모든 개별 관찰자 안에 나타난다는 점을 간과한다. 여기에는 관용이 없다. 그래서 강단 학문은 종교 전쟁이 일어나기에 유리한 조건을 형성한다.

쿠자누스는 중세 사유의 주춧돌이자 가장 유명한 사상가들이 전통을 약화했다는 사실을 증명함으로써 이미 알려지고 인식된 것들을 새롭게 평가할 가능성을 창조했다. 그는 중세의 강단 학문을 배우고 성장한 사람으로서 바로 자신이 몸담았던 강단 학문의 몰락을 입증했기 때문이다. 중세가 막을 내리자, 사람들은 쿠자누스를 역사적으로 높이 평가할 수 있었다.

이쯤에서 상징적 상황 하나를 언급할 필요가 있다. 쿠자누스의 부탁으로 수비아코(Subiaco)와 이어서 로마에 이탈리아 최초의 인쇄소를 세우고 이탈리아어 판 서문에 종말을 고하는 이 시대를 처음으로 '중세'(media aetas)라 칭한 사람이 바로 쿠자누스의 비서인 조반니 안드레아 부시(Giovanni Andrea Bussi)이다. 추기경 가까이에 있던 사람들은 모두 지금 자기들이 새로운 시대에 살고 있다는 의식을 가지고 있었음에 틀림없다. 새로운 자의식은 과거와 거리를 두면서도 과거에 호의적 태도를 유지할 수 있게 해 주었다.

제57장
피렌체가 추방한 철학자들

15세기 후반, 피렌체 문화는 학자와 예술가들을 전 세계에서 끌어모았다. 하지만 피렌체도 변화를 겪었다. 우리는 15세기 중반에 활동했던 사상가들의 실천적·정치적 목표 정립에서 그 변화의 모습을 엿볼 수 있다. 15세기 초반에 정치와 역사가 중요했다면, 이제는 영혼론과 우주의 위계질서에 관심이 모아졌다. 다소 염세주의적이고 관조적인 경향이 두드러졌다. 예술과 학문은 정치와의 실천적 연관을 상실했다. 예술과 학문은 '궁정'을 중심으로 전개되기 시작했다. 위대한 메디치 가문이 — 코시모, 피에로, 로렌초 — 통치했던 시기의 문화도 스스로를 배제한 동기와 인물들로 특징된다.

1444년 트라베르사리의 제자인 마네티(✝1459)는 친구인 브루니의 추도사를 낭독했다. 인문주의자 교황인 니콜라우스 5세의 비서로 일했던 그는 유배 생활 끝에 1459년 나폴리에서 생을 마감했다. 마네티는 피렌체인이었다. 코시모는 그를 강제 추방했다. 트라베르사리처럼 마네티도 히브리어를 포함한 고대 언어 지식을 종교적 진지함과 결합했다. 그는 「시편」을 새로 번역했다. 피렌체 인문주의를 그리스도교에 적대적이거나 악마적 운동으로 해석하는 것이 얼마나 반(反)역사적인지는 마네티를 보면 당장 알 수 있다. 마네티는 페트라르카의 영향으로 키케로와 아우구스티누스를 스콜라주의자들보다 높이 평가하기는 했지만, 그렇다고 스콜라주의에 반대했던 적은 한 번도 없었다. 또한 정치가 되었든 예술이 되었든 간에, 세계와의 능동적 관계를 강조하기는 했지만—살루타티는 수도자적 삶을 찬미하는 시를 짓기도 했다—수도적이고 정주적인 삶의 이상에 이의를 제기하지도 않았다. 마네티의 『인간의 존엄성과 탁월함』(De dignitate et excellentia hominis)[1])은 바로 이러한 맥락에서 읽어야 한다. 그는 키케로와 락탄티우스에게서 인간에 대한 찬미를 읽어 냈다. 인간은 이미 신체로만 보아도 이 땅의 다른 모든 것 위에 뛰어나다는 것이다. 그는 엄지손가락에 합목적성과 아름다움이 한데 결합되어 있음을 보고 크게 감탄했다.[2]) 그는 갈레노스와 아비첸나, 아리스토텔레스와 알베르투스 마그누스에 근거해 인간 신체를 인간이 세계 안에서 수행하는 과제에 따라 분석했다. 인간의 정신이라면 기술과 기예와 제작과 관련해 세계를 가꿀 창조적 능력이라는 점에서 관심을 가졌다. 그러나 인간을 반드시 예술가나 기술자로만 파악한 것은 아니었다. 우리는 '지혜'와 '종교'로 정향되어 있다. 우리는 정의를 위해 태어났다(ad iustitiam esse natos).[3]) 예술, 학문, 종교, 정치는 모두 하나의 전체를 이룬다. 세계는 인간이 거(居)하는 집이다. 아담이 죄를 짓지 않았다 해도 하느님은 인간이 되셨을 것이다. 당신이 인간이 되면, 바로 그것으로 인간은 영광스럽게 되기 때문이다.[4]) 『인간의 존엄성과 탁월함』 제4권에서 마네티는 인간 삶의 비참에 대한 수도적(修道的) 문학에 맞서 그리스도교적이고 인문주의적인 인간론을 당당히 제시한다. 그는 교황 인노첸티우스 3세(Innocentius III)의 『세상을 멸시하는 일』(De contemptu mundi)을 아주 상세히 반박했다.[5]) 마네티는 자기의 새로운 기획을 더욱 부각하고자 세상에 대한 경멸이 담긴 성경 구절과 고대와 중세의 그러한 전통들을 수집해 열거했다. 인간은 즐겁고 행복한 삶을 살도록 창조되었다. 저세상에서 행복을 누려야 한다면, 인간은 이 세상에서도 그런 삶을 살아야 한다. 1450년대 쿠자누스의 작품과 더불어(특히 『무지한 자의 저울 탐구』) 1451~52년 마네티의 인간 찬미는 가히 학문과 인문적인 자기 우월감, 교황의 문화 정치가 모두 조화를 이루었던 인문주의자 교황 시대의 가장 인상 깊은 증언이라 할 수 있다. 그로부터 1년 후에 콘스탄티노폴리스가 함락되자, 교황은 즉시 군사적·대외적 위협에 무방비 상태로 노출되었다. 그러니 빛의 도시 피렌체에 감탄하는 이들은 절대로 잊지 말아야 한다. 문화와 그리스도교의 관계를 실로 조화롭게 서술한 이 텍스트가 코시모가 피렌체에서 내쫓았던 어느 유배자의 작품이라는 사실을 말이다.

레온 바티스타 알베르티

부르크하르트의 『이탈리아 르네상스의 문화』(*Kultur der Renaissance in Italien*) — 1861년 처음 출판되고 난 뒤, 중세와 르네상스의 왜곡된 대립적 서술에도 불구하고 오늘날까지도 여전히 기초적 역사서로 통한다 — 에 따르면, 15세기 이탈리아의 지적 발전의 본질은 '자연과 인간을 발견'한 데에 있다. 그는 '르네상스'를 개인주의의 발전으로 이해했다. 그에 따르면, 15세기는 다방면에서 전인적(全人的) 교육을 추구하고 인간을 일종의 완성된 예술 작품으로 간주했던 시기이다. 부르크하르트는 '르네상스'적 기획, '개인의 완성', '만능인'(uomo universale)이라는 보편 인간의 이상이 알베르티(†1472)에게서 구현된 것으로 보았다.

레온 바티스타는 칭찬받을 수 있는 모든 분야에서 어려서부터 항상 으뜸이었다. 다방면에 걸친 그의 체력 단련과 운동에 대해서는 믿기 힘든 기록들이 남아 있다. 예를 들어 두 발을 붙인 상태로 사람들의 어깨 위로 뛰어올랐다는 것이나, 대성당에서 가장 높은 궁륭에 맞히는 소리를 들을 수 있을 정도로 동전을 위로 힘껏 던졌다는 것이나, 사나운 말도 그가 타기만 하면 벌벌 떨었다는 것 같은 이야기가 전해진다. 왜냐하면 그는 걷기와 말타기와 말하기, 이 세 가지 분야에서는 사람들에게 흠잡힐 데 없는 모습을 보이려고 했기 때문이다. 음악은 독학으로 배웠다. 그럼에도 그가 만든 곡은 전문 음악인들의 경탄을 받았다. 가난으로 고통받았음에도 수년 동안 두 개의 법을 모두 공부했는데, 결국에는 기진맥진해 중병에 걸리고 말았다. 24세 때에는 어휘 상실증을 보였는데, 이해력은 아직 온전하다는 점을 깨닫고 물리학과 수학을 공부했다. 그리고 예술가와 학자뿐만 아니라 구두 수선공을 포함한 모든 분야의 기술자들에게 각자의 비밀과 경험을 캐물어 세상의 모든 기술을 습득했다. 회화와 조소도 ― 그 가운데에서도 머릿속 기억에 의존해 제작한 독특한 그림들 ― 함께 터득했다. 특히 그가 제작한 만화경은 커다란 경탄을 받았는데, 그는 이 만화경 속에서 바위 산맥 위로 달과 별이 떠오르는 모습과 산과 해안가 풍경이 아스라이 펼쳐진 모습, 눈 부신 햇빛과 구름이 만드는 그림자 속에서 이쪽으로 다가오는 선박들을 보여 주었다. 그 외에도 다른 이들이 만든 것을 기쁜 마음으로 인정했으며, 미의 법칙에 따라 산출된 인간의 모든 제작물을 거의 신적인 것으로 여기기까지 했다. 여기에 저술 활동도 추가된다. 먼저 회화에 대한 저술이 있다. 아울러 형태의 르네상스, 특히 건축 분야에서의 르네상스를 일으킨 주요 사건들에 대한 기록이 있다. 다음으로 라틴어 산문과 소설을 썼는데, 사람들은 그의 작품 하나하나를 고전 작품처럼 여겼다. 만찬에서의 익살맞은 연설과 비가(悲歌)와 목가(牧歌)도 있고 이탈리아어로 쓴 네 권짜리 『가족에 대한 논고』(Della farmiglia)와 죽은 개를 위한 추도사도 있다.[6]

이 인용문은 부르크하르트 해석이 최근까지 알베르티와 '르네상스'에 대한 전반적 이해를 규정했다는 점에서는 내용적 효력을 상실하지 않을 수 없다. 그는 빈곤이 끊임없이 천재를 괴롭혔다는 사실보다는 왕성한 예술적 생산 활동을 통한 가난 극복을 전면에 내세웠다. 그는 알베르티의 작품에서 그의 불행한 출생, 피렌체 출신 이민자의 아들로서 보냈던 제노바에서의 어린 시절, 아버지를 일찍 여의었다는 점과 주체적이지 못한 지식인의 굴종적 태도를 모두 지웠다. 알베르티는 파도바와 볼로냐에서 수학한 다음, 피렌체의 인문주의를 접했다. 1432년부터 교황청에서 근무했으며, 1435년과 1439년에는 피렌체에서 교황의 수행원이기도 했다. 하지만 피렌체는 그가 머물 곳이 아니었다. 그는 1444년부터 로마에 거주하면서 리미니(산 프란체스코 성당, 템피오 말라테스티아노)와 피렌체(팔라초 루첼라이와 산타 마리아 노벨라의 전면부), 만토바(산 탄드레아와 산 세바스티아노)에서 여러 차례 건축가로 활동했다.

『가족에 대한 논고』(1433~39)에서는 피렌체 인문주의의 사회학적 기초인 열정적이고 넓은 시야를 가진 시민의 모습을 묘사했다. 코시모의 통치가 시작될 무렵에는 자유의 이상, 눈먼 운명의 여신에 대한 주체적인 정신의 우위, 규범의 의미, 세계를 기술적·예술적으로 형성하는 존재로서의 인간 규정 같은 마지막 시대의 인문주의적이고 시민적인 삶의 개념을 다시 한 번 강조하기도 했다.[7] 이러한 가족에 대한 찬미가 일찍 아버지를 여의고, 유배를 살고, 상속 재산을 두고 친지들과 다툼을 벌여야 했던 어느 남자에게서 나왔다는 점은, 사실 사람들이 생각하는 것처럼 그렇게 놀랄 만한 일은 아니다. 『가족에 대한 논고』에서는 조화를 향한 이상향적 희망이 승리를 거둔다. 그러나 알베르티를 정확히 이해하고 또 부르크하르트의 르네상스 해석을 수정하는 데에는 그가 거의 동시에 염세주의적이고 냉소적인 세계관도 열었다는 사실을 아는 것이 매우 중요하다. 역사적 운명(fortuna)과 덕의 조화, 인간 행위와 자연의 조화는 알베르티에게 끝내 풀지 못한 문제로 남았다.

행복한 삶과 심미적 삶을 능동적으로 만들어 나갈 것을 종용하는 저술들 외에 음울한 광경과 잔혹한 참상들, 잔인하고 부조리한 일들을 다룬 텍스트도 있는데, 이 위대한 건축가를 15세기의 사무엘 베케트(Samuel Beckett)라 부를 수 있을 정도이다. 이것은 부르크하르트의 제자들에게 교정안(矯正案)으로 권할 법하기는 하다. 하지만 여기서는 이 텍스트를 히에로니무스 보시(Hieronymus Bosch)와 비교한 가린이 역사적 고찰에 좀 더 근접해 있다.[8] 이 암울한 모티프, 과격한 실재에 대한 르네상스 초기의 악몽은 감정적 만족을 줄지도 모르는 모종의 연대기적 사건들을 야기하지 않는다. 마치 시대의 격변과 위기의식을 증언하고 나자, 건전하고 성숙한 작품들의 시대가 오기라도 하는 듯이 말이다.

집필은 오래전부터 시작되었지만 『가족에 대한 논고』와 거의 같은 시기에 탈고된 작품인 『만찬 담화』(Intercoenales)에서는 덕의 무기력함과 도덕철학 경멸, 인간의 모든 노력에 대한 비웃음이 주제로 등장한다. 이 작품은 달리 적절히 분류할 학문적 범주가 없어 사람들이 일반적으로 '도덕철학 에세이'라 부르는 텍스트로서, 루키아노스(Lukianos)의 본을 따라 창작한 풍자시와 공상적이고 기이하면서도 때로는 음산하고 비관적인 묘사들을 담고 있다. 즉 맹목적 운명에 대항하는 힘으로 찬양되는 인간적 강인함(virtù)은 불쾌하고 나약하면서 위기에 처한 것으로 그려진다. 1441~42년 『테오제니우스』(Theogenius), 1452년에 완성된 『건축론』(De re aedificatoria)과 거의 같은 시기인 1444년 로마에서 집필을 시작한 『모무스』(Momus)에도 이와 유사한 묘사가 들어 있다. 연대기적으로 보면, 쿠자누스의 『무지한 자의 저울 탐구』와 마네티의 『인간의 존엄성과 탁월함』과 거의 동시대에 탄생한 작품이다. 거짓과 기만이 가진 힘, 인생의 가면무도회에서 벌어지는 혼란, 투명성의 상실과 하느님 섭리의 부재, 꿰뚫어 볼 수 없는 가면의 다양성으로 해체되는 인격(알베르티는 'persona'의 본래 의미가 '가면'이라는 사실을 강조한다) 또한 알베르티가 다루는 주제들이다. 부르크하르트가 풍부한 착상에 대한 숙련된 증명으로만 간주했던 알베르티의 만화경 놀이는 쉬지 않고 흐르는 표상의 강물과 상상의 유희와 함께 세계의 진정한 본질을 표현한다. 즉 실재는 만화경에서 보는 것처럼 가변적 성격을 띤다.

회화와 건축의 수학적 · 역사적 분석을 다룬 작품도 있다(『회화론』(De pictura, 1435~36), 『건축론』(늦어도 1452)). 스스로 천재적 예술가이자 브루넬레스키, 마사초, 기베르티, 도나텔로(Donatello)와 교류했던 예술 이론가로서 알베르티가 이룬 업적은 매우 독특하다. 화가는 자연을 모방해야 한다. 하지만 관념이 배제된 실재론적 의미에서의 모방이어서는 안 된다. 화가는 인간의 경험을 해석한다. 사유하는 인간과 형상을 부여하는 인간은 화가에게서 일치를 이루고 있다. 화가는 자연에 대한 전문 지식을 습득한 사람으로서 어느 정도까지는 세계를 새롭게 창조한다. 그는 인간과 자연의 관계를 창조적으로 해석하면서 자연의 인간화에 전념한다. 화가에게는 사회로부터 부여받은 임무가 있다. 행복하고 선한 인간의 삶이 화가의 목표이다. 자연을 수학적으로 기술하려는 중세 후기의 경향을 이어받은 알베르티는 실제로 적용될 수 있는 원근법 이론을 고안하기도 했다. 그는 3차원적 세계를 2차원의 화폭에 투사하는 방법을 학문적으로 정초함으로써 수학적으로 사고하는 인간 정신의 힘과—그는 쿠자누스처럼 합리적 확실성은 수학적 절차를 통해서만 획득될 수 있다고 생각했다—세계의 수학적 기초를 보았다. 이렇게 알베르티는 『티마이오스』의 플라톤 이론을 독창적으로 응용하고 피치노를 중심으로 구성된 피렌체학파에 가까이 다가갔다. 나약한 인간에 대한 알베르티의 냉혹한 서술이 끼친 영향은 이보다 더 크다. 곧 인간은 꿈의 그림자이다. 덕은 수치요 부끄러움이다. 힘센 자들 가운데 덕을 원하는 사람은 아무도 없다. 인류는 광기의 지배를 받고 신들은 미쳐 날뛰는 인간들을 보면서 흐뭇해한다. 에라스무스의 『우신예찬』을 연상케 하는 서술이다. 하지만 알베르티는 저 네덜란드인보다 훨씬 차갑게 말했다.

앞서 부르크하르트가 그렸던 찬미 일색의 알베르티 초상을 다시 떠올려 보자. 그러면 그의 서술에서 '인간 존엄성'에 대한 '르네상스적' 모티프를 결코 단념하지 않았지만, 끝까지 물음을 제기했던 알베르티의 철학적 반성이 다루어지지 않았다는 사실을 당장 알 수 있다. 부르크하르트는 내재적 분열을 보존하지 않고 역사적 실재를 다듬거나 깎아 냈다. 그는 예술가를 알베르티보다 훨씬 개인주의적 의미로 개념화했다. 즉 알베르티는 고립 체험의 의미를 강조하면서도 회화와 건축은 항상 보다 합리적이고 인간적인 세계의 산출에 관계 지었다. 알베르티는 그의 예술 이론에서의 요청이 15세기 세계의 현실에는 들어맞지 않는다는 점을 잘 알고 있었다. 마네티가 자연과 윤리, 학문과 그리스도교, 문헌학과 능동적 세계 형성을 조화롭게 구성했던 단순한 방식은 거장 알베르티에게서 회의에 부쳐졌다. 예술가로서 알베르티는 좀 더 '중세적' 모티프를 근대적 어조로 말할 수 있는 여지를 남겨 두었다. 그는 부르크하르트가 상정한 '중세'와 '르네상스'의 추상적 대립을 비판했다. 알베르티는 역사적 세계에 현존하는 모순들을 분명하게 짚어 냈다. 하지만 부르크하르트는 각각의 계기를 떼어 내고 그 위에 인위적 광채를 뿌렸다.

제58장

피렌체의 플라톤주의

반세기 전까지만 해도 피치노와 미란돌라를 위시한 피렌체의 플라톤주의는 '르네상스 철학의 걸작'으로 통했다. 그러자 15세기 초의 정치적 인문주의가 다시 주목을 받았다. 아리스토텔레스주의도 연구되기 시작했다(크리스텔러, 찰스 B. 슈미트(Charles B. Schmitt), 찰스 로르(Charles Lohr)). 여러 대학, 특히 파도바 대학과 볼로냐 대학은 17세기 초까지 계속해서 아리스토텔레스주의가 지배적이었기 때문이다. 피치노와 미란돌라는 신중하게 연구되었다. 그 결과 미란돌라를 '피렌체 플라톤주의'로 분류할 경우에 발생하는 몇 가지 위험을 암시하는 차이점들이 나타났다. 물론, 일시적으로 미란돌라에 대한 개략적 인상을 얻기 위해서라면 이 이름표를 사용해도 된다. 중요한 것은 코시모 데 메디치가 권력을 장악한 이후의 피렌체의 전체적 분위기가 어떠했는지를 파악하는 일이다.

모든 권력을 손에 넣었음에도(1434년부터) 공화정 제도를 유지하면서 대신에 문화 부흥에 큰 관심을 기울인 것은 메디치 가문의 치밀한 계략이었다. 그래서 모든 것이 예전 그대로인 듯했다. 베키오 궁전에서는 여전히 레오나르도 브루니가 집무를 보고 있었다. 그러나 정치권력의 중심은 베키오 궁전이 아닌 메디치 가문의 저택으로 이동했다. 코시모는 한 발 더 나아가 메디치의 본가를 예술과 학문의 중심지로도 만들기 위해 전력을 다했다. 브루니는 1444년 세상을 떠났을 때, 포조 브라촐리니(†1459) 같은 중요한 인문주의자들을 후계자로 둘 수 있었다. 하지만 그들이 맡은 직무는 크게 달라졌다. 이들은 '또 다른 궁정'에서, 요컨대 어느 은행가의 '궁정'에서 문장과 글을 다듬는 일을 맡았다. 하지만 이 부강한 도시의 사회적 갈등은 점점 심화되어 자유주의적 공화정제가 더는 지탱될 수 없는 수준에까지 이르렀다. 정치적 인문주의의 이념들과 '피렌체의 자유'라는 이상은 살아남았다. 코시모(†1464)의 궁정을 찾는 학자들과 문인들, 예술가들과 시인들의 행렬은 끊이지 않았으며, 그의 아들 피에로(†1469)와 특히 로렌초 데 메디치(Lorenzo de' Medici, †1492)의 시기에 정점에 달했다. 이러한 분위기 속에서 프란체스코 필렐포(Francesco Filelfo), 바르톨로메오 플라티나(Bartolomeo Platina), 비잔티움 출신 학자로서 그리스 철학 문헌들을 새 라틴어로 번역한 요아니스 아르기로풀로스(Ioannis Argyropoulos)가 함께 만나 교류할 수 있었다. 부실한 기초 위에 세워진 까다로운 궁정 문화의 감격과 기쁨을 언어로 표현했던 시인이자 문헌학자인 안젤로 폴리치아노(Angelo Poliziano)가 그의 문하에서 배출되었다. 이때 메디치 가문은 예술도 후원했지만 도서관도 건립했다. 이 도서관은 쿠자누스가 탐을 냈을 정도로 고대와 중세의 진귀한 장서를 대량 소장하고 있었다.

이 장서관은 피렌체 남동부에 위치한 피글리네(Figline) 출신 젊은 의사인 마르실리우스도—그래서 그를 마르실리오 피치노(1433~99)라 부른다—메디치 가문에 머리를 조아리게 했다. 코시모는 1439년 피렌체 공의회에서 플레톤(Plethon)이 행한 플라톤 강연을 들은 적이 있다. 개인적으로 새로운 플라톤, 통합적인 플라톤에 상당한 관심을 가졌던 코시모는 그의 작품들을 모두 수집하라는 명령을 내렸다. 그는 젊은 피치노를 전폭적으로 후원하면서 '플라톤 전집'의 번역 작업을 그에게 위임했다. 그러나 피치노는 그가 맡은 일 이상을 해냈다. 그는 분산되어 있는 문화의 여러 동력을—한편으로는 철학과 의학과 자연과학, 다른 한편으로는 그리스도교—다시 하나로 모아야 한다는 이념을 갖고 있었다. 피치노에 따르면, 플라톤의 저술들은 종교적 의미에도 부합하는 통일적 세계 해석을 제시했다. 아리스토텔레스주의에는 의학자들, 특히 파도바와 볼로냐의 의사들을 끌어들인 자연철학-자연주의적 측면이 있었다. 영혼의 불사성 또는 그것의 철학적 증명 가능성에 진지하게 의문을 제기함으로써 신앙과 앎의 단절을 촉진했기 때문이다. 이것은 피렌체 대성당 참사회장의 입장에서 볼 때는 종교적으로도 좋은 일이 아니었다. 아리스토텔레스적 자연주의는 전례와 교의의 경화 현상을 초래했다.[1)]

이러한 상황에서 플라톤에 주목하는 것은 구제책이 될 수 있었다. 플라톤을 활용하면 철학을 종교적으로 만들 수 있고 종교도 철학이 되게 할 수 있었다. 영혼의 불사성을 분명히 주장한 철학자는 아무도 없었다. 학문이 발전함에 따라 북부 이탈리아에서는 회의적 입장이 점차 자리를 잡았다. 하지만 영혼의 불사성은 성장하는 개인의 자의식과 지성 세계의 자율성에 대한 확신과는 일치하는 관념이었다. 플라톤은 영혼의 지속성을 보장하고 영혼에 존재론적 기능을 부여했다. 영혼은 감각적 세계와 지성적 세계의 매개자로서 활동한다. 이러한 관점은 자연 탐구를 영성적 차원으로 끌어올리고 그리스도교를 합리적 종교로 파악한다. 그래서 플라톤의 우주론적인 총체적 세계 이론, 신화적 설명, 그리고 그의 대화편의 언어적 아름다움 안에 15세기 후반의 문화 정치적으로 새로운 현실이 들어오게 되었다. 피치노는 플라톤의 작품을 번역함으로써 18세기까지 영향력을 행사했다. 서구 세계에 최초로 플라톤의 번역 전집을 소개한 다음(1462~77), 그는 플로티노스도 번역했다(1484~91. 출간은 1492). 플로티노스의 번역 또한 획기적 사건이었다. 플로티노스 번역은 고대 후기부터 줄곧 끊이지 않았던 특정 플라톤 해석, 즉 플라톤을 신플라톤주의적으로 읽는 관점을 대폭 강화했기 때문이다. 피치노가 『소피스테스 주해』에서 언급만 하지 않고 주체적으로 논구하기도 했던 철학의 (후기-플라톤적 의미의) '변증법적' 측면은 영혼이 깃든 전체와 빛의 누층으로 파악된 위계적 우주론과 함께 뒤로 밀려났다. 그에게 세계는 실체들의 거대한 집적체가 아닌 사랑과 영혼이 주입된 생명체였다. 이 세계는 다수가 하나에서 발출해 나오는 과정과 다시 자기의 근원으로 돌아가는 과정, 즉 보편적 사랑(universale amore)을 감각적으로 드러낸다. 피치노는 이것을 화려한 문체로, 빛과 사랑의 풍성한 은유를 가지고 표현했다.

플라톤 철학의 정치적 동력은 영혼 불사성 이론과 그리스도교의 철학적 재평가 작업 때문에 잠시 후퇴했다. 피치노는 의사였다. 인문주의는 그의 고향이 아니었다. 그는 본래 의학과 아리스토텔레스 교육을 받고 자란 사람이었다. 그는 철학과 종교를 갈라놓은 당시의 자연주의적 경향을 알고 있었다. 그는 아베로에스와 알렉산드로스의 오류 ─ 영혼의 불사성을 부정하는 이론 ─ 가 온 세상을 뒤덮은 것을 보고 탄식했다. 신플라톤주의적으로 해석된 플라톤은 문화의 간극을 봉합하는 종교적으로 견실한 철학(pia philosophia)을 선사해 줄 수 있었다. 피치노는 종교를 상징적으로 이해했다. 종교는 어떤 기호와도 같다. 그것은 근원인 신적 일자로 돌아갈 수 있도록 영혼을 기르고 인도하는 교육 과정이다. 그리스도교의 본질은 전례나 교의가 아니라 하느님을 인식하면서 이웃을 사랑하는 데에 있다고 쓸 때, 피치노는 쿠자누스를 연상케 하는 태도를 취한다. 피치노의 하느님은 철학의 다원주의를 긍정하고 종교의 다양성에 기뻐하는 하느님이다. 종교들은 의례만 서로 다를 뿐 본질적 내용은 서로 같다. 여기에 영원한 평화라는 쿠자누스의 모티프가 숨어 있다. 이러한 종교철학은 종교 사이의 불화를 극복하는 데에 기여한다. 피치노는 「요한복음」 서문이 플라톤의 작품과 정확히 같은 것(omnino idem)을 말한다고 주장한 아우구스티누스를 인용할 수 있었다.

피치노는 그의 통합 기획을 권위를 가지고 뒷받침하기 위해 문헌적 지식을 한껏 뽐내었다. 그는 피타고라스주의자와 오르페우스교, 호메로스와 신학자로서의 헤시오도스, 이암블리코스(Iamblichos)와 보에티우스, 아풀레이우스와 칼키디우스도 알고 있었으며, 간다보의 헨리쿠스와 둔스 스코투스도 인용할 줄 알았다. 피치노는 아우구스티누스를 플라톤의 '계승자'로 이해하고 이 두 사람을 최고의 사상가로 꼽았다. 디오니시우스 아레오파기타를 높게 평가해 그의 『신비신학』과 『신명론』을 번역하기도 했다. 피렌체의 대주교였던 성 안토니우스의 권고를 듣고 토마스 아퀴나스도 깊이 연구했다. 그는 자신의 플라톤주의적 세계관을 고수하면서 토마스의 『대이교도대전』을 끌어다 썼다. 아리스토텔레스의 저작들은 상대적으로 중요성이 떨어지지만 그래도 없어서는 안 되었다. 아리스토텔레스의 학문은 이 세상을 이해하는 데에 매우 유용하기 때문이었다. 피치노는 아리스토텔레스를 플라톤과 대립하지 않고 오히려 보충한다고 보았다.

피치노는 1463년 헤르메스 트리스메기스토스의 저술을 번역했다. 거기서 그는 인류 역사를 관통하는 태고의 지혜를 읽었다. 온 우주를 관장하는 로고스는 신화와 고대의 시편에 서술되고 계시되어 있으므로 어떠한 학자도 그것을 경시해서는 안 되었다. 그는 플라톤과 플로티노스의 전통, 그리고 헤르메스적 전통을 복원하는 일을 그의 시대에 필요한 진리에 복무하는 작업으로 이해했다. 그래서 관련 저작들의 번역과 주해가 그의 학적 활동의 대부분을 차지한다.

피치노에게서 마술적·점성술적 요소들은 미학적 우주론에 속한다. 이러한 특징들 때문에 피치노는 이단으로 취급받고 종교 재판에 회부되기도 했다. 그러나 종교 재판은 피치노의 뒤에 있는 메디치 가문의 개입과 압력 없이는 진행될 수 없었다. 프랜시스 예이츠(Francis Yates)와 대니얼 P. 워커(Daniel P. Walker)는 르네상스 사유에서 '마술'의 의미를 새롭게 조명한 바 있는데, 그에 따르면 마술은 대체로 당시에 단지 세계를 능동적으로 조성하는 일, 예컨대 자연적 지식에 근거한 기술과 같은 것을 뜻했다. '마술'과 '점성술'은 인간 삶의 조건들을 다루는 섬세한 지식이었다. 마술과 점성술은 영혼이 저급한 것을 고귀한 것과 어떻게 결합하는지를 보여 주었다. 피치노는 그것이 의지의 자유에 배치된다고 생각한 적이 없었다. 영혼은 마술과 점성술을 활용해 통일성 안에 숨어 있는 타자성을 끄집어내야 한다. 영혼은 자신을 신처럼 들어 높여 주는 탁월한 규정들을 자기와 유사한 자연 안에서 실현한다. 기적과 예언은 충분히 가능한 일이다. 다만 기적이나 예언은 자연의 하급 질서를 뚫고 나오는 상위 질서의 계시에 다름 아니다.[2]

그의 독자적 작품인 『그리스도교』(De christiana religione, 1474)와 『플라톤 신학』(Theologia platonica, 1474년에 완성되고 1482년에 피렌체에서 처음 출판)에는 태곳적부터 이어져 내려오는 단 하나의 진리 전통을 바라보는 피치노의 고유 관점이 잘 나타나 있다. 즉 사랑은 우주의 존재 층위들을 서로 조화롭게 이어 준다. 사랑은 영혼으로 하여금 신적 질서를 통찰하고 정신과 이데아의 세계를 지나 일자에 다다를 수 있도록 추동하는 힘이다. 그러나 그 일자는 본래 모든 것 안에 현존하고 모든 것 안에 살아 숨 쉬고 있다. 이것이 유일한 진리, 즉 그리스도교의 진리, 플라톤주의의 진리이자 헤르메스 전통의 진리인 것이다. 그는 중세 후기의 언어주의적 편향(또는 유명론적 경향)에 대항하는 이데아론을 복구하려 했다. 이때 그가 의도한 것은 본래의 플라톤적 의미보다는 아우구스티누스적 의미에서의 이데아론에 가까웠다. 그는 영혼의 불멸성이 플라톤 신학의 핵심이라 판단했다. 우리가 가진 인습적 관념에 따르면, 르네상스는 이 세상을 긍정 및 강조하고 피치노도 '새로운 종교'의 태동을 선포하는 것 같지만, 정작 피치노 연구자들은 그의 사유가 본질적으로 그리스도교적이라는 데에 의견을 같이한다. 물론, 그가 말하는 그리스도교란 영구 전승되는 진리의 헤르메스적 이념에 부합한다는 측면에서 다소 독특한 의미를 가지고 있기는 하지만 말이다. 그가 '혼합주의'나 '범신론' 따위의 경멸 섞인 말을 들을 이유는 하나도 없다. 또한 신의 위치에 영혼을 올려 두었다고 신학적 비난을 받아야 할 이유도 없다. 이런 표현들은 분류학적으로, 종교철학적으로 접근한 피치노의 그리스도교를 이해하는 데 하등 도움이 되지 않는다. 최근의 권위 있는 연구자들은, 과거와는 달리, 피치노를 쿠자누스와의 훨씬 밀접한 관계 속에서 파악하기 때문이다.

1462년 피치노는 메디치 가문으로부터 피렌체 카레지(Careggi)에 위치한 저택 하나를 선물로 받았다. 그가 지칠 줄 모르는 정신적 생산력으로 번역 작업에 몰두하고 친구와 제자들과 함께 학술 토론을 나눈 곳이 바로 이곳 카레지의 메디치 빌라이다. 이곳에서의 토론은 딱딱한 강단 문화의 토론이 아니었다. 피치노는 텍스트 하나를 읽고 몇 가지 질문을 던지는 것으로 만족했다. 그렇다고 살루타티나 브루니의 경우에서와 같은 가벼운 담론은 아니었다. 특별한 지인들로만 구성된 이러한 배타적 소규모 모임은 자주 정치 현실에 대해 깊은 토론이 이루어졌지만, 이들은 도시 국가로서의 피렌체의 실제적 발전이나 발전 계획에는 더는 관여하지 않았다. 플라톤 작품 강독을 통한 관조적 행복이 공화정을 상실한 아픔을 달래 주었다. 피치노와 그의 동지들은 이제 인간의 존엄성을 되새기고, 눈을 들어 우주를 바라보고, 신적인 빛의 현존을 느끼고, 만물과 공감하고 교감하는 것을 즐겼다. 반대로 현실적이고 실천적인 삶의 가치는 뒤로 밀려났다. '피렌체의 자유'는 기억에서조차 사라졌다. 관조적이고 정신적인 삶이 다시 부활했다. 피치노를 중심으로 형성된 '플라톤 아카데미'는 이곳 회원들이 실천적이고 정치적인 삶을 멀리할수록 그들만의 방식으로 저 고대의 '아카데미'를 더 많이 닮게 되었다. 새롭게 등장한 피치노의 아카데미는 그곳의 문화가 화려하고 찬란했다면—그들은 정기적으로 연회를 열었는데 로렌초 데 메디치도 이 자리에 참석했다—피렌체 인문주의의 정점이라기보다는 오히려 몰락의 표징에 더 가까웠다고 말해야 할지도 모른다. 시인이자 철학자인 크리스토포로 란디노(Cristoforo Landino, †1498)가 쓴 『카말돌리 토론문답집』(*Disputationes camaldulenses*, 1475년 추정)에서 우리는 그 긴장 관계를 읽을 수 있다. 란디노는 알베르티가 피렌체 초기의 정치적 인문주의의 핵심 구호를 외쳤을 때, 로렌초 데 메디치가 관조적 삶의 우위성을 옹호하게 했다.3)

1480년대에는 젊은 군주인 조반니 피코 델라 미란돌라(Giovanni Pico della Mirandola, 1463~94)도 이 모임에 함께했다. 그는 볼로냐, 페라라, 파도바에서 대학을 다녔으며 파리에서도 1년가량 수학했다. 그는 당대의 아리스토텔레스주의를 알고 있었다. 1485년 6월 에르몰라오 바르바로에게 보낸 편지에서는 인문주의자의 형식주의를 비판하는 가운데 스콜라주의자들을 변호했다. 이렇게 해서 미란돌라는 당시 이탈리아 인문주의의 퇴폐적 모습을 꾸짖으면서 경종을 울렸다. 즉 철학의 본질은 사태를 인식하는 데에 있지 멋있게 말하는 데에 있지 않다. 그는 모든 종류의 앎을 긍정했다. 형식은 상관없었다. 중세 후기 학파들의 작업도 경시하지 않았다. 그는 그의 사유와 그가 가진 재원을 평화를 위해 기꺼이 바쳤다. 곧 모든 종교와 학파를 다양성을 존중하는 자유로운 토론의 장(場)에서 하나로 모으길 원했다. 1486년 미란돌라는 사비를 들여 로마에서 일종의 '철학 공의회'를 열고 철학자들을 초대했다. 거기서 서로 상충하는 900개의 명제로 구성된 목록을 직접 만들어 의제로 상정했는데, 그는 이 명제들이 모두 조화를 이룬다는 점을 증명하겠다고 공언했다. 그동안 쿠자누스의 조망에서 상당히 벗어난 로마 교황청에 미란돌라가 하려는 일은 월권으로밖에 보이지 않았다. 그래서 로마 교황청은 철학자 대회의 개최를 금지하고 그가 만든 명제 목록을 검열했다. 미란돌라는 종교 재판을 앞두고 프랑스로 몸을 피했지만, 교황이 취한 조치가 프랑스까지 전달되자 그곳에서 투옥당했다. 그리고 나중에 메디치 가문의 중재로 풀려나 피렌체로 돌아왔다. 그는 파리에서 귀환하는 길에 쿠스(Kues)에 들러—900개의 명제가 증명하듯이—그에게 큰 동기 부여가 되었던 추기경의 개인 서재를 둘러보기도 했다. 로마 교황청과의 충돌은 1486년 저술된 『인간 존엄성』(*De hominis dignitate*)

의 토대인 낙관주의적 인문주의의 약화를 초래했다. 본래 이 텍스트는 이듬해 성대하게 개최될 예정이었던 진리의 학술 대회의 개최 연설문이었다. 거기서 그는 인간을 유일하게 본질이 확정되지 않은 존재, 스스로 짐승이 될 수도 있고 천사가 될 수도 있는 비규정적 존재로서 찬미했다. 인간은 다른 존재와는 달리 자기 본질을 스스로 형성해 나가는 존재이다. 이것은 천사도 가지지 못한 인간의 고유한 특징이다. 이러한 자유에의 열정은 새로운 어조를 띠고 있으며, 피치노와 그의 점성술적 관심과 비교했을 때도 참으로 새로운 것이었다.

미란돌라는 로마 교황청과 다투고 나서 자기의 낙관주의적 입장을 수정했지만 보편적 평화를 향한 희망은 결코 내려놓지 않았다. 그는 모든 철학 학파의 일치라는 이념을 포기한 적이 없다. 그는 끊임없이 보편적 일치(concordia)와 종교개혁을 위해 일했다. 이렇게 해서 그는 쿠자누스와 피치노, 헤르메스 전통의 뒤를 이었다. 그는 아랍 철학과 유대 카발라학을 연구함으로써 '철학적 평화'를 수립하고 온 인류를 진정으로 하나로 만들 꿈을 키웠다. 피치노는 인간의 자유가 자연의 법칙을 인정할 때에, 특히 별들의 운행에 의한 영향을 인정할 때에 비로소 실현된다고 강조했다. 미란돌라는 비록 천체의 작용이 인간에게 어떤 영향을 끼친다는 점을 부정하지는 않았지만 점성술에 의한 예언을 거부했다. 피치노는 종종 액막이 도구나 부적, 마법의 힘이 깃든 돌들이 유용하지 않은지 생각해 보곤 했다. 하지만 미란돌라는 그런 것들을 강하게 비판했다.

「창세기」를 상징적으로 주해한 『일곱 형상론』(*Heptaplus*, 1489)에서 미란돌라는 디오니시우스 아레오파기타와 고대의 우의적 해석, 그리고 카발라를 근거로 성경에 모든 철학적 세계 인식이 감각적 언어로 담겨 있다는 점을 증명했다. 그는 부정신학의 고도의 사변적 측면을 수용했으며, 인간을 지성적 세계와 천구들의 세계, 월하 세계가 통일을 이룬 존재로 이해했다. 비슷한 시기에 집필된 『존재자와 일자』(*De ente et uno*)

에서는 일자의 우위를 주장하는 플라톤주의 사상(정확히는 신플라톤주의에 더 가깝다)과 아리스토텔레스의 형이상학 내지는 아리스토텔레스의 존재자 우위 이론의 일치를 시도했다.[4]

미란돌라는 31세에 생을 마감했는데 독살당한 것으로 추정된다. 이러한 추측이 나돈다는 사실만으로도 메디치 문화의 정점이었던 이 시기의 안정이 고전적 안정성과 얼마나 거리가 멀었는지를 알 수 있다. 로마로 말하자면, 교황 니콜라우스 5세와 피우스 2세의 시대는 지나갔다. 곧 문화와 종교적 열정은 서로 충돌했다. 이 둘은 권력 다툼과 집안싸움이나 다름없는 정치에 쉽게 이용당했다. 미란돌라가 결합하고자 열정적으로 추구했던 것은 역사적으로 이미 붕괴되어 있었다. 그래도 그의 노력은 잠시나마 빛을 볼 수 있었다. 사람들은 미란돌라를 피치노와 너무 가까이 두는 탓에 그가 후세에 끼친 영향을 잘 보지 못하곤 한다. 어쨌든 그는 피치노의 점성술적 관심을 공유하지 않았다. 그는 생의 마지막 해에 점성술을 비판하는 책을 한 권 썼다. 미란돌라는 이슬람과 유대교의 세계에 문을 열어 주기 위해 피치노를 넘어섰다. 그는 아랍어와 히브리어를 배웠고 카발라도 공부했다. 요하네스 로이힐린(Johannes Reuchlin)이 그리스도교인들의 깊이 있는 유대교 문화 연구의 초석을 놓았다면, 미란돌라도 여기에 한몫이 있다. 그는 종교적 관용주의의 초기 사상가들 가운데 하나이다. 그는 『구약성경』을 주해할 때, 유대교의 주해서를 참고하기도 했다. 그는 『인간 존엄성』 연설문에서 신플라톤주의적인 또는 적어도 중세적인 확실한 위계 관념을 해체했다.

짧은 생을 살았지만 미란돌라는 말년에 지롤라모 사보나롤라(Girolamo Savonarola, †1498)의 영향을 받았다. 우리는 이것을 퇴보라고 평가할 필요가 없다. 산 마르코의 수도원장은 종교적 열성을 가진 인물임에는 틀림없지만 실은 그 이상이었다. 그는 풀리지 않은 사회적 긴장과 유럽의 암울한 정치 현실에 기대어 사람들에게 종말론적 공포를 퍼뜨렸다. 그는 사람들이 플라톤 아카데미에서 발견했다고 믿었던 종합이 얼마나 허술한지를 보여 주었다. 사보나롤라는 한때 철학 교수였다. 최근에 새로 편집되어 나온 그의 아리스토텔레스 주해서는 사유의 독창성이라고는 전혀 없는 별 볼일 없는 작품이지만, 이 개혁가는 당대의 고등 교육을 받은 상류 지식인이었다. 종교개혁 운동과 반(反)메디치적 정치, 그리고 '지혜'가 다시 한 번 사보나롤라의 이름으로 함께 나타나는 듯했다.[5]

1498년 사보나롤라는 먼저 교수형에, 그다음에는 화형에 처해졌다. 그의 죽음과 함께 이 시대도 막을 내렸다. 두 개의 환상이 깨졌다. 노년의 피치노 안에 담긴 피렌체의 플라톤주의는 막강한 권력자인 메디치 가문의 편에 서 있었다. 이 플라톤주의는 정치적으로도 무력하고 종교적으로 메마른 사상이었다. 교회 개혁은 속죄 설교가 사보나롤라의 등장으로 인해 답보 상태에 머물렀다. 그는 미란돌라 같은 사상가들에게 영향을 끼쳤으며 이교적 모티프로 그려진 그림을 불태워 버리도록 산드로 보티첼리(Sandro Botticelli) 같은 예술가를 자극하기도 했다. 사보나롤라는 끝내 교회를 정화하지 못했다. 그가 잠시 동안이라도 메디치 가문이 지배하도록 할 수도 있었던 그리스도교 공화국은 정복되고 말았다. 1494년 프랑스 왕이 피렌체를 점령하고 메디치 가문을 쫓아내자, 이때부터 이탈리아에는 다른 권력자들이 등장하기 시작했다. 로렌초는 이미 2년 전에 세상을 떠났다. 미란돌라와 폴리치아노는 둘 다 저 운명적인 해인 1494년 세상을 떠났다. 이때부터 사보나롤라의 죽음을 지나 황제 카를 5세의 용병들이 로마를 약탈했던 해까지(1527) 철학적 사유는, 우리가 그것을 사유가 완전히 절망해 무릎을 꿇거나 라틴어 문장을 다듬는 일로 전락해 버렸다고 말하지 않아도 된다면, 끊임없이 새로운 도전을 받았다고 할 수 있다. 이제는 거대한 붕괴를 예상해야 했다. 만일 철학이 어떻게든 존속할 수 있었다면, 그것은 바야흐로 철학이 아주 냉정하고 무자비한 사유가 되었기 때문이다. 냉혹한 사유를 실행에 옮기게 될 인물은 이 모든 사건을 예의 주시했다.

사보나롤라는 1498년 5월 23일 화형당했다. 같은 해 6월 19일, 새로운 인물이 공화국의 서기장에 취임하게 되는데, 그가 바로 마키아벨리이다. 그리고 이듬해 피치노가 세상을 떠났다.

제3부

새로운 시대

제59장
중세, 르네상스, 종교개혁

'중세 시대' 내지는 '르네상스' 같은 일반화된 개념의 사용은 많은 문제를 안고 있다. 중학교와 고등학교 때부터 이미 우리는 역사 교과서를 통해 그러한 용어에 익숙해져 있다. 이처럼 이 용어들은, 실제적 연구에 따르면, 본래적으로는 주어질 수 없는 권력을 행사하고 있다. 12세기나 15세기의 어느 텍스트를 해석하는 모든 학자는 '중세' 또는 '르네상스' 같은 집합적 개념의 사용이 인식의 진보에 하등 기여하는 바가 없다는 사실을 잘 알고 있다. 그러나 연구를 풍성하게 하기 위해 자기의 전공 분야를 제한해야만 하는 전문가들은 — 원칙적으로 — 그러한 이름표나 상투어의 사용을 중지하고 사태를 전체적으로 조망하는 작업을 보류한다. 질송도 탄식을 금치 못한다. "보에티우스에서 폼포나치에 이르는 사유의 역사를 '중세'라든지 '르네상스' 같은 단어를 쓰지 않고서 능히 해설할 줄 알아야 한다." 실제로 그러한 단어들은 실질적 인식에 조금도 도움이 못 된다. '중세'나 '르네상스' 같은 말은 시대에 뒤떨어진 견해들이 다시 살아나 영향력을 행사하는 것을 부추길 뿐이다. 우리의 지식수준으로는 아직 다가갈 수 없는 곳에 일방적 통일을 세운다. 그래서 많은 사람은 '중세'라는 말에서 융통성 없는 종교가 지배하던 시대의 표상을 떠올리며, 이 표상을 자신들이 믿고 싶은 대로 그 단어 안에 영원히 새겨넣는다. 마찬가지로 '르네상스'라는 말은 대부분의 사람에게 '현세성'이나 '낙관주의' 같은 관념을 연상케 한다. 그러나 이러한 일반화가 근거 없는 일반화라는 것은 그 시대의 텍스트를 들여다보면 당장 알 수 있다.

그러면 혹자는 이것이 신문이나 잡지 같은 대중적인 글에서 주로 나타나는 현상이지, 전문 학자들의 용례는 아니라고 반박할 수 있다. 그러나 학술적 언어 또한 이미 지나간 연구 상황을 비정상적으로 끈질기게 반복 생산함으로써 더는 유효하지 않은 입장의 방부제로 쓰이고 있다. 부르크하르트의 르네상스 서술 여파로 나타난 관념들이 이를 대표적으로 증명한다. '개인주의', 명예욕, '자연과 인간의 발견', 중세의 어둠과 근대의 빛의 대조, 이러한 것들이 부르크하르트가 파악한 '르네상스'의 특징이다. 이들 관념은 부르크하르트의 섬세한 감각과 임시적 '시도'(그의 저작의 한 장(章)의 이름이다)에 뛰어들 줄 아는 의식 안에서 조정되면서 자립성을 획득했다. 나중에 부르크하르트 자신도 '개인주의'라는 표제어와 거리를 두었다는 점을 아는 사람은 별로 없다.[1] 20세기에 부르크하르트가 신압했던 '중세 사학자들의 반란'은 사람들이 이런 표현을 쓰면서 이 모든 것이 12세기나 13세기에 '도 이미' 있었거나 적어도 중세적 뿌리를 가진다는 주장에 근거했다.[2] 이러한 연구에서 부르크하르트가 보지 못했던 플라톤 전통의 연속성과 아리스토텔레스주의의 연속성이 수면 위로 떠올랐다. 크리스텔러와 클리반스키를 주축으로 제안된 수정은 매우 값진 성과였지만, 한편으로는 시야를 또 다른 방식으로 제한하는 결과를 낳기도 했다. 즉 학파(아리스토텔레스주의, 플라톤주의)는 너무 간단히 이해되었고 개별적 차이들은 가려졌다. 그러나 세부적 수준에서 잘못된 평가가 내려졌다는 점도 심각했다. 즉 12세기의 '플라톤주의'는 15세기와는 전혀 다른 역사적 상황에서 형성되었다는 것이다. 그래서 문헌학적 정확성은 본래적으로 역사적 사유의 부재를 감쪽같이 가릴 수 있었다. 이러한 은폐는 20세기의 실제 역사를 무너뜨린 사건들이 발생한 이래, '연속성'이란 단어가 사람들이 어떻게든 역사 속에서 다시 찾고 싶어 했던 효율적이고 정치적인 가치를 표현하게 되었을 때 더욱 강화되었다. 아예 해명조차 하지 않음으로써 붕괴와 해체를 망각하게 만드는 것, 일단 뜸을 들이고 나서 나중에 역사적 변혁을 삭제하는 것 등은 중세에서 근대로 넘어가는 과도기를 고찰하는 어떤 특정한 방식의 암묵적 원칙으로 자리 잡았다. 19세기 시민적 역사 서술을 지배했던 고대적인 것의 극복을 반기는 승리의 환호가 울려 퍼지고 나자, 항상 연속성을 잃지 않았던 전승들의 실체에 다시 귀 기울이는 움직임이 일어났다. '르네상스'는 이제 고대와의 지속적 결합을 최종적으로 조탁하는 과정으로 이해되었다. 카롤루스 왕조의 르네상스, 오토 왕조의 르네상스, 12세기의 르네상스, '본래적' 르네상스로서의 13세기 아리스토텔레스 수용 같은 표제어들은 부르크하르트를 끌어내려 실권(失權)하게 만들 수 있었다. 이들 표현은 구체적 사태들에서 쓰일 때에 좋은 근거가 제시되는 경우도 물론 있었지만 급하게 수습하려는 경향이 있었고, 역사적 분류의 상실을 대가로 치러야 했다. 개별적 역사 인식을 이렇게 도구와 수단으로 취급하는 입장에 반대하는 가린이나 바솔리 같은 현대 연구자들은 사태를 다른 측면에서 바라본다. '중세'와 '르네상스' 같이, 불행하게 정의된 상투적 단어들은 교육적·논쟁적 용법에서는 잠시나마 유용할 수 있다는 것이다. 우리는 이러한 측면에서, 예컨대 토마스주의는 중세 철학의 정수였던 적이 한 번도 없다는 말을 할 수 있다. 또는 '중세'가 가진 훨씬 실제적인 개념을 우리는 투르의 베렝가르와 피에르 아벨라르, 가우닐로와 오트르쿠르의 니콜라스, 보나벤투라와 둔스 스코투스에게서 찾아볼 수도 있다고 말할 수 있다. 아벨라르, 프라이베르크의 디트리히, 파도바의 마르실리우스를 눈여겨보면 중세의 실제는 지금껏 포장된 것보다 훨씬 다채롭고 훨씬 근대적이라는 점을 깨닫게 된다. 하지만 공백기 인식의 중요성은 에른스트 로베르트 쿠르티우스(Ernst Robert Curtius)와 질송이 권고한 것보다 더 강조할 필요가 있다. 갈릴레이 물리학은 14세기 물리학이나 파도바의 아리스토텔레스주의자들의 물리학에서 단 한 번의 단절도 없이 연속적으로 흘러나오지 않았다. 또한 단테와 파도바의 마르실리우스에서 아리스토텔레스 『정치학』의 현존을 느낄 수 있다면, 마키아벨리와 13세기의 『정치학』 수용 사이에도 역사적 관계가 있다. 그럼에도 마키아벨리는 기존의 『정치학』 수용과의 고리를 끊어 낸 사람이다.

과거와 철저히 단절해야 한다면, 앞에 있던 것을 구성한 요소들에 주의를 기울일 필요가 있다는 점은 옳다. 우리는 과도기에 생성된 개념적·제도적 전제들을 잘 활용해야 한다. 이 말은 마키아벨리와 갈릴레이에게 해당되고 루터에게도 들어맞는다. 이러한 맥락에서 르네상스와 종교개혁은 중세 없이는 불가능했을 것이다. 그리고 이를 확인할 수 있는 다양한 관점이 있다. 중세는 1500년경의 사람들이 신뢰하고 썼던 텍스트들을 보존하고 꾸준히 재생산했다. 수많은 이론적 모델이 시험을 거쳤고 브루니와 발라, 쿠자누스는 그것들의 실패를 증명했다. 이제 자연과 사회를 이해하려면 새로운 길을 가야 한다는 사실은 1450년 가장 급진적 분석을 감행했던 신중한 관찰자도 인지하고 있었다. 르네상스와 종교개혁은 교육사적으로 볼 때, 13세기나 더 정확히는 14세기부터 널리 퍼지고 축적된 사람들의 교양 의식을 토대로 일어났다. 사회사적 측면으로 말하자면, 도시와 원거리 무역, 금융 경제는 12세기부터 원동력을 받고 있었다. 15세기와 16세기도 동일한 추진력을 받았다. 다만 이때는 도시 국가들이 성곽 테두리 안에서 발생하는 사회적·정치적 문제를 해결할 능력이 없다는 점이 가시화되었을 뿐이다. '거대 기구와 조직들'(에리히 모이텐)의 등장은 또 다른 혁신을 요구했다. 거대 조직화의 경향은 부상하는 프랑스 왕정의 절대주의 안에서 봉건 세계의 지방 분권주의를 타파했다. 인간의 새로운 자의식과 자연과 사회를 보는 새로운 방식은 봉건 세계의 해체를 예비하고, 실행에 옮기고, 반성적으로 고찰했다. 먼저 도시의 자유를 지향하는 피렌체 인문주의의 사유에 비극적인 날인(捺印)을 수여했다. 중세 초기의 사유에 맞서 관철했던 가치들, 수백 년 동안 지엽적 유효성을 잃지 않았던 가치들은 — 그러니까 도시 국가나 공화정제, 개인의 주체성 같은 이념들 — 실제 역사적인 기초를 상실하고 말았다. 가치들의 몰락은 이론적으로 다양한 평가를 받았다. 레오나르도 다 빈치, 마키아벨리, 폼포나치는 냉정하고 이성적 태도로 대응했다. 이들은 종국에 자연에 대한 새로운 학문(갈릴레이)과 새로운 역사학(잠바티스타 비코(Giambattista Vico))의 탄생을 낳는 과정을 작동시켰다. 이와 달리, 루터는 이 비극적인 역사적 상황을 후기 스콜라주의의 이원론적 해석 모델을 빌려 신학적으로 해명했다.

사유와 실제 역사적 발전 사이의 이러한 관계를 '르네상스'와 '종교개혁'이라는 명사를 사용해 서술할 경우, 진실은 드러나기보다 오히려 은폐된다. 특히 그 단어들이 독일인들의 종교개혁 운동, 이탈리아인들의 르네상스처럼 국수주의적 광기와 결합되어 한 나라의 국민 모두에게 주입된다면 더욱 그러하다. '르네상스'나 '인문주의'를 종교개혁을 예비하는 전 단계나 역사적 전제쯤으로 간주하면, 그곳에는 온전한 역사적 인식이라는 것이 아무것도 남아 있지 않을 것이다. 에라스무스가 낳은 알을 루터가 부화시켰다는 옛말이 바로 이러한 행태를 증명한다. 진실은 발라와 에라스무스가 사람들에게 성경에 대한 새로운 흥미와 관심을 널리 불러일으키지 않았더라면, 루터는 아무런 충격도 주지 못했을 것이라는 사실이다. 그러나 '인문주의'는 오직 문헌적 도구만을 마련했을 뿐이고 정작 그 도구를 활용한 자는 깊이 사유할 줄 아는 독일인들이었다는 견해는 역사적으로 잘못된 주장이다. '종교개혁의 세계사적 영향'(게르하르트 리터(Gerhard Ritter))은 이러한 도식을 승인한 상황에서는 적절히 논구될 수 없다. 이 도식들은 빌헬름적 시민 계급과 그 후속 세대를 국가적 차원에서 축성하기 위해 쓰인다. 국가적이고 교파적인 자기 정립에 대한 관심 속에서 이루어지는 역사 분석은 '중세'에서 '근대'로 전환되는 과정을 보다 심층적으로 검토함으로써 국가적이고 교파적인 한계를 넘어서야 한다. 나는 이것을 일반화가 아닌 레오나르도 다 빈치와 마키아벨리, 그리고 마지막으로 루터라는 특정 개별 사례를 통해서만 암시적으로 보여 줄 수 있다.

제60장
레오나르도 다 빈치

레오나르도(✝1519)는 이해하기가 쉽지 않은 인물이다. 여기서는 1500년 즈음의 지적 상황을 그의 사례를 가지고 가늠해 보려 할 뿐인데도 벌써 여러 가지 이유에서 서술상의 어려움을 안고 있다. 레오나르도와 우리 시대 사이에는 오늘날까지 이어져 내려온 19세기의 천재 숭배가 자리하고 있다. 신격화에 정당하게 대응한 결과, 새로운 편파성이 산출되었다. 이미 1906년에 베네데토 크로체(Benedetto Croce)가 레오나르도를 철학에서 쫓아낸 적이 있다. 그에 따르면, 레오나르도는 사상가로서가 아니라 자연을 연구하는 한 사람이자 발명가로서 위인들에 속한다.[1] 이러한 판단은 19세기 독일 관념론 전통에서 통용되었던 체계적 철학 개념을 전제했다. 1500년경의 사정을 이해하는 데 역사적으로 중요한 것은, 레오나르도는 스콜라주의적 의미에서든 피치노적 의미에서든 '체계'를 추구한 적이 없었다는 사실이다. 즉 그는 경험적 연구를 통해 모든 방향으로 나아가고자 했다. 해부학, 지질학, 동물학, 광학, 수력학, 일반 역학, 화학, 예술 이론, 이것들이 전부 레오나르도가 지칠 줄 모르고 연구에 전념했던 분야이다. 물론, 그가 이들 가운데 어떤 영역에서 정확히 어떤 것을 발견했는지 말하기는 쉽지 않다. 중요한 것은 그가 경험계에 (단순한 기획으로서만이 아니라) 실제로 관심을 기울였다는 것, 개념 구성 작업에 대한 회의를 (절망하지 않고) 생산적으로 이용했다는 사실이다. 레오나르도는 발생적 관점을 강조하고 모든 앎은 수학적 토대를 가져야 한다는 원칙을 고수하는 가운데 자기가 행한 수많은 실험과 관찰을 분류하고 정리할 방법론도 갖고 있었다. 하지만 레오 올슈키(Leo Olschki)가 그의 경험 학문에 내린 가혹한 평가처럼 레오나르도에게는 갈릴레이의 엄밀함과 일관성이 결여되어 있었다.

더 늦기 전에 레오나르도를 읽을 때 접하는 독특한 어려움 하나를 먼저 언급하는 것이 좋겠다. 그는 책을 한 권도 쓰지 않았다. 우리에게 전해 내려오는 것은 대략 8,000쪽 분량의 수기 메모들이며, 그 가운데 상당수가 거울 대칭으로 쓰였다. 그가 읽은 책의 발췌문에는 그의 개인적 생각이나 느낀 점이, 압축적 분석에는 그가 더 해야 할 일들의 목록이 함께 적혀 있다. 1960년대 들어 레오나르도의 중요한 노트(두 권의 마드리드 코덱스)가 새로 발견되기 전까지, 이 단편 수기들이 쓰인 연대는 오랫동안 확인되지 못했다. 새로운 발견과 더불어 레오나르도 연구는 훨씬 복잡한 양상을 띠게 되었다. 연구자들은 레오나르도가 참고했던 '자료' 내지는 그의 사상의 기원을 규명하고 싶어 했다. 하지만 레오나르도는 어느 대학 교수의 제자가 아니라 '경험의 제자'이기를 원했다. 강단 학문 세계와의 접촉은 없지 않았지만, 그는 그 사회에 들지 않았다. 스스로 '문예적 교양이 없는 사람'(omo sanza lettere)이라 칭한 그는 고전주의적 인문주의와는 거리가 멀었고 대학의 권위적 문화도 가까이하지 않았다. 1452년 빈치(Vinci)에서 태어난 레오나르도는 1472년 피렌체로 넘어온 다음, 안드레아 델 베로키오(Andrea del Verocchio)의 공방에서 일했다. 그러니까 레오나르도는 기술자였다. 하지만 그가 마음에 둔 것은 모든 기술적 측면이 덧붙여진 회화를 '학문'으로 세우는 일, 그리고 순수한 개념들의 조립으로서의 철학이 몰락한 이 시대에 그것을 참된 철학으로서 제시하는 일이었다. 회화는 가시 세계에 주어진 모든 것을 대상으로 취급할 수 있기에 충분히 '학적 앎'이 될 수 있었다. 회화는 경험에 근거를 두지만 그 자신을 경험적 소여를 모방하는 작업에 한

정하지 않으며, 경험 속에 감추어진 것을 드러내고 광학적 현상의 수학적 기술을 전제한다. 레오나르도의 경험 강조는 대학의 형이상학과 인간학의 전복을 꾀한다. 그의 기획은 경험론이 아니다. '학문'은 경험을 필요로 한다. 이성은 경험된 것의 근거들이 무엇인지 안다. 개별 경험에서 일반적 통찰을 끌어내는 것과 관련해, 레오나르도는 보편 규칙을 설정하기 전에 동일한 경험을 두 번 또는 세 번 반복해야 한다는 식의 만족스럽지 못한 설명을 내놓았다. 갈릴레이와 데카르트 이전 시대에는 이런 정확성 결여와 신중하지 못한 입장이 으레 받아들여졌다.

레오나르도는 다방면의 경험 사실, 초자연적 설명의 배제, 시각의 수학화를 중요하게 여겼지만, 그에게는 숙고된 방법론과는 다른 문제들이 있었다. 그는 1500년경의 예술가들에게 단순 기술자 이상이 되어야 한다는, 강단 철학자들의 추상적인 개념 정의 기술보다 실제에 더 가까이 다가가야 한다는 의식을 심어 주었다. 그는 '시각'과 '학문'과 예술에서 기계 기술자의 경험 근접성의 방향을 총체적 차원에서 설정할 계획을 가지고 있었다. '전체'란 대우주와 소우주 전부를 포함하고 '연관성'이라 하면 곰의 다리 골격과 인간과 개구리의 다리의 관계, 토스카나 지방 내륙에서 발견되는 바다 조개와 실제 바다와의 연관성까지 아우른다. 그가 경험 세계에서 찾았던 것이 이러한 전체성과 관계들이다. 그는 개념의 조직이 아닌 경험 내용과의 구체적 결합을 통해 전체성을 표현하고자 했다. 경험 소여의 직접적 서술은 어쨌든 가능하지 않았다. 사람들은 이런 기획을 '유물론'이라 불렀다. 또 레오나르도를 피렌체의 신플라톤주의로 분류하기도 했다. 뒤엠과 카시러는 레오나르도에게서 쿠자누스 사상의 계승을 보았다. 그러나 레오나르도를 유물론이나 신플라톤주의로 환원하는 복잡한 절차는 허용되지 않는다. 피치노의 아카데미와의 연관성, 그의 대우주-소우주 이론과 빛과 사랑에 대한 이론과의 관계성은 명백하다. 레오나르도는 빠르게 성장했던 시기인 1472년부터 1482년까지 피렌체에 머물렀다. 우리는 피치노의 신플라톤주의를 경험을 도외시하는 '관념론'으로 미화해서는 안 된다. 피치노는 의사였다. 하지만 15세기의 마지막 삼반세기에 피렌체에는 신플라톤주의자들만 있지 않았다. 피렌체에는 토마스주의자들도 있었고(요하네스 도미니치와 사보나롤라), 아리스토텔레스주의자들도 있었다(아르기로풀로스). 법학과 다방면에 관심을 가졌던 폴리치아노가 있었고 실제 시신을 해부함으로써 레오나르도에게 가르침을 주었던 의사들도 있었다. 또한 피렌체에는 플리니우스의 『박물지』 번역서, 알베르투스 마그누스와 작센의 알베르트 및 중세의 동물학과 광물학 저작도 구비되어 있었다. 중세에 알려지기는 했으나 관심 밖이었던 사상가인 아르키메데스의 전문가도 있었다. 이곳에서는 디오게네스 라에르티오스와, 특히 에피쿠로스 이론을 보고하는 귀중한 작품들이 이탈리아어로 번역되기도 했다. 레오나르도는 피치노가 번역한 헤르메스 전통의 저술들을 접했으며, 영국의 수학자이자 논리학자인 리처드 스웨인스헤드(Richard Swineshead)와 헤티스베리의 윌리엄(William of Heytisbury)의 이름도 알고 있었다. 마지막으로 피렌체에는 알베르티의 영향이 살아 숨 쉬고 있었다는 점도 잊어서는 안 된다. 레오나르도는 수학적으로 정초된 지식만을 유효한 앎으로 인정했지만, 우리는 이러한 입장의 기원을 뒤엠과 카시러가 말한 것처럼 꼭 쿠자누스에게까지 소급할 필요는 없다. 그에게는 플라톤의 『티마이오스』에서 받는 자극으로도 충분했을 것이다. 하지만 펠라카니도 레오나르도의 수학주의를 부추긴 한 사람이었을 것이다.[2]

레오나르도의 지적 배경의 다양성은 중요하다. 그를 소수의 '기원'과 특정 사조로 단순화하고 환원하는 일이 불가능하다는 점을 입증하기 때문이다. 이 다양성은 15세기 말 피렌체 같은 도시에서 유효했던 이론적 모델들의 다양성에 상응한다. 무엇보다도 레오나르도가 그의 참고 자료들을 자기의 목적을 위해 어떻게 사용했는지를 알아야 한다. 하지만 그의 목표 또한 너무 많아 그가 정말 하려고 했던 것이 무엇인지 좀

처럼 감을 잡을 수 없을 정도이다. 그의 자연에 대한 연구와 물의 흐름에 대한 연구는 도시 설계 내지는 도시공학에, 힘과 동력 전달 문제에 대한 연구는 군사 기술에(장갑차와 총포), 새의 비행 연구는 비행 물체 제작에 각각 기여했다. 인간의 필요를 충족하기 위한 레오나르도의 실용적이고 '실리적 · 공리적' 연구들은 광범위함과 합리적 차가움에 있어 고대와 중세 시대의 선배들(예컨대, 로저 베이컨)이 수행한 모든 업적을 능가한다. 우리는 레오나르도가 많은 해석가에게 반(半)철학적 인물이나 공학자 또는 유희하는 사람으로 비친다는 점을 알고 있고, 또 그렇게 이해한다. 그에게는 이 모든 말이 다 들어맞는다. 그러나 그것들 전부가 되기 위해 레오나르도는 전통적 지식 개념을 사유를 통해 해체해야만 했다. 중세 후기의 형이상학 비판은 그가 가용할 수 있는 예비 작업이었다. 하지만 그는 그 형이상학 비판을 새로운 방향 설정 작업에 가져다 썼다. 그의 목표 설정은 종종 변죽만 울리거나 추상적 기획으로 그치곤 했지만 현실적 실천과 인간 세계와 훨씬 더 밀착해 있었다. '인간 존엄성' 예찬은 실천 그 자체가 되고 자연 탐구로 변했으며, 해부학과 기계공작의 형태로도 나타났다. 그러나 이 모든 것은 우주와 인간을 새롭게 이해한다는 전제 아래 성취되었다. 레오나르도는 이 점을 아주 드물게 또 단편적으로, 하지만 유럽 지성사가 지나칠 수 없을 정도로 분명하고 단호하게 말했다.

나는 그의 모티프를 몇 가지만 언급해 보겠다. 자연에는 우연이 없다. 자연은 필연성의 지배를 받는다.[3] 레오나르도는 자연의 필연성을 추상적으로만 주장하지 않고 힘의 전달이나 근육 조직과 걷는 운동 사이의 연관 같은 일종의 총체적 결합 관계로서 찾아내려 애썼다. 초자연적 기적은 자연의 필연성과 역학 연구를 방해해서는 안 된다. 레오나르도는 자연의 내재성을 강력히 주장했다. 그는 '힘'(forza)을 어떤 영적인 것(una potenza spirituale)[4]이라고 말했는데, 여기서 '영적인 것'과 그것이 형성하는 관계들의 의미에 주의해야 한다. 이탈리아 의사들은 감각 경험의 생리학에서 '생명의 영(靈)'이라는 것을 이야기했다. 쿠자누스도 (『정신에 대하여』(De mente)에서) 이 이론을 수용했었다. '생명의 영'은 감각 자극이 전달되는 과정의 탈(脫)신체적 성격을 표현하기 위해 도입된 개념이다. 이것은 유령이나 귀신 같은 존재를 가리키는 말도, 형이상학적 심리학의 차용도 아니다. 더불어 그가 요청한 내재적 방법과의 단절을 뜻하지도 않는다. 그는 힘 개념을 정의할 때, 물체와의 관계를 주저함 없이 그 안에 포함했다. 힘은 경험적으로 증명되는 실재여야 했다.[5]
하지만 레오나르도에게서 '내재성'은 무신론이나 불가지론을 암시하는 단어가 아니었다. 세계영혼의 주입이라는 신플라톤주의스럽고 피치노적인 모티프는 엄격하게 경험적으로만 의미를 가질 수 있었다. 그래서 그는 거기서 사변적 요소들을 전부 제거했다. 그래도 그의 자연 개념은 이 모티프의 영향을 받아 형성되었다. 어떠한 철학적 노력도 '신'을 주요 내용으로 가지지 못한다. 대신에 그는 자기가 해부했던 시신에서 세계를 지은 건축가의 지혜를 보았고 그 덕분에 썩은 시체에서 흐르는 피와 진동하는 악취를 견딜 수 있었다. 신적인 예술가를 소환함으로써 경험이 침해되거나 중단되는 일이 있어서는 안 되었다. 그는 토스카나 지방에서 발견되는 조개들이 저 태고의 대홍수가 일어났을 때 바다에서 내륙으로 쓸려 들어온 것이라는 식의 경건한 해석을 단호히 거부했다. 그는 지표면을 그가 실제로 관찰했던 다양한 사례를 근거로 구성한 침식과 퇴적 과정의 유비를 통해 발생적으로 이해하려 했다. 이 세계의 발생과 생김새를 자연[6]의 '영원한 법칙'을 가지고 설명하려 했다.

그의 학문이 유익을 가져다주어야 하는 인간 세계는 거대한 우주적 과정 안에 한 부분으로 들어 있다. 세계 과정이 물질적으로 전개된다는 점을 통찰한다면, 인간은 창조의 정점이라는 인문주의적 인간 찬미는 ─ 이것은 레오나르도도 인지하고 있다시피, 엄연히 소크라테스적 유산이다 ─ 효력을 상실할 수밖에 없다. 즉 찬미를 받아 마땅한 대상은 '인간의 존엄성'이 아니라 '태양'이다. 인류 역사의 처음과 마지막은 이런 식으로 자연사(自然史)의 거대한 틀 안에서 주제화된다. 곧 지금까지 있었던 모든 문화와 '진리'는 그 시대의 자녀였을 뿐이다(la verità fu sola figliola del tempo). 모든 것이 모든 것 안에서 작용하고 대우주와 소우주가 서로 대응하고 일치하기 때문에, 레오나르도는 인간을 세계 인식의 모델로서 파악할 수 있었다.[7] 그러나 그의 사유는 인간 이상의 것을 사유하려 했고, 이 때문에 인류는 언젠가 자연의 법칙에 따른 종말을 맞게 될 것이라는 두려움을 마주했다. 예술가로서 레오나르도는 이것을 묵시록적 형태로 표현했다. 재앙이나 대홍수를 스케치한 그림을 그리는 일이 많아졌다(윈저성 왕립 도서관에 보관된 노트들을 보라). 중세 초기에 또 14세기부터 신학과 예술, 정치에 깊숙이 침투했던 무시무시한 묵시록적 표상들은 사보나롤라와 재세례파, 그리고 농민전쟁 사이의 시기 동안에 엄청난 영향력을 행사했다. 그러나 이 영향이 드러난 방식은 저술가들마다 제각각이다. 묵시록적 공포는 레오나르도에게서 인간의 권위가 추락하는 모습으로, 다시 말해 고전주의적 인문주의를 비판적으로 바라보는 시각으로 나타났다. 무엇보다도 그는 자기가 걸어온 삶에 고스란히 투영되어 있는 실제 역사적 상황을 전달했다. 이 토스카나 사람은 피렌체에 체류한 다음(1472~82), 밀라노의 공작을 섬겼다. 그때 피렌체는 예술의 본고장이 더이상 아니었다. 공화정의 자유가 거대 권력가들의 장난감이 되었을 때, 레오나르도는 서둘러 결단을 내렸다. 그는 1513년부터 1516년까지 교황 레오 10세(Leo X)의 로마에서 지냈으며, 1517년에는 프랑스로 건너가 프랑수아 1세(François I)의 경탄을 받았다. 레오나르도는 1519년 앙부아즈(Amboise)에서 생을 마감했다.

제61장
마키아벨리와 루터

아우구스티누스에서 마키아벨리까지의 발전 과정을 들여다보면, 고대 후기의 그리스도교 세계에서 시작해 중세 시대를 지나 근대 초기로 뻗어 나가는 근본 동기들이 무엇인지 알 수 있다. 아리스토텔레스의 수용은 자연과 사회를 자율적 영역으로 고찰해야 한다고 가르쳤다. 14세기는 형이상학적으로 정초된 철권 통치(교황과 황제)의 붕괴로 등장했다. 15세기는 전통적 지식의 방법으로는 더는 진보할 수 없으며, 고대의 부활과 고대에 의한 혁신을 통해서만 새로운 길을 열 수 있다는 확신을 생산했다. 고대적인 것에 대한 형식적-탐미적이고 고전주의적 열광과 현실에 집중하는 정치적 인문주의와의 대립도 나타났다. 또한 15세기는 공화제와 국가적 차원에서의 자유 경험의 가능성과 위험도 통찰했다. 이 같은 발전들은 니콜로 마키아벨리(Niccolò Machiavelli, †1527)[1]에게서 한데 모이고 압축되어 1500년경의 세계를 구체적으로 분석할 수 있게 해 준다.

중세는 '하느님 나라'의 아우구스티누스적 관념을 다양하게 변형하고 13세기부터는 아우구스티누스와는 다른 종류의 국가론을 구상하기 시작했다. 그런데 마키아벨리는 그와 같은 대립의 길을 걷지 않는다. 그는 진정으로 아우구스티누스에게서 완전히 벗어났던 최초의 인물이다. 마키아벨리는 아우구스티누스적 국가 이념을 주창했던 동시대의 마지막 인물들을 개인적으로 알고 있었다. 그는 피렌체 공화국의 대사로서 막시밀리안 1세(Maximilian I)의 궁정에 파견된 적이 있으며, 사보나롤라의 개혁 운동이 실패로 돌아가는 것도 지켜보았다. 고대 역사가(폴리비오스(Polybios)와 리비우스(Livius)) 연구와 시대 현실에 대한 진단을 통해 마키아벨리는 세속적 세계관, 탈신성화된 새로운 세계 직관을 발전시켰다. 그는 강단 철학에는 관심이 없었다. 대학에서 이루어지는 전문 철학을 평가 기준으로 삼는 이가 있다면(크로체나 로베르토 리돌피(Roberto Ridolfi) 같이), 그는 마키아벨리가 철학자가 아니라고 단언할 것이다. 그러나 그가 시대 분석을 근거로 거부했던 아우구스티누스적이고 중세 후기적인 고찰 방식과 그 결과들, 16세기 초의 세계 체험을 이야기할 때의 끈기, 현대를 이해하는 데에 고대 저술가를 인용할 경우 방법적 안전성에 주의했던 모습, 윤리적·정치적 자극의 투명성, 인간 삶의 개선을 위한 도덕의 무기력함을 의식하고 있었다는 점 등, 이 모든 것은 마키아벨리가 그 시대의 현실을 깊이 사유한 철학자라는 점을 증명한다. 그는 회복 불가능할 정도로 타락한 교황, 이탈리아 전역이 소국들의 피비린내 나는 전쟁터가 된 것이 순전히 교회 때문이라는 점, 도시 국가의 자유에 대한 이념이 내부에서부터 부패하기 시작했다는 점, 특히 새롭게 변화하는 국제 정세 때문에 자유가 잉여적 가치가 되었다는 사실 등에서 당시 세상에 대한 환멸을 느꼈다. 마키아벨리는 샤를 8세의 이탈리아 진군과 사보나롤라의 실패와 죽음, 메디치 가문이 피렌체 공화정 전통과의 싸움에서 거둔 승리가 의미하는 바가 무엇인지를 이론적으로 표현할 줄 알았다. 그는 교황과 황제의 황금기도 지나갔지만 자치 행정의 시대 또한 저물었음을 통감했다. 이 절망적 상황을 신학적으로 해석함으로써 현실을 회피하기를 거부했다. 그는 고대 연구를 통한 해결책이 고대 지식을 정신의 장식품으로만 간주하는 현실 도피적 태도라고 비판했다. 고전주의적 인문주의가 열정적으로 뛰어드는 탐미적 수사학은 현대의 위기를 은폐할 뿐이었다. 마키아벨리는 절망적 현실과 그가 느낀 환멸을 사유로써 당당히 마주했다.

마키아벨리는 그의 고향이나 후대에서도 별다른 인정을 받지 못했다. 1498년부터 공화국의 중임을 맡고 있었던 그는, 1512년 메디치 가문이 귀환했을 때 직책을 내려놓아야 했다. 그는 며칠 동안 바르젤로(Bargello)에 투옥되었고 심지어 고문도 받았다. 종국에는 피렌체 남쪽 산 카시아노(San Casciano)에 소유한 개인 별장에 칩거하게 된다. 그곳에서 마키아벨리는 주저 『군주론』(Il principe)과 『로마사 논고』(Discorsi sopra la prima deca di Tito Livio)를 집필했다. 마키아벨리를 이해하는 데에는, 그가 추방당했을 때 로마의 피렌체 사절이었던 프란체스코 베토리(Francesco Vettori)에게 보낸 편지가 매우 중요하다.

후대인들은 마키아벨리에 대해 온갖 나쁜 말을 서슴없이 해댔다. 몽테스키외(Montesquieu)는 그를 민주주의 사상가로 보기도 했지만 그렇다고 전제 정치를 찬미했다는 사실을 결코 부정하려 들지 않았다. 프로이센의 프리드리히 2세(Friedrich II)가 쓴 『반(反)마키아벨리』(Anti-Machiavelli)는 말 그대로 마키아벨리 사상을 반박하는 책이다. 마키아벨리가 쓴 대로 행동할 용기가 없었던 이들은 그가 그렇게 말했다는 사실을 가지고 그를 비난했다. 피히테(Fichte)[2]와 헤겔은 독일에서 마키아벨리의 명예를 회복시킨 철학자들이다. 1806~07년 프로이센이 패하고 나자, 피히테는 민족주의적 광기에 사로잡혀 마키아벨리의 국가들의 내적 불일치 분석을 무시하고 타 국가와의 대립을 강제로 밀어붙였다. 그렇게 해서 피히테는 파시즘을 위해 마키아벨리를 긍정할 수 있는 가능성을 만들어 냈다. 1938년 한스 프라이어(Hans Freyer)는 마키아벨리 이론을 다음과 같이 요약했다. "무장한 국민이야말로 가장 이상적인 제도이다."[3] 프라이어는 마키아벨리가 국민이 '유사시에 총동원될 수 있는지' 여부를 가지고 국가와 헌법을 평가했다는 점을 두고 그의 위대함을 찬미했다.[4] 이것이 1938년의 일이었다. 1945년 이후에 마키아벨리를 향한 도덕주의적 비난이 다시 등장했다. 이제 마키아벨리에게는 도덕의 보편적 구속력을 잘못 이해했다는 혐의가 씌워졌다. 그가 '가치에 무관심한' 사람이었다는 것이다. 마키아벨리의 정치적 염세주의에 대항해 1920년대의 가치윤리학이 다시 고개를 들었다. 사람들은 소수 사악한 권력자의 경우를 모든 정치인에게 일반화하는 것은 논리적 오류라면서 마키아벨리를 비판했다. 사람들은 강력한 권력이 깨끗할 수도 있다고 주장했으며, 북대서양 조약기구(NATO)를 그 대표적 사례로 제시했다. 이와 동시에 다른 한쪽에서는 자유주의 시대의 고전적 마키아벨리즘도 계속해서 영향을 끼쳤다. 빌헬름 딜타이(Wilhelm Dilthey)는 마키아벨리를 정치학의 창시자로 칭송했다. 그는 마키아벨리가 인간 본성의 초역사적 동질성에 대한 명제로부터 정치학을 정립했다고 보았다.[5] 크로체는 마키아벨리를 철학 영역에서 쫓아내려 했지만 그의 중요한 업적, 곧 정치학의 자율성을 발견한 공로는 높이 평가했다. 이때부터 도덕과 정치의 분리는 여러 가지 측면에서 마키아벨리 사유의 근본 전제로 간주되었다.

이제 분량이 얼마 남지 않은 상황에서 마키아벨리의 색다른 면모를 소개하고 근거 짓는 것은 적절한 일이 아닐 것이다. 나는 여기서 기존 견해가 지닌 문제점을 지적함으로써 마키아벨리를 15세기에서 16세기로 넘어가는 과도기의 사상가로 포착하는 것으로 만족하고자 한다.

마키아벨리는 『군주론』에서 이전 시기의 신앙은 운명의 권력을 증대하는 데 일조했다고 썼다. 현 세대는 커다란 변화와 혼란을 겪었고, 그리하여 인간의 상상을 초월하는 어떤 신비로운 힘의 존재를 믿기에 이르렀다.[6] "우리가 보았고 아직도 매일 목도하고 있는, 인간의 추측을 벗어난 이 엄청난 변화를 마주해"라고 쓸 때, 마키아벨리는 분명 프랑스와 스페인의 침략으로 불안정하게 된 이탈리아의 상황을 염두에 두었을 것이다. 하지만 1513년부터 거의 매일 일어나다시피 한 격변에는 메디치 가문의 권력을 통제할 수 없었던 피렌체의 내부적·사회적 긴장 관계와 경제 중심지가 이탈리아와 독일에서 다른 곳으로 이동하는 현상, 그리고 지방 권력이 대항할 수 없을 정도로 막강하고 절대주의적인 중앙 집권적 국가의 부상도 포함된다. 신무기가 등장하자 봉건 시대의 특징인 성곽 축조와 성채에 의존한 지방 권력자들은 전투적 이점을 상실했다. 주요 무역로는 지중해에서 대서양으로 바뀌었다. 피렌체와 뉘른베르크, 베네치아와 뤼베크(Lübeck)는 서서히 몰락하고 프랑스, 스페인, 네덜란드와 영국에서는 찬란한 태양이 떠올랐다. 세계사적인 축(軸)의 전환은 심리적·정신적 충격을 일으켰다. 고대적 운명(fortuna)에 대한 믿음은 한때 19세기 사람들이 르네상스의 본질적 특징으로 이해했던 것과는 달리, 이교화의 물결이라는 사상사적 과정 속에서 등장한 것이 아니다. 보에티우스에 의해(『철학의 위안』에서) 중세에 어마어마한 모티프로 자리 잡은 운명이라는 개념은 1500년 이전에 이미 오랫동안 사유와 예술 양쪽에서 중요한 기능을 수행했다.

  마키아벨리는 운명에 대한 믿음이 뿌리를 내리게 된 과정을 이야기하면서도 정작 자신은 그러한 믿음을 갖고 있지 않다고 쓴다. 그는 운명에 대한 믿음을 역사적으로 해명하는 일에 천착했다. 따라서 고대의 포르투나(fortuna) 신화를 현실적으로 복원하는 일은 그의 관심사가 아니다. 마키아벨리는 인간이 자신을 덮친 '거대한 변화'를 구체적으로 분석할 능력이 없는 한에서는 세계가 무자비한 운명의 힘의 지배를 받고 있다는 점을 입증했다. 그는 당대의 격동과 파란이 충분히 고찰 가능한 원인에서 발생한다고 이해했다. 그래서 그는 그 원인들의 연구에 전념했다. 그러나 객관주의적 '정치학'을 정초하기 위해서가 아니라 충격과 위험으로 압도된 작금의 상황에서 인간의 자유에 새로운 가능성을 마련하기 위해서였다. 무기력함을 체험하고 이해할 때, 우리의 외적인 형성 능력(virtù)은 최대치로 발휘된다. 마키아벨리의 구체적 분석과 조언을 수용한 군주가 이탈리아를 깊은 타락에서 다시 일으켜 세우고 새롭게 변한 시대 상황과 정세에 맞게 각 지역 도시의 자유의 전통을 되살려야 한다. 그가 의도한 것은 고정된 동질적 '인간 본성' 개념에서 (딜타이가 주장하는 것처럼) 초시간적 '정치학' 체계를 '연역'하는 것이 아니었다. 작금의 시대적 절망에는 분명한 이유가 있었다. 이 근거 지어진 절망을 상투어와 미사여구를 배제한 현시대 서술과 역사적·정치적 분석, 정밀하게 계산된 정치적 행위를 통해 극복하는 것이 마키아벨리의 목표였다. 고대사를 공부하는 것, 특히 공화정 시대의 로마사를 공부하는 것은 우리가 그로부터 이탈리아의 퇴폐와 타락의 정확한 이유를 분석할 수 있을 때에만 진정으로 의미가 있다. 역사적 사료를 근거로 희망적인 미래를 그려야 한다. '인문주의'는 마키아벨리에게 인간의 자유와 존엄성을 찬미하는 웅변이 아니라 쇠락의 원인을 규명하기 위한 목적에서의 고대 문헌 연구이며, 무엇보다도 급진적이고 개혁적인 정치의 동기였다. 로마사 연구를 통해 그는 이탈리아를 구제하기 위한 이론적 반동을 발생시킨 정치권력의 흥망에 대한 역사적이고 보편적인 규칙을 찾아낸다. 이 규칙들은 수정될 수는 있어도 결코 지양되지는 않는다. 마키아벨리는 역사의 합법칙성이 인간을 보편적인 사회적 존재로 개념화하고 실제적 맥락에 부합하는 행위 준칙을 추상할 수 있게 해 준다고 보았다. 딜타이가 이 점을 지적한 것은 옳은 일이다. 이것은 정치적인 새 시작의 가능성을 약화하고 마키아벨리 사유에 내재된 긴장이 비대칭적이라는 사실을 의미했다.

  마키아벨리는 이성의 과도한 신뢰에 대한 중세 후기의 비판을 앵무새처럼 반복하지 않았다. 그는 그 비판을 전제하고 더 상세한 분석과 목표를 정립하는 일에 착수했다. 그는 역사적 변혁의 거센 파도가 우리의 머리 위를 덮칠 때, 사유가 어떻게 회의에 빠지게 되는지 자신도 잘 알고 있다고 재차 강조했다. 1513년 4월에 ─『군주론』 집필 시기와 거의 일치한다 ─ 베토리와 주고받은 편지에서 우리는 마키아벨리가 의식한 것에 해당하는 구체적 사례 하나를 엿볼 수 있다. 1513년 3월 30일, 로마 주재 피렌체의 대사 베토리는 후임 교황 선출이 그가 신중하게 상정하고 가정했던 것과 전혀 다른 방식으로 이루어졌다고 썼다. 그는 이제 실제 역사를 이성적으로 파악하기를 그만두어야겠다면서 절망적인 심정을 토로했다(io non voglio andare più discorrendo con ragione).7) 이렇게 해서 역사의 부조리가 주제로 등장한다. 베토리에 따르면, 윌리엄 오컴 이래로 재차 확인된 바 인간이 가진 개념, 특히 강단 철학에서 사용되는 용어들은 역사를 서술하기에 충분하지 않지만 사정은 피렌체 외교관의 역사적·정치적 구상도 마찬가지였다.

이에 마키아벨리는 1513년 4월 9일자 편지에서 베토리에게 이렇게 답했다. 실제 세계의 경과는 우리의 개념과 이해 방식을 벗어나는 경우가 너무 많다고(fuora de' discorsi et concetti che si fanno), 그래서 나 역시 역사적 사건을 합리적으로 서술하는 데에서 느끼는 불쾌함을 잘 알고 있다고 말이다.8) 중세 후기의 이성 비판은 추진력을 받았다. 하지만 마키아벨리는 이성의 실패를 지나치게 추상적으로 진행된 사유를 거부할 이유로서 받아들였다. 국가에 대한 성찰을 포기하지 못하는 것은 단지 나의 개인적 숙명이다, 나는 양모와 비단과 은행업에 대해서는 아는 것이 없다, 내가 할 줄 아는 것은 국가를 고찰하고 국가에 대해 생각하는 것이라면서 말이다. 1513년 4월 9일자 편지에서 마키아벨리는 한 가지 실제 사례를 통해 — 스페인과 프랑스 사이에 갑작스럽게 체결된 평화 조약을 말한다(베토리는 이것을 절대 이해할 수 없는 일이라고 썼다) — 베토리에게 겉보기에 불가해한 역사적 사건들의 논리가 적확한 분석을 통해 어떻게 밝혀지는지를 설명했다. 역사 세계의 불가해함은 역사를 사유하는 매우 제한된 형태의 반사 작용이다. 마치 운명의 힘이 단지 우리가 '시대의 특징'을 규정적으로 충분하게 파악하지 않는다는 사실 때문에 우리를 압도하는 것처럼 말이다. 사유를 단념하도록 종용하는 경험들은 사실상 우리가 무책임하게 아무것도 활동하지 않은 결과인 것이다. 세상의 부조리와 운명적 상황은 차가운 사유와 결연한 정치 행위를 통해 제거된다. 윤리적·인문주의적 자극은 현재의 부조리 체험과 운명에의 종속을 제거하는 이러한 작업을 적극 장려해야 한다. 이러한 맥락에서 마키아벨리의 '발견'을 정치를 도덕에서 분리한 데에서 확인하는 것은 잘못인 셈이다. 스토아적이거나 또는 신플라톤주의적이고 그리스도교적인 도덕주의의 환상을 떨쳐내야 했다면, 역사적 과정의 상세하고 새로운 분석은 결코 가치 중립적으로 존재할 수 없다. 바로 이러한 분석이 필요하고 또 가능하다는 사실을 통찰한 데에 그의 업적이 있다.

이러한 시도가 어떤 성과를 이루었는지, 이러한 시도를 통해 마키아벨리가 의도한 결과가 무엇이었는지는 자주 논의되었다. 군주가 권력을 계속 유지하고 싶다면, 마키아벨리에 따르면, 그는 잔인하게 행동해야 하며 '필요한' 상황이면 언제든 계약을 깨뜨릴 수 있어야 한다(『군주론』, 15.18). 프리드리히 마이네케(Friedrich Meinecke)는 딜타이를 따라 마키아벨리를 '국가 이성'을 발견한 사람으로 본다. 하지만 마키아벨리가 권력의 메커니즘을 신플라톤주의-스토아-그리스도교적 이론의 윤리적·형이상학적·신학적 구조물에 기대지 않고 냉철하게 서술했다면, 그는 폭군의 사나운 광기와 혼동할 수 없는 '필연성'의 합리성과 투명성도 함께 강조했다. '필연성'(necessità)은 군주도 동의를 구해야 한다는 사실을 근거로, 또한 마키아벨리에게서의 동의는—마르실리우스에게서처럼—그가 말하는 국가의 은밀한 통치자라는 사실 때문에, 그리고 군주와 신민 사이에는 (또는 특정한 신민 집단과의) 이익 충돌이 부분적으로나 대대적으로 발생한다는 사실을 토대로 나타난다. 군주의 이익을 추구하는 특정 방법을 멸망이라는 형벌 앞에서 규정하는 조건들이 바로 이 '필연성'이다.

마키아벨리는 도덕을 무효화할 생각이 없었다. 그러나 도덕을 옹호하는 공허한 지껄임은 경멸했다. 그는 도덕에의 호소가 어떤 현실적 이익 추구 때문에 나온다는 점을 꿰뚫어 보았다. 마키아벨리는 도덕이 지배 관계를 은폐하는 데에 사용되고 그렇게 도구로 쓰이면서 결국에는 마모되어 사라지는 과정을 역사가의 입장에서 서술했다. 『피렌체사』

(*Istorie Fiorentine*)에서 마키아벨리는 1381년 양모업자 봉기의 주동자의 입을 빌려 중세 후기 분배 투쟁에서 단순 구호로 전락한 텅 빈 도덕의 편파적 성격을 다음과 같이 비판했다. "작은 과실은 처벌받지만 중범죄는 보상을 받는다. 그대들 모두를 발가벗겨 보면 우리 모두가 똑같다는 사실을 알 것이다. 오직 부와 가난만이 우리를 다르게 만드는 원인이다. 지금까지의 역사에서의 투쟁에서 승리한 이들은 자기들이 저지른 불의를 부끄럽게 여기지 않았는데, 양모업자들이 양심의 가책을 느끼고 움츠러들어야 하는 이유가 무엇인가? 지금까지 부유하고 강력했던 이들은 모두 폭력과 기만으로 부와 권력을 손에 넣었다. 이러한 수단을 사용하지 않는다면 언제까지나 가난하고 나약하게 살고 말 것이다. 그는 불의를 지속시키는 데 일조하는 셈이다. 그러므로 역사가 원하고 기회가 왔을 때는 무력을 사용해야 한다."9)

여기서 중요한 것은 마키아벨리가 도덕의 이용에 주목했다는 점이다. 마키아벨리에 따르면, 도덕은 반도덕적으로 획득된 지배권을 유지하기 위해 사용된다. 선한 사람은 힘이 없고 가난하다. 이런 상황은 기존의 도덕을 가지고는 극복할 수 없다. 도덕이 수단으로 파악되면 가치는 붕괴되기 시작한다. 도덕이 착각이라는 점을 마키아벨리가 냉철하게 짚어 냈기 때문에 기존의 도덕으로 이익을 취하는 사람들은 그를 반(反)도덕주의자로 의식했다.

16세기 초의 세계를 이해하려면 이러한 환상의 상실을 마키아벨리 개인의 운명이라도 되는 양 심리적으로 해명하려 들지 말아야 한다. 마키아벨리는 인문주의적 인간관의 위기와 윤리적 개념들로 선(先)규정된 철학 전통 전체가 처한 위기 상황에 대해 말했다. 그러나 그는 종교적이고 윤리적인 동기로 작동되는 형이상학을 자연주의적 형이상학으로 대체할 마음은 없었다. 이교적 '운명'을 기존의 그리스도교적 — 적어도 도덕주의적으로 파악되었다는 점은 확실한 — 세계 원리가 차지하고 있던 형이상학적 자리에 올려 둘 생각도 없었다. 마키아벨리의 사유 전체는 행위를 지향하는 분석과 정치적·역사적 분석을 목적으로 하며, 전통 형이상학의 영역을 벗어나 있다.

이것은 마키아벨리의 인간학적 비관주의에도 해당되는 말이다. 그는 모든 인간(또는 대부분의 인간)은 언제나 악하게 행위한다는 식의 이론적 입장을 주장하지는 않았다. 가끔 마키아벨리가 존재론적으로 말할 때 조차도 그가 의도한 것은 항상 다른 종류의 통찰이었다. 즉 행위의 장(場)이 도덕규범을 신경 쓰지 않고 자기의 이익을 어떻게든 관철하는 정치권력에 의해 조정된다는 사실을 '가정'하는 것은 정치적 성공의 조건에 속한다. 권력의 획득과 유지는 정치적 행위자가 현재 상태에 가해진 일체의 위협을 파악했을 때에 성공한다. 그러나 이것은 어떤 이론으로 일반화된 인간학적 염세주의의 보편적 방식이 아니라(그 보편성은 실제 개별적 경험을 통해서는 근거 지어지지 않는다) 상대방이 권력에 관심을 갖고 있다는 사실에 섬세하게 주의를 기울이는 것, 사물의 실제 진행 과정을 있는 그대로 바라보는 것을 뜻한다. 권력을 확장하기 위해서는 모든 인간은 사악하다는 점을 전제해야 한다. 하지만 이러한 통찰은 객관적 거리를 두고 인간 종의 특징을 제시할 것을 요구하지 않는다. 그것은 오히려 권력의 탈취와 유지를 위한 실천적 준칙을 제시한다. 타인에게서 받는 피해를 내 사유 속에서 선취하고 그에 대항할 수단을 미리 준비한 정치인만이 ─ 마키아벨리는 이렇게 논증한다 ─ 목적한 바를 성취할 수 있다. 그는 자신의 적수들이 권력의 공백에 뛰어들 수 있는 기회를 조금도 허용하지 않는다고 상정해야 한다. 정치가 권력의 유지와 확장으로 이해되고 권력 수호가 인간의 공동체적 삶의 최고 가치로 간주된다면, 그는 '인간학적 염세주의'를 행위 규칙으로서 승인해야 한다.

이러한 전제들은 다분히 논란의 여지가 있다. 정치가 이와는 다르게 이해될 수 있음은 명백하다. 하지만 더는 오류 발생의 빌미가 되지 않고 한층 절망적인 수준의 정치적 타락으로까지 이어지지 않았다 하더라도 지금까지 유럽에서는 정치가 그런 식으로 이해되어 왔으며, 이상과 같은 가정 아래 인문주의적-수사학적 선량함과 세계 구조에 녹아든 스토아적-그리스도교적 도덕주의는 진부한 미사여구가 되어 버렸다. 피렌체 공화국의 서기장은 이 같은 사실을 냉혹한 분석을 통해 입증했다. 마키아벨리에게 토해 내는 도덕주의적 분노는 실제로 현존하는 '마키아벨리즘'을 극복하지 못한다. 마키아벨리주의는 사유하고 실천하는 회의적 정신을 통해 지금까지 있었던 모든 정치 행위의 전제들을 의심함으로써 극복된다.

루터와 마키아벨리

우리가 '철학'을 좁은 의미로 사용한다면 마르틴 루터(Martin Luther, †1546)는 철학사에 들어오지 못한다.[10] 그는 유럽 정신사에 속하는 인물이다. 루터 자신도 스스로를 철학자로 간주하지 않았을 것이다. 그러나 그의 신학은 중세 후기의 실제 역사적 발전 및 지성적 발전과 깊은 연관을 맺고 있다. 1500년 즈음의 로마 교회의 타락을 목도한 사람은 종교와 냉소적으로 거리를 둔 관찰자의 역할을 맡거나 개혁의 원천인 개별자의 양심에 호소해야 했다. 1500년경 사람들이 윌리엄 오컴과 뷔리당의 텍스트를 가지고 중세 후기의 형이상학 비판을 곰곰이 따져 보았을 때, 그리고 아리스토텔레스의 이름으로 영혼의 불사성에 이의를 제기했던(폼포나치) 파도바의 급진적 아리스토텔레스주의자들의 사상을 배웠을 때, 인간과 신의 관계는 거의 신앙에만 기초를 둔 것이나 다름없었다. 중세 후기의 사변신학의 분열과 관련해서는 본래의 성경 텍스트로 돌아가는 것만이 유일하게 확실성을 보장해 주는 길인 것 같았다. 이러한 이유에서 루터의 발견은 — 단순한 연장이 되었든 아니면 교정이 되었든 간에 — 중세 후기 사유의 발전 과정에 상응했다. 둘 사이의 일치를 광범위하게 다룰 수는 없다. 여기서는 루터를 중세 사유의 배경 속에서, 또한 동시대인들의 사유와의 관계 속에서 이해하는 몇 가지 방법을 제시하는 것으로 제한하고자 한다. 나는 (교조적 관점이 아닌) 특정한 역사적 관점을 개략적으로 소개하는 것이 중요하다고 판단한다. 이 작업은 우리의 의식 수준과 중세와 르네상스에 대한 깊이 있는 지식에 상응하는 루터의 역사적 지평을 가늠하는 일에 상당 부분 의존한다. 루터의 역사적 지평을 알지 못하면 독일 역사의 고유한 발전과 16세기 초의 지적 상황도 이해할 수 없기 때문이다.

루터를 통상적으로 자기 스스로 구원을 얻어낼 가능성의 비판과 인간의 나약함 안에서 완성을 이루는 은총의 강조를 골자로 한 사도 바오로의 신학을 재발견한 인물로 선규정하는 것으로는 충분하지 않다. 물론, 이것은 아주 틀린 접근은 아니다. 그러나 루터를 중세의 기나긴 밤이 지나고 난 뒤 사도 바오로의 로마서와 후기 아우구스티누스에 대한 통찰을 수백 년 동안의 축소 전통에 맞서 부활시킨 신학자로 파악하는 것은 특정 종파의 관점에 더 가깝다. 관습처럼 굳어버린 이러한 루터의 모습을 교정하지 않는 한에서는 독일의 역사적 자의식이란 있을 수 없다. 이러한 루터 이해는 종교개혁을 신화로 만들고 중세의 마지막을 올바로 이해하는 길을 가로막는다.

그래서 나는 루터를 시대를 초월하는 그리스도교 진리를 발견한 인물이 아니라 중세 후기의 강단 학문의 수용자와 마키아벨리 및 폼포나치의 동시대인으로 바라볼 것을 제안한다. 루터의 텍스트는 1520년대의 역사적 기록이다. 우리가 그것을 에라스무스(『우신예찬』, 1510)와 폼포나치(『영혼의 불사성』, 1516), 마키아벨리(『로마사 논고』), 토마스 모어(『유토피아』(Utopia)), 코페르니쿠스(『천체의 회전에 대하여』(De revolutionibus orbium caelestium), 1543년에 출판되었지만 집필은 30년 전에 시작했다)와 함께 읽는다면, 루터 작품의 역사성은 훨씬 입체적으로 조명된다. 루터의 대사(大赦) 판매 행위에 대한 비판은 역사적 발전으로 볼 때 충분히 납득할 만한 일이지만, 그의 작품들은 언급한 동시대 인물들의 사상과 비교하면 주로 종교적·문화적 영역에 머물러 있다. 루터는 대중적이고 중세적인 표상들을 버리지 않았을 뿐만 아니라 그것을 강화하기까지 했다. 그의 신학적·교의적 급진주의는 수많은 중세적인 것을 보존하면서 의화론(義化論)에 적용되었으며, 부패한 로마 교회에 대한 비판은 야만적으로 변질되었다. 이러한 특징들 때문에 그가 동시대인들이 추구하는 경향과 중세적인 흐름을 먹어 치우면서 그것들을 끊어 버렸다는 사실이 은폐되어서는 안 된다.

— 루터의 의화론과 믿음의 신학은 세속적인 문화 영역을 해방하고 정치와 문화의 자율성에 신학적 제재를 가한다. 이것은 순수하게 아리스토텔레스의 수용만으로 가능할 수 있었던 작업이다. 동시에 그는 파도바에서 자유롭게 꽃피웠던 아리스토텔레스 전통을 끊어 냈다.
— 루터는 콘스탄티누스의 증여에 대한 로렌초 발라의 비판에서 이득을 취했다(울리히 폰 후텐(Ulrich von Huten)이 발라의 저작을 새로 편집했다). 그러나 루터는 발라의 역사적 비판을 실질적으로는 계승하지 않았다. 그는 발라처럼 고대 언어를 공부할 필요성을 인정했지만 그의 장인 정신은 따라가지 못했다. 발라의 진정한 상속자는 — 성경 자체에 충실해야 한다는 입장과 더불어 — 에라스무스와 세르베투스,[11]) 스페인의 시메네스(Ximenes) 추기경과 그의 다국어 대역 성경(『콤플루툼 다국어 성경』(*Complutenser Polyglotte*))이지 루터는 아니었다. 루터는 평생 라틴어 성경(대중 언어 라틴어, Vulgata)을 가지고 작업했으므로 그의 성경 해석은 언어학적 업적 뒤로 다시 침몰하기는 하지만, 그럼에도 근대 초기 표준 독일어의 형성에 기여한 공헌은 유효하다. 하지만 발라와 에라스무스는 이러한 편파적 태도에서 벗어났다.
— 루터는 이미 오래전에 쿠자누스가 구상해 둔 코페르니쿠스의 새로

운 세계관을 비판했다. 루터는 15세기의 추기경보다도 훨씬 더 '중세적인' 사람이었다. 그의 중세적 관점은 우주론에만 국한되지 않는다. 그가 특히 중요하게 여겼던 것은 악마나 마귀에 대한 믿음과의 관계였는데, 루터는 마귀 신앙에서 13세기 이래로 자명하지 않게 된 자구성을 그대로 방치했다. 그는 이원론적 은유에서 받은 감동으로 마이스터 에크하르트의 지지자가 되었다. 물론, 그의 격앙된 말투는 드라마틱한 역사 체험 때문이다. 마키아벨리가 역사적 상황 속에 담긴 해소 불가능한 모순들을 분석할 가능성을 입증했다면, 루터는 그 모순들을 신학적으로 가공했다.

오늘날 역사주의를 향해 딜레탕트적으로 확장된 루터 숭배 현상을 보고 있노라면, 루터를 '그의 시대 속에서' 이해할 필요성이 어느 때보다 절실하게 느껴진다. 사람들은 루터가 토론할 때 다소 교양이 떨어지거나 졸렬했다는 점과 지방 영주들에게 의존했다는 점, 그리고 대중적·중세적이고 편협한 관념을 갖고 있었다는 점 등은 우리가 너그럽게 넘어가야 한다고 말한다. 하지만 역사적 고찰은 이러한 교파적 호교주의와는 다른 결과를 내놓는다. 요컨대, 사람들이 루터에게서 '중세적'이라는 이름표를 붙여 면죄를 구하는 모든 것은 이미 중세에도 비판받았다는 사실이다. 유대인의 가옥을 허물고, 거룩한 경전을 몰수하고, 유대교 회당은 불살라 버려야 한다는 루터의 설교는 대중 사이에 만연한 유대인 혐오에 대한 신학적 인준이나 다름없었다. 루터는 유대인 박해를 공개적으로 요구했다.

먼저 저들의 회당과 학교를 불에 태워야 한다. 불에 타지 않고 남은 것은 재와 돌멩이 하나도 찾아볼 수 없게 흙으로 덮어 영원히 땅에 묻어야 한다. …… 둘째, 저들이 사는 집도 똑같이 부수고 허물어야 한다. …… 셋째, 저들이 가진 기도서와 탈무드를 모두 압수해야 한다. 그 안에는 온갖

우상 숭배와 거짓, 저주와 악습이 가득하기 때문이다.[12]

이 같은 루터의 폭력 조장은 유대교와 유대 문화에 박식했던 미란돌라와 로이힐린 같은 인물들의 행보에 역행한다. 하지만 그뿐만이 아니다. 그는 아벨라르와 룰루스, 쿠자누스의 수준에 한참 못 미친다. 중세시대의 중위권 철학자들과 비교한다 해도, 루터가 이길 수 있는 사상가는 없다. 그의 성찬례 이론은 투르의 베렝가르의 그것보다 훨씬 구체적이다. 역사적 진실은 루터가 11세기 교황이 투르의 베렝가르를 단죄하며 내린 판결에 동의했다는 것과[13] 울리히 츠빙글리(Ulrich Zwingli)의 '오류'를 '교황주의자'들이 범한 오류보다 일곱 배는 더 나쁘다고 평했다는 사실이다. 1300년경 장 키도르와 프라이베르크의 디트리히가 섬세하게 발전시켰던 실체-우유 이론 비판이 루터에게는 빠져 있다. 그는 11세기 말부터 법률적으로 확립된 교회 조직을 지탱하는 데 쓰인 초등적인 실재 개념 안에 머물렀으며, 고대 그리스도교와 플라톤주의적 상징주의와는 거리가 멀었다.

우리는 농민전쟁 중의 루터의 입장을 연구하고 그것을 발디키아나(Valdichiana) 봉기에 대한 마키아벨리의 분석과 비교함으로써 루터를 그의 시대 속에서 이해할 수 있게 된다.[14] 무자비하고 냉정했다는 점에서 두 사람은 서로 공통적이다. 둘 다 더는 사회 분열의 도덕주의적 조화를 구호로 내세우지 않으며, 일종의 진정 효과를 가진 수사학도 경멸한다. 이러한 맥락에서 두 사람은 역사적 발전이 새로운 국면에 접어들었음을 증명한다. 관념적·이상주의적인 세계 질서 개념은 불필요하게 되었다. 그러나 마키아벨리가 환상을 깨부수고 이론적 이득을 취하면서 민중 봉기의 사례를 통해 그 어느 쪽에도 치우치지 않는 권력의 계산법을 증명했다면, 루터는 반기를 든 농민들을 악령에 사로잡힌 사람들로 간주했다. 루터는 '수천 명의 농민이' 자기 몫을 바꾸겠다고 들고 일어나는 것을 보았다. 하지만 농민들의 반란은 악마가 조종한 결과로 발생한 것이라 이해하고 정부가 나서서 농민들의 머리를 내려쳐야 한다고 호소할 정도로 루터의 이론적 장치들은 자구적·성경적 악마의 은유로 인해 심하게 위축되어 있었다. 심지어 루터는 농민들을 쳐죽여야 한다고 그리스도교인들을 부추겼다. "사나운 개를 때려죽여야 할 때처럼 쳐야 한다. 그대가 쳐죽이지 않으면 그 개가 당신을 물어뜯을 것이며 온 나라가 그대를 치고 말 것이다."15)

이 텍스트는 1525년에 쓰였다. 나는 여기 나타난 모습으로만 루터를 보아야 한다는 뜻에서가 아니라 루터의 발전 과정과 그의 역사적 위치를 가늠해 보려는 의도에서 이 구절을 인용한다. 1525년 이전에 루터는 로마 교황청의 반동 세력과 로마에 대항해 발생한 독일 지방 단위의 시위나 봉기에 강력한 목소리가 되어 주었다. 그는 그보다 앞서 교회 개혁적인 인문주의가 그랬듯이, 내밀한 종교적 심성을 건드렸다. 루터는 발라와 사보나롤라, 에라스무스와 같은 편에 선 것처럼 보였다. 에라스무스와 다른 점이 있다면 루터는 로마서의 신학과 아우구스티누스의 반(反)펠라기우스적 텍스트를 복원했다는 사실이다. 그는 브래드워딘이 위클리프와 아리미노의 그레고리우스와 결합했던 노선을 따라갔다. 루터는 대사(大赦) 수여와 성인의 유해 공경, 로마 교황청의 자본 축적을 비판했다. 강단 아리스토텔레스주의로 『신약성경』을 부풀리는 것을 비난한 점에서는 발라와도 유사하다. 루터는 아리스토텔레스 비판을 통해 학문의 실제와 교육 정치에 개입했으며, 이를 통해 보나벤투라와 올리비, 쿠자누스와 발라에게서 확인할 수 있는 특정한 중세적 발전에도 연속성을 부여했다. 에라스무스의 『우신예찬』의 뒤를 이어 루터는, 우리는 예수 그리스도를 따라 어리석은 자가 되어야만 아리스토텔레스를 가지고 안전하게 철학할 수 있다고 설파했다.

루터와 아리스토텔레스

1518년 『하이델베르크 논쟁』(*Heidelberger Disputation*)의 철학 테제들은 1979년에 편집되었는데, 이 텍스트는 초기 루터가 인문주의자들의 강단 아리스토텔레스주의 비판을 사도 바오로를 통해 심화하고 중세의 철학 발전을 상당히 전제하고 있었음을 증명한다. 그는 인간의 마음이 지식에도 기울어 있다는 점, 그리고 지성이 자신의 인식 대상인 진리를 왜곡된 모습으로, 다시 말해 명예 때문에 추구한다는 사실을 알고 있었다. 앎을 향한 욕구는 근본부터 다시 만들어져야 하며, 다시 태어나야 한다. 이는 모든 인간에게 해당되는 말이다. 그리스도의 은총이 지성의 자기 만족적인 범죄를 씻고 지성을 구원해야 한다. 그래야 그리스도인들은 참된 철학을 영위할 수 있다.[16]

이것은 아리스토텔레스 수용과의 단절이며, 지혜가 되어야 한다는 고대 철학의 요청에 대한 비판이었다. 후기 보나벤투라와 부분적으로는 아우구스티누스도 이와 비슷하게 완고한 주장을 편 적이 있다.

1518년에 사람들은 루터가 고대와 단절함으로써 비로소 정립되는 참된 철학을 또 다른 고대의 전통을 가지고, 즉 플라톤주의 전통을 통해 내용적으로 발전시키려 한다고 믿을 수 있었다. 루터는 세계가 영원하고 인간 영혼은 사멸한다고 가르친 점을 들면서 아리스토텔레스를 비판했다. 이와 달리, 인간을 항구하고 불멸하고 분리된 존재로 이해한 플라톤은 루터에게서 칭송을 받았다. 앞서 살다 간 중세의 많은 철학자처럼 루터도 플라톤의 이데아론에 대한 아리스토텔레스의 비판에 대해, 이데아론은 인간의 참된 규정을 나타낸다는 아우구스티누스의 확신을 마주 세웠다. 그는 플라톤의 『파르메니데스』(*Parmenides*)를 인용하면서 아리스토텔레스가 『파르메니데스』의 일자(一者)를 가지고 장난쳤다고 비난했다. 루터는 일자가 모든 것 안에도 있고 밖에도 있다고 하면서(est extra omnia, et tamen intra omnia) 신적 일자를 강조했다.[17]

이 주장은 아리스토텔레스와 플라톤의 대립을 철학적으로 감수할 것을 요구할 수밖에 없었다. 특히 아리스토텔레스의 현실적 무한자(無限者) 거부가 그의 형이상학적 입장과 인간학적 입장을 규정한다는 점을 루터가 알고 있었다면 더욱 그러하다. 루터는 아낙사고라스(Anaxagoras)가 아리스토텔레스와는 달리 무한자를 현실로 이해했다는 점을 강조했다. 그에 따르면, 아낙사고라스는 아주 위대한 철학자였다.[18] 이런 견해를 가지고 있었다면 루터는 쿠자누스와 가까우면서도—쿠자누스처럼—내용적 규정을 포함하는 대대적인 철학 개정 작업으로 넘어가지 않을 수 있었던 셈이다. 명제 목록으로만 남아 있는, 앞에서 언급한 1518년의 사상적 단초들은 루터에게서 상세한 아리스토텔레스 비판으로 성숙하지 못했다.

1520년 루터는 『독일 민족의 그리스도인 귀족에게 고함』(*An den christlichen Adel deutscher Nation*)에서 대학과 교과 과정의 개편을 다루면서(자율적으로 시행되는 대학 개혁이란 이 당시 루터에게 이미 상상 불가능한 것이었다) 『자연학』, 『형이상학』, 『영혼론』, 『니코마코스 윤리학』 강의를 금지하는 행정 처분을 내릴 것을 촉구했다. 학생들에게는 오직 논리학, 『수사학』, 『시학』만, 그것도 교육적 차원에서 한층 간소화된 형태로 가르쳐야 한다는 것이었다. 루터는 1520년에 자신은 누구의 영향을 받아 아리스토텔레스를 비판하는 것이 아니라고 힘주어 말했다. "친애하는 친구여, 나는 내가 무엇을 말하는지 잘 알고 있습니다. 그대와 그대 동지들이 아리스토텔레스를 알고 있듯이, 나 또한 아리스토텔레스를 잘 알고 있습니다." 루터는 자신을 중세의 위대한 교사들과 대결시켰다. "내가 아리스토텔레스 수업을 듣고 아리스토텔레스를 읽은 것은 토마스 아퀴나스나 둔스 스코투스보다 더 잘 이해하려는 뜻에서였다."[19] 하지만 농민 봉기 사건을 악마가 이 세상 역사를 꽉 쥐고 있다는 증거로만 간주했듯이, 루터는 '죽은 이교도'가 '살아 계신 하느님'의 책과 싸워 거둔 승리마저도 '악령'이 사람들의 정신을 혼란하게 만든 결과로 치부했다. 여기서 그는 아리스토텔레스를 거부하는 그의 입장을 신학적으로 표현했다. 즉 인간 영혼이 소멸한다는 이론을 주장한 아리스토텔레스는 그리스도교 교의에 정면으로 배치된다. 그의 윤리학은 은총과 그리스도교 성덕을 거스른다. 아리스토텔레스는 이제부터 형식적 사고나 논쟁의 기술을 가르치는 학교로만 존속해야 한다.

루터는 1300년부터 확인되는 아리스토텔레스 영혼론의 유물론적 해석 전통을 올바른 아리스토텔레스 해석으로 간주했다. 그는 이 해석 전통 속에서 동시대 파도바학파의 사상을 따랐는지도, 아니면 윌리엄 오컴의 발자취만을 따랐는지도 모른다. 루터는 아리스토텔레스 철학을 평가할 때에도 농민전쟁을 진단할 때처럼 수사적이고 탄원하는 태도를 취했다. "모든 그리스도교인이여, 저 서적들을 멀리할지어다!"[20] 그는 왜 멀리해야 하는지에 대해서는 설명하려 들지 않는다.

루터와 에라스무스

1525년 농민들과의 관계를 끊고 과격한 몽상가들과 '수천 명의' 고집 센 농민들로 개혁의 사회적 지평을 좁힌 루터는, 마찬가지로 인문주의 운동의 대표들과 에라스무스와도 단절을 선언했다. 농민들과 '공상가'들과의 관계 단절은 개혁 운동을 각 도시의 애향심과 교양 있는 시민 계급, 지방 영주들과 결속하게 했다. 1525년 즈음에 종교개혁의 사회적 기반이 이처럼 편협하게 다져지는 현상은 교조적 고착화와도 일맥상통했다. 루터가 후기 스콜라주의적 광기를 맹비난하기는 했지만 그것을—쿠자누스처럼—사유를 통해 극복하려 들지 않았다는 점은 분명한 사실이다. 그는 신학을 간결한 테제 형식으로 압축해 표현하는 데에 아무런 원리적인 주저함도 없었다.

루터는 루돌프 폰 카를슈타트(Rudolf von Karlstadt), 츠빙글리, 에라스무스와 거리를 두기 위해 온 열정을 다했다. 루터와 그들의 간극은 사회적 경화를 가속화했으며, 결과적으로 새로운 공동체가 교회 정치적으로 지방 제후들에게 의존하는 경향을 부채질했다. 에라스무스와의 논쟁은 자유의지 문제에 불을 붙였다. 아우구스티누스는 하느님의 예지와 자유의지의 대결에서 하느님 섭리의 손을 들어주었다. 이때부터 인간의 자기 규정과 하느님 주권에 대한 신인 동형적 서술은 대립 관계에 놓였다. 아우구스티누스는 인간의 자유를 문자적으로는 아직 제거할 마음이 없었다. 하지만 후기 아우구스티누스에게서 은총의 우위와 선을 행하려고 할 때의 인간 의지의 무기력함은 카롤루스 왕조의 고대적 르네상스와 11세기 말과 12세기의 사회사적 대변동 이후 발전해 온 인간의 자의식과 분열을 일으킬 정도의 막강한 파괴력을 가지고 나타났다. 보에티우스는 이 문제를 적절히 통찰할 어떤 형식이 갖추어지면 좋겠다고 생각했다. 그래서 『철학의 위안』 제5권은 중세 시대의 많은 논의의 출발점이 되었다. 로렌초 발라는 보에티우스의 일치 지향적 해결을 날카롭게 비판했다. 그의 비판으로 인해 자유와 신의 섭리를 조화시키기 위해 중세에 행해졌던 수많은 시도는 기초를 상실하게 되었다. 사람들은 발라의 저작에서 은총의 신비에 고개를 숙이는 지성, 즉 지성의 경건주의적 예속과, 상상과 결합된 절대주의적인 하느님 표상에 대한 비판을 모두 읽을 수 있었다. 루터는 전통적 조화 시도를 해체하는 일에서는 발라를 따랐다. 그는 거의 1,000년 가까이 약화 과정을 겪었던 후기 아우구스티누스의 입장으로 다시 돌아갔다. 루터에 따르면, 선에 대한 의지의 관계는 진리에 대한 지성의 관계만큼이나 타락했다. 인간이 '뛰고 달려 봐야' 하느님이 보시기에는 아무런 소용이 없다는 것, 이것이 루터의 사도 바오로 해석(그리고 그의 후기 아우구스티누스 해석)의 본질적 측면이었다.

이렇게 해서 루터의 종교개혁에 대한 근본 입장은 12세기부터 고대를 기초로 만들어지고 15세기의 인문주의자들에 의해 강화된 자유 개념과 충돌하게 되었다. 에라스무스는 1524년 출판한 『자유의지』(*De libero arbitrio diatribe*)에서 이 둘의 충돌을 다루었다. 인문주의 운동은 루터의 반(反)교황주의 및 대사 수여와 성인 유해 공경 비판을 지지하고 『신약성경』으로의 회귀를 문헌학적으로 가능하게 했지만, 인문적인 자기 형성을 공격한 루터의 신학적 입장은 수용할 수 없었다. 그래서 에라스무스는 자유의지를 옹호했다. 자유의지는 그에게 모든 종교와 도덕성의 전제였다. 문헌학자와 『신약성경』에 통달한 사람으로서 그는 성경 어디에도 루터의 급진적·반인문주의적 해석을 강요하는 자구(字句)가 없다는 점을 분명히 했다. 스콜라주의의 적대자로서 에라스무스는 간명한 테제와 조항들로 압축된 루터의 완고하고 냉혹한 이론에서 스콜라주의 세계로의 회귀, 루터가 그토록 피하려고 했던 수도자들의 다툼과 논쟁이 끊이지 않았던 세계로 돌아가려는 움직임을 보았다. 실제로 루터는 쿠자누스가 『추측론』에서 진리 탐구에 부적절한 형식으로 비판한 바 있는 스콜라적인 명제 형식과 토론 방법을 평생 고수했다. 그러나 루디의 동시대인인 에라스무스와 토머스 모어(Thomas More), 레오나르도 다 빈치와 마키아벨리는 이미 스콜라적인 방법을 한참 앞서 있었다.

에라스무스는 분노에 가득 찬 루터의 주장에 맞서 온건한 회의적 태도를 제안했다. 루터는 그리스도교를 회의주의의 먹잇감으로 내주었다면서 에라스무스를 비난했다. 그는 스콜라적인 반대자들처럼 그리스도교 자체를 위해 자신만의 고유한 성경 해석을 고집했다. 반면에 에라스무스는 그리스도교의 윤리적이고 교의적인 실체를 원리적 회의주의에 희생시키지 않고 하느님과 우리의 하느님 인식, 성경의 가장 적절한 말뜻과 우리의 해석을 구별했다. 이렇게 해서 그는 서로 다른 관점들을 용인하고 포용하고 싶어 했다. 루터는 에라스무스가 내세운 방식의 평화와 사랑을 경멸했다. 1525년 루터는 에라스무스의 상대주의적 고찰이 도리어 교황에게 힘을 실어 준다고 생각할 만큼 상황을 매우 심각하게 진단했다. 그는 자신이 일으킨 개혁 운동을 통해 해방이 주어진다고 믿었다. 에라스무스는 그러한 종교개혁이 압축된 명제와 조항들로 표현되는 한 선동적일 수 있음을 꿰뚫어 보았다. 그가 볼 때, 이 개혁 운동은 야만적이었다. 에라스무스는 스콜라학자들이 섬세하고 정교한 사변으로도 아무런 성과를 내지 못했던 민감한 주제들을 민중 언어로 해명해 내는 가식적인 대중성을 비난했다.[21] 마이스터 에크하르트는 이렇게 미심쩍은 일을 한 적이 없었다. 하지만 그가 단죄를 받고 나자(1329), 계속 진보하려는 지성적 학문 활동과 대중적인 서술 사이에 균열이 나타나기 시작했다. 쿠자누스는 일반 대중이 가진 지혜를 오랫동안 침전된 철학자와 신학자의 강단 학문의 지식에 마주 세웠지만, 예술적으로 화려한 라틴 대화편 형식을 빌리지 않을 수 없었다. 에라스무스는 루터에 맞서 인문주의적인 교육 세계의 비교(秘敎)적 측면을 옹호하려 들지 않았다. 그의 의도는 철저히 윤리적·정치적이었다. 그에게는 루터의 "농민들에 대적하는 강력하고 잔혹한 문자"가 불쾌했다. 에라스무스는 평화를 실현하기 위해서는 만인에게 전파되고 의심의 여지를 주지 않는 그리스도교의 종교적·윤리적 핵심 내용과 전문가들이 위험성을 논의해야 하는 개인의 해석(노예의 의지에 대한 루터의 이론처럼) 사이의 경계를 확실히 그어야 한다고 생각했다. 그가 볼 때, 이 두 개의 영역을 뒤섞어 놓는 루터는 오히려 평화를 파괴하는 사람이었다. 그는 지성적 자유가 억압된 시대의 도래를 우려했다. 에라스무스는 루터의 독단주의에서 진리와 해석의 차이를 인지하는 비판적 의식이 희미해지고 평화가 위태로워지는 것을 보았다. 그리고 다가올 종교 전쟁을 날카로운 시선으로 예견했다.[22] 자유의지를 변호할 때도 그렇지만 에라스무스는, 자유의지는 하느님과 함께 '약간만' 성취할 수 있고 의지의 효력은 '매우 미소하다'고 말할 때 종종 어쩔 수 없다는 듯한 어투를 사용하면서 문제를 너무 쉽게 일단락 짓는 경향이 있다.[23] 하지만 자신이 거부하는 것을 말할 때는 그것에 반대하는 확실하고 분명한 근거를 다음과 같이 제시했다.

— 우리가 모든 것을 예정하시는 하느님의 손에 들린 점토일 뿐이라면 인간의 존엄성은 크게 위협을 받는다. 그렇게 되면 인간은 수동적 사물과 다를 바 없을 것이다. "인간 안에서의 하느님의 역사하심이 진흙으로 그릇을 빚는 것과 같고 이 돌을 가지고 무엇이든 할 수 있는 것과 다를 바 없다면, 인간이 어떻게 가치 있는 존재가 될 수 있겠는가?"[24] 도덕적으로 자기 자신을 형성하기란 불가능하게 된다. 윤리적 정언명령은 아무런 뜻도 없을 것이다. "진흙으로 그릇을 빚으시듯이, 하느님께서 우리 안에서 역사하신다면 우리 안에 있는 선과 악이 어찌 우리 책임일 수 있겠는가?"[25]

— 인간은 하느님과의 관계에서 하느님을 능욕하고 증오하는 것 외에 아무것도 하지 못한다고 주장될 만큼 원죄론이 과격하게 전개된다면 신이라는 개념은 해체되고 만다. 하느님은 당신이 우리 안에 친히 역사하신 것을 가지고 우리를 영원한 불구덩이에 처넣으실 것이기 때문이다. 가차 없이 벌하고 무자비하게 파멸을 내리는 신으로 이해되는 하느님은 어떠한 윤리적 술어로도 서술되지 못한다. 그러한 신은 괴물이라 부르는 것과 별반 차이가 없다. 하느님이 주신 계명은 우리의 반항과 고집을 더욱 완고하게 하여 하느님을 미워하는 마음을 부채질하고, 우리에게 더 가혹한 형벌을 내린다. 하느님을 두고 이렇게 말하는 자는 자신의 경건한 웅변을 통해 하느님을 시칠리아의 디오니시우스 왕과 같은 사악한 폭군으로 만든다. 이러한 신학을 옹호하는 자들은 하느님에게서 무한한 자비를 떼어 낸다. 그들은 "어떤 한 사람이 지은 죄 하나 때문에 모든 인류에게 진노를 터뜨리는 잔혹한 하느님"을 가르친다. 하느님이 모든 것에 필연적으로 작용을 일으킨다면 악 또한 필연적으로 만드실 것이다. 그러한 하느님은 정의롭지 못한, 실로 잔인하기 짝이 없는 신일 것이다.[26]

루터는 이러한 결과들을 피할 수 없었다. 그는 단지 이성이 사태를 이런 식으로 파악한다면 그런 이성은 참된 신을 인식하는 데에 아무런 쓸모가 없다고 못 박았을 뿐이다. 그는 인간을 하느님이나 악마가 타는 말에 비유하면서 인간의 수동적 역할을 바라보는 데서 즐거움을 느꼈다. 그는 경건주의적 비이성주의를 전파하기 위해 인간 이성의 결함을 강조했다.

엄밀히 말하면, 루터는 단적인 우리 이성의 '결함'에 대해 이야기하지 않았다. 그는 인간 이성을 사탄에게 조종당하는, 하느님을 거스르는 어떤 주체가 사용하는 도구로 이해했다. 루터는 에라스무스와 논쟁했던 해인 1525년 카를슈타트에게 반대하는 편지를 썼는데, 거기서 이성에 대한 그의 견해를 피력한다. 즉 루터는 이성에 기대는 공상가들을 꾸짖는다. "저들은 악마의 이성이 하느님이 말씀하시고 행하시는 모든 것을 조롱하고 모욕할 줄 밖에 모르는 탕녀라는 사실을 모르는 듯하다."[27]

이것은 11세기 이래 진행되었던 노력, 곧 고대의 이성 개념을 후기 아우구스티누스적 전제 위에서 계속 끌고 가려는 시도가 실패했다는 고백이자 신앙과 앎의 이원론, 그리스도교와 이성, 내재성과 세상의 법적·정치적 질서의 이원론의 확립을 의미했다. 이러한 이원론은 16세기 초에 이룩할 수 있었던 합리성 규준과 조화를 이룰 수 없었다. 일련의 교정과 개정들이 뒤따랐지만 주목할 만한 것은 아니었다. 교정 작업은 멜란히톤에게서 아리스토텔레스로 복귀하는 움직임으로 시작되었고 정통 교리의 새로운 주입식 교육으로 막을 내렸다. 멜란히톤은 루터의 권고를 따라 개혁 교회의 대학 설립을 목표로 논리학, 『수사학』, 『시학』을 공부했지만, 1530년부터는 『형이상학』을 포함한 아리스토텔레스의 실재 학문 전체로 교육 계획을 확장했다. 하지만 프로테스탄트 대학이 북부 이탈리아에서와 같은 국제적 학문 발전에서 고립되는 것은 막을 수 없었다. 루터의 아리스토텔레스 거부는 고등 교육에 피해를 입히지 않고 수십 년 동안 지속되기에는 너무 과격하고 융통성이 없었다.

그럼에도 루터의 후기 아우구스티누스의 재발견은 커다란 전환점을 이루었다. 먼저 유럽인들 가운데 일부에게서 교황의 세계 통치 체제를 완전히 허물어뜨리는 데에 성공했다. 16세기 초부터 발생한 위기 상황에 신학적 도식을 씌움으로써 루터는 다 빈치의 분노와 마키아벨리의 반도덕주의적 차가움으로 표현된, 시대의 위기에 대한 풍요로운 해결책을 잠시나마 가두어 둘 수 있었다. 그러나 루터는 종교의 우위를 고집했던 다수 중세인의 지지를 얻었다.

에곤 프리델(Egon Friedell)은 루터의 개혁이 마이스터 에크하르트의 지적 혁명과 비교하면 수도자의 말다툼일 뿐이라고 평가했다. 그러나 루터의 개혁은 유럽의 정치적 판도를 갈아엎었다. 루터의 지방색, 레오나르도와 마키아벨리와 비교하면 부정할 수 없는 너무나도 중세적인 특징들, 곧 그가 중세 후기의 발전을 통해 터져 나온 중세성에 편협하게 사로잡혀 있었다는 사실이 그로 하여금 큰 영향력을 발휘하게 했다. 다 빈치와 마키아벨리는 1520년대에 특히 널리 퍼진 이성과 세계 과정에 대한 오해에 급진적이지만 독창적인 답변을 제시했다. 이제는 인간학적 염세주의로 되어 버린 것을 신학화함으로써 루터는 편재했던 분열을 더욱 공고히 만들었다.

다 빈치와 마키아벨리, 에라스무스와 토마스 모어는 이 분열을 극복하려고 했고, 루터는 보전하려 했던 사람이다. 이어진 결과를 볼 때, 이들은 자신들이 의도한 바를 이루기 위해 제각기 자신의 무기력함을 받아들일 수밖에 없었다. 하지만 이것이 바로 이 네 사람의 역사적 의미이다. 중세는 루터가 아니라 이 네 명의 사상가와 함께 종말을 고했다.

부록

참고문헌 약어표

AHDLMA	Archives d'Histoire Doctrinale et Littéraire du Moyen Âge. Fondées par E. Gilson et G. Théry. Paris 1926ff.
Akad.	Grabmann, M.: Gesammelte Akademieabhandlungen. Hrsg. vom Grabmann-Institut. 2 Bde. München 1979. Beiträge Beiträge zur Geschichte der Philosophie des Mittelalters. Texte und Untersuchungen. Hrsg. von C. Baeumker. Münster 1891ff.
CC	Corpus Christianorum. Series Latina. Turnhout 1953ff.
CC Cont Med.	Corpus Christianorum Series Latina. Continuatio Mediaevalis. Turnhout 1966ff.
CSEL	Corpus Scriptorum Ecclesiasticorum Latinorum. Prag/Wien/Leipzig 1867ff., Nachdr. New York/London 1965ff.
CUP	Chartularium Universitatis Parisiensis. Hrsg. von H. Denifle und A. Chatelain. 4 Bde. Paris 1891-99. Nachdr. Brüssel 1964.
D	Flasch, K.: Dietrich von Freiberg. Philosophie, Theologie, Naturforschung um 1300. Frankfurt a.M. 2007.
Dante	Flasch, K.: Einladung, Dante zu lesen. Frankfurt a.M. 2011.
Flasch, Hauptwerke	Flasch, K. (Hrsg.): Interpretationen. Hauptwerke der Philosophie: Mittelalter. Stuttgart 1998.
Garin	Garin, E.: Storia della Filosofia Italiana. 3 Bde. Florenz 1945. Turin ²1966.

Gracia	Gracia, J. J. E. [u.a.] (Hrsg.): A Companion to Philosophy in the Middle Ages. Oxford 2003.
K	Flasch, K.: Kampfplätze der Philosophie. Große Kontro- versen von Augustin bis Voltaire. Frankfurt a.M. 2008.
Koch	Koch, J.: Kleine Schriften. 2 Bde. Rom 1973.
Lag	Lagerlund, H. (Hrsg.): Encyclopedia of Medieval Philosophy. Philosophy Between 500 and 1500. Dordrecht 2011.
LMA	Lexikon des Mittelalters. München/Zürich 1980ff.
Lohr (1)	Lohr, Ch.: Medieval Latin Aristotle Commentaries. In: Traditio 23 (1967) pp. 315~413; 24 (1968) pp. 149~245; 26 (1970) pp. 135~216; 27 (1971) pp. 251~351; 28 (1972) pp. 281~396; 29 (1973) pp. 93~114; 30 (1974) pp. 119~44.
Lohr (2)	Lohr, Ch.: Renaissance Latin Aristotle Commentaries. In: Studies in the Renaissance 21 (1974) pp. 228~89. Fortgesetzt in: Renaissance Quarterly 28 (1975) pp. 689~741; 29 (1976) pp. 714~45; 30 (1977) pp. 681~741; 31 (1978) pp. 532~603; 32 (1979) pp. 529~80.
MA	Geschichte der Philosophie in Text und Darstellung. Hrsg. von R. Bubner. Bd. 2: Mittelalter. Hrsg. von K. Flasch. Stuttgart 1982.
Manitius	Manitius, M., Die lateinische Literatur des Mittelalters. 3 Bde. München 1911-31.
MGH	Monumenta Germaniae Historica. Hannover [u.a.] 1826ff.
MGL	Grabmann, M.: Mittelalterliches Geistesleben. 3 Bde. München 1926-56.

MM	Miscellanea Mediaevalia. Veröffentlichungen des Thomas-Instituts an der Universität Köln. Hrsg. von P. Wilpert [u.a.]. Berlin 1962ff.
PG	Patrologiae cursus completus. Series Graeca. Hrsg. von J.-P. Migne. 161 Bde. Paris 1857-1866.
PL	Patrologiae cursus completus. Series Latina. Hrsg. von J.-P. Migne. 221 Bde. Paris 1844-1864.
S-I	Schulthess, P./Imbach, R.: Die Philosophie im lateinischen Mittelalter. Ein Handbuch mit einem bio-bibliographischen Repertorium. Zürich/Düsseldorf 1996.
SC	Sources Chrétiennes. Paris 1941ff.
SEP	Stanford Encyclopedia of Philosophy. Hrsg. von E. N. Zalta, 2005. [온라인 백과사전: http://plato.stanford.edu.archives/fall2005/entries, 중세 저자명으로 인용했다.]
Stor. della Filos.	Storia della Filosofia. Hrsg. von M. Dal Pra, 10 Bde. Mailand 1975/76.
Sturlese	Sturlese, L.: Die deutsche Philosophie im Mittelalter 748-1280. München 1993.
Totok	Totok, W.: Handbuch der Geschichte der Philosophie. Frankfurt a.M. 1964ff.
TRE	Theologische Realenzyklopädie. Berlin/New York 1976ff.
Verf.	Verfasserlexikon der deutschen Literatur des Mittelalters. Hrsg. von K. Ruh. Bd. 1-11. Berlin ²2010.

후주

지은이 서문

1) Goethe, J. W., "Brief an C. F. von Reinhard vom 7. 10. 1810", in: *Goethes Werke* (Sophien-Ausgabe), Abt. 4, Bd. 21, bearb. von A. Leitzmann, Weimar 1896, p. 394.
2) Goethe, "Maximen und Reflexionen aus Kunst und Altertum", in: J. W. G., *Gedenkausgabe der Werke, Briefe und Gespräche*, hrsg. von E. Beutler, Bd. 9, Zürich ²1962, p. 507.

완전한 참고문헌 목록 가운데 예전 문헌은 Totok와 Stor. della Filos.를, 최근 문헌 은 S-I; Grazia; P; SEP und Lag 참조.
여전히 필수 불가결한 저작으로는 Geyer, B., (Hrsg.), *Die patristische und scholastische Philosophie* (Ueberweg, *Grundriß der Geschichte der Philosophie*, Bd. 2), Berlin 1928; Gilson, E., *La philosophie au moyen âge*, Paris ²1952; Vasoli, C., *La filosofia medioevale*, Mailand ⁴1972 (Stor. della Filos. II) 참조.
최신 개괄서로는 Vignaux, P., *Philosophie au moyen âge*, Paris 1958, Neuausgabe: Albeuve (Schweiz) 1987; Jolivet, J., "La philosophie médiévale en Occident", in: Pavain, B. (Hrsg.), *Histoire de la philosophie*, Bd. 1, Paris 1969 (Edition de la Pléiade), pp. 1198~1563; Weinberg, J. R., *Medieval Philosophy*, Princeton 1964; Dales, R. C., *The Intellectual Life of Western Europe in the Middle Ages*, Washington (D.C.) 1980; De Rijk, L. M., *La philosophie au moyen âge*, Leiden 1985; Beckmann, J. P. [u.a.] (Hrsg.), *Philosophie im Mittelalter. Entwicklungslinien und Paradigmen*, Hamburg 1987; Marenbon, J., *Early Medieval Philosophy. 480-1150. An Introduction*, London ²1988; ders., *Later Medieval Philosophy. 1150-1350*, London 1987; Knowles, D., *The Evolution of Medieval Thought*, London ²1988; Burns, J. H. (Hrsg.), *The Cambridge History of Medieval Political Thought*, Cambridge 1988; Vorländer, K.; *Geschichte der Philosophie mit Quellentexten*, Bd. 2: Mittelalter, bearb. von J. P. Beckmann, Hamburg 1990; *Knowledge and the Sciences in Medieval Philosophy, Proceedings of the Eighth International Congress of Medieval Philosophy*, Helsinki 1990; De Libera, A., *Penser au moyen âge*, Paris 1991; Lindberg, D. C., *The Beginning of Western Science. The European Scientific Tradition in Philosophical, Religious and Institutional Context*, Chicago 1992; Dronke, P., *Intellectuals and Poets in Medieval Europe*, Rom 1992; De Libera, A., *La philosophie médiévale*, Paris 1993; Schönberger, R./Kible, B., *Repertorium edierter Texte des Mittelalters aus dem*

Bereich der Philosophie und angrenzender Gebiete, Berlin 1994; Rossi, P./Viano, C. A., *Storia della filosofia*, Bd. 2: Il *Medioevo*, Rom 1994; Evans, G. R., *Philosophie und Theologie*, Bd. 2: *Mittelalter*, Stuttgart 1994; Bazán [u.a.] (Hrsg.), *Les philosophies morales et politiques au moyen âge*, 3 Bde., New York 1995; Imbach, R., *Quodlibeta*, Fribourg 1996; d'Onofrio, G., *Storia della teologia nel Medioevo*, 3 Bde., Casale Monteferrato 1996; Southern, R. W., *Scholastic Humanism and the Unification of Europe*, Oxford ^{2}1997; Luscombe, D., *Medieval Thought*, Oxford 1997; Grant, E., *The Foundations of Modern Science in the Middle Ages. Their Religious, Institutional and Intellectual Contexts*, Cambridge 1997; Inglis, J., *Spheres of Philosophical Inquiry and the Historiography of Medieval Philosophy*, Leiden 1998; Beyers, R./Brams, J. [u.a.] (Hrsg.), *Tradition et Traduction. Les textes philosophiques et scientifiques grecs au Moyen Age latin*, Löwen 1999; Holmström-Hintikka, G. (Hrsg.), *Medieval Philosophy and Modern Times*, Dordrecht 2000; Köhler, T. W., *Grundlagen des philosophisch-anthropologischen Diskurses im Dreizehnten Jahrhundert*, Leiden 2000; Grant, E., *God and Reason in the Middle Ages*, Cambridge 2001; Van Dülmen, R., *Entdeckung des Ich. Die Geschichte der Individualisierung vom Mittelalter bis zur Gegenwart*, Köln 2001; Zimmermann, M. (Hrsg.), *Auctor et auctoritas. Invention et conformisme dans l'écriture médiévale*, Paris 2002; Gerwing, M., *Theologie im Mittelalter. Personen und Stationen spiritueller Suchbewegung im mittelalterlichen Deutschland*, Paderborn 2002; Perler, D., *Theorien der Intentionalität im Mittelalter*, Frankfurt a.M. 2002; Geerlings, W., *Der Kommentar in Antike und Mittelalter*, Leiden 2002; Wood, D., *Medieval Economic Thought*, Cambridge 2002; Brachtendorf, J. (Hrsg.), *Prudentia et contemplatio. Ethik und Metaphysik im Mittelalter*, Paderborn 2002; Solère, J. L./Kaluza, Z. (Hrsg.), *La servante et la consolatrice*, Paris 2002; Angenendt, A., *Grundformen der Frömmigkeit im Mittelalter*, München 2003; Kessler, E., *Germania latina — Latinitas teutonica*, 2 Bde., München 2003; De Libera, A., *Denken im Mittelalter*, München 2003; Gracia, J. J. E. [u.a.] (Hrsg.), *A Companion to Philosophy in the Middle Ages*, Oxford 2003; McGrade, A. S. (Hrsg.), *The Cambridge Companion to Medieval Philosophy*, Cambridge 2003; Law, V., *History of Linguistics in Europe from Plato to 1600*, Cambridge 2003; Marchetti, G. [u.a.] (Hrsg.), *Ratio et superstitio. Essays in Honour of Graziella Federici Vescovini*, Louvain 2003; Boureau, A., *Satan hérétique. Histoire de la démonologie, 1280-1330*, Paris 2004; Le Goff, J., *Die Geburt Europas im Mittelalter*, München 2004; Miethke, J., *Studieren an mittelalterlichen Universitäten*, Boston 2004; Oexle, U. G., *Armut im Mittelalter*, Konstanz 2004; Von Moos, P., *Gesammelte Studien zum Mittelalter*, 3 Bde., Münster 2005ff.; Perler, D., *Logik und Theologie. Das Organon im arabischen und lateinischen Mittelalter*, Leiden 2005; Schupp, F., *Geschichte der Philosophie im Überblick.*

Bd. 2: *Christliche Antike, Mittelalter*, Hamburg 2005; Leinkauf, Th. (Hrsg.), *Platons Timaios als Grundtext der Kosmologie in Mittelalter und Renaissance*, Löwen 2005; Bettetini, M./Paparella, F. D. (Hrsg.), *La felicità nel Medioevo*, Louvain 2005; Jacquart, D. (Hrsg.), *Scientia in margine. Études sur les marginalia dans les manuscrits scientifiques du Moyen Âge à la Renaissance*, Genf 2005; McGrade, A. St., *The Cambridge Companion to Medieval Philosophy*, Cambridge 2006; Perler, D., *Zweifel und Gewissheit. Skeptische Debatten im Mittelalter*, Frankfurt a.M. 2006; Flores, J. C., *Henry of Ghent, Metaphysics and the Trinity*, Löwen 2006; Speer, A. (Hrsg.), *Wissen über Grenzen. Arabisches Wissen und lateinisches Mittelalter*, MM 33, Berlin 2006; Schabel, Ch. (Hrsg.), *Theological Quodlibeta in the Middle Ages*, Leiden 2006/07; Ricklin, Th. (Hrsg.), *Exempla docent*, Paris 2006; Philipowski, K. S., *anima und sêle. Darstellungen und Schematisierungen von Seele im Mittelalter*, Berlin 2006; Pacheco, M. C. [u.a.] (Hrsg.), *Intellect et imagination dans la philosophie médiévale*, Turnhout 2006; Auffarth, Chr., *Religiöser Pluralismus im Mittelalter? Besichtigung einer Epoche der europäischen Religionsgeschichte*, Berlin 2007; Bakker, P. J. J. M., *Mind, cognition and representation. The Tradition of Commentaries on Aristotle's De anima*, Aldershot 2007; Fidora, A., *Politischer Aristotelismus und Religion in Mittelalter und Früher Neuzeit*, Berlin 2007; Lucentini, P., *Platonismo, Ermetismo, Eresia nel Medioevo*, Louvain-la-Neuve 2007; Marenbon, J., *Medieval Philosophy. An Philosophical and Historical Introduction*, London 2007; Pickawé, M., *Heinrich von Gent über Metaphysik als erste Wissenschaft*, Leiden 2007; Werner, Th., *Den Irrtum liquidieren. Bücherverbrennungen im Mittelalter*, Göttingen 2007; Mensching, G. (Hrsg.), *De usu rationis. Vernunft und Offenbarung im Mittelalter*, Würzburg 2007; Leppin, V., *Theologie im Mittelalter*, Leipzig 2007; Jenkins, J./Bertrand O. (Hrsg.), *The Medieval Translator*, Turnhout 2007; Beccarisi, A., *Per perscrutationem philosophicam. Neue Perspektiven der mittelalterlichen Forschung. Loris Sturlese zum 60. Geburtstag gewidmet*, Hamburg 2008; Enders, M., *Philosophie der Religionen im Mittelalter*, Freiburg I. Br. 2008; Burrichter, B., *Diener — Herr — Herrschaft? Hierarchien in Mittelalter und Renaissance*, Heidelberg 2009; Dinzelbacher, P., *Unglaube im Zeitalter des Glaubens. Atheismus und Skeptizismus im Mittelalter*, Badenweiler 2009; Epstein, St. A., *An economic and social history of later medieval Europe, 1000-1500*, Cambridge 2009; Lauster, J., *Plato noster. Zur Bedeutung des Platonismus für das christliche Gottesverständnis*, Tübingen 2009; Niemann, H.-W., *Europäische Wirtschaftsgeschichte vom Mittelalter bis heute*, Darmstadt 2009; Fried, J., *Das Mittelalter: Geschichte und Kultur*, München ³2009; Müller, Jörn, *Willensschwäche in Antike und Mittelalter. Eine Problemgeschichte von Sokrates bis Johannes Duns Scotus*, Löwen 2009; Postel, V., *Arbeit und Willensfreiheit im Mittelalter*, Stuttgart 2009; Dinzelbacher, P.,

Lebenswelten des Mittelalters, 1000-1500, Badenweiler 2010; Achnitz, W., *Deutsches Literatur-Lexikon. Das Mittelalter*, 2 Bde., Berlin 2010/11; Pasnau, R., *The Cambridge History of Medieval Philosophy*, 2 Bde., Cambridge 2010; Althoff, G., *Frieden stiften: Vermittlung und Konfliktlösung vom Mittelalter bis heute*, Darmstadt 2011; Gleba, G., *Klöster und Orden im Mittelalter*, 4., bibliogr. aktual. Aufl., Darmstadt 2011; Holz, H. H., *Dialektik*, Bd. 2: *Gott und Welt*, Darmstadt 2011; Sturlese, L., *Mantik, Schicksal und Freiheit im Mittelalter*, Köln 2011; Canning, J., *Knowledge, Discipline and Power in the Middle Ages. Essays in Honour of David Luscombe*, Leiden 2011; Le Goff, J., *Geld im Mittelalter*, Stuttgart 2011; Bianchi, L. (Hrsg.), *Christian Readings of Aristotle from the Middle Ages to the Renaissance*, Turnhout 2011; Voss, N. [u.a.] (Hrsg.), *Demons and the Devil in Ancient and Medieval Christianity*, Leiden 2011; Trottmann, Chr./Vasiliu, A. (Hrsg.), *La philosophie médiévale: Historiographie d'hier et de demain* (in Vorbereitung); Musco, A./Sturlese, L. (Hrsg.), *Universality of Reason – Plurality of Philosophies in the Middle Ages* (in Vorbereitung) 참조.

들어가는 말

1) Baeumker, C., "Die europäische Philosophie des Mittelalters", in: *Die Kultur der Gegenwart*, hrsg. von P. Hinneberg, T. 1, Abt. 5, Berlin/Leipzig 1913, p. 301.
2) Christ, K./Kern, A., "Das Mittelalter", in: *Handbuch der Bibliothekswissenschaft*, hrsg. von F. Milkau, G. Leyh [u.a.], Bd. 3,1, Wiesbaden ²1955, p. 244.
3) Kurt Flasch, *Philosophie hat Geschichte*, 2 Bde., Frankfurt a.M., 2003~2005 참조.

제1부 중세 철학의 기초

제1장 역사적 상황

1) 역사적 상황은 Seeck, O., *Geschichte des Untergangs der antiken Welt*, Berlin ²1920/21; Momigliano, A., *Cassiodorus and Italian Culture of his Time*, Oxford 1958; Hübinger, P. E., *Spätantike und frühes Mittelalter*, Darmstadt 1962; Jones, A. H. M., *The Later Roman Empire*, 3 Bde., Oxford 1964; White, L., jr. (Hrsg.), *The Transformation of the Roman World*, Berkeley 1966; Maier, F. G., *Die Verwandlung der Mittelmeerwelt*, Frankfurt a.M. 1968 (Fischer Weltgeschichte, 9); Brown, P., *The World of Late Antiquity*, London 1971; Momigliano, A., "La caduta senza rumore di un imperio nel 476 D.C.", in: *Annali della Scuola Normale Superiore* 3,3 (1973), pp. 397~418; Demandt,

A., *Der Fall Roms. Die Auflösung des römischen Reiches im Urteil der Nachwelt*, München 1984; Engels, L. J./Hofmann, H., "Spätantike. Mit einem Panorama der byzantinischen Literatur", in: *Neues Handbuch der Literaturwissenschaft*, Bd. 4, Wiesbaden 1997; Demandt, A., *Geschichte der Spätantike. Das Römische Reich von Diocletian bis Justinian, 284–585*, München 1998; Fuhrmann, M., *Rom in der Spätantike. Porträt einer Epoche*, München 1998 참조. 비잔티움의 역사적 상황과 비잔티움과 서구 라틴 세계와의 교류에 대해서는 W. Ohnsorge의 연구 이후로 Haussig, H.-W., *Kulturgeschichte von Byzanz*, Stuttgart 1966; Maier, F. G., *Byzanz*, Frankfurt a.M. 1973 (Fischer Weltgeschichte, 13); Baker, D. (Hrsg.), *Relations between East and West in the Middle Ages*, Edinburgh 1973; Beck, H.-G., *Das byzantinische Jahrtausend*, München 1978; Berschin, W., *Griechisch-lateinisches Mittelalter*, Bern 1980; "Buch und Gesellschaft in Byzanz", in: *Jahrbuch der österreichischen Byzantinistik*, Bd. 16, Wien 1981; Cutler, A./Spieser, J. M., *Das mittelalterliche Byzanz, 725-1204*, München 1996 [프랑스어에서 번역. 예술사적 내용]; Konstantinou, E. (Hrsg.), *Byzanz und das Abendland im 10. und 11. Jahrhundert*, Köln 1997; Lilie, R.-J., *Byzanz. Geschichte des oströmischen Reiches 326-1453*, München 1999; Brand, H., *Das Ende der Antike. Geschichte des spätrömischen Reiches*, München 2001; Kapriev, G., *Philosophie in Byzanz*, Würzburg 2005; Demandt, A., *Die Spätantike. Römische Geschichte von Diocletian bis Justinian, 284-565 n. Chr.*, München ²2007; Dinzelbacher, P., *Europa in der Spätantike, 300-600. Eine Kultur- und Mentalitätsgeschichte*, Darmstadt 2007; Jeffreys, E. (Hrsg.), *The Oxford Handbook of Byzantine Studies*, Oxford 2008; Sheppard, J. (Hrsg.), *The Cambridge History of the Byzantine Empire*, Cambridge 2008; Veyne, P., *Die Kunst der Spätantike. Geschichte eines Stilwandels*, Stuttgart 2009; Schreiner, P., *Byzanz 565-1453*, München ⁴2011 참조.

제2장 아우구스티누스

1) 아래 문헌들의 기초를 이루는 것은 426/427년경 저술된 아우구스티누스의 『재논고』(*Retractationes*)이다. PL 32,583-656 참조. 여기서는 H. Knoell의 판본(in: CSEL, Bd. 36,1)을 따라 인용했다. 그 외에 Flasch, K., *Augustin. Einführung in sein Denken*, 2., verm. Aufl., Stuttgart 1994; K S. 11-42 und Namensregister s. v. Augustin 참조.

아우구스티누스의 저작: 전체 저작은 아직도 J. P. Migne, *Patrologia Latina*, Bd. 32-46, Paris 1861-62 ('PL'로 약칭했다)이 유효하다; 쓸 만한 비판본은 대체로 *Corpus Scriptorum Ecclesiasticorum Latinorum*, Wien 1887ff.에 실려 있다('CSEL' 과 권과 쪽수 및 편집자의 이름으로 인용); *Corpus Christianorum*, Series Latina,

Turnhout 1955ff.도 훌륭한 비판본이다('CC'와 권과 쪽수 및 편집자의 이름으로 인용), 그 가운데에서도 특히 *Contra Academicos. De ordine. De beata uita*, ed. W. M. Green (CC 29); *De uera religione*, ed. K. D. Daur (CC 32); *Confessiones*, ed. L. Verheijen (CC 27); *De ciuitate Dei*, ed. B. Dombart et A. Kalb (CC 47 und 48). — *Corpus Augustinianum Gissense* auf CD-ROM, hrsg. von C. Mayer, Basel: Schwabe-Verlag 1995 참조. 이 디지털 텍스트는 최근 발견된 설교집을 포함해 지금까지 알려진 아우구스티누스의 모든 작품을 담고 있으며, 아우구스티누스 용어 색인에 따라 정렬한 2차 문헌 목록도 싣고 있다. C. Mayer (Hrsg.), *Augustinus-Lexikon*, Basel 1986ff.

번역서: *Augustinus*, ausgewählt und vorgestellt von K. Flasch, in: *Philosophie jetzt!*, hrsg. von P. Sloterdijk, München 1996; *Bekenntnisse*, übers. von K. Flasch und B. Mojsisch, Stuttgart 1989; *Philosophische Frühdialoge*, lat./dt., hrsg. und übers. von E. Mühlenberg [u.a.], Zürich 1972; *Quaestiones ad Simplicianum* I 2, lat./dt. von Walter Schäfer, in: K. Flasch, *Augustinus von Hippo. Logik des Schreckens. Die Gnadenlehre von 397*, 3., verm. und verb. Aufl., Mainz 2012; *De uera religione — Über die wahre Religion*, lat./dt., übers. von W. Thimme, Nachw. von K. Flasch, Stuttgart 1983; *Vom Gottesstaat*, übers. von W. Thimme, eingel. von C. Andresen, 2 Bde., Zürich ²1978; *De magistro. Über den Lehrer*, übers. von B. Mojsisch, Stuttgart 1998; *De doctrina christiana. Die christliche Bildung*, übers. von K. Pollmann, Stuttgart 2002; Augustinus, *Werke*, lat./dt., hrsg. von W. Geerlings, Paderborn 2002ff.; *Confessiones, Liber X et XI. Bekenntnisse. 10. und 11. Buch*, übers. und kommentiert von K. Flasch, Stuttgart 2008.

전기: Brown, P., *Augustinus von Hippo*, dt.: München 1973; Pincherle, A., *Vita di S. Agostino*, Rom 1980.

개괄 및 개론서와 단행본: Heidegger, M., *Augustinus und der Neuplatonismus*, hrsg. von C. Strube, *Heidegger-Gesamtausgabe*, Bd. 60, Frankfurt a.M. 1995; Marrou, I., *Augustin und das Ende der antiken Bildung*, Paris 1938, ²1949, dt.: Paderborn 1982; Burnaby, J., *Amor Dei. A Study of the Religion of St. Augustine*, London 1947; Brown, P., *Die Keuschheit der Engel. Sexuelle Entsagung, Askese und Körperlichkeit am Anfang des Christentums*, New York 1988, dt. München 1991; Kirwan, Ch., *Augustine*, London 1989; Babcock, W. S. (Hrsg.), *The Ethics of St. Augustine*, Atlanta 1991; Rist, J. R., *Augustine. Ancient thought baptized*, Cambridge 1994; Flasch, K., *Augustin. Einführung in sein Denken*, 2., verm. Aufl., Stuttgart 1994; Markus, R. A., *Sacred and Secular. Studies on Augustin and Latin Christianity*, Aldershot 1994; De Courcelles, D., *Augustin ou le génie de l'Europe*, Paris 1995; Flasch, K., *Logik des Schreckens. Augustinus von*

Hippo. Die Gnadenlehre von 397, Mainz ²1995; ders., *Was ist Zeit? Augustinus von Hippo, Das XI. Buch der Confessiones. Historisch-philosophische Studie*, Text, Übers., Komm., Frankfurt a.M. 1993; Horn, Chr., *Augustinus*, München 1995; Kreuzer, J., *Augustinus*, Frankfurt a.M. 1995; O'Daly, G., *Augustine's City of God. A Readers Guide*, Oxford 1999; Brachtendorf, J., *Die Struktur des menschlichen Geistes nach Augustinus. Selbstreflexion und Erkenntnis Gottes in De Trinitate*, Hamburg 2000; Lettieri, G., *L'altro Agostino. Ermeneutica e retorica della grazia dalle crisi alla metamorfosi del De doctrina christiana*, Brescia 2001; Flasch, K., *Augustinus. Ausgewählt und vorgestellt*, München 2000; Geerlings, W., *Augustinus. Leben und Werk. Eine bibliographische Einführung*, Paderborn 2002; Stump, E., *The Cambridge Companion to Augustine*, Cambridge 2002; May, G. (Hrsg.), *Die Mainzer Augustinus-Predigten. Studien zu einem Jahrhundertfund*, Mainz 2003; Mesch, W., *Reflektierte Gegenwart. Eine Studie über Zeit und Ewigkeit bei Platon, Aristoteles, Plotin und Augustinus*, Frankfurt a.M. 2003; Ruhstorfer, K., *Konversionen. Eine Archäologie der Bestimmung des Menschen bei Foucault, Nietzsche, Augustinus und Paulus*, Paderborn 2004; Fuhrer, Th., *Augustinus*, Darmstadt 2004; Kreuzer, J., *Augustinus zur Einführung*, Hamburg 2005; Drecoll, H., *Augustin Handbuch*, Tübingen 2007; Kany, R., *Augustins Trinitätsdenken. Bilanz, Kritik und Weiterführung der modernen Forschung zu De Trinitate*, Tübingen 2007; Pollmann, K., *Augustine and the Disciplines: from Cassiciacum to the Confessiones*, Oxford 2007; Esposito, C., *Agostino e la tradizione Agostiniana*, Turnhout 2008; Marion, J.-L., *Au lieu de soi. L'approche de S. Augustin*, Paris 2008; Büttgen Ph. (Hrsg.), *Vera doctrina. Zur Begriffsgeschichte der Lehre von Augustinus bis Descartes*, Wiesbaden 2009; Boeve, L., *Augustine in Postmodern Thought*, Löwen 2009; Decroll, V. H., *Augustin und der Manichäismus*, Tübingen 2011; Ayres, L., *Augustine and the Trinity*, Cambridge 2011; Fürst, A., *Von Origenes und Hieronymus zu Augustinus. Studien zur antiken Theologiegeschichte*, Berlin 2011; Teske, R. J., *Tolle lege! Essays on Augustine and Medieval Philosophy*, Milwaukee 2011; Schumacher, L., *Divine Illumination. The History and Future of Augustine's Theory of Knowledge*, Malden (MA) 2011.
추가로 Gracia pp. 154~71; SEP; Lag pp. 125~31 참조.
2) 중세의 교육 체계에 대해서는 pp. 154~59.

제3장 보에티우스

1) 보에티우스의 저작: PL 64; *Opuscula*, ed. H. F. Stewart et E. K. Rand, London 1918 (여러 차례 재인쇄); *Consolatio philosophiae*, ed. L. Bieler, in: CC 94, 1957; *De consolatione philosophiae*, ed. C. Moreschini, München/Leipzig 2000; 보에티우스의 아리스토텔레스 주해서는 L. Minio-Paluello, in: *Aristoteles latinus*,

Brügge/Paris 1961ff.; Cappuyns, M., "Boèce", in: *Dictionnaire d'Histoire et Géographie Ecclesiastique*, Bd. 9, Paris 1937, pp. 348~80; Courcelles, P., *Les lettres grecques en Occident de Macrobe à Cassiodore*, Paris ²1948; ders., *La consolation de philosophie dans la tradition littéraire*, Paris 1967; Obertello, L., *Severino Boezio*, 2 Bde., Genua 1974; Chadwick, H., *Boethius. The Consolations of Music, Logic, Theology and Philosophy*, Oxford 1981; Obertello, L. (Hrsg.), *Atti del Congresso internazionale di Studi Boeziani*, Rom 1981; Gibson, M., *Boethius. His Life, Thought and Influence*, Oxford 1981; Troncarelli, F., *Tradizioni perdute. La consolatio philosophiae nell'Alto Medioevo*, Padua 1981; Fuhrmann, M./Gruber, J. (Hrsg.), *Boethius*, Darmstadt 1984; Green-Pederson, N. J., *The Tradition of the Topics in the Middle Ages. The Commentaries on Aristotle's and Boethius' Topics*, München/Wien 1984; Obertello, L., *Boezio e dintorni. Ricerche sulla cultura altomedievale*, Florenz 1990; Magee, J., *Boethius on Signification and Mind*, Leiden 1990. 독일어 번역 텍스트는 Flasch, MA 107-132; Schlapkohl, C., *Persona est naturae rationabilis individua substantia. Boethius und die Debatte über den Personbegriff*, Marburg 1999; Marenbon, J., *The Cambridge Companion to Boethius*, Cambridge 2009; Beuerle, A., *Sprachdenken im Mittelalter*, Berlin 2010; Gruber, J., *Boethius. Eine Einführung*, Stuttgart 2011.
그 외 참고문헌: Manitius I, pp. 22~36; Totok I, pp. 349~53; Stor. della Filos, V, pp. 384~86; TRE 7 (1981), pp. 25~28; LMA 2 (1983), pp. 308~15; Gracia 217-226; SEP; Lag. 또한 Kaylor, W. H., *The Medieval Consolation of Philosophy. An Annotated Bibliography*, New York 1992도 참조. 보에티우스에서 에라스무스까지 시기의 연구서들의 발간 현황은 *Medioevo latino. Bolletino bibliografico della cultura europea da Boezio a Erasmo*, Bd. 33, Florenz 2012 참조.
2) Boethius, *In Categ. Aristotelis*, lib. II, PL 64,201.
3) G. Friedlein, Leipzig 1867의 재인쇄는 Frankfurt a.M. 1966; Boethius, *De arithmetica*, ed. H. Oosthout/J. Schilling, CC 94 A, Turnhout 1999, pp. 3~162.
4) Friedlein 10,14.
5) Boethius, *In lib. Aristotelis Peri hermeneias*, ed. sec.1. II praef. ed. C. Meiser, Leipzig 1880, p. 79.
6) Cicero, *Academica* I 4,17; ebd. I 12,43; ders., *De natura Deorum* 17,16.
7) 인용문은 Boethius, *In Isagoge* II 1,5 PL 64,82; CSEL 48 Brandt 159-167. 나는 내 저작 *Augustin. Einführung in sein Denken*, Stuttgart 1994에서 상세하게 논구하였기에 아우구스티누스를 다룬 장(章)에서는 따로 인용 출처를 표기하지 않았지만, 나머지 다른 중세 저술가들은 출처를 표시했다.
8) In Isag. II 1,5 PL 64,83 D; CSEL 48 Brandt 163,2-3. 보에티우스의 보편 문제에 이어서 또한 다음을 참조: Wöhler, H.-U. (Hrsg.), *Texte zum Universalienstreit*, 2 Bde., Berlin 1992-94; Mensching, G., *Das Allgemeine und das Besondere. Der Ursprung des modernen Denkens im Mittelalter*, Stuttgart 1992; De Libera,

A., *La Querelle des universaux: De Platon à la fin du moyen âge*, Paris 1996; *Individuum und Individualität im Mittelalter*, MM 24.
9) In Isag. II 1,5 PL 64,83 D; CSEL 48 Brandt 163,2-3.
10) In Isag. II 1,5 PL 64,83 D; CSEL 48 Brandt 163,2-3. 우리가 '객체'라고 말하는 곳에 원문은 'subiectum'으로 되어 있다는 점에 주의하라.
11) In Isag. II 1,5 PL 64,84 D; CSEL 48 Brandt 165,1-3.
12) In Isag. II 1,5 PL 64,85 A; Brandt 165,13, "aufert ······ a corporibus incorpoream naturam."
13) In Isag. II 1,5 PL 64,85 C; Brandt 166,22.
14) In Isag. II 1,5 PL 64,86 A; Brandt 167,9.
15) In Isag. II 1,5 PL 64,84 D; Brandt 165.
16) In Isag. II 1,5 PL 64,86 A; Brandt 167,9.
17) In Isag. II 1,5 PL 64,85 Aff.; Brandt 162f.
18) Boethius, *Consolatio Philosophiae* V 4; bei Flasch, MA 120-127.
19) 논고의 제목들은 다음과 같다: (1) *Trinitas unus Deus ac non tres Dii*; (2) *Utrum Pater et Filius et Spiritus Sanctus de divinitate substantialiter praedicentur*; (3) *Quomodo substantiae in eo quod sint bonae sint cum non sint substantialia bona*, gen.: *De Hebdomadibus*, deutsch bei Flasch, MA 127-132; (4) *De fide catholica*는 보에티우스의 친저(親著)가 아닐 수 있다. 만일 친저라면 최후의 이단과의 대결을 통한 신앙 교리의 고찰로서는 아주 독창적이라고는 할 수 없을 것이다. (5) *Contra Eutychen et Nestorium*, 그러므로 단성론자를 반박하는 논고이다. 이 텍스트는 혼란스러웠던 공의회의 논쟁에서 해결되지 못한 것을 해명하는 것을 목표로 한다. 논고의 라틴어-영어 대역본은 H. F. Stewart/E. K. Rand, London 1918 [u.ö.], 라틴어-독일어 대역본은 M. Elsässer, Hamburg 1988; Boethius, *Opuscula theologica*, ed. C. Moreschini, München/Leipzig 2000, pp. 163~241 참조.
20) Stewart/Rand 4.
21) 비판본은 L. Bieler im CC 1957. Übersetzung von K. Büchner mit einer Einführung von F. Klingner, Stuttgart 1971. Auswahl aus dem 3. und 5. Buch bei Flasch, MA 110-127; Gruber J., *Kommentar zu Boethius* "De consolatione philosophiae", Berlin/New York 1978 참조. Schmidt-Kohl, V., *Die neuplatonische Seelenlehre in der* "Consolatio Philosophiae" *des Boethius*, Meisenheim 1965; Frakes, J. C., *The Fate of Fortune in the Early Middle Ages. The Boethian Tradition*, Leiden 1988; De Rijk, L. M., "On Boethius's Notion of Being", in: Kretzmann, N. (Hrsg.), *Meaning and Inference in Medieval Philosophy. Studies in Memory of Jan Pinborg*, Dordrecht 1988, pp. 1~29; Gersh, St., *Concorde in Discourse. Harmonies and Semantics in late classical and early medieval Platonism*, Berlin/New York 1996; Glei, R., *Boethius Christianus? Transformationen der Consolatio philosophiae in Mittelalter und früher Neuzeit*, Berlin 2010.

22) Auer, A., *Johannes von Dambach und die Trostbücher vom 11.-16. Jahrhundert*, Münster 1928 (Beiträge 27,1/2); Notker von St. Gallen, *Werke*, hrsg. von E. H. Sehrt und T. Starck, 7 Bde., Heidelberg 1933-55; Moos, P. v., *Consolatio. Studien zur mittelalterlichen Trostliteratur über den Tod und zum Problem der christlichen Trauer*, München 1971 참조.
23) Boethius, Cons. I 4,29 Bieler 9, Büchner 12f. Aertsen, A. (Hrsg.), *Individuum und Individualität im Mittelalter*, Berlin/New York 1996 (MM 24) 참조.
24) Cons. I m. 5,31 Bieler 12, Büchner 16.
25) Cons. I 5,3 Bieler 13.
26) Cons. I 6,4 Bieler 15.
27) Cons. I 6,17 Bieler 15, Büchner 21.
28) Cons. II 1,8 Bieler 18.
29) Cons. II 2,7 Bieler 19, Büchner 27f.
30) Cons. II 2,9 Bieler 20, Büchner 28.
31) Cons. II 4,12 Bieler 24, Büchner 34.
32) Cons. II 4,22 Bieler 24, Büchner 35.
33) Cons. II 4,18 Bieler 24, Büchner 35.
34) Cons. II 8,4 Bieler 35, Büchner 50.
35) Cons. III 2,3 Bieler 38, Büchner 53.
36) Cons. III 2,3 Bieler 38.
37) Cons. III 10,2-10 Bieler 52-53, Büchner 75-76.
38) Cons. III 10,25 Bieler 54, Büchner 79.
39) Cons. III 10,36 Bieler 55, Büchner 80.
40) Cons. III 11,38 Bieler 59, 원전은 아리스토텔레스의 『니코마코스 윤리학』.
41) Cons. III 12,29 Bieler 62, Büchner 91.
42) Cons. III 10,2 Bieler 52, Büchner 75.
43) 독일어는 Flasch, MA 115-116. 중세에 끼친 영향으로는 간략하지만 매우 유익한 Häring, N. M., in: *Lexikon des Mittelalters*, 88 Bd. 2, Lfg. 2, München/Zürich 1981, pp. 312~14 참조.
44) Boethius, Cons. IV 4,29 Bieler 75: "extra ne quaesieris ultorem". Büchner 112.
45) Cons. IV 6,12 Bieler 79 f., Büchner 118: 기술 동형론의 전거로서는 매우 훌륭한 구절이다.
46) Cons. IV 6,13 Bieler 80, Büchner 118.
47) Cons. IV 7,3 Bieler 85, Büchner 126.
48) Cons. IV 7,22 Bieler 87, Büchner 128.
49) Cons. V 6,4 Bieler 101: "aeternitas ⋯⋯ est interminabilis vitae tota simul et perfecta possessio." Büchner 149.
50) Cons. V 4,24-5,12 Bieler 96-100, Büchner 143-148.
51) Cons. V m. 4,25 Bieler 98, Büchner 145.

제4장 디오니시우스 아레오파기타

1) 디오니시우스의 작품은 PG 3; kritische Ausgabe des *Corpus Dionysiacum*, Bd. 1, ed. B. R. Suchla, Bd. 2, ed. G. Heil/A. M. Ritter, Berlin 1990-91 (Patristische Texte und Studien, 33, 36). Werke: Griech.-ital.: *Dionigi Areopagita, Tutte le opere*, Hrsg. von G. Reale, Mailand 2009(*Corpus Dionysiascum*의 새 비판본 텍스트가 전부 들어 있는 단행본이다), Berlin 1990ff.; *On the Ecclesiastical Hierarchy*, The Thirteenth-Century Paris Textbook Edition, lat./engl. von M. Harrington, Paris 2011; 라틴어 번역은 in: Chevalier, P., *Dionysiaca*, 2 Bde., Paris 1937; 또한 Théry, G., *Études dionysiennes*, 2 Bde., Paris 1932-1937; 초기의 독일어 번역은 다음으로 대체: G. Heil (1986), B. R. Suchla (1988/90) und A. M. Ritter (1994) in: *Bibliothek der griechischen Literatur*, Bd. 22, 26, 33, 36, 40 [Bd. 40에는 A. M. Ritter의 훌륭한 연구 개괄이 실려 있다, 1994. 이와 관련해서는 Koch, H., *Pseudo-Dionysius Areopagita in seinen Beziehungen zum Neuplatonismus und Mysterienwesen*, 1900; Roques, R., *L'univers dionysien. Structure hierarchique du monde selon le Pseudo-Denys*, Paris 1954; Völker, W., *Kontemplation und Ekstase bei Pseudo-Dionysius Areopagita*, Wiesbaden 1958; Ivanka, E. v., *Plato christianus*, Einsiedeln 1964; Hornus, J.-M., "Les recherches récentes sur le Pseudo-Denys l'Areopagite", in: *Revue d'histoire et de philosophie religieuse* (1955), pp. 408~48; (1961), pp. 22~81; Gersh, St., *From Iamblichus to Eriugena. An Investigation of the Prehistory and Evolution of the Pseudo-Dionysian Tradition*, Leiden 1978; Rorem, P., *Pseudo-Dionysius. A, Commentary on the Texts and Introduction to their Influence*, New York 1993; Rist, J. M., *Man, soul and body. Essays in ancient thought from Plato to Dionysius*, Aldershot 1996; Bojadziev, C. (Hrsg.), *Die Dionysiusrezeption im Mittelalter*, Turnhout 2000; Lilla, S., *Dionigi l'Areopagita e il platonismo cristiano*, Brescia 2005; De Andia, Y. (Hrsg.), *Denys l'Areopagite, tradition et métamorphoses*, Paris 2006; Klitenic Wear, S., *Dionysius the Areopagite and the Neoplatonist Tradition*, Aldershot 2007; Gal, J. M., *Le mythe de Saint Denis entre Renaissance et Révolution*, Paris 2007; Sturlese, L., *Studi sulle fonti di Meister Eckhart*, Fribourg 2008; Suchla, B. R., *Dionysius Areopagita. Leben-Werk-Wirkung*, Freiburg i. Br. 2008 참조.

디오니시우스를 재평가하는 연구와 프로클로스와의 종속성을 부정하는 시도들, 작품의 연대기적 순서에 대한 새로운 이론들로는 Corvino, F., "La filosofia dell'Alto Medioevo", in: Stor. della Filos. V, pp. 32~37, 특히 p. 396 참조. 독일어 텍스트는 Flasch, MA 133-163 참조.

제5장 중세 초기의 문제 상황

1) I. v. Sevilla, *Etymologiae sive origines*, ed. W. M. Lindsay, 2 Bde., Oxford 1911; *Sententiae*, ed. P. Cazier, CC 111; Fontaine, J., *Isidor de Séville et la culture classique dans l'Espagne wisigothique*, 2 Bde., Paris 1959; Bischoff, B., *Mittelalterliche Studien*, Bd. 1, Stuttgart 1966, pp. 171~94; Brunhölzl, F., *Geschichte der lateinischen Literatur des Mittelalters*, Bd. 1, München 1975, pp. 268~86; Diesner, H. J., *Isidor von Sevilla und das westgotische Spanien*, Trier 1978; Fontaine, J., *Tradition et actualité chez Isidore de Seville*, London 1988 [u.ö.]; ders., in: LMA 5 (1991), pp. 677~80; Ribbémont, B., *Les origines des encyclopédies médiévales d'"Isidore de Séville aux Carolingiens*, Paris 2001; Meier, Chr. (Hrsg.), *Die Enzyklopädie im Wandel vom Hochmittelalter bis zur frühen Neuzeit*, München 2002; *The Etymologies of Isidore of Seville*, lat./engl. von St. A. Barney, Cambridge 2006; Henderson, J., *The Medieval World of Isidore of Seville: Truth from Words*, Cambridge 2007.
그 외 참고문헌으로는 Manitius I, pp. 52~70; Totok II, pp. 169~71; Stor. della Filos. V, p. 390; LMA 5, Sp. 677~80; Lag pp. 573~75 참조.
2) Le Goff, J., *Die Kultur des europäischen Mittelalters*, München/Zürich 1970, p. 201 참조.
3) 같은 책, p. 218.
4) 편집된 텍스트는 G. Madec, *Iohannis Scotti De divina praedestinatione liber*, CC 50, pp. V~XIX, 1~122 참조.
5) Augustin, de div. quaest. PL 40,29; CC 44 Mutzenbecher 70.
6) 텍스트는 Flasch, MA 115-117.
7) Dionysius Areopagita, de div. nom. V, PG 3,820 AB-121 B, 824 C.
8) Boethius, *Quomodo substantiae*, ed. Stewart/Rand, p. 46 (제3장의 주 19 참조), 독일어 텍스트는 Flasch, MA 131.
9) Stewart/Rand 40, 독일어 텍스트는 Flasch, MA 128: "Diversum est esse et id quod est."
10) Stewart/Rand 42, 독일어 텍스트는 Flasch, MA 128.
11) Augustin, *De trinitate* VII 5,10 PL 42,942; CC 50 Mountain 260.
12) de trin. VII 5,10 PL 42,942; CC 50 Mountain 261.
13) de trin. VII 6,11 PL 42,943,944; CC 50 Mountain 264.
14) de trin. IX 4,5 PL 42,963-964; CC 50 Mountain 297f.
15) de trin. IX 12,18 PL 42,972; CC 50 Mountain 310.
16) de trin. XV 17,29 PL 42,1089; CC 50 A Mountain 504.
17) de div. quaest. 83, qu. 35,1 PL 40,23; CC 44 A Mutzenbecher 50.
18) pp. 187~92 참조.
19) Boethius, *De trinitate* 2 Stewart/Rand 8.
20) Alcuin, *De fide trinitatis* 1,3-7 PL 101,16-18.

21) Boethius, *De trinitate* 5 Stewart/Rand 24: "Non igitur dici potest praedicationem relativam quidquam rei de qua dicitur secundum se vel addere vel minuere vel mutare."
22) de trin. 6 Stewart/Rand 30. 해제는 p. 93 참조. 타자성은 실체들의 관계만 지배하지 않고 유한 실체까지도 그 자체로 규정한다.
23) Contra Eutychen 3 Stewart/Rand 84.
24) c. Eutych. 3 Stewart/Rand 86.
25) de trin. VII 6,11 PL 42,944.
26) c. Eutych. 3 Stewart/Rand 86.
27) Petrus Damiani, *De divina omnipotentia*, ed. P. Brezzi et B. Nardi, Florenz 1943, Neuausg. in: *Sources Chrétiennes* 191 (1972) 참조. 다소 온건한 해석은 Moonan, L., "Impossibility and Peter Damian", in: *Archiv für Geschichte der Philosophie* 62 (1980), pp. 146~63; Holopainen, T., *Dialectic and Theology in the Eleventh Century*, Leiden 1996 참조. 또한 Lag pp. 942~44 참조.
28) Dionysius Areopagita, *De divinis nominibus* 9,1 PG 3,909 B, 참조: 같은 책, 9,2; 9,3 참조.
29) de div. nom. 1,7 PG 3,597 A.
30) *De mystica theologica* 1,2 PG 3,1000 B.
31) Augustin, de trin. VIII 3,4 Mountain 272,15.
32) 알아두면 좋은 사례들은 Halm, C., *Rhetores latini minores*, Leipzig 1868, 특히 p. 155,28ff. 참조. 카롤루스 왕조 시대의 경우는 p. 548,23ff. 참조.
33) Duhem, P., *Le système du monde*, 10 Bde., Paris 1913-59; Crombie, A. C., *Von Augustinus bis Galilei*, dt.: Köln/Berlin 1964; *Congrès international de philosophie médiévale*, 3. *Passo della Mendola 1964, Atti*, Mailand 1966, 특히 브루노 나르디(Bruno Nardi)의 개괄 설명은 pp. 3~23; Lindberg, D. C. (Hrsg.), *God and Nature. Historical Essays on the Encounter between Christianity and Science*, Berkeley/Los Angeles 1986; ders., *The Beginning of the Western Science*, Chicago 1992; *Knowledge and the Sciences in Medieval Philosophy. Proceedings of the Eighth International Congress of Medieval Philosophy*, 3 Bde., Helsinki 1990. 학술지 *Micrologus*의 모든 권호 참조. Turnhout 1993-1998; Borst, A., *Das Buch der Naturgeschichte. Plinius und seine Leser im Zeitalter des Pergaments*, Heidelberg 1994; Berndt, R. (Hrsg.), *Scientia und Disciplina. Wissenstheorie und Wissenschaftspraxis im 12. und 13. Jahrhundert*, Berlin 2002; Dilg, P. (Hrsg.), *Natur im Mittelalter: Konzeptionen, Erfahrungen, Wirkungen*, Berlin 2003; Haage, B. D., *Deutsche Fachliteratur der artes in Mittelalter und Früher Neuzeit*, Berlin 2007; Lindberg, D. Ch., *The Beginnings of Western Science*, Chicago ^{2}2007.
34) Raekham, H. [u.a.], 10 Bde., London 1938-63 [영어 번역].—Kroll, W., *Die Kosmologie des Plinius*, Breslau 1930.
35) 나르디가 이미 언급한 바 있다; B. Nardi (주 33), p. 11. 나는 독일의 능력 있는 중

세사가들은 이 사실에 별로 주의를 기울이지 않기 때문에 특별히 언급했을 뿐이다.

제2부 중세 철학의 발전 국면

I. 새로운 기본 조건

1) Dopsch, A., *Wirtschaftliche und soziale Grundlagen der europäischen Kulturentwicklung aus der Zeit von Caesar bis auf Karl d. Gr.*, 2 Bde., Wien ²1923/24; Pirenne, H., *Mahomet et Charlemagne*, Paris/Brüssel 1937; Lewis, A. R., *Naval Power and Trade in the Mediterranean A. D. 500-1000*, Princeton 1951; Pirenne, H., *Histoire économique et sociale du Moyen Age*, Neuausg. von H. Van Weveke, Paris 1963; Le Goff, J., *La Civilisation de l'Occident medieval*, Paris 1964, pp. 27~64 [마지막 두 권은 독일어 번역이 나와 있다]; Hübinger, P. E. (Hrsg.), *Bedeutung und Rolle des Islam beim Übergang vom Altertum zum Mittelalter*, Darmstadt 1968; Duby, G., *Guerriers et paysans. VIIe-XIIe siècle. Premier essor de l'économie européenne*, Paris 1973, dt.: *Krieger und Bauern*, Frankfurt a.M. 1983; Fourquin, G., *Histoire économique de l'occident médiéval*, Paris ³1979, pp. 9~93; Doehard, R., *Le haut moyen âge occidental. Economies et sociétés*, Paris ²1982 [연속되는 계기들을 분명하게 드러내기 때문에 특별히 읽을 가치가 있는 책이다]. 중세와 중세 후기의 경제사와 사회사의 고전은 Postan, M. [u.a.], *The Cambridge Economic History of Europe*, Bd. 1-3, Cambridge ²1966; Aubin, H. (Hrsg.), *Handbuch der deutschen Wirtschafts- und Sozialgeschichte*, Bd. 1, Stuttgart 1971; Jones, Ph., *Economia e società nell'Italia medievale*, Turin 1980 참조. 또한 White, L. jun., *Die mittelalterliche Technik und der Wandel der Gesellschaft*, München 1968; ders., *Medieval Religion and Technology*, Berkeley 1978; Gimpel, J., *Die industrielle Revolution des Mittelalters*, Zürich 1980도 참조. 총론: Borst, A., *Lebensformen im Mittelalter*, Frankfurt a.M. 1979; Zimmermann, H., *Das Mittelalter*, 2 Bde., Braunschweig 1975-79; *Handbuch der europäischen Geschichte*, hrsg. von Th. Schieder, Bd. 1: *Europa im Wandel von der Antike zum Mittelalter*, hrsg. von R. Schieffer, Stuttgart 1976; See, K. v. (Hrsg.), *Europäisches Frühmittelalter*, Wiesbaden 1985; Gurjewitsch, A. J., *Das Weltbild des mittelalterlichen Menschen*, München ⁵1997; Tellenbach, G., *Ausgewählte Abhandlungen und Aufsätze*, 4 Bde., Stuttgart 1988-89; Angenendt, A., *Das Frühmittelalter. Die abendländische Christenheit von 400 bis 900*, Stuttgart 1990; Fried, J., *Die Formierung Europas 840-1046*, München 1991; ders., *Propyläen Geschichte Deutschlands*, Bd. 1: *Der Weg in die Geschichte. Die Ursprünge Deutschlands bis 1024*, Berlin 1994 [상세한 참고문헌 목록]; Slater, T. R., *Towns in Decline, AD 100-1600*, Aldershot 2000; McComick, M., *Origins of the European Economy, A-D. 300-900*, Cambridge

2002; Fouracre, P., c. 500-c. 700, The New Cambridge Medieval History, Cambridge 2005; Ewig, E., Die Merowinger und das Frankenreich, Stuttgart 2006; Schieffer, R., Die Karolinger, Stuttgart ⁴2006; Dobrinski, Cl., Kloster und Wirtschaftswelt im Mittelalter, Paderborn 2007; Becher, M., Merowinger und Karolinger, Darmstadt 2009; Falkowski, W. (Hrsg.), Le monde carolingien: bilan, perspectives, champs de recherches, Turnhout 2009; Birkhardt, N./Stichel, R. H. W. (Hrsg.), Die antike Stadt im Umbruch, Wiesbaden 2010; Le Jean, R., Les merovingiens, Paris ²2011.

제6장 그리스도교

1) 이런 종류의 반역사적 고찰이 실제로 행해지고 있다는 사실이 믿겨지지 않는 독자들은 질송 같은 박식한 중세사가의 옛 작품 『그리스도교 철학 입문』(Introduction à la Philosophie Chrétienne, Paris 1960)을 들여다보기를 바란다. 거기서 '그리스도교 철학'이라는 표현은 단수로만 나타난다. 질송은 이 개념을 그의 책 처음 세 번째 줄에서 교황 레오 13세(†1903)가 요청했던 바로 그 그리스도교 철학이라 정의함으로써 중세 시대 철학의 역사적 풍요로움과 단절을 선언하고 오직 토마스주의에 대해서만 이야기한다. 그리고 그마저도 앞에서 언급한 대로 클라우스 크레머가 입증했듯이(Klaus Kremer, Die neuplatonische Seinsphilosophie und ihre Wirkung auf Thomas von Aquin, Leiden 1966), 존재와 존재자에 대한 토마스 아퀴나스의 이론에 들어맞지 않는, 즉 편파적 방식으로 다룬다.
위대한 역사가인 질송의 교조적이고 협소한 견해에 대한 아주 간명한 비판은 Paul Vignaux, De saint Anselme à Luther, Paris 1976, p. 56 참조: '그리스도교 철학'이라는 개념의 교조적 용법과 서술적 의미를 구별할 줄 알아야 한다. 이와 유사한 방식으로 질송과 거리를 두는 작업은 그의 기념 논문집 Etienne Gilson et nous: La philosophie et son histoire, hrsg. von M. Couratier, Paris 1980, 특히 p. 63 (Martineau), pp. 49~58 (Vignaux) 참조.
같은 이유에서 그리스도교와 철학적 일원론이 결합되면서 고대 세계가 그리스도교화되었다는 주장도 지지될 수 없다. 그렇지 않으면 그리스도교인들이 유대인이나 신플라톤주의자가 될 수도 있었을 것이기 때문이다. 고대 세계의 사정은 다음을 참고하면 더 정확하게 고찰할 수 있다.
Johannes Geffken, Der Ausgang des griechisch-römischen Heidentums, Heidelberg 1920; Peter Brown, Religion and Society in the Age of Saint Augustin, London 1972; Ramsay MacMullen, Paganism and Christianity, 100-425. A Sourcebook, Minneapolis 1992; Peter Brown, Power and Persuasion in Late Antiquity. Towards a Christian Empire, London 1992; Peter Brown, Die letzten Heiden. Eine kleine Geschichte der Spätantike, 영어로 먼저 출간 1978, 독일어는 Frankfurt a.M. 1995; Charles et Luce Pietri, Naissance d'une chrétienité (250-430). Histoire du Christianisme, Bd. 2, Paris 1995, 독일어 번역은 Freiburg i. Br. 1996; Karl Christ, Geschichte der Römischen Kaiserzeit, München ⁶2005;

Paul Veyne, *Quand notre monde est devenu chrétien (312-394)*, Paris 2007.
2) Meister Eckhart, *Quaestio Parisiensis. Utrum in deo sit idem esse et intellegere*, n. 4, in: M. E., *Lateinische Werke*, Bd. 5, Stuttgart 1936, p. 40.

제7장 라틴어

1) 제3장 주 22 참조.

제8장 교육 체계

1) "Arts libéraux et philosophie au moyen âge", in: *Actes IVe congrès international de philosophie médiévale*, Montreal/Paris 1969; Glorieux, P., *La faculté des arts et ses maîtres au XIIIe siècle*, Paris 1971, pp. 14~58 참조. 교육사는 다음을 참조: "La scuola nell'occidente latino dell'Alto Medioevo", in: *XIX. settimane di studio del centro italiano di studi sull'Alto Medioevo*, Spoleto 1972; Murphy, J. J., *Rhetoric in the Middle Ages. A History of Rhetorical Theory from Saint Augustine to the Renaissance*, Berkeley 1974; Koch, J. (Hrsg.), *Artes liberales. Von der antiken Bildung zur Wissenschaft des Mittelalters*, Leiden/Köln 1976; Hadot, I., *Arts liberaux et philosophie dans la pensée antique*, Paris 1984; Contreni, J. J., *Carolingian Learning, Masters and Manuscripts*, Hampshire 1992; Déchant, Fr., *Die theologische Rezeption der Artes liberales und die Entwicklung des Philosophiebegriffs in theologischen Programmschriften des Mittelalters von Alkuin bis Bonaventura*, St. Ottilien 1993; Englisch, B., *Die Artes liberales im frühen Mittelalter. Das Quadrivium und der Komputus als Indikatoren für Kontinuität und Erneuerung der exakten Wissenschaften zwischen Antike und Mittelalter*, Stuttgart 1994; Lindgren, U., *Die Artes liberales in Antike und Mittelalter*, Augsburg 2004; Stolz, M., *Artes-liberales-Zyklen. Formationen des Wissens im Mittelalter*, Tübingen 2004; Glei, R. (Hrsg.), *Die Sieben freien Künste in Antike und Gegenwart*, Trier 2006.
2) Martianus Capella, *De nuptiis Mercurii et Philologiae*, ed. A. Dick, Leipzig 1925.
3) Julius Solinus, *Collectanea rerum memorabilium*, ed. Th. Mommsen, Berlin 1864, ²1895, Nachdr. 1958.
4) *Physiologus*, ed. F. Lauchert, Straßburg 1889, ed. F. Sbordone, Rom 1936, dt. von O. Seel, Zürich/Stuttgart 1960; Schröder, C., *Der Millstätter Physiologus. Text, Übersetzung, Kommentar*, Würzburg 2005.
Le Goff, J., *La Civilisation de l'Occident médiéval*, Paris 1964, p. 150; Orosius, *Historia adversus paganos*, ed. C. Zangemeister, Prag [u.a.] 1882, Neudr. New York 1966 (CSEL 5).
6) Christ. K./Kern, A., "Das Mittelalter", in: *Handbuch der Bibliothekswissenschaft*, hrsg. von F. Milkau, G. Leyh [u.a.], Bd. 3,1, Wiesbaden 1955, p. 291.

7) Gregorius Magnus, *Dialogorum libri IV*, ed. A. Vogüé und P. Antin, SC 260, 265, Paris 1979-1980: "Recessit igitur scienter nescius et sapienter indoctus."

제9장 도서관

1) Thompson, J. W., *The Medieval Library*, Chicago 1939, Christ/Kern, in: *Handbuch der Bibliothekswissenschaft*, Bd. 3, 1 (제8장 주 6 참조); Riché, P., *Education et culture dans l'Occident barbare, Vle-VIIIe siècle*, Paris ²1967; 매우 훌륭한 개괄은 L. J. Bataillon, "Les conditions de travail des maîtres de l'université de Paris au XIIIe siècle", in: *Revue des sciences philosophiques et théologiques* 67 (1983), pp. 417~33; Buzás, L., *Deutsche Bibliotheksgeschichte des Mittelalters*, Wiesbaden 1975; Ganz, P. (Hrsg.), *The Role of the Book in Medieval Culture*, 2 Bde., Turnhout 1986; Cavallo, G., *Le biblioteche nel mondo antico e medievale*, Rom/Bari 1988; Krämer, S., *Handschriftenerbe des deutschen Mittelalters. Mittelalterliche Bibliothekskataloge Deutschlands und der Schweiz*, Erg.-Bd. 1, München 1989; Caroti, S., *I codici di Bernardo Campagna. Filosofia e Medicina alla fine del secolo XIV*, Manziana 1991; Canone, E. (Hrsg.), *Bibliothecae selectae da Cusano a Leopardi*, Florenz 1993; Paasch, K., *Der Schatz des Amplonius. Die große Bibliothek des Mittelalters in Erfurt*, Erfurt 2001; Powitz, G., *Handschriften und frühe Drucke. Ausgewählte Aufsätze zur mittelalterlichen Buch- und Bibliotheksgeschichte*, Frankfurt a.M. 2005; Stolz, M., *Buchkultur im Mittelalter. Schrift, Bild, Kommunikation*, Berlin 2006; Rapp, A. (Hrsg.), *Zur Erforschung mittelalterlicher Bibliotheken*, Frankfurt a.M. 2009; Jochen, U., *Geschichte der abendländischen Bibliotheken*, Darmstadt 2010 참조.
2) 제임스 W. 톰슨(James W. Thompson)의 견해이다. Thompson, *The Medieval Library*, pp. 630~35.
3) 수치는 Christ/Kern (제8장 주 6 참조), p. 251. 다음도 참조: Lehmann, P., *Mittelalterliche Bibliothekskataloge Deutschlands und der Schweiz*, Bd. 1, München 1918; Bischoff, B., "Biblioteche, scuole e letterature nelle città dell'alto medioevo", in: *La Città Nell'Alto Medioevo*, Spoleto 1959, pp. 609~44. 기초적인 참고문헌은 Lehmann, P., *Erforschung des Mittelalters. Ausgewählte Abhandlungen und Aufsätze*, 5 Bde., Leipzig 1941-62; Bischoff, B., *Mittelalterliche Studien. Ausgewählte Aufsätze zur Schriftkunde und Literaturgeschichte*, Stuttgart 1966ff. 참조.
4) Bernhard von Clairvaux, Ep. 189, *Opera*, ed. J. Leclercq et H. Rochais, Bd. 8, Rom 1977, p. 13, 인용은 Thompson, *The Medieval Library*, p. 636 참조.
5) *Cassiodori Institutiones*, ed. R. A. B. Mynors, Oxford 1937. 또한 O'Donnell, J. J., *Cassiodorus*, Berkeley 1979 참조.
6) Thompson, *The Medieval Library*, p. 40 참조.

7) Eugippius, *Excerpta ex operibus*, s. Augustini, PL 62,599-1088; CSEL 9,1,2.
8) Gregor von Tours, *Historia Francorum* IV 31, 인용은 Thompson, *The Medieval Library*, p. 26 참조.
9) Gregor von Tours, hist. franc. VI 9, 인용은 Thompson, *The Medieval Library*, p. 26.
10) Gregor d. Gr., *Moralia in Hiob* V 3, PL 79,355. *Homiliae in Evangelium*, 2 Bde., lat./frz. von R. Étaix, Paris 2005-2008; *Moralia in Iob*, ed. M. Adriaen, CC 143; 143A; 143B, Turnhout 1979-1985. *Morales sur Job*, lat./frz. Paris 2003-2010. Paul, J., *Histoire intellectuelle de occident médiéval*, Paris 1973, pp. 101~03; Richards, J., *Gregor der Große*, [engl.] London 1980, dt.: Graz/Wien/Köln 1983; 그레고리우스는 Evans, G. R., *The Thought of Gregory the Great*, Cambridge 1986; Markus, R. A., *Gregory the Great and his World*, London 1997; Moorhead, J., *Gregory the Great*, London 2005; Cremascoli, G., *Enciclopedia gregoriana. La vita, l'opera e la fortuna di Gregorio Magno*, Florenz 2008, 보니파키우스는 Sturlese, pp. 15~18 참조.
11) Alkuin, *Werke*: PL 90; MGH *Poetae* I 1, 160-351, *Epistolae* IV 1-493, 614-616; Fleckenstein, J., *Die Hofkapelle der deutschen Könige*, Bd. 1: *Die karolingische Hofkapelle*, Stuttgart 1959 (MGH 16,1); Wallach, L., *Alcuin and Charlemagne*, Ithaca (N.Y.) 1959; Edelstein, W., *Eruditio und sapientia. Weltbild und Erziehung in der Karolingerzeit. Untersuchungen zu Alkuins Briefen*, Freiburg I. Br. 1965; Alcott, C., *Alcuin of York. Life and Works*, New York 1974; Brunhölzl, F., *Geschichte der lateinischen Literatur des Mittelalters*, Bd. 1, München 1975, pp. 268~86; Mähl, S., *Quadriga virtutum. Die Kardinaltugenden in der Geistesgeschichte der Karolingerzeit*, Köln/Wien 1969; Marenbon, J., *From the Circle of Alcuin to the School of Auxerre*, Cambridge 1981; Ballough, D. A., *Alcuin. Achievement and Reputation*, Leiden 2004; Tremp, E. (Hrsg.), *Alkuin von York und die geistige Grundlegung Europas*, St. Gallen 2010. 또한 K 43-56도 참조.
12) Heinemann, O. v., *Die Handschriften der herzoglichen Bibliothek zu Wolfenbüttel*, Bd. 3: *Die Weißenburger Handschriften*, Wolfenbüttel 1905 참조. 장크트갈렌 도서관의 목록은 Lehmann, P., *Mittelalterliche Bibliothekskataloge Deutschlands und der Schweiz*, Bd. 1, München 1918, p. 66 참조. 소장된 수사본의 전체 목록은 *Verzeichnis der Handschriften der Stiftsbibliothek von St. Gallen*, hrsg. vom Katholischen Administrationsrath des Kantons St. Gallen, bearb. von G. Scherrer, Halle 1875.—Die Handschriften der Stiftsbibliothek St. Gallen, beschreibendes Verzeichnis: *Codices 1726-1948 (14.-19. Jh.)*, bearb. von B. M. v. Scarpatetti, mit einer Einl 참조. 도서 정리의 역사는 J. Duft, St. Gallen 1983 참조.
13) Chevalier, P., *Dionysiaca*, 2 Bde., Paris/Brügge 1937-51에서 라틴어 번역 참조.
14) 편집된 텍스트는 J. Willis, *Commentarii in somnium Scipionis Ambrosii*

Theodosii Macrobii, Leipzig 1963, 영어 번역: *Commentary on the Dream of Scipio*, New York 1952 [개론 설명이 매우 길다]; *Der Kommentar zum Traum des Scipio*, lat./frz. von M. Armisen-Marchetti, Paris 2001ff., lat./ital. von M. Neri und II. Ramelli, Mailand 2007. 마크로비우스는 다음도 참조: K pp. 110~17; Flamant, J., *Macrobe et le néoplatonisme latin à la fin du IVe siècle*, Leiden 1977; Di Pasquale, B., *Macrobio. Etica e psicologia nei Commentarii in "Somnium Scipionis"*, Catania 1988; Hüttig, A., *Macrobius im Mittelalter. Ein Beitrag zur Rezeptionsgeschichte der Commentarii in "Somnium Scipionis"*, Frankfurt a. M. [u.a.] 1990. 중세가 받은 스토아 철학의 유산은 Verbeke, G., *The Presence of Stoicisme in Medieval Thought*, Washington (D.C.) 1983 참조.

15) p. 180 참조.

16) 중세의 서적과 중세에 사용된 매체들에 대해서는 Michael Giesecke, *Der Buchdruck in der frühen Neuzeit*, Frankfurt a.M. 1998 [Tb.-Ausg. mit Nachw., 사회학자가 독일어로 쓴 일반인을 위한 두꺼운 책으로 방대한 참고문헌 목록이 실려 있다]. 구텐베르크는 Ruppel, A., *J. Gutenberg. Sein Leben und Werk*, Berlin ²1947; Kapr, A., *Johannes Gutenberg. Persönlichkeit und Leistung*, München 1987; Füssel, St., *Johannes Gutenberg*, Hamburg 1999 참조. 매체와 내용에 대해서는 다음을 참조: Goldschmidt, E. P., *Medieval Texts and Their Appearance in Print*, London 1943; Auerbach, E., *Literatursprache und Publikum in der lateinischen Spätantike und im Mittelalter*, Bern 1958; Febvre, L./Martin, H.-J., *L'apparation du livre*, Paris 1958; Hirsch, R., *Printing, Selling and Reading*, Wiesbaden 1967; McLuhan, M., *Die Gutenberg Galaxis*, Düsseldorf 1968; Bingham Stillwell, M., *The Awakening Interest in Science during the First Century of Printing, 1450-1550*, New York 1970; Geldner, F., *Inkunabelkunde*, Wiesbaden 1978; Eisenstein, E. L., *The Printing Press as an Agent of Change*, 2 Bde., Cambridge 1979; dies., *The Printing Revolution in Early Modern Europe*, Cambridge 1983; Möller, B. [u.a.] (Hrsg.), *Studien zum städtischen Bildungswesen des späten Mittelalters und der frühen Neuzeit*, Göttingen 1983; Stackmann, K./Grenzmann, L. (Hrsg.), *Literatur und Laienbildung im Spätmittelalter und in der Reformationszeit*, Stuttgart 1984; Gumbrecht, H. U./Pfeiffer, K. L. (Hrsg.), *Materialität der Kommunikation*, Frankfurt a.M. 1988; Raabe, P. (Hrsg.), *550 Jahre Buchdruck. Ausstellungskatalog der Herzog August Bibliothek*, Wolfenbüttel 1990; Füssel, St., *Gutenberg und seine Wirkung*, Frankfurt a.M. 1999; Füssel, St., *Johannes Gutenberg*, Reinbek bei Hamburg ⁴2007; Wenzel, H., *Mediengeschichte vor und nach Gutenberg*, Darmstadt 2008; Merisaldo, O., *Dal libro manoscritto al libro stampato*, Spoleto 2010; Eisenstein, E. L., *Divine art, infernal machine. The Reception of Printing*, Philadelphia 2011; Abel, R., *The Gutenberg Revolution. A History of Print Culture*, New Brunswick 2011.

II. 카롤루스 왕조 시대의 개혁

제10장 경제, 정치, 문화

1) Quellen: *Karls Epistola de litteris colendis* von 784/785, in: Urkundenbuch des Klosters Fulda I n. 166; *Admonitio generalis* von 789, in: MGHI, n. 22, n. 30도 참조; Einhard, *Vita Caroli Magni* [여러 판본].—Literatur: Fleckenstein, J., *Die Bildungsreform Karls d. Gr. als Verwirklichung der "norma rectitudinis"*, Freiburg I. Br. 1953; Lehmann, P., "Das Problem der karolingischen Renaissance", in: *Settimane di studi del centro italiano di studi sull'alto medioevo*, Spoleto 1954; Wallach, L., *Alcuin and Charlemagne*, Ithaca (N.Y.) 1959; Riché, P., *Education et culture dans l'occident barbare. VIe-VIIe siècle*, Paris ²1967; Schramm, P. E., "Karl d. Gr.: Denkart und Grundauffassungen. Die von ihm bewirkte 'Correctio'", in: *Historische Zeitschrift* 198 (1964), pp. 306~45; Braunfels, W., *Karl der Große*, Bd. 2: *Das geistige Leben*, hrsg. von B. Bischoff, Düsseldorf 1965; 앨퀸과 그의 영향으로는 Ineichen-Eder, C., "Theologisches und philosophisches Lehrmaterial aus dem Alcuin-Kreise", in: *Deutsches Archiv* 34 (1978), pp. 192~201; Marebon, J., *From the circle of Alcuin to the school of Auxerre. Logic, Theology and Philosophy in the early Middle Ages*, Cambridge 1981; ders., *Early Medieval Philosophy (480-1150). An Introduction*, London 1983; Butzer, P. L. [u.a.] (Hrsg.), *Karl der Große und sein Nachwirken. 1200 Jahre Kultur und Wissenschaft in Europa*, 2 Bde., Turnhout 1997; Erkens, F.-R. (Hrsg.), *Karl der Große und das Erbe der Kulturen*, Berlin 2001; Tremp, E., *Karl der Große und seine Gelehrten. Katalog zur Ausstellung St. Gallen*, St. Gallen 2004; Imhof, M./Winterer, Chr., *Karl der Große. Leben und Wirkung, Kunst und Architektur*, Petersberg 2005; Eastwood, B. St., *Ordering the Heavens. Roman astronomy and cosmology in the Carolingian Renaissance*, Leiden 2007; McKitterick, R., *Karl der Große*, aus d. Engl. von Susanne Fischer, Darmstadt 2008; Hartmann, W., *Karl der Große*, Stuttgart 2010 참조. 그 외에도 Totok II, pp. 174~75; Stor. della Filos, V, pp. 47~52, 400~01; LMA 5 Sp. 956~66; Lag pp. 191~97 참조.
2) Vauchez, A., *La spiritualité du moyen âge occidentale, VIIIe-XIIe siècle*, Paris 1975, p. 11 참조.
3) *Libri Carolini sive Caroli Magni Capitulare de imaginibus*, ed. H. Bastgen, Hannover/Leipzig 1924 (MGH legum sectio 3, *Concilia*, Bd. 2, Suppl.); *Libri Carolini*, Opus Caroli regis contra synodum, ed. Ann Freeman, Hannover 1998.
이와 관련해서는 Steinen, W. v. d., *Entstehungsgeschichte der "Libri Carolini". Quellen und Forschungen aus italienischen Archiven und Bibliotheken*, Bd. 21,1, Rom 1929/30; Liebeschütz, H., "Wesen und Grenzen des karolingischen

Rationalismus", in: *Archiv für Kulturgeschichte* 33 (1951), pp. 17~44; ders., in: *The Cambridge History of Later Greek and Early Medieval Philosophy*, hrsg. von A. H. Armstrong, Cambridge 1967, pp. 565~71; Freeman, A., *Theodulf of Orléans. Charlemagne's spokesman against the Second Concil of Nicaea*, Aldershof 2003; Mitalaité, K., *Philosophie et théologie de l'image dans les Libri Carolini*, Paris 2007 참조.
4) 『카롤루스 법령집』의 논증과 관련해서는 K pp. 57~67 참조.

제11장 요하네스 에리우게나

1) PL 122에 실린 에리우게나의 저작은 불완전하며, 텍스트도 불안정하고 오류가 많다. 중요한 새 판본으로는 Iohannes Scotus Eriugena, *Periphyseon. Liber quartus*, ed. A. Jeauneau, CC Cont. Med. 164, Turnhout 2000; Iohannes Scotus Eriugena, *Periphyseon. Liber quintus*, ed. A. Jeauneau, CC Cont. Med. 165, Turnhout 2003; Iohannes Scotus Eriugena, *Homilia et commentarius in evangelium Iohannis*, ed. A. Jeauneau, CC Cont. Med. 166, Turnhout 2008; *Iohannis Scotti Eriugenae Periphyseon* (De Divisione Naturae). *Liber Quartus* (übers. von J. J. O'Meara and I. P. Sheldon-Williams, Dublin 1995; *Carmina*, ed. M. W. Herren, Dublin 1997; Jeauneau, E., *Jean Scot, Homilie sur le prologue de Jean*, Paris 1969; ders., *Jean Scot, Commentaire sur l'Evangile de Jean*, Paris 1972; *Expositiones in Ierarchiam Coelestem*, ed. J. Barbet, CC Cont. Med. 31; *De praedestinatione*, ed. G. Madec, CC. Cont. Med. 50 참조. 인물에 대해서는 Staudenmaier, F. A., *Johannes Scotus Eriugena und die Wissenschaft seiner Zeit*, Frankfurt a.M. 1834; Cappuyns, M., *Jean Scot Erigène. Sa vie, son œuvre, sa pensée*, Löwen/Paris 1933; Gregory, T., *Giovanni Scoto Eriugena. Tre studi*, Florenz 1963; Sheldon-Williams, I. P., "Johannes Scotus Eriugena", in: *The Cambridge History of Later Greek and Early Medieval Philosophy*, hrsg. von A. H. Armstrong, Cambridge 1967, pp. 518~33; O'Meara, J. J., *Eriugena*, Cork 1969; O'Meara, J. J./Bieler, L. (Hrsg.), *The Mind of Eriugena. Papers of a Colloquium*, Dublin 1973; Roques, R., *Libres sentiers vers l'Ériginisme*, Rom 1975; Roques, R. (Hrsg.), *Jean Scot Erigène et l'histoire de la philosophie*, Paris 1977; Gersh, St., *From Iamblichus to Eriugena. An Investigation of the Prehistory and Evolution of the Pseudo-Dionysian Tradition*, Leiden 1978; Christiani, M., *Dall'Unanimitas all'Universitas. Da Alcuino a Giovanni Eriugena. Lineamenti ideologici e terminolocia politica della cultura del secolo IX*, Rom 1978; Jeauneau, E., *Quatre thèmes érigéniens*, Montreal/Paris 1978; Lucentini, P., *Platonismo medievale. Contributi per la storia dell'Eriugenismo*, Florenz 1980; Beierwaltes, W. (Hrsg.), *Eriugena. Studien zu seinen Quellen*, Heidelberg 1980; Schrimpf, G., *Das Werk des Johannes Scottus Eriugena im Rahmen des Wissenschaftsverständnisses seiner Zeit. Eine Hinführung zu* "Periphyseon", Münster 1982 (Beiträge, N.

F. 23); Jeauneau, E., *Études érigéniennes*, Paris 1987; O'Meara, J. J., *Eriugena*, Oxford 1988; Moran, D., *The Philosophy of John Scotus Eriugena*, Cambridge 1989; Brennan, M., *Guide des études érigéniennes 1930-1987*, Fribourg 1989; Otten, W., *The Anthropology of J. S. Eriugena*, Leiden 1991; Beierwaltes, W., *Eriugena*, Frankfurt a.M. 1994; Flasch, Hauptwerke, pp. 60~89.; Jeauneau, E., *The autograph of Eriugena*, Turnhout 1996; Ansorge, D., *Johannes Scotus Eriugena: Wahrheit als Prozeß: eine theologische Interpretation von "Periphyseon"*, Innsbruck 1996; Carabine, D., *John Scottus Eriugena*, Oxford 2000; Kreuzer, J., *Gestalten mittelalterlicher Philosophie: Augustinus, Eriugena, Eckhart, Tauler, Nikolaus v. Kues*, München 2000; Rorem, P., *Eriugena's Commentary on the Dionysian Celestial Hierarchy*, Toronto 2005; Mooney, H. A., *Theophany. The Appearing of God in the Writings of Johannes Scottus Eriugena*, Tübingen 2009 참조. 그 외에 참고할 문헌으로는 Manitius I, pp. 323~39; Totok II, pp. 176~78; Stor. della Filos. V, pp. 410~13; LMA 5 (1991), Sp. 602~05; Brennan, M., "A Bibliography of Publications in the Field of Eriugenan Studies, 1800-1975", in: *Studi Medievali* 3,18 (1977), pp. 401~77; Van Riel, G., *A Bibliographical Survey of Eriugenian Studies 1987-1995*, Löwen 1995 참조. 또한 SEP; Gracia pp. 397~406; Lag pp. 646~51도 참조.
2) 예정설 논쟁을 다룬 연구들의 목록은 Schrimpf, *Das Werk des J. S. Eriugena*, p. 73, 주 6에 있다. 그리고 K pp. 76~85도 참조.
3) *Oevres théologiques et grammaticales de Godescalc d'Orbais*, hrsg. von D.-C. Lambot, Löwen 1945, pp. 180~258. Flasch, Einführung, pp. 25~37; Sturlese, pp. 31~36 참조.
4) Isidor von Sevilla, *Sententiae* II 6,1 PL 83,606 A.
5) Hauck, A., *Kirchengeschichte Deutschlands*, Bd. 2, Berlin [8]1954, p. 674.
6) Hrabanus, *Epistola ad Notingum* bei Lambot, Œuvres théologiques, p. 5 참조. Hrabanus Maurus, *De institutione clericorum*, Buch 1 und 2, lat./dt. von Detlev Zimpel, Turnhout 2006. 인물에 대해서는 Kössinger, N. (Hrsg.), *Hrabanus Maurus: Profil eines europäischen Gelehrten. Beiträge zum Hrabanus-Jahr 2006*, Sankt Ottilien 2008; Felten, F. J., *Hrabanus Maurus-Gelehrter, Abt von Fulda und Erzbischof von Mainz*, Mainz 2006; Depreux, Ph. (Hrsg.), *Raban Maur et son temps*. Turnhout 2010. Verf. 4, Sp. 166~96 참조.
7) Hrabanus, *Epistola ad Eberhardum*, 같은 곳.
8) Eriugena, *De praedestinatione* I Madec 4.
9) Augustin, de vera rel. 5,8 PL 34,126 CC 32,193.
10) Eriugena, *De praedestinatione* I 1 Madec 5.
11) de praed. 2,3 Madec 7.
12) de praed. 2,5 Madec 16.
13) de praed. 4,3 Madec 28.
14) de praed. 4,5 Madec 31.

15) de praed. 5,4 Madec 37.
16) de praed. 5,9 Madec 41.
17) de praed. 4,6 Madec 31: "Est enim et vult et scit, vult se esse et scire, scit se esse et velle."
18) de praed. 8,2 Madec 49: "Tota deinde animae natura voluntas est."
19) de praed. 8,5 Madec 51: "Ubi est rationabilitas, ibi necessario erit libertas …… Est autem rationabilis substantialiter voluntas humana. Est igitur substantialiter libera."
20) de praed. 9,1 Madec 56: "Signa secundum naturam non sunt, sed ex complacito hominum inventa."
21) de praed. 9,2 Madec 56: 다음을 참조: de praed. 9,7 Madec 61: "Conficitur ergo praescientiam et praedestinationem similitudine rerum temporalium ad deum transferri."
22) de praed. 10,1-2 Madec 62-63.
23) de praed. 16,1 Madec 93.
24) de praed. 16,6 Madec 101: "In omni enim peccatore simul incipiunt oriri peccatum et poena eius."
25) de praed. 19,1-2 Madec 118-119.
26) "Adversus Iohannis …… erroneas definitiones"; PL 119,101 Bff.
27) Mansi, J. D., *Sacrorum Conciliorum nova et amplissima collectio*, bei Madec, Introduction, p. IX.
28) 1650년에 간행된 판본 hrsg. von G. Mauguin 참조.
29) 이와 관련해서는 Koch, J., "Augustinischer und dionysischer Neuplatonismus", in: *Kant-Studien* 48 (1956/57), pp. 117~33 참조.
30) 『자연의 구별』은 전체 5권으로 구성되어 있다. 여기서 '구별'은 단일한 실재의 개념적 구분(Dihairese)으로 이해해야 한다. 인간의 존엄성과 관련해서는 특히 de div. nat. V 31 Gale 269, Migne PL 122,943 A 참조. Gale 268, Migne 941 D에는 "nulla interposita creatura"라고 쓰여 있다.
31) de div. nat. I 455 c Sheldon-Williams 68.
32) de div. nat. I bes. 450 B Sheldon-Williams 54.
33) de div. nat. 472 B Sheldon-Williams 106. 에리우게나의 범주론으로는 Flasch, K., "Zur Rehabilitierung der Relation. Die Theorie der Beziehung bei Joh. Eriugena", in: *Philosophie als Beziehungswissenschaft. Fs. für J. Schaaf*, Frankfurt a.M. 1971, pp. 1~25 참조.
34) de div. nat. 470 D-471 A Sheldon-Williams 102.
35) de div. nat. 471 A Sheldon-Williams 120.
36) de div. nat. I 469 B Sheldon-Williams 98.
37) de div. nat. I 452 B Sheldon-Williams 60.
38) de div. nat. II 570 B Sheldon-Williams II 100.
39) de div. nat. I 467 A Sheldon-Williams 92.

40) de div. nat. I 487 D Sheldon-Williams 138-140.
41) *Officina totius creaturae*, De div. nat. III 37 PL 122,733 B-C Sheldon-Williams 3.
42) *Res publica rerum omnium*, Expos. super hierarchiam caelest. I 127 A-B. 또한 128 A-C, IX 212 A 참조.

III. 시작: 11세기

제12장 제국의 새로운 문화: 오토 왕조와 랭스의 게베르 오리야크

1) Murray, A., *Reason and Society in the Middle Ages*, Oxford 1978, p. 50.
2) 같은 책, p. 55.
3) Fleckenstein, J., "Königshof und Bischofsschule unter Otto d. Gr.", in: *Archiv für Kulturgeschichte* 38 (1956), pp. 38~62.
4) 이와 관련해서는 Christ/Kern (제8장 주 6), pp. 301~02 참조.
5) 게베르의 작품: *Euvres de Gerbert*, hrsg. von A. Olleris, Clermont 1867; *Opera mathematica*, ed. N. Bubnov, Berlin 1889; *Epistulae*, ed. P. Riché et P. Callu, Paris 1993; *Letters of Gerbert with his Papal Privileges*, [ins Engl.] übers. und hrsg. von H. Pratt Lattin, New York 1961; *Epistulae. Lettres*, lat./frz. von J. P. Callu, 2 Bde., Paris 1993-2008; Picavet, F., *Gerbert, Un pape philosophe*, Paris 1897; Lindgren, U., *Gerbert von Aurillac und das Quadrivium*, Wiesbaden 1976; Riché, P., *Gerbert d'Aurillac. Le Pape de l'An Mil*, Paris 1987.

제13장 경제적 성장

1) 11세기의 전반적 상황은 Bloch, M., *La société féodale*, Paris 1939 [u.ö.]; Southern, R. W., *The Making of the Middle Ages*, London 1953; Le Goff, J., *La Civilisation de l'Occident médiéval*, Paris 1964, dt.: München/Zürich 1970; ders., *Das Hochmittelalter*, Frankfurt a.M. 1965 (Fischer Weltgeschichte, 11); Duby, G., *Le temps des cathédrales. L'art et la société 980-1420*, Paris 1976; ders., *Guerriers et paysans, VIIe-XIIe siècles*, Paris 1973, pp. 179~300, dt.: *Krieger und Bauern*, Frankfurt a.M. 1983; Werner, E., *Häresie und Gesellschaft im 11. Jahrhundert*, Berlin 1975; Murray, A., *Reason and Society in the Middle Ages*, Oxford 19/8; Duby, G. (Hrsg.), *Histoire de la France urbaine*, Bd. 2: *La ville médiévale*, hrsg. von J. Le Goff, Paris 1980 참조. 11세기부터 13세기까지의 독일 역사는 Haverkamp, A., *Aufbruch und Gestaltung. Deutschland 1056-1273*, München 1984 [읽어볼 만한 참고문헌 목록 포함] 참조. 결정적인 것은 도시와 지성적 발전의 관계이다. 그러므로 다음도 참조: Ennen, E., *Die europäische Stadt des Mittelalters*, Göttingen ³1979; Werner, E., *Stadt und Geistesleben im Mittelalter*,

Weimar 1980; Elm, K. (Hrsg.), *Stellung und Wirksamkeit der Bettelorden in der städtischen Gesellschaft*, Berlin 1981; Diestelkamp, B. (Hrsg.), *Beiträge zum hochmittelalterlichen Städtewesen*, Köln 1982; Fuhrmann, B., *Die Stadt im Mittelalter*, Stuttgart 2006; Jäschke, K.-U. (Hrsg.), *Was machte im Mittelalter zur Stadt?*, Heilbronn 2007; Hirschmann, F. G., *Die Stadt im Mittelalter*, München 2009. 이 시기의 고전 작품 수용과 관련해서는 Munk Olsen, B., *L'étude des auteurs classiques latins aux XIe et XIIe siècle*, 3 Bde., Turnhout 1982-89; 논리학의 경우에는 d'Onofrio, I., *Logica antiquioris mediae aetatis*, Bd. 1, CC Cont. Med. 120 참조.

2) Peter Brown, in: *Daedalus* 104 (1975), p. 135 [Übers. aus dem Engl. von K. F.].

3) Leclercq, J., *L'amour des lettres et le désir de Dieu*, Paris 1957; Vauchez, A., *La spiritualité du moyen âge occidental, VIIIe-XIIe siècle*, Paris 1975, 특히 p. 43ff.; Duby, G., *L'an mil*, Paris 1980 참조.

4) Manegold von Lautenbach, *Ad Gebehardum liber*, in: *Libelli de lite*, Bd. 1, Hannover 1891, Nachdr. 1956 (MGH 8), pp. 300~430; *Liber contra Wolfelmum*, ed. W. Hartmann, Hannover 1972. 정치와 철학에 대한 견해는 특히 107-124 K. S. Sturlese, pp. 77~86 참조. 또한 Fuhrmann, H., "'Volkssouveränität' und 'Herrschaftsvertrag' bei Manegold von Lautenbach", in: *Fs. für Hermann Krause*, Köln 1975, pp. 21~41도 참조. 서임권 논쟁은 Tellenbach, G., *Libertas*, Stuttgart 1936; 1100년경의 전체적인 상황 조망은 Erdmann, C., *Die Entstehung des Kreuzzuggedankens*, Stuttgart 1935; 샤르트르의 풀베르는 Cazeaux, M. (Hrsg.), *Le temps de Fulbert*, Chartres 1996 참조.

5) Blumenkranz, B., *Les Auteurs latins chrétiens du Moyen Age sur les Juifs et le judaisme*, Paris 1964; Dasberg, L., *Untersuchungen über die Entwertung des Judenstatus im 11. Jahrhundert*, Paris 1965; Murray, A., *Reason and Society in the Middle Ages*, Oxford 1968, pp. 67~71 참조.

6) Grundmann, H., *Ketzergeschichte des Mittelalters. Die Kirche in ihrer Geschichte*, Göttingen 1963; Werner, E., *Häresie und Gesellschaft im 11. Jahrhundert*, Berlin 1975.

제14장 투르의 베렝가르와 캔터베리의 안셀무스

1) Cicero, *De natura deorum* II 7. n. 18 Plasberg-Ax 65,18-21: "atqui certe nihil omnium rerum melius est mundo nihil praestabilius nihil pulchrius, nec solum nihil est sed ne cogitari quidem quicquam melius postest." 'mundus' 와 'deus'는 동일하다. Cicero, nat. deor. II 8 n. 21 Plasberg-Ax 57,20: "esse mundum deum" 참조.

2) MacDonald, A. J., *Berengar and the Reform of Sacramental Doctrine*, London 1930; Cappuyns, M., "Berengar de Tours", in: *Dictionnaire d'Histoire et Géographie Ecclésiastique* 8 (1935), pp. 385~407; Capitani, O., *Studi su*

Berengario di Tours, Lecce 1966; Montclos, J. de, "Note sur la controverse Berengarienne", in: *Bulletin de la Société International pour l'étude de la philosophie médiéval* 4 (1962), pp. 133~34; ders., *Lanfranc et Berengar. La controverse eucharistique du XIe siècle*, Löwen 1971; ders., "Berengar von Tours (um 1005-1088)", in: *Theologische Realenzyklopädie* 5 (1980), pp. 598~601; Flasch, K., "Berengar von Tours", in: Flasch, Hauptwerke, pp. 108~28; Lanfrancus Cantuariensis, *De corpore et sanguine Domini aduersus Berengarium Turonensem* (excerpta), ed. R. B. C. Huygens, CC Cont. Med. 171, Turnhout 2000; Radding, Ch. M., *Theology, Rhetoric and Politics in the Eucharistic Controversy, 1078-1079*, New York 2003.
3) 레싱에 의해 처음으로 발견된 베렝가르의 텍스트는 *De sacra coena adversus Lanfrancum*, ed. R. B. C. Huygens et W. Milde, Turnhout 1988 [제목은 *Rescriptum contra Lanfrancum*] 참조.
4) Anselm von Canterbury, *Opera omnia*, ed. F. S. Schmitt, Edinburgh 1946ff.; Vignaux, P., "La méthode de St-Anselme dans le *Monologion* et le *Proslogion*", in: *Aquinas* 8 (1965), pp. 110~29; Southern, R. W., *St. Anselm and his Biographer*, Cambridge 1966; *Analecta Anselmiana*, hrsg. von F. S. Schmitt, 5 Bde., Frankfurt a.M. 1969-70; Evans, G. R., *Anselm and Talking about God*, Oxford 1978; dies., *Anselm and a New Generation*, Oxford 1980; Flasch, K., "Anselm von Canterbury", in: *Klassiker der Philosophie*, Bd. 1, hrsg. von O. Höffe, München 1981, pp. 177~97. 그 외에 Flasch, MA 204-220도 참조. 안셀무스의 텍스트는 쉽게 접할 수 있기 때문에 여기서는 문헌 정보를 상세하게 언급하지 않도록 하겠다. 안셀무스와 베렝가르의 관계로는 Flasch, Hauptwerke, pp. 108~28; ders., "Lessing e la storia della filosofia medievale", in: *Giornale critico della filosofia italiana* 61 [63] (1982), H. 3, pp. 253~77 참조. 또한 같은 저자의 *Kann Gottes Nicht-Sein gedacht werden? Die Kontroverse zwischen Anselm von Canterbury und Gaunilo*, lat./dt., hrsg. von B. Mojsisch, Mainz 1989의 서문 pp. 7~48도 참조. 아울러 Kienzler, K., *Glauben und Denken bei A. v. C.*, Freiburg I. Br. 1981; Briancesco, E., *Un tryptique sur la liberté. La doctrine morale de S. Anselme*, Paris 1982; Külling, H., *Wahrheit als Richtigkeit. Eine Untersuchung zur Schrift "De veritate" von A. v. C.*, Bern/Frankfurt a.M. 1984; Gersh, S., "Anselm of Canterbury", in: P. Dronke (Hrsg.), *A History of Twelfth Century Western Philosophy*, Cambridge 1988, pp. 255~78; Southern, R. W., *St. Anselm. A Portrait in a Landscape*, Cambridge 1992; Davies, B., *The Cambrige Companion to Anselm of Canterbury*, Cambridge 2004; Rolf Schönberger, R., *Anselm von Canterbury*, München 2004; Ernst, St. (Hrsg.), *Sola ratione. Anselm von Canterbury (1033-1109) und die rationale Rekonstruktion des Glaubens*, Würzburg 2009; Verweyen, H., *Anselm von Canterbury, 1033-1109. Denker, Beter, Erzbischof*, Regensburg 2009도 참조. 그 외에 Manitius III, pp. 88~93; Totok II, pp. 183~91; Stor. della Filos. V, pp. 444~47; S-I, pp. 382~83; PS,

847-848; Lag pp. 75~81도 참조.
5) Southern, *St. Anselm and his Biographer*, 특히 pp. 94~102 참조.

IV. 12세기

제15장 역사의 분수령

1) 12세기의 전반적인 상황은 Paré, G. [u.a.], *La renaissance du XIIe siècle. Les écoles et l'enseignement*, Paris 1933; Le Goff, J., *Das Hochmittelalter*, Frankfurt a.M. 1965 (Fischer Weltgeschichte, 11); Baldwin, J. W., *Masters, Princes and Merchants. The Social Views of Peter the Chanter and his Circle*, 2 Bde., Princeton 1970; Morris, C., *The Discovery of the Individual*, London 1972; Brown, P., "Society and the Supernatural. A Medieval Change", in: *Daedalus* 104 (1975), pp. 133~51; Weimar, P. (Hrsg.), *Die Renaissance der Wissenschaften im 12. Jahrhundert*, Zürich 1981 참조. 정치사로는 예나 지금이나 Hauck, A., *Kirchengeschichte Deutschlands*, T. 1-4.5, Hälfte 1.2., Leipzig 1887-96 [u.ö.] 참조. 또한 Fuhrmann, H., *Deutsche Geschichte im hohen Mittelalter von der Mitte des 11. bis zum Ende des 12. Jahrhunderts*, Göttingen ²1983; Haverkamp, A., *Aufbruch und Gestaltung. Deutschland 1056-1273*, München 1984; Töpfer, B./Engel, E., *Vom staufischen Imperium zum Hausmachtkönigtum*, Weimar 1976; Borst, A., *Reden über die Staufer*, Berlin 1978 [방대한 참고문헌 목록]; Sturlese, L., *Die deutsche Philosophie im Mittelalter 748-1280*, München 1993, S. 96~277 참조. 호엔슈타우펜 왕가의 궁정 소속 학자들에 대한 보도는 Southern, R. W., *Scholastic Humanism and the Unification of Europe*, Bd. 1: *Foundations*, Oxford 1995, 그 가운데에서도 사상사와 실재 역사의 상호 작용에 대한 사료들에 주목할 필요가 있다; Ricklin, Th., *Die "Physica" und der "Liber de causis" im 12. Jahrhundert*, Fribourg 1995; Jeismann, M., *Das 12. Jahrhundert*, München 2000; Haverkamp, A., *Zwölftes Jahrhundert, 1125-1198*, Stuttgart ¹⁰2003; Hesse, Chr. (Hrsg.), *Aufbruch im Mittelalter. Innovationen in Gesellschaften der Vormoderne*, Ostfildern 2010; Fouquet, G. (Hrsg.), *Netzwerke im europäischen Handel des Mittelalters*, Ostfildern 2010; Wiecczorek, A., *Die Staufer und Italien*. Katalog zur Ausstellung in Mannheim, Darmstadt 2010 참조. 번역서가 끼친 영향으로는 Ellis, R./Tixier, R. (Hrsg.), *The Medieval Translator*, 2 Bde., Turnhout 1996-1998 참조.
2) 대학의 역사는 이 책 제26장 주 2에 제시된 참고문헌 참조. 특히 하인리히 데니플레(Heinrich Denifle)와 해스팅스 래시들(Hastings Rashdall)의 저작들 참조. 12세기의 교육 기관에 대해서는 Delhaye, P., "L'organisation scolaire au XIIe siècle", in: *Traditio* 5 (1947), pp. 211~68; Le Goff, J., *Les intellectuels au moyen âge*, Paris 1957; Grundmann, H., *Vom Ursprung der Universität im Mittelalter*,

Darmstadt 1964; Classen, P., "Die Hohen Schulen und die Gesellschaft im 12. Jahrhundert", in: *Archiv für Kulturgeschichte* 48 (1966), pp. 155~80; Chenu, M.-D., "Civilisation urbaine et théologie. L'école de St-Victor au XIIe siècle", in: *Annales* 29 (1974), pp. 1253~63; Fried, J., *Die Entstehung des Juristenstandes im 12. Jahrhundert*, Köln 1974; Classen, P., *Burgundio von Pisa*, Heidelberg 1974; ders., *Studium und Gesellschaft im Mittelalter*, hrsg. von J. Fried, Stuttgart 1983; ders., *Ausgewählte Aufsätze*, hrsg. von J. Fleckenstein, Sigmaringen 1983; *Jahrbuch für Universitätsgeschichte*, Stuttgart 1998ff.; Meuthen, E., *Kleine Kölner Universitätsgeschichte*, Köln 1998; Schwinges, R. G., *Universität im Mittelalter*, Stuttgart 2003; Schwinges, R. G., *Universitätsreformen vom Mittelalter bis zur Gegenwart*, Stuttgart 2010.

3) 12세기 종교적 심성의 변화로는 Leclercq, J. [u. a.], *La spiritualité du moyen âge*, Paris 1961; Vauchez, A., *La spiritualité du moyen âge occidental. VIIe-XIIe siècle*, Paris 1975; Duby, G., *Sankt Bernhard und die Kunst der Zisterzienser*, Paris 1977, dt.; Genf [o.J.]; Elm, K. (Hrsg.), *Die Zisterzienser*, Köln 1980, Erg.-Bd., ebd. 1982; Angenendt, A., *Geschichte der Religiosität im Mittelalter*, München 1997; Hamm, B., *Religiosität im späten Mittelalter*, Paderborn 2011; Untermann, M., *Religiosität in Mittelalter und Neuzeit*, Paderborn 2011 참조.

4) Simson, O. v., *Die gotische Kathedrale*, Darmstadt ³1979; Markschies, Chr., *Gibt es eine Theologie der gotischen Kathedrale?*, Heidelberg 1995; Oster, U. A., *Die großen Kathedralen. Gotische Baukunst in Europa*, Darmstadt 2003; Speer, A. (Hrsg.), *Sugerus Sancti Dionysii, Ausgewahlte Schriften*, Darmstadt 2005 참조.

5) Mollat, M., *Les pauvres au moyen âge*, Paris 1978, dt.; *Die Armen im Mittelalter*, München 1984.

6) Borst, A., *Die Katharer*, Stuttgart 1953; Nelli, R., *Écritures cathares. Textes originaux traduits et commentés*, Paris 1959; Manselli, R., *L'eresia del Male*, Neapel 1963. 질리언 R. 에반스(Jillian R. Evans)의 논문도 참조(이 책 제16장 주 2); Duvernoy, J., *Le catharisme: La religion des cathares*, Toulouse 1976. 또한 Gonnet, J./Molnar, A., *Les vaudois au moyen âge*, Turin 1974; Molnar, A., *Die Waldenser*, Berlin 1980; Merlo, G. G., *Valdesi e valdismi medievali*, Turin 1984; ders., *Eretici e eresie medievali*, Bologna 1989; ders., in: LMA 8 (1997), Sp. 1953~57도 참조. 새로운 판본: Thouzellier, C. (Hrsg.), *Livre des deux principes. Introduction, texte critique, traduction, notes et index*, Paris 1973; ders. (Hrsg.), *Rituel cathare*, Paris 1977; *Andreas Florentinus, Summa contra hereticos*, hrsg. von G. Rottenwohrer, Hannover 2008; Rottenwöhrer, G., *Der Katharismus*, 3 Bde., Bad Honnef 1982-90; Borst, A., *Barbaren, Ketzer und Artisten. Welten des Mittelalters*, München 1988; Fichtenau, H., *Ketzer und Professoren. Häresie und Vernunftglauben im Hochmittelalter*, München 1992; Smahel, F. (Hrsg.), *Häresie und vorzeitige Reformation im Spätmittelalter*, München 1998; Duvernoy, J., *Inquisition en terre cathare. Paroles d'hérétiques devant leurs juges*,

Toulouse 1998; Roquebert, M., *Histoire des Cathares*, Paris 1999, dt.: Stuttgart 2012; Lambert, M., *Geschichte der Katharer*, Darmstadt; Auffarth, Chr., *Die Ketzer: Katharer, Waldenser und andere religiöse Bewegungen*, München 2005; Bruschi, C., *The Wandering Heretics of Languedoc*, Cambridge 2009; Trivellone, A., *L'hérétique imaginé, hétérodoxie et iconographie dans l'occident médiéval*, Turnhout 2009; Prosperi, A., *Eresie e devozioni*, Bd. 1: *Eresie*, Rom 2010; Sackville, L. J., *Heresy and Heretics in the Thirteenth Century*, Woodbridge 2011; Deane, J. K., *A History of Medieval Heresy and Inquisition*, Lanham 2011.

7) Alanus von Lille, *Contra haereticos* PL 210.
8) Hugo von Amiens, *Contra haereticos* PL 194, 1255-98.
9) Gerhoh von Reichersberg, *Liber contra duas haereses* PL 192, 1162-1184.
10) *Summa contra haereticos*, ed. N. J. Garvin et J. A. Corvett, Notre Dame 1958.
11) Vauchez, A., *La spiritualité du moyen âge ocidental*, Paris 1975, p. 134 참조.
12) Raby, F. J. E., *The Oxford Book of Medieval Latin Verse*, Oxford 1959, p. 196.
13) *Carmina Burana*, ed. A. Hilka et O. Schumann, Bd. 1,2, Heidelberg 1941, p. 295, Nr. 177.
14) Haskins, Ch. H., *The Renaissance of the Twelfth Century*, Cambridge (Mass.) [7]1979; Paré, G. [u.a.], *La renaissance du XIIe siècle. Les écoles et l'enseignement*, Paris 1933; Chenu, M. D., *La théologie du douzième siècle*, Paris 1966; Gandillac, M. de/Jeauneau, E., *Entretiens sur la renaissance du XIIe siècle*, Paris 1968; Buck, A., *Zu Begriff und Problem der Renaissance*, Darmstadt 1969; Panofsky, E., *Die Renaissancen der europäischen Kunst*, übers. von H. Günther, Frankfurt a.M. 1979; Benson, R. L./Constable, G. (Hrsg.), *Renaissance and Renewal in the Twelfth Century*, Oxford 1982; Dronke, P. (Hrsg.), *A History of Twelfth Century Western Philosophy*, Cambridge [2]1992; Speer, A., *Die entdeckte Natur. Untersuchungen zu einer scientia naturalis im 12. Jahrhundert*, Leiden 1995; Wieland, G. (Hrsg.), *Aufbruch — Wandel — Erneuerung. Beiträge zur Renaissance des 12. Jahrhunderts*, Stuttgart-Bad Cannstatt 1995; Verger, J., *La Renaissance du XIIe siècle*, Paris 1996; Ricklin, T., *Der Traum der Philosophie im 12. Jahrhundert*, Leiden/New York/Köln 1998.

제16장 교회와 이단

1) *Corpus Iuris Canonici*, ed. E. Friedberg, 2 Bde., Leipzig 1879-1881.
2) Grundmann, H., *Ketzergeschichte des Mittelalters. Die Kirche in ihrer Geschichte*, Göttingen 1963; Manselli, R., *Studi sulle eresie de secolo XII*, Rom 1953; Lourdaux, W./Verhelst, D., *The Concept of Heresy in the Middle Ages*, Löwen/ Den Haag 1976; Evans, G. R., "Duo Principia: An Old Problem Rediscovered. Christians, Philosophers and Heretics in the Twelfth Century", in: *Antike und*

Abendland 24 (1978), pp. 85~97; Manselli, R., Il secolo XII: Religione popolare ed eresia, Rom 1983; Borst, A., Barbaren, Ketzer und Artisten. Welten des Mittelalters, Stuttgart 1988; Patschovsky, A., in: LMA 4 (1989), Sp. 1933~37.
3) Miethke, J., "Theologenprozesse in der ersten Phase ihrer institutionellen Ausbildung: Die Verfahren gegen Peter Abaelard und Gilbert von Poitiers", in: Viator 6 (1975), pp. 87~116; Häring, N. M, Die ersten Konfikte zwischen der Universität von Paris und der kirchlichen Lehrautorität, Berlin 1976 (MM 10), pp. 38~51 참조.
4) Borst, A., Die Katharer, Stuttgart 1953, Nachdr. 1992; Loos, M., Dualist Heresy in the Middle Ages, Prag 1974; Leroy Ladurie, E., Montaillou. Ein Dorf vor dem Inquisitor, Frankfurt a.M. 1980; Roché, D., Die Katharerbewegung. Ursprung und Wesen, Stuttgart 1992; Duvernoy, J., Le catharisme. L'histoire des cathares, ²1989; Lambert, M., Häresie im Mittelalter. Von den Katharern bis zu den Hussiten, Darmstadt 2001; Oberste, J., Ketzerei und Inquisition im Mittelalter, Darmstadt 2007.

제17장 새로운 지식

1) Willner, H., Des Adelard von Bath Traktat "De eodem et diverso", Münster 1903 (Beiträge, 4,1); Müller, M., Die "Quaestiones naturales" des Adelardus von Bath, Münster 1934 (Beiträge, 312); Adelard von Bath, Quaestiones naturales, Conversations with his Nephew, ed. Ch. Burnett [u.a.], Cambridge 1998. 인물에 대해서는 Haskins, Ch. H., Studies in the History of Medieval Science, Cambridge (Mass.) 1924, pp. 20~42; Burnett, Ch., Adelard of Bath. An English Scientist and Arabist of the Early Twelfth Century, London 1987; Gregory, T., Mundana sapientia. Forme di conoscenza nella cultura medievale, Rom 1992; Dronke, P., Intellectuals and Poets in Medieval Europe, Rom 1992; ders. (Hrsg.), A History of Twelfth Century Western Philosophy, Cambridge ²1992; Westra, H. J. (Hrsg.), From Athens to Chartres. Neoplatonisme and Medieval Thought, Leiden 1992; Lemoine, M., Théologie et Platonisme au XIIe siècle, Paris 1998 참조; 또한 Gracia pp. 86~87; Lag pp. 24~26도 참조.
2) Sudhoff, K., "Daniels von Morley Liber de naturis inferiorum et superiorum", in: Archiv für die Geschichte der Naturwissenschaften und der Technik 8 (1917), pp. 1~40; Neuausg. durch G. Maurach in: Mittellateinisches Jahrbuch 13 (1979), pp. 204~55; Müller, M./Verger, J., Culture, enseignement et societé en Occident aux XIIe et XIIIe siècles, Rennes 1999; Ribémont, B., La "Renaissance du XIIe siècle" et l'encyclopédisme, Paris 2002; Fidora, A., Vom Einen zum Vielen. Der neue Aufbruch der Metaphysik im 12. Jahrhundert, Frankfurt a.M. 2002; ders., Die Wissenschaftstheorie des Dominicus Gundissalinus, Berlin 2003.
3) Sturlese, pp. 143~82; Ricklin, Th., Die "Physica" und der "Liber de causis" im 12.

Jahrhundert, Fribourg 1995.
4) Hermann von Carinthia, *De essentiis*, ed. C. Burnett, Leiden/Köln 1998.
5) Nothdurft, K. D., *Studien zum Einfluss Senecas auf die Philosophie und Theologie des 12. Jahrhunderts*, Leiden 1963; Verbeke, G., *The Presence of Stoicism in Medieval Thought*, Washington 1983; LMA 7 (1995), Sp. 1749~51; Ingham, M. B., *La vie de la sagesse: Le Stoïcisme au Moyen Âge*, Paris 2008.
6) David von Dinant, *Quaternulorum fragmenta*, ed. M. Kurdzialek, in: *Studia Mediewistyczne* III, Warschau 1963.

제18장 안셀무스가 닦아 놓은 두 개의 길

1) 중세 사상가들의 방법에 대해서는 Grabmann, M., *Geschichte der scholastischen Methode*, 2 Bde., Freiburg I. Br. 1909-11 참조. 다방면으로 수정이 필요하지만 그래도 핵심적인 연구임에는 틀림없다. Weijers, O. (Hrsg.), *Méthodes et instruments de travail intellectuel au Moyen Âge*, Turnhout 1990. 토론문제집은 L. Hödl, in: LMA 7 (1995), Sp. 149~50 [Lit.] 참조. 성경 주해는 Smalley, B., *The Study of the Bible in the Middle Ages*, Oxford ²1952; De Lubac, H., *L'exegèse médiévale. Les quatre sens de l'Écriture*, 4 Bde., Paris 1959-64; Hauser, A. J., *A History of Biblical Interpretation*, 2 Bde., Grand Rapids 2003; Chazelle, C. M., *The Study of the Bible in the Carolingian Era*, Turnhout 2003; G. Cremascoli, G. (Hrsg.), *La Bibbia del XIII secolo*, Florenz 2004; Leonardi, Cl. (Hrsg.), *Biblical Studies in the Early Middle Ages*, Florenz 2005; Chazan, M., *La méthode critique au Moyen Âge*, Turnhout 2006; Ocker, Chr., *Biblical Poetics before Humanism and Reformation*, Cambridge 2008; Carmassi, P., *Präsenz und Verwendung der Heiligen Schrift im christlichen Frühmittelalter*, Wiesbaden 2008; Berndt, R., *Bibel und Exegese in der Abtei St. Viktor zu Paris*, Münster 2009; Dahan, G., *Lire la Bible au moyen âge*, Gend 2009; Smith, Lesley, *The Glossa ordinaria. The Making of a medieval Bible commentary*, Leiden 2009; van 't Spijker, I., *The Multiple Meaning of Scripture. The Role of Exegesis in Early Christian and Medieval Culture*, Leiden 2009; Wischmeyer, O. (Hrsg.), *Lexikon der Bibelhermeneutik*, Berlin 2009 참조.
2) Sturlese, p. 117.
3) Menhardt, H., "Der Nachlaß des Honorius Augustodunensis", in: *Zeitschrift für deutsches Altertum und deutsche Literatur* 89 (1958/59), pp. 23~69 참조. 또한 Verf. 4, Sp. 122~31도 참조.
4) 『해설』(*Elucidarius*)은 Lefèvre, Y., *L'Elucidarium et les lucidaires*, Paris 1954, pp. 361~477에서 인용했다. 나는 로리스 스투를레세(Loris Sturlese)가 조언한 대로 여기서 호노리우스를 『해설』의 저자로서만 다룬다는 점을 강조하고 싶다. 왜냐하면 예컨대 에리우게나의 뒤를 잇는 『자연의 열쇠』(*Clavis physicae*) 같은 다른 작품에서는 이와는 다른 모습이 나타나기 때문이다. *Clavis physicae*, ed. P. Lucentini, Rom

1974. 이와 관련해서는 Lucentini, P., *Platonismo medievale*, Florenz 1980, pp. 56~75; Steer, G./Gottschall, D., *Der "deutsche" Lucidarius*, Tübingen 1994 참조. 또한 Sturlese, pp. 119~42도 참조.
5) *Elucidarium*, p. 361.
6) 같은 책, p. 362.
7) 같은 책, p. 363.
8) 같은 책, p. 365.
9) 같은 책, p. 367.
10) Cicero, nat. deor. II 6, n. 18.
11) *Elucidarium*, p. 371.
12) 같은 책, p. 373.
13) 같은 책, p. 374.
14) 같은 책, p. 375.
15) 같은 책, p. 375.
16) 같은 책, p. 377.
17) 같은 책, p. 378.
18) 같은 책, p. 381.
19) 같은 책, p. 384.
20) 같은 책, p. 427.
21) 같은 책, p. 429.
22) 같은 책, p. 456.
23) 같은 책, p. 457.
24) 같은 책, p. 449.

제19장 앎과 실천의 자율성

1) Southern, R. W., *Medieval Humanism*, Oxford 1970. 12세기의 사상사는 제15장 주 1에 더해 De Ghellinck, J., *Le movement théologique du XIIe siècle*, Brügge ²1948; Gregory, T., *Anima Mundi*, Florenz 1955; Lemay, R., *Abu Ma'shar and Latin Aristotelism in the Twelfth Century. The Recovering of Aristotle's Natural Philosophy through Arab Astrology*, Beirut 1962; Chenu, M. D., *La théologie au XIIe siècle*, Paris ²1966; Stock, B., *Myth and Science in the Twelfth Century. A Study of Bernard Silvester*, Princeton 1972; Davy, M. M., *Initiation médiévale. La philosophie au XIIe siècle*, Paris 1980; Le Goff, J., *La naissance du Purgatoire*, Paris 1981 참조. 제15장 주 1과 주 14에 제시한 참고문헌들과 Gracia, pp. 36~44도 참조.
Thierry von Chartres, *Prologus in Heptatheuchon*, ed. E. Jeauneau, in: *Mediaeval Studies* 16 (1954), p. 174. 또한 in: Jeauneau, E., *Lectio philosophorum*, Amsterdam 1973도 참조.
3) Bernhard von Clairvaux, *Contra quaedem capitula errorum Abaelardi*, Ep. 190

PL 182, 1054~55, in der Ausgabe von J. Leclercq, *S. Bernardi Opera*, Bd. 9: *Epistolae*, Rom 1977, pp. 17~18.
4) 같은 곳.
5) 이와 관련해서는 Southern, *Medieval Humanism*, pp. 50~60; Gregory, T., "La nouvelle idée de la nature et de savour scientifique aux XIIe siècle", in: Murdoch, J. E./Sylla, E. D. (Hrsg.), *The Cultural Context of Medieval Learning*, Dordrecht/Boston 1975, pp. 193~218. Auch in: Gregory, T., *Mundana sapientia*, Rom 1992, pp. 115~42 참조.
6) Lehmann, P., "Die Vielgestalt des zwölften Jahrhunderts", in: P. L., *Erforschung des Mittelalters. Ausgewählte Abhandlungen und Aufsätze*, Bd. 3, Stuttgart 1960, pp. 225~46.

제20장 피에르 아벨라르

1) 아벨라르의 작품은 PL 178; *Philosophische Schriften*, hrsg. von B. Geyer, Münster 1919, 1921, 1933 (Beiträge, 21,1, 21,2, 21,4); Dal Pra, M., *Pietro Abelardo, Scritti filosofici*, Florenz ^{2}1969; Minio-Paluello, L., *Twelfth Century Logic. Texts and Studies*, Bd. 2: *Abaelardiana inedita*, Rom 1958; *Historia calamitatum*, ed. J. Monfrin, Paris ^{2}1962; *Opera theologica*, ed. E. Buytaert, 3 Bde., Turnhout 1969ff. (CC Cont. Med. 11-13); *Theologia summi boni*, lat./dt. von U. Niggli, Hamburg 1991; *Dialectica*, ed. L. M. De Rijk, Assen ^{2}1970; *Dialogus*, ed. R. Thomas, Stuttgart 1970; *Sic et Non*, krit. Ausg. von B. Boyer und R. McKeon, Chicago/London 1976; Abaelardus, *Ethica*, ed. R. M. Ilgner, CC Cont. Med. 190, Turnhout 2001; *Opera theologica*, Bd. 1-6, CCCM, Turnhout 1969-2006; *Scito te ipsum*, lat./dt. von Ph. Steger, Hamburg 2006; *Gespräch eines Philosophen, eines Juden und eines Christen*, hrsg. und übers. von H.-W. Krautz, Frankfurt a.M. 2008; *Theologia Scholarium*, lat./dt. von M. Perkams, Freiburg I. Br. 2010; 본문의 독일어 번역은 Flasch, MA 225-279 참조. 인물에 대해서는 Jolivet, J., *Abélard ou la philosophie dans le langage*, Paris 1969; Luscombe, D. E., *The School of Peter Abelard*, Cambridge 1969; Weingart, R. E., *The Logic of Divine Love. A Critical Analysis of the Soteriology of Peter Abailard*, Oxford 1970; Peppermüller, R., *Abaelards Auslegung des Römerbriefes*, Münster 1972; Fumagalli Beonio-Brocchieri, M.-T., *Introduzione a Abelardo*, Bari 1974; Moos, P. v., *Mittelalterforschung und Ideologiekritik. Der Gelehrtenstreit um Héloise*, München 1974; Buytaert, E. M. (Hrsg.), *Peter Abelard*, Löwen/Den Haag 1974; Louis, R./Jolivet, J. (Hrsg.), *Pierre Abelard — Pierre le Vénérable*, Paris 1975; Dronke, P., *Abelard and Heloïse in Medieval Testimonies*, Glasgow 1976; Tweedale, M. M., *Abailard on Universals*, Amsterdam [u.a.] 1976; Fumagalli Beonio-Brocchieri, M.-T., *Eloisa e Abelardo*, Mailand 1984; Luscombe, D. E., in: P. Dronke, *A History of Twelfth Century Philosophy*,

Cambridge ²1992, pp. 279~307; Jolivet, J., *Abélard ou la philosophie dans le langage*, Fribourg/Paris 1994; Mews, C., *Peter Abelard*, Aldershot 1995; Jolivet, J., *La theologie d'Abélard*, Paris 1997; Marenbon, J., *The philosophy of Peter Abelard*, Cambridge 1997; Moos, P. v., in: Flasch, Hauptwerke, pp. 129~50; Jolivet, J. (Hrsg.), *Pierre Abélard. Colloque international de Nantes*, Rennes 2003; Niggli, U. (Hrsg.), *Peter Abaelard: Leben — Werk — Wirkung*, Freiburg I. Br., Basel/Wien 2003; Brower, J. E., *The Cambridge Companion to Abelard*, Cambridge 2004; Sweeney, E., *Logic, Theology and Poetry in Boethius, Abaelard and Alain of Lille*, New York 2006; Kranich-Strötz, Chr., *Selbstbewußtsein und Gewissen. Zur Rekonstruktion der Individualitätskonzeption bei Peter Abaelard*, Berlin 2008 참조. 이 외에 Manitius III, pp. 105~12; Stor. della Filos. V, pp. 448~49; S-I, pp. 537~38; Gracia 485-493; SEP; Lag pp. 931~35도 참조.
2) 이와 관련해서는 N. M. Häring, "Abelard Yesterday and Today", in: Louis/Jolivet, *Pierre Abélard — Pierre le Vénérable*, pp. 341~403 참조.
3) Benton, J. F., "Fraud, Fiction and Borrowing in the Correspondence of Abelard and Heloïse", in: Louis/Jolivet, *Pierre Abélard — Pierre le Vénérable*, pp. 469~506. 이전 연구는 Schmeidler, B., "Der Briefwechsel zwischen Abaelard und Heloise als eine literarische Fiktion", in: *Zeitschrift für Kirchengeschichte* 54 (1935), pp. 323~38 참조. 베른하르트 슈마이들러(Bernhard Schmeidler)가 질송에게 가한 비판은 *Revue Bénédictine* 52 (1940), pp. 85~95 참조. 상세한 논의는 in: *Petrus Abaelardus (1079-1142), Person, Werk und Wirkung*, hrsg. von R. Thomas, Trier 1980, pp. 19~102에 실린 D. E. Luscombe, J. F. Benton, P. Dronke, P. v. Moos의 논문 참조.
4) 1979년 트리어에서 열린 학술 대회 자료집인 *Petrus Abaelardus*, Trier 1980, pp. 41~52 참조.
5) Monfrin, J., *Les lettres d'amour d'Heloïse et d'Abélard*, Paris 1979; Benton, J. F./Prosperetti, E., "The Style of Historia Calamitatum", in: *Viator* 6 (1975), pp. 59~86; weitere Literatur bei Fumagalli Beonio-Brocchieri, M.-T., *Eloisa e Abelardo*, pp. 216~217.
6) 이와 관련한 논의는 앞의 책 pp. 507~11 참조, 그리고 Silvestre, H., "Reflexions sur la thèse de J. F. Benton relative au dossier 'Abélard – Heloïse'", in: *Recherches de Théologie ancienne et médiévale* 44 (1977), pp. 211~16도 참조.
7) 이와 관련해서는 특히 이 장(章) 주 1에 제시한 페터 폰 무스(Peter vom Moos)의 상세한 연구 참조.
8) Abaelard, *Dialectica*, tr. 1, Liber partium vol. 2 liber 3, De Rijk ⁷1970, p. 81.
9) 같은 책, p. 91. 특히 Z. 21-28과 마크로비우스 인용 참조.
10) 독일어 번역은 Flasch, MA 236 참조.
11) Abaelard, *Logica "Nostrorum petitioni sociorum"*, Geyer 522, 특히 Z. 10-32.
12) 『초심자를 위한 논리학』(*Logica ingredientibus*) 텍스트의 독일어 번역은 Flasch, MA 255-248 참조. 『형제들의 요청으로 쓴 논리학』(*Logica Nostrorum*)에 암시된

『티마이오스』와의 연관성은 Geyer 512,21ff. 참조.
13) Über ihn siehe auch Km pp. 125~40.
14) Abaelard, *Theologia christiana* I 54-56 Buytaert 94.
15) *theol. christ.* I 61 Buytaert 96: "Primus autem nunc ille antiquissimus philosophorum et magni nominis occurrat Mercurius, quem prae excellentia sua deum quoque appellaverant." 헤르메스 전통 작품은 제21장 주 3 참조.
16) *theol. christ.* I 61-67 Buytaert 96-100.
17) *theol. christ.* I 68 Buytaert 100.
18) *theol. christ.* I 72 Buytaert 101, bes. Z. 949.
19) Lohr, Ch., "Peter Abälard und die scholastische Exegese", in: *Freiburger Zeitschrift für Philosophie und Theologie* 28 (1981), pp. 95~110 참조.
20) Abaelard, *Theologia christiana* I 136 Buytaert 130. 찰스 로르(Charles Lohr)의 경우는 p. 101 참조.
21) 이와 관련해서는 Gandillac, M. de, "Intention et loi dans l'éthique d'Abélard", in: Louis/Jolivet, *Pierre Abélard — Pierre le Vénérable*, pp. 585~610 참조.

제21장 샤르트르

1) Clerval, A., *Les Écoles de Chartres au moyen âge*, Chartres 1895.
2) Southern, R. W., "Humanism and the School of Chartres", in: R. W. S., *Medieval Humanism*, Oxford 1970, pp. 61~85. 또한 Dronke, P., "New Approaches to the School of Chartres", in: *Anuario de Estudios Medievales* 6 (1969), pp. 117~40, 824~39도 참조. 그 외에는 Totok II, pp. 198~210; Stor. della Filos. V, pp. 453~54; S-I, pp. 396~97, 444~45; Gracia pp. 36~44 참조. 아울러 Häring, N., "Chartres and Paris revisited", in: J. R. O'Donnell (Hrsg.), *Essays in Honour of Ch. A. Pegis*, Toronto 1974; Southern, R. W., *Platonism. Scholastic Method and the School of Chartres*, Reading 1979; ders., *Scholastic Humanism and the Unification of Europe*, Bd. 1: *Foundations*, Cambridge 1995; Lemoine, M., *Théologie et Platonisme au XIIe siècle*, Paris 1998도 참조.
3) 1세기경부터 헤르메스는 'Corpus Hermeticum'이라 불린 텍스트 모음의 신격화된 저자로 간주되었다. 이른바 『헤르메스 전집』은 헤르메스 트리스메기스토스의 우주론적·점성학적·신지학적 성찰들을 담고 있다. 텍스트는 A.-D. Nock/A.-J. Festugière, 4 Bde., Paris 1950-54; *Hermes Latinus*, CC Cont. Med. 141-148; *Asclepius*, ed. C. Moreschini, Stuttgart/Leipzig 1991; engl. Copenhaver, B. P. (Hrsg.), *Hermetica. The Greek "Corpus Hermeticum" and the Latin "Asclepius"*, Cambridge 1992; Ebeling, F., *Das Geheimnis des Hermes Trismegistos*, München 2009; Miller, M. M., *Corpus Hermeticum*, Nachdr. Hildesheim 2009. 중세에는 헤르메스가 아풀레이우스에게 보낸 것으로서 아스클레피우스에게 전하는 이야기 형태로 알려졌다. Garin, E., *Medievo e Rinascimento*, Florenz 1953 참조.
4) 색인에서 '수학'으로 검색해 보라.

5) Bernardus Silvestris, *Commentum super sex libros Eneidos Vergilii*, lat./ital., ed. B. Basile, Rom 2008; Johannes von Salisbury, *Policraticus*. Eine Textauswahl von St. Seit, Freiburg I. Br. 2008. Southern, R. W., in: *Medieval Humanism*, pp. 68~70, 81~83; Wetherbee, W., *Platonism and Poetry in the Twelfth Century. The Literary Influence of the School of Chartres*, Princeton 1972; ders., *The Cosmographia of Bernardus Silvestris*, New York 1973; Jeauneau, E., *Lectio philosophorum. Recherches sur l'École de Chartres*, Amsterdam 1973; Dronke, P. (Hrsg.), *Bernardus Silvestris*, "Cosmographia", Leiden 1978, dt. von W. Rath, Stuttgart 1989; ders., in: P. D., *A History of Twelfth Century Western Philosophy*, Cambridge 1992, pp. 358~85; Lemoine, M., "Einleitung zur französischen Übersetzung: Bernard Silvestre, Cosmographie", Paris 1998; Lemoine, M., *Théologie et cosmologie au XIIe siècle: L'Ecole de Chartres*, Paris 2004; Nederman, C. J., *John of Salisbury*, Tempe. Arizona Center for Medieval and Renaissance Studies, 2005; Elard, P., *The Sacred Cosmos. Theological, Philosophical and Scientific Conversation in the Twelfth Century School of Chartres*, Scranton (PA) 2007; A. Cazenave, *Images et imaginaires au moyen âge*, Cahors 2007; Tilman Evers, *Logos und Sophia. Das Königsportal und die Schule von Chartres*, Kiel 2011. 그 외 참고문헌은 Manitius III, pp. 198~202; Totok II, pp. 199~201; Stor. della Filos. V, pp. 453~54; S-I, p. 591; LMA 8 (1997), Sp. 692~93; Gracia 393-396 참조.
6) 3학(三學)과 4학(四學)은 이 책 170쪽 참조.
7) Thierry von Chartres, *Prologus in Heptateuchon*, ed. E. Jeauneau, in: *Mediaeval Studies* 16 (1954), p. 174: "Et trivium quadruvio ad generosae nationis philosophorum propaginem quasi maritali foedere copulavimus."
8) 같은 책, pp. 173~74.
9) 옛 판본인 B. Hauréau, *Notices et extraits* 1 49-68은 이제 N. Häring, in: AHDLMA 22 (1955), pp. 183~216; ders., "Kommentar zu *De Trinitate* (*Librum hunc*)", in: AHDLMA 23 (1956), pp. 257~325; 또한 in: N. H. (Hrsg.), *Commentaries on Boethius by Thierry of Chartres and his School*, Toronto 1971; "Kommentar zu Cicero, *De inventione*", ed. K. M. Fredborg, Toronto 1987; "Kommentar zu *Ad Herennium*", ed. K. M. Fredborg, Toronto 1988로 대체한다.
10) Clarenbaldus von Arras, *Epistula*, ed. Häring, in: AHDLMA 22 (1955), p. 183.
11) Thierry, ed. Häring, p. 184.
12) Thierry, *De sex dierum operibus* n. 14 Häring 189.
13) 같은 책, n. 17 Häring 190. '생명의 열'(Calor vitalis)과 관련해서는 같은 책 n. 14 Haring 189 참조.
14) Thierry, *Prologus in Heptateuchon*, ed. Jeauneau, p. 174.
15) Thierry, *De sex dierum operibus* n. 17 Häring 189.
16) 같은 책, n. 17 Häring 190: "Has virtutes et alias, quas 'seminales causas' voco, Deus Creator omnium elementis inseruit et proportionaliter aptavit, ut

ex illis virtutibus elementorum temporum ordo et temperies procederet."
17) Southern, in: *Medieval Humanism*, pp. 82~83.
18) 나는 독자들이 '원자론적'이라는 표현이 적절하지 않다고 봐주기를 원한다. 하지만 문제와 전승의 통일적 관계에 들어 있는 역사적 차이가 바로 이 표현의 부정확성을 통해 드러난다.
19) Thierry, *De sex dierum operibus* n. 18 Häring 190.
20) Nikolaus von Kues, *Apologia doctae ignorantiae*, Leipzig 1932, 24,6 Klibansky.
21) Thierry von Chartres, *De sex dierum operibus* n. 30-31 Häring 194-195.
22) 같은 책, n. 32 Häring 195.
23) 이 장(章) 주 5의 Jeauneau, *Lectio philosophorum*도 참조.
24) Thierry von Chartres, *Abbreviatio Monacensis De hebdomadibus* n. 37 Häring 411.
25) Thierry von Chartres, *Glosa super Boethii De trinitate*, II 33-34 Häring 275-276.

제22장 자연

1) 마리-도미니크 세뉘(Marie-Dominique Chenu)가 쓴 어느 소책자 제목이 이러하다(M. D. Chenu, Montreal/Paris 1969).
2) Wilhelm von Conches, *Glossae super Platonem*, ed. E. Jeauneau, Paris 1965; *Philosophia mundi*, G. Maurach의 대역본, Pretoria 1974; *Opera omnia*, Bd. 1-3, ed. J. Jeauneau, Turnhout 1997-2006; Vernet, A., "Un Remaniement de la Philosophie de Guillaume de Conches", in: *Scriptorum* 1 (1946/1947), pp. 243~59; *Glossae in Iuvenalem*, ed. B. Wilson, Paris 1980; *Dragmaticon. Summa de philosophia in vulgari*, ed. I. Ronca, CC Cont. Med. 152. 인물에 대해서는 Garin, E., *Studi sul platonismo medievale*, Florenz 1958; Gregory, T., *Platonismo medievale. Studi e ricerche*, Rom 1958; Dronke, P., *Fabula. Explorations into the Uses of Myth in Medieval Platonism*, Leiden 1974; Elford, D., in: P. Dronke (Hrsg.), *A History of Twelfth Century Western Philosophy*, Cambridge 1992, pp. 308~27; Ricklin, Th., in: Flasch, Hauptwerke, pp. 151~74; Dutton, P. E., *The Mystery of the Missing Heresy Trial of William of Conches*, Toronto 2006 참조. 그 외 참고문헌으로는 Manitius III, pp. 215~20; Totok II, pp. 202~03; S-I, pp. 444~45; P pp. 988~89; Lag pp. 1016~22 참조.
3) Wilhelm von St-Thierry, PL 180,333-340.
4) Wilhelm von Conches, *Dragmaticon*, ed. G. Gratarolus, Straßburg 1567. 비평본은 ed. I. Ronca, CC Cont. Med. 152, lat./engl., Notre Dame 1997 참조.
5) Gregory, T., *Anima mundi*, Florenz 1955 참조.
6) 프리스키아누스(도나투스와 함께 중세 라틴어 문법의 권위자)의 비평본은 H. Keil, *Grammatici Latini*, Bd. 2.3, Leipzig 1855-60 참조.
7) 나는 덧붙이는 말에서 Peter Dronke/Michel Lemoine, *Théologie et Platonisme au*

XIIe siècle, Paris 1998의 요약(pp. 102~06), 그리고 프랑스어 번역판에 실린 저자의 서문을 참조했다.
8) Johannes von Salisbury, *Metalogicon*, ed. J. B. Hall et K. S. B. Keats-Rohan, CC Cont. Med. 98. CC에는 새 비판본 *Policraticus* I-IV, ed. K. S. B. Keats-Rohan, CC Cont. Med. 118이 있다.
9) *Scivias* — *Wisse die Wege*: 1978년부터 비판본이 나와 있다(A. Führkötter und A. Carlevaris, CC Cont. Med. 43 und 43 A); 1991년부터 서간집은 I-XC, ed. L. Van Acker, CC Cont. Med. 91, XCI-CCL, CC Cont. Med. 91 A; 1995년에는 윤리적·종교적 주저 *Liber vite meritorum*, ed. A. Carlevaris, CC Cont. Med. 90; 1996년에는 창조론을 담은 힐데가르트의 세 번째 대작 *Liber divinorum operum*의 훌륭한 비판본이 나왔다(A. Derolez/P. Dronke, CC Cont. Med. 92); *De regula sancti Benedicti*, ed. H. Feiss, CC Cont. Med., 226, Turnhout 2007, pp. 67~97; *Explanatio Symboli sancti Athanasii*, ed. P. Evans, CC Cont. Med. 226, pp. 109~33; *Expositiones Evangeliorum*, ed. B. M. Kienzle und C. A. Muessig, CC Cont. Med. 226, pp. 187~333; *Symphonia harmoniae caelestium revelationum*, ed. B. Newman, CC Cont. Med. 226, pp. 371~477; *Ordo virtutum*, ed. P. Dronke, CC Cont. Med. 226, pp. 503~21; *Opera minora*, ed. P. Dronke, CCCM 226, Turnhout 2007.
  교훈집, 민간 치료 요법, 애향적 글이 많기는 하나 12세기에 힐데가르트의 위상을 엿볼 수 있게 해 주는 학술적 작업들도 더러 있다. Dronke, P., *Women Writers in the Middle Ages*, Cambridge 1984, pp. 144~201; 연구 논문집 *Hildegard von Bingen. Prophetin durch die Zeiten*, Freiburg 1997에 실려 있는 Franz Staab, Peter Dronke, Walter Berschin, Monika Klaes, Lieselotte Saurma-Jeltsch, Christel Meier의 논문들은 읽을 만한 가치가 있다. 또한 Zöller, M., *Gott weist seinem Volk seine Wege. Die theologische Konzeption des "Liber Scivias" der Hildegard von Bingen (1098-1179)*, Tübingen/Basel 1997; Saurma-Jeltsch, L., *Die Miniaturen im "Liber Scivias" der Hildegard von Bingen. Die Wucht der Vision und die Ordnung der Bilder*, Wiesbaden 1998; Kotzur, H.-J., *Hildegard von Bingen* (Ausstel-lungskatalog), Mainz 1998; Lauter, W., *Hildegard von Bingen. Internationale wissenschaftliche Bibliographie*, Mainz 1998도 참조. 또한 S-I, pp. 466~67; Verf. 3, Sp. 1257~80 (Christel Meier); Gracia pp. 318~19; P pp. 885~86도 참조.
10) Hildegard von Bingen, *Scivias* II visio 6 c. 75, ed. A. Führkötter et A. Carlevaris, CC Cont. Med. 43, p. 289.

제23장 12세기에 미해결로 남은 문제들

1) Lemay, R., *Abu Ma' shar and Latin Aristotelism in the Twelfth Century*, Beirut 1968.
2) Hugo von St-Victor, PL 175-177; *Didascalicon*, ed. H. Buttimer, Washington

1939; *Didascalicon*, lat./dt. von Th. Offergeld, Freiburg I. Br. 1997; *Opera*, Bd. 1-2, ed. P. Sicard, CCCM 176-177, Turnhout 2001-2002; *De sacramentis christinae fidei*, dt. von P. Knauer, Münster 2010, engl. Übers. von J. Taylor, London 1961, frz. von M. Lemoine, Paris 1991. 인물에 대해서는 Ehlers, J., *Hugo von St. Victor*, Wiesbaden 1973; Longère, J. (Hrsg.), *L'Abbaye parisienne de Saint-Victor au Moyen Âge*, Turnhout 1991; Sicard, P., *Hugues de Saint-Victor et son école*, Turnhout 1991; Poirel, D., *Hugues de Saint-Victor*, Paris 1998 [방대한 참고문헌 목록이 실려 있다]. 또한 Gracia pp. 320~25; P pp. 888~89도 참조.

3) Brady, I., "The Three Editions of the *Liber Sententiarum* of Master Peter Lombard (1882-1977)", in: *Archivum Franciscanum Historicum* 70 (1977), pp. 400~11; *Magistri Petri Lombardi Sententiae in IV Libris Distinctae*, editio tertia ad fidem codicum antiquiorum restitua, Vol. 2: *Liber III et IV*, Grottaferrata 1981. 인물에 대해서는 Colish, M. L., *Peter Lombard*, 2 Bde., Leiden 1994; Evans, G. R. (Hrsg.), *Medieval Commentaries on the Sentences of Peter Lombard*, Leiden 2002; 『명제집』의 영어 번역은 G. Silano: *Peter Lombard. The Sentences*, Toronto 2007-2010; Rosemann, Ph. W., *The Story of a Great Medieval Book: Peter Lombard's Sentences*, Peterborough 2007. S-I, p. 551; P p. 944; Lag pp. 950~52 참조.

4) Stefan von Tournai, bei Le Goff, J., *Das Hochmittelalter*, Frankfurt a.M. 1965 (Fischer Weltgeschichte, 11), p. 160.

5) Alanus ab Insulis, *Regulae caelestis iuris*, ed. N. Häring, in: *Archives d'histoire doctrinale et littéraire du moyen âge* 48 (1981), reg. 1, p. 98.

6) P. Lucentini, *Il libro dei ventiquattro filosofi*, Mailand 1999. 텍스트는 F. Hudry, CC Cont. Med. 143 A; Flasch, K., *Was ist Gott? Das Buch der 24 Philosophen*, München 2010 참조.

7) 작품들은 현재 *Opera omnia. Monumenta Germaniae historica. Quellen zur Geistesgeschichte des Mittelalters*, Hannover 2009ff. 참조., *Psalterium decem cordarum*, ed. K.-V. Selge, Hannover 2009f.; Istituto storico Italiano per il Medio Evo에서 나온 텍스트는 ed. R. E. Lerner, Rom 1995ff. 참조. 조아키노의 주저는 재인쇄되어 나오기도 했다. *Concordia Novi ac Veteris Testamenti*, Venedig 1527. 부분적으로 E. R. Daniel, Philadelphia 1983; *Psalterium decem Chordarum*, Venedig 1527; 재인쇄는 Frankfurt a.M. 1964 참조.
Selge, K.-V. (Hrsg.), *Introduzione all'apocalisse*, Rom 1995; Kaup, M. (Hrsg.), *De prophetia ignota. Eine frühe Schrift Joachims von Fiore*, Hannover 1998. 또한 *Tractatus super quattuor evangelia*, ed. E. Buonaiuti, Rom 1930; *Liber figurarum*, ed. E. Tondelli, Turin ²1953; *De ultimis tribulationibus*, ed. K. V. Selge, in: *Florensia* 7 (1993), pp. 7~35. 인물에 대해서는 Grundmann, H., *Studien über Joachim von Floris*, Leipzig/Berlin 1927; Benz, E., *Ecclesia spiritualis. Kirchenidee und Geschichtstheologie der franziskanischen Reformation*,

Stuttgart 1934; Grundmann, H., *Neue Forschungen über Joachim von Fiore*, Marburg 1950; Ratzinger, J., *Die Geschichtstheologie des hl. Bonaventura*, München/Zürich 1959; Töpfer, B., *Das kommende Reich des Friedens. Zur Entwicklung chiliastischer Zukunftshoffnungen im Hochmittelalter*, Berlin 1964; Wendelborn, G., *Gott und Geschichte. Joachim von Fiore und die Hoffnung der Christenheit*, Wien/Köln 1974; Grundmann, H., *Ausgewählte Aufsätze*, Bd. 2: *Joachim von Fiore*, Stuttgart 1977; Lubac, H. de, *La posterité spirituelle de Joachim de Flore*, 2 Bde., Paris 1979-81; Schachten, W. H. J., *Ordo salutis. Das Gesetz als Weise der Heilsvermittlung. Zur Kritik des hl. Thomas von Aquin an Joachim von Fiore*, Münster 1980 (Beiträge, N. F. 20); West, D. C./Zimdars-Swarts, S., *Joachim of Fiore. A study in Spiritual Perception and History*, Bloomington (Ind.) 1983; Mc Ginn, B., *The Calabrian Abbot Joachim of Fiore in the Western Thought*, New York 1985; *L'età dello spirito e la fine dei tempi in Gioachino da Fiore. Atti del II Congresso Internazionale di studi gioachimitici*, S. Giovanni in Fiore 1986; De Leo, P., *Gioachino da Fiore*, Soveria Manelli 1988; Podestà, G. L., *Il tempo dell'Apocalisse. Vita di Gioachino da Fiore*, Rom 2004 참조.

과거의 연구 문헌들은 Russo, F., *Bibliografia giochimita*, Florenz 1954에 목록이 있다. 또한 Totok II, pp. 210~12, De Fraja, V., in: *Florensia* 2 (1988), pp. 7~59; LMA 5 (1991), Sp. 485~87; S-I p. 478; P pp. 900~01도 참조.

V. 13세기

제24장 역사적 상황

1) Gilson, E., *La philosophie au moyen âge*, Paris 1952, p. 589. 13세기가 토마스의 세기라는 표현은 같은 책 p. 590 참조.
2) 경제적 발전은 Duby, G., *Le Temps des cathédrales*, Paris 1976, 특히 pp. 194~220; Fourquin, G., *Histoire économique de l'occident médiéval*, Paris ³1979, pp. 95~224; Cipolla, C. M., *Before the Industrial Revolution. European Society and Economy. 1000-1700*, London ²1981, 특히 pp. 204~13; Carocci S. (Hrsg.), *La mobilità sociale nel medioevo*, Rom 2010; Häberlein, M. (Hrsg.), *Praktiken des Handels. Geschäfte und soziale Beziehungen europäischer Kaufleute in Mittelalter und früher Neuzeit*, Konstanz 2010 참조. 철학사는 다음을 참조. Van Steenberghen, F., *La philosophie au XIIIe siècle*, Löwen/Paris 1966; Gregory, T./Maierù, A. [u.a.], *La filosofia medievale: I secoli XIII e XIV* (Stor. della Filos. VI); Zimmermann, A. (Hrsg.), *Die Auseinandersetzungen an der Pariser Universität im 13. Jahrhundert*, Berlin 1976 (MM 10); Maierù, A., *University Training in Medieval Europe*, Leiden 1994; Hoenen, M. J. F. [u.a.], *Philosophy*

and Learning. Universities in the Middle Ages, Leiden 1995; Verger, J., L'Essor des Universités au XIIIe siècle, Paris 1998; Fuchs, M., Zeichen und Wissen. Das Verhältnis der Zeichentheorie zur Theorie des Wissens und der Wissenschaften im dreizehnten Jahrhundert, Beiträge N. F. 51, Münster 1999; Aertsen, J. A. (Hrsg.), Geistesleben im 13. Jahrhundert, MM 27, Berlin 2000; Guldentops, G. [u.a.] (Hrsg.), Henry of Ghent and the Transformation of Scholastic Thought, Löwen 2003; Marmursztein, E., L'autorité des maîtres. Scolastique, normes et societé au XIIIe siècle, Paris 2007; Boureau, A., L'Empire du livre. Pour une histoire du savoir scolastique, 1200-1380, Paris 2007; ders., De vagues individus. La condition humaine dans la pensée scolastique, Paris 2008; Friedman, R. L., Intellectual Traditions in the Medieval University. The Use of Philosophical Psychology in the Trinitarian Theology, Leiden 2008; König-Pralong, C., Le bon usage des savoirs. Scolastique, philosophie et politique culturelle, Paris 2011.
3) 여전히 읽을 만한 훌륭한 책으로는 Hauck, A., Der Gedanke der päpstlichen Weltherrschaft bis auf Bonifaz VIII, Leipzig 1905.—Tierney, B., Origins of Papal Infallibility 1150-1350, Leiden 1972; Ullmann, W., A Short History of the Papacy in the Middle Ages, London ^{2}1974 참조.

제25장 전문 지식. 대중적 학문의 시작. 탁발수도회

1) 이와 관련해서는 이 책의 55, 172~73쪽 참조.
2) 법률 분야의 중요성과 12세기의 발전은 W. Ullmann, "Von Canossa nach Pavia. Zum Strukturwandel der Herrschaftsgrundlagen im salischen und staufischen Zeitalter", in: Historisches Jahrbuch 93 (1973), pp. 265~300 참조.
3) Birkenmajer, A., "Le rôle joué par les médicins et les naturalistes dans la réception d'Aristote aux XIIe et XIIIe siècle", in: La Pologne au 6e Congrès International des sciences historiques, Warschau 1950, pp. 1~15; Kristeller, P. O., "The School of Salerno", in: Studies in Renaissance Thought and Letters, Rom 1956, pp. 495~551; ders., "Beiträge der Schule von Salerno zur Entwicklung der scholastischen Wissenschaft im 12. Jahrhundert", in: J. Koch (Hrsg.), Artes liberales, Leiden/Köln 1959, pp. 84~90; Jacquart, D. (Hrsg.), La scuola medica salernitana, Florenz 2007; ders. (Hrsg.), La 'Collectio Salernitana' di Salvatore di Renzi, Florenz 2008 참조.
4) 14세기 이탈리아, 특히 파도바 의사들의 자유 사상의 기원에 대해서는 Federici-Vescovini, G., Astrologia e scienzia. La crisi dell'aristotelismo sul cadere del Trecento e Biagio Pelacani da Parma, Florenz 1979, 특히 pp. 372~410 참조.
5) Augustin, de civ. Dei XXII 24,4 PL 41,791 참조. 아우구스티누스는 '인간 육체를 반인간적으로 파헤치는 행위'라고 말한다.
6) Edelstein, L., "Die Geschichte der Sektion in der Antike", in: Quellen und Studien zur Geschichte der Naturwissenschaften und der Medizin 3 (1933), pp.

50~106; Artelt, W., *Die ältesten Nachrichten über die Sektion menschlicher Leichen im mittelalterlichen Abendland*, Berlin 1940 (*Abhandlungen zur Geschichte der Medizin und der Naturwissenschaften*, 34); Diepgen, P., "Der Kirchenlehrer Augustin und die Anatomie im Mittelalter", in: *Centaurus* 1 (1950/51), pp. 206~11 참조.

7) Balthasar, K., *Geschichte des Armutsstreites im Franziskanerorden bis zum Konzil von Vienne*, Münster 1911; Werner, E., *Pauperes Christi. Studien zu religiös-sozialen Bewegungen im Zeitalter des Reformpapsttums*, Leipzig 1956; Grundmann H., *Religiöse Bewegungen im Mittelalter. Untersuchungen über die geschichtlichen Zusammenhänge zwischen der Ketzerei, den Bettelorden und der religiösen Frauenbewegung im 12. und 13. Jahrhundert und über die Grundlagen der deutschen Mystik*, Berlin 1935, Nachdr. Darmstadt 1961; Lambert, M. D., *Franciscan Poverty*, London 1961; Grundmann, H., *Bibliographie zur Ketzergeschichte im Mittelalter (1900-1966)*, Rom 1967; Miethke, J., "Povertà e richezza nella spiritualità dei secoli XI e XII", in: *Atti del VIII convegno storico internazionale dell'Accademia Tudertina*, Todi 1969; Dufeil, M.-M., *Guillaume de St-Amour et la polemique universitaire parisienne. 1950-1959*, Paris 1972; Berg, D., *Armut und Wissenschaft. Beiträge zur Geschichte des Studienwesens der Bettelorden im 13. Jahrhundert*, Düsseldorf 1977; Berg, D., *Armut und Geschichte. Studien zur Geschichte der Bettelorden im Hohen und Späten Mittelalter*, Kevelaer 2001; Burr, D., *The Spiritual Franciscans. From Protest to Persecution in the Century after Saint Francis*, University Park, Pennsylvania 2001; Oexle, O. G. (Hrsg.), *Armut im Mittelalter*, Ostfildern 2004. 윌리엄 오컴은 pp. 512~30 참조. 또한 Dante, pp. 74~75; 212~13도 참조.

8) Bernhard von Clairvaux, Werke in PL 182-183, 새로운 판본은 Leclercq, J. [u.a.], Rom 1957ff., 같은 판본과 독일어 번역은 G. Winkler, 10 Bde., Innsbruck 1990ff.; Klibansky, R., "Peter Abaelard und Bernard of Clairvaux", in: *Medieval and Renaissance Studies* 4 (1961), pp. 1~27; Leclercq, J., *St Bernard et l'esprit cistercien*, Paris 1966; Evans, G. R., *The Mind of St. Bernhard of Clairvaux*, Oxford 1983; Bauer, D./Fuchs, G., *Bernhard von Clairvaux und der Beginn der Moderne*, Innsbruck/Wien 1993; Brague, R. (Hrsg.), *St-Bernard et la philosophie*, Paris 1993; Elm, K. (Hrsg.), *Bernhard von Clairvaux. Rezeption und Wirkung im Mittelalter und in der Neuzeit*, Wiesbaden 1994 참조. 또한 Gracia pp. 209~14; P p. 856; Lag pp. 159~63도 참조.

9) 중세 시대 도미니코회 수사들의 저술 업적에 대해서는 Kaeppeli, Th., *Scriptores Ordinis Praedicatorum Medii Aevi*, Rom 1970ff. 참조. 아울러 *Le scuole degli ordini mendicanti (Secoli XIII-XIV)*, Todi 1978 (Convegni del Centro di studi sulla spiritualità medievale, 17)도 참조. 도미니코회의 문화사적·사회사적 의미와 영향으로는 Freed, J. B., *The Friars and German Society in the Thirteenth Century*, Cambridge (Mass.) 1977 참조. 이와 관련해서는 이 책 제13장 주 1 참조.

제26장 대학과 저술 형식

1) Chart. Univ. Paris I, n. 515, 특히 p. 615, n. 504, pp. 589~90. 인용한 일화의 출처는 Bataillon, L.-J., "Les conditions de travail des maîtres de l'Université de Paris au XIIIe siècle", in: *Revue des sciences philosophiques et théologiques* 67 (1983), p. 418.
2) 참조: 1215년 추기경 특사 쿠르송의 로베르(Robert de Courçon)가 공표한 규정은 그 이전에 원래 있었던 몇몇 내부 규칙에 근거했을 수 있다. Chart. Univ. Paris I, pp. 78~80. 중세의 대학에 대해서는 Denifle, H., *Die Entstehung der Universitäten des Mittelalters bis 1400*, Berlin 1885; Rashdall, H., *The Universities of Europe in the Middle Ages*, hrsg. von F. M. Powicke/A. B. Emden, 3 Bde., Oxford 1951; Stelling-Michaud, S., "L'histoire des universités au moyen âge et à la renaissance au cours des vingtcinq dernières années", in: *XIe Congrès International des sciences historiques*, Stockholm 1960; *Rapports*, Bd. 1, Uppsala 1960, pp. 97~143; Le Goff, J., "Les universités et les pouvoirs public au moyen âge et à la renaissance", in: *XIIe Congrès International des sciences historiques*, Wien 1965; *Rapports*, Bd. 3, Wien 1965, pp. 189~206; Daly, J., *The Medieval University. 1200-1400*, New York 1961; Leff, G., *Paris and Oxford Universities in the XIIIth and XIVth Centuries*, New York 1968; Michaud-Quantin, P., *Universitas. Espression du mouvement communautaire du moyen âge latin*, Paris 1970; Verger, J., *Les universités au moyen âge*, Paris 1973; Rüthing, H., *Die mittelalterliche Universität*, Göttingen 1973; Weijers, O., *Terminologie des universités au XIIIe siècle*, Rom 1987; Catto, J. I. (Hrsg.), *The History of the University of Oxford*, 2 Bde., Oxford 1984-92; Ridder-Symoens, H. (Hrsg.), *A History of the University in Europe*, Bd. 1: *Universities in the Middle Ages*, Cambridge 1992; Rüegg, W., *Geschichte der Universität in Europa*, Bd. 1: *Mittelalter*, München 1993; Weijers, O., *Le travail intellectuel à la Faculté des arts de Paris*, 3 Bde., Turnhout 1994-98; dies. (Hrsg.), *L'enseignement des disciplines à la Faculté des arts* [Paris et Oxford], Turnhout 1997; Hannesse, J. (Hrsg.), *Aux origines du lexique philosophique européen. L'influence de la latinitas*, Louvain-la Neuve 1997; Lafleur, C. (Hrsg.), *L'enseignement de la philosophie au XIIIe siècle*, Turnhout 1997; Boureau, A., *Théologie, science et censure au XIIIe siècle*, Paris 1999; Bianchi, L., *Censure et liberté intellectuelle à l'Université de Paris, XIIIe-XIVe siècle*, Paris 1999; Corbellari, A., *La voix des clercs. Littérature et savoir universitaire autour des dits du XIIIe siècle*, Genf 2005; Geltner, G. (Hrsg.), *Guillaume de S. Amour, De periculis novissimorum temporum*, lat./engl., Paris 2008 참조. 또한 CIVICIMA 시리즈에서 O. Weijers 와 D. Jacquart의 간행물 참조(Turnhout 1985ff.).
3) Chenu, M.-D., *La théologie comme science au XIIe siecle*, Paris ^{3}1957, deutsch Ostfildern 2008 참조. 인문학부에 대해서는 Glorieux, P., *La faculté des arts et ses*

Maîtres au XIIIe siècle, Paris 1971 참조.
4) in: Chart. Univ. Paris I, p. 276 참조.
5) 말했다시피 순수한 아리스토텔레스주의라는 것은 없었다. 이 당시는 순수한 아리스토텔레스주의가 가능하기에는 아우구스티누스와 디오니시우스의 영향이 지나치게 강한 시기였다. 1255년 파리 대학 총람을 보면, 인문학부는 아리스토텔레스의 저작으로 간주된 신플라톤주의의 작품 하나를(*Liber de causis*) 기초 교육의 정식 교재로 채택하고 있다. 이처럼 아리스토텔레스 수용은 신플라톤주의 전통의 심화와 매우 밀접한 관계 속에서 진행되었다.
6) Glorieux, P., "L'enseignement au moyen âge. Techniques et méthodes en usage à la faculté de théologie de Paris, au XIIIe siècle", in: AHDLMA 43 (1968), pp. 65~186 참조.
7) 비판본은 Quaracchi 1916, 개정판은 Grottaferata 1981 참조. 인물에 대해서는 Gracia pp. 515~16; P p. 944 참조.
8) 프리드리히 슈테그뮐러의 종합적 서술(Friedrich Stegmüller, *Repertorium Commentariorum in sententias Petri Lombardi*, 2 Bde., Würzburg 1947)은 언급했다시피 중세 철학과 신학을 연구할 때 반드시 참고해야 할 중요한 연구 문헌 가운데 하나이다.
9) Glorieux, P., *Répertoire des maîtres en théologie de Paris au XIIIe siècle*, 2 Bde., Paris 1933/34 참조.
10) 슈테그뮐러가 조사한『명제집 주해』들의 목록에 일치하는 아리스토텔레스 주해서들의 목록은 Ch. Lohr, "Medieval Latin Aristotle Commentaries", in: *Traditio* 23 (1967), pp. 313~413; 24 (1968), pp. 149~245; 26 (1970), pp. 135~216; 27 (1971), pp. 251~351; 28 (1972), pp. 281~396; 29 (1973), pp. 93~197 참조. 중세의 학문과 지식과 문학 양식과의 관계 문제는 "Les genres littéraires dans les sources théologiques et philosophiques médiévales", in: *Actes du colloque international*, Löwen, Mai 1981, Löwen 1982; 특히 Bazán, B. C. [u.a.], *Les Questions disputèes et les questions quodlibétique. Typologie des sources du moyen âge occidental*, CC 44-45; Lafleur, C. (Hrsg.), *L'enseignement de la philosophie au XIIIe siècle*, Turnhout 1997; Brams, J., *La scoperta di Aristotele in Occidente*, Mailand 2003 참조.
Glorieux, P., *La littérature quodlibétique de 1260-1320*, 2 Bde., Paris 1925-35; Schabel, Ch. (Hrsg.), *Theological Quodlibeta in the Middle Ages: The Thirteenth Century*, Leiden/Boston 2006; ders. (Hrsg.), *Theological Quodlibeta in the Middle Ages. The Fourteenth Century*, Leiden/Boston 2007 참조.

제27장 이슬람 문명의 도전

1) 중세의 이슬람 세계는 Grunebaum, G. E. v., *Der Islam im Mittelalter*, Zürich 1963; ders., *Das Fortleben der Antike im Islam*, Zürich/Stuttgart 1965; *L'occidente e l'Islam nell'Alto Medioevo*, 2 Bde., Spoleto 1965; Rosenthal, F., *Knowledge*

triumphant. The Concept of Knowledge in Medieval Islam, Leiden 1970; Lombard, M., *L'Islam dans sa première grandeur*, Paris 1971; Hayes, J. R. (Hrsg.), *The Genius of Arab Civilisation. Source of Renaissance*, Oxford 1976; Paret, R., *Mohammed und der Koran*, 5., überarb. Aufl., Stuttgart 1980; Endress, G., *Einführung in die islamische Geschichte*, München 1982 참조. 서방 세계와 이 슬람 세계의 관계사는 Southern, R. W., *Western Views of Islam in the Middle Ages*, Cambridge (Mass.) 1962; Montgomery-Watt, W., *The Influence of Islam on Medieval Europe*, Edinburgh 1972; Daniel, N., *The Arabs and Medieval Europe*, London 1975; Rodinson, M., *La fascination de l'Islam*, Paris 1981 [engl. 1968]; Sénac, Ph., *L'image de l'Autre. L'Occident médiéval face à l'Islam*, Paris 1983; Busse, H., *Die theologischen Beziehungen des Islam zu Judentum und Christentum*, Darmstadt 1988; Endreß, G., *Der Islam. Eine Einführung in seine Geschichte*, München ²1991; Schimmel, A., *Der Islam. Eine Einführung*, Stuttgart 1995; Watt, M. W., *A Short History of Islam*, Oxford 1996; Gutas, D., *Greek Thought, Arabic Culture. The Graeco-Arabic Translation Movement in Baghdad and Early 'Abbasid Society (2nd-4th/8th-10th centuries)*, London 1998. Lutz-Bachmann, M., *Juden, Christen und Muslime*, Darmstadt 2004; Lewis, B., *Islam from the Prophet Muhammad to the Capture of Constantinople*, 2 Bde., New York 2005; ders., *Der Islam in Originalzeugnissen*, 2 Bde., Lenningen 2005; Meri, J. W. (Hrsg.), *Medieval Islam Civilisation. An Encyclopedia*, New York 2006; Jaspersen, M. (Hrsg.), *Aufstieg des Islam*, Hamburg 2006; Ohlig, K. H. (Hrsg.), *Der frühe Islam. Eine historisch-kritische Rekonstruktion anhand zeitgenössischer Quellen*, Berlin 2007; Crone, P., *From Arabic Tribes to Islamic Empire*, Aldershot 2008; Belting, H., *Florenz und Bagdad*, München ²2008; Schoeler, G., *The Oral and the Written in Early Islam*, London 2010; Lassner, J., *Islam in the Middle Ages*, Santa Barbara 2010; Fuess, A. (Hrsg.), *Court Culture in the Muslim World*, London 2011 참조.

2) Badawi, A., *La transmission de la philosophie grecque au monde arabe*, Paris 1968; Endreß, G., *Proclus arabus*, Wiesbaden 1973; Anawati, G., "Le néoplatonisme dans la pensée musulmane: état actuel des recherches", in: *Plotino e il Neoplatonismo in Oriente e in Occidente. Atti del Congresso Internazionale*, Rom 1974, pp. 339~405 참조.

3) 재인용 출처: Padover, S. K., "Muslim Library", in: J. W. Thompson, *The Medieval Library*, Chicago 1939, p. 367. 나는 앞쪽의 서술에서도 이 연구 문헌의 도움을 많이 받았다.

4) 원전 텍스트는 *Aristoteles Latinus*, ed. G. Lacombe [u.a.], Brügge [u.a.] 1939; 개괄은 Peters, F. E., *Aristoteles arabus. The oriental translations and commentaries in the Aristotelian corpus*, Leiden 1968 참조.

5) 이와 관련해서는 Lindberg, D. C., "Lines of Influence in Thirteenth-Century Optics: Bacon, Witelo and Pecham", in: *Speculum* 46 (1971), pp. 66~83 참

조. 또한 같은 저자의 다음 연구들도 참조: *John Pecham and the Science of Optics. Perspectiva communis*, Madison (Wisc.) 1970; *Theories of Vision from Al-Kindi to Kepler*, Chicago/London 1976; *Science in the Middle Ages*, Chicago/London 1978.

6) de Boor, T., *Geschichte der Philosophie im Islam*, Stuttgart 1901; Haskins, C. H., *Studies in the History of Medieval Science*, Cambridge 1927; Horten, M., "Die syrische und arabische Philosophie", in: B. Geyer (Hrsg.), *Die patristische und scholastische Philosophie* (Ueberweg, *Grundriß der Geschichte der Philosophie*, Bd. 2), Berlin 1928, pp. 287~325; Mieli, A., *La science arabe et son rôle dans l'évolution scientifique mondiale*, Paris 1938, Neudr. mit bibliogr. Erg., Leiden 1966; De Menasce, P. J., *Arabische Philosophie*, Bern 1948; Watt, W. M., *Islamic Philosophy and Theology*, Edinburgh 1962; Walzer, R., *Greek into Arabic. Essays on Islamic Philosophy*, Oxford 1962; Sharif, M. M. (Hrsg.), *A History of Muslim Philosophy*, Wiesbaden 1963ff.; Schipperges, H., *Die Assimilation der arabischen Medizin durch das lateinische Mittelalter*, Wiesbaden 1964; Corbin, H., *Histoire de la philosophie islamique*, Paris 1964; ders., "La philosophie islamique", in: *Histoire de la philosophie* Bd. 1, hrsg. von B. Parain, Paris 1969, pp. 1046~1197; *Oriente e occidente nel Medioevo. Filosofia e scienze. Convegno internazionale*, Rom 1971; Badawi, A., *Histoire de la philosophie en Islam*, 2 Bde., Paris 1972; Rosenthal, E. I. J., "Politisches Denken im Islam. Kalifatstheorie und politische Philosophie", in: *Saeculum* 23 (1972), pp. 148 71; Bürgel, J. Ch., "Dogmatismus und Autonomie des wissenschaftlichen Denkens des islamischen Mittelalters", in: ebd., pp. 30~46; Montgomery-Watt, W., *Islamic Philosophy and Theology*, Edinburgh 1979; Zimmermann, A./Crämer-Rügenberg, I. (Hrsg.), *Orientalische Kultur und europäisches Mittelalter*, in: MM, Berlin/New York 1985; Fakhri, M., *Histore de la philosophie islamique*, Paris 1989; Leaman, O., *Introduction to Medieval Islamic Philosophy*, Cambridge 1990; Rosenthal, F., *Greek Philosophy in the Arabic World. A Collection of Essays*, Aldershot 1990; Endreß, G./Gutas, D., *A Greek and Arabic Lexicon. Material for a Dictionary of the Medieval Translation from Greek into Arab*, Leiden 1992ff.; Morewedge, P., *Neoplatonism and Islamic Thought*, Albany (NY) 1992; Daiber, H. (Hrsg.), *Naturwissenschaft bei den Arabern im 10. Jahrhundert* n.Chr., Leiden 1993; Maroth, M., *Die Araber und die antike Wissenschaftstheorie*, Leiden 1994; Nasr, S. H./Leaman, O., *History of Islamic Philosophy*, London 1996; De Libera, A. [u.a.] (Hrsg.), *Langage et philosophie. Hommage à Jean Jolivet*, Paris 1997; Pines, S., *The Collected Works of S. Pines*, hrsg. von S. Stroumsa, Bd. 3: *Studies in the History of Arabic Philosophy*, Jerusalem 1997. 매우 중요한 참고 서적은 Sezgin, F., *Geschichte des arabischen Schrifttums*, Leiden 1967ff.; Van Ess, J., *Theologie und Gesellschaft im 2. und 3. Jahrhundert Hidschra*, 6 Bde., Berlin 1991-1997; Stroumsa, S.,

Freethinkers of Medieval Islam, Leiden 1999; Daiber, H., *Bibliography of Islamic Philosophy*, Leiden 1999 [Supplement 2007]; Aerten, J. A./Endreß, G. (Hrsg.), *Averrois Opera. Averroes and the Aristotelean Tradition*, Leiden 1999; Calverley, E. E., *Nature, Man and God in Medieval Islam*, Leiden 2001; Jolivet, J., *La théologie et les Arabes*, Paris 2002; Heck, P. L., *The Construction of Knowledge in Islamic Civilisation*, Leiden 2002; Sezgin, F., *Wissenschaft und Technik im Islam*, 5 Bde. Frankfurt a.M. 2003; Endreß, G., *Der arabische Aristoteles und seine Leser*, Münster 2004; Fakhry, M., *A History of Islamic Philosophy*, New York 2004; Adamson, P., *The Cambridge Companion to Arabic Philosophy*, Cambridge 2005; Gutas, D., *Greek Thought, Arabic Culture*, London 2005; Crone, P., *Medieval Islamic Political Thought*, Edinburgh 2005; D'Ancona, C. (Hrsg.), *Storia della filosofia nell'Islam medievale*, Turin 2005; Montgomery, J. M./Frank, R. M. (Hrsg.), *Arabic Theology, Arabic Philosophy*, Löwen 2006; Elkaisy-Friemuth, M., *God and Humans in Islamic Thought*, Abingdon 2006; Speer, A. (Hrsg.), *Wissen über Grenzen. Arabisches Wissen und lateinisches Mittelalter*, MM 33, Berlin 2006; Rosenthal, F., *Knowledge triumphant. The Concept of Knowledge in Medieval Islam*, London ²2007; Morisson, R. G., *Islam and Science*, London 2007; Winter, T. (Hrsg.), *The Cambridge Companion to Islamic Theology*, Cambridge 2008; Wohlman, A., *Contrepoint entre le sens commun et la philosophie en Islam*, Paris 2008; Genequand, Ch., *Ibn Bagga (Avempace), La conduite de l'isolé. Introduction, édition du texte arabe, traduction et commentaire*, Paris 2010; van Ess, J., *Der Eine und das Andere. Beobachtungen an islamischen häresiographischen Texten*, 2 Bde., Berlin 2011. 아랍 철학은 라거룬트(Lagerlund)의 서술을 참고하기가 좋다. pp. 88~97; 997~1003; 1012~16; 1030~38; 1056~61; 1078~80.

7) Aristoteles, *De anima* III 5,430a 10-25.
8) Albertus Magnus, *De intellectu et intelligibili*, *Opera*, ed. A. Borgnet, Bd. 9, Paris 1890, pp. 477~521 Borgnet; Dietrich von Freiberg, in: *Opera omnia*, Bd. 1, ed. B. Mojsisch, Hamburg 1977, pp. 131~210.
9) 라틴어 번역은 A. Nagy, Münster 1897 (Beiträge, 2,5), 아랍어-프랑스어 대역은 ed. J. Jolivet, Leiden 1997; Al-Kindi, *Erste Philosophie*, 아랍어-독일어 대역은 A. Akasoy, Freiburg I. Br. 2011 참조. — '넷째' 지성을 '논증적' 지성(intellectus demonstrativus)이라 부른 것은 번역 오류이다. Jolivet, J., *L'Intellect selon Kindi*, Leiden 1971, pp. 2, 12. 과거의 견해는 Théry, G., *Autour du décret de 1210*, Bd. 2: *Alexandre d'Aphrodise. Aperçu sur l'influence de sa noétique*, Le Saulchoir 1926; Gilson, E., "Les sources gréco-arabes de l'augustinisme avicennisant", in: AHDLMA 4 (1929/30), pp. 5~107 참조. 또한 Totok II, pp. 255~58; Stor. della Filos. V, p. 463; S-I, p. 377f.; Gracia pp. 129~35; P pp. 919~20; Lag pp. 672~76도 참조.
10) 알-파라비의 지성론 텍스트는 E. Gilson, in: AHDLMA 4 (1929/30), pp.

115~26; 알-파라비의 다른 텍스트의 라틴어 번역은 Q. Camerarius, Paris 1638 참조. Alpharabi, *Philosophische Abhandlungen*, dt. von Fr. Dieterici, Leiden 1892, pp. 61~81; Al-Farabi, *Die Prinzipien der Ansichten der Bewohner der vortrefflichen Stadt*, dt. von Cl. Ferrari, Stuttgart 2009; Al-Farabi, *De scientiis*, dt. von J. H. J. Schneider, Freiburg I. Br. 2006; Al-Farabi, *Über die Wissenschaften*, dt. von F. Schupp, Hamburg 2005; Al-Farabi, *The political Writings*, engl. von Ch. E. Butterworth, Ithaca 2001. 인물에 대해서는 Netton, I. R., *Al-Farabi and His School*, London/New York 1992; Mahdi, M., *Alfarabi and the Foundation of the Arabic Political Philosophy*, Chicago 2001; Fakhry, M., *Al-Farabi, Founder of Islamic Neoplatonisme*, Oxford 2002 참조. 또한 Totok II, pp. 258~64; Stor. della Filos. V, pp. 463~64; Gracia pp. 109~117; P pp. 866~67, Lag pp. 345~52도 참조.

11) 이와 관련해서는 Henry, P./Schwyzer, H. R. (Hrsg.), *Plotini Opera*, Bd. 2, Paris/Brüssel 1959[아랍어 원문의 영어 번역과 함께] 참조.
라틴어 번역: *Opera*, Venedig 1508; Avicenna latinus. *Liber de anima seu sextus de naturalibus*, ed. S. Van Riet, Introduction G. Verbeke, Löwen/Leiden 1972; *Liber de philosophia prima sive scientia divina*, ed. S. Van Riet, Introd. G. Verbeke, Bd.1: *Partes* I-IV, Bd.2: *Partes* V-X, Löwen/Leiden 1977-1980; Avicenna, *Liber Tertius Naturalium*, ed. S. Van Riet/G. Verbeke, Leiden 1987. 라틴 문화권의 아비첸나 수용사로는 d'Alverny, M.-Th., "Avicenna latinus", in: AHDLMA 28 (1961), pp. 281~316; 29 (1962), pp. 217~33; 30 (1963), pp. 221~72; 31 (1964), pp. 271-86 참조. *Die Metaphysik Avicennas*, dt. hrsg. von M. Horten, Leipzig 1907; Vicaire, M.-H., "Les Porrétains et l'avicennisme avant 1215", in: *Revue des sciences philosophiques et théologiques* 26 (1937), pp. 449~82; Goichon, A.-M., *La philosophie d'Avicenne et son influence en Europe médiévale*, Paris ²1951; Wickens, G. M. (Hrsg.), *Avicenna scientist and philosopher*, London 1952; Bloch, E., *Avicenna und die aristotelische Linke*, 1952 [u.ö.], Tb.-Ausg. Frankfurt a.M. 1963; *Avicenna nella storia della cultura medioevale. Relazioni e discussione. Riunione del 15 aprile 1955*, hrsg. von der Accademia nazionale dei Lincei, Rom 1957; Corbin, H., *Avicenne et le récit visionnaire*, 3 Bde., Teheran/Paris 1952-1954; Goichon, A.-M., Art. "Ibn Sina", in: *The Encyclopedia of Islam*, Bd. 3, Leiden/London 1971, pp. 941~47; Verbeke, G., *Avicenna. Grundleger einer neuen Metaphysik*, Opladen 1983; Jolivet, J., *Études sur Avicenne*, Paris 1984; Gutas, D., *Avicenna and the Aristotelian Tradition*, Leiden 1988; Goodman, L. E., *Avicenna*, London/New York 1992; Davidson, H. A., *Alfarabi, Avicenna and Averroes on Intellect*, New York/Oxford 1992; D'Alverny, M. T., *Avicenne en occident*, Paris 1993; Gutas, D., "Avicenna", in: Flasch, Hauptwerke, pp. 90~107; Hasse, D. N., *Avicenna's 'De anima' in the Latin West*, London 2000; Wisnovsky, R., *Aspects of Avicenna*, Princeton 2001; Wisnovsky, R., *Avicenna's Metaphysics in Context*,

Ithaca, NY. 2003; McGinnis, J. (Hrsg.), *Interpreting Avicenna. Science and Philosophy in Medieval Islam*, Leiden 2004; De Libera, A., "D'Avicenne à Averroès, et retour. Sur les sources arabes de la théorie scolastique de l'un transcendantal", in: *Arabic Sciences and Philosophy* 4 (1994), pp. 141~79; Strohmaier, G., *Avicenna*, München ²2006; Janssens, J. I., *Ibn Sina and his Influence in the Arabic and Latin World*, Burlington 2006; Bertolacci, A., *The reception of Aristotle's Metaphysics in Avicenna's 'Kitab al-Sifa'*, Leiden/Boston/Köln 2006; Belo, C., *Chance and Determinism in Avicenna and Averroes*, Leiden 2007; Tzvi Langermann, Y. (Hrsg.), *Avicenna and his legacy*, Turnhout 2009; Koutzarowa, T., *Das Transzendentale bei Ibn Sina*, Leiden 2009; McGinnis, J., *Avicenna*, Oxford 2010; Hasse, D. N., *Arabic, Hebrew and Latin Reception of Avicenna's Metaphysics*, Berlin 2011. 또한 Totok II, pp. 264~72; Stor. della Filos. V, p. 464; S-I, p. 390; Gracia pp. 1956-1208; P pp. 851~52; Lag pp. 515~27도 참조.

13) Roger Bacon, *Opus Tertium*, in: *Opera quaedam hactenus inedita*, ed. J. S. Brewer, Bd. 1, London 1859, p. 32. 전반적으로는 Gilson, E., "Avicenne en Occident au moyen âge", in: AHDLMA 36 (1970), pp. 89~121 참조.

14) Thomas von Aquino, *In 1 Sententiarum* d. 2 qu. 1 a. 3.

15) 『신학대전』의 세 번째 논증 참조: *Summa theologica* I 2, 3, 독일어는 Flasch, MA 321 참조.

16) *In 1 Sententiarum* d. 8 qu. 3 a. 2.

17) *De veritate* I 1, 독일어는 Flasch, MA 311-313.

18) *In 1 Sententiarum* d. 35 qu. 1 a. 1; *Summa theol.* I 45,5.

19) *In 1 Sententiarum* d. 3 qu. 2 a. 3.

20) *Summa contra Gentiles* III 87. — 아비첸나에 대한 토마스의 입장으로는 Forest, A., *La structure métaphysique du concret selon S. Thomas d'Aquin*, Paris 1931, pp. 331~60 (관련 텍스트의 모음) 참조: Zedier, B., "S. Thomas and Avicenna in the *De potentia*", in: *Traditio* 6 (1948), pp. 105~59; Vansteenkiste, C., "Avicenna-Citaten bij S. Thomas", in: *Tijdschrift voor Philosophie* 15 (1953), pp. 457~507; Anawati, G. C., *Introduction zu: Avicenne. La Metaphysique du Shifa*, Paris 1978, pp. 63~78; Acar, R., *Talking about God and talking about Creation. Avicenna's and Thomas' Aquinas Positions*, Leiden 2005; Di Martino, C., *Ratio particularis. La doctrine des sens internes d'Avicenna à Thomas d'Aquin*, Paris 2008; Stohldreier, M., *Zum Welt- und Schöpfungsbegriff bei Averroes und Thomas von Aquin*, Freiburg I. Br. 2008.

21) Al-Ghazali, *Tahafut al-Falsifah*, 영어 번역은 A. S. Kamali, Lahore (Pakistan) 1958, 아랍어-영어 대역은 M. E. Marmura, Provo 1997 참조: Totok II, 272-276; S-I, p. 376f. 아베로에스의 반박 논고는 알-가잘리 텍스트의 대부분을 인용해 싣고 있다: Averroes, *Tahafut al-Tahafut*, 영어 번역은 S. Van den Bergh, 2 Bde., London 1954. 『파괴의 파괴』(*Destructio destructionum*)의 라틴어 번

역은 in: *Aristotelis opera cum Averrois commentariis*, 9 Bde., Venedig 1562-1574, Nachdr. Frankfurt a.M. 1962, Bd. 9, pp. 155~47ʳ; Averroè, *L'incoerenza dell'incoerenza dei filosofi*, Torino 2006 [이탈리아어 번역과 마시모 캄파니니(Massimo Campanini)의 논문]; Montada, P. J., "Ibn Rushd versus Al-Ghazali, Reconsideration of a Polemic", in: *The Muslim World* 82 (1992), pp. 113~31; Zedler, B. H. (Hrsg.), *Averroes' Destructio destructionum philosophiae Algazelis in the Latin version of C. Calonymus*, Milwaukee 1961; Montgomery-Watt, W., *Muslin Intellectuel. A study of Al-Gazali*, Edinburgh 1963; Ormsby, M. E., *Theodicy in Islamic Thought. The Dispute over al-Ghazali's "Best of all possible Worlds"*, Princeton 1983; Bouman, J., *Glaubenskrise und Glaubensgewißheit. Die Theologie Al-Gazalis und Augustins im Vergleich*, Gießen/Basel 1990; Griffel, F., *Apostasie und Toleranz im Islam. Die Entwicklungen zu al-Gazalis Urteil gegen die Philosophie und die Reaktionen der Philosophen*, Leiden/Boston/Köln 2000. Siehe auch: Gracia pp. 118~26; P pp. 873~74; Lag pp. 382~89.

22) Nicolaus von Autrecourt, in: Flasch, MA 497 참조.

23) *Corpus Commentariorum Averrois in Aristotelem*, ed. H. A. Wolfson [u.a.], Cambridge (Mass.) 1949ff. 여전히 꼭 필요한 판본: *Aristotelis Opera cum Averrois commentariis*, Venedig 1562-74, Nachdr. Frankfurt a.M. 1962; Averroes, *Epitome in Aristotelis Metaphysicorum libros*, ed. R. Arnzen, Berlin 2010; *Die Metaphysik des Averroes*, dt. von M. Horten, 1912, Nachdr. Frankfurt a.M. 1962; Averroes, *Über den Intellekt. Auszüge aus seinen drei Kommentaren zu Aristoteles' De anima*, arab./lat./dt. hrsg., übers., eingel. und mit Anm. vers. von D. Wirmer, Freiburg 2008. 인물에 대해서는 Gauthier, L., *Ibn Roshd (Averroès)*, Paris 1948; Arnaldez, R., Art. "Ibn Rushd", in: *Encyclopedia of Islam*, Bd. 3, Leiden/London 1970, pp. 909~20; Aertsen, J. A./Endreß, G. (Hrsg.), *Averrois Opera. Averroes and the Aristotelean Tradition*, Leiden 1999; Calma, D., *Études sur le premier siècle de l'averroisme latin. Approches et textes inédites*, Turnhout 2011; Adamson, P. (Hrsg.), *In the Age of Averroes*, London 2011 참조. 또한 다음도 참조: Totok II, pp. 277~83; Stor. della Filos. V, p. 465; Gracia pp. 182~95; P p. 851; Lag pp. 494~507. 연구 논의는 다음을 참조: *Multiple Averroes. Actes du Colloque international*, Paris 1978; Kassem, M., "La philosophie d'Averroès et ses rapports avec la scolastique latine", in: *Actas del V Congreso internacional de filosofia medieval*, Bd. 1, Madrid 1979, pp. 207~17; Bland, K. P., *The Epistle on the Possibility of Conjunction with the Active Intellect by Ibn Rushd with the Commentary of Moses Marboni*, New York 1982; Booth, E., *Aristotelian Aporetic Ontology in Islamic and Christian Thinkers*, Cambridge 1983; Rosemann, P. W., "Averroes. A Catalogue of Editions and Scholarly Writings from 1821 onwards", in: *Bulletin de la Société pour l'Étude de la Philosophie Médiévale* 30 (1988), pp.

153~221; Leaman, O., *Averroes and his Philosophy*, Oxford 1988; Urvoy, D., *Ibn Rushd*, London 1991; Hayun, M. R./De Libera, A., *Averroes et l'Averroisme*, Paris 1991; De Libera, A., *Averroès, l'intelligence et la pensée. Grand commentaire du "De Anima"* (Livre III), Paris 1998; Hasse, D. N., *Latin Averroes Translations of the First Half of the Thirteenth Century*, Hildesheim/Zürich/New York, 2010.

24) Thomas von Aquino, *De unitate intellectus* c. 2 n. 214, in: *Opuscula philosophica*, ed. R. Spiazzi, Turin 1954, p. 76, 아베로에스에 대해서는 "qui non tam fuit Peripateticus, quam philosophiae peripateticae depravator". Flasch, Hauptwerke, pp. 245~69. 토마스의 아베로에스 수용에 대한 개괄은 C. Vansteenkiste, "S. Tommaso d'Aquino ed Averroè", in: *Rivista degli studi orientali* 32 (1957), pp. 585~623; Cerami C., "Thomas d'Aquin lecteur critique du Grand Commentaire d'Averroes à Phys. I,1", in: *Arabic Sciences and Philosophy* 19.2 (2009), pp. 189~223 참조.

25) Renan, E., *Averroès e l'averroïsme*, Paris [2]1861.

26) Ibn Roshd (Averroès), *Traité décisif sur l'accord de la religion et de la philosophie*, arab./frz. hrsg. von L. Gauthier, Paris [3]1983.

27) 같은 책 p. 4.

제28장 유대 철학에서 받은 자극

1) Guttmann, J., *Die Philosophie des Judentums*, München 1933; Vajda, G., *Introduction à la pensée juive du moyen âge*, Paris 1947; Rosenthal, E. J., *Griechisches Erbe in der jüdischen Religionsphilosophie des Mittelalters*, Stuttgart 1960; Sirat, C., *La philosophie juive au moyen âge selon les texts manuscrits et imprimés*, Paris 1983 참조. 연구 문헌은 Vajda, G., *Jüdische Philosophie*, Bern 1950 참조. 그 외 최근 연구들은 조르주 바이다(Georges Vajda)가 정리한 연구사 참조 in: *Die Metaphysik im Mittelalter*, hrsg. von P. Wilpert, MM 2, pp. 126~35; Altmann, A. v., in: *Bulletin de la société internationale des études philosophiques médiévals* 5 (1963), pp. 261~64; Touati, C., in: ebd., pp. 264~67; Simon, M. und H., *Geschichte der jüdischen Philosophie*, München 1984; Sirat, C., *La philosophie juive médiévale en terre d'islam*, Paris 1988; dies., *La philosophie juive médiévale en pays chrétien*, Paris 1988; Hayun, M. R., *La philosophie médiévale juive*, Paris 1991; Cohn-Sherbok, D., *Medieval Jewish Philosophy*, Richmond 1996; Pines, S., *The Collected Works*, Bd. 5: *Studies in the History of Jewish Thought*, Jerusalem 1997; Frank, D. H. (Hrsg.), *The Cambridge Companion to Medieval Jewish Philosophy*, Cambridge 2003. 훌륭한 참고문헌 목록으로는 in: Sirat, C./Di Donato, S., *Maimonide et les brouillons autographes du Dalâlat al-Hâirîn* (Guide des Égarés), Paris 2011, pp. 281~90 참조. 또한 Lag pp. 982~90, 992~97, 1003~07도 참조.

2) 비판본과 독일어 번역은 L. Goldschmidt, *Das Buch der Schöpfung*, Frankfurt a.M. 1894 참조. 이와 관련해서는 Baeck, L., in: *Monatsschrift für Geschichte und Wissenschaft des Judentums* 70 (1926), pp. 371~76; 78 (1934), pp. 448~55, 그리고 Merlan, Ph., "Zur Zahlenlehre im Platonismus (Neuplatonismus) und im Sephir Jezira", in: *Journal of the History of Philosophy* 3 (1965), pp. 167~81 참조. 그 외에도 Totok II, p. 293 참조.
3) Alunni, Ch., "*Codex naturae et libro della natura* chez Campanella et Galilée", in: *Annali della Scuola normale superiore* 12 (1982), pp. 189~239 참조.
4) 이와 관련해서는 Scholem, G., *Von der mystischen Gestalt der Gottheit. Studien zu Grundbegriffen der Kabbala*, Frankfurt a.M. 1977 참조. 게르숌 숄렘(Gershom Scholem)의 이전 연구도 참조.
5) Ibn Gabirol (Avencebrol), *Fons vitae*, ed. C. Baeumker, 3 Bde., Münster 1892-95 (Beiträge 1,2-4). 히브리어 총론과 프랑스어 번역은 S. Munk, *Mélanges de philosophie juive et arabe*, Paris 1859; 프랑스어 번역은 J. Schlanger, Paris 1970; 인물은 Wittmann, M., *Die Stellung Avencebrols im Entwicklungsgang der arabischen Philosophie*, Münster 1905, (Beiträge 5,1); Bertola, E., *Ibn Gabirol (Avicebron). Vita, opere etpensiero*, Padua 1953; 그리고 *Freiburger Zeitschrift für Philosophie und Theologie* 13/14 (1966/1967)에 실린 다수의 연구논문들; Schlanger, J., *La philosophie de Salomon Ibn Gabirol, Études d'un néoplatonisme*, Leiden 1968; Brunner, F., "Sur la philosophie d'Ibn Gabirol. A propos d'un ouvrage récent", in: *Revue des Études Juives* 128 (1969), pp. 317~37; Sirat, *La Philosophie juive au moyen âge*, pp. 88~104; Brunner, F., *Métaphysique d'Ibn Gabirol et de la tradition néoplatonicienne*, Aldershof 1997 참조. 또한 Totok II, pp. 296~98; Stor. della Filos. V, pp. 470~71; Sirat, pp. 471~72; Gracia pp. 174~81; P pp. 972~73도 참조.
6) Avencebrol, *Fons vitae* I 1-2 Baeumker 1-5.
7) *Fons vitae* V 1 Baeumker 259.
8) *Fons vitae* V 3 Baeumker 262,11.
9) *Fons vitae* IV 2 Baeumker 215,10-20.
10) 아랍어 원문과 프랑스어 번역은 Munk, S., *Le guide des égarés*, 3 Bde., Paris 1856-66; 독일어 번역은 Leipzig 1923/24, Nachdr. Hamburg 1995 [J. Maier의 서문과 연구 문헌 목록]; 라틴어 번역은 (1240년경) ed. A. Giustiniani, Paris 1520, Nachdr. Frankfurt a.M. 1964; Strauß, L./Pines, S. (Hrsg.), *The guide of the perplexed*, Chicago 1963 [영어 번역과 L. Strauß의 해설]; Twersky, I. (Hrsg.), *A Maimonides' reader*, New York 1972, Mosè Maimonide, *La guida dei perplessi*, Turin 2005 [이탈리아어 번역과 M. Zonta의 해설] 참조. 율리우스 구트만(Julius Guttmann), 조르주 바이다, 콜레트 시라(Colette Sirat)의 유대 철학 개론과 더불어 (주 1 참조) pp. 179~234. 인물 설명은 Strauß, L., *Philosophie und Gesetz*, Berlin 1935; Altmann, A., "Das Verhältnis Maimunis zur jüdischen Mystik", in: *Monatsschrift für Geschichte und Wissenschaft des*

Judentums 80 (1936), pp. 305~30; Federbusch, S., *Maimonides, his teachings and personality. Essais on the occasion of the 750th anniversary of his death*, New York 1956 참조. 라틴 저술가에게 끼친 영향으로는 Guttmann, J., "Der Einfluß der maimonidischen Philosophie auf das christliche Abendland", in: *Moses ben Maimon*, hrsg. von J. G., Bd. 1, Leipzig 1908, pp. 135~230; Rohner, A., *Das Schöpfungsproblem bei Moses Maimonides, Albertus Magnus und Thomas von Aquin*, Münster 1913 (Beiträge, 11,5); Kluxen, W., "Moses Maimonides und die Hochscholastik", in: *Philosophisches Jahrbuch* 63 (1954), pp. 151~65; Pines, S., "Les limites de la métaphysique selon al-Farabi, Ibn Bajja et Maimonides", in: MM 13 (1981), pp. 211~25; Pines, S./Yovel, Y. (Hrsg.), *Maimonides and Philosophy*, Dordrecht/Boston 1986; Hayun, M. R., *Maimonides*, Paris 1987; Imbach, R., "Ut ait Rabbi Moyses. Maimonidische Philosopheme bei Thomas von Aquin und Meister Eckhart", in: *Collectanea Franciscana* 60 (1990), pp. 99~116; Dienstag, J., "Art, Science and Technology in Maimonides Thought. A Classified Bibliography", in: *The Torah U-Madda Journal* 5 (1994), pp. 1~100; Wohlmann, A., *Maimonides and Thomas d'Aquin. Un Dialogue impossible*, Fribourg 1995; Niewöhner, Fr., "Maimonides", in: Flasch, Hauptwerke, pp. 175~92; Leaman, O., *Moses Maimonides*, Richmond ²1997; McGinn, B., "Sapientia Judaeorum: the Role of Jewish Philosophers in Some Scholastic Thinkers", in: Bast, R. J./Gow, A. C. (Hrsg.), *Continuity and Change. The Harvest of Late Medieval and Reformation History*, Leiden/Boston/Köln 2000, pp. 206~28; Hasselhoff, G., "The reception of Maimonides in the Latin World: the evidence of the latin translations in the 13th-15th century", in: *Materia giudaica*, VI/2 (2001), pp. 258~80; Rigo, C., "Zur Rezeption des Moses Maimonides im Werk des Albertus Magnus", in: Anzulewicz, H./Senner, W. (Hrsg.), *Albertus Magnus. Zum Gedenken nach 800 Jahren. Neue Zugänge, Aspekte und Perspektiven*, Berlin 2001, pp. 29~66; Hasselhoff, G. K., *Dicit Rabbi Moyses. Studien zum Bild des Moses Maimonides im lateinischen Westen vom 13. bis zum 15. Jahrhundert*, Würzburg ²2004; Zonta, M., "Traduzioni e commenti alla Guida dei perplessi nell'Europa del secolo XIII: a proposito di alcuni studi recenti", in: Cerchiai, G./Rota, G. (Hrsg.), *Maimonide e il suo tempo*, Mailand 2007, pp. 51~60; Seeskin, K. (Hrsg.), *The Cambridge Companion to Maimonides*, Cambridge 2005; Davidson, H. A., *Moses Maimonides. The Man and his Work*, Oxford 2005; Rubio, M., *Aquinas and Maimonides on the Possibility of the Knowledge of God*, Dordrecht 2007; Hasselhoff, G. K., *Moses Maimonides interkulturell gelesen*, Nordhausen 2009; Law, J. A., *Reason and Morality in Jewish Philosophy*, Oxford 2010; Zonta, M., *Maimonide*, Roma 2011; Sirat, C./Di Donato, S., *Maimonide et les brouillons autographes du Dalâlat al-Hâ'irin* (Guide des Égarés), Paris 2011 참조. 또한 P pp. 928~29; Lag 808-815도 참조.

11) Koch, J., "Meister Eckhart und die jüdische Religionsphilosophie", in: Koch I, pp. 349~65.
12) Flasch, K., "Die Intention Meister Eckharts", in: *Sprache und Begriff. Fs. B. Liebrucks*, Meisenheim 1974, pp. 292~318 참조.
13) Maimonides, *Dux neutrorum*, Lib.1 c. 57-60 Giustiniani, fol. 22a-24a.
14) 같은 책 c. 57 Giustiniani, fol. 22a.
15) Thomas von Aquino, *Summa theologica* I 13,2. 또한 Dienstag, J. I. (Hrsg.), *Studies in Maimonides and St. Thomas Aquina*, New York 1975; Imbach, R., "Alcune precisazioni sulla presenza di Maimonide in Tommaso", in: Lorenz, D./Serafin, S. (Hrsg.), *Istituto san Tommaso: Studi 1995*, Rom 1995, pp. 48~64도 참조.
16) Maimonides, *Dux neutrorum* I 67 Giustiniani, fol. 27a.
17) Liebeschütz, H., "Meister Eckhart und Moses Maimonides", in: *Archiv für Kulturgeschichte* 54 (1972), pp. 64~96; Ruh, K., "Neuplatonische Quellen Meister Eckharts", in: Brinker, C. [u.a.] (Hrsg.), *Contemplata aliis tradere. Studien zum Verhältnis von Literatur und Spiritualität*, Bern 1995, pp. 317~52, 340~550; Schwartz, Y., "'Ecce est locus apud me': Maimonides und Eckharts Raumvorstellung als Begriff des Göttlichen", in: *Miscellanea Mediaevalia* 25 (1998), pp. 348~64; Schwartz, Y., "Meister Eckharts Schriftauslegung als Maimonidisches Projekt", in: Hasselhoff, G./Fraisse, O. (Hrsg.), *Moses Maimonides (1138-1204). His Religious, Scientific, and Philosophical Wirkungsgeschichte in Different Cultural Contexts*, Würzburg 2004, pp. 173~208; Schwartz, Y., "Zwischen Einheitsmetaphysik und Einheitshermeneutik: Eckharts Maimonides-Lektüre und das Datierungsproblem des 'Opus tripartitum'", in: *Miscellanea Mediaevalia* 32 (2005), pp. 259~79; Heidrich, P., *Im Gespräch mit Meister Eckhart und Maimonides*, Berlin 2010.

제29장 아리스토텔레스 수용 이후의 자연과 사회와 학문

1) 13세기 라틴 철학과 관련해서는 여전히 다음을 참조: Chenu, M.-D., *La théologie comme science au XIIIe siècle*, Paris [2]1969; Fernand van Steenberghen, *La philosophie au XIIIe siècle*, Löwen/Paris 1966. — 페르난트 판 스텐베르겐(Fernand van Steenberghen)은 그가 사용한 철학의 개념을 새롭게 정리해 보여 준 바 있다: "La conception de la philosophie au moyen âge", in: *Actas del V Congreso internacional de filosofia medieval*, Bd. 1, Madrid 1979, pp. 38~47. 이와 관련해 T. 그레고리(T. Gregory, 같은 책, pp. 49~57)와 폴 비뇨(Paul Vignaux, 같은 책, pp. 81~85)가 가한 비판을 함께 참고하기를 바란다. 독일에서는 크게 주목 받지 못한 브루노 나르디(Bruno Nardi)의 연구에 따른 전체적인 역사적 조망의 변화는, 예를 들어 *Dante e la cultura medievale*, Rom/Bari [3]1983 참조. 여기에

는 나르디에 대한 그레고리의 훌륭한 서문이 함께 실려 있다. 또한 *Saggi di filosofia dantesca*, Florenz ²1967; *Studi di filosofia medievale*, Mailand ⁴1972; Gregory, T., "Il Ducento", in: *La filosofia medievale. I secoli XIII e XIV*, Mailand 1975 (Stor. della Filos. VI); Wieland, G., *Ethica-scientia practica. Die Anfänge der philosophischen Ethik im 13. Jahrhundert*, Münster 1981; Kretzmann, N. [u.a.] (Hrsg.), *The Cambridge History of Later Medieval Philosophy*, Cambridge 1982; De Rijk, L. M., *La philosophie au moyen âge*, Paris 1985; Schmitt, Ch. B./Knox, D., *Pseudo-Aristoteles Latinus. A Guide to the Latin Works Falsely Attributed to Aristotle before 1500*, London 1985; Nederman, C. J./Forhan, K. L., *Medieval Political Theory. A. Reader*, London 1993; Rosier, I., *La parole comme acte. Sur la grammaire et la sémantique au XIIIe siècle*, Paris 1994; Dales, R. C., *The Problem of the Rational Soul in the Thirteenth Century*, Leiden 1995; Braakhuis, H. A. G., *The Medieval Tradition of Aristotle's "Perihermeneias"*, Leiden 1996; Marrone, St. P., *The Light of Thy Countenance. Science and Knowledge of God in the Thirteenth Century*, Leiden 2001; Fidora, A. [u.a.] (Hrsg.), *Erfahrung und Beweis. Die Wissenschaften von der Natur im 13. und 14. Jahrhundert*, Berlin 2006; Schulthess, P. [u.a.] (Hrsg.), *Ueberwegs Grundriß der Geschichte der Philosophie. Die Philosophie des Mittelalters*, Bd. 3: 13. Jahrhundert, Basel (in Vorbereitung)도 참조.

2) Haskins, C. H., *Studies in the History of Medieval Science*, Cambridge (Mass.) 1924, pp. 356~76; Ullmann, W., *The Individual and Society in the Middle Ages*, Baltimore 1966; Lohr, Ch., "Die mittelalterliche Aristoteles-Deutung in ihrem gesellschaftlichen Kontext", in: *Zeitschrift für Theologie und Philosophie* 51 (1976), pp. 481~95 참조. 더 깊이 알고 싶다면 Kristeller, P. O., *Catalogus translationum et commentariorum. Medieval and Renaissance Translations and Commentaries*, 5 Bde., Washington 1960-85, Bd. 3-5 (공저) F. E. Cranz 참조.

3) 전반적으로는 Ullmann, W., *Medieval Political Thought*, London ²1975 참조.

4) Thomas von Aquino, *De regimine principum* I 1-6, ed. J. Mathis, Turin/Rom 1948, pp. 1~8; Tolomeo di Lucca, ebd. II 9, pp. 28~29. 그러나 p. 646, 주 8도 참조.

5) 같은 책, IV I, IV 8, pp. 66~67, 76. 나는 텍스트와 관련한 조언해 준 니콜라이 루빈슈타인(Nicolai Rubinstein) 교수에게 감사의 인사를 전한다.

6) Weisheipl, J. A., "The Nature, Scope, and Classification of the Sciences", in: *Studia Mediewistyczne* 18 (1977), pp. 85~101. 과거의 문제사로는 Hadot, P., "Die Einteilung der Philosophie im Altertum", in: *Zeitschrift für philosophische Forschung* 36 (1982), pp. 422~44 참조.

7) 원전들: Hugo von St-Victor, *Didascalion*, ed. H. Buttimer, Washington 1939; Dominicus Gundissalinus, *De divisione philosophiae*, ed. L. Baur, Münster 1903 (Beiträge, 4,2-3). 군디살리누스와 관련해서는 Baeumker, C., "D. G. als philosophischer Schriftsteller", in: C. B., *Studien und Charakteristiken*

zur Geschichte der Philosophie, insbesondere des Mittelalters, hrsg. von M. Grabmann, Münster 1927 (Beiträge 25,1-2) 참조.
8) Baur, p. 220.
9) 1250년경의 학문론 개괄은 로버트 킬워드비(Robert Kilwardby)의 *De ortu scientiarum*에 실려 있으며, 이 텍스트는 현재 비판본으로 읽을 수 있다. A. G. Judy, Toronto/Oxford 1976. 이 작품은 아리스토텔레스의 학문 분류가 토마스 아퀴나스가 교편을 잡기 이전에 이미 라틴 학술 세계에 깊숙이 침투했다는 점을 분명히 보여준다. 허용되는 철학을 허용되지 않는 마술에서 구분하려는 킬워드비의 관심사에도 주의할 필요가 있다.

제30장 아리스토텔레스주의와 플라톤주의

1) Berthold von Moosburg, *Expositio super elementationem theologicam Procli*, prop.178 B-C, CORPUS PHILOSOPHORUM TEUTONICORUM MEDII AEVI, Bd. VI,7, Hamburg 2003, pp. 190~94.
2) Geiger, L.-B., *La participation dans la philosophie de saint Thomas d'Aquin*, Paris 1953 참조.
3) Bardenhewer, O., *Die pseudo-aristotelische Schrift "Über das reine Gute", bekannt unter dem Namen "Liber de causis"*, Freiburg I. Br. 1882 참조. ― Le "Liber de causis", ed. A. Pattin, Löwen 1966; Saffrey, H. D., "L'état actuel des recherches sur le *Liber de causis* comme source de la métaphysique au moyen âge", in: *Die Metaphysik im Mittelalter*, hrsg. von P. Wilpert, Berlin 1963 (MM 2), pp. 267~281.
4) 미하엘 비트만(Michael Wittmann)은 먼저 1922년에 아리스토텔레스의 윤리학에 대한 책을 썼다. 그리고 이듬해에 이를 토대로 단행본 *Die Ethik des heiligen Thomas von Aquin*, München 1923을 출판했다.
5) Picavet, F., *Esquisse d'une histoire comparée des philosophies médiévales*, Paris 1907 참조.
6) 요제프 코흐(Josef Koch)의 테제: Koch, J., "Augustinischer und dionysischer Neuplatonismus und das Mittelalter", in: *Kant-Studien* 48 (1956/57), pp. 117~33, 또한 in: Koch I, pp. 3~25는 수정이 필요하다.
7) Van Ess, J., "Jüngere orientalische Literatur zur neuplatonischen Überlieferung im Bereich des Islam", in: *Parusia. Studien zur Philosophie Platons und zur Problemgeschichte des Platonismus*, hrsg. von K. Flasch, Frankfurt a.M. 1965, pp. 333~50 참조.
8) 해당 주제의 연구는 꾸준히 증가하고 있다. Klibansky, R., *The Continuity of the Platonic Tradition during the Middle Ages*, London 1950; Garin, E., *Studi sul Platonismo medievale*, Rom 1958; Beierwaltes, H. W. (Hrsg.), *Platonismus in der Philosophie des Mittelalters*, Darmstadt 1969 (Wege der Forschung, 197); Faes de Mottoni, B., *Il platonismo medievale*, Turin 1969; Bredow, G. v., *Platonismus*

im Mittelalter, Freiburg I. Br. 1972; Beierwaltes, W., *Denken des Einen. Studien zur neuplatonischen Philosophie und ihrer Wirkungsgeschichte*, Frankfurt a.M. 1985; Bos, E. P./Meier, P. A. (Hrsg.), *On Proclus and his Influence in Medieval Philosophy*, Leiden 1992; Benakis, L. G. (Hrsg.), *Néoplatonisme et philosophie médiévale*, Turnhout 1997; Tautz, I., *Erst-Eines, Intellekte, Intellektualität. Eine Studie zu Berthold von Moosburg*, Hamburg 2002; Irematze, T., *Konzeptionen des Denkens im Neuplatonismus*, Amsterdam 2004. 또한 Lag pp. 1016~22도 참조.
9) *Liber XXIV philosophorum*, ed. C. Baeumker, in: C. B., *Studien und Charakteristiken zur Geschichte der Philosophie, besonders des Mittelalters. Gesammelte Vorträge und Aufsätze*, hrsg. von M. Grabmann, Münster 1927 (Beiträge, 25,1-2), 지금은 F. Hudry, CC 143 A로 대체; *Liber de VI rerum principiis*, ed. P. Lucentini, CC Cont. Med. 142, Turnhout 2006; Flasch, K., *Was ist Gott? Das Buch der 24 Philosophen*, München 2010.

제31장 알베르투스 마그누스

1) Albert d. Gr., *Opera omnia*, Editio Coloniensis, Münster 1951ff. 아직 비판본으로 간행되지 않은 작품들은 *Opera*, ed. A. Borgnet, 20 Bde., 1890-92 참조. — Albertus Magnus, *Ausgewählte Texte*, lat./dt. hrsg. von A. Fries, mit einer Kurzbiographie von W. P. Eckert, Darmstadt 1981; Anzulewicz, H. (Hrsg.), *Albertus Magnus, De homine. Über den Menschen*, lat./dt., Hamburg 2004; ders. (Hrsg.), *Albertus Magnus, Liber de causis et processu universitatis a prima causa, Buch über die Ursachen und den Hervorgang von allem aus der ersten Ursache*, lat./dt., Hamburg 2006; ders. (Hrsg.), *Albertus Magnus, Liber de natura et origine animae. Über die Natur und den Ursprung der Seele*, Freiburg I. Br. 2006; ders. (Hrsg.), *Albertus Magnus, De quindecim quaestionibus. Über die fünfzehn Streitfragen*, Freiburg I. Br. 2010. 나르디의 연구들은 매우 중요하다. B. Nardi, *Studi di filosofia medievale*, Rom 1960; ders., *Saggi e note di critica dantesca*, Rom 1966. Über Albert: Craemer-Ruegenberg, J., *Albertus Magnus*, München 1980; Meyer, G./Zimmermann, A. (Hrsg.), *Albertus Magnus, Doctor universalis, 1280-1980*, Mainz 1980; Zimmermann, A. (Hrsg.), *Albert der Große. Seine Zeit, sein Werk, seine Wirkung*, Berlin 1981; Fauser, W., *Die Werke des Albertus Magnus in ihrer handschriftlichen Überlieferung*, München 1982; Hossfeld, P., *Albertus Magnus als Naturphilosoph und Naturwissenschaftler*, Bonn 1983; De Libera, A., *Introduction à la Mystique Rhénane d'Albert le Grand à Maître Eckhart*, Paris 1984; Zimmermann, A. (Hrsg.), *Die Kölner Universität im Mittelalter*, Berlin 1981; De Libera, A., *Albert le Grand et la philosophie*, Paris 1990; Sturlese, pp. 324~88; Jeck, U. R., in: Flasch, Hauptwerke, pp. 193~215; De Libera, A. *Raison et foi. Archéologie d'une crise d'Albert le Grand à Jean Paul II.*, Paris 2003; Resnick, I., *Albert the Great. A Selectively Annotated*

Bibliography, Tempe, Arizona Center for Medieval and Renaissance Studies, 2004; De Libera, A., *Métaphysique et Noétique: Albert le Grand*, Paris 2005; Craemer-Rügenberg, I., *Albertus Magnus*, Leipzig 2005; Sturlese, L., *Vernunft und Glück. Die Lehre vom intellectus adeptus und die mentale Glückseligkeit bei Albert dem Großen*, Münster 2005; Honnefelder, L. (Hrsg.), *Albertus Magnus und die Anfänge der Aristoteles-Rezeption im lateinischen Mittelalter*, Münster 2005; Senner, W., *Alberts des Großen Verständnis von Theologie und Philosophie*, Münster 2009; Honnefelder, L. [u.a.] (Hrsg.), *Via Alberti. Texte - Quellen - Interpretationen*, Münster 2009; ders., *Albertus Magnus und der Ursprung der Universitätsidee*, Berlin 2011. 또한 Totok II, pp. 362~76; Lohr (1) XXIII, pp. 338~45; Stor. della Filos. VI, pp. 430~34; S-I, pp. 370~71; P pp. 841~42; Lag pp. 41~44도 참조.
2) Albert d. Gr., *Super Dionysii epistulas*, Ep. VII, Ed. Colon. 37,2 Simon 504,30-32.
3) 같은 책, Ed. Colon, 37,1-2.
4) *de generatione et corruptione* I tr. 1 c. 22 Borgnet 4,363.
5) *Metaphysica* 1,11 tr. 2 c. 1 Ed. Colon. 16,1 Geyer 482,22-24.
6) Met. 1,11 tr. 3 c. 7 Ed. Colon. 16,1 Geyer 542,25-29.
7) de gen. et corr. 1. 1 tr. 1 c. 22 Borgnet 4,363b.
8) *De coelo et mundo*, Ed. Colon. 5,1 Hossfeld 101,7-12.
9) *De anima* 1. 3 tr. 3 c. 11 Ed. Colon. 7,1 Stroick 221,47ff.
10) 같은 책, 221,90. 같은 책, 224,82-90도 참조.
11) 같은 책, 221,9: "Nos autem in paucis dissentimus ab Averroe"; 같은 책, 221,70f.: "In causa autem, quam inducemus, et modo convenimus cum Averroe in toto."
12) *Summa de creaturis* II tr. 1 q. 55a. 4 part. solut., Borgnet 35,470a.
13) de creat. II tr. 1 q. 7a. 1 solut, Borgnet 35,93b. Mojsisch, B., *Die Theorie des Intellekts bei Dietrich von Freiberg*, Hamburg 1977, pp. 52~53 참조.
14) *De anima* III tr. 2 c. 12 Ed. Colon., Stroick 193,57-60: "Quia tarnen in essentia sua et perfectiori potestate non communicat corpori, ideo habet potestates absolutas a corpore."
15) 같은 책, 195,74-77: "universalis est intellectus secundum se, et ideo, quod est in ipso secundum se, est etiam secundum actum universale, et hoc oportet secundum Peripateticos concedere esse idem apud omnes." *De intellectu et intelligibili* 1,1 tr. 1 c. / Borgnet 9,488b 참조.
16) *De anima* Stroick 196,4-9: "Et hoc est, quod supra dixi, quod speculativi intellectus sunt unus, in eo quod intellectus sunt, sed sunt multi, secundum quod horum vel illorum sunt. Et in hac determinatione convenit nobiscum Averroes, licet in modo abstractionis intellectus aliquantulum differat a nobis."

17) de int. et intellig. 1,1 tr. 2 c. 1 Borgnet 9,490-493.
18) 같은 책, 1,2 tr. un. c. 9 Borgnet 9,517b.
19) *De XV problematibus* q. 1. Ed. Colon. 17,1 Geyer 33,65-69.
20) *Alberto Magno Speculum astronomiae*, ed. St. Caroti [u.a.], unter der Ltg. von P. Zambelli, Pisa 1977.
21) Albertus Magnus, *Ausgewählte Texte*, pp. 96, 100~02, 104, 106 참조.
22) 같은 책, p. 104, Nr. 148.
23) Weisheipl, J. A., *Albertus Magnus and the Sciences. Commemorative essays*, Toronto 1980. 로버트 그로스테스트는 Baur, L., *Die philosophischen Werke des R. Grosseteste*, Münster 1912 (Beiträge, 9); R. G., *Commentaria in libros posteriorum Aristotelis*, Venedig 1514, Nachdr. Frankfurt a.M. 1965; ders., *Commentarius in VIII libros physicorum*, ed. R. C. Dales, Boulder 1964; *Opera*, hrsg. von R. C. Dales/P. W. Rosemann (1995년부터는 CC 시리즈에서 간행) 참조. 인물에 대해서는 다음을 참조: Crombie, A. C., *R. Grosseteste and the Origins of Experimental Science*, Oxford 1953; Southern, R. W., *Robert Grosseteste. The Growth of an English Mind in the Middle Ages*, Oxford 1986; Mc Evoy, J. (Hrsg.), *Robert Grosseteste. New Perspectives on his Thought and Scholarship*, Steenbrugge 1994 [참고문헌 목록과 함께]; McEvoy, J., *Robert Grosseteste*, Oxford 2000; Crombie, A. C., *Robert Grosseteste and the Origines of experimental Science*, Oxford 2003; Hendrix, J., *Robert Grosseteste. Philosophy of Intellect and Vision*, St. Augustin 2010. 또한 Gracia pp. 596~606; P pp. 961~62; Lag pp. 1140~45도 참조.

제32장 토마스 아퀴나스

1) Thomas von Aquino, *Opera omnia*, Editio Leonina, Bd. 1ff., Rom 1882ff. [몇몇 개별 작품은 마리에티 판본으로 간행. Marietti, Turin]; Imbach, R./Cheneval, F. (Hrsg.), *Thomas von Aquin. Prologe zu den Aristoteles-Kommentaren*, Frankfurt a.M. 1993; *Thomas d'Aquin. Boèce de Dacie, Sur le bonheur*. Textes traduits et annotés par R. Imbach/I. Fouche, Paris 2005. 인물에 대해서는 다음을 참조: Grabmann, M., *Thomas von Aquin. Persönlichkeit und Gedankenwelt*, München 1946; Chenu, M.-D., *Das Werk des hl. Thomas von Aquin*, Heidelberg 1960; Weber, E.-H., *La controverse de 1270 à l'université de Paris et son retentissement sur la pensée de saint Thomas d'Aquin*, Paris 1970; Kenny, A. (Hrsg.), *Aquinas. A Collection of Critical Essays*, London/Melbourne 1970; Vanni-Rovighi, S., *Introduzione a Tommaso d'Aquino*, Rom/Bari 1973; Weisheipl, J. A., *Friar Thomas d'Aquino. His Life, Thought and Work*, Oxford 1974; *1274. Année charnière. Mutations et continuité*, Paris 1977 (Colloque du Centre Nationale de la Recherche Scientifique); Owens, J., *St. Thomas Aquinas on the existence of God*, in: *Collected Papers of Joseph Owens*, hrsg. von J. R. Catan, Albany/New

York 1980; Van Steenberghen, F., *Le problème de l'existence de Dieu dans les écrits de saint Thomas d'Aquin*, Löwen 1980; Kluxen, W., *Philosophische Ethik bei Thomas von Aquin*, Mainz 1964, Hamburg 1980; ders. (Hrsg.), *Thomas von Aquin im philosophischen Gespräch*, Freiburg I. Br./München 1975; Bernath, K. (Hrsg.), *Thomas von Aquin. Philosophische Fragen*, 2 Bde., Darmstadt 1978-81; Chenu, M.-D., *Thomas von Aquin in Selbstzeugnissen und Bilddokumenten*, Reinbek bei Hamburg ²1981; Van Steenberghen, F., *Le Thomisme*, Paris 1983; Congar, Y., *Thomas d'Aquin: sa vision de théologie et de l'église*, London 1984; Wippel, J., *Metaphysical Themes in Thomas Aquinas*, Washington 1984; Elders, L. J., *Die Metaphysik des Thomas von Aquin*, Salzburg 1985; Jordan, M. D., *Ordering Wisdom. The Hierarchy of Philosophical Discourses in Aquinas*, Notre Dame 1986; Aertsen, J. A., *Nature and Creature. Thomas Aquinas Way of Thought*, Leiden 1988; Davis, B., *The Thought of Thomas Aquinas*, Oxford 1992; Gauthier, R.-A., *S. Thomas d'Aquin. Somme contre le Gentils. Introduction*, Paris 1993; Torell, J.-P., *Magister Thomas. Leben und Werk des Thomas von Aquin*, Freiburg 1995; Aertsen, J. A., *Medieval Philosophy and the Transcendentals. The Case of Thomas Aquinas*, Leiden 1996; Hoping, H., *Weiheit als Wissen des Ursprungs. Philosophie und Theologie in der "Summa contra gentiles"*, Freiburg 1997; Kretzmann, N., *The Metaphysics of Theism. Aquinas natural Theology in "Summa contra gentiles I"*, Oxford 1997; Flasch, K., "Thomas von Aquino", in: Flasch, Hauptwerke, pp. 24~69; Kretzmann, N., *The Metaphysics of Creation. Aquinas's Natural Theology*, Oxford 1999; Geiger, L. B., *Penser avec Thomas d'Aquin. Études thomistes présentées par R. Imbach*, Fribourg 2000; Zimmermann, A., *Thomas lesen*, Stuttgart 2000; Wippel, J. F., *The Metaphysical Thought of Thomas Aquinas*, Washington 2000; Dobler, E., *Falsche Väterzitate bei Thomas von Aquin*, Fribourg 2001; Torrell, J. P., *Initiation à Thomas d'Aquin*, Fribourg 2002; Pasnau, R., *Thomas Aquinas on Human Nature*, Cambridge 2002; Stump, E., *Aquinas*, London 2003; De Libera, *L'unité de l'intellect. Commentaire du De unitate intellectus de Thomas d'Aquin*, Paris 2004; König-Pralong, C., *Avènement de l'aristotelisme en terre chrétienne*, Paris 2005; Speer, A., *Thomas von Aquin. Die Summa theologiae*, Berlin 2005; Oliva, A., *Les débuts de l'enseignement de Thomas d'Aquin et sa conception de la Sacra doctrina*, Paris 2006; McInerny, R., *Praeambula fidei. Thomism and the God of the Philosophers*, Washington 2006; Forschner, M., *Thomas von Aquin*, München 2006; Leppin, V., *Thomas von Aquin*, Münster 2009; Weingartner, P. *God's Existence. Can it be proved? A Logical Commentary on the Five Ways of Thomas Aquinas*, Frankfurt a.M. 2010; Lombardo, N. E., *The Logic of Desire. Aquinas on Emotion*, Washington 2011; Jeong, W., *Die Lehre des Thomas von Aquin von der ewigen Glückseligkeit*, Berlin 2011; Hellmeier, P. D., *Anima et intellectus. Albertus Magnus und Thomas von Aquin über Seele und Intellekt des*

Menschen, Beiträge N. F. 75, Münster 2011; Davis, B., *Thomas Aquinas on God and Evil*, New York/Oxford 2011; Porro, P., *Tommaso d'Aquino*, Rom 2012. 그 외에 Totok II, pp. 377~455; Stor. della Filos. VI, pp. 449~61; Lohr (1) XXIX, pp. 159~72; Gracia pp. 643~59; P pp. 976~77도 참조. 최신 연구 문헌 목록은 *Rassegna di letteratura tomistica*, Rom 1966ff. 참조.

2) Roland-Gosselin, M.-D., *Le "De ente et essentia" de saint Thomas d'Aquin*, Paris 1926 참조.

3) Aristoteles, *Analytica posteriora* B 7, 92b 4-8.

4) Thomas von Aquino, *De ente et essentia*, c. 3 n. 19.

5) Thomas Aquinas, *Scriptum super Sententiis*, ed. P. Mandonnet/F. Moos, 4 Bde., Paris 1929-47. 현재는 *Opera omnia*, hrsg. von R. Busa, Bd. 1, Stuttgart-Bad Cannstatt 1980.

6) 이와 관련해서는 Thomas von Aquin, *In de trinitate* IV 1도 참조.

7) 이와 관련해서는 Kühn, W., *Das Prinzipienproblem in der Philosophie des Thomas von Aquin*, Amsterdam 1982, 특히 pp. 415ff. 참조.

8) Mohr, W., "Bemerkungen zur Verfasserschaft von *De regimine principum*", in: *Virtus politica. Fs. A. Hufnagel*, hrsg. von J. Möller, Stuttgart-Bad Cannstatt 1974, pp. 127~45 참조.

9) Thomas von Aquin, *Summa theologica* II-II 13,3, 또한 10,7, 10,8, 3 참조.

10) Chart. Univ. Paris. I, p. 487.

11) Weber, E.-H., *Dialogue et dissensions entre saint Bonaventure et saint Thomas d'Aquin à Paris (1253-73)*, Paris 1974; ders., *La controverse de 1270 à l'Université de Paris et son retentissement sur la pensée de saint Thomas d'Aquin*, Paris 1970 참조.

제33장 보나벤투라

1) Bonaventura, *Opera omnia*, 10 Bde., Quaracchi 1882-1902; 『6일간의 세계 창조에 대한 강연』의 주요 담화의 다른 전승과 관련해서는 hrsg. von F. Delorme, Florenz 1934; lat./dt. Ausgaben des *Itinerarium* und *De reductione artium ad theologiam* von J. Kaup, München 1961, des *Soliloquium* von J. Hosse, München 1958, der *Collationes in Hexaëmeron* von W. Nyssen, München 1964; 텍스트 발췌는 Flasch, MA 329-354; *Quaestio disputata de scientia Christi*, lat./dt., Hamburg 1992 참조.—Gilson, E., *La philosophie de saint Bonaventure*, Paris ³1953, dt.: Leipzig 1929; Ruh, K., *Bonaventura deutsch*, Bern 1956; Bougerol, J.-G., *Introduction à l'étude de Saint Bonaventure*, Paris 1961; Van Steenberghen, F., *La philosophie au XIIIe siècle*, Löwen/Paris 1966; Bougerol, J.-G. (Hrsg.), *Lexique saint Bonaventure*, Paris 1969; Quinn, J. F., *The historical constitution of St. Bonaventure's philosophy*, Toronto 1973; Bettoni, E., *S. Bonaventura da Bagnoregio. Gli aspetti filosofici del suo pensiero*, Mailand 1973;

S. Bonaventura, 1274-1974. Volumen commemorativum, 5 Bde., Grottaferrata (Rom) 1973-74 [제5권에 J.-G. Bougerol의 참고문헌 목록이 실려 있다]; Vanni-Rovighi, S., San Bonaventura, Mailand 1974; Vasoli, C., "S. Bonaventura. Filosofo francescano", in: Atti del XIV Convegno di Studi San Bonaventura francescano, Todi 1974 [auch separat]; Berubé, C., De la philosophie à la sagesse chez St Bonaventure et Roger Bacon, Rom 1976; Cousins, E. H., Coincidence of opposites. The theology of St. Bonaventure, Chicago 1978; Corvino, F., Bonaventura da Bagnoregio francescano e pensatore, Bari 1980; Argerami, O., "San Bonaventura fronte al Aristotelismo", in: Patristica e Medievalia Buenos Aires 2 (1981), pp. 21~36; Distelbrink, B., Bonaventura scipta authentica, dubia vel spuria critice recensata, Rom 1985; Poppi, A., Studi sull'etica della prima Scuola francescana, Padua 1996; Putallaz, F.-X., Figures franciscaines. De Bonaventure à Duns Scot, Paris 1997; Imbach, R., "Bonaventura", in: Flasch, Hauptwerke, pp. 270~91; Cullen, C. M., Bonaventura, Oxford 2006; Ratzinger, J., Offenbarungsverständnis und Geschichtstheologie Bonaventuras. Gesammelte Schriften 2, Freiburg i. Br. 2009. 그 외 참고문헌으로는 Totok II, pp. 310~61; Lohr (1) XXIII, p. 389; Stor. della Filos. VI, pp. 436~40; S-I, p. 40; SEP; P p. 559; Lag p. 182 참조.
2) 생애에 대해서는 Manselli, R., "Bonaventura", in: Dizionario Biografico degli Italiani, Bd. 9, Rom 1969, pp. 612~19 참조.
3) Bougerol, J.-G., "Dossier pour l'étude des rapports entre saint Bonaventure et Aristote", in: AHDLMA 48 (1973), pp. 135~222 참조.
4) Bonaventura, Coll. in Hex. col. VI n. 2-4 Opera V 360-361.
5) Coll. in Hex. col. VI n. 5 Opera V 361b.
6) Coll. in Hex. col. VI n. 2 Opera V 361 (아울러 아리스토텔레스의 『니코마코스 윤리학』 A 4 참조). 이와 관련해서는 Giocarnis, K., "Eustratius of Nicea's Defense of the Doctrine of Ideas", in: Franciscan Studies 24 (1964), pp. 159~204 참조. 알베르투스 마그누스의 『윤리학 주해』(1250-52)는 에우스트라티우스(Eustratius)의 비판을 그대로 싣고 있다. Albert, Super Ethica, Editio Coloniensis, Bd. 14, Münster 1968, p. 1.
7) Bonaventura, Coll. in Hex., col. III n. 3-4 Opera V 343b.
8) Coll. in Hex. col. I n. 3 Opera V 335b.
9) Itinerarium mentis in Deum, Prologus n. 3 Opera V 296a.
10) 같은 책, III n. 2-3 Opera V 303-304.
11) Coll. in Hex. col. V n. 21 Opera V 357b.
12) Coll. in Hex. col. V 19 n. 19 Opera V 357a.
13) Flasch, K., Die Metaphysik des Einen bei Nikolaus von Kues. Problemgeschichtliche Stellung und systematische Bedeutung, Leiden 1973 참조.

제34장 로저 베이컨

1) 로저 베이컨의 가장 중요한 작품은 *Opus majus*, ed. H. Bridges, 2 Bde., Oxford 1897-1900, Nachdr. Frankfurt a.M. 1964; *Opus tertium. Opus minus. Compendium studii philosophiae*, ed. J. S. Brewer, in: R. B., *Opera hactenas inedita*, London 1859; *Roger Bacon's Philosophy of Nature*, 비판본과 영어 번역은 introd. and notes of "De multiplicatione specierum" and "De speculis comburentibus", hrsg. von D. C. Lindberg, Oxford 1983; *Opus maius. Eine moralphilosophische Auswahl*, 라틴어-독일어 대역은 P. A. Antolic-Piper, Freiburg I. Br. 2008 참조. 인물에 대해서는 Werner, K., *Die Psychologie. Erkenntnis- und Wissenschaftslehre des Roger Bacon*, Wien 1879; Liebeschütz, H., "Der Sinn des Wissens bei Roger Bacon", in: *Vorträge der Bibliothek Warburg* 9 (1932), pp. 28~63; Vasoli, C., *Ruggero Bacone*, Mailand 1967; Pinborg, J., "Roger Bacon on signs. A newly recovered part of the *Opus majus*", in: *Sprache und Erkenntnis im Mittelalter*, Bd. 1, Berlin 1981, pp. 403~12; Lindberg, D. C., "On the Applicability of Mathematics to Nature. Roger Bacon and his Predecessors", in: *The British Journal for the History of Science* 15 (1982), pp. 3~25; Huber, M., "Bibliographie zu Roger Bacon", in: *Franciscan Studies* 65 (1983), pp. 98~102; Lindberg, D., *Roger Bacon's Philosophy of Nature*, Oxford 1983; Maloney, T. S. (Hrsg.), *Roger Bacon. Compendium of the Study of Theology*, lat./engl., Leiden 1988; Hackett, J., *Roger Bacon. An Annotated Bibliography*, New York 1991; Lindberg, D. C. (Hrsg.), *Roger Bacon and the Origins of Perspectiva in the Middle Ages*, Oxford 1996; Jeck, U. R., "Roger Bacon", in: Flasch, Hauptwerke, pp. 216~43; Hackett, J. (Hrsg.), *Roger Bacon and the Sciences*, Leiden 1997; Hackett, J., "Roger Bacon and the Reception of Aristotle in the Thirteenth Century: An Introduction to his Criticism of Averroes", in: Honnefelder, L. [u.a.] (Hrsg.), *Albertus Magnus and the Beginnings of the Medieval Reception of Aristotle in the Latin West*, Münster 2005, pp. 219~48; Bergdolt, K., *Das Auge und die Theologie. Naturwissenschaften und Perspectiva an der päpstlichen Kurie in Viterbo*, Paderborn 2007; Mensching, G., *Roger Bacon*, Münster 2009; König-Pralong, C., *Le bon usage des savoirs. Scolastique, philosophie et politique culturelle*, Paris 2011, pp. 128~65 참조.
2) 연구 문헌은 Totok II, pp. 340~42; Stor. della Filos. VI, pp. 423~26; Gracia pp. 616~25; P pp. 964~65; Lag pp. 1155~60 참조.
3) Roger Bacon, *Compendium studii theologiae*, ed. T. S. Maloney, Leiden 1988.
4) *Epistula de secretis operibus artis et naturae*, c. 4, ed. J. S. Brewer, London 1859, p. 533 [*Opus tertium* 편집본의 부록].

제35장 급진적 아리스토텔레스주의자들: 브라방의 시제와 다치아의 보에티우스

1) 브라방의 시제의 주요 저작은 *Quaestiones in Metaphysicam*, ed. C.-A. Graif, Löwen 1948; *Quaestiones in tertium* "De anima", "De anima" *intellectiva. De aeternitate mundi*, ed. B.-C. Bazàn, Löwen 1972; *Quaestiones super* "Librum de causis", ed. A. Marlesca, Löwen 1972; *Écrits de logique, de morale et de physique*, ed. B.-C. Bazàn, Löwen 1974; *Quaestiones in Metaphysicam*, ed. W. Dunphy, Löwen 1981; *Quaestiones in Metaphysicam*, Texte inedit de la reportation de Cambridge, ed. A. Maurer, Löwen 1983; Sigerus de Brabantia, *Quaestiones in tertium de anima*, lat./dt. von M. Perkams, Freiburg I. Br. 2007 참조. 인물에 대해서는 Van Steenberghen, F., *Maître Siger de Brabant*, Löwen 1977; Zimmermann, A., "Dante hatte doch recht. Neue Ergebnisse der Forschung über Siger von Brabant", in: *Philosophisches Jahrbuch* 75 (1967/68), pp. 206~07; Ermatinger, J., "Another copy of a recently discovered Sigerian work", in: *Manuscripta* 24 (1960), pp. 51~57; Maurer, A., "Siger of Brabant on fables and falsehood in religion", in: *Mediaeval Studies* 43 (1981), pp. 515~30; Van Steenberghen, F., "Les leçons de Siger sur la Métaphysique", in: *Revue philosophique de Louvain* 81 (1983), pp. 638~45; Gauthier, R. A., "Notes sur Siger de Brabant", in: *Revue des Sciences Philosophiques et Théologiques* 67 (1983), pp. 201~32; 68 (1988), pp. 3~48; Bianchi, L., *Il vescovo e i filosofi*, Bergamo 1990; Putallaz, F.-X./Imbach, R., *Profession: Philosophe. Siger de Brabant*, Paris 1997; Pluta, O., "Siger von Brabant", in: Flasch, Hauptwerke, pp. 292~317; Dodd, A., *The Life and Thought of Siger of Brabant*, Lewiston 1998; Petagine, A., *Aristotelismo difficile. L'intelletto umano nella prospecttiva di Alberto Magno, Thommaso d'Aquino e Sigieri di Brabante*, Mailand 2004 참조. 영향사로는 *L'Averroismo in Italia. Convegno Internazionale*, Rom 1979 참조. 또한 Gracia pp. 632~40; P p. 970; Lag pp. 1194~99도 참조.
2) 페르난트 판 스텐베르겐이 제시하는 *Maître Siger*, p. 236 n. 12 참조. 또한 p. 239 n. 17, p. 254, n. 61, pp. 341~42도 참조.
3) 특히 *In tertium* "De anima", ed. Bazan, pp. 5~8 참조.
4) Boethius von Dacien, *De summo bono*, in: *Opera omnia*, Bd. 6,2, ed. N. G. Green-Pederson, Kopenhagen 1976. 현대어로의 최초 번역은 Flasch, MA 363-371 참조. 인물에 대해서는 Pinborg, J., "Zur Philosophie des Boethius de Dacia. Ein Überblick", in: *Studia Mediewistyczne* 15 (1974), pp. 165~85; Fioravanti, G., in: Mojsısch, B./Pluta, O., *Historia Philosophiae Medii Aevi*, Bd. 1, Amsterdam 1991, pp. 271~83 참조. 또한 Gracia pp. 227~32; P pp. 858~59; Lag pp. 178~82도 참조.
5) Fioravanti, G., "La *scientia sompnialis* di Boezio di Dacia", in: *Atti della Accademia della Scienza di Torino* 101 (1966/67), pp. 329~69; ders., "'Scientia', 'Fides', 'Theologia' in Bozio di Dacia", in: Ebd. 104 (1969/70) pp. 525~632; Le

Goff, J., "Les rêves dans la culture et la psychologie collective de l'Occident médiéval", in: *Scolies* 1 (1971), pp. 123~30; Ricklin, Th., *Der Traum der Philosophie im 12. Jahrhundert. Traumtheorien zwischen Constantinus Africanus und Aristoteles*, Leiden 1998 참조.

VI. 14세기

제36장 역사적 상황

1) 중세 후기의 농업 경제 침체에 대해서는 특히 Abel, W., *Geschichte der deutschen Landwirtschaft vom frühen Mittelalter bis zum 19. Jahrhundert*, Stuttgart ³1978, pp. 111~56; ders., *Die Wüstungen des ausgehenden Mittelalters*, Stuttgart ³1976; ders., *Massenarmut und Hungerkrisen im vorindustriellen Deutschland*, Göttingen ²1977 참조. 경제사와 사회사의 전반적 사정은 Sapori, A., "I secoli d'oro del mercante di Firenze", in: *Libera Cattedra di storia della civiltà fiorentina. Il Trecento*, Florenz 1953, pp. 177~99; Sestan, E., "Il comune nel Trecento", in: Ebd., pp. 19~38; Brucker, G. A., *Florentine Politics and Society 1343-78*, Princeton 1962; Mollat, M./Wolff, Ph., *Ongles bleus, Jacques et Ciompi. Les révolutions populaires en Europe aux XIVe et XVe siècles*, Paris 1970; Cipolla, C. M., *The Fontana Economic History of Europe. The Middle Ages*, London 1972; Fourquin, G., *Les soulèvements populaires au moyen âge*, Paris 1972; Postan, M. M., *The Medieval Economy and Society. An Economy History of Britain in the Middle Ages*, London 1972; Heers, J., *Précis d'histoire du moyen âge*, Paris 1973; Duby, G., *Le temps des cathédrales. L'art et la société 980-1420*, Paris 1976, pp. 223~327; Mollat, M., *Genèse médiévale de la France moderne*, Paris ²1977; ders., *Les pauvres au moyen âge*, Paris 1978; Fourquin, G., *Histoire économique de l'Occident médiéval*, Paris ³1979; Cipolla, C. M., *Before the Industrial Revolution. European Society and Economy, 1000-1700*, London ²1981; Heers, J., *Le travail au moyen âge*, Paris ⁴1982 참조. 철학사로는 Michalski, K., *La philosophie au XIVe siècle. Six études*, hrsg. und eingel. von K. Flasch, Frankfurt a.M. 1969; Pluta, O., *Die Philosophie im 14. und 15. Jahrhundert. In memoriam K. Michalski*, Amsterdam 1988; Wilgus, St. (Hrsg.), *Marsilius von Inghen. Werk und Wirkung*, Lublin 1993; Aertsen, J. A. [u.a.] (Hrsg.), *Herbst des Mittelalters? Fragen zur Bewertung des 14. und 15. Jahrhunderts*, MM 31, Berlin 2004 참조.
2) 다음 논문집 참조: *Il tumulto dei Ciompi. Un momento di storia fiorentina ed europea*, Florenz 1981.
3) Ziegler, Ph., *The Black Death*, London 1969 참조.
4) Villani, M., *Cronica* I 4, ed. G. Aquileccia, Turin 1979, p. 301. 여기에 실린 논

설은 매우 유익하다. I 4-5, pp. 300~03.
5) 같은 책, I 2, p. 299.
6) 흑사병이 정신세계에 끼친 영향으로는 특히 Campbell, A., *The Black Death and Men of Learning*, New York 1931; Ziegler, *The Black Death*, pp. 259~79 참조.
7) Quidort, J., *Über königliche und päpstliche Gewalt*, textkrit. Ed. mit dt. Übers., hrsg. und übers. von F. Bleienstein, Stuttgart 1969. 교회사적 상황은 Delaruelle, E. [u.a.], *L'Eghise au temps du Grand Schisme et de la crise conciliaire, 1378-1449*, Paris 1962; Chaunu, P., *Le temps des réformes. La crise de la Chrétienté, 1250-1550*, Paris 1975 참조.
8) Bayley, C. C., "Petrarch, Charles IV. and the Renovatio Imperii", in: *Speculum* 17 (1942), pp. 323~41; Seibt, F., *Karl IV. Ein Kaiser in Europa, 1346-78*, München 1978 참조.
9) Winter, E., *Frühhumanismus. Seine Entwicklung in Böhmen und dessen europäische Bedeutung für die Kirchenreformbestrebungen im 14. Jahrhundert*, Berlin 1964 참조.
10) 샤를 5세 치하의 문예부흥은 Katalog der Ausstellung: *Les Fastes du Gotique. Le siècle de Charles V.*, Paris 1981 참조.

제37장 1277년 단죄와 그 여파: 13세기 말의 상황

1) Le Goff, J., *Das Hochmittelalter*, Frankfurt a.M. 1965. 이 책에서 「위기의 그리스도교」(Die Christenheit in der Krise)라는 장(章)은 1270년경 이후의 시기부터 다룬다. Duby, G., *Le temps des cathédrales. L'art et la société 980-1420*, Paris 1976, 또한 1280년의 검열도 참조.
2) 텍스트는 Chart. Univ. Paris. I, p. 544; 독일어는 Flasch, MA 358-362 참조.
3) 전거는 Hisette, R., *Enquête sur les 219 articles condamnés à Paris le 7 Mars 1277*, Löwen 1977, pp. 153f.
4) Flasch, K., *Aufklärung im Mittelalter? Die Verurteilung von 1277*, Mainz 1989; Piché, D. (Hrsg.), *La condamnation parisienne de 1277*, Paris 1999; Aertsen, J. A. [u.a.] (Hrsg.), *Nach der Verurteilung von 1277*, MM, Berlin 2001.
5) 서약문은 Chart. Univ. Paris. I pp. 586~87에 실려 있다.

제38장 피에르 드 장 올리비: 13세기 말의 급진적 프란체스코회 사상가

1) Olivi, P. J., *Quaestiones de Romano Pontifico*, ed. M. Bartoli, *Collectio Oliviana* 4, Grottaferata 2002; *Quodlibeta quinque*, ed. St. Defraia, Grottaferata 2002; *Quaestiones de novissimis*, ed. P. Maranesi, Grottaferata 2004; *Quaestio an in homine sit liberum arbitrium*, lat./dt. von P. Nickl, Freiburg I. Br. 2006; *La matière*, lat./frz. von T. Suarez-Nani, Paris 2009; *Lectura super Lucam et Lectura super Marcum*, ed. F. Iozzelli, Grottaferata 2010; *Opera exegetica*, ed.

A. Boureau, Bd. 1: *Lecturae super Pauli Epistolas*, CCCM 233, Turnhout 2010; *De perlegendis philosophorum libris*, ed. F. M. Delorme, in: *Antonianum* 16 (1941), pp. 31~44 [쪽수는 Delorme]. 철학에 대한 올리비의 독특한 입장을 엿볼 수 있는 그의 『명제집 주해』 제2권은 B. Jansen, Quaracchi 1922-26 참조. 인물에 대해서는 B. Jansen, "Olivi, der älteste scholastische Vertreter des heutigen Bewegungsbegriffs", in: *Philosophisches Jahrbuch* 33 (1920), pp. 137~52; Manselli, R., *La Lectura super Apocalipsim di Pietro di Giovanni Olivi*, Rom 1955; ders., "Profili del Secolo XIII: Pietro di Giovanni Olivi", in: *Humanitas* 10 (1955), pp. 121~35; Bettoni, E., *Le dottrine filosofiche di Pietro di Giovanni Olivi*, Mailand 1960; Burr, D., "The apocalyptic Element in Olivi's Critic of Aristotle", in: *Church History* 40 (1971), pp. 15~29; Schneider, T., *Die Einheit des Menschen. Die anthropologische Formel "anima forma corporis" im sogenannten Korrektoristenstreit und bei P. J. Olivi*, Münster 1973 (Beiträge, N. F. 8); Koch II, pp. 169~274; Burr, D., *The Persecution of P. Olivi*, Philadelphia 1976; ders., *Olivi and Franciscan Poverty*, Philadelphia 1989; Putallaz, F.-X., *Figures franciscaines. De Bonaventure a Duns Scot*, Paris 1997 [유익한 참고문헌 목록과 함께]; Boureau, A./Piron, S. (Hrsg.), *Pierre de Jean Olivi. Pensée scolastique, dissidence spirituelle et société*, Paris 1999; König-Pralong, C. (Hrsg.), *Pierre de Jean Olivi. Philosophe et Théologien. Actes du Colloque de Philosophie Mediévale, octobre 2008*, Fribourg/Berlin 2010; ders., *Le bon usage des savoirs. Scolastique, philosophie et politique culturelle*, Paris 2011, pp. 165~216 참조. 또한 Gracia pp. 516~23; P pp. 543~44; Lag pp. 1104~08도 참조.

제39장 라이문두스 룰루스(라몬 유이)

1) Prantl, C., *Geschichte der Logik im Abendlande*, Bd. 3, München 1867, p. 146, Anm. 1.
2) 같은 책, p. 156, Anm. 77.
3) Pieper, J., *Scholastik*, München 1960, Tb.-Ausg., ebd. 1978.
4) Editio Moguntina [Mog.], Mainz 1721ff.
5) Lullus, R., *Opera Latina* [ROL], Palma de Mallorca 1959ff., 현재는 CC Cont. Med., 1966ff. 룰루스의 『새로운 논리학』(*Logica Nova*) 텍스트는 Ch. Lohr, mit einer Einleitung von V. Hösle, Hamburg 1985 참조. 인물에 대해서는 Dominges-Reboiras, F. (Hrsg.), *Arbor scientiae, der Baum des Wissens von Ramon Lull*, Turnhout 2002; Bonner, A., *The Art and Logic of Ramon Llull*, New York 2007; Mayer, A. C., *Drei Religionen — ein Gott? Ramon Lulls interreligiöse Diskussion der Eigenschaften Gottes*, Freiburg i. Br. 2008 참조. 또한 Gracia pp. 553~60; P pp. 952~53도 참조.
6) Battlori, M. (Hrsg.), *Obras essencials*, 2 Bde., Barcelona 1957-60.
7) *Opera Latina*, Bd. 8, ed. H. Harada, CC Cont. Med. 34, 1980.

8) Colomer, E., *Nikolaus von Kues und Raimund Lull*, Berlin 1961; ders., *Da la Edad media al Renascimiento. Ramòn Llull — Nicolas de Cusa — Juan Pico della Mirandola*, Barcelona 1975 참조.
9) 근본적인 연구들은 Carreras y Artau, R. und J., *Historia de la Filosofia Espanola. Filosofia cristiana de los siglos XIII al XIV*, Madrid 1939; Pring-Mill, R., *El Microcosmos Lullia*, Palma de Mallorca 1961; Platzeck, E. W. *R. Lull: Sein Leben. Seine Werke. Die Grundlagen seines Denkens*, 2 Bde., Düsseldorf 1964; Hillgarth, N., *R. Lull and Lullism in Fourteenth-Century France*, Oxford 1971; Madre, A., *Die theologische Polemik gegen R. Lull*, Münster 1973 (Beiträge, N. F. 8); Lohr, Ch., "Ramon Lull", in: Flasch, Hauptwerke, pp. 331~51. — *Estudios Lulianos*의 최신 간행물들. Brummer, R., *Bibliographia Lulliana*, Hildesheim 1976, und Dominguez Reboiras, F. [u.a.] (Hrsg.), *Aristotelica et Lulliana, Fs. für Charles Lohr*, Turnhout 1995; Bonner, A., *The Art and Logic of Ramon Lull*, Leiden 2007 참조.
10) Lullus, *Logica Nova*, dist. 1 c. 5, Palma de Mallorca 1744, p. 10.
11) Lullus, R., *Disputatio Petri Clerici et Raimundi phantastici*, ed. M. Müller, in: *Wissenschaft und Weisheit* 2 (1935), p. 312.
12) 텍스트는 Lullus, ROL VIII, CC Cont. Med. 34, 1980, pp. 272~309; 독일어는 E. W. Platzeck, *Das Leben des seligen R. Lull*, Düsseldorf 1964 참조.
13) ROL IV 20, 239 CC Cont. Med. 34,284-285.
14) ROL V 21-25 CC Cont. Med. 34,286-289.
15) ROL VI 25-27 CC Cont. Med. 34,289-291.
16) ROL I 5 CC Cont. Med. 34,275.
17) ROL I 6 CC Cont. Med. 34,275.
18) ROL I 7 CC Cont. Med. 34,276.
19) ROL III 13 CC Cont. Med. 34,280-281.
20) ROL IV 19 CC Cont. Med. 34,283.
21) Ed. Mog. 3,2.
22) 같은 책, 3,14 C. 24,3.
23) *Wissenschaft der Logik*, in: 같은 책, 4,46 Glockner.
24) Colomer, E., "De Ramòn Llull a la moderna informatica", in: *Estudios Llullianos* 23 (1979), pp. 113~35 참조.
25) Lullus, *Vita coetanea*, in: ROL VI 26-27, CC Cont. Med. 34,290-291.
26) 같은 책, CC Cont. Med. 34,290.399 [u.ö.].
27) *Liber de quaestione alta et profunda* II 4 ROL 8,167.
28) *Liber de ente* VI 4 ROL 8,221.

제40장 프라이베르크의 디트리히

1) Dietrich von Freiberg, *Opera omnia*, veröff. unter Ltg. von K. Flasch,

Hamburg 1977ff.; dt. Ubers. von *De intellectu et intelligibili*: B. Mojsisch, Hamburg 1980; *De visione beatifica*: B. Mojsisch, in: Flasch, MA, pp. 414~31; *De accidentibus*: B. Mojsisch/H. Kandler, Hamburg 1994.

2) Sturlese, L., *Dokumente und Forschungen zu Leben und Werk Dietrichs von Freiberg*, Hamburg 1984; Flasch, K. (Hrsg.), *Von Meister Dietrich zu Meister Eckhart*, Hamburg 1984. Libera, A. de, *Introduction à la Mystique Rhenane d'Albert le Grand à Maître Eckhart*, Paris 1984; Flasch, K., "Von Dietrich zu Albert", in: *Freiburger Zeitschrift für Philosophie und Theologie* 32 (1985), pp. 7~26; Largier, N., *Zeit, Zeitlichkeit, Ewigkeit. Ein Aufriß des Zeitproblems bei Dietrich von Freiberg und Meister Eckhart*, Bern 1989; Sturlese, L., *Storia della filosofia tedesca. Il secolo XIII*, Florenz 1996, pp. 181~275; Mojsisch, B., "Dietrich von Freiberg", in: Flasch, Hauptwerke, pp. 318~32; Flasch, K., *Dietrich von Freiberg. Philosophie, Theologie, Naturforschung um 1300*, Frankfurt a.M. 2007; Biard, J./Calma, D./Imbach, R. (Hrsg.), *Recherches sur Dietrich von Freiberg*, Turnhout 2009; König-Pralong, C., *Le bon usage des savoirs. Scolastique, philosophie et politique culturelle*, Paris 2011, 특히 pp. 216~78.

3) Sturlese, *Dokumente und Forschungen*, pp. 3~5.

4) Flasch, K., "Bemerkungen zu Dietrich von Freiberg, *De origine rerum praedicamentalium*", in: K. F., *Von Meister Dietrich zu Meister Eckhart*, p. 35 참조.

5) Sturlese, *Dokumente und Forschungen*, p. 22.

6) 같은 책, p. 34.

7) Thomas von Aquino, *Quodlibeta* 8,2,1.

8) Dietrich von Freiberg, *De origine rerum praedicamentalium* 5 (5)ff., *Opera omnia* III 182ff.

9) *De ente et essentia*, *Opera omnia* II 25-42; *De quiditatibus entium*, *Opera omnia* III 91-118.

10) *De accidentibus*, *Opera omnia* III 52-90.

11) *De animatione caeli*, *Opera omnia* III 11-46. Bd. 3, pp. XV~LX의 나의 서문도 참조.

12) *De visione beatifica*, *Opera omnia* I 13-124. 독일어 텍스트는 Flasch, MA 412-431.

13) Sturlese, L., "Il *De animatione caeli* di Theodorico di Freiberg", in: *Xenia Medii aevi historiam illustrantia oblata Thomas Kaeppeli O. P.*, Rom 1978, pp. 175~247.

14) These 138-139, Chart. Univ. Paris. I 551.

15) These 92, Chart. Univ. Paris. I 548.

16) These 123, Chart. Univ. Paris. I 550.

17) These 115, Chart. Univ. Paris. I 550.

18) 텍스트는 *Opera omnia* III 279-282.

19) Dietrich von Freiberg, *De intellectu et intelligibili*, in: *Opera omnia*, Bd. 1, pp. 137, 210. 부르크하르트 모이지시(Burhart Mojsisch)의 독일어 번역은 In: "Philosophischen Bibliothek": *Abhandlung über den Intellekt und den Erkenntnisinhalt*, Hamburg 1980 참조.
20) Crombie, A.-C., *Robert Grosseteste and the Origins of Experimental Science*, Oxford 1953, pp. 233~89; Wallace, W. A., *The Scientific Methodology of Theodoric of Freiberg*, Fribourg 1959 참조.

제41장 마이스터 에크하르트

1) Rosenberg, A., *Der Mythos des 20. Jahrhunderts*, München [7]1942, p. 233.
2) 에크하르트의 작품은 다음에서 인용: Meister Eckhart, *Die deutschen und lateinischen Werke*, hrsg. im Auftrag der Deutschen Forschungsgemeinschaft, Stuttgart 1936ff. [DW: Deutsche Werke; LW: Lateinische Werke]; 부분적으로는 N. Largier, *Meister Eckhart, Werke. Texte und Übersetzungen*, 2 Bde., Frankfurt a. M. 1993 (Bibliothek des Mittelalters, 20, 21) [참고문헌 목록]에도 실려 있다. Steer, G./Sturlese, L. (Hrsg.), *Lectura Eckardi. Predigten Meister Eckharts*, Stuttgart 1998ff., 현재 제3권까지 출판[제4권 출판 예정]; *Das Buch der göttlichen Tröstung*, übers. und mit einem Nachw. von K. Flasch, München 2007. 인물에 대해서는 Kopper, J., *Die Metaphysik Meister Eckharts*, Saarbrücken 1955; Lossky, V., *Théologie négative et connaissance de Dieu chez maître Eckhart*, Paris 1960; Wackerzapp, H., *Der Einfluß Meister Eckharts auf die ersten philosophischen Schriften des Nikolaus von Kues*, Münster 1962 (Beiträge 39); Koch I, pp. 201~455; Mojsisch, B., *Meister Eckhart. Analogie, Univozität und Einheit*, Hamburg 1983; Zum Brunn, E. [u.a.] (Hrsg.), *Maître Eckhart à Paris. Une critique médiévale de l'ontothéologie*, Paris 1984; Ruh, K. (Hrsg.), *Abendländische Mystik im Mittelalter. Symposion Kloster Engelberg 1984*, Stuttgart 1986; Flasch, K., "Procedere ut imago. Das Hervorgehen des Intellekts aus seinem göttlichen Grund bei Meister Dietrich, Meister Eckhart und Berthold von Moosburg", in: K. Ruh (Hrsg.), *Abendländische Mystik im Mittelalter*, pp. 125~34; ders., "Meister Eckhart und die 'Deutsche Mystik'. Zur Kritik eines historiographischen Schemen", in: O. Pluta (Hrsg.), *Die Philosophie im 14. und 15. Jahrhundert. In memoriam K. Michalsky*, Amsterdam 1988, pp. 439~63; ders., "Meister Eckhart—Versuch, ihn aus dem mystischen Strom zu retten", in: P. Kloslowski (Hrsg.), *Gnosis und Mystik in der Geschichte der Philosophie*, Zürich/München 1988, pp. 94~110; Ruh, K., *Meister Eckhart. Theologe, Prediger, Mystiker*, München [2]1989; ders., *Geschichte der abendländischen Mystik*, 4 Bde., München 1990-99; Stirnimann, H./Imbach, R. (Hrsg.), *Eckardus Theutonicus, homo doctus et sanctus. Nachweise und Berichte zum Prozess gegen Meister Eckhart*, Fribourg 1992; Sturlese, L., *Meister*

Eckhart. Ein Portrait, Regensburg 1993 (Eichstätter Hochschulreden, 90); Goris, W., *Einheit als Prinzip und Ziel. Versuch über die Einheitsmetaphysik des "Opus tripartitum" Meister Eckharts*, Leiden 1997; Jacobi, K. (Hrsg.), *Meister Eckhart. Lebenssituationen — Redesituationen*, Berlin 1997; Steer, G./Sturlese, L. (Hrsg.), *Lectura Eckhardi. Predigten Meister Eckharts von Fachgelehrten gelesen und gedeutet*, Stuttgart 1998 [pp. 317~26에 최신 연구 문헌 목록이 실려 있다]; Flasch, K., "Predigt Nr. 52 'Beati pauperes spiritu'", in: G. Steer/L. Sturlese (Hrsg.), *Lectura Eckhardi*, pp. 163~99; ders., "Converti ut imago — Rückkehr als Bild. Eine Studie zur Theorie des Intellekts bei Dietrich von Freiberg und Meister Eckhart", in: F. Cheneval [u.a.] (Hrsg.), *Albert le Grand et sa réception au moyen âge*, Fribourg 1998, pp. 130~50; Saccon, A., *Nascita e Logos. Conoscenza e teoria trinitaria in Meister Eckhart*, Neapel 1998; Speer, A./Wegener, L. (Hrsg.), *Meister Echart in Erfurt*, MM 32, Berlin/New York 2005; Flasch, K., *Die Geburt der 'Deutschen Mystik' aus dem Geist der arabischen Philosophie*, München 2006; Guerizoli, R., *Die Verinnerlichung des Göttlichen*, Leiden 2006; Sturlese, L., *Homo divinus. Philosophische Projekte in Deutschland zwischen Meister Eckhart und Heinrich Seuse*, Stuttgart 2007; Flasch, K., *Meister Eckhart. Philosoph des Christentums*, München 2010; Büchner, C., *Meister Eckhart und Augustinus*, Stuttgart 2011; Imbach, R., *Begegnungen in Paris 1310: Marguerite Porete, Dante Alighieri, Raimundus Lullus, Meister Eckhart*, Stuttgart 2011; Beccarisi, A., *Eckhart*, Rom 2012 참조.
연구 문헌 목록으로는 O'Meara, Th. F. [u.a.], "An Eckhart-Bibliography", in: *The Thomist* 42 (1978), pp. 313~36; Largier, N., *Bibliographie zu Meister Eckhart*, Fribourg 1989; *Meister-Eckhart-Jahrbuch*, Stuttgart 2007ff. 참조.

3) Eckhart, *Questiones Parisienses*, LW V 37-64.
4) Quaest. Par. I LW V 37-48: "Utrum in Deo sit idem esse et intellegere." 연구 자료는 B. Mojsisch, *Meister Eckhart*, p. 21 주 7 참조.
5) Quaest. Par. I n. 8 LW V 45,4-5.
6) Quaest. Par. I n. 7 LW V 44,1-2.
7) Quaest. Par. I n. 12 LW V 47,15.
8) Quaest. Par. I n. 8 LW V 44,10-12.
9) Quaest. Par. II, LW V 49-54.
10) Aristoteles, *De anima* III 4.5.
11) Eckhart, Quaest. Par. I n. 4 LW V 40,12-13.
12) *Prologus generalis in opus tripartitum*, n. 2 LW I 149,1; 같은 책, n. 7 LW I 151,15; 같은 책, n. 7 LW I 152,4.
13) 같은 책, n. 12 LW I 156-157.
14) 같은 책, n. 22 LW I 165,11-12.
15) 같은 책, n. 22 LW I 165,9-13.
16) Mojsisch, *Meister Eckhart*, pp. 42~56 참조. 또한 p. 42 주 1에 실린 자료 참조.

17) Eckhart, *Prologus opus propositionum*, n. 4 LW I 167,9-10.
18) 이와 관련해 나는 여기서 마이스터 에크하르트의 유비 이론에 대한 설명을 삼가도록 한다. 하지만 Mojsisch, *Meister Eckhart*, pp. 42~56는 참조.
19) Eckhart, *Expositio sancti evangelii secundum Iohannem*, n. 2-3 LW III 4. 마이스터 에크하르트가 이 문제를 다루는 방식에 대해서는 특히 같은 책, n. 13, 36, 82-83, 125, 137, 142, 160, 173 참조.
20) 예를 들어 In Ioh. n. 14 LW III 13.
21) In Ioh. n. 26 LW III 21.
22) *Predigt* 5b DW I 90,8-91,2.
23) *Predigt* 6 DW I 103.
24) *Predigt* 6 DW 106,7-107,4.
25) Chart. Univ. Paris. I 71 n. 12 참조.
26) Preger, W., *Geschichte der Deutschen Mystik*, Bd. 1, Leipzig 1874, Nachdr. Aalen 1962, pp. 461ff.; 약간의 교정을 요함: H. Haupt, "Beiträge zur Geschichte der Sekte vom freien Geiste und des Beghardentums", in: *Zeitschrift für Kirchengeschichte* 7 (1885), p. 556 참조.
27) 텍스트는 Guarnieri, R., "Il movimento del libero Spirito. Testi e documenti", in: *Archivio italiano per la storia della pietà* 4 (1965) 참조. 마이스터 에크하르트와의 관계에 대해서는 Ruh, K., "Les miroir des simples âmes der Marguerite Porete", in: *Verbum et signum. Fs. F. Ohly*, Bd. 2, München 1975, pp. 365~87; ders., "M. Eckhart und die Spiritualität der Beginen", in: *Perspektiven der Philosophie* 8 (1982), pp. 323~34; ders., *Vorbemerkungen zu einer neuen Geschichte der abendländischen Mystik im Mittelalter*, München 1982; ders., *M. Eckhart. Theologe, Prediger, Mystiker*, pp. 95~114 참조.
28) 베긴회의 오류 목록은 Patschowsky, A., "Straßburger Beginenverfolgungen im 14. Jahrhundert", in: *Deutsches Archiv für die Erforschung des Mittelalters* 30 (1974), pp. 144~48 참조. 배경 상황은 Lerner, R. E., *The Heresy of the Free Spirit in the Later Middle Ages*, Berkeley [u.a.] 1972; Schmitt, J. C., *Mort d'une hérésie. L'Église et les clercs face aux béguines et aux béghards du Rhin supérieur du XIVe au XVe siècle*, Paris 1978 참조.

제42장 대조적 철학들: 과도기 철학 둔스 스코투스

1) 이러한 방향에 대한 평가는 특히 Moody, E. A., "Empiricism and Metaphysics in Medieval Philosophy", in: *The Philosophical Review* 67 (1958), pp. 145~63 참조. 매우 유용한 연구로는 Michalski, K., *La philosophie au XIVe siècle. Six études*, hrsg. von K. Flasch, Frankfurt a.M. 1969 참조. 그 외에 Maierù, A./Paravicini-Bagliani, A., *Studi sul XIV secolo in memoria di Anneliese Maier*, Rom 1981, 특히 pp. 513~30의 H. O. Oberman, "The Reorientation of the 14th Century" 도 참조. 학문사로는 Grant, E., "The Condemnation of 1277, God's Absolute

Power and physical Thought in the Late Middle Ages", in: *Vivarium* 10 (1979), pp. 211~44; 신학은 Leff, G., *The Discussion of the Medieval Outlook. An Essay in Intellectual and Spiritual Change in the Fourteenth Century*, New York 1976; 연구 상황은 Kaluza, Z./Vignaux, P. (Hrsg.), *Preuve et raisons à l'Université de Paris: Logique, ontologie et théologie au XIVe siècle*, Paris 1984; Bianchi, L., *Filosofia e teologia nel Trecento. Studi in ricordo di Eugenio Randi*, Turnhout 1994; Schabel, Ch., *Theology at Paris, 1316-1345*, Aldershot 2000; Fidora, A. [u.a.] (Hrsg.), *Erfahrung und Beweis. Die Wissenschaften von der Natur im 13. und 14. Jahrhundert*, Berlin 2006 참조.

2) 둔스 스코투스의 예전 판본은 L. Wadding, 12 Bde., Lyon 1639, Neuausg. Paris 1891-95 참조. 이 판본은 현재 *Opera omnia*, Rom 1950ff.로 대체되었다. 여전히 유용한 텍스트로는 *Duns Scotus. Philosophical Writings*, hrsg. von A. B. Wolter, Edinburgh 1962; *Johannes Duns Scotus, Abhandlung über das erste Prinzip (Tractatus de primo principio)*, lat./dt. hrsg. von W. Kluxen, Darmstadt 1974; *Über die Erkennbarkeit Gottes*, lat./dt. von H. Kraml, Hamburg 2000; *Die Univozität des Seienden. Texte zur Metaphysik*, lat./dt. von T. Hoffmann, Göttingen 2002 참조. 인물에 대해서는 Wolter, A. B., *The Transcendentials and Their Function in the Metaphysics of Duns Scotus*, New York 1946; Gilson, E., *Jean Duns Scot. Introduction à ses positions fondamentales*, Paris 1952, dt.: *Johannes Duns Scotus. Einführung in die Grundgedanken seiner Lehre*, Düsseldorf 1959; Bettoni, E., *Duns Scoto filosofo*, Mailand 1966; *De doctrina Ioannis Duns Scoti*, Rom 1968 (Akten des Scotus-Kongresses Oxford/Edinburgh 1966); *Deus et homo ad mentem I. Duns Scoti*, Rom 1972 (Acta tertii congressus scotistici internationalis); Bérubé, C., *Regnum hominis et regnum Dei*, 2 Bde., Rom 1978 (Acta quarti congressi scotistici internationalis); Honnefelder, L., *Ens inquantum ens. Der Begriff des Seienden als solchen als Gegenstand der Metaphysik nach der Lehre des Johannes Duns Scotus*, Münster 1979 (Beiträge, N. F. 16); Goémé, Chr., *Jean Duns Scotus ou la révolution subtile*, Paris 1982; Bérubé, C., *De l'homme à Dieu selon Duns Scot, Henri de Gand et Olivi*, Rom 1983; Honnefelder, L., *Scientia transcendens. Die formale Bestimmung der Seiendheit und Realität in der Metaphysik des Mittelalters und der Neuzeit*, Hamburg 1990; ders. [u.a.] (Hrsg.), *John Duns Scotus. Metaphysics and Ethics*, Leiden 1996; Pasnau, R., *Theories of Knowledge in the Later Middle Ages*, Cambridge 1997; Croß, R., *Duns Scotus*, Oxford 1999; Pini, G., *Categories and Logic in Duns Scotus*, Leiden 2002; Williams, Th., *The Cambridge Companion to Duns Scotus*, Cambridge 2003; Boulnois, O. (Hrsg.), *Duns Scotus à Paris*, Turnhout 2004; Cross, R., *Duns Scotus on God*, Aldershot 2005; Sondag, G., *Duns Scot. La métaphysique de la singularité*, Paris 2005; Honnefelder, L., *Duns Scotus*, München 2005; Vos, A., *The Philosophy of John Duns Scotus*, Edinburgh 2006; Ingham, M. B., *Duns Scotus*, Münster

2006; Hall, A. W., *Thomas Aquinas and Duns Scotus. Natural Theology in the High Middle Ages*, London 2007; Porro, P., *La posterità di Giovanni Duns Scoto*, Turnhout 2008; Honnefelder, L. (Hrsg.), *Duns Scotus. Die philosophische Perspektive seines Werkes*, Münster 2010 참조. 그 외 참고문헌으로는 Totok II, pp. 501~16; Stor. della Filos. VI, pp. 497~98; S-I, pp. 414~15; Gracia pp. 353~96; P pp. 904~05; Lag pp. 611~19 참조.
3) Duns Scotus, *Ordinatio*, prol. pars 1 q. 1 n. 5 *Opera omnia* I 4.
4) 같은 책, n. 8 Opera I 6 참조.
5) 같은 책, n. 12 Opera I 9 참조.
6) 같은 책, n. 71 Opera I 43 참조.
7) 같은 책, pars 5 q. 2 *Opera* I 155ff. 참조.
8) Pluta, O., *Kritiker der Unsterblichkeitsdoktrin in Mittelalter und Renaissance*, Amsterdam 1986, pp. 20~21 참조.
9) Duns Scotus, *Ordinatio* I dist. 2 pars 2 q. 2 Opera II 129-148.
10) 같은 책, prol. pars 1 q. unica n. 41 Opera I 23-24.
11) 같은 책, pars 3 q. 2 n. 194 Opera I 130.
12) 같은 책, q. 3 n. 204 Opera I 138.
13) *Ordinatio* II dist. 3 q. 9 nn. 6-7 Opera VII 552-556.

제43장 생-푸르생의 기욤 뒤랑

[피오렐라 레투치(Fiorella Retucci)가 붙이는 말: 유익한 조언에 도미스 예쉬케(Thomas Jeschke)에게 감사의 말을 전한다.]
1) Durandi de Sancto Porciano *Scriptum super IV Libros Sententiarum*, Löwen 2012ff.; *In Petri Lombardi Sententias Theologicas Commentariorum libri IV*, Venedig 1571; *Questio de natura cognitionis*, II Sent. (A) d. 3 q. 5, ed. J. Koch, München 1929; *Tractatus de habitibus* (q. 1-3), ed. T. Takada, Kyoto 1963; *Quodlibet Parisiense* I (q. 1-4), ed. T. Takada, Kyoto 1968 und *Quodlibeta Avenionensia tria, additis Correctionibus Hervei Natalis supra dicta Durandi in Primo Quolibet*, ed. P. T. Stella, Zürich 1965; Koch, J., "Die Jahre 1312-1317 im Leben des Durandus de Sancto Porciano", in: *Miscellanea F. Ehrle*, Rom 1924, pp. 265~306; Koch, J., "Die Magister-Jahre des Durandus de S. Porciano O. P. und der Konflikt mit seinem Orden. Anhang: Die gegen Durandus gerichteten Irrtumslisten", in: Koch, J., *Kleine Schriften*, Bd. 2, Rom 1973; *Durandus de S. Porciano O. P. Forschungen zum Streit um Thomas von Aquin zu Beginn des 14. Jahrhunderts*, Münster 1927; Brocchieri, B./Fumagalli, M. T., *Durando di S. Porziano. Elementi filosofici della terza redazione del Commento alle Sentenze*, Florenz 1969; Ott, L., *Die Lehre des Durandus de S. Porciano O. P. vom Weihesakrament*, München 1972; Schabel, C./Friedman, R. L./Balcoyannoupoulou, "Peter of Palude and the Parisian Reaction to Durand

of St Pourçain", in: *Archivum Fratrum Predicatorum* 71 (2001), pp. 183~300; von Perger, M., "Der Wahrheitsbegriff nach Durandus von Saint-Pourçain mit der Quästion 'Utrum veritas sit in rebus vel in anima' aus In Sent. 1, Fassung A, und darauf bezogenen Texten", in: *Archivum Fratrum Predicatorum* 74 (2004), pp. 127~224; Lowe, E., *The contested Theological Authority of Thomas Aquinas. The controversies between Hervaeus Natalis and Durandus of St. Pourçain*, London 2003; Iribarren, I., *Durandus of St. Pourçain. A Dominican Theologian in the Shadow of Aquinas*, Oxford 2005.

2) Courtenay, W. J., "The Role of University Masters and Bachelors at Paris in the Templar Affair, 1307-1308", in: Speer, A./Wirmer, D. (Hrsg.), *1308. Eine Topographie historischer Gleichzeitigkeit*, Berlin/New York 2010, pp. 171~81.

3) *Durandi de S. Porciano O. P. Quodlibet Parisiense* I (q. 1-4), ed. T. Takada, Kyoto 1968; *Quodlibeta Avenionensia tria, additis Correctionibus Hervei Natalis supra dicta Durandi in Primo Quolibet*, ed. P. T. Stella, Zürich 1965.

4) *Super Sent.*, IV, Conclusio operis, ed. Venetiis 1571, f. 423rb.

5) *Chartularium*, p. 138.

6) Koch, J., *Durandus de S. Porciano*, p. 74.

7) Koch, J., "Die Magister-Jahre des Durandus de S. Porciano O. P. und der Konfikt mit seinem Orden. Anhang: Die gegen Durandus gerichteten Irrtumslisten", in: Koch, J., *Kleine Schriften*, Bd. 2, Rom 1973, pp. 7~118 (Storia e letteratura. Bd. 128).

8) Mulchahey, M. M., 'First the Bow is Bent in Study ······'. *Dominican Education before 1350* (Studies and Texts 132), Toronto 1998, p. 159.

9) Durandellus, *Evidentiae contra Durandum*, ed. P. T. Stella, 2 Bde., Tübingen/Basel 2003. (Corpus Philosophorum Medii Aevi. Opera Philosophica Mediae Aetatis Selecta. Bd. 3.)

10) 이와 관련해서는 Durandus de Sancto Porciano, *Scriptum super IV libros Sententiarum. Distinctiones 1-5 libri Secundi*, hrsg. von F. Retucci, Löwen/Paris/Walpole (MA) 2012, p. 126 참조.

11) 같은 책, p. 124.

12) Durandus, *Super Sent.*, II, 3, 5, ed. F. Retucci, pp. 146~70. 또한 Solère, J.-L., "The Activity of the Cognitive Subject According to Durand of Saint-Pourçain" (in Vorbereitung); Jeschke, T., "Die Ablehnung des tätigen Intellekts bei Durandus. Panorama einer Debatte", in: Beccarisi, A./Imbach, R./Porro, P. (Hrsg.), *Per perscrutationem philosophicam. Neue Perspektiven der mittelalterlichen Forschung*, Hamburg 2008, pp. 273~91도 참조.

13) *Super Sent.*, II, 3, 6, ed. Venetiis 1571, ff. 139ra-140rb.

14) Jeschke, T., *Deus ut tentus vel visus. Die Debatte um die Seligkeit im reflexiven Akt (ca. 1293-1320)*, Leiden/Boston 2011.

15) I, § 27 und III, § 381.

16) Reims 502, f. 25rb.
17) 이와 관련해서는 Cremascoli, G., "Il 'Libellus de visione Dei' di Durando di S. Porziano", in: *Studi medievali, serie terza* 25 (1984), pp. 393~442 [편집 텍스트는 pp. 420~42] 참조.

제44장 윌리엄 오컴

1) Baudry, L., "Le philosophe et le politique dans Guillaume d'Ockham", in: AHDLMA 12 (1939), pp. 209~30; Scholz, R., *Wilhelm von Ockham als politischer Denker und sein* "Breviloquium de principatu tyrannico", Leipzig 1944 참조. 특히 Miethke, J., *Ockhams Weg zur Sozialphilosophie*, Berlin 1968도 참조.
2) 정치적 작품의 비판본은 J. R. Sikes u.a. kritisch ediert, 3 Bde., Manchester 1940-54, Neuausg. Manchester 1956ff. 참조. 철학적 작품과 신학적 작품의 비판본은 1960년대부터 필로테우스 뵈너(Philotheus Böhner)의 선행 작업으로 나오기 시작해 최근에 완결되었다. *Opera philosophica et theologica*, New York 1967ff. [OP: Opera politica; OT: Opera theologica] (Franciscan Institute St. Bonaventure). 1967년에는 페트루스 롬바르두스의 『명제집』 제1권에 대한 윌리엄 오컴의 개정 주해(Ordinatio)의 비평본이 나왔다(OT 1-4); 『명제집 제2-4권 주해』 (*Reportatio*, OT 5-7); 『일곱 개의 자유토론 문제』(*Quodlibeta septem*)는 ed. J. C. Wey, 1980 (=OT 9). 두말할 것 없이 『논리학 대전』(*Summa logicae*)도 중요하다. ed. Ph. Boehner [u.a.], 1974 (=OP 1), 독일어 번역은 P. Kunze, Hamburg 1984; *Dialogus*, lat./dt. 부분적으로 J. Miethke, Stuttgart 1995.
3) Boehner, Ph., *Collected Articles on Ockham*, ed. E. Buytaert, New York 1958 (Franciscan Institute St. Bonaventure); Junghans, H., *Ockham im Lichte der neueren Forschung*, Berlin/Hamburg 1968 참조.
4) Moody, E. A., "Empiricism and Metaphysics in Medieval Philosophy", in: *The Philosophical Review* 67 (1958), pp. 145~63; ders., *Studies in Medieval Philosophy, Science and Logic. Collected Papers 1933-69*, Berkeley/London 1975 참조.
5) 연구에 입문하는 이들에게는 다음을 추천한다. Imbach, R. (Hrsg.), *Wilhelm von Ockham. Texte zur Theorie der Erkenntnis und der Wissenschaft*, lat./dt., Stuttgart 1984; ders,, "Wilhelm Ockham", in: *Klassiker der Philosophie*, Bd. 1, hrsg. von O. Höffe, München 1981, pp. 220~44. 뵈너의 라틴어-영어 대역본도 유용하다; Ph. Boehner, *Ockham. Philosophical Writings*, London [4]1967. *Texte zur Theologie und Ethik*, lat./dt. von V. Leppin, Stuttgart 2000; *Probleme der Metaphysik*, lat./dt. von H. Kraml/G. Leibold, Freiburg I. Br. 2012 참조. 인물에 대해서는 Hochstetter, E., *Studien zur Metaphysik und Erkenntnislehre Wilhelms von Ockham*, Berlin 1927; Vignaux, P., die Artikel "Nominalism" und "Occam", in: *Dictionnaire de la théologie catholique*, Bd. 11, Paris 1931; Moody, E. A.,

The Logic of William of Ockham, London 1935; Vasoli, G., *Guglielmo d'Occam*, Florenz 1953; Baudry, L., *Lexique philosophique d'Ockham. Études et notions fondamentales*, Paris 1958; Leff, G., *William of Ockham. The metamorphosis of Scholastic Discourse*, Manchester 1975; Bannach, K., *Die Lehre von der doppelten Macht Gottes bei W. v. Ockham*, Wiesbaden 1975; Kretzmann, N. [u.a.], *Later Medieval Philosophy*, Cambridge/New York 1982; Goddu, A., *The Physics of W. of Ockham*, Leiden 1984; McCord Adams, M., *William of Ockham*, 2 Bde., Notre Dame 1987; Tachau, K. H., *Vision and Certitude in the Age of Ockham*, Leiden 1988; Vossenkuhl, W. (Hrsg.), *Die Gegenwart Ockhams*, München 1990; Courtenay, W. J., *Capacity and Volition. A History of the Distinction of Absolute and Ordained Power*, Bergamo 1990; Panaccio, C., *Les mots, les concepts et les choses. La sémantique de Guillaume d'Ockham et le nominalisme d'aujourdhui*, Paris 1992; Schulthess, P., *Sein, Signifikation und Erkenntnis bei Wilhelm von Ockham*, Berlin 1992; Kaufmann, M., *Begriffe, Sätze, Dinge. Referenz und Wahrheit bei Wilhelm von Ockham*, Leiden 1994; Michon, C., *Nominalisme: La théorie de la signification d'Occam*, Paris 1994; Vossenkuhl, W., *Wilhelm von Ockham*, München 1995; Schulthess, P., in: Flasch, K., Hauptwerke, pp. 402~46 [참고문헌 목록 참조]; Biard, J., *Guillaume d'Ockham et la théologie*, Paris 1999; Maurer, A. A., *The Philosophy of William of Ockham in the Light of Its Principles*, Toronto 1999; Müller, S., *Handeln in einer kontingenten Welt. Zu Begriff und Bedeutung der rechten Vernunft (recta ratio) bei Wilhelm von Ockham*, Tübingen 2000; Leppin, V., *Wilhelm von Ockham. Gelehrter, Streiter, Bettelmönch*, Darmstadt 2003; Kraml, H., *Wilhelm von Ockham*, Münster 2003; Panaccio, C., *Ockham on Concepts*, Aldershot 2004; Spade, P. V. (Hrsg.), *The Cambridge Companion to Ockham*, Cambridge ²2004; Shogiman, T., *Ockham and Political Discours in the Late Middle Ages*, Cambridge 2007; Courtenay, W. J., *Ockham and Ockhamism*, Leiden 2008; Lagerlund, H., *Rethinking the History of Skepticism. The Missing Medieval Background*, Leiden 2010; Beckmann, J. P., *Wilhelm von Ockham*, München ²2010 참조. 또한 Gracia pp. 696~712; P pp. 989~93; Lag pp. 1410~16도 참조.

6) Wilhelm von Ockham, In I. Sent. prol. q. 7 OT 1,183-205.
7) 같은 책, 182, 205.
8) 같은 책, 199. 윌리엄 오컴은 토마스 아퀴나스의 『신학대전』을 인용한다: *Summa theologica* I 1,2; I 1,5; I 1,6.
9) Ockham, In I. Sent. prol. q. 7 OT 1,186.
10) *Ordinatio* lib. I prol. q. 1 OT 1,74, Z. 22: "pluralitas non est ponenda sine necesitate". 이 표현의 출처는 둔스 스코투스이지만 원론적으로는 아리스토텔레스도 원리의 수는 적을수록 좋다고 말한 바 있다.
11) Ord. prol. q. 1 OT 1,59 [u.ö.]: *solutio dubiorum ad* 2. 같은 책, OT 1,60, Z. 20: "omne absolutum potest separari ab alio absoluto".

12) *Quaestiones in libros Physicorum Aristotelis*, q. 137 OP 7,770, Z. 21-22; *Quodlibeta* IV q. 17 OT 9,382, Z. 45-46. 『명제집 주해』 제1권 서문, 제1문의 첫 번째 추가 설명(Corrolarium)이 중요하다. OT 1,38-44.
13) Quodl. V q. 5 OT 9,498, Z. 61-64.
14) 같은 책, Z. 73-74.
15) 텍스트는 Imbach, R., *Wilhelm von Ockham*, pp. 66~74 참조.
16) 언급한 저자들 외에 특히 위르겐 미트케(Jürgen Miethke)와 레옹 보드리(Léon Baudry), 그리고 Kölmel, W., *Wilhelm von Ockham und seine kirchenpolitischen Schriften*, Essen 1962; Lagarde, G. de, *La naissance de l'esprit laique*, Bd. 4.5, Löwen/Paris 1962/63; McGrade, A.-S., *The political thought of William Ockham. Personal and institutional principles*, London/New York 1974; Damiata, M., *Guglielmo d'Ockham: povertà e potere*, 2 Bde., Florenz 1978/79 도 참조.
17) Hoffmann, E., *Die Schriften des Oxforder Kanzlers Lutterell*, Leipzig 1959 참조. 또한 Koch, Bd. 2, pp. 275~365에 실린 문헌들도 참조.
18) Imbach, in: *Klassiker der Philosophie*, Bd. 1, p. 226.

제45장 런던의 선험철학과 파리의 경험철학: 토머스 브래드워딘과 오트르쿠르의 니콜라스

1) Dass darüber die skeptische Tendenz in der englischen Tradition nicht vernachlässigt werden darf, zeigt gut dokumentiert: Kennedy, L. A., "Philosophical Scepticism in England in the Mid-Fourteenth Century", in: *Vivarium* 21 (1983), pp. 35~57.
2) Bradwardine, Th., *De causa Dei*, lib. I, corr. 35, ed. H. Savilius, London 1618, 318 C. 또한 P pp. 977~78; Lag pp. 1291~93도 참조.
3) Leff, G., "Thomas Bradwardine's *De causa Dei*", in: *Journal of Ecclesiastical History* 7 (1956), pp. 21~29, 특히 p. 29: "De causa is essentially the response of faith to scepticism. ...... His [Bradwardine's] answer to the challenge of scepticism was the authority of dogma."
4) Bradwardine, *De causa Dei* I 35,309 A.
5) de c. Dei I 1.
6) de c. Dei I 1 32,27: "Adhuc quaeso Philosophe, dic mihi quid plene cognoscis?" 브래드워딘에게 중요했던 것은 고든 레프(Gordon Leff)가 간과한 바로 이 'plene'이다.
7) Leff, in: *Journal of Ecclesiastical History*, pp. 27~28.
8) 같은 책, p. 26: "a radical break with tradition". 이와는 대조적으로 Oberman, H. A./Weisheipl, J. A., "The Sermo Epinicius ascribed to Thomas Bradwardine (1346)", in: AHDLMA 33 (1958), p. 306.
9) Oberman/Weisheipl, 같은 책, p. 314.

10) 같은 책, p. 319.
11) Cod. 93. Marx, J., *Verzeichnis der Handschriften-Sammlung des Hospitals zu Kues*, Trier 1905, p. 94 참조.
12) Bradwardine, *De causa Dei* I 132,27 E.
13) de c. Dei I 40,140 B-C.
14) 마지막 것은 de c. Dei I 40,144 D-E.
15) de c. Dei I 2 2,165 D; 1 5 177 D-E 참조.
16) de c. Dei I 40,131 C-D.
17) de c. Dei I 39,104.
18) Oberman/Weisheipl, "Sermo", p. 306.
19) Leff, "Thomas Bradwardine", pp. 27~28.
20) Bradwardine, *De causa Dei* I 134,71 C; I 140,137 A; 12 160 D.
21) de c. Dei I 140, 138 C-139 A.
22) de c. Dei I 1 40,142 C.『비밀의 비밀』(*Secretum Secretorum*)은 de c. Dei I 1 39,110 A 참조.
23) de c. Dei I 139,325 A: "sed volunt quod [gratia] vendatur a Deo et ematur ab eis aliquo precio licet vili, congruo tamen, ut asserunt, non condigno". 토마스 아퀴나스와의 대립을 확연히 느낄 수 있다.
24) Lappe, J., *Nicolaus von Autrecourt. Sein Leben, seine Philosophie, seine Schriften*, Münster 1908 (Beiträge, 6,2); 독일어는 Flasch, MA 484-500 참조. 인물에 대해서는 Weinberg, J. R., *Nicolaus of Autrecourt*, Princeton 1948; Kaluza, Z., "Serbi un sasso il nome. Une inscription de S. Gimigniano et le rencontre de Bernard", in: Mojsisch, B./Pluta, O. (Hrsg.), *Historia philosophiae medii aevim. Fs. für K. Flasch*, Amsterdam 1991, pp. 437~66; ders., *Nicolas d'Autrecourt*, in: *Histoire littéraire de la France*, Bd. 42,1, Paris 1995; Beuchot, M., "Nicholas of Autrecourt", in: Gracia, J. E./Noone, T. B. (Hrsg.), *A Companion to Philosophy in the Middle Ages*, Blackwell 2003, pp. 458~65; Grellard, C., *Croir et savoir. Les principes de la connaissance selon Nicolas d'Autrecourt*, Paris 2005 참조. 또한 Gracia pp. 458~65; P pp. 730~31; Lag pp. 876~78도 참조.
25) 특히 Lappe, "Nicolaus von Autrecourt", p. 35의 요약 참조. "Et in hoc consistit totum motivum quod tunc habui."
26) 같은 책, p. 37.
27) 같은 책, p. 40.
28) Kant, I., *Versuch, den Begriff der negativen Größen in die Weltweisheit einzuführen*, in: *Kants gesammelte Schriften*, hrsg. von der Preußischen Akademie der Wissenschaften, Abt. 1, Bd. 2: *Die vorkritischen Schriften II*, Berlin 1912.
29) Lappe, "Nicolaus von Autrecourt", p. 9, 16~19. 전반적으로 내가 참조하는 텍스트는 아레초의 베르나르두스에게 보낸 두 번째 편지이다. Flasch, MA 490-500.

이 편지에는 니콜라우스의 철학적 입장이 잘 정리되어 있다.

제46장 장 뷔리당

1) 뷔리당의 생몰 시기에 대해서는 Bernd Michael, *Johannes Buridan: Studien zu seinem Leben, seinen Werken und zur Rezeption seiner Theorien im Europa des späten Mittelalters*, Histor. Diss., Berlin 1985, Teil 1, pp. 399~402; 뷔리당 생애의 상세한 서술은 pp. 79~238; 논리학과 언어철학 분야를 중심으로 뷔리당의 철학 사상 개괄은 J. Zupko, *John Buridan: Portrait of a Fourteenth-Century Arts Master*, Notre Dame (Ind.) 2003 (Publications in Medieval Studies); G. Klima, *John Buridan*, Oxford/New York 2009 (Great Medieval Thinkers); 뷔리당의 형이상학과 자연철학에서의 핵심 문제를 다룬 연구 논문집은 J. M. M. H. Thijssen/J. Zupko (Hrsg.), *The Metaphysics and Natural Philosophy of John Buridan*, Leiden/Boston/Köln 2001 (Medieval and Early Modern Science. 2) 참조.
2) 이와 같은 평가는 Moody, E. A., *Studies in Medieval Philosophy, Science, and Logic. Collected Papers 1933-1969*, Berkeley/Los Angeles/London 1975, pp. 353, 441 참조.
3) Grabmann, M., *Gesammelte Akademieabhandlungen*. Hrsg. vom Grabmann-Institut der Universität München, Bd. 2, Paderborn/München/Wien/Zürich 1979, p. 1497.
4) 바티칸 문서고 사본(Codex Urb. lat. 1367)에 이렇게 쓰여 있다: "Consequenter quaeritur sexto, in quo actu intellectus consistit humana felicitas …… Et de ista quaestione nihil plus fecit nec per consequens super decimo, quia *mors eum invasit*"(f.224r). 바티칸 문서고에 있는 뷔리당의 『윤리학 문제집』의 가장 오래된 사본(Codex Urb. lat. 198)은 1363년의 것이다. 베른트 미카엘(Bernd Michael)은 뷔리당이 받았던 성직록을 회수한 1361년 6월과 피카르디 공국 연보에 뷔리당의 사망이 학장이 선출된 10월 10일 다음날에 기록되어 있는 점을 근거로 뷔리당이 1360년 10월 11일에 생을 마감했을 것이라고 추정했다(Michael, 앞의 책, p. 402).
5) Moody, 앞의 책, p. 442 참조. 어니스트 A. 무디(Ernest A. Moody)의 인용문은 선제후들이 쾰른 대학 인문학부의 교수법 규정에 개입하려 들자, 이에 반대하면서 쾰른 대학이 썼던 편지이다. 이 문서의 비평 텍스트는 F. Ehrle, *Der Sentenzenkommentar Peters von Candia des Pisaner Papstes Alexanders V. Ein Beitrag zur Scheidung der Schulen in der Scholastik des 14. Jahrhunderts und zur Geschichte des Wegestreites*, Münster 1925, pp. 281~90에 실려 있다.
6) Johannes Buridanus, *Quaestiones in decem libros Ethicorum Aristotelis ad Nicomachum*, Oxford 1637.
7) Pluta, O., *Kritiker der Unsterblichkeitsdoktrin in Mittelalter und Renaissance*, Amsterdam 1986 참조. [이 책의 제5장이 뷔리당과 뷔리당학파를 다룬다. pp. 37~49.]

8) Hoenen, M. J. F. M., *Speculum philosophiae medii aevi. Die Handschriftensammlung des Dominikaners Georg Schwartz (†nach 1484)*, Amsterdam/Philadelphia 1994, pp. 102~06 참조.
9) Pluta, O., "Die Diskussion der Frage nach der Unsterblichkeit bei Nikolaus Oresme und Peter von Ailly", in: *Studia Mediewistyczne* 27,2 (1990), pp. 115~30 참조.
10) 이하 Pluta, O., "John Buridan on Universal Knowledge", in: *Bochumer Philosophisches Jahrbuch für Antike und Mittelalter* 7 (2002), pp. 25~46 참조.
11) Turing, A. M., "Computing Machinery and Intelligence", in: *Mind* 59 (1950), pp. 433~60. 이 논문은 Ince, D. C. (Hrsg.), *Collected Works of A. M. Turing: Mechanical Intelligence*, Amsterdam/London/New York/Tokyo 1992, pp. 133~60에도 실려 있다. 앨런 M, 튜링(Alan M. Turing)은 그의 연구를 "I propose to consider the question, 'Can machines think?'"라는 문장으로 시작한다.
12) Ioannes Buridanus, *Quaestiones in octo libros Physicorum (ultima lectura)*, I, q. 7. 이 논의의 초기의 『자연학 주해』에는 없는 내용이다. Ioannes Buridanus, *Quaestiones in tres libros De anima (ultima lectura)*, III, q. 8.
13) "Tunc restat dicere de ultima dubitatione, scilicet utrum intellectus intelligat prius magis universale quam minus universale vel e converso. Et de hoc dixi magis complete in prooemio *Physicorum*"(Quaestiones in tres libros De anima III, q. 8).
14) Pluta, O., "Der Alexandrismus an den Universitäten im späten Mittelalter", in: *Bochumer Philosophisches Jahrbuch für Antike und Mittelalter* 1/1996 (1997), pp. 81~109, 여기서는 p. 95 참조.
15) Thomas de Aquino, *Quaestiones disputatae de anima*, qu. 14 (*Opera omnia*, XXIV,1 —Editio Leonina, Rom/Paris 1996, pp. 126~27).
16) 『신약성경』은 육신의 부활을 말할 뿐 영혼의 불멸성을 이야기하지 않는다. 하지만 죽은 자와 부활한 인격의 동일성을 확보하기 위해 영혼의 불멸성은 매우 중요하다. 뷔리당도 인격적 동일성 문제를 상세하게 다루었다. Pluta, O., "Buridan's Theory of Identity", in: Thijssen, J. M. M. H./Zupko, J. (Hrsg.), *The Metaphysics and Natural Philosophy of John Buridan*, Leiden/Boston/Köln 2001, pp. 49~64 참조.
17) Pluta, O., "Persecution and the Art of Writing. The Parisian Statute of April 1, 1272, and Its Philosophical Consequences", in: Bakker, P. J. J. M. (Hrsg.), *Chemins de la pensée médiévale. Études offertes à Zénon Kaluza*, Turnhout 2002, pp. 563~85 참조.
18) Pluta, O., "Der Alexandrismus an den Universitäten im späten Mittelalter", in: *Bochumer Philosophisches Jahrbuch für Antike und Mittelalter* 1 (1996), pp. 81~109 참조.
19) 이와 관련해서는 Dewender, Th./Pluta, O., "Lawrence of Lindores on

Immortality. An Edition with Analysis of Four of his *Quaestiones in Aristotelis libros De anima*", in: *Bochumer Philosophisches Jahrbuch für Antike und Mittelalter* 2 (1997), pp. 187~242 참조.
20) 이와 관련해서는 Pluta, O., "Die Diskussion der Unsterblichkeitsfrage bei Marsilius von Inghen", in: Wielgus, St. (Hrsg.), *Marsilius von Inghen. Werk und Wirkung*, Lublin 1993, pp. 119~64 참조.
21) Pluta, O., "*Sed hoc non videtur verum in lumine naturali*: Natural Philosophy's Struggle for the Truth in the Immortality Debate of the Fifteenth Century", in: Schmidt-Biggemann, W./Tamer, G. (Hrsg.), *Kritische Religionsphilosophie. Eine Gedenkschrift für Friedrich Niewöhner*, Berlin/New York 2010, pp. 85~105 참조.
22) "Cum itaque diebus nostris (quod dolenter ferimus) zizaniae seminator, antiquus humani generis hostis, nonnullos perniciosissimos errores a fidelibus semper explosos in agro Domini superseminare et augere sit ausus, *de natura praesertim animae rationalis, quod videlicet mortalis sit*, aut unica et cunctis hominibus; et *nonnulli temere philosophantes, secundum saltem philosophiam verum id esse asseverant*; contra huiusmodi pestem opportuna remedia adhibere cupientes, hoc sacro approbante concilio *damnamus et reprobamus omnes asserentes animam intellectivam mortalem esse*, aut unicam in cunctis hominibus et haec in dubium vertentes." 라틴어 텍스트는 Norman P./Tanner S. J. (Hrsg.), *Decrees of the Ecumenical Councils*, Vol. 1: *Nicaea I to Lateran V*, London/Washington D.C. 1990, pp. 605~06 참조.
23) Zu dieser Debatte vgl. Pine, M. L., *Pietro Pomponazzi: Radical Philosopher of the Renaissance*, Padua 1986. [Kap. 2: The Battle for the Soul: the Immortality Controversy, pp. 124~234.]
24) Für diese neue Interpretation vgl. Constant, E. A., "A Reinterpretation of the Fifth Lateran Council Decree Apostolici regiminis (1513)", in: *Sixteenth Century Journal* 33/2 (2002), pp. 353~79. John Headley, "Luther and the Fifth Lateran Council", in: *Archiv für Reformations-geschichte* 54 (1973), pp. 55~78, hatte zuvor bereits die traditionelle Interpretation von Apostolici Regiminis in Frage gestellt: "Perhaps the decree's center of gravity is not the immortality of the soul at all but rather that the question of immortality is merely a pretext for the Church to rule against a philosophy that is disengaging itself from the Church"(p. 69).
25) Darauf hat bereits J. Monfasani hingewiesen: "The bull *Apostolici Regiminis* only condemns those who assert these doctrines as true *tout court*" (Monfasani, J., "Aristotelians, Platonists, and the Missing Ockhamists: Philosophical Liberty in Pre-Reformation Italy", in: *Renaissance Quarterly* 46 (1993), pp. 247~76, 여기서는 p. 259).
26) 수사본에 대해서는 Pluta, O., "Die Diskussion der Frage nach der

Unsterblichkeit in einer Leipziger Handschrift des frühen 15. Jahrhunderts", in: Pluta, O. (Hrsg.), *Die Philosophie im 14. und 15. Jahrhundert. In memoriam Konstanty Michalski (1879-1947)*, Amsterdam 1988, pp. 495~534 참조.

27) 해당 텍스트와 관련해서는 Pluta, O., "Materialism in the Philosophy of Mind. Nicholas of Amsterdam's *Quaestiones* De anima", in: Bakker, P. J. J. M./Thijssen, J. M. M. H. (Hrsg.), *Mind, Cognition and Representation. The Tradition of Commentaries on Aristotle's* De anima, Aldershot 2007, pp. 109~26. Ferner Pluta, O., "Johannes Buridan und seine Schule an der Universität Rostock im 15. Jahrhundert", in: *Acta Mediaevalia* 22 (2009), pp. 361~78 참조.

28) Martin Luther, *Warnung an seine lieben Deutschen*, WA 30/3, 304, 6-7.

29) 특히 Dinzelbacher, P., *Unglaube im "Zeitalter des Glaubens". Atheismus und Skeptizismus im Mittelalter*, Badenweiler 2009 참조.

제47장 국가, 사회, 교회: 파도바의 마르실리우스

1) 파도바의 마르실리우스의 라틴어 텍스트는 R. Scholz, Hannover 1932. [나는 리하르트 숄츠(Richard Scholz)의 판본을 따라 인용했다]; lat./dt. von H. Kusch, 2 Bde., Darmstadt 1958 참조. 인물에 대해서는 Grabmann, M., *Studien über den Einfluss der aristotelischen Philosophie auf die mittelalterlichen Theorien über das Verhältnis von Kirche und Staat*, München 1934; 현재는 in: *Gesammelte Akademieabhandlungen*, Bd. 1, Paderborn 1979, pp. 809~966; Gewirth, A., *Marsilius of Padua and Medieval Political Philosophy*, New York 1951; Grignaschi, M., "Le rôle de l'Aristotelisme dans le *Defensor Pacis*", in: *Revue d'histoire et de philosophie religieuses* 25 (1955), pp. 301~48; Kusch, H., "Friede als Ausgangspunkt der Staatstheorie des Marsilius von Padua", in: *Das Altertum* 1 (1955), pp. 116~25; Segall, H., *Der "Defensor Pacis" des Marsilius von Padua*, Wiesbaden 1959; Lagarde, G. de, *La naissance de l'esprit laique au déclin du moyen âge*, Bd. 3: *Le "Defensor Pacis"*, Löwen/Paris 1970; Quillet, J., *La philosophie politique de Marsile de Padoue*, Paris 1970; Vasoli, C., "Marsilio da Padova", in: *Storia della cultura veneta*. Bd. 2: *Il Trecento*, Vicenza 1976, pp. 207~37 참조. *Medioevo*에서 간행된 제5권(1979)과 제6권(1980)은 마르실리우스에 대한 중요한 연구를 함께 싣고 있다. 그 가운데에서도 특히 E. Berti, A. Gewirth, M. Grignaschi, N. Rubinstein, und C. Vasoli의 논문 참조. Lohr (1) XXVII, p. 334; Sternberger, D., *Der Staat und das Reich in der Verfassungslehre des M. v. P.*, Wiesbaden 1981; Miethke, J., "Marsilius von Padua. Die politische Philosophie eines lateinischen Aristotelikers des 14. Jahrhunderts", in: Boockmann, H. (Hrsg.), *Lebenslehren und Weltentwürfe im Übergang vom Mittelalter zur Neuzeit*, Göttingen 1989, pp. 52~76; Löffelberger, M., *Marsilius*

von Padua. Das Verhältnis zwischen Kirche und Staat im "Defensor pacis", Berlin 1992; Wielgus, St. (Hrsg.), *Marsilius von Padua, Werk und Wirkung*, Lublin 1993; Flüeler, Chr., *Rezeption und Interpretation der Aristotelischen Politica im späten Mittelalter*, Amsterdam 1992; Miethke, J., *Politiktheorie im Mittelalter. Von Thomas von Aquin bis Wilhelm von Ockham*, Tübingen 2008; Horn, Chr./ Neschke-Hentschke, A. (Hrsg.), *Politischer Aristotelismus. Die Rezeption der aristotelischen Politik von der Antike bis zum 19. Jahrhundert*, Stuttgart 2008. 기타 참고문헌은 Totok II, pp. 566~67; Stor. della Filos. VI, pp. 505~06 참조. 1958년부터 1992년까지의 연구 문헌들의 비판적 검토와 평가는 J. Miethke, in: *Bulletin de philosophie médiévale* 35 (1993), pp. 150~65 참조.
2) 이 장(章) 주 1에 인용된 J. Quillet의 연구 참조.
3) 생애에 대해서는 Scholz, "Einleitung zum *Defensor Pacis*", Buch 54-58 참조. 여기서 나는 다음의 해석을 따른다: Vasoli, "Marsilio da Padova"; Carr, D. R., "The Prince and the City", in: *Medioevo* 5 (1979), pp. 279~91.
4) Marsilius von Padua, *Defensor Pacis* I 13 § 2 Scholz 70,15.
5) Def. Pac. I 4 § 3 Scholz 18.
6) Def. Pac. 1 4 § 1 Scholz 16. 체사레 바솔리(Cesare Vasoli)의 연구는 아직도 참고할 가치가 있다. Vasoli, C., "La *Politica* di Aristotele e la sua utilizzazione da parte di Marsilio da Padova", in: *Medioevo* 5 (1979), pp. 237~57.
7) Def. Pac. I 4 § 1 Scholz 16.
8) Def. Pac. I 14 § 1 Scholz 78,6.
9) Def. Pac. I 12 § 5 Scholz 65.
10) Def. Pac. III 2 § 33 Scholz 609. 주교들의 평등에 대해서는 Def. Pac. III 2 § 17 Scholz 606 참조.

제48장 새로운 자연과학

1) Grant, E., *A Source Book in Medieval Science*, Cambridge (Mass.) 1974. 개별 저자의 생애와 저작들은 찰스 로르(Charles Lohr)의 "Repertorium der Aristoteles-Kommentare" 참조. 또한 Ch. Lohr, *Dictionary of Scientific Biography*, 14 Bde., New York 1970-76도 참조. — 피에르 뒤엠(Pierre Duhem)과 아넬리제 마이어 (Anneliese Maier)는 아래에서 다시 한 번 언급한다. 이 두 사람과 더불어 기초적이고 핵심적인 연구로는 Michalski, C., *La physique nouvelle et les differents courants philosophiques au XIVe siècle*, 1928, in: *Six Études*, hrsg. von K. Flasch, Frankfurt a.M. 1969, pp. 205~78; Thorndike, L., *History of Magic and Experimental Science*, 8 Bde., New York 1923-58; Dijksterhuis, E. J., *Die Mechanisierung des Weltbildes*, Amsterdam 1950, dt.: Berlin 1956; Crombie, A. C., *Von Augustin bis Galilei. Die Emanzipation der Naturwissenschaft*, London 1957, dt.: Köln/Berlin 1964; Clagett, M., *The Science of Mechanics in the Middle Ages*, Madison (Wisc.) ²1961; Koyré, A., "Rezension von A. Maier,

Die Vorläufer Galileis im 14. Jahrhundert", in: *Archives internationales d'histoire et sciences*, N. S. 30 (1951), pp. 769~83; ders., "Aux origines de la science moderne", in: *Diogène* 16 (1956), pp. 14~42; Drake, S., "Impetus Theory Reappraised", in: *Journal of the History of Ideas* 36 (1975), pp. 27~46; ders., *Journal of the History of Ideas* 38 (1977), pp. 19~32; Nelson, B., *Der Ursprung der Moderne. Vergleichende Studien zum Zivilisationsprozess*, dt.: Frankfurt a.M. 1977; Wolff, M., *Geschichte der Impetustheorie. Untersuchungen zum Ursprung der klassischen Mechanik*, Frankfurt a.M. 1978; Caroti, St. (Hrsg.), *Studies in Medieval Natural Philosophy*, Florenz 1989; Sylla, E. D., *The Oxford Calculators and the Mathematics of Motin, 1320-1350. Physics and Measurement of Latitudes*, New York 1991; Fidora, A. [u.a.] (Hrsg.), *Erfahrung und Beweis. Die Wissenschaften von der Natur im 13. und 14. Jahrhundert*, Berlin 2006 참조.

2) Le Goff, J., "Temps de l'église et temps du marchand", in: J. L., *Pour un autre moyen âge. Temps, travail et culture en Occident. 18 essais*, Paris 1977, pp. 46~65; ders., "Le moyen âge de Michelet", in: 같은 책, pp. 19~45 참조.

3) Murray, A., *Reason and Society in the Middle Ages*, Oxford 1978 참조.

4) Franciscus de Marchia, In 4 Sent. q. 1; Michalski, *La physique nouvelle*, p. 254: "Melius tamen videtur, quod huius modi virtus sit in corpore quam in medio, quicquid de hoc dixerit Philosophus et Commentator: verum, quia frustra fit per plura, quod potest fieri per pauca."

5) Duhem, P., *Études sur Léonarde de Vince*, 3 Bde., Paris 1906-13; ders., *Le système du monde: histoire des doctrines cosmologiques de Platon à Copernic*, 10 Bde., Paris 1913-59. Die *Quaestiones super libros quattuor de caelo et mundo*, ed. E. A. Moody, Cambridge (Mass.) 1942. 참고문헌은 Totok II, p. 578; Stor. della Filos. VI, pp. 512~13 참조.

6) Maier, A., *Die Vorläufer Galileis im 14. Jahrhundert*, Rom 1949; dies., *Zwei Grundprobleme der scholastischen Naturphilosophie*, Rom 1951; dies., *Metaphysische Hintergründe der spätscholastischen Naturphilosophie*, Rom 1955 참조. 또한 연구 논문집으로는 *Ausgehendes Mittelalter*, Rom 1964ff.; Koyré, A., in: *Archives internationales d'histoire des sciences*, N. S. 30 (1951), pp. 769~83; Caroti, S., "Nicole Oresme precursore di Galileo e di Descartes?", in: *Rivista critica di storia della filosofia* 32 (1977), pp. 10~23, 413~35 참조.

7) Johannes Buridanus, *Quaestiones super octo physicorum libros*, Paris 1509, Nachdr. Frankfurt a.M. 1964, fol.121' a; De Rijk, L. M. (Hrsg.), *Johannes Buridanus*, "Summulae de praedicabilibus", Nijmwegen 1995. 뷔리당에 대해서는 특히 Pinborg, J. (Hrsg.), *The Logic of John Buridan. Acta of the 3rd Symposium on Medieval Logic and Semantics*, Kopenhagen 1976; Michael, B., *Johannes Buridanus. Studien zu seinem Leben, seinen Werken und zur Rezeption seiner Theorien im Europa des späten Mittelalters*, 2 Bde., Berlin 1985 참조.

8) Michalski, *La physique nouvelle*, pp. 257~59 참조.

9) 참고문헌은 Totok II, pp. 580~81, 584~85; Stor. della Filos. VI, p. 515; S-I, p. 480f.
10) Michalski, *La physique nouvelle*, pp. 263~68; Nicole d'Oresme, *Le livre du ciel et du monde*, hrsg. von A. D. Menut und A. J. Denomy, in: *Mediaeval Studies* 3 (1941), pp. 185~280; 4 (1942), pp. 159~297; 5 (1943), pp. 167~333; frz./engl., Madison 1968; *In Aristotelis "De anima"*, ed. Patar, B., Löwen/Paris 1995; 자연학의 경우는 부분적으로 St. Caroti, in: AHDLMA 61 (1994), pp. 343~85; 인물에 대해서는 Souffrin, P./Segonds, A. (Hrsg.), *Nicolas d'Oresmes. Tradition et innovation*, Padua/Paris 1988; Quillet, J. (Hrsg.), *Autour de Nicolas d'Oresmes*, Paris 1990 참조.
11) Franciscus de Mayronis, In 2 Sent. dist. 13 q. 4, Venedig 1520, Nachdr. Frankfurt a.M. 1966, fol. 150^v b: "Dicit tamen quidam doctor si terra moveretur et caelum quiesceret, hic esset melior dispositio." 그 외의 참고문헌은 Totok II, p. 517; Stor. della Filos. VI, p. 502 참조.
12) Maier, A., *Studien zur Naturphilosophie der Spätscholastik*, 4 Bde., Rom 1952-68.

제49장 인문주의

1) Robson, J. E., *Wyclif and the Oxford Schools*, Cambridge 1961; Kenny, A., *Wyclif*, Oxford 1985; Lahey, St., *Philosophy and Politics in the Thought of John Wyclif*, Cambridge 2003; Evans, G. R., *John Wyclif. Myth and Reality*, Downers Growe 2005; Levy, I. C., *A Companion to John Wiclif*, Leiden 2006 참조. 그 외 참고문헌은 Totok II, pp. 600~01; Stor. della Filos. VI, pp. 516~17 참조.
2) 참고문헌: Totok II, pp. 582~84.
3) 참고문헌: Totok II, pp. 581~82.
4) Johannes Pico della Mirandola, *Opera*, Venedig 1557, fol. 61^r, und^v. 인문주의 문제는 무엇보다도 에우제니오 가린의 연구를 참고해야 한다. 가린은 인문주의와 르네상스의 질적으로 새로운 것을 희석시키지 않고서도 인문주의와 중세를 역사적으로 동등하게 분석할 수 있었다. 가린의 연구들 중에서도 특히 *Der italienische Humanismus*, Bern 1947; ders., *Medioevo e Rinascimento. Studie Ricerche*, Bern ^{2}1961; ders., *La cultura filosofica del Rinascimento italiano*, Florenz ^{2}1979; ders., *Rinascita e Rivoluzioni. Movimenti culturali dal XIV al XVIII secolo*, Bari 1975; ders., *Il ritorno dei filosofi antichi*, Neapel 1983 참조. 내 책을 읽는 독자들의 수고를 덜기 위해 나는 한스 바론, 크리스텔러, 바술디의 견해를 주로 참조했음을 밝힌다. 나는 이들을 각각 분리해 인용할 것이다. 내가 특별히 강조하고 싶은 연구는 Cantimori, D., *Umanesimo e religione nel Rinascimento*, Turin 1975; Kohl, B. G./Witt, R. G., *The Earthly Republic. Italian Humanists on Government and Society*, Manchester 1978; Batkin, L. M., *Die historische Gesamtheit der italienischen Renaissance*, dt.: Dresden 1979; Margolin, J. C., *L'humanisme en*

Europe au temps de la Renaissance, Paris 1981; 15세기의 문화와 철학 연구 전반에 대한 방대한 문헌 목록은 Flasch, K., *Nikolaus von Kues. Geschichte einer Entwicklung*, Frankfurt a.M. 1998, pp. 195~247 참조.
5) Kristeller, P. O., *Renaissance Thought*, New York 1961, pp. 3~23; ders., *Eight Philosophers of the Italian Renaissance*, Stanford 1964, pp. 3ff.

제50장 페트라르카: 14세기의 철학자

1) 페트라르카의 저작은 부분적으로 Edizione Nazionale에서 간행되었다. 특히 *Rerum Memorandarum Libri*, ed. G. Billanovich, Florenz 1943 참조. 라틴어로 쓰인 작품은 여전히 바젤판 전집 참조(Basel 1581). 주요 작품은 라틴어-이탈리아어 대역으로 F. Petrarca, *Opere latine*, hrsg. von A. Bufano, 2 Bde., Turin 1975이며, 나의 인용은 이 판본에 따른다. 그 외 F. Petrarca, *Prose*, hrsg. von G. Martelotti, Mailand/Neapel 1955; Francesco Petrarca, *Secretum meum. Mein Geheimnis*, lat./dt. von G. Regn. Mainz 2004; *De ignorantia. Della mia ignoranza e di quella de molti altri*, lat./ital. von E. Fenzi, Mailand 1999; Petrarca, *Familiaria. Bücher der Vertraulichkeiten*, übers. von B. Widmer, 2 Bde., Berlin 2005/2009. [이 가운데 제1권의 추천사는 내가 썼다]; *Aufrufe zur Rettung Italiens und des Erdkreises, Ausgewählte Briefe*, lat./dt. von B. Widmer, Basel 2001; *Rerum senilium. Le senili*, lat./ital. hrsg. von U. Dotti, 3 Bde., Turin 2004-2010; lat./frz.: *Lettres de la vieillesse*, hrsg. von E. Nota, [U. Dotti의 서문], 4 Bde., Paris 2002-2006; *Invectives*, lat./frz. von R. Lenoir, Paris 2003. 독일어 번역 선집은 피셔 시리즈(Fischer-Bücherei)에 H. W. Eppelsheimer, Frankfurt a.M. 1956이 있다. 또한 *Briefe des Petrarca. Eine Auswahl*, übers. von H. Nachod/P. Stern, Berlin 1931 참조.— 페트라르카 연구들 가운데 나에게 특히 중요한 것들은 Garin I, pp. 241~82; ders., "Petrarca e la polemica con i moderni", in: E. G., *Rinascita e Revoluzioni*, Bari 1975, pp. 71~88; Kristeller, P. O., in: *Eight Philosophers of the Italian Renaissance*, Stanford 1964 참조. 또한 Eppelsheimer, H. W., *Petrarca*, Frankfurt a.M. ²1971; Bosco, U., *Petrarca*, Turin 1964, Bari ³1968; Billanovich, G., *Petrarca letterato*, Rom 1947; Wilkins, E. H., *Life of Petrarch*, Chicago 1961; Baron, H., "From Petrarca to Leonardo Bruni", in: *Studies in Humanistic and Political Literature*, Chicago/London 1968; Sichirollo, L., "Petrarca e la filosofia. Quattro imagini e relative postille", in: *L'Approdo letterario* 67/68 (1974), pp. 35~48; Dotti, U., *Petrarca e la scoperta della coscienza moderna*, Mailand 1978; Trinkaus, Ch. E., *The Poet as Philosopher. Petrarch and the Formation of the Renaissance Consciousness*, New Haven 1979; Dotti, U., *Vita di Petrarca*, Bari 1987; Billanovich, G., *Petrarca e il primo umanesimo*, Padua 1996; Hoffmeister, G., *Petrarca*, Stuttgart 1997; Rotondo Secchi Tarugi, L. (Hrsg.), *Petrarca e la cultura europea*, Mailand 1997 참조. 수용사에 대한 연구와 기타 자료는 Fedi, R., *F. Petrarca*, Florenz 1975; Dotti,

U., *Petrarca civile. Alle origini dell'intellettuale moderno*, Rom 2001; Fedi, R., *Invito alla lettura di Francesco Petrarca*, Mailand 2002; Barolini, T., *Petrarch and the Textual Origins of Interpretation*, Leiden 2007; Labrasca, F. (Hrsg.), *La bibliothèque de Pétrarque*, Turnhout 2009; Kirkham, V., *Petrarch. A Critical Guide to the Complete Works*, Chicago 2009 참조. 그 외 Totok III, pp. 99~100도 참조.

2) 기타 참고문헌은 Totok III, pp. 99~110.
3) Gilson, E., *La philosophie au moyen âge*, Paris ²1952, p. 723.
4) Petrarca, *Familiari* XII 13.
5) 스콜라주의에 대한 적대적 태도는 같은 책, I 16; XII 3; XVII 1 참조.
6) *Secretum* I 78: "Quid, obliti rerum, inter verba senescitis."
7) Windelband, W., *Lehrbuch der Geschichte der Philosophie*, hrsg. von H. Heimsoeth, Tübingen ¹⁷1980, p. 306.
8) Cassirer, E., *Individuum und Kosmos in der Philosophie der Renaissance*, Leipzig/Breslau 1927, p. 39.
9) Garin I, pp. 245~46.
10) Hirschberger, J., *Geschichte der Philosophie*, Bd. 2, Freiburg i. Br. ⁸1969, p. 51.
11) 같은 곳.
12) Petrarca, *De secreto conflictu curarum mearum*, in: *Opere latine*, ed. Bufano, Bd. 1, p. 45.

VII. 15세기: 중세와 근대 사이

제51장 역사적 상황

1) 실재 역사적 발전으로는 제34장 주 1에 제시한 문헌들 외에 다음 참조: Hay, D., *Europe in the Fourteenth and Fifteenth Centuries*, London 1966; Romano, R./Tenenti, A., *Die Grundlegung der modernen Welt*, Frankfurt a.M. 1967 (Fischer Weltgeschichte 12); Miskimin, H. A., *The Economy of Early Renaissance Europe 1300-1460*, Cambridge 1969; Heers, J., *L'occident au XIVe et XVe siècles. Aspects économique et sociaux*, Paris 1973; Braudel, F./Labrousse, E. (Hrsg.), *Histoire économique et sociale de la France*, Bd. 1: *1450-1660*, Paris 1977; Meuthen, E., *Das 15. Jahrhundert*, München/Wien 1980. 사상사는 Thorndike, L., *Science and Thought in the Fifteenth Century*, New York 1929; ders., *A History of Magic and Experimental Science*, Bd. 3.4, New York/London 1934; Combes, A., *La théologie mystique de Gerson. Profil de son évolution*, 3 Bde., Paris 1963/64; Oberman, H. A., *Spätscholastik und Reformation*, Bd. 1: *Der Herbst der mittelalterlichen Theologie*, Zürich 1965 참조. 대학의 역사는 Ritter, G., *Die Heidelberger Universität. Ein Stück deutscher Geschichte*, Bd. 1: *Das*

Mittelalter, Heidelberg 1936; Kleineidam, E., *Universitas Studii Erfordensis. Überblick über die Geschichte der Universität Erfurt im Mittelalter*, Leipzig 1969; Maschke, E./Sydow, J. (Hrsg.), *Stadt und Universität im Mittelalter und in der frühen Neuzeit*, Sigmaringen 1977; Isewijn, J./Paquet, J. (Hrsg.), *The Universities in the Late Middle Ages*, Löwen 1978; Rüegg, W./Wuttke, D. (Hrsg.), *Ethik im Humanismus*, Boppard 1979; Schmitz, R./Krafft, K. (Hrsg.), *Humanismus und Naturwissenschaft*, Boppard 1980; Reinhard, W. (Hrsg.), *Humanismus im Bildungswesen des 15. und 16. Jahrhunderts*, Weinheim 1984; Buck, A. (Hrsg.), *Renaissance — Reformation. Gegensätze und Gemeinsamkeiten*, Wiesbaden 1984; Vasoli, C., *Filosofia e religione nella cultura del Rinascimento*, Neapel 1988; Merkel, I./Debus, A. G. (Hrsg.), *Hermetism and the Renaissance*, Washington/London 1988; Vasoli, C., *Tra 'maestri', umanisti e teologi. Studi quattrocenteschi*, Florenz 1991; Grafton, A., *New Worlds, Ancient Texts. The Power of Tradition and the Shock of Discovery*, Cambridge (Mass.)/London 1992; Canone, E. (Hrsg.), *Bibliothecae selectae. Da Cusano a Leopardi*, Florenz 1993; Monfasani, J., *Language and Learning in Renaissance Italy*, Aldershot 1994; Fumagalli Beonio Brocchieri, M.-T. [u.a.], *L'intellettuale tra Medioevo e Rinascimento*, Rom 1994; Rummel, E., *The Humanist-scholastic Debate in the Renaissance and Reformation*, Cambridge (Mass.) 1995 참조. 또한 Meuthen, *Das 15. Jahrhundert*, pp. 177~212; Lohr, Ch., *Latin Aristotle Commentaries*, Bd. 2: *Renaissance Authors*, Florenz 1988; Schmitt, Ch. B. [u.a.] (Hrsg.), *The Cambridge History of Renaissance Philosophy*, Cambridge 1988; Rossi, V./Bessi, R., *Il Quattrocento.* in: *Storia letteraria d'Italia*, Padua 1992; Rossi, P./Viano, S.-A., *Storia della filosofia*, Bd. 3: *Dal Quattrocento al Seicento*, Rom 1995; Flasch, K., *Nikolaus von Kues. Geschichte einer Entwicklung*, Frankfurt a.M. 1998, pp. 195~247도 참조.

2) Kuksewicz, Z., "Criticism of Aristotelean Psychology and the Augustinian — Aristotelean Synthesis", in: *The Cambridge History of later Medieval Philosophy*, hrsg. von N. Kretzmann [u.a.], Cambridge 1982, p. 628.

제52장 과도기의 사상가들

1) Paqué, R., *Das Pariser Nominalistenstatut. Zur Entstehung des Realitätsbegriffs der neuzeitlichen Naturwissenschaft* (Occam, Buridan und Petrus Hispanus, Nicolaus von Autrecourt und Gregor von Rimini), Berlin 1970, 그 가운데에서도 pp. 85~91 [논리학] 참조. 철학적 심리학에 대해서는 Pluta, O., *Kritiker der Unsterblichkeitsdoktrin in Mittelalter und Renaissance*, Amsterdam 1986, p. 37 참조.
2) 전거는 Pluta, p. 40.
3) 기타 참고문헌으로 Lohr (1) XXVI, pp. 161~83; Stor. della Filos. VI, pp. 512~13;

Totok II, p. 578.
4) Pierre d'Ailly, *Quaestiones super libros Sententiarum*, Straßburg 1490, Nachdr. Frankfurt a.M. 1968; *Tractatus et sermones*, Straßburg 1490, Nachdr. Frankfurt a.M. 1971; *De anima*, ed. O. Pluta, in: *Die philosophische Psychologie des Peter von Ailly*, Amsterdam 1986; Pascoe, L. B., *Church and Reform*, Leiden 2005.
5) Gregor von Rimini, *Lectura superprimum et secundum Sententiarum*, Bd. 1-6, ed. D. Trapp et V. Marcolino, Berlin/New York 1981-84. 또한 Leff, G., *Gregor of Rimini. Tradition and Innovation in Fourteenth Century Thought*, Manchester 1961; Biblioteca civica Gambalunga (Hrsg.), *Gregorio da Rimini, filosofo*, Rimini 2003; Bermon, P., *L'assentiment et son objet chez Grégoire de Rimini*, Paris 2007 참조.
6) Pluta, O., "Albert von Köln und Peter von Ailly", in: *Freiburger Zeitschrift für Philosophie und Theologie* 32 (1985), p. 263 참조. 이 논문의 pp. 262~66에는 다 이의 영향사 개요가 실려 있다. Oberman, H. A., *Spätscholastik und Reformation*, Bd. 1: *Der Herbst der mittelalterlichen Theologie*, Zürich 1965 참조.
7) Federici-Vescovini, G., *Le "Quaestiones de anima" di Biagio Pelacani da Parma*, Florenz 1974; dies., *Astrologia e scienza. La crisi dell'aristotelismo sul cadere del Trecento e Biagio Pelacani da Parma*, Florenz 1979. '악마적 박사'(doctor diabolicus)라는 칭호는 같은 책 p. 21; Federici-Vescovini, G./ Baroncelli, F. (Hrsg.), *Filosofia, Scienza ed Astrologia nel Trecento Europea: Biagio Pelacani di Parma*, Padua 1992. 그 외 참고문헌은 Lohr (1) XXIII, pp. 381~83; Garin I, p. 456; S-1, p. 400 참조.
8) Federici-Vescovini, *Le Quaestiones*, p. 74.
9) 같은 책, p. 79.
10) Dies., *Astrologia*, p. 21.
11) Tiraboschi, G., *Storia della letteratura italiana*, Bd. 8,1, Modena 1793, pp. 334~35; Federici-Vescovini, *Astrologia*, p. 11 참조. 내용상의 유사성은 Tiraboschi, p. 365 참조.
12) Federici-Vescovini, *Astrologia*, p. 17 참조.
13) 같은 책, pp. 404, 143~45.
14) 같은 책, p. 11.
15) Biagio, *Quaestiones de anima* III 2 Federici-Vescovini 129.
16) Federici-Vescovini, *Le Quaestiones*, p. 33.
17) Brentano-Keller, N., "Il libretto di spese e ricordi di un monaco vallombrosano per libri dati o avuti in prestito", in: *Bibliofilia* 41 (1939), pp. 129~58 참조.
18) Tanturli, G., "Rapporti del Brunelleschi con gli ambienti letterari fiorentini", in: *Atti del Convegno internazionale di studi su F. Brunelleschi*, Florenz 1977 참조. 이와 관련해서는 Federici-Vescovini, *Le Quaestiones*, pp. 32~33 참조.

제53장 피렌체: 새로운 세계의 중심지

1) 연구 문헌은 조망하기가 쉽지 않다. 나는 부르크하르트의 *Kultur der Renaissance in Italien* [초판은 1860] 외에, 여기서는 Garin, E., "Die Kultur der Renaissance", in: *Propyläen Weltgeschichte*, Bd. 6, Berlin [u.a.] 1964, pp. 431~534만 언급하도록 하겠다. 연구서로서 가치가 높고 입문서로도 적합한 자료로는 *Firenze rinascimentale*, unter Ltg. von A. Sapori und C. Vasoli, Florenz 1978 참조.

2) Ermatinger, J., "Averroism in early Fourteenth Century Bologne", in: *Mediaeval Studies* 16 (1954), pp. 35~86; Nardi, B., *Saggi sull'aristotelismo padovano dal secolo XIV al XVI*, Florenz 1958; Boas, M., *The Scientific Renaissance, 1450-1630*, London 1962; Randall, J. H., *The School of Padua and the Emergence of Modern Science*, Padua 1961; Vanni-Rovighi, S., "Gli averroisti bolognesi", in: S. V.-R., *Oriente e Occidente nel Medioevo*, Rom 1971, pp. 161~83; Piana, C., *Ricerche sulle Università di Bologna e di Parma nel secolo XV*, Florenz 1963; Lohr (2); Schmitt, Ch. B., *A Critical Survey and Bibliography of Studies on Renaissance Aristotelism*, Padua 1971; Rose, P. L., *The Italian Renaissance of Mathematics. Studies on Humanists and Mathematicians from Petrarc to Galileo*, Genf 1975; Cochrane, E., "Science and Humanism in the Italian Renaissance", in: *American Historical Review* 82 (1976), pp. 1039~59; *Platon et Aristote à la Renaissance, XVIe Colloque international de Tour*, Paris 1976; Schmitt, Ch. B., *Aristotle and the Renaissance*, Cambridge (Mass.) 1983; Rummel, E., *The Humanist-Scholastic Debate in the Renaissance and Reformation*, Cambridge (Mass.) 1995; Kessler E. (Hrsg.), *Method and Order in Renaissance Philosophy of Nature*, Aldershot 1997; Kraye, J. (Hrsg.), *Cambridge Translations of Renaissance Philosophical Texts*, Cambridge 1997; Kopenhaver, B. P./Schmitt, Ch. B., *Renaissance Philosophy*, Oxford 1997; White, K. (Hrsg.), *Hispanic Philosophy in an Age of Discovery*, Washington 1997.

3) 메디치 가문 통치 시기의 피렌체 정치와 경제사에 대한 연구로는 Rubinstein, N., "The Beginning of Political Thought in Florence", in: *Journal of the Warburg and Courtauld Institutes* 5 (1942), pp. 198~227; Sapori, A., *Studi di storia economica*, Florenz ³1956; Martinez, L., *The Social World of the Florentine Humanists*, Princeton 1963; De Cover, R., *The Rise and Decline of the Medici Bank (1397-1494)*, Cambridge (Mass.) 1963; Becker, M. B., *Florence in Transition*, 2 Bde., Baltimore 1967/68; Tenenti, A., *Firenze dal Comune a Lorenzo il Magnifico, 1350 a 1494*, Mailand 1970; Burke, P., *Renaissance Italy 1420 to 1540*, London 1972; Brucker, G., *The Civic War of Early Renaissance Florence*, Princeton 1977; Bec, C., *Cultura e società a Firenze nell'età della Rinascenza*, Rom 1981 참조.

4) 인물에 대해서는 앞서 언급한 한스 바론과 에우제니오 가린의 연구 외에 다음도 참조: Martin, A. v., *Mittelalterliche Welt- und Lebensanschauungen im Spiegel*

der Schriften Coluccio Salutatis, Berlin 1913; Ullmann, B. L., *The Humanism of Coluccio Salutati*, Padua 1963; Garin, E., "I cancellieri umanistici della repubblica fiorentina da Coluccio Salutati a Bartolomeo Scala", in: E. G., *Scienza e vita nel Rinascimento italiano*, Bari 1965, pp. 1~32; Herde, P., "Politik und Rhetorik in Florenz am Vorabend der Renaissance", in: *Archiv für Kulturgeschichte* 47 (1965), pp. 141~220; Kessler, E., *Das Problem des frühen Humanismus. Seine philosophische Bedeutung bei Coluccio Salutati*, München 1968; Petrucci, A., *Coluccio Salutati*, Rom 1972; Witt, R. G., "The Rebirth of the Concept of Republican Liberty", in: *Studies in Honor of Hans Baron*, hrsg. von A. Molho und J. A. Tedeschi, Florenz 1976, pp. 175~99; ders., *Coluccio Salutati and his Public Letters*, Genf 1976; De Rosa, D., *Coluccio Salutati. Il cancelliere e il pensatore politico*, Florenz 1980; *Atti del convegno su Coluccio Salutati*, Buggiano Castello 1981 [가린과 바솔리의 논문과 연구 문헌 목록이 실려 있다]. Garin I, pp. 241~82 참조. 그 외 참고문헌은 Totok III, pp. 110~12 참조.
5) Coluccio Salutati, *De nobilitate legum et medicinae*, ed. E. Garin, Florenz 1947 참조. 이와 관련해 바로 앞에서 언급한 *del convegno su Coluccio Salutati*에 실린 가린의 논문 pp. 17~25도 참조. 특히 살루타티의 편지도 중요하다. *Epistolario di C. Salutati*, ed. F. Novati, 4 Bde., Rom 1891-1911; *Invectiva in Antonium Luschum*, ed. E. Garin, in: E. G., *Prosatori latini del Quattrocento*, Mailand/Neapel 1953, pp. 9~37; *De laboribus Herculis*, ed. B. L. Ullmann, 2 Bde., Zürich 1951; *De saeculo et religione*, ed. B. L. Ullmann, Florenz 1957.
6) Cammelli, G., *I dotti bizantini e le origini dell'umanesimo*, Flolenz 1941 참조.
7) Giovanni Dominici, *Lucula noctis*, ed. R. Coulon, Paris 1908.

제54장 레오나르도 브루니와 일치 공의회

1) Kristeller, P. O., *The Classics and Renaissance Thought*, Cambridge (Mass.) 1955; ders., *Studies in Renaissance Thought and Letters*, Rom 1956.
2) 브루니에 대해서는 Baron, H., *Leonardo Bruni Aretino. Humanistisch-philosophische Schriften mit einer Chronologie seiner Werke und Briefe*, Berlin 1928; ders., *The Crisis of the Early Italian Renaissance*, 2 Bde., Princeton 1955; ders., *From Petrarch to Leonardo Bruni*, Chicago/London 1968 [*Laudatio florentinae urbis*는 pp. 217~63]; ders., "Progress in Bruni Scholarship", in: *Speculum* 56 (1981), pp. 831~39; Goldbrunner, H., "Durandus de Alvernia, Nicolaus von Oresme und Leonardo Bruni. Zu den Übersetzungen der pseudo-aristotelischen Ökonomik", in: *Archiv für Kulturgeschichte* 50 (1968), pp. 224~32; Siegel, I. J., *Rhetoric and Philosophy in Renaissance Humanism*, Princeton 1968; Garin, E., *Dal Rinascimento all'Illuminismo. Studi e ricerche*, Pisa 1970, pp. 3~18 참조. Garin I, pp. 283~94. 브루니의 번역에 대해서는 Birkenmajer, A., *Der Streit des Alfonso von Cartagena mit L. Bruni Aretinus*,

Münster 1922 (Beiträge, 22,5), pp. 129~210; Grabmann, M., *Mittelalterliches Geistesleben*, Bd. 1, München 1926, pp. 440~48; Griffiths, G., *The Justification of Florentine foreign Policy, offered bei Leonardo Bruni in his public letters*, Rom 1999; Botley, P., *Latin Translation in the Renaissance*, Cambridge 2004; Ianziti, G., *Writing History in Renaissance Italy. Leonardo Bruni and the Uses of the Past*, Cambridge (Mass.) 2012 참조. 그 외에 Totok III, pp. 112~15; Stor. della Filos. VII, pp. 790~93; Lohr (2) XXVII, pp. 316~20도 참조.

3) Leonardo Bruni, *Prologus in Phaedonem Platonis*, ed. H. Baron, in: H. B., *Leonardo Bruni Aretino*, pp. 3~4.

4) *Praemissio ad Translationem Ethicorum Aristotelis*, ed. Baron, in: 같은 책, p. 79.

5) *Praemissio ad Translationem Politicorum Aristotelis*, ed. Baron, in: 같은 책, p. 74.

6) *De Studiis et litteris*, ed. Baron, in: 같은 책, p. 6.

7) 같은 책, p. 11.

8) 같은 책, pp. 12~13.

9) 같은 책, p. 14.

10) 같은 책, p. 14.

11) 같은 책, p. 15.

12) 같은 책, p. 16.

13) 같은 책, p. 17.

14) 같은 책, p. 18.

15) 같은 책, p. 19.

16) *Isagogicon moralis disciplinae*, ed. Baron, in: 같은 책, p. 28.

17) *Historia Florentini populi*, ed. E. Santini, in: *Rerum Italicarum Scriptores*, 2 Bde., Città di Castello 1914, XIX 3.

18) W. Windelband, *Lehrbuch der Geschichte der Philosophie*, hrsg. von H. Heimsoeth, Tübingen [17]1980, p. 306.

19) Ambrosius Traversarius, *Epistolae*, 2 Bde., Florenz 1759, Nachdr. Bologna 1968. 인물에 대해서는 Mercati, G., *Ultimi contributi alla storia degli umanisti*, Bd. 1: *Traversariana*, Rom 1939; 공의회와 관련해서는 Gill, J., *The Council of Florence*, Cambridge 1959 참조.

20) PG 160,821-1020; Masai, F., *Plethon e le platonisme de Mistra*, Paris 1956 참조.

21) Georg von Trapezunt, *Comparationes philosophorum Aristotelis et Platonis*, Venedig 1528, Nachdr. Frankfurt a.M. 1965.

22) 베사리온은 Becker, J., in: *Aristotelis opera*, Bd. 3, Berlin 1831, pp. 481~536 참조. 아울러 베사리온의 저작은 in: PG 161, und in: Mohler, L., *Kardinal Bessarion als Theologe, Humanist und Staatsmann*, 3 Bde., Paderborn 1927-42 참조.

23) Giannozzo Manetti, *De dignitate et excellentia hominis*, Basel 1532, Nachdr. Frankfurt a. M. 1975, Neuausg. von R. Leonardi, Padua 1975.

제55장 로렌초 발라

1) 브루니의 스콜라주의 비판은 L. Bruni, *Ad Petrum Paulum Histrium Dialogus*, ed. E. Garin, in: E. G., *Prosatori latini del Quattrocento*, Mailand/Neapel 1952, pp. 52~61 참조.
2) Valla, L., *Annotationes in Novum Testamentum*, Neuausg. von A. Perosa, Florenz 1971. L. Valla, *Opera omnia*, Vorw. von E. Garin, 2 Bde., Turin 1962가 중요하다. Bd. 1: 바젤판 전집의 재인쇄, *Opera* von Basel 1540, Bd. 2: 소품들 모음, *Antidotum primum. La prima apologia contra Poggio Bracciolini*, ed. A. Wesseling, Assen 1978; *Antidotum in Facium*, ed. N. Regoliosi, Padua 1981; *Repastinatio dialecticae et philosophiae*, ed. G. Zippel, 2 Bde., Padua 1982. 연구 문헌은 풍부하지만 그 가운데 몇 가지만 꼽자면 Vasoli, C., *La dialettica e la retorica dell'umanesimo*, Mailand 1968, 특히 pp. 28~77; Camporeale, S. I., *Lorenzo Valla. Umanesimo e teologia*, Florenz 1972; Gerl, H. B., *Rhetorik als Philosophie. Lorenzo Valla*, München 1974; Branca, V. (Hrsg.), *Giorgio Valla tra scienza e sapienza*, Florenz 1981; Besomi, O./Regogliosi, M. (Hrsg.), *Lorenzo Valla e l'umanesimo italiano*, Padua 1986; Camporeale, S. L., "The Transcending of Philosophy through Retoric", in: *Rinascimento*, sec. ser. 30 (1990), pp. 269~84; Regogliosi, M., *Nel cantiere del Valla. Elaborazione e montaggio delle "Elegantiae"*, Rom 1992; Lanfranchi, M., "Il rinnovamento della filosofia nella 'Dialectica' di L. Valla", in: *Rivista di Filosofia Neoscolastica* 84 (1992), pp. 13~60, und *Rivista di Filosofia Neoscolastica* 86 (1994), pp. 44~109; Mack, P., *Renaissance Argument. Valla and Agricola in the Traditions of Retoric and Dialectic*, Leiden 1993; Conetti, M., *L'origine del potere legitimo. Spunti polemici contro la donazione di Constantino da Graziano a Lorenzo Valla*, Parma 2004; Regogliosi, M. (Hrsg.), *Lorenzo Valla e l'umansimo toscano*, Florenz 2010 참조. 그 외에 Garin I, p. 352; Totok III, pp. 119~22; Stor. della Filos. VII, pp. 796~98도 참조.
3) Valla, *De vero falsoque bono*, ed. M. de Panizza-Lorch, Bari 1970, pp. 14~15.
4) 『참된 선과 거짓된 선에 대하여』(*De vero falsoque bono*)는 현재 논쟁이 아주 없지는 않지만 M. de Panizza-Lorch, Bari 1970의 판본을 사용해야 한다. 『자유의지론』(*De libero arbitrio*)도 가린의 것을 사용: E. Garin, *Prosatori latini*, pp. 524~65.
5) 두 대화편에 대한 평가로서 발라는 『자유의지론』(*De libero arbitrio*, ed. Garin, p. 526)에서 『참된 선과 거짓된 선에 대하여』가 보에티우스 비판이라고 밝힌다: *De consolatione philosophiae* I-IV, *De libero arbitrio* (cons. phil. V).
6) Valla, *De vero falsoque bono*, ed. Panizza-Lorch, p. 112.
7) 같은 책, p. 114.
8) 같은 책, p. 2: "ipsorum philosophorum rationibus".
9) 같은 책, p. 3. 이와 관련해서는 *Erasmo da Rotterdam. Elogio della follia*, Mailand 1984에 실린 가린의 개론, 특히 p. XV 참조.

10) Valla, *De vero falsoque bono*, ed. Panizza-Lorch, p. 14.
11) 같은 책, pp. 77~78.
12) Hirschberger, J., *Geschichte der Philosophie*, Bd. 2, Freiburg I. Br. [u.a.] 1969, p. 21 참조.
13) Leibniz, G. W., *Theodizee* n. 405, in: *Opera philosophica omnia*, ed. J. E. Erdmann, Berlin 1840, p. 620b.
14) Valla, *De libero arbitrio*, in: Garin, *Prosatori latini*, p. 560: "Nescimus huius rei causam: quid refert?"
15) *Repastinatio* (1. Fass.) I 1 Zippel 364,4-6.
16) Rep. I 3 Zippel 371,28-29.
17) Rep. I 9 Zippel 390-391.
18) Rep. I 12 Zippel 401,15-25.
19) Rep. II prooem. Zippel 447,18.
20) Rep. Zippel 98,22-23. 천구에 대한 비판적 성찰은 같은 책, Zippel 421,35-422,13 참조.
21) Rep. Zippel 7,16.

제56장 니콜라우스 쿠자누스

1) 토스카넬리에 대해서는 Garin, E., *Ritratti di umanisti*, Florenz 1967, pp. 41~67 참조.
2) 알베르투스와 프라이베르크의 디트리히의 학파의 저술들 가운데 쿠자누스 사상의 주요 원천이기도 한 무스부르크의 베르톨트의 방대한 주석은 *Expositio super elementationem theologicam Procli*, in: CORPUS PHILOSOPHORUM TEUTONICORUM EDII AEVI. Hamburg 1984-2010 참조. 인물에 대해서는 Tautz, I., *Erst-Eines, Intellekte, Intellektualität. Eine Studie zu Berthold von Moosburg*, Hamburg 2002; Iremadze, I., *Konzeptionen des Denkens im Neuplatonismus. Zur Rezeption der Proklischen Philosophie im deutschen und georgischen Mittelalter*, Amsterdam 2004 참조.
3) Cusanus, *Opera*, Paris 1514, Nachdr. Frankfurt a.M. 1962. 새 비판본인 Nicolai de Cusa, *Opera omnia*는 1932년부터 하이델베르크 학술원에서 간행되었다(= H). 독일어 번역 가운데 일부는 라틴어 대역으로 펠릭스 마이너 출판사의 철학 문고에서 간행되었다. Hamburg; *De non aliud*, lat./dt. von K. Reinhardt, Münster 2011; *Scripta mathematica*, ed. M. Folkerts, Hamburg 2010; *Opuscula III*, ed. I. G. Senger, Hamburg 2007; Nikolaus von Kues, *Philosophisch-theologische Schriften*, lat./dt., hrsg. von L. Gabriel, 3 Bde., Wien 1964-1967. 인물에 대해서는 Vansteenberghe, E., *Le cardinal Nicolas de Cues*, Paris 1920; Hofmann, E., *Nicolaus von Cues. Zwei Vorträge*, Heidelberg 1947; Gandillac, M. de, *Nikolaus von Cues*, Düsseldorf 1953; Colomer, E., *Nikolaus von Kues und Raimund Lull*, Berlin 1961; Wackerzapp, H., *Der Einfluss Meister Eckharts*

auf die frühen Schriften des Nikolaus von Kues, Münster 1962 (Beiträge, 39,3); Jaspers, K., *Nikolaus Cusanus*, München 1964; Meuthen, E., *Nikolaus von Kues. Skizze einer Biographie*, Münster ²1964; Blumenberg, H., *Die Legitimität der Neuzeit*, Frankfurt a.M. 1966; Flasch, K., *Die Metaphysik des Einen bei Nikolaus von Kues*, Leiden 1973; Blumenberg, H., *Nikolaus von Kues. Die Kunst der Vermutung*, Frankfurt a.M. 1975; Watts, M. P., *Nicolaus Cusanus. A Fifteenth-Century Vision of Man*, Leiden 1982; Senger, H. G., *Ludus sapientiae. Studien zum Werk und zur Wirkungsgeschichte des Nikolaus von Kues*, Köln 2002; Flasch, K., *Nikolaus von Kues und seine Zeit. Ein Essay*, Stuttgart 2004; Frost, S., *Nikolaus von Kues und Meister Eckhart*, Münster 2006; Reinhardt, K., *Nikolaus von Kues in der Geschichte des Platonismus*, Regensburg 2007; Leppin, V., 'Cusa ist hie auch ein Lutheraner'. *Theologie und Reform bei Nikolaus von Kues*, Trier 2009; McGinn, B., *Würde und Gottebenbildlichkeit des Menschen. Nikolaus von Kues, Marsilio Ficino und Pico della Mirandola*, Trier 2010; Winkler, N., *Nikolaus von Kues zur Einführung*, Hamburg ²2010; Euler, W. A. (Hrsg.), *Nikolaus von Kues, De venatione sapientiae*, Trier 2010; Schwätzer, H. (Hrsg.), *Meister Eckhart und Nikolaus von Kues*, Stuttgart 2011. Die neuere Literatur verzeichnet die *Mitteilungen und Forschungsbeiträge der Cusanus-Gesellschaft*, hrsg. von R. Haubst, Mainz 1961ff. 참조. 또한 Flasch, K., *Nikolaus von Kues. Geschichte einer Entwicklung*, Frankfurt a.M. 1998도 참조.
4) 특히 Cusanus, *De beryllo*, c. 5, *Opera omnia* (H), Bd. 11,1, ed. L. Baur, Leipzig 1940, pp. 6~7 참조.
5) *De coniecturis*, *Opera omnia* (H), Bd. 3, ed. J. Koch, Hamburg 1977; *De mente*, *Opera omnia* (H), Bd. 5, ed. L. Baur, Leipzig 1937 참조.
6) *Apologia doctae ignorantiae*, ed. R. Klibansky, Leipzig 1932, 특히 pp. 14~17 참조.
7) *De coniecturis*, *Opera omnia* (H), Bd. 3, ed. J. Koch, Hamburg 1972 참조.
8) Cusanus, *De beryllo*, c. 21, ed. Baur, p. 25,11: "Hii omnes et quodquod vidi scribentes caruerunt beryllo."

제57장 피렌체가 추방한 철학자들

1) 마네티의 작품은 Basel 1532, Nachdr. Frankfurt a.M. 1975 (나의 인용도 이 판본에 따른다; Neuausg. von R. Leonardi, Padua 1975) 참조. 그 외에 Totok II, pp. 115~19; Stor. della Filos. VII, pp. 790~93도 참조.
2) Manetti, *Opere*, p. 34.
3) 같은 책, p. 159.
4) 같은 책, p. 163.
5) 같은 책, p. 183.
6) Burckhardt, J., *Die Kultur der Renaissance in Italien. Ein Versuch*, in: J. B., *Gesammelte Werke*, Bd. 3, Darmstadt 1962, pp. 94~96; Garin, E., "Il

Rinascimento del Burckhardt", Vorrede zur italienischen Ausgabe von J. B., *Die Kultur der Renaissance in Italien*, Florenz 1984.
7) Alberti, L. B., *I libri della famiglia*, hrsg. von R. Romano und A. Tenenti, Turin 1969, 텍스트는 *Opere volgari*, hrsg. von C. Grayson, 3 Bde., Bari 1960ff. 참조. 알베르티의 작품은 *Intercoenales*, in: E. Garin, *Prosatori latini del Quattrocento*, Mailand/Neapel 1953, pp. 636~57; *Intercenali inedite*, ed. E. Garin, in: *Rinascimento* 4 (1964), pp. 125~258 [나의 인용도 이 판본에 따른다; 단행본으로는 Florenz 1965]; *L'architettura (De re aedificatoria)*, lat./ital., hrsg. von G. Orlandi/P. Portoghesi, 2 Bde., Mailand 1966; *Momus o Del principe*, ed. G. Martini, Bologna 1942; *De commodis litterarum atque incommodis, Defunctus*, ed. G. Farris, Mailand 1971; *Opere latine*, ed. R. Cardini, Rom 2010 참조. 인물에 대해서는 Mancini, G., *Vita di L. B. Alberti*, Florenz ⁴1911; Tateo, F., *Alberti Leonardo e la crisi dell'umanesimo*, Bari 1971; Garin, E., "Il pensiero di L. B. Alberti e la cultura del Quattrocento", in: *Belfagor* (1972), pp. 500~21; *Convegno internationale indetto nel V centenario di L. B. Alberti*, Ed. Accademia Nazionale dei Lincei, Rom 1974; Panza, P., *L. B. Alberti: filosofia e teoria dell'arte*, Mailand 1994; Rykwert, J./Engel, A., *L. B. Alberti*, Mailand 1994; Grayson, C., *Studi su L. B. Alberti*, Florenz 1998; Grafton, A. R., *L. B. Alberti, Baumeister der Renaissance*, Berlin 2002; Cardini, R. (Hrsg.), *L. B. Alberti. La biblioteca di un umanista*, Florenz 2005; Benigni, P. (Hrsg.), *La vita e il mondo di L. B. Alberti*, Florenz 2008; Wright, D. R. E., *Il 'De pictura' di L. B. Alberti e i suoi lettori*, Florenz, 2010; Müller, T., *Perspektivität und Unendlichkeit. Mathematik und ihre Anwendung in der Frührenaissance am Beispiel von Alberti und Cusanus*, Regensburg 2010; Schöndube, M., *Leon Battista Alberti, Della tranquilità dell'animo. Eine Interpretation auf dem Hintergrund der antiken Quellen*, Berlin 2011 참조. 그 외 참고문헌으로 Garin I, pp. 345~48; Totok III, pp. 115~19; Stor. della Filos. VII, p. 793; Rossi, V./Bessi, R., *Il Quattrocento. Storia letteraria d'Italia*, Padua 1992, pp. 260~66도 참조.
8) Garin, *Il pensiero di L. B. Alberti*, p. 508.

제58장 피렌체의 플라톤주의

1) 영향사를 좀 더 깊이 알고 싶다면 Kristeller, P. O., "The European Significance of Florentine Platonism", in: Headley, J. M. (Hrsg.), *Medieval and Renaissance Studies*, Chapel Hill 1968, pp. 206~27 참조. 바젤판(Basel 1576) 『피치노 전집』(*Opera omnia*)은 전4권으로 재인쇄되어 있다(Turin 1959); Kristeller, P. O., *Supplementum Ficinianum*, 2 Bde., Florenz 1937; Ficino, *Commentaire sur le banquet de Platon*, hrsg. von R. Marcel, Paris 1956. 플라톤의 『소피스테스』에 대한 주해는 M. J. B. Allen, Berkeley 1989; *Theologia Platonica*, lat./engl. von J. Hankins/M. J. B. Allan, 6 Bde., Cambridge (Mass.) 2001-2006; *Marsile Ficin:*

Commentaire sur le Banquet de Platon, De l'amour. Commentarium in convivium Platonis, De amore, lat./frz. von P. Laurens, Paris 2002; *Commentarium in Convivium Platonis, De amore*, lat./frz. von St. Murphy, Paris 2004; *Commentaries on Plato*, lat./engl. von M. J. B. Allan, Cambridge (Mass.) 2008; *De vita libri tres*, lat./dt. von M. Boenke, München 2012; 편지는 S. Gentile, *Lettere* I, Florenz 1990 (engl.: *Letters*, I-VI, London 1975-1999) 참조. — 플라톤주의 전통 외에 아리스토텔레스주의도 계속해서 살아 남았다. 이와 관련해서는 찰스 로르(Charles Lohr)의 목록과 Nardi, B., *Saggi sull'aristotelismo padovano dal secolo XIV al XVI*, Florenz 1958; Kristeller, P. O., *La tradizione aristotelica nel Rinascimento*, Padua 1962; Schmitt, Ch. P., *Aristotle and the Renaissance*, Cambridge (Mass.) 1983; ders., *The Aristotelian Tradition and Renaissance*, London 1984; Kessler, E. [u.a.], *Aristotelismus und Renaissance. In memoriam Charles Schmitt*, Wiesbaden 1988; Bianchi, L., *Studi sull' Aristotelismo del Rinascimento*, Padua 2003. Pomponazzi, P., *Traité de l'immortalité de l'âme, Tractatus de immortalitate animae*, hrsg. von Th. Gontier, Paris 2012 참조. 인물에 대해서는 Della Torre, A., *Storia dell'Accademia Platonica di Firenze*, Florenz 1902; Festugière, A.-M.-J., *La philosophie de l'amour de Marsile Ficine et son influence sur la littérature française au XVIe siècle*, Paris 1941; Kristeller, P. O., *Il pensiero filosofico di Marsilio Ficino*, Florenz 1953; Marcel, R., *Marsile Ficine*, Paris 1958; Gentile, S. (Hrsg.), *Marsilio Ficino e il ritorno di Platone*, Florenz 1984; Garfagnini, C. (Hrsg.), *Marsilio Ficino e il ritorno di Platone*, Florenz 1986; Klutstein, I., *Marsilio Ficino et la théologie ancienne*, Florenz 1987; Kristeller, P. O., *Marsilio Ficino and His Work after Five Hundred Years*, Florenz 1987; Vasoli, C., "Marsilio Ficino", in: *Dizionario biografico degli Italiani*, 1987; Allan, M. J. B. (Hrsg.), *Marsilio Ficino. His Theology, his Philosophy, his Legacy*, Leiden 2001; Moreno-Riano, G., *The World of Marsilius of Padua*, Turnhout 2006; Leitgeb, M. C., *Tochter des Lichts. Kunst und Propaganda im Florenz der Medici*, Berlin 2006; Leitgeb, M. C. (Hrsg.), *Platon, Plotin und Marsilio Ficino*, Wien 2009; Leitgeb, M. C. (Hrsg), *Concordia mundi. Platons Symposion und M. Ficinos Philosophie der Liebe*, Wien 2010 참조. 그 외에 Lohr (2) XXVII, pp. 322~23; Garin I, pp. 374~421; Totok III, pp. 154~58; Stor. della Filos. VII, pp. 812~14도 참조.

2) 특히 Walker, D. P., *Spiritual and Demonic Magic from Ficino to Campanella*, London 1958; Yates, F. A., *Giordano Bruno and the Hermetic Tradition*, London/Chicago 1964노 참소.

3) 텍스트는 Garin, E., *Prosatori latini del Quattrocento*, Mailand/Neapel 1953, pp. 716~91 참조.

4) 이와 관련해서는 Flasch, K., "Nikolaus von Kues und Pico della Mirandola", in: *Mitteilungen und Forschungsbeiträge der Cusanus-Gesellschaft* 14 (1980), pp. 113~19 참조. 미란돌라의 작품은 베네치아판(1557)을 사용했다. 부분적으로는 현

대의 판본이 나와 있다: *De hominis dignitate. Heptaplus. De ente et uno*, ed. E. Garin, Florenz 1942; *Disputationes adversus astrologiam divinatricem*, ed. E. Garin, Florenz 1946ff.; *Conclusiones*, ed. B. Kieszkowski, Genf 1973; *Œuvres philosophiques*, ed. O. Boulnois et G. Tognon, lat./frz., Paris 1993; *Oratio de hominis dignitate*, lat./dt. von G. von der Gönna, Stuttgart 2009; *De ente et uno*, lat./dt. von P. R. Blum, Hamburg 2006. 인물에 대해서는 Kibre, P., *The Library of Pico della Mirandola*, New York 1936; Garin, E., *Giovanni Pico della Mirandola*, Florenz 1937; Cassirer, E., "Giovanni Pico della Mirandola", in: *Journal of the History of Ideas* 3 (1942), pp. 123~44, 319~46; Monnerjahn, E., *Giovanni Pico della Mirandola*, Wiesbaden 1960; Garin, E., "Ricerche sur Giovanni Pico della Mirandola", in: E. G., *La cultura filosofica del Rinascimento italiano*, Florenz ²1979, pp. 231~92; *L'opere e il pensiero di Giovanni Pico della Mirandola*, hrsg. von E. Garin, 2 Bde., Florenz 1965; Lubac, H. de, *Pic de la Mirandole, études et discussions*, Paris 1974; Toussaint, S., *L'esprit du Quattrocento. Le "De ente et uno" de Pic de la Mirandola*, Paris 1995; Dougherti, M. V., *Pico della Mirandola*, Cambridge 2008 참조. 그 외에 Garin I, pp. 458~59; Totok III, pp. 159~65; Stor. della Filos. VII, pp. 825~28; Rossi, V./Bessi, R., *Il Quattrocento*. in: *Storia letteraria d'Italia*, Padua 1992, pp. 496~501, 599~602.
5) Girolamo Savonarola, *Scritti filosofici*, hrsg. von G. Garfagnini/E. Garin, Bd. 1, Rom 1982. 사보나롤라에 대해서는 Ridolfi, R., *Vita di G. Savonarola*, 2 Bde., Rom 1952; Garin, E., *Ritratti di umanisti*, Florenz 1967, pp. 163~84; Cordero, F., *Savonarola. Voce calamitosa*, Bari 1986 참조. 기타 연구 문헌은 Garin I, pp. 472~78; Totok III, pp. 182~86 참조.

제3부 새로운 시대

제59장 중세, 르네상스, 종교개혁

1) 이와 관련해서는 Kaegi, W., *Jacob Burckhardt. Eine Biographie*, Bd. 3: *Die Zeit der klassischen Werke*, Basel/Stuttgart 1956, p. 717: "Wisse Sie, mit dem Individualismus —i glaub ganz nimmi dra; aber i sag's nit; si han gar e Fraid."
2) 자료는 Ferguson, W. K., *The Renaissance in Historical Thought*, Cambridge (Mass.) 1948 참조. 또한 Hay, D., "Storici e Rinascimento negli ultimi venticinque anni", in: Boas, M./Chastel, A. [u.a.], *Il Rinascimento. Interpretazioni e problemi*, Bari 1979, pp. 3~41도 참조. 중세와 르네상스의 관계에 대한 연구로는 Burdach, K., *Vom Mittelalter zur Reformation. Forschungen zur Geschichte der deutschen Bildung*, Berlin 1962; Falco, G., *La polemica sul*

Medio Evo (1933), hrsg. von F. Tessitore, Neapel 1974; Mommsen, Th. E., "Petrarch's Conception of the 'Dark Ages'", in: *Speculum* 18 (1942), pp. 226~82, dt. bei Buck, A., *Zu Begriff und Problem der Renaissance*, Darmstadt 1969, pp. 151~79; Chabod, F., *Scritti sul Rinascimento*, Turin 1967 참조. Lapeyre, H. (Hrsg.), *De Machiavel à B. Croce*, Genf 1970; *Concetto, storia, miti e immagini del Medio Evo*, hrsg. von V. Branca, Florenz 1973 [여기에 실린 E. Garin과 R. Manselli의 논문이 중요하다]; Buck, A. (Hrsg.), *Die Rezeption der Antike. Zum Problem der Kontinuität zwischen Mittelalter und Renaissance*, Hamburg 1981; Branca, V., *Merchant Writers in the Italian Renaissance*, New York 1999; Hankins, J., *Renaissance Civic Humanism*, Cambridge 2000; Blume, D., *Regenten des Himmels. Astrologische Bilder in Mittelalter und Renaissance*, Berlin 2000; Gersh, St. (Hrsg.), *Medieval and Renaissance Humanism*, Leiden 2003; Worstbrock, F. J., *Ausgewählte Schriften*, 2 Bde., hrsg. von S. Köbele, Stuttgart 2004-2005; Rubinstein, N., *Studies in Italian History in the Middle Ages and the Renaissance*, Rom 2004; Paulus, S., *Wissenschaftliche Textsorten in der italienischen Renaissance*, Tübingen 2005; Soergel, Ph. M., *Sexuality and Culture in Medieval and Renaissance Europe*, New York 2005; Belting, H., *Florenz und Bagdad*, München 2008; Kuhn, H. C., *Ideal Constitutions in the Renaissance*, Frankfurt a.M. 2009; Becker, L. (Hrsg.), *Aktualität des Mittelalters und der Renaissance in der Romanistik*, München 2009; Burrichter, B. (Hrsg.), *Diener — Herr — Herrschaft? Hierarchien in Mittelalter und Renaissance*, Heidelberg 2009; Classen, A. (Hrsg.), *Sexuality in the Middle Ages and Early Modern Times*, Berlin 2010; Lentzen, A., *Literarische Texte in ihrer Zeit. Romanistische Beispiele vom Mittelalter bis zum Ausgang der Renaissance*, Darmstadt 2010; Biersack, M., *Mediterraner Kulturtransfer am Beginn der Neuzeit*, München 2010; Wagner, F., *Essays zu Mittelalter und Renaissance*, Hildesheim 2011 참조.

제60장 레오나르도 다 빈치

1) Croce, B., "Leonardo filosofo", in: *Saggio sullo Hegel*, Bari 1913, pp. 213~40. 레오나르도의 작품은 *Scritti scelti*, ed. A. M. Brizio, Turin ²1966에서 인용했다. 이탈리아어-독일어 대역본인 Zamboni, G., *Philosophische Tagebücher*, Hamburg 1958도 유용하다. 필사본의 전자 사본들은 Totok III, pp. 234~35 참조. 1965년에 발견된 마느리느 문서는 *Codices Madrid*, Faks.-Ausg. mit Transkr. und Komm. von L. Reti, dt. von G. Iweichen [u.a.], 5 Bde., Frankfurt a.M. 1974; *Schriften zur Malerei und sämtliche Gemälde*, hrsg. von A. Chastel, München 2011 참조. 인물에 대해서는 Duhem, P., *Études sur Léonard de Vinci. Ceux qu'il a lus et ceux qui l'ont lu*, Paris 1909 [특히 제2권 참조]; Olschki, L., *Geschichte der neusprachlichen wissenschaftlichen Literatur*, Bd. 1, Heidelberg 1919, pp.

252~334; Pedretti, C., *Studi vinciani*, Genf 1957; Fumagalli, G., *Leonardo ieri e Oggi*, Pisa 1959; Garin, E., "Il problema delle fonti del pensiero di Leonardo", in: E. G., *La cultura filosofica del Rinascimento italiano*, Florenz 1961, pp. 388~401; Dionisotto, C., "Leonardo uomo di lettere", in: *Italia medioevale e umanistica* 5 (1962), pp. 183~216; Garin, E., "La cultura fiorentina nell'età di Leonardo", in: E. G., *Scienza e vita civile nel Rinascimento italiano*, Bari 1965, pp. 57~86; ders., *Universitalità di Leonardo*, ebd., pp. 87~108; Fumagalli, G., *Leonardo. Omo sanza lettere*, Florenz ²1970; Pedretti, C., *Leonardo. A study in chronology and style*, London 1973; Vasoli, C., *La lalde del sole*, Florenz 1973; Reti, L., *Leonardo. Künstler, Forscher, Magier*, dt.: Frankfurt a.M. 1974; Perrig, A., "Leonardo. Die Anatomie der Erde", in: *Jahrbuch der Hamburger Kunstsammlungen* 25 (1980), pp. 51~80; Kemp, M., *Leonardo da Vinci*, London 1981; Brizio, A. M. [u.a.] (Hrsg.), *Leonardo, der Künstler*, dt.: Stuttgart/Zürich 1981; Zammatico, C. [u.a.] (Hrsg.), *Leonardo, der Forscher*, dt.: Stuttgart/Zürich 1981; Heydenreich, H. [u.a.] (Hrsg.), *Leonardo, der Erfinder*, dt.: Stuttgart/Zürich 1981; Bellone, E. (Hrsg.), *Leonardo et l'età della ragione*, Mailand 1982; Perrig, A., "Der Renaissancekünstler als Wissenschaftler", in: *Funkkolleg Kunst*, Tübingen 1985 (Studienbegleitbrief, 10), pp. 45~80; Kemp, M./Roberts, J., *Leonardo da Vinci. Artist, Scientist, Inventor*, New Haven 1992; Chastel, A., *Leonardo da Vinci. Studi e ricerche 1952-1990*, Turin 1995; Kemp, M., *Leonardo da Vinci. The Marvellous Works of Nature and Man*, Oxford 2007 참조. 그 외에 Garin II, pp. 616~20; Totok III, pp. 232~44; Stor. della Filos. VII, pp. 852~56도 참조.
2) 레오나르도 사상의 '원천'에 대해서는 *Scritti scelti* von A. M. Brizio, pp. 655~75에 수집된 것을 참조. 상황은 매우 복잡해 피에르 뒤엠(Pierre Duhem)과 에른스트 카시러(Ernst Cassirer)의 주장을 뒷받침하지 못한다. 텍스트에 제시된 것 말고는 쿠자누스는 언급되지 않는다(Brizio, p. 673 참조.): 갈레노스, 테오프라스토스, 로저 베이컨, 그리고 롬바르드 지방 출신 의사인 '쿠자누스'(El cusano medico). 이와 관련해서는 De Toni, W., *Contributo alla conoscenza dei manoscritti 8936 e 8937 della Bibliotheca nazionale di Madrid*, Brescia 1967 [레오나르도의 원천 문제는 이미 마드리드 사본에서부터 시작된다] 참조.
3) Leonardo, *Scritti scelti*, p. 157.
4) 같은 책, p. 70.
5) Marinoni, A., "Postilla", in: *I rebus di Leonardo da Vinci*, Florenz 1954, p. 104 [유물론적 해석을 제안하는 체사레 루포리니(Cesare Luporini)의 *La mente di Leonardo*, Florenz 1953과의 논쟁] 참조.
6) *Scritti scelti*, p. 98.
7) 같은 책, p. 60.

제61장 마키아벨리와 루터

1) 마키아벨리의 저작은 *Tutte le opere*, ed. M. Martinelli, Florenz 1971에서 인용했다. 새로운 판본 *De principibus*, ed. G. Inglese, Rom 1994를 알아둘 필요가 있다. 사용하기에 편리한 텍스트는 Tb.-Ausg. bei Feltrinelli in Mailand, 예를 들어 *Lettere*, ed. F. Gaeta, Mailand 1961이다. 전집의 독일어 번역은 *Gesammelten Schriften*, hrsg. von H. Floerke, 5 Bde., München 1925 참조. 마키아벨리의 생애는 Ridolf, R., *Vita di N. Machiavelli*, Florenz [7]1978 참조. 마키아벨리 사상은 Dilthey, W., *Weltanschauung und Analyse des Menschen seit Renaissance und Reformation*, in: W. D., *Gesammelte Schriften*, Bd. 2, Leipzig/Berlin 1923, pp. 24~35; Chabod, F., *Scritti su Machiavelli*, Turin 1964; Strauß, L., *Thoughts on Machiavelli*, Seattle/London 1958, Nachdr. 1969; Sasso, G., *N. Machiavelli. Geschichte seines politischen Denkens*, dt.: Stuttgart 1965. [1958년에 나온 이탈리아어 단행본의 개정판으로서 매우 유익하다]; Garin, E., "Aspetti del pensiero di Machiavelli", in: E. G., *Dal Rinascimento il Illuminismo. Studi e ricerche*, Pisa 1970, pp. 43~77; Sternberger, D., *Machiavellis "Principe" und der Begriff des Politischen*, Wiesbaden 1974; Pöggeler, O., "Machiavelli und Hegel", in: *Philosophische Elemente in der Tradition des politischen Denkens. J. Derbolav zum 65. Geburtstag*, hrsg. von E. Heintel, Wien 1979, pp. 173~98; Namer, G., *Machiavel ou les origines de la sociologie de la connaissance*, Paris 1979; Guillemain, B., *Machiavel. L'anthropologie politique*, Paris 1980; Begert, R., *Elemente einer politischen Ökonomie im Werk Machiavellis*, Bern/Stuttgart 1983; Münkler, H., *Machiavelli. Die Begründung des politischen Denkens der Neuzeit aus der Krise der Republik Florenz*, Frankfurt a.M. 1984 [이 책의 참고문헌 목록]; Sasso, G., *Machiavelli e gli antichi e altri saggi*, 3 Bde., Mailand/Neapel 1987-1988; Garin, E., *Machiavelli fra politica e storia*, Turin 1993; Sasso, G., *N. Machiavelli*, 2 Bde., Bologna 1993; Procacci, G., *Machiavelli nella cultura europea dell'età moderna*, Rom 1995; Münkler, H. N., *Machiavelli*, München 2001; Dotti, U., *Machiavelli revoluzionario*, Rom 2003; Hoeges, D., *Machiavelli. Dichter — Poeta*, Frankfurt a.M. 2006; Inglese, G., *Per Machiavelli*, Rom 2006; Skinner, Q., *Machiavelli zur Einführung*, Hamburg 2008; Benner, E., *Machiavelli's Ethics*, Princeton 2009; Najenny, N. M., *The Cambridge Companion to Machiavelli*, Cambridge 2010; Oppenheimer, P., *Machiavelli. A Life beyond Ideology*, London 2010; Reinhardt, V., *Machiavelli oder die Kunst der Macht*, München 2012 참조. 그 외에 Bertelli, S./Innocenti, P., *Bibliografia Machiavelliana*, Verona 1979; Totok III, pp. 122~48; Stor. della Filos. VII, pp. 829~32; Ruffo-Fiore, S., *N. Machiavelli. An Annotated Bibliography*, New York 1990도 참조.

2) Fichte, J. G., "Uber Machiavelli", in: *Fichtes Werke*, hrsg. von I. H. Fichte, Bd. 11: *Vermischte Schriften aus dem Nachlass*, Bonn 1835, Nachdr. Berlin 1971, 특

히 Bd. 11, p. 401ff.
3) Freyer, H., "Machiavelli und die Lehre vom Handeln", in: *Zeitschrift für deutsche Kulturphilosophie* 4 (1938), p. 137.
4) 같은 책, p. 137.
5) Dilthey, W., *Weltanschauung und Analyse des Menschen seit Renaissance und Reformation*, in: W. D., *Gesammelte Schriften*, Bd. 2, 특히 p. 29.
6) Machiavelli, *Il principe* c. 25,1 Martelli 295.
7) *Il principe*, bei Martelli, p. 1130; in der Tb.-Ausg. der *Lettere* ed. Gaeta, p. 237.
8) *Il principe*, Martelli, p. 1131; Gaeta, p. 239.
9) *Istorie Fiorentine* III 13 Martelli, p. 701.
10) 루터의 작품은 바이마르 비판본을 따라 인용했다(Weimar 1883ff. [WA]). 복음 교회-신학적 관점에서의 주목할 만한 새로운 접근(그러나 아직 연구자들의 평가가 필요하다)으로는 Oberman, H. A., *Werden und Wertung der Reformation. Vom Wegestreit zum Glaubenskampf*, Tübingen 1977; Lohse, B., *M. Luther. Eine Einführung in sein Denken und sein Werk*, München 1981; Oberman, H. A., *Luther. Mensch zwischen Gott und Teufel*, Berlin 1982; Löwenich, W. v., *Martin Luther. Der Mann und das Werk*, München 1982; ders., *Probleme der Luther-Forschung und der Luther-Interpretation*, München 1984 참조. 과거 연구들 중에서는 다음의 것들을 언급할 가치가 있다: Harnack, Th., *Luthers Theologie mit besonderer Beziehung auf seine Versöhnungs- und Erlösungslehre*, 2 Bde., Erlangen 1862-1886; Denifle, H., *Luther und Luthertum*, 2 Bde., Mainz 1904-1909; Boehmer, H., *Luther im Lichte der neueren Forschung*, Leipzig/Berlin 1918; Holl, K., *Gesammelte Aufsätze zur Kirchengeschichte*, Bd. 1, Tübingen 1949; Vignaux, P., *Luther. Commentateur des sentences*, Paris 1935; ders., *De S. Anselme à Luther*, Paris 1976. 델리오 칸티모리(Delio Cantimori)의 새로운 고찰도 참조: Cantimori, D., *Umanesimo e religione nel Rinascimento*, Turin 1975. 또한 Brendler, G., *Luther. Theologie und Revolution. Eine marxistische Darstellung*, Köln 1983; Wendelborn, G., *Luther. Leben und reformatorisches Werk*, Wien/Köln 1983; Ebeling, G., *Lutherstudien*, 3 Tle., Tübingen 1971-89; Andreatta, C., "Lutero contro Aristotele. Le tesi e le prove filosofiche della disputa di Heidelberg", in: *Studia Patavina* 37 (1990), pp. 27~62; Lohse, B., *Luthers Theologie in ihrer historischen Entwicklung und ihrem systemischen Zusammenhang*, Göttingen 1995; Greschat, M./Lottes, G., *Luther in seiner Zeit*, Stuttgart 1997; Kunze, J., *Erasmus und Luther*, Hamburg 2000; Oberman, H. A., *Zwei Reformationen, Luther und Calvin*, Berlin 2003; McKim, D. K. (Hrsg.), *The Cambridge Companion to Luther*, Cambridge 2003; Heinrich, P., *Mensch und freier Wille bei Luther und Erasmus*, Nordhausen 2003; Beutel, A. (Hrsg.), *Luther-Handbuch*, Tübingen 2005; Leppin, V., *Martin Luther*, Darmstadt 2006; Härle, W. (Hrsg.), *Prädestination und Willensfreiheit. Luther, Calvin und ihre Wirkungsgeschichte*, Leipzig 2009;

Büttgen, Ph., *Luther et la philosophie*, Paris 2011; Leppin, V., *Das Luther-Lexikon*, Regensburg 2012. 최신 연구들은 *Luther-Jahrbuch* 참조. 그 외에 Wolf, H., *Germanistische Lutherbibliographie*, Heidelberg 1985; Moda, A., *Martin Lutero. Un decennio di studi* (1975/76-1986/87), Bari 1989도 참조.

11) 여기서 나는 독일어권 독자들에게 미카엘 세르베투스(Michael Servetus)라는 인물을 소개할까 한다. 스페인 비야누에바(Villanueva) 출생인 세르베투스는 에라스무스의 비서로 일하면서 에라스무스의 문헌학적 연구 기술을 습득했지만 그의 외교적 활동은 경멸했다. 20세쯤 되었을 시기인 1531년, 세르베투스는 『삼위일체론에서의 오류』(*De trinitatis erroribus*, Hagenau 1531)를 출판했다. 이 책에서 그는 원전에 대한 풍부한 지식과 신뢰할 만한 연구 방법을 사용해 아우구스티누스 이래로 확립된 삼위일체론이 『신약성경』에 들어 있지 않다는 점을 밝혀냈다. 세르베투스는 종교 재판을 피해 프랑스로 피신해야 했다. 거기서 그는 의학을 공부했으며, 미시적 영역에서 혈액이 순환하는 현상을 발견했다. 다시 종교 재판 때문에 몸을 피했으나 도중에 붙잡혀 제네바에 투옥되었다. 칼뱅은 그에게 사형 판결을 내렸으며, 화형으로 생을 마감했다(1556).

12) Luther, *Von den Juden und ihren Lügen*, WA 53,523.
13) Luther, *Vom Abendmahl Christi. Bekenntnis*, WA 26,442, Z. 38.
14) Machiavelli, *Tutte le opere* 13-16 Martelli.
15) Luther, *Wider die räuberischen und mörderischen Rotten der Bauern*, WA 18,358.
16) 텍스트는 Junghans, H., "Die *probationes zu den philosophischen Thesen der Heidelberger Disputation* Luthers im Jahre 1518", in: *Luther-Jahrbuch* 46 (1979), pp. 34, Z. 22-25.
17) *Conclusio nona*, in: 앞의 논문, p. 58, Z. 365.
18) 텍스트는 같은 곳; *Decima Conclusio*, in: 앞의 논문, p. 58, Z. 373.
19) Luther, *An den christlichen Adel deutscher Nation*, WA 6,458. 또한 p. 457 전체 참조.
20) 텍스트는 Junghans, p. 458, Z. 16.
21) 에라스무스의 작품은 Erasmus von Rotterdam, *Ausgewählte Schriften*, hrsg. von W. Welzig, Bd. 4, Darmstadt 1969, pp. 1~195에서 편리하게 사용할 수 있다. 루터의 반박문은 바이마르 판본 참조: Bd. 18, pp. 600~787; *Collected Works of Erasmus*, Toronto 1974ff.; *Papst Julius vor der Himmelstür*, lat./dt. von W. v. Koppenfels, Mainz 2011.

독일에서는 에라스무스의 격식 있고 절제된 문체보다 루터의 신인 동형론적 표상들과 그의 뽐내는 듯한 수사학을 더 높이 평가하는 경향이 아직 만연한데, 이는 Kohls, E.-W., *Luther oder Erasmus*, Basel 1978의 제2권에서 설상에 날한나. 최근의 연구조차도 독단적 사유의 경계를 넘어서는 시늉만 할 뿐이다. 조르주 샹트렌 (Georges Chantraine)은 근거 자료와 신(新)가톨릭적 신앙 고백을 제외하면 (예컨대, "존재는 거저 주어진다" 같은 명제) 결정적 사실 하나를 통찰하고 있다. 곧 인간의 의지가 자유의지가 아니라면 '의지'가 과연 무엇을 뜻해야 하는지 루터는 끝끝내 설명하지 못했다는 것이다(*Erasme et Luther, libre et serf arbitre. Etude historique et théologique*, Paris 1981). 이와 달리, 귄터 바더(Günter Bader)는 종교적 색채가 짙은 이야기를 늘어놓은 다음 루터를 옹호하는 데 있어 매우 단호한 입장을 취한다(*Assertio. Drei fortlaufende Lektüren zu Skepsis, Narrheit und Sünde bei Erasmus und Luther*, Tübingen 1985). 이것은 방법적으로는 비판적으로 검토될 필요가 있다. 물론, 최신 연구들에 대한 관심 저하도 하나의 요인으로 지적될 수 있다. 판단할 때의 방법적 신중함으로 따지자면 마저리 보일(Marjorie Boyle)의 연구가 앞서 언급한 모든 연구를 능가한다(*Rhetoric and Reform. Erasmus' Civil Dispute with Luther*, Cambridge (Mass.) 1983). 또한 Kerlen, D., *Assertio. Die Entwicklung von Luthers theologischem Anspruch und der Streit mit Erasmus von Rotterdam*, Wiesbaden 1976; Behnk, W., *Contra liberum arbitrium pro Gratia Dei: Willenslehre und Christus-Zeugnis bei Luther und ihre Interpretation durch neuere Lutherforschung*, Frankfurt a.M./Bern 1982; Margolin, J. C., *Cinq années de bibliographie érasmienne, 1971-1975*, Paris 1997; Bejczy, I. P., *Erasmus and the Middle Ages*, Leiden 2001; Heinrich, P., *Mensch und freier Wille bei Luther und Erasmus*, Nordhausen 2003; Rummel, E., *The Erasmus Collection in the Herzog August Bibliothek*, Wiesbaden 2004; Pasini, E. (Hrsg.), *Erasmo da Rotterdam e la cultura europea*, Florenz 2008; Ribhegge, W., *Erasmus von Rotterdam*, Darmstadt 2010도 참조.

22) Erasmus von Rotterdam IV 16, *Ausgewählte Schriften* 4,186-188.
23) 같은 책, IV 7, *Ausgewählte Schriften* 4,168-170.
24) 같은 책, IV 16, *Ausgewählte Schriften* 4,190.
25) 같은 책, IV 11, *Ausgewählte Schriften* 4,176.
26) 같은 책, IV 14, *Ausgewählte Schriften* 4,182.
27) Luther, *Wider die himmlischen Propheten*, WA 18,164, Z. 25-27.

연대표

정치·경제·사회사		철학·예술·문화사
• 콘스탄티누스 대제(308~37) • 밀비우스 다리 전투(312) • 밀라노 칙령(313) • 니케아 공의회(325) • 아리우스의 단죄 • 이교 제사 금지(341) • 신전 폐쇄(346)	300	• 아리우스 논쟁(318~81)
• 배교자 율리아누스(360~363) • 콘스탄티노폴리스 공의회(381) • 유대인과 그리스도교인의 혼인을 사형으로 금지함(388) • 고대의 마지막 올림푸스 제전 (394) • 제국 분할: 서로마와 동로마 (비잔티움)(395) • 그리스도교가 국가의 지배 권력이 되다 (395)	350	• 아우구스티누스(*354) • 아우구스티누스의 회심(386) • 아우구스티누스, 『고백록』(396) • 아우구스티누스의 은총론(397 이후)
• 반달족이 갈리아 지방을 침략하다 (400년경) • 반달족이 스페인과 북아프리카를 침략하다(408~47) • 알라리쿠스가 로마를 함락시키다 (410)	400	• 대중 언어(Vulgata) 라틴어 성경 번역(406) • 펠라기우스 논쟁(411~31) • 아우구스티누스, 『신국론』 (413~26)

정치 · 경제 · 사회사		철학 · 예술 · 문화사
• 에페소 공의회 • 네스토리우스파를 단죄하다(431) • 훈족의 왕 아틸라(434~54)		• 아우구스티누스(†430) • 네스토리우스 논쟁(430) • 마르티아누스 카펠라(†429 또는 470년 이후)
• 카탈루냐 평원 전투(451) • 반달족의 로마 약탈(455) • 마지막 서로마 황제의 폐위(476) • 테오도리쿠스 대왕(493~526) • 클로비스가 랭스에서 세례를 받다(496)	450	• 프로클로스(†485)
• 동로마의 승인과 형식적 예속에 의한 게르만족 국가의 탄생: 고대 후기의 '늦여름' • 동로마 황제 유스티니아누스(527~65) • 서방 영토의 일부 회복 • 로마법 제정	500	• 디오니시우스 아레오파기타(500년경) • 누르시아의 베네딕투스의 수도 규칙(520) • 보에티우스와 심마쿠스 보에티우스 재판과 판결(†524)
• 비잔티움이 남부 스페인을 정복하다(554) • 롬바르드족이 이탈리아를 정복하다(568) • 인구의 급격한 감소(전염병, 기근의 발생) • 코르도바 함락(584) • 서고트족이 그리스도교를 받아들이다(589)	550	• 무함마드(*570) • 서방에서 고대의 생활 양식이 종말을 고하다

정치 · 경제 · 사회사		철학 · 예술 · 문화사
	600	• 대(大)그레고리우스(✝604)
• 아랍인이 시리아와 페르시아를 정복하다(634~43)		• 무함마드(✝632) • 세비야의 이시도루스(✝636)
• 아랍인이 북아프리카를 정복하다 • 프랑크 왕국이 아우스트라시아와 네우스트리아로 분할되다(650) • 아랍인이 카르타고를 함락하다(698)	650	
• 아랍인이 스페인 지방으로 진격하다(711) • 보니파키우스의 선교(718) • 카롤루스 마르텔이 알레마니아와 프랑크 왕국을 통합하다(730) • 투르와 푸아티에에서의 전투 • 서방에서의 아랍인 침략이 저지당하다 • 튀링겐과 헤센에서 보니파키우스의 선교 활동(732) • 프랑스 남부에서 아랍과의 교전(737~39) • '콘스탄티누스의 증여' 문서의 날조(740년경)	700	• 비잔티움의 성화상 논쟁(730~86) • 가경자 베다(✝735) • 풀다 수도원과 성당의 건립(744) • 보니파키우스(✝754)
• 메로비우스 왕조의 몰락 • 수아송의 피핀의 즉위(751~52) • 교황이 프랑크 왕국을 지지하다(751)	750	• 생 드니의 두 번째 성당 건립(750) • 아랍인들이 그리스 철학과 자연학의 고전들을 번역하다(바그다드, 750~900)

정치 · 경제 · 사회사		철학 · 예술 · 문화사
• 코르도바에서 칼리프국 탄생 (755~1301) • 교회 국가의 탄생(756) • 카롤루스 대제 (768~814) • 작센 전쟁(775~780) • 비두킨트의 세례(785) • 칼리프 하룬 알-라시드(786~809) • 바이에른 공국 타실로의 몰락 (788)		• 코르도바의 회교 사원 건립(990년 완공) • 로르슈 수도원 건립(764) • 로마의 산타 마리아 코스메딘 성당의 증축(772~80) • 아헨의 팔츠 경당 건립(786년 이후) • 동로마 여황제 이레네가 성화상 공경을 부활(787) • 풀다의 두 번째 성당(791) • 제르미니-데-프레의 성당(799~818)
• 카롤루스의 황제 대관(800) • 마지막 작센 정복 원정(804) • 경건왕 루트비히(814~40) • 바이킹족의 브리타니아 침략 (830년경) • 아랍인이 팔레르모를 정복하다 (831) • 노르만인이 루아르 지방을 약탈하다(834) • 대머리왕 카롤루스(840~77) • 베르됭 조약, 카롤루스 왕국의 분할(843) • 사라센족의 사도 유해 약탈(846) • 알프레드 대왕(848~900)	800	• 앨퀸(†804) • 『힐데브란트의 노래』(810/820) • 젤리겐슈타트 (828~40) • 생 드니. 외부 납골당(832) • 고트샬크의 단죄 (849)

정치·경제·사회사		철학·예술·문화사
• 노르만인의 침공(850년경) • 바이킹족의 영국 침략(865) • 그리스 교회와 라틴 교회의 분열(포티오스 총대주교, 867) • 노르웨이인이 아일랜드에 상륙하다(870) • 아랍인이 시라쿠사를 정복하다 (878)	850	• 요하네스 에리우게나가 대머리왕 카롤루스의 궁정 학교에서 가르치다(850년경) • 교황 니콜라우스 1세가 교황권 우위성을 주장하다(858~67) • 쾰른 주교좌 성당 축성(870) • 코르비 수도원 서측 성당 (873~85) • 알-킨디(†873) • 요하네스 에리우게나(†877) • 라이헤나우 수도원. 오버첼과 중앙 건물(890)
• 아랍인이 시칠리아를 장악하다 (902) • 독일인 왕 오토 1세(936~73)	900	• 클뤼니의 베네딕토회 수도원 건립(910)
• 레흐펠트에서 헝가리인을, 레크니츠에서 슬라브인을 격퇴하다(955) • 로마에서 오토 1세가 황제 대관을 받다(962) • 아랍인, 헝가리인, 바이킹족의 침략 전쟁 종식 • 황제 오토 3세(983~1002) • 프랑스의 왕 위그 카페(987~96)	950	• 알-파라비(†950) • 크레모나의 루이트프란트가 동로마에 사절로 파견되다(969) • 코르도바에 대학이 건립되다(970) • 오토 왕조의 교회 조직화 정책 • 카롤루스 왕조 고대 문화 수용의 재개 • 대주교 빌리기스, 마인츠 대성당의 기공(945) • '하느님의 평화' 운동

정치·경제·사회사		철학·예술·문화사
	1000	• 랭스의 게베르 (오리야크) = 교황 실베스테르 2세(✝1003)
• 제노바와 피사가 사라센 해적과의 해전에서 승리하다(1016)		• 샤르트르의 주교 풀베르 (1007~28)
		• 장크트 갈렌의 노트케르(✝1022)
		• 몽-생-미셸 건립(1023)
• 부르군트 왕국이 제국에 합병되다 (1034)		• 슈파이어의 성당 I(1030~61)
		• 아비첸나(✝1037)
• 황제 하인리히 3세(1039~56). 수트리와 로마의 주교 회의: 세 명의 교황의 폐위(1046)		• 랭스의 생-레미 대성당 완공, 푸아티에의 생-힐레르 성당 축성, 쾰른의 성(聖) 마리아 성당 축성 (모두 1049)
• 로마와 비잔틴의 이교(1054)	1050	• 아비체브론(✝1050년경)
• 경제적 부흥(11세기 후반부터)		• 수도원 개혁 운동
• 경작지 개간, 도시와 금융 경제의 발전		• 베렝가르의 단죄(1059, 1079)
• '농업 혁명': 삼포식 경작, 철제 쟁기, 멍에 및 마구의 개발		• 히르사우의 아우렐리우스 성당 (1059)
• 로베르 기스카르: 노르만인이 시칠리아와 남부 이탈리아를 정복하다(1056~85)		• 코모의 아본디오 성당 (1063?)
• 황제 하인리히 4세(1056~1106)		• 베네치아의 산 마르코 성당(1063)
• 교황 선출 교령		• 교황 그레고리우스 7세의 「교황 훈령」(Dictatus Papae)
• 노르만인이 교황에게서 국가를 봉토로 받다(1059)		
• 노르망디의 공작 윌리엄이 헤이스팅스에서 잉글랜드의 왕 해럴드에게 승리하다(1066)		

정치 · 경제 · 사회사	철학 · 예술 · 문화사
• 보름스와 쾰른에서 시민 봉기 (1073~74)	
• 보름스 제국 회의와 주교 회의	• 피렌체의 산 미니아토 성당(1075년경)
• 교황 그레고리우스 7세의 폐위를 모의하다	
• 황제 하인리히 4세의 파문	
• 트리부르 제후 회의	
• 제후들이 교황의 편에 서다(1076)	• 서임권 분쟁(1076~1122)
• 황제 하인리히 4세가 카노사에서 굴욕을 당하고(1077)	• 바이외의 융단(1077)
• 파문에서 풀려나다	• 캔터베리의 안셀무스의 『모놀로기온』, 『프로슬로기온』 (1080년경)
	• 슈파이어 II(1080~1160년경)
• 『둠즈데이 북』(1086)	• 마인츠 대성당 동측 성가대석과 중앙부(1081~1130년경)
	• 투르의 베렝가르(†1088)
	• 마리아 라흐 수도원(1093)
• 교황 우르바누스 2세 교황이 제1차 십자군 원정 선포(1096~99)	• 모데나 대성당(1099)
• 샹파뉴의 시장과 장터가 지역 경계를 넘어 성장하다(1100)	1100 • 볼로냐에 법률 학교가 세워지다(약 1100년경)
• 마인츠 제국 회의	• 슈파이어 II(1106)
• 마인츠의 제국 평화령(1103)	• 모데나 대성당의 납골당(1106)
• 보름스 협약	• 캔터베리의 안셀무스(†1109)
• 서임권 논쟁이 일단락되다(1122)	• 클뤼니 III(1109~23)
• 로마. 브레시아의 아르날도의 공화정 운동(1143)	• 알-가잘리(†1111)
	• 오툉 대성당(1120~32)
	• 그라티아누스의 교회법 편찬 (1120년경~40)

정치 · 경제 · 사회사	철학 · 예술 · 문화사
	• 베로나의 산 제노 성당과 산 로렌초 성당; 파르마의 대성당(모두 1125)
	• 상스의 주교 회의: 피에르 아벨라르의 단죄(1140)
	• 생-빅토르의 위그(✝1141)
	• 가경자 피에르, 『쿠란』의 최초 라틴어 번역 작업(1141): 번역은 프톨레마이오스를 번역하기도 했던 헤르마누스 달마타가 맡다
	• 베네치아의 야코부스가 아리스토텔레스의 『자연학』을 번역하다(1140)
	• 피에르 아벨라르(✝1142)
• 벤트 십자군(1147)	• 바스의 애덜라드(✝1142)
	1150 • 피렌체, 세례당(1150~80)
• 황제 프리드리히 1세(1152~90)	• 콩셰의 기욤(✝1150년 이후)
	• 클레르보의 베르나르 (✝1153)
• 잉글랜드 앙주-플랜태저넷 왕가 (1154)	• 푸아티에의 질베르(✝1154)
	• 샤르트르의 티에리(✝1155년경)
• 오스트리아 공국(1156)	• 베르나르 실베스트리스 (✝1159년경)
	• 페트루스 롬바르두스(✝1160)
	• 피사, 세례당(1163)
	• 파리, 대성당 성가대석(1163~82)
	• 『롤랑의 노래』(1170년경)
	• 랑 대성당(1170~90)
	• 부르주 대성당(1172~1218)
	• 캔터베리 대성당 신축(1175)

정치·경제·사회사	철학·예술·문화사
• 프리드리히 1세가 밀라노 부근 레냐노에서 패배하다(1176) • 베네치아 평화 조약(1177)	• 스트라스부르 대성당 신축(1176) • 마울브론 수도원 축성(1178) • 솔즈베리의 존(✝1180) • 수아송 대성당(1180~1200) • 도미니쿠스 군디살리누스(✝1181) • 에버바흐 수도원 완공(1186) • 크레모나의 제라르도(✝1187) • 쾰른, 사도 성당(1192~1219) • 마인츠, 서측 건물(1197~1239) • 아베로에스(✝1198)
1200	• 『카르미나 부라나』 • 파도바, 팔라초 델라 라조네 (1200년경) • 피오레의 조아키노(✝1202)
• 십자군이 콘스탄티노폴리스를 함락하다(1204) • 알비파 전쟁(1209~29) • 황제 프리드리히 2세(1212~50) • 부빈 전투(1214) • 제4차 라테란 공의회 • 마그나 카르타(1215) • 도미니코 수도회의 인준(1216)	• 마이모니데스(✝1204) • 피렌체, 산 미니아토 성당 (1207년경) • 최초의 프란체스코 수도회 공동체(1209) • 르망, 성가대석(1217~21) • 쾰른, 게레온 성당(1218) • 아시시의 프란체스코(✝1219) • 아미앵 대성당, 서측 전면부와 부속 건물 (1220~26)

정치·경제·사회사	철학·예술·문화사
	• 마울브론 수도원, 중앙 회랑(1220~30)
	• 미카엘 스코투스의 아베로에스 번역(1220~30)
	• 부르고스 대성당(1221)
• 프란체스코 수도회의 인준(1223)	• 나폴리 대학 설립(1224)
• 주교 제후들이 영주권을 받다 (1226)	• 아시시, 성 프란체스코 성당 (1228~60)
• 프랑스의 성왕 루이(1226~70)	• 샤르트르 대성당 완공(1230~60)
• 세속 제후들이 영주권을 받다 (1231)	
• 도미니코 수도회가 종교 재판 권한을 받다(1232/33)	• 림부르크 안 데어 란 대성당(1235)
	• 마그데부르크 대성당, 중앙 건물과 익랑(1235~53)
	• 피렌체, 산타 마리아 노벨라(1238)
• 황제 프리드리히 2세의 파문 (1239)	• 파리, 생-샤펠 성당(1243~48)
• 리그니츠 전투, 몽골족을 격퇴하다(1241)	• 트리어, 성모 마리아 성당 (1243~53)
	• 런던, 웨스트민스터의 성가대석 (1245~60)
	• 베네치아, 성 요한과 바오로 바실리카(1246)
	• 쾰른 대성당(1248)
	• 쾰른, 도미니코 수도회 학교 건립 (1248)

정치 · 경제 · 사회사		철학 · 예술 · 문화사
	1250	• 트루아 대성당(1250)
• 피렌체, 최초의 금본위제(1252)		• 시에나, 프란체스코 성당 (1250~1326)
		• 로버트 그로스테스트(†1253)
• 독일 황제 대공위 시대(1256~73)		• 랭스, 생-레미 대성당의 전면부 (1255~90)
		• 시에나, 두오모의 중앙 건물(1259)
• 호엔슈타우펜 왕가의 마지막 상속자 콘라딘 처형(1268)		• 로저 베이컨, 『오푸스 마유스』 (1266)
• 마르코 폴로의 중국 여행 (1271~75)		• 파리의 첫 번째 철학자 단죄 (1270)
• 독일 왕 합스부르크의 루돌프 (1273~91)		• 토마스 아퀴나스와 보나벤투라 (†1274)
• 제2차 리옹 공의회, 동방 교회와의 일치(1274)		• 파리 주교가 219개의 철학 명제를 단죄(1277)
• 시칠리아의 만종 반란, 앙주 가문의 샤를(1282)		• 쾰른의 알베르투스 마그누스 (†1280)
• 프랑스의 미남왕 필리프 (1285~1314)		• 다치아의 보에티우스(†1284)
		• 브라방의 시제(†1286)
• 프랑스와 잉글랜드의 전쟁 (1294~97)		• 로저 베이컨(†1292)
• 교황 보니파키우스 8세 (1294~1303)		• 피에르 드 장 올리비(†1298)
• 칙서 「거룩한 하나의 교회」	1300	• 조토의 벽화, 파도바의 스크로베니 경당(1304~06)
• 교황과 프랑스의 대립		
• 최초의 삼부회(1302)		• 빈 대성당의 성가대석(1304~40)

정치 · 경제 · 사회사	철학 · 예술 · 문화사
• 프랑스 기사 수도회 재판 (1307~12) • 교황의 아비뇽 유수(1309~77) • 황제 하인리히 7세의 이탈리아 진군(1311~13) • 빈 공의회(1311~12) • 바이에른 황제 루트비히 (1314~46) • 대기근(1315~17) • 바이에른 황제 루트비히의 이탈리아 진군(1327~30) • 잉글랜드와 프랑스의 백년전쟁 (1337~1453)	• 암스테르담, 구교회-성당(1306) • 둔스 스코투스(✝1308) • 베네치아, 두칼레 궁전 (1309~1404) • 마르그리트 포레테의 처형(1310) • 조스트, 비젠 성당(1313) • 라이문두스 룰루스(✝1316) • 시모네 마르티니와 피에트로 로렌체티. 시에나의 화가들 (1320년경) • 프라이베르크의 디트리히 (✝1320년경) • 마이로니스의 프란치스쿠스 (✝1328) • 조스트, 비젠 성당의 성가대석 (1320년경) • 단테(✝1321) • 쾰른 대성당의 성가대석(1322) • 파도바의 마르실리우스, 『평화의 수호자』(1324) • 마이스터 에크하르트(✝1328) • 피렌체, 종탑(1334) • 생-푸르생의 기욤 뒤랑(✝1334) • 아비뇽 교황궁(1334~42) • 페트라르카, 로마에서 계관 시인(peta laureatus)을 받다 (1341)

정치·경제·사회사	철학·예술·문화사
• 황제 카를 4세(1346~78) • 콜라 디 리엔초가 로마에서 공화정 설립을 시도(1347) • 흑사병 창궐(1348~49)	• 파도바의 마르실리우스(†1342/43) • 프라하 대성당(1344) • 프라하 대학 설립(1348) • 토머스 브래드워딘(†1349) • 윌리엄 오컴(†1349년경)
	1350
• 금인 칙서(1356) • 프랑스의 농민 반란(1357~58)	• 오트르쿠르의 니콜라스(†1350년 이후) • 아리미노의 그레고리우스(†1358) • 장 뷔리당(†1360년경) • 무스부르크의 베르톨트(†1361) • 피렌체 대학에 그리스어 교수직 신설
• 프랑스 왕 샤를 5세(1364~80) • 피렌체 양모업자의 봉기(촘피) • 두 교황: 로마의 교황과 아비뇽의 교황	• 파리, 루브르(1362~80) • 빈 대학 설립(1365) • 파리, 바스티유(1370~82) • 루뱅 대성당(1373) • 페트라르카(†1374) • 보카초(†1375) • 브뤼헤, 시청 건물(1376~87)
• 잉글랜드의 농민 봉기(1381) • 스위스 연방군이 젬파흐 전투에서 합스부르크 군대를 격퇴(1386)	• 기욤 드 마쇼(†1377) • 니콜 오렘(†1382) • 존 위클리프(†1384) • 하이델베르크 대학 설립(1386) • 밀라노, 두오모(1387) • 작센의 알베르트(†1390)

정치·경제·사회사		철학·예술·문화사
• 밀라노의 비스콘티 공작 가문 (1395)		• 울름 대성당의 탑과 중앙 건물(1392) • 크리솔로라스(1397년부터) • 스트라스부르 대성당의 탑 (1399~1439)
• 독일 왕 팔츠의 루프레히트 (1400~10) • 베네치아의 세력 확장 (1404년부터) • 피사 공의회(1409) • 콘스탄츠 공의회(1414~18) • 이교 분열이 끝나다, 후스의 화형 (1415) • 후스 전쟁(1419~36) • 튀르크인이 콘스탄티노폴리스를 포위하다(1422) • 잔다르크를 사형에 처하다(1431) • 바젤 공의회(1431~49) • 피렌체, 메디치 가문(1434) • 부르주의 실용적 제재 칙령(1438) • 그리스 정교회와 일치 협약 (1438~39) • 피렌체 공의회(1439) • 황제 프리드리히 3세(1440~93) • 바르나 전투(1444) • 교황 니콜라우스 5세(1447~55) • 바티칸 도서관 건립 • 빈 정교 협약(1448)	1400	• 브뤼셀, 시청 건물(1402) • 기베르티, 피렌체 세례당 현관(1403) • 콜루초 살루타티(✝1406) • 도나텔로, 「다비드」(1408) • 라이프치히 대학 설립(1409) • 프랑크푸르트 암 마인, 대성당 탑(1415) • 파르마의 비아조 펠라카니 (✝1416) • 피에르 다이(✝1420) • 베네치아, 카 도로(✝1421~34) • 피렌체, 마사초 프레스코화 (1422년부터); 산 로렌초 성당 (1422) • 장 제르송(✝1429) • 피렌체, 산토 스피리토 성당(1436) • 플레톤의 피렌체 방문(1439) • 얀 판 에이크(✝1441) • 레오나르도 브루니(✝1444) • 브루넬레스키(✝1446) • 루뱅, 시청 건물(1447~63) • 브뤼셀, 시청 종탑(1449)

정치 · 경제 · 사회사		철학 · 예술 · 문화사
• 잉글랜드와 프랑스의 백년전쟁 종식	1450	• 인쇄술 발명(1450년경)
• 튀르크인이 콘스탄티노폴리스를 함락하다(1453)		
• 붉은 장미와 흰 장미의 시민전쟁(1455~85)		• 프라 안젤리코(✝1455)
		• 로렌초 발라(✝1457)
		• 잔노초 마네티(✝1459)
• 피렌체의 메디치 가문, 로렌초 1세(1469~92)		• 니콜라우스 쿠자누스(✝1464)
		• 도나텔로(✝1466)
		• 베사리온(✝1472)
• 무어인과의 전투 재개(1481)		• 레온 바티스타 알베르티(✝1472)
• 포르투갈인이 콩고강 하구에 도착하다(1482)		• 파올로 우첼로(✝1475)
• 카스티야의 대심문관 토르케마다(1483)		• 보티첼리, 「봄」(1477)
• 프랑스 왕 샤를 8세(1483~98)		
• 독일 왕 막시밀리안(1486)		
• 포르투갈인이 희망봉을 돌다(1487)		
• 슈바벤 연맹(1488)		
• 그라나다 정복, 아메리카 대륙의 발견(1492)		• 피에로 델라 프란체스카(✝1492)
• 메디치 가문이 피렌체에서 추방되다(1494)		• 피코 델라 미란돌라(✝1494)
• 프랑스의 이탈리아 침략(1494년부터)		
• 보름스 제국 회의, 제국 법령 개혁(1495)		
• 피렌체에서 사보나롤라의 활약(1498)		• 다 빈치, 「최후의 만찬」(1497)
		• 마르실리오 피치노(✝1499)
• 사보나롤라 처형(1498)		

정치 · 경제 · 사회사		철학 · 예술 · 문화사
• 교황 율리우스 2세 (1503~15)	1500	• 로마, 베드로 성당 신축(1503~13)
• 나폴리와 시칠리아의 지배권이 스페인 왕가로 넘어가다 (1504~13)		
• 잉글랜드 왕 헨리 8세(1509~47)		• 칼뱅(*1509)
• 교황을 주축으로 반(反)프랑스 동맹 결성(1511)		• 에라스무스,『우신예찬』(1511)
• 메디치 가문, 피렌체에서 다시 권력을 장악(1512)		• 마티아스 그뤼네발트,「이젠하임 제단화」(1512년경)
• 제5차 라테란 공의회(1512~17)		
• 파나마 지협 통과(1513)		• 마키아벨리,『군주론』(1513)
• 프랑스가 마리냐노 전투에서 승리하고 밀라노를 정복하다 (1515)		• 토머스 모어,『유토피아』(1516) • 마르틴 루터, 95개 조 반박(1517)
• 카스티야와 아라곤의 왕 카롤루스가 신성 로마 제국 황제로 즉위(1519~56)		• 다 빈치(✝1519)
• 마젤란이 최초로 세계 일주에 성공하다(1519~22)		
• 보름스 칙령, 루터를 제국에서 추방하다(1521)		
• 프랑스와 카를 5세의 제1차 전쟁 (1521~26)		
• 농민전쟁(1524~25)		
• 프랑스와 카를 5세의 제2차 전쟁 (1526~29)		
• 메디치 가문, 피렌체에서 추방되다		
• 카를 5세, 로마 점령(1527)		• 마키아벨리(✝1527)

정치 · 경제 · 사회사	철학 · 예술 · 문화사
• 슈파이어 제2차 제국 회의, 제국 내 복음 교회 지역 도시들이 반기를 들다	
• 튀르크인이 빈을 포위(1529)	• 아우크스부르크 신앙 고백
• 메디치 가문, 피렌체 복귀(1530)	• 콜레주 드 프랑스 설립(1530)
• 슈말칼덴 연합(1531)	• 츠빙글리(✝1531)
• 피사로가 페루를 정복하다 (1531~34)	• 루터가 최초로 성경을 완역하다 (1534)
• 뉘른베르크 종교 평화 협약(1532)	• 재세례파(1534~35)
• 로욜라의 이냐시오가 예수회를 설립	
• 수장령: 잉글랜드 왕이 잉글랜드 교회의 수장이 되다(1534)	
• 제네바에서 칼뱅의 개혁(1536)	• 에라스무스(✝1536)
• 제국 내 가톨릭 지역 도시들의 연합(1538)	• 코페르니쿠스(✝1543)
• 트리엔트 공의회(1545~63)	• 마르틴 루터(✝1546)

1550
- 세르베투스의 처형 (1556)

덧붙이는 말

철학적 사유에도 역사가 있다는 점을 부정하는 사람은 거의 없다. 하지만 이 역사가 매우 특별한 형태라는 점을 인정한다면 오히려 이해하기가 쉽지 않다. 철학적 사유의 역사성은 실제 역사와 문헌사 또는 제도사적 관계들과 같지 않으며, 역사의 변두리에 놓인 진리를 단순히 들추어내는 작업과도 상관이 없기 때문이다.

이 책은 400년경부터 1500년경까지 존속했던 사유의 역사성을 다루었다. 이 책은 사유의 실제 역사적·문헌사적·제도사적 조건들을 동일하게 보여 주고자 했을 뿐, 이 가운데 어느 하나를 으뜸가는 원인(primum movens)으로 제시하거나 두 개를 나머지 하나에서 연역할 의도를 가지고 있지 않다. 역사학자는 연역하지 않는다. 역사학자는 단지 기술하고 역사적으로 분석할 따름이다.

이 책의 「서문」을 읽거나 또는 이 책의 서술 방식에 대한 조망을 가진 사람은 다음과 같은 사실들을 어렵지 않게 납득할 수 있을 것이다.

1. 이 책은 실천 이성의 우위를 전제하지 않는다. 이 책은 가치 판단과 이론이 서로 불가분의 관계에 있다는 입장에서 쓰였으며, 어떤 이론이나 특정한 가치의 우위를 스콜라주의적으로 성찰하지 않는다. 근거를 짓는 것과 근거가 지어진 것, 원리와 연역된 것에 대한 사유 형식을 포기하고 양자의 상호 작용을 고찰하고자 한다는 사실에 이 책의 철학

이 있다. 그리고 앞뒤가 꽉 막힌 존재론에 대한 엄격한 비판, 그 가운데에서도 특히 강단 아리스토텔레스적인 존재론 비판을 난해하지 않은 형식으로 담아내고 있다.

2. 이 책은 원전을 직접 참고해 작업했으며, 경험적 방법론을 채택했다. 나는 중세의 어느 저자가 전승된 것에서 다양한 함의를 날카롭고 논리정연하게 분석해 내거나 자기 시대의 요구를 존중하는 경우에, 역사를 이야기하면서 독자와 함께 사유하고 확인하는 형식을 사용했다. 이러한 나의 서술 방식은 특히 마이스터 에크하르트, 윌리엄 오컴, 오트르쿠르의 니콜라스 같은 14세기 사상가들을 다룰 때에 두드러지게 나타난다. 나는 사상가들을 역사적으로 평가했다. 그러나 이것은 내가 이들 가운데 어느 하나를 참된 철학으로 단정짓고 발전이라는 관념을 규범적으로 내세웠다는 뜻은 아니다. 나는 '발전'을 이야기할 때는 항상 역사적이고 우연적인 전제들과 한정된 시간 속에서만 말한다.

3. 비평가들은 나의 역사학 개념을 상세히 논평하면서 다음과 같은 점을 강조했다.

- 이 책이 50년이 넘도록 독일어권에서는 중세 사유를 개괄한 최초의 작품이라는 점.
- 이 책이 이른바 '르네상스'라고 부르는 15세기 철학을 서술하는 데 중점을 두었다는 점.
- 그리고 이 책을 나의 『중세 철학 입문』(*Einführung in die Philosophie des Mittelalters*, Darmstadt, 1994)과 함께 읽을 것을 추천했다. 『중세 철학 입문』이 방대한 중세 철학사의 요약본이 아니라 방법론 문제와 관련한 내용을 보충하고 심화하는 성격을 띠었기 때문이라는 것이 그 이유이다.
- 또한 이 책은 농업 경제와 상업적 활동, 교회 기관과 도서관의 장서들을 다루지만, 거기서 철학적 이론을 '도출해 내지' 않았

다는 점이다.

4. 내가 철학적 문제의 역사와 거리를 두고 대중적 관념론의 모호한 형식들과 단절을 선언하기는 했지만, 그럼에도 다음의 세 가지가 유효하다는 점에 대해서는 별다른 주목을 받지 못했다.

— 리처드 W. 서던(Richard W. Southern)이 훌륭하게 조목조목 짚어 낸 바 있듯이, 나는 사유의 자립적 성격을 강조하고 '사유가 현실적 관계들에 끼치는 영향'을 이야기했다.
— 나는 사유된 내용과 개별적 사유 주체와의 관계를 '문제적 수준을 넘어 모순적이기까지' 할 만큼 적나라하게 다루었다.
— 나는 관점의 지속적 변화를 전제하지 않을 수 없었다. 다시 말해 이 책에서 나는 일원론적 방법론 사용을 거부했다. 나는 이런저런 특수한 방법을 채택했는데, 어디에서는 하나가 잘못되고 다른 하나가 옳다는 식의 판단은 이 책의 의도에서 벗어난다. 내가 「들어가는 말」에서 단지 '전반적인' 역사 서술의 방법들을 이야기할 뿐, 다양한 종류의 '개별 연구'를 위한 방법론적 지침을 제공하지 않았다는 점은 분명하다.

내 서술 방법이 '환원적'이라고 이의를 제기하는 사람들이 있는데, 나는 이러한 비판자들이 나의 '환원주의'에 희생될 만한 '고유한 철학적 사상을 단 하나도' 주창하지 않았다는 점에 대해 매우 의아하게 생각한다. 예를 들어 내가 보에티우스를 무엇으로 환원해 설명했는지에 대해 진심으로 그들에게서 자세한 설명을 듣고 싶다. 그래서 나는 그들이 자신들의 철학을 내 책 속에서 발견하지 못했기 때문에 환원에 대해 이야기했다고 생각한다. 그러나 그것은 나의 의도가 아니었다.

5. 어느 비평가는 이 책이 몇몇 사상가를 다른 이들보다 짧게 다룬다

는 점을 두고 내게 우려를 표했다. 그는 내가 캔터베리의 안셀무스나 토마스 아퀴나스를 너무 변두리 사상가로 취급했다고 생각했다. 아니, 정말 내가 그랬다고 생각한단 말인가? 내게서 안셀무스나 토마스에 대한 상세한 서술을 듣고 싶은 사람은 내가 쓴 다음 책들을 볼 것을 권한다.

캔터베리의 안셀무스와 관련해서는

K. Flasch, "Der philosophische Ansatz des Anselm von Canterbury im Monologion und sein Verhältnis zum augustinischen Neuplatonismus", in: F. S. Schmitt (Hrsg.), *Analecta Anselmiana*, Bd. 2, Frankfurt a. M. 1970, pp. 1~43; ders., "Anselm von Canterbury", in: K. Fassmann (Hrsg.), *Die Großen der Weltgeschichte*, Bd. 3, Zurich 1973, pp. 294~305; ders., "Die Beurteilung des Anselmianischen Arguments bei Thomas von Aquin", in: *Analecta Anselmiana*, Bd. 4,1, Frankfurt a. M. 1975, pp. 111~25; ders., "Anselm von Canterbury", in: O. Höffe (Hrsg.), *Klassiker der Philosophie*, München 1981, pp. 177~97; ders., *Einführung in die Philosophie des Mittelalters*, Darmstadt ³1994, pp. 50~61; ders., "Einleitung" zu: *Kann Gottes Nicht-Sein gedacht werden? Die Kontroverse zwischen Anselm von Canterbury und Gaunilo von Marmoutier*, lat./dt., hrsg. und übers. von B. Mojsisch, Mainz 1989, pp. 7~48; ders., "Berengar von Tours, Rescriptum contra Lanfrancum. Die Vernunft und das Abendmahl", in: K. Flasch (Hrsg.), *Interpretationen. Hauptwerke der Philosophie: Mittelalter*, Stuttgart 1998, pp. 108~27.

토마스 아퀴나스와 관련해서는

K. Flasch, *Geschichte der Philosophie in Text und Darstellung*, Bd. 2: Mittelalter, Stuttgart 1982, pp. 280~328. 이 책은 토마스에 대한 장(章)에 특별히 많은 분량을 할애했으며, 거기에는 나의 해석도

포함되어 있다. 또한 K. Flasch, *Kampfplätze der Philosophie. Große Kontroversen von Augustin bis Voltaire*, Frankfurt a. M. 2008; ders., "Die Seele im Feuer. Aristotelische Seelenlehre und augustinisch-gregorianische Eschatologie bei Albert von Köln, Thomas von Aquino, Siger von Brabant und Dietrich von Freiberg", in: M. J. F. M. Hoenen/A. de Libera (Hrsg.), *Albertus Magnus und der Albertismus. Deutsche philosophische Kultur des Mittelalters*, Leiden 1995, pp. 107~32; ders., "Thomas von Aquino, *De unitate intellectus contra Averroistas*", in: K. Flasch (Hrsg.), *Interpretationen. Hauptwerke der Philosophie: Mittelalter*, Stuttgart 1998, pp. 245~69.

그 외에는 이 책의 2000년도 판본의 「들어가는 말」을 참조하기를 바란다.

쿠르트 플라슈

옮긴이 해제

1. 이 책의 구성

쿠르트 플라슈(Kurt Flash)의 『중세의 철학적 사유: 아우구스티누스에서 마키아벨리까지』(*Das philosophische Denken im Mittelalter: Von Augustin zu Machiavelli*, 이하 『중세의 철학적 사유』로 약칭)는 1986년 처음 출간된 이래, 독일어권에서 종합적인 중세 철학 개론서로 자리 잡았다. 이 책에서 플라슈는 철학자들의 주요 작품과 사상을 원문에 충실하게 소개하고, 이를 바탕으로 중세 철학을 15세기까지 이어지는 거대한 파노라마로서 그려낸다. 이 책은 시간이 흐를수록 더 많은 사람으로부터 중세 철학사의 표준적 작품으로 평가받고 있으며, 읽는 즐거움과 더불어 모두에게 지적 만족을 준다. 2013년 출간된 제3판에서 저자는 기존의 내용과 문장을 전면적으로 개정하거나 새롭게 다듬었으며 최신 연구 성과를 반영했다. 예를 들어 이전 판본에는 없는 세 개의 장(章)을 추가해 중세 철학에 대한 이해를 더욱 풍요롭게 했다. 따라서 제3판은 제1판과 제2판을 대체한다. 여기 놓인 우리말 번역본은 제3판의 번역이다.

독일어 원서 분량으로 약 900여 쪽에 달하는 『중세의 철학적 사유』는 크게 세 부분으로 나뉘어 있다. 제1부는 중세 철학의 고대 후기적 기초를 설명한다. 이 책의 핵심이자 몸통과도 같은 제2부는 중세의 철학적 사유의 역사적 발전을 다루는데, 카롤루스 왕조 시대부터 15세기까지의 여러 철학의 흐름과 역사적·문화적 배경을 논하는 하위 장들로 구성되어 있다. 마지막으로 제3부는 1300년대 이후, 즉 르네상스 사상가들이나 마키아벨리 같은 후기 중세의 철학들을 다룬다.

책 전체는 체계적 짜임새를 가지면서도 각 장은 독립적으로 구성되어 있다. 각 장은 사상 전개의 정신사적·수용사적 조건뿐만 아니라 그것을 형성한 역사적 배경을 반드시 언급하고 있으며, 만일 선행하는 장에서 이미 다루었다면 그것을 요약한 형태로 싣고 있다. 그래서 책 전체와 무관하게 각 장을 따로 읽는 것도 가능하다. 이해를 돕는 각주, 원문 참조, 주요 사건과 인물 연대표, 인명 및 주제 색인을 포함하는 방대한 부록은 중세 철학에 깊은 관심을 가진 독자들의 심화 학습을 돕기 위해 광범위하면서도 상세한 참고문헌 목록을 포함한다.

플라슈의 중세 철학사는 특이하게도 철학 사조와 학파, 지역별 구분이 아닌 연대 구분에 따라 철학자들을 소개하는 방식을 취한다. 저자는 우리가 100년 단위의 —소박한— 연대적 구분법을 가지고 바라볼 때, 중세의 가장 객관적 모습이 드러난다고 믿는다. 저자는, 이 방법은 '황금기 스콜라 철학'이나 '후기 스콜라 철학' 같은 가치 평가적 표현을 피하는 대신, 중세의 "지적 삶의 동시성을 명확히 보여 준다"라는 장점이 있다고 설명한다. 물론, 플라슈는 이 접근법의 부작용도 충분히 인지하고 있는데, 그것은 바로 사상과 사상 사이의 공백기를 필요 이상으로 과장하는 위험을 안고 있기 때문이다. 하지만 방법론적 단점을 인지할 것을 전제로 삼는다면 중세 철학에 입문하는 독자들에게 연대기적 구분은 유익하며, 특히 색인을 통해 주제별로 교차적으로 각 철학 사상을 읽을 수 있는 편리함도 누릴 수 있다.

중세 철학은 아우구스티누스와 보에티우스 같은 고대 후기 철학자들의 사상에 뿌리를 두고 있다. 그래서 플라슈가 고대 후기의 아우구스티누스로 중세 철학사를 시작한 것은 옳은 일이다. 아우구스티누스는 고대 철학에 조예가 깊은 사상가이다. 그는 신과 함께하는 시민적 삶과 목표, 그리고 세계에 관한 그리스도교적 해석을 제시했다. 신과 인간, 세계에 관한 아우구스티누스의 총체적인 그리스도교적 기획은 중세의 모든 시대를 걸쳐 사유의 토대가 되었다. 하지만 플라슈는 원전에 기초한 연구를 통해 아우구스티누스의 이러한 '신학적 수용'을 비판적으로 고찰할 것을 요청한다. 즉 그는 아우구스티누스의 은총론이 한편으로 중세의 철학적 사유에 독이 되거나, 다른 한편으로는 종종 사유를 억압하는 요인이 되었다고 지적한다.

고대 후기에는 아우구스티누스 이외에 보에티우스와 위(僞)디오니시우스 아레오파기타 같이 새로운 환경 속에서 다루어질 문제 상황을 전달한 사상가들도 있었다. 이 두 사상가의 중세적 의미는 카롤링 왕조의 '르네상스'에서 (저자는 이 책에서 카롤루스의 문예부흥에 대한 기존의 긍정적 평가를 다소 중화할 필요가 있다는 입장을 내비친다) 처음 등장한다. 11세기는 단순히 캔터베리의 안셀무스로 수렴되는 12세기의 수많은 새로운 사유 단초, 이단 사상의 등장, 샤르트르의 대성당 학교, 아벨라르두스 같이 '역사적 분기점'에 선행하는 요인들을 예비하는 시기가 아니었다.

대학들의 자유로운 분위기 속에서 발전한 13세기는 아리스토텔레스 수용, 치밀한 논리적 논증, 자연 현상 관찰과 경험적 지식의 축적을 통해 '첫 번째 계몽'의 단계에 이르렀다. 이러한 발전은 1277년 파리의 주교 에티엔 탕피에(Etienne Tempier, 1210~79)에게는 감당하기 힘들 정도로 갑작스러운 진보였다. 그러나 철학자들은 교회의 권위 앞에서 고개를 숙이지 않았으며, 신학적 강령에 얽매여 철학하기를 원하지도 않았다. 새로운 세계의 중심지인 피렌체의 인문주의뿐만 아니라 유대교와 이슬람 문화의 유입은 유럽인이 질문을 제기하는 방식과 거기에 답변하는 방식 모두를 변화시켰다.

'중세'는 고대와 근대 사이에 끼어 있는 시간이므로 독자적 가치를 갖지 못하는 시대인가? 그렇지 않다. 중세 철학자들은 다른 방식으로,

그리고 새롭게 사고할 수 있었다. 플라슈는 이 책에서 중세적 사유의 독창성과 의의를 증명하는 다양한 사례를 제시한다. 독자들은 그동안 다른 중세 철학사 서술에서 취급되지 않던 새로운 사상가들을 이 책에서 접할 수 있다. 라이문두스 룰루스, 프라이베르크의 디트리히, 생-푸르생의 기욤 뒤랑, 장 뷔리당은 중세 철학에 대한 기존의 편견을 깨기에 충분한 철학자들이다. 플라슈는 중세가 아우구스티누스와 이후 스콜라 철학에서의 아리스토텔레스 수용에만 매몰되었다는 편견, 그리고 중세가 고대 철학적 사유의 차원으로 회귀하고자 했으나 결코 성공하지 못했다는 고정 관념도 무너뜨린다. 그는 중세 철학사를 끝맺을 때에도 새로운 시도를 감행한다. 『중세의 철학적 사유』는 다 빈치와 마키아벨리, 종교개혁, 그리고 루터에 관한 장(제3부)으로 마무리되기 때문이다. 이 주제와 인물들이 과연 중세 철학이라는 틀 안에서 언급될 필요가 있는가? 그가 조명하는 중세 사유의 역동성과 다양성은 이러한 서술 구조에서도 드러난다. 그가 이해하는 '중세 시대의 철학'은 아우구스티누스에서 시작해 (대략) 마키아벨리에게서 끝난다.

2. 저자의 의도

"과거는 멈추어 있지 않다. 과거는 매번 다르게 서술된다. 연구가 진행될수록 학문과 철학적 사유의 역사에 대한 우리의 이해도 계속해서 변해 간다."¹ 플라슈는 개정판이자 증보판인 제3판 서문을 역설적으로 들리는 한 문장으로 시작하고 있는데, 여기서 그는 이 책의 방향성을 말한다. 저자는 그의 『중세의 철학적 사유』를 대중과 전공자 모두에게 적합한 책으로 이해한다. "나는 앞으로도 계속 이 책이 읽기에도 좋고

---

1 이 책, 14쪽 참조.

연구에도 유용한 책으로 남기를 바란다."² 이것이 저자의 의도이다.

이 책은 다른 중세 철학사뿐만 아니라 시대와 주제를 막론한 어떠한 서양 철학사 서술과도 차별적이다. 이 책은 정보 전달 이상의 목적을 가진다. 저자는 이 책이 오늘날 독자들에게 함께 생각하고 깊이 사유할 수 있는 영감을 준다고 확신한다.

과거는 매번 다르게 서술될 수 있으므로 고정된 것이 아니다. 이 말은 과거란 언제나 우리가 이해하는 과거이며, 역사적 실재는 인식된 것으로서의 역사적 실재라는 뜻이다. 플라슈의 말은 무엇보다도 중세라는 과거에, 특히 그가 책 제목에서 '철학적 사유'라고 부르는 것에 해당한다. 그러나 중세 사상가들은 누구든 자신의 사상을 이러한 개념 아래 넣고 싶지 않을 것이다. 오늘날 우리가 철학이라 부르는 많은 것이 당시에는 더 높은 차원의 신학적 고찰 속에 자리 잡고 있었다. 철학적 사유 역시 신학적 문제들에 의해 강하게 영향을 받았다.

플라슈는 1990년대 이후로 중세 철학사 연구가 세분화되었다고 말한다. 이는 중세의 이른바 '위대한' 철학자들에만 주목하지 않고, 다양한 분야의 저자들을 광범위하게 포함한 결과였다. 또한 이러한 연구는 각 저자의 사상적 발전을 더 정확하게 규명하거나 일부 사상가를 '스콜라주의라는 일원화된 사상의 보편 개념의 압제'에서 해방하기도 했다. 그 결과, "오늘날 아무도 마이스터 에크하르트나 단테를 토마스주의자로 간주하지 않는다"라는 점이 분명하게 되었다는 것이다.³

저자도 언급하다시피,⁴ 제2차 세계대전 이후 독일과 유럽에서는 유럽의 정체성을 확립하고자 하는 국제적 의지가 중세 연구의 원동력이 되었다. 독일의 통일과 유럽연합의 확장, 더불어 현대 유럽이 정치적으

---

2 이 책, 17쪽 참조.
3 이 책, 15쪽 참조.
4 이 책, 8쪽 참조.

로 훨씬 가까운 공동체로 거듭난 이후로는 중세 연구의 의미가 더욱 커졌다. 중세의 철학과 문화는 유럽 공동의 지적 유산이라는 점이 재확인되었다. 유럽의 각 대학, 유럽연합(EU), 그리고 각 나라의 국가연구재단은 중세학의 국제적 공동 연구를 적극 후원하고 장려하며, 각국의 연구자들은 이 분야에서 서로 긴밀히 협력한다. 고대나 근대와 비교해 중세를 암흑기로 보는 계몽주의적 관점은 현재 정치적·경제적·사회적 일치를 구하는 유럽연합의 목표에는 부합하지 않는다. 이러한 움직임은 역사적 이해를 풍부하게 한다는 점에서는 긍정적이다. 그러나 만일 이것이 —마치 국제 정치적 통일을 중세의 몇몇 사상의 통일과 관계 지어 철학사적-상징적으로 정초하려는 듯이— 중세 철학을 단일하게 구성하려는 시도라면, 플라슈는 여기에 대해서도 비판적 입장을 취한다. 그는 신스콜라주의 철학을 중세 연구의 대표적 폐해로 간주하기 때문이다. 저자는 이 점을 분명히 경고하고 있다.

> 스콜라 철학에 대한 어떤 통일적인 이해를 구하는 사람이나 중세에서 근·현대의 시원을 정초하고 싶어 하는 사람은 중세의 역동성을 보지 못할 것이다. 중세적 사유의 다양성은 역사적 사실이며, 이를 들여다보기 위한 작업은 여러 지역으로 나누어진 문화를 제대로 이해하는 것에서부터 시작해야 한다.[5]

중세는 근대와 현대 못지않게 거대한 다양성을 가진 시대이다. 문화가 단일하지 않았으므로 문화의 중심지도 하나가 아니다. 독일, 영국, 스페인, 프랑스, 이탈리아, 폴란드 등 유럽의 거의 모든 지역에 대학 도시가 있었다. 그리스도교는 중세의 보기 드문 단일성에 속한다. 하지만 프란체스코 수도회와 도미니코 수도회의 발전에서 볼 수 있듯이, 어쩌

---

5 이 책, 10~11쪽 참조.

면 '그리스도교 문화'까지도 일종의 다양성 개념일 수도 있다. "현대의 지성적 분열의 경험이 19세기와 20세기에 중세의 사유를 부당하게 일반화하고 조화롭게 해석하는 경향을 만들어 냈다."[6]

물론, 단어의 의미에 오도되어서는 안 된다는 점은 분명하다. 엄밀하게 따진다면, '서양'이라는 말과 '중세'라는 말, 그리고 심지어 '철학'과 '역사'라는 말까지도 명확히 규정되지 않는 모호한 개념이다. 이것은 중세에만 해당되는 문제는 아니다. 고대의 구분도 명확하지 않고, 근대와 현대의 구분도 명확할 수 없다. 또한 '철학사'(哲學史)만이 가진 문제도 아니다. 철학사는 교육적 측면에서는 '정치사', '경제사', '전쟁사', '예술사'와 비슷한 종류일지도 모른다. 이것은 인간 사회의 어떤 본질 요소를 그것의 역사적 발전 과정을 통해 이해하는 한 가지 방법인데, 이 본질들이란 실은 분명하게 정의하기가 쉽지 않다.

철학이란 무엇인가? 개별적 인간의 삶의 체험, 신과 세계에 대한 이해는 추상적 형태로 고정되면 그것이 개별적 철학이 된다. 개별 인간의 철학은 역사 속에서 축적된다. 이것은 얼핏 보면 사상들의 단순 집합에 지나지 않는다. 하지만 철학은 다른 사람에게 영향을 끼치고 새로운 인간에게서 새로운 체험과 세계 이해를 낳는다. 타인의 삶을 존중하고, 인간이 가진 이성 능력의 보편성을 신뢰하고, 나 아닌 다른 사람이 세계를 어떻게 보았는지에 대해 진지하게 관심을 가지고, 거기서 도움을 얻고자 하는 겸손한 사람들 덕분에 철학은 삶의 의미와 인간 존재의 의미, 그리고 인간에 대한 모든 존재의 의미를 점진적으로 채워 나갈 수 있게 된다. 철학이 철학사가 되고, 철학사의 공부가 철학의 공부인 이유가 바로 여기에 있다. 인간의 다른 모든 활동과는 달리, 철학은 모든 사람에게 근본적 수준에서 영향을 끼친다는 특징을 가진다. 철학은 역사적 과거의 기억과 상기를 통해 어떤 새로운 것을 성취하는 일이기 때문

---

6 이 책, 29쪽 참조.

이다. 과거의 모든 '타자'(즉 일차적으로 '과거의 나 자신'과 나에 대해 타자였던 과거의 모든 것)를 자기 비판적으로 성찰하고 해석함으로써 우리는 현재의 세계 속에서 각자의 위치를 파악할 수 있다. 따라서 이러한 맥락에서 매 순간마다 '철학이란 무엇인가'라는 질문은 그때까지의 철학의 역사를 통해 답하는 것이 적절하다.

플라슈는 '철학'의 '학술적 개념'(Schulbegriff)을 과감히 내려놓고, 1,000년이 넘는 시대 속에서 그가 중요하다고 판단한 텍스트를 통해 중세의 사유 구조를 밝히겠다는 목표를 설정했다. 이것은 철학에 관심을 가진 일반 독자들에게 환영받을 만한 시도이다. 따라서 책의 서두에서의 다음과 같은 진술에도 동의하지 않을 수 없다. "중세 철학은 사유를 통해 삶의 방향을 찾고자 하는 개인적 노력과 집단적 노력으로 이루어져 있다."[7]

저자는 이 책에서 중세 시대 사람들의 사회적·문화적 현실에 대한 이해를 추상적 이론과 사상을 쉽게 이해하기 위한 방식으로서만 제시하지 않는다. 그는 사회적·문화적·종교적·정치적으로 다양한 현실적 맥락을 철학 이론의 관념성 못지않게 그 자체로 중요하다고 판단한다. 이렇게 함으로써 정신적 세계와 물질적 자연 및 인간 세계의 상호작용이 분명하게 드러난다.

> 나는 '인간 이론의 최후의 요구 사항이 역사적 세계와 얽혀 있는 관계'에 대한 연구가 우리가 가진 이론에 대한 개념을 반성하지 않고서는 진행될 수 없다고 생각한다. …… 중세 형이상학자들의 사고방식을 지금 현재에 재생시키는 것이 아니라 오히려 그 형이상학적 사유의 전개를 역사화하고 단절할 때, 우리는 그들이 주장한 이론의 중요성을 비로소 파악하게 된다.[8]

---

7 이 책, 22쪽 참조.

저자의 목적은 역사적으로 주어진 것들을 꼼꼼히 성찰하고, 인간적 타자와 물적 타자 모두를 인식하고 인정하는 과정에서 이러한 영향사적 의식을 일깨우는 데에 있다. 또한 현대 사회와 문화를 비판적으로 진단하는 이들이 중세를 지적 피난처로 찾아서는 안 된다는 저자의 언급은 이러한 요구를 올바르게 이해하는 데 중요한 지침을 제공한다. 중세는 암흑기로 폄훼되어서도 안 되고 반대로 미화되어서도 안 된다. 저자는 객관적인 역사적 사실로서 중세의 철학적 사유를 그대로 바라볼 것을 요청한다. 그리고 저자는 이 책이 그러한 요청에 부응하기에 충분한 명확성과 정확성을 가지고 서술되었다고 확신한다.

3. 서술 방식의 고유함

플라슈가 중세 철학을 전달하는 방식은 신선하다. 그러나 다른 중세 철학사와 비교하면 전달하는 내용마저도 두드러진다. 이 책에는 역사적·문화적으로 다양한 정보가 많이 실려 있다. 정보의 풍부함은 저자가 1차적 원전 자료를 깊이 이해하고 있다는 사실을 분명히 보여 준다. 역사가로서의 그의 탁월함은 자료의 선택과 취합, 연계와 평가에서도 드러난다. 방대한 양의 정보에 질서를 세우고 맥락을 설정해 '이해할 수 있는 형태로' 가공하는 것은 실로 어려운 일이다. 그래서 이 책은 그가 이러한 종합하고 정리하는 능력이 탁월하다는 점, 그리고 중세 시대의 철학을 수십 년 동안 깊이 연구했다는 사실에 대한 증명이기도 하다. 그 과정에서 그는 잘 알려지지 않은 중세 사상가들에게도 주목해 그들의 목소리를 반영한다. 이는 앞으로의 연구나 개론서에서 이들이 더 자주 언급되고 논의되기를 바라는 마음이 담겨 있다.

---

8 이 책, 28쪽 참조.

플라슈는 역사적 측면이나 특정 사상가의 평가와 해석 문제에서 이따금씩 여타의 연구자와는 다른 견해를 보이곤 한다. 그럴 때마다 그는 그와 대립하는 입장을 — 경멸적이지는 않지만 — 특유의 풍자적이고 시니컬한 어법을 가지고 묘사한다. 중세의 철학자를 바라보는 기존 관점의 결함을 날카롭게 지적할 때에는 논쟁을 불러일으키기도 한다. 그는 중세의 철학적 사유를 단순히 역사적으로 성찰하는 데 그치지 않고 현대 연구자들의 연구 방식까지도 생산적으로 중단한다. 중세학(Mediävistik)과 중세 철학의 관점에서 보면, 그가 이 책 곳곳에서 적절하게 중세의 전반적 다양성을 끊임없이 강조한다는 점이 고무적이다.

'중세'(Das Mittelalter) 또는 '중세적인 것'(Das Mittelalterliche)의 개념의 다소 동질적 의미와 보편적 의미의 일반화 가능성에 대한 확신은 현대의 일부 연구자 사이에서도 여전히 지배적이다. 그리고 중세사와 중세 철학의 전문 학자들 가운데 이렇게 닫힌 견해를 고수하는 연구자가 아직도 있다면 중세 철학에 대한 대중의 인식 변화도 더딜 수밖에 없다. 우리는 그가 제안하는 중세라는 보편성에 억압된 수많은 개별성과 '중세스러움'의 모호한 성격에 주목해야 한다.

플라슈는 각 장에서 철학자들의 사상만 소개하지 않는다. 철학자들의 역사적·사회적 배경과 개인적 삶의 고유한 조건들을 함께 설명한다. 이에 따라 독자들은 각 장에서 주제가 되는 철학자들의 사상을 먼저 비(非)철학적이고 전(前) 철학적 내용 및 시각으로 들여다보게 된다. 저자의 이러한 서술 방식은 두 가지의 장점이 있다.

첫째, 서양 중세 사상에 입문하는 독자들이 특정 철학자의 사상을 처음 접할 때 받는 정신적 부담감이 크게 줄어든다. 독자들은 해당 철학자가 이러저러한 사상을 개진하게 된 동기나 의도가 전혀 납득되지 못할 것은 아니라는 점을 받아들인 다음에 그의 사상에 대한 서술을 읽게 된다. 저자는 각 철학자의 사상들을 최대한 알기 쉽고 간결하게 설명한다. 불가피한 경우가 아니면 대체로 인식론과 형이상학의 전문 용어를 사용하지 않고서 사상 또는 문제의 핵심을 전달하고자 한다. 물론, 그럼에도 독자가 추상적 내용 자체로서의 철학적 사유에는 여전히 어려움을 느끼는 경우가 있을 수 있다. 그러나 철학자의 '정신적 삶의 자리'를 이해하거나 수긍했다는 것은 각 철학자의 사변에 대해 모종의 긍정적 인상을 간직하고 있다는 뜻이다. 문제의 핵심을 역사적-발생적 관계 속에서 조금이라도 볼 줄 안다는 것은 어쨌든 철학을 공부하기에 유리한 상황임에는 틀림없다. 따라서 이 책이 중세 철학 전반에 대한 흥미를 불러일으키고자 하는 의도를 가지고 있다면, 저자가 채택한 서술 방식은 소기의 목적을 달성한 셈이다.

둘째, 많든 적든 중세 철학에 대한 지식이 있는 독자들은 이 책을 통해 중세 철학 공부를 심화할 수 있다. 『중세의 철학적 사유』는 기존의 중세 철학사와는 차별적 관점과 접근 방식을 채택하기 때문이다. 전공 학생들뿐만 아니라 어느 정도 관심이 있는 일반 독자들은 이 책을 통해 중세 철학사를 새롭게 보는 관점을 터득한다. 플라슈의 이 책만큼 중세 철학(또는 철학 일반)의 역사적 맥락을 충실히 설명한 철학사가 없기 때문이다. 기존의 중세 철학사에서 공통적으로 결여된 것이 바로 철학 사상의 이러한 역사적 맥락이다. 이 책에서 저자는 각 철학자의 사상을 이론으로서 개괄하기를 최대한 삼간다. 저자는 중세 철학자들의 사유를 시대적 문제의식 속에서 고찰한다. 즉 철학을 다른 많은 철학사 서술에서처럼 고립된 이상 세계에서 다루지 않고 항상 시대적 맥락 속에서 설명한다. 저자는 정치와 경제, 종교와 문화, 과학 같은 측면을 반복해 언급한다. 추상적 사변은 역사적 맥락 속에서 더욱 생동감 있고 긴장감 있게 전달된다. 중세 철학에 입문하는 독자들에게 유리하게 작용하는 요소가 중세 철학을 접한 일반 독자나 전공자들에게는 지식을 완성하는 기능을 한다.

철학적 주제의 어려움에도 불구하고, 이 책은 비교적 이해하기 쉽게 쓰였다. 곳곳에서 독자들의 이해를 돕기 위해 저자가 고심한 흔적들을 발견할 수 있다. 저자는 중요한 지점들을 종종 개요 형식으로 요약한다. 원문 텍스트가 많이 인용되며, 중요한 용어와 인용문은 라틴어 원문으로 다시 한 번 괄호 안에 실었다. 즉 저자는 역사적 맥락 속에서 각 철학자의 사상의 핵심을 보려 하지만, 그렇다고 이러한 의도가 텍스트 자체를 보지 말고 오직 텍스트의 밑바탕에 감추어진 것만을 읽어야 한다는 요청은 아닌 것이다. 플라슈는 철학자의 사상을 역사 비평을 통해 전달하면서도 사상의 추상적 내용의 이해도와 정확성을 모두 높이는 데 심혈을 기울인다.

4. 비판적 고찰

플라슈의 『중세의 철학적 사유』는 증보판을 거듭한 지금까지도 철학에 흥미를 가진 교양 있는 일반 독자들에게 훌륭한 평가를 받고 있다. 중세의 철학적 및 신학적 사상에 관심이 있는 사람이라면 누구든 플라슈의 철학사 서술을 간과할 수 없다. 이것은 그의 사관(史觀)에 비판적인 사람들에게도 해당된다. 이 책은 출간 당시 독일의 중세 철학 연구자들 사이에서 커다란 반발을 일으켰는데, 우려와 염려의 목소리는 대부분 독일 대학의 가톨릭 신학부 소속 학자들에게서 나왔다.

플라슈에 대한 일부 비판은 그가 그리스도교 신앙을 내려놓았다는 개인적 결단과도 관련이 있다. 이는 말년의 그의 저서 『내가 그리스도교인이 아닌 이유』[9]에서 잘 드러난다. 『중세의 철학적 사유』의 서문에서 우리는 그의 개인적 입장을 읽을 수 있다. 그는 자신의 철학사가 원래 '스콜라주의에 대한 단일하고 경직된 개념에 대한 대안으로 구상'된 것이라고 집필 의도를 밝힌다.[10] 이 책이 출간 당시 학자들의 비난과 공

---

9 Kurt Flasch, *Warum ich kein Christ bin*, München: C. H. Beck, 2013.

격에 얼마나 시달렸는지는 이어지는 구절에서 읽을 수 있다. "······ 석좌 교수의 학술 조교로 있는 이들은 이 책에 맹렬한 비판을 가함으로써 학계에서 이름을 날리기도 했다."[11]

이 책에 대한 비판적 평가의 한 가지 사례로서 베르톨트 발트(Berthold Wald)의 서평을 보면, 대부분의 비판은 플라슈가 그의 책에서 채택한 '역사주의적 접근 방법'(Historisierung)의 타당성에 초점을 맞추고 있다.[12] 발트는 『중세의 철학적 사유』를 다음 세 가지 측면에서 비판적으로 검토한다. 첫째, 유럽 근대의 정신세계가 후기 중세적 기원을 가진다는 플라슈의 주장, 둘째, 플라슈의 고유한 철학 개념에 근거한 몇몇 '위대한 중세 철학자'에 대한 평가, 셋째, 이 재평가 작업이 토마스 아퀴나스의 철학적 사유의 평가와 해석에 끼친 영향이 그것들이다. 나는 발트의 몇 가지 평가를 약간의 해설을 덧붙여 소개하고자 한다. 이를 통해 독자들이 플라슈의 중세 철학사 서술의 특징을 객관적으로 바라볼 수 있기를 희망한다.

먼저 발트는 플라슈가 중세 철학을 분석하는 역사주의적-환원주의적 방법의 위험성을 지적한다.

> 플라슈가 말하는 '동기'(Motive)로서의 중세 사상을 다루는 방식이 어떤 결과를 초래할지는 쉽게 예측할 수 있다. 개별 사상이나 전체 세계관의

---

10 이 책, 14쪽 참조.

11 이 책, 14쪽 참조.

12 Berthold Wald, "Rezension zu Flasch, Kurt: Das philosophische Denken im Mittelalter. Von Augustin zu Machiavelli, Stuttgart: Reclam, 1986, und Flasch, Kurt, Einführung in die Philosophie des Mittelalters, Darmstadt: WBG, 1987", in: *Theologische Revue* 84/2, 1988, pp. 149~54. 중세 철학 연구 방법에 대한 이후의 중요한 비판으로는 Georg Wieland, "Das Ende der Neuscholastik und die Gegenwart der mittelalterlichen Philosophie", in: *Theologische Quartalschrift* 172, 1992, pp. 208~20 참조.

실질적 중요성이 더 이상 그것이 현실을 드러내는 힘에 따라 평가되지 않고 오로지 시대사적 관련성, 즉 그것의 '역사적-사회적 기능'에 따라 평가된다면 철학사 서술은 필연적으로 정치적-실천적 범주 아래로 들어가게 된다. 이러한 기준은 저자의 철학적 노력이 갖는 상대적 가치나 무가치함을 결정한다. 여기서 철학적 노력은 특정한 역사적 상황에 비추어 당대적이고 진보적인 의식을 표현하는 것인지, 아니면 보수적이고 반동적인 의식을 표현하는 것인지로 판단된다. 결과적으로 철학사 서술은 의식 상태와 그것의 '삶의 실제적 조건'이라는 기반 사이의 상호 의존성을 탐구하는 고고학으로 전락한다.[13]

발트는 플라슈가 철학적 사유의 동기를 오직 이전 시대의 역사적 조건들을 가지고만 규명하려 한다고 비판한다. 그리고 플라슈가 다소 무겁고 세부적으로는 항상 논란의 여지가 있는 학파들과 주제들을 서술하는 작업을 거의 포기하고 대신에, 중세 사상의 역사적 다양성을 설명하는 쪽으로 기울어 있다고 진단한다. 이로써 아이러니하게도 플라슈가 중요한 사상사적 연구 성과를 더 넓은 대중에게 알릴 기회를 사실상 포기했다고 판단한다.

플라슈는 각각의 사상에서 '앞으로 나아가는 동기들'을 지속적으로 탐구하려 했기에, 독자들은 오늘날 특별한 관심을 받는 근대적 사유의 기원에 대한 문제에서 어떤 해명이 있을 것이라 기대하게 된다. 그러나 이 중요한 지점에서 플라슈는 오히려 서문에서 언급한 역사-유전적 과제를 매우 제한적으로 수행한다. 중세의 철학 이론의 교조적 서술을 일체 단념하고 역사적 다양성을 소개하는 데에 치중한다면, 중요한 사상사적 연구 결과들을 일반 대중과 공유할 방법이 없게 된다.[14]

---

13 Berthold Wald, 앞의 글, pp. 149~50 참조.

발트는 프레더릭 C. 코플스톤(Frederick C. Coplestone)의 중세 철학 서술과 비교해 보면 플라슈의 철학사 서술의 특징이 분명하게 드러난다고 본다. 코플스톤은 바로 플라슈가 의도적으로 피하려 했던 방식을 택하기 때문이다.[15] 코플스톤은 문제와 사상을 주제별로 설명하면서 철학의 전체 내용과 접근 방식에 대한 통찰을 제공한다. 이러한 주요 장(章)의 구조적 유사성을 통해 독자들은 여러 철학 사이에 내재된 연관성을 식별할 수 있으며, 철학 사상을 사태에 근거해 비교할 수 있다.[16] 발트는 플라슈의 철학사의 특징을 다음과 같이 서술한다.

> 반면에 플라슈는 철학이 자리 잡은 역사적-사회적 삶의 맥락(Sitz im Leben)에 많은 지면을 할애한다. 이에 따른 철학 내용 서술의 감소는 필연적 결과이다. 독자가 철학의 개별 주제에 대해 (이마저도 불완전하고 제한적인) 개요를 파악하려면 색인을 사용해야만 한다. 플라슈는 양적으로나 주제적으로나 균형 잡힌 서술을 통해 독자들이 철학 내용을 스스로 판단할 수 있도록 돕기보다는 철학적 노력의 발전에서 무엇이 중요한지 또는 누구를 중요한 인물로 여기는지를 평가하는 데 아낌없이 의견을 제시한다. 이를 위해 그는 사고의 기능에 대한 근본 입장과 결합된 특수한 철학 개념으로 만족하며, 자료를 상세히 전개하지 않고서 개별 평가를 정당화하는 방식을 고집한다.[17]

아리스토텔레스의 작품들이 대거 번역되어 수용되었던 13세기에 주

---

14 Berthold Wald, 앞의 글, p. 151 참조.

15 Frederick C. Coplestone, *Medieval Philosophy. Augustine to Scotus, A History of Philosophy*, vol. 2, Westminster: The Newman Press, 1962(국역본: F. 코플스톤, 박영도 옮김, 『중세철학사』, 서광사 1988).

16 Berthold Wald, 앞의 글, p. 152 참조.

17 Berthold Wald, 앞의 글, p. 152 참조.

목해 보자. 아리스토텔레스 수용으로 인해 중세인의 사유는 훨씬 복잡해졌다. 이러한 역사적 상황을 다룬 제30장(「아리스토텔레스주의와 플라톤주의」)에서 플라슈는 서로 "결합될 수 없는 것을 어떻게든 끼워 맞추고 결합하고자 하는 시도"와 관련해 이렇게 쓴다. "[여기에는] 데카르트 철학에 가서야 비로소 중요하게 되는 '체계'라는 개념과 명료한 체계성에 대한 이념이 빠져 있다."[18] 그리고 해당 장의 마지막에서는 이렇게 말한다. "중세의 철학자가 일군 성과는 그가 전승된 텍스트의 결함과 제한된 학습, 고립된 학문 환경을 어떻게 순전히 문제의식과 통찰력만 가지고 극복했는지에 따라 평가해야 한다."[19] 발트는 이 구절에 주목한다.

이 두 문장은 플라슈의 서술 방식의 중요한 전제를 담고 있다. 이 둘은 모두 제28장[증보판의 제30장에 해당한다]에 포함되어 있는데, 이 장은 알베르투스 마그누스를 시작으로 13~14세기의 중세 철학들을 개별적으로 논의하기 위한 서문처럼 자리한다.

'체계적 일관성'이라는 전제는 철학의 내적 구별 기준을 확립하며, 이에 따라 플라슈가 종종 비판적으로 언급하는 '절충주의' 또는 '조화 시도'에 반비례해 철학의 지위가 상승한다는 논리를 제공한다. 이로 인해 1277년 이전 시기의 아베로에스주의적인 아리스토텔레스 해석은 형식과 내용 모두에서 '가장 진보된 입장'으로 평가된다. 그리고 이는 아리스토텔레스 전통의 내용을 일관되게 고수하려 했던 태도 덕분이라는 설명이 뒤따른다.[20]

18　이 책, 400쪽 참조.
19　이 책, 403쪽 참조.
20　Berthold Wald, 앞의 글, p. 153 참조. 강조는 발트가 인용하는 플라슈의 본문 표시.

발트는 아리스토텔레스의 '가장 진보된 해석'을 아리스토텔레스 텍스트의 논리적이고 일관적인 문자주의적 독해로만 특징지어서는 안 된다고 말한다. 아베로에스가 이슬람 세계관이나 신플라톤주의 혹은 순수한 철학적 이유에 따라 아리스토텔레스 철학에 추가한 결정적 요소들이 있기 때문이다. 예를 들어 신의 (운동인이 아닌 작용인으로서의) 창조와의 인과 관계, 모든 인류가 공유하는 단일한 지성이라는 개념 등이 바로 그것이다. 발트는 이러한 부분들을 플라슈가 중요하게 다루지 않았다고 비판한다. 물론, 플라슈의 입장은 아리스토텔레스의 해석자로서의 아베로에스의 업적을 깎아내리지는 않는다. 하지만 아베로에스주의적인 아리스토텔레스 해석의 '순수성'이라는 관점에서 볼 때, 플라슈는 철학의 자율성 판단 기준의 정당성을 상대화한다는 것이다.

플라슈가, 발트에 따르면, 라틴 아베로에스주의의 철학적-역사적 양면성을 충분히 다루지 않은 이유는 무엇인가? 플라슈는 아베로에스주의를 근대로 나아가는 어떤 철학적 진보의 전형으로 파악하기 때문이다. 그래서 발트는 플라슈가 중세 안에서 근대적 사유의 단초의 연속성을 확보하고자 급진적인 아리스토텔레스 해석을 어떤 특수한 관점에서만 조명하고 소개했다고 주장한다.

발트가 진단하는 바에 따르면, 플라슈의 해석과 관점으로부터 토마스 아퀴나스의 철학사적 위상에 대한 플라슈의 입장이 분명해진다. 토마스 아퀴나스는 그가 살았던 13세기에 라틴 아베로에스주의를 강력히 반대하는 사상가였기 때문이다. 발트는 플라슈가 토마스 아퀴나스의 철학적 업적을 필요 이상으로 폄훼한다고 비판한다.

플라슈는 철학사를 서술하는 그의 고유한 방법을 가지고 토마스를 '스콜라주의의 정점이자 시대를 초월하는 최고의 사상가'[21]로 이상화하는 경

---

21 이 책, 413쪽 참조.

향을 몰아내고자 한다. 그에게 토마스는 중세 철학사 서술에서 반드시 치워야 할 걸림돌과 같다. 토마스, 그리고 플라슈에게 이와 동의어로 쓰이는 '강단-토마스주의'는 지금도 만연한 철학적 평범성의 배경을 형성한다.[22]

발트는 플라슈가 토마스 아퀴나스를 조명한 방식에도 이의를 제기한다. 예를 들어 플라슈는 토마스 아퀴나스를 알베르투스와 비교할 '때에만' 훌륭한 변증론자라고("바로 이 점에서 알베르투스와 커다란 차이가 있다"), 그리고 "교육 현장에 유용한 것을 제공하고 소속 수도회의 이익을 변호하면서 교황의 보편 권력을 지지하는 데에 적극적"으로 활동했다는 점에서만 높이 평가한다는 것이다.[23]

또한 발트는 플라슈가 진리 문제와 존재론에서의 토마스 아퀴나스의 사유의 독창성을 크게 제한했다고 본다. 플라슈는 철학과 신학의 관계에 관한 토마스의 통찰도 이전 시대 사상가들의 사유로 환원한다. 그리고 그리스도교 신앙을 변호하기 위한 목적에서 수행했다는 측면에서 토마스 아퀴나스의 아리스토텔레스 해석만을 참신한 사유로 평가한다는 것이다.[24]

발트에 따르면, 플라슈가 토마스 아퀴나스를 새로운 관점에서 고찰한다는 점은 그를 다룬 장의 마지막에서 분명하게 드러난다. 발트가 주목하는 구절은 다음과 같다.

> [토마스가] 진행한 논의들은 데카르트적 의미에서의 철학 체계의 수립과는 사실상 별 관계가 없었다. 그는 그가 뛰어든 논의에서 일종의 삶의

---

22 Berthold Wald, 앞의 글, p. 153 참조.
23 이 책, 413쪽 참조.
24 이 책, 419쪽 참조.

문제 …… 를 던졌다. 토마스의 저작에 일관성이 결여되어 있고 정교한 변증술로 쌓아 올린 거대한 건축물 안에 비대칭적 부분이 있다면, 그만큼 그의 작품이 가진 역사적 의의는 크다.[25]

발트는, 기존의 토마스 연구에 의하면 토마스가 체계적 사상가라는 점은 부인할 수 없는 사실이므로, 플라슈가 토마스에게서 '철학 체계'를 확인할 수 없다고 말한 것은 적절하지 않다고 반발한다. 물론, 플라슈는 '데카르트적 의미'라는 문구를 통해 스스로를 변호할 수도 있다. "토마스의 저술은 아리스토텔레스를 꼼꼼하게 읽는 사람들을 …… 설득하지는 못할 것이다."[26] 발트는 플라슈에게 우려를 표명한다. "이것이 역사학자가 내린 판단이라니, 참으로 놀라운 일이다."[27] 역사적 세부 사항을 즐겨 다루는 철학사가인 만큼 플라슈는, 예컨대 토마스 아퀴나스가 세상을 떠났다는 소식이 전해졌을 때 인문학부가 보였던 매우 흥미로운 반응을 언급할 수도 있었을 것이다. 하지만 이것은 플라슈가 의도하는 중세 철학사의 전체적 그림과 어울리지 않았기에 생략된 것으로 보인다. 플라슈는 토마스의 사상이 체계의 통일성, 논리적 일관성을 결여한 것은 그만큼 토마스가 역사적·종교적·문화적·정치적 조건을 존중하고 사유하기 위해 치러야 했던 대가였다고 말한다. 이것이 플라슈가 인정하는 토마스 아퀴나스의 위대함이다. 하지만 발트의 입장에서 볼 때, 이런 플라슈의 해석은 토마스의 삶의 자리에만 집중해 그의 철학을 단순하게 역사화하고 평가절하한 것에 지나지 않는다. 발트의 플라슈 평가는 경우에 따라 극단적 측면이 있다. 하지만 플라슈의 경우처럼 철학적 사유를 일관성과 시대적 연관성의 관점에서 평가하는 철학

---

25 이 책, 428쪽 참조.
26 이 책, 428쪽 참조.
27 Berthold Wald, 앞의 글, p. 154 참조.

사 서술 방식이 종종 기존의 연구 성과에 대한 색다른 해석이나 새로운 가공을 전제로 한다는 점은 분명하다.

플라슈는 그의 또 다른 중세 철학사 저서인『중세 철학 입문』[28]에서 "중세 철학사를 왜 공부해야 하는가?"(Wozu studiert man eigentlich die Geschichte der mittelalterlichen Philosophie?)라는 질문을 던졌다. 그런데 발트는, 플라슈 자신이 직접 말하다시피, 만일 그의 철학사의 목표가 중세 철학의 문제를 독자들에게 심도 있게 전달하고 이론적 쟁점들을 접할 수 있도록 하는 데에 있지 않다면 "철학사를 쓰는 이유가 대체 무엇인가?"(Wozu schreibt man eigentlich Philosophiegeschichte?)라고 되묻는다.[29] 발트는 플라슈의 관점을 다음과 같이 비판한다. 즉 중세의 철학적 사유를 역사주의적으로 다루는 방식은 철학사가의 '철학적 판단 유보(epochē)'의 표현이 아니라 오히려 사유 자체의 진리 요청을 근본 철학적으로 비판하기 위한 수단으로 작동한다는 것이다.[30]

문제는 단순히 개별적 철학 입장을 의도적으로, 일방적으로 상대화하는 작업이 의심스럽다는 데에 있지 않다. 더욱 심각한 문제는 역사적 환원주의 방법론이 그러한 세부적 목표를 훨씬 넘어서까지 영향을 끼친다는 점, 그리고 철학사에 대한 '철학적 관심'을 그 서술 대상에 대해 생동감 있게 유지하는 것을 방해한다는 점이다. 그런데 바로 이 생동감의 보전이 철학사 서술이 다른 종류의 역사 서술과 구분되는 결정적 이유인 것이다.[31]

---

28 Kurt Flasch, *Einführung in die Philosophie des Mittelalters*, Darmstadt: WBG, 1987(국역본: K. 플라시, 신창석 옮김,『중세철학 이야기』, 서광사 1998).
29 Berthold Wald, 앞의 글, p. 154 참조.
30 Berthold Wald, 앞의 글, p. 154 참조.
31 Berthold Wald, 앞의 글, p. 154 참조.

발트는 이런 맥락에서 『중세의 철학적 사유』보다 몇 년 앞서 출간되어 적지 않은 파장을 일으켰던 『아우구스티누스』[32]와 두 개의 철학사 연구서에 지속적으로 나타나는 플라슈의 역사적 관점을 비판적으로 평가한다.[33] 『아우구스티누스』에서 플라슈의 의도는 "독자들에게 아우구스티누스에 대한 경계심을 일으키고 유럽이 아우구스티누스에게서 벗어나도록 하기 위함"이었다. 그런데 『중세의 철학적 사유』에서 플라슈는 토마스 아퀴나스에 대한 관심과 집중을 버리라고, 곧 13세기 철학의 무게 중심을 토마스에게 두지 말라고 권고한다. 즉 플라슈에 따르면, 중세 철학을 올바로 보고자 한다면 우리는 토마스 아퀴나스와 아우구스티누스를 이해했던 기존 방식을 전부 포기해야 한다. 발트가 우려를 표하는 부분이 바로 이것이다. 발트는 플라슈의 역사주의가 이 두 사상가에 대한 기초적 이해마저 포기해야 할 정도로 중세 철학자들을 가차 없이 상대화한다고 본다.

5. 나가는 말

아직까지 주의를 끌지 못했던 다른 철학자에게 주목하기 위해서는 '방법적으로 잠시' 아우구스티누스나 토마스 아퀴나스 같은 중세의 대사상가에 대한 철학사적 평가를 내려놓을 수 있다. 특정 철학자의 위대함, 특정 철학 사상의 탁월함이 과연 오로지 가치 평가일 뿐인지, 아니면 객관적 실제일 수 있는지 우리는 언제나 추정적으로만 알 수 있다.

이렇게 비유하면 어떨까? 분명 무수히 많은 사유의 별이 철학의 밤하늘을 수놓고 있다. 플라슈의 견해에 따르면, 지금까지의 중세 철학사 서

---

32 Kurt Flasch, *Augustin. Einführung in sein Denken*, Stuttgart: Reclam, 1980.
33 Berthold Wald, 앞의 글, p. 154 참조.

술에서 아우구스티누스와 토마스 아퀴나스는 중세의 밤하늘에 가장 밝게 빛나는 두 개의 별로 묘사된다. 하지만 사실 자세히 보면 이 하늘에는 다른 별들과 비교해 유독 눈부시게 빛나는 별이 없다는 것이 플라슈의 입장이다.

그렇다면 이 비유를 이렇게 생각해 보자. 밤하늘의 별들은 사실 밝기가 제각각이다. 어떤 대상을 이해하는 우리의 관점은, 말하자면 이 땅 위에서 빛나는 인공적 조명과 같다. 가로등 불빛이 환히 비치는 거리에서 밤하늘을 올려다보면 우리가 볼 수 있는 별의 수는 그리 많지 않다. 이때 우리 눈에 보이는 그 별들은 이를테면 플라톤, 아리스토텔레스, 토마스 아퀴나스, 칸트 같은 철학자들이다. 도시에서가 아닌 한적한 시골이나 자연에서 하늘을 올려다보면 무수히 많은 별이 우리 눈에 들어온다. 도시의 가로등 불빛 아래에서 올려다보았던 예의 그 하늘 위의 별들은 지금 어떻게 보이는가? 그 별들은 다른 별들보다 유독 눈부시게 빛난다. 바로 그렇기 때문에 그 별들이 도시의 가로등 불빛에 가려지지 않고 살아남아 우리 눈에 보일 수 있었던 것이다. 지금 현재의 것, 이 땅의 것을 보기 위해 사용하는 인공적 빛은 우리가 과거의 것, 즉 밤하늘의 별을 볼 때에는 방해가 된다. 하지만 밝게 빛나는 별이라면 우리는 우리가 어디에 있든 같은 하늘 위에서 관찰할 수 있다. 가로등 불빛 한 점 없는 교외의 어느 한적한 곳이나 번화한 도시 속에서나 한결같이 빛을 발한다. 이처럼 위대한 철학자란 시대의 다양성과 변화에 상관없이 언제 어디서나 인간의 삶과 세계를 이해하는 데에 지속적으로 의미와 조언과 메시지를 주는 사상가이다.

플라슈가 당대 최고의 서양 중세 철학 전문가이자 권위자는 아닐 수 있다. 하지만 그는 학생들과 대중에게 복잡하고 딱딱한 내용을 흥미진진하게, 그리고 쉬운 언어로 알기 쉽게 전달하는 데 탁월한 능력을 갖고 있다. 그의 질문은 예리하며 자기가 던진 질문에 대한 올바른 답을 적절하게 찾을 줄 안다. 이는 중세의 삶의 다양한 측면을 놓치지 않겠다는 목표에 충실한 태도와 부단한 노력의 결과로 형성된 능력이기도 하다. 나는 경우에 따라 플라슈의 입장이 더 비판적이었으면 하는 아쉬움이 있다. 어쨌든 그의 역사주의적 관점은 중세 철학의 주제와 문제, 사상가를 다루는 가장 적절하고 보편적인 방법으로서는 아직까지 결정적으로 정당화되지 못했기 때문이다. 하지만 그의 접근 방식은 독자들의 철학적 관심을 모으기에 충분하다. 중세 철학에 대한 흥미를 불러일으킨다는 교육적 효과 하나만으로도 그의 접근법의 가치는 인정받아야 한다.

오늘날 중세의 철학적 사상이 다시 진지하게 다루어지고 철학적 논의에서 나름대로 존재감(!)을 얻게 된 것은 플라슈의 업적과도 관련이 있다. 그의 업적이란 전문적인 학술적 작업과 대중화 작업을 모두 포함한다. 서양 중세 철학 분야에서의 연구는 활발히 진행되고 있지만, 서로 경쟁하는 개론서와 개괄서가 더욱더 존재할 필요가 있다. 중세 사상에 대한 집중적 연구는 그 사상의 역사성을 전제로 한다. 이 말이 무슨 뜻인가? 중세 사상을 단순히 논증의 차원에서만 다루는 것으로는 충분하지 않다는 의미이다.

이번에 우리말로 소개되는 『중세의 철학적 사유』는 플라슈의 학술적 작품 세계에서 지극히 작은 부분만을 보여 준다. 플라슈의 사유 세계를 알기 위해서는 중세 철학 분야에서 저술한 그의 다른 작품들을 참조할 필요가 있다. 최근 들어 고대 후기의 시리아 및 중세 아랍 세계에서의 고대 그리스 철학 수용과 발전 및 두 언어 문화권의 고유한 철학적 사유에 대한 연구가 활발히 진행되고 있다. 이에 따라 아랍 세계가 (특히 아리스토텔레스 수용의 자극을 통해) 서양에 끼친 주요한 영향에 대한 자세한 논의와 연구가 필요하다는 인식이 커졌다. 이 분야에서는 서양 중세 연구자들 사이에 아직도 건설적 대화와 상호 교류가 부족한 상황이다. 플라슈도 영향사적 측면에서 아랍 철학을 다루기는 했다. 하지만 앞으로 새롭게 쓰일 다른 중세 철학사 서술에서는 아랍 철학의 비중이 지속적으로 증가할 것으로 예상된다.

    서양의 중세 철학은 엄연히 서양 철학사의 일부이다. 그래서 서양 철학 전반에 관한 관심이 증가한다면 중세 철학에 관한 관심도 따라서 커질 것이라 기대할 수 있다. 그러나 우리의 사정은 그렇지 못하다. 이유는 여러 가지가 있겠지만, 그 가운데에서도 중세를 바라보는 관점의 다양성 부재, 서양 중세 철학 또는 중세를 연구하는 전문 학자의 수가 많이 부족하다는 점을 들 수 있겠다. 전문 학자가 부족하니 대중의 관심을 끌어모으는 시도도 적을 수밖에 없다. 국내에는 이미 코플스톤의 『중세 철학사』가 번역되어 있다. 앞으로는 대륙 유럽의 철학계에서 생산된 연구 가운데 플라슈의 작품에 비해 보수적 서술이나 전통적 접근법과 역사-해석학적 관점의 절충 내지는 중도 입장에 해당하는 다양한 작품이 국내에 소개되었으면 한다. 루디 임바흐(Ruedi Imbach), 알랭 드 리베라(Alain de Libera), 로리스 스투를레세(Loris Sturlese), 그리고 테오 코부시(Theo Kobush)의 중세 철학사가 바로 여기에 속한다.

옮긴이의 말

나는 독일 예나(Jena)에서 철학을 공부했다. 예나는 칸트나 피히테, 셸링, 헤겔 같은 독일 관념론 철학에 관심 있는 연구자들이 찾는 작은 대학 도시이다. 특히 대학원 교환 학생 신분으로 매 학기마다 이탈리아에서 10명 가량의 학생이 독일 철학을 깊이 공부하기 위해 이곳을 찾는다. 매년 가을과 겨울이면 철학과가 이탈리아 학생들로 북적댄다. 이들 중에는 석사 때 공부한 것을 예나에서 박사 논문으로 이어 나가는 사람도 많다.

서양 철학은 광범위하지만 배울 수 있는 것은 한정적이다. 예나의 이탈리아 학생들이 독일 관념론 분야에 깊은 흥미를 계발할 수 있었다면 전공 이외의 다른 철학을 배울 기회는 상대적으로 적지 않았을까? 예를 들면 중세 철학 같은 분야 말이다. 그러나 내가 예나에서 알고 교제했던 이탈리아 학생들은 독일 근대 철학을 연구하는 사람이라고는 믿기지 않을 정도로 중세 철학에도 조예가 깊었다. 어떻게 그리고 어째서 이들이 중세 철학 전공으로 박사 논문을 쓰지 않는가라고 의구심이 들 정도였다.

이탈리아 학생들은 철학의 나라인 독일에서 김나지움과 대학 학부 과정의 철학 교육이 오히려 이탈리아보다 수준이 낮다는 것을 알고는 깜짝 놀라는 눈치였다. 그래서 나는 그들이 공부한 환경과 방법에 대해 궁금증을 갖고 물었다. 내가 예나에서 석사 과정을 막 시작한 시기였다. 내가 들었던 대답은 "쿠르트 플라슈를 아느냐? 중세 철학을 공부하려면 플라슈의 작품을 읽어야 한다"였다. 플라슈가 바로 여기 놓인 이 책의 저자이다. 나는 플라슈라는 학자의 이름을 이때 처음 들었다. 그러니까 서양의 중세 철학을 알기 쉽게 풀어 쓴 개론서 가운데 플라슈의 책이 가장 권위 있고 신뢰할 만한 입문서라는 말이었다. 너무 성급한 일반화가 아닐까? 몇 년 뒤에 나는 나처럼 중세 철학 분야에서 박사 논문을 쓰는 이탈리아 학생을 동료로 만났다. 그리고 나서 다시금 알게 된 사실은, 이 친구는 이탈리아어로 번역되지 않은 플라슈의 다른 책도 읽기 위해 독일어를 공부했다.

하지만 그 후로 석사를 마칠 때까지, 그리고 심지어 박사를 마칠 때까지도 나는 플라슈의 책을 한 권도 읽지 못했다. 박사 논문을 제출한 다음에 마음의 여유가 생기자 그의 작품 가운데 아우구스티누스나 르네상스 철학을 다룬 책을 읽을 수 있었다. 독일에서 오래 지내고 많은 책을 읽다 보면 드물지만 물 흐르듯 술술 읽히는 책을 만나는 경우가 있다. 즉 읽다 보면 저자의 모습이 머릿속에서 저절로 그려지고 마치 나의 독일어 실력이 크게 향상된 것과 같은 착각을 불러일으키는 책처럼 말이다. 플라슈의 책은 바로 이런 희귀한 종류에 속한다. 그는 글을 쉽고 재미있게 쓴다. 그는 독자에게 책을 읽는 즐거움을 준다.

한국의 서양 철학 연구에서 중세 철학이 차지하는 비중은 그다지 크지 않으며, 그만큼 대중의 관심도 다른 시기의 분야보다 적다. 실력 있는 연구자이면서 대중의 눈높이에서 소통할 수 있는 능력을 가진 사람을 찾기란 쉽지 않다. 다른 어느 학문보다도 철학에는 이런 사람이 절실히 필요하다. 그래서 플라슈와 같이 글재주와 전달 능력이 탁월한 사람이 고대나 근대나 현대 철학이 아닌 중세 철학의 전파를 위해 헌신한다는 것은 중세 철학 입장에서 보면 엄청난 행운이나 다름 없으며, 일반 독자들에게도 크게 환영할 만한 일이다.

이 책의 번역을 먼저 제안한 분은 도서출판 길의 이승우 기획실장님이다. 실장님은 국내에 서양 중세 철학에 관심 있는 사람들의 저변이 확대되기를 바라는 마음으로 이 책의 번역을 기획했다. 실장님으로부터 이 책의 번역 제안을 받았을 때, 나는 박사 과정을 마치고 향후 진로를 고민하던 중이었다. 한국에 돌아올 수도 없었으나 독일에 더 있기도 쉽지 않은 상황이었다. 나는 박사 논문에서 연구한 과제와 성과에는 만족했지만, 학위 취득 이후 독일에서 겪었던 여러 현실적 사정으로 인해 중세 철학 전공이라는 이름표를 회의적으로 생각하고 있었다. 그런 시기에 우연히, 그리고 처음 만난 이승우 실장님은 나에게 외국에서 어떤 방식으로든 철학 연구자의 길을 계속 갈 것을 당부하고 철학자로서의 삶을 응원해 주었다. 지푸라기라도 잡는 심정으로 시작한 번역 작업의 완성도를 높이기 위해 필요한 자료를 수집하고 중세 철학을 처음부터 다시 공부했다. 그리고 번역을 위해 책을 읽어 나가면서 예기치 않게 나 자신을 조금씩 되찾을 수 있었다.

나는 플라슈의 책을 읽고 나서 서양 중세가 역사적으로 굉장히 독특한 시대임을 새롭게 알게 되었다. 1,000년은 아득할 정도로 거대한 시간이다. 이렇게 긴 시간이면 그 안에서 무슨 일이 일어나도, 누가 어떤 기발한 생각을 한다 해도 이상하게 느껴지지 않는다. 그런데 중세 철학을 전공한 나에게도 어떤 편견이 있었다. 오히려 중세 철학을 연구했다는 바로 그 이유 때문에 나는 다른 사람들과는 다른 방식으로 중세의 사유를 일반화하고 특징짓고 있었다. 나는 타인의 철학적 사유를 바라보는 내 주관적 의식 구조를 한 번이라도 스스로 비판적으로 검토해 볼 생각을 하지 못했다. 내가 배우는 서양 철학사의 모든 철학은 내게는 과거의 철학이다. 설령 지금 우리 시대에 누군가가 책을 썼다 해도 그것은 내가 그 책을 읽기 '전에' 쓰였기 때문이다. 나는 과거를 보는 방법과 전승된 또는 주어진 철학 텍스트를 해독하는 방법을 개념적으로 분리해 본 적이 있는가? 중세인의 사유에는 양보할 수 없는 어떤 종교적이고 문화적인 전제가 깔려 있다고 보는 견해는 중세 철학을 어떻게든 이해하기 위해 설정된 정당한 이정표인가? '중세 철학'이라는 용어, 그것은 이데올로기가 아닐 수 있는가? 중세 시대의 철학자들이야말로 진정한 사유의 자유를 위해 투쟁했던 사람들이 아닐까? 이것이 정신의 자유가 아니라면 철학사에서 대체 무엇이 무제한적 사유가 될 수 있을까? 책을 번역하면서 나는 이런 질문을 끊임없이 던졌다. 그리고 이 질문에 답하기 위해 무엇을 어떻게 해야 하는지를 플라슈에게서 배웠다. 보편적 비판 정신은 어째서 중세의 철학자에게 들이대는 잣대를 다른 시대의 철학자에게는 들이대지 않는가? 나는 사유의 가치를 평가하는 일이 철학사가의 정당한 권리라고 생각한다. 하지만 철학적 사유의 의의에 점수를 매기는 기준이 중세의 경우에는 유독 엄격한 것 같다.

나는 독자와의 제한적 관계 속에서 중세 사유의 독창성과 다양성을 명료하게 드러내기 위해서는 이 책에서 플라슈가 채택한 역사-해석적 관점이 필요하다고 생각한다. 따라서 그의 접근법이 완전무결한 철학사 서술 방법은 아니다. 중세 철학을 역사적 맥락에서 분석했을 때의 기대 효과와 부작용의 관계는 마치 성경을 역사 비평과 전승 비평의 방법으로 연구할 때 나타나는 장단점과 유사한 측면이 있다. 중세 철학은 고대 그리스 철학 자체와 다양한 문화적-언어적 조건을 통해 굴절된 고대 철학의 수많은 변형 위에서 생겨났다. 그만큼 중세 철학은 다가가기가 쉽지 않다. 흥미를 느끼기 위해서는 다른 어느 시대의 철학보다도 오랜 시간과 노력을 필요로 하는 영역이다. 플라슈의 서술 방식은 일단 철학자들의 사유의 핵심과 그 사유의 철학사적 의미를 전달하기 위해, 그리고 중세의 철학적 사유에 관심을 당장 불러일으키기 위해 설정되었다. 그리고 이 방법을 가지고 그가 의도한 교육적 이점은 어느 정도 손해를 보지 않고서는 성취할 수 없다. 그런데 각각의 철학적 사유 내용의 이론적 본질을 보지 못한다는 이 부작용은 독자들이 중세 철학에 흥미를 느끼고 나면 제거할 수 있다. 왜냐하면 그때 독자들은 어떤 중세 철학자의 원전을 읽어 보고 싶다는 마음이 들기 때문이다. 나는 이것이 그가 의도한 그림이었다고 생각한다. 하지만 그다음이 중요하다. 중세 철학사의 서술 방법론에 대한 저자의 확신은 독자들에 대한 강한 신뢰이기도 하다. 우리는 일단 철학에 흥미가 생기고 나면 오류와 왜곡과 편협함에 빠질 위험에 항상 깨어 있어야 한다. 이제 독자들은 능동적이자 자율적으로 학습해야 하며, 자기 안에 지펴진 철학함의 불씨를 꺼뜨리지 않고 간직할 책임이 있다. 왜 전문가들이 그 이상은 떠먹여 주지 않는가? 이러한 지혜의 사랑의 불을 가진 모든 사람을 자기와 같은 동등한 철학자로 간주하기 때문이다.

 이 책 곳곳에는 아직 어린아이와 같은 태도로 철학을 사랑하는 독자들에게 귀중한 통찰을 선사하기 위해 저자가 주의 깊게 고른 듯한 문장들과 중세의 권위 있는 연구자와 전문가에게 비판받을 위험을 무릅쓰고 용기 있게 선택한 문장들이 숨어 있다. 나 또한 이러한 저자의 특유의 해석과 비정통적 가치 평가에서 힘과 위로를 얻었다. 나는 중세가 우리 시대의 어떤 문제를 해결할 방법이나 답을 찾을 수 있는 '유일한' 곳이라고는 생각하지 않는다. 더불어 우리가 서양 철학사를 꼭 정치적·사회적 이유에서 공부할 필요는 없다. 우리는 서양 철학사 이외에서도 실로 많은 것을 배울 수 있다. 그럼에도 불구하고 서양 철학사에서 중세는 철학의 개념과 철학하는 이유를 현대인으로서 찾아야 하는 내게 영감을 준 사상가들이 가장 많이 몰려 있는 시대이다. 나는 내가 더는 칸트 이전의 방식으로 사유할 수 없다는 사실을 잘 알고 있다. 그래서 나는 번역자이기 이전에 한 명의 독자로서 이러한 체험을 할 수 있어 기쁘고 뿌듯하다. 플라슈의 중세 철학사는 중세의 모든 사상가가 나름대로 우리 모두의 영감의 원천이 될 수 있다고 주장하기 때문이다.

 이 책의 번역이 절반쯤 진행될 무렵, 나는 국내에서 중세 철학을 연구하는 몇몇 선생님들과 연이 닿았고, 그분들과 함께 공동으로 연구 과제를 수행하는 기회를 얻었다. 덕분에 플라슈의 중세 철학사를 번역하는 일에도 동기와 의미를 새롭게 부여할 수 있었다. 이 땅에서 중세 철학을 연구할 수 있도록 초대해 주신 가톨릭대 정현석 선생님과 대구가톨릭대 김율 선생님께 감사의 말씀을 드린다. 아울러 꼼꼼한 교정과 윤문 작업으로 텍스트의 완성도를 높여 준 점에 대해 다시 한 번 도서출판 길의 이승우 실장님께도 감사의 인사를 드린다. 마지막으로 나의 길을 항상 응원해 주는 아내와 가족에게도 고마움을 전한다.

2025년 3월
옮긴이 박규희

| 도서명 및 인명 찾아보기 |

「로마인들에게 보낸 편지」 575
「사도좌의 통치」(Apostolici Regiminis) 596, 599
「사도행전」 98
「스키피오의 꿈」(Somnium Scipionis) 116, 185, 402
「시편」 683
「요한복음」 52, 117, 159, 321, 383, 427, 514, 520, 694
「욥기」 182
「작센하우젠 선언문」(Sachsenhäuser Appellation) 603
「지혜서」 520
「창세기」 127, 147, 206, 257, 289, 290, 293, 300, 306, 318, 382, 514, 520, 699
「탈출기」 163

『24명의 철학자의 책』(Liber XXIV philosophorum) 319, 322, 323, 402, 579
『3부작』(Opus tripartitum) 514, 515, 519, 520
『6일 간의 창조』(Tractatus de sex dierum operibus) 289, 290, 292
『6일 간의 세계 창조에 대한 강연』(Collationes in Hexaëmeron) 432

『83개의 문답집』(De diversis quaestionibus octoginta tribus) 117
『90일의 작품』(Opus XC dierum) 571

『가족에 대한 논고』(Della farmiglia) 686~88
『간결한 술(術)』(Ars brevis) 486
『같음과 다름에 대하여』(De eodem et diverso) 246
『건축론』(De re aedificatoria) 688
『결합술에 대한 논고』(Dissertatio de arte combinatoria) 488
『고르기아스』(Gorgias) 91
『고백록』(Confessiones) 55, 56, 80, 108, 184
『교령집』(Decretum) 242, 344
『교회 위계』(De ecclesiastica hierarchia) 98
『교회의 권능』(De ecclesiastica potestate) 421
『국가』(Politeia) 108, 116
『국가론』(De re publica) 181, 185
『군주 통치론』(De regimine principum) 391, 420
『군주론』(Il principe) 719
『궁극의 술(術)』(Ars ultima) 486
『권능론』(Quaestiones disputatae de potentia) 421, 422, 555
『그리스도 지식』(De scientia Christi) 431

도서명 및 인명 찾아보기 905

『그리스도교』(De christiana religione) 696
『그리스도교 교양』(De doctrina christiana) 55, 172, 334
『그리스도교 신앙의 성사들』(De sacramentis christianae fidei) 314
『그리스도교 신학』(Theologia christiana) 276
『그와 수많은 사람의 무지에 대하여』(De sui ipsius et multorum ignorantia) 626
『나의 내적 투쟁』(Secretum meum) 626, 630, 633
『나의 불행 이야기』(Historia calamitatum mearum) 270, 271
『녹주석』(De beryllo) 679, 680
『논고』(Exigit ordo executionis) 582
『논리학 대전』(Summa logicae) 569
『니코마코스 윤리학』 345, 588, 600, 631, 659, 660, 734
『단테 입문』(Einladung, Dante zu lesen) 462
『대이교도대전』(Summa contra gentiles) 239, 412, 418, 419, 420, 423, 424, 555, 695
『대이교도대전』(Summa contra haereticos) 239
『대화』(Dialogi) 172, 184
『데카메론』(Decameron) 319
『데헵도마디부스』(De Hebdomadibus) 287
『독일 민족의 그리스도인 귀족에게 고함』(An den christlichen Adel deutscher Nation) 734
『두란두스를 반박하는 통찰』(Evidentiae contra Durandum) 548
『둠즈데이 북』(Domesday Book) 222
『드라그마티콘』(Dragmaticon) 300
『라몬의 노래』(Cant de Ramon) 486
『라틴 전집』(Opera Latina, 라이문두스 룰루스) 480
『로마사 논고』(Discorsi sopra la prima deca di Tito Livio) 719, 728
『로마서 주해』(Commentaria In Epistolam Pauli ad Romanos) 281
『루킬리우스에게 보내는 윤리 서간집』(Epistulae ad Lucilium morales) 253
『뤼시스』(Lysis) 108
『만찬 담화』(Intercoenales) 688
『메논』(Menon) 399
『메타로기콘』(Metalogicon) 289, 306, 308
『명제론』(De interpretatione) 65, 271, 307, 345
『명제집』(Sententiae) 242, 314~16, 346, 347, 417, 430, 472, 496, 545, 641
『명제집 주해』(기욤 뒤랑) 545, 546, 547, 548, 549, 550, 552, 555
『명제집 주해』(윌리엄 오컴) 557, 560, 566
『명제집 주해』(Opus Oxoniense/Ordinatio, 둔스 스코투스) 532, 534
『명제집 주해』(Scriptum super Libros Sententiarum, 토마스 아퀴나스) 424, 546, 554
『모놀로기온』(Monologion) 232, 318, 577
『모무스』(Momus) 688
『무지개에 대하여』(De iride) 505
『무지의 지』(De docta ignorantia) 679
『무지한 자의 저울 탐구』(Idiota de staticis experimentis) 679, 684, 688
『묵시록 해설』(Lectura super Apocalipsim) 475
『문헌학과 메르쿠리우스의 혼인』(De nuptiis Philologiae et Mercurii) 171, 302
『민중 언어에 대하여』(De vulgari eloquentia) 461
『믿음 안의 평화』(De pace fidei) 490
『박물지』(Historia naturalis) 145, 146, 713
『박학한 무지』(De docta ignorantia) 295
『반(反)마키아벨리』(Anti-Machiavelli) 719
『방대한 개괄』(Introductorium magnum) 247
『백과전서』(Encyclopédie) 554
『범주론』(Categoriae) 63, 65, 271, 307, 345,

427
『범주적 실재의 기원』(De origine rerum praedicamentalium) 495, 496
『변신론』(Théodicée) 554
『변증론』(Dialectica) 272
『변증론』(Topika) 256, 307, 345
『변증술 토론』(Diaelecticae disputationes) 666, 671
『보이에른 시가집』(Carmina Burana) 167
『복음적 완성에 대한 토론문제집』(Quaestiones de perfectione evangelica) 431
『본질에 대하여』(De essentiis) 250
『분석론 전서』(Analytica priora) 307, 345
『분석론 후서』(Analytica Posteriora) 248, 289, 307, 345, 389, 410
『분석론 후서 주해』(Sententia super Posteriora Analytica, 토마스 아퀴나스) 427
『비교 토론』(Collationes) 253, 282
『비밀의 비밀』(Secretum Secretorum) 580
『사랑의 철학 나무』(Arbre de Filosofia d'Amor) 486
『사물의 본성에 대하여』(De rerum natura) 146
『삶의 공로』(Liber vite meritorum) 309
『삼위의 신비』(De mysterio Trinitatis) 431
『삼위일체론』(De trinitate, 보에티우스) 77, 132, 287
『삼위일체론』(De trinitate, 아우구스티누스) 108, 125, 201
『생명의 샘』(Fons vitae) 250, 379
『서간집』(Epistulae morales) 185
『서양 철학사』(Geschichte der Philosophie) 633
『설교집』(Sermones) 515
『성령 칠은에 대한 담화』(Collationes de septem donis) 432
『세 개의 난제』(De tribus difficilibus quaestionibus) 495, 502
『세계의 모상』(Imago mundi) 643
『세계의 영원성』(De aeternitate mundi contra murmurantes) 426
『세상을 멸시하는 일』(De contemptu mundi) 684
『세속 세계와 수도자의 삶』(De saeculo et religione) 653
『소고』(Quaternuli) 254
『소박한 영혼의 거울』(Miroir des simples âmes) 527
『소피스테스 주해』(마르실리오 피치노) 693
『소피스트 논박』(De Sophisticis Elenchis) 307
『스콜라주의』(Scholastik) 479
『시민의 삶』(Libro della vita civile) 664
『시편 주해』(Expositio in psalterium) 179
『신곡』(La divina commedia) 85, 461
『신국론』(De Civitate Dei) 56, 59, 147, 149, 184, 306, 308, 337
『신들의 본성에 대하여』(De natura deoum) 253
『신명론』(De divinis nominibus) 98, 114, 118, 406, 417, 423, 695
『신비신학』(De mystica theologia) 98, 138, 406, 695
『신약성경』 244, 306, 325, 383, 398, 571, 606, 630, 732, 737
『신약성경 주해』(Annotationes in Novum Testamentum) 666, 676
『신학 강해 안내서』(Didascalion) 314
『신학 요강』(Compendium studii Theologiae) 441
『신학 원리』(Elementatio theologica) 402, 423, 503, 580
『신학대전』(Summa theologiae) 412, 420, 423, 424, 427, 514, 546, 549, 555
『신학의 연구 주제』(De subiecto theologiae) 502

도서명 및 인명 찾아보기 **907**

『심플리키아누스 문제집』(Quaestiones ad Simplicianum) 43
『십계명에 대한 담화』(Collationes de decem praeceptis) 432
『아리스토텔레스의 신학』(Theologia Aristotelis) 359, 402
『아스클레피우스』(Asclepius) 252, 253, 402
『아이네이스』(Aeneis) 301
『알마게스트』(Almagest) 249, 387
『어원』(Ethymologiae) 146
『연대기』(Cronica) 306
『영원한 복음 입문』(Introductorius in evangelium aeternum) 430
『영혼론 주해』(Sententia super De anima, 토마스 아퀴나스) 427
『영혼에 대한 토론문제집』(Quaestiones de anima, 비아조 펠라카니) 644
『영혼에 대한 토론문제집』(Quaestio disputata de anima, 토마스 아퀴나스) 426
『영혼의 불사성』(De immortalitate animae) 597, 728
『예정론』(De praedestinatione, 고트샬크) 196
『예정론』(De praedestinatione, 에리우게나) 202, 203
『오푸스 마유스』(Opus majus) 441
『오푸스 미누스』(Opus minus) 441
『오푸스 테르티움』(Opus tertium) 441
『요한복음 주해』(Expositio sancti Evangelii secundum Iohannem) 519, 523
『욕망에 대하여』(De voluptate) 667~71
『욥기 주해』(Moralia in Hiob) 182
『우신예찬』(Moriae encomium) 669, 689, 728, 732
『웅변 교육』(Institutio oratoria) 665
『원리론』(De principiis) 203
『원인론』(Liber de causis) 319, 324, 347, 400, 402, 406, 412, 413, 416, 418, 422, 428, 503, 505
『유대인 통치』(De regimine Iudaeorum) 425
『유토피아』(Utopia) 728
『윤리학』(Ethica, 피에르 아벨라르) 279
『윤리학 주해』(Sententia libri Ethicorum, 토마스 아퀴나스) 427
『의무론』(De officiis) 253, 297
『의학정전』(Al-Qānūn fī l-ṭibb) 367
『이교 신들의 계보』(De genealogia deorum gentilium) 654, 662
『이사고게』(Isagoge) 65, 67, 271
『이탈리아 르네상스의 문화』(Kultur der Renaissance in Italien) 685
『인간 존엄성』(De hominis dignitate) 698, 700
『인간의 본성』(De natura hominis) 249
『인간의 존엄성과 탁월함』(De dignitate et excellentia hominis) 684, 688
『일곱 개의 자유토론 문제』(Quodlibeta septem) 566
『일곱 형상론』(Heptaplus) 699
『자연의 구별』(De divisione naturae) 204, 257, 261
『자연의 열쇠』(Clavis physicae) 261
『자연철학 소론』(Parvulus philosophiae naturalis) 588
『자연학』(Physica) 126, 127, 248, 249, 272, 313, 345, 398, 410, 550, 589, 600, 631, 734
『자연학 문제』(Naturales quaestiones) 254
『자연학 주해』(Sententia super Physicam, 토마스 아퀴나스) 427
『자유7학대전』(Heptateuchon) 288
『자유문답집』(Disputatio de Quodlibet) 532
『자유의지』(De libero arbitrio diatribe) 737
『자유의지론』(De libero arbitrio) 667, 670
『자유토론』(Quodlibeta) 545, 554
『작금의 삶』(Vita coetanea) 480
『재논고』(Revisiones) 43

『정신에 대하여』(De mente) 715
『정치학 주해』(Sententia libri Politicorum, 토마스 아퀴나스) 427
『제일원리론』(Tractatus de primo principio) 532
『제정론』(Monarchia) 461, 472, 572
『존재자와 본질』(De ente et essentia) 348, 413~16
『존재자와 일자』(De ente et uno) 699
『좌절』(Desconhort) 486
『주님의 길을 깨우치라』(Scivias) 309, 311
『중세 철학사』(La philosophie au moyen âge) 626
『중세의 인문주의』(Medieval Humanism) 622
『지성 단일성』(Tractatus de unitate intellectus) 426, 448
『지성과 가지적인 것』(De intellectu et intelligibili) 502, 504
『지성론』(De intellectu) 357
『지성에 대한 논고』(Risāla fī al-'Aql) 356
『진리 발견의 술(術)』(Ars inventiva veritatis) 486
『진리론』(Quaestiones disputate de veritate) 417, 418
『찬반논변』(Sic et non) 278
『참된 선과 거짓된 선에 대하여』(De vero falsoque bono) → 『욕망에 대하여』
『창조의 서(書)』(Sēp̄er Yəṣīrā) 378, 379
『천계론』(De caelo) 427
『천계론 주해』(Sententia de caelo et mundo, 토마스 아퀴나스) 427
『천문학의 거울』(Speculum astronomiae) 410
『천상 위계』(De caelesti hierarchia) 98
『천상법의 규칙』(Regulae caelestis iuris) 317, 319
『천지학』(Cosmographia) 302
『천체의 회전에 대하여』(De revolutionibus orbium caelestium) 728

『철학』(philosophia mundi) 290, 297, 299, 300
『철학과 변증술의 전복』(Repastinatio dialecticae et philosophiae) → 『변증술 토론』
『철학의 위안』(Consolatio Philosophiae) 74, 79, 80, 83, 85, 86, 90, 93, 94, 96, 105, 108, 118, 145, 184, 219, 287, 302, 667, 669, 670, 721, 736
『철학자들의 파괴』(Tahāfut al-Falāsifa) 369
『철학자와 유대인과 그리스도교인 사이의 대화』(Dialogus inter Philosophum, Christianum et Iudaeum) → 『비교 토론』
『철학자의 작품을 읽는 방법』(De perlegendis philosophorum libris) 476
『초심자를 위한 논리학』(Logica ingredientibus) 271
『최고선과 최고악에 대하여』(De finibus bonorum et malorum) 253
『최고선에 대하여』(De summo bono, 다치아의 보에티우스) 453
『최고선에 대하여』(De summo bono, 스트라스부르의 울리히) 495
『추측론』(De coniecturis) 679, 737
『치유의 서(書)』(Kitāb al-shifā') 364
『카롤루스 법령집』(Libri Carolini) 193, 194
『카말돌리 토론문답집』(Disputationes camaldulenses) 697
『콤플루툼 다국어 성경』(Complutenser Polyglotte) 729
『쿠란』(Quran) 363, 369, 375
『테오제니우스』(Theogenius) 688
『토론 문제집』(Quaestiones disputatae) 424, 546
『투르의 성 마르티노의 생애』(Vita Sancti Martini) 184
『티마이오스』(Timaios) 90, 127, 251, 263, 274, 277, 288, 290, 292, 293,

도서명 및 인명 찾아보기 **909**

298~301, 305, 377, 399, 402, 410, 689, 713
『파르메니데스』(*Parmenides*) 69, 74, 399, 402, 733
『파리 문제집』(*Quaestiones Parisienses*) 509, 512~14, 516, 519, 523
『파이돈』(*Phaidon*) 399, 658, 659, 661
『페트루스와 라이문두스의 논쟁』(*Disputatio Petri Clerici et Raymundi phantastici*) 486
『펠라기우스 반박과 신의 변호』(*De causa Dei contra Pelagium*) 574, 577, 578, 580, 581
『평화의 수호자』(*Defensor pacis*) 463, 473, 600, 602~04
『폴리크라티쿠스』(*Policraticus*) 308
『프로슬로기온』(*Proslogion*) 232, 436, 532, 537
『프리드리히의 행적』(*Gesta Friderici*) 306
『플라톤 신학』(*Theologia platonica*) 696
『피렌체 역사』(*Historiae Florentini populi*) 653
『피렌체 인민의 역사』(*Historia Florentini populi*) 663
『피렌체 찬가』(*Laudatio urbis Florentinae*) 662
『피렌체사』(*Istorie Fiorentine*) 724
『피지올로구스』(*Physiologus*) 171
『하느님 관상의 서(書)』(*Libre de contemplacio en Deu*) 485
『하느님 위로의 서(書)』(*Buch der göttlichen Tröstung*) 523
『하느님은 왜 인간이 되었는가』(*Cur Deus homo*) 233, 281
『하느님의 업적』(*Liber divinorum operum*) 309
『하이델베르크 논쟁』(*Heidelberger Disputation*) 733
『학문과 학습』(*De studiis et litteris*) 660
『해설』(*Elucidarium*) 257, 258, 260
『향연』(*Convivio*, 단테) 169, 461
『향연』(*Symposion*, 플라톤) 108
『헵타메론』(*Heptameron*) 319
『현자 나탄』(*Nathan der Weise*) 283
『형이상학』(*Metaphysika*) 121, 137, 272, 345, 363~65, 398, 439, 445, 550, 631, 664, 734, 740
『형이상학 주해』(*Sententia super Metaphysicam*, 토마스 아퀴나스) 427
『형제들의 요청으로 쓴 논리학』(*Logica Nostrorum*) 271, 274
『혼란한 이들의 인도자』(*Dalālat alḥāʼirīn*) 382, 384
『황금 사슬』(*Catena aurea*) 420
『회화론』(*De pictura*) 688

| ㄱ |

가경자 피에르(Pierre le Vénérable) 236, 267
가린, 에우제니오(Garin, Eugenio) 624, 633, 644, 650, 688, 706
가우닐로(Gaunilo) 609, 706
가이어, 베른하르트(Geyer, Bernhard) 625
갈레노스(Galenos) 180, 247, 287, 298, 306, 336, 351, 356, 376, 387, 684
갈릴레이, 갈릴레오(Galilei, Galileo) 36, 128, 147, 379, 588, 612, 615, 618, 619, 623, 649, 706~08, 711, 712
게르호흐, 라이허스베르크의(Gerhoh von Reichersberg) 238, 256
게베르 오리야크(Gerbert d'Aurillac) 217~19, 222, 229, 246
겔처, 마티아스(Gelzer, Matthias) 39
고드프루아, 퐁텐의(Godefroid de Fontaines) 340, 533, 551, 552
고트샬크(Gottschalk) 115, 116, 195~98, 203, 264

괴테, 요한 볼프강 폰(Goethe, Johann
　　Wolfgang von) 601
구텐베르크, 요하네스(Gutenberg,
　　Johannes) 187
군디살리누스, 도미니쿠스(Gundissalinus,
　　Dominicus) 249, 250, 393~96
그라시, 에르네스토(Grassi, Ernesto) 650
그라티아누스(Gratianus, 수사) 242, 243,
　　253, 265, 316, 344
그라티아누스(Gratianus, 황제) 41
그라프만, 마르틴(Grabmann, Martin) 587
그레고리오, 투르의(Gregorio de Tours) 181
그레고리우스 1세(Gregorius I, 교황) 172,
　　181, 184, 224, 246
그레고리우스 9세(Gregorius IX, 교황) 445
그레고리우스, 니사의(Gregorius Nyssenus)
　　205, 210, 356
그레고리우스, 아리미노의(Gregorius de
　　Arimino) 462, 643, 647, 732
그로스테스트, 로버트(Grosseteste, Robert)
　　324, 377, 410, 439, 444, 505, 659
기베르티, 로렌초(Ghiberti, Lorenzo) 658,
　　689, 647
기욤, 생-티에리의(Guillaume de Saint-
　　Thierry) 256, 267, 277, 300, 315
기욤, 샹포의(Guillaume de Champeaux)
　　237, 255, 274
기욤, 오베르뉴의(Guillaume d'Auvergne)
　　340
기욤, 오세르의(Guillaume d'Auxerre) 340
기욤, 콩셰의(Guillaume de Conches) 266,
　　286, 290, 297~301, 307, 313, 317, 410,
　　609
기욤 뒤랑, 생-푸르생의(Guillaume Durand
　　de Saint-Pourçain) 462, 544~54

| ㄴ |

나르디, 브루노(Nardi, Bruno) 461

나탈리스, 헤르베우스(Natalis, Hervaeus)
　　544, 545, 547
나폴레옹(Napoléon) 344
너지, 알비노(Nagy, Albino) 357
네메시우스(Nemesius) 249
노장, 기베르 드(Nogent, Guibert de) 265
노트케르, 장크트갈렌의(Notker von St.
　　Gallen) 80, 169
니체, 프리드리히(Nietzsche, Friedrich) 167,
　　593
니촐리오, 마리오(Nizolio, Mario) 585
니콜라, 리르의(Nicolas de Lyre) 641
니콜라스, 오트르쿠르의(Nicholas
　　d'Autrécourt) 399, 462, 465, 557, 581,
　　582, 620, 621, 626, 639, 645, 649, 706
니콜라우스 5세(Nicolaus V, 교황) → 파렌
　　투첼리, 토마소
니콜라우스 쿠자누스(Nicolaus Cusanus)
　　31, 35, 65, 99, 117, 175, 209, 212, 237,
　　283~85, 294, 295, 322, 323, 377, 379,
　　409, 437, 471, 479, 481, 490, 524, 579,
　　601, 617, 632, 636, 638, 639, 641, 645,
　　663, 676~82, 684, 688, 689, 692, 694,
　　697~99, 707, 712, 713, 715, 729, 731,
　　732, 734, 735, 737, 738
니콜라우스, 암스테르담의(Nikolaus von
　　Amsterdam) 598
니콜리, 니콜로(Niccoli, Niccolò) 654

| ㄷ |

다미아니, 페트루스(Damiani, Petrus) 273,
　　296, 337, 565
다비드, 디낭의(David de Dinant) 254, 445
다이, 피에르(d'Ailly, Pierre) 584, 622, 639,
　　643
단테(Dante) 85, 169, 409, 459~63, 472,
　　475, 522, 524, 572, 600, 602, 604,
　　606, 617, 629, 707

달랑베르(D'Alembert) 554
대니얼, 몰리의(Daniel of Morley) 246
데모스테네스(Demosthenes) 655
데모크리토스(Demokritos) 108, 662
데카르트, 르네(Descartes, René) 36, 128, 161, 168, 233, 400, 428, 480, 512, 712
도나텔로(Donatello) 658, 689
도나투스(Donatus) 345
도미니치, 요하네스(Dominici, Johannes) 655, 713
두란두스(Durandus) → 기욤 뒤랑, 생 푸르생의
둔스 스코투스(Duns Scotus) 437, 462, 465, 472, 473, 475, 513, 532~42, 544, 548, 549, 556, 559, 562, 563, 568, 571, 580, 610~12, 620, 659, 678, 695, 706, 734
뒤엠, 피에르(Duhem, Pierre) 615, 616, 712, 713
드 맹, 장(de Meun, Jean) 80
드롱케, 페터(Dronke, Peter) 286, 309
디드로, 드니(Diderot, Denis) 554
디오게네스 라에르티오스(Diogenes Laërtius) 641, 663, 713
디오니시우스(Dionysius, 파리의 순교자) 98
디오니시우스 아레오파기타(Dionysius Areopagita) 38, 98, 104, 106, 107, 109, 114, 115, 117~19, 121, 125, 129, 138~44, 165, 182, 184, 185, 204, 205, 209~11, 258, 314, 381, 401, 402, 406, 409, 412, 413, 417, 423, 424, 494, 495, 513, 605, 622, 644, 663, 677, 678, 681, 695, 699
디터, 이젠부르크의(Dieter von Isenburg) 640
디트리히, 프라이베르크의(Dietrich von Freiberg) 35, 208, 324, 357, 404, 462, 465, 470, 472, 473, 494~505, 508, 512~14, 520, 526, 528, 609, 612, 706, 731
딜타이, 빌헬름(Dilthey, Wilhelm) 720~22, 724

| ㄹ |

라몬 유이(Ramon Llull) → 룰루스, 라이문두스
라무스, 페트루스(Ramus, Petrus) 674
라블레, 프랑수아(Rabelais, François) 621
라이프니츠(Leibniz) 161, 168, 233, 318, 480, 488, 548, 554, 670
락탄티우스(Lactantius) 660, 662, 666, 684
란디노, 크리스토포로(Landino, Cristoforo) 697
란프란쿠스(Lanfrancus) 125, 175, 228, 229, 231, 255, 256, 286
레미기우스(Remigius) 573
레싱, 고트홀트 에프라임(Lessing, Gotthold Ephraim) 283, 480, 490
레오 1세(Leo I, 교황) 60
레오 10세(Leo X, 교황) 596, 716
레프, 고든(Leff, Gordon) 576, 578
로런스, 린도리스의(Lawrence of Lindores) 595
로베르(Robert, 앙주 가문) 186, 612
로베르(Robert, 위그 카페의 아들) 218
로베르, 쿠르송의(Robert de Courçon) 445
로셀리누스(Roscellinus) 243, 274, 275
로이힐린, 요하네스(Reuchlin, Johannes) 700, 731
로젠베르크, 알프레트(Rosenberg, Alfred) 507
로타르 3세(Lothar III, 황제) 248
루이 9세(Louis IX) 331
루첸티니, 파올로(Lucentini, Paolo) 319
루크레티우스(Lucretius) 180
루키아노스(Lucianos) 688

루터, 마르틴(Luther, Martin) 35, 165, 201,
    282, 315, 559, 576, 599, 630, 638, 640,
    643, 646, 669, 707, 708, 709, 727~38,
    740, 741
루트비히 1세(Ludwig I) 184
루트비히 4세(Ludwig IV, 황제) 459, 473,
    558, 600, 603
루트비히 11세(Ludwig XI) 621
루페르트, 도이츠의(Rupert von Deutz)
    256
루프, 페리에르의(Loup de Ferrières) 185
루피누스(Rufinus) 185, 203
룰루스, 라이문두스(Lullus, Raimundus)
    169, 208, 283, 377, 379, 462, 463, 465,
    471, 472, 479~93, 496, 502, 513, 516,
    517, 521, 522, 525, 528, 559, 582, 612,
    617, 620, 677, 678, 682, 731
르낭, 에르네스트(Renan, Ernest) 371, 446
르클레르, 장(LeClerc, Jean) 36
리돌피, 로베르토(Ridolfi, Roberto) 718
리비우스(Livius) 660, 718
리클린, 토머스(Ricklin, Thomas) 248
리터, 게르하르트(Ritter, Gerhard) 708
리히텐베르크, 게오르크 크리스토프
    (Lichtenberg, Georg Christoph) 167

| ㅁ |

마네골트, 라우텐바흐의(Manegold von
    Lautenbach) 225
마네티, 잔노초(Manetti, Giannozzo) 664,
    683, 684, 688, 690
마누티우스, 알두스(Manutius, Aldus) 187
마니(Mani) 46
마르실리우스, 잉겐의(Marsilius von
    Inghen) 463, 595, 597, 617, 642
마르실리우스, 파도바의(Marsilio da
    Padova) 391, 459, 463, 473, 600~10,
    706, 707, 724

마사초(Masaccio) 33, 658, 689
마우루스, 라바누스(Maurus, Rabanus)
    116, 146, 195~97
마이네케, 프리드리히(Meinecke, Friedrich)
    724
마이모니데스, 모세스(Maimonides, Moses)
    379, 381~85, 399, 483
마이스터 에크하르트(Meister Eckhart) 31,
    99, 100, 159, 163, 169, 322, 382, 383,
    385, 404, 409, 459, 462, 465, 470~73,
    496, 507~29, 559, 570, 582, 617, 620,
    621, 676, 678, 682, 730, 738, 741
마이어, 아넬리제(Maier, Anneliese) 616,
    618
마크로비우스(Macrobius) 180, 185, 252,
    274, 290, 298, 304, 305, 402
마키아벨리, 니콜로(Machiavelli, Niccolò)
    36, 600, 640, 653, 702, 707~09,
    717~28, 730, 731, 737, 741
막시무스(Maximus Confessor) 107,
    210~12
막시밀리안 1세(Maximilian I) 718
만케, 디트리히(Mahnke, Dietrich) 322
망도네, 피에르(Mandonnet, Pierre) 446
머리, 알렉산더(Murray, Alexander) 529
메디치, 로렌초 데(Medici, Lorenzo de')
    683, 692, 697, 698, 701
메디치, 코시모 데(Medici, Cosimo de')
    651, 683, 685, 687, 691, 692
메디치, 피에로 데(Medici, Piero de') 683,
    692
멜란히톤, 필리프(Melanchthon, Philipp)
    643, 740
모세(Moses) 123, 292, 579
모어, 토머스(More, Thomas) 728, 737, 741
모이텐, 에리히(Meuthen, Erich) 636, 707
몬돌포, 로돌포(Mondolfo, Rodolfo) 323
몽테뉴, 미셸 드(Montaigne, Michel de)
    640

도서명 및 인명 찾아보기 **913**

몽테스키외(Montesquieu) 719
무라토리, 안토니오 루도비코(Muratori, Antonio Ludovico) 36
무함마드(Muhammad) 157, 350
미란돌라, 피코 델라(Mirandola, Pico della) 65, 471, 623, 624, 650, 691, 698~701, 731
미켈레, 체세나의(Michele di Cesena) 571
미트케, 위르겐(Miethke, Jürgen) 572
미할스키, 콘스탄틴(Michalski, Constantin) 614, 616

| ㅂ |

바로, 마르쿠스 테렌티우스(Varro, Marcus Terentius) 145, 180
바론, 한스(Baron, Hans) 650, 660
바르바로, 에르몰라오(Barbaro, Ermolao) 623
바르톨루스(Bartolus) 665
바솔리, 체사레(Vasoli, Cesare) 650, 706
바오로(Paulus) 98, 115, 401, 423, 428, 477, 579, 581, 669, 670, 675, 728, 733, 736
발라, 로렌초(Valla, Lorenzo) 36, 79, 377, 601, 630, 636, 654, 665~76, 707, 708, 729, 732, 736
베네딕투스, 누르시아의(Benedictus de Nursia) 172, 173, 179, 184, 338
베네투스, 파울루스(Venetus, Paulus) 650
베다(Beda) 146, 147, 173, 290
베렝가르, 투르의(Berengar) 125, 161, 229~32, 286, 567, 609, 731
베로키오, 안드레아 델(Verocchio, Andrea del) 711
베르길리우스(Vergilius) 58, 180, 660, 661
베르나르, 샤르트르의(Bernard de Chartres) 285, 297, 301
베르나르, 클레르보의(Bernard de Clairvaux) 178, 239, 256, 263, 265, 267, 268, 276, 277, 284, 300, 306, 309, 310, 315, 324, 338
베르나르두스, 아레초의(Bernhard von Arezzo) 581
베르톨트(Berthold) 188
베르톨트, 무스부르크의(Berthold von Moosburg) 100, 399, 404, 462, 578, 677
베른바르트, 힐데스하임의(Bernward von Hildesheim) 217, 334
베사리온(Bessarion) 663, 664, 676
베이컨, 로저(Bacon, Roger) 368, 377, 438~44, 472, 479, 505, 528, 574, 585, 609, 612, 714
베일, 피에르(Bayle, Pierre) 36
베케트, 사무엘(Beckett, Samuel) 687
베켓, 토머스(Becket, Thomas) 308
베토리, 프란체스코(Vettori, Francesco) 719, 722, 723
벤턴, 존 F.(Benton, John F.) 270
보나벤투라(Bonaventura) 187, 328, 340, 416, 428~40, 448, 467, 474, 534, 556~58, 562, 610, 643, 706, 732, 733
보니파키우스, 윈프리드(Bonifacius, Wynfrid) 183
보니파키우스 8세(Bonifacius VIII, 교황) 421, 459, 472, 509, 544
보르헤스, 호르헤 루이스(Borges, Jorge Luis) 322
보시, 히에로니무스(Bosch, Hieronymus) 688
보에티우스(Boethius) 31, 38, 39, 62~75, 77~98, 100, 103, 105, 106~09, 113~15, 117~21, 125~27, 129~39, 142~45, 148, 167, 168, 172, 174, 175, 179, 183, 184, 199, 202, 204, 206, 207, 209~11, 219, 228, 229, 232, 252, 263, 287, 289, 294, 295, 298, 302, 305, 307,

314, 317, 353, 359, 396, 400~02, 419, 577, 666~75, 695, 704, 721, 736
보에티우스, 다치아의(Boethius de Dacia) 340, 446, 453, 454, 470
보임커, 클레멘스(Baeumker, Clemens) 25
보카초, 조반니(Boccaccio, Giovanni) 35, 460, 633, 639, 649, 654, 655, 662, 663
보티첼리, 산드로(Botticelli, Sandro) 701
볼테르(Voltaire) 36, 371
볼프, 크리스티안(Wolff, Christian) 168
뵈너, 필로테우스(Böhner, Philotheus) 625
부르군디오네, 피사의(Burgundione da Pisa) 249, 265
부르크하르트, 야코프(Burckhardt, Jacob) 241, 650, 655, 685~90, 705, 706
부시, 조반니 안드레아(Bussi, Giovanni Andrea) 682
부크, 아우구스트(Buck, August) 650
불프, 모리스 드(Wulf, Maurice de) 531
뷔리당, 장(Buridan, Jean) 462, 463, 465, 587~97, 615~18, 620, 639, 640, 642~45, 647, 649, 659, 727
브라촐리니, 포조(Bracciolini, Poggio) 654, 664, 692
브래드워딘, 토머스(Bradwardine, Thomas) 462, 574~82, 639, 732
브루넬레스키, 필리포(Brunelleschi, Filippo) 648, 658, 689
브루노, 조르다노(Bruno, Giordano) 212, 322, 323, 479
브루니, 레오나르도(Bruni, Leonardo) 652, 657~64, 683, 691, 692, 697, 707
브루투스(Brutus) 652
블루멘베르크, 한스(Blumenberg, Hans) 650
비엘, 가브리엘(Biel, Gabriel) 639, 643
비코, 잠바티스타(Vico, Giambattista) 36, 708
비텔로(Witelo) 25, 324, 505

빅토리누스, 마리우스(Victorinus, Marius) 46, 58, 109, 319, 402
빈델반트, 빌헬름(Windelband, Wilhelm) 632, 663
빌라니, 마테오(Villani, Matteo) 458
빌라니, 조반니(Villani, Giovanni) 457, 613
빌렘, 뫼르베케의(Willem van Moerbeke) 402, 426, 427, 604
빌리기스(Willigis) 224

|ㅅ|

사보나롤라, 지롤라모(Savonarola, Girolamo) 638, 700~02, 713, 716, 718, 732
살라딘(Saladin) 382
살루스티우스(Sallustius) 180
살루타티, 콜루초(Salutati, Coluccio) 652~58, 663, 684, 697
샤를 5세(Charles V) 460
샤를 8세(Charles VIII) 637, 718
서던, 리처드 W.(Southern, Richard W.) 25, 233, 285, 286, 288, 289, 293, 622
세네카(Seneca) 106, 109, 162, 180, 185, 229, 232, 253, 254, 292, 353, 419, 425, 631, 632, 662
세뉘, 마리-도미니크(Chenu, Marie-Dominique) 296
세르베투스, 미카엘(Servetus, Michael) 168, 630, 729
세베루스, 술피키우스(Severus, Sulpicius) 184
셸링, 프리드리히 빌헬름 요제프 폰(Schelling, Friedrich Wilhelm Joseph von) 233
소크라테스(Socrates) 48, 142, 157, 175, 267, 279, 591~93, 627~29, 715
솔리누스, 율리우스(Solinus, Julius) 171
쉬제(Suger) 236

슈테그뮐러, 프리드리히(Stegmüller,
　　Friedrich) 316
스웨인스헤드, 리처드(Swineshead, Richard)
　　713
스코투스, 미카엘(Scotus, Michael) 353,
　　445
스털리즈, 로리스(Sturlese, Loris) 248, 501,
　　502
스트라본(Strabon) 171
스트로치, 팔라(Strozzi, Palla) 654, 658
스피노자, 베네딕투스 데(Spinoza,
　　Benedictus de) 233
시메네스(Ximenes, 추기경) 729
시몽, 리샤르(Simon, Richard) 36
시제, 브라방의(Siger de Brabant) 25, 26,
　　340, 426, 428, 446, 448, 451~54, 609
실베스테르 2세(Sylvester II, 교황) 217
실베스트리스, 베르나르(Silvestris, Bernard)
　　285, 286, 301, 302, 305, 306, 313, 317,
　　627
심마쿠스, 메미우스(Symmachus,
　　Memmius) 62
심플리키아누스(Simplicianus) 43, 52
심플리키오스(Simplicios) 356, 359, 427,
　　359

|ㅇ|

아가페투스 1세(Agapetus I, 교황) 179
아그리콜라, 루돌푸스(Agricola, Rudolphus)
　　670, 674
아낙사고라스(Anaxagoras) 734
아달베르트(Adalbert) 288
아르기로풀로스, 요아니스(Argyropoulos,
　　Ioannis) 692, 713
아르날데즈, 로제(Arnaldez, Roger) 375
아르날도, 브레시아의(Arnaldo da Brescia)
　　243, 267
아르키메데스(Archimedes) 63, 180

아리스토텔레스(Aristoteles) 26, 62~67, 85,
　　87, 90, 94, 95, 102, 109, 110, 120~22,
　　126, 127, 130, 131, 134, 137, 142, 143,
　　180, 184, 186, 187, 206~08, 210, 211,
　　229, 230, 247~50, 256, 265, 267, 271,
　　272, 274, 277, 284, 287, 289, 293,
　　294, 307, 308, 313, 319, 323, 324,
　　328, 336, 340, 345~47, 351, 353~61,
　　363~65, 368, 370~77, 379, 385~93,
　　395, 397~402, 404~06, 409, 410, 412,
　　415, 416, 418~23, 425~28, 433~39,
　　442, 443, 445~54, 460, 461, 467, 468,
　　470, 472~76, 487, 488, 492, 494, 495,
　　498~500, 504, 509, 511, 513, 514,
　　519, 520, 525, 528~35, 537, 539, 541,
　　543, 546, 550, 552, 557, 560~63, 568,
　　569, 572, 577, 578, 580~82, 584, 585,
　　587~89, 592, 594, 597, 598, 600, 601,
　　603~09, 611~18, 623, 626, 629, 631,
　　632, 638, 642, 644, 645, 649, 658~62,
　　664, 669, 670, 672, 674, 675, 677,
　　679~81, 684, 693~95, 700, 701, 706,
　　707, 717, 727, 729, 732~35, 740
아마우리, 벤의(Amaury de Bène) 526
아베로에스(Averroes) 99, 250, 352, 353,
　　363, 370~77, 382, 385, 407, 408, 412,
　　415, 416, 422, 426, 445~47, 449, 450,
　　461, 476, 477, 492, 531, 533, 534, 538,
　　557, 578, 584, 594, 603, 614, 628, 631,
　　644, 694
아벨라르, 피에르(Abélard, Pierre) 58, 114,
　　178, 237, 239, 243, 253, 255, 263,
　　266~83, 287, 288, 296, 300~02, 306,
　　307, 309~11, 313, 317, 322, 324, 344,
　　347, 348, 351, 374, 465, 513, 568, 575,
　　609, 706, 731
아벨라르두스 → 아벨라르, 피에르
아부 마샤르(Abu Ma'shar) 247, 313
아브라함(Abraham) 579

아비체브론(Avicebron) 25, 250, 379, 380~82, 416
아비첸나(Avicenna) 249, 324, 336, 350, 352, 363~68, 370, 373~77, 390, 413, 416, 417, 422, 423, 477, 505, 531, 534, 538, 589, 592, 684
아우구스토두넨시스, 호노리우스(Augustodunensis, Honorius) 256, 257, 259, 260, 269, 641
아우구스티누스(Augustinus) 36, 38, 39, 41, 43~62, 75, 78~81, 90, 96, 97, 99, 100, 104~09, 112~20, 122~25, 127~31, 133, 135, 137~40, 142~45, 147~50, 159, 162, 165, 166, 168, 171, 172, 180~84, 192, 193, 195~205, 209~11, 213, 228, 229, 232, 233, 246, 250, 253, 255, 257, 258, 262, 263, 268, 275, 276, 280, 281, 285, 290, 291, 302, 306, 308, 309, 314, 324, 334, 337, 338, 346, 348, 354, 356, 370, 375, 376, 393, 396~99, 401, 402, 410, 412, 413, 416~18, 424~26, 428, 433~35, 437, 438, 451~53, 470, 474, 475, 485, 489, 495, 499, 503, 513, 528, 530, 531, 533, 534, 536, 551, 552, 557, 575~77, 579~81, 604, 605, 622, 627~34, 643, 644, 656, 660, 662, 666, 683, 694~96, 717, 718, 728, 732, 733, 736, 740, 741
아인하르트(Einhart) 191
아폴리나리스, 시도니우스(Apollinaris, Sidonius) 154
아풀레이우스(Apuleius) 252, 695
안셀무스, 랑의(Anselmus de Laon) 255, 256
안셀무스, 캔터베리의(Anselm of Canterbury) 116, 167, 168, 174, 175, 228, 229, 231~34, 245, 255~57, 259, 260, 263, 265, 273, 275, 277, 281, 282, 285, 296, 313, 318, 327, 338, 348, 374, 419, 433, 436, 438, 465, 490, 520, 532, 537, 556, 557, 565, 577, 610, 678
안젤름, 하벨베르크의(Anselm von Havelberg) 248
안티오쿠스, 아스칼론의(Antiochus of Ascalon) 65
알-가잘리(Al-Ghazali) 368, 369, 373, 374, 485
알-라지, 아부 바크르 무함마드 이븐 자카리야(al-Rāzī, Abū Bakr Muhammad ibn Zakariyyā) 247
알랭 드 릴(Alain de Lille) 238, 317~20, 322
알렉산더, 헤일스의(Alexander of Hales) 340, 440
알렉산드로스 아프로디시아스(Alexandros Aphrodisias) 70, 356, 357, 588, 592, 594, 595, 597, 598, 642
알렉산드로스(Alexandros) 대왕 391, 607
알마리쿠스(Almaricus) → 아마우리, 베네의
알베르투스 마그누스(Albertus Magnus) 187, 340, 357, 388, 399, 404~13, 416, 417, 419, 433, 434, 438, 440, 443, 447~49, 461, 463, 467, 495, 496, 502, 505, 513, 526, 532, 595, 610, 612, 677, 678, 681, 684, 713
알베르트, 작센의(Albert von Sachsen) 597, 617, 713
알베르티, 레온 바티스타(Alberti, Leon Battista) 636, 679, 685~90, 698, 713
알브레히트 1세(Albrecht I) 459
알-킨디(Al-Kindi) 355~59, 361, 362
알 파라비(Al Farabi) 249, 359~64, 366
알프레드(Alfred) 80, 216, 218
알하젠(Alhazen) 354, 647
알-하캄 2세(Al-Hakam II, 칼리프) 352
암브로시우스(Ambrosius) 46, 114, 184, 185, 290, 402

도서명 및 인명 찾아보기 **917**

애덜라드, 바스의(Adelard of Bath)
　　245~47, 410, 444, 574, 609
앨퀸(Alcuin)　131, 146, 173, 183, 190, 191
야코부스(Jacobus)　248, 249
얀센, 코르넬리우스 오토(Jansen, Cornelius Otto)　58
에드머(Eadmer)　175
에드워드 3세(Edward III)　574
에라스무스(Erasmus)　29, 36, 585, 621, 630, 638, 640, 666, 669, 689, 708, 728, 729, 732, 735~38, 740, 741
에를레, 프란츠(Ehrle, Franz)　531
에리우게나, 요하네스(Eriugena, Johannes)　99, 107, 116, 125, 146, 161, 185, 186, 195, 198~213, 257, 261, 305, 314, 398, 489, 490, 513, 520, 532, 678
에우기피우스(Eugippius)　181
에우리피데스(Euripides)　661
에우스트라티우스(Eustratius)　399, 434, 580
에우제니오 4세(Eugenio IV, 교황)　651
에우클레스, 요하네스(Eucles, Johannes)　597, 598
에우클레이데스(Eucleides)　78, 180, 247, 317, 318, 387
에지디우스 로마누스(Aegidius Romanus)　421, 436, 473, 533, 572
에피쿠로스(Epikouros)　108, 110, 662, 667~69, 713
엔니우스, 퀸투스(Ennius, Quintus)　180
엘로이즈(Éloïse)　270, 271
엘리자베스 1세(Elisabeth I)　80
엠페도클레스(Empedocles)　85
예이츠, 프랜시스(Yates, Francis)　695
오도아케르(Odoacer)　76
오렘, 니콜(Oresme, Nicole)　460, 462, 465, 466, 609, 617, 618, 620, 639, 640, 647
오로시우스(Orosius)　171
오리게네스(Origenes)　46, 109, 114, 146, 185, 203, 205, 210, 402
오비디우스(Ovidius)　241, 655
오컴, 윌리엄(Ockham, William)　35, 159, 161, 338, 437, 459, 462, 465, 472, 473, 529, 549, 552, 556~74, 576, 583, 586, 600, 606, 611~16, 621, 622, 639, 642, 643, 645~47, 649, 659, 675, 723, 727, 735
오토, 프라이징의(Otto von Freising)　265, 267, 306
오토 1세(Otto I)　216, 217
오토 2세(Otto II)　217, 218
오토 3세(Otto III)　217, 218, 352
오트르쿠르의 니콜라스(Nicholas d'Autrécourt)　399, 462, 465, 557, 581, 582, 620, 621, 626, 639, 645, 649, 706
오틀로, 성(聖) 에메람(Emmeram)의(Otloh von St. Emmeram)　223
올리비, 피에르 드 장(Olivi, Pierre de Jean)　432, 475~79, 503, 534, 550, 552, 562, 611, 613, 732
올슈키, 레오(Olschki, Leo)　711
요하네스, 고르체의(Johannes von Gorze)　352
요하네스, 파르마의(Johannes de Parma)　431
요하네스 22세(Johannes XXII, 교황)　459, 475, 527, 570
우르바누스 4세(Urbanus IV, 교황)　420
우베르티노, 카살레의(Ubertino da Casale)　432, 475
울리히, 스트라스부르의(Ulrich von Straßburg)　495, 526
워커, 대니얼 P.(Walker, Daniel P.)　695
위고, 아미앵의(Hugo de Amiens)　238
위그, 생-빅토르의(Hugues de St. Victor)　265, 314, 315, 393, 395, 396
위드리, 프랑수아즈(Hudry, Françoise)　319
위클리프, 존(Wycliffe, John)　622, 639,

640, 732
윌리엄, 헤티스베리의(William of Heytisbury) 713
유스티누스 1세(Iustinus I, 황제) 76, 77
이르네리우스(Irnerius) 344
이븐 가비롤(Ibn Gabirol) → 아비체브론
이븐 다우드, 아브라함(Ibn Daud, Abraham) 249
이븐 루시드(Ibn Rushd) → 아베로에스
이븐 시나, 아부 알리(Ibn Sina, Abu Ali) → 아비첸나
이셀베르트(Ethelbert) 183
이시도루스(Isidorus) 106, 107, 131, 146, 196, 197, 356, 396
이암블리코스(Iamblichos) 695
인노첸티우스 3세(Innocentius III, 교황) 264, 684
인노첸티우스 7세(Innocentius VII, 교황) 658
임바흐, 루디(Imbach, Ruedi) 460, 572

| ㅈ |

자코모 1세, 카라라의(Giacomo I da Carrara) 602
장, 장 의(Jean de Jandun) 459
제라르도, 보르고 산 도니노의(Gerardo di Borgo San Donnino) 430, 432
제라르도, 크레모나의(Gherardo da Cremona) 249, 265
제르송, 장(Gerson, Jean) 437, 481, 622, 639, 643
젠틸레, 조반니(Gentile, Giovanni) 628
조반니, 나폴리의(Giovanni di Napoli) 554
조아키노, 피오레의(Gioacchino da Fiore) 161, 325~28, 430, 431, 434, 439, 444, 475
조토(Giotto) 460
존, 솔즈베리의(John of Salisbury) 265,

267, 286, 289, 297, 301, 306~08, 627
졸리베, 장(Jolivet, Jean) 305, 357
질베르, 푸아티에의(Gilbert de Poitiers) 243, 263, 265, 286, 307, 309
질송, 에티엔(Étienne Gilson) 270, 330, 357, 531, 625~27, 704, 706

| ㅊ |

차이메 1세(Chaime I) 482
첼레스티누스 3세(Celestinus III, 교황) 267
첼레스티누스 5세(Celestinus V, 교황) 459
초서, 제프리(Chaucer, Geoffrey) 80
츠빙글리, 울리히(Zwingli, Ulrich) 731, 735

| ㅋ |

카롤루스 2세(Carolus II, 황제) 185
카롤루스 대제(Carolus Magnus) 155, 173, 183, 190~93, 204, 212, 218, 482
카르투시아누스, 디오니시우스 (Carthusianus, Dionysius) 641
카를 4세(Karl IV, 황제) 459, 460, 629
카를슈타트, 루돌프 폰(Karlstadt, Rudolf von) 735
카시러, 에른스트(Cassirer, Ernst) 632, 633, 650, 712, 713
카시오도루스(Cassiodorus) 173, 174, 179~81, 183
카이사르, 율리우스(Caesar, Julius) 652
카토(Cato) 652
카페, 위그(Capet, Hugues) 218
카펠라, 마르티아누스(Capella, Martianus) 171, 206, 252, 298, 301, 302, 305
카프레올루스, 요하네스(Capreolus, Johannes) 639
칸그란데 델라 스칼라(Cangrande della Scala) 462, 602

칸트, 이마누엘(Kant, Immanuel) 128, 158, 161, 168, 175, 233, 369, 512, 533, 585
칼뱅, 장(Calvin, Jean) 168, 576
칼키디우스(Calcidius) 251, 252, 254, 290, 298, 305, 402, 580, 695
캄브렌시스, 지랄두스(Cambrensis, Giraldus) 265
케슬러, 에크하르트(Keßler, Eckhart) 650
코페르니쿠스, 니콜라우스(Copernicus, Nicolaus) 617, 619, 728, 729
코흐, 요제프(Koch, Josef) 382, 383, 507, 552
콘스탄티누스 대제(Constantinus I) 39, 601
콘스탄티누스 아프리카누스(Constantinus Africanus) 147, 247, 297, 301, 310, 352
콜라 디 리엔초(Cola di Rienzo) 629
콜럼버스, 크리스토퍼(Columbus, Christopher) 636, 643
콜룸바누스(Columbanus) 180
쿠르티우스, 에른스트 로베르트(Curtius, Ernst Robert) 706
쿠아레, 알렉상드르(Koyré, Alexander) 616
쿡세비치, 즈지스와프(Kuksewicz, Zdzisław) 639
퀸틸리아누스(Quintilianus) 171, 180, 665
크레티앵 드 트루아(Chrétien de Troyes) 240
크로체, 베네데토(Croce, Benedetto) 710, 718, 720
크리솔로라스, 마누엘(Chrysoloras, Manuel) 655, 658
크리스텔러, 폴 오스카(Kristeller, Paul Oskar) 624, 650, 657, 691, 705
클라센, 페터(Classen, Peter) 248
클레르발, 아베(Clerval, Abbé) 285, 286, 288
클레멘스 4세(Clemens IV, 교황) 441

클리반스키, 레이먼드(Klibansky, Raymond) 650, 705
키도르, 장(Quidort, Jean) 459, 472, 473, 546, 604, 731
키케로(Cicero) 44, 45, 53, 58, 65, 84, 106, 109, 116, 144, 154, 162, 171, 180, 181, 184, 185, 229, 232, 253, 259, 292, 297, 306, 308, 348, 402, 419, 606, 624, 626, 627, 631~34, 652, 654, 655, 660, 662, 667, 670, 683, 684

| ㅌ |

타비트 이븐 쿠라(Thābit ibn Qurra) 247
테렌티우스(Terentius) 180
테리, 귀스타브(Théry, Gustav) 357
테미스티오스(Themistios) 356, 427
테오도리쿠스(Theodoricus) 62, 63, 75~78, 218
테오도시우스 1세(Theodosius I) 52
테오프라스토스(Theophrastos) 662
토마스 아퀴나스(Thomas Aquinas) 117, 126, 159, 161, 168, 187, 253, 282, 322, 328, 330, 340, 348, 368, 370, 371, 374, 383, 388, 390~92, 396, 400, 401, 406, 408, 412~28, 431~33, 436, 438, 448, 450~52, 454, 467, 473, 475, 490, 494, 496~500, 502, 509, 513, 514, 517, 519, 520, 531, 533, 538, 544, 546~56, 561, 562, 569, 571, 572, 577, 580, 593, 604, 610, 620, 673, 675, 677, 678, 681, 695, 734
토스카넬리, 파올로 달 포초(Toscanelli, Paolo dal Pozzo) 676
톨로메오, 루카의(Tolomeo di Lucca) 391, 392
튜링, 앨런(Turing, Alan) 589
트라베르사리, 암브로조(Traversari, Ambrogio) 641, 663, 676, 683

트라페춘티우스, 게오르기오스
(Trapezuntius, Georgios) 664
트리스메기스토스, 헤르메스(Trismegistos,
Hermes) 26, 252, 276, 409, 677, 695
티부르티누스, 플라토(Tiburtinus, Plato)
353
티에리, 샤르트르의(Thierry de Chartres)
250, 263, 266, 285, 286, 288~97,
300~02, 307, 310, 313, 322, 410, 609,
641
틸리히, 폴(Tillich, Paul) 32

| ㅍ |

파렌투첼리, 토마소(Parentucelli, Tommaso)
664
파르메니데스(Parmenides) 48, 100
파스칼, 블레즈(Pascal, Blaise) 58, 161, 535
팔미에리, 마테오(Palmieri, Matteo) 664
페데리치-베스코비니, 그라지엘라(Federici-
Vescovini, Graziella) 644
페컴, 존(Peckham, John) 426
페터, 드레스덴의(Peter von Dresden) 588
페트라르카, 프란체스코(Petrarca,
Francesco) 460, 462, 585, 625~34,
639, 653, 655, 663, 683
페트루스 롬바르두스(Petrus Lombardus)
186, 187, 242, 314~16, 346, 347, 417,
422, 472, 545, 553, 641
펠라기우스(Pelagius) 53, 57, 280, 575, 576
펠라카니, 비아조(Pelacani, Biagio)
644~47, 649, 659, 713
포레테, 마르그리트(Porete, Marguerite)
527
포르피리오스(Porphyrios) 46, 49, 65, 67,
74, 271, 359, 401, 402, 673
폴리비오스(Polybois) 718
폴리치아노, 안젤로(Poliziano, Angelo)
692, 701, 713

폼포나치, 피에트로(Pomponazzi, Pietro)
596, 597, 638, 646, 649, 704, 708, 727,
728
풀, 레지널드 L.(Poole, Reginald L.) 285
풀베르(Fulbert) 218, 229, 286
프라에포시티누스(Praepositinus) 238
프라이어, 한스(Freyer, Hans) 719
프란체스코 델라 마르카(Francesco della
Marca) 614
프란체스코, 아시시의(Francesco d'Assisi)
340, 390, 428~32, 440
프란치스쿠스, 마이로니스의(Franciscus de
Mayronis) 618
프란틀, 카를(Prantl, Carl) 479
프랑수아 1세(François I) 716
프로바(Proba) 181
프로클로스(Proklos) 98, 100, 204, 210,
211, 351, 400~02, 412, 413, 423, 428,
494, 503~05, 528, 580, 677, 681
프루덴티우스(Prudentius) 203
프리델, 에곤(Friedell, Egon) 741
프리드리히 1세(Friedrich I, 황제) 236,
248, 249, 306, 335
프리드리히 2세(Friedrich II, 프로이센) 719
프리드리히 2세(Friedrich II, 황제) 331,
332, 353, 390
프리드리히 바르바로사(Friedrich
Barbarossa) → 프리드리히 1세
프리스키아누스(Priscianus) 274, 275, 301,
345
프톨레마이오스(Ptolemaeos) 171, 180,
209, 247, 249, 387, 388, 616
플라체크, 에르하르트-볼프람(Platzeck,
Erhard-Wolfram) 479, 480
플라톤(Platon) 48, 58, 62, 64~67, 69, 73,
74, 81, 83, 85, 90, 94~96, 108, 113,
116, 117, 127, 142, 143, 149, 175, 180,
251, 252, 263, 267, 272, 274~77, 290,
292, 293, 298, 299, 303, 304, 307, 308,

359, 377, 399~403, 425, 434, 438,
564, 580, 591, 592, 627, 631, 632, 634,
654, 655, 658, 659, 662, 664, 669, 677,
681, 689, 692~97, 705, 713, 733, 734
플레톤, 게오르기오스 게미스토스(Plethon,
　　Georgios Gemistos) 664, 692
플로루스(Florus) 203
플로티노스(Plotinos) 46, 48, 49, 53, 64,
　　100, 108, 113, 114, 127, 139, 142, 143,
　　205, 210, 211, 307, 351, 359, 360, 364,
　　401~03, 434, 680, 693, 695
플리니우스(Plinius) 145, 146, 162, 171,
　　180, 353, 713
피우스 2세(Pius II, 교황) 677, 700
피치노, 마르실리오(Ficino, Marsilio) 65,
　　401, 471, 631, 641, 650, 689, 691~97,
　　699~702, 710, 712, 713, 715
피카베, 프랑수아(Picavet, François) 401
피퍼, 요제프(Pieper, Josef) 479
피히테(Fichte) 470. 512, 719
핀다로스(Pindaros) 661
필렐포, 프란체스코(Filelfo, Francesco) 692
필로포노스, 요하네스(Philoponos,
　　Johannes) 356
필론(Philon) 114, 378
필리프 4세(Philippe IV) 459, 509, 544

| ㅎ |

하만, 요한 게오르크(Hamann, Johann
　　Georg) 212
하우크, 알베르트(Hauck, Albert) 197
하인리히 7세(Heinrich VII, 황제) 459
하인리히 8세(Heinrich VIII, 황제) 602

하인리히, 랑겐슈타인의(Heinrich von
　　Langenstein) 642
하인리히 토팅, 오이타의(Heinrich Totting
　　von Oyta) 642
하임죄트, 하인츠(Heimsoeth, Heinz) 663
하임펠, 헤르만(Heimpel, Hermann) 636
해링, 니콜라우스(Häring, Nikolaus) 285
헤겔, 게오르크 빌헬름 프리드리히(Hegel,
　　Georg Wilhelm Friedrich) 158, 161,
　　168, 212, 233, 488, 719
헤르마누스 달마타(Hermanus Dalmata/
　　Herman of Carinthia) 247, 250
헤시오도스(Hesiodos) 661, 695
헨리쿠스, 간다보의(Henricus de Gandavo)
　　340, 533, 551, 695
호라티우스(Horatius) 180
호메로스(Homeros) 180, 409, 655, 661,
　　694
후고, 파르마의(Hugo von Parma) 342
후고, 호나우의(Hugo von Honau) 248
후텐, 울리히 폰(Huten, Ulrich von) 729
흄, 데이비드(Hume, David) 175, 444, 584
흐로츠비타, 간더스하임의(Hrotsvita von
　　Gandersheim) 217
히르슈베르거, 요하네스(Hirschberger,
　　Johannes) 633
히스파니엔시스, 요하네스(Hispaniensis,
　　Johannes) 247
히에로니무스(Hieronymus) 184, 662, 666
히포크라테스(Hippocrates) 180, 336, 351
힐데가르트, 빙겐의(Hildegard von Bingen)
　　31, 256, 309~12, 376
힐두인(Hilduin) 184
힝크마르(Hincmar) 116, 197, 203

사항 찾아보기

10범주 131, 208
1277년(의) 철학 단죄(령) 446, 467, 470, 471, 474, 495, 501, 502, 509, 546, 579, 580
12세기 르네상스 241, 706
3학(三學) 145, 170, 287, 288, 301, 393, 395, 396
4원인론 127
4학(四學) 64, 145, 170, 287, 288, 301, 393
7자유학예 52, 56, 107, 170, 171, 191, 192, 210, 213, 288, 289, 307, 376, 393

|ㄱ|

가능(적) 지성 361, 550
가시적 세계 45, 47, 205, 327, 366
가치윤리학 720
감각 (경험) 23, 47, 48, 51, 52, 55, 70, 71, 74, 94, 103, 107, 109, 110, 125, 126, 143, 202, 208, 209, 230, 252, 259, 275, 304, 312, 325, 327, 336, 358, 384, 389, 418, 420, 435, 436, 450, 475, 477, 489, 492, 505, 537, 538, 540~42, 551, 563, 583, 584, 592, 598, 612, 643, 667, 679, 714, 715
감각 경험의 심리학 245
감각 기관 514
감각(적) 세계 44~47, 51, 56, 110, 121, 206, 208, 211, 251, 252, 258, 303, 358, 362, 381, 693
감각상(species sensitivae) 511, 551, 591
감각적 사물 51, 67, 72~74, 103, 126, 230
감각적 자연 434
감각적 표상 102, 103, 114, 143, 373, 385, 469, 550
강단 신학 675
강단 아리스토텔레스주의 27, 673, 732, 733
강단 철학 210, 478, 639, 680, 681, 718, 723
강단 학문 237, 678, 681, 682, 711, 728, 738
강제적 운동 613
개념 연산 488
개념론 273
개념주의 273
개별성 175, 437, 451, 475, 476, 504, 542, 543, 569, 570, 589
개별성 이론 475, 543
개별자 68, 69, 72, 73, 85, 111, 120, 202, 273, 326, 359, 370, 416, 433, 436, 440, 476, 488, 524, 541, 542, 550, 553, 560, 568, 569, 585, 589, 591~93, 607, 623,

682, 727
개별화의 원리 504, 549, 550
개인주의 570, 633, 685, 690, 705
개종(改宗) 98, 275, 444, 482~84, 488, 490, 601
개혁 교회 571, 740
개혁적 실존철학 507
객관주의 273, 280, 310, 373, 623, 626, 628, 631
객관주의적 인식론 93
객관주의적 정치학 721
객체(subiectum) 70, 489, 551~53, 584, 593
건축 15, 686, 688, 690
건축 양식 33, 164
검열 위원회 445, 547
게르만적 인간 의식의 가장 아름다운 고백 507
게르만족 침입 75
결정론 27, 197, 410, 580
결합술 484~90, 528
경건 운동 239
경건주의 437, 530, 576, 646, 654, 736
경건주의적 비이성주의 740
경건주의적 신학 557
경건한 철학(pia philosophia) 47
경건한 회의주의 369, 373, 374
경제 성장 220, 456
경제학 324, 376, 390, 393, 395, 398, 462, 466
계몽 63, 80, 353, 442, 447, 454, 469
계몽 운동 630, 646
계몽주의 646
계시 종교 355
고대 의학 336
고대 철학 42, 51, 78, 80, 81, 91, 93, 135, 158, 162, 175, 277, 321, 323, 337, 403, 733
고대적 이상(理想) 81, 113, 301
고딕 양식 238

고전 문학 180, 181, 183, 660
고전 역학 616, 618, 623
고전적 마키아벨리즘 720
고전주의 216, 657, 717
고전주의적 인문주의 711, 716, 718
고전주의적 형식주의 660
고해성사 608
공개 토론(determinatio) 346, 417
공기 104, 259, 291, 297, 298, 381, 388, 614, 615
공동선(共同善, bonum publicum) 421, 483, 653
공리적 신학 318, 319
공의회 75, 225, 264, 267, 420, 596, 601, 651, 663, 676
공의회주의 465, 651
공의회주의 운동 637
공통적 본성 542
공화정 651~53, 662, 691, 692, 697, 708, 716, 722
과학사(科學史) 505
관계 130, 489
관념론적 우주론 90
관여 88, 117, 118, 120, 121, 451, 517, 521, 539
관여 사상 119, 120, 294, 517
관용 528, 646
관조적 삶 52, 73, 143, 239, 328, 670, 698
광학(光學) 34, 247, 324, 353, 354, 439, 441, 494, 506, 647, 710, 712
교과서 52, 106, 107, 178, 187, 288, 315, 336, 345, 346, 348, 389, 390, 437, 641
교도소 국가 39
교부(敎父) 23, 107, 144, 146, 147, 160, 172, 184, 209, 210, 233, 310, 346, 410, 417, 420, 423, 425, 487, 509, 546, 626, 653, 656, 666
교부 문헌 187, 206, 277, 338
교육 체계 52, 57, 170~73, 178, 192, 193,

227, 307, 337, 339, 624
교육철학 393
교육학 172, 657
교조 철학 499, 526, 544
교파적 호교주의 730
교황(教皇) 26, 28, 59, 60, 76, 77, 105, 172, 179, 181, 182, 184, 217, 219, 224~26, 237, 243, 246, 264, 267, 331, 332, 334, 335, 337, 343, 390, 391, 397, 404, 405, 413, 420, 421, 431, 432, 441, 444, 445, 459, 460, 463, 472, 475, 480, 484, 485, 509, 523, 527, 528, 544, 555, 557, 559, 570~72, 596, 599~601, 603, 604, 606~08, 620, 637, 651, 658, 664, 666, 676, 677, 683~85, 687, 698, 700, 716~18, 722, 731, 737, 741
교황 중심주의 340
교황권 431, 572, 601, 637
교황령 222
교황주의 331, 425, 472, 571, 603, 608
교황주의적 이론 420, 461
교회 권력 157, 472
교회 일치 운동 663, 664
교회 정치 108, 141, 197, 420, 571, 622, 643, 655, 736
교회 정치 협약 637
교회법 242, 253, 265, 343, 344, 459, 527
구(舊)논리학 307, 345
구별 518
구원 34, 44, 46, 47, 90, 97, 112, 113, 115, 140, 182, 196, 197, 199, 233, 253, 260, 281, 282, 424, 477, 520, 535, 555, 570, 605, 728, 733
구원론 211, 233, 281
구원사(救援史) 206, 209, 212
국가 이성 724
국가사회주의 507, 570
국가철학 532
국제화 247

군주정 391, 436
군주제 22, 391, 392, 461, 652
궁정 문학 240
궁정 문화 216, 240, 325, 692
궁창 위에 있는 물 146, 147
궁창(穹蒼) 291
권능 294, 297, 421, 491, 564
궤변 345
규정적인 것 → 유한자
그리스 문화 630, 631, 663
그리스 철학 50, 51, 58, 59, 63, 135, 161, 273, 300, 350, 376, 446, 663, 672, 692
그리스-아랍 문화 449
그리스-아랍 철학 250, 396
그리스도교 문학 154
그리스도교 문화 55, 325, 449
그리스도교 신앙 34, 76, 80, 82, 141, 192, 200, 226, 229, 232, 243, 279, 283, 338, 406, 419, 425, 483, 643
그리스도교 신학 315, 353, 355, 402
그리스도교(적) 철학 159~63, 383, 471, 490, 520, 528, 582, 628, 669
그리스도교적 세계관 331
그리스도교적 소크라테스주의 623
그리스도교적 신론(神論) 232
그리스도교적 신플라톤주의 397, 517
그리스도교적 아리스토텔레스주의 406, 413, 423
그리스도교적 인문주의 425
그리스도교적 종말론 159
그리스도교적 중세 157
그리스도교적 플라톤주의 570
그리스어 39, 62, 107, 124, 125, 135, 180, 184, 187, 248, 252, 265, 318 20, 350, 351, 353, 440, 443, 631, 632, 655, 658, 660
그리스적 세계관 146
근거 66, 87
근대 철학 135, 528, 629

근대성 35, 488, 600
근대적 박사(doctor modernus) 544
금납제(金納制) 458
금서(禁書) 210, 375, 445
금융 경제 268, 458, 472, 636, 707
금융업 226, 231, 243, 265, 557
급진적 아리스토텔레스주의 434, 449, 450, 495, 496
긍정신학 102
기계 기술 395, 443, 457
기계적 세계관 618
기계적 연산화 528
기근(飢饉) 190, 221, 457, 621
기사 문화 240
기사수도회 545
기상학 245, 297
기술의 진보 444
기예(技藝, ars) 171, 680, 684
기적 사화(史話) 140, 182
기체(基體, subiectum) 380, 554
기초 철학 487
기하학 64, 170, 247, 251, 317, 318, 323, 354, 387
기하학적 물리학 251
길드 222

| ㄴ |

나폴리 대학 332
내려놓음(Gelassenheit) 508, 525
네스토리우스파 신앙 350
노예제 532
논리적 필연성 600
논리적 형식주의 57, 585
논리학 28, 62, 65~67, 102, 108, 109, 145, 160, 162, 206, 209~11, 228, 229, 266, 269, 271, 272, 275, 287~89, 316, 345, 351, 353, 363, 370, 376, 393~96, 433, 435~37, 439, 481, 485~88, 574, 628, 631, 642, 645, 647, 666, 671~75, 677, 681, 734, 740
논증적 지성 357
농경 사회 26, 128, 163, 220, 403
농노제 458
농민전쟁 716, 731, 735
농업 경제 190, 458, 636
능동 지성 356~58, 360~62, 365, 366, 368, 374, 375, 399, 407, 408, 469, 500~04, 512~14, 534, 535, 550~52, 564, 570

| ㄷ |

다수성 69, 95, 101, 105, 285, 360, 365, 581
다양성 285, 304, 381, 417, 434, 435, 517
다원주의 158, 694
단성론(單性論) 76, 450
단성론 논쟁 105
단순 실체 414
단일성 89, 102, 103, 132, 284, 285, 294, 296, 304, 305, 317, 318, 320, 321, 359, 384, 434, 452, 468, 504, 517, 518, 546
단죄(斷罪) 54, 147, 148, 186, 195~97, 203, 204, 231, 254, 260, 261, 267, 280, 322, 328, 337, 375, 426, 445, 446, 450, 459, 467~71, 474, 475, 480, 495, 501, 502, 509, 523, 526, 527, 559, 570, 571, 584, 596, 597, 603, 621, 622, 647, 671, 672, 731, 738
단죄 목록 426, 468~70, 547
단죄령 524
대사(大赦) 판매 행위 728
대성당 학교 178, 220, 231, 236, 237, 245, 262, 284
대수도원장(abbas) 179, 339
대전(大典) 314, 348, 367, 421, 424, 427, 578, 626
대주교 22, 77, 116, 188, 195, 199, 203,

224, 256, 288, 307, 308, 334, 470, 574, 640, 695
대중 마르크스주의 27
대중 언어 80, 166, 169, 187, 527, 729
대중 철학 84
대학 29, 167, 178, 186, 187, 236, 237, 263, 268, 269, 284, 332, 333, 337, 340~45, 347, 348, 378, 386, 400, 403, 404, 417, 428~31, 436, 439, 443, 445, 446, 461, 463, 464, 471, 477, 481, 486, 524, 526, 533, 560, 582, 585, 586, 595, 597, 599, 602, 609, 620~23, 638, 639, 641, 647, 650, 655, 659~62, 665, 667, 678, 691, 698, 711, 712, 718, 734, 740
대학의 시대 342, 639
덕(德) 54, 185, 253, 392, 407, 425, 428, 525, 575, 607, 667~69, 675, 687~89
덕론(德論) 425
덕의 윤리학 675
데미우르고스 47, 127, 251
도나투스주의 49
도덕성 279, 296, 457, 737
도덕적 상징주의 612
도덕적 세계관 48
도덕철학 624, 626, 628, 631, 657, 688
도덕철학적 구원론 282
도미니코회 29, 332, 339~341, 370, 404, 405, 408, 412, 426, 440, 459, 473, 484, 494~96, 499, 513, 519, 522, 526, 527, 544, 546~48, 655
도서관 160, 175, 178~81, 183~86, 191, 218, 249, 310, 351, 352, 507, 625, 640, 655, 664, 692, 716
도시 공동체 472
도시 공화국 392, 637
도시 문화 121
도시공학 714
도시민들의 인문주의 657
도시화 236, 247

독신제 223
독일 관념론 710
독일 신비주의 165
독일어 80, 248, 257, 261, 480, 508, 523, 524, 527, 533, 588, 597, 617, 620, 626, 627, 650, 729
동로마 교회 77
동로마 제국 76, 78, 105, 184, 192, 193, 350, 420, 637, 651, 664, 672
동물학 171, 710, 713
동방 교회 141, 182, 420, 441, 601, 672
동방 신플라톤주의 213
동방 은수자 103, 105
동일성 58, 110, 115, 116, 121, 285, 294, 384, 491, 509, 521, 523, 524, 553, 591
동일자 114
두루마리(volumina) 176
둘째 왕국 326
디시보덴베르크 수도원 310

|ㄹ|

라이프치히 대학 597
라이헤나우 수도원 183
라테란 도서관 181
라틴 문화권 23, 79, 107, 147, 192, 195, 395
라틴 아베로에스주의 446, 447, 467
라틴어 23, 46, 107, 123, 125, 135, 166~69, 171, 180, 185, 191, 203, 239, 241, 247~51, 261, 272, 318, 319, 350, 353, 357, 361, 369, 371, 372, 376, 379, 386, 399, 401, 402, 420, 461, 480, 508, 515, 523, 524, 526, 601, 623, 624, 626, 658, 660, 664, 674, 678, 686, 692, 701, 729
랍비 학교 378
랑학파 255
로고스 46, 48, 99, 103, 117, 128, 206, 321, 434~36, 440, 487, 510, 520, 695
로마 공화정 392, 662

로마 교회 226, 637, 727, 729
로마 교황청 420, 484, 637, 651, 657, 658, 664, 665, 687, 698, 699, 732
로마 약탈 701
로마 제국 49, 55, 64, 75, 76, 154, 156, 166, 178, 217, 601
로마 제정 107
로마-귀족적 윤리관 96
로마네스크 양식 238
로마법 335, 344
로마사 654, 722
로스토크 대학 598
루뱅 대학 638
르네상스 35, 36, 241, 302, 350, 355, 379, 456, 596, 597, 606, 622, 625, 633, 677, 685~91, 695, 696, 704~08, 721, 728, 736

| ㅁ |

마녀사냥 264, 527, 641
마니교 44, 46, 47, 49, 113, 243
마니교적 세계관 48, 238
마니교적 이원론 53
마니교주의 113
마르크스주의 507
마리아 공경 문화 237, 240
마법(魔法) 443, 699
마술(魔術) 153, 230, 237, 264, 351, 443, 444, 695, 696
마인츠 대학 639
마키아벨리즘 727
말라테스테 가문 660
말씀 45, 127, 206, 321, 375, 434, 435, 510, 521
메디치 가문 186, 650, 657, 683, 691, 692, 695, 697, 698, 701, 718~20
메로비우스 왕조 33, 216
명민한 박사(doctor subtilis) 532

모국어 166, 167, 626
모나드 318, 320, 321, 322, 504
모나스(monas) 318, 319, 320
모사라베(Mozárabe) 350
모상 이론 211
모순율 137~39, 211, 273, 583, 584
목적 126, 225, 492, 525, 613
목적론적 사고 128
무(無) 56, 210, 381, 422, 515, 517
무규정적 존재 206
무규정적인 것 → 무한자
무신론 645, 715
무지개 이론 505
무지의 깨달음(docta ignorantia) 140
무차별성 518
무한(無限) 100, 323
무한자 205, 510, 677, 681, 734
묵시록 159, 224, 433~35, 716
문법 145, 167, 170, 172, 183, 191, 200, 230, 239, 338, 376, 394~96, 485, 657, 673
문예 운동 657
문예부흥 216, 248, 650
문제집 347
문중 철학 24
문헌학 270, 372, 403, 444, 539, 601, 624, 630, 631, 657~59, 665, 666, 669, 673, 675, 690, 705, 737
문헌학적 방법론 201
문헌학주의 624
문화 적대주의 405
문화 정치 192, 195, 217, 446, 650, 685, 693
문화적 다원주의 219
물리학 36, 66, 284, 293, 353, 382, 383, 386, 388, 450, 464, 612, 613, 615, 617, 618, 621, 623, 627, 629, 642, 644, 645, 675, 676, 679, 686, 706, 707
물질세계 124, 209, 537
물체적 표상 230, 598

물화(物化) 511, 513, 522, 523
미학 143, 258, 677, 695
미학적 우주론 695
민사법 335
민족 국가 459, 472
민족 대이동(의 시대) 109, 110, 112, 141, 163, 166
민중 신앙 375
밀교(密敎) 신비주의 359
밀교 전통 276, 406

| ㅂ |

바젤 대학 639
반(反)교황주의 737
반(反)아리스토텔레스적 운동 433
반(反)철학주의 576
반(反)토마스주의 544
반쯤 머리가 돈 사람 479
발도파(Vaudois) 238
발디키아나 봉기 731
발룸브로사 수도원 647
발출(發出) 119, 206, 207, 211, 226, 501, 505, 694
발현된 지성 361
방랑 시인 167, 484
백과사전 106, 146, 249, 297, 355, 367, 441
백년전쟁 620, 639
백의의 수사 243
번역 작업 204, 248, 249, 355, 397, 658, 692, 697
번역 학교 350
범주론 102, 122, 130~32, 134, 207, 208, 210, 230, 272, 275, 397, 433, 504, 519, 564, 672, 673
법률 125, 187, 231, 242, 575, 604, 607, 665
법률 학교 256, 335, 344
법철학 532

법학 186, 335, 344, 345, 363, 372, 446, 486, 602, 666, 675, 713
법학부 446
베긴회(Beguines) 527
베네딕토회 173, 179, 242, 310, 338~40, 524
베크 수도원 175
변신론(辯神論) 82, 129, 670
변증론 23, 52, 232, 271, 272, 279, 316, 344, 627
변증법 40, 66, 112, 113, 694
변증술 145, 170, 218, 228~30, 232~34, 338, 347, 372, 412, 428, 666
변화 127, 130, 136, 294, 305, 398, 554, 618
보나벤투라-르네상스 643
보비오 수도원 180, 181, 218
보속(補贖) 233, 279, 527
보에티우스 비판 670, 671, 674
보에티우스의 시대 79
보편 개념 15, 589, 591, 592
보편 공의회 608, 637
보편 교의(doctrina communis) 546
보편 교회 547, 594
보편 논쟁 67, 73, 126, 308, 542, 643
보편 실재론 274, 622
보편 학문 679
보편 형이상학 517
보편법 253
보편자 67~70, 73, 74, 126, 272~75, 308, 374, 409, 522, 532, 542, 553, 564, 568~70, 589, 590, 593, 600
보편자 이론 126
보편적 규정 67, 70~72, 120, 126, 413
보편적 본질 497
보편적 신정주의 463
보편적 실체 134
복합 실체 414
본성(natura) 59, 76~78, 86, 88, 96, 123,

130, 133, 134, 136, 201, 207, 237, 254, 291, 294, 359, 366, 409, 424, 461, 492, 504, 520, 521, 523, 537, 540, 542, 550, 590, 594, 596, 604, 675
본질(essentia) 69, 71, 73, 88, 94, 101, 109, 118~24, 130~35, 138, 142, 199, 201, 203, 205, 206, 208, 212, 250, 258, 282, 303, 304, 356, 361, 362, 367, 373~75, 377, 384, 385, 408, 414, 415, 418, 476, 488, 491, 492, 497~500, 503, 504, 511, 512, 526, 531, 539, 540, 568, 673, 675
본질 형상 120, 126, 127, 361, 614
볼로냐 대학 344, 446, 691, 698
봉건 귀족 28
봉건 제도 121, 221, 222, 236, 343
봉건주의 121, 233, 238
봉토제 121, 233, 581
부동(不動)의 원동자(原動者) 90
부르주 국사 조칙 637
부정신학 101, 102, 115, 139~41, 207, 211, 213, 258, 295, 320, 321, 383, 384, 409, 423, 521, 677, 680, 699
북대서양 조약기구(NATO) 720
분리된 지성 450
분서(焚書) 256, 475
분업화 222, 236
불멸성 370, 375, 419, 537, 588, 593
불사성 450, 596, 597, 646, 658
불사성 논쟁 596, 597
불완전한 행복 86
뷔리당의 시대 588
뷔리당의 운동 이론 615
뷔리당의 추종자 595
뷔리당주의 588, 595, 643
비가시적 세계 205, 327
비교(秘敎) 텍스트 252
비동일성 121, 491
비바리움 수도원 179
비상부르 수도원 184

비스콘티 가문 603, 651
비잔티움 문화권 30
비잔티움 제국 121, 157, 182, 192, 217, 226, 248, 249, 350, 442, 632, 663, 676
비존재 48, 74, 101, 113, 139, 202, 318, 436, 511, 554
비존재자 511
빈 공의회 475, 486
빈 대학 460
빈 협약 637
빛의 왕국 47
빛의 형이상학 436, 437

|ㅅ|

사도신경 159
사도적 삶 238, 331, 430
사라고사 총회 546
사랑 54, 55, 59, 85, 100, 124, 142, 205, 276, 282, 304, 321, 326~28, 389, 423~25, 536, 694, 696, 712, 737
사물화의 경향 125, 126, 521
사변 이성 477
사변신학 306, 581, 727
사변적 신론(神論) 559
사유(思惟) 45, 70, 74, 129, 143, 156, 205, 510, 562
사유 재산 142, 165, 265, 525, 532, 571, 604, 622
사태(res) 124~26, 132, 417, 627, 628, 660
사회적 비관주의 90
사회적 양극화 39
사회철학 461, 532, 628
사회학주의 27
산 마르코 수도원 664
산술(算術) 64, 108, 145, 170, 222, 287, 294, 363
산업혁명 36, 227
산출 504, 511

산타 마리아 델리 안젤리 수도원 663
살라망카 대학 548
삼단 논법 429
삼신론(三神論) 131, 275
삼위일체 32, 58, 77, 78, 124, 130, 135, 136, 140, 141, 206, 232, 275, 276, 283, 284, 309, 321, 322, 417, 419, 423, 430, 443, 468, 471, 477, 488~91, 520~23, 630
삼위일체 철학 285, 297, 306, 321, 322
삼위일체론 58, 59, 130, 131, 133, 138, 248, 275, 276, 284, 285, 294, 295, 300, 321, 325, 327, 489, 513, 672
삼포식(三圃式) 경작 220
상관관계 이론 489, 490, 513, 528
상업 혁명 227
상징주의 311, 376, 377, 407, 731
상행위 265
생-드니 대성당 99
생리학적 인식론 356
생명 45, 117, 133, 134, 148, 206, 212, 252, 291, 292, 302, 303, 305, 322, 358, 362, 383, 450, 482, 504, 522, 593
생명의 샘 381
생명의 영(靈) 715
생물학 66, 170, 229, 245, 284, 322, 376, 411, 606
생-빅토르학파 433
생성 68, 73, 109, 127, 251, 301, 305, 360, 366, 387, 397, 422, 450, 500
생-자크 수도원 413, 527
샤르트르학파 218, 219, 229, 284~88, 294, 302, 307, 377, 520
서로마 제국 155
서방 교회 166, 233, 238, 460
서방 교회의 대분열 460, 637, 676
서임권(敍任權) 분쟁 225, 226, 231, 255, 390
선(善) 48, 50, 61, 86~92, 94, 95, 101, 108, 112~16, 119, 123, 129, 138, 140, 196, 197, 280, 366, 383, 417, 453, 487, 489, 491, 517, 518, 575, 577, 646, 653, 667, 736, 739
선 자체 46, 88, 89, 107, 108, 112~15, 120, 276, 303
선교 사업 332
선의 이데아 108, 113
선제후(選帝侯) 159, 460
선한 삶 604, 606, 607
설교집 186, 508, 523, 524, 527
섭리(providentia) 81, 92, 93, 96, 128, 158, 302, 304, 305, 670, 688, 736
성경 주해 182, 184, 186, 206, 209, 256, 318, 346, 347, 427, 514, 630
성령(聖靈) 130, 131, 135, 206, 226, 276, 297, 300, 321, 323, 405, 430, 431
성부(聖父) 131, 135, 226, 321, 323, 325
성사 제도 142
성인전(聖人傳) 184, 408, 641
성자(聖子) 131, 135, 226, 321, 323, 325, 326
성직자 중심주의 471, 570
성찬례(聖餐禮) 125, 159, 230, 469
성찬례 논쟁 165
성찬례 이론 731
성체 변화 229, 230, 316, 567
성체 변화 이론 230, 469, 500, 583, 622
성체성사 논쟁 125, 231, 232, 398
성화상 논쟁 193
성화상 숭배 22
세 위격 58, 59, 123, 131, 140, 316, 321, 322
세계 창조 64, 127, 206, 251, 297, 366, 469, 491, 505, 520
세계 창조론 290, 293
세계영혼 46, 96, 104, 252, 276, 297, 298, 300, 301, 303, 715
세계의 영원성 374, 408, 452, 468, 497, 531

세라핌적 박사 440
세속 군주 157, 264, 335, 421, 457
세속 권력 28, 156, 157, 420, 558, 666
세속 문화 116
세습 군주제 436
세인드 앤드루스 대학 595
셋째 왕국 325
소크라테스 이전 철학자들 157, 175
수(數)의 이데아 90
수(數)의 형이상학 90, 125, 145, 263
수도 공동체 24, 196, 325, 338
수도 규칙서 172, 310
수도원 157, 160, 167, 172, 173, 178~81, 183, 186, 196, 216, 217, 236, 243, 257, 264, 270, 310, 325, 338, 339, 376, 425, 431
수도원 개혁 운동 223, 225, 243
수도원 학교 172, 220, 236, 245, 473, 514, 545, 547
수도자적 삶 105, 172, 182, 192, 225, 233, 257, 337, 526
수도자적 윤리 112, 265, 309, 386, 398
수도자적 윤리학 309
수도자적 전통 337, 442
수동 지성 356
수력학 710
수로학(水路學) 245
수사학 40, 41, 61, 80, 83, 107, 144, 145, 147, 148, 150, 170, 171, 178, 200, 270, 344, 350, 372, 376, 377, 394~96, 486, 508, 523, 623~25, 627, 650, 652, 653, 655, 657, 660, 665~67, 669, 675, 677, 718, 727, 731
수용적 지성 357, 375
수(數)의 형이상학 90, 125, 145, 263
수정 논쟁(Correctorium) 546
수학 32, 62, 63, 97, 105, 179, 184, 218, 219, 246, 247, 251, 277, 284, 287, 289, 294, 296, 336, 363, 376, 377, 393~95,

410, 439, 443, 444, 463, 464, 485, 506, 576, 645~47, 678, 679, 681, 686, 688, 689, 711~13
수학적 방법 176, 284
수학적 신학 294
수학적 형이상학 64, 118
수학적 확실성 46
수학주의 713
순수 사변 32, 95
순수 이성 232, 255, 275, 452, 518, 576
스콜라적 방법 269
스콜라적 변증론 627, 674
스콜라주의 32, 33, 99, 100, 209, 413, 548, 567, 570, 610, 625, 627, 630, 665, 677, 678, 681, 684, 710, 737
스콜라학 524, 625, 627, 666
스콜라학의 아버지 229
스콜라학의 전성기 467
스토아 철학 185, 252, 253, 291, 401, 606, 668, 669
스토아적 유물론 51, 95
스토아적 자연학 254, 292
스토아주의 51, 254
스토아학파 57, 84~86, 94~96, 128, 185, 283, 293, 662, 667
스트라스부르크 대학 25
습득된 지성 361, 362
시계 발명 613
시리아어 351
시민적 자유 570, 653
시인(詩人) 303, 379, 578, 626, 633, 661, 692, 697
시토회 243, 338
시학(詩學) 66, 354, 394, 395, 624, 654, 657, 661
신(神, deus) 22, 34, 45~50, 52~58, 78, 81~83, 86~90, 92~94, 96, 99~102, 105, 108, 109, 112~15, 117~19, 122~24, 128, 130, 132~35, 137~42,

148, 158, 159, 162~64, 194, 198~203,
205~08, 210, 211, 224, 228, 229, 231,
232, 238, 251, 252, 254, 256~58, 264,
273, 275~77, 287, 294, 295, 297, 298,
301, 303~05, 312, 319~23, 356, 359,
362~70, 373, 374, 379~81, 383~85,
387, 398, 409, 414, 416~19, 421~24,
426, 433~36, 451~54, 468, 469, 477,
481, 484, 487, 488, 491, 492, 498, 501,
503~05, 509~13, 515~20, 522, 524,
525, 527, 535~40, 553~55, 557, 561,
564~66, 572, 575, 577~83, 585, 593,
615, 645, 653, 661, 669~71, 678~81,
686, 689, 696, 715, 727, 739, 740
신 자체 101, 383
신 존재 증명 87, 89, 128, 232, 368, 436, 537, 564, 577
신(新)논리학 307, 345
신(新)스콜라주의학파 25
신론(神論) 424, 516, 530
신명 심판(ordalium) 264
신명사문자(神名四文字, Tetragrammaton) 383
신비 103, 326, 327, 443, 490
신비신학 100, 102, 103
신비주의 32, 99, 100, 103, 209, 325, 351, 359, 360, 492, 512, 514, 645, 681
신성 로마 제국 248, 637, 650
신(新)스콜라주의 32
신심 운동(devotio moderna) 465
신앙 고백 158, 226
신앙과 이성의 조화 79, 531, 659
신의 모상 59, 137, 200
신의 모상 이론 211
신의 섭리 92, 93, 115, 116, 195, 251, 374, 426, 433, 670, 736
신의 초월성 117, 119, 129, 210, 367
신의 현현(顯現) 101, 102, 140, 141, 207
신의 현현 이론 211

신인 동형론 201, 452
신적 이데아 51, 308
신적 일자(一者) 100, 102, 108, 129, 138, 141, 205, 206, 300, 360, 367, 406, 694, 733
신적 지혜 45, 55, 661
신정주의 281, 354, 463, 571, 603, 605
신플라톤주의 45~48, 51, 52, 57, 58, 86, 95, 99, 108, 109, 125, 128, 140, 185, 204, 205, 211, 232, 281, 305, 306, 318, 324, 351, 358, 366, 373, 374, 379, 380, 400~03, 405, 406, 416, 417, 422, 428, 450, 482, 488, 677, 693, 694, 700, 712, 715, 724
신플라톤주의 로고스 이론 283
신플라톤주의(적) 세계관 48, 55
신플라톤주의 철학 46, 47, 49~51, 103, 185, 324, 400
신플라톤주의적 이론 46, 104, 185
신학(神學) 31, 32, 77, 100, 164, 288, 346, 556, 577
신학부 344, 345, 446
신학의 공리화(Axiomatisierung) 317
신학적 덕(德) 425
실용주의 440, 613, 646
실재론(實在論) 24, 57, 94, 542, 681, 689
실정법 253, 571, 605
실존 122, 294, 367, 368, 373, 414~16, 501, 585
실천 이성 32, 477
실천철학 62, 64, 393, 461, 532, 659
실체 48, 68, 69, 102, 109, 122~25, 127, 129~37, 208, 211, 212, 230, 316, 373, 374, 385, 397, 408, 415, 419, 445, 489, 503, 504, 509, 569, 585, 672~75, 694
실체적 표상 141
심리학 245, 271, 324, 450, 488, 490, 646, 675
심술 맞은 천재 479

십일조 23, 193
십자군 원정 268, 332, 349, 490
십자군전쟁 244, 441

| ㅇ |

아라비아 숫자 218
아랍 문명 244, 349, 350, 354, 386, 400
아랍 문화권 177, 287, 324, 355, 357, 410
아랍 의학 247, 310, 306, 336, 353
아랍 철학 160~62, 336, 340, 354, 355, 370, 386, 446, 482, 580, 699
아랍어 107, 246, 248~50, 265, 313, 351~53, 355, 376, 379, 400, 440, 443, 480, 483, 484, 485, 700
아리스토텔레스 금지령 354, 405, 445
아리스토텔레스(의) 수용 272, 386, 433, 443, 520
아리스토텔레스 전집 353
아리스토텔레스교(敎) 682
아리스토텔레스와 플라톤의 일치 기획 66
아리스토텔레스의 운동 이론 613~16, 618
아리스토텔레스적 존재론 134
아리스토텔레스적 합리주의 435
아리스토텔레스주의 24, 99, 284, 293, 355, 374, 377, 399, 400, 416, 433, 446, 496, 498, 501, 531, 565, 580, 632, 638, 645, 646, 664, 676, 682, 691, 693, 698, 705
아리스토텔레스주의적 자연학 529
아리우스파 76, 157
아메리카 대륙의 발견 637
아무것도 쓰이지 않은 서판(tabula rasa) 94
아베로에스주의 336, 371, 428, 446, 450, 468~70, 486, 496, 502, 602, 623, 644~46
아베로에스주의 논쟁 557
아비뇽 교황청 473, 545, 570
아비뇽 유수(Papae Avenionenses) 459
아우구스티누스적 삼위일체론 513
아우구스티누스적 신플라톤주의 485
아우구스티누스주의 97, 197, 314, 428, 575, 643
아일랜드 식의 곤죽 203
아카데미학파 108
악(惡) 47~49, 57, 81, 82, 89, 92, 94, 95, 112, 113, 128, 198, 200, 202, 226, 239, 244, 280, 575, 577, 621, 739
악마 54, 104, 148, 179, 223, 233, 234, 259, 281, 282, 297, 305, 444, 477, 683, 730~32, 734, 740
악마적 박사(doctor diabolicus) 644
안기아리 전투 651
안셀무스학파 257
알모하드 제국 382
앎 59, 83, 137, 160, 230, 247, 268, 277, 296, 357, 358, 373, 374, 380, 382, 384, 396, 409, 434, 440, 477, 486, 487, 489, 509~12, 517, 519, 523, 526, 566, 567, 582, 589, 592, 623, 660, 663, 693, 698, 711, 733, 740
앙주 가문 186, 612
야훼 383
약리학 247
얀센주의 논쟁 203
양심 280
양피지 176, 177, 181
양형영성체(兩形領聖體, Communio sub utraque specie) 159
양화(量化)의 경향 613
언어논리학 243
언어적 형식주의 666
에르푸르트 대학 638
에르푸르트 수도원 508
에테르 254, 303, 321, 389, 675
에피쿠로스 철학 668, 669
여성 운동 524, 527
역사신학 55
역사철학 55, 59, 325

역사학 153, 623, 708
역학 63, 145, 170, 292, 293, 611, 615, 616, 618, 619, 623, 710, 714
연금술 247, 410, 439, 480
연애시 484
영광의 빛(lumen gloriae) 500, 551
영국 경험론 143
영방 국가 237
영성주의적 세계관 112
영지주의(靈智主義) 379
영혼 34, 49, 52, 53, 57, 81, 96, 104, 108, 117, 122, 124, 128, 141, 146, 185, 197, 202, 211, 223, 251, 252, 255, 262, 281, 297, 302~05, 312, 314, 358~62, 365, 367, 368, 374, 375, 380, 381, 387, 398, 399, 408, 419, 426, 427, 436, 440, 450, 468, 470, 475, 476, 499~504, 511, 514, 520, 533, 550, 551, 561, 564, 569, 589, 594, 595, 597, 611, 642~44, 693, 694, 696, 733, 735
영혼(의) 불멸 359, 537, 564, 593, 596, 646, 696
영혼 불멸성 이론 638, 658, 659
영혼(의) 불사성 399, 594, 595, 647, 659, 693, 694, 727
영혼 불사성 이론 694
영혼론 66, 424, 426, 475, 476, 530, 597, 631, 642, 645, 675, 683
예술 이론 193, 690, 710
예정 195, 199, 201, 280, 670, 739
예정설 198, 199, 203, 209, 210, 575, 577, 581
예정설 논쟁 165, 231
예정실 이론 195
예지 93, 94, 199, 201, 670, 736
오르베 수도원 196
오성(ratio) 671, 679~81
오컴의 면도날 562
오토 왕조 26, 216, 218, 221, 224, 241, 248, 706
옥스퍼드 대학 332, 344, 471, 472
완전한 선(perfectum bonum) 87, 88, 489
완전한 행복 86
우리들의 논리학(logica nostra) 435
우연성 46, 366, 415, 452, 454, 532, 539, 542, 565, 572, 573
우연자 130, 137, 367, 373, 408, 476, 501
우연적인 것 120, 250, 356, 565, 653
우유(偶有) 122, 131, 316, 374, 469, 470, 489, 500, 673, 731
우유적 존재 414
우주론 117, 128, 129, 165, 202, 211, 232, 245, 247, 250, 252, 258, 295, 305, 321, 322, 328, 360, 367, 388, 389, 398, 407, 410, 427, 435, 500, 513, 559, 614, 617, 618, 631, 679, 680, 693, 694, 730
우주론적 객관주의 57
우주론적 위계질서 365
우파 뷔리당주의 595
운동 132, 206, 208, 212, 249, 293, 322, 362, 387, 398, 504, 511, 554, 569, 611, 613~19, 673, 679, 680
운동인(運動因) 295, 615
운명 84, 92, 96, 251, 303, 375, 433, 581, 661, 687, 688, 720, 721, 723, 725
운명론 197
원거리 무역 39, 155, 223, 244, 331, 339, 472, 707
원근법 648
원근법 이론 689
원시 그리스도교 공동체 91, 112, 133, 142
원자론 293, 584, 612
원자론적 자연철학 108
원자주의 301
원자주의적 원소 이론 297
원죄 58, 212, 259, 263, 280, 281, 571, 604, 605
원죄론 172, 200, 739

사항 찾아보기 935

위격 59, 123, 130, 276, 283, 321
위계질서 28, 104, 121, 129, 211, 238, 239, 244, 305, 327, 348, 360, 367, 406, 504, 522, 524, 558, 581, 683
위계질서 이론 105, 611
위그 카페(Hugues Capet) 218
유(類, genus) 66~69, 72, 74, 134, 274, 275, 497, 498, 569, 570, 585, 605, 679
유기적 국가 이론 605
유대 문화 378, 731
유대교 32, 164, 283, 378~80, 382, 384, 423, 505, 700, 730, 731
유대인 공동체 378, 482
유대인 박해 457, 730
유대인문제연구소 507
유명론(唯名論) 24, 70, 273~75, 542, 548, 559, 568, 621, 642, 643, 646, 676, 681, 696
유물론 254, 380, 590, 592, 597, 712, 735
유물론적 영혼론 642
유물론적 존재론 96
유비 이론 539
유사성(similitudo) 58, 72, 73, 99, 133, 140, 141, 591
유심론 51
유일신 사상 48
유출 359, 360, 365, 367, 368, 380, 381, 422
유출 사상 359, 378
유한자(有限者) 510, 681
육화(肉化) 32, 102, 114, 165, 206, 210, 212, 213, 303, 417, 419, 428, 488, 490, 491, 492, 502, 520~22
윤리학 28, 57, 59, 66, 96, 108, 185, 209, 253, 260, 265, 266, 279, 280, 306, 324, 382, 383, 393, 398, 433, 471, 477, 520, 531, 633, 659, 674, 675, 735
윤리학적 다원성 425
율법 378, 382, 425

은총 23, 41, 43, 44, 53~56, 58, 60, 90, 140, 407, 413, 425, 453, 524, 534, 540, 567, 575, 576, 728, 733, 735, 736
은총론 43, 45, 52, 53, 55, 57, 61, 62, 75, 115, 116, 138, 139, 165, 172, 196~99, 201, 280, 424, 513, 575, 577, 579, 630, 631
은총신학 201
은총철학 581
음악 52, 64, 90, 170, 184, 287, 626, 686
음악 이론 145
음유 방랑 시인 484
의사 35, 170, 180, 236, 248, 265, 335~37, 350~52, 354, 356, 363, 364, 367, 371, 375, 458, 464, 603, 606, 609, 639, 676, 677, 693, 694, 713, 714
의술 80, 147, 160, 247, 248, 336, 351, 353, 354, 356, 367, 376, 382, 386, 394, 396, 444, 480, 629, 653
의인법 140
의인화 116
의지의 자유 47, 53, 93, 116, 196, 197, 200, 410, 424, 696
의지적 활동 201
의학 108, 145, 177, 180, 186, 187, 247, 297, 301, 306, 310, 311, 335, 336, 342, 343, 345, 351, 353, 354, 356, 367, 370, 372, 387, 390, 439, 446, 450, 454, 458, 463, 464, 469, 481, 486, 602, 608, 612, 629, 641, 646, 679, 692, 694
의학부 446
의화론(義化論) 165, 729
이교도 23, 46, 185, 253, 279, 321, 405, 430, 443, 446, 477, 484, 488, 579, 632, 654, 734
이단 58, 198, 227, 238, 243, 306, 310, 331, 338, 339, 425, 426, 428, 430, 432, 440, 445, 448, 449, 470, 473, 496, 501, 526, 527, 557, 600, 681, 682, 695

이단 사상 446
이단 재판 256
이단 척결 264, 339, 412
이단자의 시대 243
이데아 45, 46, 51, 52, 69~71, 74, 90, 103, 117~20, 143, 206, 251, 252, 275, 276, 433, 563, 564, 696
이데아론 66, 67, 74, 118, 119, 272, 274~76, 293, 298, 399, 433, 434, 436, 438, 696, 733
이데아의 형이상학 251
이론철학 64, 393, 394, 558
이성 40, 49~52, 54, 61, 79, 82, 83, 87, 90, 91, 97, 100, 128, 133, 134, 136, 143, 148, 156, 194, 197, 209, 212, 229, 230, 232, 255, 259, 263, 265, 272, 273, 275, 276, 279, 284, 287, 289, 304, 369, 392, 407, 416, 424, 436, 437, 447, 452~54, 458, 469, 481, 482, 490, 498, 504, 516, 518, 530, 531, 535, 540, 557, 559, 564, 568, 589, 590, 594, 595, 597, 598, 613, 643~47, 659, 671, 675, 677, 680, 681, 708, 712, 722, 723, 740, 741
이성의 한계 557
이성주의적 윤리학 96
이성혼 399, 408, 589, 593, 594, 596, 644
이슬람 23, 30~32, 157, 164, 177, 226, 233, 249, 283, 332, 349, 352, 355, 358, 363, 366~68, 371, 372, 376, 381, 386, 423, 440, 490, 700
이슬람 문화 30, 372
이슬람 사상 378
이슬람 제국 177, 226, 372, 442
이원론 47, 48, 71, 73, 113, 126, 142, 198, 210, 212, 233, 238, 281, 481, 482, 491, 663, 708, 730, 740
이원론적 존재론 112
이웃 사랑 133, 142, 165, 622, 671
이중(二重) 예정설 115, 196, 198

이중 진리 448
이중 진리설 375
이탈리아 민족주의 632
이탈리아어 617, 626, 682, 686, 713
이탈리아의 부활 461
인간 본성 75, 81, 391, 453, 572, 604, 605, 720, 721
인간 정신의 나약함 485, 486
인간 존엄성 262, 270, 287, 624, 689, 714
인간 지복 366, 407
인간학적 비관주의 726
인간학적 염세주의 726
인격 80, 85, 117, 133, 135~37, 450, 476, 521, 672, 675, 688
인과율 369
인문주의 187, 209, 287, 302, 376, 460, 463, 622~25, 652, 653, 657, 662, 664, 665, 684, 687, 694, 698, 699, 708, 715, 722, 723, 727, 732, 738
인문주의 운동 632, 665, 735, 737
인문주의적 인간관 725
인문학부 164, 340, 343~46, 354, 397, 419, 426, 439, 445, 446, 471, 587, 621
인쇄술 36, 186, 187, 246, 640, 641
인식 비판 537, 557, 582
인식론 23, 94, 211, 362, 451, 536, 540, 541, 550~52, 563, 567, 591, 592, 621, 645~47
인식상(species) 541, 552
일원론 48, 254
일자(一者) 49, 100~03, 108, 113, 114, 118, 119, 138~41, 205~07, 210, 211, 321, 324, 359, 360, 364, 365, 367, 380, 401, 503, 504, 696, 700, 733
일자 사상 48, 100, 114
일치 공의회 672
일치 협약 420
임페투스(Impetus) 이론 588, 615, 616, 618
있음(ens) 125, 364, 414, 416, 487, 510, 538

사항 찾아보기 937

| ㅈ |

자기 동일성 120
자기 스스로 자립하는 존재 자체 509
자아실현의 윤리학 633
자연 28, 31, 45, 46, 57, 63, 82, 83, 90, 96,
    108, 109, 128, 130, 136, 144~50, 155,
    162, 171, 176, 205, 211, 212, 222, 245,
    246, 251, 254, 257, 263, 265, 266, 269,
    274, 284, 287, 290, 292, 295, 296,
    298~303, 305, 306, 314, 324, 336,
    354, 355, 358, 360, 362, 366, 367, 373,
    376, 377, 380, 383, 386~90, 398, 406,
    407, 409, 410, 412, 414, 422, 424,
    434, 435, 439, 442, 444, 450, 451,
    457, 465, 469, 476, 492, 493, 497, 498,
    500, 502~04, 506, 511~13, 528, 529,
    531, 534, 535, 565~67, 573, 574, 577,
    579, 584, 585, 591, 594, 597, 598, 604,
    611~13, 615, 618, 629, 642, 646, 647,
    653, 661, 668, 669, 678~81, 685, 687,
    689, 690, 695, 696, 699, 705, 707, 708,
    710, 714~17
자연 경험의 수량화 465
자연 이성 160, 477, 523, 531, 535, 536,
    593~95, 598
자연 종교 283
자연 지식 246, 611
자연 탐구 105, 185, 213, 251, 287, 290,
    292, 294, 314, 410, 433, 443, 477, 612,
    618, 693, 714
자연 현상 83, 145~48, 246, 254, 291, 336,
    443, 565, 612
자연과학 32, 62, 108, 128, 144, 146, 160,
    170, 218, 248, 289, 293, 294, 345, 350,
    353, 354, 363, 376, 386, 393, 395, 403,
    409, 412, 434, 439, 445, 462, 464,
    466, 602, 611, 612, 618, 629, 647, 678,
    679, 692
자연과학 혁명 465

자연법 253, 425, 532, 571
자연법 이론 283
자연법칙 147~49
자연사(自然史) 716
자연의 객관화 506, 513, 529
자연의 합법칙성 149
자연재해 224, 457
자연적 욕구 590
자연적 운동 613, 614
자연적 장소 613, 614
자연적 필연성 390
자연적이지 않은 운동 614
자연주의적 역학 이론 293
자연주의적 우주론 295
자연주의적 형이상학 725
자연철학 253, 284, 293, 354, 370, 393,
    445, 458, 488, 494, 520, 529, 598, 611,
    642, 646, 673
자연학 179, 185, 186, 209, 246, 247, 249,
    253, 254, 266, 272, 292, 297, 309, 313,
    317, 324, 394, 395, 539, 586, 618, 653
자유 무역 221
자유 토론 347
자유의지 41, 198, 200, 294, 366, 398, 426,
    576, 630, 670, 736~38
자유의지론 198, 671
작용의 씨앗(seminales causae) 292
작용인 126, 295, 422, 551, 607
작은형제회 430, 441, 532, 558
재산 소유 335, 571
재세례파 716
전능 원리 564
전능신학 296
전례(典禮) 35, 158, 164, 166, 181, 184,
    192, 193, 223, 238, 240, 379, 693, 694
전문 철학 670, 718
전문화 348, 464
전쟁 154, 221, 236, 237, 240, 265, 328,
    442, 456, 601, 621, 628, 661

전회 228, 280, 516
절대주의 707, 721, 736
점성술 35, 246, 247, 313, 353, 379, 392, 410, 439, 443, 458, 463, 469, 471, 480, 643, 695, 696, 699, 700
점성술적 결정론 360
점성학 314, 458
정규 토론 347, 348
정신 48, 49, 55~59, 71~73, 80, 81, 83, 90, 94, 95, 99, 104, 108, 118, 119, 124, 125, 133, 137, 138, 140~43, 148, 163, 205, 208, 211, 273, 275, 277, 295, 305, 309, 327, 333, 336, 358~62, 365, 381, 385, 409, 416, 433, 450, 451, 468, 499, 503, 504, 509, 522, 552, 589, 593, 647, 661, 684, 689, 696
정신세계 38, 103, 125, 179, 350, 358, 680
정신의 공통 개념(communis animi conceptio) 96
정신적 인식 357, 358, 360, 364, 374, 375, 384, 385, 451, 452, 470, 499, 510, 512, 540, 541, 551, 569
정신철학 141
정의(正義) 53, 91, 92, 128, 138, 144, 197, 202, 377, 399, 425, 477, 520~22, 525, 575, 584, 647, 653, 684, 739
정의(定義) 26, 44, 72, 78, 83, 89, 94, 95, 102, 120, 124, 133~37, 162, 163, 212, 223, 230, 268, 287, 297, 319, 320, 322, 323, 368, 415, 481, 496~98, 510, 518, 541, 566, 568, 569, 605, 657, 658, 706, 712, 715
정지 68, 130, 138, 208, 209, 212, 569, 613, 614, 618, 619, 673, 679, 680
정치권력 166, 372, 421, 571, 608, 640, 691, 722, 726
정치적 염세주의 720
정치적 윤리학 308
정치적 인문주의 652, 657, 665, 691, 692, 698, 717
정치적 자율성 387, 391
정치철학 193, 390, 392, 461, 463, 558, 571, 572, 658
정치학 66, 324, 393, 398, 477, 602, 659, 720, 722
정치학의 아베로에스주의 602
정치학의 자율성 720
정통 교리 59, 359, 369, 375, 408, 740
정통 교회 58
정화(via purgativa) 95, 103, 105, 207, 233, 491, 701
제4차 라테란 공의회 264
제5차 라테란 공의회 596
제국주의 54
제일원리 477, 498, 579
제일원인 297, 422, 577
제일질료 380, 415
제지 공방 177
제후(諸侯) 204, 220, 222, 237, 459, 640, 736
젤리겐슈타트 수도원 191
조명(via illuminativa) 103~05, 207, 460, 391, 485
존재 48, 51, 56, 58, 59, 67~73, 76, 80, 81, 83, 86~89, 93, 95, 96, 100, 101, 104, 105, 110, 113, 114, 116~23, 126, 127, 129, 130, 132~35, 137, 139, 142, 198~203, 205~08, 210~12, 228, 232, 250, 272, 273, 276, 289, 294, 295, 297, 317, 318, 362~65, 367, 368, 381, 388, 401, 409, 410, 414~19, 422~24, 426, 435, 451, 461, 470, 476, 489, 498, 500, 503, 504, 509~19, 522, 523, 526, 537, 538, 542, 554, 566, 568, 577, 579, 583, 585, 591, 593, 645, 673, 699
존재 자체 88, 119, 120, 423, 509, 515, 516, 518, 519
존재론 79, 109, 114, 119~22, 130, 133,

사항 찾아보기 939

136, 137, 211, 232, 250, 272, 345, 358, 365, 374, 398, 415, 418, 433, 470, 500, 511, 522, 563, 568, 585, 615, 672, 675, 693, 726
존재신학 510
존재론적 낙관주의 90
존재론적 신학 → 존재신학
존재자 58, 69, 118, 119, 122, 139, 364, 366, 368, 373, 418, 435, 481, 499~501, 504, 509~11, 515~18, 522, 531, 538, 554, 673, 675
종(種, species) 66~69, 72, 74, 134, 274, 275, 298, 497, 498, 569, 570, 585, 591, 673, 679
종교 일치 이념 490
종교 재판 432, 527, 672, 695, 698
종교 전쟁 176, 677, 682, 738
종교개혁 58, 187, 242, 405, 430, 456, 465, 527, 641, 666, 699, 701, 707, 708, 728, 735, 736, 738
종교적 관용주의 700
종교적 다양성 157
종교적 표상 375
종교철학 31, 32, 46, 141, 206, 209, 212, 261, 266, 283, 378, 482, 531, 674, 694, 697
종말론 140, 159, 224, 306, 389, 398, 407, 430, 433, 476, 562, 700
종말론적 급진주의 431
종이 177, 354
종합의 시대 464
좌파 뷔리당주의 595
주관성 97, 279, 498, 512
주관주의 280, 470, 509
주교 43, 52, 56, 61, 75, 76, 97, 104~06, 110, 157, 159, 182, 196~98, 203, 204, 220, 242, 267, 286, 288, 306, 307, 316, 334, 335, 337, 339, 343, 346, 348, 391, 404, 410, 431, 446, 448, 460, 467, 469, 470, 501, 509, 527, 545~47, 557, 608, 637, 647

주교 서임권 225
주교 회의 116, 195, 196, 203, 231, 445, 527
주의주의 561, 681
주판(籌板, abacus) 218, 222
주해가 371, 427, 538, 588, 590
주해서 63~65, 74, 145, 182, 184~86, 206, 251, 257, 271, 287, 295, 298, 302, 315, 346, 347, 351, 354, 356, 357, 370, 374, 402, 406, 410, 420, 422~24, 427, 428, 439, 520, 532, 545~47, 550, 557, 584, 585, 587, 588, 643, 700, 701
중국(中國) 177, 371
중세 사회 31, 158, 558
중세 성기(盛期) 209
중세 철학 22, 24, 26~30, 32, 33, 38, 59, 73, 78~80, 93, 99, 102, 115, 117, 121, 122, 126, 158, 163, 165, 168, 174, 176, 199, 354, 397, 401, 403, 450, 482, 494, 531, 556, 582, 609, 620, 625, 626, 632, 639, 667, 671, 673, 706
중앙 집권화 243, 637
지각 125
지리적 발견 175
지리학 171, 387
지방 분권주의 707
지방 분권화 41
지상 낙원 259
지성 45, 51, 99, 118, 143, 163, 209, 251, 252, 254, 356~62, 365~67, 369, 370, 380, 384, 385, 401, 408, 409, 416, 418, 422, 424, 428, 450, 451, 453, 461, 465, 470, 476, 492, 497~500, 502~05, 510~14, 516, 518, 535, 541, 550~52, 582, 589~95, 598, 604, 645, 733, 736, 738
지성 구성 이론 528

지성 능력 51, 59
지성 단일성 426, 468, 602
지성 단일성 이론 449
지성론 250, 356~58, 362, 370, 375, 385, 408, 461, 471, 505
지성적 세계 56, 303, 693, 699
지성적 인식상(species intelligibiles) 550
지성적 활동 201, 513
지성철학 451, 518
지성체 141, 360, 365, 388, 427, 469, 470, 476, 500, 503, 615
지식 체계 376
지식인 45, 306, 324, 333, 387, 390, 429, 453, 464, 485, 533, 584, 601, 628, 631, 640, 687, 701
지옥 115, 149, 186, 199, 202, 213, 260, 261, 399, 443, 468
지옥불 149, 150, 186, 202, 203, 209, 426, 505
지중해 세계 39, 77
지질학 643, 710
지혜 55, 143, 297, 378, 510~12, 517, 519, 539, 579, 670, 684, 701
직관 33, 54, 143, 355, 424, 442, 451, 501, 540, 678, 718
직관적 인식 541, 566, 567, 583
직관주의 52, 74
직관주의적 인식론 74
진리 46, 406, 418, 510, 518, 529, 716
질료 96, 104, 120, 126, 127, 250, 251, 290, 294, 298, 302~04, 361, 366, 380, 381, 416, 421, 422, 437, 475, 504, 529, 543, 549~51, 590, 594, 597, 598, 642, 644, 675
질료 형상론 90, 127, 546
질서(ordo) 422
집정관 62, 63

| ㅊ |

차이 518
참된 실재 110
참된 존재자 114
참된 종교 199, 491, 538, 580, 659
참된 지식 487
참된 철학 199, 580, 627, 711, 733
참된 행복 86, 88, 90, 103, 116
참된 형상 90
창조 32, 46, 109, 118~21, 133, 146, 162, 198, 205, 274, 276, 289, 290, 292, 293, 295, 298, 299, 303, 304, 362, 363, 366, 367, 369, 379~81, 383, 414, 417, 421~23, 426, 435, 451, 452, 468, 477, 481, 488, 503, 510, 511, 515~17, 525, 553, 554, 566, 585, 642
창조 능력 553~55
창조론 290, 305, 309, 368, 370, 378, 381, 407, 424
창조신학 293
창조주 55, 56, 58, 64, 90, 112, 162, 193, 194, 276, 303, 415, 422, 491, 516, 553, 554, 579
책의 중요성 176
천구 운동 410, 427, 615
천국 399, 443
천동설적 세계관 389
천문학 64, 246, 247, 249, 297, 313, 353, 354, 387, 388, 410, 439, 463, 643, 661
천사 104, 117, 121, 134, 146, 148, 213, 223, 258~60, 305, 381, 388, 414, 477, 500, 501, 512, 615, 616, 699
천사론 211, 305, 388, 424, 500
전새 숭배 710
천지학(天地學) 180, 301
천체 427, 476, 501, 502, 675, 699
천체물리학 611, 679
철학 공의회 698
철학대전 418, 419

사항 찾아보기 **941**

철학의 여신 82, 83, 91
철학의 오류 556
철학의 자율성 199, 419, 447
철학의 종말 531
철학적 경험론 444
철학적 다원성 159
철학적 신론(神論) 369, 398, 532
철학적 신비주의 360
철학적 신학 53, 54, 90, 263, 275, 294, 295, 297, 318, 363, 369, 372, 380, 509, 517, 530, 564, 577
철학적 심리학 639
철학적 우주론 208
철학적 윤리학 424, 454
철학적 이데아론 31
철학적 이원론 290
철학적 인간학 208
철학적 평화 606, 699
철학적 호교론 436
첫째 왕국 326
청빈 243, 331, 339, 475, 525, 527, 571
청빈 논쟁 338
청빈 운동 265, 331, 334, 432, 458, 475, 524, 557, 562, 570
초월성 117, 119, 258
초자연 290, 292, 407, 413, 534, 535, 594, 712
초자연적 기적 140, 292, 450, 714
최고선(最高善, summum bonum) 54, 86, 88, 89, 115, 116, 128, 139, 140, 303, 304, 442, 453, 577, 667
최내각 천구 365
최외곽 천구 117, 146, 202, 291, 365
최종 절멸 계획 507
최초의 운동체(primum mobile) 387
최후의 심판 202, 206, 260
추기경 337, 432, 557, 643, 682, 698, 729, 730
추상 71, 72, 74, 126, 361, 564

추상 작용 71, 72, 361, 409, 540, 592
추상적 존재론 122
추상화 과정 591, 593
추상화 이론 74
출판 검열 188
충격(impetus) 615
치료 요법 309, 364

| ㅋ |

카롤루스 개혁 195, 216, 218, 223
카롤루스 르네상스 183, 193
카롤루스 문화 197, 216
카롤루스 서체 191
카롤루스 왕조 153, 168, 184, 192, 196, 197, 216, 223, 241, 338, 706, 736
카롤루스 왕조의 르네상스 183, 706
카르투시오회 243, 338
카발라학 379, 699
카타리주의 239
카타리파(Catharisme) 238, 243, 244
카탈루냐어 480, 485, 617
칼라브리아 수도원 430
콘스탄츠 공의회 643
콘스탄티노폴리스 함락 632, 663, 685
콘스탄티누스의 증여 601, 630, 654, 676, 729
크레시 전투 578
클뤼니 수도원 223, 236, 267, 338
키니코스학파 84, 85, 95

| ㅌ |

타타르족의 침입 440, 441
탁발수도회 186, 328, 331, 333, 339, 340, 425, 426, 430, 431, 439, 440, 527, 557
토마스 아퀴나스의 시대 330
토마스 이론 475, 498, 504, 547~50, 552
토마스주의 25, 432, 499, 513, 526, 548,

620, 706
통속 문학 632
통속적 플라톤주의 208
통속적 호교론 171
통일적 자연 이론 529
통치권 63, 186, 370, 390~92, 472, 572, 601
통화량 폭발 217
툴루즈 대학 445
튀링겐 수도원 496
트리어 대학 639
트리엔트 공의회 158, 669

| ㅍ |

파도바 대학 691, 698
파도바학파 336, 735
파라클리토 수도원 270
파리 대학 332, 340, 343~47, 354, 412, 438~40, 445, 446, 463, 469, 471, 472, 485, 495, 545, 582, 587, 602, 607, 620~22, 642
파문 157, 226, 242, 608, 637
파비아 대학 665
파시즘 719
파피루스 154, 176, 177, 181
페라라 대학 698
페라라-피렌체 공의회 651, 663
페르소나 78, 133~37
페르시아 문명 350
페르시아 문학 351
페르시아어 351
편지 형식 626
평화 105, 129, 326, 440, 442, 459, 461, 483, 489, 490, 603, 605, 606, 608, 661, 694, 699, 737, 738
평화의 수호자 601
평화주의적 종교철학 283
포르투나(fortuna) 신화 721

포르피리오스의 나무 673
폴리스 85, 391, 607
표상(表象) 102, 117, 119, 124, 132, 133, 137, 138, 141, 143, 201, 208, 211, 323, 325, 373, 375, 389, 451, 491, 510~13, 516, 519, 522, 529, 550, 552, 563, 569, 591, 736
표상 능력 552
풀다 수도원 195, 196
프라하 대학 460
프란체스코회 339~41, 416, 426, 428~31, 433, 435, 436, 438~42, 472, 473, 475~77, 484, 509, 513, 526, 527, 543, 546, 551, 557~59, 562, 570~72, 583, 602, 605, 606
프란체스코회(의) 개혁 운동 328, 331, 429, 430, 432, 438
프란체스코회의 스콜라주의 437
프란체스코회적 철학 562
프란체스코회학파 533
프랑스어 80, 460, 527, 617
프랑스혁명 36, 527
프랑크 왕국 99, 193
프레몽트레회 243, 338
프로테스탄트 609, 740
플라톤 아카데미 650, 697, 700
플라톤-르네상스 631
플라톤적 관념론 95
플라톤주의 112, 114, 118, 140, 142, 298, 307, 355, 400, 402, 416, 423, 521, 569, 632, 646, 664, 691, 696, 700, 701, 705, 733
플라톤주의적 상징주의 731
플라톤주의적 세계관 695
플라톤주의적 존재론 116
피렌체 공의회 665, 676, 692
피렌체 공화국 651, 652, 718, 727
피렌체 르네상스 638, 650, 655
피렌체 문화 649, 683

피렌체 시립 대학 646, 655
피렌체 플라톤주의 691
피렌체의 자유 658, 692, 697
피상적 자연주의 633
피조물 55, 56, 58, 119, 120, 133, 146, 162,
　　　193, 194, 205, 294, 366, 383, 422,
　　　424, 491, 501, 510, 517, 519, 553~55,
　　　566, 567, 579
피카르디 공국 587
피타고라스주의 145
필경사의 공방(寫字室, Scriptorium) 178,
　　　179, 181
필사본 34, 173, 177, 178, 180, 184, 191,
　　　203, 253, 269, 270, 461, 508, 524, 588,
　　　597, 644, 663, 677
필연성 48, 93, 252, 259, 292, 359, 363,
　　　365, 366, 384, 433, 534, 540, 565, 645,
　　　714, 724
필연성 철학 410
필연적인 것 250, 295, 365, 561

| ㅎ |

하나 46, 48, 68~70, 77, 89, 94, 95, 100,
　　　101, 105, 114, 123, 124, 131, 135, 206,
　　　294, 317, 318, 320, 321, 365, 381, 417,
　　　452, 487, 517, 519, 526, 581, 681, 694
하이델베르크 대학 460, 463, 595, 617
학교 문화 193, 206, 232, 246
학문 방법론 266, 480
학문론 77, 287, 296, 345, 395, 410, 424,
　　　606
합리적 우주론 147
합리주의 194, 263, 275, 409, 424, 472,
　　　529, 536, 560
합일(合一, via unitiva) 103, 105, 207
해부학 710, 714
해체주의 530, 531
행복 40, 49~52, 54, 57, 61, 81, 84~88, 90,
　　　91, 94, 96, 202, 265, 362, 367, 407,
　　　433, 453, 468, 569, 588, 606, 667~69,
　　　684, 687, 689
행정 체계 245, 431, 442, 638
헤르메스 전통 696, 699, 713
헬레니즘 145, 146, 351, 357, 378
헬레니즘 철학 378, 669
형상 72, 92, 94, 95, 118, 120, 126, 127,
　　　211, 250, 290, 293, 294, 302, 303, 312,
　　　361, 366, 380, 381, 384, 385, 407, 414,
　　　475, 500, 511, 541, 542, 546, 550~52,
　　　556, 567, 590, 594, 613, 615, 642, 663,
　　　689
형상의 수여자(dator formarum) 366, 370,
　　　375
형상인(形相因) 295, 500
형식논리학 229, 272, 463, 488, 529
형식형이상학 287
형이상학 28, 31, 66, 120, 137, 141, 209,
　　　210, 241, 275, 324, 354, 362~65, 369,
　　　370, 373, 374, 376, 380, 382, 383, 393,
　　　395, 406, 433, 435, 451, 452, 461, 465,
　　　468, 469, 471, 487, 488, 517, 520, 522,
　　　528, 530, 531, 533, 537~39, 557, 559,
　　　563~65, 570, 571, 582, 584, 586, 600,
　　　605, 612, 613, 633, 634, 642, 645, 675,
　　　677, 700, 712, 714, 717, 724~27, 734
형이상학적 심리학 715
호교론 58, 150, 229, 419, 489
호기심(curiositas) 144, 263, 324, 337, 653
호엔슈타우펜 왕가 242, 441
화학 247, 354, 439, 441, 710
환시 108
환원주의 27
황제(皇帝) 28, 40, 41, 50, 52, 60, 76, 78,
　　　105, 155, 184, 191~94, 217, 219, 222,
　　　225, 226, 248, 249, 335, 350, 352, 353,
　　　420, 421, 459, 461, 473, 528, 558, 571,
　　　572, 600~03, 629, 664, 676, 701, 717,

718
황제권 39, 459, 572
황제의 탈신성화 225
회귀 211, 417, 424, 503
회심(conversio) 43, 44, 61, 401, 483, 484
회의론 논쟁 46
회의주의 44, 46, 308, 369, 530, 559, 567, 576, 653, 654, 737
회의주의 철학 108, 185, 559
회화(繪畫) 686, 688, 690, 711
후스 전쟁 159
후스파 운동 465
흑사병 22, 34, 35, 457, 458, 574, 581, 593, 621, 628, 629, 631, 639
희생 제물 282
히포스타시스(hypostasis) 104